EVROPA

BETTINA RÖHL

So macht Kommunismus Spaß!

Ulrike Meinhof, Klaus Rainer Röhl
und die Akte KONKRET

Europäische Verlagsanstalt

Informationen zu unseren Verlagsprogrammen finden Sie im Internet
unter www.europaeische-verlagsanstalt.de

Bibliografische Information Der Deutschen Bibliothek

Die Deutsche Bibliothek verzeichnet diese Publikation in der
Deutschen Nationalbibliografie; detaillierte bibliografische Daten
sind im Internet über http://dnb.ddb.de abrufbar.

© EVA | Europäische Verlagsanstalt, Hamburg 2006
Umschlaggestaltung: Bayerl & Ost, Frankfurt/M.
Umschlagfoto: © Bettina Röhl
Signet: Dorothee Wallner nach Caspar Neher »Europa« (1945)
Herstellung: Das Herstellungsbüro, Hamburg
Druck und Bindung: Clausen & Bosse GmbH, Leck
Alle Rechte vorbehalten
Printed in Germany
ISBN 3-434-50600-4

Inhalt

ZWEITER TEIL

Die heilige Johanna und der Schuft

Erinnerungen an die frühen Jahre
von Peter Rühmkorf

Ich kannte Klaus von der Schule, das heißt, vom Athenaeum in Stade her, allerdings war er eine Klasse über mir, was zunächst nur zu einem lockeren Verbindungsfaden führte. Eine innigere Berührung ergab sich erst, als Klaus mit einem Freund ein Puppentheater gegründet hatte, da hab' ich ihn dann, über meine Mutter, die dort Lehrerin war, an die Warstader Volksschule vermittelt. Die beiden schliefen bei uns im Haus, was dann sofort zu Gesprächen über gemeinsame Interessen führte, die im großen und ganzen mit der heute sogenannten klassischen Moderne zu tun hatten. Dabei neigte Klaus etwas stärker der sozialkritischen Neuen Sachlichkeit zu, also Erich Maria Remarque oder Arnold Zweig und Bertolt Brecht. Während ich gerade tief in den Sog des Expressionismus geraten war, was dann bis zu Wolfgang Borchert führte. Auch Kästner und Tucholsky waren ganz große gemeinsame Vorbilder, Leitbilder, woraus dann eine literarisch begründete Freundschaft erwuchs.

Aus der Schule entfloh er mir dann, weil er nach Hamburg an die Uni ging. Ich kam erst 1950 nach Hamburg, und da hieß es »auf Quartiersuche gehen«. Klaus wohnte direkt an der Elbchaussee in einem zerstörten Haus, von dem nur noch die Souterrainküche erhalten war. Das Haus war genau da, wo der Halbmondsweg in die Elbchaussee einmündet. Und nun kam ich im Sommer und habe dort erst mal ein Sofa in seiner Wohnküche bezogen. Der Begriff scheint mir heute fast schon luxuriös, aber immerhin gab es dort fließend Wasser und Strom für die Kochplatte. Außerdem waren wir beide große Sonnenanbeter, und weil sich etwas oberhalb der Küche noch ein Parkettfußboden von einem ehemaligen Salon erhalten hatte, hatten wir uns da zwei alte Liegestühle aufgebaut, in denen wir uns bräunten (wir sagten damals »tängten«) und gleichzeitig Gedanken über eine neue Studentenbühne machten.

Klaus hatte bereits Freunde um sich gesammelt, zum Beispiel Dick Busse, der ganz passabel Banjo spielen konnte, aber auch Peggy Parnass gehörte damals schon mit zum Ensemble. Wir zogen dann etwas später in eine Wohnbaracke in der Stresemannstraße in Lokstedt – zwei kleine Zimmerchen mit jeweils zwei Betten übereinander – eigentlich ziemlich kommißmäßig und, rückblickend, unsere Kommune 00. Weil wir alle gern sangen, war beinah jeden Abend Gemeinschaftsgesang angesagt: Chansons von Tucholsky, Kästner, Mehring, Klabund und Wedekind – und da paßte irgendwie selbst Hermann Löns dazwischen.

Klaus war gewissermaßen mein Cicerone, der mich einführte in die große Stadt, er stellte mich überall als den größten zeitgenössischen Dichter vor, das fand ich sehr angenehm. Klausens Art war es, und das machte ihn so gewinnend, daß er jeden aus seinem Umfeld hochnobelte: Dick Busse zum Beispiel zum bedeutenden Gitarristen oder Peggy zur großen Diseuse. Das machte er mit einer gewissen Grandezza und Selbstverständlichkeit, und im Schmuck dieser selbsterschaffenen Edelgestalten wandelte er ganz lustig herum.

Klaus und ich zeigten uns mal unsere Gedichte und schrieben uns unsere Beurteilungen an den Rand. Ich habe heute noch Klausens Gedichte mit meinen Bemerkungen dazu in meinem Archiv und auch meine Gedichte mit Klausens Randglossen. Damals dichtete er noch so frisch, fröhlich, frei, eigentlich ganz unberührt von dem Geist der literarischen Moderne, es war mehr so die Richtung Zupfgeigenhansel, einerseits volksliedhaft schön und das auch wieder ziemlich privat. Ich habe neulich die Sachen mal wieder gelesen – neulich heißt vor drei Jahren –, und da habe ich zu Klaus gesagt, Mensch, die waren gar nicht so schlecht, warum habe ich eigentlich den Umweg über die Moderne gemacht. Andererseits war das letzten Endes mein Gewinner, daß ich wirklich durch die Moderne geprägt worden bin, rückblickend viel verkrampfter als Klaus, aber das war eben die Spannung der Moderne, ihre nervösen Irritationen, die mich gepackt hatten, während Klaus lustig wie Gründgens über alle Abgründe hinwegsprang und seine Lieder sang.

Klaus war außerordentlich geschickt darin, gute Jobs zu akquirieren. Er verstand es, irgendwie durch eine Art von Frechheit oder Aufgewirbeltheit die an Land zu ziehen, und die meisten Jobs habe ich mit ihm zusammen gemacht. Wir verteilten die erste *Bild*-Zeitung, trugen Postpakete aus und warben auch mal für ein Waschmittel, wobei wir weiße Kittel trugen und so Türkenfeze aufhatten. Damit gingen wir auf dem Jungfernstieg spazieren und riefen im Chor: »Valan, die Waschmaschine in der Tüte«. Wir drehten unsere Gesichter immer der Sonne zu, weil wir uns auch gleichzeitig bräunen wollten. Dann haben wir uns als neue Studentenbühne konstituiert, entwarfen eine richtige Satzung und haben uns an der Uni registrieren lassen, damit man seine Anschläge machen konnte am Schwarzen Brett. Theaterzeit, Jobberzeit. Wann wir je studiert haben?

In der Uni waren wir immer zusammen. Neben der Mensa gab's den Kaffeegang, wir waren die Herren des Kaffeeganges, und dort warb Klaus seine neue Truppe zusammen. Übrigens gab es auch eine kommunistische Studentengruppe, die neben uns ihre Sachen ans Schwarze Brett schlug und irgendwie, vermutlich auch durch Kaffegang-Connections, kriegten wir Kontakt zu dieser Gruppe.

Ein Teil dieser Leute, Eberhard Zamory z. B., war als jüdischer Emigrant als britischer Staff Seargent wieder nach Deutschland zurückgekommen, wo ein Teil seiner Familie im Halbdunkel überlebt hatte. Ich sag' das aus bestimmtem Grunde. Was in der Restaurationszeit immer noch als Schreckgespenst galt – jüdisch-marxistische Kreise –, war für uns ein ganz besonderer Anziehungsmagnet. Literarisch durch die fortschrittlichsten Literaten der Weimarer Republik beglaubigt.

Es waren Berührungskontakte, wobei sich mir erst später offenbarte, daß die kommunistische Gruppe natürlich ein starkes Missionsbedürfnis hatte und einen großen Infiltrationstrieb. Die haben schon sehr früh die Fühler nach uns ausgestreckt. Rückblickend würde ich sagen, daß sie eine alte kommunistische Taktik schon auf der Universität angewendet haben, das heißt in vorhandene Gruppen oder Organisationen einzusickern.

Wir waren das progressivste Theater, das sich damals überhaupt denken ließ, erst mal mit diesem knallig provozierenden Namen *Pestbeule*, der von mir stammte, und dann gar durch die Unterzeile, die sich Klaus ausgedacht hatte, »KZ-Anwärter des vierten Reiches«. Unser Stück hieß »Die im Dunkeln sieht man nicht«. Ich fand seine Texte kabarettistisch effektiver als meine, sie waren doch eigentlich zu ernst, waren expressionistischer und sprachlich geschärfter geprägt, während Klaus ganz leichte Chansons machte, und die Musiken kamen auch von ihm. Nur einmal war mir auch eine Melodie eingefallen, dann stellte sich aber heraus, daß das die sowjetische Nationalhymne war; ich wohnte bei Kommunisten, und mein Wirt hatte nachts immer Radio Moskau eingestellt. Da hatte sich die Nationalhymne wohl etwas zu oft in mein Ohr eingeschlichen.

Klaus konnte eines gut, das betrifft die Bühne wie die Zeitung: Regie führen. Er hatte das Talent, Leute in Verbindung zu bringen und sie einander zuzuordnen, dialogisch und choreographisch. Wer später alles für die Zeitschrift geschrieben hat, ist heute kaum noch zu fassen. Er fand auch die richtigen Worte – manchmal schmeichlerische, aber die wurden gerne geschluckt –, um sehr unterschiedliche Charaktere für eine gemeinsame Sache zu begeistern.

Unser Theaterstück, das sich im Untertitel »kabarettistisches Mysterienspiel« nannte, erlebte zunächst zwei Aufführungen in der Emilie-Wüstenfeld-Schule. Es wurde von der Presse ganz gnädig aufgenommen, aber in der *Welt* ganz furchtbar verrissen. Dort hieß es – ich hab' das heute noch im Ohr – »Der dreckige Kitsch von vorgestern will doch hoffentlich nicht morgen Kunstersatz werden?« Das war natürlich entlarvend, und da sind wir, zusammen mit unseren KP-Freunden, bei der *Welt* vorstellig geworden, was die sich unter dem dreckigen Kitsch von vorgestern bitte schön vorstellten. Gestern, das war die Nazikunst ja, alles klar. Aber vorgestern, damit könnten doch nur Brecht und Kästner und Tucholsky gemeint sein – na, die haben sich vielleicht gewunden.

Zu unseren kommunistischen Freunden noch mal. Einige hatten zu unserem Theaterpersonal gehört, andere hatten technische Arbeiten für uns erledigt, und als ich mit meinem Freund Werner Riegel eine eigene Zeitschrift aufmachte – *Zwischen den Kriegen* war der Titel –, hielt Klaus weiter Kontakt zu den KP-Leuten. Ja, und dann eröffnete er uns eines Tages, daß er eine Zeitschrift aufmachen wolle, den *Studenten-Kurier*, der uns natürlich mächtig interessierte, weil wir bisher nur hektographiert hatten, und das war nun schon richtig gedruckt. Daß das Blatt praktisch von drüben, das heißt von Ostberlin aus finanziert wurde, kam uns dabei gar nicht in den Sinn. Erstens bekamen wir kein Honorar für unsere Artikel und Gedichte, und wo so offensichtlich kein Geld floß, kam niemand auf den Gedanken an trübe Quellen. So wurde ich in trügerischer Unschuld gehalten, aber ich hatte die einmalige Gelegenheit, bereits als Student unter fünf oder sechs Pseudonymen alles schreiben zu können, was ich wollte. Ich schrieb, wie mir ums Herz war – und das saß allerdings schon ziemlich weit links –, und Klaus brachte das dann gegenüber den Hintermännern durch, egal, ob sie was ärgerte.

Er muß da schon sehr geschickt herumlaviert haben, mit brechtscher List sozusagen, sonst hätte er nicht mal zu mir gesagt: »Wir müssen jetzt aber mal wieder 'n paar Hiebe gegen den Osten austeilen, sonst hält man uns noch für eine kommunistische Zeitung«, und weil ich mir damals unter dem Pseudonym Leslie Meier einen »Lyrik-Schlachthof« eingerichtet hatte, ließ ich postwendend Johannes R. Becher über meine Klinge springen, der immerhin DDR-Kulturminister war, und da werden die da drüben schon ziemlich schiefe Gesichter gezogen haben. Später stieß dann auch Ulrike mit zu dem Blatt, da wehte der Wind auch sofort 'n bißchen schärfer. Das Blatt ging irgendwie auf Linie. Auch gingen ihm sichtlich der lustige Studentenwitz und die Farbe aus, und ich wechselte zum Rowohlt Verlag über, wo man mir ein kleines Pöstchen eingeräumt hatte.

Trotzdem hielten wir, Ulrike und Klaus, Eva und ich, freundschaftlichen Kontakt, und wir haben die beiden öfter in ihrem Häuschen in Hamburg-Lurup besucht. Als die Zwillinge dann auf die Welt gekommen waren, entwickelte Ulrike auf einmal überraschend bürgerliche Züge. Sie begann, sich bürgerlich einzurichten, auf propere Weise kleinbürgerlich, würde ich sagen. Eines Tages hingen dann sogar moderne Bilder an der Wand, sozialistisch angehaucht, aber malerisch nicht gänzlich von gestern. Dann fragte sie uns, wir fielen beinahe vom Sessel, nach Antiquitätengeschäften. Hatte sie eigentlich früher Kunstgeschichte studiert? Ich kann es nicht mehr sagen. Aber dann war bei ihr zu Hause auf einmal Jugendstil und Art deco angesagt, solche Phase von leicht gehobenem »Schmücke Dein Heim«, was Eva und ich mit einem gewissen erstaunten Vergnügen zur Kenntnis nahmen. Lange her und nobody knows (außer Klaus natürlich), aber man muß das wissen, um das spätere Trennungstrauma richtig mit auf die Reihe zu kriegen.

Aber ganz soweit sind wir noch nicht. Ulrike war in unserer Hamburger Zeit außerordentlich gesellungslustig, und das in mehrerlei Hinsicht. Auf der einen Seite tanzte sie gern und genoß die Sympathie, die man ihr entgegenbrachte. Sie fühlte sich absolut wohl in ihrer linken Haut, ohne in dem ganzen pluralistischen Trubel von gewissen rigorosen Meinungen zu lassen, die sie allerdings nie wie eine missionarische Eiferin vortrug. Sie war hübsch anzusehen und vertrat selbst radikale Ansichten mit einem gewissen diplomatischen Charme, Natur- oder Agentencharme, das ist von heut aus gesehen gar nicht mehr zu trennen. Auf jeden Fall hatte sie das Gefühl, in dieser Hamburger Society liebe Freunde und Freundinnen gewonnen zu haben – schlicht gesagt, sie fühlte sich aufgehoben. Auch in dem Nest in Lurup, wo sie mit Klaus zusammenlebte und die Hausmusik bestimmte.

Bis dann eines Tages eine andere Frau in Klausens Leben auftauchte, und da fühlte sie sich aus dem Nest hinausgeworfen. Ein aus dem Nest geworfenes Vögelchen, traurig, tragisch, aber nicht der erste Trauerfall auf dieser Welt, und dann zog sie eines Tages die Konsequenz und setzte sich nach

Berlin ab, um dort ein Gegennest zu gründen. Einen Adlerhorst, wie sich später zeigen sollte, aber verschmähte Liebe ist zu allem fähig, zu Mord, Selbstmord, Totschlag und Weltbrandstiftung.

Klaus hatte also lange Zeit ein linksliberales Blatt gemacht, das am wenigsten angepaßte Intelligenzblatt in der gesamten Bundesrepublik. Und dann fiel die Trennung fatalerweise in eine Zeit, in der sich auch anderes trennte und auseinanderscherte. Politische Ansichten beispielsweise, ein Bruch, der durch die gesamte bundesdeutsche Intelligenz ging und viele Verlage und Presseorgane berührte. Turbulenzen insgesamt, die natürlich auch mitten durch die Zeitschrift KONKRET gingen, sie praktisch zerrieben von innen her, bis dem Verleger und Herausgeber das Blatt im Jahre 1973 von Hermann L. Gremliza, Peter Neuhauser und in letzter Instanz von Klaus Hübotter entwunden wurde.

Die Verbitterung von Klaus war einschneidend und nachhaltig. Er verlor bei den folgenden Prozessen das Haus in Blankenese, in dem auch Ulrike sich recht wohl gefühlt hatte, das nebenbei. Eine gewisse linksbürgerliche Reputation war von einem Tag auf den anderen futsch. Kreise, die sich um ihn wie um einen Magneten geschart hatten, stoben auf einmal auseinander, als ob er der Leibhaftige wäre. Ich will dabei nicht mal sagen, daß er sich gewisse massenhafte Idiosynkrasien nicht selbst zugezogen hat. Er war ein unzuverlässiger Geist, der nicht den geringsten Sinn für Pünktlichkeit hatte und bei dem pünktliche Autorenauszahlungen nicht zur Tagesordnung gehörten. Aber als sich die Welt dann so in Schwarz und Weiß bzw. Rot und Schwarz zu zerteilen begann, da verlangte es die aufgewühlte und meiner Meinung nach völlig derangierte Intelligenz nach faßbaren Gegenbildern, in unserem Fall einer heiligen Johanna und einem adäquaten Bösnikel und Konterrevolutionär, und da prasselte die gesammelte Scheiße gewissermaßen auf Klausens Haupt. So die Dramaturgie der Zeit, die, von heut aus gesehen, ein Living Theatre der besonderen Art war, aber nach fast archaischen theatralischen Regeln funktionierte. Ich habe darüber ausgiebig geschrieben und berühre lieber mal einen anderen Punkt, den nie jemand richtig im Blick gehabt hat.

Ulrike war – und ich kenn' die Beziehung bis in ihre verborgensten Intimitäten – nie Klausens wirkliche Liebe gewesen. Da war viel, nach Brecht, von der »Dritten Sache« die Rede gewesen, das heißt der gemeinsamen Bindung an die Partei. Und sie waren ja auch als Agentenpärchen von drüben angeleitet worden, wobei ich nicht sagen kann, wem von dort aus mehr Glaubwürdigkeit zugebilligt wurde. Sie waren auf seltsame Weise miteinander verklammert, von außen gesehen nicht unharmonisch, ich habe nie ein böses Wort zwischen beiden vernommen. Darf ich es mal so sagen: Sie liebte ihn, und er umwarb sie aufs freundlichste als unverzichtbare Mitarbeiterin. Nur, daß sich Klaus Ende der sechziger Jahre (und das fiel irgendwie mit der Hamburger »Partyrepublik« zusammen, die ich schon öfter beschrieben habe) in eine andere Frau verliebte – richtig besinnungslos und als ob ihn der Blitz getroffen hätte –, und da war es zu Ende mit seinem ganzen Gauklertum und auch seiner ewigen Wankelmütigkeit. Ich sag' das aus einem Grund. Er, den man immer nur als Schwankebold und Frontenwechsler und unzuverlässigen Liebhaber mehrerer Frauen abzunotieren sucht, lebt mit dieser Frau noch heute zusammen, und ich kann aus einer gewissen Entfernung nicht sagen, wer da letzten Endes die Zügel in der Hand hat. Sie haben mich vor nicht gar so langer Zeit einmal besucht, und das war nun richtig lustig, wie Danae und ich ihn gelegentlich zwiebelten und ihn gewisser neuer Rechtsschlenker wegen auf die Schippe nahmen.

Mit dem Umzug Ulrikes von Hamburg nach Berlin fand sie gewiß viele neue Freunde und Freundinnen, die sich ihrer annahmen, andererseits geriet sie unversehens in schlechte Gesellschaft. Berlin war damals so was, was man einen Braukessel aller zeitgenössischen Verrücktheiten und politischer Überkandideltheiten nennen kann, und alles zog und zerrte an ihr herum, um sie als Galionsgestalt in ihre Mitte zu manipulieren. Eine Insel der Genossinnen und Genossen, wie sie es empfunden haben mag, aber im Grunde eine ziemlich verwirbelte, paranoische Galaxis. Man fühlte sich mitten im Volke wie die Fische im Wasser – um mal ein Wort von Mao zu zitieren –, aber das war alles nur ausgedachtes Zeugs, und im Grunde bewegte man sich in einem schlecht gelüfteten Aquarium. Es war eine Zeit, von der kaum jemand, den ich kenne, vollkommen unberührt blieb. Die Welt ist ja nicht frei von solchen massenhaften Geistesverwirrungen, Geißlerbewegungen, Kinderkreuzzügen, islamistischen Selbstmordkommandos, religiös-verrückten Alleinvertretungsansprüchen und ihren mörderischen Auswüchsen, und da geriet Ulrike dann immer tiefer rein in diesen Strudel, was wir voller Betrübnis sahen, schon weil meine Frau Eva zusammen mit ihr in Marburg studiert hatte – u. a. Religion, pikanterweise. Bloß daß sich bei uns zu Haus die Weltenuhr genau in die andere Richtung bewegte. Während Ulrike die Institutionen kaputtmachen wollte, ging Eva richtig konkret rein in die Institution, sie wurde Gefängnisdirektorin und mühte sich dort gegen unzählige Widerstände für allerdings längst fällige Reformprozesse ab.

Ich selbst hatte sehr früh, das heißt bevor die Mord- und Brandgeschich-

ten richtig losgingen, mal einen Artikel in KONKRET geschrieben und alle
mir bekannten Sympathisanten oder heimlichen Anhänger der sogenannten
»Bewegung« bei ihrem Namen aufgerufen und sie beschworen, sich von dem
unheilvollen Treiben zu distanzieren. Ohne praktisch erkennbare Folgen, wie
ich heute sagen muß, und ich kenne auch die Namen zahlreicher Parteigänger – zumal -Innen, die zumindest als Quartiergeber tätig wurden, aber diese
(zum Teil berühmten) Namen nenne ich nun wirklich nicht – die müssen mit
ihren ehemaligen Irrungen und Verranntheiten selbst zurechtkommen, und
es liegt bei ihnen, ob sie das heimlich als ihre Heldenzeit verbuchen ODER
als einen total abseitigen Spuk, dem sie zeitweilig verfallen waren. Als lang
ausgezogenen Gedankenstrich am Schluß, daß ich die 67er-, 68er-Anfän-
ge des antiautoritären Aufbegehrens von Herzen begrüßt habe. Schon aus
dem privaten Grund, weil ich durch zwei ultraautoritäre Naziprofessoren aus
ihren Seminaren verwiesen wurde, was seinerzeit der Existenzvernichtung
gleichkam. Aber das ist eine andere Geschichte, die meine eigene Biographie betrifft und die uns im Augenblick aus der gemeinsamen Spur bringen
würde.

ERSTER TEIL

1. Ulrike und Klaus bekommen Zwillinge, 1962

Rosen aus Ostberlin

Am frühen Morgen des 21. September 1962 verläßt ein aufgeregter Mann sein Vorstadthäuschen, steigt in seinen beigefarbenen Opel Rekord und fährt beschwingt und etwas nervös zum Universitätsklinikum in Hamburg-Eppendorf. Er weiß, daß er an diesem Tag Vater werden wird, und will so schnell wie möglich zu seiner Frau, um das Baby in Empfang zu nehmen.

Da die werdenden Eltern nicht wußten, ob sie einen Jungen oder ein Mädchen bekommen würden, hatten sie sich kurzerhand dazu entschlossen, das Baby mit einem hellgrünen Outfit zu empfangen. Ein paar Monate vor der Geburt waren sie von ihrer Stadtwohnung in ein Häuschen im Kleine-Leute-Vorort Lurup gezogen und hatten dort ein perfektes Kinderzimmer eingerichtet. Jetzt mußte bloß noch »das Kind«, wie sie es seit Monaten nannten, kommen. »Hoffentlich ist alles gutgegangen«, dachte Klaus Rainer Röhl, als er beherzt in die Entbindungsstation eilte.

Schließlich gab es da ein Problem, weshalb das Kind im achten Monat per Kaiserschnitt entbunden werden sollte: Wenige Wochen zuvor hatte sich die werdende Mutter Ulrike Marie Röhl mit unerträglichen Kopfschmerzen ins Krankenhaus begeben, wo ein Tumor in der linken Kopfhälfte festgestellt wurde. Ulrike Röhl und ihr Mann hatten sich nach dieser Diagnose gemeinsam mit den Ärzten für einen Kaiserschnitt entschieden und dafür, die Geburt vorzuverlegen, da während der Schwangerschaft keine ausreichende medikamentöse Behandlung der Kopfschmerzen möglich war. Sobald sich Ulrike Röhl von der Geburt erholt hätte, sollte der Tumor operiert werden. Keine leichte Operation. Die Ärzte schlossen nicht aus, daß es sich um ein Karzinom handeln könnte, auch wenn dies nicht wahrscheinlich war.

Der Kaiserschnitt wurde an diesem sonnigen Spätsommermorgen planmäßig um 8.30 Uhr durchgeführt. Klaus Röhl erschien nur wenige Minuten später auf der Station und wurde überrascht: »Das Kind« waren Zwillinge. Die Operation, hörte er von der Hebamme, war zunächst normal verlaufen. Das kleine Mädchen hatte sich schon in sicherer medizinischer Verwahrung befunden, die Geburt hatte als geglückt gegolten, da war das Staunen im Kreißsaal nicht schlecht, als plötzlich eine Krankenschwester rief: »Da bewegt sich noch etwas!« Bis dahin für alle unbemerkt, mühte sich offenbar noch ein zweites Menschenkind, in den Genuß des Lebens zu kommen, so daß schließlich doch ein wenig Aufregung aufkam, bis man auch das zweite Baby alles in allem glücklich entbunden hatte. Dieser Zwilling war ich.

Nach einem Blutaustausch wurde ich sofort in den Brutkasten gesteckt. Folglich konnte ich am ersten Familienkonvent, der bald darauf am Bett der jungen Mutter tagte, nicht teilnehmen. Die Eltern nahmen meine Schwester in den Arm und freuten sich erst einmal an dem einen Kind. Kurze Zeit später mußte auch bei meiner Schwester ein Blutaustausch vorgenommen werden, die danach im Brutkasten meine Nachbarin wurde. Gemeinsam blieben wir einige Wochen in unseren Gewächshäuschen.

Erst als Klaus Röhl mit seiner Frau allein war, fiel ihm der große Strauß roter Rosen auf, der auf dem Tisch stand. »Der ist von den Genossen«, sagte Ulrike Röhl und lachte trotz ihrer Kopfschmerzen. »Weißt du noch, zu unserer Hochzeit haben sie uns auch einen geschickt.« Der Rosenstrauß war eine Aufmerksamkeit der Kommunistischen Partei Deutschlands, die – in der Bundesrepublik verboten – ihren Sitz in Ostberlin hatte.

Tina und Gine

Am Nachmittag besichtigte mein Vater dann auch mich in dem Vitrinchen, wo »seine Zwillinge« nebeneinander lagen. Jetzt, als er seine Kinder zum ersten Mal in Ruhe in Augenschein nahm, war er »entsetzt«. »Winzig klein wie zwei Bierflaschen ... ganz schön vermurkst ... mit einem Wort: wie Pik sieben«, hätten wir ausgesehen. Besonders ich hätte ein »ramponiertes Gesichtchen«[1] gehabt, erinnerte er sich noch unlängst. Typisch Klaus Röhl. Liebkosungen voller Ironie und opernhaft böse Zuneigung gab's vom ersten Tag an gratis.

Welchen Eindruck genau das etwas schiefe Gesicht mit der großen Nase, das mich an diesem Tag von oben durch die Glasscheibe betrachtete, auf mich gemacht hat, weiß ich naturgemäß nicht mehr. Klaus Rainer Röhl, damals 33 Jahre alt und stolzer Herausgeber der linken Studentenzeitschrift KONKRET, stellte sich schon bald als hochmotivierter Vater heraus. Schnell lernte ich den permanenten Zirkus kennen, den er in seiner unmittelbaren Umgebung veranstaltet – tief- und unsinnig zugleich –, und hielt diese Art Familienoperette für das Normalste von der Welt.

Mein Vater kam von nun an häufig zu uns an den Brutkasten. Zu unserer Mutter konnten wir erst nach einer Woche, nachdem sich ihr Zustand verbessert hatte. Wegen der bevorstehenden Kopfoperation war sie auf eine andere Station verlegt worden und durfte ihr Bett nicht verlassen.

Da meine Eltern nicht mit zwei Kindern gerechnet hatten, hatten sie auch keine zwei Mädchennamen parat, weshalb wir zunächst beide nach Oma Meinhof »Ingeborg« benannt wurden. Meine Schwester bekam dann wenige Tage nach der Geburt den Mädchennamen, den Ulrike Röhl, geb. Meinhof, damals 27 Jahre alt und junge Chefredakteurin der Zeitschrift KONKRET, sich für das eine Kind als Mädchennamen ausgedacht hatte: Regine. Mir wollte sie den Märchennamen Rapunzel geben. Diese Schnapsidee hat ihr mein Vater Gott sei Dank ausgeredet. Er argumentierte, daß es doch ganz schrecklich wäre, wenn ich später einen Freund hätte und dieser seinen Freunden sagen müßte, daß seine Freundin Rapunzel hieße, und daß man, wenn schon nicht auf mich, doch auf meinen zukünftigen Freund Rücksicht nehmen müsse. Für eine derartig verdrehte Logik war Ulrike Röhl immer zu haben, und so gab sie nach.

Schließlich war es meine »Tante« Renate Riemeck, die nach dem Tod von Ulrikes Eltern deren Ziehmutter und Vormund gewesen war, die meinen Namen fand: Bettina, nach der berühmten sozial engagierten Dichterin Bettina von Arnim. Die Pädagogin und Historikerin Renate Riemeck hatte ausdrücklich nach einem intellektuellen weiblichen Vorbild gesucht. Ich sollte, wie sie selbst und wie meine Mutter, eine kluge, berufstätige und emanzipierte Frau werden und auf keinen Fall ›nur‹ Hausfrau und Mutter. Andererseits meldet auch Klaus Röhl die Urheberschaft für meinen Namen an und betont, daß er es war, der seine Kinder nach den Romantikerinnen des 19. Jahrhunderts benennen wollte. Auch meine Schwester sollte nämlich, laut Klaus Röhl, nach der Dichterin und Schriftstellerin Karoline von Günderode, einer engen Freundin von Bettina von Arnim, ursprünglich von Regine in Karoline umbenannt werden, um nun beiden Zwillingen eine bekannte Namensvetterin zur Seite zu stellen. Aber es war zu spät. Der einmal angemeldete Name Regine konnte nicht mehr rückgängig gemacht werden, und so blieb es bei Ingeborg Regine und Ingeborg Bettina Röhl, wie wir

Zwillinge endgültig heißen sollten. Oder wie wir im Familienkreis genannt wurden: Tina und Gine.

Die Tanten

Während wir im Brutkasten träumten, wartete die gesamte Verwandtschaft auf den nächsten Termin, die Kopfoperation. Man bangte mit meiner Mutter um die erst danach mögliche Diagnose: Ulrike Röhl konnte nach der Entbindung die Medikamente nehmen, die ihre Schmerzen linderten. Die Angst nahmen sie ihr nicht. Fest stand, daß sie – unabhängig vom Untersuchungsergebnis – allein wegen der notwendigen Öffnung des Kopfes etwa vier Monate im Krankenhaus würde bleiben müssen. So stellte sich die Frage, wer in dieser Zeit die Babys übernehmen kann. Oma Röhl lag wegen einer Magenkrankheit selber im Hospital und kam also nicht in Betracht. Mein Vater wurde in seiner Firma und von seiner Frau gebraucht. Da erboten sich Ulrikes Ziehmutter Renate Riemeck und deren Freundin Holde Bischoff, die mit dieser zusammenlebte, uns Kinder zu sich nach Gundelfingen bei Freiburg zu nehmen. So gingen wir unmittelbar nach Verlassen des Brutkästchens auf große Fahrt.

Holde Bischoff, eine hoch gewachsene, schlanke, damals 42jährige Frau mit kurzen, schon leicht angegrauten Locken und einem langen, weiten Rock, kam Anfang November mit dem Zug nach Hamburg, wo wir ihr, in einem Kinderwagen überwarm eingemummelt, am Altonaer Bahnhof von einem fröhlich-hektischen Klaus Röhl, der heilfroh war, das ›Babyproblem‹ gelöst zu haben, mit besten Ratschlägen und Danksagungen übergeben wurden. ›Tante‹ Holde hat mir später noch oft von der langen Nachtfahrt mit den zwei Neugeborenen erzählt. Sie gestand mir, daß sie und Renate, beide unverheiratet und kinderlos, ziemlich aufgeregt waren. »Wie man Babys wickelt und ihnen das Fläschchen gibt, das wußten wir beide nicht, aber wir hatten uns Bücher gekauft, und ich hatte schon auf der langen Fahrt nach Hamburg ganz viel gelesen.«[2]

Renate Riemeck, die zum Zeitpunkt unserer Geburt ebenfalls 42 Jahre alt war und zu Recht als die wichtigste politische und geistige Mentorin Ulrike Meinhofs gilt, nahm uns freudig als ihre »Ziehenkelkinder«, wie sie uns nannte, in Empfang. In Gundelfingen war für uns ein kleines Babyparadies hergerichtet. Diejenige, die sich von morgens bis abends um uns kümmerte und die unsere eigentliche Ziehtante wurde, war Holde, die in dem Frauenhaushalt die Wirtschaft führte. Holde hatte, bevor sie mit Mitte dreißig zu Renate gezogen war, im elterlichen Sanatoriumsbetrieb in Berneck im Fichtelgebirge als Bademeisterin und Diätköchin gearbeitet und später eine Ausbildung als Masseurin gemacht. Sie war im Umgang mit Menschen geübt und stellte sich als Idealbesetzung heraus, meine Schwester und mich zu übernehmen.

Holde setzte uns in den Zwillingskinderwagen und fuhr uns durch den Ort, badete und fütterte uns, strickte uns Strampelanzüge und beobachtete aufmerksam das Zwillingsspiel. Sie machte die ersten Filmaufnahmen von uns und legte im Laufe der Jahre ein ganzes Archiv von Bildern an. Renate Riemeck saß in dieser Zeit meist in ihrem Arbeitszimmer und schrieb Artikel, Bücher und Vortragsmanuskripte. Doch mehrmals am Tag kam sie bei Holde und uns vorbei, um sich an dem unverhofften Zwillingssegen zu erfreuen.

Der deutlichste Unterschied zwischen uns Zwillingen war der, daß ich besonders gern aß und schlief und ansonsten keinerlei Probleme machte, weshalb ich von Holde das »Normalbobbele« genannt wurde, während meine Schwester immer nur das halbe Fläschchen austrank und schlechter einschlief, dementsprechend weniger wog und trotzdem immer hungrig guckte, weshalb Holde sie liebevoll das »Vögelchen« nannte.

Die Operation

Wenige Tage nach unserem Umzug nach Gundelfingen wurde Ulrike Röhl in Hamburg operiert. Es wurde ein vergleichsweise harmloser Blutschwamm gefunden, der mit einer Metallspange, die im Kopf verblieb, abgeklemmt wurde. Diese Diagnose war für alle eine große Erleichterung. Ulrike Röhl hatte danach allerdings noch länger mit den Folgen des Eingriffs zu kämpfen, denn nach der mehrstündigen Operation litt sie weiter unter heftigen Kopfschmerzen.

Erst nach langen Tagen, in denen kein Schmerzmittel zu helfen schien, begann sich ihr Zustand zu bessern. Dann aber fiel sie in einen Wochen andauernden Müdigkeitszustand – sie selber nannte diese Zeit ihre »Plemplem-Phase«, so Klaus Röhl, in der ihre Orientierung und Koordination nicht immer reibungslos funktionierten. Sie klagte darüber, alles doppelt zu sehen, ein völlig normales Zwischenstadium auf dem Weg zur Heilung, wie ihr die Ärzte versicherten. Nach ein paar Wochen normalisierte sich ihr Zustand. Sie blieb dann aber noch länger im Krankenhaus und war natürlich erschöpft.

»Ich kann kranke Frauen auf den Dood nicht ausstehen«, scherzte Klaus Röhl – ein Spruch, den seine Frau, deren Stärke Humor ohnehin nicht war, wahrscheinlich nicht besonders komisch fand. Zumal mein Vater dies, wie alles, was er sagte, natürlich ernst meinte, wie er in solchen Fällen stets mit großem Gestus betonte. Das war seine Art von Ironie und Schicksalsbewältigung: denn tatsächlich ist Klaus Röhl immer ein ganz besonders aktiver Krankenpfleger gewesen.

Klaus Röhl besuchte seine Frau täglich, gab an ihrem Krankenbett den Spaß- und Gute-Laune-Macher und brachte Freunde wie den Lyriker Peter Rühmkorf und dessen Frau Eva zum Skatspielen mit. Bekannt ist, daß Ulrike Röhl noch als Rekonvaleszentin schon wieder zur Schreibmaschine griff und vom Krankenbett aus ihren ersten Artikel nach der Operation für KONKRET schrieb. Böse Zungen haben gern behauptet, ihr Mann habe sie gezwungen, so früh wieder zu schreiben. Andere gehen davon aus, daß sie selber nach der Schreibmaschine verlangte. Wahrscheinlich war ihr eigenes Verlangen danach sogar besonders rigoros. Weder hatte sie selber allzuviel Verständnis für Krankheit, noch hatte sie die geringste Lust, etwas anderes zu tun als zu schreiben und politisch aktiv zu sein. Mit Macht drängte es die im Krankenhaus 28 Jahre alt gewordene ehrgeizige Ulrike Röhl wieder in die Redaktion, zurück zu ihrer Arbeit.

Ulrike Röhl stand in diesen Jahren am Beginn einer steilen Karriere als Journalistin, so daß man ihre Ungeduld verstehen kann. Sie fühlte sich zu Höherem berufen und wollte zurück an die Arbeit, zumal sie sich der Machtkämpfe in der Zeitung bewußt war und verhindern wollte, daß andere Mitarbeiter die Baby- und Krankheitspause ausnutzten, um selbst an den begehrten Chefredakteursposten zu gelangen. Nicht ganz falsch ist wohl auch die Analyse von Klaus Röhl, daß sie nach der Kopfoperation sich und den anderen beweisen wollte, daß sie noch schreiben und denken konnte. So verfaßte sie im Krankenhaus einen Artikel über die von der damaligen Regierung geplanten Notstandsgesetze und demonstrierte damit, daß sie wieder auf dem Posten war. Sie entschied sich damit für ein Thema, das ihr geläufig war. Das eigentliche innenpolitische Thema des Herbstes 1962, die *Spiegel*-Affäre, die ihr als Chefredakteurin und Zuständige für das Ressort Deutschland unter normalen Umständen ganz gewiß in den Fingern gejuckt hätte, mußte sie für sich ganz ausfallen lassen. In KONKRET wurde die *Spiegel*-Affäre vom Redakteur Hans Stern und von dem Rechtsanwalt Heinrich Hannover sowie von Klaus Rainer Röhl selber ausführlich behandelt.

Weihnachten 1962 verbrachte Ulrike Röhl noch im Krankenhaus; nach den Feiertagen wurde sie nach Hause entlassen. Eine Woche später, an einem grauen, verregneten Januartag, brachte ›Tante‹ Holde uns Kinder nach Hamburg zurück und sollte dort noch ein Weilchen die Kinderpflege fortsetzen. Unter ihrer anhaltenden Fürsorge waren wir Babys ein munteres Zwillingsteam geworden. Meine Mutter hatte eine starke Erkältung und trug bei der Begrüßung einen weißen Mundschutz, um ihre Kinder nicht gleich am ersten Tag anzustecken, was Holde, wie sie mir später erzählte, ganz entsetzlich fand, denn ihrer Ansicht nach wäre es in diesem Fall besser gewesen, man hätte mit der Übergabe noch ein wenig gewartet.

Vom ersten Tage an gab es Spannungen zwischen Holde und Ulrike. Ich glaube, daß eine gewisse Eifersucht im Raum stand, wer denn nun die bessere Mutter sei und den Kindern näherstünde. Für Holde war es schmerzhaft, die liebgewonnenen Babys, die sie nun schon ganz gut kennengelernt hatte, wieder abzugeben, auch wenn ihr bewußt war, wie sie oft sagte, daß die »Kinder zur Mutter gehören«. Ulrike Röhl dagegen konnte es wohl nur schwer ertragen, daß Holde ihr in jeder Hinsicht bei der Versorgung der Babys überlegen war und ihr obendrein auch noch Ratschläge erteilen wollte.

Klaus Röhl stand bei diesem »Hennenkampf« als aufgeregter Hahn daneben und versuchte, beiden Frauen das Wickeln, Füttern und Baden, so wie er es noch von seiner Tochter aus erster Ehe kannte, vorzuführen. Das Ergebnis waren zwei schreiende Babys, die sich, gewöhnt an die Ruhe in Gundelfingen, wo alles in einem gewohnten Rhythmus ablief, in dem unorthodoxen, unordentlichen Haushalt der Röhls erst zurechtfinden mußten – meine Eltern waren und blieben zwei sich gegenseitig im Produzieren von Unordnung übertreffende »Schlunzbolde« (Ausdruck Klaus Röhl), und dementsprechend muß die Wohnung ausgesehen haben.

Nach wenigen Tagen spitzte sich die Situation so zu, daß Holde, obwohl sie zur Unterstützung vier Wochen bleiben wollte, Hamburg schon nach Ablauf einer Woche wieder verließ und Ulrike und Klaus mit dem Problem, zwei kleine Kinder zu versorgen, alleine blieben. Lange hielt das Mutterglück nicht an. Nur mit einer Gewaltanstrengung war es Ulrike Röhl möglich, den Anforderungen des Tages, die sie vor allem an sich selbst stellte – Klaus Röhl bietet ihr zwar an, ihre Arbeit in der Redaktion vorerst zu übernehmen, was sie aber ablehnt –, zu genügen. Obwohl sie nach dem langen Krankenhausaufenthalt noch immer der Ruhe und Erholung bedurfte – so sah es jedenfalls mein Vater, der seine Frau auch gerne einmal für sich gehabt hätte –, wollte sie zeigen, daß sie alles auf einmal konnte, daß sie nicht nur die beste Chefredakteurin, sondern gleichzeitig auch die beste Mutter sei. Gemäß Renate Riemecks Grundsatz, daß man in Krisenzeiten die »Zähne zusammenbeißen muß«, beißt sie sich durch – koste es, was es wolle.

Knapp zehn Jahre später, 1972, als sie als Terroristin im Gefängnis sitzt, schreibt meine Mutter über diese Zeit nach der Kopfoperation ihrem Anwalt Heinrich Hannover:

> »Kurz und gut: Daß eine Gehirnkiste Folgen hätte – ist ein Vorurteil dieser Gesellschaft. Sie hat Folgen, wenn die Betroffenen das Vorurteil verinnerlicht haben und die Anstrengungen, wieder ganz hoch zu kommen, nicht unternehmen, sondern vor den Vorurteilen und Anstrengungen kapitulieren. Das habe ich <u>nicht</u> getan. Ich habe zwei Monate danach <u>Zwillinge</u> versorgt und Chefredaktion von KONKRET gemacht – nicht weil ich stark war, sondern weil ich wußte, daß ich nur <u>so</u> die Sache hinter mich bringe.«[3]

Noch vor Ablauf der geplanten vier Wochen, die Holde in Hamburg bleiben wollte, befanden meine Schwester und ich uns bereits wieder auf der Reise nach Gundelfingen, wo uns ein weiterer vierwöchiger ›Kuraufenthalt‹ gegönnt war. Doch meine Mutter kam auch in diesen Wochen nicht dazu, sich vollständig von der Operation zu erholen. Die gewonnenen vier Wochen nutzte sie aus, um wieder voll in ihre Arbeit einzusteigen und ihren Stand als Chefredakteurin zu festigen.

Die Zwillingswaage

Im Gegensatz zu dem ewigen Spaßmacher Klaus Rainer Röhl, der je nach Lebenslage entweder als Kasperle, Märchenprinz, Bösewicht, Verführer, alte Hexe, ewiger Geliebter, größter und wichtigster Chefredakteur der Welt, zweiter Tucholsky oder als Genie durchs Leben geht und oft gar nicht so genau zu wissen scheint, was zwischenmenschliche Beziehungen überhaupt sein könnten, war Ulrike Meinhof ein ernster, ideologisch bestimmter Mensch mit einer absoluten, nicht immer allen sympathischen Überzeugung von der eigenen Besonderheit. Mit missionarischem Eifer und großem Ernst wurden Menschen, denen die Journalistin begegnete, von ihr gerne pädagogisch behandelt und belehrt. Sie hinterließ bei vielen, mit denen sie beruflich zusammenkam, einen großen Eindruck und wollte mit ihren Artikeln und Rundfunksendungen wirken. Insofern standen beide Eltern in höchst unterschiedlichen Rollen eigentlich immer innerlich auf der Bühne und fanden kaum je zu wirklichem Privatleben.

Für meine Mutter stand in Sachen der Kindererziehung die Frage im Mittelpunkt, welches Kind das sozialere, hilfebedürftigere und »unterdrückte« Kind war – ihrer Ansicht nach Regine – bzw. welches Kind das kräftigere, selbstbewußtere, stärkere, also nach ihrer Auffassung das »dominierende« Kind war – ihrer Ansicht nach Bettina. Sie war von Beginn an eine scharfe Beobachterin jedes Zwillingsstreits mit dem Ziel, das jeweils schwächere Geschwisterkind zur Erhaltung der »Zwillingswaage« – ein häufig von ihr gebrauchtes Wort – tatkräftig zu unterstützen und jede Ungleichheit im Keim zu ersticken. Daß ich kurz nach der Geburt so proper gedieh und meine Schwester auf der Körperwaage überholte, löste bei ihr erstes Mißtrauen und Gegenmaßnahmen aus, als müsse nicht nur meine Schwester mehr aufgepäppelt werden, sondern ich quasi gerechtigkeitshalber etwas in meiner Entwicklung gedämpft, damit die Zwillingswaage auf Gleichstand bliebe.

Auch später hatte ich manchmal den Eindruck, daß sie die Utopie der kommunistischen Gerechtigkeit, die sie idealisierte, gern an ihren Kindern erproben und verwirklichen wollte. Dabei nahm sie offenbar modellhaft an, daß es grundsätzlich ein »stärkeres« (negativ: egoistisch; positiv: durchsetzungsstark, gut für die Revolution) und ein »schwächeres« Kind (positiv: sozial; negativ: zu angepaßt, nicht gut für die Revolution) geben müsse und daß man das stärkere Kind dahingehend erziehen müsse, immer alles mit dem schwächeren zu teilen; das Schwächere sollte sich gegen das Stärkere durchsetzen und in »permanenter Revolution« immer seinen Anteil auch von dem stärkeren Kind verlangen. So erklärte sie es uns später häufig.

Klaus Röhl hatte ein anderes Steckenpferd. Bei ihm war wichtig, welches Kind das »hübschere« und welches das »intelligentere« sei. Ein Dauerbrenner, der ihn noch Jahre beschäftigte und der mit zu meinen allerersten bewußten Erinnerungen überhaupt gehört. Ich sei zwar hübscher als Regine, sagte mein Vater bald fast täglich zu mir – angeblich schon auf dem Wickeltisch –, aber dafür sei Regine die »Intelligentere«. Meine Mutter regte sich über diese Sprüche ziemlich auf. Sie hielt ihm vor, daß so ein Gerede für die Kindesentwicklung schädlich sei, und versuchte, diesem negativen Einfluß gegenzusteuern, indem sie sagte: Regine ist *auch* hübsch, Bettina ist *auch* intelligent, dann aber wieder betonte, daß es auf beides nicht ankäme.

Einig waren sich meine Eltern darüber, daß Regine die Nase von »Klaus« und überhaupt »Papis« Gesicht habe, weshalb sie eine echte »Röhlsche« sei, während Bettina »der Meinhofschen Großmutter« und »Mami« ähnlich sähe, weshalb ich die »Meinhofsche« genannt wurde. Eingeprägt hat sich bei mir vor allem der Ausdruck: »Regine ist röhlsch«, wobei ich nicht verstanden hatte, daß der Ausdruck »röhlsch« von Röhl kam, sondern es für irgendeine, mir unbekannte Eigenschaft hielt. Als mich einmal – wir waren noch sehr klein – auf dem Spielplatz Kinder fragten, ob wir evangelisch oder katholisch seien, sagte ich ausweichend: »Was ich bin, weiß ich nicht, aber meine Schwester ist röhlsch.«

Ulrike und Klaus Röhl, die ich nun allmählich als meine Eltern kennenlernte, waren damals leidenschaftliche Hobbypsychologen, wobei neben Freud auch Rudolf Steiner (Ulrike Meinhof) und heidnische Mythen (Klaus Röhl) eine Rolle spielten. In einem wahrhaft fürchterlichen Cocktail von Psychozutaten hatten unsere Eltern uns Zwillinge schon nach wenigen Monaten perfekt durchanalysiert, so daß meine Schwester und ich, die wir noch nichts von unseren tieferen Charaktereigenschaften, Vorzügen und Schwächen ahnten – beide jedoch mit »Ulrikes«, wie es immer hieß, großen braunen Augen –, nur staunend beobachten und lernbegierig aufnehmen konnten, was die Eltern bald zur Wahrheit reden sollten.

Klaus Rainer Röhl, der also, von meiner Mutter leicht korrigiert, bald überall davon schwärmte, daß er die »hübschesten und intelligentesten Töchter« habe, nahm uns – trotz seiner Distanz siebten Grades zu sich selber und der Welt – als Vater irgendwie selbstverständlich an, auch wenn er sich für uns, was er häufig sagte, in den ersten Lebensjahren nicht so sehr interessierte. »Mit Kindern«, so sein oft wiederholter Spruch, »kann ich erst etwas anfangen, wenn sie sprechen können und man mit ihnen Skat oder Fußball spielen kann.«

Meine Mutter dagegen schien ihre Kinder vor allem als neue Arbeit und Aufgabe, als Versorgungsfall und als Erziehungsobjekte wahrzunehmen. Die Röhlschen Verwandten, die sie bei der »Kindererziehung« erlebten, haben ihr immer zugute gehalten, daß sie sich bemühte, eine gute Mutter zu sein. Doch dieses Bemühen wirkte oft angestrengt, da meine Mutter demonstrativ auf jedes Bedürfnis von uns einging und schon bevor die Kunde von Summerhill Deutschland erreichte, ihre Kinder antiautoritär und psychologisch richtig zu erziehen versuchte. Holzklötzchen statt Plastikspielzeug, echte Babybreie statt Alete – daran hielt sie sich in ihrem kleinen Häuschen in Lurup in der schwarzgekachelten Küche strikt, während mein Vater in seinem Arbeitszimmer, im sogenannten »Renaissance-Zimmer«, saß und Zeitung las. Ihre Maxime war es, den Kindern jeden Willen zu lassen, niemals autoritär herumzukommandieren. Wenn wir heißen Kakao wollten, machte sie Kakao. War der Kakao fertig und wir wollten lieber kalte Milch, gab's kalte Milch. Und wenn die auch nicht recht war, dann doch lieber Kakao oder Tritop oder gar nichts, bis alles im Geheule beider Zwillinge und dem verzweifelten Geschimpfe von Ulrike Röhl unterging. Nach so einem Theater, bei dem sie sich verausgabt hatte, war ihr Versorgungsinstinkt dann auch erlahmt, und sie war froh, wenn ein Kindermädchen uns übernahm.

Keine Taufe

Getauft wurde ich nicht, obwohl Klaus Röhl, der selbst eingeschworener Atheist in dritter Generation war und ist, nur allzugern eine Taufe für »die Babys«, wie er uns weiterhin nannte, veranstaltet hätte. Er malte sich – wie er betont: nur zum Spaß – ein regelrechtes Medienspektakel im Hamburger Michel mit »namhaften Friedenspfarrern« aus, bei dem der berühmte Dr. Martin Niemöller, der Friedenspfarrer Herbert Mochalski und der konservative Hamburger Theologe Prof. Herbert Thielicke, den er persönlich kannte, auf drei verschiedenen Kanzeln, so die Idee, für den Frieden und gleichzeitig für seine Zwillinge predigen sollten. Ulrike Röhl lachte pflichtgemäß über den Scherz, lehnte aber solche Pläne, die heute modern wären, strikt ab.

Der Widerstandskämpfer Martin Niemöller, der lange Jahre unter den Nationalsozialisten im Konzentrationslager gesessen hatte und sich seit 1950 intensiv, wie auch Pfarrer Mochalski, gegen die Wiederbewaffnung der westdeutschen Bundesrepublik einsetzte, war wie Letzterer Anhänger der Bekennenden Kirche und Urvater der sich in den fünfziger Jahren um Gustav Heinemann gruppierenden Opposition gegen den damaligen Bundeskanzler Konrad Adenauer gewesen. Politisch waren sie damit den Kreisen zuzurechnen, denen sich Ulrike Meinhof und ihre geistige Ziehmutter Renate Riemeck zugehörig fühlten. Doch den abenteuerlichen Gedanken, aus einer Taufe eine politische Friedenstaufe zu machen, deren Ergebnisse man am Ende in der Zeitschrift KONKRET veröffentlichen würde, fand sie absurd. Opulente Feiern, wie sie Klaus Röhl vorschwebten, auch wenn er sie, wie gesagt, nur »zum

Spaß« vorschlug, waren ihre Sache nicht. Obwohl früher Christin gewesen, war es also eher meine Mutter, die jede Taufe ablehnte. Es reichte, wenn die Kinder Namen bekamen; darüber hinaus war eine Taufe überflüssig. Die Kinder sollten nicht vom »Opium des Volkes« (Marx) vergiftet werden. So jedenfalls drückte sie sich später ihren Kindern gegenüber aus.

So unterschiedlich wie in ihren Vorstellungen über eine Taufe ihrer Kinder waren meine Eltern auch in allen anderen Lebensfragen. Die ›Methode Klaus Rainer Röhl‹, Wortinhalte und Ideen in der von ihm so genannten »Ironie dritten Grades« anzuschneiden – und das mit einem unschuldig-schwärmerischen Gesichtsausdruck, bei dem stets offenbleibt, ob er selber eigentlich weiß oder gar meint, was er sagt –, ist gewiß die größte Begabung Klaus Röhls und machte und macht ihn zu einer Art Hofnarren der Kaiserklasse, von dem bis heute nicht bekannt ist, ob er auch zu einer ›normalen‹, unauffälligen Konversation fähig ist.

Ulrike Röhl geb. Meinhof muß in Klaus Röhls Anwesenheit angesichts der eigenen Schwere durch sein spielerisches Wesen Entlastung gespürt haben; seine absolute Unverbesserlichkeit machte jedes Missionieren zwecklos oder aber zur Lebensaufgabe. Klaus Röhl seinerseits schätzte ihre Ernsthaftigkeit, ihre Bewunderung für ihn, ihren Fleiß, ihre Durchsetzungsfähigkeit als Chefredakteurin und ihre absolute Loyalität. In dem Maße, in dem sie mit ihrer Intensität Menschen beeindruckte, mit dieser Fähigkeit auch die Zeitung zu leiten verstand, Erfolge erzielte und nach außen hin als die starke Frau auftrat, konnte er der Spaßmacher bleiben, der nicht allzuviel Verantwortung fühlte.

Wenn es überhaupt in ihrer Ehe und im gemeinsamen Berufsleben für eine Weile funktionierte, lag dies wohl an der großen Flexibilität von Klaus Röhl, der leicht nachgeben kann, sowie an dem klaren autoritären Willen von Ulrike Röhl, mit dem sie sich fast immer durchsetzte. Es lag allerdings auch an ihrer Leidensfähigkeit, mit der sie persönliche Querschüsse von seiten ihres Ehemannes immer wieder erduldete. Gegen Klaus Röhls Glanznummer ›Dr. Jekyll und Mr. Hyde‹, in welcher er seinen Charakter sekundenschnell verändern und sich vom hinreißenden, liebevollen Klausi in den eiskalten Röhl verwandeln kann, kam selbst ein Schwergewicht wie Ulrike Meinhof, die einiges einstecken konnte und die lange den »guten Kern« in ihm liebte, auf die Dauer nicht an. Oder war es umgekehrt? Kam Röhl auf die Dauer doch nicht mit dem oft schweren und kompromißlosen Wesen von Ulrike Meinhof zurecht und suchte sich deshalb andere Frauen?

Die Partei

Der Rosenstrauß, den die seit dem 17. August 1956 in der Bundesrepublik illegale Kommunistische Partei Deutschlands (KPD) meinen Eltern zu unserer Geburt schickte, war nicht nur ein leeres Symbol: Beide waren zum Zeitpunkt meiner Geburt Mitglied dieser verbotenen Partei. Es versteht sich von selbst, daß niemand außer den »Genossen« davon wußte, stellte die Mitgliedschaft in der KPD für Bürger der Bundesrepublik doch einen Straftatbestand dar.

Als ich nach dem *Spiegel*-Titel »Unsere Mutter – Staatsfeind Nr. 1«[4], den ich 1995 auf Wunsch von Stefan Aust über meine Verschleppung durch die »Rote Armee Fraktion« (RAF) nach Sizilien und über meine Mutter geschrieben hatte, von verschiedenen Seiten aufgefordert wurde, ein Buch über mein Leben und meine Erinnerungen zu schreiben, begann ich mich mit der Geschichte der Zeitschrift KONKRET zu beschäftigen. Ich wußte zum damaligen Zeitpunkt von dem kommunistischen Hintergrund meiner Eltern nur wenig. Daß sehr viele Menschen aus dem Umkreis der Zeitschrift KONKRET Kommunisten waren oder als Linke galten, war so selbstverständlich für mich, daß ich es kaum für beschreibenswert hielt. Als ich das Buch meines Vaters 1982 das erste Mal las, war ich amüsiert. Alles graue Vorzeit, so meine damalige Reaktion.

Erst der Fall der Mauer, den ich sehr intensiv miterlebte, und das damit verbundene Hervortauchen der Ex-DDR aus dem Schatten des verschlossenen Eisernen Vorhangs, machten mir bewußt, daß auch mein Leben etwas mit dem Kommunismus der DDR zu tun hatte und daß meine Eltern mit ihrer Zeitschrift KONKRET eine Schlüsselrolle beim Aufbau des Kommunismus in Westdeutschland gespielt haben. Bewußt wurde mir auch, daß Ulrike Meinhof, lange bevor sie 1970 in den Untergrund ging und bis zu ihrem Tod, vor allem Kommunistin gewesen war und dies nicht nur in ihrem Parteibuch. Der Kommunismus war ihre große Leidenschaft, ohne die ihr Tun wohl kaum zu erklären ist.

Es war auch unter historischen Gesichtspunkten spannend für mich, tiefer einzusteigen und zu recherchieren. Ich stellte fest, daß die Geschichte der Zeitschrift KONKRET und die Geschichte meiner Eltern ein Stück bundesrepublikanische und DDR-deutsche Geschichte waren, die mich ganz direkt betraf.

Was bedeutete es also 1962, zwei illegale kommunistische Eltern zu haben? Es bedeutete regelmäßige harte Entbehrungen und Angst. Was bedeutete es, zwei von Ostberlin hofierte Westkommunisten als Eltern zu haben, die eine Avantgarde-Zeitschrift machten, die vom SED-Staat als wichtiges Instrument der Agitation und bundesrepublikanischen Destabilisierung angesehen wurde? Es bedeutete zum Beispiel, daß meine Eltern jeden Monat 40 000,– DM bar auf die Hand aus Ostberlin bekamen und einen Haufen Privilegien dazu. Geld spielte also in meiner Familie zur Zeit meiner Geburt keine Rolle, denn mit dem Geld aus Ostberlin finanzierten meine Eltern ihre Zeitschrift KONKRET und ihren bescheiden-flotten Lebensstil. So gesehen wurde ich geradezu als Sterntaler geboren. In Ostberlin, woher meine Eltern ihr monatliches Geld bekamen – nach damaligem Wert ein kleines Vermögen –, hatte die illegale westdeutsche KPD ihren Hauptsitz bezogen. Meine Eltern hatten dafür Sorge zu tragen, daß in KONKRET eine prosowjetische Linie mit klarer Ausrichtung gegen die Bundesrepublik Deutschland vertreten wurde. Sie fuhren häufig nach Ostberlin zur »Einschätzung«, also zur ideologischen Überprüfung durch die Partei. Natürlich wurde auch abgefragt, ob sie denn ihre ›Schularbeiten‹ – jeweils zur Zufriedenheit der Partei – erledigt hätten.

Sicherheit konnten meine Eltern ihren gerade geborenen Kindern nicht bieten. Als Illegale mußten sie in diesen Jahren bei Entdeckung mit einer sofortigen Inhaftierung und dem Verlust ihres Einkommens rechnen. Ich wuchs also bei Eltern auf, die innerhalb der wirtschaftlich und gesellschaftlich erblühenden Bundesrepublik der fünfziger und sechziger Jahre eine verheimlichte Gegenposition zu diesem Staat einnahmen, für den Umsturz dieses Systems kämpften, lebten und schrieben und sich zumindest damals in einer nach außen hin kaschierten Außenseiterposition befanden.

Später fragte ich mich, wie es eigentlich dazu kam, daß meine Eltern, die beide in bildungsbürgerlichen Familien aufgewachsen waren, sich wenige Jahre nach dem Zusammenbruch des Dritten Reiches erneut für eine Ideologie und eine Diktatur – diesmal für die Diktatur des Arbeiter-, Bauern- und Soldatenstaates der Sowjetunion[5] – entschieden hatten. Warum begeisterten sie sich nicht für die Demokratie und für die soziale Marktwirtschaft, die sie doch selbst nicht ungern nutzten, oder eben auch für die Bundesrepublik insgesamt mit all ihren Stärken und Schwächen? Warum halfen sie nicht mit, diesen erst wenige Jahre alten Staat gegen jede Gefahr erneuter Extremisierung zu schützen? Spätestens 1956, auf dem XX. Parteitag der Kommunistischen Partei der Sowjetunion (KPdSU), waren, von Chruschtschow im Zuge der ersten Entstalinisierungswelle in diesem Rahmen offiziell bestätigt, die Verbrechen Stalins bekannt, die schon vorher durch die sogenannten

Renegaten im Ausland und mit hoher Wahrscheinlichkeit auch durch Geheimdienste an die Öffentlichkeit gedrungen waren. Wie kam es, daß meine Eltern dieses Wissen ignorierten? Weshalb und wann wurden meine Eltern zu Gegnern dieser Gesellschaft?

2. Die Gründung der Zeitschrift KONKRET, 1955

»Sind Sie eigentlich Kommunist?«

»Wie und warum bist du eigentlich Kommunist geworden?« Dies war die Frage, die ich Klaus Rainer Röhl zum ersten Mal im Dezember 1996 stellte. Klaus Röhl auf diese konkrete Frage: »Weil ich ernsthaft daran glaubte …« »Weil ich glaubte, daß Chruschtschow einen besseren Sozialismus, einen Sozialismus mit menschlichem Antlitz einführen würde.« »Weil die kommunistischen Genossen mich damals davon überzeugten, daß ich nur ein armer Kleinbürger war, und weil mir der Klassenstandpunkt einleuchtete.« »Weil ich als gebürtiger Danziger mich nach einer Wiedervereinigung sehnte.« Und seine Lieblingsbegründung: »Weil ich provozieren wollte. Als die Partei 1956 verboten wurde, bin ich noch am selben Tag Mitglied der KPD geworden.«[1]

Danzig, die Röhls und die Neumanns

Meine Großeltern Frida und Hansulrich Röhl, beide Anfang des letzten Jahrhunderts 1906 und 1903 geboren, kamen aus Danzig, heute Gdansk in Polen. Sie waren 1945 vor den Russen nach Niedersachsen geflohen und fanden schließlich in Stade bei Hamburg eine neue Heimat.

Meine Oma Frida Röhl entstammte der Korbmacherfamilie Neumann, die drei schmale Stadthäuser im Zentrum Danzigs zwischen dem alten Rathaus und dem Arthushof bewohnte und bewirtschaftete. Die Eltern meiner Oma – Helene und Walter Neumann – verkauften in ihrem Geschäft Rattanmöbel, Strandkörbe und vor allem Kinderwagen, die sie im eigenen Betrieb herstellten. Walter Neumann durfte sich »Kaiserlicher Hoflieferant«

nennen; er hatte für den deutschen Kronprinzen die Korbmöbel für dessen Sommerresidenz geliefert. Mein Ururgroßvater Gustav Neumann hatte das Geschäft 1875 gegründet. Meine Oma Frida und ihre vier Geschwister Eva, Günter, Heinz (nach 1945 in Rußland vermißt) und Rudi (im Zweiten Weltkrieg als Pilot abgestürzt) hatten das Lyzeum bzw. das Gymnasium besucht. Frida und ihre Schwester Eva (Fridchen und Evchen) gingen mit 14 Jahren zur Tanzstunde, wo die beiden jungen Damen nicht wenige Verehrer hatten. Nie hörte meine Oma auf, davon zu schwärmen, wie sie als »junges Mädchen« mit ihrer Schwester im Sonntagsstaat Anfang der zwanziger Jahre auf dem »Langen Markt« in Danzig entlangflaniert war. Natürlich halfen die jungen Mädchen nachmittags im Korbgeschäft. Meine Oma hat immer ihre etwas ältere Schwester Eva bewundert und neidlos anerkannt, daß diese der Schwarm der Schule und des Langen Marktes war. Die beiden Schwestern haben ihr Leben lang ein tolles und enges Verhältnis gehabt.

Lilo, die knapp sieben Jahre jüngere Kusine von Klaus Röhl, war die Tochter von Eva, der älteren Schwester seiner Mutter Frida. Sie erinnert sich an ihre Kindheit: »Meine Mutter Eva war die älteste Neumann-Tochter und die Patentante von Klaus. Er war ihr ein und alles und hing sehr an ihr. Die Neumanns waren hochangesehene Bürger von Danzig. Unser Opa Walter Neumann hatte erst drei, später zwei Häuser am Langen Markt mit historischen Giebeln. Wir Enkel, also auch Klaus, Peter und ich, schwangen uns immer kunstvoll und ungefährlich an einem Lederstrang, der von oben bis unten zum Festhalten gedacht war, um die runde Treppe. Ganz unten im Haus war die Werkstatt von Onkel Paul, der ewig bei Neumanns angestellt war und die von Opa Walter entworfenen Korbmöbel anfertigte. Zwischen dem Geschäft und der Werkstatt gab es ein Sprachrohr, durch das die Bestellungen gerufen wurden. Nach jedem Essen in dem grüngetäfelten Wohnzimmer – Opa Walter thronte immer auf einem kunstvollen, grünen Korbsessel – gab es für uns Kinder Konfekt aus dem berühmten Geschäft Mix am Langen Markt. Oma Lene, Walters Frau, kam aus einer sehr guten Familie. Ihre Eltern hatten in Danzig eine Kartonagenfabrik. Sie war lebenslustig, resolut und wie geschaffen für den stillen Opa Walter. Neumanns Korbgeschäft belieferte alle Strände mit Strandkörben. Und die Kinderwagen gingen prima. Ein Werbespruch lautete: ›Das Baby lacht vor Wohlbehagen, liegt es in Neumanns Kinderwagen.‹ Die Neumanns besaßen eine Dauerloge im Danziger Theater. Opa Walter war ein Künstler. Er entwarf alle Möbel selbst. Da Danzig die Sommerresidenz des Kaisers und des Kronprinzen war, erhielt Opa Walter den Auftrag, die große Veranda mit seinen Korbmöbeln auszustatten. Der

Haushofmeister erschien persönlich bei ihm und holte ihn ab, damit er die besagte Veranda in Augenschein nehmen konnte. Doch seine Kaisertreue sollte ihn viel kosten. Im Ersten Weltkrieg zeichnete er als Patriot den Wert seiner Häuser – damals 300 000 Golddukaten – als Kriegsanleihe, half also dem Kaiser, den Krieg zu finanzieren. Das war dann mit dem verlorenen Krieg 1918 alles weg. Die Neumanns durften jedoch die Häuser weiter nutzen, und das Korbgeschäft lief gut, das kannte jeder in Danzig.«[2]

In den zwanziger Jahren veranstalteten die Neumanns Musiknachmittage, sogenannte Kränzchen, bei denen die Familie zusammensaß, spielte und sang. Zu einer der Musikrunden bei den Neumanns kam eines Tages ein junger Mann, der gerade eine Ausbildung zum Lehrer machte – ein Verehrer von Frida. Hansulrich Röhl wirkte mit seinen 24 Jahren erwachsen und gebildet, worauf die Neumanns natürlich großen Wert legten. Er verstand es, humorvoll zu erzählen und die ganze Gesellschaft mit Anekdoten zu unterhalten. Bald hielt er um Fridas Hand an. Im Dezember 1928 kam Klaus Rainer Röhl zur Welt.

Tante Lilo: »Als Oma Lene, die Hansulrich als kleinen Dorfschullehrer und armen Schlucker für ihr Fridchen nicht gerade mit Begeisterung sah, erfuhr, daß Klaus unterwegs war, ehe noch die Ehe geschlossen war, ging sie schweigend in ihr Wohnzimmer, ergriff eine kostbare chinesische Vase und zerschmetterte sie auf dem Boden.«

Hansulrich Röhl stammte aus Bütow in Hinterpommern, gar nicht weit von Danzig. Sein Vater Hugo Röhl war der erste Journalist in unserer Familie: Er war Gründer, Herausgeber und Chefredakteur des *Bütower Boten*. Doch verlor er in einem Rechtsstreit gegen die Evangelische Kirche (den er am Ende nach langen Jahren in letzter Instanz vor einem Berliner Gericht dann doch noch gewann) während des Prozessierens alles: die Zeitung und sein Geld. Seit diesem Streit waren die Röhls eingefleischte Atheisten. Hansulrich wurde wie sein Vater Hugo Freimaurer.

Mein Großvater Hansulrich Röhl schrieb in den dreißiger Jahren neben seiner Lehrtätigkeit rührende Herzens- und Liebesdramen als Hörspiele, die in Danzig und im ganzen »Reich« im Rundfunk ausgestrahlt und von prominenten Sprechern gesprochen wurden, unter anderem von Heinrich George, Gustav Knuth, Bernhard Minetti und Kate Kühl. 1940 zum Kriegsdienst eingezogen, ließ sich Hansulrich Röhl bald darauf wegen einer kleinen Verwundung und eines Magenleidens »nicht kv« (nicht kriegsverwendungsfähig) schreiben. Die nächsten Jahre blieb er also zu Hause und war neben seinem Beruf als Lehrer zusätzlich als Büchereidirektor eingesetzt.

Frida und Hansulrich lebten mit ihrem »Kläuschen« in dem Danziger Vorort Langfuhr. Hier ging Klaus Röhl auf das Conradinum, wo schon sein Vater das Abitur gemacht hatte und wo zur selben Zeit auch der heutige Ehrenbürger Danzigs Günter Grass die Schulbank drückte. Meine Großeltern Frida und Hansulrich Röhl überstanden mit ihren Kindern – nach Klaus Rainer waren noch zwei kleinere Geschwister, Peter und Rosemarie, dazugekommen – den Krieg einigermaßen gut.

Erst gegen Ende des Kriegsjahres 1944 wurde Hansulrich Röhl erneut eingezogen, als es hieß: Alte und Kinder ans Gewehr. Er wurde einer sogenannten Magenkompanie zugewiesen, in der es besseres Essen gab. Auch sein ältester Sohn Klaus kam in ein Wehrertüchtigungslager, in dem die 15- bis 16jährigen in einer kurzen Fortbildung auf ihren Einsatz an der Front vorbereitet wurden.

Meine Oma, allein mit ihren beiden kleinen Kindern Peter und Rosemarie in Danzig zurückgeblieben, mußte sich in dieser Zeit des Zusammenbruchs und der nahenden Roten Armee selber helfen. Ihr wurden Schiffskarten für die Gustlow geschenkt, für das Flüchtlingsschiff, das wenig später untergehen sollte. Günter Grass hat in seinem Buch *Im Krebsgang* das Schicksal der Flüchtlinge auf diesem Schiff beschrieben. Frida Röhl wäre auch mit dem Schiff gefahren, wenn sie als waschechte Hanseatin nicht Angst vor der Seefahrt gehabt hätte. Kurz vor der Abfahrt verkaufte sie ihre Karten und flüchtete mit dem Zug. Von dieser Flucht in den Westen, von ihrer Angst vor den Russen und den überfüllten Zügen, hat mir meine Oma manchmal erzählt. Es verschlug sie in das kleine Bauerndorf Engelschoff in Niedersachsen, wo sie ein paar Monate später mit ihrem Mann und ihrem Sohn Klaus wieder zusammentraf und wo sie alle das Kriegsende erlebten.

Hansulrich Röhl war Mitglied der NSDAP gewesen und gehörte zu den Millionen von opportunistischen Mitläufern des Naziregimes. Über ihr Wissen um die Verbrechen der Nazis habe ich von meinen Großeltern nur andeutungsweise etwas gehört. Nein, das habe man nicht gewußt, vielleicht mal was geahnt, aber nicht gewußt. Ich habe mit meinen Großeltern Röhl nur sehr wenig über die Kriegszeit gesprochen. Sie sprachen eher über die dramatische Flucht und über die Neumanns, die Eltern meiner Oma Frida, die Danzig nicht verlassen mochten. Die Häuser und das Geschäft, dessentwegen sie geblieben waren, wurden in den letzten Kriegstagen durch Brände zerstört. Urgroßvater Walter wurde interniert, und Urgroßmutter Lene Neumann wurde als alte Frau, mit sechzig Jahren, vergewaltigt – aber über diese schlimmen Dinge sprach man nicht. Walter Neumann starb während der

Internierung, Lene Neumann arbeitete als Putzfrau bei einem polnischen Arzt, der die Wohnung von Frida und Hansulrich Röhl in Langfuhr übernommen hatte, und siedelte schließlich doch nach Westdeutschland über, wo sie noch einige Jahre bei ihrer Tochter Eva in Lübeck lebte.

Auch der Bruder meiner Oma, Günther (Onkel Günnus), und seine Frau Ilse, über die außer dem bekannten »Ilsebilse keiner willse« auch noch der Spruch geprägt wurde »Ilschen sitzt auf dem Sofa und nimmt übel«, lebten mit ihrer Tochter »Ginchen lieb« nun in Hamburg. Tante Traute, die Witwe des im Krieg gefallenen Bruders Heinz, war mit ihren drei Söhnen (genannt »die Jüngelchen«) in Lübeck gelandet, und die Schwester meiner Oma, Großtante Eva Millauer, deren Mann kurz nach dem Krieg verstarb, lebte seit der Zeit mit ihrer Tochter Lilo ebenfalls in Lübeck.

Die Familien Röhl/Neumann trafen sich noch jahrzehntelang zu Geburtstagen, Weihnachten und anderen Anlässen im Kreis der Familie zum Kaffeetrinken und Feiern, und so habe ich die aus Danzig stammende Verwandtschaft mitsamt ihren Eigenarten und Vorlieben – dem selbstgemachten Heringssalat zu Weihnachten, den Königsberger Klopsen und den Wruken (Steckrüben) mit Gänseklein – noch etliche Jahre gut gekannt.

Es herrschte meist eine gemütliche, fröhliche Stimmung bei den Großeltern Röhl, die weniger auf Tradition, Leistung, berufliche Ambitionen oder große Namen Wert legten als vor allem auf die Familiengemütlichkeit, dies aber durchaus mit Stil. Ehrlichkeit war den Röhls wichtig, und wie es sich in einer Familie gehörte, in der schon der Großvater Journalist und Atheist gewesen war, legten die Röhls besonders viel Wert auf gute, unterhaltsame Gespräche. Es ging eigentlich in erster Linie darum, wer macht den dollsten Witz, bei dem sich alle anderen zum Teil schreiend kaputtlachten. Zynisch oder ironisch – das konnten die Röhls, wenn sie zusammenkamen, schon gelegentlich werden. Mit Bonmots wurde zwar verschmitzt lächelnd, aber ziemlich scharf geschossen und hart pariert. Aber es blieb ein Spiel, dem zuzuhören auch uns Kindern Spaß machte. Selten ging es dabei um Politik oder innere Ansichten und Einstellungen. Man psychologisierte zwar oberflächlich ein bißchen herum, aber tieferes Psychologisieren oder gar seelsorgende Gespräche waren den Röhls fremd. Statt zu philosophieren sagte man dem Bruder oder Schwiegersohn oder der Schwester doch lieber direkt und ehrlich und manchmal durchaus brutal ins Gesicht, was man sich so dachte, natürlich als Witzchen garniert. Das traf ohnehin besser, das hatte mehr Biß. Alles andere – Betulichkeit, Falschheit, Schönrednerei – konnte man, wie man bei den Röhls sagte, »auf den Dood nicht ausstehen«.

Diese lockere, herzliche Atmosphäre war entspannend und fröhlich. In der Familie gab es kein idealisiertes Gutsein noch den Druck, Doktorarbeiten schreiben zu müssen. Man dachte nicht übertrieben an Vergangenheit und Zukunft, sondern stand vielmehr geschäftig im Leben. In dieser Familie gab es weder besondere Bösmenschen noch besondere Gutmenschen, dafür mehrere Familienmitglieder, die Herzen brachen oder Partylaune verbreiteten und immer das aussprachen – wir sind ja so ehrlich! –, was andere Familien gelernt hatten gerade nicht auszusprechen.

Ulrike Meinhof liebte diese unprätentiösen Röhlschen Familienfeste, bei denen nicht gefragt wurde, was man gerade beruflich machte oder wie es um die Weltrevolution stand. Und sie war glücklich, in dieser Familie voll integriertes Mitglied und bei Opa Hansulrich Röhl sogar Lieblingsschwiegertochter zu sein. Die Schwiegertöchter mußten übrigens immer, so auch meine Mutter, Oma Frida in der Küche helfen, beim Abwaschen, beim Auf- und Abdecken und gelegentlich auch beim letzten Handanlegen an den Sonntagsbraten. Meine Mutter war ganz selbstverständlich dabei und genoss es, hier mal nicht die große Intellektuelle sein zu müssen.

Die Familie Röhl/Neumann trauerte noch in den sechziger und siebziger Jahren der verlorenen Heimat nach, die nun polnisch geworden war, und besonders um ihr schönes Danzig. Doch diese Sehnsucht war kein Kult, kein Konservieren und daher auch für uns Enkelkinder nicht belastend. Zwar sind meine Großeltern über den Verlust ihrer Heimat wohl nie wirklich hinweggekommen, aber ein Infragestellen der Verhältnisse gab es nicht. Sie trafen sich nie organisiert mit anderen Danzigern, obwohl mein Großvater Mitglied im Bund der Danziger war. Sie fuhren im Sommer häufig an die Ostsee, nach Malente und Travemünde, wo sie sich mit ebenfalls nach Westen geflüchteten Danziger Freunden von früher zum Kaffeetrinken trafen und die Ostsee nun vor Lübeck genossen. Erst im Alter fuhren meine Großeltern mit dem Schiff gern auch wieder nach Danzig. Am Ende besuchten sie es jeden Sommer einmal.

Klaus Rainer Röhl hat seine Kriegserfahrungen ausführlich in seinen eigenen Büchern beschrieben. Er schildert sich als eher schwächliches »Jungchen« (die Danziger hängten allem und jedem ein »chen« an, sie sagten sogar »ja-chen« und »nein-chen«, und sprachen von dem Omchen, dem Tantchen und gern auch von uns Zwillingen als dem Tinchen und dem Ginchen), das viel und oft von den Schulkameraden geärgert wurde. Klaus Röhl wurde spöttisch »Dichter« oder »Professor« genannt. Als er 1944 mit noch nicht 16 Jahren eingezogen wurde, war er nicht bei denen, die direkt an die Front geschickt wurden. Viele seiner Schulkameraden aus Danzig kamen damals ums Leben oder kehrten traumatisiert von den schrecklichen Erlebnissen an der Front zurück. Doch auch ihn verschlug es einige Tage an eine der grausigen Stätten des Krieges: in das KZ Stutthof, wohin er geschickt wurde, weil dort der einzige verfügbare Arzt für eine dringliche Abszeßbehandlung war. Er mußte dann als 15jähriger mit dem Gewehr in der Hand aufgehäufte Kohlköpfe bewachen und sah mit Entsetzen zum ersten Mal geschundene KZ-Häftlinge, nach seiner Einschätzung polnische und jüdische Intellektuelle und Kommunisten. Nach wenigen Tagen wurde er wieder nach Hause geschickt. Dann ging's im Januar 45 zur Kampfausbildung im Reichsarbeitsdienst und schließlich zu einer Wehrmachtseinheit in Schleswig-Holstein. Er hatte Glück, daß er als Jugend-Soldat nicht mehr zum Einsatz kam: der Krieg war zu Ende. Im niedersächsischen Mulsum, wo die Familie Röhl schließlich zunächst bei einem Bauern Unterkunft fand, war ein Jahr lang Landarbeit angesagt. 1948 fanden die Röhls ein neues Zuhause in Stade bei Hamburg.

Das eine oder andere Hörspiel von Hansulrich Röhl wurde nach dem Krieg noch im Rundfunk gesendet, dann verlor der Danziger, der in Stade viel zu weit ab vom Schuß lebte, den Kontakt zu den Funkleuten in Hamburg. Er wurde wieder Lehrer. Der älteste Sohn Klaus konnte wieder die Schule besuchen, die jüngeren Geschwister lebten sich in Stade ein, und 1947 bekam Klaus Röhl noch einen kleinen Bruder, Wolfgang Röhl, das vierte Kind seiner Eltern.

Mein Opa Hansulrich wurde bald Frührentner und ein bißchen griesgrämig; er korrigierte die letzten 20 Jahre seines Lebens jeden Brief, den er von meiner Schwester und mir bekam. Die kriegten wir gelegentlich mit Rotstift durchzensiert zurück, was wir ihm freundlich verziehen. Zu seinem Sohn Klaus Rainer sagte er regelmäßig: Klaus, du schleppst zwar tolle Frauen an, aber deine Bücher sind einfach schlecht. Allerdings standen alle Bücher seines ältesten Sohnes in Reih und Glied in der Mitte seines Bücherbordes. Meine Oma hingegen war der warme Mittelpunkt der Familie. Sie kümmerte sich unermüdlich um ihre erwachsenen Kinder, hörte sich die Kümmernisse der Schwiegertöchter an, war jeden Tag bei einem anderen Kind in Hamburg zum Bügeln, Strümpfestopfen und Klönen. Bis zu ihrem Tod 1982 war sie jede Woche einen ganzen Tag bei meinem Vater und uns Zwillingen in Hamburg-Blankenese zu Besuch. Dies war eine Sitte, die wir 1970 eingeführt hatten, und noch bis Ende der siebziger Jahren fuhren meine Schwester und ich zusätzlich einen ganzen Nachmittag pro Woche direkt nach der

Schule zu Omi und Opi in deren Wohnung nach Wedel zum Mittagessen und verbrachten dort auch den Rest des Nachmittags. Oft waren wir dann noch ein drittes Mal am Samstag zum Kaffeetrinken (und *Tarzan* gucken) bei ihnen, so daß ich mit meinen Großeltern Röhl bis zu ihrem Tod einen lebendigen Kontakt hatte.

Ein Student in der Nachkriegszeit

Klaus Röhl war also ein behütetes Bildungsbürgerkind mit Journalisten, Lehrern, mittelständischen Kaufleuten und Handwerkern im Stammbaum. Erst die Kommunisten redeten meinem Vater später ein, er sei ein Kleinbürgersohn, was dieser sich zu eigen machte und seitdem selber leidenschaftlich vertritt. Für ihn wird Stade zur Zwischenstation, wo er im Frühjahr 1948, drei Jahre nach dem Krieg, Abitur macht. Sein eigentliches Ziel ist Hamburg, wo er auf Lehramt studieren, aber noch lieber Regisseur oder Schauspieler, in jedem Fall aber berühmt werden will.

Klaus Röhl, der weder Lehrer noch Regisseur wurde, sondern eine linke Zeitschrift gründete, war schon als 20jähriger ein witziger, vielleicht auch skurriler Alleinunterhalter. Seine erste Frau Bruni, die er noch in Stade kennenlernte (»das hübscheste Mädchen der Schule«) und die bald mit nach Hamburg kam, erzählt, daß Klaus Röhl in den Abiturjahren und danach stets mit einem großen Hut und einem weißen Schal herumlief und sie gelegentlich – zum Entsetzen ihrer Eltern – auch in Hausschuhen oder im Bademantel besucht habe. Schon in den letzten Schuljahren fühlte sich Klaus Röhl – angespornt durch einen Deutschlehrer, der ihn förderte – ganz als Künstler. Er kleidete sich auffällig in schwarze Pullover und hatte einen existentialistischen Freundeskreis, der sich »Die Ästheten« nannte. Er selber trug, da er schmal, fast dürr war, den Spitznamen »Der Tod von Warschau«. Seine Mitschüler dichteten zu seinem Abitur über ihn: »Schon in der Wiege schrie er häßlich, daß alles, alles ihm nicht päßlich.«[3]

Nach dem Abitur im Jahre 1948 zog Klaus Röhl ein Jahr lang mit einem Freund durch Norddeutschland und spielte auf den Dörfern Kasperletheater. Er malte die Kulissen, bastelte die Puppen und spielte alle Rollen selbst. Er begeisterte die Zuschauer mit selbstgeschriebenen Stücken und verdiente sein erstes Geld sogleich in harter D-Mark.

In dem Hochgefühl, ein Jahr lang der »beste Kaspertheaterspieler Schleswig-Holsteins« – so Klaus Röhl über sich selbst – gewesen zu sein, schrieb er sich im Frühjahr 1949 schließlich an der Universität Hamburg für Germanistik und Geschichte mit dem Berufsziel eines Oberschullehrers ein. Damit verfolgte er den in seiner Herkunft begründeten geradlinigen Weg zum Studienrat indes nur halbherzig.

An einer Uni, an der – wie viele Studenten jener Zeit – der damalige Student Helmut Schmidt noch im Soldatenmantel zur Vorlesung ging, in einem vollkommen zerbombten Hamburg, in dem ab 1948 ununterbrochen gebaut und wieder aufgebaut wurde, wurde Klaus Röhl schnell zum Werkstudenten. Schon am ersten Tag klebte Klaus Rainer Röhl einen großen Zettel an das Schwarze Brett mit der Aufschrift »Suche interessierte Leute für ein gemeinsames Kabarett. Eilt sehr, da gegen den Krieg gerichtet« und baute in den folgenden Semestern zusammen mit seinem Freund aus gemeinsamen Stader Schultagen, Peter Rühmkorf, das erfolgreiche Studentenkabarett *Die Pestbeule* auf.

Klaus Rainer Röhl: »Das Kabarett sollte heißen ›KZ-Anwärter des vierten Reiches‹, und darauf meldeten sich auch zahlreiche Leute, wie Peggy Parnass, die Schauspielerin werden wollte, und dann natürlich Dick Busse und seine Frau Lia. Wir waren vor allem Pazifisten.«

Das bedeutende Jahr 1949

Klaus Rainer Röhl war 1949 in einem historisch bedeutsamen Jahr an die Universität gekommen. Der Krieg, die Niederlage, die Mühen des Aufbaus steckten den Deutschen in den Knochen, mit der Verarbeitung der Naziverbrechen wurde noch kaum begonnen. Da konstituierte sich auf dem Gebiet der drei westlichen Besatzungsmächte durch Verabschiedung des Grundgesetzes am 23. Mai 1949 die zunächst noch als Provisorium empfundene Bundesrepublik Deutschland mit Regierungssitz in Bonn. Der erste Regierungschef, Bundeskanzler Konrad Adenauer, trat sogleich konsequent für die Westintegration der BRD[4] ein. Vier Jahre nach dem Krieg und der Beendigung der Nazidiktatur war damit in Westdeutschland eine Grundsatzentscheidung für Demokratie und für eine freie und soziale Marktwirtschaft etwa nach angelsächsischem Vorbild gefallen, die von der überwältigenden Mehrheit der Bevölkerung begrüßt wurde. Adenauer war von 1917 bis zu seiner Absetzung durch den NS-Gauleiter 1933 Oberbürgermeister von Köln gewesen und ein nicht nur unverdächtiger, sondern über jeden Zweifel erhabener (wenn auch eher passiver) Nazigegner. Der erzkonservative Kölner, der den Geist der Weimarer Zeit genauso repräsentierte wie den Willen zu einer modernen Demokratie, war für die Alliierten daher in fast jeder Beziehung der ideale Lenker für die erste Stunde der Bundesrepublik. Sein wichtigstes Anliegen war die Aufnahme der Bundesrepublik in die 1949 gegründete NATO, was mit der Souveränität der Bundesrepublik am 5. Mai 1955 gelang.

Am 7. Oktober 1949 wurde in der sowjetisch besetzten Zone (SBZ) ein zweiter deutscher Staat, die Deutsche Demokratische Republik, mit dem Ostteil Berlins als Hauptstadt gegründet. Die »sowjetische Besatzungszone«, wie der Westen die DDR auch weiterhin nannte, wurde von der Bundesrepublik nicht als eigenständiger Staat anerkannt. Sie wurde indes von der Sowjetunion zu einem Bollwerk des Kommunismus ausgebaut. Obwohl die Verfassung der DDR auch demokratisch-parlamentarische Züge aufwies, war die DDR von Beginn an ein Staat, in dem die ›Diktatur des Proletariats‹ verwirklicht werden sollte und in dem nach sowjetischem Modell eine sozialistische Gesellschaftsordnung unter Führung der Staatspartei SED (Sozialistische Einheitspartei Deutschlands, eine Zwangsvereinigung von SPD und KPD) aufgebaut wurde. Die Führung der DDR bestand aus stalintreuen Deutschen, die in der Sowjetunion ausgebildet waren, unter ihnen Walter Ulbricht, ein ehemaliger SPD-Genosse und 1919 Mitbegründer der KPD. Bei der Staatsgründung der DDR wird der 1945 aus dem Moskauer Exil zurückgekehrte Walter Ulbricht einer von drei stellvertretenden Vorsitzenden des Ministerrats und legt so den Grundstein zu seinem unaufhaltsamen Aufstieg vom Generalsekretär des Zentralkomitees der SED bis zum Vorsitzenden des Staatsrats (1960), womit er das neue Amt des Staatsoberhaupts der DDR innehat und die von Moskau diktierte Ost-Ausrichtung des zweiten deutschen Staates – die ›Gleichschaltung‹ – vollzieht.

Der Name Sowjet*union* – im Kommunisten-Jargon SU genannt – kaschierte nie ernsthaft, daß das russische Kernland viele nichtrussische Länder und Bevölkerungsgruppen zwangsweise kolonialisiert und mit dem Kommunismus ›beglückt‹ hat. Es war ein offenes Geheimnis, daß die Sowjetunion schon damals die heute sichtbar gewordenen nationalen Interessen der Minderheiten nicht nur ignorierte, sondern oft brutal im Keim erstickte. Nach dem Zweiten Weltkrieg hatte sich die Sowjetunion auch territorial nach Westen ausgedehnt und Polen im Zuge der sogenannten Westverschiebung die ehemals deutschen Ostgebiete jenseits der Oder-Neiße-Grenze zugewiesen. Darüber hinaus hatte die UdSSR durch die Unterwerfung Osteuropas nicht nur ihren militärisch-strategischen Machtbereich vergrößert, sondern durch die Ausübung von Zwang auf die osteuropäischen Staaten auch deren Potenzen für sich erschlossen.

Ab 1949 wurden in der DDR mit brutaler Gewalt erste Enteignungs- und Zwangskollektivierungsmaßnahmen durchgeführt. Zwischen 1949 und 1959 landeten Tausende von Menschen aus politischen Gründen in umfunktionierten ehemaligen Konzentrationslagern der Nazis und in DDR-Gefängnissen oder wurden nach Rußland verschleppt. Dies alles trug in der westdeutschen Öffentlichkeit zu einem nicht besonders freundlichen Image der Sowjetunion – oder der »Russen«, wie es damals hieß – bei. Die Verbesserung dieses ramponierten Ansehens war das Ziel der zahlenmäßig kleinen Gruppe der Westkommunisten.

Spätestens mit der Gründung der beiden deutschen Staaten begann das, was man den »Wettlauf der Systeme« nannte, wobei eine Konkurrenz auf allen Gebieten – politisch, gesellschaftlich, ökonomisch, kulturell und, besonders dominant, militärisch – verstanden wurde, als handele es sich im weitesten Sinne des Wortes um gleichberechtigte und wettbewerbsfähige Gegner, was spätestens aus heutiger Sicht wohl zu keinem Zeitpunkt der Fall gewesen ist. Das Essentielle der kommunistischen Idee, daß der Mensch eine grundsolide wirtschaftliche Versorgung benötigt, ehe er sich überhaupt entfalten kann, blieb im Osten ein Ziel, welches im Westen verwirklicht wurde. In der geistigen Auseinandersetzung verharrte der Osten in eindimensionaler, sogenannter antikapitalistischer und antiimperialistischer Indoktriniertheit und leistete sich einen militaristischen Apparat, den die kommunistischen Volkswirtschaften wirtschaftlich nicht tragen konnten. Der Westen ließ hingegen eine starke Opposition gegen sich selbst zu und bewies damit, wie stark die oft als schwach gescholtene Demokratie tatsächlich sein kann.

Bei allen strategischen Wettläufen war die Bevölkerung der Bundesrepublik stets besser versorgt als die der DDR. Im Osten prägte vitaler Mangel an Konsumgütern das Alltagsbild.

Kulturell überwog im Ostblock offiziös gedopter Hochleistungssport, wie ihn bereits die Nazis kannten, die hochkarätige Reproduktion beispielsweise des alten russischen Musiktheaters und sonstiger bereits in zaristischer Zeit populärer Künste sowie linientreue Propagandakunst. Zu letzterer gehörte auch das Brecht-Theater, das ein eigenes Genre und sicher das beste Kulturgut im Ostteil Deutschlands darstellte. Wohingegen sich im Westen neben der selbstverständlich gepflegten Klassik die moderne Kunst und die Popkultur explosionsartig entfalteten, in atemberaubende Geschwindigkeiten verfielen und dennoch rückbesinnliche, spirituelle oder sonstige Attitüden zuließen wie das radikale Verwerfen alles Dagewesenen. Im Osten nichts Neues.

Von einem Wettlauf ebenbürtiger Partner konnte also bei der Konkurrenz von östlicher Diktatur und westlicher Demokratie keine Rede sein, woran sich auch nichts ändert, wenn man bedenkt, daß auf beiden Seiten weder ausschließlich Ideal- noch ausschließlich Katastrophalzustände herrschten. Eine vernünftige Gesamtabwägung kann heute nur zu Lasten der samt und sonders gescheiterten vielfältigen realsozialistischen Experimente ausgehen.[5]

Der essentiellste Unterschied: Westdeutschland gewährte den eigenen Systemgegnern kraft seiner Verfassung – eingestandenermaßen nicht immer ganz souverän – den Bestands- und Handlungsschutz ebendieser Verfassung. Ostdeutschland brach 1989 am bis dahin unterdrückten inneren Widerstand zusammen.

Es ging ja gerade nicht um den immer wieder lancierten künstlichen Antagonismus Kommunismus-Kapitalismus, der auch heute noch in vielen Köpfen schwingt. Diesen Gegensatz gibt es real nicht, weil die reine Lehre – sei es die des Kapitalismus, sei es die des Kommunismus – eben nur eine Fiktion ist, eine zudem äußerst rigide und gefährliche.

1949 war das Jahr, in dem die Welt zur Kenntnis nehmen mußte, daß es neben den USA noch eine zweite Atommacht gab, nämlich die der Sowjetunion unter Josef Stalin, der zugleich Herrscher über die auf Weltexpansion ausgerichtete Ideologie des Kommunismus war. 1949 war außerdem das Jahr, in dem die Armee Mao Tse-tungs das chinesische Riesenreich eroberte und mit der Gründung der Volksrepublik China am 1. Oktober 1949 einen weiteren gigantischen kommunistischen Machtblock in Asien bildete, der durch den ein Jahr später geschlossenen dreißigjährigen Beistands- und Freundschaftspakt mit der UdSSR zu einem kontinentalen eurasischen Riesen wurde und trotz eines ungewissen Interessengleichklangs zwischen Moskau und Peking eine politische und strategische Größe darstellte, die vom Westen endgültig nicht mehr beherrschbar war. Der sogenannte kalte Krieg zwischen Ost und West erhielt also bereits 1949 eine politisch wie strategisch neue und sehr gefährliche Qualität, die besonders im Koreakonflikt 1951 zutage trat, als die Gefahr eines dritten Weltkrieges förmlich greifbar wurde.

Anfang der fünfziger Jahre hatte die Sowjetunion, was allerdings bis heute in Einzelheiten umstritten ist, in der Kernfusionstechnik die Amerikaner kurzfristig überholt und besaß vermeintlich die Wasserstoffbombe vor den Amerikanern, was im Westen den sogenannten »H-Bomben-Schock« auslöste. Die UdSSR, die inzwischen auch über die notwendigen Mittel verfügte, ihre Sprengkraft auf das Territorium der USA direkt zu richten, hatte die USA in eine Position manövriert, in der es möglich schien, daß Amerika selber in einem dritten Weltkrieg Schauplatz kriegerischer Auseinandersetzung werden könnte. Schon 1950 zogen deshalb die Westmächte die ursprünglich nach dem Weltkrieg abgelehnte und bis dahin undenkbare Bewaffnung der Bundesrepublik in Erwägung, um die politisch und strategisch wichtige BRD nicht an den Ostblock zu verlieren.

Die FDJler

Nachdem klar geworden war, daß die Sowjets in der Nachkriegszeit ihr militärisches und ideologisches Bedrohungspotential als real existierendes Faktum über die Elbgrenze hinaus in den Westen exportierten, fürchteten die Menschen in Westdeutschland um ihre geliebte Sicherheit. So bildete sich aus Tradition und der neu entstandenen Furchtlage heraus ein nahezu ›allgemeines Volksempfinden‹ gegen alles, was kommunistisch oder sowjetrussisch war.

In dieser Zeit des strammen westlichen Antikommunismus, als Adenauer zunächst noch unauffällig die Wiederbewaffnung der Bundesrepublik vorbereitete, begannen Josef Stalin und Walter Ulbricht – inzwischen Generalsekretär des Zentralkomitees der SED – auf allen erdenklichen Wegen ihre zunächst verdeckte und später unerhört effiziente Einflußnahme auf das politische Geschehen in der BRD. Damals machte Klaus Rainer Röhl die Bekanntschaft mehrerer Studenten, die in Hamburg eine der ersten westdeutschen kommunistischen Hochschulgruppen gegründet hatten und neue ›Opfer‹ suchten, die bei der Unterminierung der Bundesrepublik behilflich und nützlich sein sollten. Allesamt waren sie Mitglieder der Freien Deutschen Jugend (FDJ) in Westdeutschland. Die am 7. März 1946 gegründete westdeutsche FDJ war die Jugendorganisation der KPD und mit der Aufgabe betraut, die westdeutsche Studentenschaft und Jugend kommunistisch zu infiltrieren. Während sich in der angehenden DDR die beiden Parteien SPD und KPD am 21. und 22. April 1946 in einem großen Festakt im Admiralspalast zur Sozialistischen Einheitspartei (SED) vereinigt hatten, war die KPD in Westdeutschland als Partei erhalten geblieben. Die KPD wurde 1949 in den Westzonen organisatorisch von der SED getrennt und arbeitete als selbständige Partei mit eigenem Parteivorstand weiter. Allerdings stand sie sofort unter großem Druck: Bereits 1951 wurde die westdeutsche FDJ – nicht zu verwechseln mit der FDJ in Ostdeutschland – verboten; 1956 folgte das endgültige Verbot der KPD.

Eifrig darum bemüht, Leute zu finden, die sich für die ›Sache‹ bekehren lassen würden, hatten die Studenten der FDJ schon bald ein Auge auf Klaus Röhl und seinen Freund Peter Rühmkorf geworfen, die mit ihrer Kabarett- gruppe aus der Masse der Studenten herausragten.

Die Röhl-Rühmkorf-Truppe war, fast um jeden Preis, provokativ. Man lebte ein in Deutschland lange Jahre unterdrücktes Protestpotential gegen alles und jeden eher unpolitisch aus. Diese Haltung reizte die FDJler, die das Kabarett für ihre Sache nutzbar machen wollten. Anders als der parteilose Röhl waren jene an eine straff hierarchisch geführte Organisation gebunden, die KPD. Ein Narziß wie Klaus Röhl war jedoch als Lebenskünstler und Schauspieler vor allem an sich selbst interessiert. Er orientierte sich an den französischen Existentialisten, las Borchert und Tucholsky, schrieb Gedichte und trug sie auf der Studentenbühne vor. Klaus Röhl war ein Typ, der gese- hen, gehört und entdeckt werden wollte – immer eine »Eiffelturmlänge über den anderen« (ein Zitat von Kurt Hiller über Röhl und Rühmkorf) –, das war seine Devise. Auch protestieren wollte er am liebsten gegen alles und alle auf einmal, gegen die Professoren, die herrschenden Autoritäten und vor allem gegen den Krieg und die Besatzungsmächte, die Deutschland geteilt hatten und weiterhin besetzt hielten. Zusammen mit Rühmkorf, den beiden Werkstudenten-Freunden Dick Busse und Peggy Parnass sowie seiner ersten Frau Bruni zog Klaus Rainer Röhl bald in einen alten Güterwaggon, der nach dem Krieg auf der Stresemannstraße einfach so stehengeblieben war. Gemeinsam arbeitete die Clique am Aufbau ihres Kabaretts *Die Pestbeule.* Sie wollten die Avantgarde der neuen Bundesrepublik sein.

Klaus Rainer Röhl: »Gemeinsam wohnen, gemeinsam arbeiten, gemein- sam aufführen. Wir wohnten in einem Güterwaggon in Eimsbüttel gegenüber von Philips-Valvo. Innen war ein kleines Kanonenöfchen, so daß man heizen konnte. Die Leute waren untereinander nicht liiert, außer mir und Bruni. Rühmkorf spielte eine eigene Rolle und aß immer sein Hafersüppchen, weil man ihm eingeredet hatte, er hätte einen schwachen Magen, jedenfalls fühlte er sich wirklich hypochondrisch und aß nur dünne Suppen. Und dann kam Dick Busse und kochte die ersten richtigen Eintöpfe mit Fleisch und Knoblauch, und Peggy Parnass, die kochte gar nichts, die war nur zu allen nett und hatte auch mal ein Verhältnis mit Rühmkorf, was aber mehr von seiner Seite ausging. Er liebte sie wahnsinnig, weil sie ihn immer abwies und, wie man weiß, eher Boxer oder Turner oder eben stramme Proleten bevorzugte.«

Die Jüdin Peggy Parnass[6], die den Holocaust in Schweden überlebt hatte und später als Schauspielerin, Journalistin und Gerichtsreporterin bekannt wurde, erinnert sich bis heute gern an diese Zeit, in der sie von allen ein bißchen umschwärmt wurde. Peter Rühmkorf, den alle »Lyngi« oder »Lyng« (nach Pidder Lyng, dem bekannten Rebellen von Sylt) nannten, war unsterblich, aber unglücklich in Peggy verliebt und nannte sie nur »Zarte«. »Lyngi« und »Zarte« gaben Klaus Röhl den Spitznamen »Oldie«. Man bemühte sich um ein existentialistisches Leben nach dem Prinzip ›Bloß keine Tabus‹.

Klaus Rainer Röhl: »Unsere Jobs als Werkstudenten wechselten so häufig, daß Rühmkorf und Bruni später mal zusammengerechnet haben, daß wir in hundert verschiedenen Firmen jeweils für einige Tage oder Wochen oder sogar Monate angestellt waren, darunter Esso, Shell, Unilever, das Pelzgeschäft Berger, die Tuberkulosenregistrierstelle Billstedt, also eine Behörde, oder im Freihafen und im *Spiegel*-Archiv. Diese Jobs beschäftigen uns natürlich im wesentlichen den ganzen Tag, aber wir hatten einigermaßen Geld und konnten uns ordentlich was zu essen brutzeln oder Rühmkorf seine Hafersuppe machen, und dann kam der Abend, und den verbrachten wir jedes Mal mit den Vorbereitungen für das Kabarett, mit einem Schauspiel oder in unserem Jazzkeller *Die Anarche* in den Colonnaden. Den Jazzkeller hatten wir aber nur kurz.«

Der Lyriker Peter Rühmkorf, damals der beste Freund von Klaus Röhl, erzählt: »Klaus war eine der anregendsten Gestalten, die man sich überhaupt vorstellen kann. Er war wie Gustaf Gründgens: phosphorisierend. Jeden Tag neue Ideen, Bonmots, Wortspiele. Klaus hatte ja viele schöne Mädchen, die standen leider immer alle auf ihn, da war kein Rankommen. Aber es ging ja immer wechselseitig, einmal war er auch wie der Teufel hinter einer von mir her, sie hieß Ingeborg. Aber ich kann nicht sagen, ob die Frauen ihn je so gut verstanden haben wie ich. Wir waren damals wie ein Arsch und ein Hintern. Es war ein vollkommen inniges Verhältnis, wir hatten unsere eigene Sprache und unsere eigene Form der Ironie. Es war eine wunderbare Zeit.«[7]

1951 trat die *Pestbeule* an einem Hamburger Gymnasium auf. Das Stück erntete tosenden Beifall, und auch die Presse lobte die jungen Kabarettisten, nannte sie Nachfolger Kurt Tucholskys und Carl von Ossietzkys. Sehr dramatisch, sehr schwarz malten die jungen Leute ihre Zeit nach dem Krieg. Peggy

Parnass spielte, von untergründiger Musik begleitet, in einer Pantomime eine Auspeitschung in einem KZ; »Arbeiterchöre« sangen, daß sie niemals Revolution machen wollten, und auch den Kleingeistern und Spießern haute man auf die Mütze. Eine Kostprobe aus dem ersten Programm der *Pestbeule*, die mit dem Finger auf die stummen Mitwisser des NS-Staates zeigte:

»Und ich war da und da warst auch du
Und da hörten wir einen schrein.
Dann banden wir ihm die Schnauze zu.
Ich war da und da warst auch du.
Und keiner von uns sagte nein.

Intellektueller zu einem Arbeiter:

Wie ist euch zu helfen?
Auf keinen Fall doch mit der Methode
Porzellanhund auf der Elternkommode
und Bilder mit Elfen.
Oder meint ihr, das sei eure Sternkonstellation
Oder meint ihr, das seien göttliche Pläne
Eure Zukunft sind eure Zähne.
Macht Revolution!

Und die Kriegsheimkehrer sangen:
Wenn einer von uns schreit,
der Chor der Krüppel und der Kriegsblinden,
dann druckt das keine Zeitung,
wir sind nicht von Bedeutung
und Geld und Gut sind weit …
und man spie uns in die Zeit …
wir hocken blind vor Türen
und zahlen die Gebühren
für die Unsterblichkeit«[8]

Nach der Aufführung des Stücks mit dem Titel *KZ-Anwärter des vierten Reiches* – Rühmkorf und Röhl hatten die Texte geschrieben, Röhl hatte sogar die Musik gemacht, Peggy Parnass und Dick Busse spielten – sprachen die kommunistischen Werber Klaus Rainer Röhl zum ersten Mal an.

Klaus Rainer Röhl: »Nun kam das erste Auftreten der Kommunisten. Genaugenommen der FDJler. Es waren ein gewisser Ludi Nau [AdA: der Neffe des damaligen SPD-Schatzmeisters] und Klaus Hübotter. Und die sagten: Das ist begeisternd, was ihr da macht, gegen den Krieg, und ihr sucht doch immer noch eine Hauptdarstellerin, wir geben euch eine. Das war dann tatsächlich die schöne Schwester von Klaus Hübotter, Christine, für die Rühmkorf dann schwärmte. Und die spielte dann mit mir zusammen im Kabarett.«

Das Programm der *Pestbeule* richtete sich insbesondere gegen die Besatzungsmächte, speziell gegen Russen und Amerikaner. Aus diesem Grund trug der Tod, gespielt von dem Schauspieler Dick Busse, zwei verschiedene Schuhe: einen amerikanischen Halbschuh und einen Russenstiefel. Einer der kommunistischen Studenten, Ludi Nau, kam auf Klaus Röhl zu und machte ihm und Rühmkorf ein Angebot zur Zusammenarbeit. Er nannte nur eine Bedingung: der Russenstiefel muß weg. Sie würden Geld für das Kabarett geben, sagten sie, aber dafür müßte die Tendenz des Stücks etwas mehr in die »richtige« Richtung gehen. Klaus Röhl lehnte ab. Mit den verpönten Kommunisten zusammenzuarbeiten kam ihm nicht in den Sinn. Hatten die Zeitungen ihn nicht gerade hochgelobt? Warum sich mit den Kommunisten einlassen? Gelegentlich sah er sie in der Uni herumhocken und diskutieren. Dabei hatte er gehört, wie verbissen sie sich teilweise gegenseitig kritisierten, sich zu lockere Sitten, mangelnde Parteidisziplin oder mangelnde Einsatzbereitschaft vorwarfen. Das fand er absurd.

Die Kommunisten blieben dran. Sie stellten sich als Statisten für das Kabarett zur Verfügung und waren an allen Ecken und Enden nützlich, bis dahin, daß sie Peter Rühmkorf ein Zimmer besorgten, damals ein rares Gut. Sie bearbeiteten Röhl und Rühmkorf ideologisch und mit allerlei Einladungen und blieben hartnäckig dran, als ahnten sie, daß sie Klaus Röhl doch noch einfangen würden.

Einen dauerhaften Erfolg konnte die *Pestbeule*, die bei Studenten und Schülern gut ankam, vor Publikum außerhalb des universitären Bereichs jedoch nicht feiern. Ein Gastspiel in dem renommierten Hamburger Kabarett-theater *Die Mausefalle* während der Sommerpause vergraulte das Publikum. Klaus Rainer Röhl: »Wir spielten nur vor leeren Stühlen. Der Theaterdirektor sagte zu uns ›Warum laßt ihr nicht gleich 'ne Blutblase auf der Bühne platzen?‹ In der Tat grölten wir ins Publikum: ›Wir wollen was sehen, wo wir über lachen können, und nicht was, wo wir über weinen müssen. Wir wollen fressen! Saufen! Kacken! Küssen! Und Nummern schieben und danach gut pennen.«»[9] Das war offenbar nichts für das bürgerlich-teutonische Publikum im Nachkriegsdeutschland. Die Sucht der feschen Bürgersleute nach Stillosigkeit sowie danach, Opfer und Objekt von Publikumsbeschimpfungen zu sein, wuchs erst einige Jahrzehnte später zu großer Form. So kehrte Klaus Röhl an die Universität, zu seinem Studium und seinen verschiedenen Studentenjobs zurück. Die FDJler, die er im Erfolgsfall sicher schnell vergessen hätte, blieben ihm auf den Fersen und kamen ihm bald wieder näher.

Philipp Müller

Als am 11. Mai 1952 bei einer Demonstration in Essen gegen die von der Regierung Adenauer geplante sogenannte Wiederbewaffnung der Bundesrepublik der 21jährige Bahnarbeiter Philipp Müller von einem Polizeibeamten erschossen wird, fühlt sich Klaus Röhl betroffen und wird aktiv. Er bietet den FDJlern Eberhard Zamory und Klaus Hübotter an, einen Artikel zu schreiben. Mit dabei sein Freund Peter Rühmkorf. Diesmal ist er für das Forum dankbar, das ihm geboten wird: Er schreibt einen ersten kleinen Beitrag in dem Blättchen *Der Untertan*, eine kleine, von der Studentenschaft kaum beachtete Hochschulzeitung.

Klaus Rainer Röhl schrieb:

> »Da ist neulich etwas passiert, das allen zu denken geben müßte. Das geht nun alle an. Es wurde letzte Woche ein Junge von 21 Jahren auf der Straße erschossen … und jetzt werden Sie sich erinnern: Ach so, mal gehört, das war aber ein FDJler, der da erschossen wurde. Etwa so werden Sie das aussprechen, als wenn Sie sagen, ach so, das war ein Zuchthäusler, der auf der Flucht erschossen wurde. Aber nun werden Sie lachen: Es war nur ein reiner Zufall, daß Sie nicht selbst erschossen wurden. Denn bei der Hamburger Studentendemonstration, da waren Sie dabei. Und wie sagte da ein Polizeioffizier? Wenn Senator Danner dabeigewesen wäre, hätte er Feuerbefehl gegeben. Der entsprechende Herr ist in Essen wahrscheinlich dabeigewesen.«[10]

Damals bedurfte es gewiß einer guten Portion Mutes, so über diesen Vorfall zu schreiben. Von amtlicher Seite hieß es, die Polizei sei von Demonstranten, die mehrheitlich aus dem Lager der verbotenen FDJ stammten, massiv mit Steinen angegriffen und sogar beschossen worden. Die Seite der Demonstranten schilderte den Fall so, daß die Polizei in einer Überreaktion geschossen und dabei Philipp Müller tödlich getroffen und zwei weitere Demonstranten verletzt habe. Die gesamten Umstände des Falles Philipp Müller müssen heute wohl als nicht mehr klärbar angesehen werden. Die staatsanwaltlichen Ermittlungen verliefen offenbar in nicht nachvollziehbarer Weise im Sande. Das zeigt das Klima, das zeigt auch den im politischen Bewußtsein erst nur rudimentär entwickelten Rechtsstaatsgedanken der Amtsträger in der jungen Bundesrepublik Deutschland. Insofern trifft Klaus Röhl den Nagel auf den Kopf.

Ein Medienecho, wie man es heute erwarten würde, hatte der Todesschuß seinerzeit jedoch nicht. Die Westlinken haben den Fall zwar seither immer wieder einmal aufgegriffen, aber im Grunde vergessen. Im öffentlichen Bewußtsein hat ein anderer, der Student Benno Ohnesorg, der im Juni 1967 bei den Anti-Schah-Unruhen in Berlin von dem Polizisten Kurras erschossen wurde, den Platz des ersten Opfers staatlicher Gewalt auf einer Demonstration eingenommen. In der DDR wurde der Fall Philipp Müller dagegen propagandistisch genutzt. Müller wurde als antifaschistischer Widerstandskämpfer geehrt. Und bis heute wird in der Geschichtsschreibung von SED und DKP (Deutsche Kommunistische Partei) der Fall Müller als beispielhaft für den faschistoiden Charakter der frühen Bundesrepublik herangezogen.

Dagegen: Die mörderische Reaktion des sozialistischen Staates und der sowjetischen Besatzungsmacht in der DDR auf den Arbeiteraufstand ein Jahr später, am 17. Juni 1953, fand in der DDR und in der West-KPD, deren Leute die Demonstration in Essen organisiert hatten, eine andere Interpretation. Auf dieser ersten ›Demonstration‹ in der DDR mit einer Million Demonstranten und großen Bevölkerungsteilen, die hinter diesen standen, wurden bereits am ersten Tag fast 20 Menschen von den Staatsorganen erschossen, zahlreiche verletzt. Den Aufständischen, die in Wahrheit eine Revolution machten, ging es um Ziele, die sich in ihrem politischen Kern gar nicht einmal so sehr von den Zielen der kleinen Essener Demonstration gegen die Wiederbewaffnung unterschieden. Neben der Forderung nach wirtschaftlichen Verbesserungen und Rücknahme von Normerhöhungen ging es den Menschen in der DDR um freie Wahlen und um eine friedliche Wiedervereinigung in einem entmilitarisierten, sprich nicht wiederbewaffneten Deutschland. Die bei den Unruhen in Ostberlin am 17. Juni getöteten Menschen, darunter ebenfalls viele junge Leute, bedauerte die DDR nicht, sondern erklärte sie kurzerhand zu Konterrevolutionären, zu Faschisten.

Das Unrechtsregime der DDR trat im Westen in Form der West-KPD und der FDJ jedoch besonders menschenfreundlich, sozial und demokratisch auf. Alle Demonstrationen gegen eine westdeutsche ›Wiederbewaffnung‹ und auch jene Demonstration in Essen waren in Wahrheit knallharte, aus dem Osten gesteuerte Kampfmittel zur Destabilisierung der Bundesrepublik. Auch wenn alle möglichen westlichen Jugendorganisationen mitdemonstrierten, so war der Organisator doch meistens die FDJ.

So schreibt auch die inzwischen verstorbene Altkommunistin Hilde Wagner[11], die damals in Essen dabei war, daß die Demonstrationen im Prinzip von Kommunisten organisierte und geführte Veranstaltungen waren, geleitet von Leuten, die letztlich einer Diktatur anhingen, die sie mit den gängigen Parolen von »Antifaschismus« und »Demokratie« anpriesen. An deren Spitze stand damals noch der Massenmörder Stalin, dessen Machtstruktur und Personenkult über Ostberlin bis in die kleinsten Glieder der KPD in Westdeutschland reichten. Über die Greueltaten Stalins seit den dreißiger Jahren wußten die West-KPDler zwar nicht alles – und wollten auch nicht viel darüber wissen. Leider sind die 15 Millionen von Stalin in den Gulags durch Nahrungsmangel, Zwangsarbeit und Folter ermordeten Opfer – sowie die 5 Millionen ermordeten Kulaken und Ukrainer und sämtliche nach anderen Schätzungen in noch weit größerer Zahl von Stalin umgebrachten Menschen – heute immer noch kein Thema, das angemessen aufgearbeitet wird – weder in den Staaten des früheren Ostblocks noch bei der PDS, heute Die Linke. Nach aktuellen Schätzungen sind 40 Millionen Menschen zu Lagerhaft in den sowjetischen Gulags verurteilt worden, in Schreckenslagern, die über die ganze Sowjetunion bis an den Polarkreis verstreut waren. Auch 1952 gab es noch viele Gefangene in den Gulags, und Stalin, der Anfang 1953 starb, stand im Begriff, eine neue sogenannte Säuberungswelle, besser Mordwelle, in Szene zu setzen.

Das politische Klima, in dem die von Pastor Mochalski organisierte Essener Demonstration stattfand, muß historisch im Kontext des kalten Krieges verstanden werden und vor dem Hintergrund des FDJ-Verbots in Westdeutschland vom Mai 1951, das strafbewehrt war und das für die KPD, die in der Jugendarbeit ihre besondere Stärke gesehen hatte, ein gewaltiger Schlag war. Es muß auch die Stimmungslage der damaligen Bevölkerung gesehen werden, unabhängig davon, wie man diese Stimmung bewertet: Stalin hatte die DDR installiert, aus der anhaltend viele Menschen täglich in den Westen flohen. Stalin hielt 1952 noch Tausende deutsche Kriegsgefangene in Lagern fest. In der DDR saßen etliche politisch mißliebige, unschuldige Bürger, darunter ganz junge Leute, in den Gefängnissen – etwa in Bautzen oder auch in ehemaligen Nazi-KZs, zum Beispiel Sachsenhausen. Die Heimkehrer erzählten von Greueln aus ihrer Gefangenschaft. Es gab also in der jungen Bundesrepublik – besonders auch in Erinnerung an die sowjetische Invasion – eine affektive Ablehnung all dessen, was aus Moskau kam. Die ausgerechnet auf Stalin und den Kommunismus sich stützenden Heilsbringer von der KPD stießen bei vielen Bundesbürgern nicht nur auf ideelle Ablehnung, sondern noch viel mehr auf Ungläubigkeit, Fassungslosigkeit und Angst.

Die Mentalität des deutschen Hoheitsträgers und speziell des einen oder anderen Polizisten war damals sicher noch weniger vom Grundgesetz beeinflußt. Der Nazigeist war in Deutschland 1952 wegen des verlorenen Krieges zwar gebrochen, aber nicht völlig erloschen, so daß eine komplexe Ursachenkette wirksam wurde, die zu den Schüssen auf Philipp Müller führte. Vor allem war das Ganze aber wahrscheinlich das Ergebnis einer individuellen Situation, die von den Akteuren vor Ort nicht mehr beherrscht wurde.

Sonst gibt's eins auf die Schnauze!

Klaus Röhl ließ sich nicht dauerhaft von den kommunistischen Kommilitonen einspannen, sondern arbeitete weiter auf sein Examen als Lehrer hin. In dieser Zeit jobbte er im Hamburger Jugendeuropahaus und führte dort mit Arbeiterjugendlichen ein Theaterstück auf. Ein Job, der ihm von den Studenten der kommunistischen Hochschulgruppe vermittelt wurde? Klaus Röhl erinnert sich daran nicht.

Klaus Rainer Röhl: »Ich war damals tätig für ein Jugendheim, in dem wir Arbeiterjugendliche betreuten. So 'ne ruppigen Werftarbeitertypen, da war zwar die latente Gewalt ständig gegenwärtig, aber mit denen konnte ich immer besonders gut umgehen. Ich hatte zwar Angst, jeden Moment Angst, daß die mir eine scheuern, aber als die mich ins Herz geschlossen hatten, da sagten die: ›Klaus, wenn du in der Uni Schwierigkeiten hast, mit deinen RCDS-Leuten [AdA: Ring Christlich-Demokratischer Studenten], dann mußt du nur Bescheid sagen, dann kommen wir hin und machen das klar.‹ Dieses Jugendeuropahaus war ein Freizeitbetreuungshaus. Damals gab es nur ein paar studentische Erzieher, und die spielten mit den Arbeitern, damit sie von der Straße kamen, ein bißchen Tischtennis. Die setzten sich hin und sagten: ›Eh komm, nun erzähl mal, wie es auf der Arbeit war und so. Mit Rollkragenpullovern, die sie extra anzogen, um sich bei den Arbeitern anzubiedern.‹

Ich kam dagegen mit Schlips und Kragen, einem gelben Schal, einem breitkrempigen Hut, und ich glaube sogar mit einem Stöckchen mit Silberknauf, also jedenfalls mit einem sehr snobistischen Outfit, und die Jugendlichen lachten und sagten: ›Haha, was ist denn das?‹ ›Was will denn der hier?‹ Und ich nahm meinen Schal ab und fragte: ›Was habt ihr bisher gemacht?‹, und die antworteten: ›Wir spielen ein bißchen Tischtennis, und ab und zu hören wir hier Schallplatten.‹

Diese Jungs arbeiteten wirklich im Hafen als Stauer und Handwerker und konnten richtig reinhauen und hatten solche Fäuste und schlossen mich also zunächst noch gar nicht ins Herz. Aber ich machte das anders. Ich sagte: ›Wir wollen doch jetzt mal Theater spielen.‹ ›Theater, was ist denn das, hohoho, ich glaub' ich bin im Wald!‹, lachten die. ›Doch‹, sagte ich, ›wer würde denn mitmachen, wir spielen hier so ein lustiges Stück, aber ganz toll mit Rittern und Damen.‹ Die dann so abfällig: ›Was Ritter, was ist das denn?‹ Und ich: ›Doch, das ist prima, das ist ganz toll, du wärest zum Beispiel der ideale Ritter, und du wärest der Schuft und du der Bösewicht.‹ Und da sprangen die an, und der eine sagte: ›Ja, das würde ich wohl sein!‹ Und dann sagte ein anderer: ›Ja, das müßte aber alles richtig sein, mit Kulissen‹, und da meldete sich wieder einer und sagte: ›Oh, das kann ich, ich bin Schmied.‹ Und im Nu, an einem Abend, waren die so bereit, daß sie versprachen, für das Schauspiel die Dekoration zu bauen, und sagten: ›Wieso – aus Pappe machen wir den Degen nicht, den machen wir echt aus Stahl, das können wir auf der Drehbank machen bei uns.‹ Es wurde also ungeheuer gewerkelt, und die jungen Frauen versprachen, die Kostüme zu nähen für dieses ganz einfache Ritterdrama, das hieß ›Der gelbe Drache‹.

Und ich war der beliebteste Student. Zu den anderen mit den Rollkragenpullovern gingen sie kaum noch hin. Abends waren die Europamitarbeiter, die Hauptamtlichen und Nebenamtlichen, natürlich müde und hatten keine Lust mehr. Ich aber ging mit den Jugendlichen abends noch aus. ›Klaus, kommst du noch mit auffe Eisdiele?‹ ›Ja‹, sagte ich, ›da komme ich mit.‹ Natürlich blieb es nicht aus, daß ich da mit einem Mädchen, das war das schönste Mädchen dort, die Marilyn Monroe von Hamburg-Horn, etwas enger zusammenkam. Die Jungs merkten das auch und akzeptierten das, so wie es oft in solchen Clubs ist, sie gönnten sie mir. Aber das Ganze ging nicht ewig gut, denn es kam heraus, daß meine Frau ein Kind erwartete. Daß ich verheiratet war, wußten sie, aber daß meine Frau ein Kind erwartete, das fanden sie nun furchtbar, und als das Kind kam, sagten sie: ›Du Klaus, wir müssen dich mal sprechen.‹ Und da sagten die, wieder bei einem Gespräch in der Eisdiele: ›Das mit Renate, das hört jetzt auf.‹ Mir kommen fast die Tränen, weil das so rührend war, diese Moral der Arbeiterklasse: verheiratet – hm, na gut; aber mit Kind, das geht nicht. Mir wurde bedeutet, sonst gibt's eins auf die Schnauze.«

Los, wir machen eine Studentenzeitung!

Werner Riegel und Rühmkorf gaben eine kleine Zeitung heraus, an der sich Klaus Röhl kaum beteiligte. Sie hieß *Zwischen den Kriegen* und hatte, wie bei Lyrik so üblich, wenig Auflage.

Peter Rühmkorf: »Ich machte dann allmählich das Dichten zu meinem Beruf, und Klaus hörte ja wegen mir mit dem Dichten auf. Es kränkte ihn sehr, daß ich damit in eine andere Richtung zog und erfolgreich war, aber er hat das verkraftet und unser Verhältnis blieb das einer innigen Freundschaft.«

Klaus Röhl hätte auch gern eine Zeitung gemacht, allerdings lieber für die »Horizontale«, wie er immer sagte, also für die breite Masse. Aber er hatte kein Geld.

Klaus Rainer Röhl: »Eines Tages kam ein gewisser Herr Heimendahl, ein Student von der evangelischen Kirche, der war auch sonst Hans Dampf in allen Gassen und arbeitete sogar für den Funk. Der sagte: ›Los, wir machen eine Studentenzeitung.‹ Da erwiderte ich: ›Das wollte ich schon immer, ich hatte bloß kein Geld.‹ ›Oh‹, meinte er darauf, ›ich hätte da etwas Geld, ich hätte jedenfalls Leute, die könnten etwas besorgen.‹ Und so machte Heimendahl mit Rühmkorf und mir eine Zeitung. Diese erste Testnummer hieß *Das Plädoyer*. Die hatte das gleiche Geburtsdatum wie meine erste Tochter: Februar 1955.

Das Plädoyer war eine einmalige Ausgabe, und es stellte sich sehr schnell heraus, daß Heimendahl selbst nur so ein bürgerlicher Vorgeschickter war. Hinter ihm standen eigentlich wieder diese Leute von der kommunistischen Hochschulgruppe, also Zamory, Burmeester, Meyer-Bruhns und so weiter. Und Klaus Hübotter. Till Meyer-Bruhns war ein Salonkommunist, das war der, über den ich in meinem Buch *Fünf Finger sind keine Faust* geschrieben habe, daß der immer in Maßanzügen kam, und dessen konspirative Treffen immer auf Segelyachten auf der Elbe stattfanden, wo ich vor lauter Angst – aber nicht vorm Kommunismus, sondern vor dem Kentern – nicht aus noch ein wußte. Und diese Art von Salonkommunisten konnte ich natürlich auf den Dood nicht leiden und reagierte auf die nur spöttisch.

Aber die hatten wieder einen anderen Kreis, der angeblich das Geld hatte, und das sei angeblich ganz sauber, also nicht kommunistisch. Der Kreis hieß ›Nationale Front des demokratischen Deutschland‹. Das war, wie sich später herausstellte, eine Tarnorganisation der kommunistischen Partei, die später wieder aufgelöst wurde, weil sie nämlich enttarnt wurde. Ihr Vorsitzender war kein Geringerer als Ernst Rowohlt, so hochgradig besetzt waren die.

Das lief so ähnlich, wie Ulrike das später auch gemacht hat mit den Professoren und Prominenten aller Art, die nie so recht wußten, aber es sich denken konnten: Gott ja, das wird wohl schon irgend etwas mit Kommunisten sein, aber das wollen wir gar nicht so genau wissen … Hauptsache, es war für den Frieden und alle zusammen gegen irgendwas, meistens gegen den Faschismus.«

Bettina Röhl: »Du kannst dir vorstellen, daß Rowohlt gar nicht wußte, daß dieser Laden als Tarnorganisation fungierte? Oder wußte er es und machte trotzdem den Vorsitzenden?«

Klaus Röhl: »Doch, doch, der wußte das, dicke. Ernst Rowohlt selbst hat zu mir gesagt: ›Die sagen immer, ich finanziere das alles, hoho, na ja, laß sie das mal ruhig denken, das schadet ja dem Verlag nicht, ist ein gutes Image.‹ Also, er ließ sie getrost in dem Glauben, und natürlich lachte er nur darüber.«

Bettina Röhl: »Hat er nun bezahlt oder hat er nicht? Und wen ließ er in welchem Glauben?«

Klaus Röhl: »Wenn die bürgerliche Presse sagte: ›Na hören Sie mal, Herr Rowohlt, was machen denn Ihre Aktivitäten bei der Nationalen Front, Sie haben sehr viele Verbindungen zu Leuten in Ostberlin und machen da solche Treffen …‹, dann hat der Rowohlt so ungefähr geantwortet, daß er da kein Problem sieht. Und damals war das ja noch ungeheuerlich, es war kurz nach dem Aufstand in der DDR 1953, der die Beziehungen zwischen West und Ost auf Null brachte. Nach dem niedergeschlagenen Aufstand des 17. Juni waren Kommunisten derart verpönt, das kannst du dir gar nicht vorstellen. Wenn man nur das Wort aussprach, hätte einen die Bevölkerung am liebsten gelyncht, zumindest in Westberlin – war ja auch kein Wunder, nachdem man am 17. Juni die russischen Panzer hatte rollen sehen –, und nun, zwei Jahre danach, gab es diese Tarnorganisation für Schriftsteller, die ›Nationale Front des demokratischen Deutschland‹, und da machten sehr viele Schriftsteller mit.

Die meisten deutschen Schriftsteller, die man heute noch kennt, waren seinerzeit allerdings in der Gruppe 47 und antikommunistisch eingestellt. Die lehnten alles, was so ein bißchen mit Verständigung mit der Sowjetzone zu tun hatte, völlig ab. Das hat sich bei denen erst um 68 herum geändert.

Wir lehnten das Ganze natürlich überhaupt nicht ab, denn die versprachen uns ja gerade über den Heimendahl eine Finanzierung für das *Plädoyer*. Unsere kommunistischen Freunde sagten, sie hätten eine Druckerei, wo sie das billig machen würden. Man fragt dann auch nicht so viel nach – zum Beispiel: Was ist das eigentlich für eine Druckerei? Diese erste Druckerei gibt es heute noch. Es wurde bei Kröger in Blankenese gedruckt und von irgend jemandem bezahlt, und damit hatte sich das. Und nun fragte man sich, wie es weitergehen sollte.

Rühmkorf und ich fanden das *Plädoyer* saublöd wegen der vielen Artikel von Heimendahl, die alle schrecklich mau waren. Ebensogut hätten wir auch gleich *Die Zeit* lesen können. Nur durch die wenigen Artikel, die wir im Heft hatten – ich hatte einen Leitartikel über die nationale Frage geschrieben, damals war das Saarstatut populär, Adenauer wollte das Saarland an Frankreich geben, und wir wollten das nicht, die Saarländer selbst übrigens auch nicht, und es ist ja auch nicht dazu gekommen –, ging es irgendwie.

Wir beschlossen, Verbindung aufzunehmen mit einem weiteren Typ, der uns ins Haus geschickt wurde, nämlich eben jenem Klaus Hübotter, der durch Till Meyer-Bruhns Eingang bei uns fand. Es ging um die Frage, ob wir die Zeitung weitermachen. Ich sagte: ›Kinder, wenn ihr mir ganz freie Hand laßt, mach' ich es.‹ Und: ›Werdet ihr dafür sorgen, daß das wieder kostenlos gedruckt wird?‹ Im Mai 1955 brachten wir dann den ersten *Studenten-Kurier* unter meiner Leitung heraus. Das war praktisch die Nummer 2 des *Plädoyers*.

Und mit einem Mal stand ich vor einer fast vollständigen Selbständigkeit, denn Heimendahl hatten wir ausgebootet, und der immer eine Rolle spielen wollende und reinfunkende Hübotter wurde als FDJler – die FDJ war ja illegal – verhaftet. Die Partei war sowieso schon mit einem Bein in der Illegalität, weil bereits ein Verfahren beim Verfassungsgericht lief. Ich stand dann von einem Tag zum anderen mit dem Ding alleine da. Und es meldeten sich wieder neue Leute, wie Siegfried Burmeester, und die sagten, ›das mit der Finanzierung, das mit dem Druck, das klappt schon‹.«

Dieser neuerliche Versuch der kommunistischen Gruppe, Klaus Röhl einzuspannen, führte zu einer endgültigen und langfristigen Zusammenarbeit. Der FDJler Klaus Hübotter hatte ihm die Chefredaktion einer komplett von den Kommunisten finanzierten Studentenzeitung angeboten, die diese aber nicht selber machen wollten. Die Einschätzung, daß Klaus Röhl auf dieses Angebot erfreut reagieren würde, erwies sich als richtig.

Die Akte KONKRET

Knapp 50 Jahre später, im September 2004, habe ich den damaligen FDJler Klaus Hübotter besucht, der seit langem in Bremen lebt und ein hochangesehener Immobilienmakler geworden ist, und habe ihn zu dieser ersten Zusammenarbeit mit Klaus Röhl und zu der Idee, eine gemeinsame Studentenzeitschrift herauszugeben, befragt. Der heute 75jährige, freundliche, sehr jung und dynamisch wirkende Hübotter, inzwischen Großvater mehrerer Enkel, empfing mich in seinem Haus mit Blick auf die Wallanlagen und führte mich in das italienische Restaurant in der bekannten Villa Ichon zum Essen aus, einem Friedens- und Kulturhaus in Bremen, das sein Bestehen Klaus Hübotter verdankt, der die repräsentative Villa durch seine Initiative vor dem Verfall gerettet hat.

Mein Anruf hätte ihn überrascht, sagte er mir offen, denn daß er und Klaus Rainer Röhl sich damals ziemlich schnell entzweit hätten, sei kein Geheimnis. Bevor ich kam, hatte er mir bereits ein paar von ihm selbst herausgegebene und geschriebene kleine Büchlein zugeschickt, in denen er sich über diese Zeit äußerte, und hatte dabei für mich die Stellen markiert, in denen Klaus Röhl vorkam: Ich sollte gleich wissen, wie er über meinen Vater dachte. Daß ich, nachdem ich das alles gelesen hatte, nun trotzdem kam, freute ihn. Ganz offen sagte er mir, daß er nur mit gemischten Gefühlen an meinen Vater, »den Röhl«, zurückdenke, der ihn damals gehörig übers Ohr gehauen habe, daß er aber mit mir natürlich trotzdem gerne rede. Er fragte mich auch nach meiner Mutter, die er persönlich nicht mehr kennengelernt habe, und meinem Verhältnis zu beiden Eltern. Für mich, die ich vor allem Klaus Röhls Variante der Geschichte des *Studenten-Kuriers* kannte, war es interessant, die andere Seite zu hören, den anderen Gründer der Zeitschrift. Die Gründung des *Studenten-Kuriers*, aus dem dann die Zeitschrift KONKRET hervorging, sei damals allein auf sein Engagement zurückgegangen. Nur, daß er selber die Zeitung nicht hätte leiten können, denn er war ja Mitglied in der damals verbotenen Jugendorganisation der KPD, der FDJ. Die FDJ brauchte damals einen Chefredakteur und weitere Leute, die nicht in der Partei waren, um die Sachen zu machen. Klaus Rainer Röhl und Peter Rühmkorf seien die kreativsten Köpfe innerhalb der damaligen Studentenschaft gewesen, so sei seine Wahl auf sie gefallen.

Klaus Hübotter: »Nachdem die Freie Deutsche Jugend 1951 in der Bundesrepublik verboten worden war und ich 1953 wegen illegaler FDJ-Tätigkeiten verhaftet worden und bis 1954 in Untersuchungshaft gewesen war, begann ich 1954/55 mein Jurastudium in Hamburg. Die KPD stand zu dieser Zeit ebenfalls kurz vor dem Verbot. Legale FDJ-Publikationen waren nicht möglich. Außerdem wären solche Schriften auch völlig unattraktiv gewesen. Aus dieser Not heraus wurde die Idee einer Studentenzeitschrift geboren – und zwar in diesem Fall allein von mir, immer jedoch im Kontakt und in der Diskussion mit Hamburger Uni-Genossen, die zwar unabhängig erscheinen, tatsächlich aber von uns, das heißt von der FDJ und der KPD, nicht nur beeinflußt, sondern geleitet werden sollten, allerdings in verdeckter Form. Ich selber war nur gegen Bürgschaft und vorläufig aus dem Gefängnis entlassen, stand unter Polizeikuratel und in Erwartung meines Prozesses, weshalb ich mich nur äußerst vorsichtig politisch betätigen konnte. Selber namentlich als Herausgeber zu fungieren kam nicht in Frage. ›Sitzredakteure‹, bezahlte Namensgeber, ›unbescholtene‹ Leute mußten gefunden werden, um nach außen aufzutreten, Leute allerdings, die nicht nur einfach Strohpuppen waren, sondern denen man auch abnehmen können mußte, daß sie ein solches Projekt allein zu bewerkstelligen in der Lage waren. Bekanntlich wurden diese Leute gefunden: R. und R. – Röhl und Rühmkorf. Zunächst aber mußte das Projekt der FDJ in Ostberlin vorgetragen und schriftlich und mündlich in allen Einzelheiten erläutert werden.«[12]

1998 entdeckte ich bei meinen Recherchen im Bundesarchiv in Berlin den folgenden Bericht des damaligen Mitglieds der kommunistischen Hochschulgruppe in Hamburg, Klaus Hübotter, der den Genossen in Berlin damit eine vollständige Einschätzung über Klaus Rainer Röhl angefertigt hatte. Mit dieser Einschätzung beginnt die dokumentierte kommunistische Karriere meines Vaters. Der Archivmann in Berlin hatte nach meinem ersten Suchanlauf gesagt, es gebe nichts Spezielles über KONKRET. Dann aber, als ich mich damit nicht zufriedengab, wurde er plötzlich fündig und begrüßte mich freudig, als ich wiederkam. Auf einem kleinen, mit Packpapier und Bindfaden umwickelten Paket stand mit Blei- und Filzstift der Name KONKRET geschrieben. Die Akte war noch jungfräulich, also unbearbeitet. Nach einer ersten Kontrolldurchsicht bekam ich die Akte ausgehändigt und staunte nicht schlecht, als ich eben jene Einschätzung über Klaus Rainer Röhl las, die der FDJler Klaus Hübotter angefertigt hatte.

»8.4.55

<u>Über Klaus Rainer Röhl, Hamburg 6, Schanzenstraße 111 III. 5.4.55</u>

K. R. Röhl ist 26 Jahre alt, mit Brunhilde Röhl, etwa 22 Jahre alt, verheiratet und hat eine zwei Monate alte Tochter. Er stammt aus kleinbürgerlichen Verhältnissen. Sein Vater ist Rechtsanwalt (?). Ebenso sein Schwiegervater. Beide waren Mitglieder der NSDAP. Mit dem Vater will jetzt der BdD [AdA: Bund der Deutschen] von Hamburg Verbindung aufnehmen, der Schwiegervater hat angeblich – nach Angaben der Schwiegermutter mir gegenüber – schon FDJler vor Gericht verteidigt.

R. hat 10 Semester Philosophie studiert und hat sich jetzt zum Staatsexamen gemeldet. Außerdem ist er Doktorand bei Prof. Püritz in Hamburg. Vor zwei oder drei Jahren haben er und sein Freund Lünk, ebenfalls Philosophiestudent an der Universität, den Arbeitskreis Progressive Kunst gegründet, der bis heute ein zugelassener Verein an der Uni ist. Soviel ich von diesem Arbeitskreis weiß – jetzt ist er nicht mehr aktiv –, vertrat er eine ›pazifistisch-existentialistische‹ Richtung. Damals führte dieser Arbeitskreis, in dem auch Mitglieder der kommunistischen Gruppen mitmachten, öfters und mit großem Erfolg ›radikale Antikriegsstücke‹ auf. Damals war sein bester Freund Lünk. Auch jetzt sind sie noch eng befreundet. (Von Lünk stammt der Artikel ›Reissammler‹ im *Plädoyer.*) Lünk ist ein junger in Hamburg sehr bekannter junger Dichter, von dem ich selbst einige ausgezeichnete Antikriegsgedichte, aber auch einige fürchterliche existentialistische Gedichte kenne. Lünk nahm neulich an dem Hamburger Gespräch mit Bert Brecht teil.

Durch die Arbeit in diesem Arbeitskreis wurde R. mit den Mitgliedern unserer damaligen Gruppe bekannt. Im Sommer 1953 luden ihn die Greifswalder Studenten, zusammen mit Siegfried Burmeester, jetzt Gruppenleiter der Kommunistischen Studentengruppe, nach Hiddensee in Mecklenburg zu einem Ferienaufenthalt ein. Diese Ferien verbrachte er dort, zusammen mit seiner Frau, mit S. B. [AdA: Siegfried Burmeester] und Karl Heinz Jahnke, jetzt Leiter der Greifswalder Studentenarbeitsauschüsse für gesamtdeutsche Arbeit. Seit dieser Zeit besteht eine sehr enge Freundschaft von ihm zu Siegfried. R. bezeichnet ihn als seinen besten Freund.

R. war bis zu diesem Zeitpunkt aktiver Kriegsgegner. Trotzdem er in der Studentengruppe der IdK [AdA: Internationale der Kriegsdienstgegner] keine Funktion besitzt, hat er unter den Kriegsdienstgegnern doch noch großen Einfluß. Mit ihnen organisierte er im Februar 55 eine große öffentliche Antikriegsveranstaltung in den Hamburger Kammerspielen unter dem Namen ›eine Gruppe junger Zivilisten‹ vor mehreren hundert Studenten und Jugendlichen. Diese Veranstaltung wurde von der Hamburger NF [AdA: Nationale Front] bezahlt. Auch bei dieser Veranstaltung machte ein Mitglied unserer

Gruppe mit. Diese Veranstaltung wurde von der gesamten Hamburger Presse sehr stark beachtet. Als die Kammerspiele ihm zwei Tage vor dem festgesetzten Termin den Saal sperren wollten, weil sie unter Druck gesetzt worden waren, erwirkte er durch einen fortschrittlichen Rechtsanwalt (Herrmann?) eine einstweilige Verfügung gegen die Kammerspiele, so daß die Veranstaltung trotzdem durchgeführt werden konnte.

Er selbst sprach in dieser Aufführung besonders Gedichte von Bert Brecht. Bert Brecht ist der Dichter und Mensch, den er am meisten verehrt. Er ist sein literarisches, aber auch in sehr vielem sein politisches Vorbild. Von Brecht kennt er zig Gedichte aus dem Kopf. Weitere ›literarisch-politische‹ Vorbilder sind für ihn besonders Tucholsky, Borchert, Marcel Marceau.

Seit seinem Aufenthalt in Hiddensee will er kein Pazifist mehr sein, sondern bezeichnet sich selbst immer als Kommunist. Einige Male hat er schon den Wunsch geäußert, in die Partei einzutreten, hat es dann aber doch immer nicht getan, im Grunde wohl deshalb, weil er um seine ›persönliche Freiheit‹ fürchtet. Es hat aber auch noch niemand wirklich bis zuletzt mit ihm über theoretische Fragen diskutiert, und seine eigenen Studien, z. B. Materialismus und Empiriokritizismus, hat er noch nie richtig zu Ende gebracht.

Begeistert ist er von den französischen Kommunisten. Sein erster schriftlicher Vorschlag für den Stil der neuen Zeitung lautete: Der Stil der Zeitung soll nicht der der westdeutschen Volkszeitungen sein, sondern der der ›Humanität‹. Seine Verehrung für Rußland und die russische Literatur wollte er dadurch zum Ausdruck bringen, daß er seiner Tochter gegen den Widerstand seiner ganzen Verwandten – mit Ausnahme seiner Frau – einen russischen Namen gegeben hat, nämlich Anja Irina.

Folgende Verbindungen von ihm sind mir noch bekannt. Vor vier Jahren oder noch früher hat er ein halbes Jahr als Archivar im *Spiegel* gearbeitet. – Seit mindestens einem Jahr verdient er sich nebenher Geld durch die Betreuung einer Gruppe elternloser Hamburger Jugendlicher im Jugendeuropahaus, mit denen er abends Heimabende und ähnliches durchführt. Dieses Jugendeuropahaus untersteht einer Sozialfürsorgestelle in Hamburg, die ein sehr fortschrittlicher Hamburger Student leitet, Hans Joachim Rüdiger. Hans Joachim Rüdiger war als Delegierter 1953 zum III. Weltstudentenkongreß in Warschau. Er hat sich jetzt erboten, alle kommunistischen Studenten, die Geld verdienen müssen, in seiner Stelle unterzubringen und bestimmte Jugendliche nur von Mitgliedern unserer Gruppe betreuen zu lassen. Mit R. habe ich vereinbart, daß er diese Verbindung nicht aufgibt, sondern nur auf einen Abend in der Woche einschränkt. Die Jugendlichen, mit denen R. zusammenarbeitet, sind nach seinen Angaben bereits alle aktiv gegen die Remilitarisierung.

Typisch für seine politische Einstellung ist ein Hörspiel, das er geschrieben und an den Schweizer Rundfunk geschickt hat (wo es bestimmt nicht gesendet wird, trotzdem es formal ausgezeichnet ist), in dem der Held, ein Sowjetbürger, in den ›Freien Westen‹ flüchtet, dann aber so schlechte Erfahrungen im Westen macht, daß er reumütig in seine Heimat zurückkehrt.

Meine Meinung über R. ist, daß er ein journalistisch und organisatorisch außerordentlich begabter und intelligenter fortschrittlicher Student ist, der mit keiner Partei so stark sympathisiert wie mit der Kommunistischen Partei, der er auch, sobald noch mehr mit ihm diskutiert und gearbeitet ist, beitreten wird. Ich halte ihn für unbedingt zuverlässig und ehrlich.

Meine Meinung bestätigen werden Siegfried Burmeester, Hamburg-Brahmfeld, Glindwiese 50 bei Larsen, Gruppenleiter der kommunistischen Studentengruppe und Mitglied der Kreisleitung der Partei, und Eberhardt Zamory, Hamburg-Altona, Tönsfeldstraße 5, Mitglied der Komm. Studentengruppe und Mitarbeiter des Landesvorstandes der Partei (?). Beide wissen auch noch mehr über ihn und kennen ihn schon länger als ich.

Klaus Hübotter

P.S. Es fällt mir jetzt ein, daß der richtige Name von Lünk – Peter Rübenkorff ist. Hamburg, Arnoldstraße 74, bei Hoffmann. Sein Wirt ist Mitglied der Partei.«[13]

Über Eckhardt Heimendahl, den Chefredakteur der ersten Nummer des *Plädoyers,* heißt es in einem Eintrag in derselben Akte, ebenfalls verfaßt von Klaus Hübotter am 8. April 1955:

»8.4.1955 ›Studenten-Zeitung‹

Über Eckehardt Heimendahl [...]

H. war der Chefredakteur der ersten Nummer. Demnächst wird er nur noch freier Mitarbeiter sein und in irgendwelche internen Dinge gar nicht mehr eingeweiht. [...]

Weiterhin als Chefredakteur ist er [AdA: Heimendahl] nicht geeignet, trotz journalistischer Fähigkeiten, ›weil er es mit seinem Gewissen nicht vereinbaren kann, mit unserem Geld eine Zeitung herauszugeben, ohne dies öffentlich auch sagen zu dürfen‹. [...] Außerdem hat er Angst, daß er durch die Tätigkeit bei unserer Zeitung seine Stellungen beim NWDR [AdA: Nordwestdeutscher Rundfunk] und seinen Ruf an den anderen Zeitungen verlieren könnte, auf den er beruflich angewiesen ist [...]. Außer mir kennen ihn auch alle Mitglieder der kommunistischen Studentengruppe und die Genossen der Hamburger NF, die auch mit ihm zusammengearbeitet haben.

Klaus Hübotter«

Von ein paar Kleinigkeiten abgesehen, zum Beispiel der, daß mein Großvater nicht Rechtsanwalt, sondern Schulmeister war oder Rühmkorf auch damals schon nicht Rübenkorff hieß, lieferte Klaus Hübotter einen gut recherchierten Bericht; eine Einschätzung für die KPD, die wegen des drohenden Verbotes in Westdeutschland ihre Zentrale vorsorglich schon nach Ostberlin verlegt hatte.

Klaus Röhl bekam den Inhalt dieser Einschätzung und den übrigen Teil der Ostberliner Akte KONKRET erstmalig zu Gesicht, als ich ihm die Fahnen dieses Buches mit seinen eigenen Zitaten zur Autorisierung vorlegte. Er, der in seinem Leben fast immer genauso viele Freunde wie Feinde hatte und jemand ist, der nicht nur gerne, sondern auch viel redet, hat, wenn man die Akte studiert und die Plausibilitäten betrachtet, mit seinen Enthüllungen in seinem Buch *Fünf Finger sind keine Faust* von 1974 nicht gelogen, so gut wie nichts weggelassen und auch nichts hinzugefügt, nicht einmal zu seinen Gunsten. Ohne zu ahnen, daß er damals von den kommunistischen Finanziers schriftlich für die ›Ewigkeit‹ dokumentiert, durchleuchtet und eingeschätzt wurde – und noch weniger ahnend, daß diese Einschätzung über 40 Jahre später einmal in Archiven öffentlich zugänglich sein und von einer seiner Töchter gefunden werden würde –, hat er 1974 einfach drauflosgeschrieben und 1996 in den Gesprächen mit mir frei drauflosgeredet. Er wird durch die Akte KONKRET im wesentlichen bestätigt. Umgekehrt ist natürlich auch der Akteninhalt durch das bestätigt, was Klaus Röhl vor 30 Jahren geschrieben hat.

Wie wurde die Einschätzung des Klaus Rainer Röhl damals in Ostberlin aufgenommen?

Dazu Klaus Hübotter: »In Ostberlin war man skeptisch. Allerdings hatte ich dort als hochgelobter, gerade aus dem Gefängnis kommender ›mutiger westdeutscher Friedenskämpfer‹ das beste Entree. Schließlich wurde die Sache zu einer Angelegenheit im Sekretariat des Zentralrats der DDR-FDJ gemacht und mußte von dessen Vorsitzendem Erich Honecker persönlich abgesegnet werden.«[14]

In Ostberlin wird der *Studenten-Kurier,* wie die Zeitschrift KONKRET in den ersten beiden Jahren hieß, genau durchgeplant. Das folgende »Protokoll über die Sitzung des Sekretariats des ZR [AdA: Zentralrat] der Freien Deutschen Jugend« vom 6. April 1955 über die »Schaffung einer westdeutschen Studentenzeitung *Studenten-Kurier*« wird von dem »Berichterstatter: Herbert Mies«, dem Vorsitzenden der DKP in Ostberlin, angefertigt. Folgende Einschätzung der Lage wurde demnach von Erich Honecker, dem ersten Vorsitzenden des ZR, persönlich abgezeichnet:

»Vorlage

Betrifft: Schaffung einer westdeutschen Studentenzeitung *Studenten-Kurier*.

In Westdeutschland gibt es etwa 120000 Studenten. Eine beständige zielstrebige Arbeit in den Universitäten gab es bisher nicht. Die Studenten sind aber – haben sie eine richtige Orientierung – eine bedeutende Kraft in der nationalen Bewegung des deutschen Volkes gegen die Wiedererrichtung des deutschen Militarismus, für die Wiedervereinigung Deutschlands.

Die Adenauerregierung versucht alle Anstrengungen, die Studenten für ihre Politik zu gewinnen, und betreibt mit Unterstützung einer Vielzahl von Studentenorganisationen an den Universitäten eine systematische militaristische und nationalsozialistische Agitation und Propaganda.

Demzufolge wird deutlich, daß die Ablehnung der Remilitarisierung unter den Studenten nicht so fest ist und breite Teile von antikommunistischer Stimmung erfaßt sind. Dem müssen wir eine offensive, systematische und beharrliche Aufklärungsarbeit entgegenstellen. Ein geeignetes Mittel wäre eine Studentenzeitung, die ausgehend von den progressiven, antimilitaristischen und wahrhaft nationalen Stimmungen zum Organ des demokratisch und patriotisch gesinnten Teils der Studenten wird.

Es gibt unter der westdeutschen Studentenschaft verschiedene Strömungen, die der Adenauer-Politik entgegengesetzt sind. Eine große Zahl von Studenten, die einfach keine Soldaten werden wollen, weil sie um die persönliche und akademische Freiheit fürchten und eine Gefahr für die Einheit Deutschlands sehen, lehnen die Remilitarisierung ab. Es gibt nicht unbedeutende Kräfte, denen die bürgerlich-demokratischen Rechte wirklich etwas bedeuten und die bereit sind, für die Erhaltung dieser Freiheit einzutreten.

Alle diese Regungen und Stimmungen, alle diese Grüppchen und Gruppen lassen sich vereinen unter der Losung: ›Einheit, Freiheit und Frieden für Deutschland.‹

Die an der Hamburger Universität von einigen Studenten herausgegebene Zeitung *Das Plädoyer* wird weiterentwickelt mit dem Ziel, die patriotisch gesinnten Studenten zusammenzuführen und unter ihnen organisierend zu wirken.

Inhalt und Charakter der Zeitung:

Die Zeitung muß Organ der antimilitaristischen und nationalen Strömungen werden, sie leiten, bewußter machen und zusammenführen. Die Zeitung muß an den vorhandenen Strömungen anknüpfen. Andernfalls wird sie sofort neben der Studentenschaft stehen, keinen Einfluß mehr ausüben und isoliert sein.

Dabei sind Vorschläge der DDR und der Sowjetunion in der Deutschlandfrage die feste politische Grundlage der Zeitung, die von ihr in eigener Argumentation wiedergegeben und popularisiert werden, immer jeweils ausgehend von den progressiven Grundstimmungen und Forderungen der Studenten.

Die Grundlage der Zeitung in Fragen der Kunst und Wissenschaft wird das demokratische Kulturgut sein, d.h.: friedliche und humanistische Wissenschaft und Kunst, Betonung des gesamtdeutschen Kulturerbes, wissenschaftlicher und überhaupt kultureller Austausch. Sie knüpft auch hier an die oben charakterisierten vorhandenen fortschrittlichen Regungen.

Drei Seiten von 8 Seiten behandeln politische Fragen, Kommentare zu Artikeln in anderen Studentenzeitungen, zu Geschehnissen der großen und kleinen Politik, zu Fragen der Studentenpolitik usw. Drei Seiten etwa sind vorgesehen für die Behandlung wissenschaftlicher und kultureller Fragen. Eine Seite ist für offene Diskussionen in Leserbriefen vorgesehen. Außerdem steht Platz für eine möglichst umfassende Information über Ereignisse aus dem gesamtdeutschen, auch aus dem internationalen Studentenleben zur Verfügung.

Zeitungsaufbau, Redaktion, technische Fragen

Die Zeitung erscheint zunächst an jedem ersten Tag eines Semestermonats, d.h. also für das Sommersemester 1. Mai, 1. Juni, 1. Juli und letzte Juliwoche. Das Format der Zeitung ist zunächst: 8 Seiten Din A3, billigstes Zeitungspapier, aber mit mindestens 5 Klischees. Verlagsort der Zeitung: Hamburg.

Die Zeitung erscheint im Selbstverlag unter dem Namen des vorgesehenen Chefredakteurs. Der Druck erfolgt durch eine bürgerliche Hamburger Druckerei. Die Zeitung kostet für den Käufer 20 Pfennig, wobei der verkaufende Student pro Stück 10 Pfennig bekommt.

Vertrieben wird die Zeitung in möglichst allen westdeutschen Universitäten und Hochschulen, möglichst über die einzelnen Studentenarbeitsvermittlungen, sonst über besonders geworbene studentische Verkäufer. Die Auflage beträgt zunächst 5.000 Exemplare.

Redaktion und Mitarbeiter

Die Redaktion, zunächst einmal der ersten Nummern, wird besetzt durch:

1. Klaus Rainer Röhl, cand. phil. im 10. Semester und Doktorand in der Hamburger Uni. K. R. Röhl ist ein sehr fortschrittlicher Student, der besonders unter den Kriegsdienstgegnern großen Einfluß besitzt, journalistisch außerordentlich begabt und voller eigener Initiative. Er war schon einmal auf Einladung der Universität Rostock zusammen mit seinem besten Freund [AdA: Siegfried Burmeester], einem Mitglied der Hamburger kommunistischen Studentenbewegung, in der DDR.

2. Als journalistischer Helfer: Eckard Heimendahl, ebenfalls cand. phil. an der Hamburger Uni, der Chefredakteur der ersten Nummer [AdA: des *Plädoyers*, Februar 1955].

3. Klaus Hübotter, Mitglied der Hamburger kommunistischen Studentengruppe.

Kostenvorschlag pro Nummer (d. h. zunächst auch pro Monat, mit Ausnahme des letzten Semestermonats, in dem zwei Nummern erscheinen. In den 5 monatigen Semesterferien erscheint dagegen die Zeitung überhaupt nicht).
Für Druck, Papier und Klischees......   1000,– DM
Für Vertrieb, Archiv, Büromaterial
          etc. und Honorar......   500,– DM
(Dabei ist der Betrag, der für Honorare bezahlt wird, nicht höher als 250,– DM)
zusammen   1.500,– DM

Berlin, den 6. April 1955«[15]

Klaus Hübotter fährt in seiner Erzählung fort: »Schließlich, im April 1955, wurde das Konzept in Berlin gebilligt, das Geld bereitgestellt und ich zum Koordinator und Verbindungsmann zur Berliner FDJ bestellt, der mit Röhl als offiziellem Herausgeber und Chefredakteur die Sache deichseln sollte und bekanntlich auch gedeichselt hat.«

Klaus Röhl und die Partei schlugen also ein, und es begann die aktive kommunistische Karriere des Klaus Rainer Röhl.

Die Gründer des *Studenten-Kuriers*

Mit dieser Zeitung, die nun im Mai 1955 unter dem Namen *Studenten-Kurier* erschien, landete Klaus Röhl »einen ersten größeren Verkaufserfolg an allen Universitäten Westdeutschlands«, wie er bei unserem Interview begeistert berichtet. 5000 Exemplare wurden verkauft, zum Teil auch verschenkt. Die Logistik für den bundesweiten Vertrieb einer Studentenzeitung, damals etwas sehr Ungewöhnliches, stellte Klaus Röhl selber auf die Beine. Einen Boykott des Verkaufs dieser verdächtigen Zeitung durch den Allgemeinen Studentenausschuss (AStA) umging er, indem er die ihm bekannten Studentenbühnen der Universitäten, politisch eher ahnungslos, vor seinen Karren spannte. Sie sollten an den Unis für die Verteilung der Zeitung Sorge tragen. Insgesamt legte Klaus Röhl mit Hilfe der vornehmlich selbst aufgestellten Logistik also einen fulminanten Start hin.

Klaus Hübotter bestätigt das: »Im Mai 1955 erschien bereits die erste Nummer des *Studenten-Kuriers*. Der Erfolg war von Anfang an groß. Schon nach wenigen Nummern gab es keine bessere und größere Studentenzeitschrift in der BRD. Die Zusammenarbeit zwischen mir und Röhl klappte besser als erwartet.«

Rühmkorf schrieb einen Beitrag über den 8. Mai 1945, zehn Jahre nach Zusammenbruch des Dritten Reiches. Sein Freund, der Lyriker Werner Riegel, brachte einen beachtlichen Artikel zum 150. Todestag von Friedrich Schiller, und stolz präsentierten Röhl und Rühmkorf im ersten *Studenten-Kurier* einen Leserbrief, den sie als Antwort auf die übersandte Ausgabe des *Plädoyers* erhalten haben: »bin überzeugt davon, dass er [AdA: der *Studenten-Kurier*] eine notwendige Funktion ausübt. Daß ich mit Ihren Tendenzen sympathisiere, zeigt Ihnen ja auch meine nahe bevorstehende Reise nach Stuttgart und Weimar. Thomas Mann, Kilchberg/Zürichsee«.[16] Es ist kein Geringerer als der berühmte Literaturnobelpreisträger aus Lübeck, der sich hier nur wenige Monate vor seinem Tod als einer der ersten Leser des »Ur-KONKRET« zustimmend zu erkennen gibt.

Seinen ersten Schabernack trieb Klaus Röhl, als er ein Preisausschreiben plazierte: Die Leser durften raten, wer denn nun den *Studenten-Kurier* wohl finanziert. Dort heißt es:

> »Ja, nun sehen Sie sich mal die Zeitung an, und beteiligen Sie sich mit an dem großen Rätselraten »Hinter Ihnen steht jemand«. D.h., wer steht hinter dem *Studenten-Kurier*? Wer finanziert die Druckkosten? (Honorare werden keine

gezahlt.) Ganz oder überwiegend? Eine Firma, eine Partei, eine andere politische Interessengruppe, das Verfassungsschutzamt, irgendeine kommunistische oder nazistische Tarnorganisation, irgendein Personenkreis oder sonst noch ein großer Unbekannter?«[17]

Für die richtige Antwort waren zwei Flaschen Sekt ausgelobt, für die originellste eine. Der 3.–20. Preis brachte ein schönes Buch, gestiftet von Bertelsmann und Rowohlt. So! Was war aber nun die richtige Antwort? Röhl selbst schwebte zwischen Nichtwissen und Wissen. Daß das Geld irgendwie von der KPD kam, war ihm klar. Wie genau die Wege verliefen, wer in Ostberlin oder in Hamburg verantwortlich war, wußte er zu diesem Zeitpunkt immer noch nicht genau.

Im zweiten *Studenten-Kurier*, Heft 3/4, der im Juni / Juli erscheint, erfahren die Leser übrigens auch, welche Antwort auf das Preisausschreiben die Redaktion für Platz 1 ausgewählt hatte: »Die Lösung von Herrn Wulfram: Der ›*Studenten-Kurier*‹ finanziert sich aus: 1. Anzeigen, 2. Verkaufserlös, 3. Spenden aus Pazifisten-Paulskirchenkreisen, 4. einer großen Portion Idealismus.«[18]

Ein geistiges Vorbild für Klaus Röhl, Peter Rühmkorf und Klaus Hübotter – und damit für den *Studenten-Kurier* – war der in Hamburg lebende Schriftsteller und Sozialist Kurt Hiller, der in den zwanziger Jahren zusammen mit Carl von Ossietzky und Kurt Tucholsky für die *Weltbühne* geschrieben hatte. Der mittlerweile 70jährige Hiller hatte 1933/34 im KZ gesessen und von 1934 bis 1947 im Exil gelebt. Der *Studenten-Kurier* lädt den Schriftsteller zu Vorträgen ein, man fordert ihn auf, für den *Studenten-Kurier* zu schreiben. Hiller freundete sich in dieser Zeit vor allem mit Klaus Hübotter an und begleitete den *Studenten-Kurier* von Anfang an wohlwollend kritisch. Allerdings steht der Sozialist Hiller der DDR und dem Stalinismus eher ablehnend gegenüber. Gerade dies und seine persönliche Nähe zu Kurt Tucholsky, der sich im Dezember 1935 im schwedischen Exil das Leben nahm, machen ihn zu einem begehrten Autor, der gleichzeitig half, den kommunistischen Hintergrund der Zeitung in seiner Person zu verdecken. Der Ältere sieht das, was in der DDR geschieht, kritischer. Er schreibt 1956 an Klaus Hübotter, mit dem ihn eine jahrzehntelange Brieffreundschaft verbinden wird: »Ulbricht ist ein Unmöglicher, er verhindert das Gute im gleichen Maße wie Adenauer: die Berliner Falken (Prachtkerle! Prachtkerle!) hatten recht. Pankow sollte sich an Warschau ein Beispiel nehmen, […] statt ultrabelastete Stalinisten weiterwursteln zu lassen. Der Mangel an Mutation in der Zone schadet nicht nur allgemein, sondern auch insbesondere uns äußerst Linke.«[19]

Aufgrund seiner Distanz zum *Studenten-Kurier*, dessen Hintergründe er ahnen kann, wird Hiller nie zu einem festen Mitarbeiter der Zeitung. Sein Wirken und seine Persönlichkeit strahlen dennoch über seine Freundschaft vor allem mit Hübotter und Rühmkorf auf den *Studenten-Kurier* aus.

Zusammenarbeit

Als guter Propagandist, als der Klaus Röhl ja eingekauft worden war, demonstrierte er von Anfang an in imponierender Weise seine Unabhängigkeit gegenüber der Partei, sehr zum Leidwesen der Auftraggeber, die es lieber platt und direkt gehabt hätten: DDR gut, Bundesrepublik schlecht.

Klaus Rainer Röhl: »Und in dem studentischen Teil, um also die Unabhängigkeit zu demonstrieren, machten wir einen DDR-kritischen Leitartikel und kündigten den sogar auf der Titelseite an. Es war ein Artikel über die Studentenaufstände in Greifswald in der Sowjetzone, die dort geleugnet wurden. In der DDR behauptete man, daß es solche Aufstände überhaupt nicht gab, und sagte, das seien Unruhen, die amerikanische Agenten angezettelt hätten. Es war aber in Wirklichkeit ein Medizinerstreik. Der griff auf die ganze Zone über, und das hatten wir vorne auf dem Titel drauf. Solche kritischen Artikel hatten wir von vornherein drin, aber immer gemischt mit Angriffen gegen die AStAs und gegen den SDS [AdA: Sozialistischer Deutscher Studentenbund], die damals streng antikommunistisch waren.«

Bettina Röhl: »Der SDS antikommunistisch?«

Klaus Rainer Röhl: »Der SDS war sogar streng antikommunistisch, sonst hätte er gar nicht existieren können. Allein gegen die Mafia, hieß unsere Devise. Es gab damals an jeder Uni 10 000 Studenten, macht für die Bundesrepublik vielleicht etwa 120 000 Studenten, und davon gab es sieben Kommunisten, und das waren eben die, die ich kannte, und noch drei in Hannover. Na, das waren vielleicht Helden. Till Meyer-Bruhns sah aus wie ein Bilderbuchkapitalist, der bei jeder Gelegenheit seine gute Kinderstube und sein Geld raushängen ließ, das war mir der rechte Salonkommunist, den fand ich grauenhaft. Klaus Hübotter, der damals noch in der bereits verbotenen FDJ war und deswegen ab und zu mal im Gefängnis landete, hatte, wenn er mal draußen war, dauernd Angst, daß der Verfassungsschutz hinter ihm her war. Die Treffen fanden deswegen immer an besonders konspirativen Plätzen statt, zum Beispiel auf Segelbooten, Tennisplätzen – solche Sportarten konnten diese angeblichen Kommunisten übrigens alle ganz prima – oder in einsamen Hotels im Harz.«

Der Macher Klaus Röhl und der Gründer Klaus Hübotter sollten ein Jahr lang erfolgreich zusammenarbeiten, dann zerstritten sie sich fürs Leben. Klaus Hübotter hat im Jahr 1994 in einem kleinen, von ihm selbst herausgegebenen Büchlein seine Erinnerungen an die Gründung der Zeitschrift *Studenten-Kurier* niedergeschrieben:

> »Wem ich mich mit Röhl auf diese Weise ausgeliefert hatte, war mir schon damals einigermaßen klar, aber ich bildete mir ein, daß ich, insbesondere über die Geldkette, die Kontrolle über die Zeitschrift behalten könnte. Als ich jedoch im Herbst 1955 wiederum verhaftet und 1956 schließlich auch verurteilt wurde, ging meine Kontrollmöglichkeit vollkommen verloren.«[20]

Im Gespräch erzählt mir Klaus Hübotter von der alten Feindschaft zwischen Klaus Rainer Röhl und ihm: »Ich habe mich mit deinem Vater wegen der Konspirativität oft beim Segeln auf der Elbe und auf der Insel ›Schweinesand‹ getroffen, denn die FDJ war ja verboten und wir standen in Gefahr, bei jeder Gelegenheit entdeckt und verhaftet zu werden, aber Klaus Röhl war ein ziemlicher Fuchs. Kaum war ich wieder verhaftet, ist er zur Partei gegangen und hat gesagt, er brauche mich nicht mehr, weil er jetzt selbst in die kommunistische Partei eingetreten sei, ›aus Protest gegen die Verhaftung des aufrechten Kommunisten Hübotter‹. Als ich nach Monaten aus dem Gefängnis kam, hatte er die Sache gegenüber der FDJ in Ostberlin in der Hand – und mir damit weggenommen. Ich selbst habe mein vernachlässigtes Jurastudium zu Ende geführt.«

Hübotter – »Vom Geld hat Klaus Röhl nicht gerade viel verstanden« – ist bei unserem persönlichen Treffen freundschaftlich und familiär eingestellt. Es macht ihm Spaß, über alte Zeiten und über »seinen« *Studenten-Kurier* zu sprechen, aber auch über Klaus Röhl, dem er bis heute nicht verziehen hat. Klaus Hübotter, damals im Auftrag der FDJ tätig, muß wohl als der eigentliche ›Entdecker‹ Klaus Rainer Röhls und als Begründer des *Studenten-Kuriers* bezeichnet werden. Aber er ist nicht nur derjenige, der den *Studenten-Kurier* einst mit aus der Taufe hob, sondern er hält seit 1973 offenbar auch das Namensrecht an dem Zeitschriftentitel KONKRET, welchen Klaus Röhl dem *Studenten-Kurier* im August 1957 gab. Den Namen KONKRET hat Klaus Hübotter nach dem Konkurs der Zeitschrift 1973 dann aus der

Masse erworben, um ihn später dem heutigen Herausgeber der Zeitschrift, Hermann L. Gremliza, zu ›leihen‹. Dieses Leihverhältnis dauert – laut Hübotter – bis heute an. »Klaus Rainer Röhl und Hermann Gremliza waren beide keine Kommunisten oder Sozialisten«, sagt Klaus Hübotter trocken, »weder damals noch heute.« Er selber ist Anfang der neunziger Jahre aus der KPD/DKP ausgetreten. Trotz aller Feindschaft hat er auch Anerkennung für Klaus Röhl: »Der konnte schon was, nicht umsonst habe ich ihn damals ausgewählt, die Zeitung zu machen.«

Klaus Röhl hat hinter dem Verlust der Zeitung 1973 mitsamt des Titels System und böse Absicht vermutet und zürnt Hübotter seither mindestens so heftig wie Hübotter ihm. Man kann sich vorstellen, wie oft und wie wenig liebevoll der Name Hübotter, den ich im Alter von zehn Jahren zum ersten Mal bei uns zu Hause hörte, nach dem Verlust der Zeitung gefallen ist.

1955, also lange vor meiner Geburt 1962, arbeiteten Röhl und Hübotter jedoch noch eng zusammen.

Auch einen anderen FDJler der kleinen kommunistischen Hochschulgruppe, den Kommunisten in »Maßanzügen«, wie Klaus Röhl ihn immer nannte, lerne ich 50 Jahre später in Hamburg bei einem Treffen im Hotel Elysee kennen: Till Meyer-Bruhns. Inzwischen arbeitet er im Verlagswesen. »Das mit den Maßanzügen ist völliger Unsinn«, klärt er mich auf, als wir uns im Herbst 2005 das erste Mal begegnen. »Aber gestört hat es mich natürlich nicht, dass Röhl das damals dachte.« Meyer-Bruhns heute über Klaus Röhl: »Röhl sagte damals immer, er sei Pazifist, und das war auch für mich die Motivation gewesen, in die kommunistische Partei einzutreten. Wir waren für Frieden. Ich hatte eine Abneigung gegen diesen Aufschneider Klaus Rainer Röhl, der damals zusammen mit Rühmkorf und Peggy dieses ungeheure Provokationstheater, die *Pestbeule*, machte. Meine Meinung war, egal, wo der auftauchte, alle sahen ihn negativ. Nur die Frauen standen auf ihn. Seine erste Frau Bruni, die ich damals auch kannte, war sehr hübsch und sehr nett, und Ulrike mochte ich auch sehr gerne, und da dachte ich schon damals, wenn die Frauen den Röhl so mögen und so für ihn schwärmen, dann muß vielleicht doch irgend etwas an dem Mann dran sein. Das hat mich manchmal an meinem negativen Urteil über ihn zweifeln lassen.«[21]

In Ostberlin wurden die ersten Ausgaben des *Studenten-Kuriers* »eingeschätzt«. Am 13. Juli 1955 schreibt ein gewisser Oskar (vermutlich der berühmte Oskar Neumann) an Herbert (wohl Herbert Mies, später Vorsitzender der DKP) die folgende lange Einschätzung:

»13.7.1955

Lieber Herbert!

Die Hamburger Zeitung habe ich nicht ohne Vergnügen, aber auch nicht ohne erhebliche Sorgen gelesen. […] Wir setzen uns zwar scheinbar auseinander, mit Leuten, mit blödem Geschwätz und mit Gemeinheiten, wobei es richtig ist anzunehmen, daß ein Übermaß an Blödheit und Gemeinheit sich durchaus selbst entlarvt. Aber wo gibt es eine wirklich fundierte Auseinandersetzung mit geistigen Problemen, wo mit den großen wirklich ernsthaften Argumenten des Gegners? […] Die heutige akademische Jugend hat absolut keine geistigen Grundlagen. Die Leute sind – rein wissenschaftlich gesehen – dümmer, als die Polizei erlaubt. Das wissen sie selber nicht, das dürfen wir ihnen auch nicht sagen, weil sie sonst böse werden. Aber das müssen wir selber wissen, und davon müssen wir selber ausgehen, um an der richtigen Stelle mit dem Aufbauen der Ideologie anzufangen. […]

Auf die gleiche Weise muß die Frage der Einheit Deutschlands wirklich durchdacht werden. […] Man muß diskutieren, wie man zur Einheit kommen will und wie man nicht dahin gelangen kann. […]

Diese Grundlagenpolitik gilt auf auch auf kulturellem Gebiet. Da gibt es z. B. den Artikel ›Heiße Lyrik‹. Ich diskutiere jetzt nicht darüber, da der Inhalt genau wie die Sprache zu 90 % zum Kotzen sind. Meinetwegen gehen wir soweit, selbst einmal solche Halbnarren ernst zu nehmen. Das ist nicht entscheidend. Entscheidend ist, daß dort aber auch nicht mit einem einzigen Satz versucht wird, von der seichten Oberflächlichkeit des Subjektivismus wegzukommen und zu solchen Fragen vorzustoßen wie: Hat uns die Lyrik heut noch etwas zu sagen? Oder: Gibt es noch eine Möglichkeit der lyrischen Aussage, die unserer Gegenwart gerecht wird? […]

Es erweist sich immer mehr, daß die Großreportage für eine moderne Presse, insbesondere für eine Monatszeitung unerläßlich ist. […] indem man solche Themen den Reportagen zugrunde legt wie z. B. ›Unsere Universität‹, ›Unsere Universitätsstadt‹ oder meinetwegen ›Unsere Freundinnen‹. Damit könnten wir der Reihe nach bestimmte Universitäten zum Schwerpunkt der Nummer machen, um uns dort durchzusetzen. Das würde uns auch legitimieren, einmal aus der DDR, von der Sorbonne, von der Lomonossow-Universität Großreportagen zu bringen. Inhaltlich käme es mir dabei vor allem darauf an, gegen die Pseudosoziologie zu schlagen, die alles psychologisiert. Wir könnten in diesen Reportagen einen modernen, realistischen Stil beispielhaft durchsetzen. Ich weiß, daß das wohl das Schwerste ist, was man verlangen kann. Aber ich denke, nur mit einer großen Aufgabenstellung kann man junge Leute dorthin bekommen, wirklich ernsthaft zu arbeiten und von der bloßen Plauderei wegzukommen. […] Soviel also für heute – und Du wirst wahrscheinlich der Meinung sein, daß das ziemlich viel auf einmal ist.

Aber ich meine, eine wirkliche Hilfe können wir diesen Freunden eben auch nur dann geben, wenn wir nicht von Leitartikel zu Leitartikel über den einen oder anderen Satz mit ihnen diskutieren, sondern wenn wir wirklich eine Perspektive geben.

Gute Arbeit!

Oskar«[22]

Grundsätzlich aber herrschte Zufriedenheit in den zuständigen Stabsabteilungen in Ostberlin. Klaus Röhl wird mehr und mehr zum Werkzeug all dieser Ideen, zum nützlichen Idioten, wie er sich selber oft ironisch nannte, und ist mehr und mehr einverstanden. Er soll und will weitermachen!

Die Partei besorgte Redaktionsräume, zwei Zimmer in einem alten, ausgebombten Haus in der Kaiser-Wilhelm-Straße unweit von Axel Springer in Hamburg. Klaus Röhl holte seine alten Freunde Peter Rühmkorf und Werner Riegel dazu, die aus dem *Studenten-Kurier* eine Avantgardezeitung machen sollten und wollten. Ein paar der altbekannten Kommunisten aus der Hochschule wurden der Redaktion als Helfer für Anzeigen, Buchhaltung und Archiv zugeteilt, und ein Kurier brachte allmonatlich die notwendige Kohle aus Ostberlin – das Geld, mit dem die Druckerei Kröger in Blankenese bezahlt werden konnte. Es ist ein paradiesisches Leben. Klaus Röhl kann als Chefredakteur seinen Freunden ein Forum, wenn auch noch nicht viel Geld, bieten und nutzt diese neue Stellung weidlich aus.

»Unabhängiges Nachrichtenmagazin für deutsche Studenten« stand ab Mai 1955 als Untertitel auf der Zeitung, eine glatte Lüge, für die Klaus Röhl von nun an verantwortlich war. Von Beginn gibt es ein strikt durchgehaltenes Prinzip. Jede Ausgabe enthielt mindestens einen Artikel, der eine antikommunistische Tendenz aufwies oder sich gegen das richtete, was später der real existierende Sozialismus genannt wurde – oft in sehr brachialer Form. Diese Entlastungsbeiträge erfüllten zukünftig voll ihre Funktion und ließen Klaus Röhl frohlocken: »Ich war frei. Unabhängig. Massenwirksam.«

Unter dem Datum des 22. November 1955 findet sich folgende Notiz in der Akte KONKRET, die man in Ostberlin anzulegen begonnen hatte und nun kontinuierlich pflegte:

»Aktennotiz

Am 15.11.1955 wurden dem Freund Siegfried von Rolf Hölstel (Abteilung) 1.000 DM ausgehändigt für den ›Studenten-Kurier‹. Dieses geschah auf meine Veranlassung hin.

Herbert Mies, 22.11.1955«

Das war damals viel Geld, und die Zahlungen erfolgten zuverlässig Monat
für Monat.

»Aktennotiz

Am 16. Dezember 1955 wurden dem Freund Siegfried von Fred Müller (Abteilung) 1.000 DM ausgehändigt für den *Studenten-Kurier.* Dieses geschah
auf meine Veranlassung hin.

30. Dezember 1955

Folgende Summen sind im Laufe dieses Jahres von Fred an den *Studenten-
Kurier* gegeben worden:

6.5.   1.000,– über Tony
4.4.   830,– über Klaus Hübotter
5.7.   1.750,– über Klaus Hübotter
1.7.   3.000,– über Tony
17.8.   500,– über Klaus Hübotter
15.11. 3000,– über Siegfried
16.12. 1.000,– über Siegfried

Außerdem undatiert:
5700,–
4000,–
4400,–«

Die Geldgeber aus Ostberlin wußten den Anschein der Unabhängigkeit
mittels einiger wirtschaftlich unerheblicher Anzeigen, eines aufgedruckten
Kaufpreises von 20 Pfennig und sonstigen Tricks aufrechtzuerhalten. Im
nächsten Heft wurden dann ein paar getürkte »Leserantworten« abgedruckt,
die das Verwirrspiel perfektionierten.

»Was ist eine unabhängige Zeitung?«, fragte Klaus Röhl in einem eigenen
redaktionellen Beitrag mit der Überschrift »3 Minuten Gehör« keck und
beantwortete die Frage folgendermaßen:

»Sie ist zunächst nicht politisch, konfessionell, kommerziell gebunden. [...]
Das Blatt wird wegen dieser Haltung und wegen dieser Unabhängigkeit dann
immer auf der Seite derer sein müssen, die Haltung und Unabhängigkeit er-
kämpfen und erwünschen. [...] Aber Unabhängigkeit ist kein Wort, sondern
ein Programm für den Denkenden. Unabhängig sein ist in unserer Zeit sogar
schon wieder ein gefahrvolles Abenteuer, wie es jungen Menschen jedoch
würdig ist und geziemt. CRR«[23]

Tatsächlich bestand das gefahrvolle Abenteuer lediglich darin, den Geldboten unentdeckt zu empfangen, diesen ohne Geld wieder zu verabschieden und das in Empfang genommene Schwarzgeld so in den Wirtschaftskreislauf zu bringen, daß außer Verdachtsmomenten, die sicherlich allenthalben existierten, keinerlei Nachweis der illegalen kommunistischen Finanzierung möglich war.

Treffen im Hotel Adlon

Schließlich wurde Klaus Röhl im gleichen Jahr noch nach Ostberlin zitiert. Nach Erscheinen einiger Ausgaben des *Studenten-Kuriers* will die Partei den jungen Mann endlich kennenlernen, dem es gemeinsam mit dem kaufmännisch versierten Hübotter trickreich immer wieder gelang, den Hintergrund der Zeitung zu vertuschen und gleichzeitig bei einer wachsenden Minderheit akzeptiert zu werden. Es folgten Reisen, bei denen Klaus Röhl Stück für Stück in die Praktiken der Illegalität eingeweiht wurde. Ein Abenteuer, das er sich auch in den kühnsten Träumen als Stader Abiturient nicht hatte ausmalen können.

Klaus Rainer Röhl: »Die ersten Treffen fanden in Ostberlin in den Überresten des ausgebombten Hotels Adlon statt. Nur ein paar Räume waren erhalten geblieben. Dort hingen noch die roten Samtvorhänge vor den Fenstern und die alten Kronleuchter von der Decke. In diesem schönen trüben Licht inmitten von Trümmern wurde mir die erste Einschätzung meiner Person zuteil.« Diese Einschätzung findet sich in der Akte KONKRET:

»Aktennotiz

Betr.: Aussprache mit dem Chefredakteur und einigen Mitarbeitern des *Studenten-Kuriers*

Am Donnerstag den 6.10.1955 fand im Hotel ›Adlon‹ von 15—17.45 Uhr eine Aussprache über die weitere Orientierung der Zeitung und die Verbesserung des politischen Inhaltes statt. Anwesend waren: Klaus Röhl, Gerhard Zenkel, Klaus Hübotter, Siegfried Burmeester, Till Meyer-Bruhns und Herbert Mieß.

Die Aussprache wurde eingeleitet mit Ausführungen von Klaus Röhl. Er meinte, daß zur Verbesserung des politischen Inhaltes eine klarere Orientierung auf die progressiveren Kräfte unter der Studentenschaft erforderlich sei. Hauptmangel der Zeitung bestände darin, daß sie zum gegenwärtigen Zeitpunkt im wesentlichen noch ein Blatt für literarische Snobs sei. Da sie selbst aus solchen Kreisen kämen, erblicke man darin die wesentliche Ursache.

Er meinte, man solle sich vor allem auf jene Kräfte orientieren, die vom SDS beeinflußt werden, einen Teil der Burschenschaften und jenen Teil der Studenten, der der Heinemannrichtung [AdA: nach Gustav Heinemann] nahesteht. Er äußerte Unklarheiten über den Weg zur Wiedervereinigung Deutschlands, freie Wahlen, kollektive Sicherheit.

In der Diskussion über seine Ausführungen beantwortete der Freund Herbert Mies alle Fragen so, daß Klaus Röhl und seine Freunde mit den Darlegungen zufrieden waren.

Auf der Grundlage einer Einschätzung aller bisherigen Nummern und der sich daraus entwickelnden Schlußfolgerungen analysierte der Freund Herbert Mies die Schwächen und Mängel der Zeitung und gab den Freunden Hinweise über ihre weitere Arbeit. Das betrifft vor allem die stärkere Orientierung auf eine klare Perspektive, die Erläuterung des Weges zur Lösung der nationalen und internationalen Fragen, die stärkere Beobachtung aller Probleme, die die Studenten bewegen, die Notwendigkeit der Abkehr von der individualistischen Schreibweise. Die entscheidenden Probleme wurden anhand der Analyse der einzelnen Artikel gründlich besprochen.

Klaus Röhl bekannte sich abschließend zu der vorgeschlagenen Blattform zur weiteren Orientierung der Studentenzeitung. (Anlage) [...]

11. Oktober 1955   Toni«

Später hat Klaus Röhl immer wieder behauptet, daß er die Reisen nach Ostberlin als eine Art Räuber- und Gendarm-Spiel empfunden habe. Doch das nehme ich ihm nicht ganz ab, denn tatsächlich war Ostberlin damals voller Agenten jeglicher Couleur und die Gefahr einer Verhaftung allgegenwärtig. Mit Begeisterung in den Augen erinnert er sich an die zumindest im Rückblick spannenden Zeiten in der Ostberliner Illegalität und vor allem an die erste Begegnung mit zwei ihm etwa gleichaltrigen Kommunisten, die über Jahre die entscheidenden Ansprechpartner für ihn waren.
Klaus Rainer Röhl: »Also, Bettina, das mußt du dir so vorstellen: Man traf sich in einer Wohnung in Ostberlin, aber da geht man natürlich nicht einfach so hin, sondern man steigt in eine S-Bahn, dann wechselt man die S-Bahn, dann wechselt man die S-Bahn noch mal, und zwar in dem Moment, wo sie gerade abfährt. So versucht man etwaige Verfolger abzuhängen.

Wenn es gar nicht anders geht, dann geht man in ein Kaufhaus, möglichst dorthin, wo ganz viel Gewühl ist, und entwischt wieder durch einen anderen Ausgang. Das sind die Grundregeln, das hat dann später auch Ulrike gelernt, die begeistert davon war und wild darauf bestand, die Regeln immer auch ganz genau einzuhalten, was die da drüben nämlich fahrlässigerweise gar nicht machten und uns damit immer in Gefahr brachten, im Gefängnis zu landen. Am Ende war es ganz einfach, man geht vom Bahnhof Friedrichstraße raus in Richtung Prenzlauer Berg, bis zur Dimitroffstraße [AdA: inzwischen in Eberswalder Straße umbenannt], und da war dann ein ziemlich vergammeltes typisches Ostberliner Postgebäude, noch aus dem Krieg stammend, und in irgendeinem Stockwerk hinter irgendeiner Tür in diesem sonst unbewohnten Gebäude war dann plötzlich eine dieser spießig eingerichteten Ost-Wohnungen mit so rumänischen Püppchen und folkloristisch bestickten Kissen, in der uns die Parteileute empfingen. Und die sagten zu uns – also zu meiner Frau Bruni und mir – Ulrike gab es ja damals noch gar nicht – also: Hübotter und vergessen wir mal, jetzt kommt die eigentliche Parteigruppe, und die besteht aus dem Kumpf und dem Kapluck.«

Manfred Kapluck und Richard Kumpf, damals 27 und 32 Jahre alt, stellten sich ihm als die Abteilungsleiter für »Jugend und Kultur« der West-KPD vor und waren Klaus Röhl auf Anhieb sympathisch.

Klaus Rainer Röhl: »Und diese beiden Männer stellten sich heraus als Kumpel aus dem Ruhrgebiet mit antifaschistischer Vergangenheit. Ob das nun stimmt, das weiß man nicht, aber sie machten genau diesen Eindruck, und sie wirkten ungeheuer auf mich. Also ganz ehrlich und arbeitermäßig. Die sagten: ›Also Klaus, mit der Zeitung, das verstehen wir nicht, das sind Fremdworte, das mußt du uns erklären. Aber hier mit der Partei, da wissen wir besser Bescheid.‹ Das waren richtig gute Kumpel, ein bißchen ungebildet, die erzählten mir dann von den Arbeiterkämpfen.«

Kumpf und Kapluck schlagen Klaus Röhl vor, in die Partei einzutreten, was dieser unter Vorwänden ablehnt. Doch er ziert sich nicht mehr lange. Die Bekanntschaft mit den beiden sollte über sieben Jahre halten. Zwischen Klaus Röhl und Manfred Kapluck entwickelt sich eine Art Freundschaft. Kapluck gehört zu den ganz wenigen Menschen, über die Röhl bis heute mit Anerkennung spricht. Schon in den sechziger Jahren, als Kapluck wieder legal war, warnte Röhl allerdings jeden, Kapluck zu treffen: »Drei Stunden Kapluck – und am Ende bist du Kommunist. Der verbindet Charme und Überzeugungskraft, gegen den ist kein Kraut gewachsen, außerdem ist der Kerl eine schreckliche Sportskanone.«

So macht Kommunismus Spaß!

1968 hat Klaus Röhl Manfred Kapluck zuletzt gesehen, 1972 hat er noch einmal mit ihm telefoniert. Dann haben sie sich aus den Augen verloren. Gab es diese beiden Figuren Kumpf und Kapluck, über die Klaus Röhl in meiner Kindheit oft Geschichten erzählte, überhaupt? Die DKP in Essen sagte mir im Dezember 1996, daß Kumpf und Kapluck schon lange in Wuppertal im sogenannten Marx-Engels-Institut arbeiteten, und ich staunte nicht schlecht, als ich dort anrief und tatsächlich den sagenumwobenen Manfred Kapluck am Apparat hatte. Kaum hatte ich meinen Namen genannt, wurde ich von Kapluck enthusiastisch begrüßt.

»Ach, Bettina«, sagte Kapluck gleich zur Begrüßung am Telefon, als kennten wir uns schon ewig, »es gibt ja so viel, was ich der Tochter von Ulrike und Kläuschen zu erzählen habe, ich bin doch der ›Chapel‹, weißt du das denn nicht mehr? So hast du mich als kleines Kind immer genannt, das war doch mein Spitzname. Ich habe oft in Berlin 1968 in eurem Kinderzimmer gesessen und gewartet, bis Ulrike mit den Leuten vom ›Campus‹, den Studenten, zu Ende diskutiert hatte, und da hast du immer ›Chapel‹ zu mir gesagt: ›Chapel, liest du uns noch was vor?‹ Und ich habe euch etwas vorgelesen. Ja, weißt du denn nicht, daß Ulrike und ich uns sehr sehr gerne gemocht haben?«

Und dann redete er einfach weiter: »Mensch, Bettina, ich darf dich doch duzen, ich kann doch die Tochter von Kläuschen und Ulrike nicht siezen. Also, du mußt wissen, daß Ulrike mich 1970, nachdem sie Baader aus dem Knast geholt hatte und der zufällig anwesende Georg Linke angeschossen worden war und sie mit ihrem Bild auf allen Fahndungsplakaten wegen versuchten Mordes gesucht wurde, in Essen – damals lebte ich wieder legal in Essen und war bei der DKP – angerufen hat und wissen wollte, was man machen kann. Ich hatte ihr schon eine illegale Wohnung in Duisburg besorgt, aber sie kam dann doch nicht … Sie ist dann nach Jordanien mitgeflogen, was ja auch von der DDR mitorganisiert worden ist und hat die RAF gegründet. Ich mache mir heute noch Vorwürfe, daß ich sie nicht zurückgehalten habe … Bettina, wann kommst du nach Wuppertal? Ich muß dir alles erzählen!«[24]

Wenige Tage später empfing mich Manfred Kapluck mit einem fröhlichen Lachen auf der Treppe des Marx-Engels-Instituts in Wuppertal: ein mittelgroßer Mann mit grauweißen Haaren in einem gelben Pullover und einer braunen Anzughose und guckt mich bei der Begrüßung mit seinen strahlend blauen Augen so intensiv an, als müßten sich mit dem Erscheinen meiner Person die alten Tage, in denen er der ›Boß‹ meiner Eltern war, mit neuem Leben füllen. Ich habe das Gefühl, einem bisher nie gesehenen Familienmitglied gegenüberzustehen, so herzlich und direkt geht er auf mich zu und so warm spricht er gleich von »Ulrike und Kläuschen«. Es ist, als hätte er jahrelang auf mich gewartet. Für mich öffnete sich durch die Bekanntschaft mit ihm die Tür zu der Welt auf der anderen Seite des Eisernen Vorhangs, von der aus mein Leben mehr beeinflußt gewesen war, als ich es bis dahin vermutet hatte.

Im Dezember 1996, 40 Jahre nach der ersten Begegnung Klaus Röhls mit seinen Ostfunktionären, sitze ich also im Marx-Engels-Institut in Wuppertal vor dem 70jährigen Manfred Kapluck, der sich schmunzelnd an Klaus Röhl erinnert: »Ach, Röhl, dieser Kleinbürger, der hat sich doch als Mitglied der damals gerade illegal gewordenen KPD in die Hosen gemacht. Ich hatte als FDJler selbst 1951 und 52 in einem westdeutschen Gefängnis gesessen, das war für uns Kommunisten wie Urlaub, das hat uns hart gemacht, aber der Röhl, der hat geschlottert.«[25]

Ich habe sehr viel Glück, in dem ehemaligen »Führungsoffizier« meines Vaters einem sehr offen sprechenden Kommunisten zu begegnen, der nicht mehr schweigt, sondern der Tochter von »Ulrike und Kläuschen« gerne »alles«, wie er sagt, erzählen will und mir bereitwillig erlaubt, das, was er erzählt, mitzuschreiben.

Für Manfred Kapluck, der zusammen mit Erich Honecker und Paul Werner ein Mitbegründer der FDJ war und der von 1946 bis 1966 sozusagen hauptamtlich mit der Unterwanderung des Westens beschäftigt war – weshalb man ihn in Moskau, wie er mir stolz erzählt, den »Westguru« nannte –, um dann 1968 zusammen mit Herbert Mies und Max Schäfer die DKP neu zu gründen, und der seitdem wieder legal im Westen lebt, sind die fünfziger Jahre so nah, als wäre das alles gestern gewesen.

Die fünfziger und sechziger Jahre – das ist gleich zu hören – waren seine große Zeit. Man merkt, es macht ihm zu schaffen, daß er von all den Erfolgen, die er damals als »Sekretär für Massenarbeit« und »Mitglied des Politbüros und des Zentralkomitees der West-KPD in Ostberlin« hatte, bis heute nicht frei erzählen kann und daß ihm niemand so recht Anerkennung für seine damaligen Erfolge zollt.

»Ach, Bettina«, sagt er immer wieder wehmütig und stolz zugleich, als wir in der Nähe seines Instituts in einem chinesischen Restaurant sitzen, wohin er mich zum Essen einlädt, »wußtest du, daß ich schon 1955 mit Peter Rühmkorf auf einer sechswöchigen Reise im kommunistischen China war? Der war sauer, weil ich damals zur Kontrolle sein Reisetagebuch gelesen habe ... Na ja, seit dieser Reise esse ich halt gern chinesisch.«

Und dann schildert er mir ausführlich, wie zu seinen Zeiten die Einflußnahme der KPD im Westen Deutschlands systematisch aufgebaut wurde:

»Schon 1952 – ich war gerade illegal geworden und 22 Jahre alt und mit einem Kollegen, Jupp Angenfort[26], als sogenannter Sekretär für Massenarbeit örtlich zuständig für Hessen, Baden-Württemberg, Bayern und den ganzen Süden – haben wir mit den in die Illegalität abgetauchten FDJ-Kadern systematisch mit der Unterwanderung des Westens begonnen. Wir reisten, von der Stasi, die damals noch nicht so hieß, mit Ausweisen ausgestattet, in ganz Deutschland herum und brachten unsere Leute auf Linie. Das Fälschen der Ausweise, das konnten die da drüben richtig gut, das waren Profis. Anders als später bei der RAF, die mußten das erst lernen.«

Kapluck lacht mich fröhlich an. Die wichtigste Aufgabe der FDJler, die schon bald Kontakte zu den Hamburger Kommunisten hatten, war es, die verbotene FDJ im Untergrund am Leben zu erhalten und dafür Sorge zu tragen, daß die KPD Anschluß an die akademische Jugend im Westen fand. Kapluck versucht, mir die damalige Vorgehensweise zu erklären:

»Ich habe nach dem Verbot der FDJ die circa 100 illegalen Kader, die wir im Westen hatten, undercover in der legalen Massenarbeit eingesetzt. Wir schickten unsere Leute zu den Naturfreunden, zu den Jusos und zu den Falken. Das Ziel war, diese Verbände ideologisch mehr und mehr zu beeinflussen. Ich habe an der Organisation der großen Friedenskongresse in Warschau, Prag und Moskau, zu denen ich deinen Vater eingeladen habe, mitgewirkt. Riesenerfolge, die uns Hunderte von neuen Parteimitgliedern einbrachten, die dann wieder als Illegale für uns arbeiteten. Und das alles in einer Zeit, in der die FDJ und die ganze Jugendarbeit der Kommunisten bereits fast tot waren. Selbst die Ostermarschbewegung ist komplett von uns inszeniert worden.«

Triumphierend sieht er mich an. Ich höre staunend und begeistert zu. Kapluck ist zu diesem Zeitpunkt der erste Kommunist in meinem Leben, der mir so offen und frei von der kommunistischen Unterwanderung erzählt und, ohne daß er es weiß, mit vielen Vorurteilen, die ich selber noch in mir trug, mit einem Schlag aufräumt. Erst später, als ich tiefer in die Arbeit in den Archiven und die Akten der Gauck-Behörde einsteige, wird mir das Ausmaß der kommunistischen Unterwanderung klarer, das Kapluck mir damals zu erklären versuchte.

»Und 1956, als auch die KPD illegal war, haben wir es mit den 9000–

13 000 Mitgliedern genauso gemacht. Die Partei hat sich während des Verbots nie aufgelöst. Wir waren mit unseren Mitgliedern in allen Betriebsräten der BRD. Bei Daimler Benz waren ein Drittel der Betriebsräte unsere Leute. Deshalb wollten Politiker wie Franz Josef Strauß 1968 ja auch, daß wir wieder legal werden, damit wenigstens klar wird, wer Kommunist ist und wer nicht. Ich war für viele dieser Kontakte im Westen zuständig.«

Enthusiastisch erzählt Kapluck mir, wie erfolgreich er damals gewesen sei, wie phantastisch seine Projekte blühten, und ich habe den Eindruck, als lache er sich noch heute darüber ins Fäustchen, daß – trotz aller Verdächtigungen – im Westen so wenig Wissen vorhanden war: »Ich habe mit Klara Fassbinder zusammengearbeitet, den ›Bund der Deutschen‹ ins Leben gerufen und mit deiner Tante Renate Riemeck zusammen die DFU, die Deutsche Friedensunion, gegründet, die sich 1961 erstmals zur Wahl stellte. Ich habe zahlreiche christliche Pfarrer als Bündnispartner für die Partei gewonnen, insgesamt 55, die ich allesamt überredet habe, bei der DFU mitzumachen. Ich habe die Gewerkschaften unterwandert und hatte allein im Raum Nordrhein-Westfalen 100 verschiedene kleine Zeitungen – und doch lief natürlich keines meiner Projekte so erfolgreich wie der *Studenten-Kurier* und später die Zeitschrift KONKRET, die ich mit Ulrike und Kläuschen zusammen gemacht habe und für die ich das Geld bei der SED besorgte. Ich bin immer zur Partei gegangen und habe zu denen gesagt, gebt mir noch mal 40 000 und noch mal 40 000 DM. Ohne mich hätte es die Zeitschrift KONKRET nie gegeben, denn ich war es, der diese verrückte Zeitung bei der SED immer wieder durchgesetzt hat.«

Kapluck beeindruckt mich. Er erzählt seine Erfolgsgeschichte so fröhlich und überzeugend, daß der Esprit von damals noch nach 40 Jahren wach und spritzig rüberkommt. So macht Kommunismus Spaß. Er redet Klartext, und man ist erleichtert. Nichts ist nerviger als Halbwahrheiten. Er sagt nicht: Dies darf ich nicht sagen, und jenes ist nicht erwiesen. Er sagt nicht, daß »irgendwer« »angeblich« unser Bündnispartner war. Er sagt: Klara, Kläuschen, Ulrike, Renate, aber auch viele andere, waren unsere Bündnispartner. Er sagt nicht: Ich weiß nicht, ob die SED KONKRET das Geld gab, sondern er sagt: Ich habe das Geld von der SED besorgt. Ich begreife: Diese Erfolgsstimmung war natürlich die Voraussetzung dafür, daß in der grundsätzlich antikommunistischen Stimmung in der damaligen Bundesrepublik überhaupt irgend etwas bewegt werden konnte.

»Es war alles geplant«, betont Kapluck immer wieder und sagt mir auf Politbüro-Deutsch, was alles geplant war: »Es war ja so mit den Studenten in Westdeutschland: Da war diese latente Unzufriedenheit, man sah, die Industrie entwickelt sich, und der Kapitalismus sagt, wir leben in einer prosperierenden Zone, aber wir haben keine Ideologie. Das war der Punkt, wo wir massiv angesetzt haben, wir versuchten allmählich, eine Bewußtseinsveränderung bei den westdeutschen Studenten zu erzeugen, was uns, wie ich glaube, damals auch gelungen ist. Ohne unsere Arbeit wäre die Studentenbewegung von 68 nicht möglich gewesen. Als schließlich die neuen Linken kamen mit Mao und dem ganzen Kram, war das Feld von uns Kommunisten schon bestellt, die Jugend bereits bewußtseinsmäßig vorbereitet.«

In der Tat muß man wohl sehen, daß in der frühen Adenauer-Zeit eine gewisse intellektuelle Sprachlosigkeit nach dem Zusammenbruch des Dritten Reiches herrschte und den Heranwachsenden keine ausreichenden politischen Angebote gemacht wurden. Nierentisch, Petticoat, Schule, Arbeit, Konsum waren nicht genug. Visionen und Orientierung – diese Grundbedürfnisse wurden unzureichend befriedigt. Da hatten die Kommunisten mit ihren Patentrezepten ein Einfallstor gefunden, und in diesem Sinne gab ihnen die Geschichte dann ja auch ›recht‹.

Kommunistische Ideologen haben auf Millionen Seiten beschrieben, weshalb ihr Staat der Bundesrepublik prinzipiell überlegen sei. Auf kaum einer einzigen Seite haben sie erläutert, wie denn nun ihr ›besseres‹ Gesellschaftsmodell ganz konkret im täglichen Leben zu organisieren sei. Sie sind im Negativen steckengeblieben und haben kaum positive Identifikationsmöglichkeiten aufgezeigt. In dem damals in der DDR zu besichtigenden Lebensstandard kam kaum mehr als die offenkundig frustrierende Erfolglosigkeit der Kommunisten zum Ausdruck. Auf der anderen Seite hat die ›herrschende Klasse‹ in der Bundesrepublik in den Fünfzigern und Sechzigern nur wenig Intellektuelles zur Aufklärung über die DDR beigetragen. Die Adenauer-Regierung hat ihrerseits kaum ein einziges halbwegs kluges Papier hervorgebracht, sondern allenfalls eine diffuse Empörung gegen »die Kommunisten« artikuliert. Tatsächlich haben die kalten Krieger der Bundesrepublik seelenruhig ihr Land der kommunistischen Unterwanderung preisgegeben, ohne ideell, argumentativ und erkenntnistheoretisch irgend etwas dagegenzuhalten. Oben gerüstet, die Basis verschenkt.

Im Diskutieren, im Konspirieren, im Anbieten von Rezepten, im Schließen strategischer Bündnisse und in ihrer Wendigkeit sind die Kommunisten, ja das linke Lager insgesamt, bis heute anhaltend eine Klasse besser als der ewig beschworene Klassenfeind. Das wesentliche Pfund, das die Bundesrepublik im Kampf der Systeme besaß, war die westdeutsche Mark, die harte

D-Mark, die letzten Endes 1989 auch den ›Sieg‹ über das östliche System mitbewirkte. Mit dem Gedanken der Freiheit haben die Sozialisten, die ja gerade für sich reklamieren, daß nur in ihrem System Freiheit – eine andere, bessere Art von Freiheit – herrsche, auf dem Weg zum Kommunismus doch sehr viel in den Köpfen bewegt und bis heute hinterlassen. Man kennt die Idee: Im Westen herrscht die Freiheit der Kapitalisten, und im Kommunismus herrscht die Freiheit aller, was allerdings in den kommunistischen Systemen, die real existierten und teilweise bis heute existieren, nie so recht Wirklichkeit geworden ist. Historisch gesehen ist es ein verwunderliches Phänomen, daß die politische Unfreiheit in der DDR, die ein wesentliches Moment für deren Untergang war, bis zum Schluß von den einst – unter anderem durch Kapluck – geschulten Westlinken freundlichst negiert oder verharmlost wurde.

Ich höre, daß es noch ein anderes Konzept gab, um »Nachwuchsintelligenz« mit starker Multiplikationswirkung im Westen zu etablieren.

Manfred Kapluck: »Wir hatten damals im Osten zu wenig geeignete Studenten und meinten, wir brauchten mehr Intelligenz, also holten wir uns zwischen 1956 und 1960 ausgesuchte Jugendliche aus Westdeutschland, ausgewiesen gute Schüler, unter ihnen Wolf Biermann – es waren die Kinder alter westdeutscher Kommunisten –, und haben die an die Arbeiter- und Bauernuniversitäten in der DDR geschickt. Der Plan sah vor, daß sie in der DDR studieren und später im Westen für die Partei tätig werden sollten. Als sie mit dem Studium fertig waren – sie hatten sozialistische Gesellschaftswissenschaft, Ökonomie und Mathematik studiert, also das, was wir wollten –, schickten wir sie zurück in die BRD. Nur Biermann, dieser Idiot, der wollte nicht, wie wir wollten, der wollte lieber auf seiner Klampfe spielen und in der DDR bleiben. Ansonsten lief alles nach Plan.«

Obwohl Manfred Kapluck mit Max Reimann, dem früheren Vorsitzenden der KPD, mit den späteren Größen der DKP wie Herbert Mies, Max Schäfer und Grethe Thiele sowie mit Erich Honecker und dessen Frau Margot und dem Politbüromitglied Hermann Matern gut befreundet war und eng zusammenarbeitete, ist er außer in seiner Heimatstadt Essen nie öffentlich bekannt und, wie er gesteht, auch nicht reich geworden. Unvermittelt fragt er mich: »Ist denn dein Vater reich? Ach, der Röhl, der hat sich doch bestimmt ordentlich Geld von damals zurückgelegt, der soll mal was für unser Marx-Engels-Institut spenden, wir sind ja hier vollkommen blank.«

Erstaunt sage ich: »Aber die Kommunisten haben ihm doch 1973 KONKRET wieder abgeknöpft. Und er hatte hinterher einen Haufen Schulden.«

»Ach, Bettina, du kennst Kläuschen schlecht, ich wette, der hat sich irgendwo das dicke Geld zurückgelegt, der hat sicher das abgezahlte Haus.«

Kapluck erzählt, daß er heute von einer kleinen Rente in seiner Heimatstadt Essen lebt und daß er sich angesichts seines jahrzehntelangen Einsatzes – davon 14 Jahre als Illegaler – von der Partei ein wenig im Stich gelassen
fühlt. Bis heute arbeitet er ehrenamtlich für die Idee des Kommunismus und
hält regelmäßig Vorträge über Marxismus, die, wie er versichert, von jungen
Leuten wieder besucht werden. Doch auch er ist nach dem Zusammenbruch
des Ostblocks und der DDR der Partei gegenüber skeptischer geworden: »Die
DKP hatte vor 1989 immerhin 28 000 Mitglieder und hat auf einen Schlag
23 000 verloren, so daß nur noch 5000 Mitglieder übriggeblieben sind, ein
rudimentärer Rest, zu dem ich und Richard Kumpf gehören. Soll ich denn
jetzt noch einmal das Pferd wechseln?« Und fügt dann im alten Kämpfergeist
hinzu, daß die KPD schon immer große Niederlagen einstecken mußte, dies
jedoch nicht hieße, daß immer die Mehrheit recht habe: »Manchmal hat
auch die Minderheit recht.«

Fast alle Autoren, die jemals über Ulrike Meinhof geschrieben haben,
hätten, so erfahre ich, irgendwann den Weg zu ihm gefunden: Stefan Aust,
Tilman Fichter, Mario Krebs. Mit vielen linken Größen habe er gesprochen. Kaum einer habe ihn wirklich erwähnt. Aber alle hätten sein Wissen geschätzt. Er betont, daß Ulrike Meinhof eine fast zehnjährige KPD-
Geschichte hatte und daß dies für ihn der wichtigere Teil ihrer Biographie
sei.

»Bettina, dein Vater war das größte Schlitzohr weit und breit, dem hätte
es mit seinem Buch *Fünf Finger sind keine Faust* schlimm ergehen können.
Die Partei tobte damals, als sie das las. Aber ihm ist ja nichts passiert. Und
das ist auch gut so. Die Geschichten über Kumpf und mich sind eigentlich
ganz lustig. Und ich schwöre dir, Bettina, daß ich an dem Putsch 1973, als sie
deinem Vater KONKRET weggenommen haben, nicht beteiligt gewesen bin,
das mußt du mir glauben.«

Und dann bekomme ich Kaplucks Gesamteinschätzung über Klaus Röhl:
»Er paart den Egoismus, seine politischen Gedanken zu verändern, mit dem
Humanismus, den er insgesamt für die Menschheit empfindet, mit einer So-
lidarität, die er empfindet, mit politischen Wegbegleitern, mit einem Nicht-
Verzicht auf Lebensstil, den er gerne haben möchte, eben Frauen, Essen,
Trinken, mit einem Anflug von Selbstkritik, daß er von sich selbst weiß, daß
er ein Egoist ist, der anderen nichts zuleide tun will, aber sich selbst behaup-
ten möchte … Klaus wollte immer was sein.« Schließlich fügt Kapluck hinzu:

»Nach 1973, als Klaus dann die Zeitschrift *das da* machte, also diese Hefte mit nackten Mädchen auf dem Titel, da sagte der Hermann Matern immer zu mir: ›Das ist ja widerlich‹. Da sagte ich immer: ›Das finde ich nicht, guck doch mal die schönen Mädchen, was ist denn daran auszusetzen?‹«

Kaplucks Blick scheint zu sagen: Ach, diese Idioten, die haben ja alle mein Kläuschen und meine Ulrike nicht verstanden. Unvermittelt fährt er fort: »Deine Mutter war viel zu sensibel für die spätere Terroristenszene. Sie war nicht kampfbetont. Sie sagte das zwar von sich, sie wollte auch etwas tun, sie wollte hart kämpfen, aber sie war trotzdem nicht kampfbetont. Sie war bereit, rauszugehen in den Kampf, sie sagte aber immer, ›wer nimmt dann die Kinder?‹ Selbst zu mir sagte sie immer wieder, wenn ich sie damals, zwischen 1968 und 1970, traf: ›Nimm die Kinder.‹ Aber das konnte ich ihr nicht versprechen, denn mir wärt ihr Kinder von keinem Gericht der Welt zugesprochen worden. Es hätte nur die Möglichkeit gegeben, dich, Bettina, und deine Schwester zu illegalisieren und euch eine neue Identität in der DDR zu beschaffen, was ich dann später, im September 1970, ja auch versucht habe. Aber das wurde dann von Baader, wie ich glaube, verhindert.

Ich hätte für einen Ausstieg deiner Mutter alles getan, obwohl Hermann Matern, der schon alles für eine neue Identität besorgt hatte, unwillig geworden war. Und Walter Ulbricht sich über Ulrike Meinhof aufregte und sagte, diese Idiotin, weil er sich ärgerte, daß jemand, der nicht kampfbetont ist, zu den Waffen gegriffen hatte. Nur Menschen, die auch hart kämpfen können, sollten in den Kampf gehen. Das hat schon mein Vater gesagt, der im spanischen Krieg gekämpft hat.«

Eine wasserdichte Biographie

Was »kampfbetont« ist, weiß Kapluck aus seiner eigenen Geschichte und der seines Vaters, eines »Rotfrontkämpfers« und »Spanienkriegers«, und schon erzählt Kapluck alias Chapel mir eine deutsche Kommunistengeschichte wie aus einem Roman, die wahrscheinlich auch meine Eltern vor über 40 Jahren fasziniert haben wird. Es ist schon lange dunkel in Wuppertal, da sitzen Kapluck und ich immer noch bei grünem Tee in dem chinesischen Restaurant, und Kapluck erzählt mir seine eigene Kommunistengeschichte:

»Ich bin mit 16 Jahren in die Partei gegangen, weil das Familie war. Schon mein Vater war in der KPD, er war Arbeiter, Polsterer in Essen, und gehörte in den dreißiger Jahren zu den Rotfrontkämpfern, einem Waffenbund, der für Waffenbeschaffung zuständig war. Ich habe also schon als Kleinkind auf Waffen geschlafen.

Dann kam Hitler an die Macht, und mein Vater ging in die Illegalität. Eines Nachts, als er doch noch mal zu meiner Mutter gekommen war, klopfte die SS an unserer Tür – ich soll als Dreijähriger gerade auf einem Pinkelpott gesessen haben – und wollte meinen Vater holen. Doch der konnte in letzter Minute fliehen und nach Holland gehen. Dann nach Spanien. Mein Vater war, anders als deine Mutter, ein Kämpfer, mit der Waffe in der Hand. Er wurde Offizier und war dafür zuständig, Deserteure zu verfolgen, was er gnadenlos gemacht hat. Schließlich, 1938, war der Spanienkrieg für die Kommunisten verloren, und mein Vater, verwundet, floh in ein antifaschistisches Lager in Frankreich.

Von dort sollte er zurück nach Deutschland geschickt werden, weil es ja hieß, daß Hitler und Stalin vereinbart hatten, daß man die Kämpfer auf beiden Seiten in Ruhe lassen würde. Aber daran haben sie sich nicht gehalten. Bald war klar, daß sowohl die Nazis meinen Vater erschossen hätten als auch die Stalinisten, die die sogenannten Westemigranten unabhängig von ihrer Funktion ebenfalls liquidierten.

So ging mein Vater freiwillig zurück nach Spanien in ein KZ Francos. Das war ›gut‹, da wurde man besser behandelt als in einem deutschen Lager. Von dort wurde er nach Jamaika in ein KZ gebracht, in dem er bis 1946 blieb. Erst 14 Jahre nach seiner Flucht vor der SS kehrte mein Vater als gebrochener Mann in seine Heimatstadt Essen zurück, wo ich, inzwischen 17jährig, bereits Mitglied der Kommunistischen Partei geworden war.«

Als Sohn des Spanienkämpfers, der in der kommunistischen Familie all die Jahre als Held galt, von dem man aber seit 1939 nichts mehr gehört hatte, wurde Manfred Kapluck als einziges Kind von klein auf im kommunistischen Sinne erzogen. In der Schule war er der einzige, der nicht in die Hitlerjugend eintreten durfte, und auch den Englischunterricht – die Sprache des Klassenfeindes USA – mußte er auf Geheiß der Familie verweigern. Doch Kapluck, blond, blauäugig, sportlich und der Star in Mathematik, ist Liebling des Schuldirektors und Mathematiklehrers, der ihm bei einem Nazilehrgang, an dem die gesamte Schulklasse in Prag teilnimmt, doch ein Braunhemd besorgt und ihn zum Lagermannschaftsführer über 200 Jungs ernennt. Es ist Frühjahr 1945, und Kapluck ist 15 Jahre alt.

»Also, ich drehte als Lagermannschaftsführer alles um, strich den Wehrdienst und ließ meine Jungs BBC hören, was einen Aufstand der Nazilehrer nach sich zog. Der Englischlehrer, Pölle Jones, sagte zu mir, er wolle das der Reichsleitung melden, doch ich drohte damit, daß ich mich beim Führer über ihn beschweren würde, weil er meinen HJ-Dienst störte, und da hat er es mit der Angst zu tun gekriegt und hat nichts gemacht.«

Doch dann ist es Mai, und die Nachricht der deutschen Kapitulation erreicht auch die Jugendgruppe in Prag, die sich sofort auflöst. Kapluck geht zusammen mit zwei Kumpels, sie nennen sich Schocker, Sister und Chapel, zu Fuß zurück durch den Böhmerwald und erlebt diesen Sommer 1945 auf dem langen Marsch zurück nach Deutschland als ein Abenteuer, von dem er braungebrannt und wohlgenährt in seine ausgehungerte Heimat Essen zurückkehrt. Die drei 15jährigen hatten sich unterwegs von freundlichen Bauern durchfüttern lassen. Den Spitznamen Chapel (Kapelle) nach einem Roman hat Kapluck seitdem behalten.

Der sagenumwobene Vater, von dem Chapel nur einmal ein Foto – in Offiziersuniform – in einer Zeitung gesehen hat, ist immer noch nicht zu Hause, als plötzlich ein Genosse aus der KPD vor der Tür steht, der Kapluck seinem Schicksal zuführen will.

»Da kam so ein Bilderbuchkommunist bei uns vorbei, ein alter Genosse und Kumpel, mit einem dichten grauen Bart, der hieß Tscherny – und der sagte zu meiner Mutter: ›Annie!‹

Sie: ›Nein!‹

Er: ›Ich habe einen Mann verloren.‹

Sie: ›Der nicht auch noch.‹

Er: ›Quatsch, wir sind jetzt ganz oben, wir sind jetzt Regierungspartei. Die Bourgeoisie schläft nicht.‹

Sie: ›Laß ihn in Ruhe.‹

Er: ›Komm, Manfred.‹

Er nahm mich mit zur Partei und sagte denen, das ist der Sohn von Kapluck. Ich wurde überhaupt nicht gefragt. Einer sagte, daß ich doch erst mit 18 aufgenommen werden könnte, doch Tscherny sagte, das sei Quatsch, und so wurde ich mit 16 Jahren in die Partei aufgenommen und begann sofort mit meiner Arbeit beim Aufbau der FDJ.«

Ein Jahr nach Kaplucks Parteieintritt kam sein Vater nach 14 Jahren »Kampf« nach Hause. Er wird von der stalintreuen KPD, die »Westemigranten« verfolgte, aus der Partei ausgeschlossen. Ein schwerer Schock für den überzeugten Kommunisten. Der alte Kapluck, der sein Leben der Partei geopfert hatte, konnte es nicht fassen.

»Mein Vater kam nach Hause und sagte nur: ›Ich werde wieder Polsterer.‹

Er erzählte uns nicht, daß die Partei ihn rausgeschmissen hatte, er sagte bis zu seinem Tod sehr wenig. Und ich habe ihn auch nicht gefragt.«

Der junge Kapluck blieb in der Partei und wollte in Essen leben und hatte bereits einen Arbeitsplatz in einer Kohlegrube im Revier gefunden. Doch den konnte er nicht mehr antreten, da die Adenauer-Regierung 1950 per Erlaß Kommunisten ein Berufsverbot auferlegte. Zudem stand ihm eine Karriere in der Partei nur allzu offen, so daß eine Mischung aus seinem Ehrgeiz und Adenauerscher Politik die Initialzündung für seinen Start in den Berufskommunismus wurde.

»Du könntest mich jetzt fragen, Bettina, ›wieso du?‹ Wieso kanntest du all die Großen wie Ulbricht und Honecker, wie Hermann Matern? Das lag daran, daß die dachten, ich wüßte so viel. Einmal, am Anfang, war ich mit Paul Werner, dem Gründer der FDJ, pinkeln, er sagte: ›Chapel, du weißt, ich war mit dem und dem in Spanien.‹ Da sagte ich: ›Ich weiß alles.‹ Sie dachten, mein Vater hätte mir alles erzählt, und ich wüßte, wer von ihnen in Spanien gewesen war. Und Stalin hatte ja gesagt, die dürfen nicht an die Macht kommen. Die dachten, ich könnte sie verpfeifen, aber in Wirklichkeit wußte ich nichts.

Mein Glück auch später in der Partei war, daß ich mit meinem Lebenslauf unantastbar war. Ich stammte aus einer Arbeiterfamilie, aus einem kommunistischen Clan in dritter Generation, ich war mit der Partei groß geworden, hatte schon im Gefängnis gesessen und war seit 1952 illegal, und das alles bis zu meinem 21. Lebensjahr. Das war für einen Kommunisten ein perfekter Lebenslauf. Auch in den späteren Jahren ist es unter anderem aus diesem Grund nie jemandem gelungen, mich zu stürzen.«

Nach all diesen Erzählungen habe ich das Gefühl, Kapluck schon lange zu kennen. Wir duzen uns, und ich fühle mich in die fünfziger und gar vierziger und dreißiger Jahre zurückversetzt. Zurück im Institut, deutet Kapluck durch eine Glaswand auf einen weißhaarigen Herrn, der dort im Gespräch mit anderen sitzt. »Das ist Jupp Angenfort, der später, nach Kumpf und mir, deine Eltern übernahm und der noch später den Bruch mit KONKRET herbeigeführt hat. Da war ich nicht mehr dabei, mit mir wäre das nie passiert. Ich werde ihn dir noch vorstellen. Soll *er* dir doch mal sagen, warum er damals KONKRET liquidiert hat.« Doch Jupp Angenfort sieht nur kurz durch die Scheibe zu uns herüber und bedeutet, daß er keine Zeit hat. Ich treffe ihn erst später.

Im Flur des Marx-Engels-Instituts treffen wir dann einen dunkelhaarigen Mann Ende fünfzig, dem ich sofort vorgestellt werde mit den Worten:

»Weißt du, wer diese junge Dame ist? Das ist die Tochter von Ulrike und Kläuschen.« Der Mann heißt Uli Sander. Ein ehemaliger KONKRET-Mitarbeiter, wie ich erfahre. Er habe damals in der Kaiser-Wilhelm-Straße bei KONKRET im Vertrieb gearbeitet und erinnere sich noch gut daran, wie Ulrike ihre »Babys« mit in die Redaktion gebracht habe, erzählt er mir spontan, und ich gewinne allmählich den Eindruck, daß jeder hier im Institut, von dem ich vorher noch nie etwas gehört hatte, irgendwann mal für das längst untergegangene Röhl/Meinhof-KONKRET gearbeitet hat.

Spät abends brachte Kapluck mich zum Bahnhof. Wir verabschiedeten uns herzlich.

Richard Kumpf und der Stalinismus

Ein paar Monate später bin ich zum zweiten Mal in Wuppertal. Jetzt, im Mai 1997, treffe ich auch Richard Kumpf, einen etwas beleibten, schüchternen, über 70jährigen Mann, der einen gutmütigen Eindruck auf mich macht. Er begrüßt mich herzlich, hat von Kapluck schon alles über mich gehört. Diesmal gehen wir zu dritt zu einem Griechen um die Ecke. Man spürt, daß die beiden seit Jahrzehnten zusammenarbeiten und gut aufeinander eingespielt sind. Während des Gesprächs werfen sie sich gegenseitig die Bälle zu und erzählen mir die spannendsten Geschichten von damals.

Immer dann, wenn das Gespräch um den Stalinismus geht, wird besonders Kumpf recht ernst. Richard Kumpf erzählt mir von den deutschen Kriegsgefangenen in Rußland, die Stalin in Antifa-Schulen zu willigen kalten Kriegern formte und nach dem Krieg gegen ihr eigenes Land einsetzte, um einer prosowjetischen Politik in der Bundesrepublik den Boden zu bereiten.

Richard Kumpf war während des Zweiten Weltkriegs unter den als erzkonservativ geltenden U-Bootfahrern der deutschen Wehrmacht gewesen, die im Krieg in russische Gefangenschaft gerieten und dort »umerzogen« wurden. Er beteuert jedoch, schon vorher linker Gesinnung gewesen zu sein.

Jahrelang wurde unter Stalin eine Auswahl deutscher Kriegsgefangener in Speziallagern einer solchen ›Gehirnwäsche‹ unterzogen, bis sie funktionierten und in Westdeutschland nach ihrer Rückkehr dort als ›U-Boote‹ für die Sache Stalins und den Kommunismus subversiv tätig wurden. Diese sogenannten »umgedrehten« deutschen Soldaten kehrten zum Teil erst 1949 oder noch später in die Bundesrepublik zurück und wurden sogleich gezielt eingesetzt.

Auch Jupp Angenfort, mit dem Kapluck die FDJ aufgebaut hatte und den ich bei meinem vorangegangenen Besuch im Institut bisher nur hinter der Glaswand gesehen hatte, war einer jener Kriegsgefangenen, die noch über Jahre in der Sowjetunion festgehalten wurden, oder, wie es hieß, freiwillig dort geblieben waren. Kapluck über den Funktionär Angenfort, der, während wir beim Griechen sitzen, wieder einmal den ganzen Tag im Marx-Engels-Institut eine Konferenz leitet:

»Jupp Angenfort war einer dieser sogenannten ›Überläufer‹, so wie Kumpf, aber auch Hans Modrow[27] oder Heinz Keßler[28], die in den Antifa-Schulen ausgebildet worden waren. Angenfort blieb dort im ersten Jahr als Hospitant. Man fragte ihn, ob er noch ein Jahr als Lehrer bleiben wolle. Und dann war es 1946, und man fragte ihn wieder, ob er noch ein Jahr bleiben wolle, und so fragten sie ihn jedes Jahr, bis 1949. Angenfort mußte immer ja sagen, der konnte nicht zurück. Vielleicht hätten sie ihn auch weggelassen, aber dann wäre er nicht aufgestiegen. Na, und dann kamen diese Überläufer 1949 zurück und wurden über Nacht zu Vorsitzenden der FDJ.«

Kapluck erzählte mir auch, wie er Jupp Angenfort das erste Mal traf: »Und dann kam Jupp zu mir nach Frankfurt. Ich sah ihn und zeigte ihm sein neues Büro und ein Zimmer, in dem er schlafen sollte. Aber da sagte er, das brauche er nicht, er schlafe auf dem Schreibtisch. Der war das so gewöhnt, auf dem Schreibtisch zu schlafen, der bezog erst nach drei Monaten sein Zimmer.«[29]

Jupp Angenfort, Richard Kumpf und die anderen gründeten kleine Zeitschriften, Tarnorganisationen und Gesellschaften und taten alles dafür, das negative Bild der Deutschen von der Sowjetunion aufzupolieren. Die bundesrepublikanischen Behörden entlarvten einige dieser Tarnorganisationen teilweise. Es wurden ein paar Hochverratsverfahren angestrengt. Doch die der Sowjetunion verpflichteten Kader fanden in Westdeutschland immer mehr Bündnispartner.

In diesem Zusammenhang berichtet mir Manfred Kapluck von der »Zusammenarbeit« mit der Anwaltssozietät von Gustav Heinemann und Diether Posser und auch mit dem damals noch jungen Johannes Rau. Alle drei lernte er in den fünfziger Jahren in seiner Heimatstadt Essen kennen:

»Heinemann, Posser, Rau – ach, mit wem wir da alles schon Kontakt aufgenommen hatten, schon vor den Bundestagswahlen von 1953. Die machten damals die Gesamtdeutsche Volkspartei, die GVP. Sie alle gehörten zum Evangelischen Bibelkreis. Aber die GVP bekam nur wenig Stimmen und die

KPD nur 2,2 Prozent. Danach haben wir alle zusammen überlegt, was wir machen. Dieser Kontakt hielt noch all die Jahre bis 1968, bis sie mir, Herbert Mies und Max Schäfer halfen, die KPD in der BRD wieder legal zu machen und die DKP in Essen zu gründen. Das waren lange Zeit Bündnispartner von mir.«[30]

Erzählungen, die mit denen meiner Tante Renate Riemeck übereinstimmen, die in diesen Jahren außerordentliche Professorin in Wuppertal war und mir vor allem von ihren Kontakten zu Johannes Rau berichtete, der die damalige Vertrauensdozentin in der Universität besuchte.

Der Rechtsanwalt Diether Posser, Sozius des späteren Bundespräsidenten Gustav Heinemann, in Nordrhein-Westfalen Minister für Bundesangelegenheiten, später Justiz- und Finanzminister, verteidigte in den fünfziger Jahren viele dieser enttarnten Stalin-Agenten, die von Adenauer – aus heutiger Sicht wohl zu Recht – der kommunistischen Unterwanderung bezichtigt wurden. Posser beschreibt in seinem Buch *Anwalt im Kalten Krieg* von 1991, wie er drei Kommunisten verteidigte, die in der sogenannten »Gesellschaft zum Studium der Kultur der Sowjetunion« mitgearbeitet hatten und daher wegen verfassungsfeindlichen Handelns angeklagt waren.[31]

Posser schreibt über seine Mandanten:

> »Die Angeklagten hatten ein gemeinsames Schicksal: Sie waren als blutjunge Soldaten in sowjetische Kriegsgefangenschaft geraten, nahmen an antifaschistischen Schulungskursen teil, kehrten 1948 bzw. 1949 nach Hause zurück, traten der KPD bei und betätigten sich in der Gesellschaft zum Studium der Kultur der Sowjetunion, die sich seit Herbst 1950 Gesellschaft für deutsch-sowjetische Freundschaft (DSF) nannte.«[32]

Wie jede Strafverteidigertätigkeit war auch die Verteidigung dieser jungen Kommunisten eine ehrenwerte und vielleicht sogar eine besonders ehrenwerte Sache. Man fragt sich, warum die Adenauer-Regierung nur die juristische ›Behandlung‹ der Fälle dieser jungen Kommunisten kannte und warum diesen jungen Männern, die von Hitler und Stalin traktiert worden waren, nicht ein politisches Gesprächsangebot gemacht wurde. Warum sie nicht in der Bundesrepublik aufgefangen wurden. Statt mit ihnen zu reden, wollte man sie einsperren, womit man das angeblich verfolgte Ziel ja ohnehin nicht erreichen konnte. Knast war immer eine Sache, die einen echten Kommunisten adelte.

Kapluck erzählt, daß er damals durchaus Wert darauf legte, mit Menschen zusammenzuarbeiten, die nicht in der KPD waren, sondern nur sogenannte

Bündnispartner blieben; alles andere wäre zu gefährlich gewesen. Doch die Kontakte zu den Bündnispartnern, die kein Parteibuch, aber die ›richtige‹ Gesinnung hatten, seien genauso effizient, vielleicht sogar noch effizienter gewesen. Immer wieder betont er: »Wir wollten gar nicht, daß unsere Bündnispartner in die Partei eintraten, das wäre viel zu leicht zu entlarven gewesen. Wir waren daran interessiert, daß die frei blieben und ihren Berufen nachgingen. So hatten unsere vielen Pfarrer, Professoren und anderen Friedensfreunde eine viel höhere Glaubwürdigkeit.«[33]

Während Posser und Heinemann in den fünfziger Jahren sowjettreue Kommunisten wie Angenfort (und später auch Ulrike Meinhof) verteidigten, wurden aus den Reihen der KPD immer noch Menschen bedroht und sogar liquidiert. Der Arm Stalins reichte über seinen Tod hinaus noch bis 1956 in die Bundesrepublik hinein. Kapluck und Kumpf berichten mir auch darüber.

Manfred Kapluck: »Stalin wollte auch auf deutschem Boden noch Schauprozesse veranstalten. In Gelsenkirchen sollte am 21. Dezember 1951 eine zentrale Parteiveranstaltung zu Stalins Geburtstag im Hans-Sachs-Haus stattfinden. Es waren 1200 Leute anwesend. Der Vorsitzende der Partei, Max Reimann, war schon in Berlin. Deshalb hielt der damalige stellvertretende Vorsitzende, Fritz Sperling, mit einer Bolschewistenbluse bekleidet, eine feurige Rede für Stalin. Ich stand als junger Kommunist auf der Brüstung und schrie, während ich meine Arme hochriß, begeistert: ›Stalin, Stalin!‹ Denn von den schlimmen Dingen, die in der Sowjetunion passiert waren, wußte ich damals noch nichts. Nach seinem Auftritt auf dieser Veranstaltung sah ich Sperling nicht mehr wieder, er war verhaftet worden. Erst haben sie ihn unter einem Vorwand nach Berlin zitiert; es hieß, die Partei will eine Aussprache mit Fritz Sperling; doch als er bei der SED eintraf, kamen schon die Leute von einem sowjetischen Geheimdienst und holten ihn ab. Er war ungefähr fünf Jahre lang weg. Als Sperling wiederkam, konnte er sich gesundheitlich nicht mehr erholen. Sie hatten ihn im Gefängnis regelrecht kaputtgeschlagen. Auch nachdem Stalin tot war, gingen die Säuberungen weiter. Kurt Müller, das war der Nachfolger von Sperling, ist erst viel später nach Workuta, Sibirien, verschleppt worden. Erst 1956 hörten die sogenannten Säuberungen in Deutschland auf.«[34]

Richard Kumpf, der bisher angeregt zugehört hat, ist nach dieser Erzählung Kaplucks sichtlich niedergeschlagen. »Ja, der Kutschi Müller«, sagt er fast entschuldigend, »der könnte heute noch leben. Du mußt wissen, Bettina, daß wir von den Verbrechen Stalins damals noch nichts wußten.«

Doch dann hebt Kumpf plötzlich seinen Kopf und sagt wieder etwas fester, daß er auch heute noch für den Kommunismus eintrete, und zählt seine Argumente auf.

Kumpf sinngemäß: Erstens. Der Marxismus ist eine Wissenschaft und hat mit Stalin nichts zu tun. Zweitens. Die Oktoberrevolution war richtig. Drittens. Ich lebe in einem kapitalistischen Land und kenne die Verbrechen des Kapitalismus, deshalb kann gewaltsamer Widerstand als Mittel zur Zerschlagung des Feindes in bestimmten Situationen geeignet sein. Allerdings damals, in den siebziger Jahren, als Ulrike es gemacht hat, war es falsch, da es sich damals um eine abebbende Bewegung handelte. Terrorismus gab es in Rußland schon vor der russischen Revolution. Viertens. Die Sowjetunion und nicht die BRD muß die Verbrechen Stalins bereinigen. »Aber fünftens«, fährt Kumpf fort und lacht mich dabei verlegen und leutselig zugleich an, »muß ich Stalin einfach verurteilen. Nicht, daß du denkst, Bettina, daß wir Stalinisten sind.«[35]

Obwohl Chruschtschow 1956 einen ersten Schritt hin zu einer Entstalinisierung gewagt hatte, änderte sich an dem stalinistischen Konzept der kommunistischen Unterwanderung der Bundesrepublik offenbar nicht viel. Ich frage: Wie wurde die Entstalinisierungsphase innerhalb der KPD erlebt?

Manfred Kapluck: »Die Entstalinisierung begann erst 1956 auf dem XX. Parteitag. Doch daß sich Chruschtschow damals in einer öffentlichen Rede von Stalin distanzierte, bekamen wir in Deutschland gar nicht so mit. Den Parteimitgliedern der KPD wurde die Rede von Chruschtschow vorenthalten. Es wurde uns verboten, sie zu lesen. Wir haben sie erst später in westdeutschen Zeitungen gefunden. Wir wollten das auch nicht so gerne hören. […] Wir waren mehr mit dem Kampf gegen Westdeutschland beschäftigt als mit der Entstalinisierung. Auch Ulbricht sagte zu uns: ›Kümmert euch nicht um Stalin!‹ So haben die Ungarn und die Polen eine tiefergehende Entstalinisierungsphase durchgemacht als die deutsche KPD.«[36]

Beide schauen nach diesen Erzählungen etwas skeptisch drein. Die alten DKP-Hasen haben, so Kapluck, nach 1989 im Schnellverfahren die völlig ungeübte SED-Nachfolgeorganisation PDS auf ihre Aufgaben in einem demokratischen Umfeld vorbereitet. »Wenn PDS und DKP nicht mehr am selben Strang ziehen, dann ist auch für uns die Schmerzgrenze erreicht, dann würden auch wir unsere Aktivitäten für den Kommunismus einstellen«, sagen Kumpf und Kapluck 1997.

Inzwischen sind beide aus Altersgründen endgültig aus dem Marx-Engels-

Institut ausgeschieden. Richard Kumpf ist 80 Jahre alt, Manfred Kapluck ist 75. Er sagt mir im August 2004 am Telefon, daß er eines Tages auch selber ein Buch schreiben will. Seit 2005 ist er für die Linkspartei aktiv.

Der Tucholsky-Kreis

Das Hamburger Zeitungsprojekt von Klaus Rainer Röhl war erfolgreich. Schon 1956 wurde die Zeitschrift *Studenten-Kurier* von einem Drittel aller Studenten gelesen, ergab eine Forschung des Allensbacher Instituts für Demoskopie. Besonders das Feuilleton wurde sehr gelobt und verlockte immer mehr Schriftsteller, Lyriker und Journalisten, für den *Studenten-Kurier* zu schreiben. Arno Schmidt stellte wenig später fest: »Ihr seid doch die beste deutsche Kulturzeitung. Warum heißt ihr *Studenten-Kurier*? Auch Nicht-Studenten sollen Euch kaufen.«[37]

Auch er schrieb später Beiträge für die Zeitschrift – ein Beispiel unter vielen für die Attraktivität, die Klaus Röhl dem Blatt verleihen konnte. Bis heute reißen sich Sammler und Arno-Schmidt-Fans um die *Studenten-Kurier*-Ausgaben, in denen Schmidt Artikel veröffentlichte.

Das drohende Parteiverbot der KPD ließ indessen Klaus Hübotter noch einmal aktiv werden. Der Tarnverein »Nationale Front« war aufgeflogen, und damit stand die Zeitung, die auf Anfrage bisher angegeben hatte, von diesem finanziell unterstützt worden zu sein, jeden Tag in der Gefahr, als ostfinanziert entlarvt zu werden. So mußte flugs eine neue Tarnung her, weshalb der sogenannte »Tucholsky-Kreis« von Klaus Rainer Röhl gegründet wurde. Der ehemalige Präsident der Nationalen Front, Ernst Rowohlt, wurde Ehrenpräsident, die geschiedene Frau Kurt Tucholskys, Mary Tucholsky, die am Tegernsee lebte, Ehrenmitglied. Sie stellte dem Kreis Teile ihres Archivmaterials aus dem Nachlaß des Schriftstellers zur Verfügung. Mary Tucholsky war verwundert und erfreut über die Aktivitäten. Davon, daß hier ein Name für einen ›Verein‹ herhalten sollte, der wiederum als Tarnorganisation für den *Studenten-Kurier* fungieren sollte, war ihr offenbar nichts bekannt. In der Akte findet sich ein Brief von Mary Tucholsky an »Herrn Claus Rainer Röhl«:

»Kurt Tucholsky-
Archiv
Mary Tucholsky
Herrn Claus Rainer Röhl
Chefredakteur des *Studenten-Kuriers*
Hamburg 36, Kaiser-Wilhelmstr. 36

25.10.56

Sehr geehrter Herr Röhl,

herzlichen Dank für die Zusendung der Nummern Ihres *Studenten-Kuriers*, in denen Tucholsky erwähnt ist. Ich habe Ihre Zeitschrift mit großem Interesse und großer Freude gelesen.

Ferner danke ich Ihnen für Ihren Brief vom 23.10. und freue mich daraus zu ersehen, daß sich ein ›Kurt-Tucholsky-Kreis e.V.‹ in Hamburg konstituiert hat, wovon Herr Ernst Rowohlt Ehrenpräsident ist. Im allgemeinen werde ich vom Rowohlt Verlag über derartige Ereignisse informiert, aber weder wußte ich bisher etwas von Ihrem ›Tucholsky-Preisausschreiben‹ noch von diesem ›Tucholsky-Kreis‹. Ich danke Ihnen und allen Mitgliedern, mir die Ehrenmitgliedschaft anzutragen, und nehme Ihr Anerbieten mit großer Freude an.

Seit 1945 arbeite ich an der Errichtung eines Kurt Tucholsky-Archivs, das jedem, der sich für das Werk Tucholskys interessiert, zur Verfügung steht. Sollte Ihr Weg Sie nach München führen, werde ich mich freuen, wenn Sie einen Blick in das Archiv tun wollten.

Mit verbindlichsten Grüßen bin ich Ihre

Mary Tucholsky«

Mehrfach fuhr Klaus Röhl nach Rottach-Egern zu der Tucholsky-Witwe, die dort den Nachlaß ihres Mannes pflegte. Dort lernt er eines Tages auch einen »jungen Mann« kennen, wie sich Röhl erinnert, der im Ostberliner Verlag Volk und Welt bereits Tucholsky-Texte herausgegeben hatte: Es war der später berühmt gewordene Literaturkritiker Fritz J. Raddatz. Raddatz über diese Begegnungen: »Klaus Röhl habe ich in Rottach-Egern einige Male getroffen. Wir sind uns dann später immer mal über den Weg gelaufen. Mit ihm verbindet mich eine milde Abneigung, die, glaube ich, wohl gegenseitig ist. Mary Tucholsky hielt Röhl nach meinem Eindruck für einen undurchsichtigen Typen. Von dem kommunistischen Hintergrund des *Studenten-Kuriers* – später KONKRET – wußte sie sicher nichts. Ich wußte es auch nicht und hätte es wohl damals vehement bestritten.«

Klaus Röhl plante zusammen mit Mary Tucholsky an der Hamburger Uni eine Reihe von Veranstaltungen zu Tucholsky. Dazu benötigte er Geld. Deshalb stellte er seine Pläne der Partei vor.

»April 1957 [...]

Veranstaltungen

Im Rahmen unserer bisherigen Belastungen sind unseren Möglichkeiten, noch Veranstaltungen aufzuziehen, gewisse Grenzen gesetzt. Doch wollen wir ein Mindestprogramm wie folgt für das Sommersemester verwirklichen. Tucholsky-Kreis: 2 Großveranstaltungen mit Ernst Busch und Gisela May, zu dem wir schon mit Busch Verhandlungen geknüpft haben.

Arbeitskreis Progressive Kunst an der Universität Hamburg: wöchentlich vorlesungsartige Veranstaltungen in den Räumen des *Studenten-Kuriers*, Teilnehmer 20–30 Mann.

AK [AdA: Arbeitskreis] Bühne: Deutsches Drama von Büchner bis Brecht (mit Platten, Bandaufnahmen, Lichtbildern)

AK Literatur: Deutsche Lyrik von Heine bis Tucholsky (mit Platten, Bändern usw.)

Über unseren Freund und Förderer, den Literaturprofessor Dr. Wolffheim, und den Präsidenten der Hamburger Dichterakademie Hans Henny Jahnn wollen wir versuchen, diese Kurse dem ›Studium generale‹ anzuschließen und damit ins Vorlesungsverzeichnis aufgenommen zu werden, was ebenfalls unser Ansehen erheblich verfestigen, die Anhängerschaft vergrößern und ein Verbot immer schwieriger machen würde.

Hierzu wird wiederum außer einem Bandgerät (300,– DM) und Zeit und Lust nichts weiter benötigt. [...]

Von einer Aktivität in diesem Kreis versprechen wir uns mehr als von beispielsweise politischen Diskussionen, bei denen erstens nicht die fachliche Qualifikation wie bei Literatur da ist, zweitens auch keine organisatorische Plattform. Denn es ist ja ein Arbeitskreis Progressive Kunst (!), drittens führt jedes Gedicht, jedes Drama von Brecht automatisch auf unsere Politik und unsere Konzeption.«[38]

Tatsächlich kam es zu einer Tucholsky-Ausstellung in Hamburg, zu der Klaus Röhl in der Staatsbibliothek vor großem Publikum die Eröffnungsrede hielt. Mary Tucholsky hatte an dieser ersten Tucholsky-Ausstellung in Deutschland mitgewirkt.

In Rottach-Egern bei Mary Tucholsky, wo sich viele Künstler aus Ost und West trafen, lernte Klaus Röhl damals auch den Sänger, Kabarettisten und Schauspieler Ernst Busch kennen, mit dem er sich schnell befreundete. Der Kommunist Busch, alter Spanienkämpfer, von den Nazis verfolgt und schließlich verhaftet, durch Gustaf Gründgens' Intervention 1943 vor dem Tod bewahrt, war Mitte der fünfziger Jahre gerade von West- nach Ostberlin gezogen, wo Bertolt Brecht ihn zum Berliner Ensemble geholt und in der Rolle des Galileo Galilei besetzt hatte. Busch, der nach dem Tod von Brecht in Ungnade fiel, nachdem er Erich Honecker in einem Streit geohrfeigt hatte, machte Klaus Röhl auch mit einigen anderen DDR-Künstlern bekannt, die sich nach dem Tod von Bert Brecht in der »Akademie der Künste« versammelt hatten. Die meisten von ihnen waren von der SED-Führung ins Abseits gedrängt: Arnold Zweig, John Heartfield, dessen Bruder Wieland Herzfelde, Willy Bredel, Stephan Hermlin und Stefan Heym sowie der Bildhauer Fritz Cremer. Röhl ist von seinen neuen Kontakten mit der Ostberliner Prominenz mehr als angetan.

Klaus Rainer Röhl: »Die trafen wir in ihren von antiken Möbeln und Spanienkriegserinnerungen vollgestellten Privatvillen und tranken ihren guten Wodka und unseren guten Whisky, schimpften mit ihnen auf den Stalinismus und begeisterten uns mit ihnen für den Kommunismus, den richtigen, der siegen würde eines Tages über alle spießigen Dumpfmacher und Parteibürokraten.«

Die Tatsache, daß etliche altsozialistische Künstler wie Hanns Eisler, immerhin Mitschöpfer der DDR-Nationalhymne und des berühmten Arbeiterliedes »Vorwärts und nicht vergessen«, mit der DDR-Zensur Probleme bekamen, erfährt er unmittelbar aus erster Hand. Er genießt die ihm gebotenen typischen kommunistischen Verlustierungen Wodka und Gesang und schwärmt für die Schauspielerin Sabine Thalbach[39], damals Hauptdarstellerin im Berliner Ensemble: »Mutter Courage sah ich achtmal, den Galilei sechsmal, fünfmal davon mit Ernst Busch. Es war eine rauschhafte Zeit. Das lag alles an Kurt Tucholsky, dem unabhängigen Sozialisten, unserm unerreichbaren Vorbild.«[40]

Auch der Tucholsky-Herausgeber Fritz J. Raddatz verkehrte während seiner Zeit als Lektor für den Ostberliner Verlag *Volk und Welt* in diesen Kreisen. Wie empfand er diese Großen der kommunistischen Literatur?

Bettina Röhl: »Herr Raddatz, Sie haben in Ihrer Zeit als Lektor in Ostberlin Berühmtheiten kennengelernt wie Ernst Busch, Hanns Eisler, Bertolt Brecht, Wieland Herzfelde, Anna Seghers, die bis heute mit ihren künstlerischen Werken für die deutsche kommunistische Bewegung stehen, die die wichtige Musik machten, die die Theaterstücke und Gedichte geschrieben haben und aufführten oder wie Hanns Eisler sogar die Nationalhymne der DDR komponierten und teils sogar in Hollywood reüssierten. Wie waren diese Leute, die nach dem Krieg aus der Emigration in die DDR zurückgekehrt sind?«

Fritz J. Raddatz: »Gebrochen. Die Stimmung dieser Leute war gebrochen. Sie haben recht, es war ein großes Privileg und ein großer Zufall und ein großer Vorteil, daß ich mit 18, 19 Jahren all diese Leute kennenlernen durfte und daß ich so schnell einen Hanns Eisler oder einen Bertolt Brecht oder eine Anna Seghers, um mal die Big Names zu nennen, kennenlernte, aber sie waren auch gebrochen, und ich muß dies trotz der schönsten Abende sagen, die ich damals mit diesen Leuten verbracht habe, und trotz Zaubernächten mit Hanns Eisler, an die ich mich heute noch erinnere, weil ich ihn sehr verehrt habe, weil er auch geradezu herausragend gebildet war. ›Gebrochen‹ meint, daß sie sich alle gedrückt haben vor dem Problem Stalinismus. Vor dem Problem, daß man ihre eigenen Freunde und Genossen zum Teil in der Sowjetunion umgebracht hatte und daß dies sogar während des Slánský-Prozesses in Prag weiter passierte, als sie also schon wieder in der DDR waren. Mit ›gebrochen‹ meine ich, daß sie eigentlich ein Stück Lüge gelebt haben. Und ich werfe ihnen allen bei großer Verehrung und Zustimmung doch vor, daß sie uns Jüngeren nicht auch nur mit einem Augenzwinkern von Stalins Verbrechen erzählt haben. Die haben davon einfach nicht geredet, und wenn Ernst Busch vom Spanienkrieg sprach oder Alfred Kantorowicz, um mal zwei Spanienkämpfer zu nennen, dann haben sie uns nicht gesagt, was die Stalinschen Horden, die GPU hieß das damals [AdA: politische sowjetische Geheimpolizei], mit den Anarchisten gemacht haben und daß sie auch in Spanien schon gemordet haben. Sie haben einen ganzen Komplex an Schuld, den der Kommunismus, der praktizierte Kommunismus, will sagen, der Stalinismus auf sich geladen hatte, ausgespart und damals sogar noch Stalinhymnen oder Stalingedichte geschrieben, zu einer Zeit, als sie das alles, die Ermordungen und Verbrechen, die unter Stalin begangen wurden, natürlich wußten, vor allem die Westemigranten. Mag sein, daß ein Johannes R. Becher weniger wußte, weil er in Moskau gesessen hat und ihm natürlich nur ein gefiltertes Informationssystem zur Verfügung stand. Aber in den USA oder in Zürich, wo Bertolt Brecht bzw. Hans Mayer gewesen waren, wußte man das, da konnten sie die *New York Times*, *Le Monde* oder die *Neue Zürcher Zeitung* lesen oder die Bücher von Ignazio Silone oder von Arthur Koestler und sich damit auseinandersetzen. Und das ist ein ganz großes Problem, dem ich in einer Art Politethnographie versucht habe immer wieder in großen Interviews nachzugehen, mit Stefan Heym, Jorge Semprun, mit Jorge Armado, mit Louis Aragon, also auch international, um immer wieder nachzufragen, woher kam dieses Loch bei euch, warum habt ihr das eingekapselt wie ein Tuberkel in eurer eigenen Vita, in eurer eigenen Moralität, und warum habt ihr den Jüngeren das verschwiegen? Es wäre ihre Pflicht gewesen als unsere Maîtres penseurs, unsere Lehrer, sich nun nicht gerade mit der Flüstertüte auf die Berolina-Säule auf dem Alexanderplatz zu stellen – das wäre wohl schlecht gegangen –, aber doch, ob in einer Vorlesung oder in einem Essay oder in einem abendlichen Gespräch auf diese Problematik einzugehen. Das hat keiner von ihnen gemacht, deshalb mein Wort: gebrochen.«

Bettina Röhl: »Viele dieser berühmten Schriftsteller und Künstler wurden später selbst von der DDR-Führung unterdrückt, durften wie Ernst Busch nicht mehr singen, bekamen Auftrittsverbot. Warum, glauben Sie, sind diese Leute nicht in die BRD zurückgegangen, bis 1961 war dies ja noch möglich?«

Fritz J. Raddatz: »Also, es waren zwei Länder, und jedes dieser beiden Länder hat einen Teil der eigenen Tradition unterdrückt. Die DDR-Leute haben die Stalinismus-Problematik und den existierenden Antisemitismus in der DDR unterdrückt, vor sich selber weggelogen, verschwiegen, auch anderen gegenüber, auch untereinander. Es war nicht so, daß sich da etwa Hermlin und Heym, die beiden jüdischen Schriftsteller, mal zusammengesetzt und sich darüber ausgetauscht hätten, da war ein vollkommenes Beschweigen solcher Probleme; und wiederum in der Bundesrepublik hat man ganze Stränge des Denkens, nämlich irgendeines sozialistischen, gar kommunistischen, gar marxistischen Denkens, durchs Sieb fallenlassen. Das waren die zwei verschiedenen Länder, und die Frage, in welchem Land will ich leben, war eine sehr komplizierte Entscheidung. Die gesamte Emigrationsliteratur wurde im Westen nicht verlegt, kein Lion Feuchtwanger, kein Arnold Zweig, keine Anna Seghers. Es gab EIN Taschenbuch von Anna Seghers und EIN Taschenbuch von Arnold Zweig – das war es auch schon. Als ich 1959 noch beim Kindler Verlag damit anfing, eine Marx-Ausgabe zu machen, da gab es nur eine schmale Kröner-Ausgabe. Ich landete bei einem jungen Assistenten von Theodor Adorno, der mir 1959 als erstes am Telefon sagte: Sie müssen ein sehr mutiger Mann sein, daß Sie eine Marx-Ausgabe machen wollen! Dieser junge, damals unbekannte Assistent Adornos hieß übrigens Jürgen Habermas.«[41]

Das KPD-Verbot 1956

Am 17. August 1956, am Tag des Verbots der KPD in der Bundesrepublik, war es soweit. Klaus Röhl trat aus »Solidarität« in die kommunistische Partei ein. Er berief sich dabei auch auf die gerade bekannt gewordene Chruschtschow-Erklärung, die Stalins Untaten erstmalig in Teilen zugab und anprangerte.

Bettina Röhl: »Was änderte sich seitdem?«

Klaus Rainer Röhl: »Ich konnte weiterhin eine freie Zeitung machen. Ich traf stets meine Entscheidungen allein. Die sahen mich ja nie, die konnten ja nie kommen, weil sie illegal waren. Aber die sagten: ›Klaus, der muß immer so einen kleinen Hackser machen gegen den Kommunismus, aber der ist im Kern gut.‹ Erst hatte ich als Mitarbeiter nur Gerd Zenkel. Später wurde der auch Kommunist. Bei uns wurde er nicht Kommunist, das war zu gefährlich. Du mußt bedenken, auf die Durchbrechung des Verfassungsgebotes stand Gefängnis, es war kein Kavaliersdelikt, es war eine verbotene Partei.«

Obwohl Klaus Röhl sich persönlich frei fühlt, wird er nach seinem spontanen Parteieintritt noch mehr in die Struktur eingebunden. Immer öfter fährt er zusammen mit Uwe Larsen, der für die Finanzen der Zeitung zuständig ist, zu Aussprachen nach Ostberlin.

»Aktennotiz

Betrifft: Aussprache mit dem Studenten-Kurier am 22.8.1956

Es nahmen teil: Vom *Studenten-Kurier*: Klaus Rainer Röhl, Uwe Larsen, Siegfried Burmeester

Vom Sekretariat des ZB: Richard K. [AdA: Kumpf], Karl-Heinz N., Georg K.

Behandelt wurden folgende Fragen:

1. Bericht von Röhl über die politische, materielle und personelle Lage des *Studenten-Kuriers*
2. Die weitere politische Linie nach dem Verbot der KPD und der Einführung der allgemeinen Wehrpflicht
3. Finanzfragen
4. Verbindung, Anleitung und personelle Fragen

Folgende Hauptgedanken waren im Bericht von Röhl enthalten:
1. Im vergangenen Jahr befand sich der *Studenten-Kurier* in der Defensive. Er mußte sich ständig gegen den Vorwurf, kommunistisch zu sein, vertei-

digen. Der Einfluß des *Studenten-Kuriers* war unter den Studenten noch
sehr gering. Man hatte noch nicht den richtigen Kontakt gefunden. Vor
allem gab es große Schwierigkeiten mit dem Vertrieb, da eine Anzahl von
Astas die Zeitung nicht abnahm.

2. Etwas später trat man in die zweite Phase ein. Das Vertrauen unter den
Studenten zum *Studenten-Kurier* wuchs spürbar. Gleichzeitig wuchs auch
der politische Einfluß der Zeitung, und sie mußte auch vom Gegner beachtet werden. Besonders im letzten Semester wurde in der Zeitung ein
höheres journalistisch-literarisches Niveau erreicht.

3. Die Redaktion schuf sich in Hamburg eine Reihe guter Verbindungen
und kam zu einer guten Zusammenarbeit mit der GVP [AdA: die GVP
wurde von Gustav Heinemann geleitet] und dem SDS. Es traten Leute
an Röhl heran, die ihn baten, auf der Grundlage seiner Zeitung GVP-
Studentengruppen zu organisieren (Mochalski).

4. Bisher wurde eine Zusammenarbeit mit acht Studentenzeitungen erreicht.

5. Röhl schlug vor, Savall [AdA: Edmund Sawall, Student der Wirtschafts-
wissenschaften und Elektrotechnik, war 1954 1. Vorsitzender des Verbandes Deutscher Studentenschaften (VDS)] als Mitherausgeber der
Zeitung einzustellen. Desgleichen Pastor Mochalski.

6. Er schlug vor, für die Zeitung folgende Linie festzulegen:

a) Da die Partei verboten ist, sollte der *Studenten-Kurier* bestimmte Aufgaben der Parteipresse übernehmen: Offene Propagierung des wissenschaftlichen Sozialismus, des historischen und dialektischen Materialismus. Die
Zeitung soll als Vortrupp der marxistischen Ideologie auftreten.

b) Die Herausgeber sollten als religiös-radikal-pazifistische, freisozialisti-
sche Gruppe auftreten. Sie sollten sich in der Zeitung auf eine rein anti-
militaristische Antiadenauerlinie festlegen.

Es wurden folgende Festlegungen getroffen:

1. In Anbetracht der Einführung der allgemeinen Wehrpflicht und des Verbots der KPD orientiert sich die Zeitung [...] auf die Verteidigung der
demokratischen Rechte und Freiheiten. [...] Jede, auch nur die kleinste
Maßnahme der Bundesregierung und der Militaristen, durch die demokratische Rechte angetastet oder beseitigt werden sollen, sind in außerordentlich starkem Maße aufzugreifen und zu behandeln und die Studenten
in demokratisch freiheitlichem Geist zu mobilisieren. In den nächsten
Monaten ist ein besonderer Schwerpunkt die Behandlung der Probleme
der Kriegsdienstverweigererbewegung.

2. Nach wie vor werden die gesamtdeutschen Fragen in starkem Maße von
dem Standpunkt aus behandelt, daß die deutsche Frage nur mit friedlichen Mitteln durch Verständigung und Verhandlungen auf demokratischer Grundlage gelöst werden kann.«

Es wurde beschlossen, das journalistisch-literarische Konzept beizubehalten. Der Darmstädter Studentenpastor Herbert Mochalski wurde nicht in den Herausgeberkreis aufgenommen. Es wurde entschieden, daß der *Studenten-Kurier* sich weder der GVP noch dem »Sozialistischen Bund« von Kurt Hiller – ehemals *Weltbühne* – anschließt, sondern »frei« bleibt und dem »wissenschaftlichen Sozialismus« ein Forum bietet.

Unter Punkt 8 wird Klaus Rainer Röhl endgültig Manfred Kapluck und Richard Kumpf in Ostberlin direkt unterstellt, der Kontakt zur Hamburger kommunistischen Hochschulgruppe wird eingestellt:

> »8. Alle Verbindungen mit der kommunistischen Studentengruppe und der ehemaligen Studentenabteilung des Parteivorstandes sowie selbständige Verbindungen zur Studentenabteilung des Zentralrates sind sofort abzubrechen. Die Verbindung und Anleitung von Röhl und U. Larsen geschieht in Zukunft direkt durch Richard Kumpf und Manfred Kapluck.«[42]

Das bedeutet, Klaus Hübotter, der den *Studenten-Kurier* bis dahin leitete und den Anfangskontakt zwischen Ostberlin und der Röhl-Rühmkorf-Truppe hergestellt hatte, ist damit raus aus dem Spiel. Klaus Hübotter, der zu dieser Zeit wegen seiner FDJ-Zugehörigkeit in einem westdeutschen Gefängnis sitzt, fühlt sich von Klaus Rainer Röhl ausgebootet: »Klaus Röhl hat Kapluck und Kumpf Honig um den Bart geschmiert – nach dem Motto, sie seien wie Lenin und ganz tolle Arbeitergenossen. Er hat ausgenutzt, daß ich im Gefängnis saß und nichts machen konnte. So hat er sich die Zeitung alleine unter den Nagel gerissen.« Ferner wird an diesem Tag beschlossen:

> »9. Da Röhl im November sein Examen macht und danach praktisch sein Studium beenden würde, wurde festgelegt, daß er weitere zwei Jahre als Doktorand das Studium fortsetzt. Zu seiner Legalisierung wurde festgesetzt, daß seine Frau als Angestellte in einem Betrieb untergebracht wird.
>
> 10. Aus Sicherheitsgründen soll Siegfried Burmeester bei U. Larsen sofort ausziehen.
>
> 11. Der Finanzplan wurde vereinbart und U. Larsen das Geld zur Begleichung aller Schulden ausgehändigt. (Summe siehe Finanzplan)

f.d.R. R. Kumpf«[43]

China, Moskau, Prag

Die wesentlichen Mitarbeiter des *Studenten-Kuriers,* vor allem Peter Rühm-korf und Klaus Röhl, wurden auf Parteikosten zu kommunistischen Großver-anstaltungen in Prag, Warschau und Moskau eingeladen. Auch die Chinarei-se Rühmkorfs, von der Kapluck mir erzählt hat, ist sorgfältig dokumentiert:

> »Aktennotizen
>
> Der Freund Peter Rümkorf nimmt zurzeit an einer Delegationsreise durch das neue China teil. Seine Reise geschieht vor allem vor dem Gesichtspunkt, ihn und damit die Redaktion des *Studenten-Kuriers* stärker ideologisch und politisch an uns zu binden.
>
> 11. Oktober 1955«[44]

Der interessante Bericht des Herrn stud. phil. Rühmkorf über China findet sich unter dem Titel »Student im Roten China« im Juniheft des *Studenten-Kuriers* 1956, wo der Autor nach sechs Wochen Mao und im doch stark gleichgeschalteten China bekennt:

> »Man merkt nirgends so klar [...], daß man selbst aus anderem Stoff und von anderem Schlag ist, und ich muß sagen, daß ich mich selten so eindeutig energisch, so extrem verstockt als Individuum gefühlt habe wie vor den Kund-gebungen chinesischer Massenmobilität.«[45]

Klaus Röhl schwärmt dagegen noch heute von seiner »sagenhaften« Mos-kaureise, zu der man ihn gemeinsam mit seiner Frau Bruni im Sommer 1956, kurz nach seinem Eintritt in die Partei, einlud und die er besonders deswegen in Erinnerung behalten hat, weil er eine sogenannte Partei-Instrukteurin, Gi-sela Hiepe, kennenlernt, mit der er trotz der Anwesenheit seiner Ehefrau und des Ehemannes von Frau Hiepe[46] ein heimlich-offenes Verhältnis eingeht.

Klaus Rainer Röhl: »Da war noch eine Geschichte mit einer Kommuni-stin, und das war auch eine ganz romantische Sache, und zwar mit Gisela Hiepe. Sie war eine illegale Instrukteurin der Partei, und als wir 1956 nach Moskau fuhren, lernte ich sie kennen. Es war kurz nachdem die Partei verbo-ten worden und ich spontan eingetreten war. Die Partei war unbürokratisch, die sagten: ›Was, ihr wollt nach Moskau? Ja, da könnt ihr einfach losfahren.‹ Bruni und ich sagten: ›Wir haben aber keinen Ausweis.‹ Da sagten die: ›Das macht nichts, wir geben euch ein Schreiben, ein kleines Zettelchen mit ein paar russischen und deutschen Zeilen.‹ Und schon kamen wir überall durch bis nach Moskau.

Als wir mit dem Zug in Moskau einfuhren, wurden wir als ›westdeutsche Friedensdelegation‹ von einer vielhundertköpfigen Menge von jungen russischen Arbeitern und Arbeiterinnen, die irgendwie vom Komsomol dahinbeordert waren, mit Geschrei und Singen, Liedern und Volkstänzen auf dem Bahnhof empfangen, so daß wir wirklich dachten, Pfingsten ist Ostern. Und glaubten: Jetzt ist aber wirklich die Sowjetunion vorne. Das waren alles so 16jährige, die hopsten in Trachten herum und umarmten jeden von uns westdeutschen Friedensfreunden, die angeblich aus dem schweren Kampf gegen den Adenauer-Imperialismus / Faschismus nach Moskau kamen, um sich zu erholen. Die sagten zu uns: ›Jetzt könnt ihr euch endlich mal in Moskau ausruhen.‹

Schon die Fahrt hatte uns beeindruckt. In Brest-Litowsk wurden die Räder gewechselt, und da stieg man dann um auf die russische Eisenbahn mit dem breiteren Radstand. Da mußte man einen Augenblick warten, und dieser Augenblick dauerte fast einen ganzen Tag, bis diese Maschinen umgewechselt waren. Es waren diese neuen Räder, die Rußland 1913 eingeführt hatte, damit die Deutschen nie einmarschieren könnten. Da waren dann riesige, wunderbare Schlafwagen, die so groß waren wie Zimmer, in denen man sich natürlich ganz anders bewegen konnte als bei uns. Der Strom der Landschaft zog vorbei, schon in Polen unendlich weit. Tage- und nächtelang ging die Fahrt, und der Ober fragte immer: ›Tschai?‹ Und zu dem Tee brachte er Zuckerstücke, die waren doppelt so groß wie die bei uns. Es gab riesige herrliche Viererbetten, und da schliefen der Richard Hiepe, Gisela Hiepe, Bruni und ich. Das war sehr romantisch, und wir sangen die ganze Nacht Volks- und Spanienlieder, und es war also schnell klar, daß Gisela und ich uns liebten, wie wir das nannten, und so zogen Gisela und ich wie ein Liebespaar, obwohl doch Richard und Bruni immer dabei waren, am nächsten Tag durch Moskau, wie durch eine Märchenlandschaft, die in unseren Augen natürlich nur von ›Friedensfreunden‹ bevölkert war.«

Klaus Röhl bemerkte auch die Armut in Moskau; nach seiner Rückkehr berichtete er von seiner Reise im *Studenten-Kurier* unter dem Titel »Deutscher Student im Kreml« und brachte in der vorgeschriebenen Lobeshymne auch seine Kritik zum Ausdruck.

»Und das größte Erstaunen: auch hier in der Großstadt eine unglaubliche Armut [...]. Die Schuhe, die Taschen, die Tücher, ja sogar die Parfüms: unglaublich primitiv, nicht einfach, sondern wirklich dürftig. [...] die Obst-geschäfte führen eigentlich nur drei Fruchtarten: Äpfel, Zitronen, Melonen und – bergeweise – Kapusta (Kohl). Und so ist, trotz kolossaler Bauten und Anlagen, trotz guten Essens auch der erste Eindruck in beklemmender Weise der schlechteste.«[47]

Klaus Röhl stellt bei einem Konzertbesuch in Moskau fest, daß viele Besucher »barfuß im Konzertsaal« sind. Er selber genießt als westdeutscher Gast nur die allerhöchsten Privilegien.

Nach der Moskaureise gewährten Kumpf und Kapluck Gisela Hiepe und Klaus Röhl großzügig noch eine Fahrt nach Prag, wofür Klaus Röhl den beiden »Kumpels« aus dem Ruhrpott noch lange dankbar war, denn endlich konnte er mit Gisela Hiepe allein sein. Dementsprechend hat er Prag als eine »Stadt der Liebe« wahrgenommen. Nebenbei lernte er Jassir Arafat kennen.

Klaus Rainer Röhl: »Als wir nach der Moskaureise wieder in Ostberlin bei unserer Partei waren, der lieben, guten Partei der Arbeiterklasse, riefen die: ›Hallo Klaus, du siehst ja gut aus, du hast dich aber gut erholt.‹ Und da sagte Gisela: ›Da ist ja noch in Prag der Weltstudentenkongreß, da möchten wir auch noch hinfahren.‹ ›Gut, da könnt ihr auch noch hin‹, sagte die Partei. Bruni mußte nach Hause, wahrscheinlich zum Kind, Richard mußte auch nach Hause, nur Gisela und ich bekamen von der allgütigen Partei ein Visum, wieder so ein kleines Zettelchen, ohne Ausweis ausgestellt, und so fuhren wir in das goldene, herrliche Prag.

Dort begegneten wir Rühmkorf, der da von anderer Seite ganz legal eingeladen war, und fielen ihm da in die Arme und lernten auch noch viele andere Leute kennen. Eines Tages mußten wir alle aufs Krankenrevier, weil wir eine Darmgrippe hatten. Alle waren krank geworden, das war wohl die Ernährung. Jedenfalls landeten wir in einem Lazarett, und da war auch ein netter arabischer Student, der genauso aussah wie Peggy Parnass, der spielte immer mit Lyngi Mühle und Dame. Und dieser arabische Student, der auch von der Partei irgendwie nach Prag eingeladen worden war, hieß zufällig Jassir Arafat.«

Den Parteiauftrag, nämlich an dem internationalen Kongreß teilzunehmen, hatte Klaus Röhl glatt aus den Augen verloren und wurde schließlich noch gerügt. Über die Reise nach Prag schreibt Kumpf in der Ostberliner »Akte KONKRET«:

»Aktennotiz
Betrifft: Aussprachen mit Klaus-Rainer Röhl am 11.9.1956

Betrifft: Richard Kumpf, Manfred Kapluck, Rainer Röhl

Besprochen wurde:
1. Die Auswertung des Internationalen Studentenkongresses in Prag.
2. Röhl wurde eine Summe von 3000 DM ausgehändigt zum Besuch der COSSEK-Konferenz in Colombo. Nach späteren Informationen war dieser Besuch zeitlich nicht mehr möglich. Daraufhin wurde vereinbart, daß eine Verbindung mit einer Studentenzeitung in Ägypten aufgenommen wird und ein Vertreter des *Studenten-Kuriers* Ägypten besucht und diese Reise in der ersten im Semester erscheinenden Nummer ausgewertet wird.
3. In einer persönlichen Aussprache zwischen R. Kumpf und R. Röhl wurde darauf hingewiesen, daß Röhl die Beziehungen zu Gisela [...] abbrechen soll.

f.d.R.
R. Kumpf«

Und in einer Aktennotiz vom 22.9.1956, geschrieben ebenfalls von Richard Kumpf, heißt es:

»Aktennotiz

Betrifft: Aussprache mit Uwe Larsen am 22.9.1956

Anwesend: Richard Kumpf, Manfred Kapluck, Uwe Larsen
Es wurde folgendes besprochen:
1. Uwe Larsen teilte mit, daß bei ihm nach dem Parteiverbot wegen dem Genossen Siegfried Burmeester [...] eine Hausdurchsuchung stattgefunden hat. Es wurde nichts beschlagnahmt. Es wurde kein Verdacht geäußert über seine Beziehungen zum *Studenten-Kurier*. Mit großem Nachdruck wurde U. Larsen noch mal darauf hingewiesen, daß Siegfried Burmeester bei ihm ausziehen soll.
2. Es wurde gesichert, daß die Reise eines Redakteurs nach Kairo noch vor dem Erscheinen der ersten Nummer gesichert werden muß.
3. Von der Übersendung des ersten Finanzetats ist auch gleichzeitig U. Larsen von Richard in Kenntnis zu setzen.
4. Richard K. und Manfred K. haben gegen die Einstellung von Rolf Möbius (43 Jahre) als Werbe- und Anzeigenfachmann sowie als Betriebskontrolleur Bedenken erhoben. Jedoch wurde die Entscheidung darüber Röhl und Larsen selbst überlassen.

5. U. Larsen wurde noch mal darauf hingewiesen, seinen Kontakt mit Röhl enger und besser zu gestalten und ihm zu helfen bei der Bereinigung seiner Frauenangelegenheiten.

f.d.R. Richard Kumpf«

Röhl und Rühmkorf also berichteten in den Jahren 1955 bis 1957 stolz von ihren Erlebnissen als mit Auslandsreisen noch weitestgehend unerfahrene Studenten, die auch sonst – im Vergleich zu heutigen Studenten – ein karges Leben führten. Wie ich meinen Vater und Rühmkorf kennengelernt habe, kokettierten sie gewiß mit ihren weltenbummlerischen Abenteuern gekonnt herum und erfuhren so auch eine immaterielle Bereicherung ihres Lebens durch Ostberlin.

Der Ungarn-Aufstand

Der »Sozialismus mit menschlichem Antlitz«, um dessentwillen Klaus Röhl in die Partei eingetreten war, zeigte sich schon Ende des Jahres 1956 bei der brutalen sowjetischen Niederschlagung des Ungarn-Aufstandes erneut in voller Größe. Während der Kämpfe in den Straßen von Budapest wurden Hunderte von freiheitssuchenden Arbeitern und Studenten, die – oft selber linker Gesinnung – mehr Demokratie verlangten, getötet. Die Zahl der politischen Liquidierungen wird offiziell mit 300 angegeben. Der amerikanische Historiker Melvin J. Lasky, der 1956 vor Ort war und dessen Weißbuch *Die ungarische Revolution* 1957 erschien, sagte mir 1997 in einem Gespräch zu diesem Thema: »Die Archive sind jetzt in Ungarn für Historiker geöffnet worden. Und nun wird die erste Frage sein: Waren es 300 oder doch 3000 Tote? Und die entsprechende Frage werden wir auch in Moskau stellen müssen.«[48]

Inzwischen werden diese Archive von Historikern genutzt. Mel Lasky, langjähriger Herausgeber der intellektuellen antikommunistischen Zeitschrift *Der Monat*, die damals von der amerikanischen Ford Foundation finanziert wurde, hinter der auch Gelder der CIA steckten, stand schon 1956 zusammen mit anderen Intellektuellen wie François Bondy, Ignazio Silone und vielen sogenannten Renegaten auf der Seite der Antikommunisten. Er sah den Aufstand in Ungarn daher mit ganz anderen Augen und versuchte als Historiker der kommunistischen Propaganda entgegenzuwirken.

Klaus Röhl aber stand bereits auf der Seite derer, die zu vertuschen suchten. Er meisterte die Aufgabe, das völkerrechtswidrige und blutige Vorgehen der Sowjets und des Warschauer Pakts, also auch der DDR, die besonders uneingeschränkt hinter Moskau stand, in seiner kommunistischen Studentenzeitschrift vom sicheren Hafen der Bundesrepublik aus so darzustellen, daß kein Imageschaden für ihn oder den Osten entstand.

Klaus Rainer Röhl: »Rühmkorf und ich fragten uns: Was machen wir in der nächsten Nummer? Und wir sagten einer zum anderen: ›Schreib du das.‹ – ›Nein, schreib du das.‹ Also, wir wußten nicht, was wir machen sollten. Und schließlich kamen wir auf eine gute Idee. Es hatte nämlich gerade Erich Kuby, ein unabhängiger Journalist, der wirklich anerkannt war und auch wenig später zum *stern* ging – 20 000 DM im Monat damals, für nichts und wieder nichts – also, dieser wahnsinnige Snob von Kuby hatte in der Zeitschrift *Die Kultur* im Kurt Desch Verlag einen Artikel über Ungarn geschrieben, in dem er ungefähr sagte: Na ja, man muß erschüttert sein, aber das Wichtigste ist die Erhaltung des Friedens und lauter solche Sachen, einen ziemlichen Mist, den wir, ehrlich gesagt, nicht gerne selber zu Papier gebracht hätten. Und so faßten wir den Entschluß, den Kurt Desch Verlag zu bitten, diesen Artikel abdrucken zu dürfen. Kuby war es auch zufrieden. Das war unser Beitrag zu der antikommunistischen Welle, die schon wenige Monate später wieder verebbte, da sich die Zustände in Ungarn sehr schnell stabilisierten.«[49]

Der Kuby-Artikel benennt klar, was Sache ist: daß es nämlich eine große Sauerei war, was die UdSSR in Ungarn gemacht hatte. Allerdings relativiert der Artikel das Vorgehen der Sowjets insofern, als er den Krieg Englands und Frankreichs in Ägypten im gleichen Atemzug verurteilt.

Ich entdeckte jedoch noch einen zweiten Artikel im *Studenten-Kurier* zum Thema Ungarn. Ein gewisser Dr. Dr. Heinemann schrieb in der Dezemberausgabe von 1956 – der Text war auf der Titelseite groß angekündigt – einen zentralen Artikel über den Ungarn-Aufstand unter der Überschrift: »Das Verbrechen an Ungarn«.

Heinemann ging in seinem Text in die Vollen. Die Ungarn verwünschten diejenigen, »von denen sie niedergeschlagen wurden«, schrieb er, führt dieses »niederschlagen« dann aber nicht weiter aus. Daß es die Sowjets waren, die den sich nach Freiheit sehnenden Ungarn, die mutig und friedlich auf die Straße gingen, mit Militärs entgegentraten, ist eine Tatsache, die Gustav Heinemann nicht völlig unterdrückt, so weit geht er nicht. Er subsumiert jedoch unter dem Wort »niederschlagen« den Tatbestand, daß die sowjetische Armee Anfang November 1956 Friedensdemonstranten in

Budapest erschoß, in den Folgetagen Aufständische tötete und in anschließenden politischen Säuberungen mißliebige Personen umbrachte. Mehrere
tausend Ungarn sind von den Sowjets zu Tode gebracht worden, fast 200 000
Ungarn flüchteten nach Österreich. Und das in der Ablehnung der russischen Fremdherrschaft sich ziemlich einige ungarische Volk wurde wieder
der Knute der kommunistischen Diktatur aus Moskau unterworfen. Aber
das eigentliche Verbrechen an den Ungarn verortet Heinemann keineswegs
in der Diktatur aus dem Bruderland UdSSR, sondern im Westen. Er gibt
der westlichen Verheißung auf Freiheit die Schuld an den Aufständen, den
Ermordungen und Verhaftungen. »Jahrelang hat westliche Propaganda mit
Luftballons, Radiosendungen und auf allerlei sonstige Weise den Ungarn die
Befreiung verheißen«, klagt er an.

> »Sogar Dr. Adenauer redete bekanntlich von einer Neuordnung ganz Osteu-
> ropas aus seiner Politik der eingebildeten Stärke. Widerstand und Aufruhr
> wurden in Ungarn genährt. […] Als aber der Tag kam, als Ungarn sich erhob,
> als ›Freiheitssender‹ riefen: ›Völker der Welt, hört uns! Helft uns! Nicht mit
> Rat, nicht mit Worten, sondern mit der Tat, mit Soldaten und Waffen!‹, da
> erwies es sich, daß der Westen nur hohle Worte und keine Taten zu bieten
> vermochte. […] Westliches Eingreifen in Ungarn mit Waffen hätte nur den
> dritten Weltkrieg auslösen können. Die Ungarn waren umsonst mit Fäusten
> gegen Panzer aufgestanden. Auf ihren Lippen erstarb eine doppelte Verwün-
> schung, die Verwünschung derer, von denen sie niedergeschlagen wurden, und
> die Verwünschung derer, die sie jahrelang mit falschen Hoffnungen genährt
> hatten und so grausam enttäuschten. Das ist das Verbrechen an Ungarn.«[50]

Was war nun das Verbrechen an Ungarn? Daß die Ungarn von der eigenen
Besatzungsmacht »niedergeschlagen« wurden oder daß angeblich geschürte
westliche Hoffnungen sie »grausam enttäuschten«? Mit seiner Plazierung des
Adjektivs »grausam« beantwortet Heinemann diese Frage auf seine Weise. Er
sagt eben nicht: grausam niedergeschlagen. War es eigentlich ein Naturgesetz,
daß die Sowjets ihre Kolonie Ungarn mit Waffengewalt festhalten mußten?
    Tatsächlich war es weniger der Westen als vielmehr der sowjetische Staats-
chef Chruschtschow gewesen, der ein halbes Jahr zuvor im Februar 1956 die
Entstalinisierung und das große Tauwetter verkündet und damit die Hoffnungen der unterdrückten Völker Osteuropas geweckt hatte, wie Erich Kuby
es in seinem Artikel im *Studenten-Kurier* zutreffend beschreibt. Drei Jahre
nach Stalins Tod hofften viele Menschen im Ostblock auf ein Ende der Unterdrückung. Im Oktober 1956 waren zunächst polnische Freiheitskämpfer

auf Chruschtschows Verheißung hereingefallen, 56 streikende polnische Arbeiter verloren bei der brutalen Niederschlagung einer Erhebung ihr Leben. Erst vier Wochen später, nämlich im November 1956, kam es in Ungarn zum Volksaufstand. Heinemann vertauscht in seiner Polemik Chruschtschows Verheißungen auf mehr Freiheit im Ostblock mit westlicher ›Propaganda‹, die jedoch Ungarn, das wie alle Staaten hinter dem Eisernen Vorhang von westlichen Einflüssen nahezu abgeschottet war, kaum erreichen konnte und auch kaum erreicht hatte. Für die Sehnsüchte der zumeist jungen Ungarn nach Souveränität, Meinungsfreiheit, Rechtssicherheit, Reisefreiheit und mehr Wohlstand sowie die Sehnsucht, nicht länger von den Sowjets ausgebeutet und unterdrückt zu werden, Ideen und Hoffnungen, für die man keine Propagandatrommel rühren muß, hat Heinemann nicht viel Verständnis. Statt dessen stellt er fest, daß der Aufstand sinnlos war und die Ungarn ihr Joch doch lieber ruhig ertragen hätten, denn es gäbe sowieso keine Möglichkeit der Befreiung für sie. Heinemann empfiehlt den freiheitsuchenden Ungarn, die soeben mit Panzern niedergerollt worden waren, in einer schon fast zynisch zu nennenden Weise: Weg mit den wenigen Waffen, barfuß wie Gandhi nach Moskau gehen und die Sowjetunion durch inneren Widerstand zum freiwilligen Verzicht auf Ungarn veranlassen! Wörtlich schreibt er:

»Auch Indien führte einen Unabhängigkeitskampf. Auch die Inder standen einer überlegenen Militärmacht gegenüber. Aber sie ließen sich nicht verleiten, den Kampf auf der Ebene der Gewalt zu suchen und aufzunehmen, auf der sie nicht gewinnen konnten. Sie führten ihren Kampf durch gewaltlosen Widerstand. Als Gandhi mit Zehntausenden seiner Landsleute das Salz aus dem Meer entnahm und Zehntausende dafür ins Gefängnis gingen, brach das britische Monopol der so drückenden Salzsteuer zusammen. Gewalt stößt ins Leere, wo sie nicht auf Gewalt stößt. Der Widerstand der Herzen und der untätigen Hände überwindet die Unterdrückung, wenn er von Opfergeist und zivilem Mut erfüllt ist. So wie es keinen Krieg der Engländer und Franzosen gegen Ägypten mehr gibt, weil Moskau und Washington ihn nicht erlauben, so kann auch kein Krieg des kleinen Mannes gegen Besatzungsmächte und ihre Panzer mehr sein. […] Solches rechtzeitig und beharrlich zu sagen, wäre Ungarnhilfe gewesen. Aber die ewig Gestrigen haben nur noch einmal das Spiel ermuntert, das verlorengehen mußte. Das ist ihr Verbrechen an Ungarn.«

Den ungarischen Volksaufstand nannte Heinemann ein »Spiel«, für das Heinemann indische Regeln empfahl, wohl wissend, daß er Unvergleichbares dennoch verglich. Indien liegt weit weg von England und ist um ein Vielfaches an Land und Bevölkerung größer als England und war als Kolonie so oder so nicht zu halten. Ungarn war gegenüber dem großen Bruder aus Moskau kleiner als ein Zwerg und war von der Atommacht UdSSR besetzt. Heinemann empfiehlt also den Ungarn, die fremdkommunistische Sklaverei duldsam zu ertragen und den Status quo zu akzeptieren. Heinemann ist sich nicht zu schade, die Revolution in Ungarn, die ein echter Volksaufstand war, also wirkliche demokratische Legitimation besaß, mit antiungarischer, aber auch antiwestlicher Propaganda plattzubügeln.

33 Jahre weitere, bittere Jahre der Unterdrückung nach 1956 dauerte es, bis Ungarn sich wieder mutig zeigte und die DDR-Flüchtlinge durch seine Grenzen nach Österreich ließ und damit das Loch in den Eisernen Vorhang riß, der 1989 zum Zusammenbruch der osteuropäischen Diktaturen wesentlich beitrug.

Dr. Dr. Gustav Heinemann

Bettina Röhl: »Ist dieser Artikel ›Das Verbrechen an Ungarn‹ im *Studenten-Kurier* wirklich von dem Gustav Heinemann geschrieben worden, der später, 1969, Bundespräsident der Bundesrepublik Deutschland wurde?«

Klaus Rainer Röhl: »Ja, sicher. Das war unser damaliger Rechtsanwalt Gustav Heinemann, der einzige Heinemann mit zwei Doktortiteln, der hatte es neben Erich Kuby übernommen, für uns die dringend im Blatt notwendige Rechtfertigung der russischen Niederschlagung des ungarischen Freiheitswillens zu verfassen.«

Heinemann hatte sich an anderer Stelle im gleichen Geiste auch schon über den Volksaufstand am 17. Juni 1953 in der DDR geäußert:

> »Man sollte bei aller Trauer um die Toten der russischen Seite zugutehalten, daß sie in dem Einsatz ihrer militärischen Machtmittel Gott sei Dank nicht so weit ging, als man angesichts der doch sehr drastischen Attacken der Volksmassen befürchten mußte. Darin lag eine politische Weisheit, die jedenfalls größer ist als manche unverhohlene Freude im Westen darüber, daß es zu jenen tumultarischen Aufständen gekommen ist.«[51]

Immanuel Geis, emeritierter Professor für Geschichte in Bremen und Mitbegründer der GVP, der kleinen Gesamtdeutschen Volkspartei, die Heinemann 1952 ins Leben gerufen hatte, sagte mir in einem Interview, daß die GVP,

wie lange vermutet wurde, tatsächlich eine Zeitlang mit dem kommunistisch
inspirierten »Bund der Deutschen« zusammengearbeitet und Geld aus dem
Osten für Werbezwecke in Empfang genommen habe. Ist dies die Erklärung
dafür, daß sich der spätere Bundespräsident Gustav Heinemann in so skan-
dalöser Weise in diesen beiden Artikeln verrannt hatte?

Geis: »Bis zu dem Zusammenschluß der GVP mit dem ›Bund der Deutschen‹ 1953 hatten wir als Partei kaum Geld gehabt, der wohlhabende Heinemann hatte vieles aus seiner Privatkasse bezahlt, aber plötzlich von einem
Tag auf den anderen, seitdem wir mit dem ›Bund der Deutschen‹ ein Wahl-
bündnis eingegangen waren, war Geld da. Für Werbeplakate, für alles, das
ist mir aufgefallen.«[52] Schon damals stellten Geis und einige andere GVP-
Mitglieder Heinemann die Gretchenfrage, woher denn plötzlich das viele
Geld komme, und verdächtigten Heinemann, Geld aus dem Osten angenommen zu haben. Doch als dieser beteuerte, das Geld sei sauber, habe man
dies Heinemann damals geglaubt. Geis im Interview: »Wir glaubten damals
eben absolut an Heinemanns Integrität, erst später ist mir klar geworden, daß
Heinemann natürlich Bescheid gewußt haben muß. Einer aus dem Bund
der Deutschen, mit dem ich zusammen Werbeplakate geklebt habe, hat mir
dann eines Tages direkt gestanden, daß das Geld für die Werbung der GVP
aus dem Osten kam.«

Professor Geis will dennoch Gustav Heinemann, der gewiß kein kommunistisches Parteibuch hatte, im nachhinein nicht angreifen oder gar demon-
tieren. Heinemann dagegen demontiert sich mit seinem kleinen Text über
den Aufstand vom 17. Juni 1953 und mit seinem Artikel über den Ungarn-
Aufstand von 1956 im *Studenten-Kurier* möglicherweise selbst.

Daß diese beiden Texte, die das »Verbrechen an Ungarn« dem Westen
in die Schuhe schieben, dem sowjetischen Militär »politische Weisheit« be-
scheinigen und dem unterdrückten Volk der DDR »doch sehr drastische Attacken« und »tumultarische Aufstände« attestieren, tatsächlich aus der Feder
Gustav Heinemanns stammen, erschrickt.

Immerhin: Der sehr reiche, spätere Bundespräsident Gustav Heinemann
(1969–1974) war eine der unantastbaren Lichtgestalten der Westlinken.
Sein Wort hatte schon damals fast normative Kraft. Die von ihm in diesem
Artikel verwendete Dialektik und gedankliche Taktik: östliche Panzer sind
schlimm, aber westliche Luftballons sind noch schlimmer, gehören zu dem
Handwerkszeug, mit dem sowjetische Entgleisungen immer wieder relativiert und negiert wurden.

Heinemann gilt bis heute unhinterfragt als der schlechthin ›gute‹ Politiker der fünfziger und sechziger Jahre. Er ist in der Tat derjenige, der sich als einziger im neuen Kabinett Adenauer gegen die Bewaffnung der Bundesrepublik aussprach.

Der Austritt Heinemanns aus der Adenauer-Regierung am 11. Oktober 1950 – damit begründet, daß er diese Bewaffnung der Bundesrepublik nicht mitmachen wolle – und der Austritt Heinemanns aus der CDU 1952 können als einer der Anfangspunkte der späteren Antiatomwaffenbewegung und der sogenannten Friedensbewegung in der Bundesrepublik angesehen werden, die ihrerseits bis weit in die achtziger Jahre hineinwirkten.

Gustav Heinemann gründete 1953 die GVP, die Gesamtdeutsche Volkspartei, eine Zweckpartei, die dazu beitragen wollte, die stalinsche Neutralität (Stalinnote von 1952) in Deutschland durchzusetzen. Mit dieser auch von Renate Riemeck unterstützten Partei scheitert Heinemann bei den Bundestagswahlen 1953 allerdings kläglich, woraufhin er seine politische Zukunft in der SPD sucht und findet, von wo aus er seinen Kampf gegen Adenauer weiterführt. 1958 gipfelt just in dem Moment, als Adenauer die absolute Mehrheit der Deutschen hinter sich weiß, Heinemanns Engagement gegen Adenauer darin, dessen Rücktritt zu fordern und ihm vorzuwerfen, die Neutralität Gesamtdeutschlands verpaßt zu haben. Spätestens jetzt war die Mär, die sich um die Stalinnote von 1952 rankt, daß Adenauer damals die deutsche Einheit verspielt hätte, die bis heute heiß von ganz Linken und ganz Rechten diskutiert wird, zur Legende geworden. Hier soll auf die Stalinnote, deren Behandlung ein eigenes Buch füllt, nicht weiter eingegangen werden. Nur soviel: Inzwischen ist Bewegung in den lange ideologisch versiegelten Diskurs um die Stalinnote gekommen, als durch neuere Dokumentenverfügbarkeit, Stalins Angebot für ein neutrales Gesamtdeutschland an die Westmächte und Adenauer, das dieser bekanntlich fast begründungslos abgelehnt hat, nahegelegt ist, daß Stalin mit seiner Note letztlich doch nur die Taktik verfolgt haben könnte, die politische Diskussion in Westdeutschland in seinem Sinne zu beeinflussen. Nach dem Motto: Stalin und die Sowjetunion sind die Friedensengel im kalten Krieg. Dagegen steht der uneinsichtige Westen und der kriegstreibende Adenauer, der den Weltfrieden gefährdet und die Wiedervereinigung der beiden deutschen Staaten nicht will.

Lagebericht, Zufriedenheit, Aufstieg

Im April 1957 schickte Klaus Röhl den Genossen in Ostberlin einen Lagebericht. Von guten Verkaufszahlen ist darin die Rede – und von Ungarn.

»April 1957

Von C. R. Röhl

Lagebericht über die Zeitung *Studenten-Kurier* Wintersemester 1956/57

Allgemeines: Im Wintersemester erschien je Monat eine Nummer, d.h. vier Nummern, Nummer 7, Nr. 8, Nr. 1/57 und Nummer 2/57. Davon hatten die beiden ersten Nummern eine Stärke von 16 Seiten (bei Nr. 8 verursacht durch die Beilage von »Zeitkritische Stimmen«), die beiden letzten Nummern eine Stärke von je 12 Seiten. Auflage jeweils 10.000. Verbreitungsgebiet: Hochschulen des Bundesgebietes (Ausnahmen: Erlangen, Würzburg, Nürnberg, Mainz infolge des Verkaufsverbotes und des Fehlens eines trotz Verkaufsverbot dort verkaufenden Mannes), weiterhin Paris (200 St.) Lubjana (100 St.) und Genf (50 St.) sowie Wien (50 St.). Während des Wintersemesters wurde erstmalig im größeren Umfang der Verkauf in Westberlin eröffnet, und zwar an der TU, der FU und der Hochschule für Politik. Neue Verkaufsmöglichkeiten wurden erschlossen in Saarbrücken, Kiel, Münster, Stuttgart, Hannover und Braunschweig. Bis zum Ende des Wintersemesters wurden die Verkaufsverbote, die einen Verkauf innerhalb der Universität oder der Mensa untersagen, aufgehoben in Frankfurt, Saarbrücken, Darmstadt, Hamburg, Braunschweig (TH und Pädagogische Akademie) sowie an der HfP [AdA: Hochschule für Politik] in Berlin. Der letztere Erfolg, auf Beschluß des ASTA, in dem eine SDS-Mehrheit ist, zustandegekommen, ist besonders bemerkenswert, da die HfP seit ihrem Bestehen als die reaktionärste Hochschule gilt.

Außer dem Verkaufserfolg – die letzten beiden Nummern sind restlos ausverkauft – konnte eine bisher noch nie dagewesene Steigerung des Abonnentenkreises erzielt werden. Besonders durch eine Werbeverteilung von Stundenplänen mit angehängter Bestellkarte gelangten Adressen von über 1000 Stück in unseren Besitz.

Das allgemeine Vertrauen zur Zeitung ist gestiegen. Der Vorwurf kryptokommunistischer Tätigkeit ist fast gänzlich verstummt, ebenso die Frage nach der Finanzierung, letztere besonders durch die quantitative und qualitative Verbesserung unseres Anzeigenteils durch einen hauptamtlichen Anzeigen-Werber. Die vier Ausgaben dieser Zeitung gelten in allen befragten Kreisen als sehr gut, zumindest aber als noch besser als die des Sommersemesters.

Auf einen gewissen Widerstand stieß in breiten Kreisen nur die Novembernummer, weil man in verschiedenen Artikeln eine Erwähnung des anglofranzösischen Vorgehens in Ägypten fand und eine Stellungnahme zu Ungarn vermißte. Dadurch brachte man die Zeitung in Zusammenhang mit der gleichzeitig erscheinenden VDS-Sondernummer, die nur Ungarnhetze brachte und nichts über Ägypten erwähnte. Beiden Zeitungen warf man dann intellektuelle Unredlichkeit vor.

Durch die Veröffentlichung der Ungarnstellungnahme der ›Kultur‹ wurde diese Vertrauenskrise relativ schnell wieder beseitigt, ja, diese Stellungnahme befestigte sogar noch bis in den Februar hinein den Ruf, eine wirklich unabhängige, redliche und ehrliche Zeitung zu sein, die den Standpunkt des Großteils der Studenten vertrete.

Im Februar erfolgte der Besuch eines Beamten der politischen Abteilung der Kriminalpolizei, Kummer, der mitteilte, der Oberstaatsanwalt habe ein Verfahren gegen den Herausgeber der Zeitung eröffnet, weil er gegen einige presserechtliche Bestimmungen verstoßen habe: Im Impressum müsse der genaue Name des Herausgebers stehen, außerdem müsse es heißen: Verlag, Selbstverlag. Da zugesagt wurde, dieses zu ändern, wurde das Verfahren drei Tage später eingestellt.«[53]

Als Herausgeber des *Studenten-Kurier* fungierte seitdem offiziell der »Arbeitskreis Progressive Kunst«, den Klaus Röhl 1951 gegründet hatte.

Zum Ritterschlag

Klaus Röhl hatte das Leben, welches ihm die KPD finanziert hatte, überwiegend in Form von Spesen, Image und Macht, aber doch nur bei verhältnismäßig kleinem eigenem Gehalt abzuwägen gegen den bundesdeutschen Beamtenstatus als Studienrat, auf den er inzwischen fast acht Jahre lang studiert hatte.

Klaus Rainer Röhl: »Ungefähr zum Jahreswechsel 56/57 hatte ich das Examen gemacht, und inzwischen war wieder Hübotter aufgetaucht und Burmeester. Denen eröffnete ich, nach einem vorherigen Gespräch mit Bruni, daß ich jetzt das mal abgeben möchte, es sei jetzt wirklich reichlich Zeit, man könne nicht mehr in dem hohen Alter von 28 Jahren noch eine Studentenzeitung machen. Der erlernte Beruf war ja nun nach dem ersten Examen Studienrat, wo ich praktisch jetzt Referendar war, wo man auch schon Geld verdient. Und außerdem ging es mir um eine gewisse Sicherheit, auch für die 1955 geborene Tochter.

Auf der Basis, daß ich denen die Solidarität ja nun reichlich gegeben hatte und gesagt hatte, ich bin illegaler Kommunist und die Partei wird ja auch wieder zugelassen, sagte ich denen, wenn ich jetzt auch bis 1958 dabei wäre, dann wäre ich ja allmählich 30 und ein vergammelter Student. Also kurz, die ganze Sache ging eigentlich ihren natürlichen Generationengang. Vielleicht fügte ich aber noch hinzu: ›Es sei denn, wenn man daraus mal was ganz anderes machen würde, also eine richtige Zeitung, nicht nur für Studenten oder so.‹

Nun bequatschten sie mich bei einer konspirativen Aussprache im Harz weiterzumachen. Burmeester war am überzeugendsten. Er war Kleinbauernsohn und freute sich darüber, daß die Großbauern durch die Zwangskollektivierung in der DDR vertrieben worden waren. Er kannte kein Wort Marx, kein Wort Engels, schon gar nicht Stalin, infolgedessen ich auch nicht. Nie haben wir Theorie gemacht.

Und so sagte ich dem Genossen über den Kommunismus und die Demokratie, die ich immer wieder anmahnte: ›Aber weißt du, das ist doch so, wir brauchen doch mehr Demokratie, ohne die geht es nicht, und das ist es, was ich an Bedenken habe.‹ Aber diese Bedenken nannten die bei allen bürgerlichen Leuten immer ›ideologische Bauchschmerzen‹, also man muß die nur ein bißchen massieren, und dann gehn die wieder weg.

Zu meinen Bedenken äußerte sich dieser Burmeester, und das imponierte mir ungeheuer: ›Weißt du was, ich will dir mal sagen, wie das mit der Demokratie ist. Wenn wir Kommunisten in der Minderheit sind und kämpfen müssen, dann sind wir für Demokratie, und wenn wir die Mehrheit haben, dann sind wir für Diktatur, nämlich der Arbeiterklasse gegen die Bourgeoisie.‹

Also zurück zum Harz. Die heikle Frage mit dem Geld. Da sagten die: ›Guck mal, Klaus, wir bieten dir doch hier die Karriere an, und du kriegst dasselbe Geld, wie du für ein Referendariat kriegen würdest, und wir machen auch eine Zeitung, die nicht mehr nur eine Studentenzeitung ist. Und du bekommst die größte Selbständigkeit und im übrigen – was heißt hier Sicherheit? Schau mal, es gibt nichts Sichereres als den Kommunismus. Mit Rußland und China ist schon ein Drittel der Welt kommunistisch, und morgen ist es die ganze Welt. Etwas Sichereres als die Kommunistische Partei gibt es nicht.‹

Der Chruschtschowsche Slogan ›den Westen überholen‹ wurde zwar von

Adenauer verlacht, aber von vielen Intellektuellen, auch von Augstein, Nannen oder Dönhoff, durchaus für realistisch gehalten. Amerika stagniere, sagte man, man glaubte, daß Rußland den Westen in der Pro-Kopf-Produktion überholen könne. Das war also das Konjunkturmodell. Die stellten der Sicherheit des Studienrat-Jobs die ganze Welt des Kommunismus gegenüber. ›Ach, Klaus, zum Studienrat eignest du dich ja sowieso nicht.‹ Und dann sagten die auch hochmoralisch – das will ich nicht vergessen – ›Wir lassen dich nie im Stich‹. Schließlich sagte ich meine Referendariatszeit ab, wir nahmen Kurs auf die Umbenennung der Zeitschrift und eine Umwandlung in eine Kulturzeitschrift. Es blieb aber nach wie vor bei dem Schwerpunkt Studenten. Wir gehörten immer noch der Abteilung ›Jugend und Studenten‹ an.

Dann kam die eigentliche Aufnahme in die Partei. Bruni wurde das so dargestellt, daß sie nun auch eintreten müsse, das war ja immer so, ob nun bei der SPD oder der früheren NSDAP. Es war wegen der Illegalität. Der Mann hat dann zu Hause mehr Ruhe, weil er nicht auch vor seiner Familie konspirativ auftreten muß.«

Im Frühjahr 1957 fuhr Klaus Röhl mit Frau nach Ostberlin. Kumpf und Kapluck erteilten den beiden endgültig die Weihen des Kommunismus und nahmen sie mit einem bedeutungsvollen Handschlag in die Partei auf. Eine Unterschrift mußte nicht geleistet werden. Auch Ausweise wurden den neuen Parteimitgliedern nicht ausgehändigt. Kapluck: »Die lagen in einem geheimen Panzerschrank. Parteimitglieder aus dieser Zeit wurden deshalb auch Panzerschrankkommunisten genannt. Lediglich eine Aktennotiz wurde verfaßt und an das Zentralkomitee weitergegeben.«

Klaus Rainer Röhl: »Die Aufnahme in die Kommunistische Partei erfolgte mündlich durch Handschlag. Es wurde gesagt: ›Ihr bekommt auch keinen Parteiausweis, das werdet ihr ja verstehen, liebe Genossen, denn ihr seid hier mit Handschlag Mitglieder, und jetzt müßt ihr euch anpassen. Wir haben uns nach dem demokratischen Zentralismus zu richten.‹ Dann erklärte man notdürftig, was demokratischer Zentralismus ist: Im Gegensatz zu anderen Parteien, wo eine gewisse Wahl von unten nach oben stattfindet und letzten Endes oben dann nur der Repräsentant einer gewählten Körperschaft steht, geht es bei den Kommunisten genau von oben nach unten. Damit ist das diktatorische Element natürlich schon angelegt. Das nennt man den demokratischen Zentralismus, ein etwas ulkiges Wort. Das dient wohl dazu, die noch etwas dümmeren Reste der Arbeiterschaft, aber auch die für dumm gehaltenen Genossen in der richtigen Weise anzuleiten. Das heißt, oben bildet sich, weiß der Teufel wie, eine Gruppe von Führungsleuten, und die setzen nach unten ihre Meinungen durch. Der Parteisekretär setzt die Parteisekretäre der Bezirke ein und so weiter, und es gebe, das erklärte man uns ziemlich genau, eine ziemlich strenge Parteidisziplin.

Ich habe das später dann selber Leuten gesagt, die ich in die Partei aufnahm, zum Beispiel mit dem Brecht-Gedicht: ›Der einzelne hat zwei Augen, aber die Partei hat tausend Augen, der einzelne sieht eine Straße, die Partei sieht die Stadt, die ganze Welt ... etcetera.‹ Das ist von Brecht aus *Die Mutter*.

Und nur diese wahnsinnige Arbeit in der Illegalität erfordere, so sagte man uns auch ganz offen, daß sich das Prinzip des demokratischen Zentralismus noch verschärft. In der Illegalität gelte eine absolute Disziplin. Und: Die Meinung der Partei kann sich mal ändern, das ist keine Schwierigkeit. Dann muß man an sich arbeiten, um die Meinung der Partei zu seiner eigenen zu machen, das ist dann die Aufgabe.«

Danach erklärte man Bruni und Klaus Röhl die drei Grundprinzipien der Partei:

1. Die Partei hat immer recht.

2. Wenn die Partei ihre Meinung ändert, hat sie auch recht, und alle Mitglieder haben so an sich zu arbeiten, bis sie die neue Meinung der Partei ebenfalls als richtig verinnerlicht haben.

3. Aus der Kommunistischen Partei kann man nicht austreten, sondern nur ausgeschlossen werden oder durch den Tod ausscheiden.

Die durchaus mythischen Rituale des wissenschaftlichen Sozialismus bei der Verabreichung der Parteiweihen verfehlten ihre Wirkung nicht. Klaus Rainer Röhl, daran gewöhnt, durch das Leben eher wie ein Spieler zu surfen, stand jetzt doch irgendwie unter Schock. So etwas Endgültiges hatte mit den ihm gerade zugesagten Privilegien eigener Entscheidungskompetenzen und seinem täglichen Leben im Westen wenig zu tun. Und das auch noch lebenslänglich.

Wie ich ihn kenne, plagte ihn außerdem die Sorge so manch eines Konfirmanden, der sich erfolgreich darum gedrückt hat, die Bibel zu lesen. Wie würde es wohl um ihn stehen, wenn die Partei wüßte, daß er zu der Mehrheit der Kommunisten gehörte, die ihren Marx nie gelesen hat und nur von der Utopie der sozialistischen gebratenen Tauben für die Masse der Unterprivilegierten angelockt war? Wer weiß, dachte Klaus Röhl damals wohl, vielleicht kann einem diese verfluchte Partei doch irgendwie ins Herz gucken? Und im Grunde seiner Seele war er vielleicht gerade das entscheidende Quentchen zu doll kapitalistisch und auf Privilegien ausgerichtet? Die Blankeneser Villa, die er sich später als Familiensitz zulegte, gehörte auch schon zu seinen heimlichen Träumen, als er damals Kumpf und Kapluck in Ostberlin gegenübersaß. Würden die das verstehen?

Doch die beiden sympathischen Kader Kumpf und Kapluck beruhigten meinen Vater: »Ach, Klaus, du kannst natürlich immer deine Meinung haben. Das ist doch klar. Ab jetzt stimmt sie eben immer mit der Partei überein.«[54]

Parteigruppe und Feuilleton:
Der *Studenten-Kurier* wird zu KONKRET

Bald waren viele Mitglieder des *Studenten-Kuriers* Kommunisten und Klaus Röhl der Mittelpunkt dieses kleinen kommunistischen Zentrums in Hamburg. Die Redaktion bildete nun selber eine sogenannte »Parteigruppe«, was nicht heißt, daß etwa alle Mitarbeiter eingeweiht wurden. In dieser Zeit etwa stieß der junge literaturinteressierte Student Jürgen Manthey zu der Redaktion.

Jürgen Manthey: »Eines Tages fand ich in der S-Bahn ein liegengebliebenes Exemplar des *Studenten-Kuriers*. Die Geschichte eines Werkstudenten darin hatte es mir angetan. Autor war ein Leslie Meier, eines von Peter Rühmkorfs Pseudonymen damals, was ich freilich nicht wußte. Ich schickte daraufhin meine eigenen Schreibversuche an die Redaktion – mehr oder weniger Arno-Schmidt-Imitate – und bekam eine Postkarte von Rühmkorf, in der er fragte, ob ich nicht einmal vorbeikommen könne. Ich besuchte Rühmkorf in der Redaktion – er war in der Zeit für das Feuilleton zuständig –, wo wir uns, ich erinnere mich daran genau, darüber unterhielten, ob eine Blinddarmoperation ein medizinisches oder ein soziales Problem sei. Da kam Klaus Rainer Röhl reingeschneit und meinte spontan, sie könnten doch noch gut einen Schreiber und Redakteur gebrauchen. So wurde ich Redakteur für die Hamburger Studentenseite. Das war im Jahr der Umwandlung des *Studenten-Kuriers* in KONKRET. Ein Jahr später ging Rühmkorf als Lektor zu Rowohlt, und Röhl machte mich mit 22 Jahren zum Chef des Feuilletons. Ich hatte schon ein bißchen Bammel, ob ich das schaffe, aber ich arbeitete mich ein, und dann ging's. Klaus Rainer Röhl war sehr zufrieden mit mir und ließ mich machen. Ich verdiente so ein bißchen Geld neben meinem Studium, und Röhl redete mir ins Feuilleton nie rein. Politisch war ich völlig ahnungslos, was den Hintergrund der Zeitschrift anging. Rühmkorf und mir wurde aufgetischt, daß das Blatt von einem Kurt Tucholsky-Kreis herausgegeben werde, dessen Mäzen Ernst Rowohlt sei. Ich hatte im Feuilleton völlig freie Hand. Ich nahm bald Kontakt zu Arno Schmidt auf, und so erschienen damals die Erzählungen aus dessen späterem Band *Kühe in Halbtrauer* als Vorabdruck in KONKRET. Die Korrespondenz ging leider verloren, als Gremliza 1973 das Blatt durch eine feindliche Übernahme in die Hand bekam. Da war ich schon längst nicht mehr dabei. 1962 ging ich zum Hessischen Rundfunk. Ein anderer Redakteur, mit dem ich viel zu tun hatte, war der fürs Schreiben nicht begabte Hans Stern, der hielt statt dessen immer lange politische Vorträge. Stern und ich waren die einzigen, die gewissermaßen für die ästhetische Seite der Zeitung zuständig waren, die anderen machten die Politik, zu dieser Fraktion gehörte ich nie, obwohl ich mich in dieser Zeit politisierte.«[55]

Jürgen Manthey, der später zum Hessischen Rundfunk ging, Cheflektor bei Rowohlt und bis vor wenigen Jahren Professor für Literatur in Essen war, blieb fast fünf Jahre mit von der Partie. Sein Feuilleton kam in der Studentenschaft gut an und half, den eigentlichen Charakter der Zeitschrift immer wieder zu vertuschen.

Jürgen Manthey: »Das Layout der Zeitung, das Format, die Titelbilder und auch das für eine subkutan kommunistische ›Tarnzeitung‹ nicht ideologiekonforme Feuilleton sorgten für ein einmaliges Renommee in intellektuellen Kreisen, nicht nur im Umfeld der Universitäten. Ich habe später von Röhl erfahren, daß er in Ostberlin diesen – aus dortiger Sicht – bürgerlich-dekadenten Zuschnitt des Feuilletons durchgesetzt habe, weil das bei den Studenten besser ankäme. Ich denke, daß ihm daran auch selbst gelegen war. Das Bild der Zeitschrift prägten die Graphiker mit. Insgesamt schaffte es die Zeitschrift unter Klaus Röhl in dieser Zeit, Ende der fünfziger und Anfang der sechziger Jahre, sich zu einem linken Oppositionsblatt mit unverwechselbarem Biß und Stil zu entwickeln. KONKRET galt damals was. Ich kenne einige, die später erfolgreiche Journalisten wurden, bei der *Frankfurter Rundschau* oder Studio Hamburg und anderswo, die haben mir erzählt, daß sie schon sehr begeistert waren, wenn ihnen der Verkauf von KONKRET an ihren Unis übertragen worden war. Ich legte mir wie Rühmkorf zwei Pseudonyme zu, Lewald Grip und Jürgen Haderlev, und schrieb vor allem Buchrezensionen. Mit Rühmkorf, nie mit mir, besprach Röhl manchmal das Thema für den Leitartikel. Röhl hatte Rühmkorfs literarische Begabung schon in der gemeinsamen Schulzeit kennen- und schätzen gelernt. Er hielt große

Stücke auf ihn. Vorbild war für uns die *Weltbühne* der zwanziger Jahre, auch das ging auf Röhl und Rühmkorf zurück. Ich kam ja erst später dazu. Zu der getürkten Geschichte von der Finanzierung gehörte, daß sich gelegentlich ein Herr Larsen sehen ließ, immer freundlich, aber auch undurchsichtig, ein Maklertyp. Uns Ahnungslosen erzählte man, er sei ein politisch interessierter Mäzen, beteiligt an einer Reederei in Bremen.«

In der Tat gab es viele kommunistische Publikationen, herausgegeben von allen möglichen getarnten Organisationen oder Verlagen. Aber das, was dann unters Publikum gebracht wurde, war in den meisten Fällen entlarvend, grau und erkennbar mit den Handwerkszeugen »Hammer und Sichel« geschrieben und aufgemacht. Der *Studenten-Kurier* war da völlig anders. Er kam für damalige Augen wie ein Harlekin daher: bunt und, wenn man so will, westlich und weltoffen, was natürlich die allerbeste Tarnung war: Spaß, Avantgarde, Satire. Diese Rezeptur, knallharte politische Agitation und Aktion in weicher, verpoppter Verpackung, wurde später ein beliebtes Stilmittel der 68er.

Nach außen hin sah es bald so aus, als ob Klaus Röhl es ›geschafft‹ hätte. Er machte eine Zeitung, die sich in wenigen Jahren einen Namen erworben hatte und die unter den Studenten immer populärer wurde. Er kaufte sich schicke Anzüge und leistete sich vom ersten ›Kommunisten-Geld‹ einen alten braunen VW, mit dem er in Stade – seine Eltern lebten dort immer noch – großspurig vorfuhr. Das imponierte natürlich den jüngeren Brüdern und der kleinen Schwester. Er war überall der tolle Klaus. Seinen Eltern erzählte er, daß er eine unabhängige Zeitung mache und daß er Marxist geworden sei. Nur daß er in die Kommunistische Partei eingetreten war, erzählte er ihnen nicht, und das wollten meine Großeltern wohl auch nicht so genau wissen.

Meine Tante Lilo, die sieben Jahre jüngere Cousine von Klaus Röhl, die bei ihrer Mutter Eva in Lübeck aufgewachsene Tochter der Schwester seiner Mutter, erinnert sich an diese Zeit:

Liselotte Millauer: »Also, Bettinchen, du mußt wissen, daß Klaus für mich als Teenie mein großes Vorbild war. Ich arbeitete schon mit 16 Jahren, noch als Schülerin, bei den *Lübecker Nachrichten* und wollte unbedingt Journalistin werden. Ich habe auch später in Hamburg mit ihm immer wieder tolle Partys gefeiert. Lyngi und ich waren ineinander verliebt, aber irgendwie kam immer Peggy dazwischen. Lyngi, Peggy und Klaus hatten ja die Hamburger Studentenbühne gemacht. Diese übernahm ich dann sozusagen, als ich an die Uni kam, mit meiner eigenen Clique. Während des Studiums arbeitete ich bei der erlauchten Zeitschrift *Kristall*, damals eine Zeitschrift wie der *stern*.«

Im September 1957 wird der *Studenten-Kurier* auf Wunsch von Klaus Röhl in KONKRET umbenannt. Der damalige Graphiker Horst Sikorra erinnert sich: »Klaus hatte sich den Titel KONKRET ausgedacht, ich war derjenige, der das Layout entwickelte und der die Buchstaben KONKRET das erste Mal geklebt hat. Peter Rühmkorf hing damals sehr an deinem Vater, Bettina, er war wie sein Schatten, bewunderte ihn. Den Titel KONKRET hat sich Röhl allein ausgedacht.«[56]

Im Dezember 1957 liefert Klaus Röhl erstmalig einen Lagebericht über KONKRET in Ostberlin ab. Man trifft sich in einer schönen alten Villa außerhalb Berlins. Die Genossen sitzen fast drei Tage mit den KONKRET-Leuten zusammen.

Drei Tage Einschätzung in Ostberlin

Die Einschätzung des neuen KONKRET erfolgt auf einer dreitägigen Lagebesprechung der Zeitung. Anwesend sind am ersten und zweiten Tag Richard Kumpf, Klaus Rainer Röhl und Uwe Larsen. Das ›Seminar‹ geht vom 10. bis 14. Dezember 1957. Am dritten Tag sind »Richard, G., Klaus und Uwe« anwesend, wie in der Akte notiert:

»17.12.57

III. Interne Situation von KONKRET

Klaus: Jetzt hatten wir eine Auflage von 15–20000. Die Abonnentenzahl hat sich seit dem Sommersemester erhöht […]. In diesem Semester 1. Ausgabe:
  Hamburg – Verkaufssteigerung 100 %
  Berlin – Verkaufssteigerung 100 %
  München – Verkaufssteigerung 70 %
  Frankfurt – Verkaufssteigerung 50 %

[…] Unsere Zeitung wird als eine linksstehende, aber völlig unabhängige Zeitung eingeschätzt. Sonst hätte uns Wittneben auch kein Interview gegeben. Die Kollegenpresse wertet uns nicht als gleichberechtigt, sondern als ein führendes Organ der Studentenpresse.

Die politische Wirkung unserer Zeitung

Jahrelang haben wir darunter gelitten, eine unseriöse Zeitung zu sein. Das hat uns W. bestätigt. Wir seien aber jetzt mit einer positiven Kritik an den VDS spritzig herangegangen. Auch mit unseren Nachrichten genießen wir Vertrauen. Als Literatur-Blatt haben wir ebenfalls einen guten Ruf [...]. Wenn wir nicht zu weit vorprellen, dann wird dieses Vertrauen natürlich stärker. In Karlsruhe gibt es eine Gruppe, die unsere Zeitung ständig liest und darüber diskutiert. Die Leute, die den *Studenten-Kurier* lesen, sind politisch interessiert. Die größere Masse liest natürlich die Bildzeitung.

Nächste Aufgaben unserer Zeitung
Ich sehe sie in dem, unter der Studentenschaft weiter klärend zu wirken. Atomgefahr, Antifaschismus, Antikolonialismus. [...] Praktisch sehe ich es heute noch nicht als Möglichkeit, die Fragen der FDJ- und DDR-Beziehungen klar und offen zu stellen. Der Weg dahin muß über den realen Kontakt der Sowjetunion und der übrigen sozialistischen Staaten gehen. [...]

Unsere Berliner Redaktion
Opitz als SDSler ist ein Marxist-Leninist. Ebenso einige seiner Freunde.

Dieser Zweig ist die Verkörperung der Kräfte, die uns als eine offene, ehrliche, konsequente, marxistische Zeitung haben möchten (linker Flügel des SDS). Wenn wir dieser Linie folgen würden, würde eine Auflage von 2000 herauskommen – sie vermuten unsere Verbindung, aber sie wissen nichts. Zur Finanzierung meinen sie, daß es bestimmte Posten aus dem Osten ohne direkte Kontaktnahme gibt. Der Gedanke ist keinem gekommen, daß eine Zeitung wie die unsere ein direkt von Genossen geleitetes Unternehmen ist. Anders ist es mit dem Freund Rühmkorf. Er scheint zu der Ansicht zu neigen, daß unsere Zeitung ein KP-Organ ist. Das schließe ich aus vielen Äußerungen. Wenn er mit uns seine Artikel bespricht, nimmt er eine konsequente Haltung ein.

Die Leute sagten zu mir in Karlsruhe zur Finanzierung: ›Wenn die Zeitung jetzt im 3. Jahr erscheint, dann müßte der Pferdefuß schon herausgekommen sein, wenn die KP [AdA: Kommunistische Partei] Einfluß hätte.‹ [...] Zusammenfassend möchte ich sagen, daß es uns oft in den Fingern juckt, viele Dinge offen und klar auszusprechen. Daß man uns von vielen Seiten her fordert (von den linken SDSlern), daß wir eine klarere Stellung einnehmen sollten. Von vielen Leuten werden wir aufgefordert, gegenüber der DDR eine klarere Stellung zu nehmen.

Zentrale Redaktion
Manthey und Rümkorf arbeiten hauptamtlich, alle anderen kriegen Honorare für ihre Arbeit. [...]«

Am selben Tag folgt ein Bericht von Uwe Larsen über die Redaktion, der die Sache ebenso positiv einschätzt wie Klaus Röhl und sich auch zu den Löhnen der Mitarbeiter des *Studenten-Kuriers* äußert:

»Westberliner Redaktion: Opitz

Er ist neu aufgetaucht und bekommt 150,– DM, und es steht ihm noch ein Honorar von 100 DM zur Verfügung.

Löhne:
Klaus 800
Uwe 500
Rühmkorf 400
Manthey 250
Frau Sch. 50,– DM die Woche und Überstunden

Monatsetat von 13 000,–. Bei dem gesamten technischen Apparat ist ein 14tägliches Erscheinen nicht möglich. Die Druckerei ist sehr primitiv. Die Zeitung erscheint alle 3 Wochen. [...] Wir kämpfen, um an die Kioske zu kommen und hatten immer Schwierigkeiten. [...] Der Verkaufspreis für Kioske ist auf 0,40 DM festgelegt. Wir müssen jetzt darum den Leuten mehr bieten, weil andere Zeitschriften für 0,50 DM ganz andere Sachen bieten. [...]

Über die Auswirkung der Titeländerung können wir noch nichts sagen.

Zur Werbung können wir sagen, daß wir durch die Änderung des Namens eine Ausweitung bekommen. Wir möchten uns dem IVW anschließen, wo die Auflagenhöhe jeweils ¼jährlich notariell hinterlegt wird. Das hat den Vorteil, daß ein Werbetreibender die Zeitung, die dem IVW angeschlossen ist, vorzieht.

Wenn wir ein anderes politisches Bild hätten, hätten wir auch mehr Anzeigen. Die Durchschnittsstudenten sehen auf die Anzeigen, was berücksichtigt werden muß. Wir sind die einzige Zeitung von uns, die echte, richtige Firmenanzeigen hat. [...] Zum Etat: Wenn wir unsere Kölner Ausgabe aufziehen, müssen wir noch 2000,– DM dazuhaben.«[57]

Klaus Röhl und Uwe Larsen schätzen ihre neuen Mitarbeiter in der neu gegründeten Westberliner Redaktion von KONKRET ein. Alles wird sorgfältig in der Akte festgehalten:

»Klaus: Unsere Redaktion hatte gestern abend eine Besprechung mit der Berliner Redaktion. Wir haben die Berliner Redaktion neu zusammengestellt. Ihr gehören jetzt an: Opitz, Staritz und Stern. [...]

Zu Opitz: Er gehört zu den linken SDSlern und ist von allem, was in der DDR geschieht, begeistert.

Zu Stern: Er gehört wie die übrigen zwei ebenfalls dem SDS an. Mehr weiß ich nicht von ihm.

Uwe:
Zu Staritz:
1. Politisch und persönlich unzuverlässig
2. Er hat keine klare Position und wandert zwischen Ost und West hin und her. Er ist anfällig für alles.
3. Er sieht in ›KONKRET‹ eine Zeitung, die unter Oststudenten wirken soll, in der Richtung Kantarowicz.
4. Ich habe Bedenken, daß er als verantwortlicher Redakteur Einfluß auf die Gestaltung der Zeitung hat. Ich bin dafür, daß Opitz alleiniges Entscheidungsrecht hat. Ich halte ihn aber nicht für einen Agenten.
5. Er wird unsere Zeitung zwar beleben, denn er schreibt gut und kommt an Informationen heran […].«

Richard Kumpf referiert über die gegenwärtige Situation und Einstellung der westdeutschen Studenten zur Sowjetunion:

»Richard:
Ideologische Beschäftigung der Genossen. […] Vorschlag, Studium der Thesen der KPdSU als Grundlage für die Arbeit.«

»Die gibt es nur im winzigen Kreis des SDS«

Welche Möglichkeiten der Einflußnahme hat der *Studenten-Kurier* auf die westdeutschen Studenten überhaupt? Richard Kumpf will alles genau wissen.

»Studentenprotokoll 14.12.1957

Richard:
Welche Rolle spielen die organisierten Kräfte des SDS?

Klaus:
Der SDS ist zahlenmäßig sehr klein, er hat drei Gruppen, die linke Gruppe, die sehr klein ist, die rechte Gruppe. Die wirklichen Kräfte sind z. B. die, die

solchen Kurs eingeschwenkt haben wie im *Profil*, eindeutiger Reformkurs. Im SDS kann eine kleine Gruppe einen guten Einfluß gewinnen.

Richard:
In Anbetracht einer solchen Einschätzung, was schlagt Ihr vor, was wir für eine Linie verfolgen müssen:
  a) Zeitung?
  b) Von hier aus?
  c) Welche Vorschläge, z. B. wenn es zu einer Begegnung kommt, sollen die sowjetischen Genossen machen?

Klaus:
Praktikantenaustausch, Studentenaustausch. Verstärkung der Kontakte, die Kontakte nicht fürchten. Man muß versuchen, den VDS mehr zu einer realen Einschätzung zu bewegen, auch zu der Tatsache, daß es zwei deutsche Staaten gibt. Dabei auf der Hut sein vor Agenten-Studenten. […]

Richard:
Wie schätzt Ihr die gesamtpolitischen, ideologischen Auswirkungen und Stimmungen ein?

Klaus:
Die Sache wäre nicht so, wenn nur ein oder zwei Sputniks aufgestiegen wären. Der wichtigste Faktor ist die große seriöse Presse: *Welt, Frankfurter Allgemeine, Süddeutsche Zeitung, Wirtschaftszeitung, Handelsblatt* usw. Danach richten sich die Studenten aus. Sie sehen, daß das Potential der Sowjetunion vorhanden und keine Propaganda ist. Durch die neuen Berichte […] werden die Studenten beeinflußt. Es beginnt sich in der Studentenschaft ein langsames Auftauen abzuzeichnen. Die Vorstellung, daß es sich drüben um ein unmoralisches, verbrecherisches Terrorregime handelt, weicht einer nüchternen Einstellung. Das ist in der Studentenschaft stark geworden. Man glaubte immer, daß das Terrorregime zusammenbrechen müßte. Ihre Meinung ist jetzt, es handelt sich nicht um ein verbrecherisches […], sondern um ein abweichendes wissenschaftliches und wirtschaftliches System.

In den reaktionären Studentenzeitungen wird bewegte Klage geführt, daß das nun alles vorbei ist (Ungarnbewegung). […]

Richard:
Ich kann mir nicht vorstellen, daß die Mehrheit der Studenten so denkt (außer den reaktionären Kräften). Wie haben die Ereignisse auf die Studentenschaft wirklich gewirkt?

Klaus:
Wir können nur Vermutungen aussprechen, denn wir kommen mit der Masse

der Studentenschaft nicht zusammen. Unser Gefühl ist, daß die Masse der Studenten nicht begeistert ist, sondern sich bedroht fühlt.

Richard:
Gibt es Auseinandersetzungen über Kapitalismus und Sozialismus?

Klaus:
Die gibt es nur im winzigen Kreis des SDS.

Richard:
Es gibt in der Welt gewaltige Veränderungen. Das sozialistische Lager nimmt an Umfang und in der inneren Kraft ständig zu. Die bisherigen kolonialen Völker haben sich zum Teil schon befreit und kämpfen um die Befreiung. Es gibt doch in der Welt große Umwälzungen, und der Einfluß der kapitalistischen Staaten geht doch immer mehr zurück. Das muß doch unter der Studentenschaft Diskussionen auslösen?

Klaus:
Sie diskutieren in erster Linie nur über Tagesprobleme. Der Durchschnittsstudent denkt so wie die Kommentatoren der *Welt* usw.: ›Gefahr für die westliche Freiheit, wir müssen mehr Reformen einführen und nicht den Sozialismus.‹«[58]

Zu viele Anti-Ost-Artikel

Röhl beugt sich mehr und mehr den Anweisungen seiner Partei, wie ein weiterer Bericht Ende des Jahres 1957 zeigt. Eindeutig ist Klaus Röhl den Ostfunktionären zu hartnäckig mit seiner Kritik an der DDR, zu »antikommunistisch«. Er muß auf Linie gebracht werden und wird auf Linie gebracht, jedenfalls »vorerst«:

»Stellungnahme von Richard Kumpf zur politischen Situation und kritischen Einschätzung der letzten 2 Nummern der Zeitung. [...]

Richard Kumpf: [...] Wir haben bisher gesagt, wir halten es für angebracht, in der gegenwärtigen Zeit in der Frage der DDR keinen ganz klaren Standpunkt einzunehmen, d.h. nicht weiter vorzustoßen, als es die gegenwärtige Situation unter den Studenten ermöglicht. An dieser Linie müssen wir festhalten. Trotzdem heißt es jedoch ganz ernsthaft überlegen, was wir in der Haltung der Zeitung der DDR ändern können. Daß in dieser Zeitung eine viel zu starke Anti-DDR-Stellung zu spüren ist, das können und wollen wir uns nicht erlauben. Wir halten das auch vom Standpunkt der Zeitung aus nicht für notwendig. Soll man deshalb bestimmte Verhältnisse in der DDR nicht kritisieren? Wir glauben, das kann man. Aber die Frage ist, wie man das macht und wie weit wir da gehen. Es gibt unter der Studentenschaft unerhört große Unklarheiten und Voreingenommenheiten über die DDR. Wir dürfen also die Anti-DDR-Stellung durch unsere Zeitung nicht noch vertiefen. Das dürfen wir unter keinen Umständen! In der letzten Zeit waren aber einige Artikel drin, die sehr unglücklich über das Ziel hinausgegangen sind. Wir sollten diskutieren, wie man dieses Problem günstiger anpacken kann. Nehmen wir den Artikel ›Schwarze Pumpe‹. Das hätte man nicht so zu schreiben brauchen. Auch nicht vom Standpunkt der Abschirmung der Zeitung. Die Antistellung war scharf und sogar schärfer als in manchen bürgerlichen Zeitungen.

Klaus:
Ich stimme in meiner Meinung nicht in allem mit R. überein. Die Anti-DDR-Artikel habe ich geschrieben. Sie waren meine besondere Spezialität. Ich ging davon aus, der Anti-DDR-Stimmung, die nun einmal unter Studenten vorhanden ist, einen bestimmten Drall, eine bestimmte Richtung zum Positiven hin zu geben. Die Studenten wissen gar nicht, daß ein so großes Industriewerk wie die Schwarze Pumpe in der DDR überhaupt existiert. Allein die Tatsache, daß sie davon erfahren, ist äußerst positiv. Wir können es uns aber nicht erlauben, daß wir in der Bundesrepublik jeden Mangel mit der Lupe suchen und aufdecken und auch in einer ganz ironischen Art darüber schreiben und gegenüber der DDR nichts schreiben oder in einer völlig anderen Art. Das würde bedeuten, eine Änderung der Aufgabenstellung der Zeitung. Wenn wir so verfahren würden, nimmt uns niemand mehr die Zeitung ab. Niemand hielte uns für ehrlich, und niemand würde uns unsere intellektuelle Redlichkeit glauben.
[...]

Richard:
Ich bin mit deiner Meinung nicht einverstanden. Andere bürgerliche Zeitungen schreiben zur DDR oft auch in einem ganz anderen Ton, und es gibt Möglichkeiten, aus diesen Zeitungen gewisse Artikel zu übernehmen, z.B. die *Düsseldorfer Wirtschaftszeitung* hat zwei Artikel gebracht. Einmal einen über den technischen Fortschritt in der DDR und auch einen Artikel, der vom wirtschaftlichen Standpunkt aus das Problem der Schwarzen Pumpe behandelt. Es wäre doch möglich, einen solchen Artikel aus der *Düsseldorfer Wirtschaftszeitung* zu übernehmen. Wir nehmen nicht alle Möglichkeiten wahr, um zur DDR richtig Stellung zu nehmen, so wie es dem Charakter der Zeitung entsprechen könnte. Wir sollten in einer anderen Art und Weise über die DDR und auch über Mängel, die es in der DDR gibt, schreiben.

Klaus:
Ich glaube, der schnodderige Ton gegenüber der DDR, die Ironie gegenüber der DDR, das ist es, was wir ändern müßten.

Nach weiteren Ausführungen R.s über die Art und Weise, wie man über die DDR schreiben könnte, erwiderte Klaus:

Also dann schreiben wir ganz offen über die DDR und nehmen zur DDR in unserer Zeitung einen klaren marxistischen Standpunkt ein.

Richard:
So habe ich das nicht dargelegt. Ich denke, wir halten fest:

1. Die Artikel etwas zu entschärfen, in einem anderen Ton zu schreiben
2. Die endgültige prinzipielle Entscheidung in dieser Frage verschieben wir auf die nächste Zusammenkunft

Ich möchte noch einmal darauf hinweisen, daß wir alle Möglichkeiten, über die DDR zu schreiben, ausnutzen sollten und nicht so einseitig Stellung nehmen sollten.

Klaus:
Wir haben jetzt auch genug Anti-Ost-Artikel gebracht. In der Januarausgabe werden wir vorerst keine bringen.«[59]

Ein Leitartikel in KONKRET genügt nicht

Und noch ein anderes Thema wird an diesem Wochenende heftig diskutiert: die Bewaffnung der Bundesrepublik, das Thema Atomwaffen. Im April 1957 hatten 18 Atomwissenschaftler eine sogenannte »Göttinger Erklärung« herausgegeben, in der sich die Wissenschaftler, darunter vier Nobelpreisträger, vehement gegen die atomare Aufrüstung der Bundesrepublik aussprachen. Unter diesen waren Carl Friedrich von Weizsäcker, Max Born, Otto Hahn und Werner Heisenberg. Einige von diesen hatten im Zweiten Weltkrieg zum Teil selbst an der Entwicklung der Atombombe mitgewirkt.

In Ostberlin will man wissen, inwieweit von den Studenten in Westdeutschland ein Protest gegen die atomare Aufrüstung zu erwarten sei und wie Klaus Röhl die Lage einschätzt.

»Studentenprotokoll 14.12.1957

I.
Zu 1.) Klaus:
(Atomrüstung und Raketenbasen)

Ich fragte W., ist eine Initiative vom VDS zu erwarten zur Atomrüstung und den Raketenbasen, und bezog mich auf die Aufforderung des Japanischen Studentenverbandes. W. sagte dazu, das sei noch nicht akut. Er lehnte es nicht völlig ab, aber im Moment sei es noch nicht möglich.

[…] Ich habe in mehreren Leitartikeln versucht, eine Verbindung herzustellen zwischen den Interessen der Studentenschaft und der Atomrüstung. Ich sage: Die Physikstudenten und die wissenschaftlichen Studenten sind unmittelbar an der Vorbereitung beteiligt und nehmen daher eine verantwortliche Stellung ein, wie die Atomforscher selbst. Die Atomforscher haben sich darauf berufen, daß sie die Pflicht haben zu warnen, und wiesen darauf hin, daß sie sich nicht beteiligen wollen. Eine ähnliche Verbindung muß man auch dem VDS beibringen.

Ich sprach davon, daß es schwierig ist, eine direkte Verbindung zu schaffen zwischen Studentenschaft und Atom- und Raketenfragen. Es wäre ein Erfolg, wenn die deutsche Studentenschaft eine ähnliche Sache wie die ›Göttinger 18‹ machen würde. Das ist bisher nicht drin, ist aber durchaus möglich. […]

Ein Leitartikel in KONKRET genügt nicht. Wo erwarte ich den Aufhänger? Nicht früher als von der Januar-Tagung der ›Göttinger 18‹. Wenn die Göttinger Sache im Januar stattfindet, dann müssen wir eine Initiative mit einem Professor ergreifen.
[…]

Richard:
[…]

II. Die politischen Hauptfragen für die Zeitung
1.) Die politische Hauptfrage ist der Kampf um den Frieden
  a) gegen Atomkrieg und Verbot der Massenvernichtungsmittel und ihrer Erprobung
  b) Schaffung einer kernwaffenfreien Zone in Mitteleuropa
  c) Verzicht beider deutscher Staaten auf Herstellung und Lagerung von Atomwaffen auf deutschem Boden und die Ausrüstung ihrer Streitkräfte mit Atomwaffen

Die Auseinandersetzung über diese Frage nimmt ständig zu. Dieses ganze Problem muß sich in der Zeitung noch mehr widerspiegeln. Jedoch in einer vielseitigeren Art und Weise. Wir halten es für richtig, daß dazu in den verschiedensten Artikeln Stellung genommen wird. In jeder Nummer müssen sich diese Fragen in anderer Weise widerspiegeln.

Welche Möglichkeiten gibt es:
1. In den Leitartikeln Stellung nehmen und vom Standpunkt der Haltung des VDS und vergangener Beschlüsse.
2. Vom Standpunkt der Gegenüberstellung der Standpunkte der UdSSR, USA und Bundesrepublik.
3. Vorschlag Polens auf atomwaffenfreie Zone von verschiedenen Gesichtspunkten aus behandelt, z. B. vom Standpunkt der Sicherheit für die Bundesrepublik.
4. Vom Standpunkt der Moral eines Wissenschaftlers, für den es nicht zulässig ist, an der Herstellung von Atomwaffen mitzuarbeiten.
5. Behandlung dieser Fragen vom militärpolitischen Standpunkt aus.

<u>Klaus:</u>
Wir könnten versuchen, ein Gespräch mit Weizsäcker, Born oder Heisenberg zu erhalten. Wir können aber auch Interviews mit einem Atomwissenschaftler aus Ost- und einem aus Westdeutschland bringen.

<u>Richard:</u>
Bei allen Veröffentlichungen immer überlegen, welche Argumentation man bringen kann gegen die Argumente von Adenauer und Strauß. Es gibt doch die Möglichkeit darzulegen, wie die Haltung der Gewerkschaft, des Papstes, der SPD, von Strauß ist […] und wenn möglich, vielleicht kann man das aus einer bürgerlichen Zeitung herausgreifen, auch die Haltung der KPD veröffentlichen. Außerdem könntet Ihr die Stellungen der verschiedenen Jugend- und Studentenorganisationen zu diesem Problem behandeln. Das Beispiel Japan war sehr gut gebracht.

<u>Klaus:</u> Beim SDS gab es bei der letzten Tagung nicht einen Beschluß zur Frage der Atomwaffen.«[60]

Im Dezember 1957 beschlossen die Regierungschefs der NATO-Mitgliedsstaaten, die westeuropäischen Armeen mit Mittelstreckenraketen und Atomsprengköpfen auszurüsten. Die gleichgültige Haltung der Studentenschaft und insbesondere des SDS gegenüber der Bewaffnung der Bundesrepublik sollte sich bald ändern.

3. Ulrike Marie Meinhof

Ulrike Marie Meinhof betritt die politische Bühne

An einem Abend im Februar 1958 sitzt eine brav aussehende, unauffällig gekleidete Frau im Sitzungsraum des SDS, des Sozialistischen Deutschen Studentenbundes, damals die studentische Jugendorganisation der SPD, an der Universität in Münster und erhebt gegen Ende der Sitzung zum ersten Mal ihre Stimme. Sie fragt: »Wer hilft mir, in Münster einen Arbeitskreis für ein kernwaffenfreies Deutschland zu gründen? Diese Ausschüsse gegen atomare Bewaffnung gibt es schon an mehreren Universitäten.«[1]

Die Studentin der Kunstgeschichte Ulrike Meinhof, 23 Jahre alt, war erst vor wenigen Wochen von der Uni Wuppertal (davor Marburg) an die Hochschule Münster gewechselt und kannte folglich noch fast niemanden unter ihren Mitstudenten. Es melden sich trotzdem gleich sechs Kommilitonen, die bei ihrem Arbeitskreis mitwirken wollen. Einer von ihnen ist Jürgen Seifert, SDS-Mitglied, der später Professor für Geschichte in Hannover wird. Jürgen Seifert, Ulrike Meinhof und eine Handvoll anderer gründen den ›Studentischen Arbeitskreis für ein kernwaffenfreies Deutschland, Münster‹.

Ulrike Meinhof ist von jetzt an fast täglich mit Jürgen Seifert, mit dem sie eine sachliche, freundschaftliche Arbeitsbeziehung verbindet, mit der Vorbereitung eines Anti-Atomblättchens und dem Aufbau einer Mahnwache in Münster beschäftigt und vernachlässigt über die Tätigkeit in dem Anti-Atom-Ausschuß, in dem sie zur Vorsitzenden gewählt wird, nicht nur ihr Studium, sondern auch ihren Verlobten, den Physikstudenten Lothar Wallek, der in Marburg geblieben war.

Wallek wollte Wissenschaftler werden und schrieb in dieser Zeit gerade an einer Arbeit über ein atomphysikalisches Thema. Zwar hatte er, den Erzählungen Renate Riemecks zufolge, nichts dagegen, daß sich Ulrike Meinhof gegen die atomare Aufrüstung positionierte, mochte sich aber nicht in gleicher Weise politisch engagieren. Wie sich Ulrike Meinhof in dieser Zeit fühlte und worum es ihr bei ihrem Engagement ging, zeigen Briefe, die sie in diesen Monaten an eine ältere Bekannte, Frau Dr. Elisabeth Heimpel in Göttingen, schrieb, die ebenfalls gegen die Atomrüstung engagiert war. Ulrike Meinhof an Elisabeth Heimpel am 17. Mai 1958:

»Jetzt komme ich seit einer Woche das erste Mal wieder zum Verschnaufen. Da will ich diese Pause nutzen, um Ihnen für Ihre Karte zu danken und Ihnen zu erzählen, daß wir ›soweit‹ sind, d. h., am 20ten findet der Schweigemarsch statt, also am gleichen Tag wie bei Ihnen und 8 anderen Universitäten. Ich habe einen ausgesprochen netten und für meine Vorstellung wirklich bewundernswerten Kreis zusammenbekommen. Jetzt reißen uns zwar abwechselnd die Nerven, aber in den Pfingstferien wird Zeit und Ruhe sein zum Schlafen und Essen. Man hat uns schließlich viele Schwierigkeiten gemacht. Vor allem hat uns ein Senatsbeschluß alle Tore der Universität verschlossen, so daß wir Flugblätter nur auf der Straße verteilen dürfen und uns auf dem Universitätsgelände nicht versammeln dürfen. Daß uns das Studentenparlament nicht unterstützen würde, war schon vorher klar. Wir haben auch die Gewerkschaftsjugend nicht aktivieren können, da der zuständige Sekretär CDU ist. Aber wir laden die Bevölkerung durch 20 000 Flugblätter ein und kleben 100 Plakate in der Stadt (die Fotomontage von Leo Weismantel). Und da sind wir um die Beteiligung nicht besorgt. […] Wissen Sie, daß der Verfassungsschutz den Frankfurter Studenten die Buden schon durchsucht hat? Aber ich glaube, was wir jetzt tun, ist wirksamer als diese Störungen. Es ist halt unangenehm, man hat auch Manschetten davor, aber im Grunde bestätigt es einen in der Auffassung, daß es halt dringend nötig ist, was wir tun.«[2]

Am 20. Mai 1958 hält Ulrike Meinhof in Münster vor 1200 Menschen ihre erste öffentliche Rede gegen die atomare Bewaffnung, die ihr großen Beifall und ein Foto in der Presse einbringt. Am 27. Mai 1958 schrieb Ulrike Meinhof darüber an Heimpel:

»Von Herzen Dank für Ihren Brief mit dem ›Einverständnis‹ zu meinem Flugblatt. Da habe ich mich freilich sehr gefreut. Es hat hier ziemlich Staub aufgewirbelt, besonders daß gleich darauf das Flugblatt zum Schweigemarsch rauskam und die LDH sich organisatorisch und auch moralisch überfahren fühlte. Das war wohl unser Glück. Auf diese Weise hatten wir weder bei der Kundgebung (mit ca. 1200 Menschen) und dem Schweigemarsch (ca. 550) Störungen. Wir hatten mit argen Dingen gerechnet. Leute, die hier in Münster politisch Erfahrung haben (SPD, IDK usw.), meinten, wir hätten eine hervorragend gute Beteiligung gehabt. […] Ich finde es unglaublich, daß politische Information im Rahmen der Universität verboten ist. Und wenn wir einen Schaukasten bekommen, dann halte ich es für dringend notwendig, daß dort manches bekanntgemacht wird, was Bundesregierung und die Presse verschweigen.«

Jürgen Seifert stand damals bei der Kundgebung mit Ulrike Meinhof zusammen auf der Tribüne. Später wird er sagen, daß ihm an diesem Tag zum ersten Mal der Gedanke kam: »eine neue Rosa Luxemburg«.[3] Knapp 20 Jahre später wird am 14. Mai 1976 auf der Beerdigung Ulrike Meinhofs ein Telegramm des Schriftstellers Erich Fried vor mehreren Tausend Menschen verlesen, in dem Fried Ulrike Meinhof als »größte deutsche Frau seit Rosa Luxemburg«[4] bezeichnet. Wer war diese junge Frau, die von Jürgen Seifert derartig gewichtig wahrgenommen wurde und die ihn und später auch andere zu dem Vergleich mit Rosa Luxemburg inspirierte? Woher kam Ulrike Meinhof?

Die Familie Meinhof

Gern wird in Biographien berichtet, Ulrike Meinhof entstammte einem asketisch-rigiden evangelischen Pfarrhaus. Diese Legende wurde zu einem festen Baustein ihres ›Mythos‹. Sowohl Klaus Rainer Röhl als auch Stefan Aust, heute Chefredakteur des *Spiegels,* und viele andere wie der Tanztheatermacher Johann Kresnik oder der Journalist Mario Krebs haben im Laufe der Jahrzehnte mit Veröffentlichungen zu einer Legendenbildung beigetragen, die zur Grundlage der gängigen Vorstellung wurde, daß ein streng christliches Elternhaus mit dazu beigetragen hätte, daß diese »begabte junge Frau« in einen fanatischen Moralismus und schließlich in den Terrorismus abgeglitten sei.

Tatsächlich aber war es anders. Ulrikes Vater Dr. Werner Meinhof hatte Kunst studiert, war Museumsdirektor in Jena und Dozent für Kunstgeschichte in Weimar. Die Mutter Dr. Ingeborg Meinhof geb. Guthardt hatte

Philologie studiert und war Lehrerin für Geschichte und Geographie. Ulrike Meinhof stammte also aus einem bürgerlich-konservativen Elternhaus, in dem es liberal und modern zuging. Nicht Ulrike, sondern ihr Vater Werner Meinhof wuchs in einem Pfarrhaus auf, und dieses war weder asketisch noch etwa hermetisch von der Welt abgeschottet.

Der Vater von Ulrike Meinhofs Vater Werner war der Familienpatriarch Johannes Meinhof (1859–1947), Sohn des Landpfarrers Friedrich Meinhof (1800–1888), dessen Vorfahren wiederum zumeist Landpfarrer gewesen waren. Der Landpfarrer Friedrich Meinhof verbrachte einen wesentlichen Teil seiner Pfarrtätigkeit in einer kargen Gegend in unmittelbarer Nähe zur Ostseeküste, in dem 600-Seelen-Ort Barzwitz in Hinterpommern (heute Polen), wo er sich mit Mägden und Knechten eine eigene Landwirtschaft aufbaute und so seinen zwölf Kindern eine akademische Ausbildung finanzieren konnte. Sie wurden Lehrer, Ärzte und wiederum Pfarrer. Ein Sohn wurde in Hamburg-St. Pauli auf der Großen Freiheit zum Spieler und wanderte nach Amerika aus. Ulrikes Großvater Johannes Meinhof war der jüngste Sohn von Friedrich Meinhof, den dieser mit seiner dritten Frau Clara gezeugt hatte: als drittes Kind des dritten »Nestes«. Von Askese und Fanatismus findet man weder in den Memoiren meines Urgroßvaters Johannes noch in den Briefen meines Ururgroßvaters Friedrich Meinhof an seine dritte Braut Clara, die er in diesen Briefen heiß und begehrlich umwirbt, auch nur den geringsten Hauch. Im Gegenteil. Im Pfarrhaus in Barzwitz – das Pfarrhaus und die Kirche stehen noch, es wohnt und arbeitet heute dort ein katholischer polnischer Pfarrer – ging es noch bäurisch und urwüchsig zu. Johannes Meinhof erlebte eine Jugend mit vielen Geschwistern und Halbgeschwistern als ein mit Kindermädchen und Köchin bedachter Pfarrerssohn zwischen Ställen und Wiesen und bei den Fischern am Meer, die ein breites Pommersches Platt sprachen. Später wird er diese Zeit unter der Kapitelüberschrift »Heimatgewalt« in seinen Memoiren als eine der schönsten Zeiten seines Lebens preisen, als glückliche und wilde Kindheit auf dem Land.

Wichtig waren den Meinhofs weniger religiöse als vielmehr klassische preußische Tugenden. Dabei führten sowohl Pfarrer Friedrich als auch dessen Sohn Pfarrer Johannes Meinhof jeweils ein durchaus weltliches Leben. Sie heirateten mehrfach, hatten viele Kinder und standen einem großen, bürgerlichen Haushalt vor. Sie achteten auf Ämter und Titel und beschwerten sich durchaus über das Leben, wenn es ihnen einmal zu karg war. Die Meinhofs waren keine Wanderprediger oder sonstigen Sektierer, sondern bodenständige etablierte Pfarrer, die in ganz Deutschland Beziehungen zu anderen Pfarrfamilien und akademischen Kreisen unterhielten, in einigen Fällen Kontakte zu ›höheren‹ Kreisen und in einem Fall sogar zum Kaiser besaßen und damit ein fest verankerter Bestandteil der damaligen hierarchischen Gesellschaft waren.

Mathilde Meinhof, geb. Köstlin, die Mutter von Ulrikes Vater Werner, hatte ihren Mann Johannes Meinhof bereits als Schülerin in Halle kennengelernt. Ihr Vater Otto Köstlin war Professor der Theologie und 1870 von Stuttgart nach Halle berufen worden. Die Köstlins hatten sechs Kinder und kamen ursprünglich aus dem Schwäbischen. Johannes Meinhof, für den es schon vor seinem Studium feststand, daß er Mathilde heiraten wollte, hielt um ihre Hand an, als er seine erste Pfarrstelle bekam. Das junge Paar lebte in den ersten Jahren seiner Ehe in den entlegensten Dörfern Hinterpommerns, wo Johannes Meinhof als Pfarrer bestallt war. Zwischen 1885 und 1901 brachte Mathilde Meinhof, geborene Köstlin, zehn Kinder zur Welt. Das jüngste davon ist Ulrikes Vater Werner Meinhof.

Über Mathilde war Werner Meinhof nun mit einem ganzen Stammbaum noch stattlicherer Vorfahren von Theologen, Bürgermeistern, Ärzten und Professoren verwandt, als es seine eigene Sippe war. Zum Stolze der Familie wurden über die namhaften Akademiker-Ahnen etliche Stammbücher geführt, die bis tief ins Mittelalter reichen und auf die sich die Familie Meinhof, die mehrfach mit der Familie Köstlin verschwägert ist, nicht wenig einbildet. Ein Vorfahre, der Bürgermeister von Ulm gewesen ist, soll den Grundstein des Ulmer Münsters gelegt haben. Besonders stolz ist man in der Familie Meinhof aber darauf, daß man über Mathilde Köstlin mit der sogenannten schwäbischen Dichter-Urmutter Regina Burghardt (1599–1669)[5] verwandt ist und somit eine Verwandtschaft mit den deutschen Dichtern Friedrich Hölderlin, Eduard Mörike, Friedrich Wilhelm Joseph von Schelling und sogar – verschwägert – mit Friedrich Schiller geltend machen durfte.

Johannes Meinhof und Mathilde Köstlin waren ein gebildetes, standesbewußtes, kaisertreues Paar. Die Kinder wurden christlich erzogen, genossen aber viele Freiheiten. Treu und menschlich – wie um seine Kinder – war Johannes Meinhof auch um seine Gemeinde bemüht. Johannes Meinhof betreute über Jahrzehnte als evangelischer Pfarrer und hochangesehener und mit allen Ehrungen ausgestatteter Superintendent in Halle die Gemeinde bis 1930 und schaltete und waltete mit ebenso gewichtiger Hand auch über seine eigene Großfamilie. Er verbrachte die letzten Jahre als rüstiger Pensionär, als den seine Enkelin Ulrike Meinhof ihn noch kennenlernte, mit seiner 25 Jahre jüngeren zweiten Frau Dora und genoß diese Jahre, in denen zahlreiche Taufen und Hochzeiten seiner zwölf Kinder und zahlreichen Enkel und Urenkel gefeiert wurden, die er zumeist selber als Pfarrer vornahm. Bis ins hohe Alter reiste er noch mit der Eisenbahn durch ganz Deutschland und erfreute sich trotz vieler familiärer Verluste während des Krieges bis zu seinem Tod 1947 eines erfüllten Lebens.

Carl Meinhof, der zwei Jahre ältere Bruder von Johannes, machte sich dagegen einen Namen als Forscher, Gelehrter und Universitätsprofessor und brachte es sogar zu einem Eintrag in die Encyclopaedia Britannica. Durch seine Tätigkeit als Lehrer auf einem Rittergut in Hinterpommern, wo er in der Nähe von Rügenwalde zunächst auch Pfarrer war, traf er auf einen afrikanischen Jungen, dem er Deutsch beibringen sollte. Diese Lehrtätigkeit brachte ihn dazu, sich mit Philologie und afrikanischen Sprachen zu beschäftigen. Seine guten Beziehungen zum Hof ermöglichten es ihm, protegiert von Kaiser Wilhelm II., eine Reise nach Ostafrika zu machen. 1909 ging er an die Universität in Berlin und wurde Professor für afrikanische Sprachen. Schließlich wechselte Carl Meinhof nach Hamburg, wo er als Ordinarius das Kolonialinstitut leitete und unzählige Bücher über die Bantu- und Hottentottensprachen schrieb. Er war der erste Forscher in Deutschland, der die gesprochenen afrikanischen Sprachen wissenschaftlich aufarbeitete. Er gründet in Hamburg an der Universität den weltweit ersten Lehrstuhl für Afrikanistik, wird Ehrendoktor in London, bereist Irland, Amsterdam, Konstantinopel, die Dardanellen und immer wieder Afrika; er ist intensiv in der Missionsarbeit tätig, schreibt darüber Bücher und wird an der Hamburger Uni der zwanziger und dreißiger Jahre zum bedeutendsten Afrikaforscher Europas. Selbst Kaiser Wilhelm, der die Arbeit des Professors in einer Zeit, da der Kolonialismus Staatsthema ist, schätzt, besucht in Hamburg seine Seminare. Auch das theologische Seminar, das heute noch in der Sedanstraße residiert, wurde von Carl Meinhof gegründet. Beim Tod des Bürgermeisters und Gründers der Universität Hamburg, Werner von Melle, hielt Carl Meinhof die Grabrede. Carl Meinhof wird erst 1936 mit knapp 80 Jahren emeritiert. Er bleibt bis 1943 in Hamburg freischaffend tätig, bis seine Wohnung in der Benneckestraße (heute der Campus der Hamburger Universität) mitsamt seiner wertvollen umfangreichen Bibliothek bei der Bombardierung Hamburgs durch die Engländer zerstört wird. Carl Meinhof, der bedeutendste Sproß der Meinhof-Sippe, starb 1944 in Greifswald.

Ob er in seinem aufregenden Leben für Wissenschaft und Forschung jemals Zeit hatte, seine eigenen zwölf Kinder auch nur zu sehen, bleibt zu bezweifeln. Fakt ist jedoch, daß er eine ebenso große Familie hinterließ wie sein Bruder Johannes, so daß die Familie Meinhof, die bis heute intensiv Ahnenforschung betreibt, inzwischen Hunderte von Nachkommen erfaßt hat, die sich mit einem gewissen Pfarrer Friedrich Meinhof in Barzwitz an der Ostsee verbunden fühlen und sich bis heute im Kauderwelsch der Namen und Namensvettern darüber unterhalten, aus welchem der verschiedenen »Nester« sie denn nun abstammen. Einer dieser Vettern 2. Grades von Ulrike Meinhof war übrigens Pfarrer Heinrich Albertz (1915–1993), der in den sechziger Jahren Bürgermeister von Berlin und Regierender Bürgermeister als Nachfolger von Willy Brandt gewesen ist. Seine Mutter Elisabeth Albertz, geb. Meinhof, stammte in direkter Linie aus dem »1. Nest« des Pfarrers Friedrich Meinhof in Barzwitz.

1994 entdeckte ich auf einem Familienfest der Meinhofs zum Gedenken an Johannes Meinhof etwas, das mir bis dahin, da ich vorher kaum mit Meinhof-Verwandten zu tun gehabt hatte, nicht bekannt gewesen war: In der großen Meinhof-Sippe gibt es außer meiner Schwester und mir noch viele andere Zwillingspaare in allen Generationen, von denen ich inzwischen einige kennengelernt habe. Bei den Meinhofs, so heißt es, gebe es halt eine Veranlagung zu Zwillingen.

Ingeborg Guthardt und Werner Meinhof

Ulrike Meinhofs Vater Werner war im Gegensatz zu seinem eigenen Vater Johannes ein echtes Hallenser Stadtkind – ohne »Heimatgewalt«, ohne Ostsee, ohne Pommersches Platt und Bauernhof, und das letzte Kind aus dem »1. Nest« der ersten Ehefrau Mathilde Köstlin.

Werner Meinhof, 1901 in Halle an der Saale geboren, war erst sieben Jahre alt, als 1908 seine Mutter starb. Die neue Frau des Vaters, die 25jährige Dora Schmitz, die Johannes Meinhof zwei Jahre nach dem Tod der ersten Frau heiratete, wurde schnell von den Kindern des »1. Nestes« anerkannt und »Mutterchen« genannt und bekam noch zwei eigene Söhne, die Halbgeschwister Friedrich und Hans-Christfried, um die sie sich kümmern mußte.

Werner Meinhofs ältere Geschwister – Hans (Pastor, gefallen im Ersten Weltkrieg), Claire (heiratet den Pastor Martin Giese, vier Kinder), Heinrich (heiratet Maria Gabriel, wird Arzt, sechs Kinder), Tilla (heiratet den Pastor Johannes Hübner, sechs Kinder, unter diesen die Fotografin Heidi Leonhardt), Käthe (wird Missionarin in China, wo sie Tschiang Kai-schek kennenlernt), Julius (als Kind an einer Krankheit gestorben), Hanna (heiratet den Arzt Wilhelm Mundle, fünf Kinder), Dorothee (heiratet Eberhard Stammler, Professor der Philosophie) und Walter (heiratet Carla Jordan, wird Arzt) – bildeten zusammen einen großen Meinhof-Clan, eine ganze Tanten- und Onkelschar für Ulrike Meinhof, von denen ich auch später noch die eine oder andere ältere Dame kennenlernte. Die meisten von ihnen hatten wiederum zahlreiche Kinder, so daß meine Mutter mit einem ganzen Heer von Cousinen und Cousins ausgestattet war. Eine große, höchst bürgerliche Familie, über die Ulrike Meinhof später einmal im Gefängnis an ihre Tante Tilla schrieb: »Ich bin zwar *die* Meinhof, aber ganz bestimmt nicht *ne* Meinhof.«[6]

Werner Meinhof, Ulrikes Vater, brach das Gymnasium vermutlich in Auflehnung gegen die sehr dominante Persönlichkeit seines Vaters Johannes ab und schlug sich auf eigene Faust durchs Leben. Er verdingte sich als Hilfsarbeiter in Hamburg, wo er in Kontakt zu seinem Onkel Carl Meinhof stand, und machte schließlich eine Schlosserlehre. Später reute ihn der Schulabbruch, und er absolvierte in Osterburg in der Altmark eine Fachausbildung zum Lehrer, die er 1923 mit 22 Jahren bestand. Während seiner Lehrerausbildung unterrichtet Werner Meinhof bereits am Gymnasium und lernt dort ein hübsches blondes Mädchen kennen: Ingeborg Guthardt, damals 14 Jahre alt. Der angehende Lehrer und die Schülerin verlieben sich ineinander. Es ist eine platonische und natürlich verbotene Liebe. Werner Meinhof beschließt, seine Ausbildung zu Ende zu machen und dann wiederzukommen, um Ingeborg zu heiraten.

Tatsächlich holt Werner Meinhof nach der Lehrerausbildung auch noch sein Abitur nach und studiert an der Universität in Halle Kunstgeschichte, Pädagogik und Philosophie. Seine Doktorarbeit schreibt er über ostfälische Schnitzaltäre und beginnt schließlich seine berufliche Laufbahn als Volksschullehrer in Halle. Nur kurze Zeit später, im Sommer 1927, wechselt er nach Danzig, wo er als Oberzeichenlehrer ein knappes Jahr an einem sogenannten Realgymnasium arbeitet. Gleichzeitig ist Werner Meinhof als wissenschaftlicher Mitarbeiter der Kunstsammlung Danzig beschäftigt. Ob sich Werner Meinhof je in das Neumannsche Korbwarengeschäft in der Krämergasse verirrt hat oder umgekehrt einer der Verwandten der Röhls oder Neumanns bei ihm Zeichenunterricht nahm? Eine schöne Vorstellung. 1927 jedenfalls heiratet Hansulrich Röhl seine Frida Neumann, und vielleicht ist Werner Meinhof ja unbekannterweise den beiden beim Flanieren auf der Langen Gasse begegnet.

Schon Anfang 1928 zieht Werner Meinhof wieder einmal um, diesmal nach Oldenburg in Oldenburg, wo man ihm eine Assistentenstelle im Landesmuseum angeboten hat. Als Ingeborg Guthardt mit 19 Jahren ihr Abitur in der Tasche hat, heiraten die beiden, wie es Werners Vater Johannes Meinhof stolz in seinen Memoiren vermerkt: am 28.12.28 in Halle im großen Familienkreis, wo sich Werner Meinhof, wie viele seiner Geschwister vor ihm, von seinem eigenen Vater trauen läßt. Wohl ein Zeichen der Versöhnung zwischen dem Vater und dem Sohn, der einst mit einer Schlosserlehre gegen die Akademikerfamilie rebelliert hatte. Das junge Paar zieht gemeinsam nach Oldenburg.

Im Herbst 1929 begibt sich das frisch vermählte Ehepaar auf Italienreise, die in beiden eine tiefe Liebe zu dem Land weckte, die sie später an ihre Kinder weitergeben sollten. Werner Meinhof erhält von der Stadt Oldenburg eine großzügige »Apanage«, um sich mit Muße in den schönen Künsten Italiens zu bilden. Er war an das deutsche kunsthistorische Institut in Florenz entsandt und führte dort einige Monate lang ein angenehmes Leben mit seiner jungen Frau.

Ingeborg sieht auf allen Fotos, die ich kenne, wie eine liebevolle, fröhliche und bescheidene Frau aus; sie entstammte ebenfalls einer Lehrerfamilie. Ihr Vater Johannes Guthardt war Oberstudienrat in Berlin, ihre Mutter Martha Guthardt geb. Kluge war eine im Leben stehende Schustermeistertochter, eine dunkelhaarige, lebensfrohe und lebenstüchtige Frau, der meine Mutter übrigens sehr ähnlich sah. Sie wurde »Muck« genannt. Hier bei den Guthardts wird anders als im kaisertreuen Pfarrhaus Meinhof sozialdemokratisch gedacht. Johannes Guthardt ist schon damals Mitglied der SPD, was ihn nur wenige Jahre später unter der Naziherrschaft seinen Posten als Oberstudienrat kostete.

Werner und Ingeborg Meinhof führten ein gutbürgerliches Leben und waren künstlerischen Kreisen zugewandt. Auf Fotos, die beide beim Kaffeetrinken im Garten zusammen mit der im Alter etwas üppig gewordenen Schwiegermutter Martha Guthardt zeigen, wirkt auch Werner Meinhof wie ein humorvoller, fröhlicher, im Leben stehender Mann. »Ein Bekannter aus seiner Studienzeit nennt ihn einen ›jolly good fellow‹, klug, voller Ideen und ›den Himmelsfragen weit offen‹.«[7] Beide Kinder, die Töchter Wienke, geboren 1931, und Ulrike, geboren am 7. Oktober 1934, kamen in Oldenburg zur Welt, wo die Familie bis 1936 lebte und wo Werner Meinhof inzwischen Dozent an der pädagogischen Akademie war.

Diese kleine Familienchronik zeigt, daß Ulrike Meinhof in ein Leben mit gebildeten, weltoffenen, liebevollen Eltern hineingeboren wurde, für die es eine über Generationen gepflegte Tradition war, ihre Privilegien an ihre Kinder weiterzugeben. Es war bei den Meinhofs seit Generationen eine Selbstverständlichkeit, daß Frauen studierten und ein eigenständiges Leben führten. Die von vielen Biographen und Journalisten gepflegten und lancierten Mythen, ein protestantisch-moralinsaures, rigides, nahezu lebensfeindliches Elternhaus stellte eine Ursache für den späteren Weg Ulrike Meinhofs in den Terrorismus dar, entbehren jeder sachlichen Grundlage. Wenn alle Kinder, die in derartigen, sehr gutbürgerlichen Familien mit Karrierepotential geboren werden oder aufwachsen, eine Terrorlatenz in sich trügen, wäre die Welt längst ausgebombt.

Jena

Am 1. Mai 1933 trat Ulrike Meinhofs Vater Werner Meinhof in die NSDAP ein, ein Umstand, den ich erst vor kurzem durch Unterlagen aus dem Stadtarchiv Jena erfahren habe und über dessen Hintergründe ich nichts weiß. Nur, daß dies ein auffallend früher Termin ist. Erst im Januar 1933 war Hitler an die Macht gekommen, es lag also im Mai 1933 noch kein Druck auf meinem Großvater, etwa aus beruflichen Gründen sich zur NSDAP bekennen zu ›müssen‹, wie es später viele Mitläufer als Rechtfertigung für sich in Anspruch nahmen. Werner und Ingeborg Meinhof unterhielten Kontakte zur bekennenden Kirche und hatten über Ingeborg, die aus einem SPD-Haushalt stammte, auch eine gewisse Nähe zu den Sozialdemokraten.

1936 zogen meine Großeltern nach Jena, wo Werner Meinhof die Leitung des Stadtmuseums übernahm. Die ersten Jahre von 1936 bis 1938 wohnte die Familie mit den beiden kleinen Töchtern in einer Dachgeschoßwohnung in der Straße Am Anger 15, wo auch die Fotos im Garten mit den Guthardtschen Eltern gemacht wurden. Schließlich zog die Familie an den Stadtrand in die Beethovenstraße 11. In dem efeubewachsenen Fachwerkhaus, das an einem sehr schönen Hang gelegen war, bewohnte die Familie das Erdgeschoß. Dazu gehörte wiederum ein großer Garten, in dem die Kinder spielen konnten. Die Häuser in diesem Viertel Jenas waren umgeben von blumenreichen Obstgärten.

Werner Meinhof war nicht nur als Museumsdirektor tätig, sondern auch als Dozent an der Universität Weimar, wo er Vorträge über christliche Kunst hielt. Er schrieb zudem ein sehr innerliches, künstlerisches Buch mit dem Titel *Lebendige Anschauung*[8], das einen unpolitischen, introvertierten, religiösen, aber auch selbstbewußten, nach Glück suchenden Mann offenbart. Werner Meinhof sammelte Bilder und war mit einigen Künstlern persönlich befreundet, so zum Beispiel mit Otto Dix, außerdem mit der Familie des Künstlers Franz Lenk aus dem nahen Orlamünde. Mit Lenks ältestem Sohn Thomas verband Ulrike Meinhof eine Kinderfreundschaft. Ulrike zog, davon hat sie später oft erzählt, mit einer kleinen Kinderbande umher, die im Sommer Kirschen aus den umliegenden Gärten klaute und in der sie sich als Anführerin hervortat. Überhaupt galt sie als fröhlich und draufgängerisch, ihre ältere Schwester wird als ruhiger, zurückhaltender beschrieben.

Zwischen den Eheleuten Werner und Ingeborg läuft es bei aller Liebe offenbar nicht ganz so gut. Ingeborg Meinhof hat Ende der dreißiger Jahre eine heftige Affäre mit einem anderen Mann – ein Casus, über den die leidenschaftlichen Hobbypsychologen Ulrike Meinhof und Klaus Röhl später gerne spekulieren. Im Herbst 1939 erkrankt Werner Meinhof an Bauchspeicheldrüsenkrebs. Sein Vater Johannes Meinhof fährt von Halle nach Jena, um seinem todkranken Sohn beizustehen. Am 7. Februar 1940 stirbt Werner Meinhof mit 38 Jahren. In den Zeitungen wird Dr. Werner Meinhof als »ein beliebtes Mitglied der Gemeinschaft und des Museums«, wie es in den Anzeigen heißt, betrauert. Ihm zu Ehren findet eine große Trauerfeier im Jenaer Stadtmuseum statt. Den Sarg schmückt ein Kranz mit Hakenkreuzschleife und dem Aufdruck: »Ihrem Museumsleiter Dr. phil. Werner Meinhof, die dankbare Universitätsstadt Jena«.

Ingeborg Meinhof ist beim Tod ihres Mannes 31 Jahre alt. Sie hat keine Ausbildung. Die junge Witwe erhält von der Stadt Jena ein dreijähriges Stipendium, um damit ein Studium zu finanzieren. Dazu erhält sie ein zweites Stipendium von der Opitz-Behrends-Stiftung. Ingeborg Meinhof trägt sich im Frühjahr 1940 für Philologie an der Uni Jena als Studentin ein. In den nächsten Jahren werden die Kinder Wienke und Ulrike oft für Wochen und Monate nach Halle, Berlin oder gar nach Schönau bei Berchtesgaden zu Verwandten oder in Schullandheime geschickt. Ingeborg Meinhof hat viel zu tun und will ihr Studium schaffen. Die Großeltern Guthardt, »Muck« und »Hanschen«, kommen häufig zu Besuch. »Hanschen« Guthardt darf zu dieser Zeit unter der Nazidiktatur – wegen seiner SPD-Mitgliedschaft – seinen Beruf als Schulrat nicht mehr ausüben und gerät finanziell und existentiell in eine schwierige Lage.

Renate Riemeck trifft Ulrike Meinhof

1940 lernen sich in einem Hörsaal der Universität Jena zwei Frauen kennen. Beide sind an ein und demselben Quellenbuch interessiert. Ingeborg Meinhof, noch schwarzgekleidete Witwe und jetzt im ersten Semester, nimmt das Buch an sich und verspricht, es später bei Renate Riemeck, die eine Studentenbude in der Nähe bewohnt, vorbeizubringen. Doch statt Ingeborg Meinhof kommt, so hat es Renate Riemeck mir oft erzählt, ein kleines Mädchen mit einem Rucksack die Straße hochgerannt. Es ist Ulrike Meinhof, damals kaum sechs Jahre alt, die das Buch überbringt, die Bude der burschikosen jungen Frau mit dem Herrenhaarschnitt in Augenschein nimmt und sofort drauflosplappert.

Renate Riemeck hat ihr Verhältnis zu Ulrike Meinhof als ein von Beginn an besonderes beschrieben. Eine verklärende Einschätzung, die immer wieder ungeprüft übernommen wurde. In ihrer Autobiographie beschreibt Renate Riemeck die erste Begegnung mit der »kleinen Ulrike« so:

> »Vom ersten Augenblick an hat das Kind mir eine innige Freundschaft entgegengebracht. Sie erklärte: ›Mutter, du brauchst nicht wieder zu heiraten, das kaputte Spielzeug kann auch die Renate heile machen.‹ […] Ich habe – schon aus beruflichen Gründen – viele liebenswerte Kinder kennengelernt, aber kein Kind war so anziehend, einfühlsam, draufgängerisch, keck, aber auch andächtig still wie Ulrike. Voller Mitleid mit benachteiligten Menschen, konnte sie einen mit ihrer ständigen Hilfsbereitschaft beinahe nervös machen. Aber sie hatte ja immer recht, die kleine Ulrike. Meine Beziehung zur Meinhof-Familie hat *sie* gestiftet, und was man auch immer über Ulrike sagen mag, meine herzliche Liebe zu ihr lasse ich durch niemanden und nichts antasten. Sie ist als Sechsjährige auf mich zugelaufen, als hätte sie auf mich gewartet.«[9]

Eines Tages erzählt die Studentin Renate Riemeck der kleinen Ulrike, daß sie ausziehen muß und ein neues Zimmer sucht. Ulrike kommt zu Hause bei ihrer Mutter mit der fröhlichen Ankündigung an, sie müsse nun nicht mehr jemanden für das freie Zimmer in der Wohnung suchen, da könnte jetzt Renate einziehen.

Ingeborg Meinhof, die von ihren Töchtern ehrfürchtig »Mutter« gerufen wird, freundet sich mit der zehn Jahre jüngeren Studentin Renate Riemeck an, die wie aus dem Nichts aus einer fremden Welt in ihr Leben tritt. Renate Riemeck war 20 Jahre alt, als sie zu der gut zehn Jahre älteren Witwe Ingeborg Meinhof und den beiden kleinen Töchtern in die Beethovenstraße zog.

1) V. li.: Bettina und Regine Röhl, 1962

2) Ulrike Röhl mit den Zwillingen, 1962

3) Klaus Röhl mit den Zwillingen, 1962

4) Hansulrich Röhl mit seinen drei Söhnen Wolfgang, Klaus und Peter (v. li.), 1963

5) Sitzend: Eva Millauer und Frida Röhl (v. li.).
Stehend: Ulrike Röhl, Lilo Millauer und Rosemarie Röhl (v. li.), 1963

6) Klaus Röhl mit seinen Eltern, Frida und Hansulrich Röhl, 1939

*7) Klaus Röhl mit seiner
ersten Frau Bruni, 1952*

8) Die Hamburger Studentenbühne »Die Pestbeule«.
Ganz links: Klaus Röhl, Mitte: Peggy Parnass, 1951

9) V. li.: Peter Rühmkorf, Gisela Hiepe und Klaus Röhl beim Studentenkongreß in Prag, 1957

11) Reste des zerstörten Adlon-Hotels in Ostberlin, 1959

*10) Manfred Kapluck in
den sechziger Jahren*

12) VI. Parteitag der SED: Walter Ulbricht am Rednerpult, 1963

13) Erster »Studenten-Kurier«, Mai 1955

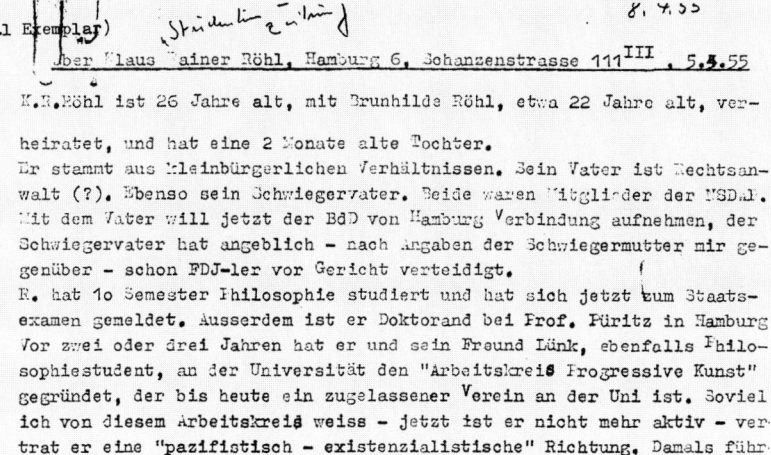

14) Akte KONKRET, Ausschnitt

15) Der Goßvater Ulrike Meinhofs, Johannes
Meinhof (Mitte), mit seinem Bruder Karl und
seiner Schwester Marie in den vierziger Jahren

16) Ingeborg und Werner Meinhof, die Eltern
von Ulrike Meinhof, in den dreißiger Jahren

17) Großfamilie Meinhof zur Hochzeit der Eltern Ulrike Meinhofs,
Ingeborg Guthardt und Werner Meinhof, ganz rechts in der zweiten Reihe von unten
Johannes Meinhof, der das Paar traute, 1928

18) Ingeborg und Werner Meinhof in Florenz, 1929

19) Ingeborg Meinhof mit ihrer Familie in der Umgebung von Jena,
vorne rechts Ulrike Meinhof, 1938

20 u. 21) Links u. oben:
Ulrike Marie Meinhof bei ihrer
Einschulung 1940 in Jena

22) Ulrike Marie Meinhof,
vier Jahre alt

*23) V. li.: Renate Riemeck, Ulrike Meinhof und Ingeborg Meinhof,
1940 in Jena*

24) Ulrike Marie Meinhof, Weihnachten 1939 in Jena

25) Ingeborg Meinhof in den vierziger Jahren

26) Ingeborg Meinhof mit Ulrike in Jena, 1941

27) Renate Riemeck in den vierziger Jahren

28) Renate Riemeck als Studentin in den vierziger Jahren in Jena

29 u. 30) Ulrike Marie Meinhof als Sechzehnjährige, 1950

31) Ulrike Meinhof als Schülerin in Oldenburg, 1949

*32) Renate Riemeck und die Abiturientin Ulrike Meinhof
in Weilburg, 1953*

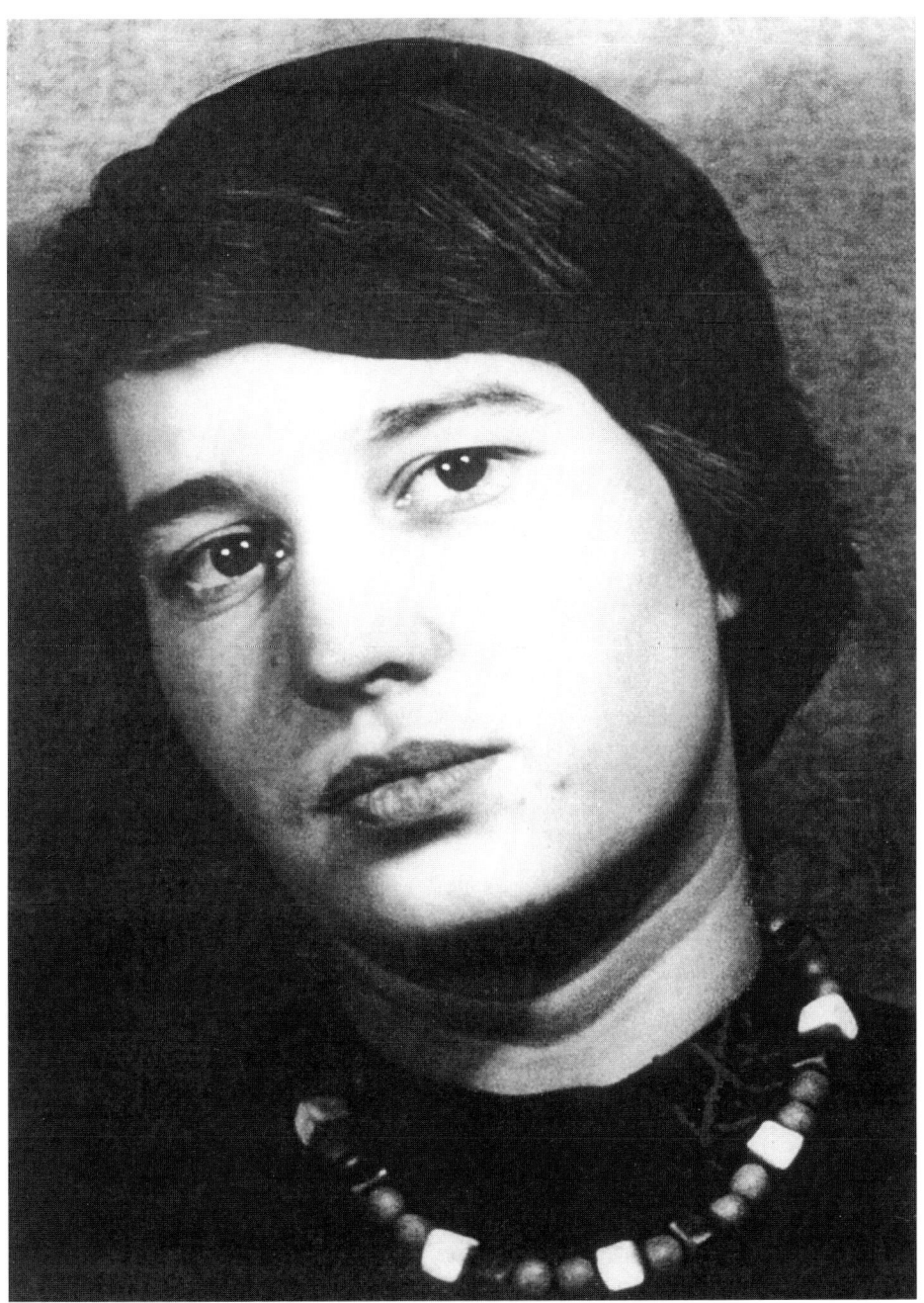

33) Die Studentin Ulrike Marie Meinhof in Münster, 1958

34 u. 35) Ulrike Meinhof und Manfred Kapluck in Caputh am See beim Federballspielen, 1959

36) Renate Riemeck bereitet eine Wahlrede für eine DFU–
Veranstaltung vor, 1961

Die beiden Frauen studierten, lernten, kochten, lebten zusammen. Bald war Renate nicht nur Ersatzvater für die Kinder, sondern auch eine Art Partnerersatz für Ingeborg. Sie wird zu einem bedeutsamen Familienmitglied und in gewisser Weise zur Schlüsselfigur für die Frauen dreier Generationen: Für Ingeborg Meinhof ist sie Lebenspartnerersatz, für Ulrike Meinhof wird sie Vaterersatz und Ziehmutter, für meine Schwester und mich ist sie jahrzehntelang eine Art Ersatzgroßvater, Ziehmutter der Mutter und Vorbild.

Wer war Renate Riemeck?

Renate war auf den ersten Blick eine frische Person mit einer damals männlich wirkenden Eigenständigkeit und einem auf den ersten Blick blendenden Selbstbewußtsein. Sie war eine besondere Frau, die zeit ihres Lebens Bewunderer anzog und es verstand, Menschen zu faszinieren. Dabei war sie niemals mütterlich, das lag ihr fern. Sie faszinierte Frauen durch Intelligenz und Bildung und ihr großes Interesse an ihnen. Aber sie begeisterte auch Männer, indem sie sich für klassisch ›männliche‹ Themen interessierte und sich auf gänzlich andere Art als andere Frauen, nämlich auf gleicher Ebene, mit älteren Professoren und Universitätsangestellten unterhielt. Gleichaltrige Männer konnten mit Renate wenig anfangen. Eine Liebesbeziehung zu einem Mann hat sie wahrscheinlich nie gehabt.

Tag und Nacht eignet sie sich Wissen an und verblüfft so immer wieder ihre Umwelt mit historischen Details, wobei Geschichtswissen ihr ebenso wichtig ist wie Geographie. Später erzählt Renate mir häufig, daß sie immer, wenn sie in ihrem Leben eine neue Stadt besuchte, zuvor viele Bücher über diese las – über Sehenswürdigkeiten, Historie und die bekannten Schriftsteller und Begebenheiten dieser Stadt – und daß sie den Stadtplan jeweils so auswendig lernte, daß ihr beim ersten Rundgang die Straßen bereits vertraut waren. Dies waren gewissermaßen Fingerübungen, mit denen sie ihre Gastgeber dann oft mit absolutem Detailwissen über deren Heimat in Staunen versetzte, zumal sie die angelesenen Geschichten anschaulich wiedergeben konnte und dies mit einer Sicherheit, als wüßte sie alles schon aus ihrem vorigen Leben.

Ihre warmen braunen Augen und sehr beweglichen Hände waren zwei ihrer Charakteristika. Mit Wärme und Klugheit nahm sie sich der Menschen an und zog sie in ihren Bann. Immer wieder fühlten sich später Schüler, Studenten, Menschen, die ihr begegneten, nach einem Gespräch mit Renate bis ins Innerste verstanden und verehrten sie. Ich kenne niemanden, der so viel und so umfangreich in seinem Leben bedient und umsorgt worden ist wie Renate Riemeck: Daß sie sich aber je selber seelisch geöffnet oder über einen Kummer geredet hätte, das gab es nicht. Sie blieb auf eine eigentümliche Art stets so dominant, daß die meisten auch über Jahre nicht merkten, daß sie eigentlich unnahbar war. So war es ihr möglich, die drei Themen, über die sie selber in ihrem Leben gar nicht oder nur rudimentär gesprochen hat – ihre Sexualität, ihr Verhältnis zum Kommunismus und ihre Herkunft –, so aus den Köpfen ihrer vielen Gesprächspartner zu verbannen, daß diese die gedankliche Verbannung nicht einmal empfanden. Um so mehr redete sie über die politische Gesinnung anderer, über die Ehen anderer und besonders gern auch über die familiäre Herkunft anderer.

Renate Riemeck hatte bei Ingeborg Meinhof und den beiden Töchtern Familienanschluß gefunden, den sie in Ermangelung einer eigenen Verwandtschaft und einer eigenen Familie, die sie nie gründen sollte, stärker zu dem ihren macht, als das normalerweise bei einer Studienbekanntschaft üblich ist. Und ihr Einfluß auf die kleine Ulrike, welche die 15 Jahre ältere Renate geradezu atemlos bewundert, wächst in dieser Zeit.

Für Renate Riemeck ist die Bekanntschaft mit der Witwe des ehemaligen Museumsdirektors in Jena von großem Vorteil. Schnell lebt Renate sich in dem bürgerlichen Haushalt ein und lernt ehemalige Arbeitskollegen und Freunde der Familie kennen, unter diesen den Maler Franz Radziwill, den schon erwähnten Otto Dix sowie die zahlreichen Mitglieder der aus Halle stammenden Meinhof-Familie, die der neuen Studienfreundin von Ingeborg jedoch skeptisch gegenüberstehen. Die Brüder und Schwestern von Werner Meinhof sind sich einig, daß da etwas »nicht stimmte« mit dieser jungen Frau, die so aussah wie ein Mann und die nun zum »Vater« von Werners und Ingeborgs Kindern geworden war. Renate Riemeck selbst erzählte mir von ihrer Begegnung mit dem Hausherrn und Patriarchen Johannes Meinhof in Halle, den sie nach ihrem Eindruck für sich einnehmen konnte. Der damals 80jährige Johannes Meinhof ist froh, daß Ingeborg Unterstützung hat, vor allem während des Krieges.

Renate Riemeck stammte aus Breslau. Sie war eine »bewegliche Schlesierin«, wie sie immer sagte, und das Produkt eines Seitensprungs ihrer Mutter. Die Tatsache, daß der leibliche Vater ein unbekannter Berliner war, wurde Renate Riemeck bis zu ihrem zwölften Lebensjahr verschwiegen. Als der vermeintliche Vater und Mann ihrer Mutter eines Tages jedoch herausbekam, daß sein Kind eigentlich das eines anderen war, kam es zur Scheidung. Renate Riemeck, die in Luxus und Reichtum in einer Breslauer Kaufmannsfamilie aufgewachsen war, zog mit ihrer Mutter daraufhin nach Plathe in Hinterpommern und lebte dort unter ärmlichen Bedingungen von einem kleinen Kolonialwarenladen, den ihre Mutter dort eröffnete.

Renate Riemeck beendete die zehnte Klasse in Plathe und schloß ihre Schulzeit auf einem Gymnasium in Stettin ab. Ihre Schulklasse wurde 1939, ohne daß Renate plausible Gründe dafür nennt, aufgelöst, weshalb der ganze Jahrgang ohne Prüfung die Matura ein halbes Jahr vor der Zeit geschenkt bekam. In öffentlicher Führungsarbeit hatte sie, wie sie mir oft stolz und zugleich kokett erzählte, bereits als Schülerin Erfahrungen gemacht. Beim nationalsozialistischen »Bund deutscher Mädel« (BDM) hatte sie als Gruppenleiterin 150 Schülerinnen betreut. Als Voraussetzung für ein Universitätsstudium mußte sie eine gemeinnützige Tätigkeit absolvieren, was Renate Riemeck, wie sie schreibt, mit dem Dienst in leitender Position im Ernährungs- und Wirtschaftsamt der Stadt Plathe hinter sich brachte. Sie ist schon früh allein und selbständig. Schließlich verläßt sie die Mutter, um ein Studium in Jena zu beginnen.

In ihrem Buch *Ich bin ein Mensch für mich* schildert Renate Riemeck das schwierige Verhältnis zu ihrer Mutter und wie es 1941 zum Bruch kam. Bei einem Besuch der Mutter in Jena lernt diese Ingeborg Meinhof und auch deren Vater Johannes Guthardt kennen. Um ihre Tochter dazu zu bringen, nach Hinterpommern zurückzukehren und sich um sie zu kümmern, droht sie damit, den Vater von Ingeborg Meinhof an die Gestapo auszuliefern – sie müsse ja nur erzählen, was dieser bei ihrem letzten Besuch in Jena über Hitler und die Nazis gesagt habe. Diese Drohung führt dazu, daß Renate Riemeck mit ihrer Mutter bricht. Die beiden sehen sich erst 1950 wieder, nachdem die Mutter aus Hinterpommern nach Schleswig-Holstein geflüchtet war. Über ihre Mutter, die 1957 starb, hat Renate in den 40 Jahren, die ich sie kannte, so gut wie nie gesprochen. Für sie stand immer die große Meinhof-Familie im Mittelpunkt. Renate war es auch, die mir die – über Mathilde Meinhof geb. Köstlin generierte – Verwandtschaft zu Hölderlin und den anderen Dichtern als meine großen Ahnen immer und immer wieder vor Augen hielt. Sie interessierte sich als Historikerin für die große Pfarrer-, Lehrer-, Ärzte- und Dichterverwandtschaft der Meinhofs und Köstlins und verstand es, viele Familiengeschichten und Anekdoten zu erzählen.

Ob meine Großmutter Ingeborg Meinhof die Nähe zu Renate Riemeck immer nur als schön und bereichernd empfunden hat – oder ob ihr diese hartnäckige Einmischung in ihr Leben und ihre Familie gelegentlich doch auch zuviel geworden ist? Ich weiß es nicht. Ich kenne nur die Erzählungen von Renate, in deren Arbeitszimmer bis zu ihrem Tod im Mai 2003 immer ein Portrait Ingeborg Meinhofs hing.

Frauenfreundschaft

20jährig schrieb sich Renate Riemeck in Jena an der Universität für Pädagogik und Geschichte ein. Sie findet im ersten Semester für verschollen gehaltene Dokumente aus dem Mittelalter und begeistert damit ihren Professor derart, daß sie qualifizierte Hilfe bei der Übersetzung der lateinischen Texte findet und bereits im siebten Semester, noch vor ihrem Staatsexamen, ihre Doktorarbeit über die von ihr gefundenen Schriften abliefert. Ihr Thema: »Mittelalterliche Ketzerbewegungen in Deutschland«. Renate Riemeck besteht kurz darauf mit 23 Jahren ihre Doktorprüfung so glanzvoll, daß sie gleich eine Stelle als Assistentin am Historischen Seminar bekommt. Auch Ingeborg Meinhof macht im selben Jahr 1943 ihren Doktor über das Thema »Das Ornament in der mittelalterlichen Kunst«.

Von ihrer eigenen Promotion sprach Renate Riemeck jahrzehntelang äußerst beredt wie von einem halben Weltwunder. Über die Promotion von Ingeborg Meinhof, eigentlich doch ihre Haushalts- und Lebenspartnerin in den schweren Kriegsjahren, konnte sie so aktiv schweigen, daß es mich sehr berührte, als ich im Laufe meiner Recherchen für dieses Buch entdeckte, daß meine Großmutter Ingeborg Meinhof 1943 nur wenige Wochen nach Renate Riemeck ihrerseits die Doktorwürde erlangt hatte. Niemals hatte Renate Riemeck diese Leistung meiner Großmutter erwähnt. Warum wohl nicht?

Renate Riemeck rühmte sich nicht nur mir gegenüber wiederholt, daß sie nach dem Einzug bei meiner Großmutter als erstes den im Hitler-Deutschland verbotenen Sender BBC einstellte. Eine ihrer Taten, mit der sie sich als politische Widerstandskämpferin, ohne jedoch diesen Ausdruck zu verwenden, in vielen Gesprächen darstellte. Auch in der Familie Röhl in Danzig hörten Hansulrich und Frida während des Krieges BBC – allerdings in getrennten Räumen, um sich nicht gegenseitig belasten zu können. Dennoch hat die Röhl-Familie niemals ein solches Gewese darum gemacht oder dies gar als Heldentat bezeichnet. Renate will, so hat sie es oft geschildert, kurz nach ihrem Einzug zu Ingeborg Meinhof gesagt haben: Jetzt haben wir gemeinsam BBC gehört, du hast mich in der Hand, und ich habe dich in der Hand. Laut Renate Riemeck sei das der Beginn der Frauenfreundschaft zu Ingeborg Meinhof gewesen.

Am 24. Juli 1943 erlebt auch Jena seinen ersten schweren Bombenangriff. In Jena hatte es vor dem Krieg eine kleine jüdische Gemeinde gegeben, deren Mitglieder während des Krieges in zwei sogenannten Judenhäusern untergebracht waren. Die meisten von ihnen wurden im Laufe des Krieges nach Theresienstadt oder in das nahegelegene KZ Buchenwald verschleppt. Viele nahmen sich das Leben. Doch Renate und Ingeborg haben davon nicht viel mitbekommen, wie Renate mir erzählte. Konkret wird das Drama der Judenverfolgung für sie, als eine Patentante von Ulrike Meinhof, die Literaturwissenschaftlerin Dr. Grete Ulrich, Anfang 1942 mit dem Zug aus Berlin nach Jena kommt. Sie trägt den gelben Davidstern. Und sie erzählt, daß sie als »Halbjüdin« oder »Dreivierteljüdin« eingeschätzt worden sei und deshalb nur noch als Packerin in einem Berliner Warenhaus arbeiten dürfe.

»Sie wollte noch einmal ihr Patenkind sehen«, sagte Renate später oft über diese Patentante von Ulrike Meinhof. Sie wollte sich »verabschieden«. Renate Riemeck erzählt in ihren Memoiren ausführlich, daß sie es sich nicht nehmen ließ, die Dame vom Bahnhof abzuholen und auf dem Weg zur Beethovenstraße neben ihr zu gehen, obwohl die Leute komisch guckten.

Wie ich diese von Renate Riemeck berichtete Darstellung bewerten sollte, war mir nie wirklich gewiß. Wenn es die Wahrheit war, wird die Patentante als bereits Verfolgte vermutlich nicht gekommen sein, um sich von ihrem Patenkind zu »verabschieden«, wie Renate es immer ausdrückte – was heißt in diesem Zusammenhang überhaupt »verabschieden«? –, als doch wohl eher, um Zuflucht oder Versteck zu finden. 1942 war die Ermordung und systematische Deportation der Juden und der anderen verfolgten Minderheiten, wie man heute weiß, bereits in vollem Gange. Das Abholen vom Bahnhof mag zwar mutig gewesen sein, eine Heldentat, die geeignet wäre, sie ständig als solche zu kolportieren, war es nicht. Die jüdische Patentante von Ulrike Meinhof wurde kurz nach ihrer Rückkehr aus Berlin verschleppt und im Konzentrationslager Theresienstadt ermordet. Anders der Fall der Jüdin Klara Grawe, einer Bekannten Renate Riemecks aus Stettin, die auf Bitten von Renate Riemeck von der Familie Borchers, guten Freunden von Ingeborg und Werner Meinhof in Oldenburg, in deren Schuhgeschäft versteckt und gerettet wurde.

Trotz der seit 1943 täglich schlimmer werdenden Bombenangriffe machen Ingeborg Meinhof und Renate Riemeck 1944 ihr Staatsexamen. Während des Fliegeralarms flüchtet die ganze Frauenfamilie mehrfach in den Luftschutzkeller. Die beiden Studentinnen haben immer ihre schwarzen Aktentaschen mit ihren Doktorarbeiten dabei. Am 19. März 1945 erreicht der Bombenterror seinen Höhepunkt. Die ganze Stadt steht nach diesem Tag in Flammen, während draußen in den Gärten schon die Schneeglöckchen blühen. Ein paar Tage später weht den Amerikanern von einem Pfeiler der zerstörten Zeisswerke ein weißes Laken entgegen. Renate Riemeck hat es, in ihre schwarze Aktentasche geknüllt, den Zeiss-Arbeitern gebracht, so schreibt sie es in ihren Erinnerungen.

Flucht in den Westen

Ingeborg und Renate haben Glück. Jena gehört zunächst zum amerikanischen Besatzungsgebiet, die Kriegswirren halten sich in Grenzen. Als Ingeborg Meinhof hört, daß Thüringen an die Russen übergeben werden soll, will sie fliehen. Die Frauen bitten um eine Ausreisegenehmigung und werden von den Amerikanern als politisch unbelastet eingestuft. Ohne entsprechende Qualifikation setzt man sie als Volksschullehrerinnen in Berneck im bayerischen Fichtelgebirge ein. Die Schulklassen sind 1945 von Flüchtlingskindern überfüllt. Es sind Kinder, die Schreckliches erlebt haben, teilweise elternlos sind, oftmals bei fremden Familien wohnen und monatelangen Bombenangriffen ausgesetzt waren. Sehr anschaulich wußte Renate Riemeck immer zu berichten, wie sie diese verängstigten Kinder in Klassen bis zu 60 Schülern mit ihrem Akkordeon und Liedern dazu brachte, zu ihr Vertrauen zu fassen. Daß Renate eine Granate als Volksschullehrerin war, habe ich immer geglaubt. Schüler und auch Studenten liebten Renate Riemeck, die das ungeheure pädagogische Talent besaß, gleichzeitig autoritär zu sein und begeistern zu können.

Gegen Ende 1945 ziehen die jungen Lehrerinnen mit Wienke und Ulrike nach Oldenburg zu Ingeborg Meinhofs alten Bekannten Regine und Otto Borchers, die sich nach einer Wohnung für Ingeborg und ihren Anhang umsehen. In der Ackerstraße 3 bekommen sie eine Wohnung in einem großen, dreistöckigen Haus, Ulrike und Wienke kehren damit in ihre Geburtsstadt zurück. Ingeborg und Renate machen in Oldenburg ihr Referendariat an der Cäcilienschule und später ihr zweites Staatsexamen. Wienke wird dort eingeschult, Ulrike, damals elf Jahre alt, kann wegen Überfüllung nicht aufgenommen werden. Sie geht auf die benachbarte katholische Liebfrauenschule, die von den Nazis geschlossen worden war und im Winter 1946 wieder eröffnet wurde. Sie gehört zu den ersten 26 Mädchen, die dort nach dem Krieg eingeschult werden. Die elfjährige Ulrike Meinhof beschreibt dort im Januar 1946 ein Bild der betenden Hände von Albrecht Dürer:

»26.1.46
Bildbeschreibung
Ich sitze vor einem Bild von Albrecht Dürer, es ist so schön, daß ich es beschreiben möchte.

Der Hintergrund ist bedeutungslos, er trägt eine fahlgraue Farbe. Aber von diesem Hintergrund heben sich 2 zum Beten gefaltete Hände ab. Man kann gut sehen, daß diese von einem älteren Mann sind, der sicher schon manche Arbeit mit den Händen getan hat. Die Adern durchziehen die Hände an vielen Stellen. Die Ärmel einer nicht sehr guten Jacke hat er umgeschlagen, und einen Teil seines schmalen und geraden Armes kann man gut erkennen. Die Hände sind ruhig und ganz locker zusammengelegt. Sie sind lang und knochig und fein. Die innere Handfläche ist sicher stark gefurcht. Man kann feine, aber schwere Arbeit für seinen Beruf rechnen, ich nehme an, daß er ein Uhrmacher oder Goldschmied ist. Die Finger sind nicht hart gebogen, nicht zackig und nicht rund. Dieses ganze Bild ist so schön und ausdrucksvoll, daß man sich nicht nach dem ganzen Menschen sehnt. Man kann sich viel von diesem männlichen Wesen denken, und das genügt.

Von Ulrike Meinhof«

Lehrkräfte wurden an allen Ecken und Enden gebraucht, und so bewirbt sich Renate Riemeck nach Beendigung ihres Referendariats an der Hochschule in Oldenburg gleich als Dozentin und wird prompt angenommen. Meine Großmutter Ingeborg bleibt zur gleichen Zeit Lehrerin an der Cäcilienschule. Sie ist anders als Renate Riemeck vom Leben erschöpft und von den Kriegsjahren gezeichnet. 1947 entdecken die Ärzte bei ihr Krebs, woraufhin sie sich einer Brustoperation unterzieht. Danach steht sie jedoch wieder auf, erholt sich und arbeitet weiterhin als Lehrerin.

Renate schrieb 1948 an Ingeborg:

»Mein liebes Ingele,

dies ist nun wohl der letzte Brief nach Norderney! Heute vor vier Jahren … Da ist uns jetzt doch viel wohler.

Also wir kommen mit 12 Kindern und 14 Großen (ohne Meinhofs und
ohne Renate) [...]. Das Wetter hat sich hier oben gebessert, wenn es
auch nicht ›strahlend schön‹ ist wie auf Norderney, laut Karte vom 19.7.
Der Kollegiumsausflug war <u>sehr nett</u>. H. scharwenzelte um mich rum,
soweit seine reckenhafte Trutzigkeit dies zuläßt. [...] Braun schrieb
heute. Er wollte einen Scheck von 200,– DM in den Brief legen, vergaß
es aber leider. – Immerhin das Geld steht in Aussicht, damit wär' der
Schreibtisch bezahlt. Ich habe zwei Lesebogen fertig. Jeder wird mit
180,– honoriert. Weitere Bogen kommen im August. Das Lehrheft *Mittelalter* bringt 900,–. Also Natchen fängt an zu spurten. Vorläufig aber
bin ich von dem maßlos anstrengenden Tag regelrecht angeschlagen und
sehne mich nach den Ferien. Heute 8–1 Einführung [...] mit 8 Dozen-
tenreferaten. 15 Uhr Einsammeln der Gelder in der Schule (für Norderney) [...]. 15.30 Uhr Übung in der Akademie bis 17 Uhr. 17 Uhr bis
19 Uhr Konferenz über die Prüfung am Donnerstag. Jetzt ist es 10 Uhr,
und ich gehe ins Bett.
[...] Ulrikchen soll nicht traurig sein. Ich schaff' es nicht, an sie zu
schreiben, aber ich bring' ihr u. Wienke was mit. Wienke kriegt eine
Blechdose, wie sie es sich gewünscht hatte. Ulrike einen Taschenkamm
mit Spiegel oder ein Taschenmesser. Hab Dich lieb. Renate«[10]

Der Tod von Ingeborg Meinhof

Ein Jahr später, im März 1949, stirbt Ingeborg Meinhof unerwartet an einer
Grippe. Sie hinterläßt zwei Waisenkinder: die damals 17jährige Wienke und
die 14jährige Ulrike Meinhof.

Renate Riemeck schrieb zwei Jahre später ihre Gefühle und Gedanken zu
den letzten Tagen des Lebens ihrer Freundin für eine Trauerfeier innerhalb
der Meinhofschen Verwandtschaft nieder:

»Die letzten Erdentage Ingeborg Meinhofs

In diesen Tagen jährt sich ein zweites Mal, daß der Tod seinen Schatten über
das Leben Ingeborg Meinhofs warf. Damals entdeckten wir mit jähem Schrek-
ken, daß auch sie von der tückischen Krankheit befallen war, die Werner mit
aller Bitternis des Leidens durchkostet hat, ehe er von Gott abberufen wurde.
Ihre im Mai 1947 vollzogene Krebsoperation hatte uns deutlich spüren lassen,
daß vielleicht die Jahre ihres Lebens rasch gezählt sein könnten. [...]

Wir hatten alle Grippe gehabt. Aber Ingeborg war es bestimmt zu sterben. Sie legte sich am 17. Februar fieberfrei, aber mit sehr starken Rückenschmerzen zu Bett. Am gleichen Tag stand ich wieder auf. Sie konnte immer schlecht krank sein, wenn ich tätig war, und so war sie am nächsten Tag schon nicht mehr im Bett zu halten. Da sie keine Temperatur hatte und sich wieder kräftiger fühlte, hielten wir es für unbedenklich. Am gleichen Tag machten wir beiden sogar einen kleinen Spaziergang. Aber am Sonntag den 20. Februar hatte sie morgens Fieber. Sie blieb nun liegen, um nie wieder aufzustehen.

Die nächsten Tage hatte sie immerfort Fieber. Die Ärztin, die wir schon für Ulrike geholt hatten, behandelte sie. […] Sie ließ sich eine Studienreferendarin holen und besprach mit ihr, was sie die kurze Zeit, bis sie wieder in der Schule sein würde, unterrichten solle. Sie steckte voller schöner Pläne für die letzten Arbeitswochen vor Ostern, sprach mit mir ausführlich über ihre Sorgenkinder und wie sie sie durch die Versetzung bringen könnte. Gleichzeitig arbeitete sie an der Herausgabe eines sehr schönen Weihnachtsheftes, das in diesem Jahr in einer von mir im Stalling Verlag herausgegebenen Reihe erscheinen wird. Dann legte sich Wienke mit Halsschmerzen hin. Ulrike und ich saßen viel bei Ingeborg.

Wir waren fröhlich zusammen, und nicht die leiseste Ahnung der tatsächlichen Bedeutung dieses Krankenlagers beschlich unser Herz. Ich hatte viel Arbeit an der Hochschule. Wie jammert es mich, daß ich oft nur abends beim Zubettgehen glaubte, Zeit für ein Gespräch zu haben! Dann erzählte sie mir, wie sehr sie Werfels *Lied von Bernadette* beschäftigte. Sie war ganz erfüllt davon und schrieb noch zwei Tage vor ihrem Tod an ihren Vater, wie beglückt sie von diesem Buche sei. Ich las gleichzeitig Thomas Manns *Doktor Faustus,* und gegenseitig lasen wir uns immer die schönen Stellen aus unseren Büchern vor.

[…] Aber sie war sehr blaß und hatte böse Kopfschmerzen, so sehr, daß sie bat, die Ärztin zu holen. Eine genaue Untersuchung blieb jedoch ergebnislos. […] Aber ich erschrak, als ich von meinem Arbeitszimmer aus hörte, daß Ulrike an ihrem Bett ›Mitten wir im Leben sind mit dem Tod befangen‹ sang. Sie hatte es auf Wunsch der Mutter, ihr etwas zu singen, getan. Ich ging zu ihr und war beruhigt, als ich sah, daß sie ganz fröhlich dabei war […]. Als ich gegen 1 Uhr zu Bett ging, […] ging es ihr wieder sehr schlecht. […] ›Ich hab' Wienke hergeholt. Mir ist so Angst‹, sagte Ingeborg. Draußen heulte ein furchtbarer Sturm. Der Regen peitschte gegen die Fensterscheiben […]. Sie erklärte mir ihre Angst als Auswirkung der tobenden Naturgewalten auf ihren geschwächten Zustand. […] Als ich mittags wiederkam, weinte sie […]. ›Was ist der Mensch doch für eine erbärmliche Kreatur. Ich bin ja so elend!‹

Ich bettete sie in ein anderes Zimmer, in dem man den Sturm nicht so sehr empfand. Da die Ärztin in meiner Abwesenheit da gewesen war, keine ernsthaften Befürchtungen gehegt hatte und Herz- und Rippenfell-Untersuchung günstig wie immer ausgefallen war, hielt ich alles für eine Folge der heftigen Grippe. Sie ging noch selbst ins andere Zimmer.

Ich ging nachmittags zur Hochschule. Ulrike löste nun Wienke ab und saß bei der Mutter. […] Als ich abends wiederkam und sie sah, durchfuhr mich ein entsetzlicher Gedanke. Ich hatte schon oft vom hippokratischen Gesicht gelesen. Daran fühlte ich mich beim Anblick Ingeborgs erinnert, so fremd und verändert war sie anzusehen. Aber dann wischte ich den Gedanken fort. – Sie hatte den ganzen Tag nichts zu sich genommen, auch den Kakao, den die Kinder ihr bereitet hatten, hatte sie nur zur Hälfte getrunken. Ich redete ihr gut zu, aber konnte sie nicht bewegen, etwas zu essen oder zu trinken. Als ich jedoch vorschlug, Rotwein zu besorgen, da blieb sich Ingeborg ganz treu und war höchlichst erfreut. Den wollte sie! Ich ging zum Kaufmann, klopfte ihn heraus und kam mit dem Wein und einem Ei wieder. Sie war unsagbar matt, aber den Wein genoß sie so richtig mit Behagen und bedankte sich rührend dafür. ›Ich bin doch Vaters Tochter.‹

Inzwischen hatte ich Wienke zur Ärztin geschickt, damit sie Ingeborg eine Morphiumspritze für die Nacht gab. […] Danach gingen die Kinder zu Bett und kamen Gute Nacht sagen. Bei beiden Kindern bedankte sich Ingeborg für die Liebe, die sie ihr an diesem Tage erwiesen hatten. Als sie gegangen waren, sagte sie mir viel Schönes über beide Kinder. Es besorgte sie, daß sie in der Meinung, Wienke wäre ins Zimmer getreten, zu Ulrike gesagt hatte: ›Muß ich wohl sterben, wenn ich ins Krankenhaus komme?‹ Ich mußte zu Ulrike gehen und sollte das Wort abschwächen, aber Ulrike schlief schon, als ich kam. Sie hatte der Mutter Ausspruch zwar gehört, aber es wohl genauso abgewehrt wie ich.

Ich legte mich auf die Chemise, war selbst todmüde und fürchtete, daß ich vielleicht ihr Rufen nicht hören würde. […] Gegen Mitternacht begann sie schwer zu atmen. Ich war sogleich bei ihr, stützte sie auf und erschrak über ihr zerquältes Gesicht. Plötzlich dachte ich, daß es ein Asthma-Anfall wäre. Da packte mich das einzige Mal die Verzweiflung, und die Tränen liefen mir übers Gesicht. Ich konnte es nicht hindern. Ich sagte angstvoll zu ihr: ›Kind, Ingele, du hast ja Asthma!‹ Sie sah mich nur groß an und sagte nichts. Da wußte ich, daß es ihr schrecklich ergehen mußte. Denn sonst hätte sie mich durch ein Wort getröstet oder beruhigt. Ich suchte nach den Asthma-Ampullen, aber sie waren weg. In meiner Not fragte ich Ingeborg zweimal eindringlich, ob sie wisse, wo Wienke sie hingelegt habe. ›Auf meinen Schreibtisch oder bei den Gedichten.‹ Da wußte ich, daß sie gar nicht mehr ganz in der Wirklichkeit

war. ›Bei was für Gedichten sie denn liegen sollen?‹ – ›Bei den Weihnachts-
gedichten‹. Das war das letzte, was sie zusammenhängend sprach. [...] Ich
fand mit Wienkes Hilfe dann die Ampullen, gab ihr die Injektion und fragte
sie, ob ich die Ärztin holen solle. [...] Wienke fuhr los, die Ärztin rufen. Als
sie wiederkam, war die Mutter schon tot. [...] Ingeborg lag in meinem Arm,
und an ihr vollzog sich ein großer Tod. Ihr Atem ging ganz leicht. Ihr Antlitz
verklärte sich zu einer so unsagbar adligen Schönheit, daß Worte es nicht auszudrücken vermögen. Sie ging versöhnt, gehorsam und still aus dem Leben.
[...] Es war in den Stunden des Aschermittwochs (2. März). Ich blieb vor ihr
stehen und betete dankbar, daß ihr ein solcher Tod zuteil geworden war.

Dann kam Wienke. Ich schickte sie zu Ulrike, die, wach geworden, still in
ihrem Bett im anderen Zimmer lag. Nach einer Weile war ich soweit, daß ich
es den Kindern sagen konnte. Sie trugen es in wunderbar frommer Weise.
Das war für mich das zweite Gnadengeschenk dieser furchtbarsten Nacht
meines Lebens.

Die Ärztin kam dann bald, sie war fassungslos und stellte einen Herzkollaps
fest. [...] Als die Ärztin gegangen war, betete ich mit den Kindern vor der
Toten und versprach ihnen, von nun an für sie zu sorgen, als seien sie meine
Kinder. Ich sagte ihnen, daß sie mir das teuerste Erbe ihrer von mir geliebten
Mutter sind.

Dann gingen wir zu Bett. Wienke las den Beginn des Johannesevangeliums
klar, gefaßt und ruhig. Als sie zum 3. Kap., Vers 16-18 kam: ›Also hat Gott
die Welt geliebt ...‹, sagte Ulrike: ›Lies nicht weiter. Dies ist für Mutter.‹
Wir nahmen dann diese Stelle als Predigttext. Am 5. März trugen wir sie zu
Grabe.

Mütterchen Meinhof, Tante Kläre Giese, Heide und Irmela waren gekommen. Edo Osterloh hielt die Trauerandacht. [...] Ihr Sarg wurde von einer
großen Trauergemeinde begleitet. Ihre Freunde, ihre Schülerinnen, ihre Kollegen waren in großer Zahl erschienen, ihr die letzte Ehre zu erweisen. Die
Trauer der Schülerinnen war ergreifend. Von der Kirchentür bis zum offenen
Grab stand eine lebende Mauer junger Menschen, von der geliebten Lehrerin
und Freundin Abschied zu nehmen. [...] Das ist das Ende Ingeborg Meinhofs. Wir sind alle drei traurig, aber nicht verzweifelt. [...]

Renate Riemeck«

Renate Riemeck beantragt sofort für beide Kinder das Sorgerecht und wird
zur Ziehmutter der beiden Meinhof-Töchter. Sie selber ist zu diesem Zeitpunkt 29 Jahre alt. Ihr etwas kühler, aber herzlich gemeinter Spruch, den sie
den Mädchen vermittelt, lautet, sie habe sie beide »von der Stange gekauft«.

Ulrike Meinhof trug am 2. März 1949 in ihr kleines Tagebuch mit der Aufschrift »Five Year Diary« folgendes ein:

»2. März 1949
Mutter um 12.48 gestorben. Lucas 5, 1-26, Joh. 3, 16-18.

3. März 1949
In der Schule wußten sie's noch nicht. Schwester war sehr nett. Sie wisse doch, daß sie Barmherzigkeit fand.

4. März 1949
Mütterchen, Heidi und Tante Cläre sind gekommen.

5. März 1949
Mutters Beerdigung bei Edo. Die Mädchen standen Spalier.

6. März 1949
Hannschen [AdA: gemeint ist der Großvater Johannes Guthardt] kam in der Nacht ... Messe.

7. März 1949
Ich ging wieder zur Schule. Dorit ist so nett.«

Die 14jährige Ulrike Meinhof hat nun außer ihrer älteren Schwester, die bald ausziehen wird, nur noch Renate Riemeck. Sie bewundert Renate, die scheinbar nichts erschüttern kann und die unbeirrbar ihren Weg weitergeht und unter den Hochschulkollegen gleich viele neue Freundinnen findet, sich großer Beliebtheit besonders bei den Frauen in ihrer Umgebung erfreut. Renate nimmt die Waisen bei sich auf und ist die starke Frau, die jetzt gleich für drei sorgen muß. Durch ihre Ziehmutterschaft wird sie in der Großfamilie Meinhof endgültig als »Familienmitglied« aufgenommen. Die zahlreichen Verwandten aus der Meinhof-Familie sind erleichtert, daß Renate Riemeck ihnen die Bürde abnimmt, für die beiden Mädchen zu sorgen. Schließlich haben sie selbst alle mit ihrem Schicksal zu kämpfen. Johannes Guthardt schickt noch einmal 50 Mark. Der andere Großvater, Johannes Meinhof, ist 1947 in Halle gestorben. Ulrike Meinhof wird nun die nächste und engste Vertraute Renates. Wienke geht nach Oldenburg und macht dort eine Ausbildung zur Säuglingsschwester. Ulrike Meinhof war zu dieser Zeit eine gute bis sehr gute Schülerin, die fast nur Einsen und Zweien im Zeugnis hat. In der Schule nennt man sie »Quiecke«. Bei einem späteren Klassentreffen dichtet einer über sie: »Die unterm Tisch las Kant / und ihn mit zwölf verständlich fand.«

Sehnsucht nach den Lofotfischern

In Ulrike Meinhofs Tagebuch aus dem Jahr 1949, dem einzigen Tagebuch, das ich von ihr in der großen Kiste fand, die sie nach der Trennung von Klaus Rainer Röhl 1968 bei ihrem Umzug nach Berlin auf dem Dachboden unseres Hauses in Hamburg-Blankenese zurückließ, kommt nach dem schlimmen, frühen Tod ihrer Mutter Ingeborg Meinhof ein nachdenklicher, bildungshungriger, mal trauriger und mal fröhlicher Teenager Ulrike zum Vorschein. Jeden Tag ein Satz, muß das Motto dieses Tagebuchs gelautet haben, das sie im Alter von 14 Jahren von März bis August 1949 führt. Sie liest viel. Ein Buch berührt sie besonders. Der Roman *Die Lofotfischer*[11] von Johan Bojer. Nachdem sie am Tag des Todes ihrer Mutter im März 1949 mit dem Tagebuchschreiben begonnen hatte, findet sich der nächste Eintrag im Mai 1949:

»12. Mai 1949
Blockadeaufhebung in Berlin.

29. Mai 1949
Um 10 Uhr waren wir in der Lambertikirche bei Riemer. Jes. 44 1-8. / Um 3 Uhr Goethevortrag von Renate vor Kindergärtnerinnen / Renate gab mir heute Schiller zu lesen. Das Buch über Beethoven ist hochinteressant.

30. Mai 1949
3 Uhr Geigenstunde Kayser 20 Schubert.
Renates Vorlesung Aufbruch des Bürgertums. Musik. Volksheidentstehung. Zu schwer. Hanse.

31. Mai 1949
Mathematikarbeit, gesalzen. Viel geübt. Brief an Christiane [AdA: Hübner].
Renate fuhr nach Dreibergen.

1. Juni 1949
Englischarbeit. Ich war bei Elisabeth, doll reiche Leute.

Hurra! Renate ist da aus Dreibergen. Wie schön.

3. Juni 1949
Pfingstferienanfang. Margarete [AdA: Guldan] kauft sich Sandaletten. Renate kam zurück aus Dreibergen. Abend, dolles Gewitter.

4. Juni 1949
Über Tag viel Arbeit. Schwimmen – 50 m. 28 Züge. Abend ½ 9 Uhr Wache, Schlußandacht bei Stälin.

5. Juni 1949
Morgens 9 Uhr Stälin in der Garnisonskirche. Um ¼ 4 Uhr bei Frau Kohl-schütter. Um 4 Uhr Einladung bei Hohlwegs – Post von Christiane –.

6. Juni 1949
Krank im Bett. Frisco zu Ende gelesen. Ein Mädel zwischen Land und Meer. Abends waren Richters mit W. Jörg da.

7. Juni 1949
War im Zirkus Hagenbeck. Viel geübt. Renate will aus unserem Schlafzim-mer ausziehen.

8. Juni 1949
Schulanfang. Paula Modersohn-Becker Ausstellung. Sehr schön. Sie hat mich sehr beeindruckt.

9. Juni 1949
Mutters Geburtstag. Exkursion nach: Veldeshausen, Visbeck und Sayer Meer. Erbsensuppe … Abends Schwein. Borchers waren da.

10. Juni 1949
M. L. sagt: ›Ulrike paßt nur auf, wenn es ihr paßt.‹ Auf dem Friedhof viele Blumen. Renate hat sich ein Schifferklavier gekauft.

11. Juni 1949
Fahrt nach Ahlhorn. Ausstellung der Fotos aus Ostdeutschland. In Ahlhorn, rudern, singen. Am Kamin: lösch das Feuer, ehe es ausbrennt.

12. Juni 1949
Um 7 Uhr aufstehen und rudern. Entwurf für die Goethefeier. Nachmittag baden und rudern. Am Kamin Balladen.

13. Juni 1949
4 Uhr aufstehen. Heimfahrt. In der Englischarbeit 2. Geigenstunde ›wie ein armer Irrer‹. Ostkolonisation Renates Vorlesung.

14. Juni 1949
Mal wieder was für die Schule getan. Geübt.

15. Juni 1949
Endlich klar mit Margarete. *Cabale und Liebe*. Üben von den Gedichten.

16. Juni 1949
Fronleichnam. Exkursion durch Oldenburg. Torte im Café – bei der Post. Frau von Rilke erzählt von Rilke und las vor, von ihm.

17. Juni 1949
Nicht geübt. Viel Arbeit. Früh ins Bett.

18. Juni 1949
Wochenschlußandacht. Pathetisch. Er konnte nicht singen.

19. Juni 1949
Messe bei dem Pastor von gestern. Sehr schön. Renate hat mir von Karl dem Großen was gegeben. [...]

20. Juni 1949
Um 5 ½ Aufbruch des Bürgertums. Mittelalter und Neuzeit. Objektivität und Subjektivität. Abends erklärte Renate alles oder Margarete. Gotik und Neuzeitliche Kirchen. [...]

21. Juni 1949
Lofotfischer. Wir werden vor diesen Männern ganz klein. Sie haben den Kampf aufgenommen, und sie wissen, was sie damit taten.

22. Juni 1949
Nachmittags bei Elisabeth. Sie ist allerdings nett. Abends *Lofotfischer.* Margarete besucht mich am Bett. Seltenheit.

23. Juni 1949
Nachmittag 1-mal MBK. Nett ... *Lofotfischer* durch. Es ist so schön. [...]

24. Juni 1949
Elisabeth habe ich aus den *Lofotfischern* vorgelesen. Wilhelm Tell. Abends Collegium Musicum wirklich spritzig gespielt. M. besucht mich.

25. Juni 1949
Wilhelm Tell. Französisch-Arbeit. Nanu, M. wird immer freundlicher zu mir. Ob's nen Grund hat?

26. Juni 1949
Garnisonskirche Gelsen. Spr. 9,1-10. 11 ¼ Renate Goethe Vortrag. Nachmittags spielte ich mit Renate Geige.

27. Juni 1949
Aufsatz vergessen. Englisch 3, Geigenstunde lala. Wienke kommt heim. Vergnügt und gesund. Hartmut und Irmela. ›Ulrike, bist krakbürstig!?‹

28. Juni 1949
Sportfest. 50 m Schlagball [...] Tell zu Ende.
In der Sonne gelesen. Die sieben Künste. Sommerferienbeginn.

29. Juni 1949
Karl der Große fertig. Maria Stuart. Frau Richter ist da. M. ist nicht meine Freundin. Will es gar nicht sein. Ha Fleitjepiepen [AdA: Ausdruck aus dem Roman *Die Lofotfischer*].

30. Juni 1949
Exkursion nach Hude. Torkapelle. 13. Jahrhundert. Wunderbare Wandge-
mälde. Schnitzaltar. Goetheabend. Prächtig ... [...].

1. Juli 1949
Fahrt nach Ahlhorn. Zelt. Psalm 17. *Aus dem Leben eines Taugenichts.*

2. Juli 1949
Morgenwache Jakobus 2,1-9
Bibel still lesen. Bibelarbeit: Ein frommer Mann. Nachmittags Spaziergang,
Gruppenarbeit: Apostel? Judas?

3. Juli 1949
7.15 Uhr aufstehen, baden, ½ 9 Uhr Frühstück. 10 Uhr Gottesdienst. Pe-
trus 5, 5-9 Singen. Nachmittags Spaziergang. Abends singen und spielen.

4. Juli 1949
Morgenwache: Markus 1, 13-17. Bibelarbeit: Berufung Apostelgeschichte
9,1 – 23. Abends Mathilde Wredte.

5. Juli 1949
Morgenwache: Psalm 146. Bibelarbeit. Apostelgesch. 13 u 14. Nachmittags:
Volkstänze. Abend von der China-Mission. Bibelarbeit oder Gottesfurcht.

6. Juli 1949
Morgenandacht Jeremias 7-11, Apg. 16, 12-40. Abende. Legende: der bitten-
de Christus von H. Vogeler.

7. Juli 1949
Morgenandacht: Nachmittags um 3 Uhr Miss Edwardson. Abend Matthias
Claudius.

8. Juli 1949
Morgenandacht, Psalm 26. [...] Nudelsuppe. G. H. hat mir geholfen. Danke.
Geländespiel. Er muß wachsen, ich aber muß abnehmen. [...] Nachmittags
habe ich Blaubeeren gepflückt. Um 7 Uhr Richtung Oldenburg. Endlich wieder zu Hause. Ich habe M. doch sehr lieb. Leider.

9. Juli 1949
Wienkes Geburtstag. Lambertikirche [...]. Nachmittags war Ruth da. Am
Abend waren wir auf dem Kirchhof. Hinterher Likör. W. ist 18 Jahre.

10. Juli 1949
Maria Stuart zu Ende. Beten Unsinn oder ... M. und R. arbeiten dauernd
über Bismarck. Nix Zeit. Schön, wie gut sie zusammen können.

11. Juli 1949
Masse Arbeit. Kirchhof ist alles sehr schön. Soo nen langes Reden mit M. Ob sich's gelohnt hat? Flaues Gefühl. Plappermaul.

12. Juli 1949
Wäsche. *Judenbuche*. Merkwürdig. Menschen wie überall, bloß alles schärfer, krasser dargestellt. Zum Fürchten.

16. Juli 1949
Fahrt nach Juist mit Heilsarmee im Dreitonner. Wir schlafen im Kuhstall? Abend wunderbarer Sonnenuntergang. Rot-gelbe Kugel.

17. Juli 1949
Kartoffelschälen. Tue das Gute vor Dich hin und frage nicht, was daraus wird. Tschüss.

18. Juli 1949
Was nah ist und was ferne
von Gott kommt alles her
der Strohhalm und die Sterne
das Sandkorn und das Meer
Viktoria

19. Juli 1949
Ein fröhlich Herz macht ein lustig Leben, ein betrübter Mut läßt das Gebein verdorren. Bibel. Viktoria zu Ende.

20. Juli 1949
Wer selbst ein Meister ist und sich beherrschen kann, dem ist die ganze Welt und alles untertan. Flemming.

21. Juli 1949
Novalis. *Buch der Lyrik*. S. 103. Baden bei Elbe. Wahnsinnig … Quartett. Bach, Händel, Telemann, Schütz, Krieger, Strunk … […].

22. Juli 1949
Das ist die wahre Liebe, die immer und immer sich gleich bleibt / wenn man ihr alles gewährt / wenn man ihr alles versagt. Grotehüschen führt uns baden. *Lofotfischer*. Ausfahrt und 1. Teil der Ankunft.

23. Juli 1949
Lerne von der Erde, die Du behaust, die Geduld / der Pflug zerreißt ihr Herz und sie vergibt's mit Huld.
Kochen, baden, *Lofotfischer*. Auf dem Watt das Wasser kam schnell. Draußen das rote Segel. Über mir kreischende Vögel … […].

24. Juli 1949

Alles prüfe der Mensch, sagen die Himmlischen, daß er kräftig genährt danke für alles, lern und verstehe die Freiheit aufzubrechen, wohin er will. Hölderlin, Gottesdienst Jes. 43, 1-7. Taufe. Baden. Heidi kann einem so gut helfen. Es geht einem gleich besser.

25. Juli 1949

Der Mensch erfährt, er sei auch, was er mag, ein letztes Glück von einem letzten Tag. (Goethe)

Ulrike ist lieb. Ich hab' Renate lieb. Schönes Wetter. Baden. Opfergang. *Lofotfischer*. Ich wäre verknallt. Da gehört was zu. Fleitjejungen. Nee, nie, niemals.

26. Juli 1949

Renate ist so gut. Ich danke ihr soviel. Liebe Renate. Die Buchführung vom 25. und 26. ist gemein und egoistisch. Gilt nicht, alles wird zurückgenommen.

1. August 1949

Renate und Margarete fahren nach Hannover. Ich geh' Baden mit Lieselotte und Arno. Arme Lieselotte. [...] Es ist nicht schön, allein zu sein, so allein. Keiner ist da. Ich stolpere vor mich hin. Ich denke an Mutter, an Renate, an Margarete und bin allein.

2. August 1949

Schulanfang wie immer langweilig. Nachmittags baden. Bei Eisenbarts Tisch-Tennis. Lieselotte gibt an. Abends auf dem Kirchhof. Liebe gute Mutter.

6. August 1949

Zwei Mal Post von Renate. Liebe Renate. Sehr heiß. Baden. Abends kam Ruth. Erzählte von Hannover.

7. August 1949

[...] abends baden mit W. in der Backerkuhle. Geübt mit Lust. Noch 3 Nächte und drei Tage.

9. August 1949

[...] Baden. Tante Käthe und Heidi [...] kamen, fahren abends mit Edo wieder ab. Ramsauer und Ruth waren da. Morgen Hurra Morgen.

10. August 1949

Hurra 'se sind wieder da. Tante Käthe und Heide waren da. Abends Schnaps und Wein mit Borchers. Ruth. Margaretes Geburtstag.«

Ulrike Meinhof in England

Im Herbst 1949 erhält Renate Riemeck einen Lehrauftrag in England und läßt Ulrike Meinhof ein halbes Jahr in Oldenburg allein – die Schwester Wienke ist ja bereits ausgezogen. Ulrike wird nur von der Familie Borchers und anderen Freunden und Verwandten versorgt, die gelegentlich nach ihr sehen. Eine harte Zeit für das Waisenkind Ulrike, das am 7. Oktober 1949 15 Jahre alt wird. Renate Riemeck schreibt ihr aus Birmingham:

»29.10.49

Mein liebes Ulrikchen,

heute abend im Konzert des Birminghamer Symphonieorchesters hörte ich Beethovens 8. Symphonie. Ich glaube, ich habe sie mal mit Mutter zusammen erlebt, und ich habe viel an sie gedacht. Mutter ist mir immer sehr nah, und ich glaube, es ist eine merkwürdige Tatsache, daß die Toten, die so früh von Gott Abberufenen, uns weiter durchs Leben begleiten.
Hier in England, abgeschnitten vom Festland Europa und fern von Deutschland, läßt man sehr viel ›drüben‹, ich meine, viele Dinge beginnen zu versinken. Und ich erlebe hier, was Du seit Deiner Einsegnung erfahren hast – aber Menschen, die einem lieb sind, sitzen nicht neben einem und sind doch <u>Du</u>, und ich empfinde kaum einen Unterschied zwischen Euch Lebenden und Mutter, Du weißt es am besten von allen Menschen, was Mutter mir war und <u>ist</u>.
Jetzt kann ich Dir ganz nachfühlen, was Du am 3. April erlebt hast.
Es ist wunderbar, wie sehr Mutter mich auch hier bei allem begleitet. Und weißt Du, ich bin ja so froh, daß ich Dich und Wienke habe. Was uns verbindet und immer verbinden wird, ist Mutters Segen.
Wir sind doch eine ganz unzertrennbare Gemeinschaft, fester als manche Familie zusammengehörig. Und ich danke Gott aus vollem Herzen, daß er mir Euch beide übergeben hat. Du wirst es richtig verstehen, liebe Ulrike, wenn ich Dir sage, daß Du mir besonders nahestehst, nicht weil ich Wienke etwa weniger lieb hätte, aber weil uns noch mehr miteinander verbindet als eine fast zehnjährige Gemeinschaft. Wir haben, glaube ich, Mutter am meisten von allen Menschen liebgehabt, und Mutter hat uns beide immer als besonders gut zueinander passend empfunden – in Ernst und Scherz.

Sie hat vielleicht gefühlt, daß Du mir noch einmal als besondere Aufgabe aufgetragen würdest, und hat es deshalb als eine große Fügung empfunden, daß wir beide uns immer so gut verstanden haben.
Wir wollen es beide weiter so halten, ja?
Ich freue mich schon sehr auf zu Hause.

Laß Dich lieb küssen von Deiner treuen Renate (Ersatzvater a. D.)«

Kurz nachdem Renate Riemeck zurückgekehrt ist, verhilft sie auch ihrer Ziehtochter zu einem Aufenthalt in England.

Ulrike Meinhof besucht sechs Wochen lang dieselbe Familie in Kingshill, bei der auch Renate gewohnt hat. Es ist das erste Mal, daß Ulrike Meinhof für längere Zeit alleine im Ausland ist, und dies nur ein Jahr nach dem Tod ihrer Mutter. Hin und her gerissen von Gefühlen, für und gegen Renate, für die verstorbene Mutter, für die englische Ersatzmutter Elisabeth, eine Freundin Renates, zu der sie sich hingezogen fühlt, und deren Sohn Robert, in den sie sich ein bißchen verliebt, drücken ihre Briefe sehr viel Glück, aber auch Schwierigkeiten aus. Die deutsche Dozentin Riemeck hatte offenbar mächtig Eindruck auf ihre englische Gastfamilie gemacht. Ulrike Meinhof schrieb:

»24.5.50

Meine liebe Renate!

Nun bin ich in Kingshill. Im Bett, gebadet und unendlich glücklich. Ich hätte Dir gern viel eher geschrieben, aber ich hab' es nicht geschafft.
[...] Arme, gute Renate, daß Du mir abreisen mußtest, war ganz sicher schrecklich.
Die Reise verlief ohne Schwierigkeiten. [...]
In London stand E. mit dem Auto auf dem Bahnhof. Ich habe heute 8 Mal Tee getrunken. 1 Mal im Schiff, 5 Mal in London, 1 Mal in Oxford und in Kingshill am Kamin. In London haben wir Mr. Robinson besucht. Du kennst ihn sicher. Diana ist hier. Über die Sachen haben sie sich furchtbar gefreut. Elisabeth hat die Uhr immer wieder herausgenommen und angeguckt: ›It's marvellous, wonderful‹, sie hat diese Worte ca. 20 Mal zur Uhr gesagt. Robert hat sich furchtbar über Tasche und Uhr gefreut.
Entschuldige, daß ich so durcheinander schreibe, es ist schrecklich, ich

kann nur sehr schwer deutsch schreiben, ich habe heute so unheimlich viel gesehen, gehört und manchmal gesagt. Ich verstehe beinahe alles, was gesagt wird. Sprechen tu' ich verheerend, aber die Engländer sind ja enorm höflich. Daß hier nicht gelacht wird, ist ein dolles Erlebnis für mich. Ich habe noch nie so viele und im Grunde so wenige Beklemmungen gehabt wie hier.

Im Auto habe ich 2 Mal etwas geschlafen. E. fährt allerdings herrlich. Robert ist furchtbar nett. Er spricht, glaube ich, mir zuliebe, sehr einfach, so daß ich ihn auch verstehen konnte.

Es kommt mir immer noch wie ein wunderbarer Traum vor, daß ich hier in England bin.

[…] Ich könnte Dir noch stundenlang erzählen. Stunden. Es ist hier so unheimlich schön. Ich umarme Dich. Deine Ulrike

Montag den 25.5.50

Liebe Renate,

England und Engländer kommen mir bis jetzt vor wie ein Schlaraffenland. Weniger in bezug aufs Essen, das gehört natürlich auch dazu, sondern ihre ganze formlose Form. ›Are your allright, are you comfortable?‹ Das fragen sie dauernd. Gerade eben bekam ich Deinen Brief, Renate. Es war sehr schön, daß Du immerfort an mich dachtest. Daß Du mich nicht beneidest, macht mir großen Eindruck. Es stimmt wirklich, daß es hier Dinge gibt, die schöner sind als bei uns. Der Kamin, die Sessel, die helle Wohnung, die Teppiche und die Engländer selbst […]

28.5.50

Meine liebe, gute Renate, Pfingstsonntag. Die Sonne lacht tüchtig. Gestern nachmittag hat es nur wenig geregnet, und ich mußte also malen. […] Robert mag ich furchtbar gern. So wie er hat mir noch nie ein Mann imponiert. Ich hab' ihm allerdings noch nicht erzählt, daß ich ihn bewundere, vielleicht kommt er ja auch so dahinter. Ich mag ihn richtig gern. […] Mein Englisch ist restlos verheerend. Es fehlt mir immer weniger an Vokabeln, als am Ausdruck und wie ich die Sätze bauen soll. Ich lerne jetzt jeden Tag ein Stück auswendig. Vielleicht hilft das. […] wenn ich nach 14 Tagen immer noch so stümper', das wäre doch dumm. Nun, kommt Zeit, kommt Rat. England ist wunderbar. Die Menschen sind wunderbarer. Elisabeth ist am wunderbarsten.

Du nimmst mir doch nicht übel, daß ich kein Heimweh habe? Es gibt jetzt nur noch zweierlei zu wünschen übrig: Daß Du hier bist und ich Mutter wenigstens schreiben dürfte. Aber wo es nun nicht so ist, ist es sicherlich das beste, wie es ist. Ich fände es aber doch unheimlich schön, wenn ich mal mit Dir zusammen hier sein dürfte. Laß Dich umarmen von Deiner Ulrike.

31. 5. 50

Meine liebe gute Renate, heute kam 2 Mal Post von Dir, da hab' ich mich unheimlich gefreut. [...] Daß Du mich gar nicht beneidest, finde ich rührend. Ich bin immer wieder dankbar, daß es gerade Du bist, den ich auf dieser Welt am liebsten habe. Elisabeth hat mir gerade gute Nacht gesagt. Sie fragt mich des öfteren, was ich Dir über sie schreibe. Diesmal aber meinte sie, was ich schreibe, wäre egal, ›but one thing is true, that I (E.) love Renate very much, yes, I love her very much‹. Das sollte ich Dir schreiben. E. ist sehr sehr gut zu mir. Warum und ob sie mich überhaupt gern hat, weiß ich nicht, aber eins ist, glaube ich, klar, sie ist gut zu mir, weil sie Dich lieb hat. Robert mag ich furchtbar gern. Er verwechselt dauernd Deinen und meinen Namen. Er nennt mich Renate und spricht von Dir als von Ulrike.

5. 6. 50

Meine liebe gute Renate, nun bist Du längst wieder zu Hause und gewiß am Ende Deiner Kräfte. Es ist doch verquer, daß es mir so überaus gut geht und Dir immerfort schlecht. Wenn Du doch auch hier wärest, du bist der Einzige, den ich mir hierher wünsche, der Einzige und das Einzige. Alles andere, möchte ich meinen, könnte ich missen. Dich aber könnt' ich nicht missen, das wäre mir, noch wie vor einem Jahr, eine Vorstellung, um Grund zu haben, wahnsinnig zu werden. [...]
Ich glaube, E. ärgert sich manchmal über mich, weil ich irgendwo unordentlich war oder zu langsam bin. Nun, ich denke, daß Du wohl all das in ihren Briefen hörst, die Klagen über mich. Über Deinen großen Schussel, den Du trotzdem von der Stange ›gekauft hast‹ [...].

29. 6. 50

Meine liebe, liebe Renate,

gestern abend, nach dem Theater sind wir in so ein Cafe gegangen, mit einem der Schauspieler, der mit Jordans bekannt ist. Elisabeth sagte, ›You are banquetting with high Society‹. Ich fühle mich da ja immer sehr unwohl bei, ich bin nämlich verdammt hausbacken und ungeschoren. Elisabeth versucht mir gute Manieren beizubringen. Daß man nicht immer die Hände in den Hosentaschen haben soll, daß man nicht schnell essen darf, wie man die Gabel beim Essen hält, daß man nie finster dreinschauen darf und so fort. Auch, daß mein Gang furchtbar ist und wie ich es machen muß; und daß man seine Sachen anständig hinlegt, abends. Ich wußte nicht, daß ich mich so schlecht benehme. [...] Du, ich habe Deine E. mächtig lieb! Ich weiß ja nun nicht einmal, ob ich sie in meinem Leben noch mal wieder sehe. Ich wünschte, ich würde. Aber sowenig, als England auszuwischen ist aus meinem Leben, so wenig ist es E. Es ist schade, daß es soviel Mühe macht, den Menschen was abzugucken, ich täte es von ihr. Ich hab' sie verdammt lieb. [...] Du bist davon doch nicht verärgert. Eifersüchtig bist Du ja nie, und außerdem bist Du ja sowieso <u>derjenige</u> und <u>der</u> einzige für mich.

Grüß Margarete lieb von mir. Hab Dank für die Karte ..., und daß jemand wie E. Deine Freundin ist. Von ganzem Herzen Deine Ulrike.«

Die Schülerin

Während Ulrike Meinhofs Schulzeit startet Renate Riemeck beruflich durch. Ohne sich je habilitiert zu haben, wird sie vom Kultusministerium in Hannover zur Professorin ernannt und dies auch noch in persönlicher Abwesenheit. Auch den Beamtenstatus bekommt Renate Riemeck urkundlich zuerkannt, ohne je den gleichsam begriffsnotwendigen Beameneid geleistet zu haben. Über ihre grundsätzliche Ablehnung des Berufsbeamtentums sagte sie immer: Wäre je ein Beameneid von mir gefordert worden, ich hätte ihn verweigert. Sie bekommt die Urkunde, die sie zur Beamtin macht, trotzdem zugeschickt. Nicht verweigert hat sie den empfangenen Beamtensold.

Zunächst war sie nach Braunschweig berufen worden, wo sie nur eine kleine Bude findet, weshalb sie in Oldenburg wohnen bleibt. Schließlich nahm sie eine Professur am Pädagogischen Institut in Weilburg an. Bedingung Renates war, daß die Universität ihr und Ulrike eine Wohnung zur Verfügung stellt. So zog Renate Riemeck 1952 mit Ulrike Meinhof nach Weilburg um.

Die geerbten Möbel von Werner und Ingeborg Meinhof, die vielen Bilder, die Werner Meinhof gesammelt hatte, wurden mit dem ganzen Haushalt auf einen Umzugswagen gepackt.

Renate und Ulrike fuhren mit dem vom ersten Geld gekauften VW Käfer von Oldenburg nach Weilburg: zwei junge Frauen, 18 und 32 Jahre alt, die eine noch Schülerin, die andere selbständig, intelligent, emanzipiert und finanziell unabhängig. Renate Riemeck hatte es ›geschafft‹ – und Ulrike Meinhof hatte hautnah miterlebt, wie sich Renate von einer kleinen Studentin innerhalb von zwölf Jahren zur Professorin und Staatsbeamtin mauserte. Mit der Verleihung des Professorentitels war Frau Prof. Dr. Renate Riemeck mit 32 Jahren die jüngste Professorin Deutschlands. Dies beeindruckte nicht nur Ulrike Meinhof. Die Begeisterung für das Autofahren und für das Rauchen übernimmt Ulrike Meinhof in dieser Zeit von Renate.

Ulrike Meinhof ist 19 Jahre alt, als sie in Weilburg an der Lahn ans Philippinum in die elfte Klasse eingeschult wird. Auf Bitten ihrer neuen Schule verfaßt die Schülerin Meinhof ihren ersten Lebenslauf:

»Am 7.10.1934 wurde ich, Ulrike Marie Meinhof, als Tochter Dr. Werner Meinhofs, Assistent für Kunstgeschichte am Landesmuseum in Oldenburg, und seiner Ehefrau Ingeborg Meinhof geb. Guthardt geboren. 1936 wurde mein Vater Direktor des Stadtmuseums in Jena, wohin wir im gleichen Jahr verzogen. 1940 starb mein Vater an Krebs. Da er nicht beamtet war, mußte meine Mutter (die sehr jung geheiratet hatte) sich noch einer Berufsausbildung unterziehen, um sich und ihre Kinder ernähren zu können. Sie erhielt ein Stipendium der Stadt Jena, um an der dortigen Universität studieren zu können.

Im Jahr 1941 wurde ich in der Volksschule eingeschult. In den Jahren 1941–1944 besuchte ich die Volksschule in Schönau bei Berchtesgaden, in Halle/Saale und in Berlin oder in der Neumark, wo meine Schwester und ich bei Verwandten wohnten. 1945 verließen wir Jena wegen der drohenden russischen Besatzung, und meine Mutter, die 1943 promoviert und 1944 ihr Studium abgeschlossen hatte, ging bis zur Wiedereröffnung der höheren Schulen an die Volksschule in Berneck im Fichtelgebirge. Im Frühjahr 1946 gingen wir dann zurück nach Oldenburg, wo meine Mutter ihr Referendarjahr an der dortigen Mädchenoberschule begann, während ich in ein katholisches Schwestern-Lyzeum eingeschult wurde, da die städtische Mädchenoberschule bereits überfüllt war. 1949 starb meine Mutter in Folge einer schweren Grippe, und meine Schwester und ich blieben bei Fräulein Dr. Renate Riemeck, die seit 1940 als Freundin bei uns wohnte und unsere Vormundschaft übernahm. Sie war seit 1948 Dozentin für Geschichte an der Pädagogischen Hochschule in Oldenburg. Seit Herbst 1949 wohne ich allein mit ihr zusammen, da meine Schwester in die Säuglingsschwesternausbildung ging.

Die Begegnung mit dem Katholizismus durch die katholische Schwesternschule in Oldenburg war eine große Bereicherung für mich. Wir evangelischen Schülerinnen stießen dort auf echte Toleranz in dem gemeinsamen Bewußtsein der eigentlichen Wahrheit des Christentums, und so war der Geist der Schule durch dies zugrunde liegende Anliegen sehr einheitlich. [...] Diesem Kreis von Menschen durfte ich angehören. Kennzeichnend für den Geist der katholischen Schule war, daß ich als evangelische Schülerin Schulsprecherin war. In Oldenburg war ich außerdem mitleitend an der ›Jugendfilmstunde‹ tätig und im ›Bund europäischer Jugend‹ [...].

Im Winter 1950/51 besuchte ich die Rudolf-Steiner-Schule in Wuppertal, wo mein Aufenthalt bei Verwandten [AdA: gemeint ist die Familie von Tante »Tilla« Hübner, geb. Meinhof] durch einen Auslandsaufenthalt von Renate Riemeck bedingt war. [...] Leider konnte ich mich jetzt nicht eingehender mit der Anthroposophie beschäftigen und kenne also auch die Waldorf-Pädagogik fast nur aus der Praxis. [...] Ostern 1952 mit mittlerer Reife, mußte ich, da die katholische Schwesternschule noch keine Oberstufe aufbauen konnte, auf die städtische Mädchenoberschule (Cäcilienschule) überwechseln. Im Herbst 1952 übernahm Renate Riemeck eine Professur für Pädagogik am Pädagogischen Institut Weilburg, und seit dieser Zeit besuche ich das Gymnasium Philippinum in Weilburg.

Beide Schulen haben mich durch die Eigenwilligkeit ihrer Erziehungsform aufmerksam gemacht auf die Wichtigkeit der Erziehungsfragen. Entscheidend wurden für mich jedoch die sachlichen Gespräche, die ich im Hause von Frau Riemeck hörte und die mir die Problematik der modernen Pädagogik nahebrachten. Es ist mein Wunsch, diesen Problemen tiefer nachzugehen, und ich möchte es zu meiner Lebensaufgabe machen, zu ihrer Lösung beizutragen.

Im Frühjahr 1955 hoffe ich hier meine Schulzeit mit der Reifeprüfung abzuschließen. Mein bisheriges Leben wurde entscheidend bestimmt durch den Tod meines Vaters, als ich fünf Jahre alt war, und durch die Kriegsjahre, die meine Mutter mit uns Kindern durchstand, während sie selber in der Ausbildung war. Ich war minderjährig, als sie starb und als meine Schwester und ich Zuflucht fanden bei Frau Prof. Riemeck.

Ich [...] möchte dann die Fächer Pädagogik, Psychologie und Germanistik studieren, um später in einen Lehrerberuf einzutreten. Angeregt wurde ich zu diesem Studium selbstverständlich durch Renate Riemeck, außerdem durch meine Begegnung mit der katholischen und der Waldorfer Schulpraxis; die Erziehungsaufgabe beider ist zurückzuführen auf ein weltanschaulich begründetes Menschenbild. Dies veranlaßt mich zu dem Wunsch, in die tiefere Problematik der Menschenbildung einzudringen.«

Ulrike Meinhof lebt sich, wie überall, schnell in Weilburg ein und wird akzeptiert. Sie gilt als intelligent, sozial eingestellt und besonders begabt. In einer Beurteilung über die Schülerin Ulrike Meinhof in Weilburg heißt es:

»Sie ist sehr begabt in den deutschkundlichen und neusprachlichen Fächern, weniger in den exakt-naturwissenschaftlichen; in diesen Fächern sind ihre Leistungen auch durch wiederholten Schulwechsel beeinträchtigt; sie ist aber ernsthaft bemüht, die vorhandenen Lücken auszugleichen. Sie besitzt ein zuverlässiges Gedächtnis und gute Konzentrationsfähigkeit, hat einen Blick für das Wesentliche und auch Künstlerische. Die Leistungen entsprechen ihrer fachlichen Begabung. Sie ist ein sehr klarer und sachlicher Mensch, ihr Urteil ist sicher begründet, in einwandfreier Form der Darstellung; dem Unterrichtsgespräch ist sie aufgeschlossen und lenkt es ins Ernsthafte. An geistiger und menschlicher Reife ist sie ihren Klassenkameradinnen infolge ihrer sehr harten Jugend bei weitem überlegen, menschlich unkompliziert, offen, ehrlich und schlicht. Die Klasse hat ihr sicher bald Vertrauen geschenkt. Sie spielt Geige und ist eine wesentliche Stütze des Schulorchesters. Als Betreuerin einer Unterstufenklasse hat sie sich bewährt. In Zusammenarbeit mit einem Mitschüler hat sie die Schülerzeitung begründet und herausgegeben. Sie beabsichtigt, Pädagogik, Psychologie und Germanistik zu studieren. Ihre geistigen Fähigkeiten berechtigen zu Hoffnungen.«

Es wundert in Weilburg niemanden, daß Ulrike Meinhof den Mitschülern an Lebenserfahrung und Reife voraus ist. Man weiß, daß sie die Ziehtochter von Renate Riemeck ist, die als Professorin auch am Gymnasium Vorträge hält. Ulrike Meinhof interessiert sich in diesen Jahren für Kunstgeschichte, liest mit Begeisterung Hölderlin und, angeregt durch Renate Riemeck, die ›Russen‹ Dostojewski, Tolstoi, Turgenjew. Begeistert ist sie auch von einer zehntägigen geographischen, botanischen, mythologischen und geologischen Exkursion der Pädagogischen Hochschule, an der sie, ebenfalls durch Renate angeregt, teilnimmt; sie schreibt über einen Ausflug an die Universität in ihrem Lebenslauf:

»Ich bedaure es sehr, daß ich mich in den letzten Jahren aus Zeitmangel nicht mehr so eingehend mit diesen Dingen beschäftigen konnte. Ich habe angefangen, manches zu lesen, in erster Linie Literatur und Kunstgeschichte, unter anderem sind mir die Russen des 19. Jahrhunderts wesentlich geworden.«

Ulrike Meinhofs erste Liebe

So altmodisch und sparsam Renate bei Möbeln und Kleidung für sich und Ulrike ist, so wichtig ist für Renate Riemeck nach der Anschaffung des Autos 1952 die Anschaffung eines Fernsehapparats. Sie kauft eine veritable Fernsehtruhe der Marke Deutsche Philips für 2000,– DM, damals wahrlich ein Vermögen. Die beiden jungen Frauen können so die Krönung der Königin Elisabeth II. am 2. Juni 1953 – heute immer noch auf ihrem Thron – im Fernsehen verfolgen. Die Farbübertragung der Zeremonie in alle Welt war das erste Fernsehgroßereignis auch in Deutschland.

Renate Riemeck wird fünf Semester am Pädagogischen Institut in Weilburg arbeiten und nebenbei ihre Karriere verfolgen. Vor allem in der Lehrerbildung ist sie tätig. Dann kommt ein Auftrag für eine Margarinefabrik in Weilburg hinzu. Ein Werbefachmann bittet die Professorin um die Herstellung eines bebilderten Geschichtsalbums mit großer Weltgeschichte von den alten Ägyptern bis in die Neuzeit, das den Kauf bzw. Verkauf von Margarine anregen soll. Renate Riemeck erledigt auch diesen Job mit Bravour. Schnell entstehen zwei Bände mit vielen historischen Geschichten. Die Zeichnungen dazu macht ein in Weilburg lebender und aus Leipzig stammender Graphiker namens Klaus Gelbhaar. Klaus Gelbhaar und seine Frau werden dabei zu Freunden von Renate und Ulrike. Das Ehepaar begleitet die beiden jungen Frauen zu Renates ›Kulturausflügen‹ nach Trier, Luxemburg oder Zürich, und einmal fahren die vier sogar zusammen nach Frankreich.

Ulrike sei manchmal ein stilles Kind gewesen, dann aber auch wieder sehr burschikos, spontan und lustig. Sehr spartanisch sei sie von ihrer Pflegemutter erzogen worden, die selber nie Kinder gehabt habe und so manches an dem Teenager Ulrike nicht habe verstehen können. Die beiden Frauen redeten, so die Gelbhaars, viel über die innere Einstellung. Die Einstellung sei überhaupt das Wichtigste für Ulrike gewesen. Man müsse Werte haben und sie vertreten, dieser Auffassung sei sie gewesen, erzählten die Gelbhaars.[12]

Ulrike Meinhof ist auch nach Renates Auffassung in dieser Zeit noch zu unpolitisch, zu schwärmerisch und schöngeistig. Während sich die Historikerin längst für Politik interessiert und die Bewegung um Gustav Heinemann und dessen Gründung der GVP sehr genau verfolgt, ist ihr die Pflegetochter zu »innerlich«. Ulrike Meinhof schwärmt für Hermann Hesse, den Renate Riemeck nicht leiden kann, und beschäftigt sich mit dem Christentum.

Zusammen mit Werner Link, einem Mitschüler und Pfarrerssohn, gibt Ulrike Meinhof die Schülerzeitung *Spektrum* heraus. Er ist einer der wenigen

Freunde, die sie auch zu Hause besuchen. Renate wohnt mit ihrer Ziehtochter in dieser Zeit in einer Dienstwohnung in einem Seitenflügel des Pädagogischen Instituts, und Ulrike Meinhof hat ein eigenes großes Zimmer, in dem sie sich mit Werner Link trifft und unterhält. Link empfindet sie als ein Mädchen, das ihm viel weiter zu sein scheint als die anderen, ein Mädchen, mit dem er sich nicht über Mode, sondern über Kunst und Literatur unterhalten kann. Sie raucht Zigaretten und sogar Pfeife und wirkt sehr intellektuell auf ihn, dabei durchaus auch charmant und weiblich. Stundenlang kann er mit ihr diskutieren und lernt dabei ihren unerbittlichen Diskussionsstil kennen. Sie wird nie aggressiv, aber sie gibt auch nicht nach.

Auch über Hermann Hesse redet sie mit Werner Link, darüber, Künstler zu sein oder Rebell wie ihr eigener Vater, der das Abitur zunächst schmiß und Handwerker wurde. Werner Link schwärmt wohl ein bißchen für Ulrike Meinhof, bleibt aber doch nur ein guter Freund. Sie hat sich in einen anderen verliebt – einen, den sie schon lange kennt: Thomas Lenk, ihr Spielkamerad aus alten Jenaer Tagen. Die beiden sahen sich zufällig in Stuttgart wieder, dann hat der junge Mann Ulrike und Renate in Weilburg besucht. Der Künstler und Bildhauer Thomas Lenk, der in den sechziger Jahren mit seinen sogenannten Schichtungen international bekannt wurde und dessen Werke mehrmals bei der Dokumenta ausgestellt wurden, war begeistert von Ulrike Meinhof: einer jungen, intelligenten und schönen Frau. Und sie war mehr als begeistert. Sie war das erste Mal wirklich verliebt.

Das ›System Renate‹, das im Privatbereich das Phänomen ›Mann‹ leugnete, drohte erstmalig zusammenzubrechen. Seit 1940 war es Renate Riemeck gelungen, Ulrike Meinhof – noch zu Lebzeiten der Mutter – an sich zu binden. Das junge Mädchen hatte ihr aus der Hand gefressen, sie bewundert und ihr alles nachgemacht. Aber eines machte Ulrike Meinhof ihrer Ziehmutter nun plötzlich nicht mehr nach: die Negierung der Sexualität. Lange unterdrückt, brach ein echter Konflikt zwischen Renate und Ulrike auf. Ein Machtkampf, in dem Ulrike Meinhof vernichtend von ihrer Ziehmutter geschlagen wurde.

Sie selbst hat noch Jahre später intensiv mit vielen Menschen über dieses Schlüsselerlebnis, wie sie es selber nannte, gesprochen. Sie hat Renate den plötzlichen Haß und die Unerbittlichkeit, die angeblich im Sinne ihres Zöglings notwendig war, nie wirklich verziehen. Wolfgang Lenk, der 2001 von dem Meinhof-Biographen Alois Prinz dazu befragt wurde, bestätigte die Erzählungen von Ulrike Meinhof im Kern.

Sowie Renate merkte, daß ihre Ulrike, ihr Wunderkind, ihre Liebe auf den ersten Blick, ihr Eigentum, in einen jungen Mann verliebt war, stellte sie sich mit ungeheurer Härte gegen diese Liebe. Dabei dramatisierte sie die Sache so, als wenn ein Mann, eine Verliebtheit, gleichbedeutend sei mit dem totalen Absturz aus dem Paradies. Sie tat so, als würde das Leben ihrer Ziehtochter entgleisen, wenn sie sich verliebte. Dazu hatte sie Ulrike nicht jahrelang gefördert, ja, dazu hatte sie sich nicht in jungen Jahren als Ziehmutter ›geopfert‹, damit Ulrike nun einfach mit einem Mann abhaute und womöglich ein Kind kriegen würde. Ulrike stünde kurz vor dem Abitur und müsse gute Noten haben, wenn sie ein Stipendium bei der »Studienstiftung des deutschen Volkes« und beim Evangelischen Studentenwerk erhalten wolle. Es kam zum Eklat, als Ulrike und Thomas eine Wanderfahrt nach Niedermendig planten, wo Lenk wohnte. Renate Riemeck verbot die Reise und stellte Ulrike Meinhof vor die Wahl: entweder Lenk oder dein Abitur, was im Klartext hieß: entweder Lenk oder ich. Machst du die Reise, kannst du nicht mehr hier wohnen, bekommst kein Geld mehr und kannst dein Abitur nicht machen. Durch dieses Ultimatum war das Abitur dann tatsächlich gefährdet. Ulrike Meinhof entschied sich zähneknirschend, wütend, traurig und verzweifelt für ihr Abitur. Thomas Lenk spielte in ihrem Leben danach keine Rolle mehr. Renate hatte gewonnen. Renate tröstete sie und sagte zu ihr: Zähne zusammenbeißen und durch.

Im März 1955 fand in Weilburg die Abiturfeier statt. Ulrike Meinhof hat in Religion, Deutsch, Geschichte und Englisch eine 1, in Mathe eine 3 und in Latein eine 4. Nach der Abiturfeier fährt sie mit ihrem treuen Schulfreund Werner Link auf dessen Motorrad nach Marburg, um sich dort für Psychologie und Pädagogik einzuschreiben. In Marburg finden die beiden Abiturienten zwei Studentenbuden in einem Haus etwas außerhalb der Stadt. Ulrike Meinhof bekommt das Stipendium des Evangelischen Studentenwerks.

Die Studienstiftung des deutschen Volkes bewilligte am 1. April 1955 die Aufnahme von Ulrike Meinhof:

»Bad Godesberg den 1. April 1955

Liebes Fräulein Meinhof,

ich freue mich Ihnen mitteilen zu können, daß sie in die Studienstiftung des deutschen Volkes aufgenommen worden sind. Die Aufnahme gilt zunächst für drei Semester (Vorsemester). Ihre Förderung beginnt am 1. Mai 1955.

Wir schreiben Ihnen in Kürze ausführlicher. […] 1. Richten Sie sich bei einer Sparkasse oder Bank ein Konto ein. Das Sparkassenkonto macht erfahrungsgemäß weniger Nebenkosten. [...] Sie merken am Ton und Inhalt dieses Schreibens, daß die Studienstiftung im Interesse der Studienstiftler verwaltet werden muß. Diese Verwaltung kann nur funktionieren, wenn Sie das oben von Ihnen Geforderte prompt erledigen und sich auch in Zukunft genau an alle Termine halten. Es sind nur ganz wenige. In der Hoffnung, daß unsere Korrespondenz bald persönlicher sein wird, grüßt Sie mit allen guten Wünschen für das kommende Semester

Ihr Dr. Haerten«

Der Richtsatz für die Studienstiftler in den ersten Semestern beträgt 120,– DM im Monat. Ulrike Meinhof brauchte also, da sie nicht arbeitete, noch andere Einnahmequellen. Sie bekommt eine kleine Unterstützung von ihrer Ziehmutter Renate, die als Professorin natürlich gut verdient.

Lothar Wallek

Ulrike Meinhof besucht in Marburg die Seminare von Professor Abendroth, verliebt sich in einen Studenten der Physik und zieht bald mit ihm zusammen. Ostern 1958 gibt sie in einer Anzeige ihre Verlobung mit Lothar Wallek bekannt: Auf der Verlobungsanzeige erklärt Renate Riemeck, die gegen diese Verbindung offenbar nichts einzuwenden hat: »Dr. Werner Meinhof und Dr. Ingeborg Meinhof würden sich sicher über die Verlobung ihrer Tochter Ulrike Marie mit Herrn Lothar Wallek gefreut haben. Dies gebe ich gerne bekannt.«

Wer war Lothar Wallek, der mit Ulrike Meinhof nur wenige Monate verlobt blieb und sich in all den Jahrzehnten, in denen der Medienrummel um die Journalistin und später Terroristin Ulrike Meinhof tobte, nie interviewen ließ, nie zu einer Stellungnahme zu bewegen war und der im Frühjahr 2005 verstarb?

Wo und wie hat er Ulrike Meinhof kennengelernt?

Die einzigen schriftlichen Bemerkungen, die er jemals darüber zu Papier brachte, ließ mir seine Witwe Magda posthum zukommen. Lothar Wallek schrieb über Ulrike Meinhof: »Ich habe sie im kleinen Café ›Heyden‹ kennengelernt (ein ausgesprochener Studententreff). Dort liefen Tonbänder mit neuester – und bester! – Jazzmusik, direkt aus den USA mitgebracht. Café Heyden war jeden Abend bis zum letzten Platz gefüllt, die Musik war meistens ohrenbetäubend. Trotzdem – man kam sich näher.«

Lothar Wallek schrieb damals an seiner Diplomarbeit. Er wurde später Kernphysiker und arbeitete am Institut für Kernphysik in Marburg, während Ulrike Meinhof zur Zeit ihrer Verlobung bereits nach Münster gezogen und im Kampf gegen die atomare Bewaffnung engagiert war. Seine spätere Frau Magda Wallek erzählte, daß Lothar zeit seines Lebens eine tiefe Wunde über die frühe und brüske Trennung verspürt habe, die Ulrike nur wenige Monate nach der Verlobung vollzog. Er habe sie noch einmal in Hamburg nach der Geburt ihrer Kinder und nach ihrer Gehirnoperation im Krankenhaus in Eppendorf besucht. Dann, während der Untergrundzeit, hätte auch er zu den vielen Bekannten gezählt, die Ulrike Meinhof angerufen und um Unterstützung gebeten habe. Er habe allerdings den Hörer aufgelegt. Wer sie gewesen sei, diese Frage konnte er auch 45 Jahre später nicht beantworten. Lothar Wallek im Jahr 2004: »Was für ein Mensch war Ulrike? Meine ehrliche Antwort: Ich weiß es nicht. Und ich will auch heute, 45 Jahre danach, darüber nicht nachdenken.«[13] Ulrike Meinhof ist in Marburg froh, ihren Lothar zu haben, und meint es ganz sicher auch ernst. Woher sollte sie wissen, daß bald alles ganz anders kommen würde?

Renate und Holde

Auch Renate Riemeck bleibt nicht allein. Schon nach dem Krieg, als sie mit Ingeborg Meinhof und den Kindern in Berneck im Fichtelgebirge untergekommen war, hatte sie die Familie Bischoff, Inhaber des Kneipp-Sanatoriums »Die Quelle«, und deren mit ihr etwa gleichaltrigen Töchter Holde und Gertrud Bischoff kennengelernt. Als Renate im Sommer 1955 bei einem ihrer zahlreichen Englandbesuche an Rippenfellentzündung erkrankt, erinnert sie sich an das Sanatorium, wo sie dann alsbald hinfährt, um die Krankheit auszukurieren. Holde Bischoff ist dort inzwischen Bademeisterin und zuständig für die Büroarbeit, ihre Schwester Gertrud leitet die Diätküche des Hauses. Beide liegen im Streit mit ihrer Mutter, welche die Leitung des Sanatoriums nicht an die Töchter abgeben will. Die jungen Frauen unterhalten sich täglich und befreunden sich. Vor allem mit Holde verbindet Renate nach ihrem Kuraufenthalt eine enge Beziehung. Als Renate abfahren will, gesteht die 35jährige Holde der Professorin, daß sie es daheim nicht mehr aushält. Renate fragt Holde, ob sie nicht zu ihr kommen will. Ulrike ist ausgezogen – es fehlt ihr eine Hausgenossin.

Holde nimmt das Angebot an. Sie verläßt ihr Elternhaus und zieht zu Renate Riemeck. Um ihren Lebensunterhalt zu verdienen, macht sie eine Ausbildung als Masseurin, doch vor allem übernimmt sie Renates Haushalt. Holde weckt Renate und bringt ihr den Kaffee, sie macht das Frühstück, geht einkaufen, kocht täglich das Mittagessen, bittet jeden Nachmittag zum Tee und bereitet das Abendessen. Sie kümmert sich um Wäsche, Einkäufe, Einrichtung. Über Jahrzehnte versorgt sie, zunächst allein, später mit einer Hilfe, den gesamten Haushalt. Jetzt hat Renate Riemeck den Rücken gänzlich frei für ihre Arbeit. Knapp 50 Jahre lang genießt sie Holdes Versorgung. Zudem betätigt sich Holde, die kaum Zeit findet, als Masseurin zu arbeiten, als Assistentin von Renate. Sie tippt deren Aufsätze und Vorträge, später die Manuskripte für ihre Bücher, führt die Korrespondenz und organisiert Vortragsreisen. Holde geht mit in jede neue Stadt, in die Renate berufsbedingt umziehen muß, begleitet sie zu Vorträgen, erledigt die Post. Und sie versteht es stets, sich bei wichtigem Besuch diskret zurückzuziehen und nur gelegentlich freundlich nachzufragen, ob noch Tee oder Kaffee gewünscht wird. Holde lernt Renates Vorlieben für ein bestimmtes Brot aus dem Reformhaus, für selbstgemahlenen Kaffee aus Bremen, für Zigaretten aus der Schweiz und Vitam-R kennen und kauft das Gewünschte ein. Sie kocht exakt nach den wechselnden Diätvorschriften, die Renate gelegentlich einhalten muß. Sie kennt Renates diverse Arzneimittel und deren Dosierung. Sie wird zur perfekten Lebenshilfe und Ergänzung für Renate Riemeck. Sie ist eine starke, fröhliche und äußerst pragmatische Person, die das melancholische Wesen Renates, das später immer mehr zutage tritt, ausgleicht. Umgekehrt genießt Holde das Intellektuelle an Renate Riemeck. Die Bildung, die innere Freiheit, die interessanten Themen und Gesprächspartner, die privaten Besuche von Professoren und Studenten. Renates Wissen über Kunst, Geschichte, Politik, Städte, Theater – das alles ist für sie neu und anregend. Sie liest, bildet sich, schreibt selber kleine Theaterstücke für Schulkinder und hat ihren Schritt, das Leben mit Renate Riemeck zu teilen, nie bereut. Holde lebt fast 50 Jahre mit Renate zusammen und pflegt Renate bis zu deren Tod im Mai 2003. Für einige Jahre zieht jedoch noch eine dritte Frau dazu: Daniela Armstrong, eine Anthroposophin.

Holdes Schwester Gertrud Bischoff übernahm indes das elterliche Sanatorium in Berneck. Sie blieb unverheiratet und hat Holde und Renate gern besucht. Dabei lernte sie auch die Meinhof-Schwestern kennen und wurde einige Jahre lang eine enge Vertraute Ulrikes, die wiederholt mit ihr über ihr manchmal schwieriges Verhältnis zu Renate gesprochen hat. 1971, als Ulrike

Meinhof schon im Untergrund lebte, war eine der Adressen, an die sie sich wenden konnte, das Bernecker Sanatorium. Die erschrockene Sanatoriumsleiterin Gertrud Bischoff hat die damals als Sekretärin getarnte Terroristin Ulrike Meinhof ein paar Tage lang in einem Dachzimmer versteckt. Gertrud Bischoff hat mir davon im Sommer 1999 in Bayreuth noch erzählt. Sie starb im Herbst 2003 an Krebs.

Der unterdrückte Jubel

Am 23. August 1972, kurz nach ihrer Verhaftung nach zwei Jahren Untergrund, schrieb Ulrike Meinhof ihrer damals 82jährigen Tante Tilla in einem Brief einige heftige Worte über die Schwierigkeiten, die sie mit Renate Riemeck auch hatte. Allerdings muß man bedenken, daß Ulrike Meinhof zu diesem Zeitpunkt schon mit Renate gebrochen hatte und als Mitglied der RAF auf einem ganz anderen ›Trip‹ war. Tante Tilla ist in der Zeit, in der Ulrike Meinhof in Köln-Ossendorf in Untersuchungshaft sitzt, einer der ganz wenigen unpolitischen, wirklich familiären Kontakte meiner Mutter. Ulrike Meinhof schreibt aus dem Untersuchungsgefängnis an Tante Tilla:

»Ich will was über Renate sagen. Ich will sagen, daß das, was sie über mich redet und schreibt, nichts mit mir zu tun hat. Ich habe einen Fehler gemacht. Ich habe sie nie zur Rede gestellt, was ihre Erziehungspraxis mit mir angeht.
Ich hatte das etwas bessere Verhältnis, was ich nach ein paar Jahren Weilburg wieder zu ihr hatte, für bare Münze genommen – das war falsch. In den Jahren nach 1967 war die Beziehung dann ohnehin wieder tot – ich war für, sie war gegen die Berliner Studenten, wir hatten uns nichts mehr zu sagen; auch fand ich den Anblick der Subordination von Holde, die sich das ja nun mal gefallen läßt, unerträglich. Ich will mit diesen Bemerkungen keine Familienkonflikte schüren. Ich bin zwar *die* Meinhof, aber nicht gerade *ne* Meinhof. Aber was sie so über mich redet, ist schamlos und grauenhaft, das muß man schon mal sehen. Sie weiß nicht nur über mich nichts, sie weiß auch nichts über sich selbst, was letzten Endes schlimmer ist. Und denkt offenbar an nichts anderes als an sich. Wenn sie versuchen sollte, mir zu schreiben oder mich zu sehen, würde ich das zurückweisen.«

Und wenige Wochen später, Anfang September 1972, ebenfalls in einem Brief an Tante Tilla:

»Renate – wofür kämpft sie eigentlich? Das ist genau die richtige Frage – da hast Du recht. Sie ist aber auch intellektuell Scheiße. Das siehst Du falsch. Ungenau, überhaupt nicht ehrlich. Sie hat ein gewisses Wissen akkumuliert, mit dem schüchtert sie seit je die Leute ein – sie kommt dann immer mit irgendwelchen historischen Beispielen, die kein Mensch kennt, irgendwelchen Details, die man überhaupt nicht im Zusammenhang überprüfen kann – sie spielt das aus und umgibt sich nur mit Leuten, die sich davon imponieren lassen, weil sie die schlechtere Schulbildung haben und meinen, Schulbildung wäre was Gutes und wichtiger als eigene Gedanken und Wahrnehmungen und Erfahrungen – ›Trust your own Experience!‹, rief Stokeley Carmichael den Schwarzen in den USA zu. Sie hat die Methode mit meiner Mutter zusammen kultiviert, im Studium macht man das halt, eigentlich jeder – jedenfalls damals – weil der Konkurrenzkampf um die guten Noten eben mit Kenntnissen geführt wird. Sie hat die Methode beibehalten, eben wegen dem Charakter, den Du beschreibst – so sind die menschlichen Beziehungen ausnahmslos Herrschaftsverhältnisse geworden, jedes neue Verhältnis produziert nur dieselbe Struktur des vorigen Verhältnisses. Für den, der's abkriegt, wird's immer trostloser. [...] Aber das war ihr wichtiger – was die Zeitungen über sie schreiben, als was Sache ist, was ihr eigenes Leben ist, was vor allem der Inhalt ihrer Beziehung zu Menschen ist, die sie vorgibt gern zu haben.
Sie ist sich selber immer die Hauptsache. Deswegen stelle ich für sie so 'ne fürchterliche Bedrohung dar. Erst mal hat sie unheimlich was davon gehabt, daß ich mich so mit ihr identifiziert habe. Dann bin ich weg. Dann bin ich immer mehr weg. Schließlich ganz. Darunter hat sie natürlich gelitten. Dagegen ist nichts zu sagen – nicht unter den gegenwärtigen bzw. damaligen Bedingungen. Grundsätzlich natürlich sehr. Aber dann habe ich ihr Wasser abgegraben – so von wegen Schreibe, berühmt, der ganze Dreck, auf den sie so'n Wert legt – Karriere, da konnte sie nix machen. Aber inzwischen ist klar – offenbar ihr klar – (wär' besser für sie, sie würde sich echt abkapseln, was sie mit ihrer Krankheit ja versucht hat), daß ihre ganzen Rationalisierungen nicht hinhaun – vom antifaschistischen Widerstand bis zu ihrer Angst vor dem, was die Leute sagen, bis zu dem Rufmord, der in der Tat an ihr begangen worden ist, bis

zu der Krankheit, die sie als unabänderlich hinstellt, bis zu dem Geldver-
dienen, das nun mal sein muß, bis zu der vermeintlichen Intelligenz und
was sonst noch – ich bin von dem allen ›frei‹ und lebe immer noch – das
ist ungeheuer bitter für sie – also, daß es auch ohne die ganzen Ingre-
dienzien geht, die sie alle für lebenswichtig hält, jedenfalls dafür ausgibt,
um sich bedienen zu lassen.

Das ist so bitter für sie, daß sie der *Frankfurter Rundschau* nach meiner vermeintlichen Einäscherung in Hamburg-Ohlsdorf ein Interview
gegeben hat – da war selbst ich baff. Verstehst Du – sie dachte, ich sei
tot. Und fängt da an, munter loszuplätschern, rumzuinterpretieren, sich
mit ihrem vermeintlichen Wissen über mich zu spreizen, von wegen ich
– depressiv und der Kopf – au warte [...]. Das hältst Du nicht aus – die
Kälte nicht, den unterdrückten Jubel, die Selbstzufriedenheit, die
Schamlosigkeit.

Ich schätze das so ein, daß sie weitermacht. Röhl unterstützt sie dabei –
er ist genau so 'ne Sau – keine Wiederholungsgeschichte. Da wird wohl
noch mehr kommen, schätze ich. Ich kann dabei nicht voraussehen, was
für Lügen über mich die sich noch aus den Fingern saugen – egal. Da
kommt noch mal die Reaktion von mir.

Du hast ein schlechtes Gewissen ihr gegenüber. Wenn Du den Stab ganz
über sie brechen würdest, ich seh' aber auch die Notwendigkeit nicht,
höchstens für Dich, wie für uns ja nie einer zu ›alt‹ ist, vielleicht für gewisse Unternehmungen [...] Straßenbahnfahren und so, aber sonst nicht,
menschlich nicht – dann würde Dein Gewissen vielleicht noch schlechter, wenn Du dann denken müßtest, daß es auch noch gegen mich ein
Fehler war, mich Renate zu überlassen – weil Weilburg natürlich nur
noch grauenhaft war, Oldenburg nicht – da war sie die meiste Zeit verreist.

Aber das sag' ich Dir: Ich bin für meine Entwicklung schon sehr lange allein verantwortlich – Weilburg war zwar die Schnulze von Ulrike
Meinhof, na schön, aber es ist ganz unmöglich und *vollkommen* falsch,
die Ursachen für eine bestimmte Entwicklung in einer Biographie, in der
persönlichen Geschichte zu suchen – diese privaten in der Isolation ver-
laufenen Geschichten lassen *immer*, wenn man aus bürgerlichen Verhältnissen kommt *erst recht*, verschiedene politische Entscheidungen offen.
Wenn Du natürlich erkennen könntest, daß das alles richtig ist, also die
RAF richtig ist, dann überlaß ich Dir als Gegenleistung auch Weilburg –
dann zählt es dazu, dann sei froh, daß ihr mich dem ausgesetzt habt, daß

ich das erfahren habe, was Unterdrückung ist, Herrschaft, Psychoterror. Aber das ist nur Spaß. Weil es zwar so ist, aber mit der Erfahrung könnte ich ebensogut Karriere gemacht haben, mich an der Unterdrückung beteiligen, CDU wählen, SPD-Mitglied sein und sonst was.

Über meine Mutter würde ich sagen: Sie hatte einen ungeheuer schlechten Geschmack. Sie hat am Schluß selbst ganz schön darunter gelitten, und sie hat einen Teil der Aggressivität an Wienke ausgelassen, an mir weniger.

Sie hat ganz schön Scheiße gemacht – würde ich sagen. Wenn Du nur begreifen würdest, daß ich sie damit gar nicht verurteile.«[14]

Liebes Bettinchen

Renate Riemeck sagte bis zu ihrem Tod im Mai 2003 nur wenig über Ulrike Meinhofs Gang in den Untergrund im Jahr 1970 oder zu deren Tod 1976 in Stuttgart-Stammheim. Und noch weniger sprach oder schrieb Renate jemals über ihre eigenen Gefühle. Auf die Titelgeschichte im *Spiegel,* die ich im Juli 1995, mit 32 Jahren und längst selber Journalistin, auf Wunsch von *Spiegel-*Chefredakteur Stefan Aust über die Verschleppung von meiner Schwester und mir nach Sizilien durch die RAF und über meine Mutter Ulrike Meinhof schrieb, antwortete mir Renate jedoch im August 1995 in einem bewegenden Brief.

»4.8.1995

Liebes Bettinchen,

Du hast ja von Regine gehört, daß ich Deinen Aufsatz im *Spiegel* Nr. 29/95[15] eigentlich gar nicht lesen wollte. Ich fürchtete mich davor. Und nun habe ich es doch getan, nachdem Du mich eigens darum gebeten hast. Ich muß Dir gestehen: Ich bin sehr froh darüber. Besser und einfühlsamer hätte kein anderer über ›meine Ulrike‹ schreiben können. Ich bin Dir sehr, sehr dankbar.

Schon seit ein paar Jahren bin ich immer wieder aufgefordert worden, über sie zu schreiben. Ich hab' es nicht getan. Deine Mutter ist eng mit mir verbunden gewesen. Sie ist als kleines Mädchen (1940) auf mich zugelaufen und hatte von mir Besitz ergriffen. Ich habe das Kind Ulrike geliebt, und dieses Kind ist besonders nach dem Tode seiner Mutter so anhänglich gewesen, wie man es sich nicht vorstellen kann. Ohne es selber zu wollen, wurde ich so etwas wie eine ›Leitfigur‹ für sie und blieb es jahrzehntelang, bis sie nach Berlin ging. Da brach diese fast geschwisterliche Beziehung bruchartig auseinander. Aber es ist nie ein böses Wort zwischen uns beiden gefallen, und ich verstand auch, weshalb sie nicht wollte, daß ich sie im Gefängnis besuchen sollte. Sie hätte es nicht ertragen und ich auch nicht. Bis zum heutigen Tag und bis zu meinem Tod wird sie immer ›meine Ulrike‹ bleiben, und ich werde sie liebbehalten wie eh und je.

Ich hätte nicht so qualifiziert über sie schreiben können wie Du. Mir wäre immer die unauslöschliche Zuneigung dazwischengekommen. Aber Du hast geschafft, was ich nicht leisten konnte. So objektiv Du auch zu schreiben bemüht bist – es ist Dir gelungen, den Leser mit Sympathie für Ulrike zu erfüllen (was Du vielleicht gar nicht wolltest). Ulrike war ein großer Mensch (übrigens auch von hoher Moral), und groß war sie auch in ihren Schwächen.

Daß es mir nicht gelang, sie im Gefängnis zu besuchen, werfe ich mir heute noch vor. Ich wollte sie nicht durch mein Erscheinen zusammenbrechen sehen und ihr das ersparen. Das war falsch. Ich hätte es erzwingen sollen. Aber es ist überflüssig, darüber zu jammern. Vor dem Selbstmord hätte auch ich sie nicht bewahren können. Und Selbstmord war es. Ich bin erleichtert, daß auch Du nicht daran zweifelst. Sie hat getan, was ich an ihrer Stelle auch getan hätte. Wir waren uns in vielen Dingen sehr ähnlich. Und das merke ich auch an Deinem *Spiegel*-Text. Ich möchte Dir von ganzem Herzen danken, liebe Bettina.

Ich wäre froh, wenn Du Dich mal wieder bei uns blicken lassen würdest. Sehr lieb hat Dich Deine Renate.«

Wuppertaler Klüngel

1955 steht ein unbekannter Mann vor der Haustür Renate Riemecks in Weilburg, der sie aufgrund einer einstimmigen Entscheidung des zuständigen Beschlußgremiums auffordert, einen vakanten Lehrstuhl an der evangelischen Lehrerbildungsstätte in Wuppertal-Barmen zu übernehmen. Sie geht für die nächsten fünf Jahre nach Wuppertal, was auch offiziell Ulrike Meinhofs Meldeadresse wird. In Wuppertal leben außerdem Mathilde Hübner, geb. Meinhof, Ulrikes Vertraute Tante Tilla, und deren Tochter Heidi Leonhardt sowie weitere Meinhof-Verwandte, mit denen Renate nun auch politisch Kontakt aufnimmt. Die Familie Osterloh, über Tante Tilla ebenfalls mit den Meinhofs verwandt, sowie Heidi Leonhardt und Renate Riemeck und ein paar andere bilden bald einen Kreis, der sich Gustav Heinemann und Martin Niemöller verbunden fühlt, zum Teil aktiv die GVP unterstützt und sich in Opposition zur Adenauer-Regierung sieht. Wuppertal ist die Stadt, in der auch ein junger Johannes Rau sowohl bei Heidi Leonhardt als auch bei den Osterlohs ein und aus geht.

Schnell lebt sich Renate in Wuppertal ein und übernimmt dort an der Pädagogischen Hochschule das Wahlfach Geschichte. Obendrein wird sie vom Lehrerkollegium einstimmig zur Vertrauensdozentin gewählt. Dort in ihrem Dozentinnenzimmer empfängt sie auch den jungen Johannes Rau zum ersten Mal. In ihrer Biographie schreibt sie über ihn:

»[…] politische Gespräche wurden in meinem Dozentenzimmer nicht geführt. Allerdings machte damals ein agiler junger Wuppertaler eine Ausnahme: Johannes Rau. Der spätere Ministerpräsident von Nordrhein-Westfalen war als Adlatus von Gustav Heinemann nach Auflösung der GVP in die SPD übergewechselt, hatte einen kleinen christlichen Verlag gegründet und ließ sich häufig im Umkreis der Pädagogischen Hochschule blicken. Er suchte Kontakt zu Studenten und Dozenten und also auch zu mir. In der Beurteilung des Zeitgeschehens waren wir uns ziemlich einig. Ich hätte aber nie gedacht, daß dieser aus sehr frommem Elternhaus stammende junge Mann einer steilen politischen Karriere entgegensehen würde.«[16]

Ich habe den Bundespräsidenten Johannes Rau Anfang Januar und im Mai 2000 im Schloß Bellevue in Berlin besucht. Johannes Rau erinnerte sich gut an Renate Riemeck, die ihm, damals 22 Jahre alt, bereits vor ihrem Umzug nach Wuppertal angekündigt worden war. Rau war damals gut befreundet mit Heidi Leonhardt, der schönen Tochter von Tante Tilla, die mit meiner Mutter später den regen Briefkontakt in ihrer Gefängniszeit führte. Johannes Rau hat mir gegenüber gern und ausführlich über seine Wuppertaler Zeit gesprochen:

»Renate Riemeck wurde schon bald eine sehr beliebte und wichtige Professorin an der Universität in Wuppertal, die die damaligen Koryphäen an der Universität schnell mit ihren Reden und ihrem Engagement gegen die

Wiederbewaffnung an die Wand spielte. Politisch zogen wir damals alle an einem Strang, saßen also zusammen und überlegten, wie man gegen die Wiederbewaffnung Adenauers vorgehen könnte. Und damals sah ich auch Ulrike das erste Mal, nämlich als sie Renate Riemeck eines Tages in Wuppertal besuchte. [...] Ulrike war damals ein Bild von einem Mädchen [...]. Wir saßen also bei Heidi Leonhardt auf dem Sofa, und sie war damals ein richtig christliches Mädel. Schon bald war dann auch sie in der Anti-Atomwaffen-Bewegung engagiert, und als sie dann – da war sie schon Journalistin, es war in Stuttgart auf dem Flughafen zur Zeit des Stuttgarter Kirchentages – mal einen Rechtsanwalt brauchte, habe ich ihr dann einen Kontakt zu Gustav Heinemann gemacht, der dann ein Mandat für sie übernahm.«[17]

Johannes Rau verblüffte mich mit Detailkenntnissen über mir nahe Menschen und Verwandte, die ich teilweise weniger gut kannte als er. Er erkundigte sich während unseres Gesprächs im Mai 2000 nach Heidi Leonhardt und nach deren Tochter Christiane und den übrigen Meinhofschen Verwandten, bei denen er damals in Wuppertal ein- und ausgegangen war. Mich habe er Anfang der siebziger Jahre als fröhliches Kind gelegentlich auf den Partys im Hause des WDR-Rundfunkredakteurs Peter Coulmas gesehen, mit dem er gut befreundet war. Über eine WDR-Mitarbeiterin, die einige Jahre die Lebensgefährtin von Peter Coulmas war, habe er sich immer wieder nach unserem Wohlergehen erkundigt und sei froh gewesen, daß er nur Positives und Beruhigendes »über die Kinder von Ulrike« erfahren habe. Auch meinen Vater habe er gelegentlich auf diesen Festen getroffen, allerdings stünde er Klaus Röhl seit jeher skeptisch gegenüber, der sei immer ein etwas eitler Fatzke gewesen. Ulrike Meinhof hätte doch gar nicht zu ihm gepaßt. Bis heute, so Johannes Rau, hätte er kaum je das Bild einer Terroristin vor Augen, wenn er an Ulrike Meinhof denke, sondern immer noch das hinreißende, nette Blockflötenmädchen, mit dem er bei Heidi Leonhardt auf dem Sofa gesessen habe.

Christiane Leonhardt, die Tochter der Fotografin Heidi Leonhardt, erinnert sich, daß Ulrike Meinhof sich bei ihren Verwandten in Wuppertal immer besonders wohlgefühlt habe: »Ulrike hat uns alle ihre Freunde vorgestellt. Sie kam mal mit Thomas Lenk, der bei uns Bratkartoffeln machte, oder später mit ihrem Verlobten Lothar W. Bei uns konnte sie mit ihren Freunden zusammensein, was sie bei Renate vielleicht weniger konnte.« Auch an Johannes Rau erinnert sich Christiane gern. »Ach, Johannes«, sagte sie, »der war doch ein bißchen in uns alle verliebt, erst in meine Mutter Heidi, dann in Ulrike, und später, als ich heranwuchs, war ich auch ein bißchen in ihn verliebt und habe für ihn geschwärmt. Da hatte er es also gleich mit drei Meinhof-Mädels zu tun.«[18]

Christiane Leonhardt ist nach Ulrike Meinhof das zweite Meinhof-Mädchen, das schon als Kind eine tiefe Beziehung zu der Dozentin Renate Riemeck entwickelt. Sie ist das Patenkind von Renate, so daß Renate in ihrer Wuppertaler Zeit – wie vorher mit Ulrike – noch einmal ein Kind um sich hat, mit dem sie sich gut versteht und das für sie ganz sicher auch ein Ersatz für die inzwischen erwachsene Ziehtochter wurde. Die Fotografin Heidi Leonhardt, Mutter von Christiane, macht von ihrer zehn Jahre jüngeren Cousine Ulrike in dieser Zeit die Bilder eines sehr schönen jungen Mädchens, eben des Mädchens, das Johannes Rau damals kennenlernte. Christiane Leonhardt, die Nichte 2. Grades von Ulrike Meinhof, ist inzwischen seit über 20 Jahren die Lebenspartnerin von Egon Bahr.

Die Studentin Ulrike Meinhof

Ulrike Meinhof hat in zahlreichen Semesterberichten für die Studienstiftung des deutschen Volkes ausführlich über ihr Studium berichtet:

»Semesterbericht SS 1955 Marburg

Das Sommersemester 1955 war mein erstes Studiensemester. Es war meine erste Begegnung mit der Universität, ebenso wie der Anfang der Auseinandersetzung nicht nur mit dem Problem der Psychologie und Pädagogik, sondern auch mit dem dazugehörigen Wissensstoff. Ich erwähne diese Unterscheidung von Problem und Wissensstoff, da ja ersteres, wenn auch selbstverständlich nur in allgemeiner Form, mich zur Wahl dieser Fächer veranlaßte. Belegt und gehört habe ich in diesem Semester in Pädagogik: Frau Professor Blochmann, Pädagogik des 19. und 20. Jahrhunderts (Vorlesung), ›Pestalozzi‹ (Proseminar); Dr. Fink: ›Die Entwicklung der Volksschule‹ (Übung für Anfänger). Psychologie Prof. Düber: ›Kinder- und Jugendpsychologie‹ (Vorlesung); Übungen zur päd. Psychologie, Übungen über Intelligenzverfahren, Dr. Fuchs: Einführung in Charakterologie und Persönlichkeitskunde (Vorlesung). Germanistik: Prof. Sengle: Hölderlin, Jean Paul, Kleist (Vorlesung). Englisch: Dr. Rüschriegel: T. S. Eliot: Selected Prose. Nebenbei habe ich in Gießen bei Herrn Prof. Kerber eine Vorlesung in Kunstgeschichte gehört, ›die got. Kathedralen des Mittelalters‹, wozu ich Herrn Prof. Kerbers persönliche Erlaubnis erhielt und die Vorlesung also nicht belegte. Zu Beginn der Ferien, vom 29. Juli–10. August, nahm ich weiter an einem Praktikum über psychologische Statistik für Anfänger teil, das mit einer Klausur abgeschlossen wurde.

Über meine erste Begegnung mit der Universität oder dem Universitätsbegriff kann ich nur wenig sagen. Man hat zwar auch schon als erstes Semester den sicheren Eindruck, daß sehr viel Kritik, wie sie heute geübt wird, unmittelbar einsichtig ist, andererseits aber sehe ich selbst, z. B. in der Unpersönlichkeit dieses Systems, sehr viel reichere Möglichkeiten zu, ich möchte sagen: fruchtbarerem Lernen, als sie im System unserer heutigen höheren Schulen, mit denen mir allein der Vergleich möglich ist, gegeben sind. Ich möchte dies nicht weiter begründen, weil es ja nur eine subjektive Anschauung ist; sie besagt, daß ich gern studiere, und dies scheint mir als Voraussetzung für meinen ersten Semesterbericht wichtig, weil ja auch dies eigentlich meine wichtigste Erfahrung war. [...] Ursprünglich war mein Studienplan derart, daß ich – nicht formal, aber von meinem Interesse und eigentlichen Anliegen aus – Pädagogik im Hauptfach studieren wollte, und Psychologie und Germanistik als Ergänzungsfächer. [...] Wobei ich von vorneherein beabsichtigte, das Psychologiestudium als Hauptfachstudium durchzuführen. [...] Daß ich von Deutsch, Englisch und Kunstgeschichte in diesem Semester hörte, ist in erster Linie eigentlich nur mit meinem persönlichen Interesse zu erklären. [...] Es ist mir klar, daß ich mit diesem Semesterbericht keinen Bericht über die ›Entwicklung meiner Arbeit‹ in diesem Halbjahr abgebe, aber das schien mir nicht möglich, da ja die beiden Fächer: Pädagogik und Psychologie für mich im Grunde völlig neuartig waren. [...] und sagen muß, daß alles bisherige mehr Grundsuchen und Grundfassen war.«

Im Semesterbericht für das Wintersemester 55/56 teilt Ulrike Meinhof mit, daß sie das Fach Germanistik abgibt und statt dessen Geschichte studieren will, weil es eine »methodisch strengere Wissenschaft ist«, stellt aber fest: »Die Schwierigkeit ist nur die, daß man dem Geschichtsstudium gegenüber zunächst das Gefühl hat, daß es in keinem Falle zu bewältigen ist. Daß dieses Gefühl einen jedoch eher ermutigen als entmutigen sollte, auch wenn man mehr zu letzterem neigt.« Sie erzählt von einem Referat über den »Gesamtunterricht bei Berthold Otto und seine Anfänge bei Friedrich Fröbel aufgrund von Fröbels Menschenerziehung« sowie ein Referat über »Maria Montessoris Alterswerk *Kinder sind anders*, Stuttgart 1952«. Das Montessori-Referat habe sie in diesem zweiten Semester am meisten interessiert. Sie erklärt, daß sie im Frühjahr 1957 an einer Studienreise des Oberseminars nach England teilnimmt. Im übrigen habe sie noch bei Prof. Büttner eine Einführung ins Mittelalter gehabt, das Referat schreibe sie aber erst im nächsten Semester, da sie sich zuviel vorgenommen habe.

Das Sommersemester 1956 macht ihr besonderen Spaß: »Das SS 1956 war mein bisher schönstes Semester. Vielleicht war es nicht das erfolgreichste insofern, als ich weniger umfangreiche Referate hielt, eine kleinere Anzahl von Scheinen am Ende des Semesters ›einsammelte‹ und nicht zuletzt weniger Nächte durcharbeiten mußte.«

Und sie erklärt, daß sie quasi so etwas wie ein Studium generale gemacht habe über: »Pädagogik des 17. Jahrhunderts [...] Rousseau [...] Hermann Nohl: Theorie der Bildung [...] Allgemeine Psychologie, Pädagogische Diagnostik [...] Persönlichkeitskunde [...] Kinderpsychotherapie [...] Kunstgeschichte: Das Bild des Menschen und der Welt in der christlichen Kunst El Grecos, Velasques, Goya, Picasso [...] Hellenistische Plastik [...] Christliche Sozialethik, Kreuz und Auferstehung [...].«

Im übrigen erklärt sie, daß jetzt nicht mehr Psychologie ihr 2. Hauptfach sei, sondern Kunstgeschichte. Und erklärt zum Thema Psychologie: »Zu diesem Wissensgebiet habe ich keine echte, innere Beziehung.« Und erläutert: »Ich glaube, daß ein fruchtbares Studium der Pädagogik nur möglich ist, wenn man es auf der Grundlage der Psychologie aufbaut. Für das Germanistik-Studium entschied ich mich, da ich durch mein Elternhaus und später Frau Prof. Riemeck in einer Welt gelebt habe, die den geistigen Werten offen war. Mein Vater war Kunsthistoriker, meine Mutter hatte in Kunstgeschichte promoviert und in Deutsch, Geschichte und Erdkunde Staatsexamen gemacht. Außerdem glaube ich, daß die Fragen der Erziehung und Menschenbildung nicht zu trennen sind von ihren geistesgeschichtlichen Herkünften und Zusammenhängen.«

Im vierten Semester in Marburg beschäftigt sich Ulrike Meinhof vor allem mit Sowjetpädagogik und begründet dies damit, daß die Auseinandersetzung mit der »totalitären Erziehung«, wie sie »in der SU und den Ostblockstaaten, insbesondere der SBZ vertreten und praktiziert wird, für uns eine Mahnung ist, unsere Grundlagen immer neu zu durchdenken und die Frage der Allgemeingültigkeit unserer Pädagogik immer neu zu stellen. Zugleich ging es uns darum, die Dinge, die in der SBZ geschehen, besser zu verstehen, zu durchschauen und uns in gewissem Sinn zu rüsten für das Gespräch, das in dem Augenblick der Wiedervereinigung zur Notwendigkeit wird.« Sie liest dafür als Grundlagen Tolstoi und Makarenko, der sich auf die Schriften von Marx und Engels bezieht. Anregend ist ihr deshalb für dieses Thema auch die Lektüre der Frühschriften von Karl Marx: »d. h. der Gesichtspunkt mußte die Frage nach einer erzieherischen Verwertbarkeit der Marxschen Thesen sein«, und sie führt weiter aus: »Eines allerdings müsste hervorgehoben werden. Die

Andersartigkeit Makarenkos als einem Russen, einem ›Kommunisten‹ usw. zwang dazu, auf Kategorien westlicher Pädagogik zu verzichten und ihn – wie Frau Dr. Heimpel in Vlotho sagte – von innen her aus ihm selbst zu verstehen. Aber – das ist ein weites Feld.«

Aus der Korrespondenz mit der Studienstiftung des deutschen Volkes geht hervor, daß Ulrike Meinhof so angetan war von den Freunden in Wuppertal, daß sie darum bittet, ihr Studium in Wuppertal fortsetzen zu dürfen. In einem Brief der Studienstiftung an Ulrike Meinhof heißt es:

»18. Februar 1957

Liebes Fräulein Meinhof,

mein Brief hat zwar einige Zeit auf sich warten lassen, ich denke aber, daß die gute Nachricht Sie über die Wartezeit hinwegtröstet. Nachdem nun auch Frau Professor Blochmann sich so nachdrücklich für Sie einsetzt, daß Sie ein Semester an der Pädagogischen Akademie in Wuppertal studieren können, und darüber hinaus dieses Semester auf Ihr Universitätsstudium angerechnet wird, bestehen von uns aus keine Bedenken mehr, daß Sie im kommenden Semester nach Wuppertal gehen. […] Geben Sie bitte auch Ihren Semesterbericht über das Wuppertaler Semester wieder über Professor Benz an uns. Ich freue mich für Sie, daß Sie Ihr Vorhaben nun ohne Schwierigkeiten verwirklichen können, und bin

mit den besten Grüßen

Ihr Dr. Ohl«

Der Bericht des folgenden Sommersemesters kommt dann folglich auch aus Wuppertal, wo Ulrike Meinhof auch ein Seminar bei ihrer Ziehmutter Renate Riemeck belegt und viel mit dem Wuppertaler Klüngel um Heidi Leonhardt und Johannes Rau zusammen ist. Ihren Verlobten besucht sie am Wochenende und sieht ihn in den Semesterferien. Im Jahr 1957 rückt auch die Frage der Atomrüstung in das Feld der Aufmerksamkeit von Renate Riemeck und Ulrike Meinhof. Über die Wuppertaler Akademie schreibt Ulrike Meinhof:

»In den 11 Jahren seit Bestehen der Akademie hat sie sich nicht nur als technisch gute Einrichtung erwiesen. Jede Gruppe hat ca. 15–25 Studenten, die durch ihren Sprecher im AStA vertreten sind. Außerdem hat jede Gruppe ihren eigenen Raum, in dem sich die Studenten in ihrer freien Zeit aufhalten konnten. Räumlich war dies zwar mit einer Summe von Schwierigkeiten verbunden, da die Akademie in einem alten, ausgesprochen häßlichen Gebäude untergebracht war, aber es ging. Diese Einrichtung wurde von diesen Studenten außerordentlich geschätzt, und ich habe den Eindruck, als wäre damit tatsächlich eines der wirklich schwierigsten Probleme des Studentenlebens an einer Hochschule gelöst. An der Universität begegnet es einem eigentlich erschreckend oft, daß Studenten, aber vor allem Studentinnen jahrelang ohne Kontakt zu ihren Kommilitoninnen studieren, woraus dann viel menschliche Not geworden ist. […] Bei allem Vorbehalt gegen die studentischen Verbindungen muß man ja immer wieder zugeben, daß dort eine Möglichkeit studentischen Zusammenlebens besteht, die es sonst […] nicht gibt. Sicher hängt es auch mit den Verbindungen zusammen, daß man die Not des Alleinseins bei den Studentinnen öfter findet als bei Studenten. […] Abschließend möchte ich sagen, daß mir das Wuppertaler Semester sehr viel Neues und Fruchtbares brachte und daß ich nachträglich sehr froh bin, daß ich mir diesen Exkurs in meinem Studium erlauben durfte.«

Schließlich geht Ulrike Meinhof nach Münster, wo sie sich ab Januar 1958 dem Kampf gegen den Atomtod widmet. Nach ihrer ersten und vorher schon erwähnten öffentlichen Rede als Sprecherin des von ihr initiierten Anti-Atomwaffen-Ausschusses in Münster am 20. Mai 1958 schrieb Ulrike Meinhof in ihrem Studienbericht aus dem Sommersemester 1958 nicht nur über Vorlesungen und Seminare, sondern auch über ihr Engagement gegen den Atomtod:

»Nicht unbeeinträchtigt blieb die Arbeit dieses Semesters von meiner Tätigkeit im ›Studentischen Arbeitskreis für ein kernwaffenfreies Deutschland Münster‹, den ich in Zusammenarbeit mit einigen Kommilitonen ins Leben rief. Wir veranstalteten im Mai einen Schweigemarsch und brachten ab Mitte Juni zwei Mal monatlich ein Flugblatt unter dem Titel *argument* heraus, in dem wir versuchten, die einzelnen Punkte der Auseinandersetzung durchzudiskutieren. Ende Juli errichteten wir dann noch eine ›Mahnwache‹ und veranstalteten gleichzeitig eine Unterschriftensammlung. Diese unsere Tätigkeit entspricht in etwa dem, was auch an allen anderen Universitäten auf Initiative entsprechender Arbeitskreise sich ereignete. Der Kontakt zu diesen Arbeitskreisen untereinander wird insbesondere gebildet durch eine ›Zentrale‹ in Ffm, wo außerdem 3 Delegiertenkonferenzen im Mai, Juni und Juli stattfanden, zum Austausch von Erfahrungen. Auf der letzten Konferenz begannen wir mit der Vorbereitung des studentischen Kongresses in Berlin.«

4. Kampf dem Atomtod, 1958

Akademie freier Geister

Der ›Wuppertaler Klüngel‹ war seit Mitte der fünfziger Jahre aktiv gegen die Regierung Adenauer und insbesondere gegen jede militärische Rüstung des Westens engagiert. Aus der Sicherheit ihres beamteten Lehrauftrages heraus machte sich Renate Riemeck gegen die seit 1957 im Bundestag diskutierte Atombewaffnung der NATO-Truppen auf dem Boden der Bundesrepublik stark, gemeinsam mit »fortschrittlichen« Theologen, Professoren und Politikern. Von der ersten Stunde der Bundesrepublik an richten sich ihre politischen Aktivitäten gegen Adenauer, und dies nicht nur wegen seiner frühen Bestrebungen, die Bundesrepublik im Rahmen eines Westbündnisses zu bewaffnen (im Mai 1955 wird die Bundesrepublik bereits in die NATO aufgenommen), sondern wegen so gut wie aller damals anstehenden Grundsatzentscheidungen, deren Adenauersche Beantwortung Renate Riemeck mißfiel.

Von dem CDU-Kultusminister Edo Osterloh in Schleswig-Holstein abgesehen (er war ein Schwiegersohn von Tante Tilla und wurde deshalb von Renate Riemeck toleriert), war ihr die CDU schlechthin suspekt – mit einer weiteren Ausnahme, nämlich des CDU-Innenministers im ersten Kabinett Adenauer und Vertreters des evangelischen Bevölkerungsteils im damals noch sehr wichtigen Konfessionsproporz, Gustav Heinemann. Renate sieht ihn als den eigentlichen politischen Gegenspieler Adenauers an, dies möglicherweise zu Recht. Als Gustav Heinemann, damals noch CDU-Mitglied, am 9. Oktober 1950 aus Protest gegen die von Adenauer zunächst noch vorsichtig diskutierte Bewaffnung der Bundesrepublik (oft fälschlich »Wiederbewaffnung« genannt) vom Amt des Bundesinnenministers zurücktritt, ist sie eine von denen, die innerlich Bravo rufen.

Ende der fünfziger Jahre begann Renate Riemeck, in der 1954 von einem

Kreis um Martin Niemöller und Gustav Heinemann herausgegebenen Halb-
monatsschrift *Stimme der Gemeinde* sowie in der Monatszeitschrift *Blätter für
deutsche und internationale Politik*[1] Artikel gegen das KPD-Verbot, gegen die
Bewaffnung der Bundesrepublik und für ein neutrales Gesamtdeutschland
nach dem Vorbild Österreichs zu veröffentlichen.

Sie trat mit etlichen Professoren in Kontakt, die wie sie oppositionell
dachten, und empfand diese Verbindung wie eine »Akademie freier Geister«. Riemeck: »Sie kannten sich nicht, waren aber wie alte Freunde, sobald
sie sich unerwarteterweise einmal trafen.«[2] 1958 wird sie zur 400-Jahr-Feier
der Universität Jena eingeladen – es ist das erste Mal nach ihrem Umzug
in den Westen, daß sie die innerdeutsche Grenze passiert. Nachdem sie an
der Feier teilgenommen hatte, fuhr sie noch in einer privaten ›Sondermis-
sion‹ nach Ostberlin, wo sie sich mit der berüchtigten Justizministerin Hilde Benjamin, im Volksmund »Rote Hilde« oder »Rote Guillotine« genannt,
traf. Allein dies zeigt, welche hervorragenden Kontakte Renate Riemeck zu
dieser Zeit im Osten Deutschlands gehabt haben muß. Sinn dieser ›Son-
dermission‹ war es, eine Verwandte von Ulrike Meinhof, Tante Käthe, die
Schwester von Werner Meinhof, die damals in einem DDR-Gefängnis saß,
freizubekommen. Irgendwann hatte die DDR-Regierung herausbekommen,
daß die rüstige Missionarin, die kurz vor dem Krieg aus China nach Halle
zurückgekehrt war, den »Klassenfeind« Tschiang Kai-schek, der nach dem
Sieg Maos nach Formosa, dem heutigen Taiwan, geflohen war, persönlich gut
kannte, und hatte sie und 40 weitere evangelische Pfarrer verhaftet. Es gelang
Renate Riemeck mit ihrer Fürbitte, so beschreibt sie es selber in ihrem Buch,
Tante Käthe und die anderen freizubekommen. Der »Roten Hilde«, die für
extrem harte, mit der DDR-Führung abgekartete Urteile – auch mehrere
Todesurteile – bekannt war, eine politische Gefangene und noch 40 andere
herauszuleiern, war entweder ein Wunder oder ein Zeichen dafür, wo Renate
Riemeck in der Hierarchie stand. Wer war sie, dass sie bei der »Roten Hil-
de« einfach so hereinspazieren und mit 40 evangelischen Pfarrern und Tante
Käthe Meinhof wieder herauskommen konnte?

Ein Schwätzchen unter Frauen wird die Unterhaltung im Zweifel nicht
gewesen sein. Adenauer mußte unter den Augen der Weltpresse mühsam
nach Moskau reisen, um einen Bruchteil der in russische Gefangenschaft
geratenen deutschen Soldaten aus der Sowjetunion freizubekommen. Ansonsten mußte die BRD mehr oder weniger geräuschlos über Jahrzehnte
westdeutsche Gefangene gegen harte D-Mark aus DDR-Gefängnissen her-
auskaufen oder gegen DDR-Spione austauschen. Wer war Renate Riemeck

wirklich, die ihr Leben lang eisenhart schwieg, sobald es ans Eingemachte ging? Es war nicht der einzige Besuch Renate Riemecks in der DDR.

Ihre häufigen Besuche in der »Ostzone« führten dazu, daß der Verfassungsschutz in diesen Jahren damit begann, sie zu beobachten. In der Tat öffnet sie sich jetzt immer mehr den kommunistischen Ideen, ohne jedoch ihr Christentum dafür zu opfern, und verfolgt damit ihren ganz eigenen Weg – am ehesten wohl auf der Linie Gustav Heinemanns.

Am 5. April 1957 erklärt Kanzler Adenauer, der nach Gründung der konventionellen Bundeswehr und der NATO-Mitgliedschaft der Bundesrepublik (beides 1954/55) nun auch nach taktischen Atomwaffen strebt, diese seien im Grunde nichts anderes als eine Weiterentwicklung der Artillerie, und es sei ganz selbstverständlich, daß die westdeutschen Truppen auch die neuesten Typen erhalten. Im Februar 1958 trat Renate Riemeck mit dem von ihr formulierten und von 44 Professoren unterschriebenen »Appell an die Gewerkschaften gegen die atomare Aufrüstung der Bundeswehr« an die Öffentlichkeit, der an die berühmte »Göttinger Erklärung« von 1957 anknüpfte. In dieser hatten sich 18 namhafte deutsche Atomwissenschaftler, darunter vier Nobelpreisträger, ausdrücklich gegen die atomare Bewaffnung der Bundesrepublik ausgesprochen. Im »Appell der 44« wurde für eine »atomwaffenfreie Zone« in Mitteleuropa plädiert.

Wichtigste Kraft gegen die atomare Bewaffnung der NATO in Deutschland war damals die SPD, die nach ihrer Wahlniederlage von 1957 im Frühjahr 1958 zu einer breiten Opposition gegen Pläne zur atomaren Bewaffnung der Bundesrepublik mit der Aktion »Kampf dem Atomtod« aufrief. Gemeinsam mit den Gewerkschaften, die durch die »Erklärung der 44« bis in die Spitzen mobilisiert waren, schafft dieser Protest der Opposition ein Klima, in dem sogar mit der Karte des Generalstreiks gespielt wurde.

Im März 1958 interviewte Klaus Röhl den SPD-Politiker Helmut Schmidt für die Münchner Zeitschrift *Kultur* und druckte das Interview auch in KONKRET ab. Helmut Schmidt erklärte darin, daß die Atomrüstung seiner Auffassung nach einen nationalen Notstand bedeute.

Klaus Rainer Röhl: »Halten Sie einen Generalstreik dagegen für legitim?«
Helmut Schmidt: »Die Frage möchte ich uneingeschränkt mit Ja beantworten.«[3]

Helmut Schmidt, damals bereits im SPD-Bundesvorstand, hielt am 20. März 1958 eine flammende Rede gegen die Bundesregierung, wobei er den Entschluß der Bundesregierung zu einer atomaren Aufrüstung mit dem Ermächtigungsgesetz für Hitler vom 23. März 1933 verglich: »Ihre Zustimmung zu dem Ermächtigungsgesetz hat uns wie viele Millionen anderer später auf die Schlachtfelder Europas geführt und in die Keller unserer Städte, Millionen in die KZ und deren Todeskammern. Und dieses Ermächtigungsgesetz […], das hat uns damalige Schuljungs dem raffinierten psychologischen System des ›Dritten Reiches‹ ausgeliefert, und wir haben einige Zeit gebraucht, um uns aus dieser geistigen Umklammerung unserer jungen Unmündigkeit zu befreien.«[4]

Schmidt und die SPD kämpften damals jedoch – anders als die KPD – gegen die Atombewaffnung in West *und* Ost. Der von Renate Riemeck mit initiierte »Appell der 44« hingegen richtete sich ausschließlich gegen die atomare Ausstattung der NATO-Truppen auf dem Boden der Bundesrepublik. Die atomare Bewaffnung der Sowjetunion als des potentiellen Gegners wurde jedenfalls nicht thematisiert, ein Umstand, um den allerdings geschickt herumformuliert wird. Wohl aus diesem Grund schlossen sich die 18 Göttinger Wissenschaftler dem »Appell der 44« und auch den Erklärungen anderer aus dem Boden schießender Gruppen dieser Stunde nicht an. Für die SPD wird es bei ihrem »Kampf gegen den Atomtod« sehr schwer, nicht als »Bolschewisten« diffamiert zu werden. Helmut Schmidt hofft zu diesem Zeitpunkt noch, sich gegen derartige Verunglimpfungen wehren zu können. In seiner Bundestagsrede vom 23. März 1958 erklärt er: »Sie werden uns Sozialdemokraten nicht in eine Situation hineinrabulieren, in der Sie uns als Anwalt für die russische Position hinstellen könnten. Das möchten Sie so gerne.«[5]

In dem bereits zitierten Interview mit Klaus Röhl, nachgedruckt in KONKRET, erklärt Schmidt, daß er sich vor der Vereinnahmung durch Kommunisten ebensowenig fürchte wie vor der Diffamierung durch die Adenauer-Regierung, mit den Kommunisten gemeinsame Sache zu machen. Klaus Rainer Röhl: »Muß man nicht zu dem Schluß kommen, daß die SPD die Aufgabe hätte, einmal offensiv den Antikommunismus als Zweckpropaganda zu entlarven und ihm entgegenzutreten?« Helmut Schmidt: »Ja. […] Es ist eine bewährte Taktik Adenauers, die Tatsache, daß sich in vielerlei politischen Situationen die SED und die Kommunisten Deutschlands an die Rockschöße der Opposition gehängt haben, zur Diffamierung der Opposition auszunutzen. Das wird auch in Zukunft so sein, damit wird man rechnen müssen. Wer davor Angst hat, hat zweifellos nicht genug Kraft für die ganze Auseinandersetzung. Im übrigen wird man mit großem Erfolg den Menschen vor Augen führen können, daß die Opposition gegen die atomare Bewaffnung in einer Front steht mit so hervorragenden Führern der

Menschheit wie Albert Schweitzer oder Pandit Nehru, in einer Front steht mit über 9000 Wissenschaftlern aus 40 Ländern der Welt.«[6]

Doch gerade Helmut Schmidt mußte bald erleben, wie schnell seine eigene Politik, die große oppositionelle Bewegung, von der er sprach, sich kommunistisch unterwandern ließ, nicht zuletzt von dem, der ihn hier scheinbar harmlos interviewte: Klaus Rainer Röhl.

Renate Riemeck stand in diesen Wochen und Monaten mit allen wichtigen Persönlichkeiten, die gegen die atomare Bewaffnung der BRD ankämpften, in Kontakt. Mit Martin Niemöller spricht sie auf öffentlichen Versammlungen ebenso wie mit dem damaligen NRW-Juso-Vorsitzenden Johannes Rau. Der Friedensnobelpreisträger Albert Schweitzer schrieb ihr, nachdem er einige Artikel von ihr gelesen hatte, und ermutigte sie, in ihrem Eifer nicht nachzulassen. Es war daher kein Wunder, daß auch Ulrike Meinhof, deren Engagement an der Universität in Münster vor diesem Hintergrund gesehen werden muß, sich in diesem Oppositionszusammenhang zu Hause fühlte. Renate Riemeck, die zu diesem Zeitpunkt noch das Gefühl haben konnte, daß selbst die SPD hinter ihr stand, spricht in diesen Monaten mehrfach vor größeren Versammlungen. Sie war erfüllt von ihrer neuen Aufgabe, von der Kanzel aus die ›Massen zu mobilisieren‹:

»Bei den traditionellen 1.-Mai-Feiern der Gewerkschaften traten 1958 erstmals Professoren in verschiedenen großen Städten als Redner auf und solidarisierten sich mit der Arbeiterschaft. So etwas hat es in der Geschichte der deutschen Arbeiterbewegung noch nicht gegeben. Die politische Erregung über die Pläne der Bundesregierung war so groß, daß etliche der ›Vierundvierziger‹ ihre Scheu vor den Massen überwanden und sogar unter freiem Himmel redeten, wie es in der Revolution von 1848 geschehen war. Ich sprach gleich auf zwei großen Kundgebungen, weil zu viele Anfragen aus verschiedenen Gewerkschaftsverbänden ergangen waren, die einen der 44 Professoren hören wollten. […] Ich entsinne mich noch einer Gewerkschaftsveranstaltung mit Ruhrkumpeln, die für einige Stunden ihre Arbeit niedergelegt hatten und anmarschiert waren, um mich in einem großen Kinosaal anzuhören. Während ich redete und in ihre grauen, ausgemergelten Gesichter sah, fiel mir Rosa Luxemburg ein, um deretwillen sie wohl auch gekommen wären. Aber ich war keine Rosa, wollte meine Zuhörer nicht vom Marxismus überzeugen und hatte mit dieser großen Frau nur die Liebe zu den ›Verdammten dieser Erde‹ gemein.«[7]

Am 25. März 1958 wurde im Bundestag trotz der breiten Oppositionsbewegung die atomare Bewaffnung der BRD beschlossen. Dies bedeutete allerdings nicht, daß die BRD über eigene atomare Sprengköpfe verfügen sollte, diese sollten ohnehin in amerikanischer Verfügung bleiben. Es hätte wohl kaum ein Land gegeben, das den Deutschen 13 Jahre nach dem Krieg atomare Sprengköpfe zur Verfügung gestellt hätte. Es ging lediglich um die Trägersysteme, die in der Bundesrepublik stationiert werden sollten. Ob die BRD im Endergebnis über diese Trägersysteme völlig frei allein entscheiden sollte, muß wohl ebenfalls bezweifelt werden.

Kurz nachdem die Nuklearrüstung der westdeutschen NATO-Truppen beschlossen war, legte die SPD das Thema mehr oder weniger zügig ad acta. Ihrer Studentenorganisation, dem SDS, und engagierten Politikern wie Helmut Schmidt wurde von der eigenen Parteiführung Zurückhaltung anempfohlen. Allein die Initiative zu einer Volksbefragung, die bereits in Hamburg, Bremen, Frankfurt und Darmstadt anlief, wurde von den jeweils zuständigen Parlamenten beschlossen. Diese wurde jedoch vom Bundesverfassungsgericht per einstweiliger Anordnung noch frühzeitig gestoppt. Spätestens damit war – Ende Mai 1958 – die SPD-Initiative »Kampf dem Atomtod« mehr oder weniger gestorben.

Hatte sich Helmut Schmidt im März noch vehement im Bundestag für eine breite Opposition gegen die Atombewaffnung der Bundeswehr ausgesprochen und damit die herrschende SPD-Meinung zu diesem Zeitpunkt ausgedrückt, so erfolgte also nur wenige Monate später – ab Mai 1958 – in der SPD ein klammheimlicher Kurswechsel. Dieser führte dazu, daß die einmal mobilisierte Oppositionsbewegung und die engagierten Studenten, die sich bei Semesterbeginn der Anti-Atomwaffen-Bewegung von SPD und Gewerkschaften angeschlossen hatten, ein wenig die Orientierung verloren und in der Folge leichte Beute der Interessen der illegalen KPD werden konnten.

Die militärischen Potenzen

Wie war die militärische und politische Ausgangslage zu dieser Zeit? Nach dem Zweiten Weltkrieg hatte die Sowjetunion unter Stalin begonnen, die Rote Armee rapide konventionell aufzurüsten und ab 1949 auch nuklear. Gleichzeitig wurden in der Sowjetunion die technischen Voraussetzungen geschaffen, die Waffen konventionell wie nuklear ins Ziel bringen zu können. Diese militärischen Potenzen preßten Stalin und Chruschtschow aus einer ineffizienten Volkswirtschaft heraus und muteten dabei den Menschen in ihrem Machtbereich einen bitter niedrigen Lebensstandard zu. Gleichzeitig redeten sie weiter von Frieden und predigten Marx, der gerade die wirtschaftliche Teilhabe der arbeitenden breiten Masse propagiert hatte. Zu den diktatorischen und menschenverachtenden Methoden der Machterhaltung innerhalb der eigenen Grenzen, die in der UdSSR gleichsam Standard waren, gehörten zig Hunderttausende Zwangsarbeiter in Gulags, Zwangsdeportationen und dergleichen. Auch wurden die Mehrheit der Bevölkerung in der UdSSR in Gestalt der Vielzahl kolonialisierter Ethnien und auch die osteuropäischen Länder weiterhin unterdrückt.

Auf der westlichen Seite waren die Militärstrukturen der USA und ihrer westeuropäischen Verbündeten über die NATO zwar eng miteinander verknüpft, aber keineswegs so konzentriert oder gar monolithisch organisiert, wie dies für den Ostblock galt. Es gab also im Westen durch die Selbständigkeit der NATO-Mitgliedstaaten von vornherein ein höheres Maß an Gewaltenteilung als im Warschauer Pakt. Der Westen beschäftigte sich nach dem Zweiten Weltkrieg primär mit der Produktion von Wohlstand und schuf sich Volkswirtschaften, die – um es makaber auszudrücken – mit einer gewissen Lässigkeit ein eigenes militärisches Gegengewicht zum Ostblock aufbauen konnten, was zweifelsfrei in den westlichen Gesellschaften zu einer weit weniger militärbezogenen Denkweise führte. Auch die Stringenz und die Verbissenheit, wie sie in der Sowjetunion beim Aufbau eines völlig überdimensionierten Militärapparates herrschten, gab es im Westen in dieser Form nicht. Last, but not least waren die Gesellschaften der NATO-Staaten, zum Beispiel Amerika, England, Frankreich und auch die Bundesrepublik, sicher mit eigenen Schwächen behaftet, alles in allem funktionierende Demokratien.

Den Militarismus, den die Sowjetunion mit allen Mitteln der Propaganda permanent dem Westen unterzuschieben suchte, gab es tatsächlich dort, wo diese Propaganda produziert wurde. Der Westen zeigte sich auf weltpolitischem Feld keineswegs wie ein Musterknabe: Die Freigabe der afrikanischen Kolonien etwa funktionierte nur unter großen Geburtswehen. Per saldo aber mußte sich der Westen wirklich nicht von der östlichen Subversion als der eigentliche Problemfall schelten lassen. Zu den westlichen Demokratien gehörte es, daß es eine halbwegs freie Presse gab, die auch frei für die Einflußnahme östlicher Propaganda war.

In den ersten zehn Jahren nach dem Krieg mußte die DDR schon einen erheblichen Aderlaß hinnehmen, indem die Menschen den kommunistischen Teil Deutschlands in großer Zahl fluchtartig verließen. Von 1955 bis zum Bau der Mauer 1961 flüchtete fast jeder zehnte Bürger aus der DDR, es waren ca. 1,5 Millionen Menschen. In umgekehrter Richtung: Null.

Von ganz wenigen Ausnahmen abgesehen, unter ihnen die Familie von Angela Merkel, Lothar Bisky oder etwa Wolf Biermann, die sich entschieden, vom Westen in die DDR umzuziehen.

Die Gefahrenquelle Nr. 1 dieser Welt war damals nicht die Bundesrepublik Deutschland, wie es die Ostpropaganda und die Westlinke suggerierten. Allein geographisch bedingt sah sich Westeuropa und sah sich insbesondere die Bundesrepublik Deutschland – England und Frankreich bauten in dieser Zeit eigene Atomstreitkräfte auf – der Situation gegenüber, daß sie weder konventionell noch gar nuklear den militärischen Potentialen des quasi direkt vor der Haustür liegenden Machtbereichs der UdSSR etwas entgegensetzen konnte. Die Bundesrepublik war also sicherheitstechnisch essentiell auf die NATO und vor allem auf die Amerikaner angewiesen. Doch die USA liegen 7000 km von der Bundesrepublik entfernt. Daß die Adenauer-Regierung, wenn sie es denn gewollt hätte, von den Westalliierten Raketen und Atombomben bekommen hätte, mit denen sie etwa Paris oder London hätte auslöschen können, ist zudem eine irreale Vorstellung. 13 Jahre nach dem Zweiten Weltkrieg waren die Engländer und Franzosen kaum mit weniger Ressentiments gegen Deutschland behaftet als die Sowjets.

Tatsächlich aber lief der öffentliche, lautstarke Diskurs der Anti-Bundeswehr-Proteste in der Bundesrepublik auf eine einseitige Verteufelung der Bundesrepublik und der Westmächte hinaus bei gleichzeitiger Verklärung der militärischen Potenzen und Absichten im Ostblock.

Diese einseitige Verengung führte dazu, daß die Bundesrepublik allein an den Pranger gestellt wurde und in jedem Fall atomaren Verzicht und genaugenommen auch konventionellen Waffenverzicht zu leisten hätte, während die militärischen Potentiale der Sowjetunion sowie auch die dortigen Taten gegen die Menschlichkeit bei diesen westlichen Friedenspropagandisten aktiv beschönigt und ideologisch verniedlicht wurden. Diese Einseitigkeit war vermutlich zu keinem Zeitpunkt ganz frei von östlicher Einflußnahme auf das westdeutsche Mediengeschehen.

De facto war der sogenannte Eiserne Vorhang so etwas ähnliches wie ein nach Westen gerichteter, semipermeabler Spiegel. Die »Anti-Atom-Show« fand diesseits der Grenze vor diesem Spiegel statt, und zwar im Schutze der besonderen Freiheiten des Grundgesetzes der Bundesrepublik. Auf der östlichen Seite des Spiegels gab es Diktatur und, wie es sich für eine Diktatur gehört, einen regierungsamtlichen Propagandaapparat, der nur einseitig gen Westen und natürlich auch im Inneren wirkte. Und es gab eine regierungsamtliche Presse und sonst keine.

In der Bundesrepublik gab es im Gegensatz zur DDR die vertikale Gewaltenteilung in Gestalt der Bundesländer. Es gab die horizontale Gewaltenteilung des Grundgesetzes in Exekutive, Legislative und Judikative. Es gab unter dem Grundgesetz frei agierende Parteien. Es gab als eine Art vierte Gewalt das Bundesverfassungsgericht. In der DDR gab es eine Einheitspartei und einen Partei- und Staatschef in einer Person. Weder Parlament noch Justiz, noch Presse, noch Regionen waren frei. Das heißt, in der DDR konnte die Regierung mit einer qualitativ anderen Schlagkraft den Staat beherrschen. Sie konnte im Inneren wie auch nach außen qualitativ anders agieren und dabei die durch das Grundgesetz definierte, freie Gesellschaft in der Bundesrepublik und deren Spielregeln tangieren und nutzen. Und sie konnte, wie das Beispiel der Zeitschrift KONKRET zeigt, im Westen eine Zeitung unterhalten. Die Bundesregierung hätte ihrerseits keine volkseigene Betriebszeitung in der DDR betreiben können. Westdeutsche, die in die DDR einreisten, durften nicht einmal ein Exemplar einer westdeutschen Zeitung mitnehmen. DDR-Bürger, die Westradio hörten, machten sich strafbar. Insofern war die Propagandaschlacht zwischen Ost und West eine ziemlich einseitige Angelegenheit. Die DDR hatte alle handwerklichen Wettbewerbsvorteile im Kampf der Systeme, aber offenbar kein wettbewerbsfähiges System.

Eine Anti-Atomwaffen-Bewegung konnte es in der DDR nicht geben. Dort mußte man mit dem atomaren Schutzschild der Sowjetunion wortlos leben, die nur eine gute Flugstunde von Berlin entfernt ihre Stützpunkte hatte, sofern es nicht sogar auf dem Boden der DDR selber geheime Optionen für eine atomare Bewaffnung der dort stationierten sowjetischen Truppen gab. Das Wort »Frieden« war dennoch das zentrale Schlagwort, mit dem die Sowjetunion seit Beginn des kalten Krieges sehr erfolgreich vor allem bei jungen Menschen im Westen agierte.

Der Gedanke, auf Atomwaffen zu verzichten und vorhandene Atomwaffen umweltfreundlich zu vernichten, ist ein reales Anliegen der Menschheit. Dieser Gedanke ist jedoch für Propaganda ungeeignet. Und er ist auch nicht sehr originell oder intelligent, denn er ist eine Selbstverständlichkeit. Jeder Bürger ist aufgerufen, seinen Teil für eine möglichst atomwaffenfreie und überhaupt waffenfreie Welt beizutragen. Die komplexe Frage, wie die verfahrene Situation des kalten Krieges, wie der Status quo des sich abzeichnenden atomaren Overkill-Potentials auf beiden Seiten des Eisernen Vorhangs behutsam und besonnen zu lösen sein könnte, war auch damals weder mit Hysterie noch mit Einseitigkeit sinnvoll zu beantworten. Die Atomfrage ließ sich insbesondere nicht ideologisch lösen. Sie hat auch nichts mit Kommunismus und Kapitalismus, sondern allein etwas mit der Realität der in Ost und West existierenden Atomwaffen zu tun. Die Atomfrage entwickelte sich nicht so, daß die Sowjetunion auf Rüstung verzichtete oder gar Rüstung abbaute. Deswegen war es von der damaligen SPD nicht besonders verantwortungsbewußt, daß sie die Geister der Anti-Atomwaffen-Bewegung, die sie selber geweckt hatte, im Mai 1958 sang- und klanglos im Stich ließ und dies auch noch ohne jede öffentliche Erklärung. Ausgerechnet ein Thema, bei dem es um reale Gefahren und auch reale Ängste ging, hätte nicht der Straße überlassen werden dürfen und auch nicht agitierenden Studenten. Ganz im Gegenteil: Hier wären Aufklärung und politische Führung notwendig gewesen. Eine solche Aufklärung fand jedoch unter Adenauer nicht statt, weshalb es die Adenauer-Regierung vorrangig zu verantworten hat, daß sich entgegen der Faktenlage der Mythos einer moralischen Asymmetrie festsetzen konnte, hier der menschliche Osten und da der verrottete Westen. Adenauer und den konservativen Kräften in der BRD insgesamt ist vorzuwerfen, daß sie unkommunikativ, dümmlich-autoritär und wenig argumentativ daherkamen und bei aller Kritik am Osten das eigene Volk und vor allem die jungen Leute nicht aufklärten und emotional bei ihrem strammen Kurs gegen die Sowjetunion mitnahmen. Adenauer hätte sich erklären müssen: warum er die Stalinnote 1952 ignorierte, warum er den Rapacki-Plan ignorierte, warum er der Sowjetunion nicht traute.

Statt dessen setzte die Adenauer-Regierung auf einen dumpfen Antikommunismus in der Bevölkerung und hielt es offenbar für unnötig, sich mit den jungen Intellektuellen und Studenten in der Bundesrepublik auseinanderzusetzen. Dieses geistige Vakuum, das die Adenauer-Regierung durch ihre Ignoranz produzierte, trieb die junge Intelligenz Westdeutschlands, und eben auch eine Ulrike Meinhof, ideell oder ideologisch gleichsam in die ausgebreiteten Arme der Sowjetunion, deren Propagandaapparat sich um die jungen Leute in Westdeutschland explizit bemühte, zum Beispiel mit der Zeitschrift KONKRET.

Ein bißchen teutonische Großmannssucht wird man wohl in der seinerzeitigen Anti-Atomwaffen-Bewegung, die sich 1958 nun außerparlamentarisch bildete, erkennen müssen. Da ereiferte sich eine westdeutsche Gruppe in einer Weise, als läge es an ihr, den längst zementierten globalen Status quo der beiden großen Blöcke von einer neuen, deutschen, nuklearen Gefahr zu befreien, wobei gemeint war: einer westdeutschen Gefahr für die ganze Welt. Die im Wesentlichen auf den deutschen Minikosmos abgestimmte westdeutsche Anti-Atomwaffen-Bewegung war tatsächlich weit mehr auf die beiden gegensätzlichen politischen Systeme fokussiert denn auf das Faktum der Gefährlichkeit von Atomwaffen. Viel weniger als die Atomwaffenrüstung selber wurde nämlich die Regierung Adenauer mittels der Atomdebatte attackiert.

Auch Helmut Schmidt räumte später ein, daß er seine Rede gegen den Atomtod vom 23. März 1958 unter dem falschen Eindruck gehalten hat, die Regierung sei tatsächlich dafür gewesen, Verfügungsgewalt über atomare Waffen zu erlangen. Er sagte offen, »nicht mehr beweisen zu wollen«, daß es in der Regierung Adenauer wirklich Leute gab, die so eine Verfügungsgewalt gewollt hätten.[8]

Argumente

Als Ulrike Meinhof im Wintersemester von Wuppertal an die Uni Münster wechselte, hatte sie sich verändert. Während sie vorher die an Pädagogik und Kunst interessierte Studentin war, die in Marburg mit ihrem Verlobten ein zurückgezogenes Leben geführt hatte, ist sie im Februar 1958, als sie in Münster zielstrebig einen Anti-Atomwaffen-Ausschuß gründet, bereits eine tonangebende Aktivistin. Das Studium scheint sie kaum noch zu interessieren. Es ist, als hätte sie in dem Zwischensemester in Wuppertal eine Metamorphose erlebt. Wie eine Rakete legt sie los. Nachdem Renate Riemeck zuletzt im Februar mit ihrem »Appell der 44« in einer flammenden Rede bei den Gewerkschaften an die Öffentlichkeit gegangen war, nahm die Ziehtochter spätestens seit ihrer eigenen großen Rede in Münster am 20. Mai 1958 ihrer Ziehmutter die politische Stafette aus der Hand. Nachdem die SPD aus der von ihr selber initiierten Bewegung »Kampf dem Atomtod« ausgestiegen war, widmete sich Riemeck wieder ihrer universitären Arbeit. Bald bleibt sie in der Öffentlichkeit hinter ihrer Ziehtochter Ulrike Meinhof zurück.

Die Studenten Ulrike Meinhof, Jürgen Seifert und Peter Meier führten ihren Kampf gegen die atomaren Aufrüstungspläne der Bundesregierung fort. Ab Juni 1958 gaben die drei an der Uni Münster ein kleines Blättchen heraus, mit dem sie die Studenten über die drohende atomare Bewaffnung der Bundesrepublik aufklären wollten.

Das Argument war nicht mehr als eine gefaltete DIN-A4-Seite, modern und professionell aufgemacht. Sehr akademisch, strukturiert und mit Zitaten und Fakten belegt, wurde die Lage analysiert. *Das Argument*, ab Ausgabe 2 nur noch *argument*, erschien ein Jahr lang mit insgesamt zwölf Ausgaben. In der ersten Ausgabe vom 21. Juni 1958 hieß es:

»Die Bundesregierung behauptet, das Mandat ihrer Wähler zur Aufrüstung der Bundeswehr mit Massenvernichtungsmitteln am 15. September 1957 erhalten zu haben. ›Die Bevölkerung hat auch in dieser Schicksalsfrage ihre grundsätzliche Entscheidung bereits in der Bundestagswahl 1957 getroffen.‹ (Bundesinnenminister Schröder, als Sprecher der Bundesregierung) Das ist unwahr. Vielmehr haben die Abgeordneten der CDU im Wahlkampf behauptet, daß eine Aufrüstung der Bundeswehr mit atomaren Waffen nicht aktuell und nicht vorgesehen sei. Das geht einwandfrei hervor aus dem von der Bundesgeschäftsstelle der CDU in Bonn herausgegebenen ›Außen- und wehrpolitischen Leitfaden für den Gebrauch im Bundestagswahlkampf 1957‹. Dort heißt es: ›Die Bundesregierung beabsichtigt keine Bewaffnung der Bundeswehr mit atomaren Waffen.‹ [...] Weiter ist in dem ›außen- und wehrpolitischen Leitfaden‹ zum Thema Wehrpflicht im Zusammenhang mit der atomaren Aufrüstung zu lesen: ›Wenn darauf hingewiesen wird, daß z.B. England die allgemeine Wehrpflicht abschafft, so ist zu sagen: England stellt seine Armee von der herkömmlichen auf Atombewaffnung um. Die Bundeswehr dagegen wird ohne Atomwaffen ausgerüstet.‹ – Bundestagswahlkampf 1957! [...] Wußten Sie [...], wie groß die Bewegung gegen die Atomaufrüstung in der Bundesregierung ist? [...] 1000 Arbeiter der Henschel-Werke in Kassel traten am 25. März aus Protest gegen die atomare Aufrüstung in einen fast fünfstündigen Warnstreik. 2500 Arbeiter der Ankerwerke Bielefeld machten eine Protestkundgebung am 26. März. 500 Studenten der Hamburger Ingenieursschule veranstalteten am 27. März einen Schweigemarsch. Die Mehrzahl der 3300 Arbeiter der Büssing-Nutzkraftwagenwerke in Braunschweig legte am 31. März für eine Stunde aus Protest die Arbeit nieder. 120 000 Hamburger demonstrierten am 16. April auf dem Hamburger Rathausplatz. Seitdem steht dort eine ›Atomwache‹. 20 000 demonstrierten am 18. April in Bielefeld. Am gleichen Tage versammelten sich in Dortmund 3000 Menschen in der Westfalenhalle. [...] Am 20. Mai protestierten in 14 Universitäts- und Hochschulstädten 13 800 Studenten, z.T. gemeinsam mit der örtlichen Bevölkerung. Über 100 Professoren appellierten am 21. Mai an die Bischöfe und Pfarrer der christlichen Kirchen um ein Bekenntnis für eine Politik der Entspannung und gegen Atomaufrüstung. [...] Das ist die Meinung des Volkes. [...] Unerwähnt bleiben die Millionen von Zustimmungserklärungen zu dem Appell der 44 Professoren. Wir leben in einer Demokratie. In einer Demokratie geht alle Gewalt vom Volke aus.«

Die Ausgabe *argument* 2 (27. Juni 1958) hat die Überschrift: »Wer handelt verfassungswidrig?« In dem Blättchen heißt es unter anderem:

»Wer aber handelt verfassungswidrig? Die Bundesregierung hat wiederholt erklärt, die Aufrüstung der Bundeswehr mit atomaren Waffen sei zum Zwecke der Abschreckung notwendig. Die Überlegenheit der Sowjetunion an konventionellen Waffen könne nur durch Atomwaffen ausgeglichen werden. Damit schreckt die Bundesregierung nicht davor zurück, selbst einen atomaren Krieg zu entfesseln. Das heißt, die Bundesregierung ist bereit, selbst die unausdenkbare Schuld auf sich zu laden, notfalls als erster Atomwaffen zum Einsatz zu bringen. Diese Bereitschaft geht deutlich aus der Bemerkung des Bundesverteidigungsministers Strauß vor seiner Amerikareise hervor, der in einem Interview mit *Associated Press* erklärte: ›Das Echo auf den ersten (feindlichen) Gewehrschuß wird eine nukleare und thermonukleare Explosion sein.‹ […] Der beabsichtigte Einsatz von Atomwaffen gegen ›nicht-atomare‹ (konventionelle) Angriffe verletzt die allgemeinen Regeln des Völkerrechts.«

Die Ausgaben des *arguments* sind unterschrieben mit: Herausgeber: Studentischer Arbeitskreis für ein kernwaffenfreies Deutschland, Münster (Westf.); Redaktion: Ulrike Meinhof und Jürgen Seifert. *Argument* 3 (1. Juli 1958) hat den Themenschwerpunkt »Die Moraltheologen und die Atombombe« und kritisiert Vertreter der Kirche, die sich der Adenauer-Politik anschließen, *argument* 4 (4. Juli 1958) befaßt sich schließlich mit »Dr. Jaegers Verniedlichung«. Der Text beginnt mit einem Zitat des Dr. Richard Jaeger, CSU, damaliger Vizepräsident des Deutschen Bundestages: »Es ist überholt, daß die kleinste taktische Atombombe die Größe der Bombe von Hiroshima hat. Die Fachleute haben festgestellt, daß es gelang, die Bomben auf ein Drittel zu verkleinern, und man hofft, sie in Bälde auf ein Zehntel zu verkleinern.«
Dann legen Seifert und Meinhof los:

»Dr. Jaegers Trost

Die Bomben werden immer kleiner. In Hiroshima kamen zwar noch 250 000 Menschen um, bei einem Drittel wären es aber nur noch 83 333, bei einem Zehntel nur noch 25 000 Menschen.

Dr. Jaeger meint, Hiroshima war kein Weltuntergang. Das muß richtig sein. Auch Hitlers KZ's – der Mord an 5½ Millionen Juden – brachten keinen Weltuntergang.

Dr. Jaeger meint, die Generalität würde nur die kleinen, nicht die großen Atomwaffen einsetzen. Aber vielleicht wird die Generalität nicht nur eine

Bombe, vielleicht 100 kleine, vielleicht ganz, ganz kleine Massenvernichtungsmittel einsetzen.

Was beim Einsatz dieser NATO-Hausmittel geschieht, dazu brauchen wir Dr. Jaegers Verniedlichungstherapie nicht mehr, mit der er einem ganzen Auditorium Münsteraner Studenten einen Massenmord plausibel machen wollte. […]

Ihr könnt ruhig schlafen.

Ihr könnt ruhig schlafen – besagt das Märchen von Dr. Jaeger. Denn die Bomben sind ja so klein, sie werden sauber sein, und nur im Böhmerwald setzt man sie ein. Doch der Soldat muß wissen – und wir müssen wissen –, daß die kleinen und sauberen Bomben aus Leipzig und Hannover, aus Halle und Frankfurt einen Trümmerhaufen machen, schlimmer als Dresden es war.«

Die Unsensibilität der Adenauer-Regierung, die auch von Helmut Schmidt in einer Bundestagsdebatte im März 1958 deutlich benannt wurde, war erschütternd. Daß Ulrike Meinhof und Jürgen Seifert recht haben, wenn sie Strauß wegen seiner Formulierung angreifen, bereits ein Schuß der anderen Seite würde atomar beantwortet, scheint auf der Hand zu liegen. Die beißend ironischen Formulierungen von Ulrike Meinhof und Jürgen Seifert gegen Jaeger machen deutlich, wie sehr Jaeger sich damals vergriff, der ähnlich wie Adenauer den ›kleinen dummen‹ Leuten eine einschläfernde Beruhigungspille verpassen wollte, als sei die Atombombe am Ende doch nur eine besonders aggressive Märklin-Eisenbahn.

Jürgen Seifert schrieb 1993 über die damalige Zusammenarbeit mit Ulrike Meinhof: »In kurzer Zeit veränderten wir – eine Gruppe von 18 Leuten – das politische Leben der Universität. Ulrike und ich haben Flugblätter und andere politische Texte gemeinsam geschrieben. Wir waren uns sehr nahe […]. Ich habe nur wenig Menschen kennengelernt, die wie sie fähig waren, zu politisieren. […] Doch mich störte im Laufe der Zeit immer mehr ein hartes Entweder-Oder.«[9]

Grundsätzlich galt damals noch: Atomtechnik für militärische Waffen – nein, aber Atomkraft als Energiequelle – ja. Wie schon die 18 Göttinger Naturwissenschaftler war auch Ulrike Meinhof explizit für die Nutzung der Atomkraft zur Energieerzeugung.

Ganz auf der Linie des Gedankens, den die Sowjetunion erstmalig mit der Stalinnote 1952 aufgebracht hatte, trat Ulrike Meinhof damals für ein atomwaffenfreies neutrales Gesamtdeutschland ein. Am Ende des Textes in *argument* 3 behauptete sie sogar: »Der Soldat muß wissen – und wir müssen

wissen –, daß der ›potentielle‹ Gegner [AdA: die Sowjetunion] keine ›sauberen‹ Vernichtungsmittel hat; er kann sie auch nicht entwickeln, denn er hat
seine Kernwaffenversuche eingestellt.«

An anderer Stelle, in einem Flugblatt, teilte Ulrike Meinhof ihren Kommilitonen in einem »Offenen Brief an die Studenten« ihre Meinung wie
folgt mit: »Ich selbst muß ehrlichen Herzens sagen, wer eine russische Diktatur mehr fürchtet als einen Atomkrieg, den wird niemand daran hindern
können, in einem solchen Fall Selbstmord zu begehen; mich aber und Millionen andere soll er leben lassen und die Sünde des Selbstmords nicht durch
die Sünde des Kollektivmords unter der Bezeichnung ›Schicksal‹ beschöni-
gen.«[10]

Notdürftig verklausuliert sagt Ulrike Meinhof also: Laßt doch die Russen
ruhig kommen, dann werden wir eben Sowjets. Meinte sie das ernst? Ihr wie
ein Verdikt daherkommender Satz, die Russen hätten die Entwicklung von
Atomwaffen eingestellt, ist angesichts der damals unmöglichen Beschaffung
von Informationen über das seinerzeit laufende Atomwaffen-Entwicklungs-
programm der UdSSR eine Aussage, zu der sie objektiv nicht in der Lage war
und die nach allem Anschein inhaltlich auch falsch war.

Ulrike Meinhofs Engagement zeigt aber, daß die Anti-Atom-Bewegten
von Anfang an hätten ehrlicher die Abrüstung in Ost *und* West auf allen
Gebieten gleichermaßen propagieren sollen und, wenn es wirklich um den
hohen ethischen Menschheitsanspruch gegangen wäre, auch müssen. Von
Anfang an haben die Atombewegten eigenartigerweise das Naheliegendste
unterlassen, nämlich wenigstens dafür einzutreten, daß auch auf der anderen Seite des Eisernen Vorhangs eine lebendige und funktionierende Anti-
Atomwaffen-Bewegung installiert wird.

Jürgen Seifert: »Für mich ging es von Anfang an darum, daß diese Bewegung nicht von den Parteigängern des DDR-Regimes ›verheizt‹ wurde. Wir
haben damals um den Vorrang der Bewegung gegenüber solchen Interessen
gerungen. Als Ulrike kam, war sie das, was man damals ›Fellow-traveller‹
nannte.«[11] »Fellow-traveller« nannte man einen Menschentypus, der zwar
durchaus schon etwas ideologisiert, aber nicht förmlich parteigebunden war.
Meistens hatte er gute Beziehungen zu einem kommunistisch beeinflußten
Umfeld, aus dem heraus Informationen oder unregelmäßige Spenden kamen.
So berichtete Ulrike Meinhof später Klaus Röhl, daß sie die *argument*-Hefte
unter anderem mit Spenden von Renate Riemeck finanziert habe. Woher
diese Spenden genau kamen, hätte sie nicht gewußt. Die Art und Weise, in
der sich Ulrike Meinhof und Jürgen Seifert hier auf Dokumente berufen, die

nicht allgemein zugänglich waren, legt den Schluß nahe, daß man ihnen die Dokumente von informierter und interessierter Seite nahebrachte. Andererseits war Ulrike Meinhof ganz sicher zu dieser Zeit parteipolitisch noch frei und wollte es auch bleiben. Es dauerte nicht lange, da lief sie aus dem Ruder und mußte zweimal von Renate Riemeck gehörig zurechtgewiesen und auf den richtigen Weg zurückgeholt werden.

Der Hinweis

Kurze Zeit nachdem sich der Anti-Atomwaffen-Ausschuß in Münster gebildet hatte, kam Ulrike Meinhof empört zu Jürgen Seifert. Sie hatte herausbekommen, daß Peter Meier, einer der Mitarbeiter ihres Arbeitskreises, kurz nach der Gründung »von einer kommunistischen Tarnorganisation, dem sogenannten ›Bund der Deutschen‹, angesprochen worden und von diesem auf eine Reise nach Schweden eingeladen worden war«.[12] Jürgen Seifert und Ulrike Meinhof waren sich darin einig, daß sie von dieser Vereinnahmung ihres Arbeitskreises durch die Kommunisten nichts wissen wollten. Sie schrieben einen Brief an den »Bund der Deutschen«, in dem sie diesen aufforderten, seine Aktivitäten einzustellen. Der überparteiliche Ruf ihres Arbeitskreises stünde auf dem Spiel – und damit ihre Glaubwürdigkeit gegenüber den Studenten, die auch in anderen Studentenverbänden, zum Beispiel dem »Ring Christlich-Demokratischer Studenten«, organisiert waren.

Noch bevor Ulrike Meinhof den Brief abschickte, fragte sie Renate Riemeck nach ihrer Meinung. Und bekam von ihr einen Hinweis. Jürgen Seifert war verwundert, als Ulrike ihm wenig später mitteilte, daß sie den Brief nun doch nicht abschicken würde. Renate hätte ihr davon abgeraten und gesagt, »daß man mit den Leuten vom ›Bund der Deutschen‹ politisch zusammenarbeiten müsse«. Renate Riemeck kannte offenbar den politischen Hintergrund des »Bunds der Deutschen«, weihte aber Ulrike Meinhof nicht darüber ein, in welcher Beziehung sie selber zu den Kommunisten stand.

Es stellte sich dann heraus, daß der »Arbeitskreis für ein kernwaffenfreies Deutschland« noch von einer anderen Seite kommunistisch unterwandert war. Jürgen Seifert las darüber im *Vorwärts*, dem Presseorgan der SPD. Empört über diese – wie er glaubte – Verleumdung, erkundigte er sich vorsorglich genauer und nutzte für diese Recherche seine gewerkschaftlichen

Kontakte, die den Vorwurf allerdings bestätigten. Es stellte sich heraus, daß tatsächlich zwei SDS-Mitglieder, die bei dem Arbeitskreis mitmachten, KPD-Leute waren. Das genügte, um die Unterwanderungsgerüchte zu bestätigen.

In einigen *argument*-Heften setzten sich Meinhof und Seifert auch öffentlich mit dem Vorwurf der kommunistischen Unterwanderung auseinander und wiesen in *argument* 7 vom 15. Juli 1958 unter der Rubrik »In eigener Sache« die Vorwürfe der Ostfinanzierung zurück:

> »Die privaten Spenden, die wir bekamen, waren mit keiner Auflage für unsere Arbeitsweise verbunden. Laufende Ausgaben werden weitgehend von uns selbst gedeckt. Von Anfang an gehörte es zu den Prinzipien unseres Kreises, keinerlei Aktionsgemeinschaft mit Leuten einzugehen, die für den Osten arbeiten. […] Nach der Wahl scheint nur noch die nicht nur in Münster übliche Formel der kommunistischen Verdächtigung übriggeblieben zu sein. Den Auftakt dafür gab schon die Verteilung des Flugblattes mit der Rede des Innenministers Schröder, in der dieser die Bewegung gegen die atomare Aufrüstung infamerweise als vom Osten gesteuert bezichtigte; als bedürfe es einer Weisung aus Moskau, um gegen die atomare Aufrüstung der Bundeswehr zu protestieren.«

Eine Spende für ihre Aktivitäten gegen die atomare Aufrüstung der Bundesregierung kam in diesen Wochen auch von Frau Dr. Heimpel aus Göttingen. Ulrike Meinhof hatte in einem Brief vom 17. Mai 1958 an Heimpel geschrieben: »Falls Sie mal jemanden wissen, der uns dieser Art unterstützen möchte, und falls Sie in Göttingen keine Schwierigkeiten haben, darf ich Ihnen dafür mein Bankkonto schreiben? Es dürfte allerdings bei der Überweisung nicht angegeben werden, wofür es ist. Sonst bekommen wir Schwierigkeiten mit dem Spendengesetz.«

Und nach der gelungenen großen Kundgebung im Mai schrieb sie dann am 27. Mai 1958: »Für das Geld danke ich Ihnen herzlich. Das ist eine gute Hilfe. Ich danke Ihnen überhaupt von Herzen für Ihre Hilfe. Die Angriffe, die jetzt gelegentlich kommen, sind z. T. sehr übler Natur, so furchtbar unsachlich und bewußt beleidigend. Das macht einem zwar nichts aus, aber man ist auch froh um den Zuspruch, den man von wesentlicher Seite bekommt.«

Auch über die Stimmung an der Uni berichtet Ulrike Meinhof nach Göttingen:

»1.7.58

Wie unsere *argumente* von der Studentenschaft aufgenommen werden, das ist schwer zu sagen. Man zerknüllt sie vor unserer Nase, man fragt, ob wir aus der DDR kämen, man fragt, ob SPD oder SED dafür bezahlen. Andererseits hat man den Eindruck, daß das Interesse eher wächst als ermüdet […] und allmählich lacht man nicht mehr so viel über uns ›arme Irre‹. […] wie unsere Arbeit […] weitergehen soll, das wissen wir noch nicht. Ich selbst denke, in den SDS zu gehen, denn letzten Endes braucht man wohl die politische Plattform, um politisch weiterarbeiten zu können. Auch werden wir auf Dauer auch finanziell nicht weiterkönnen. […] Ich glaube auch nicht an den Erfolg unserer Sache. Die Regierung ist wohl doch zu brutal, als daß man sie hier noch beeindrucken könnte. Ob Sie auch so schwarzsehen? – Aber daß Sie mich bewegten, in dieser Sache mitzuarbeiten, dafür danke ich Ihnen auch weiterhin.«

Etwas später betonte Ulrike Meinhof in einem anderen Brief: »Ich glaube, ich stimme Ihnen zu in dem, was Sie vom Politiker-Sein schreiben. Man muß sich nur hüten davor, in seiner sachlich radikalen Gegnerschaft auch gegen die Menschen radikal zu werden.«[13]

»Also den Röhl, den finde ich fies«

Der größte Ansturm kommunistischer Übernahme stand dem Arbeitskreis von Jürgen Seifert und Ulrike Meinhof jedoch noch bevor. Er kam in Person Klaus Rainer Röhls und der Mitarbeiter der Zeitschrift KONKRET.

Kaum waren die Anti-Atomwaffen-Ausschüsse Anfang des Jahres 1958 an den Universitäten aufgetaucht, hatte Klaus Röhl zusammen mit Reinhard Opitz aus dem Berliner SDS, nun Mitarbeiter von KONKRET, losgelegt und sich mit den einzelnen Anti-Atom-Ausschüssen in Verbindung gesetzt. Als sie schließlich von Kumpf und Kapluck den Parteiauftrag bekamen, sich möglichst sofort an die Spitze der entstehenden Protestbewegung zu stellen, sind die ersten Kontakte schon gemacht, ist die Vorbereitung der ersten »außerparlamentarischen Opposition« in der Nachkriegszeit bereits in vollem Gange, wird daran gearbeitet, diese für KONKRET zu mobilisieren. Kapluck frohlockte. Jetzt zeigte sich, wie gut es gewesen war, die KONKRET-Gruppe in Hamburg langfristig aufzubauen. Die Infrastruktur war vorhanden, sie mußte nur noch eingesetzt werden. In Ostberlin notierte man:

»Aktennotiz 26. Mai 1958

Aussprache zwischen Richard Kumpf, Klaus Rainer Röhl, Uwe Larsen und Marianne Larsen

1. In der Aussprache gab Röhl einen Bericht über die studentischen Aktionen am 20. Mai in der Bundesrepublik [...]

3. KONKRET ergreift sofort die Initiative zur Bildung eines Hamburger Universitätsausschusses gegen Atomtod. Sie sollen sich mit verschiedenen Professoren, mit Funktionären verschiedener studentischer Organisationen und einfachen Studenten in Verbindung setzen. Es muß das Ziel sein, sich in Hamburg eine feste Basis im Kampf gegen Atomtod zu schaffen.«[14]

Atom hin oder her, bevor es losgehen konnte, mußte die Partei erst einmal in der Redaktion selber für Ruhe sorgen. Larsen und Röhl waren aneinandergeraten. Kumpf notierte in der Akte:

»Zwischen Klaus-Rainer Röhl und Uwe gab es heftige Auseinandersetzungen [...]. Röhl griff ständig die geschäftlichen Beziehungen, die Larsen mit der Druckerei besitzt, an und kritisierte eine angeblich mangelhafte Arbeit der Druckerei. Larsen warf Röhl vor, mit den Angestellten und Arbeitern des Betriebes derartig unsachlich umzuspringen, daß sie eine weitere Zusammenarbeit mit ihm ablehnen. [...] In scharfer Weise forderte Richard die Klärung dieser Meinungsverschiedenheiten und im Interesse der Zeitung eine sachliche Zusammenarbeit. Die finanzielle Seite der Zeitung hat bei Uwe Larsen zu liegen. Während Klaus für die politisch-redaktionelle Seite der Zeitung verantwortlich ist.«

Nun erst ging's zur Sache.

Klaus Rainer Röhl: »Also, wir waren angesetzt, uns in diese Anti-Atom-Bewegung zu mischen, die mir höchst unsympathisch war – das waren alles solche recht ernsten Friedenstanten und -onkel, aber Opitz lebte da wahnsinnig auf und konnte die alle rumkriegen, mit uns zusammenzuarbeiten. Es ging darum, sie für uns zu instrumentalisieren, für die Kommunisten.«

Da in sehr vielen Anti-Atom-Ausschüssen an den Universitäten als Vorsitzende junge Frauen saßen – Klaus Röhl und seine Redakteure nannten sie die »Atommädchen« –, war das Herumreisen zu den verschiedenen Universitäten nicht nur eine Vereinnahmung der Ausschüsse auf politischer Basis, sondern auch ein amouröses Unternehmen. Röhl und Opitz legten sich ins Zeug. Nächtelang hockten sie auf irgendwelchen Studentenbuden und in Kneipen herum und umwarben die Mädchen.

Unter den Vorsitzenden der Ausschüsse, die zur Zusammenarbeit aufgefordert wurden, waren Eva Titze aus Marburg, die spätere Frau von Peter Rühmkorf, die in den achtziger Jahren SPD-Kultusministerin in Schleswig-Holstein wurde, Erika Runge aus München, heute Filmemacherin und Autorin in Berlin, Monika Mitscherlich aus Wilhelmshaven, die Tochter des berühmten Psychoanalytikers Alexander Mitscherlich, die 1960 den Mitstreiter Ulrike Meinhofs, Jürgen Seifert, heiratete und später den ersten Kinderladen Deutschlands gründete, ferner Ilka Schnabel aus Berlin und Ulrike Meinhof aus Münster. Zunächst einmal ging es um Kontaktaufnahme und Mitarbeit. Es werden immer mehr dieser Anti-Atomwaffen-Ausschüsse zur Zusammenarbeit mit KONKRET gewonnen, allerdings gilt es, die Widerstände innerhalb der Universitäten gegen KONKRET in den Griff zu bekommen und eine breite Lobby unter den Studenten zu schaffen. Trotz der starken Angriffe seitens der bürgerlichen Studenten gegen KONKRET mausert sich die Zeitschrift in diesen Monaten zu *der* überregionalen Plattform der Anti-Atomwaffen-Bewegung.

Klaus Rainer Röhl: »Wenn dann einer von ihnen soweit war, daß er die Ostpolitik einigermaßen verinnerlicht zu haben schien, legten Opitz und ich die Karten offen, erklärten, daß wir Kommunisten waren und boten dem- oder derjenigen an, ebenfalls in die kommunistische Partei einzutreten. Wir waren ja inzwischen schon eine selbständige Gruppe, konnten also selber Genossen aufnehmen. Die wurden dann von uns nach Ostberlin zu diesem berühmten ›Handschlag‹ gebracht. So hatte die Gruppe früher bereits Reinhard Opitz oder unseren Auslandskorrespondenten Jürgen Holtkamp dahingeschleppt. Und alle wurden durch mich, durch uns, zu Kommunisten.«

Die Münchner Studentin Erika Runge wird schnell zu einer begeisterten Mitarbeiterin für die Sache – und für Klaus. Klaus Rainer Röhl in seinem Buch *Fünf Finger sind keine Faust*: »Ich kämpfte dafür an der Münchener Front, gewann die Zuneigung der dortigen Jeanne d'Arc Erika Runge und führte auch die dem Friedenslager zu.«[15]

Ob es um den Verkauf von KONKRET-Heften, um neue Mitarbeiter, um Ideen oder die Vorbereitung des großen Anti-Atomwaffen-Kongresses ging, auf Erika Runge konnten sich Reinhard Opitz und Klaus Röhl verlassen. Erika Runge leitete bald nicht nur den Atomausschuß an ihrer Uni, sondern auch die sogenannte »süddeutsche Redaktion« von KONKRET München. Zwischen ihr und KONKRET Hamburg entwickelte sich ein reger, fast täglicher Briefkontakt, der in der Akte festgehalten wurde. Am 24. Mai 1958 schrieb sie an die Redaktion in Hamburg:

»An KONKRET Hamburg   Von KONKRET München

Lieber Klaus!   24.5.58

Hier endlich der Atom-Artikel, mit freundlichen Grüßen an Herrn Manthey, er möchte ihn überredigieren.

Mit Enno Patalas [AdA: Filmkritiker und später langjähriger Chef der Berliner Filmfestspiele] habe ich gestern Eis gegessen. Die *Kultur* wollte ihn schon engagieren, aber er neigt zu uns. Allerdings kommentierte er, daß für wenig oder gar kein Honorar bereits genug von ihm gedruckt würde, er also die finanziellen Bedingungen wissen will. Ich konnte nichts Genaues sagen. Bitte gib mir Erläuterungen. [...] Ich möchte vorschlagen, alle 14 Tage etwas vom Film zu bringen, damit die Leser ständig informiert sind. Die Frage bleibt nur, ob eine oder eine halbe Seite, ob nur Kritiken oder auch ein bißchen Theorie. Jede Lücke kann durch Fotos ausgefüllt werden.

Ich bin inzwischen dabei, mich mit KONKRET anzufreunden, die neue Nummer habe ich mit Freude gelesen.

Viele Grüße

Erika«

Bei einem Aufmarsch gegen die atomare Bewaffnung in München am 30. Mai 1958, veranstaltet vom dortigen »Studentischen Aktionsausschuß im Komitee gegen Atomrüstung« tritt Erika Runge als Sprecherin der Studenten, wie es am nächsten Tag in der Presse heißt, sogar vor 6000 Menschen auf, um ihre Rede gegen den Atomtod zu halten. Von ihr erscheint in der Münchner Lokalpresse ein Foto, wie auch von Ulrike Meinhof eins in Münster.

In einem weiteren Brief schreibt Runge am 25. Juni 1958:

»Lieber Klaus! Ganz schnell. [...] Seit heute Nacht steht vor der Uni für 3 und mehr Tage eine Studentenwache und Prof. und E. Kästner: ›Studenten stehen – drei Tage und drei Nächte – gegen Atomrüstung‹. Es ist sehr belebend, davor stauen sich die Menschenmassen und diskutieren, einmal hat man uns schon angegriffen, die Zeitung ist bereits informiert – in der Nacht rechnen wir mit stärkeren Schlägern. [...] Ein neuer Mitarbeiter für die Studentenbeilage ist unbedingt Rudolf Schulz, Göttingen [...]. Er weiß von seinem Glück noch nichts. Ich habe aber seinen Überblick über die Göttinger Ereignisse in einem Privatbrief gelesen [...]. Er zieht klare Schlussfolgerungen und sieht die Lage richtig; nicht gegen abstrakten ›Atomtod‹, sondern konkret gegen Bundeswehrausrüstung usw. usw.«[16]

Eva-Maria Titze war Erste Vorsitzende des SDS in Marburg. Ihre erste Kontaktaufnahme mit KONKRET erfolgte aus Anlaß des Besuchs einer Delegation von Japanern aus Hiroshima in Deutschland:

»Sozialistischer Deutscher Studentenbund

Hochschulgruppe Marburg, Marburg/Lahn 21.5.58
Postschließfach Marburg I 342

Kurt Tucholsky-Kreis e.V.
Hamburg 36
Kaiser-Wilhelm-Straße 76

Sehr geehrte Herren,

in der letzten Nummer von KONKRET las ich Ihre Einladung zu der Veranstaltung am 24.4.58 mit einer Gruppe junger Japaner. Unsere Gruppe wäre nun interessiert, mit diesen 5 jungen Leuten Verbindung aufzunehmen und sie zu einem Abend nach Marburg einzuladen. Können Sie uns dabei helfen?
    [...] Gleichzeitig noch eine Anfrage an Ihren Kreis: Wäre jemand von Ihnen bereit, einmal nach Marburg zu kommen und in unserer Gruppe einen ›Tucholsky-Abend‹ zu veranstalten? Wir würden uns sehr darüber freuen.
[...]
Mit freundlichen Grüßen
Eva-Marie Titze, 1. Vorsitzende«

Klaus Röhl antwortete:

»4.6.1958

Sehr geehrtes Fräulein Titze,

entschuldigen Sie unsere infolge Arbeitsüberlastung verspätete Antwort auf Ihren Brief vom 21. Mai 1958. [...] Leider sind die Japaner schon wieder abgereist. Da aber von verschiedenen SDS-Gruppen und örtlichen Studentenausschüssen gegen die Atombewaffnung solche Anfragen an uns gekommen sind, diskutieren wir mit den Kommilitonen verschiedener Hochschulen schon lange darüber, wie man eine (kleinere) japanische Delegation noch in diesem Semester hierher bekommen kann, um im Rahmen des SDS oder der Atom-Ausschüsse Vorträge zu halten und ihren (sehr wirkungsvollen) Dokumentarfilm vorzuführen. Ich hoffe ja, daß inzwischen auch ein Ausschuß gegen Atomrüstung in Marburg steht. [...] Vertreter der Atomausschüsse an allen Hochschulen treffen sich am Wochenende des 7./8. Juni in Frankfurt (14 Uhr Studentenhaus). Auf dieser Tagung ist die beste Gelegenheit, über die Organisierung dieser japanischen Reise zu sprechen, und es wird deshalb ein Vertreter des Tucholsky-Kreises (bzw. der Zeitschrift KONKRET) dort anwesend sein. [...]

Mit freundlichen Grüßen
Claus Rainer Röhl
Kurt Tucholsky-Kreis e.V.
Chefredakteur von: KONKRET«[17]

Marburg, Berlin, München – im Frühjahr 1958 fährt der KONKRET-Mitarbeiter Reinhard Opitz das erste Mal nach Münster.

Klaus Rainer Röhl: »An allen Universitäten bildeten sich Atomausschüsse, und die AStAs spielten kaum noch eine Rolle. Die KONKRET-Fraktion war eine Art Rätebewegung, wir stürmten die Universitäten, und Opitz sagte eines Tages: ›Da ist eine ganz tolle, begabte junge Studentin. Die heißt Ulrike Meinhof, die leitet den Atomausschuß in Münster zusammen mit einem Jürgen Seifert, und die hat da ganz selbständig schon mit Seifert dieses Blättchen *argument* auf die Beine gestellt. Die müssen wir unbedingt ›knacken‹, das wird bestimmt eine gute Genossin für die Partei.«

Reinhard Opitz war allerdings noch nicht weit gekommen bei seinem Versuch, Ulrike Meinhof von einer Zusammenarbeit mit KONKRET zu überzeugen. Sie hatte geargwöhnt, es handele sich um einen neuen Unterwanderungsversuch, und hatte erklärt, daß sie unabhängig bleiben wolle. Dabei war sie nicht unfreundlich gewesen. Opitz blieb am Ball.

»16.6.1958

Liebes Fräulein Meinhof!

Wir möchten gern Hagemanns[18] Rede, die, die er in Gelsenkirchen gehalten hat, abdrucken. Das Manuskript müßte dann aber noch vor dem Wochenende bei uns sein. Kennen Sie Hagemann persönlich bzw. könnten Sie ihn unter Berufung auf Gelsenkirchen und diesen Brief ansprechen? [...] Hagemann wird auf KONKRET ja vermutlich [...] anders reagieren müssen, da er sich ja in die gleiche Lage gedrängt sieht, in der wir – nur schon etwas länger – uns befinden. Wissen Sie eigentlich, ob Hagemann von einem Kreis sympathisierender Studenten umgeben ist oder vollkommen isoliert in der Wüste predigt? Falls ein solcher Kreis von Studenten vorhanden ist, ließe sich vielleicht aus ihm ein geeigneter KONKRET-Verkäufer finden. Was meinen Sie? Oder gibt es in Münster nicht wenigstens ein oder zwei oppositionelle Arbeiter, Arbeitslose oder Angestellte – vielleicht alte Heinemann-Anhänger, Noack-Leute oder irgendwelche Privatsektierer? Vielleicht läuft Ihnen so einer mal über den Weg? Noch eine Bitte: Wenn Sie mir antworten, teilen Sie mir die Anschrift von Frau Prof. Riemeck mit, damit wir uns wegen des Berlin-Vortrages – in der Terminfrage – direkt mit ihr in Verbindung setzen können.«[19]

Ulrike Meinhof antwortete Reinhard Opitz am 19. Juni. Ihren Brief, ebenso wie die Briefe Erika Runges, schickte jemand – wer, ist nicht bekannt – zur Einschätzung an die Partei in Ostberlin, weshalb er sich in der Akte KONKRET befand:

»V-Abt.
Zurück an O. Kenntnis: Jahnke!
Empfang: Ja

Donnerstag 19.6.58
Lieber Herr Opitz!

Hier endlich Hagemanns Artikel. Mit einem Gruß von ihm selbst, und er stellt Ihnen das Manuskript natürlich auch mit Kürzungen zur Verfügung. Ein Hinweis dazu von mir: Schreiben Sie ihm ein paar dankende und ›anerkennende‹ Worte, er kann sie brauchen.
   Frau Riemecks (Prof. Dr. Renate R.) Adresse: Wuppertal-Elberfeld, Am Wasserturm 41. Die Frage KONKRET-Vertrieb habe ich Hagemanns Assistenten übergeben. Er will versuchen, jemanden zu finden. Bei den Publizisten gibt es zwar politisch ›Linke‹, aber der Assistent meinte, sie fühlten sich im großen und ganzen zu gut für ›Vertriebsangelegenheiten‹ – ich tue mein Bestes. Aber das ist im Augenblick wenig, da ich restlos ausgelastet bin. Zudem kenne ich hier in Münster noch zu wenig Leute. Auf die Dauer wird sich sicher was machen lassen. [...]

Das alles jetzt nur in Eile. Alles Gute und viele Grüße!
Ulrike Meinhof«

Neben den selbständigen Anti-Atom-Ausschüssen, die sich an den Universitäten gebildet hatten, gründen die KONKRET-Redakteure an den Universitäten sogenannte KONKRET-Fraktionen, die zunehmend Einfluß auf die Ausschüsse nehmen. Sie bieten den Ausschüssen an, KONKRET als Veröffentlichungsorgan zu nutzen und regionale KONKRET-Hefte zu erstellen, in denen die Mitglieder der Anti-Atom-Ausschüsse selber Artikel schreiben sollen.

Im Juni erscheint eine Sondernummer von KONKRET, die der Berichterstattung über die Bewegung »Kampf dem Atomtod« gewidmet ist. Zwischendurch fahren Klaus Röhl und Reinhard Opitz zur Lagebesprechung nach Ostberlin, wo man den Kampf gegen die atomare Bewaffnung in der Bundesrepublik sehr genau verfolgt. Mit Besorgnis registriert man, daß es auch Gegenkräfte an den Universitäten gab, die aktiv gegen die KONKRET-Leute arbeiteten. Die Frankfurter Gruppe um einen gewissen Carl-Christian Kaiser hatte im Mai bei einer Konferenz einen Hauptausschuß aller Atomausschüsse an den Universitäten gebildet, von dem aus die Bewegung gelenkt werden sollte. Kaiser und der neue Vorsitzende des Hauptausschusses, Werner Geßler, waren zwar auch gegen die atomare Aufrüstung, wollten ihre Sache aber nicht von den Kommunisten vereinnahmen lassen. Mit allen Mitteln versuchten sie deshalb, den Einfluß der Zeitschrift KONKRET zurückzudrängen, bei der sie einen kommunistischen Hintergrund stark vermuteten. Unter keinen Umständen sollte die Anti-Atomwaffen-Bewegung von Kommunisten gesteuert werden. Indes wurde gerade diese Vereinnahmung der Bewegung in Ostberlin sehr stark vorangetrieben. Wie den Berichten in der Akte zu entnehmen ist, hatte die Kaiser-Geßler-Gruppe sich spätestens Anfang Juni scharf gegen KONKRET positioniert.

»Aktennotiz 7. Juni 1958

Aussprache zwischen Klaus Rainer Röhl und Richard Kumpf

1. Klaus berichtet über die Stimmung an den Universitäten. In die Atombewegung haben sich in besonderem Maße der Gesprächskreis des Grünwalder Kreises, der LSD [AdA: Liberaler Studentenbund Deutschlands] und der SDS eingeschaltet. Der Hauptinitiator des Gesprächskreises ist Kaiser. Er hat den zentralen Ausschuß in Frankfurt gegründet. Die Bewegung an einzelnen Universitäten ist verschieden. Sie hat sich jedoch in den letzten Wochen stark verbreitet. Fast an allen Universitäten und Hochschulen sind Ausschüsse entstanden. Der VDS und der AStA sind in ihrer Bedeutung und in der Diskussion stark zurückgegangen. Köln fordert von der Sondernummer von KONKRET 2000 Exemplare. Aus dem VDS gibt es eine Information, daß sie die Atombewegung ausnutzen wollen zur Stärkung des SDS. Die Gesprächskreis-Kräfte versuchen mit

allen Mitteln eine Öffnung der Bewegung nach rechts. Sie tragen den Antikommunismus in die Bewegung hinein. [...]

Richard.«

Kaiser und Geßler, die dem antikommunistischen »Grünwalder Kreis« nahestanden, beobachteten ihrerseits die neue KONKRET-Fraktion sowie andere ihnen suspekt erscheinende Aktivisten wie Jürgen Seifert, Ulrike Meinhof und Dr. Hagemann. Der »Club Republikanischer Publizisten«, ein ebenfalls antikommunistisches Grüppchen innerhalb des »Grünwalder Kreises«, verfaßte ein Dossier, eine Einschätzung der von ihnen vermuteten kommunistischen Gegenseite. Auch dieses Dokument lag der Akte bei, was bedeutet, daß die Partei in Ostberlin auch ihr wichtig erscheinende Dokumente der Gegenseite sammelte:

»Auf der politischen Ebene entwickelten sich nebeneinander die mit den Oppositionsparteien, den Gewerkschaften und Kirchen verbundene Bewegung ›Kampf dem Atomtod‹, zu der auch das ›Münchner Komitee gegen die atomare Aufrüstung‹ gehört, und die im Sammelbecken des ›Gelsenkirchener Kongresses‹ vereinten neutralistisch-kommunistischen Gruppen vom ›Fränkischen Kreis‹, vom ›Club der Deutschen 54‹ und deren zwielichtigen Kadern gesteuert (Vergl. den Bericht im DGB.-INf.-Dienst ›Feinde der Demokratie‹). Die lauteren Mitläufer des ›Gelsenkirchener Kongresses‹ dienten als willkommene Tarnung der manipulierten Absichten. [...] Kristallisationspunkt der ›Gelsenkirchener Richtung‹ unter den Studenten war die Hamburger Studentenzeitung KONKRET. Diese wurde 1955 als *Studenten-Kurier* begründet, nahm den Namen KONKRET 1957 an und wird zur Zeit in einer vermutlichen Auflage von mehreren 10000 Exemplaren für den sehr niedrigen Verkaufspreis von 10 Pf vertrieben oder einfach verschenkt. (Verlag und Chefredakteur Claus Rainer Röhl, Hamburg 36, Kaiser-Wilhelm-Straße 76/II. Redakteur Reinhard Opitz.) Ein sehr gut eingespielter Mitarbeiterstab schaffte und schafft der Redaktion Vertrauensleute an allen Universitäten, schnelle Reaktionsmöglichkeiten, gute Nachrichtenwege. Dennoch gelang es dem Hauptausschuß, der am 11. Mai in Frankfurt gewählt wurde, den Versuch abzuweisen, den die KONKRET-Leute damals und in der Folgezeit unternahmen, die studentische Bewegung unter die eigene Regie zu bringen. KONKRET versuchte daraufhin nicht ohne Erfolg, über die Ausschüsse der einzelnen Universitäten zunehmend Einfluß zu gewinnen. Sowohl Reinhard Opitz gehört zum Präsidium des ›Gelsenkirchener Kongresses‹ als auch die Pflegetochter der Frau Prof. Renate Riemeck, Ulrike Meinhof, und Peter Meier, beide Münster. Letzterer ist zudem noch Vorstandsmitglied des ›Deutschen Clubs 54‹, wie Frau Prof. Renate Riemeck. Für die nachhaltige

Unterstützung dieser Gruppierungen aus dem Osten liegt eine Fülle Beweismaterial vor.«

Ulrike Meinhof hatten die KONKRET-Leute noch nicht für eine feste Mitarbeit gewinnen können. Opitz, der schon einige Anti-Atom-Aktivisten überzeugt hatte, in die kommunistische Partei einzutreten oder für KONKRET zu schreiben, traute sich nicht mehr richtig an sie heran: Er hatte sich in sie verliebt. Das machte Klaus Röhl Spaß. Er wollte doch mal sehen, ob er nicht am Ende diese Meinhof herumkriegen und für den Kommunismus gewinnen könnte.

Im Mai 1958 lernt Klaus Rainer Röhl auf einem Treffen der Atomausschüsse in Frankfurt Ulrike Meinhof schließlich kennen und ist enttäuscht. Später sagte er über diese erste Begegnung: »Es war Abneigung auf den ersten Blick.« Ulrike Meinhof fand, daß Klaus Röhl ein »Agentengesicht« habe, sie stufte ihn als einen lächerlichen Angeber ein. Klaus Röhl im Gegenzug fand Ulrike Meinhof als Frau vollkommen uninteressant. »Diese schreckliche Sophie-Scholl-Frisur, diese ernste betuliche Art, das alles fand ich fürchterlich.« Ihre brave, idealistische Ernsthaftigkeit und die betont belehrende Sachlichkeit gingen ihm auf die Nerven. Die demonstrative Ablehnung, äußerlich etwas aus sich zu machen, die er an der nachlässigen, grau in grau gehaltenen Kleidung festmachte – eine Holzperlenkette und ein dunkelgrünes Kleid –, gefiel ihm nicht, und der etwas ruppige, kameradschaftliche Tonfall Ulrikes Männern gegenüber, ihr »Renate-Stil«, wie er es später nannte, störten ihn. »Ulrike rauchte damals Pfeife und hatte diese gräßliche Angewohnheit, nächtelang bei sehr viel Kaffee oder Tee, der immer wieder aufgebrüht wurde, zu diskutieren. Sie war absolut nicht mein Typ.«

»Röhl und die KONKRET-Leute redeten bei diesem Treffen ziemlich blasiert daher, so ungefähr, als hätten sie die ganze Anti-Atomwaffen-Bewegung erfunden«, erinnerte sich Jürgen Seifert. Ihm und Ulrike Meinhof gefiel die zunehmende Vereinnahmung ihres Anti-Atom-Ausschusses durch KONKRET in keiner Weise.

Als Ulrike Meinhof zusammen mit einem der anderen »Atommädchen«, Monika Mitscherlich, mit der sie sich in diesen Tagen anfreundet, ins Hotel zurückgeht, gesteht sie dieser: »Also ich finde den Röhl fies.«[20] Monika Seifert erinnert sich später daran, daß diese Abneigung ganz schön groß war und daß sie um so verwunderter war, daß es dann doch wenige Wochen später zwischen dem »fiesen« Röhl und der idealistischen Meinhof funkte.

An diese Hotelnacht erinnern sich auch Jürgen Seifert und Eckart Spoo, ein neuer junger Mitarbeiter von KONKRET, die sich das Hotelzimmer teilen, das genau unter dem von Ulrike und Monika lag. Eckart Spoo, in den siebziger Jahren Mitarbeiter der *Frankfurter Rundschau* und lange Zeit Vorsitzender des Deutschen Journalistenverbandes (DJV), der heute die Zeitschrift *Ossietzky* mit herausgibt, erinnert sich an diese Nacht: »Monika und Ulrike haben die ganze Nacht über ihre beiden späteren Ehemänner Jürgen Seifert und Klaus Rainer Röhl geredet. So haben sie es uns später erzählt.«[21]

Auch Jürgen Manthey war bei diesem Trip nach Frankfurt dabei: »Einmal, im Frühsommer 1958, fuhren wir, Klaus Röhl, Reinhard Opitz, Eckhart Spoo und ich, über die Mitfahrzentrale im Auto nach Frankfurt zu einem der Atomkriegsgegner-Treffen. Ich war dabei, weil ich in Frankfurt einen Autor aufsuchen wollte. Ich hatte mit der Anti-Atom-Veranstaltung, zu der die anderen fuhren, nichts zu tun. Auf der Fahrt grölten Röhl und Opitz immer wieder das Lied: ›Wir wollen Frieden von langer Dauer, nieder mit Strauß, nieder mit Adenauer‹, vertont von Hanns Eisler. Auf diesem Kongreß haben sich Ulrike Meinhof und Klaus Röhl kennengelernt.

Auf der Rückfahrt zeigte sich Röhl bis über beide Ohren in sie verknallt. Er und Opitz redeten die ganze Zeit von Ulrike. Sie waren schon ein bißchen beschickert – die Flasche ging rum, wir mußten ja nicht selber fahren –, auch Opitz war oder gab sich verliebt. Beide sprachen ausschließlich davon, ob sie sie aufreißen könnten und wer bei ihr das Rennen machen würde. Es ging Klaus Röhl nur noch darum, herauszufinden, wie er diese Ulrike rumkriegen könnte. Wenn Röhl später gesagt hat, es sei sehr cool dabei zugegangen, als er Ulrike Meinhof kennenlernte, so kann ich das nicht bestätigen. Er redete nur noch von Erotik. Das Thema Atomtod war erst einmal völlig vergessen.«

Ulrike Meinhof, die offenbar genauso aufgelöst die ganze Nacht mit Monika Mitscherlich über ihre angebliche »Abneigung« gegenüber Röhl gesprochen hatte, sprach über dieses Mißfallen kurze Zeit später mit Renate Riemeck und erhielt nun eine ähnliche Antwort wie wenige Wochen zuvor bei dem Gespräch über die Vorgehensweise des »Bunds der Deutschen«. Wieder deutete Renate an, daß dieser Röhl und seine Mitstreiter Leute wären, »mit denen man politisch zusammenarbeiten müsse«. Renate war offenbar gut informiert. Jürgen Seifert ist erstaunt, daß Ulrike ihre Meinung so schnell ändert: »Na ja, sagte Ulrike kurze Zeit später zu mir, vielleicht sind das doch gute Leute.«

Die KONKRET-Fraktion

In einem Brief vom 6. Mai 1958 an Frau Heimpel schreibt Ulrike Meinhof über ein bedeutsames Hintergrundgespräch mit Renate Riemeck: »Das Wochenende war ich in Wuppertal und erfuhr dort von Frau Riemeck manches, was mich sehr erschüttert hat. Vor allem war mir nicht klar, wie umfangreich diese Bewegung bei uns ist, weil die örtlichen Demonstrationen von den großen Tageszeitungen totgeschwiegen werden. Auch wußte ich nicht, wie sehr das Verfassungsschutzamt tätig ist, agents provocateurs mobil zu machen. [...] Zu dem, was Sie über Frau Riemeck sagten, möchte ich noch hinzufügen: Ich weiß ganz sicher, daß Frau Riemeck in ihrer menschlichen Haltung ganz in dem Bereich steht, wie auch Sie ihn für richtig halten. Gerade deshalb wäre ich so froh, wenn Sie einmal bei einer Gelegenheit mit ihr sprechen könnten. Das Eigentümliche ist, daß mein eigenes Verhältnis zu diesen Fragen sehr stark bestimmt ist durch das, was ich in den Jahren, in denen ich noch zu Hause war, von Frau Riemeck lernte, obwohl ich mich im Augenblick von ihrem Tun etwas zurückhalten muß [AdA: die Aussage bezieht sich auf die Vorwürfe gegen Renate Riemeck, mit Ostberlin zusammenzuarbeiten]. Aber gerade deshalb scheint es mir so wünschenswert, daß ihr hier einmal in gutem Wollen entgegengetreten wird, und ich muß zugeben, daß ich da zu niemandem soviel Vertrauen habe wie zu Ihnen. Mir ist das alles eine rechte Sorge.«

Kurze Zeit nach diesem Gespräch mit Renate Riemeck ändert Ulrike Meinhof also ihre Meinung und tritt auf der nächsten Zusammenkunft der Anti-Atom-Ausschüsse zum ersten Mal für KONKRET und Klaus Rainer Röhl ein.

»Aktennotiz
20. Juli 1958

Aussprache zwischen Klaus Rainer Röhl, Richard Kumpf, Georg Kwiatowski und Manfred Kapluck

1.) Röhl berichtet über die Bewegung gegen den Atomtod unter der Studentenschaft. Am 7.6. kamen in Frankfurt am Main die an den Universitäten gebildeten studentischen Aktionsausschüsse gegen den Atomtod zusammen zur Bildung eines zentralen Ausschusses. An dieser Zusammenkunft nahmen Opitz und Spoo teil.

2.) Im Zusammenhang mit dieser Zusammenkunft richtete Röhl ein Schreiben an alle Universitätsausschüsse, in dem er vier Vorschläge unterbreitete:

a) Herstellung einer direkten Verbindung der Redaktion von KONKRET mit dem zentralen Ausschuß, und KONKRET erklärte sich bereit, über alle Probleme des studentischen Kampfes gegen den Atomtod zu berichten.

b) Verbindung der örtlichen Ausschüsse mit den Lokalredaktionen von KONKRET. Die örtlichen Universitätsausschüsse können in den Lokalausgaben von KONKRET zur Atomfrage schreiben. [...]

3.) Im zentralen Ausschuß herrschten große Spannungen. Es gab einen Flügel, der bereit ist zu Aktionen und dabei mit allen Kräften zusammenzuarbeiten; dieser Flügel kristallisiert sich um Mochalski, Opitz, Spoo u. a. und einen antikommunistischen Flügel um Kaiser (Frankfurt), Pfeffer (Hamburg) u. a.

4.) Es wurden 2 Beschlüsse gefaßt:

a) Keine Direktverbindungen mit KONKRET einzugehen. Empfehlung an die örtlichen Ausschüsse, ebenfalls keine Direktverbindung zu KONKRET einzugehen, man würde die Kräfte, die noch kommen, vor den Kopf stoßen. [...]

5.) An der Hamburger Universität hat sich ein Arbeitskreis für Atomwaffenfragen gebildet. Dieser Arbeitskreis ist ein eingetragener Verein: er hat 12 Mitglieder. Der Verein legt Listen aus, in die sich die Studenten eintragen können, die bereit sind, die Arbeit des Arbeitskreises zu unterstützen. Bisher haben sich 60 Studenten eingetragen, darunter ist die gesamte kommunistische Hochschulgruppe – jedoch sind nur 2 als Kommunisten bekannt. Der Verein hat einen 3köpfigen Vorstand. Diesem Vorstand gehört Spoo von der Redaktion KONKRET an. Weiter ist in diesem Vorstand der Sohn von Prof. Weizsäcker und der Sohn von Prof. Pfeffer.

Weizsäcker machte den Vorschlag, im Vereinsstatut den Passus zu streichen: ›Wir sind gegen die Atomrüstung der Bundesrepublik.‹ Die Begründung von ihm lautete, man dürfe sich nicht so einseitig festlegen. Der Verein wäre nicht gegründet zum Kampf gegen die Atomrüstung, sondern um beide Seiten sprechen zu lassen – sowohl die Befürworter als auch die Gegner der Atomrüstung. [...]

7.) Auf der Beratung am 20.7. in Frankfurt machte Mochalski den Vorschlag, im Herbst einen studentischen Kongreß gegen Atomtod durchzuführen. Dieser Kongreß sollte für alle offen sein, die teilnehmen wollen. Gegen den Vorschlag wandte sich Pfeffer (jun.). Es zeigte sich, daß es ein Fehler war, daß unsere Genossen von KONKRET zum Professor Pfeffer, Hamburg, gingen, um mit ihm Fragen der Bildung eines Universitätsausschusses gegen Atomtod zu besprechen. Er informierte über dieses Gespräch sofort seinen Sohn, und dieser organisierte sofort mit Weizsäcker (jun.) und einem CDU-Mann den Arbeitskreis für Atomfragen an der Universität Hamburg.«

Eckart Spoo erinnert sich: »Meine Haupttätigkeit – neben dem Studium [...] bestand darin, an der Hamburger Universität den Protest gegen die Atombewaffnung der Bundeswehr zu organisieren. Immerhin gelang es mir, eine Urabstimmung der Studentenschaft herbeizuführen, wofür eigens eine große Messehalle im ›Planten-un-Blomen‹-Gelände angemietet werden mußte; mein Antrag wurde mit Zweidrittelmehrheit angenommen. Von der KONKRET-Redaktion aus versuchten Manthey und ich, ähnliche Aktivitäten an anderen Universitäten zu ermutigen und zu vernetzen; bei gelegentlichen Treffen mit Eva Titze (Marburg), Erika Runge (München), Ulrike Meinhof (Münster), Reinhard Opitz (Berlin), Gerhard Bessau (Karlsruhe) und anderen (der sogenannten KONKRET-Fraktion) hatte ich regelmäßig die Funktion des Moderators, wie man heute sagen würde (damals sagte man: Diskussionsleiter). Röhl wäre für diese Aufgabe schon deswegen nicht in Betracht gekommen, weil er dafür zu sprunghaft war.«

Aus Protest gegen den Hauptausschuß der Anti-Atom-Ausschüsse, der die KONKRET-Leute aus der Bewegung drängen wollte, schrieb Klaus Röhl am 4. Juli 1958 an Carl-Christian Kaiser, den zentralen Gegenspieler aus Frankfurt, der neben anderen den Beschluß veranlaßt hatte, daß die Anti-Atom-Ausschüsse nicht mit KONKRET zusammenarbeiten durften. Aus dem Schreiben geht hervor, daß es vor allem eine Person war, die mittlerweile auf der Seite von KONKRET kämpfte: Ulrike Meinhof aus Münster.

»Herrn Carl-Christian Kaiser
Frankfurt am Main
Freiherr-vom-Stein-Str. 16

Sehr geehrter Herr Kaiser,

als Leiter der Informationszentrale haben Sie vor einigen Tagen uns eine Erklärung zur Veröffentlichung übergeben, in der sich die studentischen Atomausschüsse von der Arbeit unserer Zeitung distanzierten. Gleichzeitig haben Sie in einem Rundschreiben die örtlichen Ausschüsse an den Universitäten aufgefordert, diese Distanzierungsanerkennung in der örtlichen Studentenpresse (also in Zeitungen, die zum größten Teil den Kampf gegen die Atomwaffen in der Bundesrepublik nicht unterstützt haben und ihn teilweise sogar angreifen) zu veröffentlichen.
[...]

Inzwischen wird Ihnen das Rundschreiben des Ausschusses aus Münster sowie das Schreiben des Berliner Ausschusses bekannt geworden sein, in denen diese Ihre Erklärung als nicht gerechtfertigt bezeichnet wird. Wir glauben zu wissen, daß eine Reihe anderer Ausschüsse sich der Haltung des Ausschusses Münster anschließen wird.

Wir selbst stellen dazu folgendes fest:

1. Die Herausgabe der schwerwiegenden Distanzierungserklärung gegenüber der einzigen Zeitung in der Bundesrepublik, die seit ihrem Bestehen 1955 konsequent eine Anti-Atomwaffen-Politik betreibt und mit ihren 20 000 Exemplaren das wichtigste Publikumsorgan der studentischen Bewegung gegen die Atomwaffen darstellt, halten wir, wie der Ausschuß Münster, für eine Überschreitung der Kompetenzen der Informationszentrale, von der es auf Seite 4 Ihres Rundschreibens vom 26.6. heißt, daß sie ›dienen soll der Koordinierung gemeinsamer Aktionen, der Vermittlung von Rednern und der Information der einzelnen Gruppen‹. Dazu kommt, daß diese Distanzierung in einer Situation erfolgt, die gekennzeichnet ist durch Ereignisse wie das Verbot des Kongresses in Basel, das Vorgehen gegen Studentenpfarrer Mochalski, die gravierenden Niederlagen der Atomgegner in Tübingen und Marburg. [...]

Der wahre Grund Ihrer Distanzierung [...] wird von Ihnen in Ihrem Brief an mich in einem Satz ausgesprochen, der nun allerdings eine verhängnisvolle Konsequenz hat: Die Distanzierung von KONKRET wäre notwendig, nicht weil Sie der Ansicht seien, daß es eine kommunistische Zeitung sei, sondern weil die Zeitung bei einem Teil der Kommilitonen in dem Ruf stehe, kommunistische Arbeit zu besorgen.

Zahllose Flugblätter des RCDS und von anderen Atomwaffen-Befürwortern müßten Sie eigentlich darüber belehrt haben, daß Sie sich in Konsequenz dieses Gedankens von sich selbst und allen Atomausschüssen distanzieren müßten, wenn Sie dem Druck des Gegners und einem falschen Ruf nachgeben wollten.

Prominenteste Mitglieder der großen Atomausschüsse gegen den Atomtod sowie die meisten Studenten haben inzwischen erkannt, daß der Kampf gegen die Atomwaffen in Deutschland untrennbar verbunden ist mit dem Kampf gegen den Antikommunismus als wirksamste Zweckpropaganda der Atomwaffenbefürworter. Indem Sie diese gegen uns ebenso wie gegen solche hervorragenden und integren Männer wie Wehner, Heinemann, Prof. Hagemann und zahllose andere angewandte Beschuldigung überhaupt zur Diskussion stellen, ignorieren Sie die Ihnen von mir mitgeteilten und allgemein bekannten Tatsachen: daß unsere Zeitung mehrfach häufig vom *Forum* angegriffen worden ist, daß sie auf der Beschlagnahmeliste des Staatssicherheitsdienstes der DDR steht, daß unsere unabhängige Haltung gegenüber der DDR und allen anderen kommunistischen Ländern in jedem Kommentar nachzulesen ist. Ich zitiere nur aus einem der letzten grundsätzlichen Fontara-Artikel den Satz, wo die Entwicklung der DDR als ›Kulisierung und Fellachisierung‹ bezeichnet wird. Weil die nonkonformistische Haltung unserer Zeitung, die sich unter unsäglichen Schwierigkeiten eine völlig unabhängige finanzielle Basis verschafft hat, von allen einsichtigen und wirklich Informierten erkannt worden ist, veröffentlichen und veröffentlichten bei uns auch so unabhängige und einwandfreie Persönlichkeiten, Männer wie Studentenpfarrer Mochalski, MdB Schmidt (Hamburg), MdB Dr. Dr. Heinemann, Erich Kuby, Prof. Hagemann, Prof. Rode, Aachen, Hans Henny Jahn (Hamburger Ausschuß gegen den Atomtod), Dieter Großherr (Redakteur der *Kultur*), Hermann Kesten, Dr. Kurt Hiller, Dr. Hans Magnus Enzensberger, Kurt Desch, Ernst Rowohlt, Karl Heinz Deschner, Kirchenpräsident Dr. Martin Niemöller, um nur einige zu nennen.

Da unsere Zeitung, längst bevor irgendein Student daran dachte, den Kampf gegen Atomwaffenversuche und Atombewaffnung eröffnete, ist es nur ganz natürlich, daß sie auch heute an hervorragender Stelle der studentischen Bewegung steht. Die Berliner und Münchner Lokalredakteure sind gleichzeitig Mitglieder der dortigen Ausschüsse. Fast alle Verkäufer und Korrespondenten unserer Zeitung in der ganzen Bundesrepublik sind Mitglieder, teilweise sogar Initiatoren der dortigen Ausschüsse. Unsere Zeitung konnte der Arbeit der Ausschüsse, besonders durch die Mochalski-Sondernummer 7/58, eine wertvolle Hilfe leisten. Am gleichen Tag, an dem Ihre Distanzierungserklärung bei uns eintraf, forderten fünf Ausschüsse, an zum Teil großen Universitäten, unsere Sondernummer in einer Höhe bis zu 2000 Stück an. […]

Ich glaube im Sinne der überwiegenden Mehrheit aller studentischen Atomwaffengegner zu sprechen, wenn ich Ihnen sage, die Ausschüsse sind die ORGANE DER GANZEN DEUTSCHEN STUDENTENSCHAFT im Kampf gegen eine gefährliche Bedrohung. Das bedeutet, daß die Zeitung KONKRET als konsequentes, publizistisches Organ im Kampf der Studentenschaft gegen die Atomrüstung eng mit den Ausschüssen verbunden sein muß und sein wird. […]

In Erwartung Ihrer Antwort verbleibe ich mit besten Wünschen
Claus Rainer Röhl

KONKRET
Die Redaktion«[22]

Meinhof und Röhl ziehen an einem Strang

Die bisherige Entwicklung der Anti-Atomwaffen-Bewegung spielte sich während des Sommersemesters 1958 ab und endete kurz vor Beginn der Semesterferien mit einer großen Konferenz aller studentischen Aktionsausschüsse gegen den Atomtod am 26. Juli 1958 in Frankfurt, bei der nunmehr 20 Studentenausschüsse von 20 Universitäten zusammentrafen. Wichtigster Beschluß der Konferenz in Frankfurt: Auf Anregung von Pfarrer Mochalski einigten sich die Delegierten darauf, einen Studentenkongreß gegen die Atomrüstung nach Westberlin einzuberufen. Zudem stellt Ulrike Meinhof den entscheidenden Antrag, der die dauerhafte Zusammenarbeit der Anti-Atom-Ausschüsse an den Universitäten mit der Zeitschrift KONKRET überhaupt erst ermöglichen wird. Sie stellt sich damit frontal gegen das Distanzierungsschreiben Kaisers und voll auf die Seite von Klaus Rainer Röhl. Ohne daß sich Ulrike Meinhof und Klaus Rainer Röhl bisher besser kennen, ziehen sie, wie man der Akte entnehmen kann, bereits an einem Strang.

Die für KONKRET zuständigen Kader in Ostberlin protokollieren in einem Bericht den Verlauf der Frankfurter Konferenz.

»31. Juli 1958

Bericht über die Aussprache zwischen Richard Kumpf und Klaus Rainer Röhl
[...]

I. Konferenz der studentischen Aktionsausschüsse gegen Atomtod am
   26. Juli 1958 in Frankfurt

Die Bedeutung der Konferenz besteht:
1.) in der Vorbereitung des Kongresses in Berlin
2.) in der Stellung der Ausschüsse und der Stellung der Informationszentrale
   zur Zeitung KONKRET

Vor der Konferenz hatte Kaiser einen Brief an die örtlichen Ausschüsse versandt, in dem er schrieb, KONKRET versuche den Anschein zu erwecken, daß es ein Organ der Ausschüsse sei. Da viele Ausschüsse damit nicht einverstanden sind, hat KONKRET versucht, viele Ausschüsse auf seine Seite zu ziehen, um die Distanzbeschlüsse zu revidieren. Opitz hat dabei gute Arbeit geleistet. (Auch mit finanziellen Mitteln – von Berlin konnten statt einer Person vier Personen zur Konferenz fahren.)

Zur Konferenz kamen:
Frau Runge
Köln: 1
Münster: 2
Wilhelmshaven: 2
Stuttgart: 2 (1 war vom Gelsenkirchener Kongreß), Marburg und Kiel waren nicht vertreten, schickten aber schriftliche Erklärungen, Mochalski hat in einem Brief die Politik von KONKRET bekräftigt und wurde daraufhin nicht eingeladen. Aus Hamburg war noch Spoo anwesend (er hat die Volksbefragung in Hamburg organisiert).

Als Gegner von KONKRET traten auf: Lenz aus Tübingen (›Grund‹, weil er grundsätzlich auf der Seite der Schwächeren stehe),
Frankfurt mit 7 Mann
Göttingen mit 1 Mann
Heidelberg mit 1 Mann
und Hamburg.

Ulrike Meinhoff, Münster (Ziehtochter von Frau Prof. Riemeck), stellte den Antrag, falls ein Ausschuß eine Lokalredaktion von KONKRET übernimmt, ist das kein Grund, um diesen von der Zusammenarbeit auszuschließen. Sie stellte weiter einen Mißtrauensantrag gegen Kaiser, weil dieser eine Distanzierungserklärung abgegeben habe, ohne sich vorher die Zustimmung zu holen.

Nachdem die Stimmung für KONKRET war, stand Werner Wilkening (ein alter Festivalreisender, der von Klaus Hübotter Informationen hat) auf und stellte provozierende Fragen an Röhl:

1.) Wie lange sind Sie schon Chefredakteur dieser Zeitung?
2.) Wieso fängt die Zeitung mit Nr. 2 an?
3.) Warum ist Herr Heimendahl nicht mehr Chefredakteur?
4.) Können Sie hier wirksam dementieren, daß der Ausschluß von H. [AdA: Heimendahl] auf Betreiben von Hübotter geschehen ist?

Daraufhin stand ein Berliner auf und verbat sich im energischen Ton diese Diffamierung und bat um Abbruch dieser Debatte. Die Anwesenden betrachteten diesen Wilkening als Diffamierer und brachen die Debatte ab.

Röhl legte dann eine Erklärung zur Annahme vor:
›Im Einvernehmen mit den Ausschüssen räumt KONKRET der Atomfrage einen besonderen Raum ein.‹

Darüber gab es eine große Auseinandersetzung, und Röhl machte folgendes Zugeständnis: ›Im Einvernehmen mit Ausschüssen räumt KONKRET …‹

Darüber wurde abgestimmt; Ergebnis: 12 waren für die Erklärung, 7 dagegen. Dieses Abstimmungsergebnis löste den Protest der Frankfurter Zentrale aus, sie will sich weitere Schritte vorbehalten (evtl. Zurücktritt mit Kaiser).

Nach diesem Punkt wurde Röhl von der Konferenz ausgeschlossen, da vorher beschlossen wurde, daß Röhl, solange sein Punkt zur Debatte stehe, teilnehmen dürfte. [...]

Zum Kongreß im Oktober 1958

1.) Grundsatzerklärung von Ulrike Meinhoff: ›Der Kampf gegen die Atomwaffen muß auf das engste verbunden werden mit der Verteidigung der Demokratie.‹ (U. Meinhoff ist Mitglied der ev. Hochschulgruppe). Die Grundsatzerklärung kam durch. [...]

Röhl zog folgende Schlußfolgerung:
  a) Schlag von Kaiser völlig danebengegangen
  b) Es besteht die Möglichkeit, daß einzelne Ausschüsse die Lokalredaktion von KONKRET übernehmen.
  c) Politisch ist das Gewollte erreicht: Kongreß in Berlin und Organisierung durch Berlin und Münster.

Einige Bemerkungen von Kl. R. Röhl zu den studentischen Ausschüssen gegen Atomtod.

Münster: U. Meinhoff hat dort einen großen Einfluß.
Berlin: Es sind starke Gegenkräfte vorhanden. Es ist stark abhängig von der SPD. Diese versucht, einen Druck auszuüben. Gegen Klaus Steffens (2. Vors. an der FU) wurde ein Mißtrauensantrag eingebracht, der aber scheiterte.«

In den Wochen nach der Frankfurter Konferenz holte Klaus Röhl den Berliner Reinhard Opitz endgültig als »Mädchen für alles« (wie es in einem der Akte beiliegenden Brief Erika Runges an Opitz heißt) nach Hamburg zu KONKRET.

Eckart Spoo: »Opitz – sehr klug, sehr gründlich, sehr genau – ›genau‹ war sein häufigstes Wort – blieb manchmal tagelang in Hamburg. Er schlief dann in dem kleinen Kabuff hinter dem großen Redaktionsraum auf einer Couch. Nicht vor Mittag stand er auf und ging dann stundenlang dozierend im gestreiften Pyjama in der Redaktion auf und ab, was uns nicht unbedingt bei der Arbeit half. Bei diesen Aufenthalten in Hamburg sollten eigentlich Texte entstehen, aber das Schreiben fiel ihm sehr schwer. Auch wenn er nachmittags in ein Café ging, brachte er danach oft noch nichts Fertiges mit. Alle

waren darauf bedacht, ihn bei Laune zu halten; denn wenn er etwas fertig-
stellte, dann war es wirklich gelungen und nützlich.«

Und auch der Berliner Student Klaus Steffens kam fest in die Redaktion.
Der frühere SPD-Mann Steffens wurde, wie viele andere KONKRET-Mitarbeiter, illegales Mitglied der KPD und blieb die nächsten Jahrzehnte Klaus
Röhls treuester und langjähriger Mitarbeiter und Partner in guten wie in
schlechten Zeiten. Der Mitarbeiterstab der Zeitung wuchs, KONKRET wurde
wie geplant zu *der* Plattform, *dem* Sprachrohr der studentischen Bewegung
gegen den Atomtod.

Am 27. Juli 1958 kam es zu einem Treffen aller Lokalredaktionen von
KONKRET:

»IV. Konferenz der Lokalredaktionen von KONKRET am 27. Juli 1958 in Frankfurt

Es nahmen teil: Runge, Stern, Steffen, König, Opitz, Manthei, Lauschke aus
Köln (dieser war bisher nur Verkäufer, 30 Jahre alt, war 4 Jahre Metallarbeiter
[...]

Es wurde beschlossen:

1. Die kleinen Ausgaben [AdA: des *Studenten-Kuriers*, die in den lokalen
   Redaktionen zwischenzeitlich herausgegeben wurden] als unwirksam
   wieder aufzuheben. Es besteht die Forderung unter der Studentenschaft,
   statt der 8 Seiten kleinen Ausgabe, eine vier Seiten große Einlage in die
   große Ausgabe herauszugeben.
2. Für Berlin wurde eine Ausnahme beschlossen. Es soll einmal im Monat ein Sonderblatt zu den übrigen Seiten herausgegeben werden, das die
   Berliner Redaktion selbst gestaltet.
3. Es gibt künftig 3 Stilformen:
   a) schnoddrige Art
   b) sachliche Art
   c) ernste Art, angemessen zum Thema

Zum Schluß wurde die Aufgabe gestellt, in einem Viertel- oder einem halben
Jahr an zentraler Stelle eine neue Redaktionskonferenz einzuberufen, bei der
das erste Ziel verwirklicht sein muß, an jedem Hochschulort eine örtliche
Korrespondentenorganisation zu haben.

Am anderen Tag wurde diskutiert über den Einbruch in die nationalen bürgerlichen Kreise sowie in die ehrlichen christlichen Kreise. Dieses wurde von
allen Anwesenden gefordert.

Diskussion zwischen Röhl und Opitz

Die politische Organisation liegt in der Zukunft nicht im SDS. Man müßte eine Organisationsform eigener Art gewinnen, wo die Atomausschüsse die breitere Basis sind, in denen man arbeitet. In Hamburg und Berlin sind die dortigen Redaktionen gleichzeitig die Initiatoren und Leiter der politischen Organisation und haben mehrere Leute an der Hand (gruppenweise und einzeln), die politische Arbeit leisten. (Berliner Marsch der Jugend, Vollversammlung, arabischer Marsch.)

In München ist es ähnlich. Runge ist maßgeblich an allen Aktionen beteiligt. Man müsse dieses weiter an allen Universitäten aufbauen.«[23]

Die KONKRET-Redaktion war gerüstet, die Anti-Atomwaffen-Bewegung im Herbst weiterzuführen. Die enge Zusammenarbeit zwischen den Ausschüssen und KONKRET war endgültig beschlossene Sache. Nur Ulrike Meinhof, die sich schon so eingesetzt hatte, war bis jetzt weder in die kommunistischen Hintergründe eingeweiht, noch arbeitete sie schon für KONKRET.

Meinhof macht Urlaub auf Fehmarn

Schafft uns die Meinhof endlich her, so der Tenor von Kumpf und Kapluck am Ende der Redaktionskonferenz. Klaus Röhl hatte also die Idee, Ulrike Meinhof umgehend aufzusuchen und sie, wenn möglich, endgültig zur Partei und zu KONKRET zu holen. Auch Opitz ist hocherfreut über den Plan Röhls, Ulrike Meinhof ganz spontan in den Semesterferien zu besuchen. Doch während man beschließt, die »neue Rosa Luxemburg« endgültig zur Mitarbeit zu bewegen, war Ulrike Meinhof nach einem halben Jahr Kampf gegen die atomare Aufrüstung der Bundesrepublik ausgepowert und urlaubsreif. Außerdem gibt es da immer noch ihren Verlobten, um den sie sich endlich kümmern will. Am 8. Juli 1958 hatte sie an Frau Dr. Heimpel geschrieben: »Ich würde in den Ferien sehr gerne einmal kommen, im August bin ich aber noch nicht in Marburg. Mein Verlobter macht nächste Woche sein Diplom, und da wir dann beide mit dem Ende des Semesters selbst ein wenig auf dem letzten Loch pfeifen, wollen wir im August einmal richtig Ferien machen. Sept./Okt. bin ich dann wieder in Marburg.«

Ulrike Meinhof und Lothar Wallek fahren gemeinsam auf die Insel Fehmarn. Dort holen die Ereignisse sie ein. Wenige Tage nach dem letzten Frankfurter Kongreß erreicht eine Karte von Opitz den verschlafenen Urlaubsort. Die KONKRET-Leute bitten Ulrike Meinhof erneut um ein Gespräch. Man müsse noch einiges für den Anti-Atom-Kongreß Ende des Jahres besprechen. Ulrike Meinhof antwortet Opitz fröhlich, sagt aber einen Besuch der KONKRET-Leute auf Fehrman ab.

»Burg/Insel Fehrman, den 6. August 1958, Gehlendorferweg b. Maaß

Lieber Reinhard! Deine Karte bekam ich erst heute, sie wurde mir – offenbar umständlich – nachgeschickt. Ihr seid Helden! Ich war zwar ziemlich kaputt nach der Sitzung in F., aber von mir aus hätten wir gut und gerne noch die Nacht das Nötige besprechen können. Nun muß ich Dich bitten, die Dinge schriftlich zu machen. Aber wenn Du Dich klar ausdrückst, werd' ich's schon verstehen. Andernfalls setzt Euch doch mit J. Seifert in Verbindung. Er ist in den Ferien in Münster […]. Sonst schreib mir ruhig. Ich glaub', wir sprechen eine ähnliche Sprache, und nach den bisherigen Erfahrungen glaub' ich, daß ich ganz gut kapiere, was Ihr meint. Bitte seht davon ab, mich hier in Fehmarn aufzusuchen. Am 1. September bin ich in Marburg/Lahn (Mainzergasse 28). Von dort aus bin ich wieder etwas mehr einsatzbereit. […] Ich hoffe also, bald von Dir zu hören. Ich werde versuchen, postwendend zu antworten.

Herzliche Grüße, Ulrike Meinhof
Bis 27. August bin ich hier.«[24]

In Ostberlin wartet man:

»15.8.58

Richard

Wie entwickelt sich die ganze Sache mit dem Kongreß im Herbst?
R.: Im Augenblick entwickelt sich gar nichts. Die Berliner haben den Auftrag, zusammen mit Meinhof [den Kongreß für Atomtod] vorzubereiten, die aber ebenfalls im Urlaub ist. Wir haben etwas abgestoppt, um erst die politischen Fragen zu besprechen. Die Hauptfrage beim Berliner Kongreß ist die Frage, ob er verboten wird. Oder ob sie ihn verlegen werden. In dem Moment muß sich die Runge einschalten.«[25]

Während die Studenten in den Semesterferien sind, bereiten sich Klaus Röhl und seine engsten Mitarbeiter in Ostberlin systematisch auf den beschlossenen Anti-Atom-Kongreß vor. Bei diesem strategisch wichtigen Etappenziel sollte nichts dem Zufall – sprich dem politischen Willen der antikommunistischen Gegner – überlassen bleiben.

»Inhalt des Kongresses vom 15.8.58

Wir müssen der Bewegung gegen den Atomtod weiterhin große Bedeutung beimessen. Es ist die breiteste, intensivste, die tiefste Bewegung, die wir auch in der Bundesrepublik haben. Sie hat verschiedene Varianten. Sie ist stark differenziert. Wir müssen dennoch an dieser Bewegung festhalten. Vor allem in Hinblick auf den Kongreß gegen den Atomtod. Dieser studentische Kongreß kann bedeutende Wirkungen haben auf die gesamte Bewegung. Die Bewegung wird neu entfacht. […] Wir sind daran interessiert, daß dieser Kongreß stattfindet, daß wir auf diesem Kongreß unsere Konzeption des entschiedenen Kampfes gegen die Atombewaffnung darlegen und dort zum Tragen bringen.
[…]

Man muß sich darauf orientieren, daß der Kongreß die atomare Aufrüstung der Bundesrepublik verurteilt. Es darf kein allgemeines Gerede geben, sondern es muß die atomare Aufrüstung der Bundesrepublik verurteilt werden. Konkrete Maßnahmen müssen dort vorgeschlagen werden zum Kampf gegen die Atomaufrüstung. Wenn dort ein Gremium gebildet wird, müssen wir in dieses Gremium hineinkommen, darauf müssen wir uns von vornherein orientieren.

Was für politische Schwerpunkte sollen wir nehmen?
1.) Gegen den Antikommunismus muß man schlagen mit allen Kräften. In der Diskussion und in Resolutionen
2.) Gegen die atomare Aufrüstung der Bundesrepublik
3.) Für die Einheit aller Kräfte im Kampf gegen den Atomtod
4.) Für Aktionen, für tatsächliche Handlungen im Kampf gegen den Atomtod
5.) Für eine atomwaffenfreie Zone in Mitteleuropa. D.h., wir müssen der Adenauer-Clique gegen ihr ideologisches Fundament, den Antikommunismus, schlagen, aber einen konstruktiven Ausweg zeigen und dieser Ausweg ist die atomwaffenfreie Zone in Mitteleuropa.

[…]

Man hat mir gesagt, bei Euch gibt es einen gedanklichen Fehler: Ihr billigt dem Zentralen Ausschuß in Frankfurt eine Funktion zu, die ihm nicht zusteht. Die Genossen sagen, die Sache ist einfach, wir sind für den Zentralismus, da wo wir drin sind und wo wir in entscheidendem Maße die Dinge mitbestimmen. Aber wir sind nicht für den Zentralismus, wo wir die Dinge nicht bestimmen. Da sind wir gewissermaßen für den Föderalismus, d.h., in dem Frankfurter Ausschuß könnt Ihr Einfluß ausüben. Ihr habt einige gute Positionen, aber dennoch haben wir dort nicht die führende Position. Wir sind aber trotzdem für ein solches zentrales Gremium, aber mit beschränkten

Funktionen, z.B. wir dürfen dem zentralen Ausschuß nicht zubilligen, daß er den ganzen Kongreß unter seine Regie bringt, d. h., daß der Kaiser dort Kaiser ist von dem Kongreß. [...]
Referenten: auch dort muß man dem zentralen Ausschuß nicht die bestimmende Rolle überlassen. Auch in der Frage der Resolutionen oder der Versammlungsführung, der Sprecher. Bei der Versammlungsleitung muß man ein Kollegium beschließen der örtlichen Ausschüsse. Im Präsidium soll jeder Ausschuß mehrere Leute benennen, und die führen abwechselnd den Vorsitz des Kongresses. Die Sprecher: Unter Umständen wird man versuchen, die Diskussion zu erwürgen, das hat man schon mit den Referenten versucht. Unsere Auffassung ist, man muß auf eine solche Vereinbarung kommen. Jeder Ausschuß stellt einen Sprecher für diesen Kongreß, gleichberechtigt. Jeder Ausschuß muß auch sein Selbstbestimmungsrecht sich vorbehalten. Man darf dem zentralen Gremium einfach kein bestimmendes Recht über die einzelnen Ausschüsse aussprechen. Er darf nur eine bestimmte koordinierende Funktion haben. Die Ausschüsse müssen unten an der Basis entscheiden. Sie müssen ihren Standpunkt auf diesem Kongreß darlegen. Im Vordergrund müssen die örtlichen Ausschüsse stehen.

Falls Rassl [AdA: gemeint ist Bertrand Russell, auch R.] spricht, muß man berücksichtigen: Er war mit der Einberufer des Kongresses in Stockholm. [...] Es gibt einen gemeinsamen Kampf zwischen solchen Leuten wie Richter [AdA: Hans Werner Richter] und uns um Rassl. [...] Die Meinung in der Welt ist, daß die aktive Bewegung gegen Atomtod ist. Es kommt darauf an, diesen Eindruck auch beim Rassl zu erwecken und zu verstärken, daß die Studentenschaft in der Bundesrepublik das Atomproblem als ein Problem der Aktion gegen die atomare Aufrüstung der Bundesrepublik betrachtet. Man muß [...] R. eine ganze Reihe von Briefen organisieren, man muß ihm einige Nummern schicken, wo harte Sachen drinstehen. Dann bekommt er einen bestimmten Eindruck, und unter diesem Eindruck wird er sein Referat ausarbeiten. [...]

Man muß den Kongreß in ein Zeichen der Neubelebung der Atombewegung, des Wachrüttelns der Studentenschaft und auch als flammenden Aufruf an die Studentenschaft und darüber hinaus an alle Intellektuellen stellen. Die Studenten müssen erneut an die Arbeiterklasse appellieren.
[...]
Es kommt darauf an, eine bestimmte Atmosphäre zu schaffen für diesen Kongreß, und zwar so, daß in diesem Kongreß bestimmte Erwartungen in der Studentenschaft erzeugt werden auf Aktionen gegen den Atomtod, und in den Ausschüssen selbst auch. [...]

30.8. Kl. und Uwe über Samstag/Sonntag«[26]

Als Ulrike Meinhof im September nach Marburg zurückkehrt, um dort ihre liegengebliebenen Semesterarbeiten zu schreiben und nebenbei endgültig mit ihrem Verlobten ins reine zu kommen, standen die KONKRET-Leute zu ihrer Überraschung eines Abends direkt vor ihrer Haustür. Nachdem sie zwei Tage und Nächte mit diesen diskutiert hatte, war sie von Röhl ziemlich angetan. Am 15. September 1958 schrieb Ulrike Meinhof an Jürgen Seifert:

> »Im Augenblick bin ich völlig erschossen, denn höre und staune: Röhl, Opitz und E. Runge waren am Wochenende hier, um mir zu berichten, wie die Berliner Planung aussieht. Sie meldeten sich Freitag abend an, so daß ich Dir schlecht Bescheid geben konnte. […] wir haben uns zwei Tage lang ›herumgestritten‹. Erika Runge ist mir recht sympathisch geworden, weißt Du, sie steht ganz auf der Seite von Röhl etc., aber sie hat etwas, was ich mag und wofür mir kein anderes Wort einfällt als eben ›Herz‹. Sie gibt auch gar nicht an. Röhl ist mir nach wie vor ein Fatzke. Aber er ist nicht dumm und ist – darüber bin ich erstaunt – zugänglich für das bessere Argument. Ich war platt, daß er mehrfach in aller Offenheit sagen konnte: da habe ich mich geirrt. Opitz kannte ich ja schon, und da hat sich an meinem Bild von ihm auch nichts geändert. […] leider darf es unter keinen Umständen bekannt werden, daß sie hier waren.«[27]

Anlaß des KONKRET-Besuchs war eine weitere Zusammenkunft der studentischen Vertreter der Anti-Atom-Ausschüsse in Frankfurt Ende September, auf dem der geplante Anti-Atom-Kongreß in Berlin weiter vorbesprochen werden sollte. Kaiser hatte nach dem letzten großen Treffen aller Ausschüsse im Juli gegen die KONKRET-Fraktion mobil gemacht und seine Strategie geändert. Röhl, Opitz und Runge wollten mit Meinhof ihr taktisches Vorgehen besprechen, um ihre Vorstellungen besser durchsetzen zu können.

Außerdem ging es Opitz und Röhl darum, Ulrike Meinhof endlich »einzuweihen« und in die Partei zu holen. Klaus Röhl setzte seinen ganzen Charme ein. Als Überraschungsgeschenk brachte er Ulrike Meinhof einen Plattenspieler und einen Haufen Bertolt-Brecht-Platten mit und legte sich auch sonst mächtig ins Zeug.

Klaus Rainer Röhl: »Wir fuhren mit Ulrike in ein schönes Gartencafé außerhalb von Marburg, wo wir den ganzen Nachmittag zusammensaßen, um das Treffen in Frankfurt zu planen. Ich redete vom Fortschritt, vom Frieden und vom Sozialismus. Ich sang ihr Brecht-Lieder vor und rezitierte Tucholsky und Busch, ich riß die kühnsten Witze, wie in meiner besten Kabarettzeit, zitierte Lenin, Marx und die Bibel, alles durcheinander, redete vom Traum der Gerechtigkeit, von Güte und vom Gegenteil, vom Haß, und eroberte so das Herz Deiner Mutter ... Ja, absichtlich redete ich auch viel vom Christentum, obwohl ich selber Atheist bin, aber ich spürte, daß sie darauf anspringen würde.«

Röhls Überredungskünste schlagen bei Ulrike Meinhof ein. Beide finden Gefallen aneinander, nach dem Wochenende ist das Eis zwischen ihnen gebrochen. Ulrike Meinhof schreibt kurz nach diesem Wochenende, am 17. Oktober 1958, aus Marburg an Jürgen Seifert: »Ich bringe übrigens einen Plattenspieler und einen Batzen Brecht-Platten mit. Das erzähl aber <u>bitte nicht</u> weiter. Du wirst Deine Freude daran haben. Warum ich Dich bitte, es nicht – niemandem – weiterzuerzählen, auch das mündlich. Sei so gut, und tu es nicht.« Vorher hatte sie in einem Brief vom 15. September 1958 an Jürgen Seifert schon zur Sache geschrieben:

»Und jetzt zu Frankfurt, es wäre schön, wenn wir uns zuvor treffen könnten. [...] Der Blödsinn ist, daß Kaiser offenbar die Einladung in seinem Sinne gedreht hat. [...] Mein Anspruch ist keineswegs der, daß Du dem, was ich in Frankfurt vortragen werde, zustimmst, aber ich würde es Dir doch gern vorher erzählen. Klar ist – leider –, daß der KON-KRET-Besuch hier nicht bekannt werden darf – der Plan für den Kongreß hat sich so geändert, da der Menzel-Ausschuß ihn bezahlen wird und sonst niemand ihn bezahlen würde. Mir schien das alles zunächst ziemlich absurd, aber inzwischen leuchtet mir die Sache ein. Ich kann das nicht brieflich auseinandersetzen [...]. Wann und wo treffen wir uns? Könntest Du – falls Du Samstag abend schon kannst – Kaiser bitten, Dir und mir Quartier zu besorgen [...] auf alle Fälle schreib mir auch, wann Du ankommst. U.U. könnte ich Dich ja abholen. Mach doch Du den Nagel mit dem Kopf. Du weißt, manchmal bin ich etwas dösig. [...] Wenn Du Kaiser um Quartier bittest, dann sag ganz offen, daß wir uns noch sprechen möchten. Schließlich kann man sich auch sehen wollen, ohne zu intrigieren.«

Am 16. September 1958, also nur einen Tag nach diesem Datum, schrieb Ulrike Meinhof auch ihren ersten Brief an Klaus Röhl. Inhalt ist das bevorstehende Treffen in Frankfurt. Noch blieb sie distanziert, denn Röhl war ja offensichtlich mit Erika Runge liiert.

»16.9.58

Lieber Herr Röhl!

Da ich Erika Runges Adresse nicht habe, möchte ich Sie bitten, ihr noch vor Ffm. zwei Dinge mitzuteilen, damit sie und u. U. auch die Berliner sich über mein Verhalten dort nicht wundern.

1. Ich werde es ablehnen, daß der Hauptausschuß für die Arbeit der örtlichen Arbeitskreise verbindliche Beschlüsse faßt. D. h., in einzelnen Punkten (etwa VDS und Physikstudenten) würde ich einer gewissen Verbindlichkeit zustimmen, nicht aber blanko. Ich vergaß, das hier zu sagen. Es kommt für Münster überhaupt nicht in Frage, daß es Dinge tut, die nicht dort selbst beschlossen sind. Ich habe mich gegen derartige Pläne von Anfang an gewandt und werde dies auch in Zukunft tun.

2. Ich werde in Frankfurt Jürgen Seifert als einen der Diskussionsleiter [AdA: für den Berliner Kongreß] vorschlagen und wäre sehr froh, wenn Erika dem zustimmen würde. Seifert würde das sehr gut machen, und es wäre für Münster nicht gut, wenn es immer mehr den Anschein gewänne, als käme es insgesamt mehr auf mich als auf alle anderen Münsteraner an. Außerdem ist J. Seifert den Frankfurtern sicherlich sympathisch.

Ich hoffe, daß wir für den 1. Punkt Verständigung haben. Ihn im einzelnen zu erläutern, würde hier zu weit führen. Bitte teilen Sie das Erika mit, damit sie und die Berliner sich in Ffm. nicht von mir versetzt fühlen.

Viele Grüße,
Ulrike Meinhof«[28]

»Machinationen«

Die KONKRET-Fraktion und die Anti-Atom-Ausschüsse der Universitäten, die mit der KONKRET-Redaktion zusammenarbeiteten, wollten den Anti-Atom-Kongreß Anfang November 1958 stattfinden lassen und hatten klare Vorstellungen, was Ablauf und Zielsetzung anbelangte. Vor allem ging es darum, die Diskussionsleiter der verschiedenen Unterausschüsse auf dem Kongreß zu stellen und damit die Schlußresolution zu bestimmen: Diese sollte ganz im Sinne der Vorgaben aus Ostberlin ausfallen.

Die Gegenfraktion um Carl-Christian Kaiser und Werner Geßler, der dem Hauptausschuß aller universitären Anti-Atom-Ausschüsse in Frankfurt vorstand, hatte die Vereinnahmung der Bewegung an den Universitäten durch die Redaktion KONKRET von Anfang an bekämpft und witterte kommunistische Unterwanderung. Sie wollte eine ausgewogene Resolution gegen atomare Aufrüstung in West *und* Ost durchsetzen.

Im Herbst 1958 gab es dann zwei vorbereitende Versammlungen in Frankfurt (am 20./21. September und am 11./12. Oktober 1958), auf denen der Anti-Atom-Kongreß in Berlin organisiert und geplant wurde. Die Kaiser-Geßler-Fraktion hatte sich gut vorbereitet und in Gegenstellung gebracht, nachdem sie im Juli der KONKRET-Gruppe insofern unterlegen war, als diese mit den örtlichen Ausschüssen aus Münster und Berlin die offizielle Kongreßvorbereitung an sich gerissen hatte und nun mit diesen zusammenarbeitete. Es begann also ein durchaus intriganter Machtkampf mit Haken und Ösen darüber, welche Linie, die der illegalen KPD (KONKRET-Leute) oder die der SPD (Kaiser-Geßler-Leute des Hauptausschusses) das Sagen auf dem Berliner Kongreß haben würde.

Über die Maßnahmen der Kaiser-Geßler-Gruppe gibt eine rückblickende Zusammenfassung des »Clubs Republikanischer Publizisten« im »Grünwalder Kreis« vom Januar 1959 Auskunft:

»Einige aktive Mitarbeiter von KONKRET (die Studenten Stern und Steffens, Berlin) gehörten zum vorbereitenden Ausschuß des Berliner Kongresses. Sie opponierten heftig gegen die notwendig gewordene Verschiebung der zuerst auf Anfang November geplanten Versammlung, wobei sie geltend machten, bis Januar könnte die Verschärfung der innenpolitischen Situation in der BR und gedrosselte Meinungsfreiheit diesen Termin überhaupt unmöglich machen. Die Mehrheit des Hauptausschusses bestand aber auf der Verschiebung nicht zuletzt, weil sie fürchtete, ein Kongreß vor Semesterbeginn würde von den gut koordinierten ›KONKRET-Leuten‹ völlig dominiert werden.«[29]

Die Kaiser-Geßler-Leute setzten sich insofern auf diesem Treffen in Frankfurt durch, als beschlossen wurde, den Anti-Atom-Kongreß auf Januar 1959 zu verschieben. Dies führte sofort zu Gegenmaßnahmen auf Seiten der KONKRET-Fraktion.

»Daraufhin versandte Stern [AdA: Mitglied der Redaktion KONKRET] namens des (Haupt-)Ausschusses, aber ohne dessen Kenntnis, ein Protokoll mit sehr eng angesetzten Anmeldezeiten und einer Vorwegnahme der für die Ausschüsse des Kongresses zu nominierenden Diskussionsleiter, alle nach der KONKRET-Linie ausgesucht. Als dieses Protokoll bekannt wurde, schloß der Ausschuß die Mitarbeiter von KONKRET aus und ließ diesen Ausschluß von einer Delegiertenversammlung in Frankfurt billigen. Werner Geßler als

Vorsitzender des Hauptausschusses erhielt eine Generalvollmacht für die
Durchführung der Frankfurter Beschlüsse. Die Diskussionsleiter wurden umbenannt. Nur bei der Diskussionsgruppe ›Atomrüstung und Wiedervereinigung‹ bestand über die Verbindungen der Diskussionsleiterin Fräulein Titze,
Marburg, zu KONKRET keine Klarheit. Der vorbereitende Ausschuß ergriff in
der Folgezeit jede geeignete Maßnahme, um etwaige Machinationen [AdA:
meint Ränke, Machenschaften, Winkelzüge] von Seiten der KONKRET-Gruppe, aber auch jede andere politische Manipulation auf dem Kongreß zu verhindern.«[30]

Der Plan, wie der große Anti-Atom-Kongreß im Januar 1959 verlaufen sollte,
wurde bei einem zweiten Treffen der studentischen Anti-Atom-Ausschüsse
abermals in Frankfurt, diesmal im Oktober, festgelegt.

Ulrike Meinhof informierte nach dieser zweiten vorbereitenden Ver-
sammlung vom 14. Oktober 1958 Jürgen Seifert in einem Brief über die
Bildung von fünf Ausschüssen, die personelle Besetzung und die jeweiligen
Diskussionsleiter der fünf Ausschüsse des Kongresses in Berlin:

»So laß mich Dir kurz das Programm für den Kongreß mitteilen:

1. Atomrüstung und Demokratie: Kogon, Ridder [...], Diskussionsleiter:
Schmidt (München)
2. Wiedervereinigung: Kuby, Grübler, Dl: EM Titze (Marburg)
3. Außenpolitik der Weltmächte: Botschafter a. D. Mayer, Sethe, Dl:
Dr. v. Brentano
4. Verantwortung als Wissenschaftler: 1. G. Anders, 2. Jungk, 1. Weizsäcker, 2. Schäfer, Dl: R. Lenz
5. Atomrüstung und christliche Verantwortung: Gollwitzer oder Vogel,
Wolff, Kupisch, Kloppenburg, Dl: Peter Meier
Schirmherrschaft: Willy Brandt.
Zeit: 3./4. Januar (1959)«

Die KONKRET-Fraktion behielt den Vorsitz des Ausschusses »Atomrüstung
und Wiedervereinigung« mit Eva-Maria Titze als Diskussionsleiterin.

Klaus Rainer Röhl: »Das war eine von uns. Mitglied der Partei wurde sie
allerdings nicht.«

Es war der Nebel

Klaus Röhl, der zu der zweiten vorbereitenden Frankfurter Versammlung mit dem Auto gefahren war, bot sich an, Ulrike Meinhof nach Hause nach Marburg zu fahren.

Klaus Rainer Röhl: »In Frankfurt hatten wir die Vorbereitung zu dem großen berühmten Studentenkongreß gegen Atomrüstung in Berlin, der nun Anfang Januar stattfinden sollte. Deine Mutter hatte ihre Sache wieder mal großartig gemacht, obwohl wir starken Gegenwind hatten und unsere schon festgelegten Diskussionsleiter für die geplanten Ausschüsse auf dem Kongreß fast alle abgesetzt worden waren.

Danach fuhren wir – Ulrike und ich – mit meinem VW Richtung Marburg. Sie sagte mir ziemlich offen, daß sie mich einen furchtbaren Typen gefunden hatte, mit Spionagegesicht, der selbst mit der Atomfrage kokettieren würde, und ich stellte fest, daß sie ja lachen konnte und vor allem über meine Witze, was natürlich besonders gut bei mir ankam. Da merkte ich nun also, daß sie plötzlich offenbar einen sehr guten Geschmack hatte, und ich fand sie auch gar nicht mehr so verbissen. Sie trug natürlich wieder mal einen dieser grauen, kratzigen Renate-Riemeck-Pullover, wie ich später dazu sagte, und ich konterte das Spionagegesicht damit, daß ich ihr sagte, daß sie sehr attraktiv sei, aber sich doch vielleicht mal etwas anderes anziehen könnte. So flachsten wir und sangen zwischendurch während dieser Autofahrt lautstark Lieder, vor allem Brecht, Ernst Busch, aber auch Soldatenlieder, die ich noch aus dem Krieg kannte, und deutsche Volkslieder, alles, was wir kannten, und wir verstanden uns plötzlich wirklich sehr gut und waren uns auch in der Einschätzung von diesen Kaiser- und Geßler-Leuten einig und auch darin, was wir wollten.

Auf der Landstraße, auf der man damals noch fuhr, war es inzwischen immer nebliger geworden, bis wir wirklich nicht mehr weiterkonnten. In irgendeinem Dorf fanden wir ein letztes Zimmer, und sie sagte mit diesem kleinen verlegenen Lächeln – ein bißchen emanzipiert und ein bißchen schelmisch, das Ulrike dann manchmal so hatte: Na, da müssen wir wohl jetzt zusammen übernachten in diesem Zimmer. Am nächsten Morgen frühstückten wir gemütlich als gute Kumpel. Ulrike hatte ja noch ihren Verlobten, und ich hatte ja auch noch meine Freundin in Hamburg und meine Ehefrau.«

In diesen Wochen gelang es Röhl und Opitz, Ulrike Meinhof endgültig zum Eintritt in die illegale KPD zu bewegen. Möglich, daß sie kaum noch überredet werden mußte. Es war inzwischen nämlich noch etwas dazugekommen, worüber sie zunächst genausowenig sprechen wollte wie über ihren Eintritt in die KPD. Sie hatte sich nämlich in Röhl, den »Fiesling«, wie sie ihn selber noch kurz zuvor genannt hatte, verliebt.

Ulrike Meinhof denkt nach

»Als sie in diesem Herbst 1958 von Marburg zurück nach Münster kam«, so erzählte mir Jürgen Seifert, »war sie völlig verändert. Der Verlobungsring war weg, und sie hatte sich irgendwie von mir und unserem Ausschuß entfernt. Es war klar, daß ein Gesinnungswandel stattgefunden haben mußte.« In einem langen Brief hatte Ulrike Meinhof schon vor ihrer Rückkehr nach Münster an Seifert geschrieben:

> »Bitte entschuldige, daß ich nicht schrieb, aber das lag daran, daß Du nicht nach Frankfurt kamst, [...] und über die dortigen Ereignisse hat Peter [AdA: Meier] doch berichtet. Was die KONKRET-Leute anbelangt, so hat Peter das wohl nicht ganz richtig gesagt. Er war – wie damals wir – spuckewütend auf sie, aber das hat sich bei mir gelegt, und ich kann nur sagen: Sie haben einen guten Blick für das ›Konkrete‹ und arbeiten in einer Weise für die Sache – und nicht für sich –, die mir Respekt einflößt. Im übrigen habe ich keinerlei Sorge, daß sie uns ›benutzen‹ könnten, das paßt gar nicht in ihre politische Linie.«[31]

Zwischen Ulrike Meinhof und Jürgen Seifert kam es zu diesem Zeitpunkt zu einer grundlegenden politischen Auseinandersetzung, die sich an der von Seifert initiierten Münsteraner SDS-Zeitung *david – Blätter der studentischen Linken* entzündete. Ulrike Meinhof geht das Blatt auf die Nerven: »Entschuldige, aber davon halte ich restlos gar nichts. Einer SDS-Zeitung in Münster einen biblischen Namen geben, ich finde, das geht nicht. Damit macht man sich schon von vornherein an einer völlig unnützen Stelle suspekt.« Demselben Brief ist zu entnehmen, daß Ulrike Meinhof in den SDS eingetreten ist: »Ich meine, ich bin niemandem eine Begründung dafür schuldig, daß ich in den SDS ging [...]. Und sieh – ich bin nicht um des SDS willen hineingegangen, sondern um der politischen Verhältnisse willen, weil dort eine Gruppe ist, die Ansatzpunkte zu politischer Arbeit sieht.«
Ulrike Meinhof verschwieg damals ihrem Freund Jürgen Seifert, daß sie

in die illegale KPD eingetreten war. Es kam dennoch schon klar zum Ausdruck, was gemeint war, wenn sie plötzlich »wußte«, daß die KONKRET-Leute für »die Sache« arbeiteten. Sie macht Andeutungen, daß etwas passiert ist: »Morgen werde ich in Ffm Renate Riemeck treffen. Ich bin gespannt, sie wiederzusehen. Es hat sich so viel ereignet in diesen Monaten.«

Bald ging es Ulrike Meinhof nicht mehr vorwiegend um den Kampf gegen die Atomrüstung, sondern um den Kampf gegen das westdeutsche System. Am 14.10.58 schrieb sie an Jürgen Seifert:

> »Wir sind uns darüber einig, daß die positive Alternative zur westlichen Politik im Sozialismus zu sehen ist, daß personelle Veränderungen in den Regierungen das Grundübel nicht ausrotten können, sondern nur eine Veränderung der wirtschaftlichen Verhältnisse, d. h. eben gesellschaftlichen Verhältnisse. Daran besteht ja wohl kein Zweifel, ich erwähne das auch nur, um Mißverständnisse zu vermeiden. Die entscheidende Frage für mich ist nun aber eher eine methodische und heißt: Geht's in der gegenwärtigen Situation primär darum, diese Alternative voranzutreiben und ihr Boden zu verschaffen, oder geht es darum, die westdeutsche Politik ohne Umschweife zu bekämpfen? Mit anderen Worten: Wo liegen die besten Ansatzpunkte für diesen ›Kampf‹? Ich glaub', wir sind uns darin einig, daß es mehr Menschen gibt, die die westdeutsche Politik ablehnen, als solche, die das Grundübel im Kapitalismus – um es mal gescheit auszudrücken – sehen. Ich glaube, die Mehrheit der Gegner bejaht unsere Gesellschaftsordnung, auch wenn man ihnen deshalb keine Inkonsequenz vorwerfen kann. Aber die Gemeinsamkeit in der Gegnerschaft und Unterschiedlichkeit in der Alternative geht ja bis in den SDS, wo manche nicht mal den Namen Marx hören können. […] Angesichts dieser Tatsachen meine ich nun, daß man auf breitester Ebene gegen die westdeutsche Politik kämpfen sollte und diese Gegnerschaft allem vorziehen sollte.«

Ulrike Meinhof zeigt hier, daß sie offenbar sehr schnell etwas von Taktik – speziell der Kommunisten – gelernt hat:

> »Sieh, es gibt wenige, die die Aufrüstung ablehnen, weil sie Sozialisten sind, es gibt aber viele, die durch ihre Gegnerschaft aus x anderen Gründen zwangsläufig nach links rutschen, sofern sie nur weiterdenken. Das sollte man ihnen aber nicht gleich auf die Nase binden, sonst führen

sie gar zu schnell einen Zwei-Fronten-Krieg. Wenn eine Zeitung die
Zeitung [...] der ›Linken‹ heißt, dann mag da vieles drinstehen, das
mancher gutheißen würde, wüßte er nicht, daß es eben von links kommt
und deshalb schlecht ist. Besser wäre, der Leser wüßte das nicht gleich,
läse die Dinge also mit Interesse, überlegte die Sache und brauchte sich
nicht damit rumzuärgern, daß die Sache ja, wie er von vorneherein zu
wissen glaubt, falsch ist, weil sie von den Linken kommt. Du kannst mir
vorwerfen, ein kaschiertes Spiel spielen zu wollen. Aber das stimmt insofern nicht, als ich der Meinung bin, daß man inhaltlich unbedingt sagen
sollte, was man denkt, wenn auch erst allmählich [...].
Wehner zum Beispiel (über den ich aufgrund seiner Berliner Rede so
ziemlich und endgültig ›wütend‹ bin) bleibt solange ein Opfer der Diffamierung, als der Antikommunismus bei uns zieht. Natürlich kommen
wir nicht gegen ihn an, aber das ist ja ein anderes Kapitel. Sobald man
sich ›links‹ nennt, kommt man in ein Fahrwasser der Diffamierung. Ich
selbst aber lehne es grundsätzlich ab, daß man sich in eine öffentliche
Diskussion einläßt, inwiefern man, obwohl ›links‹, doch den Osten ablehnt. Ob man ihn ablehnt oder nicht, ist ja vorläufig völlig egal. Ich
meine, man sollte solche Diskussion vermeiden, denn mit jeder Ablehnung des Ostens, so wohlbegründet und so differenziert sie sein mag,
gießt man Wasser auf die Mühlen des Antikommunismus. Ich meine,
man sollte die Diffamierung nicht fürchten, wo immer es darum geht,
die Wahrheit zu sagen. Überall sonst sollte man sie vermeiden. [...]
Sieh, Jürgen, und Du bleibst in der SPD, weil Du Dich nicht isolieren
möchtest. Nun erhoffe ich selbst mir nichts mehr von der SPD, aber ich
erhoffe mir, wenn auch wenig von den wirklich echten und ehrlichen
Gegnern der Aufrüstung. Diese sollte man um der Unterschiede in ihren
politischen Programmen willen nicht spalten. [...] ich weiß nicht, ob Du
mir in allem zustimmen kannst.«

In Anspielung an ihren völlig geänderten Tonfall Jürgen Seifert gegenüber
erklärt sie fast entschuldigend: »Vielleicht bemerkst Du Unterschiede zu
dem, was ich früher sagte. Das ist möglich, aber jetzt bin ich halt auch ein wenig zum Nachdenken gekommen.« Wie weit sich ihre Haltung gegen diesen
Staat schon 1958, zwölf Jahre bevor sie in den Untergrund ging, entwickelt
hatte, wird an diesem Brief deutlich. Ulrike Meinhof bekennt sich darin vermutlich zum ersten Mal zu einer kommunistischen Gesinnung, der sie im
Prinzip bis zu ihrem Tod treu bleiben sollte.

Was aber auch unübersehbar ist, und zwar nicht nur in bezug auf Ulrike Meinhof, ist die Tatsache, daß die Anti-Atomwaffen-Bewegung in Westdeutschland wesentlich von Menschen getragen wurde, die offenbar gar keine Angst vor Atomwaffen hatten, sondern das Thema nur als Vehikel für politischen Umsturz benutzten. Die armen ›ehrlichen‹ Atomgegner, die Ulrike Meinhof als Bauern auf ihrem Schachspiel setzt! Sympathisch ist natürlich, daß sie sich über ihr getarntes Spiel selber voll im klaren ist und vor sich selber und hier vor Jürgen Seifert nichts beschönigt.

Auch an Frau Dr. Heimpel schreibt Ulrike Meinhof am 30. Oktober 1958 in einem veränderten Tonfall. Sie beschwert sich über die zunehmende Verdächtigung ihrer Kommilitonen, für den Osten im Auftrag der DDR tätig zu sein:

»Leider ist am Gegenstand dieses Kongresses viel Zwistigkeit in die studentische Arbeit gekommen. Auch dort gewinnen Diffamierung und Verdächtigung allmählich Raum, und es ist schwer, sich dessen zu erwehren [...]. Ich finde es traurig, obwohl ich selbst in den Fronten stehe und zu den verdächtigten Leuten gehöre. Aber sowenig man glauben will, daß die Angriffe gegen Frau Riemeck auf unwahren Behauptungen beruhen, so wenig glaubt man anderen die Ehrlichkeit ihrer Absichten [...]. Ich denke sehr viel an Sie und denke vor allem mit Dankbarkeit an meinen Besuch in Göttingen im April. Ich beurteile und handle heute in vielem anders, als ich es damals tat, aber ich glaube, es geht nicht anders, und irgendwo hofft man einmal wieder zurückzufinden von all den Schärfen und Härten, die heute nötig sind.«

In einem weiteren Brief an Seifert kurz vor ihrer Rückkehr nach Münster ist Ulrike Meinhof am 17. Oktober 1958 ganz auf den Kongreß konzentriert:

»Was hältst Du davon, wenn die SDS- und die Arbeitskreis-Tätigkeit bis Weihnachten im Zeichen der Kongreßvorbereitung stünde? Ich weiß nicht, wie weit Du mit R. Opitz über die Hintergründe der Kongreß-Manipulation gesprochen hast. Auf alle Fälle [...] eine ungute Sache, und ich hielte es für gut, wenn wir das Unsere dazu täten, einigermaßen gute ›Diskutanten‹ auszubilden. Außerdem könnte man dann den Kongreß in unsere Arbeit durch Publikationen einbeziehen. Wenn nun Frau Riemeck über so was wie ›Außenpolitik der SU‹ spräche, so wäre dies vielleicht ganz gut. Ihr Name wird ja doch ein bißchen ziehen [...]. Ende

Oktober fahre ich noch kurz nach Wuppertal. Wenn Du irgendwelche Dinge mit Frau Riemeck geklärt haben möchtest, so könnte ich das dann gut machen.«

Auch ihre neuen politischen Ansichten erläutert sie dem Freund:

»Wie weit die Atomfrage noch aktuell ist – auch das ist ein Punkt, über den man sich unterhalten müßte. Daß sie nur von einer sozialistischen Partei aus Sinn hat, ist klar. Das gleiche gilt zweifelsfrei auch für das Verhältnis zum Osten. Weißt Du, Deine Sorge, ob ich etwas gegen den SDS habe, war eigentlich wirklich unberechtigt. Ich bin ja doch ganz bewußt reingegangen. Aber eine grundsätzliche Verständigung über die Ziele impliziert doch noch nicht eine Übereinstimmung in der Methode. Ich fürchte, daß ich da mit manchem im SDS nicht unbedingt Kontakt habe. [...] Man steht halt immer stärker vor der Frage: Was soll werden? Verantwortlich leben kann man halt nur, wenn man politisch in irgend-einem Bereich mitarbeitet. Das Zeitunglesen ›kotzt‹ mich täglich mehr an. Kürzlich las ich etwa drei Bände M. Boveri *Verrat im 20. Jahrhundert*. Da passiert einiges an ›Entmythologisierung‹ [...]. Aber wie wenige le-sen das, und wie viele weniger begreifen, was heute gespielt wird! Ich bin gespannt auf ihren 4. Band.«

Dann folgt das Organisatorische, die Rückkehr von Marburg nach Münster: »Sag mal, läge es im Bereich des Möglichen, daß Du von Mannheim aus über Marburg zurückfährst? Andernfalls aber melde ich mich gleich, wenn ich in Münster bin. [...] Alles Gute und herzliche Grüße Ulrike«

Fast nebenbei trennt sich Ulrike Meinhof in diesem Herbst 1958, noch bevor sie nach Münster zurückfährt, endgültig von ihrem Verlobten Lothar Wallek, mit dem sie sich erst im Frühjahr desselben Jahres verlobt hatte. Lothar Wallek schrieb dazu: »Ulrikes Hinwendung zur KPD brachte ei-nen zunehmenden Abstand in unsere Beziehung, so daß ich ihr (im Herbst 1959?)[32] vorschlug, unsere Verlobung zu lösen – Religion, ein anderer Partner oder die ›Atomphysik‹ haben dabei keine Rolle gespielt.« Ulrike Meinhof war wieder frei.

Ulrike Meinhof und Manfred Kapluck

Doch nicht Klaus Röhl war es schließlich gelungen, Ulrike endgültig zu einer Genossin zu machen, sondern Manfred Kapluck. Wenn Ulrike Meinhof an Jürgen Seifert geschrieben hatte, sie sei »zum Nachdenken gekommen«, so steckte dahinter, daß Kapluck sich intensiv mit ihr unterhalten hatte.

»Ich habe Ulrike in die Partei geholt. Sie wollte es auch selbst, und ich habe sie eingeweiht in die Partei und ihr alles erklärt«, brachte Kapluck es auf den Punkt, als ich ihn in Wuppertal interviewte. »Stundenlang saß sie vor mir und fragte mich aus, sie wollte alles genau wissen. Sie fragte: Was ist das Zentralkomitee, was ist das Politbüro, und ich mußte ihr alles erklären, wie wir hier arbeiten. Sie war fasziniert. Sie konnte stundenlang zuhören. So wie du, Bettina, heute vor mir sitzt und fragst, so saß auch sie hier, nur daß ich heute immer in der Vergangenheitsform reden muß, das Politbüro *war,* das Zentralkomitee *war.*«[33]

Kapluck war, das gestand er mir, ein bißchen in Ulrike Meinhof verliebt. Und Ulrike Meinhof fühlte sich anders als Klaus Röhl bei den Genossen in der Illegalität gut aufgehoben und wie zu Hause. Williger und gelehriger als der Zyniker Röhl, der bei seinen Besuchen in Ostberlin zunehmend den Mangel, unter dem die Bevölkerung zu leiden hatte, sah, nahm sie die Lehre vom »demokratischen Sozialismus« in sich auf.

Klaus Rainer Röhl: »Ulrike mußte nicht erst groß überredet werden, als Genossin legte sie gleich Tempo vor. Kumpf und Kapluck waren begeistert. Ulrike fand es spannend, undercover zu arbeiten. Das S-Bahnwechseln, die geheimen Treffen, all das nahm sie anders als ich wahnsinnig ernst und hatte zugleich ein deutlich sichtbares Vergnügen daran.«

KONKRET übernimmt den SDS

»Auch den SDS haben unsere KONKRET-Leute damals fast übernommen«, erinnert sich Kapluck 37 Jahre später noch einmal schmunzelnd. »Eines Tages kamen sie zu mir und sagten, also, es ist möglich, daß wir den ganzen SDS in unsere Hände bekommen. Wie denn, fragte ich da, und da sagten sie, daß es ihnen nur gelingen müßte, einen von ihnen, den damals noch stellvertretenden SDS-Bundesvorsitzenden Oswald Hüller, als Bundesvorsitzenden durchzubringen und zum SDS-Chef zu machen, der wolle allerdings

5000 DM dafür haben. Na ja, 5000 DM, die konnte ich lockermachen, und dann legten sie los.«

Auch dieser Schachzug ist in der Akte KONKRET dokumentiert.

Oswald Hüller an Reinhard Opitz:

»Lieber Reinhard! 22.9.58

Besten Dank für Deine Karte. [...]
Wie dem auch sei – diesmal muß es klappen, es ist gewissermaßen 5 vor 12. Wenn uns der Durchbruch diesmal nicht gelingt, ist es wahrscheinlich vorbei. Jedenfalls auf absehbare Zeit. Aber die Chancen stehen ungemein und unverhofft günstig!!!

Wir müssen lediglich auf alle Fälle vermeiden, daß bei uns irgendeine Uneinigkeit aufkommt. Aber das ist so gut wie unmöglich. [...]

Nur noch das Technische: Die DK [AdA: Delegiertenkonferenz] beginnt am 22.10. um 9 Uhr in Mannheim, Rosengarten. Hinrichs und einige unserer Leute treffen sich bereits am 20.10. in Mannheim! Früh um 9 Uhr (wahrscheinlich bei mir). Du bekommst von mir noch eine ›offizielle‹ Einladung. Es wäre gut, wenn Du auch mindestens einen Tag früher hier sein könntest, also spätestens am 21.

Bis dahin alles Gute und herzliche Grüße

Dein Ossi«[34]

Am 4.10.58 lud Oswald Hüller die Redaktion also offiziell, wie angekündigt, zur Bundeskonferenz des SDS nach Mannheim ein:

»Sehr geehrte Redaktion!

In der Anlage übersenden wir Ihnen eine Einladung zur XIII. ord. Bundeskonferenz des SDS. Gleichzeitig dürfen wir Sie zu dem Presseempfang am 22.10. um 17.30 Uhr im Rosengarten Mannheim einladen. [...]

Mit vorzüglicher Hochachtung
Oswald Hüller, stellv. Bundesvorsitzender«

Reinhard Opitz schrieb leicht amüsiert über die förmliche Einladung zurück:

»16.10.1958

Lieber Ossi!

Schönen Dank für Deine offizielle Einladung. Ich werde kommen, und zwar könnte ich mich am Sonntag freimachen, schreibe mir bitte kurz, wann Du meine Anwesenheit für nötig hältst. Über einige Details, die Ihr sicherlich noch nicht wißt, könnte ich Euch noch einiges Wichtige mitteilen. Muß ich mein Kommen noch irgendwo offiziell anmelden oder den Eingang der Einladung bestätigen?

Bis bald, mit herzlichen Grüßen«[35]

Am 22. und 23. Oktober 1958 fand in Mannheim die XIII. Delegiertenkonferenz des SDS planmäßig statt. Auch Jürgen Seifert war unter den 55 Delegierten und 100 Gästen. Es sprach der stellvertretende SPD-Bundesvorsitzende Waldemar von Knoeringen, der versuchte, die Studenten auf die SPD-Linie einzuschwören: Die Partei hatte im Sommer 1958 ihre Kampagne »Kampf gegen den Atomtod« eingestellt und klein beigegeben. Doch die Delegierten des SDS machten das nicht mit. Als die Marburger Hochschulgruppe beantragte, die studentischen Aktionsausschüsse gegen den Atomtod auch weiterhin zu unterstützen, wurde dieser Antrag mit breiter Mehrheit angenommen: »Der SDS ist nicht bereit, aus Opportunitätsgründen auf die Weiterführung des Kampfes gegen die atomare Bewaffnung zu verzichten.«[36]

Zum neuen Bundesvorsitzenden wurde tatsächlich Oswald Hüller aus Heidelberg gewählt; Mitglieder des wissenschaftlichen Beirats wurden Monika Mitscherlich und Jürgen Seifert. Stellvertretender Bundesvorsitzender wurde Günther Kallauch, ein erklärter Antistalinist. Weil er sich 1946 in Sachsen gegen den Zusammenschluß von SPD und KPD zur SED gewandt hatte, hatte er neun Jahre in DDR-Haft verbracht.

Die Versammlung machte deutlich: Immer mehr Mitglieder der KONKRET-Fraktion gehörten zwar dem linken Flügel des SDS an, standen aber im krassen Widerspruch zur Politik der SPD und damit zur Mehrheit der im SDS organisierten Studenten.

Klaus Rainer Röhl in seinem Buch *Fünf Finger sind keine Faust* über die Wahl von Oswald Hüller:

»Ossi aber ist unser Freund. Besser gesagt, Opitz' Freund. Reinhard Opitz ist monatelang nur noch für Ossi tätig, arbeitet alle Reden und Grundsatzpapiere für ihn aus, die Ossi dann mit österreichischem Tonfall durchbringt. Wenn Ossi mal auf einer Delegiertenkonferenz nicht weiterweiß, ruft er notfalls mitten in einer Sitzung in Hamburg an und fragt, was er machen soll. […]

Ossi hat noch nicht genug Stimmen für die Delegiertenkonferenz? Macht nichts, dann werden eben ein paar Gruppen gegründet, an Hochschulen, wo es noch keinen SDS gibt, nie einen gab. Da geht einer hin und läßt sich einschreiben, fertig ist die SDS-Gruppe. Macht zwei Delegiertenstimmen. [...] Ossi wird, mit den Stimmen der sozialistischen Theoretiker, im Oktober 58 mit großer Mehrheit zum SDS-Vorsitzenden gewählt. Die Erklärung, die er gleich darauf abgibt, hat Opitz mitformuliert. Bis tief in die Nacht feiern Ossi und seine Kumpane den Sieg, lachen sich tot über die Szene, wie einer aus Ossis Hochburg Karlsruhe mal eben schnell mit dem Zug nach Mannheim fuhr und dort, nur mit sich selbst als Mitglied, eine SDS-Gruppe gegründet hat, wie der in der Versammlung aufgestanden ist und, schon voll des süßen Freibiers, den Arm hob und brüllte: Ossi! Die SDS-Gruppe Mannheim steht wie *ein Mann* hinter Dir.«[37]

Jürgen Seifert sitzt zwischen allen Stühlen. Einerseits tendiert er eher zu der antikommunistischen Position der alten SDS-Spitze und ahnt, daß von den KONKRET-Leuten ein Spiel gespielt wird, das er nicht restlos durchschauen kann. Andererseits möchte er die gute Sache und den Kampf gegen den Atomtod trotzdem nicht auf der inzwischen völlig in Richtung Regierungslager (Adenauer) eingeschwenkten SPD-Linie führen. Ein Konflikt für ihn und die in der Atombewegung engagierten SDSler und SPD-Mitglieder bahnt sich an.

Ende Oktober beginnt für Ulrike Meinhof das Wintersemester in Münster. Sie steht in regem Briefkontakt zu den KONKRET-Genossen, ihr Tonfall ist fröhlich:

»21. Oktober 1958

Lieber Reinhard!

Hier nur meine Anschriften-Veränderung: ab sofort gilt wieder meine Münsteraner Adresse: Steingartenstraße 36. Ich fahre Donnerstag. (23.10.) –

Viele Grüße – auch an Klaus –
Ulrike [...]

Sag Spoo viele Grüße. Ich habe aus Versehen seinen Kugelschreiber behalten. Er bekommt ihn bei Gelegenheit zurück. Er möge entschuldigen.«

Am 13. November 1958 bejubelt sie den Besitz einer Schreibmaschine. Immer öfter läßt sie »Klaus« grüßen, gerne möchte sie die Genossen aus Hamburg wiedersehen.

»13. November 1958

Lieber Reinhard!

Als glücklicher ›Besitzer‹ einer Schreibmaschine werde ich nunmehr vornehm und benutze sie zur Erledigung meiner Korrespondenz. Uff. (Daß ich mich dabei furchtbar viel verschreibe, liegt in der Sache, und ich bitte um Nachsicht.)

Ich spiele mit dem Gedanken, trotz allem möglichen nach Kassel zu fahren (Ständiger Kongreß), und möchte gerne, daß Du das auch tust. Der Grund: Gleichgültig, wie wir über Hagemanns Alleingang denken, scheint es mir doch im Bereich des Möglichen, eine Isolierung seiner Person zu vermeiden. […] Außerdem fände ich es schön und wohl auch hilfreich, wenn wir uns mal wieder sehen […] und da mir selbst am Austausch mit Euch liegt. Überleg und schreib mir bitte. Klaus' Leitartikel hat mir großen Spaß gemacht. […] Bitte laß von Dir hören. Herzliche Grüße – auch an Klaus.

Ulrike«

Eine Woche später schreibt Ulrike Meinhof an die Redaktion – wie immer an Reinhard Opitz:

»19.11.58

Lieber Reinhard!

Am 11.11. war ein Plakat am gesamtdeutschen Referat mit der Ankündigung des Ufa-Films ›Rat der Götter‹ und der Mitteilung, daß Hagemann einleitende Worte sprechen werde, überklebt mit einem Schriftstreifen: ›Boykottiert‹ – er soll sich um einen Lehrstuhl in Moskau bewerben […]. Der Filmabend mit Hagemann verlief glänzend. Sein Auftreten wurde mit Zischen und Klopfen ohne Zwischenrufe registriert. Die Diskussion verlief sachlich und fair und brachte gute Ergebnisse. Die ›Konservativen‹ fielen sämtlich hinten runter […].

Viele Grüße
Ulrike

Ich gab ihm Eure letzte Nummer, und er war begeistert: Sonst kennt er die Zeitschrift noch nicht. Mit einem Donnerwetter sei es mir erlaubt, noch einmal um Werbeexemplare zu bitten.«[38]

Lob, Erfolg, Einstimmung

In Ostberlin hatte man die Sommerpause dazu genutzt, die Hamburger Redaktion von KONKRET zu erweitern, die Mannschaft auf Kurs zu bringen und neue Aufgaben zu formulieren. KONKRET wurde auf 14tägliches Erscheinen umgestellt. Alles in allem ist man in Ostberlin mehr als zufrieden mit dem Projekt KONKRET. In einer internen Bestandsaufnahme, die in der Akte dokumentiert ist, heißt es:

> »Im Studentenleben ist es so, daß der größte Teil jetzt im Urlaub ist. Im September und Oktober kann man erst wieder eine Aktivität entfalten.
>
> Opitz hat die Studentenabteilung ganz übernommen. Nach dem Beschluß der Redakteurskonferenz würde das völlige Aufgehen der Studentenausgabe in die große Ausgabe [beschlossen]. Manthey beschäftigt sich mit dem Umbruch und einigen Seiten der Hauptausgabe. Opitz ist als Stellvertreter von Röhl anzusehen. Er beschäftigt sich mit einer umfangreichen Personenkartei über die gesamte Studentenschaft in positiver und negativer Hinsicht. [...] Geordnet nach Ortschaften, wenn möglich mit Lichtbildern, ihre gesamte Beurteilung, was sie für Artikel geschrieben haben, was für einen Freundeskreis sie haben. Wie ihre Einstellung ist. Usw.
>
> Ab September beschäftigt sich Opitz mit Röhl an der Vorbereitung des Kongresses und des Weißbuches zusammen mit den Berlinern. [...]
>
> Verbreiterung des Mitarbeiterstabes. Verbindung zum Graf von Westfalen. (*Blätter für deutsche und internationale Politik*). Fast jeder dieser Beiträge ist sehr geeignet, da sie zum größten Teil von Professoren stammen.
>
> Das Netz von Auslands-Reportage-Leuten wurde weiter ausgebaut. Ein Redakteur für West und ein Redakteur für Ost. Der eine sitzt in London [...]. Die in London studieren, sind offensichtlich alle positiv eingestellt. Der zweite in Leipzig [...], der ebenfalls ausländische Studenten interviewen kann. Durch diese beiden ist es möglich, Reportagen über bestimmte Sachen zu schreiben, ohne erst ins Ausland zu fahren.
>
> Vorabdruck des Romans *Die Falter,* herausgegeben vom Kurt Desch Verlag (Algerienbericht). Desch ist uns sehr gewogen, weil wir fortschrittlich, gewagt und mutig sind.
>
> Abkommen mit Rowohlt für weitere Vorabdrucke treffen, sobald Ro. aus dem Urlaub ist.
>
> [...]

Vorschlag v. Richard

Rühmkorf über Weihnachten und Neujahr nach Schmiedefeld, außerdem eine Studienreise durch die DDR. Vorschlag von R. [AdA: Röhl]: DDR-Reise eventuell verbinden mit einer Polenreise.

Richard:

Titelbilder sehr gut.

1. Beide Leitartikel können wir unterstützen und bejahen. Der Artikel von Rü. ist sehr gut, hat nur einen Pferdefuß, daß er die Bundesrepublik umgeht, wobei sie für uns sehr entscheidend ist als Nachschubbasis für die Aggression [...].
2. Zu Artikel ›Sie konnten zusammen nicht kommen‹ im Rahmen der Diskussion Christentum oder Kommunismus würde ich empfehlen, daß Ihr jetzt mal einen beginnt, der dort nicht den Kommunismus verherrlicht, aber der klar und deutlich über den dialektischen historischen Materialismus schreibt.
3. Diese Auseinandersetzung über den Anti-Kommunismus, die geführt wird, halten wir für eine ausgezeichnete Sache, die sehr bedeutungsvoll ist. (Kl. will einen Artikel schreiben ›40 Jahre Antikommunismus in der Presse‹ und dabei an Hagemann anknüpfen) [...]
5. Jetzt war der V. Parteitag der SED. Es gibt nicht eine bürgerliche Zeitung, die zum V. Parteitag nicht geschrieben hat. Man kann auch unter der Studentenschaft nicht an diesem Problem vorübergehen. Ihr müßt darüber nachsinnen, wie Ihr dieses Problem des Aufbaus des Sozialismus in die Zeitung reinbringt. (R.: das beste wäre in Form einer Reportage von Rü.). Rü soll seine Reportage dann auch anderen Jugendzeitungen anbieten.«

Und es wird ein neuer Zeichner eingestellt: ein junger Mann mit einer tragischen Geschichte, die jedoch niemanden – auch Ulrike Meinhof später nicht, die jahrelang mit Grässe zusammenarbeitet – zweifeln läßt, ob das Regime, für das man arbeitet, wirklich das bessere ist.

»Grässe, Zeichner, hat 8 Jahre im Gefängnis gesessen (DDR). War damals 16 Jahre alt und hat u. a. Karikaturen gegen Stalin usw. gezeichnet und verbreitet. Er ist ein hochbegabter Mann, sein Vater und Großvater waren schon Maler. Ihm wurde ein festes Fixum von 150,– DM gegeben.«[39]

Lenin und Rock-'n'-Roll-Riki

Spätestens seit jenem Sommerabend in Marburg und ihrer Reise, die im Nebel endete und begann, hatten Klaus Rainer Röhl und Ulrike Meinhof festgestellt, daß sie sich gar nicht »gräßlich« fanden. Klaus Rainer Röhl: »Die Partei hätte es sicher lieber gesehen, wenn Ulrike sich in Reinhard Opitz verliebt hätte, denn den hielten sie für einen zuverlässigeren Genossen als mich.«

Doch Ulrike Meinhof entdeckte bald hinter dem »Spionagegesicht« von Klaus Röhl den »guten Kern« und begeisterte sich für seine fröhliche und verrückte Lebensart, die alles auf den Kopf stellte, was sie in ihrem Leben bei Renate und selbst in Marburg und Münster kennengelernt hatte. Möglich, daß ihr die Spielernatur und der amouröse Ruf von Klaus Röhl am Anfang Angst einjagten, aber dies änderte sich, als sie auf den vielen gemeinsamen Fahrten nach Ostberlin, zu den Konferenzen oder in die Redaktion nach Hamburg merkt, welchen Einfluß sie auf ihn hat. Er begann, sich in ihrer Gegenwart wohl zu fühlen, ihre Freundschaft zu genießen und den Ernst, den Fleiß und die Konsequenz, mit denen sie alles anpackte, als angenehm zu empfinden. Daß sie in seiner Gegenwart aufblüht, über seine Scherze lacht und ihn bewundert und ihm dabei mehr und mehr verfällt, gefällt ihm außerordentlich. Geborene Lebenskabarettisten wie Röhl lieben das Lachen über ihre Witze sehr, und sie hassen es, wenn Leute anderen Spaßmachern ihr Lachen schenken. Ulrike lacht bald über fast alles, was Klausi so von sich gibt, sie findet ihn phantastisch. Sie hält ihn, wie sie es vielen Freunden später sagt, lange Zeit für einen großen Revolutionär, sie vergleicht ihn mit Lenin. Er sieht in ihr dagegen nicht mehr – nur – die Revolutionärin Rosa Luxemburg oder die brave Sophie Scholl, sondern auch endlich eine Rock-'n'-Roll-Lady, die Rock-'n'-Roll-Riki.

Aus Abneigung wird Zuneigung, wird Vertrauen und vielleicht noch etwas mehr. In ihrer Gegenwart fühlte er sich wie der große, der tolle Klaus. Trotzdem sieht er das Ganze eher als ein »Arbeits- und KPD-Verhältnis und nicht ganz als Liebe«. Ein ständiger Spruch von Klaus Röhl, den ich schon als Kind wie eine Lebensweisheit vorgetragen bekam, lautet: »Liebe gibt es nicht, es gibt nur geschmeichelte oder gekränkte Eitelkeit«. Dieses Sprüchlein soll einst auf dem gemeinsamen Mist von Röhl und Rühmkorf gewachsen sein. Klaus Röhl ist der Typ, der gern mal, tanzend wie ein Rumpelstilzchen, ausstrahlt: Leute, seht her, ich habe einen guten Kern! Das sieht man schon daran, daß ich ehrlich zugebe, daß ich gar keinen guten Kern habe.

Zeigen tue ich ihn nicht. Ihr müßt ihn schon selber finden. Ich bin doch der Bösewicht mit dem guten Kern. Aber der Teufel ist doch viel witziger als diese guten Idioten. Ungefähr mit diesem Spiel könnte Klaus Röhl Ulrike Meinhof beschäftigt haben (die später öfter sagte: »Klaus hat einen guten Kern«), eben jenem »guten Kern« immer wieder hinterherzujagen.

Die Suche nach dem guten Kern kann offenbar wirklich zu einer Beschäftigung werden. Mich haben in den siebziger Jahren, als ich im Teenageralter war, häufiger irgendwelche Flammen von Klaus Röhl, die vorübergehend bei uns zu Hause wohnten oder sonstwie mit ihm verbunden waren, geradezu beschworen, endlich einsichtig zu sein und zu erkennen, daß mein Vater in Wahrheit alles nur gut meinte und daß ich ihn viel zu negativ sehen und schlecht behandeln würde. Einige von diesen Damen lagen mir – und nicht nur mir – später damit in den Ohren, was er doch für ein Bösewicht sei, ich könnte das nicht verstehen, ich würde ihn nicht richtig kennen. Als Tochter mußte ich mich mit dieser Kern-Frage Gott sei Dank nicht auseinandersetzen. Ulrike Meinhof hingegen hat sich damals fest für den »guten Kern« und *für* Klaus Röhl entschieden.

Noch war er allerdings verheiratet und hatte obendrein ein Verhältnis mit der Boutiqueverkäuferin Christine. Die Beziehung zu Erika Runge war schon bald nach dem Nebelerlebnis mit Ulrike Meinhof in Marburg in die Brüche gegangen.

Ulrike Meinhof fährt jetzt immer öfter nach Hamburg in die KONKRET-Redaktion, vor allem um den anstehenden Atomkongreß vorzubereiten. Jürgen Seifert und Monika Mitscherlich, die Ulrike Meinhof und Röhl jetzt heimlich »die Stalinisten« nannten, blieben indes bei der SPD. Zwischen den beiden entstehenden Paaren entwickelt sich keine Freundschaft, wie Monika Seifert es mir in einem Gespräch 1997 etwas bedauernd erzählt, auch wenn zwischen Seifert und Meinhof trotz der politischen Meinungsverschiedenheiten eine gewisse Sympathie schwingt. Doch Röhl ist weder Mitscherlich noch Seifert wirklich sympathisch. Röhl seinerseits interessiert sich für Seifert »nicht die Bohne«, wie er sagt. »Ach, diese langweiligen Friedensnörgler, die nur reden und moralisieren, und am Ende klammern sie an ihren Posten.« Das Einschwenken Ulrike Meinhofs auf die kommunistische Linie beobachten Seifert und Mitscherlich mit Skepsis.

Ulrike Meinhof muß in dieser Zeit für sich selber den Anspruch formuliert haben, auf dem bevorstehenden Anti-Atomwaffen-Kongreß in Berlin eine Führungsrolle zu spielen und für die Partei einen Sieg zu erringen und selber einen ›Karrieresprung‹ zu machen. Mehr noch den Sprung von der

Provinz in die große weite Welt. Natürlich wollte sie beweisen, daß sie den Ruf, eine gute Genossin zu sein, verdiente.

Die brillante Journalistin

Ende November 1958 überraschte die Sowjetunion die Welt mit ihrer Berlin-Note, der gemäß Westberlin zu einer sogenannten »Freien Stadt« – dabei neutral und entmilitarisiert – gemacht werden sollte. Zu diesem Zweck sollten die in Westberlin stationierten Truppen der USA, Englands und Frankreichs die Stadt binnen sechs Monaten verlassen, die sowjetischen Truppen sollten aus Ostberlin abgezogen werden, worunter man wohl verstehen muß, daß sie jenseits der Stadtgrenzen ins Umland verlagert worden wären.

Völkerrechtlich verbindlich hatten sich die vier Siegermächte Amerika, Rußland, England und Frankreich nach dem Krieg darauf geeinigt, die alte Reichshauptstadt Berlin als eine Art Sonderrechtszone unter gemeinsame Obhut zu nehmen. Die Stadt war in vier Verwaltungsbereiche (Sektoren) eingeteilt worden. Aus dieser Vereinbarung hatte sich die Sowjetunion sehr schnell verabschiedet, indem sie von Anfang an Ostberlin nicht nur zu einem Teil der DDR, sondern gar zu deren Hauptstadt gemacht hatte, wodurch letzten Endes Westberlin unter dem Schutz der westalliierten Garantiemächte als eine Art Insel mitten im Staatsgebiet der DDR lag. Dieses Westberlin ging den Machthabern in Moskau und Ostberlin bekanntlich furchtbar auf die Nerven und daher jetzt der Vorstoß mit dieser sogenannten Berlin-Note: Der Westen möge sich beugen und sputen; sollten die drei Westmächte nicht binnen sechs Monaten ihre Truppen aus Westberlin abgezogen haben, würde die Sowjetunion jetzt Nägel mit Köpfen machen und die vom Westen bisher verweigerte Neugestaltung der Lage in Berlin allein herstellen und geeignete Maßnahmen ergreifen.

Die Sowjetunion drohte konkret an, einen separaten Friedensvertrag mit der DDR abzuschließen. Durch den separaten Friedensschluß würde die DDR – dies jedenfalls nach der recht willkürlichen Völkerrechtsauffassung der Sowjetunion – zu einem souveränen Staat werden, der dann wie jeder andere Staat über sein Staatsgebiet frei verfügen könnte.

Was die Sowjetunion damit erreichen wollte, zeigt ihre weitergehende Argumentation: Die bis dahin unter Viermächtekuratel stehenden Transitstrecken, die vom Gebiet der Bundesrepublik nach Westberlin führten, würden damit, so die weitere Argumentation der Sowjetunion, zu reinem DDR-Gebiet werden. Die Drohung, einen separaten Friedensschluß mit der DDR zu machen, war also – ganz im Gegensatz zu dem Wohlklang des verwendeten Wortes Frieden – eine Annexionsdrohung bezogen auf die für Westberlin lebenswichtigen Transitstrecken durch die DDR, genauer gesagt, auf den quasi exterritorialen Teilrechtsstatus der Transitstrecken und der Luftkorridore.

Der Hintergrund für den Vorstoß der Sowjetunion: So lebendig und gesattelt die Verhältnisse auf deutschem Boden 1958 auch waren, der Rechtsstatus war immer noch der, daß die militärische Auseinandersetzung mit der deutschen Kapitulation beendet war, aber ansonsten nur ein Waffenstillstand herrschte.

Wer sich also unter Berufung auf die geltenden Transitabkommen gar mit Waffengewalt den Zugang zur »Freien Stadt« Westberlin erzwänge, den würde die DDR militärisch angreifen und damit den Verteidigungsfall im Warschauer Pakt auslösen. Ein Angriff auf die international gesicherten Transitstrecken nach Westberlin wäre einem Angriff auf die DDR gleichzusetzen und damit auf die Sowjetunion – und würde damit unweigerlich Krieg bedeuten.

Die Drohung der Sowjetunion, mit der DDR einen separaten Friedensvertrag zu schließen und Westberlin von den alliierten Garantiemächten zu »befreien« – sprich Westberlin zu isolieren und sich mehr oder weniger einzuverleiben bzw. standortbedingt abhängig zu machen –, muß als eine verbale Verballhornung der Westmächte und der Bundesrepublik bezeichnet werden. Abgestimmt auf die im kalten Krieg erheblich angewachsenen Ostberliner Möglichkeiten, in der BRD subversiv in Politik, Medien und Wirtschaft tätig sein zu können, wurde das Ganze propagandistisch wieder mal garniert mit den schön klingenden Schlagworten »entmilitarisieren«, »kernwaffenfreie Zone«, »freie Stadt«, »neutrales Westberlin«, »Frieden und Wiedervereinigung«, »normale Verhältnisse«.

Die Argumentation der Sowjetunion lautete im wesentlichen: Die internationalen Regeln, von denen die Lage in Deutschland nach dem Zweiten Weltkrieg und speziell in Berlin bestimmt wurden, hätten ihre Geschäftsgrundlage durch die Entwicklung, die de facto zu zwei unterschiedlichen deutschen Staaten geführt habe, seit 1949 verloren. Die Westmächte mißbrauchten ihre Präsenz in Westberlin, und es müßten nun verdammt noch mal endlich »normale Verhältnisse« hergestellt werden. Davon, daß dann auch die Geschäftsgrundlage der Abtretung Thüringens an die Russen und damit die Eingliederung in das Staatsgebiet der DDR entfallen wäre – schließlich war das von den Amerikanern eroberte Thüringen gegen das in sowjetischer Hand befindliche Westberlin eingetauscht worden –, war bei diesem Vorstoß Moskaus nicht die Rede. Man findet kein Wort darüber, daß die Sowjets Thüringen quasi im Rücktausch gegen Westberlin in die Freiheit entlassen wollten.

Dieser sowjetische Vorstoß, der zu einer Krise auch in der Weltpolitik führte, die erst endgültig mit dem Bau der Berliner Mauer und der ›Einknastung‹ der DDR-Bürger endete, stand in Einklang mit den spätestens im Anschluß an die nach ihm benannte Note von 1952 permanenten Bemühungen Stalins, Westberlin zu vereinnahmen. Man erinnert sich: Kaum war der Krieg beendet, haben die Russen bekanntlich 1948 nach Westberlin gegriffen, indem sie die Stadt blockierten und von der Versorgung mit allen lebenswichtigen Gütern abschnitten, woraufhin die Westalliierten die berühmte Luftbrücke einrichteten.

Seit der Erfahrung der Luftbrücke, also der Erfahrung, daß die Westalliierten für Westberlin und die Bundesrepublik auch tatsächlich geradestanden, hatten die Sowjets so einen aggressiven diplomatischen Vorstoß wie im November 1958 nicht mehr gewagt. Das Motiv für den Vorstoß aus Moskau war sicher die Massenflucht aus der DDR, die in der östlichen Propaganda so dargestellt wurde: Die Menschen aus der DDR fliehen nicht etwa freiwillig in den Westen, sondern werden von Westberlin gezielt abgeworben. Mit dieser Subversion müsse nun Schluß sein.

Die Bundesregierung reagierte auf Chruschtschows Berlin-Note gemäßigt ablehnend, die Bevölkerung vor allem in Westberlin ist hoch sensibilisiert. Die Westalliierten zeigen eine gewisse Verhandlungsbereitschaft; in den folgenden Verhandlungen kommt es jedoch zu keiner Einigung mit den Sowjets. Die Drohung der Sowjetunion geht ins Leere, die Sowjets, die ein Ultimatum gestellt haben, lassen die Sache im Laufe des Jahres 1959 klammheimlich unter den Tisch fallen. Die Berlin- und Deutschlandfrage bleibt ungelöst wie zuvor.

Bestens von Ostberlin vorbereitet und mit allen Textbausteinen der Propaganda und dem Text der russischen Berlin-Note im Kopf, verfaßt Ulrike Meinhof einen sehr dichten, wirklich gewaltigen Text für die am 18. Dezember erscheinende Ausgabe *argument* 9 gegen die Adenauer-Regierung und macht sich den Standpunkt von Chruschtschow zu eigen. Quasi über Nacht fertigt Ulrike Meinhof mit unvorstellbarem Fleiß und höchster Präzision diesen Text in dem Bewußtsein, daß das *argument* 9 erstmalig an allen deutschen Hochschulen verteilt würde. Hut ab! Die Partei hatte sich ganz offenkundig in Ulrike Meinhof und deren Fähigkeiten nicht getäuscht. Ulrike Meinhof schrieb hier ein Glanzstück prosowjetischer Propaganda. Es ist das erste *argument*, für dessen Inhalt Ulrike Meinhof *allein* verantwortlich zeichnet:

»Entspannung – trotz Berlin?

Berlin hat alles in seinen Bann gezogen. Von der Bewegung gegen die atomare Aufrüstung der Bundeswehr behaupten die Gegner, daß sie nun sanft entschlafen sei. Doch gerade das Berlin-Problem zeigt, daß die Frage einer kernwaffenfreien Zone in Mitteleuropa noch immer das zentrale Anliegen für unsere Politik sein muß.

Die Reaktion der Gefühle

Der sowjetische Vorstoß in Berlin hat bei uns eine Lawine emotionaler Deklamationen ausgelöst. Mit Aufrufen, Bekenntnissen und Plaketten sucht man eine ›Bewegung‹ zu inszenieren, die mehr Verwirrung als Klarheit zu stiften vermag, während alles daran liegt, die Situation zu analysieren und die in ihr enthaltene Chance wahrzunehmen. Der Verdacht drängt sich auf, daß hier Affekte mobilisiert werden sollen, um unsere verkrampfte Position in der Deutschlandfrage zu verschleiern. Jahrelang hat unsere Regierung keinen konkreten Schritt zur Wiederherstellung der deutschen Einheit unternommen und alle Vorschläge, selbst wenn sie – was selten geschah – aus dem Westen kamen, kurzerhand und kaum geprüft zurückgewiesen. Die Anlehnung an den Westen gab uns die Illusion, daß alles in Ordnung sei; die politisch-moralische Dogmatisierung von NATO und NATO-Verpflichtungen wurde zum Fetisch des bundesrepublikanischen Sicherheitsbedürfnisses. Die Berlin-Krise zeigt, daß eine deutsche Politik den Osten nicht ausklammern kann. So erscheint die Panik jetzt als Ausdruck der eigenen Hilflosigkeit.

Berlin ist nur Symptom

Berlin wird im Westen ›Frontstadt‹ genannt; heute verbirgt sich unter diesem Terminus leider auch dies, daß es eine Hochburg der antikommunistischen Propaganda, eine Zentrale westlicher Geheimorganisationen zur Unterwanderung, Spionage und Sabotage in der DDR geworden ist. Das macht Berlin zum Symptom des kalten Krieges, zum Zentrum der Spannung im Krisenherd Mitteleuropa. Die Lösung der Berlin-Frage ist deshalb verklammert mit einer Lösung der Deutschland-Frage und mit der Aufweichung der Blöcke an der Elbe. Den Russen ist es gelungen, durch ihr ›Ultimatum‹ Verhandlungen über eine solche Entspannung unausweichlich zu machen. Es soll, so scheint es, verhandelt werden über den Status von Berlin, über einen Friedensvertrag, über einen allmählichen Rückzug der Besatzungstruppen, über die Konföderation, über eine kernwaffenfreie Zone, kurz über alles das, was zum Sprengstoff werden könnte, wenn man sich nicht endlich um eine Einigung bemüht.

Moskau braucht Frieden

Das sowjetische Interesse an einer Entspannung hat sehr reale Gründe. Erstens braucht die Sowjetunion den Frieden zum Aufbau ihrer Konsumgüterindustrie und zum Ausbau ihrer wirtschaftlichen Kapazität. Sie braucht den Abbau der Rüstungsindustrie vielleicht dringender als die USA, weil dort – in einem privatwirtschaftlichen System im Gegensatz zum planwirtschaftlichen der Sowjetunion – eine Umstellung von Rüstungsproduktion auf Konsumgüterproduktion kaum ohne wirtschaftliche Depressionen zu leisten wäre.

Zweitens aber ist nicht nur in Frankreich und England, sondern auch in der SU die Sorge vor dem Wiederaufleben eines militanten deutschen Größenwahnes und Revanchegeistes während der letzten Jahre gewachsen. (Man denke an de Gaulles Vorschlag eines Dreier-Direktoriums in der Führungsspitze der NATO, bestehend aus den USA, England und Frankreich; an den Besuch des Bundespräsidenten in Großbritannien; an das Chruschtschow-Interview von Walter Lippmann.) Die gesteuerte Ausbreitung antikommunistischer Propaganda – heute auf Bundesebene als ›psychologische Verteidigung‹ institutionalisiert –, die nachgerade provokatorische Ablehnung des Rapacki-Planes, dessen Fürsprecher als ›potentielle Kriegsverbrecher‹ diffamiert werden, als sei die Atomaufrüstung der politischen Weisheit letzter Schluß, die Eile, mit der sich Westdeutschland zu den Massenvernichtungswaffen drängte, haben das Sicherheitsbedürfnis der Sowjetunion gesteigert und ein starkes Mißtrauen gegenüber der westdeutschen Friedensliebe hervorgerufen.

Die sowjetische Berlin-Note hat die Frage einer Entspannung in Mitteleuropa durch Friedensvertrag, Konföderation und kernwaffenfreie Zone in den Mittelpunkt des weltpolitischen Interesses gestellt. Sie bietet einen konkreten Verhandlungsanlaß und -gegenstand, an dem die Deutschlandfrage aufgerollt werden muß. Sie wurde zu einem Zeitpunkt überreicht, in dem die Atomaufrüstung der Bundeswehr zwar forciert vorangetrieben wird durch den Ankauf von Honest-John und Nike-Herkules-Raketen, aber – und darin liegt unsere Chance – noch nicht abgeschlossen ist.

Friedensvertrag oder Atomaufrüstung

Heute – 13 Jahre nach der Potsdamer Konferenz – gibt es für Deutschland noch keinen Friedensvertrag. Die Entwicklung Westdeutschlands aber zu einer Militärmacht und einem Vorkämpfer der gegen den Osten gerichteten psychologischen Kriegsführung läßt es notwendig erscheinen, daß die Großmächte die Bindungen des Potsdamer Abkommens endlich realisieren, ehe die Schaffung vollendeter Tatsachen durch die westdeutsche Atomrüstung und die endgültige Eingliederung der Bundesrepublik in die Westeuropäische Union eine Neubestimmung des militärpolitischen und bündnispolitischen Status Gesamtdeutschlands unmöglich macht. Hier begegnen sich das sowjetische Interesse an einem Friedensvertrag und der bundesrepublikanische Wunsch nach einer Lösung der deutschen Frage, da der Friedensvertrag einen wesentlichen Schritt zur Wiedervereinigung bedeutet. Das Zustandekommen dieses Vertrages aber ist abhängig von einer Einigung zwischen Bonn und Ostberlin über ihre gemeinsamen Interessen; die Entspannungsfunktion eines Friedensvertrages kann nur erfüllt werden, wenn er von den Regierungen der BRD und der DDR gemeinsam unterzeichnet wird.

Konföderation oder Verewigung der Teilung

Die Verhandlungen über die Bestimmungen des militär- und bündnispolitischen Status Gesamtdeutschlands werden die Frage einer Annäherung beider deutscher Teilstaaten unumgänglich machen. Die Forderungen der Bundesregierung nach ›freien Wahlen‹, nach einem ›Freigeben der Zone‹, nach einer Angliederung der DDR an die Bundesrepublik bis hin zu der Adventsparole ›Macht das Tor auf!‹ entbehren jeglicher realen Grundlage, da sie die selbstverständlichen Interessen der Sowjetunion ausklammern. Hier wird der westdeutschen Bevölkerung Unmögliches suggeriert und damit die Diskussion des Möglichen verhindert.

Das Faktum der DDR als eines wirtschaftlich und politisch weitgehend selbständigen Staates kann heute weder geleugnet noch mit friedlichen Mitteln beseitigt werden. Eine Lösung der deutschen Frage ist daher nur noch durch Verhandlungen mit Ostberlin über einen föderativen Zusammenschluß beider deutscher Staaten möglich, der das Nebeneinander der zwei verschiedenen gesellschaftlichen Systeme zuläßt. Das Tor für solche Verhandlungen ist auf – das hat die sowjetische Berlin-Note auf der einen Seite und das Gespräch Professor Hagemanns mit Walter Ulbricht auf der anderen Seite gezeigt. Darüber hinaus haben diese beiden Fakten unmißverständlich deutlich gemacht, daß die Ablehnung von Verhandlungen mit Ostberlin und die westdeutsche Atomrüstung die Barrieren sind, an denen die deutsche Einheit und eine Entspannung in Mitteleuropa endgültig zu scheitern drohen.

Kernwaffenfreie Zone oder Krieg – verhandeln oder schießen

Solange sich zwei deutsche Staaten, eingeschmolzen in gegnerische Blöcke, feindlich gegenüberstehen, ist der Friede in Mitteleuropa nur ein Schleier, der auf Zeit die Spannungen verbirgt, um vielleicht eines Tages auf schreckliche Weise zu zerreißen. Dreizehn Jahre Waffenstillstand und acht Jahre Wirtschaftswunder vermochten wohlige Gefühle, aber nicht stabile Verhältnisse zu erzeugen. Die elementare Voraussetzung für eine Lösung des Deutschland-Problems bleibt die militärische Entspannung durch eine kernwaffenfreie Zone. Unter dem Druck von westdeutschen Atomsprengköpfen kann weder ein Friedensvertrag unterzeichnet noch eine Annäherung der beiden deutschen Teilstaaten diskutiert werden. Die atomare Neutralität Gesamtdeutschlands, in die nach dem polnischen Vorschlag auch Polen und die CSR [AdA: Tschechoslowakei] einbezogen werden sollen, ist die Grundbedingung für die Lösung der deutschen Frage. Scheitert das Zustandekommen einer kernwaffenfreien Zone, so scheitert der Frieden in Mitteleuropa. Dann wird die Atomaufrüstung der Bundeswehr zur vollendeten Tatsache, und es bedarf nur eines ›lokalen Konflikts‹, um Deutschland und Europa der totalen Zerstörung auszusetzen.

Berlin – ein Angelpunkt des Friedens

Moskau ist es gelungen, der deutschen Frage die ihr gebührende Aktualität im weltpolitischen Zusammenhang zu verleihen. Was Pressekampagnen, Berliner Bundestagssitzungen und Volksaufrufe in Wochen und Monaten nicht vermochten, ist den Russen an einem einzigen Tag gelungen. Für uns freilich ist es beschämend, daß die bundesrepublikanischen Politiker nicht eher begriffen haben, daß ihr nur westlich orientierter Weg in eine verhängnisvolle Sackgasse führen mußte. Die sowjetische diplomatische Offensive um Berlin ist ein Vorstoß und vielleicht eine letzte Chance. Wir sollten das begreifen und sie für uns nutzen.

Das heißt:
Verhandeln mit Ostberlin über den Friedensvertrag und über die Möglichkeiten einer Konföderation, verhandeln mit den Ländern des Rapacki-Planes über eine kernwaffenfreie Zone in Mitteleuropa.
Münster (Westf.)/Göttingen, 18. Dezember 1958
Herausgeber: Studentischer Arbeitskreis für ein kernwaffenfreies Deutschland, Münster (Westf.).
Studentische Gruppe für Politik der Entspannung, Göttingen.
Redaktion: Ulrike Meinhof (verantw. für diese Nummer), Gerhard Johannes Stratenwerth.«

Warum die Sowjetunion, die damals seit einem halben Jahrhundert ihren eigenen Bürgern Freiheit, Rechtsstaat, Demokratie und insbesondere freie Wahlen verweigert und noch am 17. Juni 1953 in der DDR den sich entladenden freien Willen der Bevölkerung mit Panzern niedergewalzt hatte, ausgerechnet mit dem Slogan »freie Wahlen« in ganz Deutschland vergleichsweise erfolgreich war, bleibt schleierhaft.

Warum die Sowjetunion nicht einfach ohne jede Lösung der deutschen Frage die Bürger der von ihr unterdrückten DDR frei leben ließ – in der Bundesrepublik waren freie Wahlen seit fast zehn Jahren in der Verfassung festgeschrieben und wurden seitdem in Bund und Land durchgeführt –, bleibt ebenfalls schleierhaft. Daß bei freien Wahlen in beiden Teilen Deutschlands ohne kommunistische Unterwanderung und Propaganda ein Ergebnis herausgekommen wäre, welches die Fremddiktatur durch Moskau hätte extrem alt aussehen lassen, daß also in diesem Fall de facto der Eiserne Vorhang bis an die Oder-Neiße-Linie hätte zurückweichen müssen, war damals allen klar und ist auch heute, geschichtswissenschaftlich gesehen, nicht ernstlich bestritten.

Trotz aller inneren Widersprüche und Unschärfen, die Ulrike Meinhof in ihrem Artikel ungeniert plaziert, ist dieser Text der 24jährigen Ulrike Meinhof eine journalistische Hochleistung, ein typischer Meinhof, geschrieben für ein wenn auch kleines Medium, das sie auch noch selber mit herausgab. Es zeigt sich, daß Ideologie, die auf die Komplexität der Wirklichkeit keine Rücksicht nimmt und die faktischen Gegebenheiten der menschenverachtenden Zustände zum Beispiel in der Sowjetunion schlicht und ergreifend negiert, in der gnadenlosen Konsequenz, mit der Ulrike Meinhof vorgeht, ein durchaus effizienter redaktioneller Ratgeber und Leitfaden sein kann.

Vielleicht nicht ganz ohne Grund vertritt Klaus Röhl bis heute die Auffassung, daß Ulrike Meinhof mit diesem Text und ihrem Wirken für die KPD in den folgenden Monaten die nobelpreisträchtige Ostpolitik Willy Brandts vorweggenommen hat. Ähnlich urteilt der Historiker Wolfgang Kraushaar, wenn er in seiner Beurteilung von Meinhof feststellt, daß diese in ihren späteren KONKRET-Kolumnen die Themen der APO [AdA: außerparlamentarische Opposition] und auch der 68er-Bewegung vorwegnahm. Texte wie diese brachten Ulrike Meinhof später den Ruf einer brillanten Journalistin ein.

Ulrike Meinhof hat sich in diesen Tagen von den manchmal sicher eisenharten Banden ihrer Ziehmutter Renate Riemeck gelöst. Sie war junges Parteimitglied, sie war frisch in Klaus Rainer Röhl verliebt, hatte sich von ihrem Verlobten getrennt, emanzipierte sich von Jürgen Seifert und hatte ihre ersten freien Reden vor größeren Menschenansammlungen gehalten. Sie war eingebunden in die Vorbereitung des Berliner Kongresses, sie hatte auf diesem Kongreß eine wesentliche Rolle zu spielen, sie hatte die Aussicht, in der Zeitschrift KONKRET zu veröffentlichen und ihr Studium noch abzuschließen, und sie bekam von der Partei eine große Karriere vorausgesagt. Sie muß sich in einem regelrechten Glücksrausch befunden haben, der sie dazu befähigte, diesen sensationellen Artikel praktisch aus dem Nichts heraus zu produzieren. Ich glaube, daß Ulrike Meinhof hier nach einem fulminanten Start in die Publizistik eigentlich schon einen Zenit ihres Lebens erreicht hatte. Mit dieser Kraft stürzte sie sich gemeinsam mit Klaus Röhl in das Berliner Kongreßgetümmel – nicht, ohne vorher noch eine besondere Aufgabe gelöst zu haben.

Meinhof rettet Röhl

Klaus Röhl erlebt in diesen Wochen einen der »schwärzesten Tage« seines Lebens. An einem tristen Novembertag erklärt ihm seine Frau Bruni schon am Morgen, daß sie wegen seines Verhältnisses mit Christine die Scheidung einreichen würde. Ein paar Stunden später eröffnet ihm Christine, daß sie schwanger von ihm ist und das Kind noch am gleichen Tag abtreiben will, und gibt ihm den Laufpaß. Am Nachmittag steigt Röhl ins Flugzeug Richtung Berlin und erlebt auch dort sein blaues Wunder.

Mitten in den Vorbereitungen für den großen Anti-Atom-Kongreß in Berlin erklären ihm Kumpf und Kapluck unumwunden, daß er als Chefredakteur von KONKRET abgesetzt sei. Die Partei habe beschlossen, Reinhard Opitz den Posten zu geben, denn der sei der zuverlässigere Mann und Genosse. Er, Klaus, könne ja gerne, sagen sie, weiterhin als freier Journalist für die Zeitschrift schreiben. Klaus Röhl fährt wie vor den Kopf gestoßen nach Hamburg zurück und verkriecht sich in seinem ›Zuhause‹, das sich wegen der Scheidung von Bruni nun plötzlich in der kleinen Abstellkammer der Redaktion in der Kaiser-Wilhelm-Straße befand.

Zwei Jahre nachdem ihm die Genossen im Harz gesagt hatten: »Die Partei läßt dich nie im Stich«, scheint alles aus – und dies trotz seines erfolgreichen Einsatzes für die Partei. Auch Opitz ist erschüttert, denn man hatte ihm gesagt, daß Klaus Röhl freiwillig den Posten geräumt habe. Er ist erstaunt, als er auf dem Flug zurück nach Hamburg erfährt, daß dies nicht so gewesen sei.

Klaus Rainer Röhl: »Also, der Zusammenbruch war für mich ein dreifacher. Morgens als erstes sagte Bruni zu mir, daß sie die Scheidung einreicht. Und am selben Tag, wenige Stunden später, sagt mir diese Christine, eine

Verkäuferin, daß es zwischen uns aus sei. Und gleichzeitig lief in der Firma die erste Intrige von diesem Larsen gegen mich, der sagte, Klaus macht nur Weibergeschichten und vernachlässigt die Zeitung und ist gar nicht richtig Kommunist. Also ich nehme heute an, daß Larsen ein reiner Stasimann war. Deswegen sagte er auch, selbst wenn man ihm tausendmal nachgewiesen hätte, daß er das Geld geklaut hat: macht nichts, geht doch zur Partei und beschwert euch, die wissen alles und tun nichts. Also er hatte die absolut höchste Position. Und dieser Schweinehund war ja derjenige, der das Geld beschaffte und die Druckerei besaß und auch das mit Bruni noch fertigbekommen hatte, also mit Bruni ein Verhältnis einzugehen. Da war Bruni so glücklich wie noch nie, wie sie mir an dem Tag sagte, als sie die Scheidung einreichte. Am selben Tag wurde ich nach Ostberlin bestellt. Reini flog mit mir in einer Propellermaschine, wir gingen mit Larsen zusammen wieder in eine andere illegale Wohnung, und die sagten: ›Du, Klaus, wir müssen ein ernstes Wort mit dir reden.‹ Und Reini hatte auch schon gehört, daß da was in Gang ist, und der sagte: ›Du, Klaus, die wollen dir an den Kragen, na warte.‹ Und Reini sagte zu mir: ›Ich halte zu dir, und ich werde allen sagen, daß das nur die Schuld ist von dem Larsen.‹ Und Reini ging rein in eine Extraunterredung, und er kam raus als Chefredakteur von KONKRET. Und Opitz, der nun gesagt hatte: ›Ich halte zu dir‹, war jetzt Chefredakteur. Dem hatte die Partei gesagt: ›Ja, du willst zu Klaus halten, das sehen wir auch ein, aber wir geben dir den Parteibefehl, du machst das, denk darüber nach. Du mußt das verinnerlichen.‹ Und mir wurde der Vorschlag gemacht, ich sollte als freier Mitarbeiter nur noch ein bißchen mitmischen, und das ganze Lebenswerk, es war ja damals schon ein kleines Lebenswerk für mich – ich hatte ja auch dafür schon mein Referendariat aufgegeben –, schien zerstört, und von ›freier Mitarbeiter‹ wäre ja ohnehin nicht mehr die Rede gewesen. Und ich dachte nur: nein, das kann nicht sein, und mobilisierte die Basis, unter anderem eben diese ganzen Atommädchen und vor allem Ulrike, und die verteidigte mich bei der Partei und sagte: ›Völliges Vertrauen zu Klaus, wir wollen nur Klaus als Chefredakteur.‹ Da hat Ulrike mich sozusagen das erste Mal gerettet.«

Aus der Akte ergibt sich, daß es wohl mehrere Gründe für die Absetzung von Klaus Rainer Röhl gab. Bei KONKRET war es in der Tat zu scharfen Auseinandersetzungen gekommen. Zwei wichtige Mitarbeiter hatten die Zusammenarbeit mit KONKRET aufgekündigt. Zuerst hatte Klaus Röhl eine politische Absage von Peter Rühmkorf einstecken müssen:

»18.10.58
Herrn Klaus Rainer Röhl
Hamburg 36
Kaiser-Wilhelm-Straße 76 II
(Zeitschrift KONKRET)

Lieber Klaus!

Leider muß ich Dir und Deiner Zeitschrift meine weitere Mitarbeit aufkündigen. Da mein Freund Jochen Staritz zu acht Jahren Zuchthaus [AdA: in der DDR] verurteilt wurde, sehe ich für meine Person keine moralische Möglichkeit mehr, im bisher geübten Sinne Politik zu treiben. [...] Ich bitte nicht anzunehmen, daß diese Absage nicht definitiv sei, und bitte also vorübergehend von Telefonanrufen und Besuchen abzusehen. Ich habe ja auch Deine Ansichten und Reaktionsmöglichkeiten diesen Fall betreffend bereits zu Genuß bekommen. Positive Ansätze für neue Zusammenarbeit werden erst gegeben sein, wenn meine Bemühungen um eine Revision des Urteils oder Amnestie Erfolg haben sollten. Ich bin in dieser Hinsicht durchaus skeptisch, glaube aber, daß der Nutzen einer Amnestie gegenüber dem möglichen Schaden durch eine Beharrung auf dem Urteilsmaß gegebenenorts einmal zu Gehör gebracht werden sollte.

Mit besten Grüßen
Dein (Peter Rühmkorf)«

30 Jahre später habe ich bei Peter Rühmkorf nachgefragt, was denn damals genau losgewesen sei. Peter Rühmkorf: »Jochen Staritz war gelegentlich ein Mitarbeiter von KONKRET gewesen. Ich hatte ihn auf einem dieser Weltjugendfestspiele in Prag kennengelernt, er gehörte zu der Berliner FDJ, und ich war mit ihm befreundet, wir trafen uns auch privat. Deshalb war ich ungeheuer erbost, als ich hörte, daß er wegen einer Lappalie in der DDR zu acht Jahren Zuchthaus verurteilt worden war, wo man ihn zur sogenannten Harich-Bande[40] zählte. Da habe ich Klaus einen bitterbösen Brief geschrieben und ihm die Mitarbeit aufgekündigt, aber Klaus konnte gar nichts dafür, da standen ja andere Kräfte dahinter, Klaus war das wahnsinnig peinlich damals. Ich habe bis heute eine ganze Akte über diesen Fall.«

Auch Kurt Hiller reagiert mit Empörung auf die Verhaftung und Verurteilung von KONKRET-Mitarbeiter Staritz in der DDR. In einem Brief an seinen Freund Klaus Hübotter vom 22. Oktober 1958 wirft er Klaus Röhl vor, daß dieser nicht die Öffentlichkeit genutzt hätte, um Staritz freizubekommen.

»Sonntag rief Rühmkorf bei mir an, spontan, um mir mitzuteilen, daß er endgültig – eindeutig mit diesem Persönchen Röhl gebrochen habe. Per Brief. Anlaß, auslösende Ursache sei gewesen: der Zynismus, mit dem der Rü's Forderung zurückgewiesen habe, ihm [...] KONKRET zu geharnischtem Protest gegen die Verurteilung eines Freundes von ihm zu acht Jahren Zuchthaus durch ein Hilde-Benjamin-Gericht zur Verfügung zu stellen. Der Fall sei um so krasser, um so herausfordernder, als Rü's Freund [AdA: Jochen Staritz] ein sehr linker Westberliner sei, der ideologisch-realisationspolitischen Kontaktes halber oft nach Ostberlin hinübergegangen sei – in Ostberlin hat die Gestapo Ulbrichts den Westberliner verhaftet. Also eine Neoharichiade, bloß weit ärger noch! Ich finde aber Ulbricht plus Hilde erzengelhaft, verglichen mit dieser verkommenen Ultrasau Röhl. Gut, daß Rü da nun heraus ist! Fehlt jetzt bloß noch die Mary [AdA: Tucholsky] in Oberbayern.«[41]

Wenige Jahre zuvor hatte Kurt Hiller von Röhl und Rühmkorf noch geschwärmt, sie seien allen anderen immer »eine Eiffelturmlänge voraus«. Kurt Hiller, der aus verschiedenen Gründen in einer schwierigen Lage war und, als Schriftsteller nicht mehr so bekannt, um seinen Lebensunterhalt kämpfen mußte, hatte einen völlig anderen Lebensentwurf als der junge Klaus Röhl, der mit der Finanzierung aus dem Osten ein eigenes Blatt machte und ein vergleichsweise sorgloses Leben zu führen schien. So mag in der drastischen Sprache, die Literaten oft miteinander pflegen, eine gewisse ganz persönliche Aversion zum Ausdruck gekommen sein. Es bleibt doch verwunderlich, daß Klaus Röhl, der gerade selber von Ostberlin ›abgeschossen‹ werden sollte, hier von Hiller für ein Staatsverbrechen der DDR Staritz gegenüber in dieser Form in Haftung genommen wird. Die faktischen Möglichkeiten von Röhl, in der Sache Staritz überhaupt etwas tun zu können, waren sicherlich nicht groß, und auch ob er etwas über die Verhaftungsgründe von Staritz in Ostberlin wußte oder nicht, ist offen. Daß Klaus Röhl in dieser Weise zur Projektionsfläche von Hiller gemacht wird und mit dem ›schlechthin Bösen‹ und ›Teuflischen‹, das Hiller in diesem Fall durch Ulbricht bzw. Hilde Benjamin personifiziert sieht, so verglichen wird, daß diese gegenüber dem Bösewicht Röhl als ganz harmlose Figuren erscheinen, gehört irgendwie zu den Geheimnissen um die Person Klaus Rainer Röhls.

Hiller, der Klaus Röhl letztlich nur peripher kannte, fand irgend etwas an Röhl offenbar so zum Kotzen, daß es ihn zum Schütteln brachte, soviel scheint festzustehen. Wie ernst auch immer Hiller gemeint hat, was er an Hübotter über Klaus Röhl schrieb, es ist dies der erste Fall, und insofern interessant, daß Klaus Rainer Röhl Schwein bzw. »Sau« genannt wird, und zwar offenbar eher wegen der Art seines Auftretens als wegen konkreter Fehlhandlungen, deren er sich nachweislich schuldig gemacht hätte. Dies wird in Klaus Röhls Leben in ähnlichen Konstellationen noch häufiger und immer öffentlicher geschehen. Was die Leute und vor allem solche, die ihn gar nicht persönlich kennen, immer wieder so reizt, ihn gelegentlich zum schlimmsten Buhmann zu machen, scheint sich aus der Sache heraus oft gar nicht zu erschließen. Klaus Röhl hat allerdings eine Neigung, sich notfalls, wenn's gar nicht anders geht, selber Fettnäpfchen zu besorgen, um mit beiden Füßen kräftig hineinzutreten und dann mit heimlicher Lust damit herumzulaufen. Woher diese Lust? Dieses Geheimnis des Klaus Röhl habe ich bis heute nicht entschlüsselt.

Jochen Staritz wird nach viereinhalb Jahren vorzeitig aus der Haft entlassen und siedelt in die DDR über. Allem Anschein nach verdingte er sich später als Inoffizieller Mitarbeiter (IM Robert) für die DDR, für die er ansonsten künstlerisch tätig ist. Der Bruder von Jochen Staritz, Dietrich Staritz, unter anderem langjähriger Journalist des *Spiegels,* wird ebenfalls in den neunziger Jahren als IM (Erich) enttarnt.

Schließlich trennte sich Eckart Spoo, der 21jährige Hoffnungsträger der Partei, der junge neue Mitarbeiter, der vor allem in der Anti-Atomwaffen-Bewegung stark engagiert war, von KONKRET. Spoo schrieb einen Brief an Larsen, in dem er vor allem betonte, daß er unter keinen Umständen mit Klaus Röhl länger zusammenarbeiten wolle.

»Hamburg den 4. November 58

Sehr geehrter Herr Lahrssen!

[…] bin zu dem Schluß gekommen, daß für meine weitere Arbeit die Bindung an KONKRET unter den gegebenen Umständen eine ungünstige Grundlage wäre. Ich möchte also durch dieses Schreiben die bisherigen Beziehungen abbrechen.

Wenn für Rühmkorfs Bruch Passivität, Unfähigkeit zu politischer Erkenntnis der Grund gewesen sein mag – mir leuchtete es so, wie Röhl es darstellte, nicht ganz ein –, so würde der Grund für meinen Bruch allerdings woanders liegen. Meine Bereitschaft, an progressiver Politik mitzuwirken, ist unbegrenzt, und einer Aktion gegen die Atomrüstung, soweit sie nur die geringste Wirkung verspricht, stehe ich jederzeit zur Verfügung; ich sehe unendlich viele Leute, mit denen sich zusammenarbeiten läßt.

Fruchtbare Zusammenarbeit ist aber im KONKRET-Betrieb nicht möglich. Ich halte Röhl für ein größeres Hindernis sowohl für die Fertigstellung jeder

guten Zeitungsnummer als auch für die Schaffung einer einheitlichen aktiven Front gegen die Atomrüstung als manchen Mann von der Jungen Union
oder von der Kampftruppe gegen Unmenschlichkeit. Ich lehne jede Form des
weiteren Gesprächs und Kontakts mit ihm ein für allemal ab. Solange Röhl,
mit dem Sie – weiß der Teufel, inwiefern! – offenbar eng verknüpft sind, so
daß Sie, doch wohl der Verleger, ihn nicht fallenlassen wollen, solange er dort
sitzt (wenn auch nur täglich fünf Minuten), werde ich das Redaktionsbüro als
für mich tabu betrachten. […] Eckart Spoo«[42]

Der KONKRET-Mitarbeiter Eckart Spoo erinnert sich 46 Jahre später an diesen Eklat: »Von 1957 bis 1959 war es im wesentlichen nur ein Mann, der die
redaktionelle Arbeit leistete: der fleißige, belesene, stilsichere Jürgen Manthey. Ich schätzte ihn in seiner spröden, bescheidenen, zuverlässigen Art sehr
[…] außerdem waren wir beide übrigens zeitweilig verantwortlich für das
Hamburger Blättchen des Sozialistischen Deutschen Studentenbunds. […]
Die angenehmste, mir nächste in der KONKRET-Fraktion und in der ganzen
studentischen Anti-Atomwaffen-Bewegung war Ulrike Meinhof. Keiner
und keine konnte die Argumente, die wir gemeinsam entwickelt hatten, so
überzeugend vortragen – vor jedem Publikum. Ihr späteres Zusammenge-
hen mit Röhl, der sich zuvor an andere beteiligte Studentenvertreterinnen
herangemacht hatte, war meines Erachtens ein groteskes und tragisches
Mißverständnis. Für ihn war es sicher nützlich. Seine Position festigte sich
dadurch. Ulrikes Entscheidung habe ich immer als politische Entscheidung
verstanden: sich fest bei denen zu verankern, denen sie als einzigen zutraute, Gegenmacht zu entwickeln. […] Wenn Röhl vielleicht dreimal, allenfalls viermal wöchentlich in die Redaktion kam, empfanden wir das immer
als Störung. Den angeberisch auftretenden Röhl – ich erlebte ihn in seiner
damaligen Familie, bei gemeinsamer Spritztour nach Timmendorfer Strand
mit Rühmkorf und Opitz […] sowie im Redaktionsalltag in der Kaiser-Wilhelm-Straße 76, bei studentischen Delegiertentreffen, aber auch später z.B.
bei seinem Gastspiel in der Deutschen-Friedens-Union – kurz, bei vielen
verschiedenen Gelegenheiten, und habe ihn überall nur als hinderlich empfunden. Auf mögliche Bündnispartner wirkte er unsympathisch. Manthey
und ich waren uns während dieser Zeit in der Redaktion einig: Mit Röhl
geht es nicht. Und das war Thema langer Gespräche: Wie können wir ihn
loswerden. Manthey war skeptisch. Auch Larsen hatte damals den Eindruck,
daß dieser zweifellos hochintelligente und ideenreiche Klaus Rainer Röhl als
Chefredakteur nicht der effektivste war. […] Larsen – dem man anmerkte,
daß er mehr war als nur der Drucker – fragte mich einmal, ob ich die Chef-

redaktion übernehmen würde, wenn es gelänge, Röhl abzulösen. Ich lehnte ab.«

Über Spoo hatte die Partei noch wenige Monate zuvor, am 15. August 1958, in die Akte geschrieben:

> »China-Reise: Es wurde der Beschluß gefaßt, daß Herr Spoo dorthin fährt. Hauptgrund: Bei Sp. wird das ein durchschlagendes politisches Erlebnis sein. An Sp. würden wir eine wirklich wertvolle Kraft gewinnen. Er ist 21 Jahre alt, kam als Literat, ist völlig in der Atombewegung aufgegangen und bekennt sich uneingeschränkt zum Marxismus/Leninismus. Er kann französisch und englisch.«

Der eigentliche Grund für Klaus Röhls Absetzung war aber dessen Streit mit Uwe Larsen, der nach außen hin als Verleger der Zeitung auftrat, eigentlich aber die Druckerei leitete und die Finanzen der Zeitschrift KONKRET verwaltete. Klaus Röhl hatte Larsen vorgeworfen, sich an Parteigeldern zu bereichern, den Autoren keine Gehälter zu zahlen, Drucktermine zu verzögern und die Autorität Klaus Röhls als Chefredakteur zu untergraben. Larsen war es wohl auch gewesen, der sich bei der Partei über Röhl beschwert und dessen Rausschmiß bewirkt hatte. Doch der Rausschmiß wird nicht wirksam: Als Klaus Röhl entdeckt, daß Reinhard Opitz selber über die Entscheidung in Ostberlin gar nicht sonderlich glücklich ist, schreibt er handschriftlich einen Brief an die Partei:

> »An Manfred und Richard
>
> Die Beschlüsse des vorigen Treffens (7. Nov.) sind unter falschen Voraussetzungen gefaßt worden. Diese Tatsache konnte in vollem Umfang erst nach unserer Rückkehr erkannt werden. Auch habe ich mein Einverständnis zu diesen Beschlüssen unter dem Eindruck eines Ereignisses gegeben, das ebenfalls unter falschen Voraussetzungen geschah. Alles Nähere darüber ist nur mündlich erklärbar.
>
> Ich muß daher in vollem Umfang meine Einwilligung in die Veränderungen zurückziehen und bitte darum, sofort eine Aussprache zu haben. Ich glaube, daß auch die anderen Beteiligten bereit sein werden und daß es notwendig ist, hierüber eine Aussprache zu haben. Meinen Antrag auf Urlaub ziehe ich unter diesen Umständen zurück.
>
> Berlin, d. 30. November 58
> Klaus«[43]

Die Differenzen zwischen Larsen und Klaus Röhl, die noch jahrelang weiterschwelten, werden daraufhin analysiert. Es wird ein Einigungspapier angelegt, in dem Klaus Röhl und Uwe Larsen auf Zusammenarbeit eingeschworen werden:

»Die Frage der Schwierigkeiten in der Zusammenarbeit zwischen Uwe und Claus

Einleitung: Es gibt keine Differenzen politischer oder auch nur taktischer Art, sondern bestes Einvernehmen und Zusammenarbeit in politischen Fragen. Differenzen persönlicher Art, die in der Vergangenheit bestanden oder noch nachwirken, werden von beiden Seiten erfolgreich ausgeschaltet und behindern eine Zusammenarbeit nicht. Die Differenzen beziehen sich auf die Geschäftsführung, die technische Zusammenarbeit mit außerpolitischen Kräften und auf die Fragen der kollektiven Leitung des Ganzen.

Hauptfrage: Die Schwierigkeiten und nicht gelösten Differenzen führen in der Frage des technischen Ablaufes und des Arbeitsklimas zu einer gewissen Schädigung und Behinderung unserer politischen Arbeit. […]
Ursachen: Die Ursachen sehe ich in zwei Tatsachen: 1. Die Doppelfunktion Uwes als Geschäftsführer unseres Unternehmens und als maßgeblicher Vertreter der Druckerei ›Buchmann, Goslar u. Co.‹, mit der Differenzen entstehen können und auch entstehen.«

Schließlich darf Klaus Röhl, wie aus der Akte hervorgeht, endlich auch seine Position gegen seinen Widersacher Larsen detailliert darstellen. Es zeigt sich, daß er, der vielen Mitarbeitern als der große Buhmann erscheint, sich selber massiv von Larsen gemobbt fühlt, wie man heute sagen würde.

»Vorwürfe [AdA: von Klaus Röhl]:
Ich werfe dem Genossen Uwe folgendes vor:
1.) Nichteinhaltung der hier gefaßten Beschlüsse darüber, daß am Anfang jeden Monats ein Etatplan für den Monat von ihm und mir gemacht wird, daß wegen der Wirkung auf die bürgerlichen Mitarbeiter der Redaktion Gehälter und Verrechnungsgelder von mir ausgezahlt werden, daß der festgesetzte Honorarfonds am Monatsanfang mir übergeben wird und von mir ausgezahlt wird, daß über alle Anschaffungen und Reisen vorher ein Entschluß [AdA: gefaßt] würde.
2.) Das nicht ganz oder nur teilweise Wahrnehmen unserer Interessen, nämlich:
   – ständige Verzögerung des Druckes durch Uwes Firma

- ständig verspätete Auszahlung von Honoraren an bürgerliche Mitarbeiter trotz eines genügend großen Etats für Honorare, die zur Verärgerung
  dieser Mitarbeiter führten (siehe Anlage Brief Grossherr)
- ständig verzögerte Zahlungen auch an andere, z.B. an die Krankenkasse
  für meine Familie (das war beschlossen worden), so daß meine Privat-
  möbel gepfändet wurden (siehe Anlage Pfändungsprotokoll), so auch die
  beschlossene Studiengebühr Manthey.

Ferner einzelne Fakten am Rande:

Ein von Parteigeldern angeschaffter Plastikvorhang (Wert ca. DM 60,–) mit
Leiste und Schienen wurde bei der Gründung von Uwes Firma bei uns ab-
montiert und dort anmontiert. Seit Monaten bat ich darum, gedrängt auch
von den höchst verwunderten anderen Mitarbeitern, den Vorhang zurückzu-
geben. In Gegenwart von solchen anderen Mitarbeitern erklärte Uwe schließlich, ich solle mich nicht so anstellen, für uns werde eben ein anderer Vorhang
gekauft, was ich ablehnen mußte. Im übrigen ist bis heute (3 Monate) kein
Vorhang wieder da.

Ferner: Vor zwei Jahren, als die damalige Firma ›Buchmann und Co.‹, nicht
identisch mit der neuen Firma ›Goslar und Co.‹, an der Uwes Schwager und
damit unmittelbar seine Schwester beteiligt war, in Konkurs ging, zogen wir
in deren Geschäftsräume ein und kauften Einrichtungsgegenstände und Maschinen zu einem mehr für ›Buchmann und Co.‹ als für uns günstigen Preis
(über 4.000 DM) ein. Es handelte sich um Sachen, die durch einen Sicher-
heitsübereignungsvertrag unmittelbar Uwes Schwester gehörten. Einer der
wenig neuen Gegenstände davon war eine Reiseschreibmaschine, die seitdem
bei Uwes Schwester stehengeblieben ist, zunächst unter der Begründung, sie
arbeite in unserer Werbung mit, was seit einem Jahr nicht mehr geschieht. Die
Maschine wird trotzdem der Zeitung nicht übergeben, obwohl sie dringend
benötigt würde.

Diese letzten an sich kleinen Fälle erwähne ich nur, um eine Hauptschwierig-
keit zu kennzeichnen, die es noch gibt.

3.) Mangelnde kollektive Zusammenarbeit in einzelnen Fällen. In Fällen wie
der Papierqualität, der Etatplanung, der Verzögerung der Drucktermine
und der Rückgabe des Vorhanges lehnte Uwe eine weitere Aussprache
oder Beratung einfach ab. Dadurch trat ein weiterer Umstand ein, der sich
ebenfalls schädlich auswirkt:
4.) Indirekte und unwillentliche Schädigung meines Prestiges bei den bürgerlichen Mitarbeitern und dadurch schlechte Disziplin. Es ist bekannt,
daß solche Schwierigkeiten unvermeidbar sind, stelle ich doch für die
Leute die politische Linie und die organisatorische Leitung dar. Solche
Schwierigkeiten werden oft von Uwe ohne meine Gegenwart beseitigt,

und ich glaube, nicht in der richtigen Form, sondern in einer Weise, die es den Leuten erlaubt, noch weniger Disziplin und Anerkennung unserer Gesamtlinie an den Tag zu legen. Ich glaube, man sollte diese Schwierigkeiten nur in meiner Gegenwart klären, das wäre die richtige Methode. Durch die jetzt eingeschlagene Methode entsteht der zwielichtige Eindruck, ich wäre nur vorgeschoben, in Wirklichkeit hätte Uwe zu entscheiden. Da nun auch Uwe (entgegen der hier gefaßten Beschlüsse) alles Geld auszahlt, so daß selbst bei Rechnungen von 5,– DM gewartet werden muß, bis er kommt, verstärkt sich dieser Eindruck. Wenn man Uwe aber als Leiter einer sozialistischen politischen Organisation ansehen muß, mißfällt den Mitarbeitern die Leitung zweier kapitalistischer Betriebe (die Maschinenvertretung ›Larsen und Co.‹ als zweiten Betrieb) durch denselben Mann und der dementsprechende und auch zur Schau gestellte Lebensstandard (Opel Rekord, 6-Zimmer-Haus, Wohnwagen, Kleidung), was bei ihnen neben Neidgefühlen die Frage nach der Qualifikation und Aufrichtigkeit seiner politischen Überzeugung kommen läßt.

Ich weiß natürlich, daß das nicht so ist, da ich Uwe als Genossen kenne, aber doch nicht die Mitarbeiter!«[44]

Daß Larsen, wie man sieht, nicht ganz ohne war, zeigte sich später noch deutlicher, als Ulrike Meinhof Chefredakteurin von KONKRET wurde. Sie stellte Larsen eines Tages zur Rede und zwang ihn zu gestehen, die Bücher gefälscht, sich am Parteigeld für KONKRET bereichert und gegen Klaus Röhl intrigiert zu haben. Entgegen dem üblichen Klischee hatte Ulrike Meinhof immer ein größeres Durchsetzungsvermögen als Klaus Röhl. Erst unter ihrer Ägide wird der Streit mit Larsen später so beendet, daß Larsen klein beigibt. Den KONKRET-Mitarbeitern war schon Ende der fünfziger Jahre aufgefallen, daß Larsen mit großem Haus, Segelboot und teurem Auto den etwas anderen Lebensstil gepflegt hatte.

Röhl wird also von Kapluck und Kumpf als Chefredakteur wieder eingesetzt. Die Stimmen der Atommädchen Runge, Titze und vor allem Meinhof wiegen schwerer als die Kritik. Daß Ulrike Meinhof sich so für diesen »Kleinbürger« einsetzen würde, hatte Kapluck nicht erwartet. Klaus Röhl war allerdings gewarnt, sein Vertrauen in die Partei gebrochen. Doch er kam nicht zum Nachdenken oder zum Übelnehmen. In den folgenden Monaten erzielten Ulrike Meinhof und Klaus Rainer Röhl so viele Erfolge für die Partei, daß Kumpf und Kapluck ihren Unmut über Röhl restlos vergaßen.

Der Anti-Atomwaffen-Kongreß von 1959

Der evangelische Theologe Professor Helmut Gollwitzer eröffnete am 3. Januar 1959 den großen Anti-Atomwaffen-Kongreß an der FU Berlin. An der Tagung nahmen 318 Vertreter aus 20 westdeutschen und Westberliner studentischen Arbeitskreisen und ca. 200 deutsche und ausländische Gäste teil, unter ihnen einige Atomwissenschaftler, die die Göttinger Erklärung mit unterschrieben hatten, Aktivisten der unterschiedlichsten Appelle sowie einige FDJler aus Ostberlin.

Das Präsidium bestand aus einer beachtlichen Anzahl namhafter Schriftsteller, Atomwissenschaftler, Theologen und Professoren, darunter: Günther Anders, Max Born, Helmut Gollwitzer, Hans Henny Jahnn, Walter Jens, Robert Jungk, Erich Kästner, Eugen Kogon, Max von der Laue, Gertrud von Le Fort, Hans Werner Richter, Helmut Ridder, Alexander Graf Schenk von Stauffenberg. Unter den Studenten, die als Diskussionsleiter fungierten, waren: Norbert Adrian, Werner Geßler, Raimer Lenz, Peter Meier, Ulrike Meinhof, Manfred Schmidt und Eva-Maria Titze. In einem Grußwort an die Teilnehmer zur Eröffnung des Kongresses ergriffen die »nicht kommunistischen« Studenten Geßler, Manfred Rexin und Ansgar Skriver das Wort:

> »Sehr geehrte Freunde, sehr geehrte Kommilitonen,
>
> wir heißen Sie in Berlin willkommen. [...]
>
> Sie haben sicherlich den Presseberichten der letzten Wochen entnommen, daß es an Angriffen auf unseren Kongreß aus Ost und West nicht gemangelt hat. Während die Westberliner *BZ* uns den freundlichen Ratschlag ›Bleibt zu Hause‹ erteilte, von ›zum Himmel schreiender Instinktlosigkeit‹ und ›Irreführung‹ sprach und uns im gleichen Artikel sowohl ›politische Wirrköpfe‹ als auch ›versponnene Idealisten‹ nannte und sich selbst mit der Feststellung beruhigte, wir würden die Welt nicht ändern, vertrat die Ostberliner *Berliner Zeitung* die Ansicht, daß ›das Verhalten des Vorbereitenden Kongresses auf Betreiben der Westberliner Frontstadtpolitiker zurückzuführen sei, die den Kampf lähmen und den Kongreß zur Hetze gegen die Sowjetunion und die DDR ausnützen wollen‹. Wir müssen uns also durchaus auf dem richtigen Weg befunden haben.«[45]

Über die Begrüßung durch Kurt Mattick von der Berliner SPD wird in Ostberlin folgender Zusammenschnitt seiner Rede verfertigt, der ihn als Gegner der Kommunisten kennzeichnet:

»Kurt Mattick,
SPD, Berlin (wird mit Zischen begrüßt)

Ich bin als einziger, noch bevor ich den Mund aufgemacht habe, auf Widerstand gestoßen. Es ist mir eine Ehre, im Namen des Landesvorstandes der SPD Berlin den Kongreß zu begrüßen. Wir leben unter besonderen Bedingungen. Auf uns lastet stärkster Druck der Sowjetunion, die Westberlin in ihr System einverleiben will. Die Abwehr dieser Gefahr nimmt unsere ganze Kraft in Anspruch. Zur Lage in Berlin: Die Berliner Sozialdemokraten stehen an der Seite der Kräfte, die am Frieden ernsthaft interessiert sind. Es besteht volle Übereinstimmung der Berliner SPD mit Ollenhauer auf der Grundlage des Neujahrsartikels im *Vorwärts*.

Wir unterstützen ganz die Atomabrüstung im Rahmen einer allgemeinen Abrüstung – nur so geht es. Das Wichtigste ist, die Gesellschaft über die drohenden Gefahren aufzuklären. Allerdings – kein Problem kann in Berlin losgelöst werden von der brennenden Lage dieser Stadt. Die politische Abgrenzung im Osten muß klar erfolgen. Die Sowjetunion besitzt die Atombombe als Druckmittel bei der Berlin-Frage: Das müssen wir immer sehen. Die totalitären Kräfte sind nach wie vor die große Gefahr dieser Welt.

Ein Theologe sagte hier, lieber tot sein als der Atombombe zustimmen. Als Sozialist frage ich: Ist nicht jede Waffe ein Mordinstrument? Denken Sie immer daran: Einseitige Abrüstung ist gleichbedeutend mit Unterwerfung.«

Zwei lange Tage wurde in Reden, Debatten, Streitgesprächen und unter Einsatz jeder Menge Intrigen das Für und Wider zwischen Ost und West zum Thema Atombewaffnung diskutiert. Vor allem zwei Richtungen waren Gegenstand der Auseinandersetzung: erstens die Linie der zahlenmäßig viel größeren SPDnahen Studenten: gleichgewichtige Abrüstung in Ost und West; und zweitens die Kommunistenlinie: einseitige, atomare Abrüstung im Westen verlangen, diese mit irgendwelchen Wiedervereinigungsködern verschönern, atomare Bewaffnung im Osten nicht diskutieren, sondern besser totschweigen oder Desorientierung betreiben.

Jetzt fand genau das statt, was Helmut Schmidt in seinem Interview mit Klaus Röhl als unwahrscheinlich oder leicht abwendbar eingeschätzt hatte: Die Kommunisten, das heißt die KONKRET-Fraktion, rissen, obwohl in der Minderheit, im Verlauf des Kongreßgeschehens die Macht an sich und bestimmten am Ende das Ergebnis, nämlich die allseits intendierte und für wichtig erachtete Schlußresolution, die den Willen aller deutschen Studenten zum Thema der Atombewaffnung herausarbeiten und dokumentieren sollte.

»Ihr Vater hatte seine große Stunde«, sagte Jürgen Seifert leicht ironisch, als ich mit ihm über den Kongreß sprach: »Klaus Röhl hat zwar offiziell kein einziges Wort geredet, trotzdem war er hochaktiv. Er rannte wie ein Spiritus rector von einem Ausschuß zum anderen und erstattete den dortigen Rednern jeweils Bericht.«

Klaus Rainer Röhl: »Nachts, als ›meine‹ Mannschaft – also all diejenigen, die mithalfen, eine prokommunistische Resolution zu verabschieden, unter ihnen Ulrike Meinhof, Hans Stern, der freie Autor Erich Kuby und weitere Vorsitzende der Atomausschüsse – immer noch diskutierte, hielt ich alle mit Klatsch und Tratsch und den neuesten Nachrichten über die gerade zur selben Zeit stattfindende Revolution Fidel Castros in Kuba bei guter Laune und auf dem laufenden. Ulrike war in ihrem Element und diskutierte alle an die Wand.«

Ulrike Meinhof, im Auftrag der Partei auf Linie getrimmt, setzte ihre ganze Kraft ein, den Kongreß für ihre Ziele, und das hieß für die Ziele der KPD, umzufunktionieren. Sie kam damit durch. Sie und die KONKRET-Fraktion ›siegten‹ tatsächlich.

Der »Club Republikanischer Publizisten« im »Grünwalder Kreis«, also die Gegner von KONKRET, analysierten die Lage wie folgt:

> »Während des Kongresses am 3./4. Januar 1959 in Berlin verfuhren die ›KONKRET-Leute‹, eindeutig in der Minderheit, folgendermaßen: 1. Die Berliner SPD hatte sich nicht eindeutig zu der Veranstaltung geäußert, was verschiedene Zeitungen und Rundfunkstationen als Distanzierung meldeten. So mißtraute ein Teil der Studenten den Berliner Vertretern der SPD. Die KONKRET-Gruppe versuchte, dieses Mißtrauen auf die Sozialdemokratie in der Kongreßleitung zu lenken. Diesen wurde unterstellt, sie suchten im Auftrag der Berliner SPD eindeutige Resolutionen zu verhindern. Ungeschicktes Auftreten einiger Sozialdemokraten im Plenum begünstigte die KONKRET-Absicht, ein emotionales Anti-SPD-Klima zu schaffen und dadurch Mitläufer zu gewinnen.«[46]

Wie also hat nun die kleine KONKRET-Fraktion auf dem Kongreß die Kommunistenlinie gegen die übermächtigen Vertreter der SPD-Linie durchsetzen können – wobei man sich vergegenwärtigen muß, daß die KONKRET-Fraktion ihre kommunistischen Absichten nicht offenlegte. Es begann damit, daß Ulrike Meinhof, die nur als normale Anti-Atom-Studentendelegierte aus Münster im Raum saß, sich meldete und behauptete: Diese Versammlung ist souverän und muß das vorher bestimmte Präsidium nicht akzeptieren. Das

Präsidium bestand zu diesem Zeitpunkt ausschließlich aus SPD- und SDS-Leuten, also Leuten, die nicht zu der KONKRET-Fraktion innerhalb des Kongresses gehörten. Sie forderte daher, eine neue Kongreßleitung zu wählen. Dieser Ansatz war sehr wichtig, denn nur das Präsidium konnte die Tagesordnung neu festlegen und neue Präsidiumsmitglieder wählen lassen. Der Coup gelang. Durch eine Neuwahl konnte die KONKRET-Fraktion zwei ihrer Leute im Präsidium unterbringen und außerdem noch drei weitere »wohlwollende Professoren«, sogenannte »Friedensfreunde«, so Klaus Röhl, die ebenfalls für die KONKRET-Fraktion votieren würden. Das im Sinne von KONKRET dann tatsächlich neugewählte Präsidium beschloß programmgemäß, die von den SPD-Leuten vorher festgesetzte Tagesordnung umzustoßen.

Die Arbeitsausschüsse wurden neu konfiguriert, und der Hauptausschuß, in dem die SPD ihre besten Leute positioniert hatte, wurde insofern abgewertet, als dieser nun nicht mehr die führende Rolle bei der Schlußresolution spielen konnte. Nun war es nämlich die Schlußversammlung, der das Recht übertragen wurde, über die Schlußresolution zu entscheiden. Ulrike Meinhof hatte also mit ihrer kleinen Anfrage eine wichtige Weichenstellung bewirkt. Nun konnten die KONKRET-Leute, deutlich besser positioniert als zuvor, in allen Ausschüssen auf die Schlußversammlung hinarbeiten.

In fünf verschiedenen Arbeitsausschüssen wurde diskutiert. Ulrike Meinhof, Erika Runge und Klaus Röhl befanden sich, zusammen mit Helmut Schmidt, im sogenannten Hauptausschuß mit dem Arbeitstitel »Atomrüstung und Außenpolitik der Weltmächte«. Dort war Meinhof Diskussionsleiterin. Dort verzettelte sich der Starredner der SPD, Helmut Schmidt, in einer endlosen Diskussion vor allem mit Ulrike Meinhof, die sein Eingangsreferat in scharfem Ton kritisiert hatte. Klaus Rainer Röhl: »Das war einer der Pläne. Schmidt sollte als wichtigster Redner der SPD durch Ulrike abgelenkt werden.«

Die Entscheidung über die Schlußresolution fiel, wie geplant, in einem anderen, dem sogenannten gesamtdeutschen Arbeitsausschuß mit dem Titel »Atomrüstung und Wiedervereinigung«, wo Erich Kuby zusammen mit Reinhard Opitz und Hans Stern einen Vorschlag einbringen konnte, der vorher in der KONKRET-Gruppe erarbeitet worden war. Sie erreichten, daß dieser schließlich durchgebracht wurde.

Klaus Rainer Röhl:

»Unsere Leute besetzten fast alle Schlüsselpositionen. Zum Beispiel die Diskussionsleiter, die die Resolutionen dann spruchreif machen würden. [...]

Es gab fünf Ausschüsse. Zwei davon beschickten wir überhaupt nicht, einen hatte ich nur erdacht, um dort potentielle Gegner zu binden. Blieben zwei Ausschüsse, der gesamtdeutsche und der internationale. Wir konzentrierten unsere besten Kräfte scheinbar im internationalen Ausschuß, banden die besten Redner der anderen in Scheingefechten. […] Die Entscheidung fiel im anderen Ausschuß, im gesamtdeutschen. Wir hatten ja mehr gute Leute. Opitz und Stern brachten dort mit Hilfe von Erich Kuby eine Resolution durch, die für die damalige Zeit sensationell war.«[47]

Die Leute vom »Club Republikanischer Publizisten« im »Grünwalder Kreis«, die Gegner, beschrieben den Vorgang folgendermaßen:

»KONKRET konzentrierte sich auf die Arbeitsgruppen II ›Atomrüstung und Wiedervereinigung‹ und III ›Atomrüstung und Außenpolitik der Weltmächte‹. In der Gruppe III konnte KONKRET sich nicht durchsetzen. So blieb am Sonntag vormittag als Schwerpunkt die Gruppe II. In dieser Gruppe lieferten 29 Personen insgesamt 51 Diskussionsbeiträge, die mehrfachen Wortmeldungen gingen fast durchweg auf das Konto von KONKRET. (Als z.B. Herr Stern zum vierten Mal im Laufe der Diskussion gesprochen hatte, erklärte Fräulein Eva-Marie Titze als Diskussionsleiterin, es lägen ihr jetzt 20 Wortmeldungen vor. Kaum aber hatten drei Personen gesprochen, als Herr Stern schon wieder das Wort erhielt. Herr Geßler, Kongreßleitung, intervenierte mit der Feststellung, Herr Stern könne doch nicht schon wieder das Wort in der Reihenfolge der Meldungen haben). Herr v. Ehrenstein, Heidelberg, ein Gegner der umstrittenen Resolution, hatte einen unwidersprochenen Antrag eingebracht, der weder in die Resolution aufgenommen wurde noch auch nur erinnert werden konnte. Diese Gruppe bildete zum Schluß ein Redaktionskollegium aus den Herren Erich Kuby, Reinhard Opitz, Stern und Fräulein Eva-Maria Titze sowie den Protokollanten. Die erarbeitete Resolution, die erst fertiggestellt wurde, als das Plenum bereits tagte, wurde der Gruppe nicht mehr zur Diskussion vorgetragen, eine Debatte im Plenum selbst, vom Präsidium gefordert, wurde unterbunden. Unterbunden wurde auch, daß den Studenten, die die Machenschaften durchschauten, die Bedenklichkeit der Resolution vor Augen geführt werden konnte.«[48]

Mehrere Entsandte der DDR schrieben den Verhandlungsablauf des Studentenkongresses in dieser Gruppe mit. Aus dem Protokoll hier einige Ausschnitte:

»Studentenkongreß gegen Atomrüstung

Aufzeichnungen über die Diskussion in der Arbeitsgruppe ›Atomaufrüstung und Wiedervereinigung‹, die nach einleitenden Referaten von Probst Grüber, Prof. Schottländer u. Erich Kuby (München) begann.

Student aus Münster [AdA: wahrscheinlich Peter Meier, da er offenbar zur KONKRET-Fraktion gehört]: Wir haben hier viel über Psychologie und Denken gehört. Jetzt müssen wir uns fragen: Was kann man gegen die Atomaufrüstung tun? Wie kommt es denn überhaupt zu dem einseitigen Denken? Ich weiß, daß ich mich jetzt Angriffen aussetzen werde, aber daran ist man ja schon langsam gewöhnt. Mit dem blinden Antikommunismus kommen wir nicht weiter. [...]

Student Müttmann, Heidelberg [AdA: gehörte nicht zur KONKRET-Fraktion]: Wir sind einer Meinung: Es geht gegen atomare Aufrüstung. Aber in der Form, in der feuilletonistischen Art und Weise, wie Erich Kuby die Sache hier dargelegt hat, geht es nicht.
(Zischen) Herr Kuby muß uns schon mehr beweisen.

Student Opitz, Hamburg: Wir müssen uns in der Diskussion beschränken auf Wiedervereinigung und Atomrüstung. Wir werden uns relativ rasch einigen können, daß Atomrüstung die Wiedervereinigung verhindert. Dazu sind wir ja überhaupt hergekommen. Worüber haben wir also zu diskutieren? Welche Alternative haben wir gegenüber der Atomrüstungspolitik der Bundesregierung vorzuschlagen? Ich denke vor allem an die atomwaffenfreie Zone.

Student Stern, Berlin: Der Antikommunismus ist die Grundtorheit des Jahrhunderts. Darüber gibt es, glaube ich, keine Diskussion. Darüber waren wir uns schon klar, als wir hierher kamen.

Studentin Runge, München: Welche Möglichkeiten gibt es denn, eine Entspannung herbeizuführen, evtl. im Sinne von Kennan und Rapacki? Wir sollten die Forderung nach einem Friedensvertrag stellen. Wir müssen hier praktisch beraten, was können wir tun, um voranzukommen? [...]

Erich Kuby: Lassen Sie uns doch vor unserer eigenen Tür kehren. Aktive Vorschläge sind bisher nur aus dem Osten gekommen, abgesehen von den neutralen Vorschlägen. Aus Bonn hörten wir immer nur nein, nein, nein. Also muß in Bonn etwas in Bewegung kommen, dort wo bisher nichts getan wurde. Die jetzige Situation ist unvergleichbar mit der in den letzten 12 Jahren. Das Regime Adenauer gab die Losung aus ›sicher ist sicher‹ und jedem sein ›Eisschrank‹. Das CDU-Regime nach Adenauer wird sich ganz anders geben, wird die Bevölkerung politisch zu aktivieren versuchen und etwa eine solche Losung herausgeben: deutsch ist deutsch. Die SPD wird nicht durch Wahlen an die Regierung kommen. Nachdem ich heute morgen im Plenum war, wundere ich mich darüber auch gar nicht. (Gelächter)

Das Wichtigste für uns ist: Die Atomrüstung muß unterbleiben: Das ist der erste Schritt! Alles andere ist unwichtig. Ich schlage Ihnen vor, über vier Fragen zu beraten. Nicht als Rezept, nur als Anregung.

1. Die Argumente zu finden, mit denen die Bevölkerung beeinflußt werden soll […]
2. Wir müssen immer wieder hämmern: Es muß verhandelt werden.
3. Inhalt der Verhandlungen müßte sein: Kondominium, oder es heißt Konföderation. Also Fragen der Währung, der Wirtschaft u. a. Außer diesen ist jetzt erst gar nichts drin für Verhandlungen.
4. Wie die SPD gezwungen werden soll, eine entschiedene Opposition zu beziehen. […]

Prof. Schottländer [AdA: gehörte zu den ›wohlwollenden‹ Professoren]: Wie können wir Einfluß in Westdeutschland ausüben? Alle außerparlamentarischen Kräfte müssen sich zusammenschließen, die Akademiker, die Kirchen, die Gewerkschaften. Es muß eine Stoßkraft von außen entwickelt werden, denn im Parlament geht's nicht. Die SPD will Wahltaktieren und nicht mehr. […] Wir als Atomrüstungsgegner können keine Kampfgemeinschaft mit der CDU gegen den Osten haben. […]

Student Opitz, Hamburg: Zu Gesprächen wird es kommen müssen. Erst zwischen den Regierungen, dann wird auch das Gespräch zwischen den Studenten kommen. Was sollen wir also tun? Unser einziger Vorschlag sollte sein: die Regierung zu drängen, daß sie Verhandlungen über einen Friedensvertrag beginnt. Erst Verzicht auf Atombewaffnung, Verpflichtung zur atomwaffenfreien Zone – das geht nur über Verhandlungen über einen Friedensvertrag.«

Wie aus diesen Beispielen deutlich wird, versuchen die KONKRET-Leute mit allen Mitteln, die Diskussion in Richtung Wiedervereinigung und – am allerwichtigsten – in Richtung Verhandlungen mit Ostberlin zu drehen. Das Thema Atomwaffen geriet dabei zunehmend in den Hintergrund. Am Sonntag wurde weiterdiskutiert:

»Studentin Titze:
Gestern abend war noch eine Diskussion in der Humboldt-Universität. Herr Prof. Schottländer war auch dabei. Ich möchte die Arbeitsgruppe fragen, ob sie es wünscht, daß uns Prof. Schottländer einen kurzen Bericht über diese Diskussion gibt? (Beifall)

Student von Ehrenstein [AdA: gehörte nicht zur KONKRET-Fraktion]:
Ich möchte widersprechen. Wir sind in Berlin gewissen Rücksichtnahmen unterworfen (Zischen). Wir sitzen hier in den Räumen der ›Freien Universität‹, und es gibt Sachen, die hier vielleicht nicht empfehlenswert sind.

Student aus Braunschweig: Ich schlage vor, Herrn Schottländer anzuhören, aber nicht darüber zu diskutieren. (Daraufhin spricht sich eine Mehrheit für den Bericht Prof. Schottländers aus.)

Prof. Schottländer: Ich habe gestern an der Humboldt-Universität mehrmals das Wort ergriffen und dort etwa dasselbe gesagt, was ich auch hier gesagt habe. Verhandlungen über einen Friedensvertrag leuchten jedem ein. Aber die Konföderation ist ein umstrittener Begriff, den man lieber weglassen sollte. Der Kommilitone Hoffmeister (Göttingen) hat Herrn Girnus gestern abend um Gnade gebeten für inhaftierte Studenten. Wir haben daraufhin keine Antwort von der FDJ erhalten. Aber Herr Girnus hat geantwortet, wie Sie wissen, einer der härtesten Funktionäre der DDR. Wir haben unsere Gesetze, hat er gesagt, und lassen uns da von niemandem reinreden. So kam unser Gespräch in eine Sackgasse. Ich habe gesagt: Aber Gnade muß doch in Einzelfällen möglich sein. Da hat Herr Girnus geantwortet: es seien ja schon viele begnadigt worden.
[...]

Erich Kuby: [...] Auf dieser Plattform müssen wir die gegnerische These ›Atomrüstung bringt Sicherheit‹ zunichte machen. (Zuruf: Denken Sie daran, wir sind auf glühendem Boden! Wir müssen uns vom Osten abschirmen.)

Student Opitz, Hamburg:
Wir müssen in der Bundesrepublik klarmachen, daß solche Gespräche auf Regierungsebene geführt werden müssen. [...] Die ganze Studentenschaft in Westdeutschland sieht auf diesen Kongreß. Sie werden uns fragen, was bringt ihr mit? An den Hochschulen Westdeutschlands muß die Frage des Friedensvertrages intensiv behandelt werden. Wenn wir das nicht tun, kommt nichts raus.
[...]

Student Stern, Westberlin: Die Bundesregierung wird über kurz oder lang verhandeln müssen. Wenn dieser Kongreß Effekt haben soll, so muß aus unserer Arbeitsgemeinschaft und aus dem Plenum eine Empfehlung kommen. Diese sollte lauten: Die Platte von Bonn muß jetzt fallen: Mit Pankow verhandeln wir nie und nimmer. [...] Ich schlage folgende Empfehlung an das Plenum vor: Die hier versammelten Studenten sind der Meinung, daß Verhandlungen zwischen beiden deutschen Staaten aufgenommen werden müssen, die Formel ›Mit Pankow verhandeln wir nicht‹ muß fallen.

Student Opitz, Hamburg: Ich schlage folgende Ergänzung zu dieser Empfehlung vor. Atomrüstung und Wiedervereinigung sind Gegensätze. Die Alternative besteht darin zu verhandeln. Friedensvertrag und die Resolution sind ernsthaft zu überprüfen.

Fischer, Westberlin [AdA: gehört nicht zur KONKRET-Fraktion]:
Ich muß Ihnen sagen, daß die Resolution schon fix und fertig ist und soeben
im Plenum verteilt wird. (Zwischenruf: Das interessiert uns nicht. Wir haben
unsere eigenen Gedanken.) Wollen wir denn unseren Gegnern das Schauspiel
einer Kampfabstimmung bieten?

Es kommt zur Abstimmung. Der Vorschlag lautet: Herr Kuby, Herr Stern,
Herr von Ehrenstein, Herr Opitz wie Fräulein Titze werden beauftragt, die
hier vorgebrachten Empfehlungen zu einer einzigen zusammenzufassen und
diese dem Plenum mitzuteilen und zur Abstimmung vorzulegen. Die Mehrheit der Arbeitsgruppe stimmte für diesen Vorschlag.«[49]

Soweit die Ausschnitte aus dem Protokoll »Studentenkongreß gegen Atomrüstung« der DDR-Entsandten. Die vorgefertigte Resolution hatte mit dem
Thema des Kongresses »Kampf gegen den Atomtod« fast nichts mehr zu
tun. Die Resolution, die am Sonntag, dem 4. Januar 1959, auf der letzten
Sitzung des Kongreßplenums mit einer Zweidrittelmehrheit angenommen
wurde (wobei ein Großteil der Studenten weder am Zustandekommen der
Resolution beteiligt gewesen war noch den Wortlaut bei der Abstimmung
hinreichend kannte), hatte folgenden Wortlaut:

> »Die weltpolitische Lage wird in Kürze die beiden Teile Deutschlands zwin-
> gen, miteinander zu verhandeln. Damit solche Verhandlungen möglich wer-
> den, ist es nötig, daß Formeln wie ›Mit Pankow wird nicht verhandelt‹ aus der
> politischen Argumentation verschwinden. Das Ziel notwendiger Verhand-
> lungen, die bisher stets von der Bundesregierung ungeprüft zurückgewiesen
> wurden, muß sein: 1. die Umrisse eines Friedensvertrages zu entwickeln, 2. die
> möglichen Formen einer interimistischen Konföderation zu prüfen.«[50]

Der Anti-Atomwaffen-Enthusiasmus, der die Studenten bewogen hatte,
nach Berlin zu fahren und dort eine entsprechende Resolution zu beschließen, findet sich im von KONKRET manipulierten Wortlaut überhaupt nicht
mehr. Das Thema Anti-Atom war plattgemacht worden, statt dessen sind die
Ostberliner Standpunkte zur Deutschlandpolitik Resolution geworden.

Die Resolution, die von den Studenten hier beschlossen wurde, glich
wundersam dem Angebot, welches der polnische Außenminister Rapacki am
2. Oktober 1957 erstmalig den Vereinten Nationen vorgelegt und im Februar
1958 weiter präzisiert hatte, dem sogenannten Rapacki-Plan, von dem man
unterstellen darf, daß es sich um einen Plan Moskaus handelte. Er sah die
Wiedervereinigung eines neutralisierten Deutschlands vor sowie eine Neu-

tralisierung Polens und der Tschechoslowakei. Die Atommächte garantieren, keines dieser Länder anzugreifen und die Einhaltung dieser Abreden von einer Kommission zu Lande und aus der Luft überwachen zu lassen. Adenauer hatte diesen Plan abgelehnt.

Daß es zu einer derartigen Niederlage der SPD kommen konnte, hat wohl vor allem Ulrike Meinhof erreicht. Sie hatte nämlich im Hauptausschuß eine dort von den Gegnern befürwortete Zusatzresolution verhindert.

Klaus Rainer Röhl:

»Wahrscheinlich wäre der Kongreß nicht so aufgebauscht worden – die Zeitungen berichteten eine ganze Woche lang davon –, wenn er gleichzeitig eine antikommunistische Resolution vorgelegt hätte. Das verhinderte Ulrike im Hauptausschuß. Wir alle schliefen in diesen zwei Tagen 24 Stunden nicht – Ulrike schlief 48 Stunden nicht. Sie besiegte den Hauptausschuß durch Schlaflosigkeit. Gleich am Anfang hatte der Hauptausschuß auf ihren Antrag ein Vetorecht für jedes Mitglied beschlossen. Jetzt wandte sie das Veto an. Sie war überzeugt: Jede auch gegen den Ostblock und seine Atomwaffen gerichtete Resolution hätte das Ergebnis verwässert, es in einen vagen Appell ›Gegen den Atomtod in Ost und West‹ verwandelt. Sie legte sich quer. Bei jeder Anti-Ost-Resolution ein Veto. Sie stand 48 Stunden ohne Schlaf, wie eine Eins, ohne chinesische Gymnastik. Um sechs Uhr früh kippten die anderen Teilnehmer (nicht wahr, Reimar Lenz?) einfach aus den Latschen. Morgens um sechs gab es keinen Antikommunismus mehr. Die hatten sogar noch das Gefühl, einen Kompromiß geschlossen zu haben. Ulrike hatte die seltene Fähigkeit, äußerste Härte als Kompromiß, die extremste Aussage als Zugeständnis verkaufen zu können. [...] Am Morgen unseres vollständigen Sieges ging ich durch die Ausschüsse, Hörsaal für Hörsaal, rief unsere Leute heraus und verteilte Vitamintabletten, Traubenzucker und die eben erschienene Tageszeitung mit der Schlagzeile ›Castro zieht in Havanna ein!‹ Die Verblüffung war vollständig. Die Partei konnte den Sieg gar nicht fassen.«[51]

Helmut Schmidt, der fest mit einer grundsätzlichen Entscheidung der engagierten Studenten gegen die Atombewaffnung in Ost und West, also im Sinne des eigentlichen Themas, gerechnet hatte, war einer der Verlierer dieses Kongresses. Er distanzierte sich von dem Beschluß und zog seine Zusage für das Schlußreferat zurück. Die Annahme der Resolution sei »an einem anderen Ort psychologisch vorbereitet« worden, und die darin verwandte Terminologie verfälsche den Sinn der Veranstaltung.[52]

Schon nach dem ersten Kongreßtag waren an die 100 Teilnehmer einer Einladung nach Ostberlin gefolgt und hatten unter dem Thema »Gemeinsam gegen den Atomtod« mit Professoren der Humboldt-Universität und dem DDR-Staatssekretär für das Hochschulwesen Wilhelm Girnus (SED) über die Wiedervereinigung und die Gefahren der atomaren Aufrüstung der BRD und über die Notwendigkeit der Abrüstung der BRD diskutiert. So unfrei war man in der DDR nun auch wieder nicht, daß man nicht die Entwaffnung des Gegners offen und ehrlich diskutieren durfte. Allerdings: Während die DDRler die Entwaffnung der Bundesrepublik diskutierten, saßen DDR-Studenten in DDR-Gefängnissen – wegen Minimalprotesten gegen diese DDR. Also konnte man in der DDR recht frei gegen den Westen demonstrieren, aber einen einzigen falschen Ton gegen die DDR – das durfte es nicht geben.

Auch hierzu ist im »Hintergrundmaterial zum Berliner Studentenkongreß« des »Clubs Republikanischer Publizisten« im »Grünwalder Kreis« vermerkt:

> »Obwohl die Resolution der Gruppe II im veränderten Wortlaut ohne Diskussion durchgepeitscht werden konnte, verhinderte der deutlich gewordene Widerstand weitere Pläne der KONKRET-Gruppe, die am Freitag bei einer ostzonalen Parallelveranstaltung an der Ostberliner Humboldt-Universität aufgenommen wurden. So die Forderung nach einem gesamtdeutschen Studentenkongreß, die Prof. Harvemann wie folgt formuliert hatte: ›Wir hier versammelten Studenten und Wissenschaftler aus beiden Teilen Deutschlands empfehlen, daß möglichst bald ein gesamtdeutscher Studentenkongreß in Berlin durchgeführt wird, zu dem alle Studenten aus Ost und West eingeladen werden sollen und teilnehmen können‹ […]. Die zwangsläufige Folge der KONKRET-Manipulation ist die Sprengung der bisher gewahrten studentischen Einheit der Gegner der atomaren Aufrüstung. Es ist unstrittig, daß, welche persönlichen Absichten man im einzelnen unterlegen mag, der Berliner Kongreß von ostzonalen Interessen für die Zwecke des kalten Krieges ausgenutzt wurde.«[53]

Waren Klaus Röhl und Ulrike Meinhof Helden, indem sie die ehrlichen Gegner der atomaren Aufrüstung wie Helmut Schmidt verrieten und das fast zweijährige Engagement der Anti-Atom-Bewegung benutzten, um die Linie der KPD im Kampf der Systeme durchzusetzen? Klaus Rainer Röhl:

> »Ich gebe zu, daß wir diesen Kongreß ein bißchen nach unseren Vorstellungen gelenkt haben, andere würden sogar sagen manipuliert haben. Aber wir waren völlig durch das Widerstandsrecht gedeckt, wir handelten in Notwehr: Unsere Gegner Skriver, Rexin, Geßler hatten den direkten Auftrag der SPD,

auf diesem Kongreß die KONKRET-Fraktion zu isolieren und zu schlagen. […] Wer könnte uns verübeln, daß wir uns wehrten? […] Wir hatten schließlich den Wind der Geschichte im Rücken, Stern, Opitz und Ulrike, Riemeck und Kuby auf unserer Seite. Sie nur Hans Werner Richter.«[54]

Die KONKRET-Gegner registrierten aber noch ein Weiteres. Der »Club Republikanischer Publizisten« im »Grünwalder Kreis« berichtete:

»Der Wortlaut der Resolution wurde – mit einer bezeichnenden Variation – von dem ostzonalen Nachrichtendienst adn [AdA: Allgemeiner deutscher Nachrichtendienst der DDR] zuerst verbreitet. Der Vorbereitende Ausschuß des Kongresses nimmt an, daß der Münsteraner Student Peter Meier die Resolution vor Bekanntgabe im Plenum dem adn-Vertreter zugespielt hat. Einen kleinen Hinweis bietet auch der verbreitete Wortlaut entsprechend dem Urtext der Resolution: ›Die versammelten Teilnehmer sind der Meinung …‹ statt ›Die Mehrheit der Teilnehmer …‹. Der Wortlaut der Resolution lag sogar bei Beginn der Pressekonferenz noch nicht vor.«[55]

Es war das erste Mal im Nachkriegsdeutschland, daß eine prokommunistische Resolution »auf breiter Basis« beschlossen und die bis dahin strikt antikommunistische Haltung der Studenten durchbrochen wurde. Ein Sturm der Entrüstung brach in der Presse los. Schlagzeilen wie »Studentenkongreß ideologisch unterwandert« – »In der FU ging es östlich zu« – »Im Hörsaal tobte eine Propagandaschlacht« – »Studenten ließen sich überfahren« – »Der Atomkongreß in Berlin – ein Musterbeispiel kommunistischer Untergrundtätigkeit« beschäftigten die bundesrepublikanischen Zeitungen über eine Woche. Ulrike Meinhof und Klaus Röhl feixten sich eins.

Das Gelage in Caputh am See

Klaus Röhl, Ulrike Meinhof, Reinhard Opitz und die anderen reisten noch am selben Abend mit der S-Bahn nach Ostberlin zu Richard Kumpf und Manfred Kapluck, die die Konkretler wie Helden empfingen. Den Sieg feierten sie gemeinsam in einer schönen alten wilhelminischen Villa in Caputh am Schwielowsee bei Potsdam – unweit des berühmten Sommerhauses von Albert Einstein –, zu der die »siegreichen Kämpfer für den Fortschritt« in einem Osttaxi gefahren wurden.

Kapluck bekommt schwärmerische Augen, wenn er von der Villa in Caputh erzählt: »Die FDJ hatte dann dieses Haus, eine schöne Villa mit zehn Zimmern. Wir hatten extra eine Fahrerin, sie hieß Hertha, die kam von der LPG [AdA: Landwirtschaftliche Produktionsgenossenschaft] und fuhr so einen Moskowitsch, und wenn Ulrike und Klaus dann kommen sollten, dann machten wir aus, daß die sich in einer Wohnung zum Beispiel in der Frickestraße melden sollten, dann kriegten wir die Mitteilung, daß sie da sind, dann schickten wir Hertha hin, die sie dann abholte und nach Caputh brachte, wo wir dann drei bis vier Tage alle zusammenblieben und die ganze Nacht diskutierten und Wodka tranken.«

Klaus Röhl empfand die Tage und Nächte in Caputh ähnlich wie Kapluck: »Wenn man hereinkam, war da ein wunderbares Entree mit zwei Freitreppen, und darüber hing eine riesige rote Fahne und ein großes Thälmannbild. Innen war ein Kamin, es war alles sehr verkitscht eingerichtet mit bulgarischem und rumänischem Geschirr und Hirtenteppichen aus Albanien. Und wir wurden bedient von so einem Haushälterehepaar. Und da lachten wir uns dann bei viel Wodka halbtot über diese anderen Idioten auf dem Studentenkongreß und feierten ein rauschendes Siegesfest, im Laufe dessen wir so ausgelassen wurden, daß wir da rumtobten wie die Affen und die Genossen sich völlig gehenließen und für uns richtige Kumpels wurden. Mitten in der Nacht holten sie plötzlich aus irgendeinem Schrank FDJ-Hemden hervor, die sie da aufbewahrt hatten, und zogen sie Ulrike und mir an. Damit aber nicht genug, holten sie ein Kästchen mit alten Abzeichen, Ehrenmedaillen von rumänischen und chinesischen Kommunisten, hervor und schrieen volltrunken immer nur noch ›Klaus‹ und klebten mir dabei immer eins dieser Abzeichen auf mein FDJ-Hemd, so daß das am Ende aussah wie das Hemd von Breschnew, so 'ne ganze Ordensbrust, und so tobten wir nachts, laut Kampflieder oder auch Volkslieder singend, durch die Räume, bis wir dann endlich einschliefen, ich weiß nicht, wann das je gewesen sein mag.«

Die westdeutschen Medien versuchen, den überraschenden Sieg der Kommunisten auf dem Kongreß zu verdauen. In der KONKRET-Akte findet sich einer dieser kritischen Westartikel, der von den Ostberlinern wohl als exemplarisches Beispiel der Akte beigefügt wurde – leider ist der Name der Zeitung abgeschnitten. Mir scheint, daß der Verfasser des Artikels, ob nun ein SPD- oder ein CDU-Mann, auf jeden Fall ein Antikommunist gewesen sein und erstaunlich tiefgehendes Detailwissen gehabt haben muß, offenbar auch Geheimwissen.

»Bulletin 26. Februar Nr. 40/S. 379 (korrekt: 28. Februar 1959)
›konkretes‹ Beispiel kommunistischer Infiltration

Der Studentenkongreß in Berlin und seine Hintermänner
Propagandistische Unterwanderungsmanöver

Pankows gegen die Bundesrepublik gerichtete Propaganda läuft seit dem Berlin-Vorstoß des Kreml vom 27. November 1958 und dem von Moskau am 10. Januar 1959 veröffentlichten Friedensvertrag auf Hochtouren. [...] Mit welcher Konsequenz und welcher Nachdrücklichkeit die sowjetzonale Propaganda ihre Ziele der geistigen und willensmäßigen Zersetzung in der Bundesrepublik verfolgt und wie sehr es einer oft nur kleinen Gruppe geschickter Agenten dabei gelingt, Erfolge zu erzielen, dafür hat der am 3. und 4. Januar 1959 in West-Berlin durchgeführte ›Studentenkongreß gegen Atomrüstung‹ ein in seiner Art geradezu klassisches Beispiel geliefert. [...] Ohne hier im einzelnen auf den Verlauf des Kongresses noch einmal eingehen zu wollen, sei nur in Erinnerung gerufen, wie er ausging: mit einem Eklat, hervorgerufen durch eine kleine Gruppe ideologischer Söldner im Dienste östlicher Politik, die es verstand, die Kongreßleitung zu überspielen und Beschlüsse herbeizuführen, die mit der Thematik der Tagung gar nichts mehr zu tun hatten. Was herauskam, war ein Bekenntnis zur Konföderation zwischen Bonn und Pankow sowie die Forderung, mit dem Ulbricht-Regime in Gespräche einzutreten, also justament das, was die Zonen-Kommunisten seit Jahren mit ihrer ermüdenden Propagandathese ›Deutsche an einen Tisch‹ vergebens anstreben und was mit Recht von westdeutscher Seite abgelehnt wird.

Daß es in der Bundesrepublik Kreise – wenn auch in verschwindender Minderheit – gibt, die andere Ansichten vertreten und der Meinung sind, man müsse mit den Funktionären der SED seinen koexistentiellen Frieden schließen, ist zwar eine bedauerliche Tatsache, besagt jedoch wenig gegenüber der einhelligen Haltung aller Parteien Westdeutschlands, daß die Machthaber Pankows keine Gesprächspartner darstellen können und dürfen, solange 17 Millionen ihrer Willkür ausgeliefert sind. [...]

Die inzwischen [...] getroffenen und einschlägigen Erhebungen haben folgendes ergeben: In die Kongreßleitung sowie in den wohl wichtigsten Arbeitsausschuß ›Atomrüstung und Wiedervereinigung‹ waren Vertreter einer studentischen Gruppe eingeschleust worden, die sich vor allem um die in Hamburg erscheinende Studentenzeitschrift KONKRET scharen, ein Organ, dessen eindeutig pazifistisch-prokommunistische Haltung evident ist. Die Tatsache, daß dieses Blatt mit seinen in Köln, München und West-Berlin erscheinenden Nebenausgaben in verhältnismäßig großer Auflage zum größten Teil kostenlos vertrieben wird, wirft mit Recht die Frage nach den Geldquellen auf, die hier nicht näher untersucht werden soll. [...]

Wer sind diese Studenten, die sich in West-Berlin in so erfolgreicher Weise als Promotoren des Ulbricht-Regimes erwiesen haben? Da ist zunächst einmal der ›Chefredakteur‹ der Zeitschrift, erwiesenermaßen ehemaliges Mitglied der inzwischen verbotenen kommunistischen Partei, Teilnehmer am IV. Kongreß des kommunistischen internationalen Studentenbundes in Prag im Jahre 1956 und eifriger Kontaktpfleger mit dem Zonenregime beim Zentralrat der FDJ […].

Wie der Chefredakteur der Zeitschrift KONKRET, so sind auch seine Mitarbeiter in München, Köln und West-Berlin politisch eindeutig dadurch gekennzeichnet, daß sie entweder Funktionäre der in der Bundesrepublik ebenfalls verbotenen FDJ waren, an den kommunistischen Weltfestspielen in Moskau teilgenommen haben, Mitglieder kryptokommunistischer Organisationen sind, von denen ja in der Bundesrepublik kein Mangel herrscht. […]

Das würde dann vor allem bedeuten, daß die SED in West-Berlin einen Erfolg davongetragen hat, den auszukosten sie nicht verfehlen wird. Gewiß, propagandistische Pluspunkte schaffen noch keine Tatsachen, aber darin liegt nicht das Entscheidende der Vorkommnisse auf dem Studentenkongreß.

Das ist vielmehr darin zu erblicken, daß es einer kleinen Gruppe ideologischer Parteigänger des Pankower Regimes möglich war, in einer wichtigen Frage die geistige Führung an sich zu reißen. Nur um das aufzuzeigen, wurde der Studentenkongreß hier noch einmal aufgegriffen. Er ist ein Schulbeispiel östlicher Verfahrensweise, eine Warnung für alle, die da noch immer meinen: Die paar Agenten, was hat das schon zu sagen! Allerdings, in Marschkolonnen pflegen sie nicht daherzukommen. Um die gegnerische Front aufzuspalten, bedienen sie sich des gut getarnten Einzelkämpfers, im konkreten Fall des harmlosen Studikers.«

Nach dem Gelage wurde der spektakuläre Sieg in der Zeitschrift KONKRET in einem großen und langen Artikel ausgeschlachtet, der sich natürlich gegen alle Vorwürfe wehrte, daß der Kongreß irgendwie kommunistisch infiltriert gewesen sein könnte.

Die Empörung über das Ergebnis der studentischen Polit-Tagung hatte in der Öffentlichkeit und der SPD so hohe Wellen geschlagen, daß der SDS sich aufgefordert fühlte, sich der Presse und dem Parteivorstand gegenüber zu erklären. Erklärung des Bundesvorstandes des SDS auf einer Pressekonferenz am 4. Januar 1959 in Berlin:

»Der Sozialistische Deutsche Studentenbund ist nicht identisch mit der studentischen Bewegung gegen Atomrüstung. Mitglieder des Sozialistischen

Deutschen Studentenbundes haben jedoch aktiv an den studentischen Ausschüssen gegen Atomrüstung mitgearbeitet. Der Bundesrat des Sozialistischen Deutschen Studentenbundes nimmt als solcher nicht zu der umstrittenen Resolution Stellung, denn Mitglieder unseres Verbandes haben für und
gegen die Konföderations-Resolution gestimmt. Wir wenden uns jedoch dagegen, daß man das demokratische Zustandekommen der Erklärung in Frage
stellt und diejenigen, die dafür gestimmt haben, verdächtigt.«[56]

Aus dem Brief des Bundesvorstandes des SDS an den Parteivorstand der SPD
in Bonn vom 5. Januar 1959:

»Die bedauerlichen jüngsten Ereignisse haben bewiesen, daß eine stärkere
Koordination erforderlich ist. Die Resolution, für die sich die Mehrheit des
Kongresses aussprach und in der eine ›Prüfung‹ des Gedankens einer ›interi-
mistischen Konföderation‹ empfohlen wurde, hat unseres Erachtens nicht –
wie behauptet – ihren ideologischen Ursprung im Osten. [...] Um vom SDS
aus nicht Entscheidungen zu treffen, die möglicherweise im Widerspruch
zu den Beschlüssen und Vorstellungen des Parteivorstandes und des Zen-
tralausschusses der Aktion ›Kampf dem Atomtod‹ stehen, bitten wir um ein
klärendes Gespräch mit Beauftragten des Parteivorstandes.«[57]

Auf der Sitzung des SPD-Präsidiums am 12. Januar 1959 wird der Einfluß
der KONKRET-Redaktion auf den Kongreßverlauf scharf kritisiert. Beschlossen wird ein Gespräch mit dem SDS-Bundesvorstand. Das SPD-Präsidium
verlangt vom SDS-Bundesvorstand, eine klare Abgrenzung zu den kommunistischen Infiltrierern herzustellen. Am 21. Januar 1959 treffen sich die
Vorstandsmitglieder von SPD und SDS in Bonn. Von seiten der SPD sind
anwesend: Helmut Schmidt, Herbert Wehner und Waldemar von Knoeringen. Von seiten des SDS kommen Oswald Hüller, Günther Kallauch und
Jürgen Seifert.

Jürgen Seifert: »Helmut Schmidt hat in diesem mindestens drei Stunden
dauernden Gespräch eine lange Rechtfertigung seines Verhaltens auf dem
Kongreß vorgetragen. Er war in der Defensive. Ich habe H. S. nie wieder so
klein gesehen wie an diesem Tag.«[58]

Schmidts Dilemma war, daß die SPD als Regierungspartei in Nordrhein-
Westfalen mit ihrer Anti-Atom-Kampagne im Wahlkampf nicht durchge-
kommen war. Während sie auf ihre Wahlplakate geschrieben hatte »Kampf
dem Atomtod«, hatte die CDU wahltaktisch geschickt auf ihre Plakate geschrieben »Kampf dem Atomtod in der ganzen Welt« und damit der SPD
erfolgreich den Wind aus den Segeln genommen. Daraufhin hatte die Sozial-

demokratische Partei ihre Anti-Atom-Aktion vollkommen eingestellt und auch ihren Militärexperten Helmut Schmidt gebeten, sein Engagement zurückhaltend auszuüben.

Ulrike Meinhof führte in einem Brief an Frau Dr. Heimpel vom 27. Januar 1959 über ihre Lage und ihre Motivation den Kongreß betreffend aus:

>Das Dumme ist halt, daß es eine Gruppe in dieser ganzen Sache gibt, die zwar zahlenmäßig relativ klein ist, aber durch ihr Geld die Macht hat [AdA: gemeint ist ein Kreis der SPD, der die KONKRET-Leute bekämpft hat; neben Geßler und Kaiser meint Ulrike Meinhof besonders den Schriftsteller und Vorsitzenden der Gruppe 47, Hans Werner Richter]. Ich habe nichts dagegen, daß verschiedene Leute verschieden arbeiten, aber wo man uns kaputtmachen will, da wehren wir uns halt. Ich weiß, daß Richter veranlaßt hat, mich und meine Freunde zu verleumden. Denn was wir tun, geschieht in aller Offenheit und geschieht aus ehrlicher Überzeugung. Es ist auch für die SPD inopportun, aber ich weiß nicht, warum man andere Anschauungen nun auch von dorther nicht mehr offen – meinetwegen: bekämpft, sondern suspekt macht.«

Ulrike Meinhof, die hier von »ehrlicher Überzeugung« redet und von »Offenheit« und darüber hinaus dubios von einer Gruppe spricht, die zwar klein ist, aber die Macht hat, weil sie das Geld hat, erzählt ihrerseits jedoch weder Jürgen Seifert und Monika Mitscherlich noch ihrer Schwester oder überhaupt jemandem etwas von ihrer neuen illegalen Zugehörigkeit zur KPD. Daß sie selber inzwischen zu einer kleinen Gruppe gehört, die Macht und auch Geld hat, verschweigt sie. Es muß als Propaganda gewertet werden, daß ausgerechnet diese subversiv für eine Diktatur arbeitenden illegalen Mitglieder der KPD von Anfang an die Legende vom »Verleumdet- und Verfolgtsein« nährten und ihr Image pflegten, zu Unrecht verdächtigt zu werden. Während Meinhof moniert, daß die SPD längst ahnt, wes Geistes Kind sie war, trifft sie sich in dieser Zeit immer öfter genau da, wo ihre politischen Gegner sie vermuten: in Ostberlin.

Ulrike, Chapel und Klaus

Nach den langen Vorbereitungen für den Kongreß tritt für die KONKRET-Leute erst einmal Ruhe ein, die Redakteure und die »Atommädchen« treffen sich in ganz Deutschland zu gemütlichen Korrespondenten-Konferenzen, den sogenannten Ko-Konferenzen.

Klaus Rainer Röhl:

> »Die Mitarbeiter von KONKRET – wir hatten nun Residenten an jeder wichtigen Hochschule – trafen sich regelmäßig zu sogenannten Korrespondenten-Konferenzen. […] Irgendwo in einer landschaftlich schönen Gegend mieteten wir ein kleines ländliches Hotel, hielten Sitzungen ab, gingen spazieren, trieben Sport, abends sangen und tranken wir, Liebespärchen bildeten sich und gingen wieder auseinander. Da wurde Rudi Schultz seine Lili los und Jürgen Holtkamp ihr Mann. Stern fand seine Ilka, und Reini warf sein Auge, nach Ulrike, auf Eva Titze, die später Frau Rühmkorf wurde. Erika und Ulrike wetteiferten um die Palme der schönsten und politisch interessantesten KONKRET-Frau. […] Auf dem Rückweg nach Hamburg sangen wir begeistert und belustigt und vor allem ganz laut unser neues Lied:

> Wir wollen Frieden – auf lange Dauer!
> Nieder mit Strauß – nieder mit Adenauer!
> Keine Raketen – keine Atome!
> Wir fordern die atomfreie Zone!
> Das ganze Deutschland stimmt mit uns ein:
> Wir wollen frei von Atomwaffen sein.

> Der Text klingt primitiv. Die Vertonung war es nicht. Die war von dem berühmten DDR-Komponisten Hanns Eisler. […] Vor der Ko-Konferenz fuhren wir nach drüben, zu unseren illegalen Genossen. Bereiteten dort eine neue Konferenz vor. Beratschlagten, wen wir diesmal in die Partei aufnehmen könnten. Nachher fuhren wir wieder nach drüben, neue Mitglieder mitbringend.«[59]

Klaus Röhl und Ulrike Meinhof beobachten, daß das Haus am Schwielowsee rege frequentiert wurde. Oft sahen sie andere Gruppen aus Westdeutschland abfahren oder ankommen, wobei ein direktes Zusammentreffen mit diesen anderen Gruppen stets vermieden wurde. Die Konkretler machten sich unschwer den Reim darauf, daß das wohl andere Bündnispartner aus der SPD, den Gewerkschaften, Fernsehen und Funk waren. Aber sie lernten nie welche kennen und wollten auch selber nicht gerne erkannt werden.

Ulrike Meinhof kommt jetzt immer öfter nach Hamburg und nach Ost-berlin. Kumpf, Kapluck, Ulrike Meinhof und Klaus Röhl werden Freunde. Gern trifft man sich in der Villa in Caputh. Gespräche werden geführt, ent-weder zusammen abends am Kamin oder zu zweit bei einsamen Spaziergän-gen, und oft spielt man ganz einfach im Garten Federball. Auf den wenigen Fotos, die es von diesen geheimen Treffen in Caputh von meiner Mutter gibt, sieht sie besonders nett und fröhlich aus. Sie wird hier gleich von drei Männern umschwärmt und genießt diese Zeit.

Auch weniger angenehme Gespräche werden hier zwischen Klaus Röhl und dem »Boß« Manfred Kapluck geführt. Zum Beispiel macht Kapluck eines Tages Klaus Röhl bei einem Spaziergang klar, »wer hier das Sagen hat und entscheidet, wo es längsgeht«. Kapluck erzählt es mir lachend und ver-sucht, es ganz harmlos darzustellen, aber ich bin mir nicht sicher, ob mein Vater diese Szene damals auch so harmlos fand: »Hier, Klaus, hier in diesem See wird deine Leiche nicht schwimmen, wenn du uns verrätst. Wenn du uns verrätst, dann wirst du dich im Brackwasser des Hamburger Hafens wieder-finden. Wehe du verrätst uns, Klaus!« Lachend fügte Manfred Kapluck mir gegenüber hinzu: »Na, und der Klaus, der hatte richtig die Hosen voll, denn der wußte ja, daß das tatsächlich eine Praxis der Kommunisten gewesen war, daß das kein Spaß war. Aber ich hatte natürlich nur gescherzt.«

Und noch eine Episode schildert mir Kapluck in unserem Gespräch – Ort des Geschehens ist eine der Wohnungen, wo die regelmäßigen »Einschät-zungen« in Ostberlin stattfanden: »Klaus, so schrie ich ihn eines Tages an, du schreibst jetzt diese Selbstkritik. Und zwar sperre ich dich jetzt in dieses Zimmer da, und dann losgeschrieben, die fünf Thesen des Kommunismus.« Kapluck schmunzelt immer noch bei dieser Geschichte. »Dein Vater war so ein Typ, der wollte manchmal so richtig vergewaltigt werden. Ulrike saß dann daneben und sagte nichts, und Klaus ging äußerst theatralisch – also der hätte auch Schauspieler werden können – in den Raum, wo ich ihn ein-sperrte. Ich setzte mich dann davor und sagte ihm, er solle Klopfzeichen geben, wenn er mit dem Artikel fertig sei. Aber der blieb stur. Stundenlang rührte sich nichts. Ulrike war schon schlafen gegangen, Kumpf war auch schon eingenickt, als schließlich nach mehreren Stunden dein Vater Klopf-zeichen machte. Dann kam er mit zornigem Gesicht heraus und sagte: Hier hast du dein Elaborat, ich stehe aber nicht dahinter.« Kapluck findet noch heute, daß sein »Disziplinarverfahren« gegen Klaus Röhl eine gute Wirkung hatte, denn das, was Klaus Röhl geschrieben hatte, war, wie Kapluck sagte, hervorragend.

Klaus Rainer Röhl bestreitet diese Episode, die ich ihm vor Veröffentlichung dieses Buches vorgelegt habe, vehement. Niemals hätte er sich je einsperren lassen, niemals hätte er unter solchen Bedingungen einen Artikel oder gar eine Selbstkritik verfaßt, er und Ulrike hätten nie im Osten ihre Artikel geschrieben. Schon allein bei der Fahrt durch die DDR wäre das wegen der Grenzkontrollen und des absoluten Verbots, Druckerzeugnisse jeglicher Art mit sich zu führen, viel zu gefährlich gewesen. Er wäre, hätte er so etwas erleben müssen, nie wieder nach Ostberlin zur Einschätzung gefahren.

Der Tonfall zwischen dem sportlichen und mathematisch begabten Kapluck, der als 15jähriger in der Hitlerjugend als Lagermannschaftsführer 200 Jungs befehligt hatte, und Klaus Röhl, der schon in der Schule in Danzig eher einer der schlechteren Turner war, nahm gelegentlich etwas rüde Züge an. Und natürlich ging es bei all diesen Machtkämpfen auch um »Ulrike«, die sich immer mehr für Klaus Röhl interessierte, obwohl ihr auch Kapluck sehr gefallen hat. »Ulrike und ich haben uns sehr gerne gemocht«, sagt Manfred Kapluck während unseres Gesprächs in Wuppertal. »Wir hatten ein tiefes Vertrauensverhältnis zueinander, und das schon, bevor deine Mutter diesen Kleinbürger heiratete. Wenn ich nicht schon verheiratet gewesen wäre, dann hätte sie mich genommen.« Kapluck grinst: »Mit Klaus konnte man doch gar nichts anfangen. Der konnte ja nicht mal Federball spielen, geschweige denn Volleyball. Ausgeschlossen, total unsportlich. Auch vor dem Wasser hatte er Angst.« Ulrike Meinhof sah das nach allem Anschein anders.

Kohlrabi und Steaks

In den Semesterferien Winter 1959 ist Ulrike Meinhof regelmäßig Gast in den Redaktionsräumen an der Kaiser-Wilhelm-Straße bei Klaus Röhl, wo dieser seit seiner Scheidung immer noch campiert. Hier verbrachten die beiden, vermute ich, eine schöne Zeit miteinander.

Am Tage stürzen sie sich in den Trubel der Redaktionsarbeit, und wenn die übrigen Mitarbeiter der Zeitung gegangen waren, blieben sie zusammen. Mein Vater schwärmte für »Rikibabys Kohlräbchen«, meine Mutter dagegen für »Klausis Steaks«. Ansonsten war Röhl jetzt »Mäusebär«: »Wir verstanden uns vollkommen und vertüdelten uns in unserem kleinen Büdchen völlig.«

Gemeinsam fuhren sie jetzt auch – an der Partei vorbei – nach Ostberlin zu den Schriftstellern und Künstlern, mit denen sich Klaus Röhl in den

letzten Jahren befreundet hatte. Vor allem mit Ernst Busch verbrachten sie
viele Abende gemeinsam. Klaus Röhl ist stolz, dem alten, von ihm verehrten
Busch Ulrike Meinhof vorzustellen, die ihrerseits genauso beeindruckt ist
von den alten Kommunisten und Spanienkämpfern wie Röhl.

Innerhalb eines Jahres veränderte Ulrike Meinhof ihr Aussehen fast vollständig. Aus dem Sophie-Scholl-Kurzhaarschnitt, wie Röhl ihn nannte,
wurden lange Haare, die sie mal offen, mal hochgesteckt trug. Aus strengen
Kostümen und biederen Blusen wurden Rock-'n'-Roll-Kleider, schicke Pullis
und Hosen, wie man sie Ende der fünfziger Jahre eben trug. Sie sieht auch
auf Fotos so verwandelt aus, daß man die neue Flamme von Klaus Röhl
kaum für die einst puritanische Studentin aus Münster halten mag.

Klaus Röhl verdrängt bei Ulrike den Einfluß von Renate Riemeck. Klaus
wird jetzt wichtiger für sie. Sie erzählt ihm von Thomas Lenk, ihrer ersten
großen Liebe, die Renate verhindert hatte. Und sie gesteht Klaus Röhl, daß
sie vor ihrer Verlobung auch schon Frauenbeziehungen gehabt habe, sogar
»dicke Beziehungen«, wie sie sich ausdrückte. Das interessierte Klaus Röhl
nicht. Wichtiger war ihm, daß sie jetzt ihn liebte. Einmal, als Ulrike Meinhof
wieder zum Studieren nach Münster muß, schreibt sie ihm:

»7.3.1959

Mein lieber Klaus

Weißt Du, Du hast Dein Experiment eigentlich schon gewonnen. Das
geht soweit, daß ich heute beinahe schon wieder Geige gespielt (man
kann sagen: Holz gesägt) hätte. Das gute Stück hat aber beinahe ein
Jahr lang die Ecke gehütet, und als ich sie auspackte, den Vivaldi im
Kopf – da war sie kaputt. Nicht schlimm, aber eben doch so, daß ich sie
wegbringen muß.
Wenn die Welt griesgrämig ist, dann spiel' ich auch nicht. Tu' ich's, so
ist's ein Zeichen des – jetzt kommt ein von Verlegenheit zeugendes
Wort – schönsten Hochgefühls, d. h. Mut auf der Welt zu sein, und was
sonst zur Nomenklatur zur Beschreibung eines glücklichen Menschen in
der deutschen Sprache verfügbar ist.
›Du bist ein großer Held – vivat! halleluja!‹ Gestehen muß ich mir auch,
daß ich zuvor ganze 16 Stunden lang schlief. Schändlich, gewiß, aber
schön. […]
Wenn es so scheint, als spiele es keine Rolle, daß Du ein politischer
Mensch bist, das kann ich nun auch versuchen zu erklären. 1. Halte

ich von mir selbst nichts und fürchte Dir gegenüber immer, etwas allzu Dummes zu sagen 2. Habe ich Dich als solchen von Anfang an sehr geschätzt, so sehr, daß meine persönliche Antipathie keine Rolle spielte und ich mich immer freute, Dich zu sehen. 3. Habe ich in diesem Punkt ein Gefühl großer Sicherheit, das sozusagen Voraussetzung für alles andere ist. 4. Das Politische ist wohl die Conditio sine qua non, da diese Bedingung besteht, ist man sozusagen frei für mehr, für Personen. – Nun schließlich und endlich sei zugegeben, daß ich auf die Dauer diesem Bereich eine große Rolle zumesse; daß es im Augenblick anders aussieht, mag damit zusammenhängen, daß die Begegnung mit Dir soviel Unerwartetes, zuvor nicht einmal Gedachtes mit sich brachte, daß die damit entstandene Verwirrung nicht viel Klarheit des Denkens zuließ. Ich glaube aber, daß Du mit mir einen zuverlässigen Fang getan hast, und ich bin finster entschlossen, mein Möglichstes zu tun, um Dich so ›vergnügt‹ zu machen wie Du mich.

Nun muß ich noch ein Zweites erklären, nämlich das, warum es mir nicht schmeckt, wenn Du das, was in mir ist in bezug auf Dich, als allein meine eigene Sache bezeichnest.

Sieh – wenn ich Dich – nennen wir es mal so – liebe, dann bin ich doch auf Dich angewiesen. Dann bin ich mit einem Teil meiner selbst an Dich gebunden, und dieser Teil und diese Bindung sind so beschaffen, daß, wenn Du nicht mehr da bist – was freilich nicht äußerlich verstanden zu werden braucht –, etwas Lebensnotwendiges von mir weg ist. Denn warum würde man es sonst – alleinlebend – so mühsam einmauern. Also geht's Dich was an, wie mir zumut' ist, und mich geht's viel an, ob's Dir gut geht. Daß es trotzdem ein Wagnis bleibt, ist klar. Aber das Wagnis bejahen heißt also noch nicht eine Torheit wollen. Sieh, das ungefähr ist der Witz meines Wunsches ... etc. pp. Belasten soll er Dich nicht. Er ist das Natürlichste von der Welt.«[60]

Das junge Paar

Im März des Jahres 1959 war Ulrike Meinhof von Hamburg nach Münster zurückgekehrt mit dem Ziel, ihr Studium trotz der Verlockung, nur noch für die politische Sache und KONKRET zu arbeiten, doch noch durchzuziehen. Den Vorschlag Klaus Röhls, mit ihr gemeinsam im April nach Italien zu fahren, lehnt Ulrike Meinhof vernünftig, aber in Wahrheit hart gegen ihn und sich selbst ab – und sehnt sich trotzdem nach ihrem Klaus. Kurz vor seiner Abreise nach Italien erhält Klaus Röhl noch einmal Post aus Münster:

»10. 3. 1959

Lieber Klaus,

die Beichte über die ›Frauen‹ hatte ich mit …
Weißt, ob wir unser gegenseitiges Mißtrauen schon ganz los sind, das wissen wir vermutlich beide nicht. Um es loszuwerden, muß man sich eben manchmal – öfter – sehen. Dazu nun folgendes: Um Rührseligkeiten zu vermeiden: Für mich ist eine Reise nicht zuletzt eine Finanzfrage. Wir müssen also wissen, wie wir darüber denken. Da Du auch kein reicher Mann bist, müssen wir uns darüber verständigen.
Nächste Frage: Was ist Ostern? Ich kann es zwar noch nicht sicher einplanen, wüßte aber gern, was Du darüber denkst.

Nimm gute und herzliche Grüße

Deine Ulrike

P. S. Das wär' sehr schön, wenn Du manchmal schreiben würdest. Die Hyazinthen sind zwar auch da und sind wunderbar, aber … und wenn's geht, dann denk ein wenig freundlich an mich. Nur so. Noch mal: D.U.«

Röhl fährt also allein nach Italien, wo er während der Nachtzugfahrt »Margotchen« kennenlernt. Er fährt nach Marina di Massa und langweilt sich dort, da weder Ulrike noch der Flirt aus dem Zug bei ihm sind. Statt dessen erhält er Ulrikes Briefe aus Münster. Nach Italien schreibt sie ihm:

»16. April [1959]

Lieber Klaus!

Heute morgen kehrt' ich heim. Schön k. o. Müde. Nach harter, sauberer Arbeit. Übermorgen ist Zentrale-Sitzung. Das Wochenende drauf Hpt.-Ausschuß. Alles mit Tempo. Heil Pestalozzi. Mir graust's.
Danke für Deinen Brief und die Karte (Genua, Turin), schön sieht sich das an. Erhol Dich gut. Mich wirst Du recht kaputt wiederfinden, aber das macht nichts, es wird schon hinhauen. Ich war sehr traurig über

Deinen Abschied. Aber was hilft es, man wurschtelt sich ganz gut
durch.

Der Brief ist ganz anders als vorgesehen. Ich wollte Dir einiges erzählen.
– Heute abend bin ich bei Meiers. Ich fange an, mich mit P.s Frau zu
befreunden. Sie ist ein guter Mensch und ist sehr freundlich zu mir und
hat mir in einer Sache geholfen, wo ich's gut gebrauchen konnte. Du hast
mich so schrecklich weich gemacht. Never mind. Vergiß nicht, daß ich
Dein Italienisch nicht verstehe. Spiel schön Federball. Bleib vergnügt. –
Viel Post wirst Du nicht bekommen können, einfach deshalb weil ich
viel unterwegs sein werde …

Alle bewundern mein Kleid. Auch ist es hier sehr warm. Bin aber hier,
wie Du siehst, ziemlich konfus. Mir graust's. Viel muß ich tun im Semester. Und der politische Klimbim reißt nicht ab. – Trotzdem gebe ich die
Hoffnung nicht auf. Die Hoffnung auf was? Ich weiß es nicht so genau.
Leb wohl! Vergiß mich nicht! Hab's gut.

Deine Ulrike«

Während Klaus Röhl einsam essen geht, mit der Wirtin seiner Pension auf
italienisch radebrecht, im Meer badet, gärt es in Ulrike Meinhof, ob die Entscheidung, nicht mit nach Italien zu fahren, richtig war:

»Lieber Klaus! Sei innig bedankt für Deinen lieben Brief. Vor Sonntag/
Montag kann ich nicht wieder schreiben. Aber ich denk' an Dich, im-
merzu. Und neuerdings lache ich auch mit anderen Leuten. Das ist eine
unerwartete Konstellation. Sie geht auf Dein Konto. Ich bin immer noch
sehr müde und sehr glücklich.

Leb wohl, nimm innige Grüße, nimm einen Kuß, pfeif auf meine haus-
fraulichen Tätigkeiten und behalt

Deine Ulrike

1. P. S. Du mußt bedenken, daß das Semester hier am 15. April anfing,
daß es mein letztes ist, da es ungenutzt unnütz ist, daß ich Dir gut bin.
(Es folgt dem Hirschen …) oh ja.

Ich habe das Gefühl, als müßte ich Dir viele freundliche Dinge sagen.
Nun, da ich wieder in Münster bin, beginnt auch wieder die Unruhe
und Sehnsucht. Sie kriecht gewissermaßen aus allen Ecken dieser Bude
auf mich zu. Sie neckt mich, verschwindet plötzlich und kommt um so
energischer zurück. Die Abende sind so warm. Ich werde mich aber sehr

zusammenreißen müssen, um diese lange Zeit zu überstehen. Vielleicht bin ich aber das nächste Mal gar nicht verwirrt, sondern ganz direkt, einfach und froh. Du beginnst mir vertraut zu werden. Ich fange an, Dich auf sehr stabile Weise – rauschlos, zuverlässig – liebzugewinnen – vergiß mich nicht in Italien, Klaus – ›es soll Dein Schade nicht sein‹ – glaub mir –
Ich hätte jetzt große Lust, Dir mitten in Deine offene Hand einen Kuß zu geben. Sei's drum – verzeih mir, daß ich nicht mit Dir fuhr. – Bin ich aber doch –
Deine Ulrike

Lieber Klaus,
(zwei Tage später)

heute morgen kam Dein lieber, langer, lebender Brief. Vom Frühling, Palmen, Tulpen, Männern und Mädchenmangel in Italien. Ich habe von Deinem Schreibtisch diesen Kugelschreiber und aus Deinem Schrank ein Buch geklaut. Aber Du kannst natürlich beides wiederhaben. Der Schreiber ist auch gar nicht so gut, wie mir schien.
Mein! – muß das schön sein bei Dir. Dabei ist hier warme gnädige Sonne, und ich saß heute 2 Std. mit P. Orth am Aa-See. Er muß nächste Woche mit nach Göttingen, obwohl er an der Hpt.-Ausschuß-Sitzung nicht teilnehmen kann. Er spinnt furchtbar, und ich kann ihm jetzt kein Pardon mehr geben. Fährt er nicht mit, ist er verloren. Das geht natürlich nicht.
Das Tempo und die Intensität, mit der wir mal wieder arbeiten, ist sagenhaft. Hier hat das Semester begonnen. Aber ich hab' keine Zeit. Schiet. Das Wetter bei Dir – auch Du selbst – ist freilich traumhaft verlockend, aber weißt, es wär' nicht gut, wenn wir beide jetzt weg wären, weil es halt soviel zu machen gibt. […]
Was aus meiner Studienarbeit wird, das weiß ich nicht. Ich bin etwas besorgt, wie das werden soll.
Heute habe ich den (unteren) Zubehör zu dem Kleid gekauft. Weißt – das war ein bombiges Geschenk. Hab noch mal Dank. Der Witzerzähler trug meine Brille und meinte, der und der würde uns – träfen wir ihn – nicht erkennen. Ich habe eine Brille auf, und Ulrike hat ein schönes Kleid an! – – – Hula-Hoop – jetzt auch ohne Reifen. – […]
Von Lothar fand ich hier gestern einen langen, langen Brief. Ursache: er

wolle mir Dinge sagen, die zu sagen er versäumt habe; Kritik an mir. Ich
bin furchtbar erschrocken. Manches stimmt wohl, obwohl es, wenn ich
den Brief akzeptieren würde, wie er gemeint ist, mein völliger Bankrott
wäre. Völlig. Er warf mich schier um. Aber nun hab' ich drüber nachgedacht und will mich bessern, da wo er Recht hat. Das Schlimmste daran
ist, daß die Trennung, die wir in Freundschaft miteinander vollzogen
haben, ihm jetzt erscheint als einzig meine Schuld, mein Versagen, meine
Untreue (natürlich ganz ohne Bezug zu Dir), und das heißt: er leidet
furchtbar und wird nicht damit fertig, und indem er mich mühsam beherrscht beschuldigt, fertigmacht, drückt er doch nur seine Verzweiflung
aus.
Das ist schlimm, ich weiß nicht, was ich tun soll. Er macht die ganze
gute Vergangenheit kaputt. Ich werde in ein paar Wochen ihm antworten. Es ist schrecklich, was ich da angerichtet habe. Und dabei weiß ich
doch, daß es nicht anders ging. Nun verzeih – daß ich davon spreche. –
Du mußt Dich tüchtig erholen. Dann ist wenigstens einer von uns auf
Draht. Der Sommer bei mir wird haarig.
Halt mir ja die Daumen, daß es mir gelingt, das Semester durchzuhalten.
Vor einem Jahr, SS 58, fing es an, was sich in der Zeit nicht geändert, ist
beinahe nur die Abfertigung von Papierrollen.

Sonntag

Mein liebster Klaus,

nun ist alle Post gelesen, auch Dein heutiger Brief, Dein lieber. Deine
Post hat in mir erneut tiefes Vertrauen ausgelöst, hat mir die Ruhe wiedergegeben, daß ich doch die eine Woche ohne eine Zeile von Dir in
anderem Licht sehen konnte.
Drei Dinge müssen von mir besonders hervorgehoben werden: 1. Als
in einem Brief stand, da in Deinem Italien – gäb's so Männer, die selbst
mich kriegen könnten, da stand etwas in mir auf, es war das NEIN des
nicht nur sicheren, sondern auch nahezu beleidigten Protestes. Zwei
Zeilen später kam Deine Vorschrift, ebendies ganz deutlich zu denken,
über all die Kilometer hinweg. Dir: NEIN! Dir: Mein Klaus. O.k. 2. Zu
›Deiner kollektiven Verliebtheit in das Land zwischen den beiden Mee-
ren‹, erschreckte mich beinahe. 3. Der Satz in Klammern: ›oder irgendein
anderes Frauenzimmer, wenn Du mich nicht mehr magst‹ – war ein
glatter Provo. –

Nein, nein, komm wieder, nimm mich in Deine Arme – es ist nötig, ich brauch' Dich. Ich bin Dir gut. Ich setze auf Dich. Verfüg über mich, lieber Klaus …

Montag

Klaus – mein <u>Lieber</u>!

Heute kam ich zurück, und da lagen sie: 2 Umschläge mit unverkennbar Deiner Schrift und darin Berge von Karten – Lucca vor allem – und 2mal eine mit Text – von Dir. Ach Du – das war schön. Hab Dank!!!
Frag mich nicht, warum ich nicht bei Dir sein kann. Wär' ich's doch so gern und gäb' so viel darum. Auch hab' ich seit Deiner Abreise – noch nichts für's Studium getan. Die Ideologie von der Unersetzbarkeit des einzelnen – nee Du, hab' ich nicht. Aber was tun? […]
Was noch traurig sein wird, ist eine K-Tagung ohne Dich. Darf ich doch sagen, gell? Und nochmals – gell? – Du kommst doch trotzdem wieder? Weißt Du, es wäre gut, weil Du dort im kalten Norden Dein Mädchen hast, die Dich mißt (von missen) und mit gar keinem anderen geht. Sie wird Deine Bräune auch sehr bewundern. Sie ist Dir überhaupt wohl gesonnen. Ach – und sie freut sich so doll auf Dein Wiederkommen und fragt sich nur: wann ist es?
Morgen und Mittwoch kann ich nun wieder arbeiten. Do. geht's dann wieder los. Und dann ist's ja nur noch eine Woche. Armer Klaus. Lucca, das ist mein Traum seit nahezu 10 Jahren. Ich hatte mal eine Zeit, in der ich Tag und Nacht Renaissance- und Italien-Bücher durchwühlte. Aber das Reisen hat nie geklappt. Kein Geld, keine Zeit. Als Lothar und ich uns erst kurz kannten und schon gegenseitig verstanden, da planten wir eine – platonische – Italienreise. Einmal waren wir schon kurz davor. Im letzten Jahr. Aber dann kam bei mir die politische Arbeit und am Ende des Sommers diese blödsinnige ›Kaputtheit‹ und eben manch anderes. Perdu. Doch sei gewiß: ›Es folgt kein Mann‹ …
Ach Du, Klaus, glaub mir, ich bin Dir gut. Ich hätte wohl Lust, jetzt eine Weile mit Dir zu schwätzen. Aber ich bin so ganz durch und durch müde. Und morgen muß was gemacht werden. […]
Leb wohl, mein Lieber, erhol Dich ganz doll. Sei nicht bös, wenn ich bei Deiner Rückkehr nicht so erholt bin wie Du. Und sei und bleib meiner Zuneigung versichert.

[…] Ich werde mich jetzt doch zusammenreißen. Nicht schimpfen. Bitte, bitte nicht. Behalt mich.

Deine Ulrike

Dienstag, April

Mein lieber Klaus,

auch heute wieder ein kurzer Gruß. Zunächst mit der Mitteilung, daß ich morgen sicher mit dem Pestalozzireferat fertig werde. Dann muß ich es nur noch tippen. Leider muß ich jetzt immer zur Uni laufen, was insofern schlecht ist, als ich ja in meiner Bude – einer mal wieder nicht aufgeräumten – arbeite und allerhand Zeit durch das Hin und Her verliere. Never mind.

Der Doktor hat mir noch mal 20 Tabletten verpaßt und mich für gesund erklärt. […] Nur ein krummes Rückgrat hätt' ich, sagt der Arzt, wogegen rumturnen gut sein soll. Also spielen wir weiterhin Federball, ja?

Ich hab' mir das mit den anderen Federballspielern noch mal überlegt, an denen ich Spaß hatte. Dabei fiel mir auf, daß es mich wohl auch kränken würde, wenn Du mit anderen Mädchen gern spielen tätst, auch wenn's genauso ehrlich harmlos war, wie's bei mir war. Will sagen: ich versteh' Dich recht gut und möchte Dich nur bitten, nicht mehr bös zu sein. Das war wohl etwas achtlos von mir. Verzeih …

Dienstag, 5. 5. 59

Guten Morgen – mein Lieber!

Also – wie war sie – die erste Nacht in Hamburg? Jetzt ist es 10.30, und ich vermute Dich mitten in Deutschland, mehr in der Nähe von Frankfurt als von München.

Heute kam noch eine Karte von Dir – eine wunderbare – aus Lucca. Hab Dank. Das ist nun auch für Dich weit weggerückt.

Ob ich morgen komme, das erfährst Du erst morgen. Ich hoff's von ganzem Herzen, da das Wochenende noch unwahrscheinlicher wird. Vorbereitung des 11. Mai. P. Maier fällt aus wegen Examen. Klaus Eblar fragte heute bei mir an – als vorfühlender Vermittler (komisch) –, ob ich bereit wäre, am 26. Mai im Adlershofer Fernsehen an einer Originalsendung – round table speech – teilzunehmen. S. [AdA: Jürgen Seifert] wird auch dabei sein. Das ist wohl das DDR-Fernsehen, oder? Leider ein neuer Tagesordnungspunkt für Hbg. [AdA: Hamburg] Oh Graus. Da ich nicht weiß, was Adlershofer Fernsehen ist, kann ich nichts übersehen.

Über das, was sich in Münster abspielt, berichtete ich an R. [AdA: Reinhard Opitz]. Er wird den Brief gleichzeitig mit diesem erhalten. Sonst – wenn R. schon weg ist, mach ihn auf. Ich überseh' nicht, wie wichtig die Zwischenergebnisse für Euch sind. Ihre Wirkung auf mich: […] Schlaflosigkeit vor dem Wiedersehen mit Dir hat sich verstärkt. Obwohl wir nur Siege verbuchen, bin ich ziemlich nervös.

Man hat zwar eine falsche Angst vor mir und rottet sich […] zusammen, aber ich selbst bin – trotz Optimismus – etwas unruhig. Die Klingen werden hart gekreuzt. Na ja, ist halt ein ziemlich massiver, persönlicher Einsatz, zu dem ich herausgefordert und also übergegangen bin. Auch deshalb, weil alle Offensiven aus taktischen Gründen nur von mir ausgehen dürfen. Unklar ist noch die Einbeziehung des rechten Flügels des SDS in meinen Kampf. An sich war diese Gruppe von Anfang an – Mai 1958 – gegen mich. Dort begann der erste Ausschlußversuch. Durch meine Zurückhaltung im Winter aber verlagerte sich die Antipathie sehr stark auf Seifert.

Es ist möglich, daß die Rechte nun mit gegen Jürgen zielt, in der Absicht, anschließend mich zu killen. Das wäre prima. Als Gegner brauche ich sie nicht zu fürchten – die Rechte hat keinen Boden in der Gruppe –, als Stimmvieh sind sie dufte.

Die Rechte fühlt sich von J. überspielt, brüskiert. In meinem Grundsatzreferat am 13. Mai wird manches vorkommen, was ihre Verletztheit weckt und mir Sympathie einbringt. Als politische Gruppe kann man allerdings nicht auf sie setzen – was auftaucht, ist eine Gefahr – Spaltung: SDS/SPD. Noch spricht niemand davon. Aber ich fasse sie am Rande als Gefahr ins Auge. Aber das muß in Hbg. besprochen werden.

Jürgen ist natürlich kein Mann für eine SPD-Gruppe. Ich darf ihn nicht dazu drängen. Um Gottes willen –! wenn ich auch erst bei Dir wäre!

Ich habe mich eigentlich noch nie so sicher gefühlt wie jetzt. Ich habe das Gefühl, diesen Kampf kann ich ja eigentlich gar nicht verlieren. Komisch, dabei sind die Gegner doch vorerst noch in der Mehrzahl. Aber meine Sicherheit – trotz Nervosität, Unruhe, Herzklopfen – rührt wohl her von Dir. Aber ich muß natürlich vorher zu Dir kommen. Ach, Klaus, hoff mit mir, daß es schon morgen sein wird. Ich brauch' Dich so.

Ausgetrocknet bin ich wie ein sonnenverbrannter Schwamm. 3 Wochen ohne Dich – das war lang, bitter lang.

Unsere Leute sind alle famos. Mit Rudi arbeitet es sich sehr gut und mit Reini. Dort ist die Luft so unvergiftet. Aber so wohltuend das ist, so sehr sehne ich mich nach Dir, nach Deinem Gutsein und nach Deiner Liebe, und wenn ich bei Dir bin und verwirrt bin, gell, dann liebst Du mich trotzdem. Ich seh's schon kommen, das Nichtssagen, das Gucken (Dich-Angucken), diese Hilflosigkeit, die mich das letzte Mal überkam, als ich bei Dir war. Bitte, bitte, mach Dir nichts draus, das ist doch nur die Reaktion auf die plötzliche Heilheit der Welt.

Du mußt viel erzählen. Ach – du wirst da sein! Du! Klaus! – Eigentlich muß ich sehr dringend nach Hause fahren. Ich habe den Eindruck, Renate macht Mist. Im *Spiegel* las ich irgendwas, was mich erschreckte und mir zeigte, wie dringend es ist, daß ich nach Hause fahre, um mit Renate zu sprechen. Aber: Vorher komm' ich zu Dir. Nein, das laß ich mir nicht nehmen. ›Nein, nein, nein.‹

Schade, der Brief ist zu Ende, nichts mehr zu erzählen. Keine Zeit mehr. Obwohl ich die letzten Tage vergammelte.

Jetzt fahre ich zu cand. theol. D. M. Er ist ein prima Bursche. Er hat enorm gelernt. Nur taktische Fehler macht er noch manchmal. Am 13.5. wird er in den SDS eintreten. Das gibt Ärger. Aber er kommt uns zupaß, der Ärger. Kampfstimmung ist gut. An den Stimmungsverhältnissen bei seiner Aufnahme wird sich allerhand zeigen […].

Aber das muß genau durchgesprochen werden. Die Berliner Beschlüsse des SDS spielen dabei eine Rolle. Hoffentlich bekomme ich sie noch rechtzeitig.

Klaus – mein Liebster –, leb wohl. Hab einen guten Tag. Am Abend bin ich vielleicht schon bei Dir, ›Freudentränen weinend‹. Sei's drum.

Viele, innige, liebe Grüße

Deine Ulrike

Sonntag

Guten Tag, lieber Klaus, willkommen in Deutschland, dem trüben und kalten […]. Du, Klaus, bist wieder da, ist das schön. Sei mir gegenüber von Herzen und innig. Wir werden wieder zusammensein, ganz bald und ganz nah. Du warst treu – drei Wochen lang –, das ist ein großes

Geschenk, laß uns das alles festhalten. Ich würde am liebsten sagen, für immer, aber vielleicht steht mir das nicht zu, dann sag' ich nur recht lang. Bitte unabsehbar lang. Bitte.

Leb wohl, schlaf wohl auf Deinem harten Bett. Als Du weg warst, da stellte ich fest, daß Dein Bett hart war. Das macht aber nichts, nur war ich erstaunt, daß ich es trotz meiner sonstigen Aufmerksamkeit auf so-was erst dann merkte. Nun gut. (Mir scheint, ich wahre nicht mehr den klassischen Ton liebender Bürgerstöchter. Ei drauf.)

Gute Nacht

Ulrike«

Auf der Rückfahrt von Italien nach Deutschland trifft Klaus Röhl erneut »das Margotchen«, das mit seiner Mutter den selben Zug nach Deutschland nimmt. Die beiden haben an einem anderen Ort in Italien Urlaub gemacht, aber jetzt tauschen Röhl und »das Margotchen« ihre Adressen. Ulrike Meinhof und Klaus Röhl sind dagegen schon nach kurzer Zeit wieder »das junge Paar«, wie Röhl es nennt. Die Hamburger Parteigruppe, die gute Beziehung zu Kumpf und Kapluck, die Illegalität und die Zeitschrift KONKRET – lauter Dinge, die sie verbinden. Klaus Röhl hatte seinen Urlaub und seinen Spaß und war, so beteuert er, treu. Beide stürzen sich wieder in ihre Beziehung und in die gemeinsame Arbeit. Nach dem ersten Wiedersehen zurück in Münster, schreibt sie ihm:

»Mein Liebster!

Nimm geschwind einen Gruß für morgen früh. Mit dickem Füller und schwarzer Tinte. […] es sind viele Jahre her, zwei oder 2 (ist das schon viel?), seit ich so glücklich war wie heut … ich wußte nicht oder nicht mehr, daß es so etwas gibt.

Ja, ja – Klaus – ich liebe Dich – es stimmt.

Das hat mich ganz überwältigt. Nein, daß ich Dir so zugetan sein würde, Dir so zu gehören, wie nun – nein, das hatte ich nicht erwartet. Oh, ich bin dir verbunden seit Domholzhausen – innig. Aber nun hast Du mich einfach umgerannt. Und die Arbeit – Studium und Politik, die läuft nebenher.

Mensch, Klaus! Mein Liebster! ›Du‹ ›Dich‹ – Ja.

So, und nun werd' ich mal die Post studieren und zur Uni laufen und werd' tun, was nötig ist. Und morgen bist Du wieder da.

Innig sind sie, die unvergeßlichen Tage, oh ja.

Deine Ulrike«

Überglücklich ist Ulrike, als Klaus sie wenige Tage später in Münster besucht.

»13. Mai 1959

Mein lieber schöner Klaus,

nachdem ich nun wieder einige Seiten Pestalozzi vollschmierte und bevor ich mir überlege, wo ich heut abend was Salzloses zu essen kriege, will ich noch ein wenig zu Dir kommen. Nicht wissend, was ich mit Dir schwatzen soll, nur fühlend, daß [...] mir die eine Photographie, die ich habe, nicht genügt.
Das Wunder – und wie kann ich's anders nennen! –, das mit Dir in mein Leben kam –, das läßt sich so schnell nicht fassen.
Eilig wollte ich Dir noch sagen: Daß Du nach Münster kamst, das war sehr lieb von Dir. Wie schön das war, merkt' ich erst hinterher. Eigentlich war ich nie darauf gekommen, daß es ein Unterschied sein könnte, wer nun zum andern fährt. Andererseits lag in meinem Kommen eigentlich immer so was wie ein ›Bekenntnis‹ zu Dir. Macht' ich mich doch schon in Göttingen auf den Weg – eine Treppe tiefer, als ich noch wenig wußte und alles ein Wagnis war.
Nun – wir sind keine Phantasten, aber – so unwichtig es ist – daß Du kamst, war wunderbar. Oh ja, glaub mir, ich weiß sie zu schätzen, die Geschenke, die materiellen und immateriellen, die durch Dich neu für mich sind.
Gell – morgen ist wieder Post da, ja?
Voraussichtlich fahre ich am Abend nach Wuppertal, jetzt geh' ich erst mal zum SDS. Das ist dumm. Hoffentlich macht es [...] der Pseudo-Krankheit, die im Laufe dieses Nachmittags hervorragend gebändigt wurde, nichts aus. Na, so manches ist – hoffentlich – für diesen Abend fällig.
Wenn's man glattgeht.

Leb wohl – du mein Geliebter! – Dein Telegramm kam an. [...]
Viel innige Grüße

Deine Ulrike

Donnerstag

Lieber Klaus!

Heute morgen wurde ich mit Post von Dir geweckt. War das schön. Hab
Dank. Zeitung prima. Dein Brief wohltuend – Buch willkommen.
Anja [AdA: die damals vierjährige Tochter von Klaus Röhl aus seiner
inzwischen geschiedenen Ehe mit Bruni Röhl] ist eigentlich etwas oft
krank, oder? Ich versteh' ja nichts davon, aber man erschrickt. Hoffent-
lich wird sie bald wieder gesund.
Über meine Zicken auf der Hamburg-Sitzung mußt Du mich aufklä-
ren. Was ich falsch machte, erzählte ich Dir schon. Offenbar berichtete
Reinhard noch was Neues. Was ist das? Uff. Peter Meier, Hans Stern,
jetzt Du. Aber Rudi sagt, ich sei hart im Nehmen. Ich will es bleiben.
Gestern abend: mehrere volle Siege.
Großer Krach wegen Peter Meiers Aufnahmeantrag in den SDS.
Personendebatte. Gehabe. Aufnahmen mit 20 gegen 4 Stimmen. Unge-
fähr. Riesiges Parteigremium war das. Unerwartet groß.
Außerdem: 14tägig Gruppenabend. Diskussion. Tagespolitische Fragen.
Ich nannte das – mit Rücksicht auf die Linke Analyse des heutigen
Stadiums des Kapitalismus (Imperialismus, Widersprüche zwischen den
kapitalistischen Ländern). Frage: was tun, was umsetzen? Frage: Wie
muß die Gruppe beschaffen sein, die das und das tut? Na – es war wun-
derbar.
Ich zitierte ebenso unverhohlen Marx wie Brecht (nicht nur als Form)
und fand erstaunlich Zustimmung. Man hatte sich völlig falsch vorbereitet gegen mich. Dadurch war man gezwungen, zur Zustimmung. Die
Argumentation, mit der man gegen mich auffuhr, schlug in meine Kerbe.
Es war sehr lustig.
Jürgen war nachher ziemlich deprimiert. – Heute nacht träumte ich
davon. Und zwar so: Du sprachst, und ich dachte: Mann, ist er ja doch
wieder hier – wie schön! –
Den Genossen, die so gegen mich sind, muß das alles sehr unbehaglich
gewesen sein. Sie fühlten wohl, daß hier ein klassisches Comeback statt-

findet. Daß ich nicht auszubooten bin. Daß man sich mit mir arrangieren muß.

Ein Semester Intrigen gegen mich hatten nichts genützt. Kam, sah und siegte. Nein, ich weiß auch nicht, wie das kommt. Daß das so gelungen ist. Die Menschen können einfach nicht argumentieren. Und Jürgen ist dann wieder so fair, daß er meine Ausführungen – glänzend nannte. Lustig. – Und nun ist es so, daß wir die Gruppenabende machen und den Laden in die Hand nehmen. Die Leute sind viel zu gut, als daß dieser Start nicht gute Fahrt verspricht. Unser objektiver Vorteil: Politische Basis, theoretische Überlegenheit. Nachteil der anderen: zu viel Clique, zu wenig Verstand. Hugh.

Heute abend fahre ich nach Wuppertal. Was aus meiner angeblichen Krankheit wird, das weiß ich nicht. Ich muß eben über Pfingsten aufpassen, damit es nicht schlimmer wird. Sie stört und ist hartnäckiger als sonst. Jeden Sommer tauchte sie früher auf, aber doch schwächer als diesmal. Ich tu' dagegen, was ich kann. […] Never mind. Ich werde mich mit Wärmflasche und Beerentraubenblättertee (ein scheußliches Zeug) bewaffnen.

Ankunft Freitag: 22. 43 Uhr Hauptbahnhof. Hoffentlich schaffe ich es, es ist eine ziemliche Hetze. Trampen will ich nicht. […]

Ich hatte gestern wieder die weiße Jacke an. Na – das war dufte. Sie ist wunderbar.

[…] Liebster Klaus – leb wohl – hab Dank für Deine Liebe – ist sie doch das Teuerste und Schönste, was ich hab' auf dieser Welt. Ach – und so sehr findest Du sie erwidert. Hegen und pflegen will ich sie, damit sie beschützt bleibt und lang, ganz, ganz lang hält.

Deine Ulrike

P. S. Sollte etwas schiefgehen und ich um 22.43 Uhr nicht dasein, dann 0.25 Uhr. Aber ich schaffe das!«

Der Pyrrhussieg

Schließlich konzentrieren sich Ulrike und Klaus auf den nächsten Kongreß, um mit dem Schwung des Sieges von Berlin gleich den nächsten »Sieg« einzufahren.

Unter der Leitung ›ihres‹ Oswald Hüller kam der nächste SDS-Bundeskongreß zustande. Er fand in Frankfurt am 23. und 24. Mai 1959 zu dem Thema statt: »Für Demokratie – gegen Restauration und Militarismus«. Noch einmal gelang es der KONKRET-Gruppe, eine quasi vorgefaßte Resolution durchzusetzen, die den Deutschlandplan erheblich erweiterte.

Die umstrittene Resolution der Arbeitsgruppe II lautete:

> »Der militärische, wirtschaftliche und propagandistische Beitrag der Bundesrepublik zu der Politik der Stärke ist abzulehnen und muß bekämpft werden. Insbesondere ist aber eine Politik der Bundesregierung zu bekämpfen, die die Bundesrepublik zum extremsten Exponenten dieser heute selbst in den USA sehr umstrittenen Politik zu machen versucht [...]
> Daraus ergeben sich die Forderungen:
> a) die gegenwärtige Aufrüstung sofort zu stoppen,
> b) den gegenwärtigen Stand der Rüstung in der Bundesrepublik abzubauen,
> c) das sofortige Verbot und die Beseitigung aller Massenvernichtungsmittel in der Bundesrepublik,
> d) die Abschaffung der allgemeinen Wehrpflicht in der Bundesrepublik,
> e) Ausschaltung des alten Offizierskorps aus der Bundeswehr und sofortiges Verbot aller soldatischen Traditionsverbände,
> f) keine Mitarbeit am Aufbau und Ausbau der gegenwärtigen Streitkräfte zu leisten,
> g) die sofortige Aufnahme von Verhandlungen über den Abschluß eines Friedensvertrages mit Deutschland, der diese Forderungen enthalten muß, und von Verhandlungen zwischen den beiden deutschen Regierungen mit dem Ziele einer stufenweisen Zusammenführung der Teilstaaten,
> h) Verzicht der Bundesregierung auf eine Revision der bestehenden deutschen Grenzen und Anerkennung der Oder-Neiße-Linie durch die Bundesrepublik Deutschland.«[61]

Ein Sieg, der nur wenige Wochen Bestand hat. Diese, wenn man so will, KONKRET-Resolution des SDS enthält die erste mir bekannte Formulierung einer Anerkennung der Oder-Neiße-Linie als Ostgrenze Deutschlands.

Nach dem Kongreß ist das Entsetzen im Bundesvorstand über die moskauhörige Resolution groß. Wieder war es die kleine KONKRET-Gruppe, an vorderster Front Ulrike Meinhof, die diesmal mit Unterstützung durch ihre SDS-Mitglieder ihre Politik durchsetzen konnte.

Der Bundesvorstand des SDS greift daraufhin massiv durch: Erstens beschließt er rückwirkend, daß auf dem Kongreß vom 23. bis 24. Mai 1959 keinerlei Resolutionen beschlossen werden konnten; zweitens postuliert der Vorstand, daß eine gleichwertige Abrüstung wie im Westen auch in der DDR zu verlangen sei; drittens wird Oswald Hüller als Bundesvorstand geschaßt; viertens trennt sich der SDS von seinem offenbar kommunistisch unterwanderten Flügel und schwenkt auf SPD-Kurs zurück.

Beschluß des Bundesvorstandes des SDS vom 3. Juni 1959:

»Die Mitgliedschaft im SDS ist mit der Mitarbeit bei der Zeitung KONKRET unvereinbar. Begründung: Auf dem ›Frankfurter Kongreß‹ ist das verbandsschädigende Verhalten des KONKRET-Mitarbeiterstabes offen zutage getreten. Der Mitarbeiterstab hat auf diesem Kongreß versucht, mit allen Mitteln Resolutionsforderungen durchzusetzen, die den Beschlüssen der SPD widersprechen und die geeignet sind, einen Keil zwischen SDS und SPD zu treiben. Der Mitarbeiterstab der Zeitung KONKRET hat auf Grund der offiziellen Verlautbarung der SPD und verschiedenen Äußerungen des Bundesvorstandes sowie auf Grund der Erfahrungen nach dem Berliner Kongreß diese schädigenden Auswirkungen für den Verband und die sozialistische Bewegung insgesamt vorhersehen können.«[62]

Diese Beschlußlage des Vorstandes mußte also sechs Wochen später auf der nächsten Delegiertenkonferenz des SDS von allen Delegierten nur noch abgenickt werden. In der Presseerklärung des Parteivorstandes der SPD vom 8. Juni 1959 heißt es:

»Das Präsidium nahm mit Befriedigung zur Kenntnis, daß sich der amtierende Bundesvorstand von den Frankfurter Beschlüssen eindeutig distanziert hat, soweit sie der sozialdemokratischen Politik entgegenstehen.«[63]

Klaus Rainer Röhl: »Es war ein Pyrrhussieg, der uns das Genick brach, denn dies war ja die allseits anerkannte SPD, die mit uns brach. Noch so ein Sieg, und wir hätten alles verloren. Unser Ossi Hüller wurde abgesetzt, die Resolution rückgängig gemacht und die KONKRET-Redaktion aus dem SDS rausgeschmissen. Wir hatten zwar die ganze Macht in den Atomausschüssen, aber das nützte uns nichts, denn die machten nichts mehr.«

Ulrike Meinhof wird indes von Jürgen Seifert in einer Art Privatfehde aus dem SDS verdrängt. Sie trifft ihn in diesen Tagen und Wochen immer an der Uni und berichtet Klaus Röhl:

»27. 5. 59

Klaus – mein lieber, lieber, lieber Klaus!

[…] Zum Mittagessen ging ich in die Mensa an den Tisch meiner ›Genossen‹ Seifert und Co. Die Leute waren stocksauer. Im übrigen denke ich erneut darüber nach, ob wir wirklich in der richtigen Richtung progressiv waren, ob eine aggressive Demokratieformulierung nicht doch besser gewesen wäre als die Oder-Neiße-Sache. Wir hätten eben doch vorher mal darüber sprechen sollen. Seiferts Gegenaktion gegen mich läuft auf Touren, er hat ein geschicktes Manöver eingeleitet […] sei's drum.
Lieber Klaus, ich muß in die Uni. Behalt mich lieb. Bald bin ich wieder bei Dir. Meine Liebe ist groß, wie die weite Welt. Hab Dank. Für alles. Du bist so wunderbar, viele innige Grüße
Deine Ulrike
Grüß Reini herzlich.

Liebster Klaus,

Deine Karte – ich fand sie soeben – war ein rechter Trost. Hab Dank. Von ihr ging Wärme aus und Ordnung. Beides braucht' ich. Die Arbeit läuft gut. So gut wie früher, d. h. so konzentriert und kontinuierlich. 8 Std. Studium täglich. Nebenbei Klausuren. Die vorige Woche war halt so arg, daß ich mich einfach rigoros zu entscheiden hatte. Sein oder Nichtsein. Ich entschied: Sein. Pestalozzi läuft aus […] läuft an, Bennini kommt noch. Nietzsche ist bestellt, und Lenin bleibt unterm Kopfkissen.
Im SDS wird geredet von außerordentlicher DK. Die Stimmung ist eisig. Leider bin ich nicht ganz unempfindlich, und es passiert mir, daß ich auf Sticheleien allergisch reagiere. Andererseits passiert es immer wieder, daß Leute, die gegen mich stehen, im Gespräch freundlich, zugänglich, ja zustimmend werden. Und immer geraten die Seifertisten in die Offensive. So ist wohl alles offen. Am 11.6. findet die MV [AdA: Mitgliederversammlung] über den Kongreß statt.

Am Sonntag bin ich nun in Wupt. zur goldenen Hochzeit. Ca. 50 Verwandte, CDU-Wähler und solche von drüben. Renate bat mich dringend, sie in diesem Haufen nicht allein sitzenzulassen. Ob ich schon Samstag hinfahre, hängt von Deinen Plänen ab. Spätestens Sonntag morgen muß ich da sein.
Der neue *david* hilft […]. Schau mal rein. Er ist der Abschaum der Münsteraner Kanalisation. Geschrieben im März. Widerlich. Aber der Dreck wird gelesen. Vorteil: Auch im SDS hat er Unwillen ausgelöst.
Liebster Klaus – bitte behalt mich lieb, so wie ich Dich.
Viele gute Grüße,
Deine Ulrike

Freund Jürgen benimmt sich ekelhaft. Ich bin besorgt. Das erste Mal habe ich das Gefühl, ich könnte etwas verlieren in diesem Rennen. Irgendwie fehlt mir im Augenblick etwas an Souveränität und innerer Freiheit. Ich muß mal mehr für meine politische Bildung tun. Eine Seite Marx verhilft mir meist für 3 Diskussionen zu Oberwasser. Jürgen geht soweit, daß er mich sogar vor dem CDH madig macht, das ist der Gipfel.

12.6.59
Lieber Klaus,

[…] von gestern abend:
1. Der Antrag des Gruppenvorstandes, die Absetzg. von Ossi zu billigen und dem neuen Vorstand das Vertrauen auszusprechen, wurde <u>abgelehnt</u>.
2. Der Antrag, sich von den Punkten 4 g) und l) der Resolution zu distanzieren, wurde <u>abgelehnt</u>. […]
4. Brief von Mommer wurde bei Streichung des letzten Satzes angenommen.
5. Der Antrag Grönerts (›Heute morgen telefonierte ich mit Waldemar von Knoeringen …‹), mich aus dem SDS auszuschließen, fand nicht das Viertel der Gruppenmitglieder, das nötig ist, um den Antrag zur Diskussion und Abstimmung zu stellen. Er wird aber damit noch kommen u. das Viertel auch kriegen.
6. Die Delegiertenwahl ergab Matuschka, Sünkel, Grönert. Beim ersten Wahlgang gewannen Sünkel und Matuschka. Grönert und ich, wir

hatten beide gleich viele Stimmen. Die Entscheidung ergab Grönert 17 Stimmen, Meinhof 17 Stimmen.

Hier wurden Fehler von uns gemacht. Wir hätten Hindemith wählen müssen, was wir vorher übersahen.

Am 23./24. [...] soll – wie verlautet – eine neue MV stattfinden, noch einmal Thema: Ossis Absetzg. Es ginge nicht, daß die Gruppe Münster keine Stellung nimmt. Also: der Kampf geht weiter: verbittert.

Obwohl wir bis auf die DK auf der ganzen Linie siegten, bin ich sehr deprimiert. Hier wird ein grauenhaftes Spiel gespielt. Auf der nächsten MV wird auch mein Ausschlußantrag – gestern fand er 7 od. 8 Fürsprecher, ¼ = 12 – zur Diskussion kommen. Bei geheimer Abstimmung bin ich nicht mehr sicher. Wir bauen jetzt die Sperrminorität wie in einer A.G. auf.

[...] Die nächsten 14 Tage bringen viele Kämpfe. Gestern abend [...] war es das erste Mal, daß ich scharf, persönlich und diffamierend angegriffen wurde. Ich hatte mehr Feinde, als ich wußte. Wenig Gegner bei viel Gehässigkeit. Man führt keine politische Diskussion, und manche waren sich nicht zu blöde, ganz direkt ordinär zu lachen, während ich sprach. Pech. Darauf muß ich mich nun einstellen. Meine Freunde sind wacker, aber kaum gute Redner. Aber den Kampf geben wir noch lange nicht auf, klar.

Lieber Klaus, leb wohl,

Deine Ulrike«

Jürgen Seifert: »Wir stellten die Mitarbeiter von KONKRET vor die Alternative, entweder SDS oder KONKRET. Ich formulierte den Beschluß – und die Begründung – über eine Unvereinbarkeit der Mitgliedschaft im SDS und der Mitarbeit der KONKRET-Gruppe. Im Klima des blinden Antikommunismus sagte ich [AdA: aus Rücksicht auf Ulrike] nicht, ihr betreibt DDR-Politik, denn das hätte die Staatsanwälte auf den Plan gerufen, sondern sagte, KONKRET ist keine ›sozialistische Zeitung‹ und KONKRET hat sich ›verbandsschädigend‹ verhalten und einen Keil zwischen SDS und SPD getrieben. Das bedeutete [...] die Ausschaltung der politischen Freunde von Ulrike Meinhof aus der SDS-Arbeit. Das fiel mir schwer. Ulrike Meinhof ging von Münster nach Hamburg und meldete sich bei der Hamburger SDS-Gruppe nicht wieder an.«[64]

Auf der nächsten Delegiertenkonferenz des SDS in Göttingen vom 30. Juli bis zum 1. August 1959 werden die Vorschläge des Bundesvorstandes

vom 3. Juni 1959 angenommen und wirksam. Der Skandal wird öffentlich gemacht: »Die Delegiertenkonferenz des SDS mißbilligt den Verlauf des Frankfurter Kongresses und die dort gefaßten Beschlüsse, soweit sie dem ›Deutschlandplan‹ der SPD widersprechen. Sie erklärt, daß dieser Kongreß nicht berechtigt war, im Namen des SDS Beschlüsse zu fassen.«[65]
Ein letzter Versuch einer Einzelstimme, die Beschlußlage des Plenums noch einmal zugunsten von KONKRET zu kippen, scheitert. Ulrike Meinhof und die Konkretler haben den SDS als Forum ihrer Agitation verloren. Zu den Ausgeschlossenen gehörten: Reinhard Opitz, Jürgen Holtkamp, Hans Stern, Erika Runge, Gerd Lauschke, P. Ost, Jochen Hindemith. Durch freiwilligen Austritt entzogen sich dem Ausschluß Roland Rall, Klaus Steffens, Rudolf Schultz, Ulrike Meinhof, Ilka Schnabel und das Ehepaar Manthey.
Die *FAZ* bringt am 1. August 1959 einen Artikel über »Die Abrechnung mit der KONKRET-Linken«. Der Journalist Eberhard Blitzer schrieb:

»Göttingen, Anfang August

Ein Gespenst ging lange um im Sozialistischen Deutschen Studentenbund (SDS), das Gespenst des ›Konkretismus‹. Dreißig bis vierzig junge Leute, gruppiert um die dubiose Hamburger Studentenzeitung KONKRET, hatten das Gespenst zu einer Gefahr für die Einheit jenes Studentenbundes werden lassen. Am letzten Wochenende ist der Spuk indessen geplatzt; der Sozialistische Studentenbund, seit dem Frankfurter Kongreß ›Für Demokratie – gegen Restauration und Militarismus‹ in vieler Munde, verstieß auf seinem Delegiertentreffen in Göttingen die pankowfreundlichen ›Konkretisten‹ und erneuerte sein Bündnis mit den Sozialdemokraten. [...]

Praktische Politik, den konkreten Kampf für konkrete Dinge – das gab es gerade bei den KONKRET-Leuten nicht, die um so eifriger hinter den Kulissen die Fäden zu ziehen versuchten. ›Stalinisten‹ wurden sie häufig von den Delegierten des rechten Flügels genannt; als ›Trotzkisten‹ und ›Anarchisten‹ bezeichnete sie im Gespräch der Vertreter des ostzonalen *Neuen Deutschlands*. Was die KONKRET-Leute wirklich sind, ob sie tatsächlich östliche Gelder und Weisungen erhalten, das zu sagen, fällt schwer. Einzelne von ihnen unterhalten zwar gute Kontakte mit dem Ulbricht-Regime; aber bei vielen gilt Linkssein einfach als chic. Sie sind kämpferisch und sentimental zugleich, und ihr Abgott ist Kurt Tucholsky. Viele von ihnen suchen den Teufel eher im Westen als im Osten. Wer konsequent den Bolschewismus bekämpft, ist in ihren Augen ein ›sturer Antikommunist‹ im Solde der Hochfinanz. [...]

Daß diese sozialistischen Studenten wieder zu sich selbst fanden, ist vor allem dem Ärger zuzuschreiben, der sich bei ihnen wegen der Übertölpelungsmanöver der Linksradikalen angestaut hatte. Göttingen war die Stunde der Abrechnung; die Toleranz war überfordert worden; man schlug erbittert gegen die ›ideologischen Stalinisten‹ zurück. Selbst die Halblinken und die Vertreter der Mitte hatten nichts dawider, daß man den KONKRET-Leuten mit harter Münze heimzahlte. Wohin der SDS künftig steuern wird, das freilich hängt vom Schicksal der mit ihm wieder eng verbundenen SPD ab.«[66]

Doch die Zusammenarbeit mit der KPD wurde durch den spektakulären Rauswurf der KONKRET-Redakteure aus dem SDS nicht gestört, die Tagesarbeit, die Zeitung KONKRET, ging weiter. Und damit die Reisen nach Ostberlin und nach Caputh. Manfred Kapluck und der Partei mußte Ulrike Meinhof nun wohl oder übel beibringen, daß sie daran dachte, »den Röhl« zu heiraten. Kapluck war natürlich dagegen. Er sagte ihr, daß er Klaus Röhl für zu labil hielte, »labil in Bezug auf Treue, aber auch politisch labil in Bezug auf Grundlagenpolitik«, wie Kapluck sich in dem Gespräch mit mir ausdrückte. Das sagte Kapluck, der »Boß« der Partei, die immer Recht hat und deren Maxime es war, daß die Kader verheiratet sein sollten, damit sie stabiler und langfristiger berechenbar wären. Ulrike Meinhof sagt zu Kapluck: »Weißt du, ich muß, glaube ich, den Klaus Röhl heiraten. Wer sonst heiratet eine Frau, die klüger ist als er selbst?«

Walter Ulbricht, Tibet, Ulrike Meinhof

Trotz der Niederlage im SDS hatte KONKRET die Publicity und drehte mit neuen Mitarbeitern, neuen Themen und einer im Zuge der Anti-Atomwaffen-Bewegung erhöhten Auflage und erhöhten Akzeptanz bei den Studenten voll auf. Frech bringt KONKRET in Heft 21/59 auch wieder Kritik an der DDR. Die Studenten Monika Mitscherlich und Eric Nohara können die Gelegenheit zu einem Interview mit Walter Ulbricht an Land ziehen, das im Beisein vieler anderer, für ein Treffen mit dem Staatsführer angereisten Weststudenten geführt wurde.

»Nohara: ›Es ist schade, daß sich die Kontakte nicht erweitern lassen. Es gibt bei Ihnen in der DDR eine Reihe erschwerender Bedingungen für den Reiseverkehr.‹

Walter Ulbricht: ›Das liegt doch an Ihnen. Beseitigen Sie die Agentenzentralen, und machen Sie West-Berlin zur Freien Stadt. […] Sie müssen mithelfen, die Lage in West-Berlin zu normalisieren und die Agentenzentralen zu schließen. Das geht gar nicht anders.‹

Nohara: ›Aber Sie arbeiten doch auch nach West-Berlin hinüber.‹

Ulbricht: ›Wir haben in West-Berlin keine Brandsätze gelegt. Aber von Ihrer Seite aus wird das gemacht. [...]‹

Nohara: ›Nirgendwo in unserem Verband des SDS wird Agentenarbeit geleistet [...]. Auf jeden Fall können die Arbeiter bei uns streiken, und bei Ihnen können sie das nicht.‹

Ulbricht: ›Aber entschuldigen Sie, das, wofür die Arbeiter in Schleswig-Holstein gestreikt haben, ist doch hier bei uns voll und ganz längst erfüllt. Nehmen Sie z.B. das Krankengeld, um das die schleswig-holsteinischen Arbeiter streikten. Das haben wir doch alles. Wozu sollen wir dann streiken?‹

Nohara: ›Aber in der DDR gibt es doch mindestens 20 oder 30 000 Arbeiter, die mit bestimmten Sachen unzufrieden sind.‹

Ulbricht: ›Wenn Sie wüßten, womit ich unzufrieden bin ... Sie verstehen eines nicht. Der Unterschied ist der, daß bei uns die Arbeiterklasse die führende Kraft im Staate ist. Und das ist bei Ihnen nicht. [...]‹ [...]

Nohara: ›Warum machen Sie einem Studenten von uns, einem Mitglied des SDS, der sich in Ost-Berlin betrinkt und ein bißchen dummes Zeug redet, gleich einen Prozeß? Das ist doch unnötig.‹

Ulbricht: ›Wie kommt denn das, daß der Mann ausgerechnet zu uns nach Ost-Berlin kommt und dummes Zeug redet? Die DDR-Bürger reden bei uns frei. Wir sind dafür, daß offen geredet wird, aber von West-Berlin sollte die Diversantentätigkeit eingestellt werden.‹

Eric Nohara: ›Wenn der Mann Ostberliner ist, wäre das also anders? Ich sagte doch schon, er war betrunken. [...]‹

Walter Ulbricht: ›Sie meinen also, daß wir nur die Konterrevolutionäre bestrafen sollten, die nüchtern ihre Arbeit leisten? Wir sind dafür, daß offen, auch mit Westberlinern, geredet wird. In Westdeutschland sagt man, wirtschaftlich wird die DDR den Lebensstandard einholen. Aber mit der Freiheit wäre das schon anders. Bitte, machen wir auch auf diesem Gebiet, überhaupt auf allen Gebieten des geistigen Lebens, einen Wettbewerb. Wir sind bereit dazu. [...] Sie werden doch das Jahr 2000 erleben. Sie werden noch erleben, wie in Westdeutschland der Sozialismus aufgebaut wird. Bereiten Sie sich darauf vor.‹‹«[67]

Wichtig werden in KONKRET außerdem große Auslandsreportagen aus Algerien, Tibet, Prag und London. Auch hier war die Gesinnung klar antiwestlich. Die *Bild* hatte unter der Überschrift »Denkt an Tibet« an den maoistischen Völkermord an den Tibetern und die Zerstörung tibetischer Kulturstätten durch die Rotchinesen erinnert. KONKRET konterte diesen Artikel im April 1959 mit dem Artikel »Das alte Tibet ist verloren«. Dort heißt es unter anderem, die Chinesen hätten in Tibet die »Schulen eröffnet, [...] Traktoren ins Land gebracht«, es seien »Bewässerungsanlagen entstanden, ja sogar kleinere Industriebetriebe«, und im übrigen sei die Zahl der »Beschäftigten in Tibet beträchtlich gestiegen und die wirtschaftliche Lage der Tibeter hat sich verbessert«.[68] Dieser Artikel kann nur als prochinesisches Propagandapamphlet gewertet werden: Ausgerechnet die Rotchinesen, die selber keine Traktoren besaßen, sollten die großen Traktorenbringer gewesen sein!

Richtig fies wird es in dem Artikel, wenn unterschwellig in klaren Worten der Eindruck lanciert wird, daß die Tibeter Tausende von Klöstern gehabt hätten (Schätze des Weltkulturerbes!), die das Land auf dem Niveau eines tiefsten Mittelalters gehalten hätten, weshalb die fortgesetzte Zerstörung der Klöster durch die Chinesen quasi ein Segen für Tibet gewesen sei. Von den unmenschlichen Verbrechen der Chinesen an den Tibetern kein Wort. Nichtsdestotrotz geben die großen Auslandsgeschichten der Zeitschrift KONKRET ein weit über eine Studentenzeitung hinausreichendes Gewicht. Da Feuilleton, Buch- und Filmbesprechungen in KONKRET außergewöhnlich gut waren, kann man alles in allem über die Qualität des immer noch kleinen Blattes im nachhinein nur staunen. KONKRET wird zu einer Zeitschrift, bei der alles, was Rang und Namen hat, schreibt.

Im Oktober 1959 schrieb Ulrike Meinhof ihren ersten Artikel für KONKRET. Der Titel ist: »Der Friede machte Geschichte«.[69] Darin jubelt Ulrike Meinhof über zwei Weltereignisse: Zum einen hatten die Russen gerade am 4. September den ersten Satelliten (»Sputnik«) in eine Umlaufbahn um den Mond geschossen, der auch die ersten Bilder von der Rückseite des Mondes aufnahm, welche die Menschheit je zu sehen bekam. Zum anderen war Nikita Chruschtschow, russischer Partei- und Staatschef und de facto auch Chef des Warschauer Paktes und des COMECON, gerade in den USA gewesen, wo er sich unter anderem in Camp David mit dem amerikanischen Präsidenten Eisenhower getroffen und gemeinsam mit diesem eine Art weiche Welle angekündigt hatte, was bekannt wurde unter dem Stichwort »der Geist von Camp David«, der auch heute noch gelegentlich beschworen wird. Den sowjetischen Vorsprung in der Weltraumtechnik, ein Indikator für einen sowjetischen Vorsprung oder jedenfalls Gleichstand bei den Interkontinentalraketen, die auch Atomsprengköpfe transportieren können, begrüßt Ulrike Meinhof eher unauffällig. Sie vermeidet es, ihn zu problematisieren. »Der Geist von Camp David«, der weltweit als eine Entspannungshoffnung im kalten Krieg gesehen wurde, ist für Ulrike Meinhof eine Bestätigung ihrer studentischen Politik:

> »Zwei Ereignisse des Monats September haben die Bevölkerung unseres Planeten in atemberaubende Spannung versetzt [...]. Es ist gelungen, ein von Menschenhand gemachtes Ding auf den Mond zu schießen, und es ist gelungen, das Startzeichen für eine neue Konzeption internationaler Verhandlungen über die Fragen von Entspannung, Frieden und Koexistenz in breitester Front von Camp David aus abzugeben. [...] Die Wende ist da, der Friede ist zum bestimmenden Faktor politischen Handelns geworden. In Camp David haben die Kräfte der Vernunft und der Menschlichkeit gesiegt. Die sie schwächen, stehen auf verlorenem Posten. Die sie stärken, haben das Mandat der Geschichte, handeln im Auftrag der Zukunft.«[70]

Jürgen Manthey erinnert sich daran, wie es war, als Ulrike Meinhof fest zu ihnen in die Redaktion kam: »Zu Ulrike hatten Stern und ich ein eher kritisches Verhältnis. Eines Tages kam Röhl mit ihr an und sagte zu uns: Riki-Baby, so nannte er sie immer, macht jetzt ›Kunst‹, das heißt, sie kam ins Feuilleton, weil sie halt Kunst studierte. Röhl war in dieser Zeit ständig politisch unter Druck und sah darauf, daß die Kongresse liefen. Zu Ulrike war er völlig anders als zu den anderen Mitarbeitern. Er kümmerte sich nur noch um sie und ihre Texte, auf die er ganz stolz war, er sah sie allerdings als sein Ziehkind an, als das Doofchen, dem er das Schreiben beigebracht hatte. Klaus Röhl konnte ein sehr guter Chefredakteur sein, andererseits trat er manchmal sehr autoritär und zackig-zynisch auf und hatte besonders später gegenüber Ulrike einen ziemlich unangenehmen Tonfall. Gleichzeitig ist er durchaus mit Henri Nannen zu vergleichen, denn ohne ihn wäre das Blatt nicht so gewesen, wie es war. Er hat es zu dem Erfolg gebracht, zu dem keine andere kommunistisch finanzierte Publikation in der Lage war. Es ist allein sein Verdienst, daß aus dem *Studenten-Kurier*, aus KONKRET die bedeutendste Studentenzeitung der sechziger Jahre wurde. Er hatte immer neue Ideen und verstand es, die richtigen Leute zu holen und an den richtigen Platz zu stellen. Meinhof, Rühmkorf, meine Person – uns alle hat er gefördert und zu dem gemacht, was wir wurden. Röhl wirkte damals politisch unheimlich überzeugend. Er hat sicher auch Ulrike, die mehr einen christlich-morali-schen Hintergrund hatte, viel beigebracht. Der Vergleich von Röhl und Le-nin, wie Ulrike ihn gern machte, war damals nicht abwegig. Röhl erklärte uns damals in der Redaktion öfter mal die politischen Ziele und warum man so extrem links sein mußte. Das machte er sehr gut, sehr überzeugend. Ich sah vieles anders, wenn er geredet hatte. Er erklärte den Leuten den Sozialismus, zum Beispiel warum die Sowjetunion mit einer Botschaft im Franco-Spa-nien vertreten war. So hätte man Spanien besser unter Kontrolle usw., das leuchtete ein. Opitz gehörte wiederum zur absoluten Insidercrew, wie Ulrike und Klaus. Der Leitartikel war immer auf Linie und total linksextrem, er war Chefsache, er wurde immer hinter verschlossenen Türen besprochen. Röhl sagte uns dann, die Leitartikel müßten so sein, nur dadurch würde alles an-dere, das verspielte Feuilleton usw., überhaupt möglich.«

Verlobung

Nur ist die Studentin Meinhof nicht zufrieden mit ihrer Pestalozzi-Arbeit, zu der sie im Sommersemester 1959 kaum gekommen ist und die sie zu guter Letzt doch noch abgibt. Nicht ohne dem Professor ein langes Entschuldi-gungsschreiben zu schicken:

»Sehr verehrter Herr Professor,

zu dem beiliegenden Referat über Pestalozzi möchte ich gerne – gewisser-maßen bevor Sie es lesen – noch einige Anmerkungen machen.

1. Ich habe das unbehagliche Gefühl, den Stoff nicht bewältigt zu haben. Das liegt zu einem Teil daran, daß ich nicht die Möglichkeit hatte, die Arbeit in ›einem Stück‹ zu schreiben, vor allem aber liegt es daran, daß das Thema einerseits so ungemein interessant ist, andererseits in dieser Form, soweit ich sehe, noch nie bearbeitet wurde und schließ-lich von einem Umfang ist, der kaum übersehbar ist. So habe ich nur eine Bresche zu schlagen versucht, die allerdings immer noch syste-matische und stilistische Mängel aufweist [...]. In einem Referat hätte ich auf manche polemische Bemerkung verzichtet, da es dort nicht hingehört und wohl auch nicht auf Verständnis gestoßen wäre. Nun muß ich sagen, daß mir selbst manche meiner persönlichen – kriti-

schen – Anmerkungen ein wenig anspruchsvoll klingen, was angesichts der Mängel der Arbeit nicht ganz gerechtfertigt ist [...]. Nun kann ich mit dieser Quasi-Apologie die Mängel dieser Arbeit nicht aus der Welt schaffen. Aber vielleicht durfte ich doch obige Gesichtspunkte ausführen, um mich ein wenig von dem Kummer um all die Unzulänglichkeiten zu entlasten.

Mit ergebenen Grüßen bin ich Ihre Ulrike Meinhof«

Während Ulrike noch zwischen Münster und Hamburg hin und her pendelt, fährt Klaus Röhl im September erneut nach Italien, diesmal mit »Margotchen«, das er inzwischen näher kennengelert hat. Drei Wochen lang spielt er mit der angehenden Friseurin Tennis, fährt mit einem Leihauto durch die Toskana und stellt sie allen – zumindest in Italien – als seine neue Verlobte vor. Zufällig lernt er mit ihr den schönen Ort Ronchi kennen. Auch nach dem Urlaub bleibt er noch eine Weile neben Ulrike mit »Margotchen« zusammen. Ulrike, völlig ahnungslos, hat dieses Spiel gegen die junge hübsche Rivalin irgendwann gewonnen. Die gemeinsame Arbeit, die gemeinsamen Interessen und nicht zuletzt die gemeinsame Partei schweißen Klaus Röhl und Ulrike Meinhof eng zusammen.

Ulrike Meinhof will zwar auch noch eine Dissertation schreiben und plant, dafür ein Semester nach Jena zu gehen, doch schließlich gibt sie ihr Studium Anfang 1960 auf. Sie beantragt allerdings noch einmal Geld von der Studienstiftung des deutschen Volkes. Im ersten Halbjahr 1960 pendelt sie zwischen Münster und Hamburg hin und her. Statt sich um ihr Studium zu kümmern, arbeitet sie in der Redaktion, schreibt Artikel und bespricht mit Röhl und der Parteiführung in Ostberlin das weitere Konzept im Kampf gegen das westdeutsche System und für die Zeitung. Im Herbst 1960 ist es soweit: Schlußendlich ist es die Partei, die Ulrike Meinhof endgültig als Journalistin in der Redaktion haben will. Die Partei verspricht, die Umzugskosten zu übernehmen, und fordert sie auf, nach Hamburg zu ziehen. Sie wohnt zunächst allein in einer kleinen Wohnung direkt neben der Redaktion, direkt neben Klaus Röhl. Ulrike Meinhof und Klaus Röhl nehmen sich dann schnell eine kleine Wohnung in Winterhude, die übrigens einem Schwager von Uwe Larsen gehört.

Klaus Röhl gefällt die gemeinsame Zeit mit Ulrike Meinhof »dermaßen gut«, daß er, als sie einmal abends zusammen in ihrer Stammkneipe bei Krögers saßen, plötzlich und überwiegend ernst gemeint zu ihr sagte: »Rikibaby, jetzt ist der Zeitpunkt gekommen, willst du dich mit mir verloben?« Und als sie ja sagte, da rief er: »He, alle mal zuhören! Wir geben eine Lokalrunde aus, wir haben uns soeben verlobt! So! Top.«

ZWEITER TEIL

1. Die Chefredakteurin, 1961

Oberländer, die *Blechtrommel* und der Sieg des Sozialismus

1960 hat Ulrike Meinhof ihren Platz im Leben an der Seite von Klaus Röhl, in der KONKRET-Redaktion in Hamburg und in der illegalen KPD gefunden. Ulrike Meinhof schreibt an Frau Heimpel:

»Der Grund des Zögerns samt der Verzögerung lag in den Schwierig-keiten des Einlebens hier in Hamburg, wo ich seit Oktober wohne und – ich weiß, das stößt auf kritische Ohren – bei KONKRET mitarbeite. Ich entschied mich für diese, wenn auch vorübergehende Tätigkeit angesichts eines schweren Mangels an Redakteuren bei dieser Zeitung und in der Meinung, daß die Zeitung eine Chance bietet, zum Tätigsein in unserem Sinne. Dies freilich verbunden mit der Absicht, ihr ein besseres Gesicht zu geben, d. h. ihre Möglichkeiten weitergehender noch zu nutzen, als es bisher manchmal der Fall war.
Der Ruf, den die Zeitung in der Öffentlichkeit, oft bei den eigenen Freunden genießt (ich meine den schlechten), ist halt vielfach eigenes Verschulden, oft bedingt durch Mangel an Zeit und Sorgfalt, denn die eigentlichen Intentionen haben – zeitungsmäßig – nicht immer den Erwartungen entsprochen. So bin ich nun hier, arbeite mit, freue mich über jede Verbesserung und meine, es lohnt sich. Auch macht es Spaß, mit Leuten zusammenzuarbeiten, die von gleichen oder ähnlichen Vor-aussetzungen ausgehen und obendrein menschlich sehr viel sympathi-scher sind, als mancher denkt. […] Neben einigen politischen Aufgaben übernahm ich die Abteilung ›Bildende Kunst‹. Mein Nebenfachstudium in Kunstgeschichte, das mir seit je besonders lieb war, hat damit eine erfreuliche Aufgabe bekommen.«

Das Verhältnis zwischen Ulrike Meinhof und Renate Riemeck wird jetzt zu einer festen, gleichberechtigten Arbeitsbeziehung. Die Briefe, die Ulrike Meinhof in ihrem ersten Jahr aus Hamburg an Renate Riemeck schreibt, sind von einem neuen Selbstbewußtsein geprägt.

»Montag den 25.1.60

Meine liebe Renate,

auf Deinen lieben Gruß heute will ich gleich antworten. Denn es hat mich so sehr gefreut. Und heut hab' ich sowieso den Tag verhagelt. Aber mehr privat als politisch. Solche Kümmernisse gibt's halt auch. Die darf man nicht überbewerten. Sie gehören wohl zu den ›zwanziger Jahren‹. Sei's drum. [...] Mit der Studienstiftung bin ich extrem gut gefahren. Sie verlängern – so jedenfalls setzt sich mein hiesiger Vertrauensdozent ein – bis Mai vorläufig, dann muß ich Ergebnisse vorlegen. Ich fürchte, daß ich es nicht wie gewünscht schaffe. Die Zeitung, die jetzt so erfolgreich ist, und alles andere auch verhindern das wohl. Aber ich laß mich nicht verzehren. Ich weiß nicht, ob Du das verstehst, aber ein wenig denk' ich auch noch an eine Art kleines Glück, an ein bißchen angenehmes Leben. Man ist doch keine Fortschrittsmaschine.
Ich muß diesmal den Leitartikel machen. Dabei unternehme ich ein Experiment: Ich diktier' ihn ins Stenogramm. Ich bin gespannt, wie das wird. Meine diktierten Briefe sind meist besser als die handgeschriebenen (wenn's drauf ankommt sachlich). Im Sprechen ist man meist dem Stoff gegenüber souveräner. Und das Thema meines Artikels ist vertrackt genug. Außenpolitik im Blickpunkt: Gipfelkonferenz.
[...]
Ich las jetzt ein famoses Buch: Günter Grass: *Die Blechtrommel*. Lies es auch – es ist wirklich grandios. Macht Spaß. Brillant geschrieben. Geht unter die Haut. In Ich-Form geschrieben, wobei er sich selbst mit ›ich‹ oder mit ›Oskar‹ anredet. Ein Krüppel, insofern er mit drei Jahren beschloß, nicht mehr zu wachsen. Später kriegt er noch einen Buckel dazu. Es spielt von 1926–45 in Danzig, dann Düsseldorf. Der OS hat es sehr gut besprochen und nennt die zurückgebliebene Körpergestalt des Oskar ein Symbol für die Situation des avantgardistischen Schriftstellers in der kapitalistischen Gesellschaft – damit scheint gemeint: allseitig beengt, unfähig sich auszuwachsen, abgedrängt in Bereiche der Skurrilität und Perversion – das ist seit Musil und Mann (Thomas – den ich gerade

nachholend lese) wohl das Beste an westlicher Literatur (sonst wären ja
H. Mann und A. Zweig noch zu nennen). [...]
Ich selbst bastel' an Weigel, dem Frühaufklärer, langweile mich redlich,
mühe mich auch und kriege die Platze an den Schwierigkeiten der
Literaturbeschaffung und zahle dauernd Strafgebühren in Hamburger
Bibliotheken.
Laß doch mal wieder von Dir hören und grüß Holde sehr
(der Grass ist aber sicher zu direkt für sie, obwohl weder frivol noch
zynisch).

Von Herzen.
Deine Ulrike«

Über Jürgen Seifert und Co. mag sie zu dieser Zeit nur noch lästern. Trotzdem bleibt er, wie aus späteren Briefen an Renate Riemeck hervorgeht, ein
guter Freund.

»Seifert ist jetzt Chef des Standpunktnachfolgeorgans *neue kritik*. Un-
verschämt schlecht schon die erste Nummer. Auf den 5 Tasten: ›Gesellschaftliche Verhältnisse‹, ›Ausbeutung‹, ›politische Betrachtung‹, ›wahrer
Sozialismus‹, ›selber faschistisch‹ klimpern sie ihre Melodie durch (Motto: ›So Klavier – jetzt kommt's!‹), proklamieren leere Begriffe, und wenn
sie ihre Theorie mal anwenden, wird's auch noch falsch. Äußerlich: kon-
formistischer Ästhetizismus (Vorbild *Magnum* – die Zeitschrift derer, die
etwas sind und haben: wörtlicher Werbeslogan von *Magnum*), völlig ste-
ril. Keine Spur von Niveaugefühl – dafür hat er die Monika Mitscherlich
geheiratet, was mich für beide insofern freut, als sie nette Züge haben.
Unsere Gutausseher [AdA: Monika Mitscherlich hatte eine sichtbare
Körperbehinderung, auf die hier offenbar angespielt wird] hier finden das
etwas pervers, aber Gutes kann man ihnen trotzdem wünschen.«

Ulrike Meinhof feiert den Rücktritt des CDU-Vertriebenenministers Theodor
Oberländer im Mai 1960 als politischen Sieg. Begeistert schreibt sie:

»9.5.60

Meine liebe Renate!

Der Sturz Oberländers wäre eine Flasche Sekt wert, mangels Nähe nur
ein Brief – immerhin. Wie haben wir das gemacht?

Jetzt geht's weiter: Seebohm, Globke, Katz etc. Wenn alle raus sind, brauchen sie nur noch unsere Politik zu machen, dann sind wir mit ihnen zufrieden, ja? Dann trinken wir tatsächlich Sekt. Du schreibst Bücher und ich – na, mal sehen, ich leiste mir dann erst mal den Luxus eines riesigen Weltschmerzes, wozu ich ja seit je neige, und sehe dann weiter. Vielleicht sitzen wir dann als Ehrenveteranen der sozialistischen Bewegung in einem Altersheim im Harz, auf der Krim oder an der Riviera. Weiß der Teufel – das Leben macht so seine Zicken.«

KONKRET und das NS-Archiv in Ostberlin

Wer die KONKRET-Hefte aus den Jahren 1959 bis 1961 und darüber hinaus liest – es sind immer noch großformatige Lappen (48 x 35 cm) in ziemlich schlechtem Papier –, kann nur staunen. Fast in jeder Nummer finden sich Artikel über ehemalige Nazis, die jetzt an gutdotierter Stelle der jungen Bundesrepublik dienen: Richter, Staatsanwälte, Politiker und Generäle. Zum Beispiel der schleswig-holsteinische Landtagsabgeordnete und damals amtierende Bürgermeister von Westerland auf Sylt, ein ehemaliger SS-Gruppenführer und General der Polizei, Heinz Reinefahrt, der laut KONKRET an Ermordungen im Warschauer Ghetto beteiligt war. Im Mai 1959 startete KONKRET eine Serie unter der typisch Klaus Röhlschen Überschrift »Seid Ihr alle wieder da?«[1] Es wurden Listen von Generälen und Offizieren der Bundeswehr veröffentlicht, die im Krieg unter Hitler gedient hatten, nach dem Schema: Unter Hitler: Generalmajor – Heute: Brigadegeneral. Die teilweise bestens informierten Artikel über verbrecherische Nazivergangenheiten einzelner Personen standen im Zusammenhang mit der ersten größeren Aufarbeitungswelle der deutschen Vergangenheit nach den Nürnberger Prozessen und nach den Entnazifizierungen der späten vierziger Jahre. 1960 war das Jahr, in dem der Film des jüdischen, im Krieg nach Schweden emigrierten Journalisten und Filmemachers Erwin Leiser *Adolf Hitler – Mein Kampf* in deutschen Kinos zu sehen war. Es ist der erste Film, der den Holocaust massiv und eindringlich mit Dokumentarmaterial aus den Konzentrationslagern auf eine intelligente und eindringliche Weise thematisierte und einem breiteren Publikum zugänglich machte. In KONKRET schreibt Klaus Röhl diesmal die Filmkritik selber:

»Es geschehen noch Wunder. Dieses hätte man bei uns in der Bundesrepublik zu sehen kaum erwartet: einen wirklich echten, antifaschistischen Film, der nicht nur sensationelle, neue Dokumentarfilm-Materialien zu Deutschlands jüngster Vergangenheit beisteuert, sondern auch Ursachen aufzeigt, Hintergründe beleuchtet. Da wird beispielsweise nicht nur die Vergasung gezeigt, sondern auch in Großaufnahme die Firma, die das Gas lieferte. Die Konzerne werden beim Namen genannt, die Hitler finanzierten, die Parteien bezeichnet, die Hitler an die Macht halfen oder kommen ließen. Noch nie gesehene Aufnahmen aus dem Warschauer Ghetto von solchem Grauen, daß 100 Prozent davon in einem Spielfilm hätte geschnitten werden müssen. Szenen über die Judenverfolgung, die jeden Besucher aufspringen lassen müßten mit dem Schrei: Globke, Globke. In einer Zeit, in der zum dritten Mal die Militäranstrengungen in unserem Land auf Hochtouren laufen, ist dieser Film ein Wunder und ein Zeichen, das hoffentlich gesehen wird. Wäre es möglich, daß eine bundesdeutsche Firma diesen Film drehte? Nein, es ist ein schwedischer Film, von Erwin Leiser. Dank jenem liebenswerten Land im Norden, das diesen Streifen ablieferte, den deutsche Produzenten zu drehen in 15 Jahren keine Zivilcourage und keinen Anstand hatten.«[2]

Leisers Film, der bis heute als eines der wertvollsten Dokumente zu diesem Teil der deutschen Geschichte gilt, unterschied nicht zwischen DDR-Deutschen und BRD-Deutschen, er wendete sich zu Recht an alle Deutschen. Der Film wurde jedoch nur in der Bundesrepublik gezeigt. Die DDR erklärte sich für das Thema Holocaust nicht zuständig und machte mit propagandistischen Mitteln die Verbrechen des Dritten Reichs zu einer rein westdeutschen Schuld.

In Ostberlin hatte man Ende der fünfziger Jahre mit der Systematisierung der dort vorhandenen umfangreichen NS-Unterlagen begonnen und Dossiers über einige westdeutsche Amtsträger zusammengestellt. Diese Dossiers wurden zunehmend vor allem von den Agitations-, Propaganda- und Desinformationsstellen in Ostberlin auf unterschiedlichste Weise westlichen Medien zugespielt, und das bedeutete in den frühen sechziger Jahren vor allem: der Zeitschrift KONKRET.

Klaus Röhl und Ulrike Meinhof erhielten diese Unterlagen nicht direkt von ihren Parteibossen. Die Artikel wurden KONKRET von freien Mitarbeitern und Korrespondenten aus Ost und West angeboten.

Klaus Rainer Röhl: »Natürlich wußten wir, daß diese Leute die Informationen von der Humboldt-Universität in Ostberlin bekamen, das machte sich als Quelle besonders gut. Wir konnten uns denken, daß sie instruierte Leute waren. Deshalb brauchten wir das, was die schrieben, auch gar nicht groß zu überprüfen, wir gingen davon aus, daß die Informationen stimmten. Und in der Tat gab es in dieser Zeit auch nie Beanstandungen. Andererseits wurde uns auch nie offengelegt, daß diese Informanten Parteileute oder gar SED- oder Stasileute waren, wir sollten in dem Glauben oder zumindest in dem Gefühl gehalten werden, das sind alles Leute, die von sich aus ganz toll recherchieren.«

Einige Artikel dieser Art bekam KONKRET auch im organisierten Austausch mit der Ostberliner Studentenzeitschrift *Forum* von dem dortigen Chefredakteur Kurt Ottersberg, wo diese Enthüllungen über NS-Verbrecher in der BRD oftmals bereits zuvor erschienen waren. Insofern genossen die KONKRET-Macher nicht nur den Vorteil direkter finanzieller Zuwendungen, sondern auch das Privileg, einen Großteil der Recherchen für werthaltige Artikel, für die normalerweise ein monatelanger Arbeitsaufwand und sehr viel Geld nötig gewesen wären, kostenlos und aufbereitet frei Haus geliefert zu bekommen.

Klaus Rainer Röhl: »Auf diese Weise war KONKRET eine der ersten Zeitungen, die kontinuierlich an der wichtigen Aufgabe der Aufklärung über die Vergangenheit von Nazigrößen in der Bundesrepublik beteiligt waren, und das war ja auch richtig und gut. Natürlich bekamen wir umgekehrt nie Informationen über etwa die Vergangenheit von Nazis, die in der DDR in Amt und Würden zum Beispiel bei der Volkspolizei saßen.«

Des Kaisers Fähnrich, Berufssoldat in der Weimarer Republik, in der es nur ein sehr ausgedünntes Militär gab, dann General unter Hitler und schließlich Oberpolizist unter Ulbricht und dessen erster NVA-General – das zum Beispiel war ›die Karriere‹ des Vinzenz Müller, der sich 1961, kurz vor dem Bau der Berliner Mauer, das Leben nahm. Vinzenz Müller ist gewiß eine deutsche Militärfigur, die je nach politischer Lagersichtweise so oder so gesehen und interpretiert werden kann. Sein Leben wäre gerade in diesen Jahren ein wichtiges Thema gewesen – besonders für KONKRET.

Die Naziaufklärung war in jedem Fall, und sei es auch nur auf einem Teilgebiet des geteilten Deutschland, ein sehr hoher Wert an sich. Allzugern waren Klaus Röhl und Ulrike Meinhof jedoch bereit auszublenden, daß die Motivation Ostberlins, diese zu betreiben, offenbar weit weniger in historischer Wahrheitsfindung oder Recht und Gesetz lag, als vielmehr Naziaufklärung zum Zwecke des Systemkampfes betrieben wurde. Der Vorteil an dieser frühen Nazijagd auf westdeutschem Boden durch die DDR war, daß ein Staat mit seinen Möglichkeiten, in diesem Fall die DDR, die Aufklärung unterstützte respektive betrieb, was dazu führte, daß frühzeitig und effizient alte Nazis, die sich in der Bundesrepublik wieder in Ämter gebracht hatten, entlarvt oder verfolgt wurden. Eine Aufklärungsarbeit, mit der sich die Bundesrepublik zu dieser Zeit nicht hervorgetan hat.

Wie die Unterlagen der Bundesbeauftragten für die Unterlagen des Staatssicherheitsdienstes der ehemaligen Deutschen Demokratischen Republik (BStU) und das Netzwerk »SED-Archivgut« innerhalb des Bundesarchivs belegen, wurden bei der umfangreichen Auswertung der NS-Dokumente allerdings immer wieder Desinformationen und Fälschungen gefertigt, die das Belastungsmaterial, wo es zum Sturz eines Westpolitikers mit NS-Vergangenheit nicht ausreichte, ergänzen sollten. Nicht nur im Fall Herbert Wehner künden die Akten von einer über Jahre dauernden organisierten Verleumdungskampagne und von konkreten Fälschungen, mit denen die Akten manipuliert wurden. Zwar wurde die Verleumdungskampagne im Fall Wehner von Honecker persönlich gestoppt, der bis zu Wehners Tod ein gutes Verhältnis zu diesem hatte, aber auch im Fall Oberländer, im Fall Globke, im Fall Eugen Gerstenmaier und nicht zuletzt im Fall Heinrich Lübke wurden Akten manipuliert und gezielt Desinformationen an die östlichen und westlichen Medien lanciert.[3]

Die einzigen »Anregungen« (O-Ton KRR), die Klaus Röhl und Ulrike Meinhof direkt von der Partei bekamen, waren angebliche »Belastungsunterlagen« zu Herbert Wehner und Marcel Reich-Ranicki.

Klaus Rainer Röhl: »Wehner, so hieß es damals, habe während seiner Emigration in Schweden während des Krieges, als er von den Nazis geschnappt worden war, ›gesungen‹ und dabei viele Genossen aus der KPD verraten. Das sollten wir nachrecherchieren und in KONKRET bringen. Doch dann änderte die Partei ihre Gesinnung mal wieder, und wir sollten es doch nicht bringen. Später stellte sich ja heraus, daß dieses Material frisiert war und daß das meiste zu Wehner gar nicht stimmte. Zu Reich-Ranicki erhielten wir – allerdings nur sehr wenige – Informationen über die Zeit im Warschauer Ghetto, daß er dort in seiner Zeit als Mitglied des Judenrates mit den Nazis irgendwie kollaboriert haben sollte. Wir sollten uns mit Ranicki in Kontakt setzen und da etwas rauskriegen, doch wir sagten den Parteigenossen, daß es für uns wohl kaum möglich wäre, so etwas zu machen, und haben dann letztlich auch nichts unternommen. Erst viel später, als Ulrike bei dem Prozeß gegen General Wolff Reich-Ranicki persönlich kennenlernte, hat sie ihn um ein Interview gebeten und dann auf eigene Faust versucht, etwas rauszukriegen. Aber das war dann sozusagen freiwillig, denn da hatten wir uns gerade von der Partei getrennt, allerdings nicht von der Gesinnung. Auch dabei ist jedoch nichts rausgekommen. Und das war mit Sicherheit auch gefälscht. Die waren wahrscheinlich sauer, daß er aus Polen weg und in den Westen gegangen war. Wir ärgerten uns manchmal über unsere Parteigenossen, daß sie uns nicht mehr Belastungsmaterial zu wichtigen Persönlichkeiten in der Bundesrepublik gaben, damit wäre KONKRET ja größer geworden. Wir sahen, daß die immer zuerst versuchten, die wichtigen, großen Sachen dem *Spiegel* oder dem *stern* zuzuschanzen. Das hat uns gewurmt ... Leider glaubt mir das heute kein Mensch mehr: Aus unserer persönlichen Sicht war es so: Wir wurden nicht gelenkt. Man kann sich das heute nicht mehr vorstellen. Wir lenkten uns selbst. Die konnten uns ab und zu mal einen guten Tip geben, nun macht das mal. Aber erst ab 1963, wo sie anfingen, mir und Ulrike Befehle zu geben, da haben wir uns dagegen gewehrt.«[4]

Das scheint mir ebenso zu stimmen, wie es auch nicht stimmt. Es hört sich so ähnlich an, wie sich heute ehemalige Inoffizielle Mitarbeiter der Stasi einlassen, die ihrer Enttarnung vehement entgegentreten nach dem Motto: Ich war gar kein IM, sondern ich habe rein zufällig und aus mir heraus genau das gemacht, was ein IM in derselben Situation aufgrund eines Ostberliner Auftrages auch gemacht hätte. Wer die DDR damals bereiste, die Grenzkontrollen erlebte, sich der eigenen Ein- und Ausreiseprivilegien bewußt war, den eklatanten Unterschied im Lebensstandard zwischen Bundesrepublik und DDR sah – und auch den eklatanten Unterschied in der Möglichkeit freier Meinungsäußerung – und wer wußte, daß es in der DDR eine politische Justiz gab, deren Entscheidungen ziemlich brutal vollstreckt wurden, der kann sich, wenn er kooperierte, nicht so ohne weiteres hinstellen und sagen, das war alles nur ein Riesenspaß.

Aus heutiger Sicht ist es schier unbegreiflich, warum die damalige Bundesregierung unter Adenauer nicht selber die Naziaufklärung in die Hand genommen und die zur Aufklärung dienlichen Akten aus Ostberlin von Staat zu Staat angefordert hat, jenseits aller Nichtanerkennungspolitik gegenüber der DDR.

Das Leben des jungen Paares Röhl/Meinhof gestaltete sich hoffnungsfroh, erfolgreich und auch ziemlich spannend. Ihr KONKRET wurde mit Geld und geldwerten journalistischen Deputaten von der Partei vitalisiert. Die typischen Sorgen eines jungen Unternehmers brauchten Röhl und Meinhof sich nicht zu machen, auch um Druck und Vertrieb mußten sie sich nicht in derselben Weise kümmern wie andere Verlage sonst auf dem freien Markt. Und ein wenig berühmt in studentischen Kreisen waren sie auch. Diese subventionierte Karriere in den Wirtschaftswunderjahren der Bundesrepublik

UNABHÄNGIGE ZEITSCHRIFT FÜR KULTUR UND POLITIK

SONDERAUSGABE

37) Die Zeitschrift KONKRET,
Sonderausgabe 1958 zum Thema
»Kampf dem Atomtod«

38) Der ehemalige »Studenten-
Kurier«, gerade umbenannt in
KONKRET, 1957

39) KONKRET, *Thema des Titelblatts: der Studentenkongreß gegen Atomrüstung, Februar 1959*

*40) Johannes Rau am Rednerpult im
Düsseldorfer Landtag, 1970*

*41) Helmut Schmidt während seiner Rede
im Bundestag gegen die Atombewaffnung
der Bundeswehr, 1958*

*42) Gustav Heinemann während eines
Vortrags an der Bonner Universität über
»Wehrpflicht und Gewissen«, 1956*

*43) Ungarn-Aufstand, sowjetische Panzer
in Györ (Raab), 1956*

44) Erich Honecker (re.) mit Wilhelm Pieck, 3. Dez. 1953

45) Manfred Kapluck in den siebziger Jahren

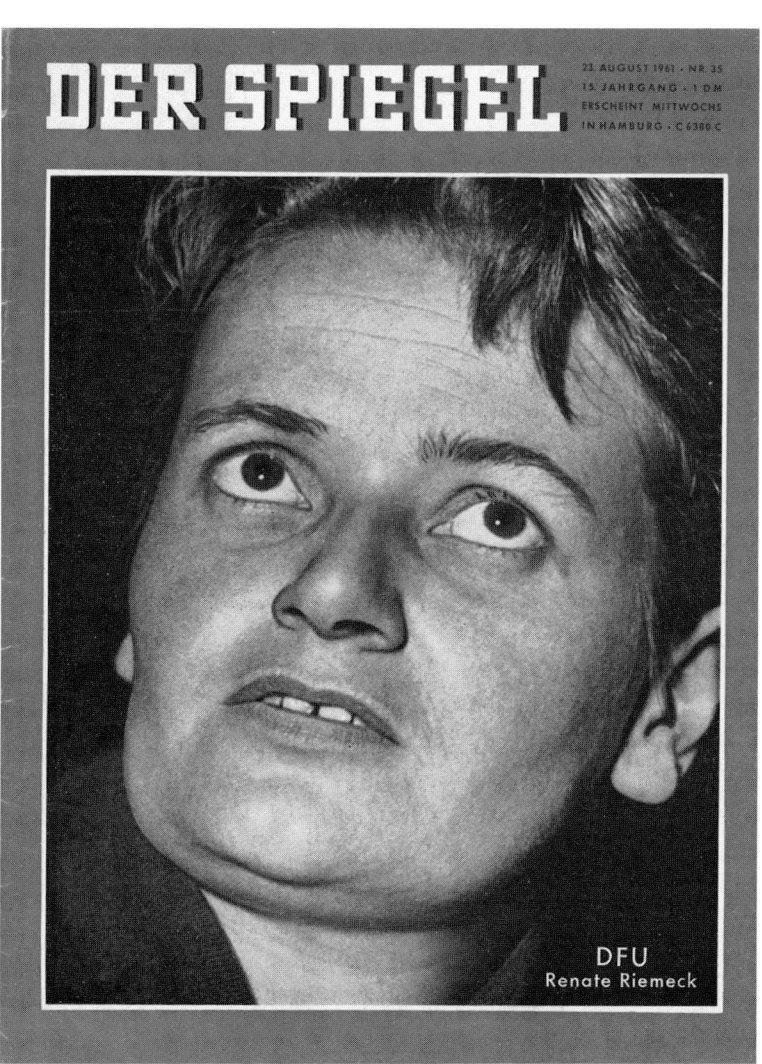

DER SPIEGEL

23. AUGUST 1961 · NR. 35
15. JAHRGANG · 1 DM
ERSCHEINT MITTWOCHS
IN HAMBURG · C 6300 C

DFU
Renate Riemeck

46) Renate Riemeck auf dem Titel des »Spiegels«, 1961

47) Ausflug in die Lüneburger Heide, v. li.: Frida Röhl,
Klaus Röhl, Ulrike Röhl und Wolfgang Röhl, 1961

48) Ulrike Meinhof als Chefredakteurin, 1961

49 u. 50) Demonstrationen gegen die Notstandsgesetze, 1968

51) Klaus Röhl und Ulrike Meinhof während ihres Bulgarien-Urlaubs, 1961

52) Ulrike Meinhof und Klaus Röhl bei ihrer Hochzeitsfeier am 27.12.1961

53) Ulrike Röhl mit Bettina (stehend) und Regine Röhl, 1964

54) Klaus Röhl mit Regine und Bettina, 1965

55) Holde Bischoff mit Bettina und Regine Röhl, 1965

56) Ulrike Röhl (rechts) holt die Zwillinge bei Holde Bischoff (links) und Renate Riemeck ab

57) Regine und Bettina Röhl bei Holde Bischoff und Renate Riemeck, 1966

*58 u. 59) Bettina und Regine
Röhl bei Holde Bischoff und
Renate Riemeck, 1966*

60) Regine Röhl, 1966   *61) Bettina Röhl, 1966*

62) Demonstration gegen die große Koalition, 1966

63) Rudolf Augstein (li.) und Henri Nannen, 1965

64) *Das erste unabhängige* KONKRET, *August 1964*

65) KONKRET, *Juli 1966*

66) KONKRET, *Mai 1966*

67) KONKRET, *August 1966*

*68) Ulrike und Klaus Röhl mit Gerd Bucerius und Robert Neumann
bei Robert Neumann im Tessin, 1966*

*69) Robert Neumann und Klaus Röhl treffen sich im Tessin,
um die Vorgehensweise in Sachen Lübke zu besprechen, 1966*

*70) Bahman Nirumand auf der Protest-
veranstaltung in der Freien Universität Berlin
am Vorabend des Schahbesuchs, 1967*

*71) Rudi Dutschke bei einem Gespräch
vor über 1000 Studenten in Köln, 1967*

72) Gedenken an Benno Ohnesorg, 1967

ließ sowohl Ulrike Meinhof als auch Klaus Röhl genügend Zeit für die kreative Arbeit, Reisen und Spesen in bescheidenem Umfang inklusive.

Urlaub an der Riviera

Den ersten gemeinsamen Urlaub verbringen Ulrike Meinhof und Klaus Rainer Röhl 1960 in Ronchi, jenem kleinen Küstenstädtchen in der Toskana. Mit einer Super-8-Kamera drehen sie einen lustigen Minispielfilm, der ihre Reise dokumentiert. Klaus Röhl in Anzug, Schlips und Kragen schläft im Schatten einer Pinie. Ulrike Meinhof schleicht sich an und entwendet Klaus Röhl aus seiner Anzugtasche den Autoschlüssel. Sie saust mit dem Auto davon. Klaus Röhl rennt hinterher. Es folgen Szenen in Lucca, Florenz und Siena, wo man Ulrike Meinhof durch die Straßen gehen sieht, Klaus Röhl immer auf der Suche nach ihr. Er posiert vor einem Denkmal, und in der letzten Szene sieht man eine fröhliche Ulrike Meinhof auf ihn zulaufen. Sie küssen und umarmen sich und rennen gemeinsam aus dem Bild. Ende.

Ulrike Meinhof trägt ihre jetzt langen dunklen Haare offen und zu Locken gedreht, sie hat helle, bunte, eng taillierte Kleider mit weiten Röcken. Man sieht sie mit einem weißen Handtäschchen am Arm Kirchen und Parks besichtigen. Vor einer Kirche filmt Klaus Röhl, wie sie mit weißem Haarband, mit weißer Hose und weißer Bluse braungebrannt wild tanzt und rennt und sich dabei dreht und lacht. Die Verwandlung von der braven, etwas betulichen Musterstudentin in eine fröhliche, attraktive Frau, die am Leben teilnehmen und glücklich sein will, ist umwerfend. »Eine Art kleines Glück – ein bißchen angenehmes Leben«, hatte Ulrike Meinhof in einem ihrer Briefe an Renate Riemeck geschrieben.

Klaus Rainer Röhl: »Also, Ulrike sah inzwischen fast bardotmäßig aus, also wie eine brünette Bardot, und das war schon das Tollste, was wir uns damals überhaupt vorstellen konnten.«

Hier in Ronchi sagte Ulrike Meinhof zu Klaus Röhl die drei schönen italienischen Worte: Io sono felice.

Dann zeigt der kleine Privatfilm die Rückreise über Südtirol und München mit einigen Kameraeinstellungen, die man sich bei den Spielfilmen der damaligen Zeit abgeschaut hatte. Weitere Filmaufnahmen zeigen Ulrike Meinhof im Kreise der Familie Röhl, wo sie als Schwiegertochter in spe herzlich akzeptiert wird. Ob beim Spaziergang an der Elbe oder zu Weihnachten beim gemeinsamen Singen mit den Geschwistern, Tanten und der Kusine von Klaus – die Bilder zeigen, daß sie sich glücklich und wohl fühlt in der Familie. Es ist schade, daß dieser Hobbyfilm, der auch für Nichtbeteiligte nett anzusehen ist, bei einem Rheinhochwasser in der Kölner Wohnung von Klaus Röhl, wo viele interessante Bilder und Filme im Keller gelagert waren, leicht beschädigt wurde. Dieser Film ist ein typischer Klaus Röhl, der gern und viel fotografierte und dabei immer Fez macht und irgend etwas inszenierte.

Nur wenige Jahre nach dem Krieg sind beide da angekommen, wo die Westdeutschen 1959/1960 insgesamt stehen, mitten im deutschen Wirtschaftswunder. Die Liebe zu Italien teilen Röhl und Meinhof mit der ganzen Nation, die in diesen Jahren wie verrückt mit ihren VW-Käfern oder dem in Italien besonders beliebten Auto mit dem Stern über den Brenner nach Süden düsen und die schöne, aber kalte Ost- und Nordsee am liebsten für immer vergessen wollen. Bella Italia ist angesagt, la dolce vita und »Marina, Marina, Marina«.

Ulrike Meinhof wird Chefredakteurin

Es dauerte nicht lange, da waren die Bosse in Ostberlin wieder einmal mit Klaus Rainer Röhl unzufrieden. Ein Parteibefehl erreichte KONKRET. Ab März 1961 ist Klaus Röhl nur noch Herausgeber. Chefredakteurin von KON-KRET wird Ulrike Meinhof. Auf diesen Posten avancierte Ulrike Meinhof nun an Röhls Nase vorbei, rettete ihn diesmal nicht und protestierte gegen die Herabsetzung Röhls nicht. In der Natur Klaus Röhls lag es wohl, daß er die Degradierung nicht so sehr empfand, da er die Befreiung von Routinearbeit allemal höher einschätzte und sich zudem sicher sein konnte, daß »Rikibaby« wesentliche Dinge mit ihm besprechen, er also seinen Einfluß auf die Zeitung nicht verlieren würde. Im übrigen war und blieb er ja der Herausgeber. Klaus Röhl hatte auf diese Weise unverhofft von der Partei die Chance erhalten, sich selber in koketter Eitelkeit öffentlich als schon früh emanzipierter Mann darzustellen und dies zu genießen, indem er seither bis heute davon redet, daß er Ulrike damals die »alleinige Chefredaktion« überlassen habe und dies, obwohl sie von dem Geschäft und auch vom Schreiben, das er »ihr erst mühsam beibringen mußte«, doch noch gar nichts verstand.

Jürgen Manthey: »Röhl gab den Chefredakteursposten ja nicht freiwillig ab. Er mußte ihn an Ulrike Meinhof abtreten, eine Entscheidung der Partei, wie ich später erfuhr. Das war kränkend für ihn, das hat er nicht gut verkraftet, und seitdem änderte sich sein Ton ihr gegenüber. Ich sehe ihn noch vor mir mit schief verzogenem Mund, wenn er sie auch in der Redaktion ›Rikibaby‹ nannte, und das mit einem unüberhörbar gehässigen Unterton. Später hieß es, sie sei Röhl hörig gewesen. Ich sehe das nicht so, aber ich verstehe, wie dieser Eindruck entstehen konnte. Sie ließ sich viel gefallen, mehr wahrscheinlich als andere in solchen Situationen, er ging manchmal schon sehr weit damit, sie bloßzustellen. Ulrike Meinhof war als Chefredakteurin keine andere als vorher, allerdings habe ich sie in dieser Position nur noch kurze Zeit erlebt. Ich denke, daß sie sich in die Rolle der Chefredakteurin erst sehr hineinfinden mußte, was, wie ich glaube, nichts damit zu tun hatte, daß sie eine Frau war, und eine sehr junge dazu. Sie hat mir, als ich sie nach ihrer Gehirnoperation in der Eppendorfer Uni-Klinik besuchte, erzählt, wie sie von Renate Riemeck erzogen worden war: Die Rolle der Frau, geschweige denn die der Mutter, war dabei gar nicht vorgesehen. Sie habe erst mühsam lernen müssen, was das ist, Mutter zu sein. Aber auch als Chefredakteurin mangelte es ihr an Selbstbewußtsein, und diese Schwäche, so kam es mir vor, hat Röhl ausgenutzt – zurückgesetzt, wie er sich fühlte.«

Trotzdem erlebt Manthey Ulrike Meinhof auch fröhlich: »Es gab damals viele Partys, die in Privatwohnungen stattfanden. Auf einer dieser Partys hat Rühmkorf seine Frau kennengelernt, Eva-Maria Titze. Klaus Röhl und Ulrike Meinhof waren eigentlich immer dabei. Ulrike konnte ganz schön ironisch sein und auch ziemlich lustig. Ulrike und ich arbeiteten fast vier Jahre zusammen. Ich habe sie als vollkommen normalen Menschen kennengelernt. Idealisiert habe ich sie nie.

Es war schon allerhand los, jedenfalls in Hamburg. Da gab es in St. Pauli jene Lokale, die später zur Legende wurden, wo ausgelassen Rock ’n’ Roll und Twist getanzt wurde. Es ist völlig falsch, wenn die 68er behaupten, daß alles, die Politisierung und die Befreiung der Sexualität, erst mit ihnen begonnen habe, das war schon vorher da, es war absolut keine tote Zeit.«

Die neue Regelung gefiel Röhl/Meinhof gar nicht so schlecht. Ulrike Meinhof war fleißig und kostete Status und Macht über eine Handvoll Mitarbeiter aus. Klaus Röhl war angetan von der Arbeitswut seiner Verlobten, deren Durchsetzungswillen innerhalb der Redaktion, und er genoß seine gewonnene tägliche Freiheit. Zwar war die Zeitschrift 1961 noch klein – die Auflage schwankte in dieser Zeit zwischen 15- und 17 000 verkauften Exemplaren –, dennoch war die Blitzkarriere der Ulrike Meinhof, die mit ihrem schon in Weilburg erkannten »klaren und sachlichen« Verstand die Zeitung führte und ihre Artikel schrieb, eine kleine Sensation, von der vor allem sie selber nicht unbeeindruckt blieb. Möglich, daß Ulrike Meinhof ihren eigenen Aufstieg als die sozusagen logische Konsequenz des von ihr als Kind miterlebten Aufstiegs von Renate Riemeck empfand und nun noch mehr einem gewissen Elitebewußtsein anheimfiel. Sie hält sich für etwas Besonderes und hat den Eindruck, ihre Ziehmutter und sie selbst besäßen schon das richtige Erfolgsrezept und seien nicht ganz unwichtig für die Menschheit.

In Klaus Röhl hatte sich Ulrike Meinhof einen Mann ausgesucht, der ihr geschlossenes System, das Leben stets eher zu analysieren, als es unmittelbar zu leben, immer wieder aufbrach. Einen Mann, der sie aus ihrer Bildungstümelei, Betulichkeit und Bravheit, eben ihrer Außenseiterrolle als Musterschülerin, Musterstudentin, Musterjournalistin, die ihr selber oft eine Last zu sein schien, immer wieder herausholte. Daß er dabei gelegentlich durch eine gewisse verbale Brutalität glänzte, sie auch mal ziemlich unflätig beschimpfte und für ihre soziologistische Art auch mal böse, zynische Worte fand, die kaum eine andere Frau ertragen oder geduldet hätte, das nahm sie offenbar in Kauf. Dafür war er dann ja andererseits immer wieder ihr hinreißender Mäusebär, dem sie dankte, daß er so anders war als sie selbst und daß er sie mitriß und sie zu einer neuen, anderen Ulrike gemacht hatte.

Trotz ihrer innigen Entscheidung für Klaus Röhl versuchte Ulrike Meinhof, ihre Karriere mit dem von Renate Riemeck adaptierten Lebenskonzept eines Erfolgsweges, dessen Geheimnis gerade in der Befreiung vom »Problemfaktor Mann« und der »geschäftsmäßigen Duldung« desselben auf dieser Erde lag, in den Griff zu kriegen. So lebte sie in ihrer ersten Zeit in Hamburg einen ganz persönlichen Spagat, der ihr von Anfang an nur mäßig und dank glücklicher Umstände gelang. Als Verlobte von Klaus und gerade gekürter Darling der Partei hatte sie an dem Spiel – hie Zeitungsmacherin, da Verlobte, dort strenge Kaderfrau; daneben, und alles unter einem Hut, Teilhaberin am bundesrepublikanischen Wirtschaftswunder – in tagtäglicher gemeinsamer Aufbauarbeit mit ihrem Fiancé, der sie als Chefredakteurin gewähren ließ, ihren Spaß. Dieser Spaß mag obendrein noch gewürzt gewesen sein mit den Riemeckschen Ideen vom eigenen Leben, gegen die sie einerseits verstieß und die sie andererseits zu ›toppen‹ glaubte.

Mit vergleichsweise autoritären Methoden setzt Ulrike Meinhof sich in der Firma durch und macht dabei auf ihre vorwiegend männlichen Kollegen zunächst keinen besonders guten Eindruck. Sie wird von den damaligen Mitarbeitern als ehrgeizige Jungsozialistin beschrieben, die als Chefredakteurin streng der Parteilinie folgte. Dem bis dahin witzigen und verspielten Layout versucht sie das Gepräge des »sozialistischen Realismus« und parteifrommer DDR-Sachlichkeit zu geben. Der Chef des Feuilletons, Jürgen Manthey, beschrieb die Attitüden der Meinhof als typische Anfängerallüren:

> »Wir hatten kulturell, im alten Sinne von Kultur, überhaupt nichts miteinander gemeinsam. Sie war immer eindeutig, sie war humorlos. Sie verkörperte in dieser Zeit, wo sie auch jung war, wo man noch hundertprozentig ist, den typischen Apparatschik. [...] Sie hat einen anderen Ton, einen andern Kurs, einen nackteren, auch politisch ungeduldigeren, weniger verspielten, weniger feuilletonistischen Ton reingebracht. Das ist auch sicher im Sinne des Geldgebers gewesen. [...] Röhl hatte immer wieder die Fähigkeit, das abzufangen, also es gab nie eine richtige Auseinandersetzung, er hat das immer wieder korrigiert.«[5]

Ulrike Meinhof war nicht leicht zu überzeugen, weil sie »die persönliche Neigung besitzt, Dinge sofort ins Grundsätzliche zu diskutieren«.[6]

Und ein anderer Mitarbeiter, Jürgen Holtkamp, stellvertretender Chefredakteur von KONKRET, sagte in einem Interview: »Vom Lob des Sozialistischen Realismus ist sie bald wieder runtergekommen.«[7] Klaus Rainer Röhl: »Ulrike holte jeden ins Blatt, den sie wollte. Sie machte vor niemand und nichts halt. Abgeordnete, Kirchenfürsten, Kultusminister, katholische Theologieprofessoren, Verfassungsrechtler, sie hätte den Papst selber in KONKRET schreiben lassen. Sie holte persönlich von Masereel Grafiken und von Sartre Texte.«[8]

Auch Reinhard Opitz erinnerte sich noch Jahre später, daß Ulrike Meinhof eine »Faszination für Prominenz«[9] gehabt habe. Und Manthey äußerte sich gegenüber dem Journalisten Mario Krebs: »Sie hat einen Gestus gehabt, der war oft unglaublich elitär. Sie hatte etwas Besonderes, Überlegenes. Und das kehrt für mich nachher ja wieder in ihrer Untergrundzeit.«[10]

Die damals 26jährige Ulrike Meinhof kommt mit ihrem speziellen Charme in der von Männern dominierten Redaktion zwar zunächst an ihre persönlichen Grenzen, setzt sich aber mit der Rückendeckung der Partei und der Hilfe Klaus Röhls, der sich im Zweifelsfall hinter sie stellt (übrigens posthum bis heute), trotz Kritik in der Redaktion durch. Anders als Klaus Röhl, der immer eher Ideengeber und Blattmacher war, füllt sie die Rolle der Chefredakteurin aus und bringt die Redaktion auf Vordermann.

»Sie wollte wirken, unbedingt wirken«, sagte ihr ehemaliger Kommilitone

Jürgen Seifert aus Münster später über sie. Und Renate Riemeck erklärte: »Sie hatte die Impression: KONKRET ist für sie eine Plattform, auf der sie wirken konnte.«[11]

Ulrike Meinhof war nicht zimperlich. Sie konnte sich durchsetzen und ihre Mitarbeiter knallhart dazu bringen zu tun, was sie für richtig hielt. Die Mitarbeiter, die sich nicht gerne von einer jungen Frau sagen lassen wollten, was sie zu tun hätten oder was ein guter Artikel sei, kuschten und erkannten sie mehr und mehr an. Nicht nur einem der jungen Schreiber eröffnet sie glasklar und unmißverständlich, daß er nicht schreiben könne und daher im Vertrieb oder in der Graphik arbeiten müsse. Dem aus Berlin gekommenen Klaus Steffens gewöhnte sie das Schreiben gleich ganz ab. Er sei zu mittelmäßig. Klaus Steffens übernahm deswegen bald die Anzeigenabteilung und gab seinen Traum vom Beruf des Filmredakteurs auf. Dem späteren Herausgeber des neuen KONKRET, Hermann L. Gremliza, schrieb sie eine Absage, die ihn über Jahre davon abhalten sollte, noch einmal bei ihr oder KONKRET vorstellig zu werden:

»5.6.1963

Sehr geehrter Herr Gremliza!

Ihre Glosse zum Thema ›Moralische Aufrüstung‹ müssen wir Ihnen leider zurückschicken. Wir haben dafür keine Verwendung. Nicht, weil uns die moralische Aufrüstung nicht interessiert, über die wir vor einiger Zeit mal einen sehr großen Artikel brachten, sondern weil man bei Ihrem Text das Gefühl nicht los wird, als stellten Sie sich mit erhobenem Zeigefinger vor den Leser. Dies aber mag der garantiert ebensowenig wie wir selber.

Nichts für ungut.
Mit freundlichen Grüßen Ihre Ulrike Marie Röhl
KONKRET Redaktion«[12]

So jung wie sie war, verstand sie die Spielregeln der Macht, lernt sich auseinander- und durchzusetzen und vergißt auch ihre persönlichen Interessen – Versicherungen, Steuererklärungen, höchst bürgerliche Kontenpflege und dergleichen – dabei nicht. Wenn auch nicht perfekt, so kleidet sie sich jetzt doch irgendwie ›chefadäquat‹. Sie ist sich bewußt, was sie ihren Untergebenen, vom Redakteur bis zur Sekretärin, schuldig ist. Meine Eltern wuchsen zu einem Team zusammen, das seine Konzepte gegenüber der Redaktion immer wieder durchsetzen kann.

»Klaus Rainer Röhl und Ulrike Meinhof hatten sich in allen Fragen, um die es in den Redaktionssitzungen ging, immer schon vorher abgestimmt«[13], erinnert sich Reinhard Opitz viele Jahre später. Und so empfindet es auch Klaus Röhl, wenn er an diese Zeit zurückdenkt: »Ulrike und ich hatten immer ein Gesprächsthema, wir langweilten uns nie. Wenn wir nach Hause kamen, besprachen wir alles, was in der Firma passiert war. Sicherlich waren wir damals schon sehr unterschiedlich, aber das fiel uns nicht so auf. Ihr manchmal allzu autoritärer Stil gefiel mir persönlich nicht, aber solange sie zu mir ganz anders war, fand ich das nicht so schlimm.«

Peter Rühmkorf behauptet, Ulrike Meinhof habe sich gerne in der »Rolle als Lehrerin und Bekehrerin« gesehen.[14] In seinem Buch *Die Jahre die Ihr kennt* beschreibt er eine Feier, die typisch sein könnte für das Verhältnis zwischen Ulrike Meinhof und dem saufenden, sangesfreudigen und, wie es oft hieß, expressionistischen Haufen, aus dem die Redaktion sonst bestand:

> »Letzter Höhepunkt unserer guten alten Zeit mit vaterländischen und Volksliedern, Gospels, Spirituals, Aufbauhymnen und einem unaufhörlichen Wolfram Vietze [AdA: ein Sänger, den Freunden bekannt aus den *Pestbeulen*-Jahren] an der polnischen Radleier. Er kurbelte noch im Halbschlaf weiter, während die Basis bereits zu Bill-Haley-Musik vibrierte, Dick Busse mit nostalgisch nach innen gekehrten Augen sein Nobody-Knows-Banjo schlug (13 dick vollbepackte Jahre an Erinnerung dazwischen), Kurt-Kaiser-Kapellan den Hans-Baimler-Kamerad sang und Otto-und-Antje-Meierdircks-und-Müffi-und-Röhl-und – ich (Heijo-heiheijo!-heijoheijoheijoho-heijo-heijoho-heijo!) den ganzen Pluralismus an die Wand brüllten. Das war die geschichtsträchtige und weltentrennende Stunde, wo Ledig sich, bereits halb unterm Möbel-Hühnlein-Sessel, fragte, wo er überhaupt gelandet sei, und Ulrike Röhl das prophetische Wort sprach: ›Ihr seid etwas, was ich nie verstehen werde, ihr seid etwas völlig anderes‹.«[15]

Doch nicht nur Ulrike Meinhof konnte angesichts solcher kultigen Gelage keinen Humor aufbringen, auch die Partei, allen voran Kumpf und Kapluck, hatten damit ihre Schwierigkeiten. Kapluck ist immer wieder schockiert über das verrückte Layout und die Collagen der Zeitung, die sich trotz der Regie von Ulrike Meinhof wieder durchgesetzt haben: »Erst sagte ich, Klaus, das sieht ja nicht wie eine kommunistische Zeitschrift aus, sondern wie eine verrückte dekadente Spielwiese. Aber der konnte mich überzeugen, denn er sagte, daß dieser Stil bei den Studenten ankäme. Ich hatte meine Mühe, Rückendeckung bei der Partei zu bekommen, was mir aber immer wieder gelang. Doch trotz des Erfolges haben wir nie Gewinne gemacht, es blieb ein Zuschußgeschäft, eine höhere Auflage bedeutete also immer noch mehr Kosten«, so Manfred Kapluck mir gegenüber.

Zu den teilweise prominenten Autoren von KONKRET dieser Jahre gehörten damals Hans Henny Jahnn, Kurt Hiller, Erika Runge und Robert Jungk, Martin Niemöller, Erich Kuby und Karl Heinz Deschner, Hans Magnus Enzensberger, Robert Neumann, Hans Heinz Holz, Jochen Ziem, Peter Hamm, Wolfdietrich Schnurre, die Filmkritiker Ulrich Gregor und Enno Patalas sowie – durch Vermittlung von Manthey – Arno Schmidt. KONKRET wurde zu einer Zeitschrift, in der alles schrieb, was bis heute Rang und Namen hat. Als damals noch kleine Minderheit schrieben die KONKRET-Autoren für den demokratischen Sozialismus und hetzten mehr und mehr gegen die Politik der Bundesregierung, gegen den Kapitalismus und das Wirtschaftswunder, das sie selber in vollen Zügen konsumierten.

Die Notstandsexpertin

1960 hat Ulrike Meinhof in ihrem Artikel »Notstand? Notstand!« die geplanten Notstandsgesetze das erste Mal in KONKRET thematisiert. Schon der erste Satz war eine Provokation sowie eine evidente und krasse Falschmeldung: »Deutschland 1960 – jeder Dritte vergleicht es mit dem Deutschland von 1933«. Dann fährt sie fort:

> »Vom Schlimmsten unter ihnen soll die Rede sein, von dem Entwurf zur Ergänzung des Grundgesetzes – ›Für den Fall eines Notstandes‹. Mit der ersten Lesung dieses Gesetzes im deutschen Bundestag in den letzten Tagen dieses Monats soll die junge Demokratie in eine neue Phase eintreten. Es soll enden die Zeit der Manipulation des Grundgesetzes, es soll beginnen die Phase der legalen christlich-demokratischen rüstungsindustriellen Statthalterschaft auf Dauer. Wir wollen nicht in den Streit um den Art. 48 der Weimarer Reichsverfassung einsteigen, ob Hitler vermittels oder trotz dieses Artikels zwölf Jahre deutschen Faschismus institutionalisieren konnte. Jedenfalls gab es ihn und wurde Mißbrauch mit ihm getrieben, und jedenfalls kam das ›Gesetz zur Behebung der Not von Volk und Staat‹, das Ermächtigungsgesetz, unter Berufung auf diesen Artikel zustande. [...] Auch der Artikel 48 WRV [AdA: Weimarer Reichsverfassung] setzte Grundrechte außer Kraft – zu viele schon damals, das hat sich inzwischen herumgesprochen. Von Bonn aus aber geht man weiter: [...] Soviel hatte man in Weimar nicht riskiert: die Gewerkschaften zu verbieten, Zwangsarbeit einzuführen, Frauen zu mustern und zu

rekrutieren. – Soviel wurde in Weimar nicht vorausgeplant: die Freiheit von Kunst und Wissenschaft aufzuheben, Forschung und Lehre gleichzuschalten.«[16]

Diesem ersten Notstandsartikel von Ulrike Meinhof folgten in den sechziger Jahre noch viele andere, so zum Beispiel »Die Würde des Menschen« aus dem Oktoberheft von KONKRET 1962, in dem sie das Beispiel des gegen das sowjetische Herrschaftssystem aufbegehrenden Ungarn-Aufstandes aus der Tasche zaubert: »Im formalen Vergleich und plastischen Bild hieße dies: Oppositionelle Massen können in Zukunft zusammengeschossen werden – wie im ungarischen November, und der Krieg braucht nicht mit den Mitteln kluger Politik verhindert zu werden, er würde einfach – gemäß dem dann neuen Selbstverständnis der Bundesrepublik – vororganisiert, für den ›Fall eines Notstandes‹.«[17] Diese Unterstellung Meinhofs, daß die Bundesregierung eigentlich nicht Notstandsgesetze verabschieden, sondern erst einen Notstand herbeiführen will, um dann eine Notstandsregierung etablieren zu können, taucht auch in einem weiteren ihrer Artikel von 1967 anläßlich des Militärputsches in Griechenland auf, über den sie schreibt: »Der Putsch wurde durchgeführt mit den Mitteln und Methoden, die wir – auf dem Papier – aus Schubladen- und Notstandsgesetzen schon kennen. Formulative Unterschiede rühren daher, daß die einen den Notstand schon durchführen, indes die anderen ihn erst planen.«[18]

Sie schrieb im Mai 1962 »Gegen wen? Wider ein deutsches Notstandsgesetz«, im Februar 1963 »Notstandsgesetze 1. Lesung«, im November 1964 schrieb sie »Notstandsgesetz (1964)« und beendete ihre Notstandsserie im Juni 1968, als die Notstandsgesetze den Bundestag endgültig passiert hatten, mit ihrem Artikel »Notstand und Klassenkampf«. Darin heißt es:

»10 Jahre Notstandsopposition, und es ist nicht klar begriffen worden, daß dies nur formal ein Verfassungsstreit ist […]. Es ist kaum begriffen worden, daß die Notstandsgesetzgebung der Generalangriff der Gesellschaftsinhaber auf die politische Demokratie ist, der Generalangriff der herrschenden Klasse auf die Beherrschten […]. Wir haben die politische Demokratie verteidigt, anstatt die gesellschaftlichen Mächte, die Unternehmerverbände samt ihren Dependancen in Staat und Gesellschaft anzugreifen […]. Wir haben gegen die Notstandsgesetze argumentiert, anstatt gegen die Macht der Konzerne zu kämpfen […] weil es uns nicht gelungen ist, uns von der trockenen, abstrakten Materie eines Verfassungsstreites zu trennen und Klassenkampf zu machen […]. Wenn wir so weitermachen, ist es leeres Geschwätz gewesen, daß auch

nach der Verabschiedung der Gesetze der Kampf weiterginge. Welcher denn?
Um die Verfassung? Welche? Bonn hat ganz schön vor dem Sternmarsch
[AdA: der ›Sternmarsch auf Bonn‹, eine Demonstration von ca. 60 000 Not-
standsgesetzgegnern kurz vor der Verabschiedung der Notstandsgesetze] gezittert. Das heißt, zahlenmäßig sind wir stark genug, um schon etwas auszu-
richten. Nun müssen wir es aber auch tun. Die Demokratisierung von Staat
und Gesellschaft ist das Ziel. Der Kampf gegen die Notstandsgesetze ist ein
Mittel unter anderen, dieses Ziel zu erreichen, d. h., die Diktatoren in Staat
und Gesellschaft zu entmachten. Das schafft man aber nicht, wenn man sich
nur gegen den Wechsel von der großen in die kleine Gefängniszelle wehrt und
darüber vergißt, den Ausbruch vorzubereiten.«[19]

Ulrike Meinhof läßt zu diesem späteren Zeitpunkt (auf dem Höhepunkt der
68er-Bewegung) die Katze bereits vollständig aus dem Sack: Die demokra-
tisch-rechtsstaatlich verfaßte Bundesrepublik ist für sie eine »Diktatur«, die
sie mit allen Mitteln (der Straße) beseitigen und ersetzen will. Notdürftig
mit der Phrase, »Demokratisierung von Staat und Gesellschaft« einführen
zu wollen, verklausuliert, ruft sie zur Revolution, zum Aufstand gegen die
damalige Bundesregierung auf.
    Worum ging es Ulrike Meinhof?
    Die Ergänzung des deutschen Grundgesetzes, von der die Journalistin
Meinhof in dem zuerst zitierten Absatz aus der Kolumne »Notstand? Notstand!« 1960 schreibt, wurde von der ersten großen Koalition aus CDU und
SPD unter dem Kanzler Kurt Georg Kiesinger und dem Vizekanzler Willy
Brandt vom Deutschen Bundestag und vom Bundesrat mit der notwendigen
Zweidrittel-Mehrheit am 30. Mai 1968 verabschiedet. Dieses Datum mar-
kiert eine ungewöhnliche Zäsur. Die bundesrepublikanische Geschichte und
insbesondere die politkulturelle Historie des Landes scheinen an diesem Tag
wie mit einem Messer durchschnitten. Seit dem 30. Mai 1968 kräht kein
Hahn mehr nach dem Für oder Wider der Notstandsgesetze: Sie stehen im
Grundgesetz, sind akzeptiert und nehmen sich neben den heutigen Anti-
Terror-Ermächtigungsgesetzen, die vergleichsweise kaum mehr diskutiert
werden, aus wie eine leicht verschärfte Regel für das Sonntagsgebet in einem
Mädchenpensionat. Was heute im materiellen wie im Verfahrensrecht und
auch im Organisationsrecht des Staates Schlag auf Schlag beschlossen und
den Bürgern zugemutet wird bis hin zur Totalüberwachung durch Internet,
Mobilfunk, Maut, Kreditkarte, Videokameras, Schleierfahndung, Gesund-
heitskarte, verdachtsunabhängige staatliche Eingriffe, Rücknahme des Da-
tenschutzes (der überhaupt erst nach der oben erwähnten Zäsur entstand),

paßt nur noch auf mehrere Kuhhäute, aber es regt bedenklicherweise niemanden mehr auf. Der finale Todesschuß der Polizei ist inzwischen positiv normiertes deutsches Recht.

Bis zu diesem Datum des 30. Mai 1968 war die Diskussion um die Notstandsgesetze von äußerster Heftigkeit gekennzeichnet, und Ulrike Meinhof war, wie später auch Hans Magnus Enzensberger, Prof. Helmut Ridder, Heinrich Böll, Alexander Mitscherlich und der Meinhof-Freund Jürgen Seifert, eine der ganz frühen Vorreiterinnen in Sachen Kampf gegen die Notstandsgesetze. Die weit überwiegende Meinung der Bundesbürger, die der sogenannten schweigenden Mehrheit, war sicher auch in den sechziger Jahren von gemäßigter Zustimmung zu den Notstandsgesetzen geprägt. Allein die veröffentlichte Meinung, mit wesentlichen Impulsen versehen durch die spätere außerparlamentarische Opposition, war bis zu ihrem Kulminationspunkt, dem berühmten Sternmarsch der Notstandsgesetzgegner auf Bonn im Mai 1968 von, um Gustav Heinemann zu zitieren, tumultarischen Szenen auf der Straße, auf Demonstrationen und sonstigen Anti-Veranstaltungen gekennzeichnet. So sehr dies alles am 30. Mai 1968 zerplatzte, so sehr ist dennoch auch die heutige Bundesrepublik – ideell wie personell – von den bis heute nachwirkenden, teils heftigen Kämpfen um die Notstandsgesetze geprägt.

Der Beginn dieser Anti-Notstandsgesetze-Bewegung läßt sich sehr gut an dem eingangs zitierten Text aus dem Meinhof-Artikel »Notstand? Notstand!« ablesen. Das junge KPD-Mitglied Meinhof war ausweislich ihrer Zeilen eine exzellente Propagandistin und Demagogin Ostberlins in Westdeutschland geworden. Verdichteter als in einem Gedicht macht sie aus der real existierenden Bundesrepublik des Jahres 1960, einem alles in allem wohlhabenden und demokratischen Rechtsstaat, einen das Grundgesetz manipulierenden postfaschistischen Dämon (»Es soll enden die Zeit der Manipulation des Grundgesetzes«), der durch die intendierten Notstandsregeln unter, wie sie schreibt, christlich-demokratische »rüstungsindustrielle Statthalterschaft« genommen werden sollte, also letzten Endes zum Faschismus zurückkehren würde. Hitler und Art. 48 der Reichsverfassung durften damals als Hinweis auf die ausgemachten Refaschisierungstendenzen auch nicht fehlen, was die Journalistin Meinhof auf die Westleserschaft hin sogleich wieder geschickt abfedert, indem sie einschränkend hinzufügt: »Wir wollen nicht in den Streit um den Art. 48 der Weimarer Reichsverfassung einsteigen, ob Hitler vermittels oder trotz dieses Artikels zwölf Jahre deutschen Faschismus institutionalisieren konnte. Jedenfalls gab es ihn.«[20]

Die Formulierungskunst ist wirklich beeindruckend, denn der Text, so taktisch und so zielstrebig er inhaltlich ist, kommt ebenso zwingend wie verhältnismäßig sachlich und mit einer inneren durchgestylten Dramatik daher. Die Sensibleren unter den Ostberliner Funktionären, die in der DDR ansonsten ja noch ziemliche Hammer- und Sichelkost gewohnt waren, haben sicher den Hut gezogen.

Wer genau hinsieht, erkennt auch in dem Artikel selber, um so mehr noch, wenn er ihn im Zusammenhang der berühmt gewordenen 100 Meinhof-Kolumnen in den sechziger Jahren liest, daß das hier gewählte Thema in Gestalt der damals geplanten Notstandsgesetze eher nur ein Vehikel ist. Ulrike Meinhof war Kommunistin durch und durch und blieb dies bis zu ihrem Tode, und bei aller späteren Distanz war ihr geistiger Bündnispartner auf ihrem kommunistischen Weg eben die Partei, die in Ostberlin regierte.

Meinhof war äußerst stringent, ziel- und erfolgsorientiert, was sie nur teilweise zu kaschieren wußte. Klassenkampf und Revolution – gemeint war zweifelsfrei die kommunistische Weltrevolution –, das war ihre Triebfeder; Abschaffung des Privateigentums, Kollektivierung und der unter der Diktatur des Proletariats, die dann keine Diktatur mehr ist, befreite Weltbürger – das war ihre Idee. Aus dieser Idee heraus hat sie später auch imperialistische Handlungen der Sowjetunion immer wieder wortlos oder auch ausgesprochen gerechtfertigt, und zwar mit der Lesart, daß der Kommunismus gar nicht imperialistisch sein könne, weil er die Klassen (und damit auch die Rassen) befreite und der autonome Weltbürger am Ende die Fesseln, die ihren Ursprung im Kapitalismus hätten, gar nicht mehr kennte und empfinden könne, weil eben alle Fesseln kommunistisch zersprengt worden sein würden.

Unrechtsstaatliche Entartungen, die Ulrike Meinhof jenseits des Eisernen Vorhanges keineswegs verkannte, schienen ihr offenbar tolerabel, wenn im weltgeschichtlichen Fortgang am Ende das kommunistische Paradies stehen würde, das sie wohl für etwas hielt, das durch eine baldige, zunächst lokal beginnende und dann weltumspannende Revolution durchaus in endlicher Zeit erreichbar sei.

Die Bundesrepublik zu diskreditieren und zu destabilisieren, das war es, dem sie ein bißchen ihr Leben und in jedem Falle ihr hochklassiges Handwerk zur Verfügung stellte. Munitioniert von einer Diktatur und deren Ideologie – von einer Diktatur, deren Realität noch ziemlich weit entfernt von der reinen Lehre des Kommunismus war –, stand sie regelrecht unter Strom, eine verbale Attacke nach der anderen auf die Bundesrepublik und personifiziert auf Adenauer zu werfen. Bei aller Vielfalt der Themen gibt es auch eine ermüdende Monotonie und ein klares Feindbild. Die Bundesrepublik ist für sie vorverurteilt, unwiderleglich. Weshalb sie es auch nicht schafft, sich auf eine wirklich sachliche, auf den Realitäten gründende Diskussion mit der bundesrepublikanischen Gesellschaft einzulassen.

Worum ging es bei dem Kampf um die Notstandsgesetze?

Die notstandsgesetzliche Vorsorge für den Spannungs- oder Kriegsfall, also für den Fall eines militärischen Angriffs auf die Bundesrepublik Deutschland von außen – die Vorsorge für den Fall einer Naturkatastrophe war weitestgehend unstreitig –, lenkte den Blick damals sehr schnell auf die Tatsache, daß die Bundesrepublik Deutschland zu keinem Zeitpunkt von Luxemburg, Liechtenstein, Monaco oder Andorra militärisch bedroht wurde und auch nicht von dem versöhnten, früheren sogenannten Erbfeind Frankreich, sondern daß es nur eine einzige potentielle militärische Angriffsgefahr gab, wenn es denn eine gab, nämlich von der Sowjetunion und ihren Paktstaaten.

Ulrike Meinhof behandelt indes in ihren zahlreichen Kolumnen diesen Angstgegner des kalten Krieges, als sei er nicht existent. Sie konzentriert sich auf den inneren Notstand. Auch die damalige Bundesregierung hatte möglicherweise viel weniger Sorge, daß aus dem kalten Krieg ein heißer Krieg werden könnte, da dies bei der geopolitischen und geostrategischen damaligen Lage eher nicht wahrscheinlich schien. In der Analyse der tatsächlichen Verhältnisse waren sich die (mit großer demokratischer Legitimation ausgestattete) Bundesregierung und auch etliche oppositionelle Parlamentarier von der SPD, die für den Fall des inneren Notstandes eine gesetzliche Vorsorge befürworteten, und auf der anderen Seite Ulrike Meinhof und die Ihren – also ein relativ kleines Häuflein extremer Gegner der Notstandsgesetze, die aber über Multiplikationsmöglichkeiten verfügten – erstaunlich einig:

In der damaligen Bundesrepublik, die gemeinhin als das saturierte Wirtschaftswunderland bekannt ist, in der es teils weit mehr als eine Million offene Stellen gab und Gastarbeiter, vorwiegend aus Südeuropa, in Millionenzahl ins Land geholt werden mußten, um den Arbeitskräftemangel auszugleichen, bestand dennoch eine nicht nur abstrakte, sondern durchaus konkrete Möglichkeit, daß Arbeitskämpfe, die sich zu einem Generalstreik aufschaukeln würden, den Staat, die Wirtschaft und die Gesellschaft destabilisieren und durch ausbrechende Unruhen aus den Fugen geraten lassen könnten.

Gleichwohl schafften es die Gewerkschaftsführungen – wie man wohl zu Recht mutmaßen darf, nicht ohne kommunistischen Einfluß –, eine Antistaatsstimmung zu schüren, sprich das Schreckgespenst eines Generalstreiks, mit dem die Gewerkschaftsführer die Regierung, die Wirtschaft und die Gesellschaft direkt oder indirekt bedrohten, an die Wand zu malen.

Ob es je eine Situation gab, in der es einer kleinen Gewerkschaftstruppe tatsächlich gelungen wäre, einen Generalstreik in der Bundesrepublik auf die Beine zu stellen, ist fraglich. Jedenfalls gab es dieses Schreckensszenario, vor dem die Bundesregierungen Adenauer/Erhard sich fürchteten. Sie hielten die bundesrepublikanische Gesellschaft für noch nicht gefestigt und belastbar genug, um einen längeren Generalstreik ohne Schaden überstehen zu können.

Wie konnten es einige Politiker damals überhaupt für möglich halten, daß die Gewerkschaften die Macht haben könnten, einen hinreichenden Teil ihrer Mitglieder zu einem Generalstreik zu bewegen? Dies lag darin begründet, daß die damaligen Gewerkschaftsführer auch aus deren spezieller historischer Erfahrung ihren Frieden mit der Bundesrepublik noch nicht in jedem Falle gemacht hatten und von einer ablehnenden Grundskepsis gegenüber selbst eindeutig demokratisch legitimierten Bundesregierungen geprägt waren. Etliche dieser Gewerkschaftsführer hatten durchaus das Selbstverständnis, in Ausnutzung der ihnen durch das Grundgesetz gewährten Freiheiten, eine berufene, gleichsam außerparlamentarische Volksvertretung zu sein, die beauftragt sei, die Regierung unter Umständen sogar zu stürzen. Hier kann das heiße Eisen der Einflußnahme aus Ostberlin auf die deutschen Gewerkschaften nicht näher dargestellt werden, aber daß die Macht der Gewerkschaften gerade auch in der damals noch existierenden Montanindustrie der Knackpunkt war, an dem sich die Ängste vor einem Generalstreik, der sich zu einem inneren Notstand entwickeln könnte, entzündeten, kann historisch kaum bezweifelt werden. So satt die Gewerkschaftsmitglieder im ganzen gewesen sein mögen, so sehr steht fest, daß die Gewerkschaften in einzelnen Betrieben über durchaus unruhige und kampflustige Basisgruppen verfügten, mit denen ein politischer Generalstreik tatsächlich zu initiieren gewesen wäre.

In der *Zeit* schrieb Rolf Zundel am 6. Mai 1966 über das tiefe Mißtrauen der Gewerkschaften gegen die Notstandsgesetzgebung:

»Die Notstandsgegner innerhalb der Gewerkschaften sehen sich freilich nicht nur als Interessenvertreter, sondern als Hüter der wahren Demokratie. Daher ihr Widerstand gegen all diese Gesetze, in denen sie ein Mittel zur Aushöhlung der Demokratie erblicken. Rational ist dies kaum zu begreifen. In allen vergleichbaren Demokratien gibt es Notstandsregelungen. [...] In den Gewerkschaften wird die Regierung weithin noch als der Klassenfeind betrachtet, der nur darauf wartet, rechtsautoritäre Ambitionen in die Tat umzusetzen. [...] Wer allerdings wie die IG-Metall Notstandsregelungen grundsätzlich für überflüssig hält, kann all diese Gesetze nur mit Protest hinnehmen und mit dem Generalstreik drohen, falls die Regierung zu intensiven Gebrauch davon machen sollte. Wie viele werden aber dann noch dem Streikaufruf folgen? Besser wäre es jedenfalls, den Gefahren vorher zu begegnen. [...] Für die Rechte wie für die Linke aber gilt: Erst, wenn die Gewerkschaften diesen Staat als den ihren akzeptieren, wird er auf sicherem Fundament ruhen.«[21]

Letzten Endes haben die Gewerkschaften wohl aus der Einsicht, daß ihnen selber ein Generalstreik entgleiten könnte, Mäßigung geübt. Als es schließlich Ende der sechziger Jahre um die Wurst ging, gab es mächtige Stimmen in den Gewerkschaften, die sich für die Notstandsgesetze aussprachen.

Während Adenauer und später Erhard nach ihren historischen Erfahrungen der Weimarer Republik Generalstreik und wirtschaftlichen Absturz als Bestandsgefährdung der Bundesrepublik fürchteten, war genau dieses Szenario ein Ziel von Ulbrichts DDR, nämlich die Destabilisierung der Bundesrepublik von innen, mit der Hoffnung, mittels eines geschürten Generalstreiks Kräfte und Dynamiken zu entfesseln, die die Bundesrepublik für eine Wiedervereinigung durch Anschluß an die DDR bereit machen würden.

Noch etwas anderes einte die Befürworter und die Gegner der Notstandsgesetze; beide Seiten sprachen nicht offen und vollständig aus, was sie antrieb. Die Bundesregierung hatte sich bereits als intellektueller Verlierer gegenüber der Ostpropaganda erwiesen, denn sonst hätte sie es wohl kaum nötig gehabt, einen Antrag beim Bundesverfassungsgericht auf ein Verbot der KPD zu stellen. Sie hatte sich als unfähig erwiesen, sich mit einem Verfassungsfeind, so die Einstufung der KPD durch das Bundesverfassungsgericht, politisch-ideell auseinanderzusetzen. Die Bundesregierung hatte, wie Meinhof es oft ausführte, Angst, weshalb sie sich nicht traute, die konkreten Unruheszenarien, denen sie mit Notstandsvollmachten begegnen wollte, ganz offen zu benennen. Daß sich Ostberlins verlängerte Propagandisten ebenfalls nicht in die Karten schauen lassen wollten und ihre Motive und Ziele verschwiegen, ist ein Selbstgänger. Der diametrale Unterschied zwischen der Regierungspolitik und den aus Ostberlin lancierten Angriffen auf diese Regierungspolitik in Sachen Notstandsgesetze lag darin, daß die Regierung Unruhen und Generalstreik unter allen Umständen mit verfassungskonformen Mitteln, also den Notstandsgesetzen, quasi im Keim ersticken wollte, und zwar gegebenenfalls zur Rettung der Bundesrepublik – so kraß wird man es ausdrücken müssen –, während Ostberlin genau diese Situation eines inneren Notstandes in der Bundesrepublik, nämlich einen Generalstreik, der sich zu einer politischen Putschsituation auswächst, herbeiwünschte und herbeischreiben und -reden wollte.

Die Notstandsgesetzgegner à la Ulrike Meinhof wollten eine oppositionelle Massenmobilisierung in Westdeutschland gegen Demokratie und Rechtsstaat und gegen die übergroße schweigende oder unbeteiligte Mehrheit der Bevölkerung initiieren und in Gang setzen. Das westdeutsche Volk sollte sozusagen gegen das westdeutsche Volk aufgebracht und die Bundesregierung in der Konsequenz aus dem Amt gejagt werden. Revolution war das Ziel, das Ulrike Meinhof als KONKRET-Schreiberin von Anfang an konsequent verfolgte, wie sie es dann 1968 in ihrem letzten Artikel über die Notstandsgesetze offen und öffentlich bekannte.

In der Rezeption der Bevölkerung in Westdeutschland wie in Ostdeutschland war die Sache damals mehrheitlich klar: Der Westen war realiter dem Staat der soziokommunistischen SED-Diktatur ideell wie materiell zum Teil geradezu haushoch überlegen. Das Gefälle in Lebensstandard und in der Lebensqualität war augenfällig. So wenig perfekt die Bundesrepublik gewesen sein mag, der Staat auf westdeutschem Boden wurde als freiheitlich-demokratischer Rechtsstaat mit einer weitestgehend sozialverpflichteten Wirtschaft angesehen. Die Lohnzuwachsraten waren Anfang der sechziger Jahre beachtlich, das verfügbare Geld über die Befriedigung der Grundbedürfnisse hinaus war auch bei den Arbeitern erstmalig signifikant gestiegen, auch die Arbeiterschaft dachte plötzlich flächendeckend über Auto, Kühlschrank, Waschmaschine und Urlaub in Italien oder Spanien nach. Die Arbeiter waren für kommunistische Parolen oder auch für politische Forderungen der Gewerkschaften eigentlich nicht sonderlich zu erwärmen. Man war interessiert an Lohnsteigerungen, Arbeitszeitverkürzung und Verbesserung des Arbeitsrechtes und vielleicht noch an Mitbestimmung in den Betrieben.

Da blieb den Strategen aus dem Osten nichts anderes übrig, wenn sie überhaupt punkten wollten, ins quasi Transzendentale, in eine Art Übermoral auszuweichen, von der paradiesischen Zukunft des Sozialismus zu predigen und sich vor allem darauf zu konzentrieren, die Bundesrepublik und den Westen moralisch an tatsächlichen oder vermeintlichen oder höchst artifiziell konstruierten Schwachpunkten möglichst kaputtzupropagieren.

Notstandsgesetze sind die Reaktion der Verfassung auf das Faktum eines Notstandes, also gesetzliche Ausnahmeregeln, die verfassungsimmanent die Normalverfassung für Normalzeiten in definiertem Umfang und auf definierte Zeit einschränken und den gewaltgeteilten staatlichen Entscheidungsprozeß zugunsten der Exekutive ausweiten. Ausnahmetatbestände sind aus der Sache heraus ein probates Einfallstor für rechtsethische und politmoralische Zweifel und Angriffe. Wo also Vernunft und Augenmaß gefragt sind, kann mit Unterstellungen und Verdrehungen leicht böses Blut erzeugt werden. Insofern war es sicher kein Zufall, daß die Notstandsgesetze gerade in Zeiten des kalten Krieges zu einem politischen Schlachtfeld der deutschdeutschen Auseinandersetzung wurden. Und es war auch kein Zufall, daß die vehemente Diskussion um die Notstandsgesetze am Tag von deren Verabschiedung beendet war: Die Notstandsgesetze gaben für Agitation danach nämlich nichts mehr her.

Da Notstandsgesetze allgemein aus sich heraus eine sensible verfassungsrechtliche Materie sind, könnte man geneigt sein, zu fragen, ob die Motivation unerheblich ist, wenn der Anti-Notstandsgesetz-Kampf nur selber eine gute Sache ist. Eins hat der Aufwand, den die DDR in Sachen Westunterwanderung vielfältig getrieben hat, sicherlich gebracht, nämlich daß die demokratische Sensibilisierung in der jungen Demokratie namens Bundesrepublik nicht abebbte. Auch die durch die Notstandsdebatte geförderte Auseinandersetzung mit der Nazivergangenheit Deutschlands ist ein besonderes Positivum.

Erwähnt werden muß, daß es vor allem in der SPD, aber auch in der FDP und in geringerem Teil in der CDU auch Gegner der Notstandsgesetze gab, die mit unterschiedlichsten Begründungen und aus den unterschiedlichsten Motiven zum Teil sehr skeptisch waren, inwieweit es vertretbar ist, der Bundesregierung für Notsituationen Sondervollmachten zu geben. Auch die Argumente dieser Opposition gegen die Notstandsgesetze sind in die 1968 gefundene Kompromißregel eingeflossen.

Wie mußte ein durchschnittlich verständiger Leser die Notstandsgesetztexte von Ulrike Meinhof verstehen, und zwar im damaligen politischen Kontext? Was war ihre Botschaft? Bei ihren Lesern wurde verstanden, was Ulrike Meinhof zwischen den Zeilen sagen wollte, daß die Bundesrepublik an essentiellen Systemfehlern kranke und auf dem Wege zur Refaschisierung sei und daß Abhilfe nicht allein mit einem Urnengang bei der nächsten Bundestags- oder Landtagswahl zu schaffen sei, sondern nur, indem Fundamentalopposition und am besten Revolution stattfinde.

In der DDR war alles ganz anders. Da hatte man ein klares Feindbild, und das wurde jedem DDR-Bürger täglich und rund um die Uhr eingehämmert: die Revanchisten, Kapitalisten, Imperialisten, Militaristen, Faschisten in der Bundesrepublik. Diese Propaganda erreichte jeden vom Kindergarten an bis ins Altersheim hinein. Die DDR bezeichnete sich selbst im Rahmen dieser Propaganda ebenfalls rund um die Uhr als die Inkarnation der Friedensliebe. Diese Sichtweise war im großen und ganzen auch die von Ulrike Meinhof.

Diktaturen benötigen quasi kraft Definition keine Notstandsgesetze. Diktatur ist Notstand, und die Diktatoren wenden das besondere Instrumentarium des Verfassungsausnahmerechtes, des Notstandes, quasi als alltägliches Recht permanent an. Gerät eine Diktatur in einem Staat wie in der DDR von innen heraus in eine Situation, in der die Diktatur um ihren Bestand fürchtet, dann kann folgendes passieren, was passierte:

Als ausgerechnet die Arbeiter, die sogenannte Zielgruppe der Kommunisten, 1953 für mehr Geld und Freiheit in der DDR streikten und auf die Straße gingen, erklärte Ostberlin diesen Massenprotest zum Notstand und schoß mit Panzern und Kalaschnikows mit sowjetischer Unterstützung auf die eigenen Menschen und ergriff weitere unrechtsstaatliche Maßnahmen gegen die Demonstranten. Notdürftig legitimierte die DDR-Führung ihr militärbewehrtes ›Mißfallen‹ an den aus großem Unmut der Bevölkerung geborenen Demonstrationen mit der Behauptung, die CIA und ähnliche Organisationen hätten den Streik angezettelt und die DDR von außen angegriffen, allerdings agitatorisch und nicht mit Waffen. Damit hatte die DDR, obwohl sie wenig später demokratische Notstandsgesetze in der Bundesrepublik vehement bekämpfte, gezeigt, daß sie mit Notstandssituationen nur in der ihr eigenen gefährlichen Unrechtsstaatsmanier umgehen konnte, und hatte zugleich ein Negativbeispiel dafür gegeben, wie nützlich vernünftige Notstandsgesetze in Verfassungsrang gewesen wären, die eine innenpolitische rückwirkende Kontrolle und Kritik nach Beendigung des Notstandes erlaubt hätten. Ernst Benda, später Innenminister und noch später Präsident des Bundesverfassungsgerichts, der 1967 Staatssekretär des Inneren war, drückte es 1967 in einem *Zeit*-Interview so aus:

>»Es ist kein Zufall, daß in der sowjetisch besetzten Zone ein Verteidigungsgesetz besteht, das in seinem § 4 dem Staatsrat die sachlich nicht beschränkte Befugnis überträgt, ›für die Dauer des Verteidigungszustandes die Rechte der Bürger und die Rechtspflege in Übereinstimmung mit den Erfordernissen der Verteidigung der Republik abweichend von der Verfassung‹ zu regeln. Nur der Rechtsstaat hat Schwierigkeiten mit der Notstandsregelung: das Unrechtsregime, das ohnehin im permanenten Notstand lebt, tut sich leichter und braucht im Grunde keine zusätzlichen Rechtsnormen für den Notstandsfall.

Die Kompliziertheit unserer Regelung ist der Preis, den wir für die Erhaltung der Rechtsstaatlichkeit zu zahlen bereit sein sollten.«[22]

Was auch Ulrike Meinhof vollkommen ignorierte, war, daß die DDR sich am 21. Dezember 1961, unmittelbar nach dem Bau der Mauer, selber ein Notstandsgesetz gab. Das Verteidigungsgesetz der DDR[23] ging nicht nur in der DDR selbst, sondern auch in der durch Ostberlin angeheizten westdeutschen Opposition gegen die westdeutschen Notstandsgesetze glatt und unbeachtet über die Bühne. In § 4 des DDR-Gesetzes heißt es unter der Überschrift »Verteidigungszustand« sinngemäß, daß der Staatsrat der DDR, ein Sondergremium der DDR-Volkskammer, das eigentliche Machtzentrum des Parlaments, den Verteidigungszustand erklärt. Der Vorsitzende des Staatsrates, der regelmäßig der Parteivorsitzende und Staatchef in einer Person war, also damals Walter Ulbricht, verkündet dann formlos den Verteidigungszustand. Der Staatsrat der DDR konnte gemäß Art. 106 der DDR-Verfassung »die Rechte der Bürger und die Rechtspflege in Übereinstimmung mit den Erfordernissen der Verteidigung der Republik abweichend von der Verfassung regeln«. Damit gehen die Notstandsregeln der DDR expressis verbis mindestens so weit wie der im Westen damals zu Recht gerügte Art. 48 der Weimarer Verfassung. In Art. 3 hieß es in der DDR-Notstandsverfassung unter der Überschrift »Dienst zum Schutz der Republik und der Bevölkerung«: »Der Dienst zum Schutz des Vaterlandes und der Errungenschaften der Werktätigen ist eine ehrenvolle, nationale Pflicht der Bürger der Deutschen Demokratischen Republik.« Und weiter hieß es: »Der Dienst zum Schutz der Republik und der Bevölkerung umfaßt den Dienst in der nationalen Volksarmee und den anderen bewaffneten Organen sowie den Luftschutzdienst.« In § 12 verlangte die DDR im Notfall »erhöhte Arbeitsleistungen [...] die von den Werktätigen im Interesse der Verteidigung der Heimat [...] erbracht werden«. Ebenfalls in § 12 ist geregelt, daß Arbeitsrecht und Arbeitsbedingungen von der DDR-Regierung abweichend von der normalen Gesetzeslage geregelt werden können.

Daß die DDR in der Not auf die Begriffe Vaterland und Heimat zurückgreift, wer hätte das gedacht? Die Notstandsgesetze der DDR, die eigentlich angesichts der tatsächlichen Machtverhältnisse eher ein Potemkinsches Dorf waren, genügen erkennbar den Anforderungen des westdeutschen Grundgesetzes nicht, nicht im mindesten. Interessant zu sehen ist auch, daß die Gewerkschaften, die es formal ja auch gab, und das Arbeitsrecht in der DDR, letzten Endes gleichgeschaltete Institutionen, anders als im Grundgesetz überhaupt keine Rolle spielten, und natürlich haben die DDR-Gewerkschaften auch keinerlei Protest angemeldet. Auch die bundesdeutschen Gewerkschaften, die sich gegen die Notstandsgesetze in der BRD stark machten, leisteten keine Bruderhilfe für ihre Genossen in der DDR.

Die DDR-Verfassung kannte zwar auch Grundrechte, allerdings juristisch systematisch wie auch praktisch waren das nur kosmetische Deklarationen. Die Grundrechte der Bundesbürger aus dem Grundgesetz, die während der Notstandslage eingeschränkt werden können, sind dagegen mit materiellen wie formellen Sanktionen ausgestattet. Jeder einzelne Bürger kann wegen der Verletzung eines Grundrechtes Verfassungsbeschwerde erheben, und das hat Konsequenzen für den Staat, es gibt Rechtsfolgen, und das gilt zumindest im nachhinein auch für notstandsbedingte Einschränkungen der Grundrechte. Die Erfahrung, die die Weimarer Rechtsverfassung, die im NS-Staat endete, lehrt, daß man lebensbedingte Risiken nicht negieren sollte, sondern die lebensbedingten Risiken und auch die lebensbedingten politischen Risiken gekonnter regeln muß. Es kann nicht um das Ob gehen, sondern, wie fast immer in der Politik und dem Recht, um das Wie. Diese Frage des Wie wird mit Scharfmacherei, wie Ulrike Meinhof sie meisterlich beherrschte, nicht beantwortet.

Meinhof war in den sechziger Jahren noch schlau genug zu wissen, daß Politik, wie sie in einer anderen Kolumne selber zitiert, die Kunst des Möglichen ist, die Kunst der Verpackung, die Kunst von Bündnissen auf Zeit auch mit ungeliebten Partnern. (Beispiel: Sie setzt sich immer wieder für die SPD ein, die sie aber dann doch nur als das kleinere Übel auf dem Weg zur Revolution ansieht.) So wirkten diese Texte über die Notstandsgesetze trotz ihrer Radikalität und trotz ihrer pressenden Absicht und ihrem Verdikt – wer für Notstandsgesetze ist, ist im Zweifel für Hitler – noch halbwegs sachbezogen und geradezu moralisch verpflichtet. Ein bißchen wird auch hier deutlich, daß sie sich in der alles in allem demokratischen, rechtsstaatlich und auch pressefreiheitlich verfaßten Bundesrepublik in die Rolle hineinsteigert, eine mutige Einzelkämpferin und Widerstandskämpferin in einem bedrohlichen Staatsgebilde zu sein, was immer auch zu ihrer Technik gehörte, wollte sie doch den Eindruck hervorrufen, daß die Bundesrepublik auf dem Weg ins Vierte Reich sei und einen Dritten Weltkrieg erzeugen könnte.

Gleichwohl ist ihr erster Anti-Notstands-Text 1960, vergleicht man ihn mit Texten von anderen späteren Notstandsgegnern wie zum Beispiel einem Artikel von Hans Magnus Enzensberger aus dem Jahr 1968, »Notstand«, insofern noch sachbezogen, als Meinhof sich zumindest dem Anschein nach auf die Gesetzgebung konzentriert. Dem Zeitgeist entsprechend greift Enzensberger eher ins Vulgäre und geradezu Clowneske. In seiner Rede stellt er eine Korrelation der Bundesrepublik zu »Bananenrepubliken« her und stellt die Notstandsgesetzgeber selber als den Notstand dar:

> »All das nimmt sich eher exotisch als europäisch aus – aber scharf wird schließlich immer noch nicht bei uns geschossen; immer noch kann man in aller Ruhe zum Friseur gehen; immer noch gibt es im ganzen Land kein einziges Konzentrationslager [...]. Und weil sie selber Angst haben, diese politischen Bunkerleichen, weil sie selber der Notstand sind, von dem sie faseln, darum hecken sie diese Paragraphen aus, die diesen Notstand verewigen sollen. ›Im Ernstfall‹, sagt der Herr von Hassel, kann nur das funktionieren, was schon im Frieden funktionierte. ›Da es aber im Frieden nicht funktionieren will, wird es das einfachste sein, den Frieden ganz abzuschaffen.‹«[24]

Die große Koalition aus CDU und SPD unter Kanzler Kurt Georg Kiesinger und Vizekanzler Willy Brandt war nicht in der Gefahr, »Konzentrationslager« in Deutschland zu bauen. Das relativierende ›Spiel‹, das Enzensberger mit dem Begriff »Konzentrationslager« vorführte, muß auch heute noch aufs schärfste geächtet werden. Aus dem Zusammenhang ergibt sich, daß die lautstarke und von den Medien überrepräsentierte, ausweislich der Bundestagswahlen der Zeit allerdings kleine Minderheit der APO, zu deren geistigen Führern Enzensberger zählte, gemeint war, als diejenige Märtyrergruppe, für die die Enzensbergerschen »Konzentrationslager« eingerichtet werden sollten. Dieses leichtfertig-süffisante Assoziieren ist wirklich ein Schlag ins Gesicht und in die Seele der in den realen Konzentrationslagern der Nazis umgebrachten Menschen. Enzensberger hat dies, wie gesagt, im Zeitgeist von sich gegeben, allerdings schritt er diesem Zeitgeist voran und müßte sich heute zu seiner Verantwortung bekennen.

Herbert Wehner, einer der ganz Großen der SPD und gewiß ein Linker und gewiß ein harter Gegner von Adenauer und Strauß, kommt das große historische Verdienst zu, aus tiefstem Gewissen die Notstandsgesetze 1968 im Mai, wie sie heute im Grundgesetz stehen, möglich gemacht zu haben. Die große Koalition bedurfte seines Einsatzes damals auf jeden Fall. Ihm war klar, daß es zum Wesen von Notstandslagen gehört, daß sie einem Staat ohne dessen Zutun zustoßen können. Deswegen gehört es für ihn zur Souveränität eines Staates, sich rechtzeitig Gedanken zu machen, wie auch Krisen durch die Staatsmacht in verfassungskonformer Weise behandelt werden können. Und das Beste an den Notstandsgesetzen, wie sie seit 1968 gelten,

ist, daß sie unabhängig von dem Willen der mit Sondervollmachten aus-
gestatteten Notstandsmanager, zum Beispiel in Gestalt des Bundeskanzlers,
die Rückkehr zum »normalen« Verfassungsrecht zwingend vorschreiben.

Insofern sind die Notstandsgesetze ja geradezu die verfassungsrangige
Garantie, daß eine Notstandsregierung ihre Sonderrechte nicht beibehält,
sondern diese Sonderrechte nach Beendigung der faktischen Notstandslage
ohne Wenn und Aber wieder verliert. Und das Bundesverfassungsgericht ist
der unabhängige Garant. Die Notstandskämpfer von damals hängen nicht
nur an ihren individuellen Biographien, sondern identifizieren sich bis heute zum Teil sehr vehement mit ihrem persönlichen Engagement gegen die
Notstandsgesetze. Es ist indes bis heute ein offenes und weitgehend unauf-
gearbeitetes Kapitel, wie die Kämpfe im tiefsten kalten Krieg um die Notstandsgesetze der Bundesrepublik historisch zu bewerten sind. Hier kann
das Bücherwände füllende Thema nicht annähernd erschöpfend dargestellt
werden. Jürgen Seifert, der mir in mehreren Gesprächen liebevoll und kritisch von seinen Erinnerungen an Ulrike Meinhof und die damalige Zeit
erzählte, verstand beim Thema Notstandsgesetze nicht den geringsten Spaß.
Für ihn war klar, daß sie damals der Bundesrepublik durch besonders muti-
gen Widerstand ein Stück Freiheit und Recht abgetrotzt hätten, wofür der
rechte Dank der nachfolgenden Generationen noch nicht erklärt worden
sei.

Ein notstandsrechtlicher Denkfehler von Ulrike Meinhof offenbart sich
in einem anderen Artikel. Als die Welt und die Medien fassungslos emotio-
nalisiert mit dem Tod des amerikanischen Präsidenten John F. Kennedy am
22. November 1963 beschäftigt waren, bleibt Ulrike Meinhof kalt. Etwas
verärgert schreibt sie:

> »Es geht nicht an, daß dieses Territorium, die Menschen, die hier leben, daß
> Deutschland in Angst und Unsicherheit gestoßen wird, weil Wahnsinnige
> im amerikanischen Süden mit dem Feuer spielen [...]. Wir, die wir selbst in
> tiefstem Unfrieden leben zwischen Neiße und Rhein, haben nicht die Zeit,
> Zaungast und Statist eines Dramas zu sein, auf dessen Ausgang wir keinen
> Einfluß haben. [...] Es ist an der Zeit, daß die deutsche Bundesrepublik von
> ihrer vor acht Jahren erlangten Souveränität souveränen Gebrauch macht.
> [...] Die deutsche Regierung sollte jetzt selbst handeln. Souverän handeln.
> Die deutsche Opposition muß ihr das abverlangen.«[25]

Was Ulrike Meinhof da so locker über Souveränität schreibt, gibt nicht so
recht den tatsächlichen Sachstand wieder. Der von ihr bevorzugte östliche

Staat auf dem deutschen Boden, die DDR, war 1963 so unsouverän, wie ein Staat nur unsouverän sein kann, und erlangte seine volle Souveränität erst mit der Wiedervereinigung 1990 und dem Abzug der russischen Truppen Anfang der neunziger Jahre. Auch die BRD wurde erst schrittweise souverän. Und ein Schritt zu dieser Souveränität wurde mit Einführung der Notstandsartikel in das Grundgesetz 1968 vollzogen, gegen deren Einführung Ulrike Meinhof so vehement ankämpfte. Die westalliierten Sicherheitsvorbehalte aus dem Deutschlandvertrag von 1954/55, der immer noch nicht der Friedensvertrag mit Deutschland war, der immer noch Sonderregeln für Berlin vorsah und der vom Fortbestand der Gesamtverantwortung der Westalliierten für Deutschland ausgeht, sahen vor, in einer Notstandssituation in die Souveränität der Bundesrepublik eingreifen zu können. Dies war ja gerade ein weiterer Grund für die Notstandsgesetzesbefürworter, diese alliierten Souveränitätsrechte der Westalliierten zum Erlöschen zu bringen, indem diese durch ein deutsches Notstandsrecht ersetzt würden.

Wenn die Meinhofsche Analyse zugetroffen hätte, daß die Deutschen zwischen Neiße und Rhein in tiefstem Unfrieden lebten, also eine Notstandslage keineswegs unwahrscheinlich war, dann hätte Ulrike Meinhof, wenn sie deutsche Souveränität reklamierte, logischerweise für die Notstandsgesetze eintreten müssen. Es klingt so schön, souveränes Handeln der Bundesrepublik zu fordern. Es klingt nicht mehr ganz so schön, wenn dies jemand tut, der als wahres Ziel souveräne Entscheidungen der Bundesrepublik herbeiführen will, die den Gesetzen unterliegen sollten, die in Ostberlin für die Bundesrepublik konzipiert wurden.

»Hitler in Euch«

Am 20. Mai 1961, zwei Monate nachdem Ulrike Meinhof die Chefredaktion übernommen hatte, schrieb sie in KONKRET einen provokanten Artikel über den gerade in Israel stattfindenden Eichmann-Prozeß, der mit dem Suggestivtitel »Hitler in Euch« überschrieben war. Obwohl ihr Kommentar nur ein Begleittext zu einem Leitartikel des Autors Jörg Haas zum gleichen Thema ist, wird nicht der Leitartikel, der die industrialisierte Ermordung der Juden zum Thema hat und kritisiert, daß zahlreiche Nazis wieder in Ämtern sitzen, zum öffentlichen Diskussionsgegenstand, sondern die wenigen polemischen Worte Ulrike Meinhofs. Der Schlußsatz ihres Kurztextes endet mit der Formel: »Wie wir unsere Eltern nach Hitler fragen, so werden wir eines Tages nach Herrn Strauß gefragt werden.«[26]

Womit Ulrike Meinhof am Ende keinen Zweifel daran ließ, daß sie auch dieses für den kalten Krieg ungeeignete Thema im Sinne ihres Klassen- oder Systemkampfes angegangen war. In Wahrheit verglich Ulrike Meinhof, wie man hier sieht, die Bundesrepublik nicht mehr nur mit der Weimarer Republik, sondern mit einer Art neuem Dritten Reich in statu nascendi. Man wünscht sich, Ulrike Meinhof hätte nicht geschrieben: »Hitler in Euch«, sondern »Hitler in uns«. Wer ist sie, die sie genauso deutsche Eltern hatte wie alle anderen Deutschen ihrer Generation und wie die Adressaten ihres Artikels, die allesamt zu dem Volk gehörten, das den Holocaust zu verantworten oder nicht verhindert hatte? Wer ist »Euch«? Wer ist diese ostfinanzierte 26jährige Göre, die sich selber aus der Haftung ausnimmt und Deutsche in Gute und Böse teilt und kategorisiert?

Strauß wehrte sich gegen den von Ulrike Meinhof aufgestellten Vergleich zwischen Hitler und ihm. Er klagte. Im Juli 1961 begannen die Ermittlungen, die Staatsanwaltschaft beantragte die Eröffnung des Hauptverfahrens. Der Verteidiger Ulrike Meinhofs, der spätere Bundespräsident Gustav Heinemann, legte erfolgreich Widerspruch ein. Das Verfahren wurde in erster Instanz mit der Begründung nicht eröffnet, daß Ulrike Meinhof als Publizistin aufgrund der Pressefreiheit gerechtfertigt gehandelt habe. Das Landgericht Hamburg in zweiter Instanz entschied sogar, daß nicht einmal der Tatbestand der Beleidigung verwirklicht war.

Auch in Ostberlin wurde der Vorfall in der Akte KONKRET dokumentiert und mit folgender Notiz bedacht:

»29. März 1962
Betr.: KONKRET

1. KONKRET wurde die Anklageschrift für den Prozeß Strauß gegen KON-KRET zugestellt. Die Verteidigung hat Heinemann übernommen. Heinemann hat vorgeschlagen (die Anklageschrift ist sehr schwach), das Verfahren wegen Gegenstandslosigkeit ablehnen zu lassen. Er stützt sich dabei auf das Urteil in Nürnberg im Zusammenhang mit der Fibag-Affaire. Dort wurde dem *Spiegel* nicht untersagt, bestimmte Behauptungen weiterhin aufzustellen.

2. In der nächsten Nummer des *Spiegels* erscheinen zwei Artikel zu KON-KRET.«

Später schrieb Ulrike Meinhof dem Freund Peter Rühmkorf in einem langen
Brief über ihren Anwalt Gustav Heinemann:

»Lieber Lyng,

[...] Einen Aufsatz in der NJW [AdA: *Neue Juristische Wochenschrift*]
hat mein Anti-Strauß-Anwalt. Ich habe ihn gebeten, Dir das Heft zu
schicken. Über Pressefreiheit. Ganz und gar prima. Persönlich habe ich
ihn nie gesprochen, nur telefonisch. Er ist dann immer ebenso freundlich
und entgegenkommend wie sachlich und kühl. Nie persönlich und privat,
aber zu jeder Auskunft und zu jedem guten Rat bereit. Seine Schriftsätze
als Anwalt sind grundsätzlich frei von Polemik. Ebenfalls von höchster
Sachlichkeit, Scharfsinn und Präzision. Wischi-Waschi-Argumente kann
er nicht leiden. Er selbst gebraucht keine. Seinen Mandanten streicht er
sie raus. Seinen juristischen Partnern – Gerichtsbeschlüssen etc. – weist
er sie nach und weist sie zurück. Ich habe zwar – Gott sei Dank – nicht
viel Erfahrung mit Anwälten. Meine wenigen Vergleichsmöglichkeiten
laufen aber darauf hinaus, daß Heinemann selten gescheit, sachlich und
kenntnisreich ist. Dasselbe lobt auch Augstein an ihm. Auch vor Gericht
sei er in seiner besonnenen, überlegenen, überzeugenden und sachlichen
Art nahezu unschlagbar. Die Kehrseite: Wenn er diese hohe persönliche
Integrität für fragwürdige Dinge ins Spiel bringt, ist er ebenso unschlagbar.
Meiner Ansicht nach ist Heinemann ein Individualist mit Spezialkennt-
nissen. Ein ausgezeichneter Anwalt. Ein guter Außenpolitiker. Als Innenminister vorgesehen, als Justizminister ebenfalls denkbar. Jedenfalls
kein Allround-Politiker. Mochalski habe ich übrigens gebeten, Dir seine
Heinemann-Aufsätze aus der *Stimme* zu schicken. Die erstaunliche
Geradlinigkeit in seinen Äußerungen – er hat sich meiner Übersicht
nach noch nie selbst widersprochen, nie etwas einmal Gesagtes zurückgenommen – mag auch dadurch zustande gekommen sein, daß er fähig
ist, jahrelang zu schweigen. Seit Jahren hat er nicht mehr im Bundestag
gesprochen. Selten liest man Reden von ihm in der Zeitung. Wenn, dann
liegt er immer auf der alten Linie, der Anti-Adenauer-, Antiwiederauf-
rüstungslinie.
Das Zwiespältige liegt wohl in der Diskrepanz zwischen politischen
Auffassungen einerseits und seiner Bereitschaft, sich der SPD-Partei-
disziplin und Parteitaktik anzupassen andererseits. Es ist ihm allerdings

bisher gelungen, seine Anpassungsmanöver so anzulegen, daß seine politischen Auffassungen dabei nicht über Bord gingen. Als er z.B. Niemöller angriff, sprach er nicht inhaltlich von der in Frage stehenden Politik. Sein Hieb gegen Adenauer wegen der Nahostpolitik sparte die SPD-Linie aus. Indem er fähig ist, zwei verschiedene Gesichter zur Schau zu tragen, beide in sich schlüssig und wohlgestaltet, hat er noch keins davon verloren. Will ihm einer in das eine reinschlagen, hat er just das andere auf. Nichts für Puristen – das wär's.

Alles Gute,

Deine Ulrike.«[27]

KONKRET fährt mit seinem hervorragenden Anwalt Heinemann den Sieg ein und hat die Publicity. Ulrike Meinhof setzte nach Prozeßende triumphierend noch eins drauf. Im nächsten Heft schrieb sie: »Da es uns nicht um die Person ›Strauß‹, sondern um seine Politik ging, bleiben wir dabei: So wie wir unsere Eltern nach Hitler fragen, werden wir eines Tages nach den Herren Adenauer, Schröder, Höcherl, von Hassel gefragt werden.«[28] Die Leichtfertigkeit, mit der Ulrike Meinhof Adenauer und Strauß in diesen Zeilen anläßlich des Eichmannprozesses in Israel mit dem ganz singulären Phänomen des Massenmörders Hitler vergleicht, stimmt bedenklich.

Ulrike Meinhofs Prophezeiung, daß ihre eigene Generation von den Nachgeborenen später nach Strauß und Adenauer kritisch befragt werden würde, hat sich nicht erfüllt. Statt dessen werden die Generation und die Weggefährten von Ulrike Meinhof schon lange nach Ulrike Meinhof befragt. Und nicht selten stößt man auf eine ausgedehnte Wand aus Beschönigungen, Traumata, Scham, Verehrung, Schuldgefühl, Haß und Schweigen: Meinhof in Euch?

In einem Punkt war der Meinhofsche Satz »Hitler in Euch« fatal. Durch ihn multiplizierte sich nämlich bei ihren zahllosen Anhängern, auch denen, die ihren späteren Weg kritisieren, das Gefühl, daß auch sie, wenn sie den Rest der deutschen Gesellschaft anklagen, sich selbst aus der Haftung für die deutsche Geschichte herausnehmen und damit unschuldig würden. Durch Anklage gegen andere wird aber kein Deutscher weniger deutsch und kein Deutscher weniger mitverantwortlich.

Ulrike Meinhof gerierte sich hier durch und durch als kalte Kriegerin. Statt Eichmann und dessen Taten oder vor allem die Opfer und deren Angehörige zu thematisieren, nimmt sie Franz Josef Strauß aufs Korn. Sie macht damit deutlich: Die Wirklichkeit des konkreten Eichmann-Prozesses interessiert sie eigentlich nicht. Sie nimmt den Prozeß zum Anlaß, die CDU-Regierung und deren Vertreter anzugreifen. Daß sie sich dazu hergibt, eine solche Propaganda für die von ihr favorisierten kommunistischen Diktaturen in Szene zu setzen, indem sie das Naziregime, Eichmann und Hitler mit den offiziellen Vertretern der Bundesrepublik gleichsetzt und damit in einem unerträglichen Ausmaß relativiert, zeigt ein hohes Maß an ideologischer Verblendung, allerdings ein ebenso hohes Maß an Verblendung auch bei ihren Claqueuren. Makabrerweise macht Ulrike Meinhof mit dem Holocaust ihre Tagespolitik und instrumentalisiert den Völkermord für ihren kommunistischen Klassenkampf. 70 Millionen Deutsche in der Nazizeit haben nur sehr wenige mutige Einzelkämpfer gegen Hitler hervorgebracht. Die spätere, inflationäre Selbstbeweihräucherung ganzer Protestgenerationen, die sich unter dem Schutzschild des Grundgesetzes aufspielten wie mutige, durch späte Geburt verhinderte Hitlerattentäter, kommt hier bei Meinhof recht frühzeitig zum Ausdruck. Ulrike Meinhof stellt die Bundesrepublik mehr und mehr als faschistisches Monster dar, deren Geschichte bis heute allerdings gezeigt hat, daß sie sich im Vergleich zu den anderen Demokratien dieser Welt alles in allem wacker geschlagen hat.

Der Hamburger Genosse

Ungefähr in der Zeit, in der Ulrike Meinhof ihren Artikel »Hitler in Euch« schreibt, betritt ein Hamburger KPD-Mann backstage die Bühne. Mit knapp 20 Jahren wird er Vorsitzender der Hamburger Jugendkommission der immer noch illegalen KPD. Es ist der mir spontan sympathische Wolfgang Gehrcke – heute im Parteivorstand der Linkspartei, für die er im Bundestag sitzt –, mit dem ich mich im Dezember 1999 in dem Eppendorfer Restaurant »Tre Castagne« zum Interview verabredet habe. Er erinnere sich noch gut an Meinhof und Röhl, erzählt er mir, und er freue sich, mich nach so vielen Jahren kennenzulernen. Er sei gerne bereit, mir über damals Auskunft zu geben. Gern möchte er mir ermöglichen, die Zeit und meine Eltern zu verstehen, und mir erklären, wie die Zusammenarbeit damals funktionierte. Ähnlich wie Kapluck nimmt Gehrcke, damals bereits im Vorstand der PDS, kein Blatt vor den Mund. Mit ihm stimmten sich Klaus Röhl und Ulrike Meinhof Anfang der sechziger Jahre zunehmend ab. Er bestätigt mir vieles, was ich schon von

Manfred Kapluck und Richard Kumpf erfahren habe. Eigentlich sei es die KPD-Zentrale in Ostberlin gewesen, die meine Eltern geführt habe, doch in der Zeit, in der er die regionale Jugendkommission in Hamburg leitete, sei KONKRET zunehmend auch von Hamburg aus geführt worden, sprich direkt vom KPD-Landesverband. Gehrcke erinnert sich während unseres langen Gespräches gern an die Genossin Meinhof, die er in gemeinsamen Sitzungen kennenlernte. Die Straßen, die Wohnungen, in denen sich die Partei damals in Ostberlin getroffen habe, zu denen sei auch er oft gereist. Auch an die Villa in Caputh am See, die es noch heute gebe und die für die illegale (West-)FDJ und deren Westkontakte reserviert gewesen sei, erinnere er sich noch sehr gut.

Ich erfahre eine Menge über die Strukturen der Hamburger KPD: Ein Teil der Genossen sei immer in Ostberlin geblieben, trotz ihrer bundesrepublikanischen Pässe. Klaus Röhl habe in seinem Buch *Fünf Finger sind keine Faust* ein Büro in der Nähe der Friedrichstraße beschrieben. Das sei in der Tat auf der Rückseite der Straße »Unter den Linden« gewesen. Auf der Vorderseite habe der Zentralrat der FDJ residiert, und auf der Rückseite habe es so ein altes heruntergekommenes Bürohaus gegeben, wo vor allem Tarnfirmen untergebracht gewesen seien. Dort habe die Zentrale der Jugendkommission der KPD ihr Büro gehabt, sinnigerweise mit dem Schild »Buchmachernachrichten«.

Und die Abteilung, die für KONKRET zuständig war, habe »Abteilung für Verkehr« geheißen. Gehrcke lacht noch heute darüber. Das sei der Tarnname der Verbindungsabteilung zum Westen gewesen, die von Honecker persönlich betreut worden sei. Über diese Abteilung sei auch der Geldtransfer gelaufen, worüber es wohl kaum Aufzeichnungen gebe, das Ganze sei mehr so nach dem Prinzip Treu und Glauben gegangen, man habe da immer so ein Paket, einen Briefumschlag, ausgehändigt bekommen.

»Ich wundere mich nur, wie man das steuerlich und buchhalterisch immer gemacht hat«, sage ich und ernte das typische leutselig-offene Verschwörerlächeln nach dem Motto, das sei doch keine Kunst gewesen. Speziell was die Parteikasse anbelangt, war die Zeit der Illegalität offenbar eine Glücksphase, denn wo es keine offizielle KPD gab, konnten deren Finanzen auch nicht überprüft werden. Später, zu Zeiten der DKP, habe man, so erfahre ich, zwei Fliegen mit einer Klappe geschlagen, man habe einfach die Zahl der Mitglieder weitaus höher angesetzt, als sie war, was nicht kontrolliert worden sei, und so Beitragsvolumen aufgebläht – eine einfache Methode, um Geld der Ostberliner Schwester SED vor dem Fiskus zu reinigen.

Gehrcke setzt sein Hamburger-Jung-Gesicht auf. Er gibt mir zu verstehen, daß man nun auch nicht gerade von gestern gewesen sei. Man habe das so gemacht, daß steuerlich und buchhalterisch immer alles seine Ordnung gehabt hatte; es habe eine zentrale Finanzkommission gegeben, die den Haushaltsplan aufstellte, davon sei dann auch das Personal bezahlt worden. Allerdings nicht üppig.

Wegen Geld habe bei den Kommunisten keiner Politik gemacht. Auch während der Zeit der Illegalität sei KONKRET bei weitem nicht das einzige Medienprojekt gewesen. Die West-KPD habe vielmehr einen Riesenumfang an Buchläden und Verlagen gehabt.

Gehrcke selber repräsentierte bereits eine neue Generation in der KPD, die später in die 68er-Bewegung und in die 1969 gegründete DKP hineinwuchs. Wie muß man sich die Arbeit der illegalen KPD Anfang der sechziger Jahre in Hamburg vorstellen? Das war eine meiner Kernfragen an Wolfgang Gehrcke. Und wie wurde man in einer illegalen Partei überhaupt Mitglied, wie funktionierte das?

Gehrcke erzählt mir, daß er selber damals als einer von ungefähr 100 Leuten aus dem SPD-Jugendgruppenverband ausgeschlossen worden sei, von denen dann die Hälfte Stück für Stück in die illegale KPD reingegangen sei, was allerdings, wie er mir sagt, nicht so einfach war, denn die KPD sei ja verboten gewesen. Man habe schon darauf warten müssen, bis man angesprochen wurde, und dann habe man auch noch zwei Bürgen gebraucht. Er selber habe auf diese Weise immer wieder neue Mitglieder aufgenommen und in sogenannten Einzelgruppen untergebracht. Die bekamen dann, so Gehrcke, von der Partei den Auftrag, zum Beispiel als verdeckte KPD-Mitglieder in der Gewerkschaftsjugend zu arbeiten. Gehrcke lacht, als er mir den Aufbau der KPD in Hamburg erklärt. Man habe auf diese Weise zum Beispiel lange Zeit heimlich den SDS-Vorsitz in Hamburg gehalten – erst später in den Siebzigern, als man legal DKP war, habe man wieder einen eigenen Jugend- und Studentenverband aufgebaut.

Bis dahin habe man auch immer eine starke Position in der Gewerkschaftsjugend gehabt, bei den Naturfreunden und und und. Mir wird klar, und so drückt es Gehrcke auch aus, daß es ein richtiges Netzwerk war und ein ziemlich erfolgreiches dazu.

Insbesondere in Hamburg habe immer ein linkes Klima geherrscht. Gehrcke bestätigt mir aus einer völlig anderen Perspektive heraus vieles von dem, was auch Kapluck mir erzählt hat: Auch die Hamburger KPD sei von Anfang an Teil der Ostermarsch-Bewegung gewesen, habe versucht, die

Anti-Atom-Bewegung weiterzuführen und auf der Basis dann einen eigenen Jugendverband »Junge Aktion gegen Atomtod für ein kernwaffenfreies Deutschland« gegründet. Auf dieser Basis habe man schon Anfang der sechziger Jahre angefangen, systematisch Jugendarbeit zu machen. Es seien Jugendclubs gegründet worden, zum Beispiel ein Club mit dem Namen »Geschwister-Scholl-Jugend«, eine Mischung zwischen Freizeitclub und politischer Bildungsarbeit. Praktisch habe es schon 1961 mehr als 200 Jugendliche in der Partei gegeben, was damals für die KPD eine Sensation gewesen sei.

Die einzelnen Teile der Partei seien untereinander vollkommen autonom und konspirativ geführt worden, so daß bei Verhaftungen nie die Gesamtheit der Partei getroffen werden konnte. Personen, die eine besondere Bedeutung hatten, wozu, wie Gehrcke betont, auch Ulrike Meinhof und Klaus Rainer Röhl gehört haben, seien vollkommen separiert geführt worden.

Wie der Springer-Verlag gelegentlich den Kommunisten ungewollt half, schilderte mir Gehrcke an einem lustigen Beispiel: Die KPD habe auch eine eigene Zeitung unterhalten, die sich sogar legal gehalten habe und *Blinkfüer*, also Leuchtfeuer, hieß. Sie sei noch vor dem Parteiverbot gegründet worden und ursprünglich eine Betriebszeitung für Fischerei und Hafen gewesen. Nach dem KPD-Verbot 1956 sei die Zeitung von der KPD auf kommerzielle Füße gestellt worden; *Blinkfüer* sei in einer kommunistischen Druckerei in Altona als Wochenzeitung gedruckt worden, anfänglich mit einer kleinen Auflage. Dann habe der Springer-Konzern die Idee gehabt, das DDR-Fernsehen – das man in Hamburg empfangen konnte – zu ignorieren und die Programmvorschauen nicht mehr zu drucken. Die alten UFA-Filme, die das DDR-Fernsehen damals montags brachte, seien jedoch sehr beliebt gewesen. Und dies sei zur großen Stunde von *Blinkfüer* geworden. *Blinkfüer* war dann, erzählt Gehrcke, die einzige Zeitung in Hamburg, die das DDR-Fernsehprogramm druckte, woraufhin Springer zum Boykott gegen *Blinkfüer* aufgerufen habe, eine wahnsinnige Reklame: Das kleine Kommunistenblatt *Blinkfüer* schoß kurzzeitig auf 35- bis 40 000 Exemplare in der Woche hoch. Geld habe man trotzdem damit nicht verdienen können. Das Grundverständnis sei immer gewesen: Wir alle sind Revolutionäre, die in der DDR sind an der Macht, wir in Westdeutschland sind es nicht, und die, die an der Macht sind, haben mehr als wir, also hilft man sich. Man sei halt von der DDR abhängig gewesen, also habe die West-KPD mit derselben Selbstverständlichkeit, mit der man in der Hamburger KPD beispielsweise für Vietnam oder Chile oder sonstwen gesammelt habe, natürlich auch die Gelder von der Ost-Partei genommen. Es habe keiner ein schlechtes Gewissen dabei gehabt. Allerdings habe es immer diesen Spott der Ostberliner gegeben, wenn die ihre westlichen Schwestern und Brüder mit der bekannten Begrüßungsformel »Teure Genossen« anredeten, berichtet der ehemalige KPD-Mann.

Die »teuren Genossen«, also die KPD im Westen, haben dafür viel im Kulturbereich bewegt. Sie haben, meint Gehrcke, nicht nur KONKRET, sondern viele Kulturzeitschriften und Verlage, ein ganzes Netzwerk, betrieben. Die Verlage Pläne oder Pahl-Rugenstein – heute auch durchaus aktenkundig bekannt – seien reine Parteiprodukte gewesen. Es habe ca. 300 KPD-Verlage in Westdeutschland gegeben, Buchketten, die man aufgebaut habe, wobei es auch um Lizenzen zum Beispiel an dem Werk von Bertolt Brecht gegangen sei. Das Ganze habe bis 1989 prächtig funktioniert, bis die Mauer fiel, dann sei erst mal alles implodiert. Und natürlich sei das alles materiell in hohem Maße von der DDR finanziert gewesen. Ähnlich wie KONKRET haben auch die anderen Verlage, die vom Osten unterstützt wurden, kaum Geld eingespielt, und klar – Gehrcke schließt in seiner Erzählung den Kreis – sei KONKRET in den sechziger Jahren die weitaus wichtigste Hausnummer gewesen.

Wobei man sich das nicht so vorstellen dürfe, daß man einzelnen Redakteuren vorgeschrieben habe, was sie schreiben müssen. Das wäre auch unsinnig gewesen, so Gehrcke. Die Redakteure haben gute Informationen bekommen, und da es zwischen diesen Leuten und der Partei keine großen Differenzen gegeben und man Fragen immer wieder miteinander diskutiert habe, sei auf die richtige Kreativität schon Verlaß gewesen. Es sei falsch, sich das so vorzustellen, als habe es eine Leitung gegeben, die Kommandos gegeben und gesagt hätte: Schreibt die und die Artikel, oder: Macht die Demos. Es sei alles diskutiert worden, innerhalb eines gewissen Toleranzbereichs. Es sei auch mal schärfer diskutiert und auch mal gesagt worden, so geht das nun wirklich nicht!

Der Partei sei es vor allem darum gegangen, gute Ergebnisse in ihrem Sinne zu erzielen: Man habe intelligente Leute gebraucht, und intelligente Leute brauchten eben bestimmte Freiräume. Gehrcke sprach an dieser Stelle Kapluck ein großes Lob aus, dieser sei zwar immer ein großer Dogmatiker gewesen, wenn auch genial in seiner Art, aber er habe natürlich sofort begriffen, daß man mit Journalisten wie Klaus Röhl nicht so zusammenarbeiten kann wie mit Partei-Instrukteuren. Also habe man eher auf eine Identifizierung gesetzt, auf bestimmte ideelle Momente, die so stark wirkten, daß man sich sicher gewesen sei, diese Leute auch emotional an die Partei gebunden zu haben. Und das integrierende Moment sei insbesondere der Antifaschismus gewesen, der Kampf gegen den Faschismus.

Klaus Röhl habe ja auch in seinem Buch beschrieben, wie stark damals die Lieder von Ernst Busch auf ihn wirkten. Das seien natürlich Identifizierungsmomente gewesen: der spanische Bürgerkrieg, der antifaschistische Kampf, die Erinnerung an die Befreiung der Kommunisten, die in KZs gesessen hatten. Dies alles habe einen Rahmen geschaffen, darüber habe man nicht reden müssen, in diesem Rahmen habe man gelebt. Das sei einem teuer und wichtig gewesen, und jeder, der mit der Parteilinie brach oder Differenzen mit der Partei austrug, so Gehrcke, habe ungeheure Skrupel gehabt. Gehrcke vergleicht die Mitgliedschaft in der Partei mit der Mitgliedschaft in der Kirche: Wenn man in einem Kloster lebe, erscheinen einem alle Klosterregeln sehr sinnvoll und einleuchtend. Erst wenn man aus dem Kloster austrete, dann frage man sich, was eigentlich los gewesen sei. Diese ganzen kommunistischen Rituale, Kritik und Selbstkritik, auch er habe viele Male offizielle Selbstkritik leisten müssen, das sei schon eine schwere Last gewesen.

Ganz schön hart, denke ich. Aber das sei, so erklärt es Gehrcke wieder pragmatisch, eben eine bekannte Waffe im internen Parteikampf gewesen. Es habe immer die Spannung gegeben zwischen subjektivem Irrtum und der objektiven Parteilinie, die sozusagen ausgedrückt habe: Na ja, du irrst dich hier, du hast die Lage falsch eingeschätzt, und jetzt denk mal drüber nach, warum du dich geirrt hast, und schreib das mal auf. Bis der einzelne sich selber gesagt habe: Ich kann doch nicht klüger sein als die Partei, die all dieses Wissen gesammelt hat. Und dann habe man schon angefangen zu schreiben: Wahrscheinlich liegt es daran, daß ich mich über die Partei hinweggesetzt habe, den Rat nicht angenommen habe usw.

Jeder habe immer den Fehler bei sich selbst gesucht und nie bei der Partei.

Gehrcke guckt mich lange an. Er kenne kaum einen, gesteht er mir – selbst keine Kommunisten, die gebrochen haben und irgendwo auf der politischen Rechten gelandet sind –, der nicht mit inneren Qualen aus der Partei hinausgegangen sei. Sozusagen mit dem Gefühl, jetzt allein zu sein. Die größte Angst sei immer gewesen, ausgeschlossen zu werden, denn dann habe man alles verloren: Familie, Kirche, alle Freunde.[29]

Meinhof instruiert Riemeck

Im Frühjahr 1960 wurde der Professorin Renate Riemeck vom nordrhein-westfälischen Kultusministerium die Prüfungsbefugnis entzogen. Grund: NRW-Kultusminister Schütz berief sich auf Informationen vom Verfassungsschutz, nach denen Riemeck intensive Ostkontakte unterhalten und das Thema »Karl Marx« zu einem ihrer wesentlichen Prüfungsgegenstände gemacht habe.

Renate Riemeck wies diese Vorwürfe als absurd zurück. Ihre Wuppertaler Studenten, die von dem Entzug der Prüfungslizenz erfuhren, waren empört und solidarisierten sich mit ihrer beliebten Professorin. Der AStA, damals noch eine ziemlich brave Veranstaltung, beschloß mit 300 zu 16 Gegenstimmen, aus Protest einen offenen Brief an den Kultusminister von Nordrhein-Westfalen, Werner Schütz, zu schreiben. Auch die Hochschulkollegen Renate Riemecks solidarisierten sich mit ihr. Doch der Kultusminister untersagte die Veröffentlichung dieses Protestes, was dazu führte, daß die Studenten für ihre Professorin nach Düsseldorf fuhren und dort vor dem Ministerium mit selbstgebastelten Spruchbändern den »ersten ›Sitzstreik‹« der Nachkriegszeit, so Renate Riemeck, auf die Beine stellten. Die Studenten forderten die »Rehabilitierung von Frau Prof. Renate Riemeck«, harrten einige Stunden aus und erreichten, daß sie ihr Protestschreiben dem Minister überreichen konnten, der sich nun damit verteidigte, man habe Frau Riemeck nur aus der Schußlinie heraushalten wollten, da sie »in Ostkontakten stark hervorgetreten« sei.

Renate Riemeck schrieb in ihren Memoiren: »Das glaubten ihm die Studenten nicht. Sie sahen mich als Opfer repressiver Staatspolitik an.« Allerdings beantwortet sie auch hier die Frage nicht: Hatte sie nun Kontakte zum Osten – und wenn ja, welcher Art waren sie?

Renate Riemeck beschreibt statt dessen, daß Organisationen und Verbände sie unterstützten und Telegramme und Briefe an den Minister richteten, darunter »der ›Bund Europäischer Jugend‹, der ›Verband der Kriegsdienstverweigerer‹, die ›Westdeutsche Frauenfriedensbewegung‹, die ›Gewerkschaft Erziehung und Wissenschaft‹, die *Stimme der Gemeinde*« und ähnliche mehr. Indirekt war das natürlich doch eine Antwort, denn schon damals galten einige dieser Vereinigungen als sogenannte kommunistische Tarnorganisationen.

Renate Riemeck fuhr damals einen medialen Sieg ein. Die Zeitungsberichte über den Sitzstreik gaben ihr recht. Einige Professoren schrieben Protestbriefe an das Ministerium, und Dr. Martin Niemöller forderte zuvörderst eine Rückgängigmachung der ministeriellen Verfügung, »damit die Glaubwürdigkeit unserer freiheitlich-demokratischen Grundordnung wiederhergestellt wird«.[30]

Ulrike Meinhof verfolgte die Geschehnisse von Hamburg aus. KONKRET widmet dem Thema ›Berufsverbot‹ von Renate Riemeck eine Titelgeschichte. Ulrike Meinhof setzt mit ihrem darin erschienenen Artikel »Geschichten von Herrn Schütz«[31] zu einer gewaltigen öffentlichen Verteidigung ihrer Ziehmutter an. In einem langen Brief vom 25. Januar 1960 wandte sie sich dazu auch direkt an Renate Riemeck:

»Daß sie Dich auf diese Weise ankarren wollen, ist doch ziemlich deprimierend. Das ist anstrengend. [...] Über das mit Dir habe ich inzwischen noch sehr viel nachgedacht. Da ich sicher noch lange nicht wieder in Wuppertal sein kann, will ich mich mal schriftlich äußern. Da es zum Teil kritisch ist, muß ich Dich bitten, nicht ungeduldig zu sein.
Du weißt ja, von welcher – gemeinsamen – Basis aus ich dies und jenes sage. Manche Binsenwahrheit kommt auch drin vor, die ich nur der Verständigung halber erwähne.
Der Ausgang meiner Überlegungen hat zwei Fragestellungen:
1. Welches ist Deine politische Funktion für den Fortschritt innerhalb unserer Gesellschaft, und wie kann sie am wirksamsten wahrgenommen werden?
2. Was ist notwendig zur Fertigung und Erhaltung Deiner derzeitigen Position (beruflich und politisch, was einander durchaus bedingt)?
Die Beantwortung der Frage ergibt sich aus der Antwort auf die andere, insofern können beide nur zusammen geklärt werden, in sich verschränkt. Beides sind – das sage ich mal ganz brutal – personalpolitische Fragen – in diesen Bereich aber gehören sie zur ›Strategie‹, Taktisches ergibt sich daraus und ist durch seine jeweilige Aktivität ja prinzipiell zweitrangig.
So, jetzt ein paar Thesen – Binsenweisheiten: Als Honorarprofessorin ist Dein natürliches und selbstverständliches Arbeitsfeld die Hochschule selbst und die Studentenschaft. Die Rolle der Studenten innerhalb der Opposition ist ja klar. Dein gesellschaftliches, besser: öffentliches Ansehen ergibt sich zunächst aus Deiner Position als Professor. Darüber hinaus aus der besonderen Qualifikation, die Dir ja eigen ist. Ihre Basis aber hat sie in ebendieser Position. Wenn Du sprichst, dann tust Du es

als Akademiker, der besondere Rang dessen, was Du sagst, ergibt sich aus dem Zusammenfall: vom Rang des Namens: Professor und Inhalt des Gesagten: Großartig.

Trittst Du aus dem akademischen Bereich heraus, sprichst zu Arbeitern, so bist Du einer, der mit dem, was er ist, für die Arbeiter ist, nicht aber einer der Ihren. In der Sache auf ihrer Seite, herkunftsmäßig bürgerlich, klassenmäßig ein Konvertit, dennoch kein Betriebsrat, sondern Professor. Primär und in der Hauptsache.

Nun gehört ja in unseren spießigen Bildungsbürgerlichkeiten zur Position eine Gesinnung, die ihrerseits ein bestimmtes Gehabe kreiert: distanziert, vornehm, plüsch, zurückhaltend etc. Am Gehabe mißt man den Wert des Professors.

Auf diesem Sektor gibt es freilich vielerlei Möglichkeiten. Vom hochnäsigen, albernen Assistenten bis zum gepflegten, kultivierten, sympathischen Ordinarius, vom Krampfhasen bis zum vornehmen Liberalen. Das Gehabe gehört dazu, wie das Grau zur Maus. Wer nicht grau ist, ist einfach keine Maus, zumindest keine Stadtmaus, na – und die Landmaus zählt doch unter ersteren nicht.

So – und nun sag' ich mal ganz kategorisch: Zur Wahrnehmung eines Professors – und auch mit politischer Tätigkeit nimmt man ihn ja wahr – gehört neben Beamtung, Lehrstuhl und Vorlesungsbetrieb auch dieses idiotische Auftreten. Unter dem tut's keiner, schlimmer noch: darf es keiner tun. Keiner.

Und jetzt kommen Details, um derentwillen der Vorspann nötig war. Du darfst unter keinen Umständen übelnehmerisch sein! Ich bau' die Details gewissermaßen analysemäßig chronologisch auf, aus der Geschichte Deiner politischen Arbeit.

Stichjahr: 1957. (Das Vorherige ist in diesem Zusammenhang nicht so entscheidend). Artikel in den *Blättern* [AdA: *Blätter für deutsche und internationale Politik*]. Sie schlugen ein. Alles Gesagte saß. Tat weh. Februar 1958: Aufruf der 44 Professoren an Arbeiter. Tat wieder weh. Schlug ein. Antiatombewegung: ›Agitation‹ in der Arbeiterschaft. Wieder: Ganz groß. Gelsenkirchen. Schröder-Rede [AdA: Gerhard Schröder (CDU), Innenminister im Kabinett Adenauer von 1953 bis 1961]. Der Gegner diffamiert, nicht ohne Erfolg. Die SPD kneift. Dennoch: Renate Riemeck – die Wucht. Man hört auf Dich. Dein Name bürgt für Qualität. Worauf es damals und heute ankommt, ist ein gegebenes Versprechen halten; d.h. spricht man, sagt man Wichtiges; primär ist man Professor:

Du. Zwar ist das Gehabe eklig, ist es doch Ausdruck schlechter oder
mangelhafter Gesinnung. Aber man kann einem Schelm einen doppel-
ten aufsetzen, man schmeißt die Gesinnung weg und gibt sich, als hätte
man sie, äußerlich, wie gefordert. Konkret: Hauptkommunikationsmittel:
die *Blätter.* Schreibt man in der *OVZ* [AdA: es handelt sich hier wohl
um einen Schreibfehler; gemeint ist wahrscheinlich die *DVZ (Deutsche
Volkszeitung)* zu deren prominenten Autoren Renate Riemeck zählt],
dann nicht als Autor dieser Zeitung, sondern als einer, der sich dazu mal
herabläßt. Unterstützt man die IDK [AdA: Renate Riemeck war Bun-
desvorstandsmitglied der IdK], dann nicht als Gleicher unter Gleichen,
sondern als einer von außen, der aber mittut. (Gemäß der obligaten Unterscheidung: Als Akademiker für Arbeiter sein, nicht selbst Betriebsrat.
Schreibt man dann über Themen, über die gewissermaßen ein anderer
nicht so kann, über Bedeutendes, nicht über Zweitrangiges.)
Deshalb glaube ich, daß Du angesichts der Angriffe gegen Dich in der
jetzigen Zeit Dir nichts vergeben würdest, wenn Du etwas zurückhaltend
wärest. Auf die Knaben im Ministerium kommt's nur insofern an, als sie
Dich tatsächlich treffen können. Wenn sie sich aber einbilden, die könnten Dich einschüchtern, dann mögen sie das tun. Es kommt nicht darauf
an, ihnen zu zeigen, daß sie es nicht können, sondern es kommt darauf
an, daß sie es in Wirklichkeit – ob sie's wissen oder nicht – nicht können. Es muß, so meine ich, vermieden werden, daß man reagiert: ›Ach
so, natürlich, Renate Riemeck!‹ – die Leute müssen sagen: ›Ach! Renate
Riemeck!!‹
Die Idiotie meiner Argumente liegt darin, daß Du dies – und dann (das
sage ich anmaßend) als Gesabbel – auch von SPD-Leuten, Kapitulan-
ten, gehört hast. Da kann ich Dich nur bitten, einfach den Unterschied
wahrzunehmen. Und die weitere Schwierigkeit liegt darin, daß Du auf
diesem Gebiet sicherlich irgendwie besonders sensibel bist, wie manche
so sprechen, um – bewußt oder unbewußt – zu verletzen und gar zu
schaden. Während ich es doch nur tue, um Deine Schlagkraft noch zu
unterstützen. Wobei freilich eine Koinzidenz zwischen Schlagkraft und
Stärkung der persönlichen Unantastbarkeit vorliegt. Aber eben die ist ja
nicht zufällig.
Es wird wohl eine Zeit kommen, wo all dies hier Gesagte dummes Zeug
wäre, wo es geradezu Aufforderung zum Verrat wäre. Deshalb gilt es nur
für die jetzige Phase, kann morgen schon falsch sein. – Noch ein letztes
Mißverständnis möchte ich ansprechen: Es gibt Leute, die das Bedürfnis

sich aufzuspielen, sich zu behaupten, die eigene Mittelmäßigkeit gegen Dich auszuspielen, gerade durch Kritik an Deiner politischen Arbeit abreagieren. – Du weißt, daß mir das fernliegt, daß das, was ich sage, kein Vorwand zum Nörgeln ist. Einfach deshalb nicht, weil ich mir einbilde, trotz eigener Unzulänglichkeit, Bewußtsein genug zu haben, neben dem Größeren zur Seite zu treten. Die Bereitschaft und den Willen habe ich ehrlich.

Und nun genug. Alles andere übergebe ich Dir zu treuen Händen, im Vertrauen auf all das, was uns einander doch so lieb gemacht hat.

Meine Schwester […] habe ich indes für größere Taten aufgegeben. Sie wird seitens der Lehrer nichts tun. Man müsse bereit sein, dann für längere Dauer tätig zu werden, dazu fehlt ihr die Zeit – so sagt sie. Schade. –

[…]

Wie findest Du unsere neue Ausgabe? Vor allem: Die Bilder? Wir finden sie prima.

Sag Holde viele Grüße

Sehr von Herzen und treu

Deine Ulrike«

Sechs Tage hat sie dann noch einmal nachgedacht und fügt einen neuerlichen Brief hinzu, bevor sie beide Briefe zusammen abschickt:

»Sonntag, den 31.1.60

Indes ist wieder eine Woche vergangen, und ich las das obige nicht ohne Beklemmung durch. Es scheint mir, als klänge es aggressiv, was überhaupt gar nicht aggressiv sein kann, weil es nur abstrakte Feststellungen sind, getroffen auf der Basis der Übereinstimmung mit Dir. Aber ich will etwas dazu sagen, abschließend. Denn das alles liegt mir sehr am Herzen.

Ich bin der Ansicht, daß die oben beschriebene Exklusivität etwas ist, was Du Dir noch mehr leisten könntest. Weißt Du – ich höre ja sehr viel über Dich, was andere so denken, und da seh' ich manchmal, daß man Dich für fabelhaft hält, aber es etwas an Distanz fehlen läßt. Und manchmal habe ich das Gefühl, als hielten manche Dich für einen, bei dem man schon weiß, was er sagen wird.

Ich will mal einen Vergleich machen: Innerhalb der Studentenschaft wird über uns gemunkelt: ›KONKRET saturiert sich, die tun jetzt nichts mehr.‹ Täten wir etwas, dann hieße es: ›Natürlich KONKRET.‹ So halten wir uns – was Aktionen anbelangt – zurück. Es werden wieder Situationen sein, in denen wir vortreten, und dann ist die Chance, daß man erstaunt ist und sagt: ›Donnerwetter!‹ – Mag der Gegner denken, wir wären eingeschüchtert – das schadet uns nichts. Man darf sein Prestige nicht strapazieren.«

Auch das Spiel, wie eine Natter eine andere Natter anpiekst und auch liebevoll quälen kann, beherrschte Ulrike Meinhof, wie man sieht, nicht so schlecht. Noch ist ›der Größere‹ Renate Riemeck. Eine gewisse Konkurrenz um die Krone der Besseren, ein Schneewittchenkampf nicht darum, wer die Schönste im Lande ist, sondern wer die politisch Bedeutendere, Wärmere, Intelligentere, Beliebtere, eben Bessere, hat wohl begonnen, trotz aller gegenseitigen Bewunderung, Freundschaft und Vertrautheit. Und gleichzeitig besteht bei beiden Frauen das Bewußtsein, daß die meisten anderen Frauen im Land noch keine vergleichbaren Chefposten innehaben, noch nicht ihr eigenes Geld damit verdienen, daß sie an dem politischen Geschick der Bundesrepublik Deutschland aktiv schreibend und denkend mitwirken.

DFU – Die Freunde Ulbrichts

Um sich ein häßliches Disziplinarverfahren zu ersparen, schmiß Renate Riemeck im Laufe des Herbstes 1960 ihre Professur hin. Sie ließ sich ihre erworbenen Pensionsansprüche auszahlen und gab damit ihren Beamtenstatus unwiderruflich auf. Was war geschehen? Man hatte sie inzwischen bekniet, bei einer neuen Partei mitzumachen, deren Vorsitzende sie werden sollte. Der Name der Partei: DFU – Deutsche Friedensunion.

Es war die Zeit erster Taurisse im Eis des kalten Krieges – da hatten Ulbrichts Mannen im Jahr 1960 wieder mal eine neue Idee. Nach dem KPD-Verbot und dem Scheitern der kleinen kommunistischen Tarnpartei, dem »Bund der Deutschen«, aber auch nach dem Scheitern der dem »Bund der Deutschen« nahestehenden GVP, der Heinemann-Partei, beschloß Ostberlin, in Westdeutschland eine eigene Partei zu gründen, die am Bundestagswahlkampf 1961 teilnehmen und die zersplitterte Friedensbewegung der

BRD aufnehmen und strukturieren sollte. Die neue Partei sollte sich insbesondere der zerbröselnden Anti-Atom-Bewegung annehmen und deren
Aktivisten, die offenbar für neue Betätigungsfelder dankbar waren, für sich
nutzbringend einsetzen. Die DFU sollte also nach Möglichkeit die Fünf-
Prozent-Hürde nehmen, also den Bundestag ›stürmen‹ und so die ausgefal-
lene KPD ersetzen.

So wurde ein gutes Jahr vor den Wahlen zum Deutschen Bundestag von
1961 die DFU, die bald nach Bekanntwerden der Gründung im Volksmund
»Die Freunde Ulbrichts« genannt wurde, ins Leben gerufen. Jede Verbindung der DFU zur DDR-Regierung wurde natürlich geleugnet und mangels
entsprechender Beweise bald auch nicht mehr in der Öffentlichkeit groß
diskutiert. Renate Riemeck wird zur Vorsitzenden dieser neuen kommunistischen Tarnpartei ernannt, leugnete aber bis zu ihrem Tod, von den kommunistischen Hintergründen gewußt zu haben.

Zu ihrer eigenen Rolle in der Partei schrieb sie statt dessen:

»In den kirchlichen Bruderschaften, bei verschiedenen Jugendverbänden, im
›Fränkischen Kreis‹ und bei den Abonnenten der *Stimme der Gemeinde*, der
Blätter für deutsche und internationale Politik und der *Deutschen Volkszeitung*
wurde der Ruf nach Gründung einer neuen Partei laut. In ihr sollten sich
alle zusammenfinden können, die gegen Atomrüstung, NATO und Militarismus, aber für Frieden und Verständigung mit dem Osten (einschließlich
DDR) waren. Man bedrängte mich immer heftiger und konnte es einfach
nicht begreifen, daß ich für eine Parteibildung nicht zu gewinnen war. [...]
Schließlich kam sogar ›meine‹ Ulrike aus Hamburg angereist und versuchte
mich umzustimmen. Und nicht genug – meine politischen Freunde hatten
das Einverständnis des alten (und schon sehr kranken) Ernst Rowohlt für die
Gründung einer neuen Partei eingeholt, legten mir Briefe des Dichters Fritz
von Unruh und des Vaters der vom Hitlerregime hingerichteten Geschwister
Scholl vor. Alle hofften sie auf eine neue Partei. [...] Aber da erschien plötzlich Dr. med. Hans Bender, der in der *Deutschen Volkszeitung* mitarbeitete,
und legte mir in einem langen nächtlichen Gespräch überzeugend dar, was
für eine Parteigründung sprechen könnte. Nur qua ›Partei‹ könne man sich
gegenwärtig vor Verfolgung und Verbot schützen, meinte er. In den letzten
Jahren seien etliche politische Vereinigungen einfach durch Verwaltungsmaß-
nahmen ›erledigt‹ worden. Um eine Partei verbieten zu können, müsse die
Regierung vom Verfassungsgericht ein Verbot erwirken. Das sei viel schwe-
riger. Eine Partei genießt den Schutz der Verfassung. Dem konnte ich nicht
widersprechen.«[32]

Am 17. Dezember 1960 auf dem Gründungskongreß der DFU in Stuttgart wird Renate Riemeck als Parteivorsitzende zusammen mit den zwei sogenannten Mitdirektoren Lorenz Knorr und Karl Graf von Westphalen vorgestellt, wobei ich aus den häufigen Erzählungen über den ›Grafen‹, wie meine Tante Renate ihn immer nannte, den Eindruck gewonnen habe, daß der Adel, der doch so gar nicht zum Kommunismus paßte, sie mal wieder faszinierte. Als Historikerin pflegte sie den Stammbaum der Adligen, denen sie persönlich begegnete, darauf zu überprüfen, ob ihre Familien denn auch das Privileg besaßen, zum feinsten und ältesten deutschen Hochadel zu gehören, was für sie nur dann dokumentiert war, wenn der Name des Probanden auf dem Heerschild des Friedrich Barbarossa, des berühmten deutschen Kaisers des Hochmittelalters, verzeichnet war. Graf Westphalen, der selber keinen Wert auf seinen Adelstitel legte, hat ihre ›Prüfung‹ mit Bravour bestanden: Seine Familie stand auf dem Heerschild.

Renate Riemeck wurde dann auf dem Gründungskongreß zunächst als Parteifürstin eher eingesetzt als wirklich gewählt, auch wenn die Formalitäten natürlich eingehalten wurden. Sodann wurde der schnell zusammengezimmerte Parteiapparat aufgestellt. Der ahnungslose Wähler komplementierte das Erscheinungsbild der DFU schließlich zu dem einer echten Partei. »Neutral, atomwaffenfrei« hieß der Slogan der DFU in bewußter Neuauflage des Anti-Atom-Kongresses und der Stalinnote von 1952.

Heute wird die kommunistische Infiltration und Finanzierung auch von ehemaligen Mitarbeitern der DFU nicht mehr bestritten. So erzählte mir der damalige Mitstreiter Dr. Herbert Stubenrauch aus Frankfurt, der damals bei Renate Riemeck in Wuppertal studierte, bei einer kurzen Begegnung im Sommer 1999, daß er in der ersten Euphorie für seine Professorin bei der DFU mitgemacht hätte, dann aber dahintergekommen sei, wie der Hase lief, und ihr einen Austrittsbrief geschrieben habe. Darin hätte er – dem Tenor nach – gesagt, sie solle doch nicht so naiv sein, nicht zu erkennen, daß die DFU eindeutig von den Kommunisten gelenkt und finanziert würde.

Über meine ›Tante‹ sagte Herbert Stubenrauch fast genau 40 Jahre später: »Renate Riemeck war wie eine heilige Johanna, sie hat die Zusammenarbeit mit den Kommunisten immer abgestritten, sie war ein Unschuldsengel im Haifischteich der Politik. Wenn ich bei ihr und ihrer Lebensgefährtin Holde Bischoff, die schon physisch aussah wie ein schwebender Engel, zu Besprechungen der DFU zu Besuch war, dann war da eher eine bürgerliche Atmosphäre. Ich erinnere mich zum Beispiel an das im Wohnzimmer stehende Spinett – die Atmosphäre war so, daß man ihnen glaubte, daß sie nichts

wüßten, aber später ist mir klar geworden, daß dies – Frau Riemeck war die
Vorsitzende der Partei – völlig ausgeschlossen gewesen sein muß.«[33]

Die DFU im Wahlkampf

1961 erschien das Gesicht von Renate Riemeck als Aufmacher für eine
Titelgeschichte[34] über die DFU auf dem Cover des *Spiegels*. Ahnungs-
schwanger – und die KPD/SED hinter der Partei vermutend, aber dies gar
nicht so sehr verurteilend – porträtierte der *Spiegel* die Parteivorsitzende und
prophezeite, daß die DFU in der Lage wäre, nicht nur die Fünf-Prozent-
Hürde zu nehmen, sondern sogar darüber hinaus Stimmen zu akkumulieren.
In Ostberlin hatte man eigens eine Kommission gegründet, die den Bundestagswahlkampf für die DFU im Westen koordinieren sollte. Verantwortlich
für die Operation einer vom Osten gelenkten Westpartei war Prof. Dr. Albert
Norden, bei dem sämtliche Informationen und Berichte zusammenliefen.

> »Für Genosse Norden
>
> Neue Informationen
>
> DFU
>
> Auf einer Aussprache am Wochenende mit Sozialdemokraten wurde berich-
> tet, daß Frau Prof. Riemeck eine ziemliche Popularität und Autorität in Krei-
> sen der Intelligenz und gewissen bürgerlichen Schichten gewinnt. (Kaufleute,
> Ingenieure, Rechtsanwälte usw.)
>
> Sie sprechen weniger von DFU als von Riemeck-Partei. Ende der Woche
> wurden Landesverbände gegründet.«[35]

An anderer Stelle heißt es:

> »Frau Prof. Riemeck […] wird als Friedensengel bezeichnet und ihre Akti-
> vität gegen die Politik der atomaren Aufrüstung und des kalten Krieges wird
> besonders gewürdigt.«

Doch die Chancen für einen Wahlsieg der DFU sieht man in Ostberlin skeptisch:

»Kommission für gesamtdeutsche Arbeit beim Politbüro Berlin den 21. April 1961 Rm/Ha S. 107 – 114

Bericht
Über die Beratung am 15. und 16.4.1961
[...]
In einem persönlichen Gespräch teilte mir Genosse Gautier [AdA: Hermann Gautier, einer der Leute, die mit Klaus Röhl die DFU-Werbung organisierten] mit, daß es in der Führung der DFU eine ernste Lage gebe.

Die führenden Leute Riemeck u. a. wären zwar gute Referenten und meinten es auch ehrlich, aber sie wären schlechte Politiker. Sie begriffen nicht, daß die DFU jetzt zu allen wichtigen Fragen ihre Meinung sagen muß. Sie verstünden nicht, die Politik der DFU den breiten Massen in Westdeutschland nahezubringen und alle Möglichkeiten zu nutzen.

Auf meine Frage, ob er einschätze, daß der Einfluß der DFU ständig im Steigen begriffen sei, antwortete er zurückhaltend. Er war der Meinung, daß die Entwicklung sich zur Zeit auf einem toten Punkt befinde und daß große Anstrengungen gemacht werden müßten, um die DFU mehr ins Spiel zu bringen. [...]

Resümierend wird nach dieser Tagung festgehalten:

[...] Genosse Matern machte den Vorschlag, den Kampf gegen Atomaufrüstung eng mit dem Kampf gegen den Faschismus zu verbinden, d.h. die Verbindung herauszustellen zwischen den Urhebern des Faschismus und den Urhebern der atomaren Aufrüstung.«[36]

»Neutral zu werden wie die Schweiz«

Während Renate Riemeck schon bald mit einem weißen Partei-Mercedes und Chauffeur durch die Bundesrepublik gefahren wurde (ein Privileg, das die Bündniskommunistin durchaus genoß), um bei den hektischen nachträglichen Gründungen von Orts- und Landesverbänden der DFU Vorträge für Frieden, Abrüstung und Verständigung mit dem Osten zu halten, wurde Klaus Röhl, der eigentlich beurlaubt war, um seine Dissertation zu schreiben, und nur noch als Herausgeber von KONKRET fungierte, beauftragt, die Werbetrommel für die neue Partei zu rühren. Gerade hatte er sich entschlossen, eine Doktorarbeit über den Schriftsteller Christian Weise zu schreiben, und bei der Partei angefragt, ob er in Zittau, Weises Heimatstadt, Urkunden und Bücher aus dem 17. Jahrhundert einsehen dürfe. Vier Wochen wollte er in einem kleinen Hotel in Zittau arbeiten. Doch daraus wurde nichts.

Die Sache mit der Dissertation wurde, wie man der Akte entnehmen kann, erstaunlich hoch aufgehängt und wie folgt eingeschätzt:

»Verschlußsache, vertraulich

Aktennotiz

Am 27.3. wurde mit dem Genossen Rokos (2. Sekretär der KL der SED) wegen des Aufenthaltes von Klaus Röhl gesprochen.
Ergebnis:

Genosse Rokos wird sich persönlich um diese Frage kümmern.
Als geeignetes Quartier hält er den Genossen Willi Meinek (Schriftsteller) in Zittau, der eine kleine Villa bewohnt.
Dort besteht wahrscheinlich ab dem 20.–25.4.61 die Möglichkeit:

1. Genosse Rokos prüft die Unterbringungsmöglichkeiten. Auf jeden Fall wird ein geeigneter Genosse gefunden, wenn es bei Willi Meinek nicht klappen sollte. Sobald alles klar, schickt Genosse Rokos ein Fernschreiben an Werner Lambers.
2. Alle anfallenden finanziellen Kosten werden vom ZR der FDJ getragen.
3. Der ZR der FDJ gibt sofort Bescheid an Genosse Rokos, wenn genauer Termin der Ankunft Röhls in Zittau vorliegt.
4. Sobald das Quartier festliegt, kommt nochmals ein Genosse des ZR nach Zittau. Dieser soll sich dann mit dem Genossen etwas ausführlicher unterhalten, wo Röhl Quartier beziehen soll (über einige ideologische und auch taktische Fragen).

Berlin den 28.3.61
La., J.Er.

Verteiler
Werner Lambers
Henry für AB
Günther Thalheim«[37]

Klaus Rainer Röhl: »Nach zwei herrlichen Wochen im malerischen Zittau wurde ich leider abberufen. Parteiauftrag: der Riemeck 14 Tage lang in Köln bei der Werburg für die DFU helfen. Aus den 14 Tagen wurde dann ein halbes Jahr.«

Klaus Röhl warf sich mit Feuereifer auf diese neue Aufgabe. Mit Hilfe Ostberlins wurde eine kleine Werbeagentur gegründet mit einem einzigen Kunden, der DFU. In seiner neuen Werbeagentur textete und werkelte Klaus Röhl gemeinsam mit anderen Freiwilligen, vor allem mit Reinhard Opitz, aber auch dem alten FDJ-Mitglied Till Meyer-Bruhns, der Renate Riemeck im Wahlkampf zur Seite stand. Auch Ulrike Meinhof half aus, ein Promotionskonzept für die Partei zu entwickeln.

Bettina Röhl: »Aber wie kam es überhaupt dazu, daß Renate Riemeck zur DFU-Vorsitzenden wurde?«

Klaus Rainer Röhl: »Um die DFU zu gründen, hatte Renate erst von deiner Mutter belatschert werden müssen. Ich kannte Renate nicht so gut. Renate, immerhin meine zukünftige Zieh-Schwiegermutter, fand ich, sagen wir mal, wertneutral. So wie wahrscheinlich lesbische Frauen immer Chauvimänner ansehen, kameradschaftlich, mochte sie mich ganz gern, sie sah mich hallodrihaft, aber gut. Renate hat später sehr, sehr schöne Sachen über mich geschrieben, auch noch über mein erstes Buch. Und über euch diesen wunderbaren, unvergeßlichen Brief – Ihr seid jetzt die Kinder von Klaus Röhl – … Also, ich hatte kein besonderes Verhältnis zu ihr, sondern ein ganz neutrales. Und Ulrike hat sie zur DFU gebracht, eindeutig, kein anderer.«

Bettina Röhl: »Inwieweit könnte man die DFU als eine Ostberliner Gründung betrachten?«

Klaus Rainer Röhl: »Alles war eine Sache der kommunistischen Partei, von vorne bis hinten. Selbst der ›Bund der Deutschen‹, nachher völlig kommunistisch, war noch eine Eigengründung gewesen, auch die Gesamtdeutsche Volkspartei von Heinemann wurde erst später kommunistisch unterwandert. Die DFU dagegen wurde von A bis Z von Ostberlin gegründet, und da Ulrike die besten Beziehungen zu ihrer Pflegemutter hatte, bekam sie den Auftrag, sie dafür anzuwerben. Es war die große Katastrophe für die Riemeck, weil sie hinterher natürlich aus der Uni rausgeschmissen wurde. Sie bekam keinerlei Pension, weil sie ihre Professorenstelle freiwillig gekündigt hatte. Aber Renate war nicht in der KPD, niemals, der genügte das völlig mit den gesamten Tarnorganisationen wie dem Friedenskongreß in Budapest, Weltkirchenfriedensrat und was sie da alles hatte. Wenn sie genau nachgefragt hätte, dann wäre herausgekommen: alles KGB-Gründungen, von A bis Z. Wenn die Riemeck auf so einen internationalen Kongreß ging, hätte sie sich denken können: Lauter tolle Leute, Professoren, Theologen, aber alles geschoben von ein paar KGB-Leuten. Die Professoren mochten subjektiv ehrlich sein, und überhaupt Frieden, der war ja auch nicht zu verachten. Wer war denn für den Krieg? Aber wenn man das heute der Riemeck so aufblättern würde, dann würde sie sagen: ›Nein, Klaus, das ist gelogen, ich kenne die Leute auch selbst.‹ Aber ich kenne die Leute auch.«

Nach dem, was Kapluck mir erzählte, gibt es jedoch nicht den geringsten Zweifel an der Tatsache, daß die DFU nicht nur von ihrer Gründung an ein Kind Ostberlins war, sondern dies auch blieb und zu einem kraß vernachlässigten Kind wurde, als man in Ostberlin die Marschroute änderte und entgegen der lautstark propagierten Verständigungspolitik der DFU am 13. August 1961, also einen Monat vor den bundesdeutschen Wahlen, die Mauer in Berlin hochgezogen wurde. Nicht mehr der politisch strategische Propagandamarsch nach Westen war den Ostmachthabern vorrangig, auch nicht mehr die Infiltration des Westens, sondern nur noch der Stopp des Exodus ihrer Bürger nach Westdeutschland. Die DFU, eben noch Hätschelkind Ostberlins, wurde schlagartig bedeutungslos, weil sie für eine von heute auf morgen überholte Politik stand. Auch die DFU stand nämlich am 13. August plötzlich vor demselben Problem wie die östliche Propaganda, dem Problem, den Limes Ostberlins, der nichts anderes als eine Gefängnismauer um die gesamte DDR darstellte, erklären und rechtfertigen zu müssen.

Klaus Rainer Röhl: »Die DFU – das war ein Flop. Die Mauer, die ein halbes Jahr später, kurz vor den Bundestagswahlen, am 13. August gebaut wurde, hat der DFU das Rückgrat gebrochen. Gegen diese Mauer konnte ich auch mit den allerbesten Plakaten nicht ankommen. Aber erst wußten wir das ja noch nicht und machten kräftig Wahlkampf. Ich hatte festgestellt in Befragungen von Allensbach und Emnid, das Wichtigste, was die Menschen wollten, war: neutral atomwaffenfrei. Also machte ich den Slogan ›DFU – neutral, atomwaffenfrei‹. Machte Songs, Plakate mit dem Bild der Riemeck. Aber das nützte alles nichts, gegen die Mauer war nicht anzukommen.«

Klaus Röhl suchte sich aus Hamburger Friedens- und KPD-Kreisen eine Schrumm-Schrumm-Gruppe zusammen und dichtete die Slogans selber, wie in seinen frühen Kabarett- und Kasperlezeiten. Für die DFU und »Tante Renate« sang er das Liedchen:

»Neutral zu werden wie die Schweiz,
das wäre ja nicht ohne Reiz,
laß dir kein dummes Zeug erzählen,
wer Frieden will, muß Frieden wählen.«

Eine Schallplatte wird aufgenommen, deren Rückseite Ulrike Meinhof mit tiefer Stimme und tiefem Ernst und ein wenig suggestiv besprach. Der von Renate Riemeck stammende Radiospot wurde auch im Rahmen der Wahlwerbung der DFU im Rundfunk gesendet.
Ulrike Meinhof:

»Liebe Mitbürger, am 17. September sind Wahlen. Bei den Wahlen fällen Sie eine schwere Entscheidung über unsere Zukunft, über Krieg oder Frieden. Immer, wenn man bisher mit Soldaten, Bomben und Kanonen auftrumpfte, hat es Krieg gegeben.

Erinnern Sie sich noch? Zwei furchtbare Weltkriege. Fast in jeder Familie gab es Tote zu beklagen, und was war das Ende? Deutschland war ein Trümmerhaufen.

Soll es schon wieder losgehen?

Wir haben zwei Worte zu unserem Programm gemacht: neutral, atomwaffenfrei. Wenn Deutschland neutral wird, dann kommt auch die Wiedervereinigung.«

Manfred Kapluck: »Wir haben in dieser Zeit viel zusammengesessen. Erst haben wir immer mit Ulrike und dem Kläuschen die Zeitschrift gemacht, und dann haben wir gemeinsam mit Renate Riemeck die DFU geplant. Mit allen dreien, das waren lustige Zeiten.«
Klaus Röhl hingegen fand die Zeiten weniger lustig. Er schildert sich selber in der ihm eigenen Bescheidenheit als die akquisitorische Lichtgestalt der DFU und erklärte die Altkommunisten, die ihm für die DFU zur Seite gestellt wurden, für »dumpfe Parteigenossen«, die »nicht die Phantasie aufbrachten, sich einen Erfolg auch nur vorzustellen. Waren sie nicht in allen Organisationen auf allen Sektoren erfolglos geblieben? [...] Kein Wunder, daß ich, der ich auf meinem Sektor Erfolge, sogar durchschlagende Erfolge aufweisen konnte, mit solchen Leuten zusammenstieß und ihr Mißtrauen erregte. Ansehen, Anhang, Erfolg galt ihnen als verdächtig, sie hatten ja keinen, weder unter Intellektuellen noch unter Arbeitern. [...] Ich muß sagen, wir haben selten so gelacht wie in der DFU-Zeit.«[38]
Auch in Ostberlin war man mit der mißlichen Lage, in der die DFU und ihr Wahlkampf steckten, unzufrieden. In einer Aktennotiz, einem Bericht für den »Genossen Norden« vom 9. Juni 1961, heißt es:

»Kommission für gesamtdeutsche Arbeit beim Politbüro
Berlin, den 9.6.1961 Rm/Ha
Für Genossen Norden!

Betr.: Hilfe für DFU

Werter Genosse Norden!

Am 2.6. fand eine Besprechung mit einigen Mitgliedern der Kommission sowie dem Gen. Willi Mohn und Max Spangenberg statt. Es ging um die Frage, was man tun kann, um der DFU eine größere Massenwirksamkeit zu verschaffen. […]

Es gäbe auch eine Reihe ernsthafter ideologischer Fragen. So wurde z.B. die Frage aufgeworfen, ob die DFU überhaupt eine Daseinsberechtigung, vor allem nach den Wahlen habe. Dabei geht man davon aus, daß z.B. klar sei, daß die Sowjetunion keinen Krieg will, daß aber auch Kennedy offensichtlich keine Aggression befürworte […]. Auf dieser Grundlage sei die Kriegsgefahr gemindert bzw. auf lange Zeit ausgeschaltet, wofür brauche man dann eine DFU. Eine zweite ideologische Frage bestünde darin, daß man sage, das Regierungsprogramm der SPD sei doch sehr akzeptabel und jedenfalls viel besser als das Programm von Hannover. […]

Willi Mohn erklärte, daß es jetzt für sie darauf ankomme, die Leitungen der DFU, vor allen Dingen auch in den Bezirken, zu politisieren. Es sei vorgesehen, 5 Millionen Flugblätter der DFU zu drucken und zur Verteilung zu bringen. […]

2. Folgende Vorschläge und Hinweise wurden gemacht:
a) die DFU muß stärker als bisher sagen, wofür sie ist und nicht nur wogegen. […]
b) Die DFU muß sich an die verschiedensten Schichten der Bevölkerung konkret wenden […] z.B. auch an die Millionenzahl der Umsiedler. […]
d) Es müßte versucht werden, irgendwelche sensationellen Meldungen über die DFU in die internationale Presse zu lancieren, z.B. Renate Riemeck wendet sich an englische Politiker bis zu den Konservativen […] oder aber auch in einer bestimmten Frage an die Neutralität, z.B. an Nehru usw. Bei Einschaltung aller unserer Möglichkeiten (ADN [AdA: Allgemeiner Deutscher Nachrichtendienst, das Presseorgan der DDR], Verbindung zu unseren Bruderparteien usw.) müßte es möglich sein, die DFU in die internationale Presse zu lancieren.
e) Um die Schweigemauer in Westdeutschland zu durchbrechen, müßte überlegt werden, wie man mit Hilfe unserer Möglichkeiten einen Pressevertreter der DFU in den Presseclub in Bonn einführen kann.«

In Ostberlin setzt man vor allen Dingen weiter auf Renate Riemeck:

> »f) Ganz große Möglichkeiten sehen wir in der breiten und umfassenden Publizität der Persönlichkeit Renate Riemecks. Sie ist die einzige Frau, die in leitender Stellung einer Partei tätig ist. Sie ist eine kluge und entschlossene Frau und hat sich durch ihren mutigen Kampf gegen Diktaturmaßnahmen von Schütz und dem Bonner Regime sehr schnell eine gewisse Achtung bei bestimmten Kreisen erworben. Sie muß zu einer populären Persönlichkeit werden. Wahlplakate der DFU müssen unbedingt ihr Foto zeigen. [...]

Die Bundestagswahl wird diesmal ganz nach amerikanischem Muster als Persönlichkeitswahlkampf geführt. Eine bestimmte Politik wird durch bestimmte Personen repräsentiert. Das muß man zur Kenntnis nehmen, ob es uns nun lieb ist oder nicht. In diesem Falle ist es gar nicht so schlecht für uns, da Prof. Riemeck in sich Eigenschaften verkörpert, die für viele Wählerschichten sehr wichtig sind: Professor, also Ansehen bei Intellektuellen; Frau und Pädagogin, was für alle Frauen und Eltern wichtig ist; aktives Mitglied der Bekennenden Kirche, wodurch wir einen bedeutenden Teil christlicher Wähler dieses Kirchenflügels beeinflussen können, schließlich aktive Gewerkschafterin, was für die Arbeiter Bedeutung hat. Man muß also Renate Riemeck sehr stark hervortreten lassen. Da Presse und Rundfunk der DFU verschlossen sind, muß sie neben der Vielfalt von Versammlungen sich auf eine große Plakataktion konzentrieren, um augenfällig in Erscheinung zu treten.«[39]

Der feine Finanzvorstand der DFU, Graf von Westphalen, der die sogenannten Spendeneinnahmen der DFU, also die kommunistischen Vitaminspritzen, verwaltete und so auch für die finanzielle Ausstattung der Werbeagentur von Klaus Röhl zuständig war, konnte einmal eine Rechnung von Klaus nicht umgehend zum Ausgleich bringen. Auf dessen 8000-DM-Mahnung hin verfügte der Adlige, in Geldangelegenheiten offenbar großspurig, tags darauf telegraphisch 80 000 DM zugunsten der Werbeagentur. Klaus Röhl bezeichnet es als eine Selbstverständlichkeit, den überschießenden Betrag von 72 000 DM flugs retourniert zu haben. Die großzügige Denkungsart des Grafen soll der Agentur aber nachhaltigen Respekt bei ihrer Hausbank eingetragen haben. Insgesamt sollen für die Gründung der DFU mehrere Millionen DM geflossen sein. Damals ein Vermögen. Devisen waren in der DDR teils so knapp, daß nicht einmal speziell benötigte High-Tech-Medikamente in ausreichendem Maße importiert werden konnten, woran zu erkennen ist, wie wichtig der DDR die Gründung der DFU und andere Aktivitäten dieser Art in Westdeutschland waren.

»Niemand hat die Absicht, eine Mauer zu errichten«

Das erste Halbjahr des Jahres 1961 arbeitet man in Ostberlin zwar intensiv daran, die DFU zu einer veritablen Partei auszubauen, die die Chance hat, die Fünf-Prozent-Klausel zu überspringen. Andererseits reißt der Flüchtlingsstrom der DDR-Bürger, die in den Westen ziehen, nicht mehr ab. Gar nicht so leicht für die SED und die KPD-Genossen, die Friedenspolitik einer DFU und der DDR zu vertreten, wenn selbst freundlich gesonnene Bündnispartner aus dem Westen in Besprechungen mit den Ostberliner Genossen, die den Wahlkampf organisieren, immer wieder mit Fragen und Argumenten kommen, die kaum zu beantworten sind. Bei dem Genossen Norden häufen sich Beschwerden.

> »7.2.1961
> Geggel
> Ansichten und Argumente von SPD-Genossen, die an Aussprachen in Berlin und Ludwigslust am Wochenende teilnahmen
>
> Zur DDR
> Der Flüchtlingsstrom aus der DDR erschwert ungemein die Aufklärung über die DDR bei den westdeutschen Menschen. Fortschreitende wirtschaftliche und soziale Verbesserungen werden nicht geglaubt.
>
> ›Ihr sprecht von den guten, sozialen Zuständen, von dem immer besser werdenden Lebensstandard, warum aber gibt es dann noch so viele Flüchtlinge, besonders aus der Arbeiterschaft?‹
> ›Ist denn bei euch die Garantie gegeben, daß der Mittelstand noch leben kann?‹
> ›Stimmt es, daß – wie geflüchtete Bauern sagen – sie jetzt nur noch Knechte sind?‹«

Weiter berichten die Parteigenossen von Argumenten gegen die DDR, die sie ebenfalls von SPD-Freunden gehört haben:

> »Einige der SPD-Genossen waren der Meinung, daß es der Adenauer-Regierung und der SPD-Führung gelungen sei, den Gedanken von einer bestehen-

den Diktatur in der DDR in die Bevölkerung hineinzutragen. Die Menschen schlußfolgern daraus, daß das 3. Reich eine Diktatur gewesen ist, und wenn in der DDR ebenfalls eine Diktatur besteht, so gibt es keinen Unterschied zwischen Faschismus und Kommunismus. Große Unklarheit bei fast allen SPD-Genossen gibt es über das Problem, daß die DDR der einzig rechtmäßige deutsche Staat sei. Sie können sich keine Vorstellungen machen, warum gerade die DDR dieser Staat sein soll. Unsere Argumentation überzeugt wenig und ist kaum bekannt.«[40]

Überhaupt ist die SPD der Hauptkonkurrent der DFU um Wählerstimmen. Die Meinung eines SPD-Abgeordneten aus Rheinland-Pfalz, der sich mit den SED-Leuten immer wieder trifft, wird in den Akten in Ostberlin am 30.5.1961 folgendermaßen wiedergegeben:

> »Adenauer hat 1957 mit der Aufrüstung und den Atomwaffen die Wahlen gewonnen, warum sollten wir jetzt nicht mit demselben Programm die Wahlen gewinnen. Mit Karl Marx können wir keine Wahlen gewinnen. […] Die atomare Bewaffnung ist notwendig zum Schutze unserer Demokratie vor den Russen, schließlich hat die Sowjetunion auch Atomwaffen usw.«

Und in einem weiteren Bericht an Norden listen SED-Funktionäre Argumente auf, die sie von befreundeten SPD-Politikern aus dem Westen zu hören bekommen:

> »Argumente: […]
> Ihr übertreibt die Gefahr des Militarismus in Westdeutschland. Die westdeutschen Militaristen sind allein gar nicht in der Lage, den Dritten Weltkrieg zu entfesseln.
> Atomwaffen werden von keiner Seite angewandt werden, denn dies bedeutet ja Vernichtung auf beiden Seiten. (Vergleich mit der Nichtanwendung von Giftgas im 1. Weltkrieg)
> Solange die Atomsprengköpfe von den USA bzw. der NATO verwahrt werden, können die westdeutschen Militaristen keinen Krieg beginnen.
> England und Frankreich werden schon dafür sorgen, daß die westdeutschen Militaristen nicht so stark werden, um auf eigene Faust einen Krieg zu beginnen.
> Die SPD-Führung ist nach wie vor gegen die atomare Aufrüstung.
> Die Adenauer-Regierung erhält ihre Politik von den Westmächten (NATO) diktiert. Sie kann gar nicht anders, sie muß deshalb auch die Atomrüstung durchführen. Die große Mehrzahl der Menschen in Westdeutschland glaubt uns die Enthüllungen der Kriegsvorbereitungen der Adenauer-Strauß-Regierung nicht, weil sie sie nicht unmittelbar sehen. […]

Kein Land außer der Sowjetunion hat von Deutschland Gebiete abgetrennt.
Sie hat die Oder-Neiße-Grenze festgelegt. Das können wir uns nicht ge-
fallen lassen. Wir vermissen in der DDR eine Strömung, die sich für die
Rückführung der Oder-Neiße-Gebiete einsetzt. Wir wollen ja nicht, daß die
Junker und Kapitalisten in diese Gebiete zurückkehren, aber wenigstens die
einfachen Menschen.

Antikommunismus – Stellung zur DDR
Ihr wollt ja doch nur die Verhältnisse der DDR auf Westdeutschland übertragen, aber das kommt in Westdeutschland nicht an. Die Menschen in Westdeutschland sagen: Wir hatten schon mal eine Diktatur, eine zweite wollen
wir nicht (gegen Diktatur von links und rechts). – Dieses Argument ist sehr
stark verbreitet –
Ihr berichtet in der DDR nicht immer wahrheitsgemäß über die Lage in
Westdeutschland. Deshalb wird dann auch vieles Richtige, was Ihr berichtet,
von den Menschen in Westdeutschland nicht ernst genommen.
Ihr schafft es nicht, uns bis 1961 einzuholen. Ihr habt die Arbeitskräfte und
die modernen Maschinen nicht dazu. Es fehlt noch vieles bei Euch. Bei uns
wird ja die Entwicklung in dieser Zeit auch weitergehen.
Erst wenn die DDR den Westen in allen Gebieten überholt hat, können wir
etwas machen.
Militarismus, ökonomische Hauptaufgabe u. a. sind Schlagworte, die nimmt
uns in Westdeutschland keiner mehr ab, das kommt bei der Bevölkerung
nicht an.
Die Kindergärten in der DDR sind zwar sehr schön, wenn nur die Kinder
dort nicht politisch beeinflußt würden.
Wenn alle in der DDR lernen und studieren, wer soll dann die einfache ›Hof-
arbeit‹ machen.
Warum habt Ihr eigentlich noch nicht alle Menschen restlos vom Sieg des
Sozialismus überzeugt, da muß doch etwas nicht in Ordnung sein.
Der Antikommunismus muß nicht unbedingt Kriegshetze sein. Viele Menschen sind eben der Meinung, daß der Kommunismus für Deutschland nicht
geeignet ist.
Ob Ihr wirklich bei freien Wahlen tatsächlich die Mehrheit erreichen wür-
det?«[41]

Die Argumente der SPD-Genossen waren niederschmetternd, noch nieder-
schmetternder war der Flüchtlingsstrom der DDR-Bürger in den Westen. In
Ostberlin muß das nackte Entsetzen ausgebrochen sein.
Mitten in den Wahlkampf platzte der Bau der Mauer, der am 13. August
1961 begann. In Moskau und in Ostberlin war diese Maßnahme beschlossen
worden, um die anhaltende Flucht der DDR-Bevölkerung in den Westen

aufzuhalten. Fast 200 000 Flüchtlinge waren allein von Januar bis August 1961 registriert worden. Knapp die Hälfte der DDR-Flüchtlinge war jünger als 25 Jahre, insgesamt waren seit der Besetzung der SBZ drei Millionen Menschen aus der real existierenden DDR in die Bundesrepublik geflüchtet und hatten sich ganz offenbar von den Lobeshymnen der Westkommunisten auf die DDR, den ›besseren‹ deutschen Staat, in dem sie lebten, überhaupt nicht beeindrucken oder von ihren Fluchtplänen abbringen lassen.

Die Mauer machte die Chancen der DFU auf einen Wahlerfolg bei der Bundestagswahl im September 1961 mit einem Schlag zunichte. Adenauer, der sich von der DFU-Gründung hatte nervös machen lassen, war mit dem Tag des Mauerbaus eine Sorge um die Bundestagswahl schlagartig los. Da die Errichtung der Mauer über Nacht und nur wenige Wochen vor der Bundestagswahl begann, darf man wohl mutmaßen, daß die Nervosität und Angst der DDR-Nomenklatura, ihres Volkes verlustig zu gehen, damals so groß war, daß fast von einer Panikreaktion gesprochen werden muß.

Die Wahlniederlage der DFU – die Partei brachte es nur auf knapp zwei Prozent– war für Renate Riemeck der zweite Schlag in einem Jahr. Kurz vor dem Mauerbau hatte sie im Juni 1961, mitten in der heißen Phase des Wahlkampfs, auf einem sogenannten Friedenskongreß in Prag einen physischen Zusammenbruch erlitten und daraufhin am weiteren Wahlkampfgeschehen nicht mehr teilgenommen. Noch während ihres Aufenthaltes in Prag erkrankte sie an einem Rückenleiden, das sie zwang, sich sofort in klinische Behandlung zu begeben. Sie wählt hierfür mehrere anthroposophische Einrichtungen, in denen eine Behandlung auf Rückenmarkstumor und Multiple Sklerose erfolgt, doch letzten Endes bestätigt sich weder der eine noch der andere Verdacht, eine Erklärung für den rätselhaften Zusammenbruch wird nie gefunden. Renate beschrieb ihre physischen Zustände als unerklärliche Lähmungen, die auch gerade den rechten Schreibarm betrafen:

»In diesem Jahr fanden nämlich Bundestagswahlen statt, bei denen die Deutsche Friedensunion (DFU) sehr schlecht abschnitt. Mit ihren Gedanken einer Verständigungspolitik konnte sie angesichts des Mauerbaus der DDR keinen Erfolg haben. Meine rätselhaften Lähmungserscheinungen hatten es von vornherein unmöglich gemacht, daß ich mich aktiv an dem sehr unfair geführten Wahlkampf beteiligen konnte. Ich war froh darüber, denn selbst bei völliger Gesundheit würde ich ihn nicht überstanden haben, ohne Schaden an meiner Seele zu nehmen. Mein persönliches Schicksal hatte mich völlig davon befreit, in die Schlammschlachten des damaligen Wahlkampfes einsteigen zu müssen. Statt dessen baute sich in der Riedberg-Klinik eine neue (und doch alte) Welt für mich auf. Die Zusammenarbeit mit Hillringhaus und der Heileurythmistin Daniela Armstrong ließ mich 1962 nach Gundelfingen bei Freiburg übersiedeln und wieder in ein engeres Verhältnis zur Anthroposophischen Gesellschaft treten.«[42]

Die DFU wird trotz ihrer Wahlniederlage im September 1961 und dem Ausscheiden von Renate Riemeck weitergeführt. Sie wird noch ein paar Jahre lang in der Bundesrepublik ein Schattendasein führen, Reinhard Opitz wird ganz zur Arbeit für die DFU bestellt. In den Akten der sogenannten Gesamtdeutschen Kommission, also der Kommission, die für den Westen zuständig war und die von Albert Norden geleitet wurde, wurde ebenfalls im Herbst 1961 die Niederlage der DFU, die hier auch gelegentlich als neue »Links-Partei« bezeichnet wurde, bei den Wahlen besprochen:

> »Die im Auftrage des Politbüros für die Zeit des Wahlkampfes gebildete Kommission (Gen. Norden, Gen. Glückauf, Gen. Mohn, Gen. Geggel und Gen. Herrmann) wird am Donnerstag die sich aus dieser Lage ergebenden Schlußfolgerungen beraten. Vor allem wird dabei beraten, wie die DFU offensiv in der derzeitigen politischen Krise in Bonn auftreten muß.«

Über Renate Riemeck heißt es in einer Notiz vom 2.11.1961:

> »Die Vorsitzende, Frau Riemeck, die sich in der Vergangenheit als verbindende Kraft zwischen den verschiedensten Richtungen erwies, ist durch ihre schwere Krankheit zur Zeit aktionsunfähig.«

Am 9.11.61 wird über die Verarbeitung der Wahlniederlage in einem Schreiben an den »Genossen Norden« ausführlich berichtet:

> »Aus einer Reihe persönlicher Unterhaltungen und verschiedenen Berichten sowie dokumentarischer Unterlagen ergeben sich folgende Aspekte zur Einschätzung der Lage in der DFU.
>
> 1. Nach der Bundestagswahl gab es zunächst weit verbreitete Enttäuschung über das Ergebnis der DFU sowie daraus resultierende Niedergeschlagenheit und Verwirrung. In seiner ersten Sitzung nach den Wahlen trat der DFU-Vorstand diesen Stimmungen entgegen und erklärte offensiv, die DFU-Politik habe sich nach wie vor als die ›einzig vernünftige und erfolgversprechende Politik‹ erwiesen. Die Ereignisse des 13. August, die zunächst von vielen als Schock empfunden wurden, schätzt der Vorstand als Bankrott der Bonner Politik der Stärke ein. […]
> 2. Die letzten Wochen zeigen jedoch, daß die positiven Kräfte der DFU offensichtlich nicht in der Lage waren, diese Linie zu halten und durchzusetzen. Im Gegenteil, die Verwirrung hat zugenommen, wachsende

Meinungsverschiedenheiten und antikommunistische Positionen gewinnen an Boden. Dabei operieren diese Kräfte mit a) der entstehenden Ablehnung der sowjetischen Testversuche, b) der Ablehnung unserer Sicherungsmaßnahmen in Berlin und c) der angeblichen Schuld der DDR und der Kommunisten für das negative Wahlergebnis der DFU.

3. Diese Linie wurde besonders deutlich auf der letzten Vorstandssitzung der DFU am 28. und 29. Oktober in Hamburg […].

An der Versammlung nahmen 40 Mitglieder teil. Die Diskussion verlief sehr heftig.

Arno Behrisch forderte ›scharfen Protest‹ gegen die sowjetischen Testversuche und sagte, Gewalt sei Gewalt, und Atombombenversuche seien Atombombenversuche. Behrisch erhielt starken Beifall vom ›pazifistischen Flügel‹, während die fortschrittlichen Kräfte betreten schwiegen.

Dr. Gleissberg, Chefredakteur *Die Andere Zeitung*, sagte, die DFU sei ebenso wie auch seine Zeitung nicht mehr glaubwürdig, wenn sie die Mittel des Ostens nicht ebenso verurteilen würden wie die Mittel und Ziele des Westens.

Frau von Kühlheim sagte: ›Unser Feind ist die Bombe‹, und das Vorstandsmitglied Hehl (Stuttgart) formulierte: ›Unser Feind ist nicht die Regierung in Bonn, unser Feind ist der Krieg.‹

In dieser Richtung sprachen noch einige Diskussionsredner.

Das Direktoriumsmitglied Opitz [AdA: Reinhard Opitz] sprach sehr überzeugend darüber, daß die Lehren aus der Hitlerzeit die oppositionellen Kräfte von heute zur Einheit mahnen. Der 13. August und die sowjetischen Testversuche seien Schläge gegen die Politik der Stärke der westlichen Aggressoren. Seinen Vorrednern entgegentretend, sagte er, die DFU würde unglaubwürdig, wenn sie zusammen mit den Stärke-Politikern diese Schläge beweine und dagegen protestiere.«[43]

Auch Renate Riemeck hat, wie den Akten zu entnehmen ist, ihre einseitige Haltung geändert und tritt nun, wie andere Mitglieder der DFU, nicht mehr nur gegen die atomare Bedrohung der Westmächte, sondern nun auch gegen die atomare Bedrohung durch die Sowjetunion ein, die mit atomaren Testversuchen die Pazifisten in der westdeutschen Friedensbewegung gegen sich aufgebracht hat.

»2.11.61
Informationen über die DFU

1.) Frau Prof. Riemeck richtete einen Brief an den Grafen mit folgendem Inhalt: a) Die DFU sollte unbedingt gegen die sowjetischen Atomversuche protestieren.«

Weiter vermerkt man in Ostberlin: »Es besteht im Augenblick vom Büro aus keinerlei Kontakt zu ihr. Sie hat die Adresse ihres Aufenthaltsortes nicht mitgeteilt.«[44]

Für Renate Riemeck wird das Jahr 1961, welches der Anlauf zu ihrem Karrierehöhepunkt hätte werden sollen, zum schlimmen Wendepunkt ihres Lebens und zum Ende ihrer akademischen Karriere. Für so sicher hatte Renate Riemeck in der Phase der Vorüberlegungen zur DFU ihren eigenen und den Erfolg der DFU gehalten, daß sie sogar ihren prinzipiell unkündbaren Beamtenstatus zur Disposition stellte. Doch die Kündigung wird zu einem folgenreichen Schritt. Im Herbst 1961 steht Renate Riemeck, nur ein knappes Jahr nach dem Start der DFU, vor den Scherben ihres Lebens.

Willy Brandt, Johannes Rau und viele Schriftsteller und Freunde, auch Klaus Röhl, gehörten zu den zahlreichen Menschen, die später versuchten, sich an offizieller Stelle für eine Wiederbeschäftigung der Professorin einzusetzen – ohne Erfolg. Der Schriftsteller Rolf Hochhuth spendete 1980 das Preisgeld für den Geschwister-Scholl-Preis, den er erhalten hatte, an Renate Riemeck, um diese zu unterstützen. Renate Riemeck ist nie wieder Professorin geworden. Von diesem Zeitpunkt an zog sie sich mit 42 Jahren aus dem aktiven politischen und gesellschaftlichen Leben – und weitestgehend auch aus dem Berufsleben überhaupt – zurück. In den folgenden Jahren schrieb sie eine ganze Reihe von Büchern zu verschiedenen geschichtlichen Themen, so über die Französische Revolution, die Ursachen des Ersten Weltkriegs, über Moskau und den Vatikan – Bücher, die zum Beispiel auch von Sebastian Haffner immer wieder lobend erwähnt wurden, die aber sonst keine große Beachtung erfuhren. 18 Jahre später aber stand sie zum ersten Mal wieder – diesmal in Marburg – vor Studenten, allerdings nur als Dozentin mit einem kleinen Lehrauftrag, den sie von Semester zu Semester erneuern mußte.

Der kleine Mythos, der sich um Renate Riemeck bildete, die Tragik einer großen, aber gescheiterten Karriere der einst jüngsten Professorin Deutschlands, die dann mit einem ›Berufsverbot‹ belegt worden sei (obwohl sie eben letztlich selber ihren Beamtenstatus niedergelegt hatte), war später manchmal für ihre Umwelt nicht leicht zu ertragen. Auch in der entsprechenden Öffentlichkeit wurde dieser Mythos gepflegt, indem immer wieder namhafte Schriftsteller und Professoren um eine Rehabilitierung von Renate Riemeck bei den wechselnden Bundeskanzlern und Bundespräsidenten baten, was natürlich höchst ehrenwert ist. Trotzdem erschwerte eine gewisse Verklärung die Sicht darauf, daß es Renate Riemeck, die weiterhin unterstützt wurde und nie in Geldnot geriet, durchaus möglich gewesen wäre, sich im Alter von

42 Jahren noch zu habilitieren und als ordentliche Professorin an die Universität zurückzukehren. Warum nahm sie nicht noch einmal eine universitäre Laufbahn in Deutschland oder im Ausland in Angriff, wie zum Beispiel in ihrer Zeit in England? War die Luft bei der Jungkarrieristin mit 42 Jahren schon raus? Selbst ein Quereinstieg als Angestellte in den öffentlichen Dienst wäre zumindest einen Versuch wert gewesen.

Die Kulakenlüge

Renate Riemeck hat mir nie wirklich Auskunft darüber gegeben, ob sie nun Kommunistin war oder nicht. Als ich sie 1997 zu einem förmlichen Interview für dieses Buch in Alsbach an der Bergstraße besuchte, wo ich viele Male in all den Jahrzehnten zu teils wochenlangen Besuchen gewesen war, sagte sie mir zu Beginn des Gespräches, daß sie gerne mit mir reden wolle, doch sie behalte sich ausdrücklich vor, gewisse Fragen unter Umständen auch nicht zu beantworten.

Natürlich fragte ich nach meiner Großmutter, nach meiner Mutter, nach Renates Zeit in Wuppertal und ihrer Kandidatur als Vorsitzende der DFU. Ich fragte sie nach Johannes Rau, Gustav Heinemann und ihrer Zusammenarbeit mit Pfarrer Mochalski und Martin Niemöller, nach ihrer Arbeit bei der *Stimme der Gemeinde* und bei den *Blättern für deutsche und internationale Politik*. Und ich fragte sie, nachdem ich ja von Kapluck erfahren hatte, daß die DFU eine reine SED-Gründung gewesen war, ob sie Kommunistin gewesen sei oder in welcher Form sie – sei es als Parteimitglied, Bündnispartnerin, Fellow-traveller – mit den Kommunisten zusammengearbeitet habe. Dies war die einzige Frage, die Renate mir nicht beantwortet hat. Sie sagte nicht nein, und sie sagte nicht ja. Sie sagte, daß sie nicht antworten würde. Ich fragte sie, was sie davon wisse und hielte, daß meine Eltern Mitglieder der illegalen KPD gewesen seien – und dies vor dem Hintergrund, daß die Verbrechen Stalins schließlich bekannt waren. Doch ihre Antwort war auch zu diesem Punkt abweisend. Meine Eltern seien nie Kommunisten gewesen, sagte sie nur kurz. Und unter Stalin seien die Kulaken nicht zu Tode gekommen. Dies sei eine Legende, die von den Rechten erfunden worden sei. Auch Gulags hätte es keine gegeben. Dann erklärte sie das Interview für beendet.

Antiimperialistischer Schutzwall

Die Mauer erschwerte das Leben der Systempendler Ulrike Meinhof und Klaus Rainer Röhl kaum. Sie genossen weiterhin ihr Privileg, die für normale Menschen undurchlässige Mauer in beiden Richtungen passieren zu können. Das mag meinen Eltern, die beide jeden persönlichen Sonderstatus zu schätzen wußten, immer wieder als steinernes Monument ihrer persönlichen Wichtigkeit vorgekommen sein, so daß die Mauer, ein Leid für ein ganzes Volk, auch einige wenige ›begünstigte‹.

Die Idee, ein ganzes Volk einzusperren und für devisenbringende Besucher von außerhalb tage- oder wochenweise gegen Eintrittsgebühr zur Besichtigung freizugeben – um es einmal so makaber auszudrücken, wie man es auch sehen kann –, hatte es bis dahin noch nicht gegeben. Die CDU-Konservativen, allen voran Adenauer, der sich den Mauerbau im fernen Bonn lediglich berichten ließ, offenbarten nach dem 13. August 1961 einen ihrer Grundfehler, nämlich Diskussionsunfähigkeit, ja Sprachlosigkeit und eine Abstinenz, politisch-geistige Positionen dialektisch verständlich zu besetzen; eine Fähigkeit zu Diskussion, Rhetorik, Argumentation und Netzwerkbildung, in der die Linken bis heute mehr Übung haben und den Konservativen seit Jahrzehnten haushoch überlegen sind. Den Konservativen fielen bis zuletzt nur Phrasen ein: Die Mauer ist schrecklich, die Mauer ist grausam, wir hoffen alle ... unsere Brüder und Schwestern drüben ... oder ähnliches.

Die eigentlich plumpen, aber überaus erfolgreichen DDR-Propagandisten und ihre Westhelfer vollbrachten hingegen das Kunststück, relativ leichtfüßig eine nicht zu erklärende, nicht zu rechtfertigende und nicht zu entschuldigende Mauer begrifflich als ein Positivum zu bemänteln. Der im Osten so genannte ›antiimperialistische Schutzwall‹, für Westdeutsche vergleichsweise durchlässig, war für DDR-Bürger hingegen nur zu überwinden, wenn sie zur Minderheit der Stasi-Bediensteten oder Propagandisten gehörten. Die Mauer wurde den Bürgern in Ost und West als notwendiger, gewissermaßen strategischer und geistiger Schutz gegen den Einfluß des kapitalistischen Westens angepriesen und traf in den teilweise masochistischen bundesrepublikanischen linken Politdiskussionen der sechziger und siebziger Jahre durchaus nicht nur auf Unverständnis.

Die vielen intellektualistischen Versuche, die Mauer zu rechtfertigen, die es bis zu deren Fall 1989 im Westen gegeben hat, waren zu einem großen Teil überflüssig und sogar schädlich, weil sie über einen klaren und einfachen Tatbestand hinwegtäuschten, der da heißt: Das SED-Regime hat sein Volk im eigenen Land eingesperrt, da es wohl keine Chance sah, sich ein anderes zu beschaffen. Und ohne Volk wollte wohl selbst Ostberlins Nomenklatura weder vor sich selbst noch in der Welt dastehen.

Klaus Rainer Röhl erzählt: »Wir hatten inzwischen viele Verbindungen in die DDR. Erstens Kurt Otterberg vom *Forum*, der organisierte später das berühmte DDR-Manifest, das anonym im *Spiegel* erschien. Hermann von Berg, ein ehemaliger FDJler, war der Autor des Manifests. Das waren Regimegegner. Hermann von Berg, den kenne ich, denn der war frühzeitig in den Westen geflohen. Zweite Connection: Alle in Ungnade gefallenen Künstler wie Ernst Busch – isoliert, durften nicht mehr im Berliner Ensemble spielen, stellten eine verbitterte Gruppe von lustigen Künstlern dar. Busch schenkte uns eigene Tonbänder, die noch nicht veröffentlicht waren, zum Beispiel die *Ballade von der Hanna Cash* von Brecht, von ihm selbst gesungen. Er durfte in der DDR nicht mehr veröffentlichen. Sie hielten mit uns zusammen. Drittens die Jungen: Volker Braun, Sarah Kirsch, Reiner Kirsch, am Rande auch Biermann, Cremer, Bredel – die wußten nicht, daß wir Illegale waren. Es gab überall Regimegegner, es blieb der Partei auch nicht verborgen, daß wir mit all denen Kontakte hatten. Viertens: unsere KP-Genossen.

Wenn wir nach Ostberlin kamen, dann ging das so los, daß wir morgens zur Einschätzung kamen. Die konspirativen Treffen in illegalen Wohnungen waren schon langsam Routine für uns, weshalb die Vorsichtsmaßnahmen fahrlässigerweise vernachlässigt wurden. Wir waren mittags fertig, und dann legten wir erst richtig los und besorgten uns ein Quartier in Westberlin und gingen am nächsten Tag wieder nach Ostberlin – in Ostberlin übernachten war schwierig ohne Genehmigung der Partei – und fuhren zu unseren anderen Leuten, vor allen Dingen den Künstlern. Die dachten, wir sind besonders aufgeschlossen. Die KP bekam das sicherlich mit, jedenfalls steht das drin in meiner Stasiakte: Röhl hätte Verbindungen gehalten mit allen möglichen unzufriedenen Elementen in der Partei. Und so war es ja auch.«[45]

Die Kärrnerarbeit der KPD

Anders als für Klaus Röhl und Ulrike Meinhof, die innerhalb der KPD einen sehr privilegierten Sonderstatus mit ihrer Zeitschrift hatten und auch von der SED gehätschelt wurden, schuf der Mauerbau für die nun seit Jahren illegale KPD Westdeutschlands eine nicht leicht zu bewältigende Situation.

Die KPD, die Anfang der fünfziger Jahre unter den stalinistischen »Säuberungen« einerseits und unter dem 1956 von der Bundesrepublik ausgesprochenen Parteiverbot andererseits zu leiden gehabt hatte, war spätestens seit dem Verbot eine westdeutsche Partei im westdeutschen Untergrund gewesen, die mühsam aufrechterhalten wurde. Ihre Mitglieder arbeiteten über ein Jahrzehnt teils verdeckt als Illegale, teils in Ostberlin. Dies führte zu den kuriosesten Veranstaltungen: So fanden der sogenannte Münchner Parteitag oder auch der Kölner Parteitag der KPD natürlich in Leipzig, Dresden oder sonstwo in der DDR statt. Die westlichen Strukturen befanden sich zumeist in illegalen Privatwohnungen in der BRD, und die ganze Partei hatte sich ein konspiratives System mit falschen Pässen, mit falschen Adressen, Geheimhaltungsstufen, Codes usw. angelegt. Dazu gehörte vor allem auch ein Netzwerk von Tarnorganisationen und Tarnfirmen nach westdeutschem, kapitalistischem Recht. Die KPD war – anders als die kommunistischen Parteien im westeuropäischen Ausland; in Frankreich und Italien z.B. war die jeweilige kommunistische Partei ja nicht verboten – wahrscheinlich immer verhältnismäßig moskautreu. Durch die illegale Sondersituation der KPD in Westdeutschland waren die Kommunisten, die als kleine, aber starke Kraft in der frühen Bundesrepublik gestartet waren, restlos in die Fänge der DDR und der SED gelangt. Diese drei Belastungen – Parteiverbot mit der daraus folgenden Illegalität, die Ernüchterung nach Bekanntwerden von Stalins Säuberungen und die erdrückende Gleichschaltung mit und die finanzielle Abhängigkeit von der Ostberliner Schwesterpartei – wurden durch den Mauerbau für viele aufrechte Kommunisten in der BRD erheblich verstärkt. Welches waren die Zukunftsaussichten der KPDler? Man konnte schließlich noch nicht wissen, daß die KPD in Gestalt der DKP 1969 wieder legal werden würde. Die Frustration vieler älterer Kommunisten, die ihren Idealismus vielfach aus der Verarbeitung ihrer Kriegserfahrungen gezogen hatten, war gewiß nicht gering. Die Schere zwischen BRD und DDR ging in jeder Hinsicht immer weiter auseinander, und die KPDler, die ja Westler waren und das Leben häufig im Westen wesentlich besser fanden als in ihrem gelobten Osten, mußten mit vielen inneren Spannungen fertigwerden.

Der höhere Wohlstand, das höhere Maß an Freiheit im Westen wirkten sich auf einige KPDler vom alten Schlage so aus, daß sie in Ermangelung anderer Erfolge ihres Systems wenigstens eine erfolgreiche Subversion der BRD produzieren wollten und dies auch bewerkstelligten. Bei allen Mißerfolgen der DDR und des gesamten Council for Mutual Economic Assistance (COMECON), des Rats für gegenseitige Wirtschaftshilfe verschiedener Ostblockstaaten, war die DDR mit ihrem KPD-Arm im Westen, ihrer fünften Kolonne sozusagen, immens erfolgreich, was hier auch einmal als echte Großleistung gewürdigt werden muß. Aus ihrem Status der Illegalität heraus schafften es die KPDler mit Willenskraft, ihrem Glauben an die Idee und die Partei, permanent die schlimmsten Mängel der DDR – und selbst die Gefängnismauer durch Deutschland – nicht nur zu rechtfertigen, sondern in gewissem Umfang sogar positiv zu besetzen. Die KPDler waren echte knorrige Kämpfer. Sie steckten die Tatsache, daß täglich Tausende aus der DDR flüchteten, ebenso weg wie den Bau der Mauer oder den Flop der DFU. Diese hart erarbeiteten Propaganda-Erfolge muß man als Hochleistung anerkennen. Wie schwach und geradezu tumb ist die westdeutsche Subversionsabwehr gewesen – nicht in Gestalt der westdeutschen Geheimdienste, sondern in Gestalt der westdeutschen Politik und der westdeutschen politischen Klasse. Die BRD, die alle Argumente und alle Mittel zur Verfügung gehabt hätte, hat den Einfluß aus Ostberlin förmlich eingeladen und die Power der KPD-Maulwürfe, die im Untergrund, aber nie terroristisch gearbeitet haben, hoffnungslos unterschätzt. Gegen die normative Kraft des Faktischen – und Fakt war die sichtbare Überlegenheit der Bundesrepublik auf allen Gebieten – haben die KPDler es immer wieder geschafft, in der Systemfrage die BRD abzuwerten, zum Buhmann zu machen und die – wenn auch diffusen – sozialistisch-kommunistischen Systemvisionen mit Strahlkraft zu versehen.

Am Ende der fast 15jährigen Untergrundphase der KPD stand ein Generationenwechsel an. Die sogenannte Neue Linke, die Anfang der sechziger Jahre auftauchte, verdrängte die Altkommunisten, die links von der SPD die Kärrnerarbeit und die Basisarbeit für das gesamte linke Lager in der BRD geleistet hatten. Die etwas späteren 68er, die sich an der Neuen Linken orientierten, haben sich dann ins gemachte Bett gelegt. Sie fanden ein gut bestelltes Feld kommunistisch aufgebauter Netzwerke von Bündnispartnern in Verlagen, Zeitschriften, bei Anwälten, Richtern und Strukturen in allen Lebensbereichen vor. Diese Netzwerke waren dynamisch und hatten sich durch Überzeugungen und in einem langen gemeinsamen Kampf bewährt. Die 68er gerierten sich allerdings als extrem undankbare Erben, belehrten die Altkommunisten, sie seien altbacken, spießig und stalinistisch und hefteten sich sämtliche Siege und Aufbauleistungen der fünfziger und sechziger Jahre als von ihnen 1967/68 ff. aus dem Nichts geschaffen selber an.

Die Prahlerei der späteren 68er erstickt die alten West-KPDler bis heute, die sich vor allem in der Zeit der Illegalität das Prahlen mit ihren subversiven

Siegen gänzlich abgewöhnt hatten: Jede Prahlerei wäre damals mit Gefängnis geahndet worden. Heute, seit der Niederlage der SED von 1989, wissen viele alte KPD-Hasen immer noch nicht, wie sie die historischen Leistungen ihrer überaus erfolgreichen Arbeit überhaupt erkennbar machen sollen. Es gibt zwar Massen von Unterlagen, die ihre intensive Westarbeit deutlich belegen, aber diese Leistungen werden heute leicht in einen Topf geworfen mit IM-Tätigkeiten, Spitzeltätigkeit, Spionage usw. und durch diese Vermischung negativ verzerrt gesehen. Zudem gibt es einen Pfropf ganz eigenartiger Gestalt: Diejenigen 68er, die als IM der Stasi dienten und heute aggressiv und unter Nutzung alter Seilschaften diesen Teil der geschichtlichen Aufarbeitung blockieren, blockieren de facto auch die Darstellung der früheren Leistungen der KPD, die mit Stasitätigkeit nichts zu tun hatte. Die Aufbauleistung des KPD-Netzwerks in den fünfziger und sechziger Jahren war unter schwierigsten Umständen tagtägliche Überzeugungsarbeit. Das IM-Phänomen dagegen, aus dem westdeutschen Wohlstand heraus, oft mit finanziellen oder beruflichen Vorteilen versüßt, war anders als die Mitgliedschaft in der KPD in den fünfziger und sechziger Jahren moralisch viel eher Verrat. In der Relation BRD–DDR gab es für im Wohlstand geborene und arbeitende Westler keine vernünftige moralische Begründung, dem Unrechtsstaat DDR zu Diensten zu sein, damit dieser den Rechtsstaat Bundesrepublik unterminieren konnte. Noch weniger gab es eine moralische Begründung dafür, den Staat DDR zu stärken, der jede Stärkung dazu nutzte, die eigenen Bürger zu traktieren. Die alten Kommunisten hatten für wirtschaftliche Teilhabe der Unterprivilegierten gekämpft, also für soziale Gerechtigkeit; der typische IM hingegen kämpfte de facto für den Ersatz des westdeutschen durch das ostdeutsche System und die eigene Karriere.

Die KPD war zu einem guten Teil vom Geist der kommunistischen Anti-Nazi-Kämpfer geprägt. Die SED, die sich lautstark ihrer antifaschistischen Heldentaten rühmte, war vom diktatorischen Geist der sowjetischen Besatzer-KP geprägt und hatte im Gegenteil oft genug Probleme mit den alten Kommunisten, die noch gegen Hitler gekämpft und in der Nazizeit im Gefängnis gesessen hatten. Diese stellte man zum Teil in paranoider Weise unter Kollaborationsverdacht.

Eine Neue Linke

Anfang der sechziger Jahre war in Westdeutschland eine Neue Linke entstanden, die, vereinfacht gesagt, den Stalinismus durch den Maoismus substi-
tuierte und sich mit Verve vom Regen in die Traufe stürzte. Die alten KPD-
Kämpfer drohten nach dem Bau der Mauer zum alten Eisen zu werden, zur
›Alten Linken‹. Die Neue Linke diffamierte die alten KPD-Hasen, teilweise
zu Recht, als »Stalinisten« und unter dem Eindruck des neuen Idols Mao,
der zum eigentlichen Führer der Neuen Linken wurde, als Bürokraten, Partei-
idioten und »Revisionisten«. Die alten Kommunisten hatten in der Tat kaum
so etwas wie eine Aufarbeitung der verbrecherischen Stalin-Ära geleistet.

Bereits ein knappes Jahr nach dem Bau der Mauer entdeckte die Journalistin Ulrike Meinhof als eine der ersten in Berlin hoffnungsfroh die Neue
Linke für sich. Sie schrieb einen ihrer leichtesten Texte, durchaus DDR-kri-
tisch, aber ganz im neuen Trend der Zeit:

> »Man kann für Berlin sein, soweit es ein politischer Begriff ist, soweit es
> eine Stadt ist, insoweit dort ein sympathischer Deutschentyp wohnt, insoweit
> diese Stadt ein herrliches Klima, breite Straßen, Leute mit großer Fresse,
> preußischen Barock und viele gute Erinnerungen beherbergt. Eins kann man
> nicht: die politische Atmosphäre dieser Stadt lieben.
>
> Zwischen dem schäbigen Osten, dem glänzenden Westen zieht sich die Mau-
> er hin, und dazu im Osten Phrasen und im Westen eine fürchterliche Ge-
> reiztheit in politics. Druck aber erzeugt Gegendruck. Der Druck des Ostens
> erzeugt den Gegendruck des Westens, und seitdem in Westberlin offiziell
> und öffentlich so viel dummes Zeug geredet wird, Willy Brandt überhaupt
> nur noch heiser ist, alle Linken zur Rechten überliefen, um im gemeinsamen
> Topf zu kochen und zu brodeln, es überhaupt nur noch eine Wut, einen Haß,
> ein Lamento gibt, seitdem tut sich nun doch hier und da was auf, hat die Aus-
> schaltung, Verketzerung, Verteufelung alles Linken nun doch wieder eine Art
> Linke gezeugt. Eine ›Neue Linke‹, wie sie sich selber nennt, um ihr Auftreten
> doppelt zu signalisieren. Sozialistischer Deutscher Studentenbund, Sozia-
> listische Jugend Die Falken, Gewerkschaftler, Sozialdemokraten haben sich
> einzeln, in Grüppchen, nicht geschlossen, nie als Ganzes in einem nur per
> Gesinnung zusammengehaltenen Verband zusammengefunden, locker also,
> ohne organisatorisches Band, in Kenntnis wohl der sterilisierenden Wirkung
> aller Institutionalisierung und Vereinsmeierei.«[46]

Die bulgarischen Kamele

Im Herbst 1961 sind die Chefredakteurin von KONKRET und der Kämpfer für die Deutsche Friedensunion und Herausgeber von KONKRET von ihrem gescheiterten Wahlkampf für die DFU erschöpft und fahren erst einmal in Urlaub. Wie später noch oft, fahren die Verlobten in diesen Jahren nicht nur nach Italien, sondern gern auch in kommunistische Länder – nach Bulgarien oder Jugoslawien, wo sie neben Strand und Sonne auch Kontakt zu dortigen Genossen aufnehmen. In Bulgarien kommt es zu den köstlichen Fotos, die Meinhof/Röhl als Beduinen verkleidet auf Kamelen reitend zeigen. In weiße Laken als Burnusersatz gehüllt, mit Turbanen auf dem Kopf und langen Speeren in der Hand, sitzen die beiden auf Kamelen und gucken in die Filmkamera, die Klaus Röhl dem Kamelwärter schnell in die Hand gedrückt hat.

Klaus Röhl ist die ganze Zeit mit der Filmkamera dabei. Er filmt seine Ulrike im weißen Bikini am Strand und mit Pferdeschwanz und heller Bluse auf einem Segeltörn. Sie trägt eine schwarze Brille mit weißem Gestell und sieht aus wie ein typisches Sechziger-Jahre-Girl – gar nicht so, wie man sich die illegale Kommunistin Meinhof heute in der Rückschau vorstellt. Sie ist eine modebewußte junge Dame, die ziemlich verschämt und zurückhaltend mit ihrem Verlobten Ferien macht und auf der anderen Seite bereits gegen Franz Josef Strauß Prozesse führt. Der Verlobte filmt sie beim Tretbootfahren oder im Strandcafé, während sie beim Ober etwas bestellt. Sie filmt den Verlobten, wie er faxenmachend in der Badehose ins Meer rennt oder ihr – alles natürlich ohne Ton – etwas in die Kamera erzählt. Manchmal sieht man auch, daß es Ulrike Meinhof schwerfällt zu lächeln, daß sie schon jetzt, zwei Jahre nachdem sie sich kennengelernt haben, etwas angestrengter und bemühter aussieht als am Anfang ihrer Beziehung. Trotzdem genoß das junge Paar diese Urlaube in den osteuropäischen Ländern in vollen Zügen. Insbesondere auch deswegen, weil sie dort wenigstens für ein paar Wochen ganz sicher waren, nicht vom Verfassungsschutz beobachtet zu werden.

Der ständige Druck, mit dem die KONKRET-Macher ganz selbstverständlich lebten, das Verheimlichen ihrer Besuche in Ostberlin, die Lügen über die Finanzierung von KONKRET, die sie gegenüber Autoren, Schriftstellern, Journalisten, aber auch besten Freunden und Verwandten gegenüber ständig souverän vertreten mußten – und obendrein die Angst vor Entdeckung und sogar Verhaftung im Westen –, stellten latent eine Belastung dar, die ihnen manchmal mehr, manchmal weniger bewußt war. Klaus Röhl bekam es einige Jahre später amtlich aus Köln, daß er und Ulrike vom Verfassungsschutz jahrelang observiert worden waren. Tatsächlich ist wohl davon auszugehen, daß der Verfassungsschutz in diesen Jahren einigermaßen gut Bescheid wußte. Das Verhör eines KONKRET-Mitarbeiters durch das BKA im Jahre 1963, worüber dieser seinen Ostberliner Genossen in einem Bericht Mitteilung machte, läßt darauf schließen, daß man in Wiesbaden Ulrike Meinhof lange vor ihrer Zeit als Terroristin wegen ihrer verfassungsfeindlichen Tätigkeiten im Visier hatte. Im Grunde hat die Observation von Ulrike Meinhof bereits im Herbst 1959 begonnen, was darauf hindeutet, daß offenbar auch Renate Riemeck intensivere Ostkontakte hatte als bekannt. Gerne würde man einmal die Akten der zuständigen Bundesbehörden Renate Riemeck und KONKRET betreffend im Original lesen.

Hochzeit

Zurück in Hamburg, beschlossen Klaus Röhl und Ulrike Meinhof, aus ihrer kleinen Wohnung in Winterhude, die sie sich mit der Familie Klaus Steffens teilten, auszuziehen. Sie fanden ein kleines Häuschen im, wie sie sagten, Kleine-Leute-Vorort Lurup. Der Besitzer des Hauses sagte: Ohne Trauschein kein Mietvertrag. Mein Vater rühmte sich des öfteren, daß er einzig wegen dieser strikten Maßgabe des Vermieters überhaupt noch einmal geheiratet habe. Ernst Busch, dessen Interpretation von Bertolt Brechts *Ballade von der Hanna Cash* in der DDR nicht veröffentlicht wurde, schickte das unveröffentlichte Tonband mit seinem Gesang an Klaus Röhl und Ulrike Meinhof und widmete es der jungen Braut. Klaus Rainer Röhl über die Eheschließung: »Ernst Busch besang ein Tonband nur für sie, die Hanna Cash, das blieb ihr Lieblingslied, das wollte sie eigentlich selber sein. Mehr nicht: ›Und ob er hinkt und ob er spinnt. Und ob er ihr Schläge gibt, es fragt die Hanna Cash, mein Kind, doch nur, ob sie ihn liebt.‹«[47] Gern erzählt Klaus Röhl auch die mittlerweile schon mehrfach in Biographien wiedergegebene Geschichte, daß Ulrike Meinhof ihn, wenn er von Dritten angegriffen wurde, stets ebenso schelmisch wie ernst gemeint verteidigte und sich mit ihm solidarisierte: »Nur Qualität kann Qualität erkennen.«

Renate Riemeck beschreibt, wie »ihre Ulrike« extra zu ihr nach Freiburg gereist sei, um sich mit ihr darüber zu beraten, ob sie »den Röhl« heiraten solle. Und die Ziehmutter antwortet sinngemäß, daß Ulrike Meinhof sich bei einem so windigen Kerl mit Toleranz wappnen müsse. Am 27. Dezember 1961 heirateten Klaus Rainer Röhl und Ulrike Meinhof standesamtlich. Es war dasselbe Datum, an dem auch Ulrike Meinhofs Eltern, Werner Meinhof und Ingeborg Guthardt, in den zwanziger Jahren geheiratet hatten. Trauzeugen waren der wichtigste KONKRET-Mitarbeiter Jürgen Holtkamp und seine Frau Lilli, die sich seit dem Ausscheiden von Opitz aus der KONKRET-Redaktion auch privat mit Ulrike und Klaus angefreundet hatten.

Gefeiert wurde noch in der alten Wohnung in Winterhude. Hansulrich Röhl wollte zusätzlich noch eine »echte Röhlsche Familienfeier«, zu der auch Renate Riemeck und Holde Bischoff eingeladen werden sollten. Ein Lokal im Fichtelgebirge war schon gemietet, aber es wurde nichts daraus. Die Straßen waren vereist, es herrschte Schneegestöber, und die Fahrt wäre für die Familie Röhl zu beschwerlich geworden.

Lilo Millauer, die 14 Jahre jüngere Kusine von Klaus Röhl, über die Hochzeit von Klaus und Ulrike in einem Gespräch mit Bettina Röhl: »Die ganze Verwandtschaft fuhr einen Tag vor der Hochzeit aus Stade zu Ulrike und Klaus nach Hamburg. Meine Mutter, also Klaus' Patentante Eva, hatte immer ein besonders nettes Verhältnis zu Ulrike und brachte ihr an diesem Tag bei, wie man Danziger Heringssalat macht. Ulrike mochte Tante Eva gern, obwohl sie eine stramme CDU-Wählerin war. Tante Eva liebte Strauß! Da fällst du um, was? Und das den Röhls! Aber Kläuschen liebte seine Patentante Evchen immer enorm, frag ihn mal! Er respektierte sehr, wie sie klar ihre Meinung vertrat, auch wenn's nicht seine war. Das liebte ich immer an Klaus, daß er immer tolerant war und alles mit seinem Humor sah.«

So unternahm Familie Röhl am Tag nach der Trauung nur einen kleinen Hochzeitsausflug in die Lüneburger Heide, nach Undeloh und Schneverdingen, seitdem in der Familie »Fichtelheide« genannt. Mein Onkel Wolfgang, damals 14 Jahre alt und gerade in Stade Schützenkönig geworden, hatte sein Gewehr dabei und schoß damit während des Spaziergangs in die Luft. Ulrike Meinhof fing vor Schreck an zu weinen – so jedenfalls berichtet es Klaus Röhl.

Klaus Rainer Röhl: »Die Liebesschwärmerei war's zwar nie gewesen, aber die Flitterwochen hörten dafür umgekehrt nie auf, und wenn man sich so gut versteht, dann ist alles andere, wo man sich nicht versteht, nicht so wichtig, dann war es eine ganz große Liebesehe, anders ist es nicht zu sagen. Die endete nur durch die Gehirnoperation.«

Kurz nach der Hochzeit können sie das gemeinsame Haus in Lurup beziehen. Dort haben sie ein kleines Vorgärtchen und eine Terrasse, auf der

Ulrike Meinhof im Sommer häufig sitzen wird, um ihre Artikel zu schreiben. Gegenüber der anderen Straßenseite ist eine freie Wiese, auf der im Sommer Kühe stehen. Einige der Nachbarn erzählen dem Ehepaar Röhl stolz, daß sie sich ihre Häuser hier zum Teil noch eigenhändig gebaut hätten.

Eine Woche nach der Heirat schrieb Ulrike Meinhof an ihre alten Freunde aus der Anti-Atom-Bewegung, Monika und Jürgen Seifert, die schon ein Jahr früher geheiratet hatten:

»Hamburg-Lurup
Spützmoor 104
4.2.62

Liebe Monika! Lieber Jürgen!

Ihr braucht nicht – aber ihr werdet bedankt. Wir sind inzwischen umgezogen, mußten auch nach Weihnachten erst mal die ›Arme‹ wieder in Trab bringen, und so komme ich erst heute dazu zu schreiben. […]
Dir – Monika – muß ich erst mal einen Irrtum ausreden. Mit dem ›Deinen‹ habe ich zwar seit geraumer Zeit zumindest vermutete Meinungsverschiedenheiten, aber über seine Person habe ich meine Ansicht nicht geändert, mit ihm zusammenarbeiten würde ich vermutlich so gerne und so harmonisch wie damals. Der Kern Deiner Rede stimmt. Klaus Röhl stellt sich mir heute sehr anders dar als uns 1958 in Ffm, und weil man sich das doch denken kann, nicht aber wissen, in welchem Maße ich dickhäutig und humorig bin, fand ich Deine Eingangsbemerkung nicht so sympathisch wie ich Dich sonst finde bzw. zu finden je und je Grund hatte. Hm? […]
Daß sie Euch aus der SPD herausmanipuliert haben, spricht für Euch. Auch was sie sonst dem SDS vorwerfen, ehrt sie nicht. […] Wollt Ihr nun auf der Welle der IG-Metall-Lohnkämpfe wieder zu Potte kommen? – Übrigens, in dem Umkreis hatten sie ein Thema, das ich verdammt gerne von Dir – Jürgen – ›beschrieben‹ gesehen hätte.
Wie ist es grundsätzlich damit? Nicht-Pseudonym ist besser als Pseudonym, aber an solchen Äußerlichkeiten häng' ich nicht, wo die Artikel gut sind und vertretbar. – Laß mich mal wissen.

Herzliche Grüße Euch beiden
und gute Wünsche

Eure Ulrike«

Ulrike und Klaus Röhl besaßen bald alles, was sich ein junges Paar zu Beginn der sechziger Jahre nur wünschen konnte: Waschmaschine und Telefon, einen Fernseher und einen neuen beigefarbenen Opel Rekord. Sie fuhren regelmäßig im Frühjahr und im Herbst in Urlaub. Nur einen Monat nach ihrer Heirat war Ulrike Röhl, die ihre Artikel für KONKRET weiter unter dem Namen Meinhof schrieb, schwanger.

Unter Beobachtung

Ulrike und Klaus Röhl etablieren sich zwar zunehmend, doch immer noch gibt es Autoren, die einen kommunistischen Hintergrund von KONKRET argwöhnen. In einem Brief an Klaus Röhl schreibt der Autor Erich Kuby, den Röhl gern für KONKRET gewinnen will, in einem Brief vom 20.2.1962:

> »Sehr geehrter Herr Röhl,
>
> Dank für Ihren Brief [...] Wenn unser Gespräch zu etwas führen soll, so ist eine Voraussetzung nötig: die vollkommenste Offenheit hinsichtlich der ökonomischen Basis von KONKRET, die, wie immer sie sein möge, von mir mit absoluter Diskretion behandelt würde. [...]
>
> Mit Grüßen Ihr Erich Kuby«[48]

Im Laufe des Jahres 1961 wurde KONKRET mit Ostberliner Hilfe umgestellt. Es soll die Nische der Universitäten endgültig verlassen und eine allgemeine Zeitschrift vor allem für Kultur werden, die endlich am Kiosk verkauft wird.

In der Akte findet sich ein Dossier über KONKRET, verfaßt von Manfred Kapluck. Genosse Richard Hiepe (der Mann der »Instrukteurin« Gisela Hiepe, mit der Klaus Röhl in Moskau und Prag im Jahr 1956 eine kurze, aber heftige Affäre hatte) hatte offenbar über Klaus Röhl Bericht erstattet. Dabei ging es um die Umwandlung von KONKRET in eine reine Kulturzeitschrift.

> »Bericht Manfred [AdA: Manfred Kapluck]:
>
> Betr. Zeitschrift KONKRET
>
> Gen. Richard Hiepe von *Tendenzen* wurde in letzter Zeit zweimal von Gen. Klaus Rainer R. aufgesucht. Das erste Mal wollte er Fragen der Zusammenarbeit auf dem Gebiet der bildenden Kunst besprechen. In diesem Zusam-

menhang erzählte er, KONKRET würde jetzt von einer Studenten- zu einer Kulturzeitschrift umgestaltet; die Studentenvertretungen in den Universitäten seien schon aufgelöst etc. Ich habe damals angenommen, daß diese Dinge mehr mit der Notwendigkeit, Finanzen einzusparen, als mit einer grundsätzlichen Entscheidung, die auf die Aufgabe der in der Studentenarbeit gewonnenen Basis hinausläuft, zu tun haben.

Das zweite Mal nun trat Genosse Röhl an den Genossen Hiepe mit dem Ansinnen heran, *Tendenzen* einzustellen. Dafür bot er dem Gen. Hiepe regelmäßig eine Seite in KONKRET an. Er erklärte, im Zuge der ›Umstellung‹ von KONKRET zu einer Kulturzeitschrift müßten alle kleineren Organe aufgelöst werden. Er erzählte, er habe auch schon mit Hirschauer von den *Werkheften* gesprochen und ihm auch den Vorschlag gemacht, für eine christliche Seite in KONKRET die *Werkhefte* einzustellen. Im gleichen Sinne habe er mit noch einer Zeitschrift verhandelt (Name war dem Genossen Hiepe entfallen). Nur *Kontra* billigte er eine gewisse weitere Existenzberechtigung zu. Die Abonnentenlisten von der *Kultur* habe er bereits aufgekauft.

Auf die Frage von Gen. Hiepe, was denn bei einer solchen frisch-frommfröhlichen Seitenverteilerei aus KONKRET werden solle, und auf die Bemerkung, daß sich seine Vorschläge für *Tendenzen* nicht mit den mit ihm besprochenen Vorstellungen deckten, erklärte Genosse Röhl, diese Dinge seien mit hier [AdA: gemeint ist die Abteilung für Kultur der KPD in Ostberlin] abgesprochen, im übrigen habe er bei den hier entscheidenden Leuten einen solchen Einfluß, daß er mit allem durchkäme.«[49]

Aus dieser kleinen Anschwärzung seitens Richard Hiepes, dem man vielleicht die Rache des ehemals Gehörnten nachsieht, wird deutlich, daß auch noch ein paar andere kleine Publikationen neben KONKRET (z. B. *Tendenzen*, *Werkhefte*, *Kultur*) reine ostfinanzierte Produkte waren.

Aus demselben Bericht Manfred Kaplucks ging hervor, daß die Partei intensive Spannungen bei dem Ehepaar Röhl beobachtete:

»Ich hatte früher schon mehrfach über Klima und Auseinandersetzungen in der Redaktion von KONKRET nicht sehr erfreuliche anmutende Dinge gehört. Die Einzelheiten habe ich nicht mehr so genau gegenwärtig – es drehte sich da um Auseinandersetzungen, in deren Verlauf die Mehrheit der bisherigen Mitarbeiter ausschied. Eckard Spoo, jetzt *Pläne*, faßte bei seinem Abgang seinen Eindruck mit den Worten zusammen, in diesem Saustall kann man nicht arbeiten. Gen. Wolfgang P., der vor einiger Zeit mit Klaus Röhl und Ulrike Röhl zusammen am Schwielowsee war, wurde dort Zeuge eines Streites zwischen den beiden. Gen. P. meinte, daß er mir den Inhalt der Beschimpfungen

Klaus Rainer Röhls nicht wiedergeben könne, er habe Ulrike Röhl derartig unflätig beschimpft, wie es keine Prostituierte hinnehmen würde.

Auf meinen Einwand, daß man mit Klatschgeschichten vorsichtig sein müsse, erklärte er nochmals, daß er selbst die Sache unmittelbar miterlebt habe und daß in dem Streit jede Grenze, die man vielleicht noch bei größter Weitherzigkeit ziehen könne, überschritten worden sei.«

Klaus Röhl weist darauf hin, daß sich in der Gedächtnisarbeit der FDJ-Protokollanten 1961 ein Irrtum eingeschlichen haben könnte. Das beschriebene Ereignis fand seiner Ansicht nach drei Jahre zuvor, also schon 1958, statt; demzufolge hätte es sich bei der Beschimpften nicht um Ulrike Röhl, sondern um seine erste Frau Bruni Röhl gehandelt. Im übrigen sei er mit dem Genossen Wolfgang P. nie am Schwielowsee gewesen, sondern nur in Grünau. Die Schilderung könne nicht von Wolfgang P., sondern nur von Larsen stammen, der zu dieser Zeit (1958) ein kurzes Verhältnis mit Bruni gehabt hätte. Ein wenig Übertreibung sei daher wohl im Spiel gewesen, um ihn, Röhl, bei der Partei anzuschwärzen.

Auch Wolfgang Gehrcke, der damalige Vorsitzende der Hamburger Jugendkommission der KPD, erinnert sich an frühe Spannungen zwischen den Eheleuten Röhl am Anfang und in der Mitte der sechziger Jahre, die ihm immer wieder aus der Redaktion berichtet wurden. Man habe Klaus Röhl und Ulrike Meinhof niemals in einen Topf geworfen, mit Röhl habe es immer Differenzen gegeben, an Ulrike dagegen habe die Partei stets sehr gehangen. Auch Leute, die sie nur einmal trafen, seien von ihrer Ausstrahlung beeindruckt gewesen. Sie habe einen laureren Eindruck als Röhl auf ihn gemacht, trotz aller Differenzen mit KONKRET, die damals gelegentlich eskaliert seien. Sie habe eben nie den Eindruck vermittelt, daß sie Politik nur wegen Geld mache. Bei Klaus Röhl sei man dagegen immer mißtrauisch gewesen, denn der sei schon damals von seiner ganzen Persönlichkeitsstruktur her als unzuverlässig eingeschätzt worden. Kurz und gut, mit Ulrike hätte man in der Partei gerne weiter zusammengearbeitet, mit Klaus Röhl nicht.

Nach diesem negativen Urteil über Klaus Röhl – Gehrcke ist nicht der einzige, der sich während meiner Recherche zu diesem Buch so offen gegen Klaus Röhl positioniert – höre ich aber doch erstaunlich Positives, was auch bei vielen alten KPD-Hasen durchscheint, nämlich daß bei aller Kritik Röhl anerkannt gewesen sei, daß er als ein wichtiger Faktor gegolten habe, eben als ein guter Blattmacher, und als jemand, der sehr viele Kontakte in sehr vielen Bereichen aufgebaut habe, an die man als KPDler nicht so leicht rangekommen sei.

Gehrcke erinnert sich, daß er Klaus Röhl und Renate Riemeck bei der DFU kennenlernte, wo er selber damals Illustrationen und Dokumentationsmaterial mit ausgesucht habe, besonders erinnere er sich an ein schönes Plakat mit Renate Riemeck und Albert Schweitzer. Aus diesem Grunde habe er sich schon früh ein persönliches Bild von Klaus Röhl und Ulrike Meinhof machen können. Gehrcke erzählt, daß er auch Reinhard Opitz gekannt und sehr gemocht habe. Opitz sei allerdings später in der nur noch dahindümpelnden DFU hängengeblieben und habe keine politische Rolle mehr gespielt – ein trauriges Schicksal, so Gehrcke.[50]

Auch in der Zeit, als man sich schon offiziell von KONKRET getrennt hatte, habe die Partei noch Leute in der Redaktion gehabt, weil man natürlich ein solches Projekt nicht einfach aufgebe. In der Umbruchsituation um 1964/65, so um den Dreh, habe die Partei, soweit er sich erinnere, zum Beispiel den Vertriebsleiter Ulrich Sander eine Zeitlang in der Redaktion untergebracht, ein Versuch, zumindest über das Verlagswesen etwas zu erfahren und es zu steuern. Und über Ulrich Sander habe die Partei dann auch tatsächlich relativ viel erfahren. Ulrike Meinhof sei damals noch in der Redaktion gewesen, so daß die Partei von dem Spannungsverhältnis zwischen dem Ehepaar Röhl einiges mitbekommen habe. Da sei also auch sehr viel Persönliches dabeigewesen. Der Streit zwischen den Eheleuten Röhl habe die Partei noch mehr für Ulrike eingenommen. Man habe sogar überlegt, wie man diese schwierige Beziehung lockern könnte.

Die ganze aufkommende linke Intelligenz, die sich bei KONKRET quasi zwischen Röhl, dem Spieler, und der ernsthaften Journalistin Meinhof gesammelt habe, das sei für die Partei einfach eine wertvolle Sache gewesen. Die KPD habe dann Stück für Stück zu fast allen neuen Genossen selber Kontakte aufgebaut, ob zu Dutschke oder zu anderen.

Die politische Linie

Gegenüber der Partei halten Röhl und Röhl, die nun oft gemeinsam zur Einschätzung fahren, zusammen. Sie bilden gemeinsam mit Jürgen Holtkamp, dem stellvertretenden Chefredakteur von KONKRET, und Klaus Steffens, der für die Anzeigen und den Vertrieb verantwortlich zeichnet, eine eingeschworene Front, die sich trotz massiver Spaltungsversuche seitens der Ostberliner Parteigruppe, die sich mehr und mehr in den Redaktionsalltag einmischte, nicht irritieren läßt. Doch bereits im Sommer 1962 – Ulrike Meinhof war inzwischen im siebten Monat – gab es dann unvorhergesehene Spannungen mit der Partei. Alles fing damit an, daß die Zeitschrift nicht mehr von der Abteilung »Jugend und Studenten« (i. e. Kumpf und Kapluck) geführt wurde, sondern der neuen Abteilung »Kultur und Politik« in Ostberlin unterstellt wurde. Ulrike und Klaus Röhl mußten sich von Kumpf und Kapluck verabschieden.

Klaus Rainer Röhl: »Und plötzlich kamen Leute an, die aussahen wie der Bodensatz dessen, was wir darstellten. Im Gegensatz zu unseren treuen Arbeitergenossen, die so ein bißchen doof, also literarisch ungebildet gewesen waren, waren diese richtige, keineswegs dumme Funktionärstypen. Es waren Stalinisten ersten Ranges. Der eine hieß Jupp Angenfort und der andere Oskar Neumann.«

Bis heute ist Klaus Röhl nachhaltig von den beiden neuen »Führungsoffizieren« entsetzt, über die innerhalb der kommunistischen Szene die verrücktesten Gerüchte kursierten. So guckte Klaus Röhl beim ersten Treffen immer gebannt auf die Hände von Jupp Angenfort, weil Kumpf und Kapluck ihm erzählt hatten, daß dieser angeblich aus einem westdeutschen Gefängnis hatte fliehen können, weil es ihm gelungen war, seine schmale Mittelhand durch die Handschellen zu ziehen. Über Oskar Neumann hingegen, der noch vor kurzem hinter Max Reimann der stellvertretende Parteivorsitzende der West-KPD gewesen war, hieß es gerüchteweise, daß dieser in einem westdeutschen Gefängnis »gesungen« hätte und aus diesem Grund vom Parteivorsitz weg in die Abteilung »Kultur und Politik« gewissermaßen strafversetzt worden sei. Oskar Neumann und Jupp Angenfort schlugen einen ganz anderen Ton an als Kumpf und Kapluck. Sie forderten mehr Mitspracherecht in bezug auf Inhalt und Autoren. Sie verlangten, daß KONKRET sich von »bürgerlichen Abweichlern« zu trennen hätte. Die KONKRET-Macher, daran gewöhnt, die Besuche in Ostberlin als eine Art Familienveranstaltung zu betrachten, waren geschockt. Klaus Rainer Röhl in seinem Buch:

»Ich entsinne mich eines schlimmen Abends, unser grausigstes Erlebnis, wo alle unsere Illusionen über die Machbarkeit eines aufgeklärten Sozialismus für uns zusammenbrachen. Es war in einem dieser eigens für die westdeutsche Bruderpartei reservierten Ferienhäuser in Grünau [AdA: in der DDR]. Ulrike saß in einem bequemen Sessel, hochschwanger, stumm, gelähmt, wie vor den Kopf geschlagen vor dem Ansturm einer ganzen Welle von Anmaßung, Ignoranz, Dummheit und kulturellem Stalinismus. Ja, es gab unverhüllte Drohungen.«[51]

Der schlimmste bürgerliche Abweichler schien den neuen Funktionären
wieder einmal »Klaus Rainer Röhl« selbst zu sein, dessen endgültigen Rausschmiß sie forcierten. Doch Ulrike Röhl, Klaus Steffens und Jürgen Holtkamp stellten sich so entschieden vor bzw. hinter Röhl, daß zähneknirschend
noch einmal Frieden geschlossen und einer weiteren Zusammenarbeit zu-
gestimmt wurde. Ulrike Röhl soll auf der gemeinsamen Rückreise zu ihrem
Mann gesagt haben: »Das darf ja nicht wahr sein, ich schäme mich für die
Partei, solche wahnsinnigen Idioten.«[52]

In Ostberlin verfaßte man direkt nach dieser brenzligen Situation wieder
einmal ein Dossier. Einige Parteileute blieben bei der Sichtweise, daß Klaus
Röhl in dieser Zeit immer noch der wahre Chefredakteur war, wie aus dem
folgenden Bericht über das Treffen mit den KONKRET-Leuten deutlich wird.
Einer hochschwangeren Ehefrau nahmen die Genossen die Chefredakteurin
offenbar nicht so ganz ab, auch wenn sie von Ostberlin eingesetzt war und im
Impressum der Zeitung als solche stand.

»16. Juli 1962

Vorlage über die Weiterarbeit mit der Zeitschrift KONKRET

Seit der Nummer 1/1962 ist die Zeitschrift von der von uns mit der Redaktion festgelegten Linie abgewichen. Sie brachte in ihren nachfolgenden
Nummern antikommunistische Hetze und Hetze gegen die DDR.

Die Aussprachen, die nach den ersten Nummern mit dem Chefredakteur erfolgten, brachten keine Änderung des Inhaltes der Zeitung. Daraufhin wurde
von uns festgelegt, eine Aussprache mit der Parteigruppe der Redaktion[53]
durchzuführen. Die Aussprache fand am 1. Juli statt. Sie hatte folgenden Verlauf:

Zunächst wurde von den Mitgliedern der Parteigruppe ihre Konzeption entwickelt. In dieser Konzeption war im Grunde keine Selbstkritik an diesen
antikommunistischen, gegen die DDR gerichteten Artikeln. Sie entwickelten
die Konzeption einer prinzipienlosen Breite, vor allem in Verbindung mit
den ehemaligen Abonnenten von *Kultur* aus dem Kurt Desch Verlag und den
Abonnenten, die sie in letzter Zeit gewonnen hatten.

Ihre Konzeption war im Grunde die: ein gewisses Maß an Antikommunismus
zu dulden, um sich die ›Breite‹ zu erhalten. Während einige von ihnen zuga-
ben, daß es sich bei den schlimmsten Auswüchsen um direkten Antikommunismus in ihrem Blatt gehandelt hat, versuchte vor allem Claus Rainer Röhl,
solche Artikel zu verteidigen und bei anderen von uns angegriffenen Passagen
zu leugnen, daß es sich um Antikommunismus und um eine gegen die DDR
und die Partei gerichtete Linie handelt.

Von uns wurde festgelegt, daß wir den Antikommunismus und die Hetze gegen die DDR in einem Blatt von uns nicht dulden werden und daß wir uns von ihnen trennen, wenn diese gegen uns gerichtete Linie weiter vertreten wird. Wir erklärten, daß sie durch ihren Antikommunismus die fortschritt-lichen Ideen, die sie in ihrer Zeitung entwickeln, selbst untergraben und daß sie die Verwirrung unter ihren Lesern erhöhen und die Sammlung im Sinne einer breiten Politik schwächen, anstatt sie zu fördern. Wir haben ihnen auf den Kopf zugesagt, daß sie im Grunde mit der Politik der SED nicht einver-standen sind, daß sie für irgendeine jugoslawische Linie eintreten, aber das nicht offen zugeben wollen. Das wurde von ihnen aufs schärfste bestritten, und sie erklärten alle antikommunistischen Artikel und Passagen für taktische Konzessionen an ihre Leser und an bestimmte Autoren im Interesse einer breiten Front gegen Atomrüstung und gegen die Bonner Politik.

Wir haben ihnen klargemacht, daß das angesichts der Linie in den letzten Nummern nicht glaubhaft ist. Sie versuchten, die antikommunistische Hetze in ihren Artikeln damit zu rechtfertigen, daß sie ihren Autoren ja eine ge-wisse Meinungsfreiheit geben müßten, sonst könnten sie bekannte Autoren nicht für ihr Blatt gewinnen. Wir sagten ihnen, daß der Charakter unserer Bündnispolitik bei KONKRET, das von uns geleitet wird, darin besteht, daß in die Spalten des Blattes nur das hineinkommt, was uns mit irgendwelchen Bündnispartnern im Kampf gegen Atomrüstung, gegen Notstandsgesetze, gegen die Unterdrückung der Meinungsfreiheit eint, aber nicht das, was uns trennt und was diesen Kampf schwächt, vor allem kein Antikommunismus und keine Hetze gegen die DDR.

Auf ihre Frage, ob das heißt, daß sie eine Zensur ausüben sollten, haben wir ihnen gesagt: ja, wir sind dafür, daß sie als Kommunisten den Autoren klarmachen müssen, daß in diesem ehrlichen, fortschrittlichen Blatt der Anti-kommunismus nichts zu suchen hat. Der Antikommunismus wird von tau-send anderen Zeitungen verbreitet. Wir brauchen ihn auch nicht ›bekannter‹ Autoren zuliebe in KONKRET zu dulden, selbst wenn dies vorübergehend den Verlust einiger Autoren bedeutet.

Sie versuchten über die inhaltliche Diskussion, über die politische Linie der Zeitung sehr oft dadurch abzulenken, daß sie Formfragen in den Vordergrund rückten. Wir erklärten ihnen, daß es uns nicht um Form und Stil bei KON-KRET geht, sondern um die politische Linie und zunächst um die Verhinde-rung jeglichen Antikommunismus und jeglicher Hetze gegen die DDR sowie um konkrete Überlegungen, wie die Probleme der DDR und der sozialisti-schen Länder bei aller Breite des Blattes positiv behandelt werden können. Wir schlugen vor, daß Vertreter oder Mitarbeiter der Redaktion verschiedene Seiten des gesellschaftlichen und kulturellen Lebens in der DDR studieren und mit uns abgestimmte Artikel darüber veröffentlichen.

Da es sich bei dieser Aussprache um den Kampf gegen eine vollkommen falsche parteifeindliche Linie handelte, drehte sich die ganze zehnstündige Diskussion fast ausschließlich um die antikommunistischen und gegen die DDR gerichteten Auffassungen in KONKRET. Da es sich hier um die Grundfragen der weiteren politischen Gestaltung handelte, konzentrierten wir uns in dieser Aussprache darauf, den Genossen klarzumachen, daß diese Linie gegen die Politik unserer Partei und gegen die SED gerichtet war und daß wir sie unter keinen Umständen dulden werden.

Unsere klare Anweisung war:

– Es wird keinerlei Antikommunismus und keinerlei Hetze gegen die DDR in KONKRET, ganz gleich von welchen Autoren sie gebracht wird, geduldet.
– Auf keinen Fall darf in Zukunft auch nur eine Zeile von Zwerenz veröffentlicht werden.
– Wir haben ihnen auf die Frage, ob ein Interview mit Tschesny, in dem neben einer antiklerikalen Linie auch Hetzpassagen gegen die DDR stehen, gesagt, daß dieses Interview nicht veröffentlicht werden darf.
– Wir haben ihnen gesagt, daß sie etwa auf der Linie der nationalen Sammlung die Probleme des Kampfes gegen atomare Rüstung, für Demokratie, für eine fortschrittliche humanistische Kultur entwickeln sollen.

Maßnahmen:

1. Es erfolgt eine ständige Kontrolle über die Einhaltung der festgelegten Konzeption. Jede Nummer wird eingeschätzt.

Verantw. Wilhelm, Erwin, Hartmut

2. Zur Sicherung der festgelegten politischen Linie schlagen wir vor, eine Verbindung des Parteigruppenorganisators der Genossen in der Redaktion Jürgen H. zum Genossen Franz A. herzustellen. Franz A. soll in den auftretenden laufenden politischen Fragen über den Parteigruppensekretär der Redaktion Hilfe geben.

3. Den in KONKRET tätigen Genossen fehlt vor allem eine marxistische Grundlage. Darum wird mit den Genossen eine systematische marxistische Schulung organisiert.

Verantwortl. Jugendkommission

4. Auf einer Beratung Ende August werden konkrete, positive Vorschläge zur weiteren Gestaltung und zum Ausbau der Zeitung festgelegt.

Verantwortlich: Wilhelm, Manfred

5. Die Jugendkommission wird beauftragt, sich um die kadermäßige Verstärkung und die Verstärkung des Mitarbeiterkreises zu bemühen.

6. Mitte Oktober wird anhand der Nummern August, September und Oktober entschieden, ob wir mit der bisherigen Redaktion das Blatt weiterführen können oder nicht.«[54]

Man sieht unschwer, daß sich der Wind in Ostberlin gedreht hatte und Ulrike und Klaus Röhl nun mitten ins Gesicht wehte.

Bettina Röhl in ihrem Gespräch mit Klaus Rainer Röhl: »Gab es denn dann marxistische Schulungen für die Redaktion?«

Klaus Rainer Röhl: »Also, diese Marx-Schulungen, die waren eine Anweisung, und die haben wir dann tatsächlich ein paarmal unter uns durchgeführt. Aber das nahm keiner ernst, das machten wir zwei-, dreimal, dann stellten wir es wieder ein, weil sowieso keiner kam.«

Vertrag mit Prag

Klaus Röhl hatte KONKRET, den früheren *Studenten-Kurier,* von 1955 an als einzelkaufmännisches Unternehmen geführt. Er hatte eine vornehme ältere Dame, die inzwischen Rentnerin und früher bei großen Verlagen tätig war, mit der Buchhaltung betraut. Sie verstand es, sich so mit den Behörden, insbesondere mit dem Finanzamt, auseinanderzusetzen, daß er von diesen irdischen Problemen, die einen Zeitschriftenverlag auch ausmachen, nicht viel mitbekam. Die Buchhalterin hat es stets verstanden, die Behörden damit ruhigzustellen, daß sie die Firma, wie der Sprachgebrauch war, immer wieder als völlig chaotische Studentenveranstaltung darstellte: Steuern fielen sowieso nicht an, und im übrigen hätte schon alles seine Ordnung. Angesichts des tatsächlichen Chaos, das die Behörden dann bei ihren seltenen Prüfungen in den Redaktionsräumen vorfanden, haben diese vermutlich regelmäßig wohlwollend kapituliert. Nun hatte sich KONKRET, das inzwischen erfolgreich an den Kiosken verkauft wurde, zu einem sichtbaren Wirtschaftsfaktor entwickelt. Dies hatte, wie die Akte zeigt, das Finanzamt auf den Plan gerufen und die weisen Propagandisten in Ostberlin ob einer ins Haus stehenden Steuerprüfung aktiv werden lassen: Es mußte in aller Eile das Erscheinungsbild des Verlages dahingehend fingiert werden, daß die stattfindende Prüfung ohne großen Schaden überstanden werden konnte, was auch gelang. Dafür mußten auch die Macht- und Haftungsverhältnisse für die Behörde befriedigend dargestellt werden. Wären die Geldflüsse aus Ostberlin dem Finanzamt bekanntgeworden, hätte dies das Ende von KONKRET bedeutet und Gefängnis für die Mitarbeiter.

Der Ostberliner Staranwalt Friedrich Karl Kaul – mit synchroner Zulassung in Ost- und Westberlin, zuständig für alle Probleme, die bei Ostprojekten im Westen auftauchten – wurde von der Ostberliner Abteilung für Kultur und Politik eingeschaltet. Klaus Röhl sollte daraufhin, so wurde es festgelegt, einen Vertrag mit dem Internationalen Studentenbund Prag unterschreiben, in dem er sämtliche Rechte der letzten Jahrgänge von KONKRET an diesen übertrug, wofür er in harten Dollarnoten bezahlt werden sollte. Ein knallhartes Scheingeschäft aus steuerlichen Gründen. Ein Protokoll vom 8. Februar 1963 gibt Auskunft über die Manipulationen wegen unvollkommener Geschäftsbücher und die Maßnahmen zur Durchführung »geeigneter Schritte« zur Beseitigung der Unregelmäßigkeiten. Am 8. April 1963 wurde dann der Vertrag »zwischen dem Internationalen Studentenbund, Prag, und Herrn Klaus Rainer Röhl, Herausgeber der Zeitschrift KONKRET, Hamburg«[55], geschlossen. Kurz danach floß das Geld.

Der Vertrag ist unterzeichnet von Klaus Röhl für KONKRET und einem gewissen Vaclav Herych für den Internationalen Studentenbund Prag und offiziell abgestempelt. In der Akte findet sich auch eine Quittung vom 20. August 1963 darüber, daß Klaus Röhl 4750 US-Dollar erhalten hat, wieder mit seiner Unterschrift und abgestempelt von einem Sekretariat in Prag.

Ulrike Röhl reichte Monate später die folgende Vollmacht nach Ostberlin weiter:

»Vollmacht   5. Dezember 1963

Hiermit bevollmächtige ich meinen Mann, Klaus Rainer Röhl, über meine Urheberrechte an den von mir geschriebenen Artikeln in den Jahrgängen 1–6 frei zu verfügen, als wären es seine eigenen.

(Ulrike Marie Röhl geb. Meinhof)

Nr. 061 der Urkundenrolle Jahrgang 1963
Vorstehende, vor mir anerkannte Unterschrift der Ehefrau Ulrike Marie Röhl geb. Meinhof, Hamburg Lurup, Sprützmoor 104
Ausgewiesen durch Pers. Ausw.-Nr. B 7942958, ausgestellt am 30. Mai 1962 vom Bezirksamt in Hamburg-Altona, beglaubige ich hiermit.
Hamburg-Altona, den 5. Dezember 1963

Notar«[56]

Klaus Rainer Röhl sagte über die dubiosen Steuergeschäfte in Prag in seinem Buch:

> »Denn über Prag war früher, in der KP-Zeit, allerlei abgewickelt worden, was wir für besonders raffiniert hielten, was aber die oberste Verfassungsschutzbehörde vermutlich bald wußte. [...] Auch Jiri Pelikan muß von dem ›Geschäft‹ gewußt haben, er gehörte in Prag zum engeren Kreis der Partei: Die Tschechen ›kauften‹ die Urheberrechte für den ganzen Ostblock, um später einmal Faksimile-Ausgaben oder Nachdrucke der alten KONKRET-Hefte herausgeben zu können, und bezahlten dafür in Dollar [...]. Die Idee, Gelder über Prag zu leiten, stammte übrigens von Ulrike.«[57]

Was genau der Prager Vertrag in diesem Zusammenhang bedeutete, erschließt sich nicht zur Gänze. Vielleicht war ein Geldzufluß aktuell aus Liquiditätsgründen notwendig, für den angesichts der Prüfungssituation durch das Finanzamt ein realer wirtschaftlicher Hintergrund erzeugt werden mußte. Daß das Finanzamt diesen Vertrag ›gefressen‹ hat, verwundert natürlich sehr. Man muß kein Medienfachmann sein, um zu erkennen, wie unwahrscheinlich es ist, daß die Prager Universität mit ihren knappen Devisen alte KONKRET-Texte kauft, um das Recht zu haben, sie in russischer Sprache der Bevölkerung der äußeren Mandschurei nahezubringen.

»Fidel spricht heut' nacht«

KONKRET und schon der *Studenten-Kurier* hatten seit den fünfziger Jahren große Auslandsreportagen veröffentlicht. Mit Reisen nach China (Rühmkorf), Moskau (Röhl) und mit Berichten aus Algerien, Prag, Warschau und sogar Nordvietnam war KONKRET für eine Studentenzeitung schon immer reichlich weit herumgekommen – besonders in den kommunistischen oder kommunistisch unterstützten Ländern. Nun war Kuba das große Thema, und der Auslandsredakteur Jürgen Holtkamp, der zusammen mit seiner Frau Lilli zu den engsten Freunden meiner Eltern zählte, war im Oktober 1962, ganz kurz vor Beginn der Kubakrise, noch für KONKRET über Prag nach Kuba geflogen. Natürlich auf Kosten der Partei. Er hatte Glück, denn unmittelbar nach seiner Ankunft hatte kein Flugzeug mehr auf der Zuckerinsel starten oder landen dürfen. Alle auf Kuba festsitzenden westlichen Berichterstatter wurden in Gewahrsam der kubanischen Miliz genommen.

Klaus Rainer Röhl dazu in seinem Buch:

»[…] alle westlichen Korrespondenten wurden vor die Wahl gestellt – Internierungslager oder Eintritt in die Volksmiliz. Alle Journalisten zogen ins Lager – Holti in die Miliz, wo er in rührender Weise einen alten Buick befehligte, auf dem ein Schild befestigt war, ›Dieses Auto ist jetzt ein Panzer‹ (= Militärfahrzeug), und fertig war der Krieg, der dann dank Chruschtschows Vernunft und Kennedys Einsicht nicht stattfand.«[58]

Holtkamp wurde auf diese Weise vor Ort Zeuge der Kubakrise, bei der sich die Großmächte USA und Sowjetunion in einer der gefährlichsten Konfrontationen des kalten Krieges gegenüberstanden. Holtkamp, der sich wegen seiner Entscheidung, zur kubanischen Miliz zu gehen, als wahrscheinlich einziger ausländischer Journalist frei in Kuba bewegen durfte, war so der erste deutsche Journalist, der brandaktuell über die kubanische Bewegung unter Castro und Che Guevara berichten konnte, und das in KONKRET. Der frischgebackene kubanische Milizionär Holtkamp bekam die Erlaubnis, Artikel in Form von Telegrammen, damals das einzige funktionierende Kommunikationsmittel zwischen Kuba und der Außenwelt, an die Redaktion zu schicken. Doch die Telegramme von Holti enthielten, laut Klaus Röhl, so viele revolutionäre Phrasen, daß sie selbst in KONKRET nicht gedruckt werden konnten und Holtkamp selber sich später davon distanzierte. Statt dessen schrieb er nach seiner Rückkehr einen mitreißenden Leitartikel, in welchem er seiner Begeisterung über den tropischen Revolutionsrausch in Kuba Ausdruck verlieh. Dieser Leitartikel war es dann, der den etwas steifen Ostfunktionären von KONKRET ganz besonders in die Knochen fuhr.

Jürgen Holtkamp berichtete in seinem »Kubanischen Tagebuch«:

»Am Nachmittag durchfliegt eine Nachricht die Straßen: Heute nacht spricht Fidel. Ihr Ursprung ist schwer zu bestimmen. […] Doch Havanna rüstet sich zu einem seltsamen Fest. Beladen mit einer klatschenden Menschentraube quälen sich ungeschlachte Dreitonner durch die schmalen Straßen der kolonialen Innenstadt […]. Die improvisierte Band wird die Vorhut eines Trosses von überladenen, verkratzten, altersschwachen Chryslers und Cadillacs, aus deren Fenstern der Rhythmus hackt: ›Fidel spricht heut' nacht!‹ Und während die TV-Techniker Antennen und Kameras richten, während eine transportable Holzbühne errichtet wird und das Rote Kreuz ein Zelt zur Wiedererweckung dutzender Ohnmächtiger festzurrt, ergreift das Volk von Havanna vor dem improvisierten Auditorium im Nachtschatten Besitz. […] Erste Liederfetzen durchdringen das Stimmengewirr, erste Hände ergreifen andere, erste Tanzschritte auf dem Rasen: Fidel spricht heut' nacht, Fidel spricht um acht.

[...] Sprechchöre laden einander auf, jagen sich: ›Wenn Fidel spricht, scheint Kubas Licht‹ – ›Yankee go, Kuba siegt, Yankee no, Kuba si‹ [...] endlich, nach drei, vier Stunden, zwängt sich der olivgrüne Cadillac Castros durch die enge Zufahrt. Ein Beifallssturm braust auf, [...] die Radioprogramme aller Stationen verstummen: In dieser Nacht wird die Insel nur auf eine Stimme hören, die des mythischen Heroen der Sierra Maestra. [...] Die Menge klatscht und ruft, wieder formen sich Sprechchöre und Singsangs, es ist aussichtslos, Fidel resigniert und stützt beide Arme auf das Pult, rauft seinen Jesusbart: tosender Beifall klingt auf, Gelächter – der erste Kontakt [...]. Und dann sind die ersten Worte zu erfassen, er zwingt die Menge zum gespannten Hinhören, mit langsamen Sätzen einfacher Konstruktion lockt er die Aufmerksamkeit der Zuhörer [...] und dann, ein Mitteleuropäer würde Tor! rufen, Olé! ein Spanier [...] ein erster rednerischer Florettstich: Applaus brandet hoch, Rufe, Schreie, der Orator hat seine Zuhörer im Griff [...]. Castro wischt sich den Schweiß von der Stirn [...] ein hastiger Schluck, schon fixiert er den nächsten Toro der nächtlichen Fiesta. Dulles und Kennedy, Nixon und Salinger verröcheln im Staub der rhetorischen Arena.«[59]

Der exzellente Kubabericht des begeisterten Jürgen Holtkamp läßt noch heute beim Lesen den Karibikdance in den Gliedern zucken. Nur der Partei in der DDR gefiel der Inhalt des von ihr finanzierten Blättchens immer weniger.

Anläßlich des Kubaberichts bricht der mal schwelende, mal offene Konflikt zwischen der Parteigruppe von KONKRET und Ostberlin erneut auf. Ulrike und Klaus Röhl waren im Herbst 1962 stolze Eltern von Zwillingstöchtern geworden, und die junge Mutter hatte den langen Krankenhausaufenthalt, der wegen ihrer Kopfoperation direkt nach der Entbindung notwendig geworden war, gerade hinter sich, als die Röhls bei ihrem nächsten Besuch in Ostberlin im Frühjahr 1963 bemerkten, daß Angenfort und Neumann keineswegs nachhaltig beruhigt waren und daß ein harter Kampf um KONKRET bevorstand. Die Ostberliner »Kulturabteilung« kritisierte den begeisterten Kubaartikel des Auslandsredakteurs Holtkamp heftig.

Der neue Sozialismus à la ›Cuba libre‹, der sich sowohl an der Sowjetunion als auch an Mao Tse-tung orientierte, stand zu einem Zeitpunkt, da sich Rußland und China einen erbitterten Wettstreit um die Vorherrschaft in der kommunistischen Welt lieferten, im ideologischen Gegensatz zu den Vorstellungen der orthodoxen KONKRET-Führung in Ostberlin. Jürgen Holtkamp war einer derjenigen, die den Funken der lateinamerikanischen Revolution in die Bundesrepublik brachten. Nur ein paar Jahre später sollten Tausende westdeutsche Studenten und linke Intellektuelle von Kuba schwär-

men und vor allem von seinem berühmtesten und gefürchtetsten Revolutions-
krieger: Ernesto Che Guevara, dem Kampfgefährten Fidel Castros.

Käthe

Den Unterlagen in der Akte ist zu entnehmen, daß im Verlauf des Jahres
1963 KONKRET in Ostberlin den Decknamen »Käthe« bekommt, abgekürzt
»K«. Man macht sich intensiv Gedanken darüber, wie Gelder gewaschen werden könnten, und auch darüber, wie man die beiden Röhls im Notfall, wenn
sie nicht mehr mitspielen würden, auf elegante Weise von der Zeitschrift
KONKRET ›befreien‹ könnte. Mit Ulrike hätte man gerne alleine weitergear-
beitet, aber die war nun mal mit dem Röhl verheiratet. Also entstand die Idee,
die dann tatsächlich eine Zeitlang in Ostberlin verhandelt wurde, daß Uwe
Larsen die Zeitung eventuell übernehmen sollte, aber auch ihm blüht eine
»evtl. Drohg« – so ist es in der Akte vermerkt –, wenn er sich nicht »fügt«. Das
Protokoll vom 21. November 1963, Stichwort »Käthe«, besteht aus knappen,
teils schwer verständlichen, anscheinend in Eile hingehauenen Notizen.

Im weiteren wird darüber nachgedacht, dem für Druck, Vertrieb und Finanzen zuständigen Uwe Larsen die Verlagsrechte zu verkaufen oder gar
Larsen selbst als Chefredakteur einzusetzen. Da die Redaktion Larsen monatlich zigtausend D-Mark für Druck und Vertrieb zu zahlen hat, will man
Klaus Röhl, der diese Summe ohne Ostberlin natürlich nicht aufbringen
kann, aus der Firma drängen, doch der Plan funktioniert nicht. Erstens gehört Klaus Röhl der Titel KONKRET persönlich, zweitens gehört ihm der Verlag, drittens gehören ihm die zahlreichen Abonnements, und viertens steht
er auch für die Redaktionsräume in der Kaiser-Wilhelm-Straße gemeinsam
mit Larsen im Mietvertrag.

Die Besuche in Ostberlin werden von nun an immer ungemütlicher. Die
folgende Aktennotiz aus dem Januar 1964 zeugt davon, daß man sich schon
sehr detailliert mit den Modalitäten der Trennung von Klaus Röhl auseinandersetzte und das Finanzielle im Vordergrund stand.

»13.1.1964

Käthe

echte Schulden (Honorare, Weihnachtsgeld)
Uwe hält immer Geld ab, was er nach seiner Meinung braucht.

Wollen einen für gute Geschäftsführung. Eventuell Walter M. (Kaufmann)
[...]

Angebot Beig [AdA: Druckerei in Pinneberg], man wollte 38 000 Exemplare
Einigung ... 36 Seiten 4 Glanz Spiegelformat
[...]

Schritt einleiten, Schwarzes Geld weiß machen [...]

Uwe sagte, daß Auto vom Etat bezahlt würde, da er immer die Raten vom Etat abhielt.

Ulr. – 1100,–
Cl. R. Röhl – 1700,–
Holti 1400,– (?)

Klaus 800,– Gehalt, 300,– Autopauschale ab. (Aufwandsentschädigung), 300,– Anteil am Umsatz

Honorarkosten überprüfen (an wen gezahlt?)

Eventuell: Wenn Neu-Herausgabe, dann bei Uwe mit neuer Kalkulation.

Uwe:

Claus Rainer Röhl einverstanden mit Titel-Übergabe, wenn noch 2 Nummern erscheinen, wo alles abgewickelt werden kann (Gehälter bezahlen, Verpflichtungen).«

Der Ostberliner Anwalt Friedrich Karl Kaul fertigt inzwischen ein Rechtsgutachten an, in dem er zwei Möglichkeiten, Klaus Röhl unter Umständen loswerden zu können, juristisch durchspielt:

»20.7.1963

Betrifft: Zeitschrift KONKRET

Hinsichtlich der Bestrebungen, einige Mitarbeiter dieser Zeitschrift zu entfernen, ergeben sich juristisch zwei Möglichkeiten:
Der beauftragte Herausgeber und Verlagsinhaber, Röhl, gehört nicht zum Kreis dieser Personen.
Röhl gehört zu dem Kreise dieser Personen.«

Im Kern geht es darum, daß Kaul den Genossen erst einmal klarmacht, daß sie die Sachlage definitiv gestalten müssen, ehe die rechtlichen Pfade der Trennung von Klaus Röhl festgelegt werden können. Doch immer wieder können Röhl/Meinhof ihre Auftraggeber beschwichtigen, immer wieder kommt das Geld pünktlich aus Ostberlin und geht die Zeitung weiter, bis es im Frühjahr 1964 erneut zwischen KONKRET und der Partei kracht.

Der Bruch mit der Partei

Wieder ist ein Artikel von Jürgen Holtkamp, der in der tschechoslowakischen Hauptstadt etwas miterlebt, was KONKRET bereits damals vorausschauend »Prager Frühling« nennt, der Anlaß zum Streit. Auf der Kafka-Konferenz am 27. und 28. Mai 1963 in Liblice[60], die Holtkamp besucht hatte, forderte die Intelligenz die Rehabilitierung Franz Kafkas im Ostblock, dessen Werke dort immer noch verboten waren. Holtkamp schrieb im März 1964 in KONKRET:

> »Das Werk Kafkas, um dessen Veröffentlichung es in Liblice ging, ist im Entstalinisierungsprozeß der Literatur vor allem als Demonstrationsobjekt aufzufassen. Kafka steht stellvertretend für die Namen der jungen literarischen Generation; parallel zu den Auswirkungen der Slánský-Rehabilitierung.«[61]

Rudolf Slánský, der langjährige Generalsekretär der Kommunistischen Partei der Tschechoslowakei (KPC) und ehemalige stellvertretende Ministerpräsident der Tschechoslowakischen Sozialistischen Republik (CSSR), war nach einem Schauprozeß wegen angeblicher »Leitung eines staatsfeindlichen Verschwörungszentrums« im November 1952 zum Tode verurteilt und im Dezember 1952 zusammen mit zehn weiteren Mitangeklagten hingerichtet worden. Er war in der Tschechoslowakei das bekannteste Opfer der Stalinschen ›Hexenjagden‹, die von 1949 bis 1954 – also über Stalins Tod hinaus – stattfanden, und wurde 1963 – im Zuge des beginnenden ›Tauwetters‹ – juristisch rehabilitiert. Die Ostberliner waren über Holtkamps KONKRET-Artikel entsetzt und tobten. Eine derartig zielgerichtete Kritik am Stalinismus, welche die Leser in der BRD zur Kritik am kommunistischen System geradezu verleiten würde, durfte ihrer Ansicht nach nicht in einem von der KPD/SED finanzierten Organ erscheinen. Es ist bezeichnend, daß 1964, über zehn Jahre nach Stalins Tod und acht Jahre nach Chruschtschows offizieller Kritik an Stalin, ostdeutsche Kommunisten noch so heftig auf Berichte über tschechoslowakische Entstalinisierungsbestrebungen reagierten – und dies, obwohl von Leuten wie Holtkamp oder den Röhls geschrieben, die das kommunistische System als solches nicht einmal in Frage stellten. Und Klaus Röhl verstand es, die ohnehin verärgerten Parteileute noch mehr zu verstimmen. An der KPD-Führung vorbei und ohne deren Wissen hatte er sich wieder einmal von seinem DDR-Freund Kurt Ottersberg einladen lassen – diesmal zu einer Rundreise durch die DDR, um eine Serie mit dem Titel »DDR intim« für KONKRET zu schreiben. Klaus Röhl trat in aller Gelassenheit eine Reise an, die das Ostblatt *Forum* ursprünglich für Redakteure der Wochenzeitung *Die Zeit* vorbereitet hatte: eine Vorzeigetour durch das andere Deutschland für Marion Gräfin Dönhoff, Rudolf Walter Leonhardt und Theo Sommer, die auf dieser Reise erstmalig einen Eindruck vom wirtschaftlichen und kulturellen Leben in der DDR, drei Jahre nach dem Bau der Mauer, verpaßt bekommen sollten. Kurt Ottersberg, mit dem Röhl seit Jahren in Kontakt stand, hatte diesem angeboten, als eine Art ›Versuchskaninchen‹ genau diese Reise vor dem Besuch der *Zeit*-Delegation für KONKRET durchzuführen.

Klaus Rainer Röhl: »Innerhalb der Ehe alles schlecht, zunehmende politische Bedrohung durch die neue Abteilung, Klaus Steffens, Holtkamp, Ulrike und ich waren entsetzt. Mein Entsetzen war am größten, ich sah meine Leichtigkeit den Bach runtergehen, die Witzigkeit. Zwischendurch machten wir unseren Kulturteil, ständiger Ärger mit Larsen; Ulrike schickte Steffens mal los, 'ne andere Druckerei finden. Inzwischen kulminierte es, die SED-Zentrale beriet sich, die Wolken zogen sich über uns zusammen.

Über Kurt Ottersberg von der DDR-Zeitschrift *Forum* fuhren wir in diesen Tagen in die DDR, um eine Testreise zu absolvieren, die ich machen sollte, bevor die *Zeit*-Delegation mit Theo Sommer und der Dönhoff kommen sollte und sich das gleiche ansehen sollte wie ich: Potemkinsche Dörfer, Christa Wolf, billige Wohnungen, die beste LPG-Vorsitzende. Auf dieser Reise wurde mir ganz schlecht, weil ich das Ganze gar nicht so genau kannte. Die anderen machten zu Hause die Zeitung weiter. Ich sah nun zum ersten Mal die DDR-Wirklichkeit. Wir sahen das ja immer wohlwollend, wir redeten uns und anderen ein, wenn es keine Apfelsinen gab und keine Gurken und kein Gemüse, die geben eben ihr ganzes Geld, Kredite, nach Ägypten, zur Unterstützung unterdrückter Völker, so dachte ich. Im Grunde gab's nur gerade mal eben Zwiebeln und Kartoffeln. Und mir wurde bei der besonders guten LPG-Vorsitzenden, der besonders guten Brigadeleitung immer schlechter, und ich dachte mir, ich muß das auch schreiben, diese ganze Kritik. Ich machte mir aber nicht die geringsten Sorgen, daß das bei der Partei etwa anecken würde.«

In seinem Artikel für KONKRET schrieb Klaus Rainer Röhl dann im April 1964: »In den spärlich erleuchteten Auslagen angestaubte Textilien, lustlos dekoriert, wenige Sorten Gemüse, vergilbte Packungen mit Teigwaren.« Und über seine eigene Unterbringung berichtete er ehrlich:

> »Doch unser Quartier liegt nicht in dieser schmucken Wohnstadt, sondern im alten Hoyerswerda. Das sogenannte Gästehaus ist ein reizloser Neubau aus den fünfziger Jahren, die Bedienung muffig, die Zimmer spartanisch einge- richtet, das warme Wasser funktioniert nicht, zu essen gibt es gar nichts […]. Wer immer die Gäste in diese Stadt legte (und auch prominente Gäste wer- den hier untergebracht), der muß eine Art Abstoßmethode im Sinn gehabt haben nach dem Motto: Wem es hier nicht gefällt in unserer Republik, der kann ja wieder gehen!«[62]

Die *Zeit*-Größen zeichneten etwas später in ihrer Artikelserie »Reise in ein fernes Land«[63] ein ganz anderes, ein regelrechtes Designerbild von der DDR, weshalb man nur vermuten kann, daß sie mit ihrem wohlwollenden Blick im Vorfeld des angestrebten Zeitungsaustausches mit dem *Neuen Deutschland*, aber auch hinsichtlich der Idee, daß beide deutschen Staaten nun in Frieden miteinander auskommen müssen, sicher einiges beschönigt haben.

Als nach »DDR intim« im nächsten Heft »DDR intim 2« von Klaus Röhl mit seiner vergleichsweise immer noch harmlosen Kritik an der DDR er- schien, hatten die Genossen in Ostberlin die Faxen dicke. Zu Pfingsten 1964 wurde die Chefredaktion von KONKRET zu einem letzten »klärenden« Ge- spräch nach Ostberlin zitiert. Ulrike Röhl, Klaus Steffens und Jürgen Holt- kamp fahren hin, nur Klaus Röhl ist nicht dabei. Auch Ulrike weiß nicht, wo er sich befindet. Tatsächlich ist der Vermißte längst schon wieder in der DDR, um seine nächste Folge über die ›Zone‹ – »DDR intim 3« – zu recherchieren. Er hatte in einem Ostberliner Nobelhotel mit einigen russischen Offizieren eine Nacht lang Krimsekt und einen guten Beluga-Kaviar genossen. Als die Parteigenossen des Gesuchten endlich habhaft werden und ihn von seinem Hotelzimmer aus, wo er noch fest schläft, zu den anderen »Konkretlern« in die konspirative Wohnung bringen, ist die Stimmung eisig.

Letzter Streitpunkt zwischen den KONKRET-Mitarbeitern und den Ost- funktionären ist ein 100-Zeilen-Text über Mao Tse-tung von Jürgen Holt- kamp, den dieser unter dem Pseudonym Benjamin Pachowiak geschrieben hatte, sowie das dazugehörige Titelbild des aktuellen Mai-Heftes von KON- KRET. Das Titelbild ist ein in der Mitte durchgerissenes Foto von Chruscht- schow und Mao Tse-tung, womit symbolisch auf die Spannungen zwischen China und der Sowjetunion angespielt werden sollte. Die Überschrift laute- te: »Der große Riß zwischen Moskau und Peking«. Holtkamp sagte später:

»Wir hatten die Chinesen entdeckt. Daß die eine eigene Meinung hatten über den Sozialismus. Ich habe mich gar nicht auf die Positionen der Chinesen begeben. Ich habe nur erwähnt, daß es Leute gibt, die eine andere Position haben als die russische.«[64] Doch diese verharmlosende Entschuldigung von Holtkamp zieht nicht mehr.

Angenfort und Neumann von der Kulturabteilung der in Ostberlin sitzenden KPD verlangen, daß sich das Ehepaar Röhl von diesem Artikel, den sie Klaus Röhl anlasten, im nächsten Heft distanziert. Aber das Ehepaar Röhl weigert sich. Die Parteigenossen verlangen daraufhin das endgültige Verschwinden von Klaus Röhl. Ulrike soll von nun an die Zeitung allein übernehmen. Aber auch dies lehnen Ulrike und Holtkamp ab. Die Protokolle verschiedener Sitzungen, die nur in handgeschriebenen Kürzeln notiert wurden, zeugen von den Schwierigkeiten, die in Ostberlin zur Sprache kamen. Ulrike Röhl ist tief enttäuscht von der Partei und, wie sie sagt, um viele Illusionen ärmer.

In der Akte lauten die Notizen dieses Tages wie folgt:

> »Wilhelm
> 12.6.64
>
> PB!
> Gespräch mit Ulr. (allein), Termin nicht eingehalten, weil keine Zeit. Sind nicht bereit, auf Cl.R.R. zu verzichten. Erpressung! Man muß in der Ztg. schreiben können, was man denkt, auch daß Chinesen A:B brauchen. Es wäre zwar ein Unglück.
>
> W. Brandt muß in der Ztg. schreiben, was er will.
>
> 3 Pers. wollen sich von der Partei trennen.«

Die drei, die austreten wollen, sind Ulrike Röhl, Jürgen Holtkamp und der noch nicht anwesende Klaus Röhl. Es wird deutlich, daß die Redaktion sich über den Parteiaustritt zuvor geeinigt hatte und daß sie vor allem die Gängelung durch die Partei ablehnte. Eine Gesinnungsänderung lag dagegen ganz offenkundig nicht vor. Es ging Ulrike, Jürgen und Klaus im wesentlichen um die Zensur, die sie nicht hinnehmen wollten. Als Klaus Röhl endlich erscheint, geht die Diskussion mit den Parteifunktionären weiter:

> »Cl.R.R. will nicht, daß andere Leute seine Zeitung herausgeben. [...] Cl.R.R. sei ruiniert, wenn er Titel vergibt. Liquidierungskosten wollen sie gering halten, wenn wir ihnen Titel lassen. Ca. 80000,– 1963 buchmäßige Schulden.

3) Festlegungen

a) Sie nahmen Vorschlag an, daß Cl. Titel kostenlos abgibt, Claus scheidet aus, Gehälter gekürzt, eine Person des Vertrauens geht in die Red. (bzw. Walter sieht jede Nummer, bevor sie rausgeht.) Dann bis Dezember 64 (ohne Antikommunismus). Geld für Juli erst, wenn wir entsprechende Sicherheiten.

b) Wird das nicht getan, Juni letzter Etat.

c) Wenn keine Titel-Übertragung, dann keine Unterstützung für Liquidation. Jeden Versuch, RR ins Spiel zu bringen, lehnen wir ab.

d) Keine Übertragung durch RR. Angenommen er überträgt Titel, Redaktion will nicht, dann sachliche Verpflichtungen, aber Redaktion geringe Gehälter, wohl ›Überwindungshilfe‹

e) Wenn Red. nach a) nicht bis Dez. 64 weiterarbeiten will, dann ohne Gehälter, wenn jemand über Parteifragen sprechen will, dann selbst kommen. Alle Original-Dok. mitbringen, sonst zahlen wir nicht.

4) Termine

   18.6. wenn a) od. e)

   od. 20.6., 25.6.

5) Ulr.: Um viele Illusionen ärmer. Das nächste Mal wird sie sich verkaufen. Z. B. beim *NDR* schreiben, was man verlangt. Cl. will lieber Konkurs gehen, als Titel zu vergeben. Juni-Nummer sei noch nicht raus! […]

Ilse: […] erkundigen, in welcher Höhe hat ›Käthe‹ bei Uwe drucken lassen. Originale des Drucks der letzten 2 Nummern. Inventar in Rechnung setzen.

6) Mit Juristen beraten
Schriftstück, wenn alles an eine Person unseres Vertrauens übertragen wird (Ilse als Person).

Alle Unterlagen dafür heraussuchen, ohne Nennung der Geldsumme oder mit. Keine Schenkung, da Ilse evtl. Schenkungssteuer zahlen muß.

Hilfe bei Prüfung der fin. Unterlagen, wo und wieso Kosten uns entstehen

7) wer könnte in Redaktion, wenn Fall ›a‹

8) Angenommen Cl. gibt Titel nicht ab, kein Geld. Könnte Herausgeberkreis ein Blättchen herausgeben?
(APK [AdA: Arbeitskreis Progressive Kunst] kann [von] Cl. R. R. die Einstellung der Zeitung fordern, Cl. R. R. kann aber neue herausgeben, da ihm z.B. Titel gehört, da ihm Abos gehören) Cl. R. R. müßte gegen Herausgeber klagen. Cl. hat nicht Möglichkeit, Titel zu veräußern (bei Klage bekäme er eventuell recht).

9) Abos verkaufen?
Welche Möglichkeiten der Absicherung d.h. bei Ligu. abziehen

Bei Titelverhökerung kann APK klagen wegen Bruch des Vertragsverhältnis-
ses, wegen Nichtigkeit auf Aufhebung des Vertrages.«

Alles oder nichts

Die letzten Versuche, das schwierige Verhältnis zu den Parteileuten doch
noch zu kitten, sowie verschiedene vertragliche Lösungen, die eine Fortfüh-
rung der Zusammenarbeit möglich gemacht hätten, scheitern. Wenige Tage
später kommt es zum endgültigen Bruch mit der Partei. In den schriftlichen
Notizen, die sich ein Beteiligter von der lange andauernden entscheidenden Schlußsitzung mit Klaus Rainer Röhl (Cl. oder Cl. RR) und bzw. oder
Ulrike Meinhof (Ulr.), Jürgen Holtkamp (Holti) und Klaus Steffens (Klaus
St.) über KONKRET (Käthe – K.) macht, wird deutlich, daß nicht nur Klaus,
sondern auch Ulrike mit der Partei brechen will. Die gute Verbindung zu
Kapluck (Spitzname Chapel, hier Scheppel), die von meinen Eltern offenbar
häufig ins Feld geführt wird, kann auch nicht mehr helfen. Denn der ist zu
dieser Zeit bereits in Moskau und hat nichts mehr mit KONKRET zu tun.

»Käthe   – 1 –   20.6.64

Informationen über ›Käthe‹
35.000 von Nr. 6 heraus!
30.000 aus Normal
5000 Stück.

1. Walter M.:

Holti, Cl., Ulr. haben ihm formal den Austritt erklärt.
(für 31.7.64 eine vorsorgliche Kündigung ausgesprochen …)

In 2 Fragen pol. schief:
a) DDR – Hauptproblem.
b) Nichtanerkennung der Rolle der Partei.
(Daraus) resultieren alle anderen Dinge.

Bevor Juni-Nr. in Druck ging, sollte Walter alles lesen. Walter sagte, daß es
[um] eine gesunde Einstellung zu obigen Problemen [gehe].

›K‹ – Pers. wissen nicht, was Antikommunismus ist.

Neue Disk.: Holti erklärte seinen Ausschluß nur bedingt, wollte, daß Mitgliedschaft reicht, solange bis Oskar Neumann + Jupp Ang. aus Politbüro ausgeschlossen werden, da sie der Partei schaden.

Ulr./Cl.R.: Bisher der Meinung, KPD beste Partei. Aber festgestellt, daß P. Druck anwendet, sogar in erheblichem Umfang.

Methoden, die nach außen hin bei anderen bekämpft werden. Ist nicht schlechthin Methode, sondern wirkt schon ins Privatleben.

Ulr. letzte Reise nur deshalb, weil Walter formal Erklärung abgab, daß U. zurückkommt.

Klaus St.: Bleibe in P, weil sie in BR fortschrittlichste und weil sie sich auch gegenüber anderen am besten ab[setzt]. Lehnt einige Methoden ab, aber da er Ausschluß SPD hinter sich hat, weiß er, daß Methoden mit SPD nicht vergleichbar. Darum verbleibe er in P. […]

›Käthe‹ wollte Walter immer in Diskussion verwickeln, ob Politbüro-Beschluß richtig oder nicht. Versuch, Walter zu veranlassen, sein Unverständnis zu äußern. ›Käthe‹ will sich nach allen Seiten absichern.

Walter schlägt mit Einschränkung Einstellung der Zeitung vor.

Ulr./R.: ›Partei versucht sie zu erpressen.‹

Cl.R.R. stellt Frage: alles od. nichts.

Ulr.: Nicht böse, daß Zusammenarbeit zu Ende, aber gegen Methoden.

Sie möchten Ausscheiden ökonomisch begründen können, wenn aber Person des Vertrauens jetzt, dann klar, daß sie im Auftrage arbeiteten, man möchte nicht in den Bau.

Vorschlag: Wenn ›K‹ 6 Monate nicht mehr erscheint, dann können sie Rückzug antreten.

Klaus St.: Dafür, daß Cl.R.R. Titel abgibt, aber im Impressum weiter erscheint. (Was sagen die anderen dazu? Wie juristisch möglich?)

10–15 Verlage angeschrieben, Tenor: Aufgrund Umstellung ök. Schwierigkeiten – die bis Jahresende beseitigt – bitten um Großannoncen als Unterstützung (*Magnum* – Schaumburg-Verlag abschlägig)

Cl. R. + Ulr. unterwegs zu Verlagen.

Sorge um Existenz: Partei habe sie gebeten, Studium abzubrechen, jetzt schwer weiterzukommen.

Walter: Zwischen den 4 Personen trennen.

Klaus Stef. könnte mit Liqui.-Geschäft beauftragt werden.

— materiell unterstützen. Lieber jetzt etwas Geld als größere Komplikationen

— ›Röhl raus‹ nicht realistisch, denn für ihn Prestigefrage

— Ztg. vielleicht einige Monate nicht erscheinen lassen

— nur, wenn guter Genosse in Redaktion, dann …

Sie bringen Scheppel ständig ins Spiel.«[65]

Klaus Röhl hatte die ›Alles-oder-nichts-Frage‹ bereits gestellt. Der Bruch mit der Partei ist unvermeidlich.

Klaus Rainer Röhl: »Dann sagten die Parteifunktionäre: ›Es ist aus, die Partei hat erkannt, daß die Zeitung nicht mehr zu disziplinieren ist, wir haben den Vorschlag gemacht, den Röhl rauszulösen, darauf seid ihr nicht eingegangen, das heißt, die Partei bricht mit Euch. Die Zeitung wird eingestellt.‹ ›Wir brechen auch‹, hielt ich noch etwas benommen dagegen. Ulrike Röhl blickte schweigend auf den Boden.«

Erst 1967, als Klaus Röhl Kapluck das erste Mal wiedersieht, wird er erfahren, daß ihm in diesem Moment ein unblutiger Parteirausschmiß gelungen war. Es war durchaus Usus bei den Kommunisten, daß ein Widerspruch gegen einen hoheitlich erklärten Parteiwillen mit schwersten, oft lebensbedrohenden Sanktionen geahndet wurde. Ein solches Sakrileg hatte Klaus Röhl sich soeben, im Westen bis dahin immer noch ein Illegaler, in einer kleinen Ostberliner Wohnung geleistet.

Irgendwie muß in der damaligen DDR und ihrem für den Westen zuständigen Infiltrationsapparat ein ›Sinnloch‹ bestanden haben: Eben hatte man die DFU geopfert, und nun gab man KONKRET auf — ohne, wie schon im Fall der DFU, für eine Alternative gesorgt zu haben. Sie haben es einfach so beendet, ökonomisch eine glatte Fehlentscheidung. Man weiß nicht, was die Parteifunktionäre sich dabei dachten und wie sie sich ihre eigene Zukunft vorstellten. Fakt ist, daß das Ehepaar Röhl mit dem Bescheid aus Ostberlin abreiste, die Zeitschrift KONKRET sei ›enteignet‹, und selbstverständlich würden die regelmäßigen Valuta aus den knappen Devisenbeständen der DDR dem KONKRET-Konto ab sofort nicht mehr gutgebracht werden — laut Kapluck in diesen Jahren immerhin monatlich 40 000,– DM.

Hier lag offenbar ein Managementfehler der Ostoberen vor, denn es mußte ihnen längst klar gewesen sein, daß sie Klaus Röhl gar nicht enteignen konnten; so weit reichte Ulbrichts Arm in diesem Fall dann doch nicht in den Westen. Klaus Röhl war – Strohmann hin, Strohmann her – nach westlichem Recht immerhin Boß von KONKRET, und KONKRET hatte – unterstützt von der DDR – ein linkes Image, eine treue, inzwischen zahlende Leserschaft, eine Firmenlogistik sowie einen kreativen Produktionsapparat akkumuliert. Zu der in der DDR im Notfall üblichen Gewaltanwendung mochte man sich, aus welchem Grund auch immer – wahrscheinlich weil es sich um zu viele Medienleute handelte –, nicht hinreißen lassen. Hatten die Löwen in Ostberlin mit ihrem ultimativen Auftritt und ihrem Bruch das Maul zu voll genommen? Hatten sie in Wirklichkeit darauf spekuliert, daß die Röhls doch noch einknicken und sich am Ende reumütig der Parteilinie beugen würden?

Üb endlich Selbstkritik!

So kamen Ulrike und Klaus als unabhängige Unternehmer einer im freien Wettbewerb noch nicht profitablen Firma in dem kleinen Luruper Häuschen erschöpft und wohl auch etwas verwirrt wieder an. Konkurs? Aus einem Kurzbericht von Uwe Larsen vom 24. Juni 1964 über Röhl und Röhl geht hervor, daß diese daran dachten, die Zeitung jetzt, wo kein Geld mehr da war, zu schließen.

> »UWE
> Cl. R. R. + U. haben bei Uwe gesagt:
> + Partei wollte sie erpressen
> + sie aus Partei
> + man will aus ›K‹ so etwas wie *Aufbruch* machen
> + Cl. R. R. habe sich mit Sachlage, daß er rausgeht, vertraut gemacht
> + Verlage haben zu verstehen gegeben, daß ›K.‹ abgewirtschaftet ist.«

Manfred Kapluck war es bei einem meiner Besuche im Wuppertaler Marx-Engels-Institut im Jahr 1997 am Ende ein Vergnügen, mir den damaligen ›Missetäter‹ Jupp Angenfort, den ehemaligen Leiter der Abteilung Kultur und Politik, der den Bruch zwischen Ostberlin und der KONKRET-Redaktion im Sommer 1964 forciert hatte, vorzustellen und ihn in meinem Beisein und ohne daß er wußte, wer ich war, mit dem Vorwurf, KONKRET »liquidiert zu haben«, zu konfrontieren. Zu diesem Zweck wurde der kleine weißhaarige Mann, der 1996, 75jährig, immer noch ehrenamtlich für ›die Sache‹ tätig war, von Kapluck aus dem Nachbarzimmer geholt, wo er eine kleine Sitzung leitete.

Angenfort, der auf mich spontan gar nicht wie ein schlimmer Stalinist wirkte, wie Klaus Röhl ihn mir schon in meiner Kindheit beschrieben hatte, sondern eher wie ein freundlicher älterer Herr, gab mir liebenswürdig die Hand und erklärte mir noch im Stehen und unmittelbar zur Sache kommend, daß er nach der Ablösung von Kumpf und Kapluck im Jahre 1962 zusammen mit dem inzwischen verstorbenen Oskar Neumann der Parteiinstrukteur für die Zeitschrift KONKRET und Klaus und Ulrike Röhl geworden war. Schließlich hätte er 1964 meinen Eltern wegen mißliebiger Artikel den Geldhahn aus Ostberlin zudrehen und das Projekt KONKRET liquidieren müssen. Manfred Kapluck, der, wie ich erfuhr, zum Zeitpunkt der Liquidierung bei einer mehrjährigen Schulung in Moskau war, hörte damals nur aus der Ferne, daß seine Kollegen in Ostberlin das von ihm über Jahre aufgebaute, »sein blühendes« KONKRET aufgegeben hatten, und regte sich noch jetzt darüber auf: »So, Jupp, nun erklär Bettina mal, warum ihr den Kontakt mit den KONKRET-Leuten damals abgebrochen habt!«

Doch Jupp Angenfort, der immer noch im Raum steht, ohne sich hingesetzt zu haben, läßt sich nicht beirren und fährt in seiner Erzählung fort: »Na ja, es gab dann diesen Bruch mit Jürgen Holtkamp, also Holti, und Ulrike und Röhl. Und Ulrike nahm es ganz gefaßt und sagte nicht viel, aber der Röhl, der hatte richtig Angst, daß wir ihn gleich mitnehmen, daß ihm etwas passiert, daß wir ihn draußen vor der Tür gleich einsacken. Da sagte ich aber: ›Mensch, Klaus, was denkst du denn, was wir machen?‹« Jetzt muß selbst Jupp Angenfort ein wenig schmunzeln. »Los, Jupp«, drängt ihn Kapluck, »sag ihr, daß es ein Fehler war, daß du den Bruch mit KONKRET gemacht hast. Üb Selbstkritik!«[66]

Doch Angenfort ist fertig mit seiner Rede und verläßt, unbeeindruckt von Kaplucks lauter Stimme, mit einem liebenswürdigen Lächeln wieder den Raum. Kapluck muß lachen. Er sagt: »Der übt immer noch keine Selbstkritik, der hat immer noch nicht begriffen, daß das ein großer Fehler war, denn damals haben wir KONKRET verloren. Und ich bin in Moskau sogar dafür gerügt worden. Dort wurde ich bis dahin sehr gut behandelt, denn alle wußten ja, daß ich der Westguru gewesen war, daß ich den Einfluß der KPD im Westen wieder mit hochgebracht hatte. Aber plötzlich hieß es, ich soll zu Marioff von der KPdSU, und dort wurde ich folgendes gefragt: ›Dowarischtsch Kaplucko, erkläre mir mal‹, sagte Marioff zu mir, ›warum hast du die Zeitung KONKRET liquidiert?‹ Ich sagte denen, daß ich das nicht gemacht hätte, sondern daß das die KPD und SED waren, die sich von KONKRET getrennt hätten, und daß sie dies gemacht hatten, weil in KONKRET Atikommunismus war. Aber da fragte Marioff mich: ›Wenn das Politbüro dich fragen würde, ob wir allen Staaten, denen wir Waffen liefern für ihren Befreiungskampf und denen wir helfen gegen den imperialistischen Gegner, sofort wenn sie etwas gegen die Sowjetunion oder gar gegen den Marxismus sagen, das Geld oder die Waffen nicht mehr liefern sollen, was würdest du sagen?‹ – Na, und da mußte ich natürlich sagen, daß es richtig sei, denen trotzdem weiterhin Geld und Waffen zu liefern. Denn es geht nicht um Tagespolitik und kleine Streitereien, sondern um die kommunistische Weltherrschaft, um den Befreiungskampf gegen den Imperialismus, und der muß unterstützt werden. Mensch, da habe ich ganz schön gezittert, Bettina, und das alles nur wegen Kläuschen und Ulrike. Deine Eltern habe ich erst Jahre später wiedergesehen.«

2. Das neue KONKRET und die Familie

Das neue KONKRET

Gegen Ende Juni 1964 saßen Ulrike und Klaus Röhl auf ihrer Terrasse in Hamburg-Lurup in der Sonne und berieten sich über ihre Zukunft. Jetzt schien – ziemlich unerwartet – doch alles aus zu sein. Beide wußten nicht, wie sie die real immerhin 40 000 D-Mark (formell waren es sogar 80 000), mit der KONKRET bei der Druckerei in der Kreide stand, begleichen sollten. Sie hatten etwas kopflos die Zeitung ›aufgelöst‹ und den Redakteuren und den freien Mitarbeitern erklärt, daß der Ofen aus sei. Dabei waren sie von den festen Mitarbeitern, von denen etliche selber illegale Kommunisten waren, verstanden worden, während man sich gegenüber den Uneingeweihten unter den freien Mitarbeitern bedeckt gehalten und auf wirtschaftliche Probleme hingewiesen hatte. Da viele KONKRET-Leute von der Hand in den Mund lebten, wie die Röhls schließlich auch, war auf diese Weise die Redaktion über Nacht in alle Winde zerstoben.

Klaus Röhl als Inhaber der Zeitung hatte sich im Hinblick auf den monatlichen Scheck aus Ostberlin noch kaum in seinem Leben einen kaufmännischen Gedanken gemacht und sah sich nun vor die Aufgabe eines Liquidators gestellt, der eine möglichst regelgerechte Schlußabwicklung seines liebgewordenen Traums KONKRET durchzuführen hatte. Hierzu besaß er weder das handwerkliche Wissen, noch war er besonders begierig darauf, die Akten und das Inventar zu ordnen und zu regeln. Als er nach einigen Tagen wieder einmal mit seinem Geschäftsführer Klaus Steffens in den bedrückend leeren Redaktionsräumen saß, überkam ihn der Übermut. Er sagte zu Steffens, der aus dem Staunen nicht herauskam: »Ich mach' den Laden wieder auf! Du machst mit, wir holen uns richtige Anzeigen, gehen an den Kiosk und werden auch redaktionell die Werbetrommel rühren. Los, wir machen uns selbständig!«

Genau wußte Klaus Röhl sicher nicht, wie er das, was bisher doch nur mit dem Geld aus dem Osten funktioniert hatte, auf dem freien Markt bewerkstelligen sollte. Aber wahrscheinlich ist es so, daß Klaus Röhl, wenn er – wie er zu gut deutsch sagt – »in der Scheiße sitzt«, eine Art charmante Unwissenheit produziert, die ihn Dinge tun läßt, für die andere Mut brauchen. Ulrike ist von seinem Plan angetan, verspricht, ihn zu unterstützen, will aber selbst nicht wieder in die tägliche Redaktionsarbeit einsteigen. Sie will es als Journalistin beim Rundfunk versuchen, wo sie schon einige Kontakte geknüpft hat. Eine solche Arbeitsteilung beschließt das Ehepaar allein schon für den Fall, daß die Pläne, ein neues KONKRET aus dem Boden zu stampfen, schiefgehen. Einer von beiden muß schließlich das Geld verdienen. Beider Hauptsorge waren aber die Altschulden von KONKRET, eben jene noch zu zahlenden 40 000 D-Mark. Doch in diesem Fall hatten die Röhls ein unverschämtes Glück.

Klaus Röhl entschloß sich, die Juli-Nummer 1964 konsequent ausfallen zu lassen, dann aber voll einzusteigen. Die Redaktionsräume samt Ausstattung waren noch vorhanden, da der ungeübte Liquidator noch nichts bewegt hatte. Der Vertrieb wurde Hals über Kopf organisiert, KONKRET hatte schließlich einen Namen, und das half. Die Anzeigenwerbung lief auf Hochtouren, Rowohlt schaltete seine erste hochdotierte Anzeige in KONKRET, und andere konnten bald hinzugewonnen werden. Die Sanierungsidee war: KONKRET wendet sich an die treuen Abonnenten und erbittet einen Vorschuß, um die Zeitung aufrechterhalten zu können.

Klaus Röhl legte dem ersten Heft einen sogenannten SOS-Brief bei:

»SOS KONKRET

Einige Leute wollten KONKRET kaputtmachen. Weil es konkrete Artikel schreibt und keine Rücksichten nimmt. Im Blatt der Zeitschriftenhändler stand eine Liste. Die Liste stammt vom Arbeitgeberverband. In der stand, wir werben ›bewußt oder unbewußt‹ für kommunistische Ziele. Das ist natürlich Quatsch. […] Wir sind keine Kommunisten. Wir wollen auch keine werden. Wir werben auch für keine kommunistischen Ziele, und unsere Zeitungen werden drüben beschlagnahmt. Das wissen unsere 35 000 Leser seit langem. […] In dieser Situation können nur Sie, unsere Leser, helfen. Sie allein, zusammen mit den Inserenten, können die Einstellung von KONKRET verhindern. Jeder Leser müßte einen neuen Leser werben, jeder Abonnent einen neuen Abonnenten. Helfen Sie uns, eine der letzten unabhängigen Kulturzeitungen zu erhalten.«[1]

Klaus Röhl war von seinem neuen Erfolgswillen so beseelt, daß er sich traute, zu John Jahr, dem Herausgeber der Erfolgszeitschriften *Constanze, Brigitte, Schöner Wohnen* und späteren Mitbegründer des Verlagshauses Gruner + Jahr zu gehen und ihn um Hilfe zu bitten. Er wußte, daß John Jahr vor dem Krieg an der Herausgabe verschiedener kommunistischer Zeitungen beteiligt gewesen war, und erhielt tatsächlich von diesem so etwas wie eine Bürgschaft: John Jahr legte bei der neuen Druckerei Beig in Pinneberg – die alte Larsen-Druckerei, die ja der Partei gehörte, war damit endgültig abgelöst – ein gutes Wort für ihn ein und versicherte, daß die Rechnungen pünktlich ausgeglichen würden. Dazu Klaus Rainer Röhl: »Das war zwar ein Risiko, aber das war unser ganzer Finanzierungstrick. Steffens, der als einziger an unseren Erfolg glaubte, schraubte die Kosten runter, holte Anzeigen. Wir fragten alle Autoren, ob sie noch einmal einen Artikel kostenlos oder für wenig Geld für uns schreiben würden, und wir arbeiteten emsig in den leeren Redaktionsräumen für die geplante Doppelnummer, mit der wir es allen zeigen wollten.«

Mitten in der Produktion zu der ersten frei »kapitalistischen« Ausgabe von KONKRET passierte dann ein großes Malheur. Nur sechs Tage nach dem Bruch mit der Partei, also am Freitag, dem 26. Juni 1964, mußte Klaus Röhl ins berühmte Gefängnis »Santa Fu« in Hamburg-Fuhlsbüttel einrücken. Was war geschehen? Wie es dem einen oder anderen Journalisten auch schon ergangen sein soll, gestalteten sich die Tage harter Arbeit in der Firma so, daß der eine oder andere Abend fröhlich und auch etwas feuchter ausklang. In so einem angeheiterten Zustand schrammte Klaus Röhl mit seinem Opel Rekord, der theoretisch noch volkseigenes Betriebseigentum Ostberlins war, auf der Heimfahrt von einem Termin fünf parkende Autos. Die Polizei bot Klaus Röhl ein hoheitliches Nachtlager auf der Revierwache an und stellte ihn am nächsten Morgen vor Gericht. Röhl verzichtet auf einen Anwalt, wird schuldig gesprochen und vor die Alternative gestellt: Geldstrafe oder Knast. Klaus Röhl wählt zehn Tage Knast und damit den Stoff für eine Reportage, die prompt in einer der folgenden Nummern von KONKRET erscheint. Erst nach drei Tagen darf er einen Brief an Ulrike schreiben, handschriftlich, und natürlich wird der Brief zensiert, also vor dem Abschicken von der Gefängnisleitung gelesen:

»Anstalt I
Aufnahme und Strafanstalt
Hamburg Fuhlsbüttel
Suhrenkamp 98

29. Juni 1964

Liebe Ulrike,

das nur kurz zur Kenntnis, damit Ihr alle Euch nicht wundert, wo ich abgeblieben bin. Unglücklicherweise war mein Termin Freitag. So ruhte nun der ganze Betrieb Sonnabend und Sonntag, und ich sitze also nicht in Glasmoor, sondern in einer Zelle [...] es sei Dir aber als Wichtigstes gesagt, daß ich mich seelisch hervorragend gut fühle, dank freundlicher Kameradschaft der Zellengenossen, man fühlt sich wieder in ferne Zeiten versetzt. [...] Auch körperlich geht's mir prima, ich bin ohne Reizmittel und Alkohol, Zigaretten und schwere Nahrung leicht und froh wie Mobke, mit eben nur 2,5 mal 5 Meter Auslauf und einer Freistunde auf dem Hof morgens.

Nun noch zur Firma. Da kann ich also abgeschnitten von allem kaum mittun: [...] Wenn Ihr gar nicht anders könnt, müßt Ihr eben bis zum 6. warten. Man muß, glaube ich, schon sehr auf die Tube drücken. Nicht so dezent.

Wie geht's selbst? Schreib mal schön was, wie's Dir und den Kindern geht, ich glaub', du darfst öfters mal schreiben. Notfalls vorher anrufen bei denen (Glasmoor).

Für meinen Artikel ist es zu dumm, daß ich keinen Federhalter mit in die Zelle nehmen durfte, ebensowenig wie meine Bücher. Um so mehr hoffe ich, daß ich sofort nach der Entlassung losarbeiten kann. Frau Pollitz soll das Material schon ordnen und bereitlegen, sie weiß Bescheid. Übrigens: Die Angestellten sollen doch unbedingt jetzt ihren Urlaub nehmen, sonst wollen sie hinterher (nach dem 1. August) noch Urlaubsansprüche stellen.

Und nun, meine liebe Ulrike, alle Intimitäten versage ich mir angesichts der Tatsache, daß diese Briefe gelesen werden, mach's gut, ribbel dich nicht auf, erhol Dich, so gut es geht, und geh selten in die Firma. Geh früh schlafen, wirklich früh. So wie ich (9 Uhr). Ich stehe ½ 7 auf (oder 6), ich weiß es nicht genau, da wir keine Uhren haben. Es ist sehr erholsam. [...] Vielleicht geht es morgen nach Glasmoor (nach gladiamore, wie die alten Knastologen schmunzelnd sagen.) Da gibt es zwar Haftkleidung, aber auch allerhand Erleichterungen, wie wir hören.

Die Wirkung auf die Menschen hier ist frappierend. Plötzlich gilt der Mitmensch wieder etwas. Jede kleine Lebensäußerung ist ein Genuß. Jedes Wort eine Abwechslung in finsteren Zeiten. Jede Geste, jede Hilfe bezeugt Kameradschaft und Humanität. Und die Leute: Vertreter, Arbeiter, Angestellte, wirken plötzlich ohne Fernsehen, Radio, Ablenkung und sind alle viel einfachere Menschen, längst vergessene Wesen, die sie zuletzt in der Schulzeit waren, Individuen. [...] Insofern: nur positive Erlebnisse. Bis bald.

Grüß die Gören.

Und vergiß nicht meiner Mutter Geburtstag. Viele Grüße
Dein Klaus«

Auch ohne Klaus geht der Betrieb in der Redaktion weiter, wird eine neue Nummer (ohne Geld aus Ostberlin) vorbereitet. Als die in Ostberlin sitzenden zuständigen Parteifunktionäre davon hören, sind sie über die Entwicklung in Hamburg verblüfft. Wie kann Klaus Röhl eine Zeitungsnummer vorbereiten, ohne daß Geld überwiesen war? Wenn die Parteifunktionäre bis jetzt noch gehofft hatten, Röhl, Ulrike und Holti würden reumütig zu ihnen zurückkehren und die schärferen Bedingungen akzeptieren – und dies scheint in der Tat die Hoffnung in Ostberlin gewesen zu sein –, dann sahen sie jetzt diese Hoffnung schwinden.

In einem Bericht aus der Akte über »Käthe« wird die Verblüffung Ostberlins deutlich:

»Hartmut
Käthe 8.7.64

Lieber Wilhelm

[...] Nun zu KONKRET. Bisher war noch niemand von der Mannschaft hier. Am 4.7. machte Uwe Larsen einen Abstecher hierher. Er brachte einen Entwurf von Röhl mit, in dem letzterer skizziert hat, wie er sich die Übergabe des Titels und die Weiterarbeit mit der Zeitung denkt. Außer diesem Entwurf brachte Uwe noch die Nachricht mit, daß KONKRET eine Doppelnummer Juli/August herstellt. (Geld haben sie aber bisher noch nicht von uns bekommen. Am 7.7. habe ich extra noch einmal bei Farak, dem Kassierer, nachgefragt. Er bestätigte mir, daß auch über seinen Apparat nichts übermittelt worden ist.) Die Doppelnummer sei notwendig geworden, so argumentiert man in der Redaktion, weil noch Anzeigenverpflichtungen einzuhalten seien, weil daraus noch Einnahmen eingingen. Außerdem schicke man noch mal an alle Abonnenten die Rechnungen, um für die zweite Jahreshälfte das Abo-Geld einzutreiben.

Röhl komme am 6.7. aus der Haft, dann wolle er mit Uwe Larsen die anderen Gläubiger aufsuchen, um die hier letztens vereinbarten Verhandlungen mit den übrigen Gläubigern zu führen. Erst dann sei die Aufstellung der Verbindlichkeiten möglich. In den Redaktionsräumen halte sich niemand mehr auf, nur noch die Schreibkräfte. Ulrike lehne nach wie vor jede weitere Mitarbeit ab und wolle sich auf keinen Fall auf Möglichkeit 1 [AdA: Weiterführung der Zeitung ohne Klaus Röhl] einlassen. [...]

Am 4.7. fand zwischen Walter Möller einerseits und Schorsch K. und mir andererseits eine kurze Unterhaltung statt. Dort informierte ich ihn über die wichtigsten Dinge. Ich bat ihn, auch der Redaktion mitzuteilen, uns wissen zu lassen, was sie eventuell noch zu verkaufen haben, um die buchmäßigen Angelegenheiten regeln zu können. Ich machte auch noch einmal darauf aufmerksam, daß Walter versuchen möchte, Röhl zu bewegen, hierher zu kommen, um mit uns alle weiteren Dinge zu beraten. Ich erklärte auch in großen Umrissen – die Zeit erlaubte nicht mehr –, in welch komplizierter Lage wir sind, wenn man sofort die redaktionellen Tätigkeiten aufgibt und liquidieren will. Frank bat ich einen Steuerberater zu Rate zu ziehen. Bei H. Schumann war ich nicht mehr, um nach Möglichkeiten Ausschau zu halten, schwarze Pfennige in weiße umzuwandeln. [...] Gruß Willi«[2]

Klaus Röhl denkt in diesen Tagen offenkundig nicht daran, nach dem Bruch mit der Partei noch einmal nach Ostberlin zu fahren. Statt dessen arbeitet er nach überstandenem Knast-Abenteuer lieber mit Feuer und Flamme an der neuen Ausgabe und übernimmt wieder die Chefredaktion. War Klaus Röhl bis dahin so eine Art ›Kreativ-Wessi‹ für die konservativen Kommunisten aus Ostberlin gewesen, die ihn in dieser Hinsicht hoffnungslos unterforderten, brach es nun über Nacht aus ihm heraus: Politik, Sex-and-Drugs-and-Rock'n'Roll. Er und sein Geschäftsführer Klaus Steffens produzieren das erste Heft quasi allein. Das Heft enthält eine Bundeswehrstory, einen weiteren Bericht der Serie »DDR intim« und Autorenbeiträge von Sebastian Haffner, Alfred Andersch, Ulrike Meinhof, Peter Rühmkorf und Jürgen Manthey, und das ganze heißt weiterhin »Zeitschrift für Kultur und Politik«. Der Werbeslogan hieß: Eine »Illustrierte für Interessierte«. Mit seiner Juli/August-Doppelnummer legt Klaus Röhl einen fulminanten Neustart hin.

Klaus Rainer Röhl in seinem Buch: »Wir erwarteten ein Wunder. Das Wunder geschah. Die erste Nummer konnte auf den Markt gebracht werden. 1000 Abonnenten überwiesen Jahres- und Zweijahresbeiträge, alle großen Buchverlage gaben Anzeigenaufträge, bezahlten im voraus, zum ersten Mal war Rowohlt wirklich Mäzen, half die Zeitung finanzieren, echte DFU-Mäzene (die gab es auch) halfen mit Spenden, vor allen Dingen half Jonny Jahr, der mächtige Herr des Gruner-Jahr-Konzerns.«[3]

Das erste unabhängige und wirtschaftlich autonome Heft verkaufen die frischgebackenen Unternehmer Röhl und Steffens knapp 50 000 Mal und damit dreimal so oft wie die alten K-Versionen. Die Anti-Baby-Pille, mit der das Heft unter anderem aufmacht, bewirkte also nicht nur die weltweite sexuelle Revolution, sondern half auch den gegen Ostberlin ›revoltierenden‹ Eheleuten Röhl, ihr Unternehmen aus dem Stand in die Profitzone zu fahren. Die Zeiten waren günstig, der erreichte Wohlstand versetzte die Menschen in die Lage, in allen Lebensbereichen mehr Geld auszugeben, und dies hieß in diesem Fall auch mal, ein KONKRET-Heft zu kaufen. Ulrike Röhl schreibt unter ihrem Namen Ulrike Marie Meinhof und mit einem Portraitfoto ihre erste Kolumne.

Klaus Rainer Röhl: »Das Konzept, wie Ulrike in Zukunft als Kolumnistin auftritt, mit festem Rahmen und Foto, hatten wir dem *stern* entlehnt, in dem eine gewisse Frau Sibylle[4] sich regelmäßig verbreitete.«

Damit war die neue Form gefunden, in der Ulrike Meinhof in Zukunft ihre Artikel schrieb und mit der sie als Kolumnistin von KONKRET in den sechziger Jahren und darüber hinaus bekannt wurde. Bis heute sind die beiden Taschenbücher mit ihren wichtigsten Kolumnen, die im Wagenbach Verlag erschienen, ein Langzeit-Seller. Klaus Röhl ist ab jetzt regelmäßig auch unter dem Pseudonym Michael Luft für das Entertainment zuständig.

In Ostberlin registriert man das neue Selbstbewußtsein der KONKRET-Macher mit Sorge. Der gute Verkauf macht alle Hoffnungen zunichte, daß die »Sünder« doch noch einmal reumütig nach Ostberlin zurückkehren und dort ihren Kotau abliefern. Auch über die Hilfe von John Jahr ist man in Ostberlin informiert.

»2.8.1964

– Hartmut –
An Berthold (persönlich)
Duplikat am 12.10.64 an Norbert, Engelhard, Jö.
Lieber Berthold!
[...]
Betr.: die Zeitschrift

Der Drucker hat zu dem Projekt von Röhl nachfolgende Informationen: Die Redaktion hat sich mit einem Brief an die Leser gewandt (siehe Anlage). Das Ergebnis sei, daß eine große Anzahl Abonnenten bereits ihr Abonnement für eine längere Zeit im voraus bezahlt haben, daß bereits Spenden eingegangen seien und daß ihr Vorhaben, eine größere Anzahl Annoncen zu erhalten, vorerst geglückt sei (siehe Augustausgabe betr. Annoncen).

Der Vertriebschef der Frauenillustrierten *Constanze* soll zugesagt haben, den Vertrieb der Zeitschrift durch Fürsprache bei den Grossisten zu unterstützen.

Röhl meint, daß durch diese angelaufenen Maßnahmen die Redaktion in der Lage sei, die Zeitung bis Jahresende zu halten. Sie beabsichtigen, bis zum Jahresende noch zwei bis drei Ausgaben herauszubringen und sie dann, falls sich keine Veränderungen ergeben, einzustellen. Sie hätten mit der August-Nummer bewiesen, daß sich eine Zeitschrift auch alleine halten könne. Sie seien nicht mehr bereit, weiterhin unter politischem und ökonomischem Druck zu verhandeln. Der Redaktion sollen jetzt nur noch Röhl und Steffens angehören. Alle anderen Mitarbeiter sollen angeblich aus der Redaktion ausgeschieden sein.

Die Gesamtschulden belaufen sich (laut Röhl) auf 30 000 DM. Er hat die Meinung geäußert, diese durch Annoncen bis auf 15 000,– DM senken zu können. Der Drucker meint dazu, daß er das nicht glaube, daß es selbst bei der Anzahl der Annoncen in der August-Ausgabe nicht möglich sei, die Schulden zu senken. Er ist der Meinung, daß sie sich auch unter diesen Umständen weiter erhöhen werden. [...]
Mit freundlichen Grüßen

Gerd«[5]

Vom ersten selbstverdienten Geld kauft sich Klaus Röhl wieder ein Auto – eine Notwendigkeit, nachdem er seinen alten beigefarbenen Opel bei der nächtlichen Eskapade zu Schrott gefahren hatte. Es ist, wie er es ausdrückt, sein erstes »Angeberauto«, ein roter Opel Rekord. So machte das Leben natürlich wieder Spaß. Die Schulden sind indes zwar etwas abgebaut, aber lange noch nicht beglichen. In Ostberlin verfolgt man jeden Schritt der alten Parteigruppe Röhl-Röhl-Steffens; Holti war nach deren vorübergehender Auflösung aus der Redaktion ausgeschieden und zu Radio Bremen gegangen und ist jetzt stinkig, daß Klaus Röhl es unterläßt, ihn zurückzuholen. Da geht bei den Genossen in Ostberlin folgender Bericht ein, und dies mitten in der Planung für eine neue von der DDR ›gesponserte‹ westdeutsche Tageszeitung, die offenbar das Loch, das KONKRET hinterlassen hat, stopfen soll:

»15. Januar 1965

An den Genossen Max Spangenberg

Lieber Genosse Max!
Betrifft: Exposé über eine westdeutsche Tageszeitung[6].
Wir erhielten das Exposé mit der Bitte, unsere grundsätzliche Meinung zu diesem Projekt zu sagen. Vor einigen Tagen erhielten wir eine Mitteilung, die es erst zu klären gilt, bevor wir eine Stellungnahme zu dem vorgeschlagenen Projekt abgeben können. Es handelt sich um folgendes. Aus absolut zuverlässiger Quelle wurde uns mitgeteilt, daß der Chefredakteur der Zeitung KONKRET, Röhl, bei dem westdeutschen Verleger Kaufmann war und ihm die Zeitung KONKRET angeboten hat. Er verlangte für die Zeitung 5000,– DM unter der Bedingung, daß er weiter Chefredakteur von KONKRET bleibt. Er machte Kaufmann darauf aufmerksam, daß die Zeitung mit 30 000,– DM verschuldet ist. Im Verlauf des Gespräches stellte sich heraus, daß die Schulden von KONKRET gegenwärtig ca. 80 000 DM betragen. Kaufmann soll auch unter diesen Umständen nicht abgeneigt gewesen sein, das Projekt zu übernehmen. Es gab jedenfalls keine Ablehnung des von Röhl unterbreiteten Vorschlages.«[7]

Im Januar 1965, nachdem bereits fünf Nummern des neuen freien KONKRET erfolgreich erschienen waren, passiert etwas, was die Ostberliner Akte nicht erklärt und auch Klaus Röhl nicht zu erklären vermag. Wie auch immer es technisch genau geschah – die KONKRET-Schulden bei der Druckerei des Genossen Uwe Larsen und bei allen anderen Gläubigern wurden wie von Geisterhand zum Ausgleich gebracht, ohne daß zuvor oder danach eine Leistung oder besser Gegenleistung eingefordert wurde.

Wollte Ostberlin unter allen Umständen verhindern, daß der westdeutsche Unternehmer Kaufmann KONKRET übernahm oder daß John Jahr dies etwa tat und KONKRET damit unter einen ganz anderen Einfluß geriete? Oder war es ein schlichter Bürokratenfehler? Es ist auch möglich, daß Ostberlin die Druckerei des Genossen Larsen auf die Ansprüche gegen KONKRET verzichten ließ; ein solcher Schuldenerlaß hätte immerhin bedeutet, daß keine Devisen hätten abfließen müssen. Für diese Variante spricht folgende Passage der Akte:

»– Steffens –
Lieber Berthold, folgenden Brief ließ ich vom Uwe Larsen diktieren. Gruß Willi.
12.1.1965
An BERTHOLD

Lieber Berthold!
[...] 2. Bemerkungen zu beiliegenden Schriftstücken:
Es handelt sich dabei zunächst um eine vorbereitende Korrespondenz für den Auseinandersetzungsvertrag (IV). Diese Korrespondenz (I–III) soll gegenüber etwaigen späteren Nachfragen des Finanzamtes oder anderer Stellen die Motive für die Verzichterklärung auf die 80 000 Mark Restforderung enthalten. Der Vertrag selbst (Anlage IV) ist ein Entwurf von Röhl, den er nach den von mir übermittelten Forderungen entworfen hat, während die Korrespondenz (I–III) meine Entwürfe sind. Der Vertrag bedarf noch einiger ausführlicher juristischer Absicherungen. Meine Bitte ist, den Vertrag mit Fachleuten zu diskutieren und entsprechend zu erweitern. Bezüglich des Wagens wird von Klaus Steffens bestätigt, daß Röhl von seinem Gehalt im Laufe der Anzahlungsfrist ein Betrag von 3000,– DM abgezogen worden ist, so daß der Verlag lediglich mit 4000,– an dem Anschaffungswert des Wagens beteiligt ist. Es wird vorgeschlagen, einen entsprechend dem jetzigen Verkaufswert prozentualen Anteil Röhl in Rechnung zu stellen und bei Abschluß des Vertragspakets bar von ihm zu fordern.

Mit Gruß Uwe, Steffens
Anlage I bis IV (Originale)«

Fakt ist jedenfalls, daß KONKRET Anfang 1965 – außer aus dem laufenden operativen Geschäft – keinerlei alte Schulden mehr hat und die letzten Schulden, 80 000,– DM (real 40 000,– DM) von der Partei irgendwie zum Verschwinden gebracht wurden. Das KONKRET des Ehepaars Röhl beginnt sich zu rechnen, so daß ein Verkauf der Zeitung nicht mehr in Betracht kommt.

Klaus Rainer Röhl: »Die Partei bezahlte damit ja eigentlich nur die Rechnung der letzten von ihr vor dem Bruch geförderten Nummer und beglich die 40 000,– DM, die uns ziemlich gedrückt hatten. Das war natürlich ganz anständig. Ich wußte noch nicht, wie ich die neue Zeitung in Zukunft gestalten würde. Mich kümmerte die Politik von Ulrike mit den ganzen Friedenstanten, Mochalski, Niemöller und dem ganzen Kram nicht die Bohne, also ich dachte: Das liest kein Mensch. Ulrike entwickelte aber sofort Energie und suchte sich Arbeit beim Rundfunk, und das gab das unvorstellbare Honorar von 1500 DM. Auch ich hatte da noch so einen kleinen Nebenjob. Ich übersetzte den damals weltweit für Aufsehen sorgenden schwedischen Sexroman ›491‹ ins Deutsche, der hier vor allem von den, wie man heute sagen würde, links Aufgeklärten gelesen wurde. Genauer gesagt bekam ich eine Rohübersetzung, die ich ein bißchen glätten mußte. Heutige Jugendliche würden sagen: Gähn! Das würde heute in Nachmittagsprogrammen gesendet werden. Aber damals knallte das reichlich. Und so bekam ich auch 1000 Mark. Und so brachten wir gemeinsam – Ulrike machte dann aus ihren Features für den Rundfunk wieder ihre Kolumnen für KONKRET – das Heft nach vorne, an den Kiosk und in die Gewinnzone.«

Ausschluß aus der Partei

Das letzte Dokument der Ostberliner Akte über die Zeitschrift KONKRET ist eine Mitteilung an die Jugendkommission der illegalen KPD vom 20.1.1965, in der Klaus Röhls endgültiger Ausschluß aus der Partei dokumentiert ist, knapp zehn Jahre nach Erscheinen der ersten Ausgabe der kommunistisch finanzierten Studentenzeitung *Plädoyer*. Eine fast zehnjährige Zusammenarbeit ist beendet.

> »Frankenberg –
> 20.1.1965
> An die
> Jugendkommission
>
> Betr. Klaus Rainer Röhl, Hamburg.
>
> Liebe Genossen!
>
> Wir senden Euch beiliegend die uns zur Verfügung gestellten Unterlagen über die Zeitschrift KONKRET, lfd. Nr. 1–14, zurück.
>
> Auf Beschluß der ZPKK [AdA: Zentrale Parteikontrollkommission] vom 18.12.1964, welcher durch das Sekretariat am 18.12.1964 bestätigt wurde, wurde Klaus Rainer Röhl aus der KPD ausgeschlossen.
>
> Mit bestem Gruß
> Norbert
> Anlagen
>
> z. K. g. Jörg«[8]

Die gefürchtete und berüchtigte Zentrale Parteikontrollkommission hatte sich während der Säuberungsaktionen der SED in den Gründungsjahren der DDR als knallhartes Repressionsinstrument der SED bereits ›bewährt‹ und einen Namen gemacht. Mit dem »Sekretariat« war das oberste Gremium der SED gemeint, also die Ebene Walter Ulbrichts.

Kapluck, der nicht wissen konnte, daß Ulrike selbst – allerdings wirkungslos – ihren Austritt aus der Partei erklärt hatte, weil er dabei nicht zugegen war, verhinderte, daß auch »Ulrike« aus der Partei geworfen wurde: »Ich sagte denen, wieso? Wieso wollt ihr Ulrike ausschließen, sie hat doch nichts getan. Das gleiche sagte ich später auch zu Ulbricht und den anderen Genossen, als Ulrike in den Untergrund ging und Terroristin wurde: Warum denn ausschließen, sie hat doch nichts getan, was der DDR schadet. Da ließ man sie drin.«

Auch Wolfgang Gehrcke erinnert sich an den Zeitpunkt, an dem Ulrike und Klaus Röhl mit der Partei brachen. Allerdings brach die Partei nie mit Ulrike Meinhof, die bis zu ihrem Tod Mitglied der KPD (DKP) blieb.

Beide – sowohl Klaus Röhl als auch Ulrike Meinhof – haben die Partei 1964 verlassen wollen, erzählt Gehrcke. Aber Ulrike habe nicht mit der Partei brechen können. Das sei in der KPD auch nicht üblich gewesen. Man sei nicht gegangen, sondern man sei ausgeschlossen worden, was bei Ulrike Meinhof aber nie zur Debatte gestanden habe. Eigentlich habe die Partei es immer bedauert, daß es zum Bruch mit ihrer alten Genossin Ulrike gekommen ist.

Und dann erzählt Gehrcke mir die Geschichte, die ich auch schon von verschiedenen anderen Zeitzeugen gehört habe: Man habe später, 1972, bevor Ulrike Meinhof verhaftet wurde, versucht, sie noch aus der Bundesrepublik herauszubringen. Nachdem man damals alles in die Wege geleitet habe, sei ihr angeboten worden, sie in die DDR zu bringen. Schon damals sei man sehr in Sorge gewesen und habe befürchtet, daß dieses Doppelleben im Untergrund zu anstrengend und außerdem gefährlich für sie ist. In der DDR hätte man sie mit einer neuen Identität ausgestattet, und sie hätte via DDR in ein Land ihrer Wahl überwechseln können. Dieses Angebot habe sie aber leider kurz vor ihrer Verhaftung im Juni 1972 abgelehnt.

Natürlich habe man Meinhof dazu erst mal überhaupt im Untergrund finden müssen. Das sei Manfred Kapluck gelungen. Dieser habe von der SED/KPD grünes Licht gehabt, ihr das Angebot zu machen. Auf meine Frage, die darauf abzielt zu erfahren, was die DDR mit der in den Terror abgeglittenen Genossin Meinhof strategisch noch hätte anfangen können und woher das Interesse in Ostberlin kam, ihr zu helfen, antwortet Gehrcke, daß das, von heute aus gesehen, in der Tat schwierig zu sagen sei. Es seien vor allem alte Solidaritätsgefühle der KPD-Genossen zu Ulrike Meinhof ausschlaggebend gewesen.

Nach dem Abtauchen in den militanten Widerstand sei allen klar ge-

wesen, daß der Bruch nicht mehr zu heilen war, und trotzdem sei da eine
innere Bindung geblieben – auch später, als sie im Gefängnis saß. Aber natürlich habe man damals nie riskiert, sich öffentlich für sie zu verwenden.
Gehrcke betont, daß man Ulrike bis zum Schluß gern gehabt habe, daß sie
irgendwie Genossin geblieben sei. Einige von der SED haben ebenfalls genau
dieses Gefühl gehabt, auch einer gescheiterten Genossin helfen zu wollen,
so Gehrcke. Offiziell sei ja immer von Baader-Meinhof-Gruppe die Rede
gewesen, aber man habe in der KPD stets unterschieden zwischen Ulrike
Meinhof und den anderen.

Diese Haltung der KPD war nicht so weit entfernt von der vieler bekannter Westlinker. Bekanntlich hatte ein Jahr zuvor auch schon der Nobelpreisträger Heinrich Böll im *Spiegel* »Freies Geleit für Ulrike Meinhof« gefordert,
womit er allerdings allein stand.

Daß der Finanzhahn 1964 zugedreht wurde, das steht auch für Wolfgang
Gehrcke fest. Er selber habe irgendwann mal den Finanzchef der damaligen
KPD kennengelernt, der ihm stolz erzählt habe, daß er das war, der KON-
KRET den Geldhahn abgedreht hat. Das sei Willi Mohn gewesen, sozusagen
der Organisationschef der illegalen KPD. Max Reinhardt sei Vorsitzender
und Willi Mohn praktisch der für die Organisationsfragen zuständige zweite
Mann gewesen. Mohn war später in der DKP Vorsitzender der Finanzrevi-
sionskommission.

»Ulbricht löst die DDR auf«

Was hatte die Ostberliner Genossen dazu gebracht, Klaus Röhl so überaus
unchristlich unmittelbar vor Weihnachten zu exkommunizieren? Könnte es
an der Politsatire gelegen haben, die unter dem Titel »Ulbricht löst die DDR
auf« Anfang Dezember 1964 an den Kiosken hing? KONKRET feierte auch
redaktionell die neugewonnene Unabhängigkeit und zelebrierte die neue
Freiheit mit Hohn und Spott. Die bissige Satire von der Selbstauflösung
des SED-Staates hat den humorlosen Kommunisten möglicherweise nicht
sonderlich gefallen – Klaus Röhl hatte sich das Weihnachtsgeschenk eigens
für die alten Genossen ausgedacht.

Unter der Rubrik »Political fiction« dachte er sich eine dpa-Meldung aus,
in der die DDR ihr eigenes Ende bekanntgibt.

Überschrift der fingierten dpa-Meldung:

> »Sensation aus Berlin
> Ulbricht löst die DDR auf«

Wichtigster Inhalt:

> »als gegenleistung für den abbau der mauer und die eingliederung der zone in
> die bundesrepublik fordert der neue sed-chef willi stoph unter anderem die
> zahlung eines kaufpreises von 87,7 milliarden mark, die als reparationsaus-
> gleichfonds zum aufbau der zonenwirtschaft verwendet werden sollen.«

Einigen Zeitgeistern wie Marion Gräfin Dönhoff und Wolfgang Leonhard
sowie der *Bild*, der *Welt* und anderen Zeitungen und Kolumnisten werden
von Holtkamp (als Schreiber gelegentlich noch aus der Ferne tätig), Röhl und
Meinhof Kommentare zu der fingierten Pressemeldung in den Mund gelegt,
die zum Teil sehr treffend, modern und frech sind.

Bild:
»GOTT hat mitgebohrt! DIE MAUER FÄLLT! Für 87,7 Milliarden
Seit 1206 Tagen steht die Mauer gleich neben unserem neuen Verlagshaus
in Berlin. Seit 1206 Tagen bohren wir alle an und unter dieser Mauer. Und
Gott. Nun haben wir es geschafft; mit Gottes Hilfe. […] Jetzt geht's ans
Aufräumen: bei uns und in der Zone. *Bild* sagt, wie man es machen muß.
[…] Für 87,7 Milliarden! Woher nimmt *Bild* das Geld? Von den *Bild*-Lesern!
Ab sofort wird der Verkaufspreis von *Bild* auf 20 Pfennig heraufgesetzt; ein
Drittel des Mehrerlöses fließt der uneigennützigen Stiftung BILD KAUFT
DIE ZONE, Hamburg, Springerhaus zu.«
(Verfaßt von Jürgen Holtkamp)

Die Zeit:
»Auch drüben ist Deutschland
Von Marion Gräfin Dönhoff

Die Nachricht, die uns in der Nacht des 30. November 1964 erreichte, zwingt
uns, alle bisherigen Konzeptionen über die Zukunft der deutschen Politik neu
zu durchdenken und sich darüber klarzuwerden, in welchen geographischen
Räumen in Zukunft deutsche Politik betrieben werden soll. […] Es wäre
falsch, jetzt überstürzt zu reagieren. Noch falscher wäre es aber, überhaupt
nicht zu reagieren.«
(Verfaßt von Ulrike Meinhof)

»*Die Zeit*
Die Hintergründe
Von Wolfgang Leonhard

Es ist eine Eigenart kommunistischer Taktik, die Dinge anders auszudrücken, als sie gemeint sind, also muß man es auch bei den neuesten Meldungen verstehen, zwischen den Zeilen zu lesen. Ich selbst habe schon im Oktober, als uns die Nachricht vom Sturz Chruschtschows erreichte, in privatem Kreis gesagt: Das geht auf Kosten Ulbrichts. Aber nicht weil ich recht behalten habe, erwähne ich das hier. [...] Ich erinnere mich, daß wir eines Tages Parteimaterial bekamen, das wir auf der UFA-Schule studieren mußten, wo ich zwischen den Drucksachen einen handgeschriebenen Zettel fand, auf dem stand: ›Ulbricht abschießen!‹ Die Handschrift konnte ich als die Handschrift eines mir befreundeten ZK-Mitgliedes [AdA: Zentralkomitee] identifizieren, dessen Namen ich hier nicht nennen will, um ihn nicht zu gefährden.«[9]
(Verfaßt von Klaus Rainer Röhl)

Ulrike Meinhof schiebt ihrer Konkurrentin »Sibylle« vom *stern* folgende persiflierte Kolumne unter. Unter Foto und Namen von »Sibylle« kopiert Ulrike Meinhof den Schreibstil der damals bekannten *stern*-Autorin.
Ein Ausschnitt:

»Warum ich dafür bin

Mitten in unsere Weihnachtsvorbereitungen, beim Backen von Baseler Lekkerli, Nürnberger Pfefferkuchen, alemannischen Bärentatzen, beschäftigt mit Sukkade, Ingwer, Zimt und Zitronat, mit Weihnachtsfeiern bei Feuerzangenbowle und Kerzenschein, platzte die Nachricht aus Ostberlin. [...] Gewiß bin ich nur eine Frau, und man wird sagen, auch ich sollte die harte und rauhe Politik den Männern überlassen. Männer haben uns das alles eingebrockt, Männer sollen nun auch sehen, wie es weitergeht. Aber die überstürzten Nachrichten aus Ostberlin gehen uns alle an. Denn die Päckchen, die wir eben noch planten [...], nehmen die Gestalt von Zwergenspielzeug an, im Gedanken an jene vierhundertfünfzig Milliarden Mark, die nun von uns aufgebracht werden sollen, die drüben gebraucht werden. [...] Was mußte dort entbehrt werden von all dem, das uns längst selbstverständlich geworden ist, von den kleinen verspielten Dingen des Alltags. Das Tüpfchen Arpège de Lanvin oder Magriffe im Ausschnitt, die freie Wahl zwischen Vat 69 und Black & White. [...] Wir hassen Keilhosen und lächeln nachsichtig, wenn einer unserer Bekannten zur Rehkeule Mosel bestellt, wir haben uns oben ohne ereifert, und als der große, der einzige, der Maestro nach München kam, Herbert von Karajan, zeigten wir uns im Glanz der Lüster und Kandelaber, wie wir's verdient und erworben haben, in Nerz und in Seide, nicht achtend und nicht gedenkend der Tristesse im anderen Teil dessen, was einst unser Vaterland geheißen wurde. [...] Nun haben wir den Kaufpreis für Freiheit und Wohlstand erfahren. Nun werden wir geprüft, ob es uns Ernst ist mit unseren Brüdern und Schwestern, ob wir bereit sind, mit ihnen zu leben, ob wir bereit sind, ihnen von dem unseren abzugeben, so viel, daß auch in ihren Alltag Licht kommt, jener kleine Glanz, der uns heiter und unbeschwert macht. Mögen die Männer entscheiden, welches der richtige Weg ist, um den Sensationen aus Ostberlin zu antworten. Ich aber plädiere dafür, daß der Kaufpreis, der verlangt wird, bei uns ernsthaft erwogen wird. Ich sage nicht nein, wenn ich mir vorstelle, daß auch im VEB-Bekleidung-Dresden Kostümchen geschneidert werden nach den Modellen der Pariser Altmeisterin, deren Name so groß, deren Maße so zauberhaft klein sind, Kostümchen nach dem Muster der unsterblichen Coco Chanel.«[10]

Auch das war Ulrike Meinhof.

Röhl und Grass in Weimar

Anfang 1965 – soeben ist er aus der Partei ausgeschlossen worden – besitzt Klaus Röhl die Frechheit, sich wieder von früheren DDR-Freunden einladen zu lassen, diesmal nach Weimar. Zusammen mit Hans Magnus Enzensberger, Günter Grass und anderen nimmt er auf einer Tagung in der Weimarer Akademie an einem Gedankenaustausch zwischen DDR- und BRD-Schriftstellern teil – und wieder einmal sein antikommunistisches Mundwerk ziemlich voll. Die DDR-Führung war entsetzt. Hatte man sich dieses Röhls nicht gerade erst entledigt? Was trieb der nun schon wieder im Osten? Wer hatte ihn überhaupt hereingelassen?

In einer Aktennotiz der Hauptverwaltung Aufklärung (HVA) wurde am 16. März 1965 festgehalten:

»Dieser Röhl war mit besonderen Aufweichungserscheinungen auf der Weimarer Akademie in provokatorischer Art aufgetreten. Darüber müssen evtl. Protokolle bei den zuständigen Organen vorhanden sein. Auch als unsere Schriftsteller in Hamburg auftraten, trat dieser Röhl äußerst negativ in Erscheinung. In Leipzig zur Messe war er anwesend und hat es sogar verstanden, von dem stellvertretenden Außenhandelsleiter Brock ein Interview aufzunehmen. Anschließend ist er nach Berlin gereist, um mit allen möglichen Leuten Kontakt aufzunehmen. In Berlin steigt Röhl im ›Berliner Hof‹ ab.«

Und es wird gebeten:

> »Dieses Material wurde der Abteilung Kultur beim ZK der SED übergeben, da dieser Röhl vorwiegend zu dieser Abteilung Verbindung hatte. Die Abteilung Kultur soll die Maßnahmen treffen, damit ihm die Einreise in die DDR gesperrt wird.
>
> Gen. Hennig zur Bearbeitung.«[11]

Zu Hause

An dieser Stelle sei ein Blick zurück erlaubt – ein Blick auf das Familienleben der vierköpfigen Familie Röhl, wie es sich mir aus frühester Erinnerung, aber auch aus dem Studium der privaten Zeugnisse und Briefe darstellt. Anfang 1963 war Ulrike Marie Röhl, wie sie ihre Privatbriefe unterschrieb, vier Monate nach der schweren Operation, aus dem Krankenhaus entlassen worden und hatte nach einigen Anfangsschwierigkeiten ihr Leben als Chefredakteurin und nun auch Mutter aufgenommen. Wir Babys waren von Holde nach einem zweiten Aufenthalt in Gundelfingen bei Freiburg erneut nach Hamburg zurückgebracht worden. Klaus Röhl, der nach dem langen Krankenhausaufenthalt seiner Frau auf ein Wiederaufleben der Liebesbeziehung gehofft hatte, wurde seiner eigenen, häufig wiederholten Klage nach abgewiesen. Er schiebt dies auf die Operation, das ist seine Spekulation. Klaus Röhl hoffte nun auf einen ersten längeren Urlaub im September 1963 ganz allein mit seiner Frau – ohne die Babys! Meine Schwester und ich wurden also zum dritten Mal zu Holde und Renate nach Gundelfingen gebracht und erhielten zu unserem ersten Geburtstag von den gestreßten Eltern folgenden gemeinsamen Brief aus Jugoslawien, bei dem Ulrike Röhl die Feder führt:

> »21. September 1963.
>
> Liebe Zwillinge,
>
> wir haben bis heute noch nichts von Euch gehört und hoffen nur von ganzem Herzen, daß es Euch in Gundelfingen gefällt, daß Tante Holdes Brei und Renates Späße Euch gefallen. Die Schühchen dürft Ihr sogar anziehen, wenn sie Euch passen, sie sind natürlich kein Ersatz für die Lederschuhe, vielmehr kriegt Ihr, wenn Ihr zu Hause seid, noch festere,

aber wenn Ihr mal kalte Füße habt, dann zieht schnell diese an, dann werden sie warm. Und wenn Ihr laufen könnt, bekommt Ihr Gummistiefel, und da passen diese dann rein. Außer zum Anziehen eignen sich die Schuhe auch zum Lutschen. Wenn Ihr lieber draufbeißt, braucht Ihr sie natürlich nicht anzuziehen.

Hier sind viele kleine Kinder, die als Nackedeis rumlaufen und im Wasser spielen. Wenn Ihr drei Jahre alt seid, also groß und vernünftig, dann nehmen wir Euch mit. Dann werdet Ihr von oben bis unten braun wie Neger, das ist gut für die Knochen und erspart Vitamine. In unserem Hotel sind zwei kleine Mädchen, die sehen aus wie Zwillinge, sind aber gar keine. Die eine ist 5 ½, die andere 4. Wenn wir die sehen, denken wir an Euch, an Dein ›Dadada‹ – Regine, und an Dein ›Rötte rötte rötte‹ – Bettina, und wir freuen uns schon jetzt darauf, daß wir Euch mal mitnehmen können, in die Ferien. Laßt Euch besonders gelbes Gelbei in den Brei tun an Eurem Geburtstag und unbedingt Möhren zu Mittag und viel Buttermehlschwitze. Hefeklöße und Nudeln gibt's dann, wenn Ihr größer seid. Tschüß – liebe Regine, liebe Bettina,

alles Liebe der Welt – Eure Mama und Papa«

Unser Kinderzimmer im ersten Stock des elterlichen Hauses in Lurup, in dem zwei Kinderbetten hintereinanderstehen, und das Wohnzimmer mit der Terrasse zum Garten, in dem Zeitschriften, Decken und Mäntel, mittendrin das Bügeleisen und haufenweise Wäsche auf Sofas und Sesseln herumliegen, gehören zu meinen ersten Erinnerungsbildern als Dreijährige. In dem Gewühl eine fast immer Seufzer ausstoßende, erschöpfte, aber auch strenge Mutter und ein flatterhafter, ewig redender und häufig schimpfender Vater, daneben der Eßraum und die schmale, schwarze Küche, in der Ulrike Meinhof nicht selten die übergekochte Milch und andere Pannen beim Kochen verflucht. Und natürlich Frau Galek, die Nachbarin, die unser erstes Kindermädchen wurde, eine echte »Arbeiterfrau«, wie meine Eltern immer wieder mit bedeutungsvollen Mienen betonten. Verliebt war ich in unsere schöne graue Katze, die Muschi hieß, die immer floh, wenn Frau Galek vormittags den Staubsauger anwarf. Frau Galek, eine herzliche Frau, die eine gleichaltrige Tochter Marlies hatte, die gelegentlich mit zu uns herüberkam, machte uns morgens fertig, zog uns an, kämmte uns die Haare und frühstückte mit uns. Dann machte sie den Haushalt und paßte gleichzeitig auf uns auf. Wir spielten entweder bei uns im Haus allein oder mit den Nachbarskindern auf der Straße.

Unter der Woche lebten meine Eltern einen unterschiedlichen Rhythmus: Während Klaus Röhl spät aufstand und um die Mittagszeit in die Firma fuhr – sein Arbeitstag wurde vom ›Lustprinzip‹ (sinngemäß Klaus Röhl) bestimmt – und dann wie ein Entertainer durch die Redaktionsräume fegte, die anderen motivierte, mehr der Ideengeber denn der stringente Texter war und oft bis in den späten Abend in der Redaktion blieb, war der Tag meiner Mutter streng geregelt. Höchstens drei Tage die Woche ging sie vormittags in die Firma, am frühen Abend übernahm sie uns Kinder von Frau Galek. Ihre Artikel schrieb sie an den Tagen, an denen sie nicht in die Firma ging – oder nachts mit Hilfe von viel Kaffee und Zigaretten. Außerdem war sie oft verreist, um ihre Features für den Rundfunk vorzubereiten.

Im Mittelpunkt unseres Lebens steht die Firma, wie KONKRET zu Hause genannt wird. Organisation ist angesagt. Unser Familienleben besteht am Vormittag aus Zurufen: »Ich fahre schon mal in die Firma … Bitte fahr vorher noch bei der Bank vorbei … Nein, ich fahre zur Bank … Bitte denk daran, daß morgen deine Tochter Anja kommt … Kannst du sie bitte abholen … Wer nimmt die Kinder?« – usw. Während Frau Galek uns Zwillinge für den Tag fertigmacht, höre und sehe ich meine Mutter meistens geschäftig im Haus hin und her gehen oder telefonieren. Fast jeder Satz, den sie zu Frau Galek oder am Telefon sagt, beginnt mit den Worten: »Mein Mann ist schon in der Firma … Mein Mann kommt nachher, bitte sagen Sie meinem Mann, wo ist mein Mann …« Etwas seltener höre ich auch meinen Vater so reden: »Meine Frau wird nachher da sein, meine Frau nimmt die Kinder mit, bitte sagen Sie meiner Frau … ich fahre jetzt in die Firma.« Ulrike Meinhof trägt in diesen Jahren gern Kostüm. Im Sommer sind es helle, im Winter dunkle Kombinationen. In ihrem Schrank türmt sich ein ganzer Haufen Stöckelschuhe mit Pfennigabsätzen, die ich mir eines Tages erstaunt ansehe – wie kann man darauf bloß laufen? Und Handtaschen in allen Farben. Sie ist eben keine Hausfrau, die sich für Hausarbeit, fürs Einkaufen und den Kinderspielplatz anzieht, sondern Journalistin, Chefredakteurin und Geschäftsfrau. Auch wenn sie zu Hause ist, arbeitet sie für die Firma.

Im Zwillingskinderwagen – ich weiß noch, wie ich meiner Schwester in Anorak und Handschuhen gegenübersaß – ging's für uns mit einem Kindermädchen zum Einkaufen, wo wir meistens vor den Geschäften in dem Wägelchen sitzen blieben und warteten, bis wir weitergeschoben wurden. Immer wird in meinem Leben neben mir, vor mir oder hinter mir meine Schwester liegen, sitzen, laufen, stehen oder gehen, und wir werden uns allmählich kennenlernen. Von den Mützen, die uns unsere Halbschwester Anja

strickt, kriege ich die rote und Regine die hellblaue, mein Anorak ist ebenfalls rot, Regines blau.

Jeden Nachmittag geht's mit Mami, Omi, Anja, einem Kindermädchen
oder Papi zum Spielplatz, und dies bei Wind und Wetter. Nur am Wochenende, wenn wir von Mami oder Papi – ein Kind an jeder Hand – mit ins
Luruper Einkaufszentrum genommen werden, ist das dann frische Luft genug, so heißt es. Meistens ist es Klaus Röhl, der am Samstag vormittag den
Großeinkauf schmeißt, und er ist es auch, der häufig kocht, besonders wenn
Ulrike an einem schwierigen Artikel sitzt. Ganz sicher kann sie sich allerdings sein, daß sie nach dem Kochen eine absolut chaotische Küche und jede
Menge Abwasch vorfindet, den sie meistens für den nächsten Morgen stehen
läßt, bis Frau Galek kommt.

Mami übernimmt uns Kinder abends, wenn Frau Galek geht. Sie macht
das Abendbrot, liest uns vor und bringt uns ins Bett. Unser Vater kommt erst
aus der Firma, wenn wir schon schlafen. Ihn sehen wir mehr am Vormittag
und am Wochenende. Richtig sehen und etwas mit unserer Mutter unternehmen, das geht meistens am Sonntag bei Familienausflügen. Auch da ist
sie dann oft sehr müde und will sich ausruhen. Trotzdem macht auch sie
alles mit: im Winter den Schneemann bauen und auf Anweisung von Klaus
Röhl darum herumtanzen, im Sommer ins Schwimmbad »Volksparkstadion«
gehen und am Sonntag mit der ganzen Familie das Auto waschen, bei dem
Regine und ich die Autoreifen mit einem Schwamm putzen dürfen.

Zu meinen ersten Erinnerungen gehören auch die Spiele mit den Kindern
der Straße, darunter ein hellblondes Mädchen namens Angelika von gegenüber, das jeden Morgen, wenn wir noch mit Frau Galek frühstückten, schon
zu uns herüberschrie: »Bettiiina … Regiiine … kommt mal rüüüber!« Dann
ging's oft den ganzen Vormittag zu ihr in den Sandkasten, bis uns Frau Galek zum Mittagessen holte. Zwei ältere Mädchen von fünf und sechs Jahren
ärgerten uns immer – Regine und ich waren ja erst vier. Sie besetzten zum
Beispiel unseren Sandkasten und verboten uns dann grinsend mitzuspielen.
Meine Mutter, die ich in den Garten holen wollte, damit sie die Mädchen
verscheuchen sollte, kam nur mit bis an die Haustür, guckte sich das Ganze
von weitem an und schlug dann, die Situation ignorierend, vor, ich solle die
beiden Mädchen verprügeln, ich müsse lernen, mir selber zu helfen. Dann
verschwand sie wieder. Ich weiß noch, wie ich ratlos in angemessener Entfernung vor dem Sandkasten stand, denn die beiden größeren Mädchen waren
erkennbar stärker als ich. Da konnte auch meine Schwester nicht helfen. Ein
anderes Mal spielten diese beiden dann wieder mit uns Vater-Mutter-Kind,

wobei Regine und ich gnädigerweise die Kinder spielen durften, was bedeutete, daß wir immer ihrem Kommando folgen sollten.

Da wir viel auf der ruhigen Wohnstraße mit den anderen Kindern spielten, hatte ich auch schon bald den Süßigkeitenladen um die Ecke entdeckt, in dem ich gern selbständig einkaufen ging, meistens einen Brausebonbon, einen Lakritz und einen Lolli. Der Inhaber kannte mich schon, wenn ich mit meinen vier Jahren hereinspazierte, meine Groschen vor ihm ausbreitete und meine Wünsche aufzählte. Er pflegte zu fragen, ob meine Eltern mir denn auch erlaubt hätten, die Süßigkeiten zu kaufen. Diese kleinen Einkäufe von »Tina«, die meine Eltern erst nach einer Weile spitzbekamen, machten schon sehr früh ein offizielles Taschengeld erforderlich, das ich mit fünfzig Pfennig pro Woche jeweils für meine Schwester und mich durchsetzte.

Mit Frau Galek verstand ich mich wie mit fast allen Kindermädchen besonders gut. Als wir einmal einen Holzroller geschenkt bekommen hatten, bestand ich darauf, meinen Roller beim damals noch obligatorischen Mittagsschlaf mit in mein Bett zu nehmen. Frau Galek machte mein Anliegen zur Chefsache und rief tatsächlich meine Mutter in der Firma an, ob sie dies erlauben würde, und bekam eine bejahende Antwort. Da machte sie meinen nagelneuen Roller sauber, und ich durfte ihn mit in mein Bett nehmen.

Schon bald fand ich, daß es bei Galeks zwar – wie es bei uns hieß – »spießiger« eingerichtet, aber ordentlicher und viel gemütlicher war als bei uns. Ich erinnere mich, daß wir Kinder im Winter, wenn wir draußen im Schnee herumgetobt hatten, bei Galeks heiße Bratäpfel bekamen – das war herrlich. Dabei brannten die Kerzen auf dem Adventskranz, und manchmal wurden sogar Lieder gesungen. Bei uns dagegen herrschte oft eine stressige Atmosphäre, in der die Firma, die Arbeit und die unterschiedliche Selbstdarstellung meiner Eltern im Mittelpunkt standen, was nicht hieß, daß meine Mutter sich nicht auch wichtigen Kinderereignissen in Lurup, zum Beispiel dem Laternelaufen, das Galeks und die anderen Nachbarn veranstalteten, anschloß und sich nicht auch bemühte, rechtzeitig Laternen zu kaufen. Es war allerdings immer etwas Bemühtes dabei, das Bemühen einer modernen berufstätigen Frau, die in den wenigen Stunden, die ihr mit den Kindern blieben, auch noch die allesumsorgende Mutter sein wollte. Auch das Blaubeerenpflücken in der Lüneburger Heide wirkte ein wenig hektisch, und das Blaubeerenessen am Abend in einer unordentlichen Küche mit zwei verquengelten Kindern und einer Mutter, die die ganze Zeit mit ihren Gedanken woanders war, erst recht. Blaubeeren oder Pilze sammeln und am liebsten noch Kirschen einwecken usw. war das, was meine Mutter noch schemenhaft als Ideal im Kopf zu haben schien, weil sie es selber in ihrer Familie als kleines Kind erfahren hatte; aber all dies, was sie versuchte zu erfüllen, geschah im Klima von Überanstrengung und war daher nur schwer zu genießen. Für uns als Kinder dominierte das Gefühl, ihr ständig eine Last zu sein und zu viel zu wollen.

Meine Mutter konnte abends nur mühsam von der Redaktion auf Familie umschalten. Ihren Kindern gegenüber blieb sie oft in der Rolle der distanzierten Journalistin oder engagierten Psychologin. Daß Muttersein auch und gerade darin bestehen könnte, einfach nur so und ganz ohne Problemlösungen mit seinen Kindern zusammenzusein und mit diesen zusammen zu leben, verstand sie entweder nicht – oder sie konnte es nicht. Sogar uns Zwillinge behandelte sie deswegen eher wie eine der vielen sozialen Organisationen, über die sie in diesen Jahren gewöhnlich ihre gesellschaftskritischen Artikel und Rundfunkfeatures schrieb. Schon lange vor dem Aufkommen der antiautoritären Erziehung vertrat Ulrike Meinhof die Ansicht, daß Kinder nur ganz abstrakt eine »Bezugsperson« brauchten und nur irgendwie »Wärme und Liebe« haben mußten, egal von wem. Selbst Familienausflüge, Familiengeburtstage oder andere Gelegenheiten, zu denen einmal kein Kindermädchen engagiert werden konnte, benutzte sie dazu, sich innerhalb der Familie zurückzuziehen. Oft sagte sie, daß sie Glück gehabt habe, denn ihre Zwillinge hätten ja »den eigenen Spielkameraden schon mit auf die Welt gebracht«.

Auch wenn sie am Tag zu Hause blieb, um einen Artikel zu schreiben, gab es strikte Anweisung an Frau Galek, uns Kinder nicht in ihr Arbeitszimmer zu lassen. Es hieß: »Seid still, Kinder, ihr dürft eure Mutter nicht stören, sie schreibt gerade einen sehr wichtigen Artikel.« Das war schwer für mich, denn nun war sie schon so nah, und ich durfte doch nicht zu ihr. Einmal hatte ich im Sommer draußen im Garten mit anderen Kindern gespielt, mich aber mit diesen zerstritten und war halb wütend, halb heulend zu meiner Mutter hinter das Haus gelaufen, wo sie auf der Terrasse mit ihrer dicken schwarzen Sonnenbrille an ihrem Tisch vor ihrer Schreibmaschine saß. Da stand sie auf und machte mir eine Mohrrübe zurecht, und ich durfte noch eine Weile still bei ihr sitzen, ohne sie zu stören. Ich war glücklich. Die Anspannung, daß es etwas viel Wichtigeres gab als mich, blieb.

In einem Manuskript für ein politisches Feature fand ich bei der Recherche zu diesem Buch einen Zettel, auf dem sie sich – offenbar mitten in der Arbeit – für sich selber notiert hatte:

»Ulrikes Erziehungsgrundsätze
Worauf es ankommt, ist nicht, daß die Kinder alles richtig machen,
sondern darauf, daß der Erwachsene möglichst vieles richtig macht.
Worauf es weiterhin ankommt, ist, daß durch die Probleme und die
Praxis der Erziehung weder Erwachsene noch die Kinder verrückt
gemacht werden.«

Abends kamen abwechselnd die beiden Studentinnen Ute und Marianne,
von meinem Vater »Ute, die Gute« und »Marianne, die Pfanne« genannt, die
uns ins Bett brachten und bei uns übernachteten, wenn meine Eltern Termine oder Verabredungen außer Haus hatten. Einer der Termine, wo eine von
beiden auf uns aufpaßte, war das zehnjährige Abiturjubiläum, zu dem Ulrike
Meinhof 1965 nach Weilburg zu einem Klassentreffen fuhr. Dabei besuchte
sie die Gelbhaars, das Ehepaar, mit dem sie und ihre Ziehmutter einst gemeinsam nach Frankreich gefahren waren. Gelbhaar war jener Graphiker, der
zusammen mit Renate Riemeck historische Werbung für einen Margarine-
fabrikanten gemacht hatte. Begeistert schreibt Ulrike dem Ehepaar Anni und
Klaus Gelbhaar danach einen Brief:

»Lieber Klaus, liebe Anni,

mein Klassentreffen war prima. 10 Jahre und aus allen ist irgendwie was
geworden. Was Redliches, Tüchtiges und gut Gemeintes wenigstens,
wenn nicht noch mehr. Was die Intelligenzkanonen waren, die sind
an der Uni, aber nicht mal arrogant, habilitieren sich und bilden sich
auch heimlich was drauf ein. Die Torfköpfe sind Landlehrer geworden,
glasklar im Kopf, selbst wenn sie sich immer noch verschwommen ausdrücken. Die Mädchen – von uns kam bestimmt nicht das Fräuleinwun-
der – sind Hausfrauen. Aber gescheit genug, um diese Existenz so mies
zu finden, wie sie ist. Mit Recht neidisch, daß ich mir zum Beruf die
Kinder leiste und zu den Kindern – vom Erzeuger ganz abgesehen – den
Beruf [...]. Also ich fand das Ganze einfach schön [...]. Meine Rückreise war herrlich. Ich bin einfach 1. Klasse gefahren und habe den ganzen
Nachmittag geschlafen. Und es gibt ja nichts Schöneres, als von einer
Reise ausgeschlafen nach Hause zu kommen. Zu Hause war Klaus krank,
hatte schon seine ganze Verwandtschaft zusammengetrommelt unter der
Androhung, sonst einsam zu sterben. Kurz: es war alles in Ordnung.«

Danach setzt sie sich hin und schreibt einen Artikel über das Klassentreffen:

»10 Jahre danach

Das Klassentreffen des Jahrgangs 1955

Der Bus hatte noch dieselben dunkelroten Kunstledersitze wie vor zehn Jahren. Und er ruckelte auch noch und plapperte und schnaufte und schlenkerte genau so. Die 2½ Stunden von Frankfurt nach Weilburg waren nicht kürzer geworden in der Zwischenzeit. Und als es dunkel wurde, wurde auch wieder das Licht angemacht, so daß man die Landschaft draußen nicht entziffern konnte, sowenig wie die Zeitung, auch nicht schreiben konnte, dazu ruckelte es zu sehr, und die Birne gab auch nur trübes Licht. Der Bahnbus von Frankfurt über Usingen nach Weilburg hat sich am Wirtschaftswunder vorbeigedrückt. Ein anheimelnder Tatbestand, jedenfalls wenn man keinen Gebrauch davon macht. Aber ich glaube, ich war die einzige, die sich dieses Verkehrsmittels bedient hatte. Als wir uns in der Nacht von Samstag auf Sonntag am 13./14. März 1965 nach unserem Wiedersehen im Weilburger Hof gegen 1.30 Uhr verabschiedeten – ›Schön, daß Du auch gekommen bist‹ – ›Alles Gute auch, besonders für die Kinder‹ – ›Tschüß‹ – ›Bis 1967 also‹ –, da waren es stattliche und säuberliche Autos der sechziger Jahre, die aufheulten, und kein Gang kreischte – geübte Fahrer also, die Familienväter und -mütter und die Kinderlosen des Reifejahrganges 1955.«

Dann charakterisiert sie jeden einzelnen Mitschüler von damals und erzählt deren Lebensläufe. Am Ende schreibt sie:

»Das war's. Die ersten zehn Jahre, das heißt also: Ausbildung, Anfang im Beruf, Heirat, kleine Kinder, Ärger mit der Wohnung. Weniger Establishment und Konsolidierung, als ich erwartet hatte. Und immer noch alle ganz und gar zivil. Unser Jahrgang war nicht mehr bei der Hitlerjugend, noch nicht bei der Bundeswehr. Vielleicht hatte sich deshalb noch keiner verändert. Weil man unseren Jahrgang weder vorher noch nachher über einen Leisten geschlagen hat.«[12]

Meine Mutter engagierte sich auf allen Gebieten; wo sie auftauchte, war sie gleich die Führungsfigur: die Schulsprecherin, diejenige, die die Zeitschrift gründet, betreibt, herausbringt – und jetzt auch wieder diejenige, die den Artikel über das Klassentreffen schreibt. Später wird sie an unserer Schule Elternsprecherin werden, sie wird in jeder Gruppe, zu der sie stößt, den Ton angeben, die Führung ergreifen. Das ist ihre Natur und zeigt auch ihr großes

Talent. Bei allem, was bei uns zu Hause an mütterlicher Fürsorge und Geborgenheit vielleicht manchmal fehlte, betone ich, daß meine Eltern dafür etwas anderes boten: Sie waren beide spannende und dominante Persönlichkeiten, und natürlich gab es ein Familiengefühl, Vertrautheit und auch Liebe. Wir Kinder fühlten uns als vollwertige Familienmitglieder und, wie wahrscheinlich alle Kinder, im Mittelpunkt stehend. Hausfrauendienste und auch Kindermädchen wurden zwar eingekauft, und Frau Galek hielt den Betrieb zu Hause am Laufen, aber dafür waren diese Dinge auch immer gewährleistet. Es war nie langweilig mit Klaus Rainer Röhl und Ulrike Meinhof, die sich beide auf ihre Art für ihre Familie engagierten und doch recht häufig von ihrer Tina und ihrer Gine sprachen und sich auf ihre Art um uns kümmerten. Man bekam aber mit, daß sie dauernd mit irgend etwas Wichtigem beschäftigt waren. Mami bereitete sich auf Vorträge und Flugreisen vor, Papi fuhr stolz mit dem roten Opel in die Firma, aber die beiden schwiegen sich abends nicht an, sondern unterhielten sich angeregt, guckten Tagesschau und redeten meistens über Politik. Franz Josef Strauß und Rainer Barzel sind mit unter den ersten Namen, die ich zu Hause höre, dann folgen die Diskussionen um den Vietnamkrieg, auch der Name Augstein fällt immer wieder. Oft und immer wieder höre ich: Der Artikel muß fertig werden, der Artikel muß geschrieben werden, der Artikel muß noch in die Druckerei gebracht werden. Was war eigentlich ein Artikel? Die Antwort: Ein Artikel ist ein Text, den Mami für Papis Zeitschrift schreiben muß. In dieser Zeit fragte ich meine Eltern: Was bedeutet eigentlich KONKRET? Ich erinnere mich an eine umfangreiche Antwort, die ich nicht verstanden habe und deswegen auch nicht mehr wiedergeben kann. Regine und ich bekamen die »Fahnen« als Malpapier, ebenso »Blaupausen«, und immer wieder – jeden Monat – wurde auch uns Kindern ein neues Heft präsentiert, das dann zu Hause solange rumlag, bis ich das Titelbild auswendig kannte.

Auch meine Halbschwester Anja, die Tochter aus der ersten Ehe meines Vaters, kam häufig zu uns zu Besuch. Sie verbrachte jetzt ihren »Papitag« – ungefähr zweimal im Monat – gerne bei uns und verstand sich auch mit unserer Mutter, die sich um das Scheidungskind Anja kümmerte. Anja nahm sich in geradezu rührender Weise ihrer kleinen, sieben Jahre jüngeren Halbgeschwister an, nahm uns bei Spaziergängen an die Hand und hat meiner Mutter oft damit eine Freude gemacht, daß sie mit uns Zwillingen fröhlich spielte und scherzte. In Anja waren wir als Kinder ganz verliebt. Sie war im Umgang mit kleinen Kindern ein Naturtalent.

Als Kind bekam ich mit, daß das Leben meiner Eltern von einem gewissen

Hochgefühl – heute würde ich es Euphorie nennen – getragen war. Ich fand meine Eltern irgendwie was Dolles, sie machten ›einen los‹. Dies entnahm ich auch dem Respekt, mit dem die Verwandtschaft und die Mitarbeiter der Firma, wenn sie zu uns kamen, dem Unternehmer-Ehepaar begegneten, und der Herzlichkeit, mit der alle uns Kinder behandelten. Die Art, wie die Eltern – mal der eine, mal der andere – morgens oder mittags aus dem Haus stürzten, wichtig-wichtig miteinander telefonierten, und die ewigen Artikel, die meine Mutter schrieb, das alles war natürlich anders und für Kinder nicht so perfekt wie bei Tante Holde und Renate. Aber es war auch nie dröge und langweilig, wie wir es in anderen Elternhäusern manchmal erlebten. Und: Es wurde immer geredet. Auch mit uns Kindern. Ich bin in einem Rede-Haus aufgewachsen.

Die Meinhof-Kolumnen

Von den vielen äußerlichen Fröhlichkeiten abgesehen, die es gab, war das Leben zu Hause, die innere Familienatmosphäre von Ulrike Meinhofs Kolumnen bestimmt. Das Ganze hatte etwas Schweres und Angestrengtes.

Alle ihre Kolumnen hat meine Mutter zu Hause geschrieben. Oft hieß es an allen möglichen Orten später, Ulrike Meinhof hätte halbtags ihre Kinder versorgt und halbtags Firmenarbeit geleistet. Das ist falsch. Wenn sie zu Hause war, waren Frau Galek oder die anderen Kindermädchen für uns da. Sie selber saß in ihrem Arbeitszimmer. Wenn sie nicht gerade organisierte und telefonierte – vom Haushalt und Einkaufen war sie freigestellt –, saß sie Tag und Nacht in ihrem Arbeitszimmer und schrieb ihre monatliche Kolumne.

Das Schreiben kann ihr nicht leichtgefallen sein, denn aus ihrem ziemlich abgeschotteten Arbeitszimmer drang außer intensivem Zigarettenqualm und Kaffeegeruch Angespanntheit.

Wenn wir das Arbeitszimmer überhaupt einmal betreten durften, waren wir nicht gerade herzlich eingeladene Gäste und durften die Unmengen von Papierhaufen, die chaotisch wirkten, aber offenbar strenger Kontrolle unterlagen, nicht berühren. Ich hielt mich ungern in dem Arbeitszimmer auf, guckte aber gern neugierig, wenn sich eine Gelegenheit ergab, hinein. Im ganzen Haus war eine Art Leisetreten angesagt, wenn Mami schrieb. Und sie schrieb ziemlich oft. Diese Stimmung war gewöhnungsbedürftig, bot aber nicht allzu viele Gewöhnungsmöglichkeiten. Eine Art Entspannung trat ein, wenn eine Art Vakuum um das Arbeitszimmer herum entstand und unsere Mutter offenbar sich selber in ihre Gedanken vergrub, dann war eben keine Schreibmaschine, kein Telefonieren, kein Hin-und-her-Laufen und kein Ordnen von Papier zu hören.

Wenn sie gut drauf war und wirbelte, dann verwandelte sich ihr Arbeitszimmer in eine Art D-Zug, und ich hatte den Eindruck, daß unsere Mutter in solchen Momenten das Gefühl hatte, alle anderen im Haus seien unbedingt in derselben Stimmung wie sie.

Mit ihr ganz allein im Haus zu sein, kam selten vor und war dann doch eher von einer geradezu asketischen Unsinnlichkeit geprägt. Manchmal erhielten wir dann aber auch Vorträge darüber, wie das Leben und die Menschen sind und wie Kinder zu sein haben. Das war bestimmt sehr spannend und vielseitig, aber es war nicht ausgelassen und irgendwie auch nicht spontan, und es blieb ziemlich anonym und in Schubladen eingeteilt. Ich hörte, wie ich sei und was ich täte und worin ich anders sei als meine Schwester. Wie die meisten Kinder ihre Familie toll und als das einzig Richtige auf dieser Welt empfinden, fand ich, daß meine Mutter die Tollste war, und habe das den Kindern auf der Straße genauso erzählt, wie ich es von ihnen umgekehrt hörte.

Manchmal, wenn sie einen Artikel geschafft hatte, war sie ruhig, erschöpft, fast melancholisch, und ich konnte bei ihr auf dem Schoß sitzen, dann gab es eine scheinbare Harmonie, sie ruhte sich aus und blieb innerlich abwesend. Wenn wir Kinder krank waren, beispielsweise als wir Masern und Windpocken hintereinander bekamen und Wochen rotgepustet in unserem Kinderzimmer verbrachten, kümmerte sie sich etwas mehr um uns Kinder, kam auch mal am Tag kurz im Kinderzimmer vorbei, ächzte aber schon bald über die große Last. Wenn Frau Galek oder andere Kindermädchen uns zur Fiebersenkung heiße Wickel verpaßten, Schwitzkuren, Hustensaft einflößten, kam sie dazu und sprach ein paar gute Worte am Krankenbett, da waren wir natürlich froh.

Zu einer Art Ritual war seit Beginn meiner Erinnerungen das Geheule von meiner Schwester und mir geworden, wenn unsere Mutter zu uns zum Abendessen kam und Frau Galek ablöste. Wie es auch zu einer Art Ritual wurde, daß sie die schreienden, kleinen Teile dann wieder fluchtartig verließ. Es gab irgend etwas Unüberwindliches, was regelmäßig und ohne erkennbaren Grund zu Zankereien zwischen meiner Schwester und mir führte.

Unser Vater mied das Abendessen unter der Woche offenbar wie der Teufel das Weihwasser. Wenn er dazukam, gab es insofern Ablenkung, als der Ehekrach losging, unser Vater beschimpfte seine Frau, daß sie die Kinder zum Schreien brächte und er Kindergeschrei nicht ausstehen könnte. Und zwei kleine Mädchen können bekanntlich ganz schön viel Krach machen.

Die Wochenenden waren mal so, mal so, in jedem Falle viel leichter, sozusagen mit viel Sonnenschein, ein bißchen Regen und ein bißchen durchwachsenem Himmel.

In dieser Zeit schrieb Ulrike Meinhof den großen Teil ihrer KONKRET-Kolumnen.

Als ich ihre Texte in den achtziger Jahren das erste Mal bewußt gelesen habe, war ich erstaunt über die Stringenz im Aufbau und über die Zielverfolgung. Das hatte ich so aus welchem Grunde auch immer nicht erwartet. In diesen Kolumnen, die nicht umsonst von vielen Leuten als einzigartig empfunden werden, habe ich die Stimmung einerseits nicht wiedererkannt, und andererseits kam mir sofort wieder die Erinnerung, daß bei aller Anspannung und auch Überanstrengung die Journalistin Ulrike Meinhof den Erfolg, die pünktliche Abgabe ihrer Kolumne, die kalkulierte Wirkung ohne jede Selbstschonung und ohne jede Abgelenktheit mit eisernem Willen verfolgt hatte. Aus diesem Werk sprach für mich einfach ein hohes Maß an Disziplin und Erfolgswillen und ein sehr hohes Maß an sehr individuellem Können. Ich war so etwas wie stolz.

Heute, da ihre Texte immer noch verlegt und gelesen werden, fehlt zu deren Verständnis oft der historische Kontext. Sowohl das tatsächliche damalige Geschehen als auch der Reflex in allen anderen Medien auf dieses Geschehen machen indes erst wirklich sichtbar, was Ulrike Meinhof sagte und intendierte. Die Schwarzweißzeichnung, die Ulrike Meinhof oft genug meisterlich beherrscht und liefert, wird naturgemäß nur in einem Abgleich mit den politischen Gegebenheiten möglich, die sie angeht. Mit ihrem schon bekannten Raster geht sie auch die von ihr ausgemachten politischen Feinde persönlich an. Einer ihrer Lieblingsfeinde wird 1966 der führende CDU-Politiker Rainer Barzel. Es ist die Zeit, in der die Regierung Ludwig Erhard in Bedrängnis gerät und die erste große Koalition ihre Schatten vorauswirft. Ulrike Meinhof sah offenbar Handlungsbedarf. Sie schrieb:

> »Nicht, daß er eine schlechte Figur macht – wie Augstein meint –, ist besorgniserregend [...]. Nicht, daß er im allgemeinen unsympathisch ist, ist zu verübeln, mehr, daß er auf Kriegsfuß steht mit Demokratie und Vernunft, daß er harte politische Ziele einnebelt in irrationale Sprüche, ungreifbar scheint, indem er schon zuschlägt.«

Was war der Hintergrund für diese scharfe Einleitung? Meinhof kritisierte, daß Barzel von »Frieden« gesprochen hatte, daß er ausgedrückt hatte, daß leider nicht alle Deutschen Menschenrechte haben, daß hinter dem Eisernen Vorhang in Bulgarien, Rumänien, Ungarn immer noch keine Menschenrechte und keine Demokratie herrschten, sondern Diktatur. Barzel hatte gesagt, so zitiert ihn Meinhof: »Und wir träumen von einem Deutschland ohne Stacheldraht, von ganz Deutschland, von ganz Europa. […] Die Wegsteine zur neuen Wirklichkeit tragen die Namen: Spontanität, Wagemut, Opfer, Solidarität, Gemeinsinn.«

Soweit das Zitat Barzels. Wem zu den von Meinhof selektierten Barzelzitaten nichts Böses einfällt und wer sich gar freut, wenn ein CDU-Politiker »Frieden« und Abwesenheit von Stacheldraht fordert, der lese einfach weiter in dieser Meinhof-Kolumne.

Natürlich interpretiert sie die Sorge des CDU-Politikers um die unterdrückten Völker im Osten, die in undemokratischen Systemen leben, als den Willen, die Ostgebiete militärisch zu erobern, als militanten und faschistischen Kriegs- und Eroberungswillen. Was für eine kaltblütige Propaganda von Ulrike Meinhof!

Sie interpretiert also:

»Mit ›Opfer‹ meint Barzel Geld […] mit ›Wagemut‹ meint er den Mut zur Führung, den Mut zu unpopulären Maßnahmen […] ›Gerechtigkeit‹, das heißt Teilhabe am nuklearen Entscheidungsprozeß, ›Solidarität‹ meint politische Koordination der Natostaaten […] ›Gemeinsinn‹: Keiner darf uns übertreffen in Engagement für die Menschenrechte und für Humanität. Woher nimmt Barzel das Recht und die Freiheit, soviel Braundeutsch auf einmal zu produzieren, woher das Selbstbewußtsein? […] Zugegeben, es ist einigermaßen qualvoll, das alles zu lesen und zu zitieren […]. Der Sprachduktus ist völkisch, die Ziele aber, hoch bewußt und unmißverständlich, sind klare Kriegsziele: die Befreiung der DDR von kommunistischer Herrschaft, der osteuropäischen Länder gleich mit. Das ist nicht nur gemeingefährlich, sondern ärgerlich […]. Er ist nicht begabt. Er ist gefährlich.«[13]

Vier Jahre später wird indes Ulrike Meinhof selbst gefährlich, aber das wußte sie zu diesem Zeitpunkt natürlich noch nicht.

Wenn ich in meiner Erinnerung grabe, war die Journalistin Meinhof nicht nur kalkulierende Einpeitscherin für die Sache ihrer kommunistischen Idee, sondern sie steigerte sich auch gelegentlich tatsächlich in eine Haßposition gegenüber ihren politischen Gegnern hinein. Für mich wurde Rainer Barzel in diesen und den folgenden Jahren zu einer Mischung aus bösem Wolf und Mensch, und ich wunderte mich, daß die Kinder auf der Straße Barzel überhaupt nicht kannten. Die Kinder kannten auch Willy Brandt nicht, dabei dachte ich, es sei doch jedem klar, daß der der gute Mann im Märchen oder sonstwo ist. Mir war jedenfalls völlig klar, daß es zu dem Bösewicht auch einen guten Gegenpart gab. Daran, wie erleichtert ich war, als Willy Brandt 1969 Kanzler wurde, erinnere ich mich sehr gut. Endlich war der Gute an der Macht, und Kiesinger, den meine Mutter haßte, war weg. Ich freute mich auch, weil ich dachte, jetzt würde sie sich auch freuen. »Mami, das ist ja toll, jetzt wird alles gut«, sagte ich. Die Antwort meiner Mutter, in tiefen Ernst gehüllt und knallhart: »Nein, Tina, das verstehst du noch nicht, Brandt ist genauso schlimm, er ist nur das kleinere Übel, an den Verhältnissen ändert sich nichts, jetzt muß man ihn bekämpfen, so wie wir vorher Kiesinger bekämpft haben.« Ich war unglücklich, tieftraurig und verstand die Welt nicht mehr. Mein ›ganzes Leben‹ hatte ich innerlich für Willy Brandt mitgekämpft und dann dieser Schock. Ich sah nicht die geringste Möglichkeit, meine Mutter noch zu fragen, wer denn jetzt der Gute sein würde. Wenig später äußerte sie sich ähnlich über Gustav Heinemann, als dieser Bundespräsident wurde. Daran erinnere ich mich etwas weniger intensiv, wahrscheinlich hat es mich nach all den zwischenzeitlichen Negativurteilen, die ich über Politiker hörte, nicht mehr besonders berührt.

Boutiqueverkäuferinnen

Wenig leicht zu ertragen waren die Ehestreitigkeiten meiner Eltern, die auf einer ganz anderen Ebene ausgetragen wurden. Das Schlafzimmer, ganz in Türkis, lag im Souterrain und war über eine kurze, steile Treppe nach unten zu erreichen. Die war für uns Kinder, als wir noch klein waren, ein echter Problemfall, so daß sich unsere Besuche im elterlichen Schlafgemach in Grenzen hielten. Der Standarddialog meiner Eltern, wenn wir sie sonntags doch einmal geweckt hatten, lautete: »Ne bessere Antibabypille gibt's gar nicht« (Klaus Röhl) – »Du bist herzlos, laß doch die Kinder« (Ulrike Meinhof).

Eine der frühesten Erinnerungen: Wenn wir samstags vormittags mit unserem Vater zum Einkaufen fuhren, spielte er mit uns das Spiel »Eine hübsche Frau für Papa suchen«. Wir sollten uns nach schönen Damen umschauen und ihm Bescheid sagen, wenn wir eine sehen würden. Ich fühlte mich überfordert, weil ich nicht ganz genau wußte, worauf es ankam. »Eine schöne Boutiqueverkäuferin zum Beispiel«, sagte mein Vater, womit wir ungefähr wußten, was eine Boutiqueverkäuferin sein könnte, bevor wir wußten, was eine Boutique ist. (Eine Boutique war damals übrigens noch so revolutionär, daß viele sich nicht hineintrauten.) Meine Schwester und ich fanden aber nie eine entsprechend hübsche Frau. Als ich mich irgendwann einmal traute, ihm auf dem Parkplatz eine Frau zu zeigen, die auch einkaufen ging, fiel ich mit meiner Wahl total durch: meine erste Erfahrung, daß Geschmack Geschmackssache ist. Immer wieder betonte mein Vater, wie wichtig es für ein Mädchen sei, hübsch zu sein. Wir sollten später nicht denselben Fehler machen wie unsere Mutter, die zuviel arbeiten und sich damit vernachlässigen würde.

Mein Vater phantasierte gern herum, daß alle »schwarzhaarigen«, »glutäugigen« Frauen »triebhaft« seien und alle »blonden«, »kühl blickenden« uninteressant. Diese Expertise paßte in etwa zu den Flachsereien, die er mit der alten *Pestbeulen*-Belegschaft und vor allem mit Peter Rühmkorf betrieben hatte, wo man eine eigene Sprache entwickelt und ständig über Frauen gefachsimpelt hatte. »Nimm du die Schwarzhaarige, ich nehme die Blonde« – diese Kategorisierung wendete Klaus Röhl bald auch auf meine Schwester und mich an. Meine Schwester bekam den blonden Part, weil sie hellblond war, und ich wurde gnadenlos als die Schwarzhaarige bezeichnet, weil ich nicht ganz so blond war.

Das Gegenprogramm meiner Mutter verwirrte uns vielleicht noch mehr. Intensiv hielt sie uns Vorträge darüber, daß es gerade nicht auf das Aussehen eines Mädchens ankomme, sondern ausschließlich darauf, ob es klug sei und was es später leisten würde. Die Art, wie sie mit uns redete, war die einer Kinderpsychologin, und ich hatte Schwierigkeiten, ihren theoretischen Ausführungen zu folgen. Da mein Vater gesagt hatte, wie schön lange Haare für ein Mädchen seien, wollte ich gerne lange Haare haben. Ganz sicher bin ich dennoch, daß ich auch ohne dieses Gerede unbedingt lange Haare tragen wollte. Doch die langen Haare wurden zu einem Dauerstreitpunkt zwischen mir und meiner Mutter. Immer wenn sie mich kämmte – meistens machte dies allerdings Frau Galek – und meine Haare wieder mal Kletten gebildet hatten, strich sie ziemlich grob mit der Bürste durch mein Haar und herrschte mich, während ich laut schrie, an, daß es viel praktischer wäre, die Haare endlich abzuschneiden, wie dies bei meiner Schwester längst durchgeführt worden war.

Bald erklärte mein Vater meiner Mutter – vor unseren Ohren –, daß sie eifersüchtig auf ihre Töchter, besonders auf ihre Tochter Tina sei, da die ihr am ähnlichsten sei. Immer häufiger stritten sich meine Eltern wegen dieser psychologischen Manipulationen in meinem Beisein um »Bettina«, die, so die Worte meiner Mutter, »mit vier Jahren doch gerade in ihrer ödipalen Phase sei« und die bestimmt einen Komplex erleiden würde, wenn mein Vater weiterhin solche Dinge zu mir sagen würde. Die beiden leidenschaftlichen Laienpsychologen Röhl und Meinhof versuchten, mir den Ödipuskomplex zu erklären – besser: einzureden. Mein Vater fand es »wunderbar«, daß ich laut Freud angeblich gerade in einer solchen Phase war, und sonnte sich darin, daß ich ihn »heiraten« wollte, und lachte und scherzte und machte seine Witze. Wie üblich ließ er offen, was er daran ernst meinte, und trieb die Sache so weit auf die Spitze, bis meine Mutter reagierte und sich programmgemäß über ihn aufregte. Meine Mutter redete dann intensiv mit einem ungeheuren Ernst auf mich ein, um, wie sie sagte, zu verhindern, daß ich an dem Gerede meines Vaters Schaden nähme. Dadurch, daß meine Mutter alles so ernst nahm und zu einer Katastrophe redete, war es nicht immer leicht, den Unsinn, den die Erwachsenen verzapften, zu vergessen. Bald glaubte ich, an den Ehestreitigkeiten meiner Eltern irgendwie mitschuldig zu sein. Manchmal endeten diese künstlichen Problematisierungen damit, daß ich heulte. Dann warfen sich beide Eltern vor meinen Ohren und Augen gegenseitig in heftigsten Streitereien vor, »das Kind verrückt gemacht zu haben«. Das, was sich teilweise zwischen meinen Eltern, die beide auf ihre Art einen Hang zum Drama hatten, an Streitigkeiten abspielte, entsetzte mich wahrscheinlich oft genauso wie sie selbst.

Immer wieder verhöhnte Klaus Röhl seine Frau auch in unserer Gegenwart, daß sie nur an ihre Artikel denken würde, aber keine richtige Frau sei, nicht weich, nicht lieb, nicht anhänglich oder zärtlich. Er warf ihr vor, daß er mit einer burschikosen, männlich auftretenden Funktionärin und nicht mit einer Ehefrau verheiratet sei. Es ist mir bis heute ein Rätsel geblieben, wie meine Mutter unter diesem Gemotze und Gezeter jemals einen Artikel zustande gekriegt hat. Ich erinnere mich, daß sie sich in solchen Situationen oft auf eine ganz eigenartige Weise bemühte, besonders weich und verbindlich zu sein, was ihr nicht gelang. Sowie sie ihren Mund auftat, war es wieder eine Analyse. Ihr in solchen Momenten demütiges Verhalten meinem Vater gegenüber war nur schwer zu ertragen. Warum wehrte sie sich nicht?

Einerseits war Klaus Röhl der mitreißende Entertainer, auch in der Familie, der eine anhaltend deprimierte Laune meiner Mutter (und sie war oft schwermütig) mit ein paar fröhlichen Sprüchen, einem Lächeln und einer

Idee – »Wir fahren jetzt mal einen Tag nach Travemünde …« – zerstreuen konnte, der jede Minute, jede Sekunde neue Ideen hatte und immer wieder etwas erfand, was uns alle in Atem hielt. Wenn er in dieser Partylaune war, und das war er oft, dann war meine Mutter hingerissen, fröhlich und machte alles mit. Dann machte er den Kasperle, den Märchenprinzen, den charmanten Ehemann und den Superpapi, alles auf einmal. »Wißt ihr was: Jetzt gibt's erst mal ein Eis« usw. Er konnte auf die liebenswerteste Art und Weise meiner Mutter – die steile Kellertreppe runter – den Kaffee ans Bett bringen und ihr noch etwas mit dem Auto aus der Firma holen, was sie dort liegengelassen hatte. Er las stets als ihr erster Kritiker und Redakteur ihre Artikel und erkannte ihr Können absolut an. Und grundsätzlich war er es, der in diesen Jahren die Überschriften zu ihren Kolumnen fand: »Notstand? Notstand!« oder »Der Friede macht Geschichte«, »Die Würde des Menschen«, »Status quo Mauer« usw. Und ihr war sein Urteil wichtig. Andererseits konnte er mit einem gelegentlich scharfen Zynismus menschlich zerstörerisch wirken. Meist zielten seine Gemeinheiten auf ihr Selbstvertrauen als Frau. Das war der Stoff, aus dem sich manch schwerer Ehestreit zusammensetzte.

Holde – Kinder

Eine große Erleichterung waren für mich – und mein Vater gesteht heute selber ein, daß es zu Hause manchmal eine Art Ehehölle war – jedes Mal die langen und häufigen Aufenthalte bei »Tante Holde«, wo weder die Artikel von Mami noch Papis Boutiqueverkäuferinnen, die Firma oder Politik eine Rolle spielten, sondern wo es auf ganz andere Dinge ankam, die mich dann völlig in ihren Bann schlugen: ob wir die Quarkspeise lieber mit Schokoladenstreuseln oder mit Preiselbeeren mochten, daß Regine gerne »tüftelte« und Bettina eine Vorliebe für die Edelsteinsammlung von Renate hatte oder ob trüber oder klarer Apfelsaft zu kaufen sei. Tante Holde zeigte uns, wieviel Wasser welche Topfpflanze brauchte oder wie wir ein gestrandetes Rotkehlchen wieder aufpäppeln konnten. Sie zeigte uns, wie man Joghurt macht oder wie man mit Zwiebelschalen, ein paar Blättern und Mullbinde Ostereier färbt. Sie spielte Spiele mit uns und las uns selbstgeschriebene Geschichten vor, und wir lernten Liedertexte auswendig. Sie erklärte uns, welches Renates Lieblingsbesteck sei, das immer an ihrem Platz gedeckt werden mußte. Ein paar Tage bei Holde – und wir waren wieder ein völlig ausgeglichenes, fröhliches Zwillingspaar, das alles, was in Hamburg gelegentlich schwierig war, vergessen hatte. Meine Schwester und ich, die wir uns in Lurup oft zankten, stellten schon früh fest, daß wir bei Holde auch bei langen Aufenthalten von sechs Wochen fast überhaupt nicht mehr stritten.

Auch bei Tante Holde spielten wir viel im Garten, aber sie war mit ihrer Aufmerksamkeit immer bei uns und gab uns auf eine sehr ruhige Art regelmäßig etwas Neues zum Spielen: Seifenblasenlauge, ein Planschbecken, Bauklötze. Sie gab uns kleine kindgerechte Aufträge, zum Beispiel Wäsche aufhängen oder den Garten mit kleinen Gießkannen und Spaten zu pflegen. Jeden Tag ging's vormittags zum Einkaufen, oder wir sahen ihr in der Küche beim Kochen zu. Oft gingen wir zum Bauern Milch holen oder Pflaumen oder Kirschen pflücken. Die wurden dann beim Kaffeetrinken mit Schlagsahne serviert und im Garten gegessen. In den warmen Freiburger Sommern verbrachten wir die Tage fast ausschließlich draußen im Freien.

Wenn wir ausnahmsweise einmal krank waren, gab's diese anthroposophischen Wala-Kügelchen, ein Paradies für mich: süße Medizin – und jedes Kügelchen schmeckte etwas anders. Natürlich war Holde christlich, aber nicht tümelig. Alles, was sie machte, war eher praktisch. Wir genossen jedenfalls so richtig die Atmosphäre, in der wir im Mittelpunkt standen, ohne daß sich alles um uns drehte. Holde hörte genau zu, was wir wollten, und ging auf uns ein. Auf eine angenehme Art setzte sie aber auch Grenzen. Meine Mutter brachte uns zu ihrer Entlastung so oft wie möglich dorthin, was für alle Seiten gut war. Wir Kinder waren glücklich und fühlten uns versorgt, sie konnte sich auf ihre Arbeit konzentrieren, und Holde war jedes Mal froh, wenn wir kamen. Es war für sie, wie sie uns später oft sagte, die schönste Zeit in ihrem Leben, meine Schwester und mich in diesen ersten Jahren heranwachsen zu sehen und bei sich zu haben.

Insbesondere waren wir immer im September zu unserem Geburtstag bei ihnen. Holde, die ein sehr aktiver, wacher Mensch war und noch immer ist, nähte und strickte uns Kleider und Schürzen und sogar mal eine Puppe. Jeden Abend vor dem Schlafengehen gab es eine Geschichte aus einem ganz tollen Tierbuch. Am meisten liebte ich eine Spieluhr mit Engeln darauf, die auf meinen Wunsch jeden Abend vor dem Schlafengehen aufgezogen wurde. Sie spielte das Lied »Guten Abend, gute Nacht«. Damals war ich selig. Ich war sicher, nie etwas Schöneres gehört zu haben. Ulrike Röhl muß heilfroh gewesen sein, ihre Kinder jedesmal, wenn sie uns abholte, aufs neue durch und durch harmonisch, aufgeräumt, gesund und glücklich vorzufinden. Sie brauchte kein schlechtes Gewissen zu haben. Und dies auch nicht, wenn sie manchmal wochenlang wegblieb. Mein Vater dagegen machte sich immer ein wenig über »Tante Holde« lustig, die uns angeblich zuviel »Rehlein, Elflein und Zwerglein« beibrächte und doch so ziemlich jungfräulich sei. Renate dagegen akzeptierte er als, wie er sich ausdrückte, »Zieh-Schwiegermutter« völlig. Da, so hoffte er, sollte sie uns dann bei unseren Aufenthalten doch ein wenig Intellektuelles beibringen, damit wir nun nicht restlos zu kleinen christlichen Mädchen erzogen würden. Wir dagegen mochten gerade das sehr gerne, möglicherweise auch als Kontrastprogramm zu unserem Zuhause. Und Renate, die tagsüber immer am Schreibtisch arbeitete, machte ja alles mit. Sie begleitete uns an Wochenenden gern zu Ausflügen in den Schwarzwald, zu Tiergehegen oder zu Kulturdenkmälern und Kirchen, die sie dann ausführlich erklärte. Renate zeigte uns ihre vielen Bücher und erzählte uns gerne von unserer Großmutter und wie sie Ulrike in Jena kennengelernt hatte. Allerdings hielt ich Renate Riemeck – bis ich fast fünf war – für einen Mann. Mir wären daran auch nie je Zweifel gekommen, wenn mein Irrtum nicht eines Tages herausgekommen wäre.

Renate im Rock

Bis ich fast fünf Jahre alt war, war ich felsenfest davon überzeugt, daß Renate der Mann im Haus war, so selbstverständlich wirkte sie – damals noch ganz unüblich – in Hosen. So männlich hielt sie die Zigarette und trug sie ihren Herrenhaarschnitt. So felsenfest war auch die Rollenaufteilung im Hause Riemeck zwischen Holde in der klassischen Frauenrolle und Renate, die an ihrem Schreibtisch saß und sich nicht nur im Haushalt absolut nicht beteiligte, sondern sich, schlimmer noch, bedienen ließ wie ein Pascha. Dementsprechend fiel ich aus allen Wolken, als mein jahrelanger Irrtum eines Tages – meine Mutter, Holde und Renate saßen mit uns Kindern gerade bei Kaffee und Kuchen im Wohnzimmer – mehr oder weniger zufällig herauskam. Die drei lachten zunächst, und ich genierte mich. Ich sagte: »Wieso! In Hamburg bei den Röhls gibt es Oma und Opa, und hier ist eben Holde die Frau und Renate der Mann.« Die anderen versicherten mir lachend, aber dann doch ernsthaft, daß Renate auch eine Frau sei. Doch das überzeugte mich nicht. Der Name Renate, fand ich, klang nicht unbedingt weiblich, er wäre auch als Männername durchgegangen. In allen anderen Haushalten, die ich kannte, lebten ein Mann und eine Frau zusammen und immer so, daß der Mann die kurzen Haare trug, Hosen anhatte, ein Arbeitszimmer besaß und rauchte, während die Frauen Röcke trugen, mit weiblichen, zurechtgemachten Frisuren herumliefen, das Essen kochten und den Kaffee brachten. Genauso wie bei Holde und Renate.

Sie versuchten trotzdem, mich davon zu überzeugen, daß Renate eine Frau sei, aber ich blieb skeptisch. Es gab eine ernsthafte Irritation bei allen drei Frauen, die alles lustig erklären wollten, aber wegen meiner Hartnäckigkeit ratlos waren. Wie sollten sie beweisen, daß Renate eine Frau war? Schließlich beschloß man in der kleinen Frauenrunde, daß Renate am nächsten Tag zum Beweis für mich einen Rock anziehen sollte. Denn wenn sie dies täte, sagten alle, dann wäre ich doch wohl überzeugt. Am nächsten Tag erschien Renate dann zum Frühstück tatsächlich mit einem Rock. Aber was war das für ein Rock! Es war ein steifer, dunkelgrauer, filziger Kostümrock, der unweiblichste Rock, den ich je gesehen hatte. Die anderen sagten, dies sei ein Rock, aber nicht mal das schien mir sicher.

Mit diesem Beweisstück ging die Überzeugungsarbeit der drei Frauen beim Kaffeetrinken weiter. Sie konnten gar nicht glauben, daß ich einem solchen Irrtum aufgesessen war. Am Abend habe ich es dann akzeptiert. Aber solange hat es schon gedauert, bis ich mein Bild von Renate in mir umgestellt hatte.

Renate schoß scharf gegen mich zurück. Es sollte vielleicht ein Scherz sein, aber es traf mich doch. In dieser Zeit habe ich gern vor dem Spiegel gestanden und meine Haare gekämmt. Renate kam dann vorbei und sagte: Du wirst ganz häßlich, wie die Stiefmutter von Schneewittchen. Das Thema Sexualität war tabuisiert. Männer tauchten in dieser Welt nur als Besucher auf. Man war ausgesprochen nett zu ihnen. Nie hätte Renate etwas gegen Männer gesagt. Sie war ja sozusagen selbst in der Rolle des Mannes. Aber man betrachtete die ›echten‹ Männer doch ein bißchen wie außerirdische Wesen. Renate nahm in diesem Haushalt den Platz eines Mannes ein. Ich hatte recht gehabt, sie war der Mann im Haus. Und auch Holde schien das zu akzeptieren. Und durch meine Schwester und mich gab es in diesem Haus plötzlich sogar Kinder. Übrigens habe ich Renate Riemeck bis zu ihrem Tod im Mai 2003 nie wieder in einem Rock gesehen.

Zwillingsein ist wunderfein

Mit drei Jahren bekamen wir jede den bereits erwähnten Roller geschenkt. Mit diesen Rollern war der erste Wettkampf, an den ich mich erinnere, zwischen uns Zwillingen eröffnet.

Unisono berichten alle Familienmitglieder bis heute immer wieder, daß Regine nicht nur als erste der Zwillinge laufen gelernt habe (ich habe »dafür« zuerst sprechen können, heißt es), sondern auch alle späteren Disziplinen, zum Beispiel Rollschuh-, Schlittschuh- oder Gleitschuhlaufen und später Skilaufen und Motorrollerfahren, im Vergleich zu mir schneller beherrscht habe. Doch diesem dummen Vorurteil möchte ich wenigstens in meinem eigenen Buch stramm entgegentreten. Fast alle diese Übungen konnte meine Schwester im Schnitt eine halbe Stunde früher als ich, dann aber war ich darin genauso gut wie sie. In Wahrheit waren wir beide sportlich, und es gab sogar Disziplinen wie Sprintlaufen und Schwimmen, in denen ich ihr in bestimmten Schuljahren um jeweils eine Zehntelsekunde überlegen war. Doch bei Zwillingen wird selbst der geringfügigste Unterschied oft fast zu einem Charaktermerkmal aufgebauscht. So war es auch bei uns. Ich galt als die Kreative und musisch Begabte, meine Schwester wurde schon früh zur Mathematikbegabten und Sportlichen erklärt.

Nach dem Roller kam ein Jahr später zu unserem vierten Geburtstag, den wir bei Holde und Renate feierten, das erste Fahrrad mit Stützrädern. Meine Schwester bekam das rote und ich das blaue. Auch etwas sehr Wichtiges: wer nämlich von zwei eigentlich gleichen Gegenständen welchen erhält. Fahrradfahren mit Stützrädern war nicht so schwer, wir erprobten es zuerst in der Auffahrt unter den aufmunternden und anfeuernden Ausrufen der Erwachsenen, meine Mutter war auch dabei. Es machte sehr viel Spaß. Regine und ich rasten um die Wette, immer im Kreis auf dem schmal bemessenen Auffahrtsgelände.

Auch die Geburtstage haben es bei Zwillingen so in sich. Egal, was man geschenkt bekommt, ob es ein Kleid ist, Strümpfe, Schuhe, ein Teddy oder eine Puppe, die Gegenstände werden sofort verglichen, und spätestens nach drei, vier Wochen wird der Erhaltungszustand kontrolliert. Ich hatte das Pech, mit einer besonders peniblen Schwester aufzuwachsen, die auf alle ihre Sachen immer besonders gut achtgab, was mir nicht im gleichen Maße gelang. War mein Pullover, mein Schlafanzug oder was immer wir gerade geschenkt bekommen hatten, als erster lädiert, war ich nicht selten neidisch, daß die Sachen von meiner Schwester noch heil waren und schön aussahen, und ›verlangte‹, daß sie mir nun ihre Sachen zum Anziehen oder Spielen gab, da ich es ungerecht fand, daß meine Sachen schon kaputtgegangen waren.

Der Ruf, daß ich die ein wenig Verträumte und – positiv ausgedrückt – Phantasievolle, meine Schwester hingegen die Umsichtige und Ordentliche sei, verfestigte sich in dieser Zeit und war in den Köpfen der Familie später nie wieder, auch bei allergrößter Anstrengung nicht, zu korrigieren. Ich weiß nicht, wann der Ausdruck »Typisch Tina« entstand, der immer dann ausgerufen wurde, wenn der Vergleich zwischen meiner Schwester und mir mal wieder zum Himmel schrie. Wo »Tina« gesessen und gegessen hatte, das konnte man an der Anzahl der Krümel angeblich deutlich sehen. Wenn einer den Schlüssel verbummelt hatte – keine Frage, Tina war es. Wenn einer in späteren Zeiten den Turnbeutel vergessen hatte, die Tür nicht abgeschlossen oder beim Einkaufen etwas verbummelt hatte: Ich wurde zum Sündenbock erklärt, auch wenn dies mal nicht zutraf. Ich fand immer, daß meine Schwester für ihr Alter zu ordentlich war, hatte aber keinen Verbündeten. Zu meiner Verteidigung stelle ich fest, daß ich etwas intensiver als meine Schwester in die Streitigkeiten meiner Eltern verwickelt wurde, und deswegen habe ich die Krümel von damals längst vom Tisch gepustet.

»Zwillingsein ist wunderfein«, war einer der Standardsprüche meines Vaters, wenn meine Schwester und ich uns wieder einmal heftig stritten. Vom Grunde her verstanden wir uns, glaube ich, eher besser als die meisten Zwillinge. Ulrike Röhl schrieb damals in einem Familienrundbrief an den entfernten Meinhof-Verwandten Hans-Georg Meinhof über ihre Zwillinge: »Die Zwillinge sind zweieiige, also ganz verschiedene Kinder, was sie nicht hindert, meist gleichzeitig mir etwas zu erzählen, mich an die Hand zu nehmen, auf meinem Schoß sitzen zu wollen, und das ewige Abwechseln, Teilen, Nacheinander gelegentlich gründlich leid sind. Nur wenn sie krank werden, werden sie's meist nacheinander, just dann, wenn ich Gleichzeitigkeit praktischer fände. Sie fahren Fahrrad, singen ziemlich falsch und tanzen genauso gerne wie ihre Eltern zu den Beatles, wobei Bettina sehr hübsch und musisch ihre Beinchen schwingt, während Regine es vorzieht, Purzelbäume zu machen, das bringt sie weniger in Verlegenheit. Momentan gehen wir jeden Abend Laterne – d.h. nicht jeden, denn den einen nur, wenn sie lieb sind, den nächsten dann allerdings auch, wenn sie unnütz waren – das ist eine norddeutsche Sitte, man geht vor dem Schlafen noch mit Lampions durch die Dunkelheit und singt dazu das Laternelied.«[14]

Sonntags

Fast jeder Sonntag war den Ausflügen reserviert. Oft war unsere Halbschwester Anja dabei, wenn wir nach Stade zu den Großeltern fuhren.

Familientreffen Röhl. Erst der Waldspaziergang, dann das große Kaffeetrinken bei Oma Frida – das war so recht nach dem Geschmack meiner heimatlosen Kommunisteneltern, die sich bei ihren »spießigen« Eltern, denen sie sich in ihrem städtischen Jungfamilienleben und mit ihrer ostfinanzierten Zeitung ziemlich haushoch überlegen fühlten, aufwärmten und hier bei Oma und Opa Wärme und Gemütlichkeit sogen. Wir Kinder waren bei Omi und Opi natürlich das Wichtigste. Meine Röhlschen Großeltern haben sich immer sehr liebevoll um ihre Enkel gekümmert. Auch Omi nähte uns wie Holde Kleider und machte einen tollen »falschen Hasen« und »Zitronenspeise«, unser Lieblingsgericht. Wir fühlten uns bei ihnen so richtig wohl und zu Hause. Das Plaudern mit Hansulrich Röhl, der meiner Mutter dabei galant eine Zigarette anbot, die Nußtorte von Oma Frida, das brachte unsere kleine Familienwelt und auch so manchen schiefen Haussegen wieder ins Lot. Meine Mutter entspannten diese Familienzusammenkünfte und die frische Luft genauso wie meinen Vater. Das Autofahren, was beide Eltern liebten, kam als Entspannung hinzu. Beide waren dabei froh, wenn Anja uns Zwillinge tatkräftig bei diesen Spaziergängen übernahm.

»Und eins und zwei und eins und zwei«, so im Militärstil kommandierend führte Klaus Röhl unsere kleine Marschkolonne auch gelegentlich durch den Wald, wenn er gerade dazu aufgelegt war und wir nicht gerade im Sonntagsstaat waren. Er erinnerte sich an seine Zeit als 16jähriger, als er in der Hitlerjugend gewesen war, und kommandierte: »Abteilung marsch, Abteilung stillgestanden, Achtung Fliegeralarm, alle Mann hinlegen, volle Deckung!« Dann warf sich unsere ganze Familie, die im Gänsemarsch hinter ihm hermarschiert war, Papi, Mami, Onkel Wolfgang, Anja, Regine und ich, auf den Waldboden und robbte durch das Gras. Meine Schwester und ich als die Kleinsten immer hinter den Großen her. Aber für uns war es nicht etwa »Krieg spielen«, sondern ein lustiges Geländespiel. Die anderen Spaziergänger guckten natürlich, was das für eine komische Familie war, aber ich erinnere mich, daß selbst meine Mutter Spaß hatte und ein wenig aus sich herauskam. Dann lachte sie auch mal und machte Witze, was sie sonst selten tat. Dann saßen wir stundenlang im Wald, picknickten, spielten und pflückten Blumen. Klaus Röhl machte jetzt von der ganzen Familie kleine Filme mit seiner Super-8-Kamera. Wenn es nicht gerade durchs Gelände ging, zog meine Mutter uns gern Sonntagskleider und Lackschuhe an – alles im Zwillingsstil.

Die Verwandtenbesuche spielten in unserer Luruper Zeit eine große Rolle. In Stade lebte damals noch die Schwester meines Vaters, Tante Rosemarie, und ihr Mann, Onkel Ebi, die häufiger mal zu uns nach Lurup kamen. Die rothaarige Rosemarie, ungefähr 14 Jahre jünger als mein Vater, war eine quirlige junge Frau mit einer hochgesteckten Sechziger-Jahre-Frisur. Sie wirkte selbstbewußt und jung auf mich und erzählte, daß sie schon als Au-pair-Mädchen in Paris gewesen sei. Sie und Onkel Ebi waren das typische moderne junge Paar der sechziger Jahre. Meine Eltern fand ich schon damals Oldies dagegen. Onkel Ebi war Graphiker und ein eher zurückhaltender schlanker Mann, von dem es hieß, daß er Berge von Nahrungsmitteln vertilgen könne, ohne jemals dick zu werden, und alles reparieren könne. So wurde Onkel Ebi nicht nur einmal zur Reparatur in unserem Haus eingesetzt, wofür er als Gegenleistung immer »Berge« von Spaghetti Bolognese vorgesetzt bekam. Dann gab es noch Onkel Peter, den sieben Jahre jüngeren Bruder meines Vaters, der mit Tante Hanni einen kleinen Sohn in meinem Alter hatte, Fränkchen, mein Cousin. Onkel Peter arbeitete bei der Bundesbahn. Anders als mein Vater hatte er nicht die Sicherheit des Kommunismus in der Sowjetunion und in China, sondern die eines Bundesbahnbeamten in der BRD gewählt. Zwischen ihm und meinem Vater schwelte, vielleicht als Folge dessen, immer eine Art Bruderzwist.

Opa Hansulrich machte zwar auch kleine Oberlehrer-Scherze mit uns Zwillingen, interessierte sich aber hauptsächlich für meine Mutter, seine auserkorene Lieblingsschwiegertochter. Mit ihr konnte er über Literatur und Kunst reden. Opa Hansulrich genoß es sehr, wenn sich »Ulrike« mit ihm allein unterhielt, von »seiner Ulrike« fühlte er sich intellektuell verstanden, sagte er mir später öfter. Zu Hause bei meinen Großeltern lebte damals noch Onkel Wolfgang, der 18 Jahre jüngere Bruder meines Vaters. Mitte der sechziger Jahre war er knapp 20 Jahre alt. Sowie er mit der Schule fertig war, kam er zu meinem Vater in die Firma und wurde – ohne den Umweg über den Kommunismus – Journalist. Er hatte das Glück, einen älteren Bruder zu haben, der ihm den Weg zu einem attraktiven Beruf ebnen konnte. Natürlich mußte er sich dann selber bewähren und gegenüber dem älteren Bruder behaupten. Doch dies geschah meiner Erinnerung nach ohne große Eifersüchteleien. Er ist seit den achtziger Jahren ein erfolgreicher *stern*-Journalist.

Bei diesen Familienfeiern lernte ich auch meine Großtante Eva kennen, die eine vornehme, freundliche, wache 0und ungewöhnlich geduldige Frau gewesen ist. Sie hat es geradezu mit Bravour gemeistert, als ganz junge Frau von 20 Jahren durch eine Stimmbanderkrankung ihre Stimme fast vollständig verloren zu haben und dies in der Interaktion mit anderen gerade nicht als ›Schicksal‹ wirksam werden zu lassen. Sie gab sich sehr viel Mühe, mit dem Rest ihrer Stimme ein Gespräch zu führen und niemanden zu erschrecken oder zu belasten. Das habe ich als Kind bewundert. Es blieb sehr schwer, mit ihr zu sprechen. Ihre Tochter Liselotte Millauer, genannt Lilchen, gleichaltrig mit Onkel Peter und bildhübsch, fand ich als Kind schon bunt und schrill. Sie machte ›einen los‹. Laut und herzlich war sie auch zu uns Kindern. Sie wurde Journalistin, und zwar ohne die Hilfe ihres Cousins Klaus Röhl in Anspruch zu nehmen. Allerdings war in unserer Familie ständig von der großen Journalistin Ulrike und von dem tollen Chefredakteur Klaus die Rede. Was »Lilchen« genau machte, war nicht zu erfahren. Uns Kindern wurde gesagt, sie sei Journalistin, aber: bei Springer.

Anders als Ulrike Meinhof, die sich in diesen Jahren mit Franz Josef Strauß mehrfach vor Gericht stritt, lernt Liselotte Millauer Franz Josef Strauß als Journalistin bei einem Interview persönlich kennen. »Milli«, wie sie unter Journalistenkollegen genannt wurde, wird zu einer Starjournalistin. Sie wird zunächst Chefreporterin bei *Für Sie*, dann Chefreporterin der *Bild am Sonntag* und Chefkorrespondentin der *Welt am Sonntag*. Vor allem für die beiden Springer-Zeitungen interviewt sie alles, was im In- und Ausland Rang und Namen hat. In Deutschland unter anderem Helmut Schmidt, Helmut Kohl, Richard von Weizsäcker, Hans-Dietrich Genscher, Ludwig Erhard, Willy Brandt, Rainer Barzel, Alfred Dregger, Kurt Biedenkopf, Walter Scheel und seine Frau Mildred. International trifft sie sich mit dem Schah von Persien, Indira Gandhi, Anwar as-Sadat, mit König Hussein und seiner Frau Noor von Jordanien, Kaiser Hirohito von Japan, Bruno Kreisky, Giulio Andreotti, Bülent Ecevit, Fürst Rainier III. und Fürstin Gracia und mit den US-Präsidenten Ronald Reagan, Gerald Ford und Nelson Rockefeller. Auch vor Hollywood macht Tante Lilo nicht halt und interviewt Cary Grant, Alfred Hitchcock, Charlton Heston, Kirk Douglas, Glenn Ford, Henry Fonda, Mae West, Rock Hudson, Zsa Zsa Gabor, Joan Collins, Omar Sharif, Anthony Perkins und später Tom Hanks, Julia Roberts und Willem Dafoe und und und und. Und natürlich auch viele deutsche Schauspieler. 1970 bekommt sie ihre Tochter »Alex«, der Vater ist Carl Schell, der Bruder von Maria und Maximilian Schell. Seit fast 15 Jahren lebt Tante Lilo in Los Angeles. Lange Jahre war sie in Amerika mit dem deutschen Ex-Schlagersänger Christian Anders eng befreundet. Lilchen ist eine sehr aktive Fitness-Studio-Besuche-

rin und bevorzugt es auf die herbe Art. Sie ist hervorragend im Boxen und
allerlei Kampfsportarten. Ihr Trainer ist Terry Claybon, der auch schon Den-
zel Washington, Matt Damon, Ben Affleck und viele andere fit gemacht hat,
zuletzt auch einmal Vitali Klitschko. Kein Wunder, daß die *Bild am Sonntag*
im Sommer 2003 noch einmal auf ihr altes Schlachtroß »Milli« zurückgriff
und sie Vitali Klitschko interviewen ließ. Anlaß: der Boxkampf zwischen
Vitali Klitschko und Lennox Lewis.

Tante Lilo war also journalistisch und menschlich das genaue Gegenteil
von Ulrike Meinhof, dies wurde uns Kindern ganz und gar nonverbal vermittelt. Ich stand immer unter dem Eindruck, daß »Ulrike«, meine Mutter,
irgendwie das Maß der Dinge war. Vielleicht war es auch nur Opa Röhl,
der seine Schwiegertochter bevorzugte. »Lilchen« und Ulrike, die fast im
gleichen Alter waren, haben sich immer gern miteinander unterhalten, aber,
soweit ich mich erinnere, selten lange.

Auch meine Mutter pflegte Kontakte zu ihren vorwiegend in Westdeutschland lebenden Bekannten und Verwandten. Häufig fuhren wir zu
der älteren Schwester meiner Mutter, Wienke, die Kinder im gleichen Alter
hatte, mit denen wir spielen konnten. Und noch lebten ja die zahlreichen
Geschwister ihres Vaters Werner Meinhof, die sich rührend um meine Mutter und deren ältere Schwester, die für sie stets die tragischen Waisen zweier
früh verstorbener Eltern blieben, kümmerten. So erinnere ich mich an Tante
Käthe, Tante Claire und Tante Tilla, alle drei ältere Damen und Töchter von
Johannes Meinhof, die meine Mutter jeweils in ihren altmodischen Wohnungen freundlich empfingen und uns mit Kaffee und Kuchen bewirteten. Diese
drei netten Meinhof-Tanten kann ich in meiner Erinnerung nicht mehr un-
terscheiden. Sie wirkten auf mich identisch in ihrer lieben Art, mit der sie
meine Mutter und uns Kinder betüterten, wie man in Hamburg sagt, und mit
ihrem hochgesteckten, grauen Dutt. Hier entspannte sich meine Mutter und
ließ sich verwöhnen, auch wenn sie sich natürlich bei den Hallenser Damen,
die aus dem konservativ-preußischen Meinhof-Stall kamen, politisch nicht
offenbarte. Mein Vater war bei diesen Besuchen fast nie dabei.

Und auch die entferntere Familie sucht in diesen Jahren immer wieder
Kontakt zu meiner Mutter. Ein Verwandter, Hans-Georg Meinhof, ein
Pfarrer, der ein Enkel von Max Meinhof ist, eines Bruders von Johannes
Meinhof (aus dem ersten Nest meines Ururgroßvaters Friedrich Meinhof
aus Barzwitz), meldet sich bei seiner Halbcousine zweiten Grades mit der
Idee eines Familienrundbriefes, der die inzwischen weitverzweigte Familie
zusammenhalten soll und den es heute noch gibt. Trotz vieler Vorurteile ge-

gen die Meinhofs zeigt meine Mutter auch hier, daß sie ein geselliger und lebensfroher Mensch sein kann, der mitmischen will und froh ist, gefragt zu sein. Ihr Brief an den entfernten Verwandten zeigt, daß sie vielleicht mehr Bezug zur Familie hatte, als man ihr zutraute. 1966 schreibt sie dem Pastor unter ihrem Briefkopf »Ulrike Marie Röhl geb. Meinhof«:

»Lieber Hans-Georg Meinhof,

die Größe der Meinhofschen Familie bringt mich immer ein bißchen in Verlegenheit, weil ich – wahrscheinlich auch durch den Tod meiner Eltern – meine liebe Not habe, die verwandtschaftlichen Beziehungen zu rekonstruieren und mir dann obendrein auch noch etwas darunter vorzustellen. Es fehlen mir – wohl mehr als anderen – die zumindest anekdotischen Anhaltspunkte, die in einer vollständigen Familie – als Terminus technicus – von selbst entstehen. […] Ich hoffe, daß die anderen Deinen Vorschlag, mich in den Rundbrief aufzunehmen, nicht als Kuckucksei empfinden, immerhin bin ich ja ein bißchen aus dem Rahmen gefallen. Bin Journalistin, auch noch links, gehöre zu denen, die freundlich und unfreundlich linksintellektuell genannt werden.
Führe gerade meinen zweiten Prozeß mit Franz Josef Strauß – den ersten vor 5 Jahren habe ich gewonnen, bei diesem habe ich schon in zwei Instanzen verloren; bin mit Klaus Rainer Röhl, dem Herausgeber und Chefredakteur von KONKRET, verheiratet; schreibe regelmäßig den politischen Kommentar von KONKRET – von 1961–1964 war ich selbst Chefredakteurin; mache manchmal Filme für das Fernseh-Panorama; schreibe aber hauptsächlich Hörfunkfeatures, wie z. B. Die Heimkindersendung, aber auch über Arbeitsunfälle (das Industrie-Institut in Köln: ›Unfall-Demagogie‹), über Fabrikarbeiterinnen und ausländische Arbeiter. Im Augenblick habe ich allerdings Hörspiel- und Fernsehspielpläne bzw. -aufträge – nur: Gut Ding braucht Weile.
Ich arbeite freiberuflich – d. h. arbeite viel zu Hause und bestimme meine Termine selbst – weil ich zwei Kinder habe, Zwillinge, 4 Jahre alt, Ingeborg-Bettina und Ingeborg-Regine (meine Mutter hieß Ingeborg), kann mir dafür aber eine Haushilfe leisten, die mir wenigstens die Hausarbeit ganz abnimmt.«

Vor kurzem hat Hans-Georg Meinhof, der heute pensionierter Pastor ist und am Bodensee lebt, zugesagt, daß er mich, Bettina Röhl, nach einer Unterbrechung von 40 Jahren, in den Meinhof-Rundbrief, der durchschnittlich über ein Jahr für einen Durchgang braucht, aufnehmen will.

Auch Italien lernen wir Zwillinge nun kennen, die Orte, wo unsere Eltern schon vor unserer Zeit so glücklich zusammen waren. Seit meiner Geburt fuhren meine Eltern jedes Jahr nach Ronchi in die kleine Pension Betty an der Riviera. Die langen Fahrten von Hamburg mit dem Opel über den Brenner machen uns allen Spaß. Ulrike Meinhof hat für uns Kinder meistens Makkaroni mit Schinken in Tomatensoße in einer Thermoskanne dabei, oder es gibt Pellkartoffeln mit Butter und Salz, ihr absolutes Lieblingsgericht, das wir bald genauso lieben wie sie. Mein Vater nennt diese Unterwegs-Verpflegung immer »Quengelhäppchen«. Klar, daß bei diesen Autofahrten mit Klaus Röhl immer kräftig gesungen wird. Meine Mutter bringt uns »Drei Chinesen mit dem Kontrabaß« bei, das wir Zwillinge, wie immer hinten im Auto sitzend, mit allen Vokalen durchdeklinieren und stundenlang schmettern. Und Klaus Röhl singt uns allen die Dreigroschenoper vor. »Meine Damen, heute sehen Sie mich Teller abwaschen, und ich mache das Bett für jeden …« Auch meine Mutter grölt die Refrains mit: »Soldaten wohnen auf den Kanonen, von Kopf bis Fuß Soldat, wenn es mal regnete und es begegnete ihnen eine Rasse, 'ne braune oder blasse, dann machen sie vielleicht daraus ihr Beafsteaktatar.«[15]

Ich war von meinen Eltern und von allem begeistert. Romantisch war es für uns, wenn wir oft um Mitternacht in Ronchi ankamen und übermüdet aus dem Auto krabbelten. Bei Neonlicht und Mondenschein wurden wir von einer warmen, weichen Luft empfangen und durften dann gleich in ein frisch bezogenes, herrliches Kinder-Ferienbett. Auch ich lerne die dicke italienische Wirtin kennen, die Klaus Röhl mit seinen Italienisch-Versatzstücken »Io grande Italiano«, »Bella Italia«, »Io from Germania«, »Bambini« heißen Bettina und Regine, »bella, bella« usw. und seiner ganzen Schauspielerei und Singerei usw. regelmäßig in Verzückung versetzte. Ich erinnere mich noch gut an die vielen warmen Abende auf der Terrasse, wo wir spät abends Calamares und Spaghetti aßen, wo die kleinen, hungrigen Kätzchen um die Restauranttische schlichen und um Reste bettelten. Die waren alle viel magerer als unsere Muschi-Katze zu Hause.

Auch hier gibt es manchmal heftige Streitereien zwischen meinen Eltern, eine mißgelaunte Mutter und einen fidelen und oft zynischen Vater. Die Sonne hat die Stimmung im Laufe dieser Urlaube regelmäßig etwas aufgehellt. Dann rückten meine Schwester und ich etwas mehr in den Mittelpunkt, und wir spielten am Strand mit unseren Eltern. Ich erinnere mich noch an die Schwimmflügel und einen großen roten Wasserball. Mein Vater guckt gerne den Mädels in weißem Kleid und weißer Kopfbedeckung hinterher, die jeden Tag am Strand entlanggehen und den Badegästen warme Kuchen (Bambolini) verkaufen, die sie in Körben mit sich herumschleppen. Ich fragte mich, was man in der Affenhitze ausgerechnet mit einem warmen Kuchen sollte. Aber so waren die Italiener, erklärte man mir. Denen macht die Hitze nichts, sagte Mami, weil sie die gewöhnt sind und es in Italien das ganze Jahr so heiß ist. Das dachten damals wahrscheinlich die meisten Deutschen. Durch die vielen Besuche ist mir Ronchi ganz früh vertraut gewesen, und mit fünf Jahren habe ich mich schon für eine alte Italien-Expertin gehalten. Damals fragten die Kinder in Lurup noch untereinander: »Wie oft warst du denn schon in Italien?« Und wir »schlugen« sie fast alle, weil wir so oft in Italien waren.

In Hamburg-Lurup war unser Leben immer auch etwas durch den Geist der Umgebung geprägt, und dieser Geist achtete auf eine gewisse Ordentlichkeit und Regelmäßigkeit, von dem auch Ulrike Meinhof und Klaus Rainer Röhl nicht ganz unberührt blieben. Wir wurden zu normalen Zeiten ins Bett gebracht, und vor dem Schlafengehen sprach meine Mutter manchmal ein Nachtgebet mit uns. Da mußte ich vor meinem Bett knien, die Hände falten und beten. Einerseits war sie damit streng, wollte etwas zelebrieren, was sie offenbar aus ihrer eigenen Kindheit kannte, andererseits hielt sie nie lange durch und ließ es dann meistens ausfallen. Auch singen konnte meine Mutter, was ich besonders liebte, da es wunderschöne Kinderlieder waren, die ihre eigene Mutter ihr einst vorgesungen hatte. Mein Lieblingslied, eigentlich eine ganze Ballade, handelte von einem Fürsten, der in der Gefahr ist, von Räubern überfallen zu werden. »Fürst Eberstein, hütet Euch fein, heute Nacht wird euer Schlößlein gefährdet sein, heute nacht wird euer Schlößlein gefährdet sein.« Immer wieder baten wir Kinder, uns möglichst die ganze Ballade vorzusingen, die schon so eine Viertelstunde dauern konnte – und dies wohl auch, um das Einschlafen noch etwas hinauszuzögern.

Klaus Rainer Röhl machte damals gern auch Tonbandaufnahmen in unserer Familie. An eine dieser Aufnahmen erinnert sich Peter Rühmkorf in dem Gespräch, das ich im September 2004 mit ihm führte. 1972, nachdem meine Eltern schon lange geschieden waren, spielte ihm der Freund Röhl mitten in der Nacht das Kindertonband vor: »Klaus und ich hatten ergreifende Szenen, ich erinnere mich daran, wie wir einmal nachts – es war 1972, er in seinem Biberpelz, also Gucki der Mausbiber, er las damals diese Hefte, Perry Rhodan, was ich nun überhaupt nicht verstehen konnte – wie wir also gemeinsam nachts um 3 Uhr noch durch die Schneenacht gegangen sind und uns unterhalten haben und wie immer innig verstanden haben. Danach hat er mir spät nachts ein Tonband vorgespielt, wo Ulrike mit euch zweijährigen Kindern in der Küche war, das hatte er aufgenommen. Und da war sie also absolut autoritär und hat geschimpft, in einer Weise, die mich erstaunt hat, da doch alle schon damals von der antiautoritären Erziehung sprachen. Ich habe mir das Tonband ausgeliehen und abgeschrieben, weil ich damals gerade etwas über Kindererziehung schrieb. Also das ging dann so, richtig laut und kommandierend: ›Hände auf den Tisch legen‹, brüllte sie euch an und ›Soll ich alles dreimal sagen‹, also man merkte, sie kam aus einem ganz autoritären Elternhaus, und sie war mal sehr bürgerlich aufgewachsen und war, was keiner so denkt, sehr autoritär.«

Quietschvergnügt in der Altonaer Bahnhofshalle

Seit dem Bruch mit der Partei im Sommer 1964 war es zu einem endgültigen Revirement unter den Eheleuten gekommen: Klaus Röhl machte die Zeitung allein, er war jetzt Inhaber, Herausgeber und Chefredakteur in einer Person. Ulrike Meinhof bemühte sich dagegen intensiv um Aufträge bei anderen Zeitungen und beim Rundfunk. Zunächst fährt sie nach München zum Prozeß des SS-Generals Karl Wolff. Wie so oft hat sie mich und meine Schwester auf der Fahrt nach München bei Holde und Renate in Freiburg abgeliefert, wo sie uns nach ihren Recherchen wieder abholen will.

Sie schreibt am 1. August 1964 aus München an ihren Mann:

»Mein lieber Klaus!

Wie mag es Dir gehen? Ob in Freiburg Post für mich ist von Dir? Diesmal, wo ich nun genauso wie beim ersten Mal weiß, wie es doch zugeht, mache ich mir natürlich auch mehr besorgte Gedanken. – Na, wenn wir beide wieder in Hamburg sind, freuen wir uns, gell?
Ich habe nach zahllosen Niederlagen nun doch alles schön hinkriegen können. *Epoche* und *Twen* bringen nichts Politisches, die *Zeit* hat inzwischen selbst einen hier. So rief ich denn zum Schluss den Herrn vom Rundfunk an und hab' dort abgeschlossen. Die wollen genausowenig wie wir eine KZ-Greuel-Story, mehr wissenschaftlich, psychologisch, gei-

stesgeschichtlich. Heute war ich in Starnberg.[16] Die Frau hat mich zwar
nicht empfangen, aber auch von außen füllt mir das 20 bis 30 Zeilen à
60 Anschläge. ›Der General und die Einheimischen‹ als Zwischentitel.
Herzog ist ja jetzt *Twen*-Chef. Aufgrund eines Mißverständnisses haben wir vorgestern zusammen gespeist. Er verstand meine telefonische
Anfrage nämlich so, daß er für uns was schreiben soll. […] Herzog ist
durchaus nett. Bloß nach zwei Stunden gehen die Themen aus. Substanz
ist dann doch nicht viel vorhanden. Er will mich aber zu Köper weiter-
vermitteln, der eine eigene Fernsehproduktion hat – es sieht bald so als,
als brauchte ich mich über einen Mangel an Arbeit nicht zu beklagen.
Leider hat das Institut für Zeitgeschichte im August seit heute Ferien.
Ich hatte dort gerade noch Zeit, mir einen Haufen Literatur mit Wolff-
Erwähnungen aufzuschreiben und die Fundstelle von allerlei Prozeßakten festzustellen. Wenn ich den Kram in Hamburg einigermaßen auf
meinem Schreibtisch versammeln kann, wird das aber eine Pfundsarbeit,
weil interessant, so für mich.
Nun ja, nach etwas Deprimationen bin ich also wieder vergnügt. Erika
[AdA: Runge] ist nett. Ihr Ralf blöd, aber furchtbarer KONKRET-Ver-
ehrer.
Die neue Nummer! Prima (bloß die Anzeigen hätt' ich an Deiner Stelle
etwas weniger stiefmütterlich plaziert. Never mind). Das Layout ist wirklich gut. Jedenfalls lebhafter als alles Bisherige. Und schön viel steht drin.

Tschüß lieber Mäusebär. Laß Dich nicht.
Alles Liebe und Gute

Deine Ulrike«

Am 7. August 1964 schreibt sie erneut an Klaus Röhl.

»Lieber Mäusebär,

heut' kam Dein Brief, und von Klaus Steffens erfuhr ich, daß Du erst viel
später reingegangen bist und also auch später wiederkommst. Deshalb
wohl auch Deine groben Bemerkungen in dem Begrüßungsschreiben.
Als Du reingingst, fandest Du dann ja einiges an Post vor. Das mit dem
Fischer Verlag ist ja fabelhaft. Natürlich halt' ich die Daumen – ich
schreib' Dir zwei Seiten über Wolff. Leider hast Du über die genaue
Länge nichts hinterlassen. Macht nichts. Was die 200,– DM vom Fern-

sehen anbelangt, so habe ich, entgegen Deinem Vorschlag, dies Geld für mich behalten bzw. Bornhold [AdA: Bornhold am Neuen Wall, damals schon eines der besten Hamburger Möbelhäuser] damit bezahlt, o. k.? Trotz Meckern war Erika in München ganz prima. Ich mochte sie richtig gern. [...] In Freiburg war alles bestens. Die Kinder, Renate, Holde. Keine Spannungen oder Differenzen. Nur, daß ich mir gestern für die Rückfahrt einen fahrenden Zug rausgesucht hatte und statt 10 Stunden 13 Stunden unterwegs war, davon 3 in Frankfurt auf dem Bahnhof. Da bin ich zur Bahnhofsmission gegangen und habe die Kinder 2 Stunden bei denen schlafen lassen. Das ging gut.«

Der damals noch von Kriegsschäden gezeichnete, vergleichsweise finstere Frankfurter Hauptbahnhof hatte auch eine vergleichsweise finstere Bahnhofsmission. Als ich diesen Brief meiner Mutter vor Jahren irgendwann zum ersten Mal las, war ich ganz erstaunt, daß ich schon einmal in einer solchen Bahnhofsmission ein Nickerchen gemacht hatte. Natürlich war ich auch etwas erstaunt, daß Ulrike Meinhof, die ihre noch nicht ganz zwei Jahre alten Kinder jetzt drei Wochen nicht gesehen hatte, uns auf dem Frankfurter Bahnhof in der beschriebenen Weise abstellte, um drei Stunden Wartezeit allein und ungestört herumsitzend verbringen zu können.

Ulrike Meinhof fährt fort:

»Noch nachts um 11 Uhr rannten die Kinder quietschvergnügt in der Altonaer Bahnhofshalle rum. Sie haben es riesig genossen, mal nicht so früh ins Bett zu müssen. Der Prozeß war aufregend. Wieder einmal kann ich es nicht verstehen, wie damals jeder und alle alles mitgemacht haben. Die Formel: ›Man konnte damals nicht anders‹, ist längst eine gerichtsnotorische Phrase, ein Consensus, der alle und alles deckt und einfach nicht stimmt. Nun ja.
Lieber Mäusebär, bleib doch, wenn Du wiederkommst. Sei lieb und behalt mich lieb (›nicht unsicher werden‹)

Immer, Deine Ulrike

P.S. In Südvietnam wird geschossen. Die Amis haben 64 Einsätze geflogen und 25 Marinestützpunkte des Vietcongs zerstört. Die Presse ist seitenweise voll davon. Man redet vom Krieg, glaubt aber nicht ernsthaft daran. Johnson scheint mehr Stärke demonstrieren zu wollen, um Goldwater das Wasser abzugraben. Dann stürben also Nordvietnamesen für ein Wahlkampfmanöver. Der Sicherheitsrat tagt. Tass, Peking, weißes Haus, alle sind aus dem Häuschen. Tschüß Deine.«

Ulrike Meinhof hat später, als sie Anfang 1968 die gemeinsame Ehewohnung verließ, eine ziemlich große Kiste mit ihren Erinnerungen aus Kindheit, Schule, Studium und auch die KONKRET-Zeit betreffend auf dem Dachboden der Blankeneser Villa zurückgelassen, die das Ehepaar mit seinen Kindern inzwischen bewohnte. Diese Kiste, die Klaus Röhl unberührt ließ, machte verschiedene Umzüge mit. Als Klaus Röhl 1992 von Hamburg nach Köln zog, habe ich diese Kiste mit einem guten Teil des Nachlasses von Ulrike Meinhof übernommen und mich langsam durch die Briefe und Dokumente hindurchgelesen. Der oben abgedruckte Brief vom 7. August 1964, in dem Ulrike Meinhof neben Karl Wolff zum ersten Mal den beginnenden Vietnamkrieg erwähnte, befand sich ebenso in dieser Kiste wie auch das – teils getippte und teils handschriftlich gefertigte Originalmanuskript zum Fall des SS-Generals Wolff mit allen handschriftlichen Anmerkungen und Verbesserungen. Auch eine Dokumentation des gesamten Recherchematerials und eine Liste aller damaligen Veröffentlichungen zum Thema geben Aufschluß darüber, wie sehr das Thema des SS-Generals Karl Wolff sie gepackt hatte. Das Ganze vermittelt beim Lesen bei aller Dramatik des Themas die Freude darüber, daß sie in diesem Sommer 1964 – erstmalig unabhängig von der Partei – beim Rundfunk, dem SWR, einen Auftrag bekommen hat. Und dann gleich ein Feature zu einem so bedeutenden Thema, das ihr gesellschaftlich, politisch und psychologisch liegt.

Der Wolff-Prozeß

Als Nebenprodukt des aufwendigen Features erscheint im Septemberheft, der zweiten unabhängigen Nummer von KONKRET seit der Trennung von der Partei, auch ihr zweiseitiger Artikel über den Wolff-Prozeß. Das eigentliche Manuskript umfaßt dagegen nahezu 60 Seiten und ist ein hervorragendes Portraitstück über den Nazi-General, der wegen Beihilfe zum Mord unter anderem an 300 000 Juden des Warschauer Ghettos angeklagt wurde. Es ist einer ihrer Texte, die weniger ideologisch sind und nicht nur, wie bei ihrem Kurztext »Hitler in Euch«, aus einem einzigen polemischen Gedanken bestehen, sondern vielmehr echte Aufklärungsarbeit leisten. Sie ist mit ihrem

Artikel über Wolff nicht allein. Auch die *Süddeutsche*, *FAZ*, *Die Zeit*, *Die Welt*, *stern*, *Spiegel* und viele andere Zeitungen sind vor Ort und berichten ebenso kritisch wie sie über den Prozeß in München. Auch ist die Anklage nicht durch sie ausgelöst worden, sondern insoweit hatten die demokratisch-rechtsstaatlichen Kräfte in der BRD gewirkt. Ich persönlich finde aber, daß ihre intensive Arbeit über Wolff dennoch eine Leistung ist, die herausfällt. Gleichzeitig gelingt ihr dabei auch noch eine moderne Gerichtsreportage, in der sie die Wahrnehmung des Gerichts, der Zeugen und der Zuschauer registriert und miterzählt. Einige Ausschnitte aus dem hochinteressanten Originalmanuskript des Rundfunk-Features von Ulrike Meinhof.

Ausschnitt aus dem Originalmanuskript für ein Rundfunkfeature mit verschiedenen Sprechern:

»Groß, blond, blauäugig und Frontoffizier

Für Himmlers Vorstellungen war Wolff schon damals der ideale Typ eines SS-Mannes. Er war groß, blond und blauäugig, und er war obendrein Frontoffizier des Ersten Weltkrieges. Solch äußeres Aussehen und die Bewährung im Krieg waren für Himmler in den Anfängen die Merkmale bei der Auswahl des rassisch wertvollen Mannes für die SS. Himmler 1937 über die Anfänge seiner Schutzstaffel [...]: ›Es gibt zweierlei Ausleseprozesse: Einmal den schärfsten Ausleseprozeß, den jeweils der Krieg, der Kampf auf Leben und Tod bringt. In diesem Ausleseprozeß zeigt sich das gute Blut durch Leistung. Kriege sind aber Ausnahmezustände, und man mußte einen Weg finden, um auch in Friedenszeiten auslesen zu können. Hier konnte ich nur das Erscheinungsbild heranziehen. Ich habe keine Leute unter einen Meter siebzig genommen, weil ich weiß, daß Menschen, deren Größe über einer bestimmten Zentimeterzahl liegt, das erwünschte Blut irgendwie haben müssen.‹«

Seite 21 des Originalmanuskripts mit verschiedenen Sprechern:

»Himmlers Wölffchen

Zehn Jahre lang war Wolff, der von der Massenvernichtung der Juden nichts gewußt haben will, jetzt aber in München wegen der Beihilfe zum Mord an über 300 000 Juden angeklagt ist, zehn Jahre lang war Karl Wolff der engste Vertraute von Heinrich Himmler, von 1933 bis 1943.
›Ohne Wolff pflegte Himmler selten etwas zu unternehmen‹, schreibt Walter Schellenberg, der Leiter des Auslandsnachrichtendienstes des SD in seinen Memoiren. ›Als gutaussehender Mann mit den geschliffenen Formen eines ehemaligen Wehrmachtsoffiziers wurde er von Himmler gern zu Repräsentationszwecken vorgeschoben. Von ihm hing es ab, ob und wie man bei Himm-

ler eingeführt wurde.‹ (S. 71) ›Durch seine Hände ging das Telegramm, das
am Abend des 9. November 1938 Himmler von der Anordnung Goebbels'
in Kenntnis setzte, es werde ein Judenpogrom durchzuführen sein.‹ (Hilber
S. 23) Das war die Reichskristallnacht, in der in Deutschland Synagogen
brannten und in der 20 000 Juden verhaftet wurden. An Wolff wandte sich
der Reichsgerichtsrat Hans von Dohnanyi, ein Mann der deutschen Wider-
standsbewegung gegen Hitler aus dem Kreis um Goerdeler und Beck, der
nach dem 20. Juli 1944 im KZ Sachsenhausen umgekommen ist, um Himmler in die Verschwörung gegen Hitler einzubeziehen. (Reitlinger 186 plus
das Gewissen steht auf S. 111) […] Wolff besichtigte in Begleitung Himmlers die Konzentrationslager Dachau, Ravensbrück, Auschwitz und andere.
In Ravensbrück war er Zeuge, wie Himmler sich die Durchführung einer
Prügelstrafe demonstrieren ließ. Das Opfer war eine Bibelforscherin, die sich
geweigert hatte, Näharbeiten für die Truppe zu fertigen.«

S. 25–27 des Originalmanuskripts mit verschiedenen Sprechern:

»Die Stimme seines Herrn

Wolff hat Himmler schwärmerisch geliebt und verehrt […]. Für einen 39-
jährigen ist die folgende Aufzeichnung aus dem Jahr 1939 ein Zeugnis von
ungewöhnlichem Gefühlsüberschwang […]:

›Und nun kam der große Moment, an dem der Reichsführer – gemeint ist
Himmler – zum ersten Mal unsere Front im Innenhof abschritt. Er trug damals zur allgemeinen Überraschung einen schwarzen SS-Dienstrock, den wir
damals alle zum ersten Mal sahen und der anschließend dann allgemein zur
Einführung kam. – Entscheidend für all diejenigen, die den Reichsführer-
SS noch nicht von Angesicht zu Angesicht gesehen hatten, war, als er beim
langsamen Abschreiten der Front uns mit seinen selten klaren Augen bis auf
den Grund der Seele schaute. Von diesem Augenblick war die lebende Verbindung da. […] Diese weltanschauliche Saat, die damals in unsere gläubig
aufgeschlossenen Herzen gelegt wurde, ist dann später in wunderbarer Weise
aufgegangen und hat ihre Früchte getragen (Anklageschrift 32).‹

Diese Früchte sind im Fall von Karl Wolff: der Mord an 300 000 Juden aus
dem Warschauer Ghetto im Jahr 1942, der Mord an 120 russischen Juden
im August 1941, der Mord an 6000 italienischen Juden zwischen 1943 und
1945. Wegen Beihilfe zum Mord an 300 000 Juden hat sich Karl Wolff in
München im Schwurgerichtsprozeß vor dem Landgericht München zwei zu
verantworten.«

S. 41 des Originalmanuskripts mit verschiedenen Sprechern:

>»Karl Wolff als Bundesrepublikaner

Drunten am Starnberger See, auf dem anderen Ufer, wo kein Tourist, kein Händler mit Anstecknadeln und Ansichtspostkarten mehr hinkommt, steht seither die Villa von Karl Wolff, Kaufmann und General a.D. – wie ihn das Telefonbuch ausweist. Sie steht am Hang, hinter mannshohen Zäunen und Hecken, an deren Pforten Schilder befestigt sind mit der Aufschrift: ›Zutritt verboten!‹

[…] 1961 tritt Wolff mit einer eigenen Veröffentlichung hervor. In einer Illustrierten erscheint ein Fortsetzungsbericht unter dem Titel ›Eichmanns Chef Heinrich Himmler – Ein Bericht von SS-General a.D. Karl Wolff‹. Mit großartigem Pathos legt er los: ›Ich, Karl Wolff, SS-Obergruppenführer und General der Waffen-SS, melde mich zu Wort. Mein Gewissen zwingt mich dazu.‹ Die Story wurde auf dem Titelblatt der Illustrierten neben Nadja Tiller als Covergirl angekündigt; zwischen Mundwasser-Anzeigen (›Ich kann ganz sicher sein, mein Mund ist frisch und rein!‹) und Bohnerwachswerbung (›Ohne Bohnern, Glanz für Wochen‹) schlängelt sich hindurch, was Wolff heute über seinen Reichsführer denkt, einen der größten Verbrecher, die die Menschheit gekannt hat. Und Wolff weist nach, daß dieser Himmler wahrhaftig des Teufels war, eine Bestie, gemein und durchtrieben, weil er ihm, seinem Adjutanten, eines Tages, bei einer Unterredung, einfach keinen Stuhl angeboten hat. Und Wolff empört sich noch heute mit der bitteren Bemerkung: ›Solche winzigen Schikanen liebte er.‹ […] Wahrhaftig, ein Menschenschinder, dieser Himmler. Wolff beschreibt in seinem Bericht die Massenerschießung in Minsk, deren er heute selbst angeklagt ist, als er mit Himmler zusah, wie einhundertzwanzig Juden in Minsk exekutiert wurden. […] In Minsk trank Himmler später mehrere Cognacs. Er, der sonst höchstens ein bis zwei Glas Wein am Tage zu sich nahm. Wie man sieht, so schlimm war Himmler nun auch wieder nicht, mußte doch auf den Schreck einige Cognacs zu sich nehmen.«

Auch eine weitere, historisch inzwischen bekannte Persönlichkeit kommt in dem Feature fast beiläufig vor, da ein Zeuge den Mann zu seiner eigenen und zur Entlastung Wolffs erwähnt: ein gewisser Oskar Schindler, der in Deutschland bis dahin kaum bekannt war, während man ihn in Israel bereits ehrte. Im Gericht fällt Ulrike Meinhof ein Zeuge auf, den sie als einen der wenigen Vertreter der Opferseite, auch wenn er nicht direkt etwas mit dem Fall Wolff zu tun hat, kurz in ihrem Stück zitiert. Es ist der »Schriftsteller Marcel Reich-Ranicki«, damals erst seit fünf Jahren in Westdeutschland, der

1999 in seinem eigenen Buch *Mein Leben* über seine Zeugenschaft in dem Wolff-Prozeß berichtet hat.

Ulrike Meinhof schreibt dazu in ihrem Feature:

S. 54 des Originalmanuskripts mit verschiedenen Sprechern:

»Der Prozeß

Der Verteidiger Wolffs konstruierte bei der Vernehmung des Schriftstellers Reich-Ranicki am 25. August 1964 im Zeugenstand des Karl-Wolff-Prozesses einen Zusammenhang zwischen den polnischen Juden, die umgebracht worden sind, und den polnischen Kommunisten von damals. Er legte Unterlagen vor, denen zufolge von der jüdischen Bevölkerung Polens 60 % Kommunisten gewesen seien und 90 % der polnischen Kommunisten Juden.

Der Zeuge Reich-Ranicki hat den Verteidiger ob dieser Behauptungen ausgelacht. Bei dreieinhalb Millionen Juden hätten dann ja 2 Millionen Kommunisten in Polen sein müssen. Es gab aber nur eine kleine, illegale kommunistische Partei, die nicht mehr als 20 000 Mitglieder zählte (*SZ* 26.8.64). Der Verteidiger aber wollte, so berichtete anderntags die *Süddeutsche Zeitung*, mit der These, die Mehrheit der Juden seien Kommunisten gewesen, anscheinend eine gewisse Berechtigung der gegen die Juden ergriffenen Maßnahmen nachweisen. (*SZ* 26.8.64)«

Ulrike Meinhof und Marcel Reich-Ranicki

Zurück in Hamburg, bemüht sich Ulrike Meinhof um ein Interview mit dem Literaturkritiker der *Zeit*, Marcel Reich-Ranicki, und fragt ihn lange und intensiv nach seiner Zeit im Warschauer Ghetto. Für ihn, der erst 1958 aus Warschau nach Westdeutschland gekommen ist, war Ulrike Meinhof der erste Mensch, der ihn nach seinen Jahren im Warschauer Ghetto fragte, eine Begegnung, die ihm deutlich in Erinnerung geblieben ist. Reich-Ranicki beschreibt in seinem Buch[17] anschaulich, daß er erstaunt war über die Länge ihres Interviews und über ihre Bemerkung, sie habe aus privatem Interesse so viel gefragt. Als sie aufstand, habe sie Tränen in den Augen gehabt.

Klaus Röhl erinnerte sich angesichts der Veröffentlichung Marcel Reich-Ranickis über seine Begegnung mit Ulrike Meinhof indes an die schon erwähnte ältere »Anweisung der Partei«. Im Januar 2004 interviewte ich meinen Vater deswegen noch einmal zu diesem Thema:

Bettina Röhl: »Du hast mir damals erzählt, daß ihr da Informationen über Reich-Ranicki von der polnischen KP bekommen habt.«

Klaus Rainer Röhl: »Offenbar, so war es. Wir haben unsere Instruktion … Also, ich sag' dir genau die Schiene: Unsere ganzen Leute, mit denen wir überhaupt nur zu tun hatten – nie mit der Stasi, ging noch nicht, HVA gab's noch nicht, nur Kontakt mit der KPD, der verbotenen, die aber illegal weitermachte. Natürlich war sie als deutsche Bruderpartei aufs engste mit der SED verbunden und dort wiederum mit der Westabteilung der SED. Und die hatte irgendwie ein Interesse, dem Ranicki eins auszuwischen. […] Der Name Marcel Reich-Ranicki war ja ganz klar, er spielte eine gewisse Rolle, und da kamen eben Informationen. Das eine war seine Tätigkeit im Ghetto. Die KPD-Leute, die sagten dann schon, das haben wir irgendwie irgendwoher – die würden nie unnötig eine Quelle preisgeben – ich glaube, das ist später mal interpoliert worden, daß es von der polnischen KP war, weil es natürlich von denen kommt. Sie hatten ja erst die Kaderakte, weil er dort selbst für den Geheimdienst tätig war. Als er sich in den Westen begab und sich von allem trennte, da ist es doch klar, daß man dann dem eins auswischt.«

Bettina Röhl: »Es war also eine Instruktion.«

Klaus Rainer Röhl: »Es war schon für die Leute so eine Sache. Wenn die uns mit dem Wehner befaßten oder dem Ranicki, dann war das schon eine Anweisung. Aber Ulrike hat dieses Gespräch mit Ranicki dann erst ein paar Monate später geführt, als der Bruch mit der Partei schon vollzogen war. Sie hatte ihn bei dem Wolff-Prozeß gesehen. Sie wollte wohl eher jetzt als Journalistin eine große Story mit den Informationen machen.«

Bettina Röhl: »Also mit den Informationen, die sie zuvor von der KPD bekommen hatte?«

Klaus Rainer Röhl: »Für uns war er ja ein Gegner, mußt du bedenken, er gehörte zu den reaktionärsten Reaktionären, ob nun vor oder nach unserer Zeit mit der KPD, er war ein Antikommunist, und wir blieben auch danach, nach dem Bruch mit der KPD, genügend radikal links, so radikal wie nur möglich. Außerhalb der Zeitung merkte auch niemand, daß es einen Bruch gegeben hatte. Wir hatten unsere Gesinnung auch nicht geändert. Vorher war da zu Leuten wie Ranicki eine erbitterte Feindschaft, er war bekannt mit der ganzen von der CIA finanzierten Clique, wir wußten das allerdings damals noch nicht. Reich-Ranicki war ein aufstrebender Kritiker bei der *Zeit*, er war schon ziemlich gut und bedeutend. Das ändert nichts daran, daß Ulrike ihn mochte oder dann eine ganz andere Begegnung mit ihm gehabt hat, eine sehr viel gefühlvollere Begegnung, und da eventuell eine sentimentale Art dabei hatte.«

Bettina Röhl: »Ja, schon, aber natürlich steckte hinter ihrem Interview mehr, als Reich-Ranicki damals glaubte. Wollte sie ihn nun mitfühlend nach den schrecklichen Umständen im Warschauer Ghetto ausfragen – oder war der Ursprung ein Parteiauftrag, der nach eurem Bruch mit der der KPD nicht mehr zustande kam?«

Klaus Rainer Röhl: »Es war überhaupt nicht astrein. Es ist mir doch sofort aufgefallen, als er diese Situation mit Ulrike Meinhof schildert – in irgendeiner Zeitung war das 1999 aus dem Buch vorabgedruckt –, wo er sagt: Ulrike sei die einzige, die ihn nach seiner Zeit im Warschauer Ghetto befragt habe, weshalb ich dir ja gleich geschrieben habe und dir sagte – tja, das hatte aber einen ganz anderen Hintergrund: Guck mal, wir hatten gelernt, wenn du hörst, einer ist gefoltert worden in der Sowjetunion, daß man sagte, der hat ja auch für die CIA gearbeitet. Man versuchte, sich darüber hinwegzusetzen, das ist Machtpolitik. Und zu der einen Seite hatten wir ja dazugehört. Es ist also nicht nur so ein humanitärer Antifaschismus gewesen bei Ulrike Meinhof. Sie hatte nicht viel zu denken, denn in dem Moment, wo sie das wußte, bzw. zu wissen glaubte … Es gab ja auch viel Desinformation, aber das konnten wir auch selber nicht so genau wissen. Es war sozusagen ein Auftrag, zu dem es dann nicht mehr kam. Und dann doch kam in Form des Interviews, was dann aber freiwillig war.«

Fakt ist, daß laut Klaus Röhl nicht nur das Ehepaar Röhl auf den Literaturkritiker Reich-Ranicki angesetzt wurde, sondern daß auch früher schon mehrfach gezielt versucht worden war, ihm zu schaden. Dies hat Reich-Ranicki mir bei dem Interview, das ich selber dann im Februar 2004 mit ihm führte, erzählt. Auf meinen Bericht, daß meine Eltern vor 40 Jahren eine ihn betreffende »Anweisung« erhalten hätten, reagierte er äußerst freundlich.

Marcel Reich-Ranicki: »Sie können es mir gerne erzählen. Sie wissen ja, als ich in den Westen gekommen bin, hat ja das polnische Innenministerium das Amt von Wolf, Markus Wolf, beauftragt, mich in der Bundesrepublik zu suchen. Das war 1958 – und sie haben ihren Agenten in Köln beauftragt, mich zu suchen, und der hat geantwortet, ich sei unauffindbar. Das war in einer Zeit, als ich in der *Zeit* und in der *Welt* veröffentlicht habe, und es war nichts einfacher, als mich zu finden. Sie sehen, so haben die Leute von Markus Wolf gearbeitet. Mit anderen Worten: Die Stasi versuchte, Ihren Vater und Ihre Mutter als Agenten in der Bundesrepublik auszusenden?«

Bettina Röhl: »Es war die damals illegale KPD.«

Marcel Reich-Ranicki: »Die KPD aus Westdeutschland – na ja. Und die waren ja der Stasi verpflichtet, die haben ja der Stasi Material und alles geliefert.«

Bettina Röhl: »Ja. Aber erschütternd ist für mich, daß Ulrike Meinhof, nachdem sie von Ihnen nicht die gewünschten oder erhofften ›Skandalnews‹ erhalten hatte, das Interview nicht veröffentlichte …«

Marcel Reich-Ranicki: »Das regt mich nicht sehr auf. Wissen Sie, meine Liebe: Sie hielten es damals für richtig.«

Zwei Wochen später nachgefragt: Bettina Röhl: »Hat das Wissen um die Hintergründe des Interviews, die ich Ihnen erzählt habe, etwas an Ihrer Meinung über Ulrike Meinhof geändert?«

Marcel Reich-Ranicki: »Nein, das hat gar nichts geändert, überhaupt gar nichts. Ich wußte davon nichts, und es interessiert mich auch nicht, was irgendwann irgendwo damals über mich da geredet wurde. Meine Beurteilung über das Gespräch mit Ulrike Meinhof ist so, wie es in meinem Buch steht.«

Bettina Röhl: »Welchen Grund könnte die polnische KP gehabt haben, so etwas anzuzetteln?«

Marcel Reich-Ranicki: »Das ist doch ganz normal. Wenn so einer wie ich weggeht in den Westen aus einem kommunistischen Staat, dann versucht man, allerlei gegen ihn in die Wege zu setzen und bekanntzumachen.«

Bettina Röhl: »Sie nehmen das Ulrike Meinhof nicht übel?«

Marcel Reich-Ranicki: »Nein, nein. Sie hat mir ja keine anderen Fragen gestellt als solche, die das Ghetto betrafen, und ich habe da überhaupt keine andere Meinung.«[18]

Ich sehe hier Ulrike Meinhof nicht »eiskalt«, wie es mir im April 2004 ein Artikel in der *Frankfurter Rundschau* unterschob, sondern eher als eine gläubige Parteigenossin, die an das, was die Partei ihr gesagt hatte, mit einer gewissen, sich permanent selbst konditionierenden Sturheit glaubte. Ich bin sicher, daß sie Reich-Ranicki, nachdem sie ihn getroffen hatte, persönlich und menschlich ganz anders sah und von seinen Erzählungen ergriffen war. Auch später trifft sie Reich-Ranicki auf Partys und in Kampen auf Sylt wieder und hat ein freundschaftliches Verhältnis zu ihm.

Ulrike Meinhof ist zum Zeitpunkt des Interviews mit Reich-Ranicki und ihres Wolff-Features, das mit großem Erfolg gesendet wird und ihr weitere Aufträge bei den Rundfunkanstalten einbringt, 30 Jahre alt. Sie ist eine immer noch junge, inzwischen erfahrene Journalistin und befindet sich, jetzt zum ersten Mal unabhängig und frei, auf dem Höhepunkt ihrer Karriere.

Mai 1965 – Zehn Jahre KONKRET

Im Mai 1965 feierte KONKRET sein zehnjähriges Bestehen mit einem Fest an der Außenalster, in der »Insel«, damals eine auch bei Künstlern beliebte exklusive Institution mit Bar und Gastronomie und einem Ruf weit über Hamburgs Grenzen hinaus. Ich erinnere mich an eine andere Redaktionsparty, eine Faschingsfeier, aus dieser Zeit. Es ist meine erste Erinnerung an die Firma überhaupt. Obwohl es schon spät abends war, fuhren wir mit Mami und Papi mit dem Auto in die Stadt. Die Wände der Redaktion waren mit roter, grüner und silberner Alufolie (Stanniolpapier) beklebt. Aus der Musikbox tönten Rock'n'Roll und irgendwelche Schnulzen, es war ziemlich laut, und in der trüben bunten Partybeleuchtung standen die Redakteure und lachten und scherzten, die Stimmung war bombig. Es war spannend. Einfach irre. Die Eltern in Partystimmung, gut gelaunt, aufgeregt hektisch. Als wir hereinkamen, begrüßte Klaus Röhl die bereits feiernden Redakteure mit seinem obligatorischen »Hallo die Enten«. Meine Schwester und ich landeten schnell auf den Armen verschiedener Redakteure und wurden mit Brause versorgt. Es wurde getrunken, geraucht und getanzt. Wow, das war also »Papis und Mamis Firma«. Wir durften eine Stunde mitfeiern und wurden dann in einen Nebenraum zum Schlafen gelegt. Mitten in der Nacht weckten uns unsere Eltern auf und fuhren mit uns nach Hause. Von da an stellte ich mir die Redaktion als eine swingende und launige Veranstaltung mit bunten Folien an den Wänden und Partylicht vor. Später erfuhr ich von Klaus Röhl, daß die Party gar nicht in den Redaktionsräumen, sondern im Keller einer Wohnung stattgefunden hatte und daß die Stimmung solange hervorragend war, bis sich bemerkbar machte, daß die KONKRET-Leute mit ihrer Folie auch die Belüftung verschlossen hatten.

Selbständig

Es wird Trend, KONKRET zu lesen, und KONKRET wird Sammler- und Kultobjekt. Der Mix macht's, und es darf wohl gesagt werden, daß die noch heute gültige Gemengelage von Politik, Kultur, Zeitgeist, Beziehungskisten, Emanzipation, Jugendaufbruch und etwas Sex auch vom damaligen KONKRET, das seine Auflage bereits 1965 auf 100 000 Exemplare steigert und es bis 1967 auf über 200 000 Exemplare bringt, ganz wesentlich mit in Mode gebracht wurde. Mehrere juristische Auseinandersetzungen, in die KONKRET verwickelt wurde, trugen zu dieser Auflagensteigerung bei. Die Bundesprüfstelle will auf Antrag des Bundesinnenministers Hermann Höcherl und Franz Josef Strauß sowie unter der Wortführung des SPD-Bürgermeisters der Stadt Schwabach (von 14 000 Einwohnern mobilisierte er 6000 KONKRET-Hasser) die Zeitschrift immer wieder verbieten lassen – unter anderem wegen des teilweisen Abdrucks des schwedischen Romanwelterfolgs *491* und eines Artikels über »Schülerliebe«, vor allem aber wegen des Abdrucks grausamer Kriegsfotos aus dem Kongo, wo damals noch immer Bürgerkrieg und Entkolonialisierungsauseinandersetzungen herrschten, in deren Folge Patrice Lumumba als einer der Führer der Unabhängigkeitsbewegung 1961 ermordet worden war. Bereits eine Indizierung von KONKRET wäre einem Verbot gleichgekommen und hätte das Ende der Zeitung bedeutet. Dazu kam es aber nicht. Immer wieder solidarisierten sich im Namen der Pressefreiheit das Fernsehmagazin *Panorama*, der *stern* und die gesamte liberale Presse mit KONKRET. Die letzte Verhandlung vor der Bundesprüfstelle geht im September 1965 zugunsten von KONKRET zu Ende. Klaus Röhl: »Da war ganz Deutschland schon so besorgt um unsere Existenz.«[19]

Im Januar 1965 nannte der *Spiegel* Ulrike Meinhof zum ersten Mal »die KONKRET-Kolumnistin« und stellte sie damit auf eine Ebene mit der *stern*-Kolumnistin »Sibylle«. Die Fotos der beiden jungen Kolumnistinnen wurden im *Spiegel* nebeneinander abgedruckt. Unter dem Titel »Warmer Regen« beschäftigte sich der *Spiegel* mit der Metamorphose, die KONKRET 1964 erlebt hatte, und gab damit dem Blatt einen besonderen zusätzlichen Schub.

Revolution und Sex

Zwei Themenkomplexe werden im KONKRET der nächsten Jahre abwechselnd und gleichzeitig in allen Varianten und auf allen Klaviaturen rauf und runter gespielt: Sex und Revolution, Revolution und Sex. Schaut man sich die Schlagzeilen auf den Titeln der Jahre 1964 bis 1968 an, fällt auf, wie oft und wie prominent aus China, Vietnam, Kuba, Persien und Ländern der dritten Welt berichtet wird, in denen sich maoistische Bewegungen etablieren. Gleichzeitig findet die sogenannte sexuelle Revolution in KONKRET statt und steigert die Auflage. Auf Nacktfotos verzichtet KONKRET. Erst 1969 wird der erste Busen auf einem KONKRET-Titel entblößt.

Januar 1965	»Schwarze Hölle Kongo«
	»Schülerliebe – Striptease und Mathematik«
Februar 1965	»Deutsche Söldner im Kongo«
	»*491* als Roman«
	»Oberschüler – Striptease und Mathematik?«
März 1965	»Die Wahrheit über Vietnam«
	»Sex und Werbung«
April 1965	»Gaskrieg in Vietnam«
	»Ehe auf Probe?«
Mai 1965	»Persien ohne Maske«
	»Student intim«
Juni 1965	»Interview mit Tschu-En-lai«
	»Sex und Universität«
Juli 1965	»Ist unsere Jugend gefährdet?«
	»Im Lager der Vietcong«
August 1965	»Im Lager der Vietcong II«
	»Kampen: Nackt, aber reich«
Januar 1966	»Alles über Sexpartys«
	»Neuss, Bond, Mao, Biermann«
März 1966	»Foltern für die Freiheit«
	»Soldat und Liebe«
Juni 1966	»Drei Monate bei den Vietcong-Rebellen«
	»Krank vor Sex – Jugendliche packen aus«
November 1966	»Affen für Vietnam«
	»Pille für eine Nacht«
Januar 1967	»Rote Garde an der FU«
	»Picasso Puffs und Polizei«
Februar 1967	»Chinesische KP in der Bundesrepublik«
	»Unser täglich Sex gib uns heute«
Juli 1967	»Vietnam geheim«
	»Machen Miniröcke dumm?«
August 1967	»Gedichte von Ho Tschi Minh«
	»Was Mädchen weichmacht, Rezepte für Männer«
	»Rudi Dutschke über Mao«
	»Schweden – Nackt wie die Sünde«
September 1967	»Sex ohne Ehe«
	»Aktion Neger-Mord«
	»Rudi Dutschke: Antwort an Augstein«

Der feine Zwirn

Ulrike und Klaus Röhl erleben einen Erfolgsrausch. Die junge Unabhängigkeit vom Osten und die steigende Auflage ihrer Zeitschrift machen sie gesellschaftsfähig, und mit dem Erfolg kommen auch die dazugehörigen Freunde. Klaus Röhl und sein Freund Peter Rühmkorf werden von der Gruppe 47 eingeladen. Bei einem Treffen der Gruppe in Sigtuna in Schweden begegnet Klaus Röhl auch Johannes Rau. Der zeigt sich noch im Jahr 2000 beeindruckt von dem »feinen Zwirn«, den Klaus Röhl offenbar trug, wie Rau sich mir gegenüber ausdrückte. Mit anderen Worten, Rau hatte sich einen Röhl eingeprägt, der wie ein Pfau sein Rad zu schlagen wußte. Röhl selber sah dagegen vor allem die »feinen Zwirne« der anderen:

> »Ich gewinne das Wohlwollen von Frau Richter, deren Wohlwollen für das Fortkommen eines Autors zu dieser Zeit wichtiger ist als jede Begabung. Ich habe starke Minderwertigkeitskomplexe gegenüber den vielen berühmten Leuten, nicht wegen ihrer Schreibkunst, die sich als mäßig erweist, sondern wegen ihrer maßgeschnittenen Anzüge aus chinesischer Rohseide, ihres weltmännischen Umgangs mit Krebsen und Hummern. Enzensberger und Kaiser beraten Rühmkorf und mich fachmännisch beim Knacken der Krebsscheren und Zerteilen eines Riesenlachses im Stockholmer Rathaus.«[20]

Der erste Kontakt mit den 47ern klappt zunächst gut. Klaus Röhl fährt mehrfach nach Berlin und trifft sich mit Richter und den Schriftstellern Uwe Johnson, Günter Grass, Klaus Wagenbach und Klaus Roehler. Gemeinsam verhandelt man über eine Literaturbeilage in KONKRET. Die Gruppe 47 will mittels dieser Beilage gemeinsam mit KONKRET die wichtigste Kulturzeitschrift Deutschlands machen. Doch Klaus Röhl fremdelt gegenüber dem Establishment, das ihn plötzlich nicht mehr bekämpft, sondern ihm sogar Avancen macht. Der frühere »Feind« Hans Werner Richter, glaubt Röhl, muß gute »Kontakte« zum Ostberliner Büro der SPD gehabt haben, so daß er von der Trennung der Zeitschrift von der Kommunistischen Partei offenbar Wind gekriegt hatte. »Sonst hätte er mich doch nie eingeladen«, glaubt Röhl. Doch Klaus Röhl kann mit den Etablierten, dem Literatur-Establishment im Westen – nachdem er zehn Jahre gewohnt war, bei den Ostschriftstellern und bei der Partei den Larry zu machen –, kaum umgehen. Er erleidet anscheinend eine Art Kulturschock darüber, wie die Literaten im Wirtschaftswunderland Bundesrepublik mit der D-Mark und ihren Tantiemen mitgewachsen waren und die feine Lebensart beherrschten. Die Schriftsteller und

Kritiker, die sich da treffen, scheinen ihm manieriert. Die Spielregeln dieses ›Inner Circle‹ sind ihm wahrscheinlich wesensfremd. Eine Liebe entwickelte sich zwischen ihm und der Gruppe also nicht. Obwohl viele der Schriftsteller auch in Zukunft für KONKRET schreiben werden, hat er ein tiefes Mißtrauen gegen die »andere Seite«, die ihm jetzt ihre Türen öffnen will. Zur Verstärkung hatte Klaus Röhl bei einem weiteren Treffen der Gruppe 47, bei dem es um Pressefreiheit gehen soll – auch das Fernsehen ist eingeladen –, seine Frau Ulrike mitgebracht: »Ich bringe ahnungslos Ulrike mit. Sie hat, denke ich, zur Pressefreiheit mehr zu sagen als ich.« Doch Frau Richter, die Ehefrau von Hans Werner Richter, die Röhl als »maliziös« empfindet, sagt zu Ulrike: »Kommen Sie, meine Liebe, lassen wir die Männer allein mit ihrem Problem. Wir gehen in den Nebenraum und gucken uns das im Fernsehen an. [...] Darauf Ulrike, völlig perplex: »Wie bitte? Die Männer? Ich denke, wir wollen heute über die Pressefreiheit diskutieren?« Klaus Röhl strauchelt angesichts solch eiserner Regeln, wie sie sonst vielleicht in englischen Clubs herrschen, und setzt sich angesäuert mit an den Katzentisch der Damen. Weder er noch Ulrike Röhl werden an diesem Tag im Fernsehen etwas über Pressefreiheit sagen. Seiner Natur entsprechend, mit dem eigenen Hintern postwendend und manchmal mutwillig umzustoßen, was er mit den Händen soeben selber aufgebaut hat, titelt Röhl im nächsten Heft »Gruppe 47 am Ende?« Unter dieser Überschrift veröffentlicht KONKRET einen verbitterten Artikel des von der Gruppe nicht akzeptierten Schriftstellers Karl Heinz Deschner. Mit diesem Affront ist sein junges Verhältnis zur Gruppe 47 bereits wieder am Ende. Und aus der Literaturbeilage wird auch nichts.

Ein paar Jahre später wird Klaus Röhl verwundert feststellen, daß einige der etablierten 47er zu den ersten gehören, die ihren »feinen Zwirn« 1967/68 »verbrennen« und im Nahkampfanzug der APO – verwaschene Jeans, Studentenboots, verlotterte Pullover und Haare – auftreten und sich so in den Talkshows als Neue Linke präsentieren, als wären sie schon immer in dieser Staffage herumgelaufen. Diese Metamorphose der 47er hin zu den 68ern beobachtet 1967 bei einer der letzten Tagungen der Gruppe 47 in Erlangen auch Marcel Reich-Ranicki. Als eine Gruppe von Studenten das Treffen der 47er aufsucht und vor dem Tagungsraum, der »Pulvermühle«, aufmarschiert und ruft, die Gruppe 47 sei nichts weiter als ein »Papiertiger« des Establishments, hat er für die Studenten nichts übrig, stellt aber fest: »Fried und Walser und einige andere versuchten, die Studenten zu verstehen und sich ihnen anzupassen. Ich halte das für falsch.«[21]

Die Creme der Kritiker in KONKRET

Zwei Jahre später – 1966 – wird in KONKRET eine weitere Diskussion über die Gruppe 47 geführt, die nicht nur intellektuell brillant war – immerhin schrieben hier Schriftsteller und Starkritiker über Schriftsteller, man achtete also auf sein Niveau –, sondern die auch in den übrigen Medien – im *Spiegel*, in den Rundfunksendern und im Fernsehen – Kontroversen auslöste. Der jüdische Schriftsteller und Vize-Vorsitzende des Welt-Penclubs Robert Neumann, geboren 1897 in Wien, hatte damals den nötigen Altersabstand, um sich zu trauen, über die Gruppe 47 in KONKRET so richtig vom Leder zu ziehen. Robert Neumann polemisierte:

> »Über diese Gruppe 47 bleibt an sich nicht mehr viel zu sagen. Redliche Antinazis, junge Dichterlinge samt ein paar Dichtern – so taten sie sich nach dem Kahlschlag von 45 zusammen und lasen einander ihre Anfängerarbeiten – pardon ihre ›Texte‹ – vor. Fein. Warum nicht? Kann man den Zufalls-Ausfüllern eines Vakuums ernsthaft sagen: Ich mache es euch zum Vorwurf, daß ihr zu neun Zehnteln nicht Genies, sondern Würstchen seid? [...] Was wirft man den neun Zehnteln der anderen, der permanenten Grüpplinge eigentlich vor, was verlangt man von ihnen? Daß sie nicht in handgestrickten Pullovern dasitzen sollten, Brecht-frisiert, mit der Stummelpfeife im bedeutend und bitte herabgezogenen Winkel des herben Munds? Und wenn eine Bonner Persönlichkeit sie wegen eines harmlosen Manifestes politisch dämonisiert – sollten sie ausrufen: Verzeihung, Herr Dufhues, Sie dämonisieren uns grundlos, wir sind bloß die Würstchen?«

Der damals 71jährige Robert Neumann erwähnte auch eine Geldquelle, aus der die Schriftsteller der Gruppe 47 quasi staatlich finanziert würden und mit Steuergeldern und Privatgeldern über Jahre und vielleicht Jahrzehnte eine Art »Schriftstellergehalt« bekämen, wie er es anprangerte – »für nichts«, für keinerlei Gegenleistung. Hier wurde also in KONKRET, das jahrelang ostfinanziert gewesen war, kritisiert, daß auch andere Intellektuelle in Deutschland finanziell unterstützt wurden?

Robert Neumann schrieb:

> »Der Ford Foundation und dem Berliner Senat kam es darauf an, ›Kultur‹ nach Berlin zu ziehen – Kultur-Bollwerk, nicht wahr, Auslagenfenster gegenüber dem Osten. Ausländische Schriftsteller bekamen dafür, daß sie mittaten, eine Monatsrente von fünftausend Mark. Deutsche bekommen bloß zweitausend, aber ob fünf oder zwei, so ein Basisverdienst, ohne dafür auch nur einen Fin-

ger rühren zu müssen – wer verstünde nicht, daß das eine Lockung ist? Sogar die Klippschüler, die Höllerer sich zusammenfing – ich komme noch darauf zurück –, sogar diese Anfänger und Dilettanten bekamen oder bekommen ein Gehalt, das, glaube ich, höher liegt als das des nationalen Durchschnitts der arbeitenden Bevölkerung. Wohlgemerkt: ohne dafür auch nur einen Finger zu rühren. Jedes Rühren eines Fingers, jedes druckbare Aufsätzchen, jedes Stammeln ins Mikrofon – da fängt erst das Verdienen an.«

Robert Neumann wetterte in seinem KONKRET-Artikel vor allem gegen den heutigen Nobelpreisträger Günter Grass:

»Daß Grass heute der Chef ist und die um ihre frühere Potenz kastrierte Gruppe zu seinem ihm persönlich tributpflichtigen Fähnlein […] deklassiert hat, steht für jeden nüchternen Beobachter außer Frage. Dabei möchte ich diesen Grass nicht unterschätzen: Seine Stücke sind schlecht oder auch einfach läppisch wie dieses ›Onkel, Onkel‹, und was er an Prosa schreibt, ist aufs langweiligste breitgewalzt – wer die *Blechtrommel* von Deckel zu Deckel gelesen hat, gar noch ohne viele Dutzende Male zu gähnen, hebe die Hand. […] Dieser Richter etwa richtet sich's mit der Stadt Berlin, sie richtet ihm in einem eigens für ›kulturelle Zwecke‹ erworbenen Haus eine private Etage ein, in deren Gesellschaftsräumen gleich auch schon die für Richter richtigen Anschlüsse eingerichtet sind für die Fernseh- und Hörfunkteams, damit das Wort der dort Eingeladenen nicht etwa, Gott behüte, ungehört und unferngesehen verhalle. Warum nicht? Ich finde das reizend. Einlader ist Richter, dirigiert von Grass, beraten von dem schon erwähnten Höllerer, der laut *Spiegel* nicht nur Literaturprofessor an der Berliner Technischen Hochschule ist, Direktor des Berliner Instituts für Sprache im technischen Zeitalter, Geschäftsführer des Berliner ›Literarischen Kolloquiums‹ und Leiter der Abteilung Literatur in der Berliner Akademie der Künste, sondern konvenablerweise dazu auch noch Herausgeber des Dritten Programms des Norddeutschen Rundfunks und des Sender Freies Berlin. Die jungen Dichter, in Höllerers ›Kolloquium‹ haben sie das Häkeln von Texten gelernt, breiten diese Deckchen dann bei Richter aus, wobei das Ganze wieder Höllerer in den Äther funkt. Eine heitere Rotation.«

Und Neumanns satirische Polemik kulminiert in dem Vorwurf:

»Was ich ihnen vorwerfe, was wohl auch die vielen ausgezeichneten Leute ihnen vorwerfen, die dort nicht mehr mittun, ist nicht einfach der schon dargelegte Verrat, sondern daß sie nicht flüchtige Verräter sind, sondern klebende. Sie kleben an den subventionierten Kulturinstitutionen dieses Landes, die für die jungen Leute da sind – nicht für sie. Sie drängen diesen Jungen falsche literarische Standards auf, sie streuen ihnen Sand in die Augen, als wären sie, die paar Spezis, *die* deutsche Literatur. [...] Lassen Sie es mich rundheraus sagen: Diese Berliner Spezis gehören abserviert.«[22]

Klaus Röhl geht in seiner Ankündigung des Neumann-Textes vorsichtshalber in Deckung. In der Headline zu dem Stück schreibt Röhl: »Wir aber haben lange gezögert, den Beitrag Neumanns zu veröffentlichen, weil wir in einigen Punkten, z. B. im Urteil über Grass, nicht mit ihm übereinstimmen.«

Nicht minder brillant antworten die der Gruppe 47 nahestehenden Kritiker Joachim Kaiser und Fritz J. Raddatz ebenfalls in KONKRET, wobei sie sich jedoch für den Vorwurf, die Gruppe 47 sahne öffentliche und private Gelder ab, kaum interessieren. Kaiser bemüht sich in seinem Artikel »Eine Entzauberung wird entzaubert«, der im August 1966 erscheint, die Gruppe 47, die er für überlebt hält, weil sie ihre politische Unschuld verloren habe, gegen die Neumannsche Kritik in Schutz zu nehmen. Doch in der intellektuellen Auseinandersetzung bleibt er seinem »Gegner« Neumann gegenüber erfrischend fair. Das macht die Debatte lesenswert und interessant. Joachim Kaiser:

> »Man merkte es dem KONKRET-Vorspruch an, daß die Zeitschrift nicht ganz glücklich war über die Beurteilung, die Robert Neumann Günter Grass zuteil werden ließ. [...] Bisher sind bei Neumann nur die Schadenfrohen auf ihre Kosten gekommen. Deren höchste Lust dürfte Neumanns Charakterisierung des Gruppenvaters Hans Werner Richter sein: ›Harun al Richter‹, ›bedarft‹, ›bei dem reicht es zu keinem kraftgenialischen Furz – aber ihn deshalb schon als Fürzchen zu bezeichnen, wäre lieblos‹. Nun, wenn man den Mut zur blinden Bosheit um des Vergnügens willen hat, kann man auch so schreiben. Man könnte auch witzeln: Robert Nichts-Mann, der nichts zu sagen hat, weil er nur parodieren kann. Es wäre nur nicht wahr.«[23]

Fritz J. Raddatz setzt Neumanns Vorwürfen der Vetternwirtschaft und des Mafiatums unter den Literaten der Gruppe 47 einige triftige Argumente entgegen:

> »Neumann hat leider ein hübsches Thema vertan, hat sich augenzwinkernd, verschmitzt unentwegt selber auf die Schulter geklopft. Das neckische Geplauder über die Courrèges-Mode (die übrigens, wenn ich da aushelfen darf, seit einem halben Jahr passé ist) nennt man in Provinzzeitungen, glaube ich, ›Aufhänger‹; [...] mein Gott, wenn das das polemische Niveau unserer Vorgeneration ist, dann wollen wir doch gleich ein guterhaltenes Exemplar vom ›Vatermord‹ herauskramen und mit dem Rollenstudium beginnen. Wo lernt

man so einfallsreich zu sein? In Wien? Wollte sich Robert Neumann doch nur die Mühe machen, die Tatsachen zu überprüfen. Sie sind, vor allem was die Situation der deutschen Presse angeht, zwar verworren, aber überschaubar. In den zwei größten überregionalen Tageszeitungen der Bundesrepublik, *Frankfurter Allgemeine Zeitung* und *Welt*, sitzt sicherlich kein Mitglied der von ihm beschworenen Mafia. Kein ›Draht‹ führt zu den großen Berliner Zeitungen *Tagesspiegel* und *Telegraph*. Kein Redakteur des *NDR*, keiner des *Bayerischen Rundfunks*, keiner des *Hessischen Rundfunks* nahm oder nimmt an den Gruppentagungen teil. [...] Neumann muß da etwas verwechseln. Vielleicht liest er in seiner schicken Provinz Tessin mehr die amerikanischen Blätter, dort nämlich wurde Grass (wie Johnson) dithyrambisch gelobt. Die Mafioten Jens, Kaiser, Enzensberger und Ranicki haben sehr heftige kritische Einwände bereits gegen die *Blechtrommel*, später potenziert gegen die *Hundejahre* erhoben.«[24]

Bei meinem Interview mit Marcel Reich-Ranicki im Februar 2004 habe ich ihn nach Robert Neumann und seinem damaligen Angriff auf die Gruppe 47 gefragt. Ranickis Antwort »Müssen wir wirklich über Robert Neumann sprechen ... Langweilen Sie mich nicht«, deute ich so, daß er keine großen Stücke auf Robert Neumann hielt.

Neue Leute und Kolumnen

Die Röhls sind 1966 die Macher einer florierenden Zeitschrift mit einer monatlichen Auflage von bis zu 150 000 Exemplaren. Die Zeitung wird zum Forum für Schriftsteller und Literaten, für Politiker und Journalisten. Klaus Röhl holt immer mehr Spitzenleute zu KONKRET. Neben Ulrike Meinhof hat nun auch Sebastian Haffner, der im *stern* seine feste Kolumne hat, eine regelmäßige Seite, »Sebastian Haffners Monatslektüre«, die dann in jeder Ausgabe von KONKRET erscheint. Klaus Röhl denkt sich zusätzlich eine Anti-Sellerliste aus, in der er allmonatlich zwölf Schriftsteller oder literarisch Interessierte, unter ihnen Gisela Elsner, Ludwig Marcuse, Peter Härtling, Reinhard Baumgart, Karl Heinz Deschner und Robert Neumann bittet, zehn von der Redaktion ausgewählte Neuerscheinungen innerhalb eines vorgegebenen Rasters von einem bis drei Ausrufungszeichen (von lesenswert bis hervorragend) oder einem bis drei Fragezeichen (kaum lesenswert bis miserabel) zu benoten. Von jedem der zwölf Juroren ist ein kleines Foto auf

der Seite zu sehen, auch alle zehn zu benotenden Buchtitel sind in Briefmar-
kengröße abgebildet. Eins der späteren Kultbücher der 68er, Frantz Fanons
Die Verdammten dieser Erde, das 1966 erscheint, bewertet der auf Platz 12
der Beurteiler rangierende Juror Michael Luft alias Klaus Rainer Röhl, der
sich mit einem Verbrecherfoto tarnt, mit drei Ausrufungszeichen, also sehr
positiv. Hinter der Fassade seines Pseudonyms Michael Luft verriß Klaus
Röhl hingegen das Buch von Robert Neumann *34 mal erste Liebe* mit drei
Fragezeichen.

Klaus Röhl füllt zu dieser Zeit die kleine Wundertüte KONKRET in ähn-
licher Weise, wie Henri Nannen, mit dem ihn die Blattmacherleidenschaft
verbindet, seine große Wundertüte *stern* füllt. Der Unterschied zwischen beiden: Nannen gab sich links und war schwerreicher Kapitalist, Röhl gab den
Kapitalisten, war aber in seinem Herzen Sozialist geblieben.

Bei einer Lesung junger Schriftsteller lernt Klaus Röhl die junge Autorin
Heike Doutiné kennen und gibt ihr seine Karte. Ebenso holt er den Jung-
schriftsteller Uwe Herms zu KONKRET. Heike Doutiné ist die erste Vertrete-
rin einer neuen Beat-Generation. Mit ihren langen, blonden, hochtoupierten
Haaren erscheint sie »wie ein blonder Engel« (Klaus Röhl) in der Redaktion,
modisch gekleidet in Stiefelchen und immer kürzeren Röcken. Sie schreibt
Reportagen aus den Ländern des Ostblocks, besucht Moskau, Prag und Bulgarien. Es sind erstmalig Reisen für KONKRET in den Ostblock, die nicht vom
Osten finanziert und organisiert sind.

Die Geschichten über »Kulturmafia« und »Political fiction«, die Autoren-
suche und die Sexgeschichten überläßt Ulrike Meinhof weitgehend Klaus
Röhl. Dafür erscheint in jeder Ausgabe fest installiert auf Seite 2 und 3, also
direkt auf den ersten beiden Innenseiten nach dem Titelblatt, die KONKRET-
Kolumne von »Ulrike Marie Meinhof«. Ganz selten nur springt Klaus Rainer
Röhl als Autor ein, vermutlich immer dann, wenn Ulrike Meinhof wegen
ihrer Arbeit an einem Rundfunkfeature keine Zeit hat, eine Kolumne zu
schreiben. Die Titelzeilen der Kolumnen von Ulrike Marie Meinhof lauteten
zum Beispiel im Jahre 1966:

Januar 1966	»Vietnam und Deutschland«
Februar 1966	»Lohnkampf«
März 1966	»Barzel«
Mai 1966	»Politik der offenen Worte«
Juni 1966	»Die sowjetische Note«
Juli 1966	»Schlagabtausch oder Redneraustausch«

August 1966   »Joachim Fest oder Die Gleichschaltung«
September 1966 »Krise der Demokratie«
Oktober 1966   »Franz Strauß«
November 1966 »Wehner ›nackt‹«
Dezember 1966 »Große Koalition«

Nicht selten waren zusätzlich zu den Kolumnen auch Reportagen von Ulrike
Marie Meinhof in KONKRET zu lesen.

Onkel Aust

Während meine Mutter in unserem Häuschen in Lurup an ihren Kolumnen
feilte oder ihre Rundfunkfeatures schrieb, nahm mein Vater uns Kinder gelegentlich in die Firma mit, wo jetzt viele junge Leute in den Redaktionsräumen in der Kaiser-Wilhelm-Straße saßen, übrigens in einem Abrißgebäude,
das bereits zu Axel Springer gehörte. Die Redaktionsräume waren hoch und
dunkel. Die jungen Frauen und Männer lümmelten sich an den Tischen, sie
rauchten und tranken Kaffee und rissen ihre Witze. Klaus Röhl zeigte uns
sein Chefzimmer. Es war der größte und hellste Raum, hier wurden auch die
Redaktionskonferenzen abgehalten. Über dem Schreibtisch hing ein riesiges, überlebensgroßes Lenin-Plakat. Aus einer Hausbar bekamen wir dann
von unserem Vater schwarzen Johannisbeersaft, der für mich in den nächsten
Jahren zum Firmengetränk wurde. Dann gab er uns auch schon bald in die
Obhut eines netten jungen Mannes, der sich den Rest des Nachmittags um
uns kümmerte. Klaus Röhl: »Das ist Onkel Aust!« Stefan Aust war noch
relativ neu bei KONKRET und in der Redaktion so etwas wie die rechte Hand
von Klaus Röhl geworden. Er kümmerte sich herzlich um meine Schwester
und mich, setzte uns zu anderen Kollegen an den Tisch, besorgte uns Stifte
und Papier und ließ uns Bilder malen.

Stefan Aust hatte an dem Gymnasium, wo Klaus Röhl nach dem Krieg sein
Abitur gemacht hatte, dem Athenaeum in Stade bei Hamburg, zusammen mit
Klaus Röhls jüngerem Bruder Wolfgang die Schülerzeitung gemacht. Mit
dieser »Zeitungslehre« in der Tasche hatte Aust direkt nach seinem Abitur
bei KONKRET angefangen. Klaus Rainer Röhl erkannte das Talent von Aust
sofort, der sehr schnell als Verantwortlicher für »Produktion« im Impressum
von KONKRET steht. Klaus Röhl ist begeistert, in Stefan Aust jemanden ge-

funden zu haben, der während seiner Abwesenheiten – und Klaus Röhl war bekanntlich des öfteren abwesend – sehr schnell für reibungslose Abläufe im täglichen Produktionsgang der Zeitung zuverlässig und effizient sorgte.

Bettina Röhl: »Dein Verhältnis zu Klaus Röhl war eher ein gutes Verhältnis, oder?«

Stefan Aust: »Du, ich habe einen großen Respekt vor ihm gehabt. Ich bin in den Jahren, die ich bei KONKRET gewesen bin, mit ihm sehr gut zurechtgekommen. Ich hab' dem die Arbeit gemacht. Ich sage dir, ich habe bei KONKRET gearbeitet wie vorher nicht und hinterher erst wieder bei *Spiegel TV*. Ich bin dahingekommen, im Grunde einen Tag nach meinem Abitur. Gerade den Suff ausgeschlafen, und dann habe ich da angefangen, und dann hat er gesehen, daß ich das irgendwie konnte. Ich hab' das Layout gemacht und so, und der hat mir innerhalb von drei Wochen die ganze Herstellung übergeben. Und dann habe ich also da gesessen bei Utesch in der Setzerei und habe die Fahnen zu Layout verarbeitet und Bildunterschriften geschrieben und sonstwas gemacht. In der Produktionswoche von KONKRET – das war ja zu der Zeit noch monatlich – habe ich oft bis fünf Uhr morgens gesessen und bin anschließend mit dem Auto noch nach Stade gefahren. Auf der anderen Seite habe ich gutes Geld verdient.«

Bettina Röhl: »Er hat deine Arbeit anerkannt?«

Stefan Aust: »Ja, hat er. Er hat wirklich gemerkt, hier hat er jemanden, der kann ihm die Arbeit machen, und das habe ich auch getan, und das, was ich hier, heute beim *Spiegel* mache, ist zu einem guten Teil nichts anderes als das, was ich damals gelernt habe.«

Bettina Röhl: »Es war eine Idealkombination.«

Stefan Aust: »Ja, war es. Ich hab' ihm das Ding in dieser Zeit hochgejubelt, sage ich dir. Mit dem Tag meines Ausscheidens ging die Auflage zurück. Das war so, und dann hat er sich in den siebziger Jahren mit den Gremlizas und diesen ganzen Leuten eingelassen, und dazu hat mein damaliger Kollege und Freund, Rolv Heuer, die schöne Formulierung gebraucht: Röhl hat sich das Grab selbst gegraben, in das ihn dann Neuhauser und Gremliza gestoßen haben. Und so war es. Röhl ist damals ja auf die verrücktesten Leute abgefahren. Keine Frage, er war ein sehr guter Blattmacher. Aber: Du, der hat die ganze Zeit im Sommer auf Sylt gesessen, und nicht nur im Sommer, und mit seiner grünen Tinte irgendwelche Manuskripte redigiert, und dann kam er mal kurz eingeflogen und dachte, er müßte mal eben alles umstellen, häufig nicht zum Besseren, weil er sich wieder von irgendwelchen Neuen Linken was hat einflüstern lassen. Das ist ja das Groteske, daß er sich heute als der rechte Liberale darstellt, und mir hat er damals immer vorgeworfen, ich würde nicht den Standpunkt der Arbeiterklasse einnehmen.«[25]

Auch wir Kinder mochten »Onkel Aust«. Er war aufgeschlossen und besonders freundlich. Er redete mit uns in einem selbstverständlichen wie gleichberechtigten Ton. Ich fand Onkel Aust toll, weil alles sicher und unaufgeregt funktionierte. Wenn er uns irgendwo einen Platz anwies, Papier und Stifte gab, dann war der Platz auch wirklich frei, wir konnten uns alleine beschäftigen, das Papier war gut, die Stifte funktionierten, meine Schwester und ich malten drauflos und fühlten uns in der Redaktion irgendwie auch schon ein bißchen wichtig. Natürlich kamen auch die Sekretärinnen, die Büroleute, die Redakteure vorbei und guckten, was wir so machten.

Aust, der Mann für alles, übernimmt viel Arbeit, und sein Gehalt steigt schnell. »Besser einen guten Mann, der was kostet, als drei Mann für wenig Geld, die nichts zuwege kriegen, das war meine Devise«, sagt Klaus Röhl bis heute. Klaus Röhl schwärmte 1968 in einem Brief an Ulrike Meinhof: »mein zur Zeit bester und engster Berater Aust (21)«.

Stefan Aust layoutete, redigierte, betreute Autoren, organisierte die Abläufe, nahm Termine wahr, beantwortete Leserbriefe und brachte, falls Not am Mann war, das letzte Manuskript noch eigenhändig mit dem Auto in die Druckerei. Und er hielt Klaus Röhl auf dem laufenden, so daß der kaum noch irgendeinen Druck vom Tagesgeschäft spürte. Redaktionell war Aust unentbehrlich, als Schreiber trat er seltener in Erscheinung, mußte gelegentlich aber als Fotograf einspringen.

Joan Baez auf dem Ostermarsch 1966

Und noch ein anderer junger Mitarbeiter, der als vielversprechendes Talent galt, kam aus Stade nach Hamburg. Er hieß Rolv Heuer und war ein guter Freund von Aust. Heuer kam leider nur wenige Jahre später bei einem Autounfall ums Leben, weshalb ich ihn nur in kindlicher Erinnerung behalten habe. Rolv Heuer war mein erster heimlicher Schwarm. Er hatte große melancholische Augen und trug die typische Beatles-Frisur. Die Bilder, die ich in der Redaktion gemalt hatte, ließ er mich auf dem Kopiergerät vervielfältigen. Es machte mir Spaß, mit Aust, Rolv Heuer und den anderen in der Redaktion zu sitzen und ihnen zuzugucken und zuzuhören.

Rolv Heuer, Stefan Aust und die angehende Schriftstellerin Heike Doutiné waren damals so etwas wie die Avantgarde von KONKRET. Sie fingen die Stimmung der Beatniks in London ein, berichteten von der aufbrechenden Jugend in Moskau und Bulgarien oder Prag, und einmal marschierten sie auch (Rolv Heuer als Autor, Stefan Aust als Fotograf) zynisch witzelnd auf einem der inzwischen zur Tradition gewordenen berühmten Ostermärsche mit. Vom Ostermarsch lassen sie sich schon damals nicht mehr beeindrukken, sondern machen sich über die strammen Kommunisten und bierernsten Friedensfreunde gehörig lustig. Rolv Heuer zeigt sich 1966 in seinem Artikel »Mein Ostermarsch« enttäuscht über die Mittelmäßigkeit der Veranstaltung und richtet frustrierte Fragen an seine Leser: »Enttäuscht? Hatten Sie FDJler erwartet? Ulbricht selbst?« Er schreibt genervt über die billige Propaganda-Singerei während des Marsches – »Eines schönen Sonntagmorgens / stirbt ein Vietcong am Strand / um die Ecke geht der Johnson / mit der Bombe in der Hand« – und nimmt persönlich Stellung: »In der Tat«, gesteht er über sich und seinen Begleiter, den Fotografen Stefan Aust, »wir fanden es zum Reaktionärwerden schlecht.« Aber die beiden Jungredakteure werden dann doch noch sentimental, als am Ende des Ostermarsches auf einer Festveranstaltung Joan Baez ihren ersten Auftritt auf deutschem Boden feiert und ihr berühmtes Lied »Sag mir, wo die Blumen sind« singt, das selbst den zynischen Beat-Journalisten von KONKRET die Tränen in die Augen treibt. Der berühmte Kabarettist Wolfgang Neuss, Freund von Willy Brandt und früheres bekanntestes Mitglied des Berliner Kabaretts *Die Stachelschweine*, kündigt die junge Protestsängerin mit den schwarzen langen Haaren an. Rolv Heuer und Stefan Aust staunen, aber bleiben doch die coolen Beatniks, die mit der allzu großen Ernsthaftigkeit und Attitüde der Friedensapostel – selbst einer Joan Baez – so ihre Probleme haben. Rolv Heuer schrieb:

> »Ängstlich, sehr klein, beobachtend, leicht vorgebeugt, naiv – ein naiver, scharfer Blick, auch eine naive Leidenschaft: vorsichtig, schüchtern, ganz konzentriert. Vor dieser Klasse werden wir sentimental, vor dieser Mutation eines Menschen zur Stimme. Eine Stimme, die ich nicht beschreibe. Als der Beifall sie zu einer Zugabe verpflichtet, kann sie die Gitarre entbehren: So aufmerksam ist selten jemand angehört worden, selbst die Wände werden Ohren. Auch besteht sie jetzt nur noch aus ihren Absichten, alles andere lenkt ab und muß verschwinden. Sie will sehen, daß sie singt. Gerade beim letzten Lied, ›We shall overcome‹, der Liturgie des Ostermarsches, wird die Rührung synchron: Da ist ein Genuß so weit getrieben, daß er sakralisiert werden muß, um ertragen zu werden: Diese Ritualisationsschemata kann man sich ja leider nicht aussuchen. Folglich ist uns zum Heulen zumute.«[26]

Ulrike Meinhof ist, obwohl erst Anfang 30, für diese neue Generation von Schreiberlingen schon eine Autorität und auch Chefin.

Bettina Röhl: »Wie war Ulrike Meinhof als Chefin?«

Stefan Aust: »Als ich damals zu KONKRET kam, war Ulrike ja schon gar nicht mehr da. Sie war nur noch Kolumnistin zu dieser Zeit. Ihre Zeit als Chefredakteurin war längst vorbei, und sie war sehr selten in der Firma. Ich traf sie, wenn sie mal kurz kam, um ihren Text da abzuliefern, oder wenn sie mal ausnahmsweise zu einer Konferenz erschien und auch wenn ich mal zu euch nach Hause gekommen bin. Sie war im Umgang nicht immer die reizendste Person, sie konnte unglaublich hochnäsig sein, unglaublich arrogant. Gelegentlich war sie sehr schroff, sie hat manchmal Sekretärinnen behandelt wie den letzten Dreck. Du mußt mal Ulla Rowohlt, die Frau von Harry, fragen, Ulla Rowohlt hat mal bei uns die Bücher gemacht, und ich kann mich entsinnen, die ist von Ulrike wirklich behandelt worden wie der Schlackenschammes vom Dienst, wie dein Vater mal die Hilfskräfte genannt hat. Alle anderen waren eigentlich immer ›unpolitisch‹. Wenn man nicht einer Meinung mit ihr war, war man unpolitisch. Das war der Begriff: Du bist ja total unpolitisch. Sie war davon überzeugt, daß sie im Besitz der reinen Lehre ist, und gleichzeitig ist sie immer wieder auf irgendwelche Trips abgefahren.«

Bettina Röhl: »Was für Trips?«

Stefan Aust: »Ich kann mich entsinnen, da stieg ich bei euch zu Hause noch mit ins Auto, und dann fuhren wir noch in die Stadt. Sie hatte gerade das Buch von Margarete und Alexander Mitscherlich *Auf dem Wege zur vaterlosen Gesellschaft* gelesen, und dann hat sie Sachen da also richtiggehend nachgeplappert, würde man heute sagen, die sie gerade erst gelesen hatte, als wenn das die größte Offenbarung sei, vom ›sozialen Uterus‹ hat sie gesprochen, ich weiß es noch genau. Sie hat immer alle belehrt. Aber in diesem Fall war es noch nicht mal das. Sie ließ eher ein paar Punkte fallen, aber sie hat mich in diesem Moment nicht mal für so voll genommen, daß sie es für nötig hielt, mir auch noch die Welt zu erklären. Nicht mal das. (Lacht)«

Bettina Röhl: »War es in Ulrike Meinhofs Charakter angelegt, wenige Jahre später den Journalismus gegen den Terrorismus einzutauschen?«

Stefan Aust: »Ulrike ist eine gute Kolumnistin gewesen, wenn man ihrer Meinung war. Das war damals irgendwie schick, das war ›in‹, eine solche Position zu haben. Und da war auch in vielerlei Hinsicht was Richtiges dran. Aus ihren Kommentaren kannst du kaum entnehmen, daß sie illegales Mitglied der KPD war. Das, was sie schrieb, war linker Mainstream, und das war nicht schlecht formuliert. Dann war sie eine relativ gut aussehende Frau, wenn auch nicht so hübsch, wie sie heute von vielen Leuten im nachhinein gemacht wird. Sie war relativ jung, und es war damals eher untypisch, daß jemand in diesem jungen Alter und dann noch als Frau irgendwo Kolumnistin war. Die Phase, in der sie dann bekannt wurde, war die Zeit, in der es plötzlich ganz schick wurde, ultralinks zu sein, während der Studentenbewegung. Und da schrieb sie ihre Kolumnen, die mal besser und mal schlechter waren, und machte ihre eher langweiligen Hörfunkfeatures, diese Reportagen aus dem Milieu der sozial Unterprivilegierten. Die waren kein bißchen interessanter als das, was Erika Runge gemacht hat, aber es war damals neu, wie Rühmkorf sagte, in die ›Unteranstalten‹ dieser Republik zu gehen. Damals war sie eine relativ bekannte, aber nun auch nicht unglaublich bekannte Person. Mörderisch bekannt wurde sie erst durch das Bombenwerfen, durch die RAF. Ihre wirkliche Medienkarriere hat sie nicht vorher gemacht, sondern die hat sie mit der RAF gemacht, der sie ihren Namen und ihr Gesicht gab. Wenn eine bekannte Person in den Terrorismus wechselt, dann wird sie natürlich noch viel bekannter. Durch das Bombenlegen wurde sie absurderweise auch ein Stück weit geadelt. Gemeinhin ist es eigentlich so, daß man Ulrike bis heute für eine Heilige hält. Sie wird oft genug als Opfer der Verhältnisse dargestellt, als der reine und gute Mensch. Man sollte nicht vergessen, daß Ulrike Meinhof auch einige Menschen ins Unglück gestürzt hat. Unter anderem sich selbst. Es hat auch was mit einer grundsätzlich negativen Sichtweise auf die Welt und die Umgebung zu tun. Sie konnte sich, soweit ich mich entsinnen kann, über nichts wirklich freuen. Sie war immer irgendwie schlecht gelaunt bis pampig. Röhl und Meinhof waren sehr unterschiedliche Charaktere. Ulrike war immer irgendwie depressiv. Ich glaube, daß das bei allem, was sie gemacht, geschrieben und gesagt hat, eine Rolle spielt. Röhl war mit seiner Leichtigkeit und seinem Zynismus das scheinbar passende Gegenstück dazu.«

»Sex ohne Ehe«

Auch Stefan Aust verfaßte gelegentlich eine Reportage – so zum Beispiel in den Heften September und Oktober 1967 den zweiteiligen Bericht »Sex ohne Ehe – Wie frei sind Deutschlands Mädchen?« Mit Auto, Fotoapparat und Tonbandgerät ausgestattet, gehen die investigativen Sexperten von KONKRET, Stefan Aust (Text) und sein Kollege Klaus Vogel (Fotos), auf »Mädchenjagd«. »Wechseln die Mädchen die Männer wie Nylonstrümpfe?« »Haben sie Sex vor der Ehe?« »Wer ist Ho Tschi-minh?« Das sind Fragen, die sie den jungen Mädchen stellen. Ihr Fazit: »Es ist nicht immer der Wind, wenn der Strandkorb wackelt.«

Stefan Aust legte los:

> »Wenn in Hamburg der Asphalt auf den Straßen so heiß ist, daß man ihn mit der Hand kneten kann, dann ziehen Karawanen von Autos Stoßstange an Stoßstange in Richtung auf die Ostseebäder [...]. Ein drückend heißer Samstag im August. An der Autobahnausfahrt Hamburg-Horn gabeln wir zwei Mädchen auf, die an die Ostsee wollen. Die eine blond, die andere dunkel. [...] Fotograf Vogel packt seine Kamera und schießt erstmal ein paar Aufnahmen von den Mädchen. ›Nur so für mich‹, erklärt er den beiden, denn wir haben ausgemacht, vorerst nichts von unserer dienstlichen Mission zu sagen. Wir wollen uns als Urlauber einfach ins Gewühl stürzen. Erst mal Kontakt herstellen. Unser Fotograf ist mit Begeisterung bei der Sache, er flirtet abwechselnd mit der Dunklen und mit der Blonden. Er hat Glück, er ist so eine Mischung aus Anthony Perkins und Heiratsschwindler, ein Typ, der sofort Anschluß findet. Ich schalte das Tonband ein und versuche mein erstes Interview, aber es kommt nicht viel dabei heraus [...]. Als ich sie nach ihrer Meinung über die Liebe frage, hält sie das für einen Annäherungsversuch und reagiert schnippisch. Sorgenvoll denke ich an unsere Reportage [...]. Gleich am Ortseingang Timmendorferstrand laden wir die beiden Mädchen aus und fahren langsam durch den Ort, wobei wir für Linse bzw. Mikrofon geeignete Objekte suchen. Plötzlich deutet Vogel aufgeregt auf einen ziemlich üppigen Tiger, der gerade auf eine Telefonzelle zuschreitet. Das Mädchen hat lange, künstlich geblondete Haare, eine hellblaue Bluse und rosagestreifte Hosen, die um die Hüften und Oberschenkel ganz eng sind und nach unten hin weiter werden. ›Entschuldigen Sie‹, sagt Vogel, ›hätten Sie wohl mal fünf Minuten Zeit, wir kommen von der Zeitschrift KONKRET und machen eine Reportage.‹«[27]

Direkt vor der Sexreportage des damals 22jährigen Stefan Aust befindet sich, wie immer auf der Doppelseite 2 und 3, die Kolumne von Ulrike Marie Meinhof mit dem Titel »Enteignet Springer«. Das war sie, die Mischung aus Sex und Politik. Unter Studenten wird es in, KONKRET zu lesen. KONKRET ist Kult. Der Normalbürger beginnt, sich vor dieser Zeitschrift zu fürchten, die daherkommt, als müßte man demnächst nackt auf offener Straße mit seiner Frau koitieren, Sexpartys feiern und auf den LSD-Trip gehen.

Bundespräsident Lübke, ein KZ-Baumeister?

War die Zusammenarbeit von KONKRET mit dem Osten endgültig zu Ende? Unter dem Titel »Ein Lübke zuviel« präsentiert KONKRET-Autor Robert Neumann in der Juli-Ausgabe 1966 das ihm aus Ostberlin vorliegende Material zu Bundespräsident Lübke. Dieses bestehe aus:

1. dem *Braunbuch über Kriegs- und Naziverbrecher in der Bundesrepublik* (Staatsverlag der DDR, 1965), zusammengestellt von der Abteilung Albert Norden, zuständig für Westagitation;

2. der Ostberliner Broschüre *Lübke baute Hitlers Konzentrationslager;*

3. einigen Auszügen aus einer Rede des Politbüromitglieds Albert Norden über den Fall Lübke anläßlich einer »Internationalen« Pressekonferenz in Ostberlin am 24. Januar 1966 sowie aus Zeugenaussagen und Faksimiles von Nazidokumenten, die Lübke unter anderem belasten, einen »Vorentwurf zur Erstellung eines KZ-Lagers für 2000 Häftlinge der Firma Kalag bei Schacht VI in Neu-Staßfurt«[28] gefertigt zu haben, und zwar im Zusammenhang mit dem Umbau alter Kalischächte zur Verlagerung von Flugzeugwerken unter Tage;

4. dem graphologischen Gutachten des Kriminaltechnischen Instituts in Ostberlin zur Verifizierung der Echtheit der Lübke-Unterschriften auf den ihn belastenden Dokumenten.

Seit spätestens 1964 befand sich der damalige Bundespräsident Heinrich Lübke, ein früherer Minister aus dem Kabinett Adenauer, im Visier der DDR, die im Rahmen ihrer Westagitation auf höchster Ebene das Ziel verfolgte, Lübke zu stürzen.

Im Bewußtsein, die schlechthin endgültige Ideologie gefunden zu haben, spielte die SED-Diktatur auf der vollen Klaviatur der Politik und der Medien höchst monopolhaft auf dem Staatsgebiet der DDR und gleichzeitig, seit den sechziger Jahren, zunehmend schrankenloser auch im Westen Deutschlands, in der BRD, die dieser Machart von Propaganda nichts Vergleichbares entgegenzusetzen hatte. Diese schon beschriebene politische Asymmetrie nutzten die Kommunisten natürlich auch in der Sache Lübke, die bald ein Dauerthema in der Bundesrepublik wurde und dies bis zum vorzeitigen Amtsverzicht Lübkes im Sommer 1969 blieb und danach schlagartig verschwand.

Anfänglich hatte die DDR, die belastendes Material gegen Lübke zusammentragen ließ, die Sache in den eigenen Medien zu verbreiten versucht, mit der Hoffnung auf Fernwirkung in den Westen hinein. Als das nach zwei

Jahren, 1966, immer noch nicht dazu geführt hatte, daß Lübke ernsthaft in Bedrängnis gebracht worden war, drehte Ostberlin auf. Wo? In KONKRET.

Robert Neumann beschreibt, daß in dem erwähnten *Braunbuch* von Albert Norden 1890 Ex-Nazis aufgelistet sind, die sich in der Bundesrepublik in Amt und Würden befinden. All diese läßt Neumann links liegen, bis auf einen: Er konzentriert sich auf den damals amtierenden Bundespräsidenten Heinrich Lübke. Neumann nennt die erwähnte Pressekonferenz Albert Nordens in Ostberlin ebenso beiläufig wie völlig selbstverständlich »international«. Das klingt natürlich weltoffen und in dem Zusammenhang auch irgendwie fair. Zur Erinnerung: Die DDR hatte gerade fünf Jahre zuvor eine Gefängnismauer um ihr eigenes Volk errichtet, dessen Bürger überhaupt nicht ausreisen und damit überhaupt nicht »international« sein konnten; und auch, wer in die DDR einreisen durfte, bestimmte die SED.

Die Kriminaltechniker – also die Volkspolizisten im Labor der DDR – präsentiert Neumann so, als seien sie unabhängige Techniker, der reinen Wissenschaft verpflichtet. Diese Spezies gehört indes, wie jedes Kind weiß, als integraler Bestandteil zum Machtzentrum einer jeden Diktatur, was nicht heißt, daß sich nicht ausnahmsweise auch einmal ein politisch unabhängiger, diktaturresistenter Elfenbeinturm-Professor in so einen Polizeiapparat verirrt haben könnte.

Neumann zitiert Albert Norden: »Wir legen Ihnen hier die von Lübke eigenhändig unterschriebenen Baupläne für dieses Konzentrationslager vor. Den Grundriß mit der Initiale Lübkes [...]. Diese Dokumente weisen unzweifelhaft aus: Lübke unterzeichnete die Entwürfe und den Kostenanschlag für den Bau des Konzentrationslagers. [...] Damit steht eine Tatsache von überaus schwerwiegender Bedeutung fest: Der heutige Präsident der westdeutschen Bundesrepublik, Heinrich Lübke, projektierte, entwarf und errichtete das Konzentrationslager Neu-Staßfurt. Dieses Konzentrationslager wurde zur Hölle für 500 französische Widerstandskämpfer, die Lübke aus dem Konzentrationslager Buchenwald anforderte.«

Doch der Haken bei der Sache war: Robert Neumann hat die Originaldokumente mit Lübkes Originalunterschrift als Teil des ihm vorliegenden Materials nicht in Händen. Er legt offen, daß er das gesamte Material von »kommunistischer Seite auf den Tisch gelegt« bekommen hat, und spricht in seinem Text von »Faksimilia«. Die Wortwahl »Faksimilia« indiziert eine gewisse Verlegenheit Neumanns, denn auf den Bauplänen für die Baracken selbst war der Begriff Konzentrationslager nicht zu lesen, nur auf einem Deckblatt, das, wie alle anderen Unterlagen, weder bei Neumann noch an anderer Stelle im Original vorlag. Das entscheidende Dokument für den Vorwurf der Zwangsarbeiteranforderung durch Lübke, versehen mit dessen Unterschrift, wird auf eine unauffällige Art und Weise in dem Text nicht benannt. Es wird nicht zu 100 Prozent klar, ob die Unterschrift Lübkes auf Bauzeichnungen – in Ermangelung eines anderen Dokumentes – als der eigentliche Beweis für die Zwangsarbeiteranforderung durch Lübke gelten soll und kann. Zu diesem Punkt konstatiert Neumann, ohne daraus irgendwelche Konsequenzen zu ziehen, daß Lübke wohl recht hatte, als er ein Jahr zuvor im *Spiegel* darauf hingewiesen hatte, daß die Baupläne nichts mit dem Einsatz der Zwangsarbeiter zu tun hatten. Nach den Regeln, die der deutsche Presserat heute – unter freundlicher Mitwirkung des früheren Bundespräsidenten Johannes Rau – für guten Journalismus aufgestellt hat, ist die bloße Inaugenscheinnahme von Nicht-Originalen, zumal zusammengestellt von einer Macht des kalten Krieges, also einer politisch hochgradig ›interessierten‹ Stelle, absolut keine hinreichende Grundlage, um einen Menschen öffentlich – und nur notdürftig als Frage verkleidet – moralisch, möglicherweise juristisch und in jedem Fall politisch derart schwer zu belasten. Das aber tat Robert Neumann, wenn auch äußerst weich und selber alle angebrachten Zweifel am Ende noch kokett benennend. Trotzdem stellt er sich hinter die Dokumente, wenn er schreibt, daß »der Text die Schwierigkeiten sichtbar macht, mit denen es jeder zu tun bekommt, der sich mit von kommunistischer Seite auf den Tisch gelegten Dokumenten zu befassen hat. Unter diesen Dokumenten haben meine Freunde unter den Politikern, Politologen, politischen Journalisten ebensowenig wie ich selbst je ein gefälschtes entdeckt.« Eine solche Entdeckung eventueller Fälschungen hat die DDR kaum je möglich gemacht, weil sie in den entscheidenden Fällen die Originale gar nicht erst herausgab. Neumann unterstreicht die Glaubwürdigkeit seiner DDR-Unterlagen auch mit eigener Kritik an den Kommunisten: »Die Schwierigkeit beginnt also nicht bei der Echtheit, sondern bei der Interpretation des Echten, bei dem Laster der Kommunisten, jede Schraube um eine halbe Windung zu überdrehen, mit dem Ergebnis einer mindestens teilweisen Fruchtlosigkeit ihrer Bemühung.«[29] Das ist wirklich gekonnte Scholastik.

Die DDR hat, wie es inzwischen wohl herrschende Meinung in den Geschichtswissenschaften ist, einem Stapel neutraler Entwürfe aus der Nazizeit für neu zu errichtende Baracken ein Deckblatt hinzugefügt, auf dem das Wort »Konzentrationslager« zu lesen ist. Die DDR hat also mutmaßlich, jedenfalls nach dem heutigen Stand der Akten über die Anti-Lübke-Kampagnen und der Aussagen von beteiligten Offizieren der Hauptverwaltung Aufklärung, nicht ein echtes Deckblatt manipuliert und gefälscht, sondern ein nicht existentes Deckblatt nachträglich hergestellt und dem Stapel der Barackenentwürfe hinzugefügt. Das Ganze auf altem Papier aus der Nazizeit und auf einer alten Schreibmaschine geschrieben usw. Mißlicherweise ist der Stand der Forschung heute offenbar der, daß es keine Originale mehr gibt. Die Kopien erlauben demnach keine letztendliche, exakte Klarheit über die von der DDR fast ein Jahrzehnt gefahrene Anti-Lübke-Kampagne.

Damit wird der Verdacht gegen Lübke möglicherweise nie mehr endgültig zu klären sein. Die DDR hatte über sieben Jahre erhebliche Ressourcen für diesen Fall eingesetzt und auch eine erhebliche Mobilisierung bundesrepublikanischer Medien bewirkt. Nach der ersten Veröffentlichung in KONKRET, der noch zwei weitere folgten, lief die Kampagne als Selbstgänger weiter und wurde auch von der im Entstehen befindlichen APO aufgegriffen, was am Ende den vorzeitigen Amtsverzicht Lübkes bewirkte. Das Dokument, das Deckblatt mit der Aufschrift »Konzentrationslager«, war, so die aktuelle Analyse der heutigen Historiker, gefälscht und nachträglich hinzugefügt. Wie aber waren die Unterlagen zu KONKRET gekommen?

Klaus Rainer Röhl: »Rechtsanwalt F. K. Kaul war immer noch – trotz unseres Bruches mit der Partei – unser Anwalt, und der war ja legal, der kam öfters nach Hamburg, um uns zu besuchen, und der brachte eines Tages dieses Material mit. Wenn wir Kaul brauchten, hatten wir eine geheime Telefonnummer, aber meistens meldete er sich selbst. Übrigens hatte er in Ostberlin ein sehr malerisches, verwinkeltes Büro, wo wir ihn ebenfalls gelegentlich aufsuchten. Die Unterlagen über Lübke: Es ging darum, daß Lübke Baupläne für KZ-Baracken ausgearbeitet haben sollte, die Unterlagen bekamen wir in Kopie. Kaul war in die Schweiz zu Robert Neumann gefahren, um ihm die Unterlagen persönlich zu überbringen, die veröffentlichten wir dann in KONKRET. Aber nach der Veröffentlichung fragten wir Kaul noch einmal nach den Originalen. Vereinbart war, daß Kaul uns auch die Originale mitbringt, und die sollte ein Schweizer Dienst überprüfen. Deshalb fuhren Ulrike und ich mit euch Kindern am Ende eines Urlaubes in Ronchi nach Locarno zu Robert Neumann, um im Heft nochmals – diesmal mit den Originalen – nachzulegen. Aber Kaul kam dann doch nicht mit den Originalen – wie er sagte, aus Sicherheitsgründen. Uns kam das natürlich komisch vor. Mir war aufgefallen, daß die von uns veröffentlichte Lübke-Story offenbar weder vom *stern* noch vom *Spiegel* aufgegriffen worden war, und also war ich mißtrauisch. Deshalb machten wir es dann bei der nächsten Veröffentlichung so, daß wir zwar davon berichteten, aber gleichzeitig offenlegten, daß wir die Originale noch nicht gesehen und nicht geprüft hätten, und forderten in einem offenen Schreiben Bucerius, Augstein, Nannen und alle wichtigen Chefredakteure der etablierten Zeitungen auf, nach Ostberlin zu fahren und die Originale prüfen zu lassen, das war gewissermaßen unsere Sicherung, die wir eingebaut hatten. In Locarno trafen wir auch Bucerius.«[30]

Ich erinnere mich noch an den damals schon etwas älteren Schriftsteller Robert Neumann, den meine Eltern und ich im August 1966 in Locarno besuchten, wo sie stundenlang mit ihm und dem *Zeit*-Verleger Gerd Bucerius auf dem Balkon in der Sonne saßen und wie üblich diskutierten. Ich würde mich wahrscheinlich nicht erinnern, wenn ich nicht im Wohnzimmer beim Spielen mit Regine auf eine Wespe getreten wäre und die wahrscheinlich hochintellektuelle Diskussion mit meinem Geschrei unterbrochen hätte. Frau Neumann nahm mich in den Arm und zog mir den Stachel heraus. Später habe ich erfahren, daß bei diesem Besuch Klaus und Ulrike Röhl sowie Robert Neumann eigentlich auf den Besuch von F. K. Kaul warteten, der dann aber nicht kam.

Die Stimmung bei diesem Besuch in Locarno war sehr herzlich. Wir wohnten ein paar Tage bei den Neumanns und besuchten während dieser Zeit auch Bucerius in seinem Tessiner Haus. Der *Zeit*-Herausgeber schockte meine Eltern mit einem für sie damals sagenhaften Angebot. Wie sie denn nach Hause nach Hamburg kämen, fragte Bucerius. »Na ja, mit dem Zug, wir fahren morgen früh.« Darauf bot Bucerius an: »Na, dann kommen Sie doch mit mir, ich fliege morgen früh mit meiner Cessna.«[31] Zum Entsetzen von Klaus Röhl stellte sich am nächsten Morgen heraus, daß Bucerius selber der Pilot war, und als wir Kinder auch noch vorne beim Piloten Juxe machten, war es dem Flugangsthasen Klaus Röhl echt zuviel. Wir wurden also auf dem Schoß unserer Eltern festmontiert, damit der Pilot die Maschine heil nach Hamburg bringen konnte. Ulrike Röhl flog gern und genoß den unerwarteten Luxus. Sie zeigte uns Berge und Flüsse und wie klein die Autos aussahen.

»Was sagen Sie nun, Herr Lübke?«

In der KONKRET-Ausgabe November 1966 ist es dann soweit. Neumann legt mit einem zweiten Artikel über Lübke nach: »Was sagen Sie nun, Herr Lübke?«

Nach der unbefriedigenden öffentlichen Reaktion auf seinen vorangegangenen Artikel fordert Neumann nun alles von Rang in der Medienwelt auf, aktiv zu werden. Da Kaul nicht mit den Originalen aufgetaucht ist, bemüht sich Neumann erneut, Lübke mit den bloßen Kopien zu einer öffentlichen Antwort und damit zur erhofften Selbstdemontage zu verleiten oder zu zwingen. Muß irgendwer und darf ein Präsident auf eine solche letztlich unseriöse und zweifelhafte Attacke überhaupt reagieren? Diese Frage stellt Neumann, wenn auch nicht ganz klar ausgesprochen, sich selbst. Allerdings in der Weise, daß er Lübke auch in diesem Zusammenhang weiterhin inkriminiert.

> »Die Männer, die ich meine und die ich hiermit anspreche, um sie zu dieser Forschungsexpedition drei Kilometer ostwärts der Berliner Mauer aufzufordern, sind: Rudolf Augstein, Dr. Gerd Bucerius, Klaus v. Bismarck, Karl Gerold, Karl Korn, Hermann Proebst, Gert von Paczensky, Jesco v. Puttkammer, Paul Wilhelm Wenger, Karl Silex, Prof. Dr. Eugen Kogon, Axel Seeberg, Dr. Werner Friedmann. Nochmals, es ist eine Aktion zur Rettung des Ansehens der Bundesrepublik in aller Welt.«[32]

Parallel verfaßte Robert Neumann persönliche Briefe an Bucerius, Augstein und andere Mediengrößen, die gleichzeitig mit der Veröffentlichung des Artikels abgeschickt werden sollten. Bevor diese Briefe jedoch abgeschickt wurden, nahm Klaus Röhl sie zu einer Besprechung mit, die er mit Kaul in der KONKRET-Redaktion führte. Bei dieser Gelegenheit wanderte der Name Klaus Rainer Röhl erneut in eine Akte, diesmal in eine Akte von Kaul, die in den neunziger Jahren bei der HVA gefunden wurde. Kaul meldet befriedigt:

> »Berlin den 26. Oktober 1966 I / Kr. Brief Nr. 27
>
> Werter Genosse Minister!
>
> Am 25.10.66 traf ich in Hamburg [AdA: geschwärzt][33]. Wir haben verabredet, daß [AdA: geschwärzt] am 1.12., nachmittags um 15 Uhr, bei mir im Büro ist. Er schlug vor, daß ich in der Zwischenzeit kurze Inhaltsangaben (Kurzexposé) über 5–7 in Frage kommende Fälle fertigmache oder fertigmachen lasse. Er würde dann die Fälle aussuchen, so daß er anhand dieses Kurzexposés die Fälle, in deren Akten er Einsicht nehmen müsse, bestimmen

könne. Es könne dann ein Vertrag gemacht werden, und die Einsicht in die Akten sollte dann, wie er es sich vorstellt, in Anwesenheit eines Vertrauensmannes, der ihm allerdings als Angestellter meines Büros vorgestellt würde, in meinem Büro erfolgen.

Ich bitte um Mitteilung, ob in der Weise vorgegangen werden soll.
Mit sozialistischem Gruß
(Prof. Dr. Kaul) Rechtsanwalt

P.S. Anbei übermittle ich Abschrift eines Berichts, dessen Original an Genossen Norden geht. Der in diesem Bericht erwähnte Röhl ist Herausgeber und Chefredakteur der Hamburger Zeitschrift KONKRET; der westdeutsche Schriftsteller Robert Neumann [...] ist der stellvertretende Vorsitzende des Penclubs.

In der Sache selbst geht es darum, die Aktion gegen Lübke weiter vorwärtszutreiben. [...]

Bericht

Über die Besprechungen in Hamburg bezüglich der Aktion Lübke

Unmittelbar nach meinem Eintreffen in Hamburg am Sonntag, dem 23. Oktober 1966, hatte ich eine Unterredung mit Röhl, mit dem ich mich vorher fernmündlich sowohl aus Frankfurt/Main wie späterhin auch von der Anfahrt aus Hamburg aus in Verbindung gesetzt hatte.

Die erste Unterredung fand trotz des Sonntags in den Büroräumen von KONKRET statt, da Röhl mir Materialien zeigen wollte. Er unterrichtete mich zunächst davon, daß Neumann [...] weiterhin aktiv gewesen ist und im Sinne der Unterredung, die Neumann und ich in Frankfurt/Main hatten, weiter gehandelt hat. Hierbei ging Neumann von der Voraussetzung aus, jede weitere Aktion an die Veröffentlichung von neuem Material zu knüpfen. Er hat daraufhin den beigefügten Artikel für KONKRET geschrieben. Die Nummer von KONKRET wird am Montag, dem 31. Oktober 1966 ausgeliefert. Wie ersichtlich forderte Neumann [...] unter ausdrücklicher Berufung auf seine Position als stellv. Präsident des Gesamt-PEN eine Reihe von ausschließlich Publizisten auf, nach Berlin zu fahren, um dort die Echtheit der Dokumente zu prüfen. Damit allein hat sich Neumann nicht begnügt; er hat weiterhin an folgende, im Artikel genannte Personen Originalbriefe geschrieben:
[...] *Spiegel*
[...] *Zeit*
[...] *Vorwärts*
[...] *Tagesspiegel*
[...] *Süddeutsche Zeitung*

Diese Briefe, die nach dem Diktat von Neumann [...] geschrieben [wurden] und die er selbst unterschrieben hat, hat er durch [AdA: geschwärzt] zu Röhl bringen lassen. Diese Briefe werden mit dem Ersuchen, diese Briefe direkt von dort aus den Beteiligten zuzustellen und eine Seite des Vorabdrucks beizufügen, übergeben. Diesem Ersuchen wird heute, Mittwoch, von Röhl entsprochen, da erst gestern der Ausdruck des Artikels fertig war.

Die Briefe waren noch nicht verschlossen, so daß ich sie textlich zur Kenntnis nehmen konnte. Sie sind sehr persönlich gehalten. Sie weisen darauf hin, daß wenn jetzt nicht etwas von den Leuten geschieht, die verantwortlich für die öffentliche Meinungsbildung in Westdeutschland sind, den Kommunisten das Feld völlig überlassen bleibt. Sie fordern insoweit zu der Besuchsaktion auf, wobei in jedem Brief, in einem mehr, in dem anderen weniger akzentuiert, darauf hingewiesen wird, daß ich als Presseanwalt für die technische Erledigung des Besuches in jeder Beziehung zur Verfügung stehe. Aus diesem Hinweis, der wiederholt mit meiner Tätigkeit im Auschwitz-Prozeß in Verbindung gebracht wird – in seinem Artikel nimmt Neumann ja auch Bezug auf meine Ausführungen betreffend die Integration des NS-Verbrechens in die westdeutsche Gesellschaftsordnung –, zeigt sich, welch starkes Prestige wir uns durch unsere Teilnahme am Auschwitz-Prozeß erworben haben. [...]

Aus den Briefen ergibt sich überaus geschickt keinerlei Sympathie für uns, dagegen immer wieder die Befürchtung, daß ›die Kommunisten bei der unbedingt notwendigen und nicht aufschiebbaren Reinigung unseres öffentlichen Lebens von NS-Elementen das Heft allein in der Hand behalten werden‹.

Röhl hat gewissenhaft alles ausgeführt, was ihm von Neumann aufgetragen wurde. Seine Haltung ist einwandfrei. Ich habe mit ihm verabredet, Sonnabend oder Sonntag (29./30. Oktober 1966) in Frankfurt/Main, wo ich wegen des Oberländer-Prozesses ohnedies sein muß, mit ihm zusammenzutreffen. Da der Erfolg dieser Aktion erst abgewartet werden muß, blieb zunächst bezüglich des Besuches der Gruppe nichts zu tun übrig. Notwendig war dagegen ein Zusammentreffen mit Raddatz bezüglich der Veröffentlichung der Dokumente im Rowohlt Verlag. Dieses Zusammentreffen mußte mit einer gewissen Vorsicht vorbereitet werden, da [...] es überdies zwischen dem Rowohlt Verlag und dem Deutschen Fernsehfunk bezüglich des *Stellvertreters*[34] schwere Differenzen gegeben hat, durch die ich als Justiziar des Deutschen Fernsehfunks mit betroffen war. Ich verwandte Röhl dazu, die Verbindung aufzunehmen. Es kam zu einer Besprechung am Montag, dem 24. Oktober 1966 [AdA: geschwärzt]. Wie nichts anderes bei diesen Typen, die ja letzten Endes geistige Anarchisten sind, wirkte die Härte, so daß ich mit Raddatz sehr rasch in einen ansprechbaren Kontakt kam. Ich legte ihm dar, daß ein Interesse besteht, daß die Dokumente über Lübke in der literarisch gemäßen

Form von Rowohlt veröffentlicht werden. Ich hatte die Ablichtungen der Dokumente mitgenommen, ließ sie ihn einsehen. Danach war Raddatz sehr angetan von der Möglichkeit, diese Dokumente im Rowohlt Verlag zu veröffentlichen. Ich hatte bewußt Röhl zu dieser Besprechung mitgenommen, damit sich nicht nach meiner Rückkehr Reibungen ergeben könnten. Raddatz erklärte sich grundsätzlich bereit, die Dokumente zu veröffentlichen [...]. Allerdings wies er darauf hin, daß er die Originale wenigstens vorher gesehen haben müsse, und zwar mit einem Fachmann.

Da sich in den mit Röhl angestellten Berechnungen über die Durchführung der von Neumann angeregten Reiseaktion ergab, daß diese bestimmt nicht vor Mitte November stattfinden könne – Röhl unterrichtete Raddatz unter Vorlage des Fahnenabzugs des Artikels von Neumann über dessen Erscheinen – erklärte Raddatz, daß er bereit sei, unabhängig von dieser Aktion, zwischen dem 31.10. und dem 3.11.1966 nach Berlin zu kommen, und zwar will er sich einen kriminalistischen Fachmann mitbringen, mit dem er zusammen die Originale besichtigen will, um dann behaupten zu können, daß er sie geprüft hat. Allerdings will er mit Rowohlt die Absichten durchsprechen. [...] Auch stellte sich in der Unterredung heraus, welches Prestige wir durch die Teilnahme am Auschwitz-Prozeß gewonnen haben. Raddatz wollte gern die Ablichtungen behalten. Ich habe das nicht zugestanden und sie wieder mitgebracht. Sie befinden sich zu treuen Händen bei mir. Schließlich wurde verabredet, daß nach Besichtigung der Dokumente mit dem Rowohlt Verlag ein Vertrag geschlossen werden solle. In diesen Vertrag wird nach Raddatz' Verlangen aufgenommen werden müssen, daß wir vor Erscheinen des Bandes bei Rowohlt die Dokumente nicht anderweitig veröffentlichen. Der Band kann nach den Berechnungen von Raddatz nicht vor dem 3. März 1967 in den Handel gelangen.

26.10.66
I/N (Professor Dr. Kaul)

P.S. Mit Röhl ist folgendes verabredet: Da die Nummer des KONKRET mit dem Artikel von Neumann am Montag zum Verkauf kommt, möchte er gern, daß am Montag abend bei uns im Fernsehen auf den Aufruf von Neumann und die Veröffentlichung Bezug genommen wird.«[35]

Rechtsanwalt Kaul trifft sich also in Hamburg nicht nur mit den Leuten von KONKRET, sondern auch mit dem Rowohlt Verlag. Der Plan ist es, ein Buch über die Vergangenheit Lübkes zu veröffentlichen. Der Ansprechpartner ist, wie sich aus den Akten ergibt, Fritz J. Raddatz. Wie war die Begegnung mit Kaul, und worum ging es?

B. Röhl: »Trotz Ihres Bruches mit der DDR und Ihrer Skepsis dem Kommunismus gegenüber haben Sie sich damals mit dem berühmten DDR-Anwalt Kaul, der als einer der ganz wenigen Anwälte auch eine Lizenz im Westen hatte, getroffen. Das war 1966, wegen geheimen Aktenmaterials über den damaligen Bundespräsidenten Lübke. Laut diesen Akten, die man Ihnen als Rowohlt-Cheflektor anbot, hatte Lübke in der Nazizeit KZs gebaut. Es war teils manipuliertes Material, wie man heute weiß. Die Sache war ziemlich geheim. Kaul nahm damals Kontakt zu zwei Publikationsorganen im Westen auf, bei denen er hoffte, das Material zur Veröffentlichung zu bringen: zu dem Rowohlt Verlag und zu der Zeitschrift KONKRET. Sie haben es, wie man den Stasiakten zu diesem Fall heute entnehmen kann, damals abgelehnt, ein Buch zu dem Thema Lübke aufgrund dieser Akteninhalte zu machen – warum?«

Raddatz: »Ich hatte 1966 mit Kaul persönlich Kontakt. Es war ein verhältnismäßig offener Kontakt, wenn auch verblüffend, denn Kaul war natürlich ein ganz militanter SED-Mann und Stalinist, und daß der überhaupt sozusagen jemanden wie den zum Klassenfeind übergelaufenen Raddatz auch nur ›anfaßte‹, war ein schieres Wunder. Aber ich fand das Angebot, Enthüllungen über den damaligen Bundespräsidenten Lübke zu bekommen, sehr aufregend. Ich gab damals schon diese rororo-aktuell-Reihe heraus und war interessiert daran, möglichst viele kritische Bücher über die Bundesrepublik und auch über die USA zu verlegen. Als ich also dieses Angebot von Kaul bekam, da sagte ich zu ihm: ›Ja, gerne, wir treffen uns in Zürich.‹ Und was ich ihm aber nicht gesagt hatte – wenn Sie so wollen, war das ein bißchen hinterfotzig von mir –, war, daß ich gleichzeitig eine Verabredung hatte mit dem Handschriftenexperten der Züricher Kriminalpolizei und mich mit Kaul dort traf. Kaul war etwas verblüfft und sagte, er hätte gedacht, wir träfen uns in einem Hotel. Aber ich sagte ihm, nein, ich habe das so arrangiert, ich müßte die Sachen auf Herz und Nieren prüfen. Und der Experte kam sehr schnell zu dem Schluß: Das ist gefälscht. Gott sei Dank hat der Mann dann auch eine lange, ausführliche, schriftliche Expertise gemacht, so daß ich Kaul gegenüber nicht als einer dastand, der nun plötzlich das Hosenflattern kriegte. Leider ist ja das Rowohlt-Archiv abgebrannt, und die Expertise aus Zürich gibt es nicht mehr.«

B. Röhl: »Das waren aber sicherlich nicht die Originalunterlagen, die Kaul Ihnen zeigte, sondern Kopien, oder?«

Raddatz: »Das waren Kopien, aber die Unterschrift von Lübke war ja darauf zu sehen, und die war gefälscht. Und dann habe ich Kaul gesagt: ›Also, hören Sie mal, Sie wollen mich hier mißbrauchen als ein trojanisches Pferd mit einer Sache, die ich gemacht hätte, sofort verlegt hätte, wenn's gestimmt hätte, aber sie ist getürkt.‹«

B. Röhl: »Anders als Sie und Rowohlt haben meine Eltern die Lübke-Unterlagen damals in KONKRET veröffentlicht, allerdings auch mit großen Vorbehalten und Hinweisen darauf, daß sie die Originale nicht kannten, aber die Öffentlichkeit auffordern würden, diese in der DDR einzusehen usw. Den Artikel über Lübke schrieb damals der Schriftsteller Robert Neumann, verantwortlich zeichnete Klaus Rainer Röhl, und Ulrike Meinhof traf sich in Ostberlin mit Kaul, um weitere Einzelheiten des Falles nachschieben zu können. Wußten Sie, daß sich Kaul auch mit Röhl und Meinhof in Hamburg und Zürich traf?«

Raddatz: »Nein. Klaus Röhl war leichtsinnig, und es war ihm eher wurscht, er hätte das am liebsten gar nicht so sorgfältig geprüft, sondern gleich veröffentlicht. Nun muß man aber sagen, daß wir alle, die sich so vage und schwer definierbar links nannten und fühlten, und dazu gehörte natürlich Ihr Vater zu der Zeit auch, einen ungeheuren Rochus hatten gegen die ja nach wie vor in allen möglichen Positionen sitzenden Nazis, und zwar nicht nur immer der ewige Globke. Sie dürfen nicht vergessen, wer die Chefredakteure in der deutschen Presse waren: Das waren ehemalige U-Boot-Kapitäne oder Leutnants und jedenfalls keine Widerstandskämpfer. Kein einziger Emigrant dabei, niemand hat je zum Beispiel Erika Mann – ich habe selber mit ihr zum Thema ein Fernsehinterview geführt – ein Angebot gemacht, zum Beispiel die Chefredaktion von *Constanze* oder einer Literaturzeitung zu übernehmen. Sie sagte auf meine diesbezügliche Frage: ›Wie gerne! Aber mich fragt keiner!‹ Es saßen Henri Nannen, Rudolf Augstein oder Josef Müller-Marein in den Chefsesseln. Die sagten natürlich immer, wir waren doch keine Nazis – und das mag auch stimmen. Ich will ja nicht unterstellen, daß Rudolf Augstein ein Nazi war, aber er hat Hitlers Uniform getragen und hat sich die Leutnantstressen annähen lassen und hat sich ein Eisernes Kreuz anheften lassen – alles beides kann ich nicht direkt als aktiven Widerstand bezeichnen, wohlgemerkt, damit wir hier keine falschen Zungenschläge ins Interview kriegen, damit sage ich nicht, daß Augstein ein Nazi war. Aber das deutsche Pressewesen war bis hoch in alle Etagen hinein von Leuten bestimmt, die eben auch keine Anti-Nazis gewesen waren. Herr Korn in der *FAZ*, Herr Martin E. Süskind bei der *Süddeutschen Zeitung*. Lesen Sie mal, was Thomas Mann in seinen Tagebüchern über Süskind schreibt! Lesen Sie mal, was Kurt Tucholsky und Thomas Mann über Herrn Friedrich Sieburg geschrieben haben, der damals der Papst in der *FAZ* war für die Literatur.

Und da war doch mal diese kleine Sache, über die man lachen konnte, als der spätere Chefredakteur der *Zeit*, Müller-Marein, in den fünfziger Jahren einen Artikel schrieb mit dem Tenor: Jetzt ist sozusagen das Ende Deutschlands gekommen, jetzt kriegt ein Amerikaner den Goethepreis der Stadt Frankfurt! Und dieser Amerikaner hieß Thomas Mann. So war das Denken. So war dieser Kuchen von Hefe durchzogen, und da wurde man manchmal auch jäh und unkontrolliert und sagte, jetzt haben wir wieder einen Nazi erwischt. Daß man das dann im Fall Lübke nicht beweisen konnte und daß Ihr Vater vielleicht fahrlässig war, ist jetzt eine andere Sache, aber der Impuls war: Wir wollen uns aller dieser Leute erwehren. Und so war eben die Stimmung, die vor 68 zu 68 hinführte.«[36]

Café Moskau

Nachdem der zweite Lübke-Artikel von Robert Neumann in KONKRET weder politisch noch bei den Medienkollegen gezündet hat, trifft sich auch Ulrike Meinhof, die sich in ihren Kolumnen bisher nicht mit Lübke befaßt hat, Ende November/Anfang Dezember 1966 in Ostberlin – fast wie in alten Zeiten – mit den Funktionären der »Nationalen Front« und bespricht dort, wie man in ›der Sache Lübke‹ weiterkommen könne. Kaul berichtet in einem extra angelegten Protokoll:

»Protokoll
Über die Besprechung zwischen
Ulrike Meinhof (Ehefrau von Röhl/KONKRET)
Genossen Steinke (Nationalrat) und dem Endesunterzeichneten.

Abredegemäß wurde Frau Meinhof um 20 Uhr am Bahnhof Friedrichstraße von mir abgeholt, und die Staatssicherheit war unterrichtet, so daß die Abfertigung unverzüglich erfolgte. Wir begaben uns dann ins Restaurant ›Moskau‹, wo wir mit dem Genossen Dengler und Genossen Steinke in einem hinteren Raum zusammentrafen.

[...] Frau Meinhof wies zunächst darauf hin, daß sie sich lediglich im Auftrage ihres Mannes in dieser Angelegenheit äußere, daß ihre persönliche Meinung aber die sei, daß die Aufforderung von Neumann an die fraglichen Publizisten der Sache nichts genutzt habe. Diese Publizisten seien, wie sie sagte, trotz ihrer dominierenden Stellung oder gerade wegen dieser dominierenden Stellung Gefangene ihrer eigenen Umgebung. In erster Linie sei es von vornherein ausgeschlossen gewesen, daß diese Publizisten der Aufforderung Neumanns, in die Hauptstadt zu kommen, Folge leisten würden. Tatsächlich hat auch keiner der von Neumann Angesprochenen und Angeschriebenen zustimmend geantwortet. Eine ganze Reihe hat entschieden nein gesagt. [...]

Es wurden dann die Möglichkeiten besprochen, in der Sache selbst weiterzukommen. Frau Meinhof, die verständlicherweise auch das Interesse von KONKRET im Auge hatte, fragte, ob wir nicht neues Material nachschieben könnten, das von KONKRET veröffentlicht würde, wodurch eine neue Aktion gestartet würde. Genosse Dengler hielt das nicht für durchführbar, da wir, wie er meinte, bei der Erwiderung auf die Publikation der Bundesrepublik in dieser Sache bereits alles veröffentlicht hätten, was über den Komplex ›Konzentrationslager‹ vorhanden sei. Was dagegen den kriminellen Komplex 1933/34 anlangt, scheint man im Westen mehr Material zu haben als hier.

Frau Meinhof schlug dann vor, sich an westdeutsche Journalisten der unteren Ränge zu wenden, die weit beweglicher sein könnten, als das mit den von Neumann Angesprochenen der Fall ist. Auch dieser Vorschlag schien nicht schlecht sachdienlich zu sein. [...]

In diesem Sinne wurde die Zusammenkunft gegen 22.30 Uhr beendet. Ich brachte Frau Meinhof zum Bahnhof Friedrichstraße zurück, wo sie wieder mit Hilfe des Offiziers vom Dienst unbürokratisch abgefertigt wurde, um nach Westberlin zurückzufahren. [...]

Berlin den 1. Dez. 1966 F. K. K.«[37]

Wie hoch die Sache aufgehängt war, zeigt sich auch daran, daß Rechtsanwalt Kaul das Protokoll selbstverständlich auch Stasi-Minister Mielke persönlich zusandte. Parallel zu den Bemühungen, über KONKRET die Lübke-Geschichte zu lancieren, bemüht sich Kaul den Fall bei Rowohlt in Hamburg zu plazieren. Sein Gesprächspartner Fritz J. Raddatz ist zunächst zuversichtlich, bei Rowohlt ein Buch über Lübke machen zu können, lehnt aber ab, als Kaul auch hier nicht mit den Originaldokumenten rüberkommt.

Der Grenzgänger

Wer war eigentlich dieser Prof. Dr. jur. Friedrich Karl Kaul? Er war die wahrscheinlich kurioseste und bedeutsamste ›Allzweckwaffe‹ der DDR seiner Zeit. Der aufrechte Sozialist Kaul, der schon bei dem Prozeß um das

Verbot der KPD eine wichtige Rolle als Rechtsanwalt der KPD/SED gespielt hat und auch in APO-Kreisen später als Anwalt aushilft, war in diesen
Jahren mit Privilegien und Macht so ausgestattet, daß man ihn getrost als
im Rang eines Sondermitglieds des Politbüros ansehen durfte. Klugerweise
verkaufte die DDR Kaul nicht wie einen Amtsträger, sondern Kaul gerierte
sich wie ein unabhängiges Organ der Rechtspflege, eben als Rechtsanwalt
zwischen den verfeindeten Systemen mit Zulassung auf beiden Seiten des
Eisernen Vorhangs. Diese simultane anwaltliche Präsenz war zumal während
der Zeit des FDJ-Verbots (1951–1969) und des KPD-Verbots (1956–1969)
in Westdeutschland von unschätzbarem taktischem und operativem Wert für
die DDR.

Kaul war in der DDR jedem Kind bekannt, da er über Jahre direkt nach
dem Ost-Sandmännchen eine populäre Sendung über Recht und Sozialismus im Fernsehen hatte. Er war Rechtsanwalt, Schriftsteller, Entertainer,
Fernsehmann, Justitiar des Fernsehens der DDR und vieles mehr. Kaul, Sohn
eines Posener Textilhändlers und dessen jüdischer Frau, hatte in der Nazizeit im Konzentrationslager gesessen, war dann nach Südamerika emigriert
und kurz nach dem Krieg in die SED eingetreten. Er war ein sympathischer
Hemdsärmel, ein Macher, dessen Auftritte vor westdeutschen Gerichten
und Medien eine gefürchtete Sache waren. Kaul war ein privater Sonder-
botschafter Ulbrichts und Honeckers, der Offiziöses zu bewirken vermochte
und dann wieder in die Rolle eines Rechtsanwalts schlüpfte, der im Rahmen
privatrechtlich abgeschlossener Anwaltsverträge seinen Klienten in Rechts-
sachen behilflich war. So war er eben auch – ganz normal – der Rechtsanwalt
von KONKRET.[38]

Er war Kommunist, was ihn nicht daran hinderte, am Kapitalismus teilzunehmen. Nicht nur, daß er den Luxus etwa des Hotels »Vier Jahreszeiten«
in Hamburg – damals das erste Haus der BRD – genoß, er gab sich auch voll
und ganz der kapitalistischen Attitüde oder gar dem Kapitalismus selber hin.
Luxuriöse Briefmarkensammlungen waren sein Ding, und wenn er aus der
DDR kam, verkaufte er gern wertvollen Schmuck an eingeweihte Westdeutsche, wem auch immer die DDR diesen Schmuck abgeknöpft hatte. Seiner
Frau bot er großbürgerlich-westlichen Lebensstandard. »Er hatte viel mehr
Geld als wir«, erinnert sich Klaus Röhl, »und lud uns immer zum Essen
ein.« Der Bundestagsabgeordnete und Hamburger CDU-Chef Dirk Fischer
erinnerte sich an seine Studententage in den sechziger Jahren und erzählte
mir: »Da Kaul zu einer Veranstaltung in der Uni ohne jede Absage einfach
nicht gekommen war, gingen wir vom RCDS in sein Hotel, er logierte da-

mals im ›Vier Jahreszeiten‹, um ihn direkt zu fragen, warum er uns im Stich gelassen hätte. Im ›Vier Jahreszeiten‹ sagte man uns, er sei nicht da, er wäre im Fischereihafenrestaurant. Wir fuhren also zum Fischereihafenrestaurant, wo wir Kaul mit einer schönen, jungen, blonden Frau beim Dinieren sitzen sahen. Er hatte also seinen Vortrag in der Uni aus ganz speziellen Gründen vergessen. Wir protestierten vor dem Restaurant.«[39]

Kaul verabredete sich mit der feinen Gesellschaft. Sein Hang zur besseren Lebensart muß mitreißend gewesen sein, denn er schaffte es, selbst Renate Riemeck zu einem Treffen in den feinen »Frankfurter Hof« in Frankfurt am Main zu locken. Renate Riemeck hielt Kaul für eine solche Autorität und Vertrauensperson, daß sie ihm Anfang der siebziger Jahre, als Ulrike Meinhof im Untergrund war, ein ganzes Konvolut von Meinhof-Briefen aus den Jahren 1962–1970 zur Aufbewahrung übergab, weil sie diese Briefe dem Zugriff der bundesdeutschen Behörden entziehen wollte. Leider sind nach meiner Kenntnis diese Briefe bis heute verschollen.

Es ist nicht bekannt, daß die Bundesregierung sich jemals einen ebenso praktischen Kaul angeschafft hätte, der in der DDR und im Westen so frei hat herumfuhrwerken können wie dieser ostzonale Emissär, der bei allen Westlinken ein extrem hohes Ansehen genoß und dem selbst die APO-logeten die Füße küßten. Ein Anliegen der DDR war es stets, in der BRD Skandalverfahren vor hiesigen Gerichten, also förmliche juristische Auseinandersetzungen, zu initiieren und daraus ein Medienspektakel werden zu lassen; so war es auch wiederholt in Sachen Lübke geplant. Wenn einer dieses Spiel mit den Westgerichten und den Westmedien beherrschte, dann war es Friedrich Karl Kaul, der die BRD im Sinne Ostberlins mit ihren eigenen Mitteln an der Nase herumgeführt hat. Gut für KONKRET und gut für das Ehepaar Röhl, einen solchen Hausanwalt Kaul zu haben.

Die Frage, ob das Ehepaar Röhl zufällig und höchst freiwillig immer genau das tat, was die Strategen in Ostberlin sich von den früheren KPD-Mitgliedern Ulrike und Klaus Röhl in dieser Situation erwartet hätten, ist genau die Frage, auf die Klaus Röhl noch heute abhebt, wenn er vollkommen zu Recht sagt: »Wieso, Kaul war ordentlicher Rechtsanwalt in der BRD und hat uns damals ordentlich beraten. KONKRET und auch Neumann haben offengelegt, daß sie über Unterlagen aus Ostberlin berichteten. Es war alles legal!«

Wo war das Problem? Wenn die Bundesrepublik die DDR de facto förmlich einlud, im Westen derartig präsent zu sein, auf der einen Seite die KPD mit großem Brimborium verbot und auf der anderen Seite die aus Ostberlin gesteuerte Gegenoffensive und Unterminierung selber – wie zum Beispiel im

73) Beginn der Studentenbewegung, Hamburg 1967

74) Anti-Springer-Demonstration, 1967

75) Rudi Dutschke spricht zu demonstrierenden
Studenten, 1968

76) Ulrike Meinhof als KONKRET-
Chefredakteurin, 1963

77) Klaus Röhl als Herausgeber von
KONKRET, *1963*

78) Bettina Röhl, 1965

79) V. li.: Regine, Klaus, Ulrike und Bettina Röhl, 1964

80) Familienausflug nach Stade: Klaus, Ulrike und Frida Röhl
mit den Zwillingen, 1966

81) Familie Röhl im Garten des Luruper Hauses, ganz links: Ulrike Röhl mit Bettina auf dem Arm

82) Ulrike und Klaus Röhl auf dem Deutschen Derby, 1966

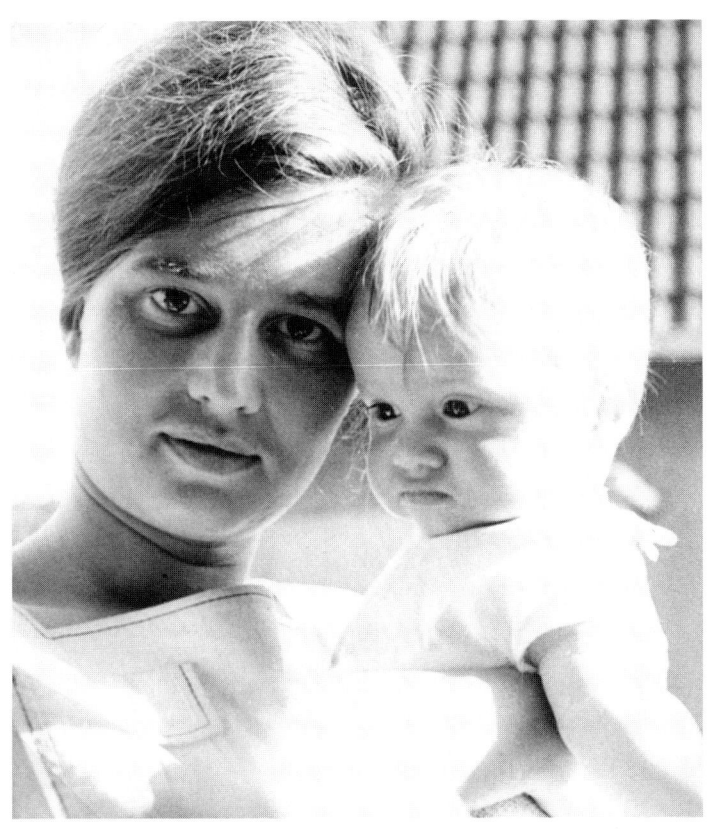

83) Ulrike Röhl mit Bettina, 1963

84) Klaus Röhl liest Regine aus
»Max und Moritz« vor, 1966

*85) Die KONKRET-Redaktion: Mitte stehend: Klaus Rainer Röhl, vorn sitzend: Stefan Aust,
zweiter von rechts sitzend: Wolfgang Röhl, ganz links sitzend: Lothar Menne, 1968*

86) Die KONKRET*-Autoren (v. li.) Ulrich Krause, Rolv Heuer, Uwe Herms und Heike Doutiné, 1966*

87) Ulrike Marie Meinhof, 1967

88) Bettina Röhl und Bahman Nirumand, 2005

89) Hubert Fichte, 1963

90) Ulrike Röhl und Marcel Reich-Ranicki auf Sylt, 1967

91) Bettina Röhl und Marcel Reich-Ranicki, 2004

92) Bettina Röhl und Peter Rühmkorf, 2005

93) Bettina Röhl und Stefan Aust, 2005

94) Bettina Röhl mit ihrem Vater, 2004

95) Fritz J. Raddatz, 2004

96) Andreas Baader und Gudrun Ensslin wegen Kaufhausbrandstiftung vor Gericht, 1968

*97) Von Ulrike Meinhof und ihren Genossen demoliertes Haus
der Familie Röhl in Hamburg–Blankenese, 1969*

98) Kommune 1 in der »Kritischen Universität« in Berlin, 1968

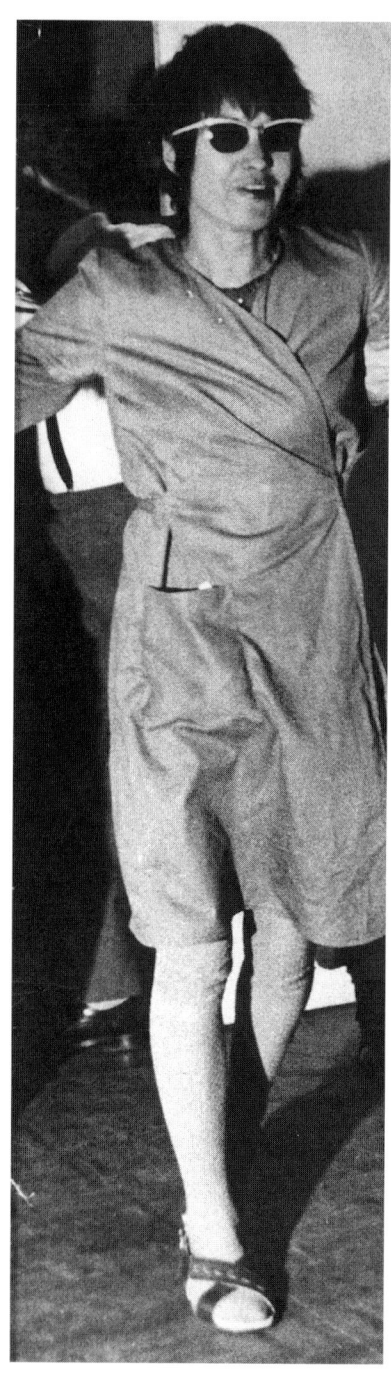

99) Ulrike Meinhof
im Untersuchungsgefängnis
in Köln–Ossendorf, 1972

100) Klaus Röhl mit Regine (auf seiner Schulter) und Bettina im Garten ihres Blankeneser Hauses, Herbst 1972

101) Bettina (hinten) und Regine Röhl, 1981

Fall Anwaltszulassung Kaul – auf höchstem Niveau legalisierte, dann kann
man sich nur über einen wirklich Dummen wundern: nämlich die Bundesrepublik Deutschland.

Kaul war nicht »illegal« wie Kumpf und Kapluck, sondern erfreute sich in
seiner Sonderrolle als Anwalt zwischen den beiden Staaten bester Legalität
und bester Kontakte. So gesehen empfanden Journalisten, die Kaul in Westdeutschland trafen, zunehmend weniger, daß sie tatsächlich, was sie ja wußten, mit dem Vertreter eines diktatorischen Regimes zusammenarbeiteten.
Der Trick: Alles legal, alles offen, alles okay, alles gewollt. Welches Medium
will keine legal zugespielten Skandalgeschichten aus dem Apparat der DDR
frei Haus geliefert bekommen? Hier traf die DDR in den sechziger Jahren
auf eine sich ändernde westdeutsche Medienlandschaft, in der es Mode wurde, Kritik vor allem am eigenen Land zu äußern und die Sensation und die
Quote und den höchst kapitalistischen Erfolg gegebenenfalls in faktischer
Zusammenarbeit mit der DDR zu generieren. Ein Adenauerscher »Kaul«
wäre in Ostberlin Sekunden nach der Einreise wegen Hochverrats für immer
aus dem Verkehr gezogen worden. Die gleichgeschalteten Medien der DDR
hätte ein solch fiktiver anwaltlicher Emissär Adenauers ohnehin nicht erreichen können. Auch die Tarnorganisationen und die Tarnfirmen, deren sich
die DDR und ihr Oberanwalt in der BRD zuhauf bedienten, wären in der
DDR von einem Adenauerschen Advokaten nicht gründbar gewesen, da es in
der DDR de facto überhaupt keine privat gegründeten Firmen gab.

Zwei Jahre später, im Frühjahr 1968, als Henri Nannen das Thema Lübke
im *stern* aufgreift, wird es für diesen ernst, gelangt das in Ostberlin aufbereit-
tete Material an eine große Öffentlichkeit und trägt mit zu Lübkes Rücktritt
bei. Henri Nannen wird von KONKRET für das Aprilheft 1968 interviewt
und wird darin mit einer Plakette »I like Lübke« abgebildet. Er erklärt, daß
sich der *stern* nicht nur wegen Lübkes »KZ-Baracken, sondern auch wegen
der Augenwischerei, die Lübke und seine Berater getrieben haben«, noch
einmal mit dem Bundespräsidenten und seiner Vergangenheit beschäftigt
hätten. Die »Augenwischerei«, die Nannen hier angreift, ist natürlich kein
Beweis für Lübkes Schuld. Allerdings hat Lübke sich auf eine Art verteidigt,
die in der Öffentlichkeit – zu Recht oder zu Unrecht – so ankam, als gebe es
objektiv bewiesene Zweifel an seiner Vergangenheit. Der Trick Nannens ist
der nämliche, den auch Neumann schon angewandt hat: Er sät diffuse Zweifel, die er dann zur unterschwelligen Begründung des zweifelhaft bleibenden
Zustandes verwendet.

Gemäß der Ankündigung auf dem Titel »Interview mit Henri Nannen:

Ist der *stern* links?« stellt KONKRET Nannen zu dessen großer Lübke-Veröffentlichung im *stern* einige Fragen:

> »KONKRET: ›Warum so spät? Zwei Jahre nach KONKRET? Warum haben Sie sich erst jetzt entschlossen, Lübkes falsches Verhalten zu attackieren?‹
>
> Henri Nannen: ›[...] Unsere Recherchen waren langwierig, aber gründlich. Und nun war die Zeit reif. In mir sammelte sich einfach die kalte Wut darüber, daß die Leute in Bonn nicht bereit sind, Antworten zu geben, ihre Autorität in Frage stellen zu lassen. Sie diffamieren jeden Kritiker, indem sie ihn als Handlanger der Kommunisten bezeichnen, und das ist in diesem Lande ein verteufelndes Schlagwort. Lübke war im Dritten Reich ebensowenig ein Held wie wir alle – bis auf ganz wenige Ausnahmen. Aber er steht nicht zu seiner Vergangenheit, und wer nicht zu seiner Vergangenheit steht, dem kann man auch seine Gegenwart nicht glauben.‹«[40]

Nannen war hier kein Enthüller, sondern ein Abstauber, der wußte, wann die Früchte reif sind und gepflückt werden müssen. Es war ungefährlich, Lübke war fällig, und es war ein Rausch, als Medienmacher politische Macht auszuüben. Nannen war halt ein hervorragender Journalist und Blattmacher und verstand die Zeichen der Zeit. Auf den Fall Lübke und die Fakten kam es nämlich inzwischen gar nicht mehr an. Die Bundesrepublik nahm bei der Sache insofern durchaus Schaden, als ihr angeheftet wurde, sie könnte mit einem belasteten Präsidenten nicht fertigwerden. Über Lübke, der oft etwas tüddelig auftrat, wurden übrigens noch während seiner Amtszeit die übelsten Witze gerissen. Beispiel: In Anspielung auf das damals stark beworbene Potenzmittel »Okasa« wurde Lübke in den Mund gelegt, auf einer Japanreise bei einem Besuch in der japanischen Millionenstadt Osaka gesagt zu haben: »It's nice here in Okasa.«[41]

Der ›Fall Lübke‹ wird in Ostberlin, wo die Kampagne seit 1964 geplant und durchorganisiert worden war, nach dem Rücktritt des Bundespräsidenten als »abgeschlossen« angesehen, man befindet: erfolgreich. Und in der Tat wäre es töricht zu behaupten, daß dieses unrühmliche Ende des zum Schluß offen gehänselten Heinrich Lübke, das auch als ein unrühmlicher Absturz der in der großen Koalition gemeinsam mit der SPD regierenden CDU angesehen wurde, keinen Einfluß auf die Bundestagswahl im Oktober 1969 gehabt hätte.

Dieser mit exemplarischem Charakter versehene Propagandaerfolg der DDR geht über die damalige tagesaktuelle politische Bedeutung hinaus. Der nach allem wohl bisher beste Staat auf deutschem Boden, die Bundesrepublik, wurde von einem der unattraktiveren Staaten auf deutschem Boden, der DDR, mit ungeheurem Propagandaaufwand in der öffentlichen Wahrnehmung zu einer Art latentem Bösewicht gemacht – und dies in Abstimmung zwischen Ostberlin und einigen sogenannten Westlinken. Die Bundesrepublik wurde einer der meistgescholtenen Staaten. Die Medien spielten hierbei eine wichtige Rolle. Wie sagte Henri Nannen gelegentlich? Er tönte sinngemäß, daß seine Kritik vor allem deshalb so exponiert der Bundesrepublik gegolten habe, weil er die Bundesrepublik schätzte und sie noch weiter verbessern wollte. DDR-Kritik wurde in den westlichen liberalen Medien wie *stern*, *Spiegel*, *Zeit* oder auch großen Teilen der öffentlich-rechtlichen Rundfunkanstalten dagegen vergleichsweise klein gehalten, nach dem Motto, alles Negative sei ja hinreichend bekannt, und man müsse sich nun der Zukunft zuwenden, und zu diesem Zwecke müsse man die DDR in ihrer Existenz akzeptieren, was natürlich ein Selbstläufer war, und nicht verteufeln. Vieles sei in der DDR ja auch gut und besser als im Westen. Im Systemvergleich der veröffentlichten Meinung in der BRD war die DDR bis Mitte der sechziger Jahre der klare Verlierer, aber danach ein Profiteur der eigenen Propagandasaat, die im Westen Früchte trug. Wenn heute die Fragen gestellt werden – Warum meckern so viele über diesen Staat? Warum gibt es so viel Unzufriedenheit? Warum gibt es ein solches Anspruchsdenken, ideell wie materiell, an diesen Staat? –, darf vielleicht die These gewagt werden, daß die sehr alten, aus Ostberlin einst initiierten Routinen, nämlich den Staat Bundesrepublik abstrakt als einen an allem schuld seienden Staat anzusehen, sich längst verselbständigt haben und heute eben in der Gestalt fortwirken, die aktuell beklagt wird. Warum nur sind so viele Bürger – angeblich – mit der Bundesrepublik unzufrieden? Weil sich die Gesellschaft seit Jahrzehnten in der Gewohnheit bewegt, daß die Bundesrepublik für alle Unbill verantwortlich sei. So hatte es die DDR-Propaganda zu Beginn des Kampfes der Systeme ersonnen und teilweise in der Westöffentlichkeit implementieren können.

In allerneuester Zeit gibt es wieder neue Stimmen, die Lübke als Täter im Zusammenhang vor allem mit einem größeren Einsatz von Zwangsarbeitern sehen und ihm erhebliche Mitschuld an Tod und Leid der in seinem Bereich eingesetzten Menschen geben. Dieser geschichtswissenschaftliche Streitstand soll hier nicht Gegenstand sein. Daß Lübke, wie Henri Nannen es 1968 in KONKRET ausdrückte, kein Widerstandskämpfer war, steht außer Frage. Daß er als jemand, der an der sogenannten Heimatfront in der Rüstung tätige Zwangsarbeiter unter den menschenverachtenden Bedingungen, die damals Zwangsarbeitern zugemutet wurden, einsetzte oder ihren Einsatz duldete oder förderte, muß man heute wohl als mit einer gewissen Wahrscheinlichkeit ausgestattet ansehen. Dieser Aspekt war der DDR damals offenbar weniger wichtig. Insgesamt war die Frage von Zwangsarbeit in der öffentlichen Diskussion weitaus weniger präsent als heute.

CIA meets KGB

Sehr schnell wird das Ehepaar Röhl jetzt in einen Kreis aufgenommen, der sich selber gern das Medienestablishment nannte und vor allem aus Journalisten, Kritikern und Schriftstellern bestand. Die Medialen haben den Aufstieg von KONKRET beobachtet und zollen nun Anerkennung, zeigen Interesse. Man will den Herausgeber der Zeitschrift und auch die interessante, ernste Kolumnistin persönlich kennenlernen, deren Erfolgsgeschichte hören, teilnehmen, plaudern. Die Verleger- und Herausgebergrößen Rudolf Augstein und Gerd Bucerius, der Publizist Joachim Fest oder die Fernsehmacher von *Panorama*, Walter Memmingen und Peter Merseburger, gehörten zu diesem großen Hamburger Medienestablishment, in das Ulrike Meinhof und Klaus Rainer Röhl jetzt stoßen. Hinzu gesellten sich gelegentlich die Gewaltigen des Schöngeistes wie Kritiker Marcel Reich-Ranicki, Fritz J. Raddatz oder Günter Grass. Junge Künstler, zum Beispiel der Maler Horst Janssen und der Galerist Michael Hauptmann, Sohn von Gerhart Hauptmann, antretende Politiker wie die hanseatische SPD-Ikone Freimut Duve und aufstrebende Journalisten und Schriftsteller wie Manfred Bissinger oder Rowohlt-Sohn Harry Rowohlt, der zeitweise auch bei KONKRET arbeitet, gehören dazu. Manchmal läßt sich auch Helmut Schmidt in dieser Runde sehen. Nach Jahren der Isolation, in denen das Ehepaar Röhl auf seine Kontakte im Osten fixiert war und die Kollegen im Westen kaum gekannt hat, freuen sich Klaus Röhl und Ulrike Meinhof, wie das Ehepaar in diesen Kreisen heißt, über ihren Aufstieg.

Klaus Rainer Röhl: »Eva und Peter Rühmkorf, die, seitdem Peter Rühmkorf als Lyriker erste Erfolge feierte, uns nur noch selten besucht hatten, riefen ganz plötzlich häufiger an und sagten so etwas wie: ›Ach, Klaus, wir haben uns ja ewig nicht mehr gesehen, ihr müßt einfach zu unserer nächsten Party kommen‹, und auf dieser Party lernten wir neue Leute kennen wie zum Beispiel die große Partygeberin Helga Hegewisch, genannt Hexi, die uns

damals als reiche Reederstochter und Frau eines Südfruchtgroßhändlers als
der Inbegriff des von uns bekämpften Kapitalismus erschien. Sie war aber an
Kunst interessiert und kümmerte sich um Künstler wie zum Beispiel Horst
Janssen. Plötzlich lernten wir all diejenigen Menschen kennen, die wir jahrelang in unseren Artikeln als anonyme Feinde bekämpft hatten, und stellten
zu unserem großen Erstaunen fest, daß diese Leute eigentlich wahnsinnig
nett waren. Alle waren sofort an Ulrike interessiert, und so wurden wir also
auch zur nächsten Party bei Hexi Hegewisch eingeladen, bei der sich damals
fast das ganze liberale Hamburger Medienestablishment traf, und nahmen
plötzlich wie selbstverständlich an einem gesellschaftlichen Leben teil, das
bis dahin an uns vorbeigegangen war.«

Hexi Hegewisch, die Tochter des großen Hamburger Reeders und Süd-
früchtehändlers Willy Bruns, Mäzenin, Gesellschaftsdame und heute erfolgreiche Romanautorin, damals mit dem Kaufmann Klaus Hegewisch und
später mit dem im Juni 2004 verstorbenen Mel Lasky verheiratet, war ein
Partymittelpunkt. In jungen Jahren war Helga Hegewisch als eine Queen
des Norddeutschen Regattavereins mit der elektrisierenden Abkürzung NRV
einst in das Hamburger Partyleben gestartet. Jetzt faszinierten sie offenbar
besonders die Intellektuellen und die Künstler. Auf das Supergeld reagierten
diese jungen Linksintellektuellen und Künstler wie die Motten auf das Licht,
aber Hexi verstand es auch, die etablierten Größen für sich zu interessieren.
Natürlich lud sie damals auch aufgeklärte Freunde aus der hanseatischen
Kaufmannschaft von Alster und Elbe ein, doch dies waren vergleichsweise
wenige.

Rühmkorf über den Aufstieg der Röhl-Rühmkorf-Clique in den Partykreis Hegewisch:

> »In diese Linkslücke nun stieß beziehungsweise fiel oder wurde zum Einfallen
> eingeladen der KONKRET-Kreis, der wiederum gar kein richtiger runder Kreis,
> sondern eine freundschaftliche Assoziation der Röhl/Meinhof-Gruppe und
> der plebejischen und sozial unterprivilegierten Rühmkorf/Lercher-Bande-
> mit-einem-Rattenschwanz-von-Arbeiter-und-Bauern-und-Kleinbürgerkin-
> dern war, die vor allem einen gewaltigen Appetit mitbrachten.«[42]

Einen eigenen Partymittelpunkt bildete der Deutsch-Grieche und Journalist Peter Coulmas, Mittelpunkt eines eigenen illustren Völkchens von eher
konservativen Liberalen. Es handelte sich um die Hamburger oder bundesdeutsche Fraktion einer in Mailand gegründeten Initiative, genannt »Kongreß für die Freiheit der Kultur«, einen nicht eingetragenen Verein von nicht

unbekannten Antikommunisten aus der intellektuellen Szene Westeuropas und Amerikas. Zum engeren Kreis dieses Hamburger »Kongresses« gehörten der italienische Schriftsteller und Renegat Ignazio Silone, der Schriftsteller Arthur Schlesinger aus den USA und die beiden Verantwortlichen der europäischen Kulturzeitschriften *Der Monat* (Deutschland), *Encounter* (England) und *Preuves* (Frankreich, Schweiz), nämlich Melvin J. Lasky und François Bondy. Dieser Kreis wurde, wie man bald enthüllte, ohne daß er seine intellektuelle Eigenständigkeit aufgab, von der CIA unterstützt.

Wie empfanden diese Leute, die im kalten Krieg der fünfziger Jahre auf der anderen Seite gestanden hatten und die Gegner von Klaus Röhl und Ulrike Meinhof gewesen waren, nun die Zeitschrift KONKRET? Ich habe dazu Marcel Reich-Ranicki, den damaligen Literaturkritiker der *Zeit,* befragt: War ihm und den anderen Journalisten und Rundfunkautoren der ursprünglich kommunistische Hintergrund der Zeitschrift KONKRET bekannt?

Marcel Reich-Ranicki in dem Interview, das ich im Februar 2004 mit ihm führte: »Daß KONKRET eine linke Zeitschrift war, war selbstverständlich. Dies war ja auf den ersten Blick zu sehen. Es wurde gesagt und als ziemlich sicher angenommen, daß sie von der DDR finanziert wird. Das ist alles. Man wußte, daß sie von der DDR finanziert wird. Auch Leute aus der späteren DKP sind ja oft nach Ostberlin gefahren, um Geld zu holen und Geld zu bringen, das wußte man auch. Ich kenne auch eine Person, die – bis heute kenne ich die –, die das ziemlich regelmäßig als junge Person gemacht hat. Und daß also KONKRET damals von der DDR finanziert wurde, war bekannt. […] Man machte sich in den Kreisen, in denen wir im Hamburger Medienestablishment damals verkehrten, darüber nicht sehr viele Gedanken. Nun, es war bekannt, ja, so ist das, und die Leute halten das für richtig, daß eine solche Zeitschrift erscheint.«

Andererseits beschreibt zum Beispiel der Lyriker Peter Rühmkorf, damals auch KONKRET-Mitarbeiter, in seinen Memoiren *Die Jahre die Ihr kennt* die Partygesellschaft der sechziger Jahre in Hamburg als ein Zusammentreffen von verdeckten Kommunisten oder Exkommunisten wie Ulrike Meinhof und Klaus Rainer Röhl auf der einen Seite – mit Leuten, die den Kommunismus bekämpften und einer Organisation angehörten, die den schwergewichtigen Namen trug »Kongreß für die Freiheit der Kultur«, auf der anderen Seite. Der »Kongreß« wurde von der Henry-Ford-Stiftung finanziert, diese wiederum von der CIA, so die Gerüchte. Rühmkorf schrieb ein wenig schwärmerisch davon, wie nun die Fronten bröckelten und Ulrike und Klaus Röhl etwa mit dem Ehepaar Coulmas zusammenkamen, die in

dem Ruf standen, eben diesem »Kongreß für die Freiheit der Kultur« nahe-
zustehen.

Bettina Röhl im Gespräch mit Marcel Reich-Ranicki: »Wie muß man
sich das damalige Partyleben, das ich als Kind zusammen mit den Kindern
zum Beispiel der Familien Coulmas, Hegewisch und Duve und vielen anderen gelegentlich mitbekommen habe, vorstellen: Trafen damals Protagonisten aus beiden Lagern des kalten Krieges aufeinander, und waren deshalb
die Partys in den sechziger Jahren so angeregt und lustig?«

Marcel Reich-Ranicki: »Man wußte – es war ein offenes Geheimnis –,
was KONKRET war. Was der ›Kongreß für die Freiheit der Kultur‹ war, wußte man ungefähr. Ich ging oft zu den Veranstaltungen des ›Kongresses für
die Freiheit der Kultur‹, da am Klosterstern, Nonnenstieg in Hamburg, und
ich habe da verschiedene Leute kennengelernt, zum Beispiel Gert von Pac-
zensky, Puttkamer, Uexküll und eben auch Peter Coulmas. Den haben wir da
oft gesehen.«

Bettina Röhl: »Zu dem Hintergrund des ›Kongresses für die Freiheit der
Kultur‹, für den viele Medienstimmen aus der *Zeit*, vom *NDR*, vom *Spiegel*
usw. sich engagierten und zum Beispiel auch für das damals wichtige Presseorgan dieser Vereinigung namens *Der Monat* schrieben, habe ich ein Interview mit Mel Lasky gemacht, der ja einer der Protagonisten dieser antikommunistischen Vereinigung war. Mel Lasky äußerte sich allerdings sowohl in
dem persönlichen Interview als auch auf einer öffentlichen Veranstaltung im
Jahre 2000 nur vage dazu, ob der ›Kongreß für die Freiheit der Kultur‹ nun
eine CIA-finanzierte Veranstaltung war oder nicht. Wo standen Sie als ehemaliges Mitglied der polnischen KP, nachdem Sie 1958 nach Westdeutschland gekommen waren?«

Marcel Reich-Ranicki: »Der politische Hintergrund – nun ja, es waren da
Gerüchte, also man hat gehört, daß da die CIA dahinterstand. Aber wissen
Sie, Liebe, das hat mich überhaupt nicht gestört. Also das hat mich nun
wirklich nicht gestört. Die waren ja gegen die Sowjetunion. Und alles, was
gegen die Sowjetunion war, war ja schon irgendwie akzeptabel in jenen Jahren. Aber mein Interesse ging damals in andere Richtungen.«[43]

Fritz J. Raddatz, der andere große Literaturkritiker und Rowohlt-Cheflektor, der damals in denselben Partykreisen zwischen Sylt und Hamburger
Medienestablishment zu Hause war, erinnert sich:

Fritz J. Raddatz: »Ich bin allerdings, und da klaue ich jetzt ein Wort von
Tucholsky, der hat sich mal so genannt, und so würde ich mich auch nennen:
ein Anti-Antikommunist. Das fand ich immer eine plausible Formulierung.

Ich wollte nach meiner Flucht in den Westen nicht in den kalten Krieg geraten und habe mich auch sehr dagegen gewehrt, jetzt Antikommunist zu werden. Ich hätte mich sehr schnell – damals gab es eine starke Strömung, Zeitschriften wie *Der Monat*, *Preuves* usw., also eine ganze Gruppe sehr einflußreicher Intellektueller nicht nur in Deutschland, sondern auch in Frankreich, England, Amerika usw. – denen hätte ich mich anschließen können, aber das wollte ich partout nicht.«

Röhl: »Sie blieben gegenüber dem ›Kongreß für die Freiheit der Kultur‹, dem diese die kommunistischen Diktaturen bekämpfenden antikommunistischen Intellektuellen angehörten, distanziert?«

Raddatz: »Ich war mehr als distanziert. Ich war sogar auch ungerecht. Aus Dickköpfigkeit waren mir alle, die zu diesen Kreisen gehörten, verdächtig und unsympathisch, und ich erinnere mich etwa daran, wie ich Manès Sperber sehr unfair und ungerecht behandelt habe. Heute müßte ich mich dessen schämen, aber jetzt ist er lange tot. Es gab eine große Podiumsdiskussion Mitte der sechziger Jahre hier an der Hamburger Universität zwischen uns beiden, und ich bin fürchterlich über ihn hergefallen, weil er für mich eine Mischung aus Agent des Imperialismus, Renegat, Dissident und ich weiß nicht was alles war und das, ohne wirklich genauer nachzudenken, ob nicht ein Großteil moralisches Recht auch auf seiner Seite war. Ich hatte diese Sperre, ich wollte sozusagen nicht in die RIAS-Mikrofone [AdA: Rundfunk im amerikanischen Sektor] sprechen.«

Röhl: »Wenn Sie also damals mitnichten Kommunist waren – welche Art von Linkssein war es damals überhaupt, zu dem Raddatz, aber auch viele andere, die wie Sie gut lebten, sich bekannten? Sie fuhren Porsche, bevorzugten die feinen Restaurants, wohnten in Hamburg am Alsterlauf und liebten Kaschmir und Maßanzüge. Diese Privilegien genießend, nannten Sie sich Anti-Antikommunist …«

Raddatz: »Es war damals ein ganz ungeprüftes Links. Bedenken Sie, daß selbst ein Mann wie Gerd Bucerius – im landläufigen Sinne gewiß nicht ›links‹ – damals den ›Club Voltaire‹, also den Sammelpunkt der Linken, finanziell unterstützte. Links zu sein war auch damals schon ein bißchen schick, ähnlich wie auch bei Ihren Eltern Klaus Rainer Röhl und Ulrike Meinhof – mit schlimmen Konsequenzen, zumindest was Ihre Mutter betrifft. Dieses Linkssein war damals sehr vage, es war eine Sache, die man gar nicht hätte definieren können. Wenn man damals denjenigen gefragt hätte, warum bist du links und was hast du gelesen und hast du dich eigentlich schon mal mit Rosa Luxemburg auseinandergesetzt, um mal nicht ewig nur

Marx zu nehmen, oder hast du mal Trotzki gelesen, dann wäre da nichts gekommen. Die meisten hatten gar nichts oder kaum etwas gelesen. Obwohl man sich die Bücher in dieser Zeit nicht zuletzt auch aus der DDR hätte besorgen können.«

Die Mitglieder des »Kongresses für die Freiheit der Kultur« und die Linken kommen sich in diesen Jahren näher, diskutieren miteinander, hören Interessantes von der anderen Seite und reden gemeinsam über eine völlig neue Bewegung, die neu entstehende außerparlamentarische Opposition, mit der weder die alten Kommunisten noch die früheren Antikommunisten etwas zu tun hatten und die sich vor allem in Berlin zu formieren beginnt. Die Fronten des kalten Krieges – in den fünfziger Jahren noch verhärtet – beginnen sich aufzulösen. Peter Coulmas, damals ein angesehener *NDR*-Mann, war an der intellektuellen Auseinandersetzung mit jungen Leuten und Studenten, denen er zu Hause kleine Privatseminare erteilte, genauso interessiert wie zunehmend auch an der Auseinandersetzung mit den linken Gegnern. Nicht nur die junge Studentin Wiebke Bruhns, eine Kommilitonin seiner Frau Danae Coulmas an der Hamburger Universität, sitzt ihm bei diesen »Seminaren« zu Füßen, auch viele andere junge Studenten und Schriftsteller, die Coulmas zu Essen und Partys einlädt, gehen im Hause Coulmas in Hamburg-Ahrensburg ein und aus. Er ist ein interessierter, guter griechischer Hobbykoch und leidenschaftlicher Gastgeber und stößt als solcher bald mit Leidenschaft in den hauptsächlich von Hexi Hegewisch angeführten Hamburger Partykreis vor.

Über gemeinsame Rundfunkarbeit hatten sich die recht ungleichen Disputanten Ulrike Meinhof und der 20 Jahre ältere Peter Coulmas kennen- und wohl auch schätzengelernt und schon bald auf das heftigste miteinander zu diskutieren begonnen. Der konservative Peter Coulmas und die linke Ulrike Meinhof unterhielten sich bald intensiv auf Partys und fanden bei ihren Diskussionen viele Zuhörer. Und sicherlich hat Peter Coulmas bei diesen ersten Gesprächen auch heftig geflirtet, denn das war bei ihm sozusagen nicht anders möglich, wenn er mit einer jungen Frau politisch angeregt stritt. Über die Verbindungen der Feiergesellschaften Coulmas, Hegewisch und Röhl/Rühmkorf schrieb letzterer 1972 seinen Abgesang auf die Partyszene für Insider:

»Gespeist aus den Liberalenpotenzialen bei Funk, Fernsehen, *Spiegel*, *Zeit* und dem ›Kongreß für die Freiheit der Kultur‹, bildeten sich private Diskussionszirkel, Gesprächs- und Geselligkeitskreise, kleine Partyrepubliken, in denen sich sympathetisch zusammenfand, was mit der Entwicklung im großen nicht zufrieden war und sein Meliorationsbedürfnis dennoch lieber im kleinen ausdrückte, kurz, das den Luxus seiner Abweichung genießende und pflegende ›Establishment‹, etwas links vom ESTABLISHMENT. Von diesem ungemeinen Gemeinwesen entschieden das interessanteste, bunteste, lustigste hatte sich Mitte der Sechziger im Haus des Rundfunkkommentators Peter Coulmas abzusetzen begonnen, nur das genügte dem Erfinder nicht, Satz war nicht sein Element, Inzucht nicht sein Metier, und so strebte er unermüdlich (wenn auch mit Numerus clausus) auf eine Erweiterung nach außen und leichter Öffnung nach links.«[44]

Horn und Prange statt C & A

Die Röhls mischten nach Kräften mit. Unser Leben änderte sich erheblich. C & A und die Mönckebergstraße sind Vergangenheit, Horn am Neuen Wall wird zum Hoflieferanten von Ulrike Meinhof. Garderobe für jeden Anlaß und jede Tageszeit, Schmuck und Schmückendes, Blusen, Abendkleider und Stöckelschuhe. Klaus Röhl geht auf Ledersohlen, bei Prange gekauft, und trägt Maßkonfektion. Meine Eltern setzen auf die hoffentlich besten Pferde auf dem Deutschen Derby in Hamburg-Horn und lieben Theaterpremieren, wo man des öfteren wieder unter sich war. Bald kannten sie sich in den Elbvororten, in Wellingsbüttel, in Harvestehude oder auf der Uhlenhorst besser aus als in Lurup, wo sie nur noch schliefen. Ulrike und Klaus Röhl verraten ihr kleines Geheimnis, jahrelang Mitglieder der illegalen KPD gewesen zu sein, nicht. Statt dessen gerieren sie sich wie Jungunternehmer, die es aus eigener Kraft und mit hohem journalistischem Anspruch geschafft hatten, was zum Teil ja auch stimmt.

Obwohl vor allem Klaus Röhl klassische Kleinbürgervorurteile gegen die Reichen und Erfolgreichen hegt und im Grunde weniger als Kommunist denn als ›Kleinbürger‹, als der er sich fühlt, den tiefen Glauben in sich trägt, daß ›die da oben‹ nur Ausbeuter und oberflächliche Glücksritter sind, gelingt es ihm mit Ulrike ganz gut, die speziellen Spielregeln der Society als erste Fremdsprache zu erlernen und auf ›deutsch‹ seine Fremdsprachenlücken durch Persiflagen, durch Ironie oder Sarkasmus zu füllen. Er wird geradezu ein Experte dieses Regelwerks, welches er nicht ganz so hochgestellten Freunden und Bekannten, seinen Eltern – und irgendwann immer häufiger auch seinen Töchtern – permanent zu erläutern versucht. Umgehauen hat

Klaus Röhl, glaube ich, das viele Geld, das die richtig Reichen zur Verfügung hatten, und die Lebensqualität und die Möglichkeiten, die so ein Vermögen wirklich bedeuten kann, die Lässigkeit, die bescheidene Verschwendung, die Nebensächlichkeit einer Beule im Bentley, die urplötzliche Kleinlichkeit der Reichen, mit kleinen Lieferanten oder Dienstleistenden um Pfennigbeträge zu streiten, was dann ebenso plötzlich aus Prinzip notwendig sei, oder das vergessene Ferienhaus am Lago Maggiore, in das man doch eigentlich auch mal wieder fahren könne. Das alles hat meinen Vater im Grunde genommen fix und fertig gemacht, was keineswegs nur unsympathisch ist. Großbürger, Großerbe, Playboy und Bardot-Verführer Gunter Sachs wurde, so scheint mir im nachhinein, der wahre Lebenstraum meines Vaters, der sich als Kaufmann ohnehin, aber auch als fester redaktioneller Mitarbeiter gern aus seinem Unternehmen KONKRET zurückgezogen hätte und nur noch zwischen Dolce vita und gelegentlichen journalistischen Geniestreichen hin und her gejettet wäre.

Die Nordseeinsel Sylt und das Mekka der damaligen Reichen und Witzigen Deutschlands, Kampen, lernt Klaus Röhl in diesen Jahren ebenfalls kennen, als er unter seinem Pseudonym Michael Luft eine Reportage über die Reichen und die Nackten der Insel macht. Noch einmal aus der Sicht des Kommunisten und bisherigen St.-Peter-Ording-Fahrers berichtet er in KONKRET fasziniert:

>»Ja, was ich noch sagen wollte, was ich gar nicht genug bewundern konnte – diese Stille, diese Harmonie. Die nie zerrissen wird durch streitende Ehepaare, keifende Mütter, bockige Kinder und laute Halbstarke. Keine schlechte Laune, keine Probleme. Schöne neue Welt. Der Trostspruch Geld macht nicht glücklich, was meint ihr, was die Reichen für Probleme haben, erweist sich im Zeitalter von Bircher-Müsli und Tiefenpsychologie als glatter Humbug. Sie SIND glücklich, sie sind gesund und harmonisch, und wer etwas anderes behauptet, ist einfach neidisch und mißgünstig. [...] Dazu gehören: Nordseeluft, Jodgehalt, vitaminreiche, aber fettarme Kost, Abwechslung in der Liebe und täglich eine Stunde Reiten. Und etwas Geld, gar nicht mal viel, aber doch mehr, als man mit Arbeit verdienen könnte. Dann kann man teilnehmen an diesem FREIEN Leben in Kampen, diesem GERMAN WAY OF LIFE ...«[45]

Ulrike Meinhof geht auf dem Parkett der Reichen und Schönen einen anderen Weg. Sie bleibt eine, wenn auch sehr beliebte, Außenseiterin, die aber aus ihrer Rolle noch viel weniger herauskam, als die anderen es gemerkt haben wollen. Sie hatte die Schwäche, eine Außenseiterin sein zu müssen, und die Stärke, diese Rolle aushalten zu können. Damit hatte sie aber natürlich auch die Vorteile, die eine solche Rolle bietet und die sie durchaus einzufahren verstand. Deshalb ist ihr wohl auch aus dem Bewußtsein, eine Außenseiterin zu sein, die Rolle der Gesellschaftskritikerin inmitten der Gesellschaft genug und zunächst nicht unangenehm. Auch von ihr ganz strebsam verfolgte Siege bleiben meistens taktischer Art, so daß auf ihrer Seite inmitten einer Menschenansammlung immer eine gewisse Isolation bleibt. Sie hat es verstanden, auf den gesellschaftlichen Veranstaltungen besonders den Frauen Bewunderung abzunötigen und zu einem Partymittelpunkt auch unter Männern zu werden, indem sie beim Flirten immer die reizend wirkende, von ihr aber tatsächlich nicht zu überspringende Distanz wahrte und eine provokative Konversation führte. Eine echte Dramatik wußte sie auch, gezielt eingesetzt, zu spielen, und ein eiserner Wille zum Starksein, zum Siegen auf jeden Fall, zog viele Menschen an. Fast, so scheint es, traten diese untereinander in einen Wettkampf ein, wer es denn schaffte, sie einmal weichzumachen und aus der harten Schale ihrer Reserve herauszulocken.

Peter Rühmkorf hierzu: »Zum einen unerbittliche Gesellschaftskritikerin, zum andern Teil der feinen, der gehobenen Gesellschaft, in diesem schillernden Quasi also bewegte sie sich, sehr locker und sehr bestimmt, und nichts deutete darauf hin, daß ihr dies Zwielicht unangenehm war.«[46]

Einer dieser Männer, mit denen sie immer wieder diskutierte, war der Historiker, Publizist und frühere Mitherausgeber der *FAZ*, damals Chefredakteur von *Panorama*, Joachim Fest, der sich im Herbst 2004 in seinem Buch *Begegnungen* über eine Zeit äußert, in der er Ulrike Meinhof immer wieder im Rundfunk, auf Empfängen und auf Partys traf. Joachim Fest beschreibt, wie er mit ihr spricht, schreibt über gemeinsame Auseinandersetzungen auf Partys und wie sie diese zum Teil zu zweit im Café fortsetzen.

Joachim Fest in der *Zeit* vom 7. Oktober 2004 zu seinem Buch *Begegnungen*:

> »Wir stritten uns unablässig über die Bundesrepublik und die Welt. Sie war ein Doppelcharakter: einerseits ideologische Strenge, andererseits Lebenslust. ›Heute wird nicht geredet!‹, rief sie mir einmal beim Tanzen zu, und beim nächsten Mal: ›Sie entgehen mir nicht!‹ Sie war schon damals dabei, die Jeanne d'Arc der Linken zu werden. Ich glaube, sie empfand gerade deshalb für mich eine gewisse Sympathie, weil so viele Leute der Hamburger Gesellschaft sie geradezu bewunderten. Einmal blickte sie in die Runde und sagte mir: ›Alles Sympathisanten, nur Sie nicht!‹«[47]

Ein interessanter Freund also für Ulrike Meinhof, der ernsthaft zuhören und diskutieren kann. Fest beschreibt in seinem Buch, daß Ulrike Meinhof ihm sogar einmal eine Kolumne gewidmet hätte, nämlich als er vom *NDR* seines Postens enthoben wurde. Dies sei im Herbst 1967 gewesen.[48] Sie habe sogar eine kleine Protestgruppe organisiert, die vor dem Funkhaus an der Rothenbaumchaussee in einer spontanen Aktion zusammen mit Peter Rühmkorf, Stefan Aust und anderen gegen seine Absetzung protestiert habe. Auch Klaus Rainer Röhl war bei dieser spontanen Aktion dabei, die Ulrike Meinhof organisiert hatte, und schimpft noch heute über die neuen Freunde aus dem Establishment, von denen alle am Telefon enthusiastisch ihre Beteiligung an dem spontanen Protest zugesagt hatten, und darüber, wie er, Ulrike, Lyngi und die paar anderen dann letztlich doch allein vor dem Funkhaus im Regen mit einem Minigrüppchen gestanden hätten. Die Kolumne von Ulrike Meinhof »Joachim Fest oder Die Gleichschaltung« kam allerdings nicht im Herbst 1967, sondern im August 1966 heraus, und auch die Protestaktion vor dem Rundfunk fand bereits zu diesem Zeitpunkt statt. Fest war zum 1.1.1967 gekündigt worden.[49]

Einer der Gründe, weshalb Ulrike Meinhof so gegen die Absetzung von Fest protestierte, war die sich anbahnende große Koalition im September 1966, die ihrer Ansicht nach eine der Ursachen dafür war, daß man Fest gekündigt hatte. Daß der Historiker Fest hier ein so entscheidendes Datum verwechselt, stimmt ein wenig nachdenklich. Hat er in seinem Erinnerungsbuch auch Faktisches über Ulrike Meinhof vermitteln wollen, oder wollte er nur seine Gefühle zu ihr und über sie ausdrücken? Die Betrachtungen Joachim Fests zu Ulrike Meinhof wirken seltsam zeit- und raumlos. Gerade zu einer mythen- und legendenbesetzten Person wie Ulrike Meinhof hätte man sich KONKRETes, Faktisches von einem so wichtigen Zeitzeugen wie Joachim Fest gewünscht, der wohl doch als ein Freund von Ulrike Meinhof gelten darf, statt belletristischer Betrachtungen.

Renate Riemeck über Ulrike Meinhof auf diesen Partys:

»In ihren Briefen hat sie mir geschildert, wie diese Feste vor sich gingen und wie sie sich dabei fühlte. Es gefiel ihr. Sie betrachtete diese Feste mit einer gewissen Ironie und Distanz, und gleichzeitig fand sie es angenehm. [...] Sie hat darüber mit mir oft gesprochen: Weißt du, es ist ja ganz schön, wenn man im Abendkleid mit diesen Leuten tanzt und diskutiert. Da kann man die verrücktesten Dinge sagen, weil sie das nur ungewöhnlich finden und gleichzeitig herrlich. Das nutze ich aus, denn dann bin ich wer. Wenn ich dort ganz normal auftreten würde, wär' ich ja nichts unter ihnen.«[50]

Freunde meiner Eltern beobachteten, daß meine Mutter sich ganz besonders darum bemühte, in die ›höheren gesellschaftlichen Sphären‹ vorzudringen. Mein Eindruck dagegen ist, daß mein Vater und – wie ich denke – auch Peter Rühmkorf ihr diese Rolle gern und geschickt zuschoben, um zu verbergen, wie wichtig ihnen selber die ›höheren Sphären‹ waren, die auch heute noch wichtig für sie sind. Peter Rühmkorf, der seinen Freund Klaus Röhl gern auch mal als einen beschreibt, der von den anderen als »Kotzbrocken« wahrgenommen wird, schrieb also – die Eitelkeit von Ulrike Meinhof vor seine eigene stellend:

> »Wenn einer von den Röhls zielsicher und kontaktstrebig auf die oben geschilderte Society zusteuerte, dann war es vor allem Ulrike; Röhl hatte eher die Gabe, nein, das schon zwanghafte Bedürfnis, sich anzulegen, sich Feinde zu machen, Leuten auf die Zehen zu treten, Gespräche brüsk abzubrechen, die Diskussion in schrille Höhen zu bringen oder sich herausfordernd zu spreizen. Während man ihn als unvermeidlichen Kotzbrocken mit in Kauf nahm, zog man sie liebreich an die Brust und schmückte sich mit ihr; und sie schmückte sich für die Gesellschaft und trug zum Gloria-Modellkleid [AdA: ›Gloria‹ war zu der Zeit die angesagteste Boutique im Souterrain der Colonnaden in Hamburg] gern das handgehämmerte Skoludagehänge.«[51]

Früheren Freunden aus der Anti-Atomwaffen-Bewegung gegenüber, wie zum Beispiel Monika Seifert (geb. Mitscherlich) und Jürgen Seifert, ist Ulrike Meinhof, wie Monika Seifert mir in einem Gespräch über meine Mutter erzählt, nicht ohne Arroganz.

Monika Seifert: »Sie war da in ihrer neuen Welt mit lauter namhaften, prominenten Menschen und feinen Kleidern, und da waren wir ihr eben zu langweilig. Wir gehörten nicht dazu, und sie machte auch keine Anstalten, uns etwa, als sie selber Partys gab, einzuladen. Wir fanden diese Gesellschaft auch nicht gut. Ulrike erinnerte sich erst später wieder an mich, als sie nach Berlin zog und sich der 68er Bewegung anschloß.«

Ulrike Meinhof bastelt in dieser Zeit verbissen an ihrer journalistischen Karriere und schreibt über alles, was nicht niet- und nagelfest ist. Mit ihren Kolumnen über »Die neue Linke«, »Die Würde des Menschen«, über den SPD-Parteitag, über die Anerkennung der DDR, über Notstandsgesetze, Springer-Fernsehen und die Wahlen, die schließlich 1966 zur großen Koalition führen, begleitet sie die Bonner Politik – und dies auch immer ein bißchen in der Attitüde der Allwissenden. Sie gewöhnt sich an das schnelle Mal-eben-zum-Ort-des-Geschehens-Jetten und auch daran, den Duft der großen weiten Welt zu atmen, wie es in der damals jedermann bekannten Reklame der Zigarettenmarke Peter Stuyvesant hieß. Ich sehe sie zu Hause stets mit ernstem, sehr müdem und verschlossenem Gesicht, den Aschenbecher und die Kaffeetasse neben sich, vor ihrer Schreibmaschine sitzen und, allen Schreibstreß auf ihre Umwelt abwälzend – je nach Jahreszeit auf der Terrasse, im Arbeits- oder im Wohnzimmer –, und an ihren kurzen Texten feilen. Immer tiefsinnig, immer sozial engagiert, aber ohne ihre Umwelt, das heißt mich und den Rest der Familie, großartig wahrzunehmen.

Urlaub auf Mallorca

Im Frühsommer 1966 passiert etwas Unerwartetes. Eine abgespannte Ulrike Röhl nimmt meine Schwester und mich unter den Arm und fährt mit uns für zwei Wochen nach Mallorca. Der Familienmensch Klaus Röhl bleibt in Hamburg. Klaus und Ulrike Röhl hatten damals die kameradschaftliche Konvention, ein glückliches Paar zu sein, und waren geübt darin, dies auch genauso auf die Partybühne zu bringen. Gerade deswegen war es seltsam, daß meine Mutter 1966 allein mit uns in den Urlaub fuhr, was nach außen hin selbstverständlich ganz leicht mit der Firma zu begründen war. Meine Eltern merkten, glaube ich, beide nicht, daß die Übereinkunft, die sie getroffen hatten, an Tragkraft zu verlieren begonnen hatte. Auf der Insel Mallorca, die damals schon das »Paradies der Stenotypistinnen« (*Studenten-Kurier*, 1958) genannt wird, sehe ich am fast leeren Strand in der herrlichen Frühlingssonne Ulrike Meinhof im Liegestuhl sitzen, abwechselnd ein Buch oder eine Zeitung lesen und uns Zwillinge Regine und Bettina mit weißen Sonnenhüten zu ihren Füßen im Sand spielen. Doch der Urlaub wird trotz der schönen Sonne und dem entspannenden Klima zu einem Jammertal für meine Mutter. Diesmal war ich fein raus, denn die Rolle der Quengelantin hatte meine Schwester übernommen, was darauf zurückgeführt wurde, daß sie so viele Mückenstiche hatte. Meine Mutter hatte ich so noch nie erlebt. Obwohl wir in einem sehr netten Hotel wohnten, ihr also nicht nur die redaktionelle, sondern auch die Hausarbeit abgenommen war, war sie noch viel nervöser als zu Hause, in sehr expressiver Art mißgelaunt, hysterisch und kaum in der Lage, sich mit uns Kindern länger als zwei, drei Minuten zu beschäftigen. Im Gegenteil: Sie war genervt.

Sie versuchte, sich auf Zeitschriften und Bücher zu konzentrieren, was ihr nur schlecht gelang. Die Mückenstiche meiner Schwester waren mehr das Problem meiner Mutter als der Betroffenen und wurden von meiner Mutter dem ganzen Hotel als katastrophales Problem aufgezwungen. Die mallorquinischen Hotelangestellten gaben ihr Bestes, aber auch sie schienen bald überfordert. Ich fühlte mich eigentlich ziemlich wohl, wenn ich morgens meistens vergnüglich im Hotel alleine herumrannte, mir alles genau anguckte und auch Kontakt zu den Kellnern fand, die mit der Kleinen ein bißchen flirteten und die mir bald jeden Tag einen Kuchen schenkten. Es ist nicht voll in dem Hotel. Der Ort, in dem wir gelandet sind, und der Strand sind ruhig, menschenleer. Es ist hell, die Sonne scheint, und der Himmel ist blau. Alle sind freundlich. Meine Mutter wird in diesem Urlaub zu keinem Zeitpunkt entspannt und glücklich sein. Das größte Drama war eine völlig übergeschnappte Reaktion auf noch mehr Mückenstiche, die in einem Geschrei endete, das vorübergehend nur abebbte, als meine Mutter plötzlich zum Telefon griff und ihren Ehemann anrief. Ich weiß nicht, was mein Vater von dem stundenlangen Gezeter verstanden hat, aber ich habe damals gefühlt, daß es um so etwas ging, wie sich einen ›mütterlichen‹ Rat von meinem Vater zu holen, letztlich die Frage, wie man denn um alles in der Welt mit seinen Kindern umgeht. Sie schrie öfter: »Warum bist du nicht mitgekommen?« Nach dem Gespräch – meine Schwester war ja wegen der Mückenstiche das kranke Kind – griff meine Mutter mich und erzählte mir nun, wie schlimm mein Vater sei und sagte auch das erste Mal, soweit ich mich erinnere, daß er ein Schwein sei. Sie schreibt meinem Vater Briefe und erzählt ihm in ihrer typisch psychologischen Analysesprache, daß ich heftig auf die Auseinandersetzungen reagiert und versucht hätte, sie zu trösten, wörtlich: »Bettina hat heute zu mir gesagt, daß der Papa gar nicht so schlimm ist, daß er das alles nicht so böse meint. Da kannst Du mal sehen, wie sehr Dich das Kind verteidigt.«

Die Reise nach Mallorca endet im Streit meiner Eltern. Als mein Vater uns – offenbar wesentlich verspätet – vom Flughafen abholt, haben die Röhls sich wieder, und der bis dahin fernmündliche Krach geht lautstark weiter. Klaus Röhl ist längst nicht mehr der enthusiastische Ehemann. Er hat während unseres Urlaubs eine andere Frau kennengelernt. Helga lebt aus seiner Sicht ein Bohème-Leben. Sie hat eine Kellerwohnung im Grindelviertel in Hamburg, wo sie mit einer Freundin zusammenwohnt. Die blonde Freundin der dunklen Helga wird Peter Rühmkorfs Geliebte, so daß Röhl und Rühmkorf nun oft zusammen dort Besuch machen.

Klaus Rainer Röhl: »Helga ist ein ernster Typ gewesen, sie gab sich aber als lustig. Sie kam eines Tages als erste mit einer Platte an, also mit den Beatles, und sagte ›es gibt hier eine tolle Musik‹, und wir sagten ›ach, laß doch, so ein Scheiß‹, und dann spielte sie es das dritte Mal, und das war ›Help‹, und dann hörten wir es nur noch. Helga war also eine sehr starke Nebenbeziehung, immer abends von der Firma aus, ein paar Stunden. Erst mal wurde gegessen, da wurde auch gekocht, gemütlich. Ich habe viele Stunden mit Helga verbracht, die immer eine gewisse Dramatik um sich herum machte, wegen einer Herzkrankheit, so daß ich immer dachte, daß sie gleich stürbe. Es war ein ernsthaftes Verhältnis. Aber dieses Verhältnis habe ich vor Ulrike verheimlicht.«

Klaus Röhl hatte also während seiner lustigen Strohwitwerschaft viel Zeit für »Helga« gefunden. So hatte er, vom Rest seiner Familie ganz ›befreit‹, vielleicht die glücklichere Zeit von beiden verbracht, was meine Mutter natürlich intuitiv merkte und ihm übelnahm. Und es gab noch ein anderes Verhältnis, das sie mitkriegte, da sie es selbst ein wenig gestiftet hatte. Klaus Röhl trifft nämlich auf der Buchmesse 1966 eine junge Verwandte von Ulrike aus Wuppertal, die Tochter von Ulrikes Cousine Heidi Leonhardt, Christiane Leonhardt.

Klaus Rainer Röhl: »Ich will nicht unerwähnt lassen, daß ich bei einer Buchmesse auch noch Christiane kennengelernt habe, auf die mich allerdings Ulrike selbst vorbereitet hatte. Ulrike sagte eines Tages zu mir, also ich habe da eine Cousine, in die wirst du dich sofort verlieben, und das sagte sie auch ihrer Cousine, und so ging ich 1966 auf die Buchmesse und hatte da meinen eigenen Stand. Da kam ein junges rassiges Mädchen, 24 Jahre, und sagte ›ich bin die Christiane‹, und wir beide machten einen Schritt auf uns zu und blieben umarmt stehen, die ganze Buchmesse brandete darum herum, es war Liebe auf den ersten Blick – aber im wesentlichen nur für einen Abend.«

3. Morgendämmerung von 68

Ein beeindruckender Mann

Anfang 1967 besuchte uns in Lurup immer häufiger ein kleiner und sehr beeindruckender Mann, der immer vollkommen abgelaufene Schuhe trug. Seine Kordhose sah so aus, als hätte er sie wie ein tibetischer oder vietnamesischer Krieger seit Monaten ununterbrochen Tag und Nacht getragen. Etwas später bemerkte ich, daß er auch immer denselben Ringelpullover trug, der über Monate auf die gleiche Art abgerissen und zerlöchert blieb. Der Mann roch nicht gerade nach Parfum und strahlte mich meistens aus seinem Drei-Tagebart-Gesicht an, wenn er meiner Schwester und mir intensiv von der »Weltrevolution« erzählte. Ich fand seinen Anblick auf Anhieb erbarmungswürdig, spürte aber, daß die Erwachsenen zu diesem Punkt, über den sie bei allen anderen Menschen etwas gesagt hätten, merkwürdig schwiegen und ihm, obwohl er viel jünger war als meine Eltern, mit einer besonderen Ehrfurcht begegneten, die sich auf mich übertrug. Mir war der Mann von Anfang an sympathisch und löste, obwohl ich erst fünf Jahre alt war, sogleich das Bedürfnis aus: Dem mußte ich irgendwie ununterbrochen helfen. Ich erinnere mich an eine nicht unangenehme, geradezu kindliche Unsicherheit bei ihm und war darüber ganz erstaunt, denn er war uns nämlich, schon bevor er das erste Mal kam, von meinen Eltern als ein großer Revolutionär und Studentenführer angekündigt worden, weshalb ich damals irgendwie auch einen ganz großen und starken Mann erwartet hatte, der so ähnlich sein würde wie die Erwachsenen aus dem Establishment.

Er schritt durch unser Wohnzimmer, die Küche, den Garten, als wäre es ihm egal, wo er saß und stand, und unterhielt dabei alle um ihn herum mit seinen begeisterten Kampfreden. Ich habe ihm intensiv zugehört, verstanden habe ich nichts. Die Erwachsenen haben ihm ›applaudiert‹, aber, so glaube ich, auch irgendwie einen Schauer gefühlt und Haus und Hof etwas intensiver mit den Händen festgehalten. Jedenfalls hatte ich damals das Gefühl, daß alle am Ende seiner Reden erleichtert waren, daß der Tag der Revolution noch nicht ganz gekommen war. Ich erinnere mich daran, ohne begriffen zu haben, was er mir darüber erzählte, daß ich immer ein bißchen Angst hatte, daß wir auch alle irgendwann so aussehen würden wie er und ganz arm wären.

Trotz der Bescheidenheit, die er ausstrahlte, war der enthusiastische Mann auch sehr mittelpunktsbedürftig. Wie meine Mutter hörte auch er seinem Gegenüber eigentlich nur zu, um dann lächelnd, bisweilen auch endlos insistierend, in immer neuen Anläufen und mit derselben ›wissenden Überlegenheit‹ und mit einer unglaublichen Begeisterung auf seinen, wie er stets unterstellte, ›andersdenkenden‹ Gesprächspartner einzureden, und dies so lange und so intensiv, bis dieser erschöpft kapitulierte. Ich spielte gerne mit diesem Mann und freute mich, wenn er kam, weil er sich um uns Kinder liebevoll kümmerte und uns so ernsthaft anredete und immer Geschenke mitbrachte. Unwillkürlich war ich begeistert und fing jedes Mal an zu strahlen, wenn ich ihn sah. Irgendwann habe ich ihn plötzlich im Fernsehen gesehen und gemerkt, daß nicht alle Menschen Rudi Dutschke so nett fanden wie meine Eltern und ich.

Das Paradies des Ho Tschi-minh

Ein Thema, das die Welt in den Jahren ab 1965 für ein Jahrzehnt in Atem hielt und welches vorneweg in KONKRET und der linken Presse thematisiert wurde, war der Krieg in Vietnam. Das amerikanische Bombardement der vietnamesischen Dörfer, in denen nordvietnamesische Partisanen vermutet wurden, der Einsatz von Napalmbomben und Giftstoffen, welche die Vegetation, den Urwald wie die landwirtschaftlichen Flächen, vernichten sollten, um die nordvietnamesischen Befreiungskämpfer, denen sich die teils freiwilligen, teils gezwungenen Mitglieder der südvietnamesischen »Nationalen Befreiungsfront für Südvietnam« (FNL) angeschlossen hatten, zum Aufgeben zu zwingen – alles in Bild und Ton dokumentiert –, schockierten die Öffentlichkeit.

Nach den ersten großen Angriffen der Amerikaner auf militärische Ziele im Süden Nordvietnams lassen Klaus Röhl und Ulrike Meinhof kein Heft mehr ohne eine Reportage oder einen Kommentar über Vietnam erscheinen. Sehr viele Journalisten und namhafte Autoren aus der ganzen Welt, die sich der Neuen Linken zurechnen, fahren nach Vietnam, suchen Kontakt zu den versteckt lebenden Kriegern der vietnamesischen Kampfbewegung, dem Vietcong, und schicken ihre Berichte in den Westen, zuerst vornehmlich zu den linken Medien, darunter auch KONKRET.

Die meisten dieser vom Vietnamkrieg angezogenen Schreiber der westlichen linken Presse identifizierten sich damals mit dem nordvietnamesischen Regierungschef Ho Tschi-minh und seinen Zielen. Mehr und mehr werden diese Journalisten zu freiwilligen Kurieren der Westpropaganda Hanois. Einer von ihnen, Bertrand Russell, hatte bereits im März 1965 in KONKRET zum Protest gegen die »US-Aggression in Vietnam« aufgerufen. Der KONKRET-Autor Christian Geissler schrieb im Oktober 1965 ein Haßpamphlet gegen den Vietnamkrieg mit der Überschrift »Nürnberg und Vietnam«. In diesem Artikel setzte wohl erstmalig ein deutscher Journalist amerikanische Militärs mit Naziverbrechern gleich und behauptet damit faktisch – wohl ebenfalls erstmalig – eine Entbösung der deutschen NS-Kriminellen, die auch nicht schlimmer gewesen seien als die amerikanischen Truppen, die nur 20 Jahre zuvor die Welt von den Nazis befreit hatten. Christian Geisslers Pamphlet gipfelte damals in der Behauptung: »Die amerikanischen Generäle in Vietnam wären in Nürnberg als Kriegsverbrecher hingerichtet worden.«[1]

Beim Durchblättern alter KONKRET-Hefte fällt auf, daß die militärischen und hegemonialen Interessen der um Einfluß auf Nordvietnam konkurrierenden Mächte Rußland und China in dieser Zeitung, ähnlich wie auch in allen anderen linken Medien, eine nicht existente Größe blieben.

Noch stets kamen fast alle Trends von Weltgeltung aus Amerika, so auch der Antiamerikanismus Westeuropas. Diesen Trend greift in ihren Artikeln auch Ulrike Meinhof auf. Sie schrieb, was die Neue Linke von ihr erwartete. Die USA zu bekämpfen war ein altes Ziel: Osten gut – Ami böse, das war schon der Grundauftrag der Partei an Ulrike Meinhof gewesen. Dieses Schema übertrug sie nun auf Vietnam: Ho Tschi-minh gut, Kommunismus gut, Nordvietnam gut – Südvietnam schlecht, Amerika schlecht, Kapitalismus schlecht und die Bundesrepublik auch schlecht.

Ulrike Meinhof schrieb in ihrem ersten Vietnamartikel »Vietnam und Deutschland«:

> »Das wird nun systematisch unter die Leute gebracht: In Vietnam verteidigt Amerika die westliche Freiheit; in Vietnam stellt Amerika seine Bündnistreue unter harten, rührenden, dankenswerten Beweis; Vietnam – das könnte morgen schon Deutschland sein. Nichts von alldem ist wahr. Nachweisbar ist nur, daß die Bevölkerung, die derlei glauben gemacht wird, und die Presse,

die derlei Glauben macht, bis hin zu den Politikern, die das bekräftigen, in diesem Krieg eine Funktion haben. Eine Funktion, die durchaus übersichtlich und benennbar ist, die aber mit deutschen Sicherheitsfragen nur sehr indirekt zusammenhängt. Die 100 Millionen Mark, die Bonn nach Vietnam geschickt hat, und die Friedensglocken, die die Berliner Presse organisiert hat, haben nichts mit Vietnam, dafür sehr viel mit Bonner Politik zu tun.«[2]

Eine riesige amerikanische High-Tech-Militärmaschinerie ohne Seele und Geist, die alten Kolonialismus restaurieren will und die, militärisch zwar völlig ineffizient, den Tod aus der Luft für viele, eigentlich immer Unschuldige, bringt und regelmäßig nicht die sich in der Zivilbevölkerung tarnenden Vietcong-Partisanen trifft, verteidigte, eher alibihaft, Demokratie und westliche Werte in einem vergleichsweise wohlhabenden, aber völlig korrupten Südvietnam, wohingegen das von den Massen beider vietnamesischer Staaten heißgeliebte, hungerarme, kernig-züchtige Nordvietnam für nationale Identität und Freiheit der südlichen Brüder unter eigener Herrschaft kämpfte – dies ist weitestgehend das Bild, welches in der westlichen Öffentlichkeit heute haften geblieben ist.

Einen Riß weist dieses Bild dann aber doch auf, indem ein gewisses Unverständnis für den späteren Krieg zwischen Nordvietnam und China (1979) für Verwirrung sorgt, und ein wenig wird das Erinnerungsbild auch noch dadurch gestört, daß die so kriegstüchtigen nordvietnamesischen Partisanen nach ihrem Sieg im eigenen Land offenbar nur Hunger und Armut zuwege brachten und die ›befreiten‹ Südvietnamesen derart traktierten, daß viele von ihnen (über 200 000) 1978 den fast sicheren Tod im Meer einem Leben in Südvietnam vorzogen, indem sie als »boat people« in überladenen, seeuntüchtigen Booten versuchten, ihre Freiheit zurückzugewinnen, und ebenso viele unter ähnlich entbehrungsreichen Umständen die Flucht in das ihnen nichts bietende benachbarte China antraten. Die Eroberung und Besetzung Kambodschas (1977–1989) hinterließ, ohne daß die Erinnerung daran besonders präsent ist, erhebliche Zweifel an der Lauterkeit der nordvietnamesischen Kommunisten. Kambodscha seinerseits war ein kommunistisches ›Bruderland‹, in dem der Massenmörder Pol Pot mit Unterstützung Chinas sein Unwesen trieb. Dieses Regime lösten die Nordvietnamesen durch ihre Herrschaft ab.

Was damals weder in KONKRET noch in anderen linken Medien erwähnt wurde – und was die Westlinken damals nicht wahrhaben wollten –, war: Der Stalinist Ho Tschi-minh führte in seinem eigenen Land Nordvietnam eine Schreckensherrschaft, unter der viele Bewohner der dann annektierten südlichen Hälfte Vietnams zum Teil extrem litten. Die Geschichte der enorm grausamen Auseinandersetzung in Vietnam ist, ganz ungeachtet der Tatsache, daß die Amerikaner total versagten und Schuld auf sich luden, nach meinem Dafürhalten bis heute nicht aufgearbeitet. Der Grund dafür mag vielleicht sein, daß Vietnam das amerikanische Trauma ist – aber abgesehen davon war Vietnam im satten Westen eine Angelegenheit, die ideologisch im kalten Krieg der Systeme instrumentalisiert wurde, wobei man den Kampf der vietnamesischen Kommunisten verklärte. Wie meistens in solchen Fällen leiden die betroffenen Menschen darunter, daß sie nicht das angemessene Andenken und nicht die Ehre der Wahrheit erfahren.

In der Konzentration auf das Thema Vietnam haben die Westlinken dem etwa gleichzeitig geschehenen imperialistischen Völkermord ihres neuen Idols Mao Tse-tung in Tibet seelenruhig zugesehen, aber dort immerhin eine ideologisch korrekte Befreiung der Tibeter propagiert. Dies ist ein Indiz dafür, daß Vietnam für viele, wie es auch in den teils hysterischen und gewalttätigen Demonstrationen im Westen zum Ausdruck kam, ein ideologisch besetztes Thema war, wodurch gerade den Vietnamesen am allerwenigsten geholfen wurde.

Große Koalition

Ende 1966 bringt Ulrike Meinhof den Unmut der sich bildenden außerparlamentarischen Opposition und der Neuen Linken in einer KONKRET-Kolumne zum Ausdruck. Unter der Überschrift »Große Koalition« schrieb sie:

> »Der Schritt war fällig. Man kann sich darüber ärgern, man braucht sich nicht zu wundern. Er ist seit Godesberg [AdA: gemeint ist das Godesberger Programm der SPD von 1959, mit dem sich die Partei durch die endgültige Abwendung vom Kommunismus den bürgerlichen Kreisen öffnete] systematisch vorbereitet worden. Alle Hoffnungen, die sich in diesen Jahren an die SPD knüpften, waren Selbsttäuschungen. Der Überraschungseffekt, die Sensation liegt nicht im Verrat, nicht darin, daß sich Bluff als Bluff erwiesen hat, nicht darin, daß Wehner der ist, für den ihn seine Gegner, die ihn haßten, weil sie ihn lieben wollten, immer gehalten haben. Die SPD hat sieben Jahre lang auf die große Koalition hingearbeitet, und daß ihr erst jetzt die Chance in den Schoß fiel, ist nicht ihre Schuld. Sie wollte sich prostituieren, was ist dabei,

daß sie es endlich tut? Das Erstaunliche ist, daß sie es in einem Moment tut, in dem das Gewerbe nichts mehr einbringt.

Die Voraussetzung für den Wandel der SPD zur Volkspartei war ein Wirtschaftswunder, das alle Bevölkerungsschichten in seinen Sog nahm, so daß Interessengegensätze in Staat und Gesellschaft verschleiert werden konnten. Jahrelange Vollbeschäftigung täuschte den Arbeiter darüber hinweg, daß sein Arbeitsplatz so wenig gesichert ist, so anfällig für Konjunktur und Baisse wie eh und je. Arbeitskräftemangel führte zu Verdienstmöglichkeiten, die mehr langfristige Konsumplanung zuließen, als deutsche Arbeitnehmer je hatten, ließ ein Gefühl von Unabhängigkeit entstehen, das die Tatsache unverminderter Abhängigkeit aus dem Bewußtsein des einzelnen verdrängte. Die Chance für jedermann, die eigene Lebenslage zu verbessern, gab ein Gefühl der Zufriedenheit, das nicht geeignet war, sich an den Grenzen der eigenen Freiheit zu stoßen, machte gegenüber den Regierenden vertrauensselig und lustlos zur Kritik. So konnte Kritik als Gemecker verpönt werden, Meinungsverschiedenheiten als Gezänk, die Notwendigkeit einer politischen Alternative war nicht offensichtlich, es schien ja auch so alles glattzugehen. Überlegener westlicher Lebensstandard ließ keinen Zweifel an der Überlegenheit der herrschenden antikommunistischen Weltanschauung aufkommen. Rehabilitation und Anerkennung in der westlichen Welt beruhigten das schlechte Gewissen, wann immer es sich rührte, gegenüber einer restaurativen innenpolitischen Entwicklung, der Wiederverwendung alter Nazis, der Remilitarisierung, dem Abbau demokratischer Freiheiten durch die Notstandsgesetzgebung.

Es waren diese materiellen Voraussetzungen, aufgrund deren die SPD-Führung den Rechtsruck ihrer Partei durchsetzen konnte, die Linke austricksen, Volkspartei werden, die CDU umarmen, gemeinsame Außenpolitik konzipieren, von Sozialpartnerschaft faseln, Volksgemeinschafts- und Familiensinn entwickeln und die Gewerkschaften täuschen konnte und zugleich Stimmen gewinnen, Popularität, öffentliches Ansehen und Sympathie. Man wollte an den Erfolgen der CDU partizipieren. [...] Die Situation wäre komisch, wenn sie nicht folgenschwer wäre. Die sich da verbünden, lieben sich nicht, und es ist absehbar, daß es der CDU gelingen wird, in drei Jahren die Schuld für eine unpopuläre Politik der SPD in die Schuhe zu schieben: Die eine Million Arbeitslosen, von denen der Präsident der Bundesanstalt für Arbeitsvermittlung in Nürnberg jetzt sprach [...]. Man wird die SPD sehr leicht zum Sündenbock machen, insofern das alles ja erst allgemein spürbar wird, nachdem sie in die Regierung eintrat.

Gewinnen aber wird diejenige Partei dabei, die gegenwärtig die einzige mit einer politischen Alternative ist, die einzige, die verspricht, alles ganz anders zu machen, die NPD, und es ist durchaus vorstellbar, daß schon 1969

ein Kanzler Strauß die CDU/CSU/NPD-Koalition führt. [...] Wenn diese
Prognose auch spekulativ ist, so ist die andere, daß der Deutsche Bundestag,
der ohnehin seit 1959 keine diskutierfreudige Anstalt mehr ist, 1969 tot sein
wird, so viel wie gewiß. [...]

Das Absterben der parlamentarischen Diskussion wird begleitet werden auch
vom Absterben politischer Kontraste in den Funk- und Fernsehanstalten,
die – weitgehend von den Regierungsparteien kontrolliert – mehr noch als
bisher gehalten sein werden, Regierungspolitik nicht zu kritisieren, sondern
zu interpretieren, nicht Meinung zu machen, sondern Erklärungen zu produzieren. [...] Ist also Hopfen und Malz verloren, die zweite deutsche Republik
perdu? Es sieht so aus, es sei denn ... Es sei denn, die Gegner der großen
Koalition schlagen Krach, und das sind doch wohl nicht wenige, wie man auf
dem Frankfurter Anti-Notstandskongreß sah.«[3]

Zu viel Wohlstand, zu viel Zufriedenheit bei einer breiten Bevölkerung,
langfristige Konsumplanung für alle, zu wenig Arbeitslosigkeit, die blü-
hende Bundesrepublik Deutschland – das waren die »Probleme«, die Ulrike
Meinhof Mitte der sechziger Jahre lautstark moniert. Die Botschaft: Dieser Bundesrepublik muß es endlich schlechtgehen, damit die Linke wieder
eine Chance hat. Logisch, daß auch der Propagandaapparat der DDR mit
der sich immer weiter öffnenden Konsumschere unzufrieden war und seinerseits darauf drängte, daß endlich etwas geschehen müße: Die Harmonie, die guten Verhältnisse, die Zufriedenheit der breiten Masse bohrten den
Ostberlinern schon ziemlich auf den Nerven herum. Mit der Prognose, daß
Franz Josef Strauß zusammen mit der NPD ab 1969 den Staat beherrschen
würde, hat sich Ulrike Meinhof hier nicht zum ersten Mal geirrt. Mit ihrer
Prognose, die Bundesrepublik würde 1969 in die Dunkelheit einer neuen
halbwegs faschistoiden Diktatur abgleiten, gelang Ulrike Meinhof kein großer Wurf.

Ulrike Meinhof bringt gleichwohl sehr früh etwas auf den Punkt. Die
APO, die 68er-Bewegung, die sich gerade konstituiert, sieht es genauso wie
Ulrike Meinhof und wird es in der Folgezeit ähnlich artikulieren: Der Wohlstand als Problem, der Wohlstand, der alles erstickt, wird zur Legitimation
für die intendierte Revolution im eigenen Land, die allerdings ausbleibt. Dies
könnte der vielleicht erste Aufruf von Ulrike Meinhof sein, das System der
Bundesrepublik Deutschland als solches außerhalb der parlamentarischen,
grundgesetzlichen Spielregeln durch Krachmachen, wie sie sagt, zu bekämpfen und die Meinung der weit überwiegenden Mehrheit der Bevölkerung
zu übergehen. Und dies aus der Einschätzung heraus, daß diese Mehrheit

sich über sich und ihr Glück selbst täuschte und zu einem anderen höheren Glück gezwungen werden müßte. Daß eine große Koalition aus sich heraus einen Angriff auf das Demokratiegebot des Grundgesetzes darstellt, ist Allgemeingut. Aus der damaligen großen Koalition von CDU, CSU und SPD den Schluß zu ziehen, daß in der international eingebundenen Bundesrepublik eine neue Faschismusgefahr real entstanden wäre, liegt aber nun doch ziemlich weit neben der Sache. Die Hysterie, dem Wähler, der die große Koalition jederzeit abwählen konnte und es auch tat, zu unterstellen, er sei nicht in der Lage gewesen, demokratisch zu handeln und müßte durch Revolution zwangsbeglückt werden, offenbart demokratische Mängel auf seiten einer Minderheit, die sich selber für grenzenlos legitimiert erachtete und aus dieser Legitimation heraus sich anschickte, dem Wähler undemokratisch sagen zu wollen, wie er denn zu entscheiden hätte. Es ist immer ein Problem in der Politik, wenn in einer Kritik etwas Richtiges enthalten ist, aber die Kritik in toto qualitativ über das Ziel hinausschießt.

Der Beginn der Studentenbewegung in Berlin

1966 tauchte in Berlin zum ersten Mal eine Gruppe von Studenten in der Öffentlichkeit auf, die sich an dem Vorbild der vietnamesischen Partisanen orientierte und auf das Problem Vietnam nicht mehr nur mit Artikeln, sondern mit Aktionen aufmerksam machen wollte. Diese ersten Maoisten, die sich noch nicht unbedingt selber so nannten, sondern nur Maos Politik- und Kriegspropaganda folgten, machten die nordvietnamesische Sache zu ihrer eigenen und versuchten erstmals – dies sollte eines der typischen Merkmale von 68 werden –, die vietnamesischen (Kriegs-)Verhältnisse auf deutsches Terrain zu übertragen, und das war hochgradig ernst gemeint. Mit Vietcongschen Untergrundmethoden und Gewaltaktionen sollte die Bundesrepublik von innen angegriffen werden und gemäß den Idolen von Mao Tse-tung und Ho Tschi-minh zur Revolution aufgerufen werden. Ein ›Vietnamgefühl‹ sollte in der Bevölkerung Westberlins und der BRD erzeugt werden. Den Vietcong spielten die deutschen Revoluzzer dabei als Ideal in die Höhe, offenbar um selber in einer vergleichbaren Rolle in diesem gänzlich anders gearteten Westdeutschland anerkannt und geachtet zu werden.

Einer, den das Kalkül leitete, eine Analogie zwischen der dritten und ärmsten Welt und dem mit Abstand führenden Westen herzustellen – nicht etwa, um die dritte Welt an das Niveau der ersten heranzuheben, sondern um die erste Welt auf das Niveau der dritten Welt abzusenken –, war der aus Ostberlin stammende Student Rudi Dutschke, der schon 1964 beschlossen hatte, den Status Student zu behalten, aber sein Studium vorläufig an den Nagel zu hängen, um in einem umsturzunwilligen Land Berufsrevolutionär zu werden. Mit drei SDSlern – der SDS hatte sich seit der Trennung von der SPD 1960 an den Universitäten als unabhängiger linker Studentenverein gehalten – klebte Dutschke in einer Aktion vom 3. auf den 4. Februar 1966 die erste deutsche ›Wandzeitung‹ (nach dem Vorbild Maos in Chinas Kulturrevolution) an Häuserwände und Schaufenster Westberlins. Auf den Plakaten stand in Großbuchstaben unter anderem: »Mord durch Napalmbomben! Mord durch Giftgas! Mord durch Atombomben! Die US-Aggression in Vietnam verstößt gegen die Interessen des demokratischen Systems: Wer es wagt, sich aufzulehnen gegen Ausbeutung und Unterdrückung, wird von den Herrschenden mit Brutalität niedergemacht.«[4]

Die teutonischen ›vietnamesischen‹ Plakatkleber, die von der nordvietnamesischen Diktatur, wie gesagt, nichts schrieben, da sie ja für diese eintraten, wurden – sie hatten gerade mal 60 Exemplare an die Wand gebracht – von der Polizei verhaftet. Einen Tag später, am 5. Februar 1966, fand die erste große Studentendemonstration von gut 1000 Studenten gegen den Vietnamkrieg statt. Die Absenz der aus dem Verkehr gezogenen Kleber, die zugleich die Organisatoren des Aufmarsches waren, an dem sie selber nun nicht teilnehmen konnten, gab den Studenten eine zusätzliche Identifikation mit dem Gegenstand ihrer Demo.

Dutschke wußte, wie man revolutioniert. Es war nicht seine erste ›Aktion‹, um die ›Massen zu mobilisieren‹. Christ und Neomarxist Dutschke, der schon früh zu der marxistischen Überzeugung gekommen war, daß »mit dem Krieg von 1914/18 […] die Epoche der ›transitorischen Notwendigkeit‹ des Kapitalismus beendet« und seitdem »die Epoche des Niedergangs und der Möglichkeit der Revolution«[5] eingeleitet sei, empfand sich als berufener Umstürzler, dem es darum ging, ein revolutionäres Bewußtsein notfalls mit gewalttätigen Aktionen zu erzeugen. Das höchste Ziel war nicht mehr der Kommunismus, sondern die Revolution selbst. Dutschke war einer der ersten, die öffentlich in den deutschen Hörsälen von Partisanenkrieg, langen Märschen und Weltrevolution zu reden begannen. In den sechziger Jahren wurde Dutschke zum wichtigsten Sprecher der Studentenbewegung und war nun in Sachen ›Bewußtsein und Bürgeraufrüttelung‹ unterwegs. Er hatte Frantz Fanon gelesen, *Die Verdammten dieser Erde*, ein Buch, das der dritten

Welt die Aufgabe zuschrieb, eine neue Menschheit zu werden, in der Europa und die USA ›endgültig ausgespielt‹ hätten.

Bei der Ausrichtung der Studenten auf das 8000 km entfernte Vietnam assistierten Rudi Dutschke seine SDS-Freunde Jürgen Horlemann und Peter Gäng, die im sogenannten Vietnamsemester im Herbst 1965 die Studentenschaft bereits mit Filmen über den Krieg in Vietnam aufgeheizt hatten und bei der Aktion ›Wandzeitung‹ beteiligt gewesen waren. Die beiden Vietnam-Experten schrieben 1966 das Kultbuch *Vietnam – Genesis eines Konfliktes* und beweisen damit, daß sie ihren Mao und ihren Ho verstanden haben und mit Hilfe ihrer Gurus in wissenschaftlich anmutender Faktenakribie, in deren Menge des Lesers Widerspruch kaum eine Chance findet, erfolgreich die Selbstqualen jeder Objektivität in sich selber ausgemerzt hatten. So kommen sie zu der klaren Lösung: Ho Tschi-minh, Mao und deren Ideologie haben recht, und die USA schlachten Menschen. Horlemann und Co. reüssieren in linken Kreisen als Vietnampäpste, nach denen Ulrike Meinhof und andere Sekundärschreiber sich ausrichten. Damit die ›südvietnamesische Marionette‹ nicht falsche Propaganda betreiben kann, stören die wesentlich wachsameren Linksstudenten einen RCDS-Aufklärungsabend, auf dem der südvietnamesische Botschafter geladen war.

Mao Tse-tung: Den Palast stürmen

Nach der Vietnam-Demonstration vom 5. Februar 1966 kam es in Westberlin zum ersten Angriff auf das Establishment. Die Studenten warfen Farbeier auf das Amerikahaus und setzten die US-Fahne auf Halbmast. Damit war ein ernsthafter Bruch zwischen den Studenten und der übrigen Bevölkerung Berlins vollzogen worden. Die *BZ* sprach aus, was der normale Bürger dachte und fühlte: »EINE SCHANDE FÜR UNSER BERLIN«[6]. Der Regierende Bürgermeister Willy Brandt und der Rektor der Freien Universität entschuldigten sich bei dem US-Stadtkommandanten. Die Bürger aller Parteien, die hinter der Regierungspolitik und hinter den USA standen, spürten, daß die Farbeier vielmehr gegen sie selbst gerichtet waren und mit einem instrumentalisierten Vietnam allenfalls sehr vordergründig zu tun hatten. Die CDU marschierte mit einem kleinen Häufchen Aufrechter zur Bekundung von Sympathie vor das Amerikahaus, ein schwaches Flaggezeigen der erschreckten und ansonsten desinteressierten sogenannten schweigenden Mehrheit.

Die neuen Berliner Partisanen hatten mit ihrer Aktion einen ersten Medienpflock eingeschlagen. Die überwiegende Zahl der Plakatparolen war den Revoluzzern nicht selber eingefallen. Sie plagiierten die Propaganda-Idiome von Mao, Castro und Ho und taten sich mit einer völlig neuen Denke vor ihren Kommilitonen und den Medien dicke. Viele Alt-68er verrieten mir Jahre später grinsend, daß sie ihr ganzes neues ›Wissen‹ schon sehr früh aus sogenannten chinesischen Konvoluten bezogen, kleinen Heften mit den ins Deutsche übersetzten Schriften Maos und zum Beispiel auch Zeitungsberichten aus Peking. Diese Propagandatextchen aus dem Auslandsdienst von Mao Tse-tung konnte man über das chinesische Konsulat in Ostberlin bestellen, sie kamen dann regelmäßig ins Haus wie ein Abonnement. So informierten sich die Plakatkleber und selbsternannten Revolutionäre Westberlins ständig über Chinas neueste Sicht des Vietnamkriegs und der Weltrevolution und konnten so ihrerseits die Studenten auch auf dem laufenden halten.

Darüber hinaus konnte Dutschke als studentische Hilfskraft in der Bibliothek des Osteuropainstituts regelmäßig die *Peking Rundschau* in amtlich autorisierter Deutschform im Rundfunk hören und wurde auf diese Weise Zeuge einer innenpolitischen Zerreißprobe Chinas, nämlich der chinesischen Kulturrevolution. Andere, wie zum Beispiel der Schriftsteller Hans Magnus Enzensberger, besorgten sich die Schriften Maos direkt bei der Botschaft der Volksrepublik China in Berlin-Karlshorst von dem damaligen Kulturattaché Wang Pu Tau, mit dessen Hilfe Enzensberger eine Reise durch die VR China zu unternehmen plante.

Mit noch etwas anderem taten sich diese Neuen Linken hervor, indem sie nämlich den verblüfften Konservativen vorhielten, daß sie eben keine Kommunisten mehr seien, daß sie den Stalinismus und die Sowjetunion ablehnen würden. Die ganze Wahrheit ist dies allerdings nicht. Die Neuen Linken sprachen sich zwar erstmalig gegen die Sowjetunion aus und folgten hier bereits Mao Tse-tung, der sich in den sechziger Jahren vehement nicht nur gegen die ›imperialistischen USA‹, sondern genauso gegen die ›revisionistische Sowjetunion‹ wandte, sie folgten damit aber einem viel ärgeren Revolutionsführer, nämlich Mao selbst, der ja gerade das Erbe Stalins übernommen und diesen bei seinem ersten Besuch in Moskau demonstrativ gewürdigt und Chruschtschow damit vor den Kopf gestoßen hatte.

Der Neuen Linken in ihrem eigenen Sprachverständnis zu folgen und ihnen ihre Beteuerung abzukaufen, sie seien keine Kommunisten, bedeutet allerdings nichts anderes, als dem Sprachverständnis einer Sekte zu folgen,

die sich von der Ursekte abgespalten hat und gewissermaßen dem gleichge-
bliebenen Ziel lediglich einen anderen Namen gegeben hat.

Alt-68er wie Rudi Dutschkes damals engster Mitstreiter Bernd Rabehl,
heute pensionierter Honorarprofessor an der FU Berlin, wie der damalige
SDSler Tilman Fichter, heute SPD-Funktionär, wie Gretchen Dutschke,
Rudi Dutschkes amerikanische Frau, die heute wieder in den USA lebt, oder
wie zum Beispiel auch der frühere Frankfurter Häuserbesetzer und Militante
Joschka Fischer, bis Herbst 2005 Außenminister der Bundesrepublik, die ich
alle für dieses Buch in verschiedenen Interviews dazu befragte, beteuern gern,
daß sie mit Mao Tse-tung nichts am Hut gehabt hätten, daß der Mao-Wahn
eine reine Paranoia der Springer-Presse gewesen sei und daß sie, die damaligen Aktionisten aus den sechziger und siebziger Jahren, mit diesem Wahn
nichts zu tun gehabt hätten. Fakt ist, die dicken Bücher mit Mao-Zitaten,
die man im Fischer Verlag bald überall in Deutschland kaufen konnte, wurden zu Bestsellern, die Sprüche Maos zierten bald jedes studentische Plakat
an der Universität oder wurden in Zeitschriften, wie beispielsweise auch in
KONKRET, in dicken Lettern unter einem Mao-Porträt abgedruckt. Grund
für diesen Schwung von Ideen aus China war natürlich die chinesische Kulturrevolution, die ihre Wellen mit Beginn ihres Wirkens in China nach Europa und in den gesamten Westen aussandte und die von Rudi Dutschke
und vielen anderen aufgesaugt wurde, als sei Mao der neue Gott und seine Sprüche und Büchlein Bibelworte. Scharenweise werden die Linken in
Westdeutschland in diesen Jahren der guten alten Sowjetunion untreu und
schließen sich euphorisch der chinesischen Kulturrevolution an, die sie mit
der eigentlich im Westen stattfindenden ›Kulturrevolution‹, der Popkultur in
Amerika, verwechseln und zu einem eigenen Modegemisch verarbeiten, das
ein echter Mix aus Cola, Pink Floyd, Bob Dylan, Jimi Hendrix, den Rolling
Stones und dem Revolutions- und Weltkriegsgetöse Mao Tse-tungs wird.
Anders als Mao Tse-tung, der jeden Drogenkonsum brutal bestrafte, oftmals
mit dem Tode, gesellten sich sehr schnell bei den Westlinken zur Popmusik
die Drogen und wurden eine Art essentieller Bestandteil ihrer Ideologie, Be-
wußtseinserweiterung usw.

Der Schriftsteller und Alt-68er Peter Schneider, der sich inzwischen längst
selbst »eines der ersten Lektüreopfer des Roten Buches« von Mao Tse-tung
nennt, erlebte 1982 auf einer Reise nach China, wo er eine Woche lang mit
einer Delegation chinesischer Schriftsteller und einigen Parteifunktionären
diskutiert, daß seine Begeisterung für die chinesische Kulturrevolution in
China selbst nicht gerade gut ankam. Seine sämtlichen Gesprächspartner

waren »samt und sonders [...] Opfer der Kulturrevolution«. Auf sein begeistertes Bekenntnis, Anhänger der chinesischen Kulturrevolution gewesen zu sein, hätten ihm die chinesischen Schriftstellerkollegen erklärt, daß die Kulturrevolution in China ungefähr dem entsprochen habe, was in Deutschland der Faschismus gewesen sei, und daß seine Mitteilung so klänge, als würde jemand in Deutschland erklären, wie begeistert er damals den Hitlerfaschismus mitgemacht und die Judenverfolgung gebilligt habe. Schneider: »Eine sehr harte und peinliche, mich und auch die anderen sehr bewegende Diskussion. Und natürlich habe ich sie nicht mehr naiv geführt. Es waren ja schon längst Informationen zu uns gelangt, wie diese Kulturrevolution wirklich verlaufen war.«[7] Die bittere Wahrheit: Millionen Ermordete, viele Millionen in Gefängnissen oder zwangsumgesiedelt.[8]

Damals kamen jedoch weder Peter Schneider, der 1968 zu Gewaltaktionen im Sinne der Kulturrevolution gegen Springer und andere Institutionen aufrief, noch Rudi Dutschke ernsthafte Zweifel. Andere sahen damals schon klarer. Zeitgenossen, die in der westdeutschen 68er-Revolte keine Rolle spielen sollten, beobachteten ihre Altersgenossen schon damals mit Skepsis, wie der Filmregisseur Bernd Eichinger erst jüngst wieder zitiert wird: »Als die Leute [...] die Mao-Bücher hochgehalten haben, war schon klar, daß Mao [...] fünfzehn, zwanzig Millionen Leute umgebracht hat.«[9] Marcel Reich-Ranicki dagegen erinnerten die kulturrevolutionären Demonstrationen der 68er schon damals an die Nazizeit: »Ich habe den Eindruck gehabt, das ist die Freizeitbeschäftigung der Wohlstandskinder gewesen. Die Aufmärsche haben mich an meine Kindheit und Jugend in der Nazizeit erinnert.«[10]

Viele 68er schwören jedoch bis heute auf ihre ›kleine Kulturrevolution‹.

Die ›kleine Kulturrevolution‹ in Deutschland

Bevor Rudi Dutschke 1965 in den SDS eintrat, war er schon in der sogenannten Subversiven Aktion tätig gewesen, einer Kleingruppe, die es sich zur Aufgabe gemacht hatte, mit illegalen Aktionen Öffentlichkeit zu erregen. Als »Subversiver« hatte Rudi Dutschke wiederum zu der Unterfraktion »Berliner Schule« gezählt und schon im April 1965 in dem kleinen Blättchen *Münchner Sektion* geschrieben:

»Genehmigte Demonstrationen müssen in die Illegalität überführt werden. Die Konfrontation mit der Staatsgewalt ist zu suchen und unbedingt erforderlich. Die Bedingungen dafür müssen günstig sein (verhaßtes Staatsoberhaupt usw.). Künstliche Radikalisierung, d. h. aus nichtigen Anlässen unbedingt etwas machen zu wollen, ist unter allen Umständen abzulehnen. Die Radikalisierung bei größeren Demonstrationen, die günstige Vorbedingungen liefern, ist kurzfristig, aber intensiv durch (bewußtseinsmäßig gestaffelte) verschiedene Flugblätter vorzubereiten, soll doch einigen an der Demonstration teilnehmenden potentiellen Mitarbeitern der ›Sprung‹ zu uns möglich gemacht werden.«[11]

Die Gruppe »Subversive Aktion« mit ihren circa zwölf Mitgliedern war aus der Schwabinger Künstlergruppe »SPUR« (gegründet 1959) hervorgegangen. Diese wiederum verstand sich als eine deutsche Sektion der »Situationistischen Internationalen« und damit als eine »Widerstandszelle im Kulturbetrieb«[12], die im Dadaismus ihr Vorbild sah. Die Dadaisten, zu denen auch der Graphiker und Kommunist John Heartfield gehörte, vertraten die Ansicht, »daß alles ›Geistige‹ nichts helfe. ›Geschossen wird doch.‹«[13] Es war eine Protesthaltung gegen den Massenmord im Ersten Weltkrieg, die »Situationisten« protestierten im Sinne der Frankfurter Schule gegen die »neue kleinbürgerliche Innerlichkeit der Adenauer-Ära«.[14]

Dieter Kunzelmann war die treibende Kraft innerhalb der Sektion »SPUR« und wollte die Avantgardekünstler für die Revolution in Europa organisieren und mobilisieren. Eckhard Siepmann: »Sie proklamierten das Ende der Kunst und entwickelten einen karnevalistischen ästhetischen Terrorismus, in dem sie ihre Phantasie und Wut besser aufgehoben sahen als in Kunstwerken, die unweigerlich ihren Weg in die Unterhaltungs- und Alibi-Bedürfnisse des liberalen Bürgertums finden würden.«[15]

Die »Situationisten« wollten durch »experimentelle Verhaltensweisen« in kollektiver Organisation eine »einheitliche Umgebung« als »konstruiertes Moment des Lebens«[16] herbeiführen. So chaotisch sich das auch anhört, es war ziemlich genau das, was Dieter Kunzelmann, Rainer Langhans und Fritz Teufel in der berühmt-berüchtigten Kommune 1 (gegründet im Januar 1967) schließlich medienwirksam umsetzten.

Wegen des elitären Münchner Revolutionsprogramms von Kunzelmann wurde die deutsche Sektion »SPUR« aus der »Situationistischen Internationalen« ausgeschlossen. Der Ausschluß erzeugte innerhalb der Schwabinger Künstlergruppe »SPUR« Streit mit Kunzelmann, der sich daraufhin von der Gruppe lossagte und zusammen mit dem Theologiestudenten und Spezialisten für psychoanalytische Literatur Christopher Baldeney sowie mit Rodolphe Gasche, Soziologiestudent mit besonderem Interesse für marxistische Literatur, eine Art Zeitschrift herausgab, die *Unverbindliche Richtlinien 1* hieß. Die Beiträge in dieser Literaturzeitschrift orientierten sich an der Kritischen Theorie der Frankfurter Schule und wurden in Zirkeln von Avantgardekünstlern diskutiert. Bei Ernst Bloch (Tübingen), Theodor W. Adorno und Max Horkheimer (Frankfurt/Main) und bei Hans Joachim Lieber (Berlin) wurden die *Unverbindlichen Richtlinien 1* sogar in Seminaren besprochen. 1964 führte Kritik an den *Unverbindlichen Richtlinien 1* – die Zeitschrift sei nur ein literarischer Zirkel – zur Gründung der Gruppe »Subversive Aktion«, die nun eigene Blätter herausgab, die *Unverbindliche Richtlinien 2* hießen. Die »Subversive Aktion« teilte sich wiederum in »das utopisch-aktionistische Revolutionsmodell« der Münchner Sektion um Dieter Kunzelmann und in die »historisch-ökonomischen Analysen« der »Berliner Schule« um Rudi Dutschke und Bernd Rabehl. Beide Fraktionen veröffentlichten im August 1964 die erste Ausgabe einer weiteren neuen Zeitschrift, die in Berlin den zweideutigen Namen *Anschlag* bekommen hatte. Schließlich, als die Erweiterung und Vergrößerung der »Subversiven Aktion« – sie hatte, wie gesagt, zwölf Mitglieder – auf bundesweiter Ebene nicht gelang, beschlossen die Aktionisten aus Berlin und München auf einem sogenannten »Hamburger Konzil«, in den SDS einzutreten und diesen für ihre Zwecke zu instrumentalisieren.

Bis jetzt ein Haufen unbekannter Sektierer und, wie man es heute wohl sehen muß, ›armer Irrer‹, die entweder aufgrund persönlicher Schwächen das Studieren nicht hinkriegten oder sonst den Anschluß an ihre Kommilitonen verpaßt hatten, werden die »Anschläger« Rabehl, Dutschke, Kunzelmann und so weiter jetzt politisch. Dem SDS drohte also ein erneuter Unterwanderungsversuch, diesmal nicht von der illegalen KPD, sondern von nicht mal 20 neomarxistisch orientierten linken Künstlern und Exoten. Den Münchnern gelang die Machtübernahme allerdings nicht, weshalb sie andere Wege des Experimentierens suchten. In Berlin jedoch integrierten sich die Subversiven, mit Rudi Dutschke an der Spitze, schnell im SDS. Die Subversiven setzten es sich zum Ziel, mit den Kampfmethoden des chinesischen Langen Marsches und der vietnamesischen Partisanen auf deutschem Boden die Kulturrevolution auszulösen. Rudi Dutschke schrieb später, daß er schon 1964 mit der deutschen ›Kulturrevolution‹ anläßlich des Besuches des kongolesischen Ministerpräsidenten Tschombé begonnen habe.

Rudi Dutschke 1968:

»Subversiv wurde sie [AdA: die Demonstration von 1964] noch einmal zum Schluß, als es doch noch gelang, das abfahrende Tschombé-Auto mit einem Tomaten-Terror-Bombardement zu überschütten. In dieser Aktion wurden spontan Widerstandsformen gefunden, die erst sehr viel später zur Methode unseres politischen Kampfes wurden. Mit der Anti-Tschombé-Demonstration hatten wir erstmalig die politische Initiative in dieser Stadt ergriffen. In der Post-festum-Betrachtung können wir sie als Beginn unserer Kulturrevolution ansetzen, in der tendenziell alle bisherigen Werte und Normen des Etablierten in Frage gestellt werden, sich die an der Aktion Beteiligten primär auf sich selbst konzentrieren und in der Aktion ihre Selbstaufklärung über den Sinn und das Ziel der Aktion weiterführen.«[17]

In diesem 1968 also nachträglich reflektierenden Kommentar Dutschkes waren die wesentlichen Elemente der Kulturrevolution erfüllt: 1. die Aktion gegen die Etablierten – und 2. die eigene Selbsterziehung an der Aktion. All diese ›revolutionären‹, sich bewußt einer aktionistischen Kriminalisierung bedienenden Anfänge mündeten 1966, unabhängig von dem Eintritt Dutschkes in den SDS, in die in München gegründete »Viva-Maria-Gruppe«, in der weniger der Vietnamprotest zur Sprache kam, als daß der Versuch unternommen wurde, den Start einer deutschen Kulturrevolution zu besprechen, wobei gleichzeitig ernsthaft Konzepte erörtert wurden, wie man über Methoden der Selbsterziehung einen ›neuen Menschen‹ hervorbringen könne. Der Name »Viva-Maria-Gruppe« bezog sich auf einen Film von Louis Malle aus dem Jahre 1965, in dem Brigitte Bardot und Jeanne Moreau als Mitglieder einer Schauspieltruppe in Mexiko eine Revolution unter Landarbeitern anzetteln und dabei mehrere Sprengstoffanschläge verüben. Spielerisch war mit diesem Film das angedeutet, was Kunzelmann schon seit Beginn der sechziger Jahre umsetzen wollte, als er die Avantgardekünstler Europas als Anführer der Revolution gesehen hatte. Aus diesem Grund traf sich die zum revolutionären Kampf entschlossene Gruppe im Juni 1966 zu einer einwöchigen Beratung. Gastgeber war das SDS-Mitglied Lothar Menne, später jahrelanger Buchgewaltiger bei Hoffmann und Campe, der damals seine subversiven Freunde in die Villa seines Vaters, eines Textilfabrikanten, am Kochelsee in Oberbayern einlud. Bei diesen berühmten Treffen am Kochelsee waren auch die späteren Kommune-1-Mitglieder Fritz Teufel, Rainer Langhans und Dieter Kunzelmann dabei sowie das spätere RAF-Mitglied Jan-Carl Raspe und die Anführer der »Berliner Schule« Bernd Rabehl und Rudi Dutschke. Das Ziel war eine Woche »permanenter Diskussion« über die »Bedingungen und Möglichkeiten revolutionärer Praxis in Westeuropa unter besonderer Berücksichtigung kollektiver Wohnprojekte«, der Widerspruch zwischen politisch-revolutionärem Anspruch und bürgerlichen Verhaltens- und Existenzweisen sollte »bearbeitet und gelöst« werden. Der autodidaktische Lernprozeß war eines der erklärten Ziele der Revolutionäre. Dutschke schrieb: »Ohne diesen Selbsterziehungsprozeß und Selbstaufklärungsprozeß in der Praxis, in der Auseinandersetzung mit dem System ist eine Politisierung der einzelnen, ist eine Politisierung der Individuen nicht möglich.«[18]

Die Gruppe am Kochelsee beschloß, nach dem Vorbild der »Pariser Kommune« in Shanghai, die, benannt nach der Commune während der Französischen Revolution, das Zentralorgan der Kulturrevolution in China war, ebenfalls eine Kommune zu gründen: die spätere Kommune 1 in Berlin. Außerdem beschloß die Gruppe, sich gemeinsam einer Psychoanalyse zu unterziehen.

Rudi Dutschke schrieb später über dieses Experiment:

> »Daß Geschichte von Menschen schon immer gemacht wurde, daß wir sie aber bisher nie bewußt gemacht haben, weist auf die Notwendigkeit hin, die Erziehung neuer Menschen anzustreben. Dieser Erziehungsprozeß ist nur in der Auseinandersetzung mit der bestehenden Struktur sinnvoll und möglich. Wie sehr es von dieser Fähigkeit des Menschen abhängt, seine Geschichte bewußt in die eigene Hand zu nehmen, hatten uns die Beispiele der chinesischen und kubanischen Revolution gelehrt. [...] Allein die ununterbrochene produktive Verwertung und Austragung der vorhandenen Widersprüche ermöglicht den Lernprozeß der Menschen, den Erziehungsprozeß der Menschen und damit die Permanenz der Revolution. Ohne die Herausbildung des neuen Menschen ist die permanente Revolution unmöglich. Und so haben auch wir in der Auseinandersetzung mit unserem Herrschaftssystem ›neue Menschen‹ zu werden.«[19]

Am 1. Januar 1967 wurde dann die Kommune 1 in Berlin von Dieter Kunzelmann, Rainer Langhans und Fritz Teufel, die sich bald wie ihre chinesischen Vorbilder »Rebellen« nannten, gegründet. Natürlich waren es Poprebellen, die sich nur des selbstdopenden ›Kicks‹ bedienten, den die Chiffren »Kommune«, »Rebellen«, später »Haschrebellen« oder »Rotgardisten« in der westlichen Öffentlichkeit auslösten. Was in China zu millionenfachem Leid, zu Zwangsverschleppung und Mord führte, zu Massenwahn, Massenverhungern, Massensterben, Massenmord und Massenarmut, diente den Poprebellen zynischerweise als besonderer Gag: die Kommune erstens tierisch ernst und revolutionär zu nehmen und sich zweitens gleichzeitig davon zu distanzieren – nach dem Motto, daß man das alles doch nur anzitiere. Damit trafen die Kommunarden den lässigen Ton der Zeit. Sie fühlten sich auch Mao Tse-tung, Che Guevara und der Weltrevolution letztlich überlegen, die eigentliche Sensation fand bei ihnen selbst in ihrer Kommune in Berlin statt. Ein reiches Wohlstandsland wie die BRD hat letztlich doch mehr Power und ist jeder echten Revolution in einem Entwicklungsland, was den Spaßfaktor angeht, naturgemäß überlegen. Mit der psychoanalytischen Spaßkommune hatte nun auch die deutsche ›Kulturrevolution‹ gewissermaßen eine Zentrale, denn die Kommunemitglieder waren zu diesem Zeitpunkt ja auch noch Mitglieder des SDS, der wiederum die Schaltstelle der Studentenbewegung wurde. Zugleich begannen die Kommunarden mit dem einmaligen Konzept, sich selber in täglichen Umerziehungsprozessen zu »neuen Menschen« zu erziehen. Gleichzeitig verstanden es diese Kommunarden, die Medien, die nur links schick fanden, auf sich aufmerksam und zu Multiplikatoren ihres Orientierungsverlustes zu machen. Zugleich gelang es ihnen, die Springer-Presse zu täglich neuen Empörungsschreien herauszufordern. Die Bürgerlichen merkten nicht, daß sie einer riesigen ›Verarschung‹ völlig unpolitischer Wohlstandskinder auf dem Revolutionstrip auf den Leim gingen. Die Bürgerlichen wollten immer wie die Irren mit den Irren diskutieren, die aber warfen den LSD-Trip ein oder legten die Rolling Stones auf, lachten sich halb tot und sagten, man solle sie mit der ›bürgerlichen Scheiße‹ in Ruhe lassen.

Dutschke, Rabehl, Lefevre und Bergmann wiesen den Vorwurf der Presse, daß der SDS von Maoisten unterwandert sei, weit von sich. Sie schrieben 1968 zu diesem Vorwurf: »Die Theorie von der kommunistischen Unterwanderung durch die DDR mußte einer anderen weichen, nach der ›linke‹ FU-Studenten von Angehörigen der chinesischen Botschaft in Ost-Berlin gesteuert würden.«[20]

Doch die These, daß viele Berliner Studenten in der Umgebung des SDS und der Kommune 1 das chinesische Modell nachahmten oder zitierten, mal zum Scherz, mal bierernst, war gar nicht so falsch. An ihren Mänteln trugen sie die Abzeichen der Roten Garden, sie lasen zunehmend das rote Buch Maos, die sogenannte ›Mao-Bibel‹, und kämpften mit den Parolen der chinesischen Kulturrevolution gegen das Establishment. Es gab auch Mitglieder des SDS wie Christian Semmler, später führender Kopf der KPD/AO (KPD-Aufbauorganisation) und heute *taz*-Redakteur, der eigens nach China reiste, sich dort mit dem amtierenden chinesischen Außenminister Tschu En-lai traf, um dann, nach Berlin zurückgekehrt, an der Universität Vorträge über die chinesische Kulturrevolution zu halten. Daß sich Tschu En-lai, Außen-minister des bevölkerungsstärksten Landes der Welt, tatsächlich mit einem armen Studenten aus Berlin traf, zeigt, welche Bedeutung Mao Tse-tung der chinesischen PR-Kampagne im Westen beimaß.

Die Frage der *Bild*-Zeitung, die getitelt hatte, »Rote Garden an der FU?«, ist, so belanglos sie in Wahrheit war, schlicht und ergreifend mit Ja zu be-antworten.

Die Subversiven in KONKRET

Seit 1967 kamen die ›subversiven Rebellen‹ auch zu KONKRET. Der »Viva-Maria«-Mitbegründer Lothar Menne war der erste, der bei Klaus Röhl vor-sprach und sich als sechs Sprachen mächtiger Auslandskorrespondent anbot. Auch Rudi Dutschke war bald bei Klaus Röhl und Ulrike Meinhof einge-führt, die beide sofort von ihm begeistert waren.

Klaus Rainer Röhl: »Lothar Menne hatte irgendwann Rudi Dutschke in die Redaktion gebracht. Rudi war noch ganz zurückhaltend und sagte ›Klaus, was tust du denn für die Revolution?‹ – also in dieser Art, die er nun mal hat-te, christusartig mit furchtbar ernstem Blick. Ich war von ihm ziemlich faszi-niert, ihm glaubte ich alles, was ich den anderen bald nicht mehr glaubte.«

Klaus Röhl begrüßte Dutschke als Schreiber für KONKRET. Der nutzte ab jetzt KONKRET, um seine revolutionären Ideen zu verbreiten. Rudi Dutschke und Lothar Menne waren nur die Vorhut eines wahren Ansturms von APO-Führern und -Anhängern, die ab jetzt ins Blatt drängten, um darin ihre An-sichten zu verbreiten, und KONKRET nach und nach wohl zu der wichtigsten Zeitschrift der außerparlamentarischen Opposition werden ließen. Klaus Röhl und Ulrike Meinhof freuten sich, daß die Berliner Revolutionäre, die in den Medien immer bekannter wurden, ihre Zeitschrift als Plattform nutzten und daß sie dadurch den Zugang zu einer neuen Zeit nicht verpaßten.

Gemäß seiner revolutionären Mission empfahl Rudi Dutschke in seinem ersten KONKRET-Text den Lesern drei Bücher:

1. die ›Mao-Bibel‹

2. das Kultbuch über den Vietnamkrieg von Jürgen Horlemann und Peter Gäng: *Vietnam – Genesis eines Konfliktes* und

3. das Buch des iranischen Kultautors Bahman Nirumand: *Persien, Modell eines Entwicklungslandes*

Es waren dies drei Bücher, die auch heute noch jedem empfohlen seien, der sich mit 1968 auseinandersetzen will. Wichtig auch: *Roter Stern über China* von Edgar Snow. Vietnamkrieg, Mao und der Kampf in der dritten Welt um die Weltrevolution, das waren die Themen, aus denen sich die 68er-Bewegung nährte.

Rudi Dutschke und Manfred Kapluck

Auch Manfred Kapluck war seit 1966 wieder in Deutschland. Er hatte seine Parteischule in Moskau abgeschlossen und war in die BRD geschickt worden, um die DKP zu gründen. Kapluck war daher nach vielen Jahren wieder legal in der BRD und verhandelte in Essen zusammen mit Herbert Mies, Gustav Heinemann und Diether Posser über die Neugründung einer – nun legalen – kommunistischen Partei.

Klaus Röhl kam dann auf die Idee, Rudi Dutschke und Manfred Kapluck zu einem Doppelinterview für KONKRET zu bitten, in dem die beiden Vertreter der unterschiedlichen marxistischen Richtungen sich im Vergleich messen sollten. »Maoismus gegen Ulbricht« hieß das Doppelpack. Kapluck vertrat die Ideen der neuen kommunistischen Partei, und die hießen Legalisierung und Institutionalisierung. Dutschke dagegen redete von ständiger Revolution und bestenfalls von außerparlamentarischer Opposition. Kapluck sieht die Möglichkeit einer Legalisierung der KPD gegeben, da sie auf dem Grundgesetz basiere. Während Kapluck für die Anerkennung der KPD als neue DKP in der BRD wirbt, von kritischer Anpassung an die Verhältnisse, die man gern als Partei in einer Demokratie verändern will, redet, propagiert Dutschke die »Revolution« und den Kampf gegen alle Autoritäten, auch den Kampf gegen die Autorität des DDR-Regimes und der Sowjetunion.

Rudi Dutschke:

> »Der amerikanische Vernichtungskrieg in Vietnam, die Notstandsgesetze in der Bundesrepublik und die Existenz der stalinistischen Bürokraten in der DDR haben bei aller spezifischen und auch prinzipiellen Verschiedenheit einen gemeinsamen Aspekt: Sie sind Glieder der weltweiten Kette der autoritären Herrschaft über die entmündigten Völker.«

Manfred Kapluck antwortet auf die Frage, welche Chancen er für eine Legalisierung der KPD sehe:

»Gute Chancen, vorausgesetzt, wir Kommunisten bringen genügend Ideen, Initiative und Ausdauer mit. Oder glauben Sie etwa, daß man bei uns in der Bundesrepublik das KPD-Verbot verewigen könnte? Der Zug der Zeit fährt doch in eine andere Richtung! Sehen Sie, in diesem Jahr feiert die Sowjetunion den 50. Jahrestag des Sieges der Ideen von Marx und Lenin. Wie die sozialistischen Länder erstarken, das sehen wir deutlich an der Aufwärtsentwicklung der DDR [...]. Das erste Mal in unserer Geschichte stehen dort die Arbeiter an den Schalthebeln der Wirtschaft und des Staates. Und sie bringen den Beweis: Der Sozialismus ist krisenfest.«

Die KONKRET-Redaktion fragt Dutschke: »Die Presse berichtete oft von einer Gruppe innerhalb des SDS, die abwechselnd als Rote Garde an der FU, als Maoisten oder einfach Ultralinke bezeichnet wurde, wie verhält es sich damit?«
Rudi Dutschke:

»Wenn Sie nun sagen, da gibt es eine Gruppierung, die von außen als Mao-Gruppe bezeichnet wird, dann ist daran so viel richtig, daß es politische Diskussionen im SDS über den chinesisch-sowjetischen Streit gibt [...]. Die meisten sind sich über die zweifelhafte Rolle der Sowjetunion in diesem Konflikt klar und dadurch muß nach außen der Eindruck entstehen, daß einige Teile des SDS prochinesisch eingestellt sind. Was aber in Wirklichkeit nichts anderes heißen kann, als daß sich recht viele im SDS Gedanken darüber machen, wie der Weg der Sowjetunion nach 1917 gewesen ist und wie der Versuch der Chinesen heute ist, bestimmte Fehler der Vergangenheit und bestimmte Fehler der heutigen Politik der Sowjetunion zu vermeiden. [...] So kann der revolutionäre Prozeß in der dritten Welt durch eine Durchbrechung des falschen Bewußtseins der Menschen in der hochindustriellen Welt vervollständigt werden. [...] So sind auch die Versuche der Studentenschaft zu verstehen. So die Versuche der Gewerkschaften, neues Bewußtsein zu erzielen, und das nicht nur durch Aufklärung, sondern im Zusammenhang mit Aktionen.«

Der Unterschied liegt auf der Hand: Kapluck und der KPD geht es um Legalisierung, um Anpassung und Befolgung des Grundgesetzes, Dutschke und seinen Genossen geht es gerade darum, dieses Grundgesetz mit »Aktionen« in Zweifel zu ziehen und die Rechtsordnung anzugreifen, zu zerstören und durch eine neue, allerdings nie von Dutschke konkret genannte zu ersetzen. Auf die Frage von KONKRET, ob die Kommunisten denn das Grundgesetz bejahen, antwortet Kapluck:

»Vielleicht darf ich Herrn Reimann, den 1. Sekretär der KPD zitieren, der im vorigen Jahr in einem Interview gesagt hat − ich zitiere wörtlich: ›Die KPD gründet ihren Anspruch auf Wiederzulassung auf das Grundgesetz, das die Bundesrepublik als einen demokratischen Rechtsstaat bezeichnet. Der einzige Maßstab für die Legalität einer Partei kann nur ihr Verhältnis zum Grundgesetz sein.‹«[21]

Kaplucks und Dutschkes politische Ausrichtungen stehen sich in dieser Zeit kritisch, ja feindlich gegenüber. Kapluck erzählte mir auch, wie schwierig diese Maoisten für ihn und seine Kommunisten zu ertragen waren, die viel akribischer, als eine bürgerliche Opposition es je vermocht hätte, sich in die Materie auch der Verbrechen der Sowjetunion einarbeiteten und diese den Altkommunisten, wie sie plötzlich genannt wurden, vorhielten. Auch Richard Kumpf hat mir bei unserem Gespräch in Wuppertal erzählt, daß er bei einigen Vorträgen, bei denen Maoisten im Publikum saßen, wegen kritischer Fragen und Vorhaltungen arg ins Schwitzen kam. So weit waren die Moskauer Schulungen eben noch nicht aktualisiert worden, daß sie in einer Kampfdiskussion mit dem neuen Menschentypus von 68 schon punkten konnten. Tatsache ist, daß sich im SDS Altkommunisten und Mao-68er bald regelrecht handgreiflich bekämpften. Tatsache ist aber auch, daß beide kommunistischen Richtungen sich auf Marx als Grundlage beriefen und sich durchaus einig waren, wenn es darum ging, den eigentlichen politischen Gegner in Form des sogenannten normalen Bürgers und des Establishments zu bekämpfen, das allerdings vorläufig den Wohlstand verdiente, den die Revoluzzer für ihre ›Spielchen‹ brauchten.

Die Kommune 1 und die Röhls

Im April 1967 war es zu erneuten Demonstrationen − der Anlaß war der Besuch des US-Vizepräsidenten Hubert Humphrey in Berlin, also indirekt der Krieg in Vietnam − der Studenten in Berlin gekommen. Aufsehen erregte jedoch nicht die Demonstration gegen den Vizepräsidenten, an der 3000 Studenten teilnahmen, sondern die Verhaftung von Mitgliedern der Kommune 1, die am Vorabend der Demonstration erfolgt war. Bei einer Razzia in ihrer WG waren die Kommunarden dabei ertappt worden, Rauchkerzen herzustellen und Mehl und Pudding in Plastikbeutel zu füllen. Die Meldung der Polizeipressestelle, daß die Kommune 1 einen Anschlag mit

Bomben auf das Leben des Vizepräsidenten der USA durchführen wollte, zog aufsehenerregende Schlagzeilen und einen wahren Presserummel nach sich, dank dessen die Kommunarden endgültig ihren medialen Durchbruch feiern konnten: »›Geplant: Bombenanschlag auf US-Vizepräsidenten‹ *(Bild-Berlin)*, ›Studenten planten Attentat auf Humphrey‹ *(BZ)*, ›Maos Botschaft in Ost-Berlin lieferte die Bomben gegen Vizepräsident Humphrey‹ *(Der Abend)*«[22] hießen die Überschriften. Sie drückten eine Mischung totaler Überschätzung und zugleich weiser Prophetie aus, die darauf gründete, daß die Puddingköche dabei waren, zu Alchimisten der Gewalt zu werden. Die Kommune 1 war von ihrem von der Polizei eingeschleusten Wohngenossen Peter Urbach verraten worden. Spitzel Urbach leistete der Polizei bis zum Ausbruch des Terrorismus noch weiterhin, von den Ausspionierten unbemerkt, seine Dienste.

In ihrer nächsten Kolumne »Napalm und Pudding« belehrte die ›bürgerliche‹ Journalistin Ulrike Meinhof die Kommunarden:

> »Ein Vorwurf kann den Berliner Pudding-Kommunarden nicht erspart bleiben: daß sie, auf ihre plötzliche Publizität nicht vorbereitet, die Gelegenheit, in Fernsehen und illustrierter Presse ihre Aktion zu erklären, nicht nutzten. Anstatt das Aufsehen, das sie erregten, auf Vietnam zu lenken [...] redeten sie von sich selbst. [...] Ihre plötzliche Publizität aber nutzten sie nur für ihren privaten Exhibitionismus, snobten nicht nur die sie interviewenden Journalisten, sondern ja auch deren Zuschauer und Leser. [...] Offenbar sind sie selber noch im Stadium der Verwirrung über ihr tabubrecherisches Liebesleben, haben ihren Mao, obwohl ›Maoisten‹, nicht gelesen.«

Trotz ihrer etwas moralisierenden, bei den Kommunarden als spießig geltenden Kritik an den Mao-Revoluzzern der Kommune 1 stellte sich Ulrike Meinhof prinzipiell hinter die Aktion: »Es gilt als unfein, mit Pudding und Quark auf Politiker zu zielen, nicht aber Politiker zu empfangen, die Dörfer ausradieren lassen und Städte bombardieren.«[23]

Damit liefert Ulrike Meinhof die Mediennachbereitung, deren Fehlen sie den Kommunarden vorgeworfen hat. Trotzdem ist Ulrike Meinhof als Altkommunistin und etablierte Journalistin mit den Theorien der Frankfurter Schule und Maos noch nicht vertraut. Dies änderte sich erst durch die Diskussionen mit Rudi Dutschke, der als eine Art Vermittler zwischen den Hamburger Journalisten und den mit sich selbst experimentierenden Kommunarden auftrat. Nächtelang diskutierte er mit Ulrike und Klaus Röhl über die Weltrevolution, über Mao und Stalin und brachte Ulrike Meinhof auf diese Weise allmählich das neue revolutionäre Denken Mao Tse-tungs näher.

Sowohl Ulrike Meinhof als auch Klaus Röhl merkten, daß hier eine nach dem Krieg sozialisierte Generation Randale machte, die so ganz anders war, als sie selbst es noch in den fünfziger Jahren bei ihren dagegen urdeutschen Anti-Atomwaffen-Protesten gewesen waren, knapp zehn Jahre zuvor. Die Ironie und Süffisanz der neuen Generation, die mit Popelementen spielt, von Spielfilmen mit Marlon Brando, Brigitte Bardot und James Dean beeinflußt ist, Jeans und Mao-Sticker trägt, von sexueller Befreiung faselt, von Psychoanalyse, Reich, Frankfurter Schule und der Befreiung des Individuums und die sich abwechselnd auf Vietnam, China, Indien, Kuba bezieht – das alles hat mit ihrem guten alten Kommunismus nichts mehr zu tun. Es ist eine neue Welt. Eine Neue Linke.

Es ist Rudi Dutschke, der dem Ehepaar Röhl das Einmaleins von 68 beibringt. Mit Dutschke hatten Meinhof und Röhl auch schon bald wieder eine Gemeinsamkeit gefunden. Eine Bekanntschaft, die ihnen erneut das konspirative und gleichzeitig vertraute Gefühl vermittelte, das sie einst bei ihren Treffen mit Kumpf und Kapluck erlebt hatten. Dutschke war es, der Klaus Röhl den Kontakt zu den Kommunarden nach Berlin vermittelte. Daß der *stern* als erster eine Reportage über die Kommunarden in Berlin gemacht hatte, ärgerte Klaus Röhl gewaltig, schließlich war er doch der linke Chefredakteur. Klaus Röhl kommt von seinem Besuch in der Kommune, wo er die Bekanntschaft von Dieter Kunzelmann, Hans Joachim Hameister, Rainer Langhans, Fritz Teufel und Ulrich Enzensberger, dem Bruder von Hans Magnus, macht, genervt nach Hamburg zurück.

Klaus Rainer Röhl: »Hameister begleitete mich nach Berlin bis zur Haustür der Kommune, dort aber blieb er stehen und haute wieder ab. Und ich hatte nun die Aufgabe, in dieses Berliner Eckhaus, in der die Kommune 1 logierte, einzudringen. Ich sagte also: ›Hallo, guten Tag‹. Die hatten inzwischen schon dem *stern* ein Interview gegeben, wo sie schon groß angegeben hatten über ihre Lebensweise, ein Artikel, der auch sehr zu ihrem Zulauf, den sie jetzt bekamen, beigetragen hatte. Aber nun kam ich als linker Redakteur, und die waren irrsinnig skeptisch, und ich war vor allem noch viel skeptischer über den unglaublich penetranten Geruch von den vielen nicht kastrierten Katern, die da herumliefen. Durch alle Räume zog außerdem der Geruch eines ungeheuren Eintopfes, der gerade gekocht wurde. Überall waren halbverwüstete Räume, in welchen die Kommunarden auf bloßen Matratzen auf ebener Erde herumlümmelten. Dafür waren sie aber ausgestattet mit ausgezeichneten Schallgeräten. Sie spielten den ganzen Tag die Rolling Stones, manchmal auch die Beatles, aber die Rolling Stones fanden sie besser. Sie hatten auch einen sensiblen Kurzwellenempfänger, mit dem sie rituell stündlich die deutschsprachigen Nachrichten von Radio Peking abhörten. Und das zusammen mit den Rolling Stones wechselte so in ihrem Leben ab.

Sie sagten: ›Hast Du Knete? Wenn wir ein Interview geben, müssen wir Knete haben!‹ Da sagte ich: ›Nein, hab' ich nicht, und ich bin doch auch von einer linken Zeitung‹ und so weiter. Und da hätten sie mich schon beinahe rausgeschmissen, aber da sagte Teufel oder Langhans, ›also laß uns ihm das Interview ruhig geben, wegen der Sexchose‹. Weil wir ja in KONKRET Artikel zum Thema Sex brachten. Dann kam aber erst einmal wieder Radio Peking. Und während ich dann also das Interview begann mit meinem kleinen Aufnahmegerät, drehte Fritz Teufel irrsinnig laut wieder die Rolling Stones mit ›Give me Satisfaction‹ auf, so daß Ulrich Enzensberger, der mir das Interview geben wollte, verzweifelt schrie: ›Wie soll ich denn bei der Lautstärke das Interview geben?‹ Doch Teufel schrie nur zurück: ›Das ist mir egal, ich will jetzt meine Musik hören, das ist mein gutes Recht!‹ So brüllten sie lange durcheinander, und dann konnte ich immer noch kein Interview machen, weil dann gab's Essen, nämlich das starke Eingekochte. Die Kater bekamen auch etwas davon, nur ich bekam nichts. Die Gastfreundschaft war gleich null. Also irgendwie gelang es mir, mit viel List und Tücke dann doch noch mein Interview zu bekommen. Die Hauptsache aber war der Eindruck von dieser Schmuddelei. Eine politische Haltung war praktisch nicht vorhanden. Bei dem Wort ›Arbeiterklasse‹ lächelten sie nur milde, geradezu zynisch und sagten: ›Das ist doch überhaupt nicht das Problem, es gibt doch gar keine Arbeiterklasse.‹ Und so redeten sie hauptsächlich von ihrer Selbstverwirklichung und ihren seelischen Selbstverkrüppelungen und ihren Orgasmusproblemen, die ich ihnen sofort glaubte.«

Gemäß ihrem eigentlichen kulturrevolutionären Auftrag und entgegen der Aussage von Ulrich Enzensberger zu Klaus Röhl: »schreiben Sie, daß Mao für uns nur noch eine sentimentale Erinnerung ist«, übernahm die Kommune 1, die irgendwie von nichts ganz gut zu leben schien, schon bald den SDS in Berlin.

Enteignet Springer!

Eine weitere Kampagne wird seitens des SDS und Rudi Dutschkes sowie anderer interessierter Kreise – auch Augstein beteiligt sich eine Zeitlang daran, bevor er wieder abspringt – vorangetrieben. Bald gibt es die dazugehörige Plakette mit der Aufschrift »Enteignet Springer«, die der sogenannte Extra-Dienst im Republikanischen Club in der Wielandstraße 27 in Berlin vertreibt und die, laut KONKRET, im Juni 1967 bereits Tausende von Studenten trugen. Die Umerziehung von Axel Springer persönlich wird ganz offiziell in SDS- und Studentenkreisen diskutiert, der in seinem eigenen enteigneten Betrieb unter anderem als Klofrau arbeiten sollte. Ein großes Tribunal gegen den Großverleger Springer ist für November 1967 geplant, aber findet erst im Februar 1968 statt. Ein Mäzen dieser neuen Bewegung, der APO, die unter Studenten Kult wird, ist der superreiche italienische Erbe und Verleger Giangiacomo Feltrinelli.

Auch KONKRET berichtet im Juni 1967 über die Versuche des Springer-Konzerns, gegen die Enteignungsphantasien der APO juristisch vorzugehen. »Zu spät hat man beim Springer-Konzern erkannt, daß die Enteignungs-parolen – zum ersten Mal in der letzten regulären Ausgabe des *Berliner Extrablatts* im Mai verkündet – nicht auf die leichte Schulter zu nehmen sind«, frohlockt KONKRET und berichtet, daß man »*im Springerhochhaus an der Mauer wegen eines geplanten studentischen Go-in*«[24] (mehrere tausend Studenten wollten am »Tag der offenen Tür« mit Enteignungsplaketten durch das Haus ziehen) die Tore vorzeitig sperren ließ. Am 1. Februar 1968 findet im Auditorium maximum der Technischen Universität in Westberlin eine vorbereitende Veranstaltung für ein sogenanntes Springer-Tribunal statt. Auf dieser Veranstaltung wird ein Film von Holger Meins, Student an der Berliner Filmakademie, über die Herstellung von Molotowcocktails gezeigt, an dessen Ende das Springer-Hochhaus in der Kochstraße eingeblendet wird. Die Scheiben von sechs Filialen des Springer-Konzerns wurden noch in derselben Nacht durch Steine zertrümmert. Die Steine waren in Flugblätter eingewickelt mit der Aufschrift »Enteignet Springer«. Diese großangelegte Kampagne des SDS gegen Springer, die über Monate vorbereitet worden war, hat ganz sicher mit dazu beigetragen, daß zwei Monate später, nach den Schüssen auf Rudi Dutschke, die Studenten und die linke Öffentlichkeit so geschlossen in ihren Protesten dem Springer Verlag die Schuld daran geben und sofort bereit sind, alle Kräfte im Kampf gegen den Großverlag zu vereinen.

4. Das Hamburger Medienestablishment, 1967

Hochgefühle

Ulrike Meinhof ist schon seit Anfang 1967 von der Studentenrevolte fasziniert und fährt immer häufiger nach Berlin zu den Aktionen und Veranstaltungen der APO-Bewegung. Und 1967 steigert KONKRET erneut seine Auflage. Ulrike Meinhof wird mit ihren Kolumnen und Rundfunkfeatures und allmählich auch durch ihre TV-Auftritte zu einer wichtigen Stimme im linken Spektrum der Bundesrepublik, obwohl ihr direkter Kontakt zu den Studenten sich hauptsächlich auf Rudi Dutschke beschränkt, der seinerseits kaum noch als Student zu bezeichnen ist. Klaus Röhl erlebt eine Morgendämmerung als Chef und Inhaber von KONKRET, was auch mit finanziellen Segnungen verbunden ist.

Das Jahr 1967 ist auch für die linke Hamburger Mediengesellschaft, die sich von der APO-Stimmung in Berlin zunehmend faszinieren läßt, eine euphorisierende Zeit. Meine Eltern beginnen, sich als selbstverständlicher Teil dieser Society zu fühlen. Ihr kleinbürgerliches Häuschen in Lurup paßt nicht mehr. Als einige Gesellschaftslöwen meine Eltern damit foppen, daß sie ja immer noch in dieser Ungegend wohnen würden, braucht es nicht lange: Sie sind sich schnell einig, ein Haus in Blankenese soll es sein.

Bald darauf fuhren meine Schwester und ich öfter mit unserer Mutter in den Elbvorort Blankenese und besichtigten dort alte Villen. Während meine Mutter irgendwelche Gespräche führte, spielten wir in den großen Gärten, die mich sehr beeindruckt haben. Mit unserem Kleingarten in Lurup, den ich so gut kannte, hatten sie gar keine Ähnlichkeit. Im März 1967 fanden meine Eltern ihr Traumhaus. Es war eine sehr schöne große Villa mit drei Stockwerken, Baujahr 1914, mit gut erhaltenen Jugendstilfenstern. Zum Haus gehörte ein verwilderter Garten mit sehr altem Baumbestand und auch ein verwilderter Obstgarten. In der Mitte des Gartens stand ein riesiger

Walnußbaum, den ich später noch ganz gut kennenlernte, da ich jedes Jahr mithelfen mußte, sein Laub wegzuharken. Walnußbaumblätter können besonders dick und breit sein. Als ich den Garten das erste Mal sah, stand das Gras meterhoch. Mein Vater hat es, als wir einzogen, eigenhändig mit einer Sense gemäht. Ein unvergeßlicher Anblick. Der Essensaufzug von der Küche in die Beletage funktionierte damals noch, und ich war enttäuscht, daß meine Eltern ihn gleich ausbauen ließen.

Das Haus hatte dem Familienclan eines kleinen, aber sehr feinen Hamburger Bekleidungshändlers vom Neuen Wall gehört, der seit mehr als 100 Jahren die feine englisch-hanseatische Mode führt: »Ladage & Oelke«. Mein Vater schenkte meiner Mutter zum nächsten Weihnachtsfest einen hellgrauen smarten Dufflecoat aus diesem Laden, der später in Berlin, wo sie ihn auf Demonstrationen und Protestveranstaltungen fast immer trug, zu einem ihrer Markenzeichen wurde. Schon bei der Besichtigung des Hauses standen zwei gleichaltrige Jungen vor unserer Haustür, Jacob und Peter, zwei Nachbarskinder und Enkel des Hamburger Bekleidungshändlers, der das Haus verkaufte. Die beobachteten uns neugierig und fragten, ob wir bald einziehen würden, was ich noch nicht so genau wußte, da wir schon so viele Häuser besichtigt hatten, die meinen Eltern gefallen hatten. Auch die Eltern der Jungen kamen zu uns herüber und stellten sich vor, und wenige Tage später war man sich einig, meine Eltern kauften das Haus.

Ulrike Meinhof begann mit Feuereifer, das Haus einzurichten. Der Zeitmode entsprechend wurden die Zimmer in verschiedenen Farben gestrichen. Das große zukünftige Arbeitszimmer meiner Mutter im Mittelgeschoß, das den Ausblick zur Straße gewährte, wurde dunkelgrün, nur die Decke blieb weiß, für das Treppenhaus wurde ein dunkles Rot gewählt. Unser Kinderschlafzimmer, das ebenfalls im Mittelgeschoß und mit Fenstern zum Garten hin lag, wurde blau gestrichen. Zwei Zimmer im dritten Geschoß – aus der obersten Dachluke sollte man bei klarer Sicht laut Verkäufer sogar die Elbe sehen können, was mir aber nie gelang – blieben leer, meine Mutter wollte diese etwas später für ein Kindermädchen und für uns herrichten. Ulrike Meinhof kaufte Lampen und Möbel aus der Gründerzeit, sorgte sich um die Handwerker und machte dies alles stets allein. Meine Schwester und ich waren in diesen Stunden mit »Marianne, der Pfanne« oder »Ute, der Guten« auf dem neuen Spielplatz um die Ecke, auf dem ein riesiges, graulackiertes Schaukelpferd mit vier Sitzen stand, in das meine Schwester und ich uns förmlich verliebten und auf dem man phantastisch herumwackeln konnte. Klaus Röhl war während der Zeit des Umzugs kaum zu Hause. Er floh nach

Kampen oder in die Firma. Er haßte Renovierungsarbeiten, Möbelpackerei-
en und Einrichtungsumständlichkeiten. Ich empfand dieses Mißverhältnis
zwischen der sich ständig vor der Schreibmaschine quälenden Mutter, die
auch noch das Haus einrichtete, und dem gutgelaunten Vater, der sich prächtig zu amüsieren schien, damals als sehr kraß. Klaus Röhl zog es nicht nach
Hause, er dehnte seine Wochenenden auf Sylt immer mehr aus und trainierte
sich in seinen Träumen darin, der bessere Gunter Sachs zu sein. Im übrigen
erledigte er seine Firmenangelegenheiten per Telefon und Brief oft direkt
von der Insel. In einem Brief an den Schriftsteller Hubert Fichte, zu dieser
Zeit der Musikkritiker von KONKRET, schrieb Klaus Rainer Röhl:

»Kampen, d. 2.5.66

Lieber Hubert!

Wie geht's Dir? Hoffentlich fühlst Du Dich gut?! Ich wünsche Dir soviel Wohlbefinden wie nur möglich. Und wenige Pillen [AdA: Hubert
Fichte litt an Hepatitis und mußte Tabletten einnehmen]. Ich bin ganz
schnell hierhergefahren, weil ich nämlich auch ganz schnell wieder zu-
rückmuß. Nächste Woche. Ulrike dreht an einem Panoramafilm, und
da muß ich den beiden Kindern Liebe applizieren. Versorgen tut sie das
Mädchen. Aber nächste Woche kann ich Dir meine Aufwartung machen. Fühl' Dich ja nicht verpflichtet, auch diesmal wieder das Ragout fin
[AdA: gemeint ist Hubert Fichtes Rubrik Plattenragout in KONKRET] zu
machen. Wenn Du Dich nicht fühlst, dann kann das auch mal verscho-
ben werden. Wenn Du Dich dagegen imstande siehst, dann bleiben wir
dabei, den ganzen Komplex der Folk- + Protestsinger zu behandeln, auch
deren deutsche Nachfolger + Nachäffer, also von Joan Baez bis Heidi
Brühl, nicht? Es gibt da so viel, daß das schon reicht. Wir teilen das dann
auch den Plattenfirmen mit und stellen uns auch sonst darauf ein. Mit
Bildern von Baez + Brühl + Freddy + Bob Dylan. Griechenland-Repor-
tage kommt. Ist schon im Satz. In Fortsetzungen. 2. Teil im September.
Können wir schon mal die Bilder haben? Bitte schickt sie, ja! Hier ist es
schön, aber davon nichts, weil Du Armer nicht hier sein kannst.

Herzlich, Dein Klaus.«

Auf Sylt hatte mein Vater schnell gelernt, sich selber den Zwang zur Ganzjah-
resbräune, die er bei den VIPs neidvoll wahrgenommen und bewundert hatte,

aufzuerlegen, und machte hieraus eine Dauerbeschäftigung, die inzwischen über 40 Jahre anhält und an die ich mich recht gut erinnere. »Ich will immer gut aussehen, ich muß also immer braun sein, so braun wie die Reichen, die nicht arbeiten«, erklärte mir mein Vater damals alle naselang und schaffte sich eine Höhensonne an, die er nun täglich nach dem Frühstück ritualhaft anstellte, wobei er sich eine Brille aufsetzte, um seine Augen zu schützen. Wir Kinder waren dazu aufgefordert, seine Bräune zu bewundern.

Im Frühsommer rief meine Mutter ihren ewig urlaubenden Mann auf der Insel an:

Klaus Rainer Röhl: »»Du, Klaus, du mußt jetzt unbedingt nach Hause kommen, Coulmas hat uns zu einer Party eingeladen. Wir müssen da hingehen, es werden alle kommen, es ist eine ganz wichtige Party.‹ Aber ich sagte zu ihr: ›Du, geh da um Gottes willen alleine hin, ich kann diese Establishmentleute auf den Dood nicht ausstehen, ich will jetzt gar nicht so gerne hier weg.‹ Aber sie überredete mich, indem sie sagte: ›Du, Klaus, und da ist auch diese wunderschöne Griechin, die Frau von Peter Coulmas, die du noch nicht kennst, sie wird dir gefallen, sie heißt Danae.‹«

Ich glaube, daß Klaus Röhl nicht wegen einer Unbekannten, die Ulrike Meinhof ihm als schön beschrieben hat, flugs anreiste, sondern es waren schon die ›oberen Zehntausend‹, die mein Vater nicht verpassen wollte. Schließlich heißt das oberste Partygebot seit der Steinzeit: richtig dosiert dabei sein. Und immer dann, wenn Klaus Röhl wußte, wie, dann wollte er auch dabei sein. Ein paar Tage später fuhr Klaus Rainer Röhl braungebrannt, erholt und gut gelaunt mit »Ulrike« zu Peter Coulmas, der weit und breit als der charmanteste Gastgeber des Establishments galt. Klaus Röhl aber begegnete der »schönen Griechin«. Später erzählte er mir die Geschichte dieses Kennenlernens vielleicht einige hundert Male:

Klaus Rainer Röhl: »Ulrike und ich sahen schon, als wir ankamen, daß es eine sehr große Party war. Und da waren nun buchstäblich alle wichtigen Medienleute versammelt. Es war aber nicht so wie heute, wo die Leute erst mal ganz lange rumstehen und die Stimmung mit viel Alkohol angeheizt werden muß. Man tanzte schon von Beginn an, nachmittags um fünf Uhr. Und dann sah ich auch schon Danae. Sie war zusammen mit Ulrike, Gulna Duve und Maria Augstein die schönste Frau der ganzen Partygesellschaft. Einer der Mittelpunkte, um die sich alles drehte. Und während Ulrike von einem Unterhaltungspartner zum nächsten weitergereicht wurde und am liebsten wohl mit Peter Coulmas sprach, tanzten Danae und ich. Die Nacht wurde lang, wir lagen uns in den Armen. Aber das alles war gekommen, weil in der Luft damals diese ungeheure Atmosphäre lag, eine Flirtstimmung, von der alle ergriffen waren. Eine Stimmung, ohne die diese Offenheit zu anderen Beziehungen nicht zu verstehen ist. Es war der Beginn der APO-Zeit, wir hatten mit unserer Zeitung immer mehr Erfolg, die Auflage stieg ständig. Ulrike hatte einen großen Erfolg mit ihren Fernsehfilmen und verfolgte in Berlin die ersten Demonstrationen. Uns alle berührte diese Aufgeregtheit einer neuen Bewegung, und zu all dem, das ist fast banal zu sagen, liefen die Beatles.«

Klaus war verknallt. Er pflegt zu diesem Abend, welcher der Anfang vom Ende seiner Ehe und der Beginn einer (mit 15jähriger Unterbrechung) bis heute andauernden Lebensbeziehung zwischen ihm und Danae Coulmas war, zu sagen: »Glaub ja keiner, daß Ulrike eifersüchtig war, das war sie nicht, dafür lege ich meine Hand ins Feuer. Sie war höchstens gekränkt, das war auch alles.«

Nun ja. Ulrike Meinhof war der Typ, der persönlichen Kummer eher in sich hineinfraß, als eine Szene zu machen. Es wurde bekanntlich überall in Deutschland ›sexuell revoltiert‹, und diese schönste aller Revolutionen fand ganz vorneweg – heute lesen sich die Texte natürlich harmlos – in KONKRET statt, wo meine Mutter eine Chefrolle spielte und sich sicher unter Druck sah, nun nicht plötzlich selber eine gestrige Ehefrau zu sein. Ich glaube aber, daß meine Mutter nach dieser Party viel Haß, Ohnmacht und Eifersucht gefühlt hat, die aber nicht unmittelbar in Eheszenen mündeten, sondern in ihre nächste Kolumne flossen, die zu einer ihrer brillantesten wurde.

Farah Diba

Diese nächste Kolumne war ein »Offener Brief« an eine andere schöne und dunkelhaarige Frau, die Frau des Schahs von Persien: Farah Diba.

Der Besuch des persischen Herrscherpaares Anfang Juni 1967 in Deutschland war schon lange angekündigt gewesen. Der Berliner SDS bereitete sich seit einiger Zeit auf eine »angemessene Begrüßung« des Diktators vor, der als ›amerikanische Marionette‹ bezeichnet wurde. Angeheizt wurde diese Stimmung gegen den Schah unter den Studenten durch die »Konföderation Iranischer Studenten«, eine iranische Oppositionsbewegung, die im Ausland den Sturz des Schahs vorbereitete. Dieser Verbund Oppositioneller, der in ganz Deutschland an vielen Universitäten Aufklärungsveranstaltungen organisierte, wurde von dem iranischen Dozenten Bahman Nirumand angeführt, der wohl mit Recht als einer der ›Väter von 68‹ bezeichnet werden kann. Der bis dahin vollkommen unbekannte persische Dozent hatte auch aufgrund eines Rates des Schriftstellers Hans Magnus Enzensberger ein Buch über sein Heimatland geschrieben: *Persien, Modell eines Entwicklungslandes*, welches schon bald nach seinem Erscheinen zu einem Kultbuch der APO wurde.

Auch Ulrike Meinhof hatte das Buch von Bahman Nirumand gelesen und war fasziniert. Das Buch, aber auch die ersten Begegnungen mit dem Autor Nirumand berührten sie tief.

Ja, ein bißchen wurde Nirumand wohl zu einem eigenen emotionalen Ausflug zu einem anderen Mann, den sie mit ihrem Artikel nur allzugern unterstützen wollte. Seine Sache, der Kampf gegen Diktatur und Unterdrückung, der Kampf für die Befreiung eines Volkes, seines Volkes, fand sie großartig.

Wer war Bahman Nirumand, der in wenigen Monaten zu einem der Köpfe der deutschen APO-Bewegung wurde? Und wer war Nirumand für Ulrike Meinhof?

Nirumand wurde in den nächsten Jahren für Ulrike Meinhof einer der wichtigsten Weggefährten und engsten Freunde. Nach Aussage vieler schwärmte sie für den gutaussehenden und gleichzeitig ruhigen und intellektuell beweglichen Iraner, der sich so gut in Deutschland auskannte und in beiden Kulturen zu Hause war. Sie sah in ihm einen großen Revolutionär und war überzeugt, daß er nach dem Sturz des Schahs der erste sozialistische Regierungschef in Teheran werden würde. Und ein bißchen hat wohl auch Nirumand selber, so frotzelt ein Freund über ihn, eine Zeitlang solche Gedanken im Kopf gehabt, die er heute souverän zurückweist. Immerhin: Enzensberger verglich Nirumand in seinem Nachwort zu dessen Buch mit »Lenin in Deutschland«[1] und das Persien des Schahs mit dem zaristischen Rußland vor der Oktoberrevolution.

Im Sommer 2005 treffe ich Nirumand, den ich nur als Kind kannte, nach 35 Jahren das erste Mal wieder. Wir sprechen über Ulrike Meinhof und lernen uns ein bißchen kennen. Von allen Menschen, die meine Mutter kannten und die ich getroffen habe, hat er nach meinem Empfinden den liebevollsten, aber auch realistischsten Blick auf Ulrike Meinhof. Sein spontanes Urteil: Sie sei tieftraurig bis depressiv gewesen, und er hätte den Eindruck gehabt, sie sei auch deswegen in den Untergrund gegangen, weil sie vor sich selber fliehen wollte, vor dieser Schwere, diesem Unglück, das sie offenbar in sich trug. Er hat viel Wärme, sehr viel Freundschaft, sehr viel Mitgefühl und Bedauern, wenn er über »Ulrike« spricht. Er kannte sie. Er erzählte: »Einmal besuchte sie mich, als ich gerade meine Fenster anstrich. Da sagte sie: ›Wie kannst du so etwas machen, wenn da draußen die Revolution tobt und in Vietnam die Bomben fallen? Wie kannst du Zeit für so etwas haben?‹ Da habe ich gesagt: ›Ulrike, das Leben muß doch weitergehen, das ist doch das normale Leben, für das wir kämpfen.‹«

Bei einem zweiten Treffen machte ich mit Bahman Nirumand ein Interview über den Iran, Deutschland und den 2. Juni 1967.

Bettina Röhl: »Mit deinem ziemlich revolutionären Buch *Persien, Modell eines Entwicklungslandes* bist du historisch punktgenau im linken deutschen Medienestablishment gelandet. Raddatz von rororo aktuell hat das Buch verlegt. Hans Magnus Enzensberger hat das Nachwort ›Nacherinnerung‹ zu deinem Buch geschrieben und sich mit dem Gedanken der Revolution in Persien und in Deutschland auseinandergesetzt. Rudolf Augstein und Marion Gräfin Dönhoff nahmen Kontakt zu dir auf. Du lerntest auch Ulrike Meinhof kennen.«

Bahman Nirumand: »Bei einem Vortrag zu meinem Buch habe ich im Frühjahr 1967 deine Mutter kennengelernt. Ich war zu einem Vortrag in Hamburg eingeladen, um mein Buch über Persien vorzustellen, und als der Vortrag zu Ende war, kam Freimut Duve, der mich begleitet hatte, zu mir und sagte: ›Ich will dich mit Ulrike Meinhof bekannt machen‹. Sie war damals eine Journalistin bei KONKRET. Freimut lud uns zu sich nach Hause zum Essen ein, und Ulrike und ich haben dann die ganze Nacht im Wohnzimmer diskutiert. Freimut und seine Frau Gulna sind ins Bett gegangen, und wir haben weitergeredet, und als die morgens aufstanden, saßen Ulrike und ich immer noch zusammen. Da haben wir alle zusammen gefrühstückt. Wenig später schrieb sie ihren Artikel über Persien, ihren ›Offenen Brief an Farah Diba‹, an die Frau des Schahs, in KONKRET.«[2]

Ulrike Meinhof begrüßt in ihrem »Offenen Brief« die Perserin:

»Guten Tag, Frau Pahlawi,

die Idee, Ihnen zu schreiben, kam uns bei der Lektüre der *Neuen Revue* vom 7. und 14. Mai, wo Sie Ihr Leben als Kaiserin beschreiben. Wir gewannen dabei den Eindruck, daß Sie, was Persien angeht, nur unzulänglich informiert sind [...]. Sie erzählen da: ›Der Sommer ist im Iran sehr heiß, und wie die meisten Perser reise auch ich mit meiner Familie an die persische Riviera am Kaspischen Meer.‹ Wie ›die meisten Perser‹ – ist das nicht übertrieben? In Balutschiestan und Mehran z.B. leiden ›die meisten Perser‹ – 80 Prozent – an erblicher Syphilis. Und die meisten Perser sind Bauern mit einem Jahreseinkommen von weniger als 100 Dollar. Und den meisten persischen Frauen stirbt jedes zweite Kind – 50 von 100 – vor Hunger, Armut und Krankheit. Und auch die Kinder, die in 14stündigem Tagewerk Teppiche knüpfen – fahren auch die – die meisten? – im Sommer an die Persische Riviera am Kaspischen Meer? [...] Sehen Sie, die meisten Perser sind nicht nach Süßigkeiten ausgehungert, sondern nach einem Stück Brot. Für die Bauern von Mehdiabad z. B. besteht eine ›persische Mahlzeit‹ aus in Wasser geweichtem Stroh, und nur 150 km von Teheran entfernt haben die Bauern schon Widerstand gegen die Heuschreckenbekämpfung geleistet, weil Heuschrecken ihr Hauptnahrungsmittel sind. Auch von Pflanzenwurzeln und Dattelkernen kann man leben, nicht lange, nicht gut, aber ausgehungerte persische Bauern versuchen es – und sterben mit 30; das ist die durchschnittliche Lebenserwartung eines Persers. Aber Sie sind ja noch jung, erst 28 – da hätten sie noch zwei schöne Jahre vor sich – ›die man eben nur im Iran bekommen kann.‹ [...] Sie schreiben: ›In Kunst und Wissenschaft nimmt Deutschland – ebenso wie Frankreich, England, Italien und die anderen großen Kulturvölker – eine führende Stellung ein, und das wird auch in Zukunft so bleiben.‹ Das walte der Schah. Was die Bundesrepublik angeht, so sollten Sie solche Prognosen vielleicht lieber den deutschen Kulturpolitikern überlassen, die verstehen mehr davon.«[3]

Die ›persische Kulturbeauftragte‹ Ulrike Meinhof, die übrigens auch alljährlich an die ›Riviera‹ fuhr und sich hier ihrerseits als Deutsche mit dem ihr vollkommen unbekannten Iran auseinandersetzte, befaßt sich in ihrer Kolumne noch mit dem Schmuck von Farah Diba und damit, daß der Schah einen ganzen Landstrich mit Syphilis verseucht habe, es ist ein wirklich umfassender Persienbericht. Der damalige *stern*-Journalist Jörg Andrees Elten, den meine Mutter auf einer großen Party bei Hegewischs als Tischnachbarn hatte, war jahrelang Korrespondent in Ägypten gewesen, hatte eine ägyptische Ehefrau und kannte sich in den arabischen Staaten gut aus. Er erzählte mir Jahre später, wie erschreckend wenig Ulrike Meinhof von den realen Problemen der arabischen Staaten verstanden habe, daß fast alles, was sie im Brustton der Überzeugung aussprach, falsch gewesen sei und sogar auf falschen Fakten beruht hätte. Sie sei jedoch völlig überzeugt gewesen, ihn, den Fachmann, belehren zu sollen.

Ulrike Meinhof hatte natürlich recht, wenn sie hier mit dem Finger auf die Ignoranz einer Herrscherehefrau zeigte, die sich amüsierte, während ihr Volk unter drückender Armut litt. Und trotzdem ist es ein Problem, die Schwierigkeiten Persiens ohne jede Distanz eins zu eins zu einem deutschen Thema zu machen. Sie verwendet ihr ganzes polemisches Geschick gegen diese persische Kaiserin und ihren Mann, den Schah, die offensichtlich die Schätze des Landes verpraßten und ein Luxusleben führten, und wird damit, ohne ihre eigene teutonische Berechtigung darzutun, zur Sprecherin des persischen Volkes, zur Sprecherin der »Konföderation Iranischer Studenten«.

Können aber die deutschen Studenten, die sich mit der deutschen Polizei anläßlich des Schahbesuches prügeln, das Problem der Perser in Stellvertreterfunktion lösen, das dieses Entwicklungsland mit der unverarbeiteten Kolonialisierung durch England und Rußland und mit den USA hatte? Der Artikel Ulrike Meinhofs suggerierte, daß dies möglich und geradezu geboten sei.

Tatsächlich meinte die deutsche APO, wenn sie Revolution im Iran forderte, dies nicht nur altruistisch. Vielmehr war das eigentliche Fernziel, über Revolutionen in der dritten Welt eine Revolution in Deutschland herbeizuführen. Und das war eben auch das Ziel von Ulrike Meinhof – und von Hans Magnus Enzensberger. Der literarisch geübte Chiffrierer Enzensberger geht in seiner Nacherinnerung in Sachen Revolution nicht schlecht zur Sache.

Sein Statement kulminiert in dem Satz: »Jetzt stellen wir das Buch zu den anderen Büchern ins Regal. Dann betrachten wir sorgfältig unsere Hände. Sie sind völlig leer, und merkwürdig weiß.«[4]

Hier berührt Enzensberger die Schnittstelle zwischen Gedanke und Tat. Sollen die Hände der Bewegung zur Kalaschnikow greifen? Soll Blut fließen? Welchen Druck übt der angesehene Schriftsteller Enzensberger auf die junge Bewegung aus? So unscheinbar, so kunstvoll und so in die Zeit passend, in der es erklärtermaßen darum ging, nicht nur von Revolution zu reden, sondern Revolution zu machen, dieser Satz daherkommt, so wenig verfehlte er damals seine Wirkung.

Von der Kommune 1 gab es auch einen Text zum Schah, abgedruckt in einem Flugblatt: »Den Schah pissen wir vielleicht an, wenn wir das Hilton stürmen, erfährt er auch einmal, wie wohltuend eine Kastration ist, falls überhaupt noch was dranhängt … es gibt da so böse Gerüchte.«[5]

Der 2. Juni 1967

Bettina Röhl: »Bahman, dein Buch wurde ein Bestseller. Der Schah von Persien kam nach Deutschland. Am 2. Juni bei den großen Anti-Schah-Demonstrationen in Berlin wurde der Student Benno Ohnesorg erschossen.«

Bahman Nirumand: »Der erste Zufall war, daß der Schah wenige Wochen nach Erscheinen meines Buches nach Deutschland kam. Der zweite

Zufall war, daß die FU in Berlin mich eingeladen hatte, am Vorabend des Schahbesuchs einen Vortrag zu halten über den Iran. Das wurde angekündigt, und sobald das angekündigt war, hat sich die iranische Botschaft an das Auswärtige Amt gewandt und gesagt, das geht nicht, daß am Vorabend des Schahbesuches in Berlin ein Oppositioneller redet. Der Berliner Senat wollte meinen Vortrag verbieten. Aber die Universität sagte, wir sind eine souveräne Einrichtung, wir lassen uns das nicht gefallen. Dadurch eskalierte alles. Die Zeitungen waren jeden Tag voll von Nachrichten: Kommt der Schah, kommt er nicht? Die Botschaft drohte mit einer Absage des Schahbesuches, dadurch kochte das Thema in den Medien hoch, und das Ganze war die beste Werbung für mein Buch. Ich habe 180 000 Exemplare verkauft, innerhalb weniger Monate. Der Artikel von Ulrike, der ›Offene Brief an Farah Diba‹, in dem sie sehr kritisch das Regime in Persien beschrieb, wurde an diesem Abend des 1. Juni an der Uni verteilt. Das Audimax war brechend voll, es war die größte Versammlung, die es bis dahin an der Universität gegeben hat. Man mußte meinen Vortrag nach draußen übertragen, es waren 3000–4000 Menschen. Ich treffe heute noch Leute, die mir sagen, sie sind erst durch dieses Buch politisiert worden.«

Bettina Röhl: »Welche Rolle spielte die ›Konföderation Iranischer Studenten‹, die du Ende der fünfziger Jahre mitgegründet hattest?«

Bahman Nirumand: »Wir, also die ›Konföderation Iranischer Studenten‹, waren jetzt alle aktiv, und wir hatten überall Demonstrationen organisiert, wo der Schah hinkam, in Hamburg, Bonn, Berlin, und dabei halfen uns auch der SDS mit Rudi Dutschke und viele andere linke Gruppierungen. Es gab einen fünfköpfigen Vorstand der ›Konföderation Iranischer Studenten‹, in den ich jetzt hineingewählt wurde, und durch diese Organisation konnten wir, egal wo auf der Welt – wir waren im ganzen Westen, in Amerika, Japan, Indien, Frankreich, England, vertreten –, innerhalb von 48 Stunden demonstrieren, Aktionen, zum Beispiel Hungerstreiks durchführen, Botschaften besetzen.«

Bettina Röhl: »Der 2. Juni gilt als ein erster Kulminationspunkt der Studentenbewegung von 68, die sich mit dem persischen Volk solidarisierte. Konnte die ›Konföderation Iranischer Studenten‹ dem Schah gefährlich werden?«

Bahman Nirumand: »Wir waren eine Kraft, die der Schah als gefährlich registrierte. Unsere Möglichkeit bestand zwar nicht darin, im Iran selber eine Revolution zu machen oder den Widerstand im Iran zu organisieren. Aber wir konnten die Wahrheit über den Schah und sein Regime verbreiten.

Da er ein Diktator war, der völlig von seinem Image im Ausland abhing, war jede Kritik von uns ein Stich gegen sein Regime. Ohne diese Auslandsopposition wäre er auch nicht so leicht gestürzt. Bis dahin gab es in der Springer-Presse dieses Bild von dem Schah zwischen Modernisierer und 1001 Nacht. Wir haben dieses Bild buchstäblich abgebaut, und das war für ihn das Schlimmste. Er hat uns verfolgen lassen durch seinen Geheimdienst. Auch auf mich war ein Killer angesetzt, es war sehr gefährlich.«

Der Schah hatte mit dem Protest der deutschen Studenten gerechnet und auf seine Art vorgesorgt. Er wußte offenbar sehr gut über das Buch von Bahman Nirumand und die iranische Opposition in Berlin Bescheid. Man gewinnt sogar den Eindruck, als wäre er, nachdem er in Bonn bereits alle wichtigen Politiker gesprochen hatte, zu keinem anderen Zweck als dem einer Konfrontation mit der iranischen Opposition nach Berlin gefahren. Hätte der Schah sonst, offenbar ohne genaue Kenntnis des Berliner Bürgermeisters, eigens für seinen Besuch in Berlin Schlägertrupps aus Persien eingeflogen?

Der Berliner Regierende Bürgermeister Heinrich Albertz beschrieb sein Entsetzen, als er sich dieser Schlägertrupps bewußt wurde: »So kam er [AdA: der Schah] an mit seiner Frau. Unsympathisch und steif, in einer stelzernen Würde, ohne eine erkennbare menschliche Regung. Die Straßen waren fast leer, als wir vom Flugplatz zum Rathaus fuhren. Erst dort waren junge Leute versammelt und – zu meinem Entsetzen – nach Berlin eingeflogene Schlägertruppen, die, während der Schah und ich in meinem Amtszimmer ein erstes Gespräch führten, mit Dreschflegeln und Stangen auf die Studenten einschlugen – die Polizei machtlos dazwischen. [...] Ich habe bis heute nicht klären können, wer die Mitverantwortung für diese Gewalttaten trug. Natürlich SAVAK [AdA: iranischer Nachrichtendienst]. Aber sie mußte Sonderflugzeuge gebucht haben. Wußte das Auswärtige Amt davon? Der Bundesnachrichtendienst?«[6]

Jürgen Henschel, der Fotograf, der dann wenig später die Aufnahme von dem erschossenen Demonstranten Ohnesorg machte, beschrieb die Szene auf dem Kennedyplatz vor dem Schöneberger Rathaus ähnlich:

>»Plötzlich wurden drei Autobusse durch die polizeiliche Absperrung gelassen, und heraus sprangen etwa hundert junge Männer, die später berühmt-berüchtigt gewordenen ›Jubelperser‹. Sie stürmten auf die Rathaustreppe, um dort mit ihren Schildern Spalier für ihren Herrn zu bilden. [...] Empörung machte sich Luft bei den Demonstranten [...]. Die Empörung erreichte ihren Höhepunkt, als die Jubelperser plötzlich mit den Leisten ihrer Schilder selbst die Polizeigewalt in Westberlin übernahmen und auf die Menschen – jung und

alt – hinter der Absperrung losgingen und einschlugen. Unsere Ordnungshü-
ter griffen jetzt auch ein; besonders die berittenen Beamten mit ihren langen
Ruten schlugen nun selbst auf die Demonstranten ein, anstatt die SAVAK-
Leute bei ihren Übergriffen zu bremsen.«[7]

Vor dem abendlichen Opernbesuch des Schahs hatte sich auf dem Bismarck-
platz eine große Menschenmenge versammelt. Bürgermeister Albertz: »Wir
mußten auf den Bürgersteig auffahren und direkt vor dem Eingang der Oper
halten. Ein infernalisches Geschrei. Eier, Farbbeutel flogen, wohl auch ein
paar Steine.«[8]

Nachdem die Gäste mühsam in die Oper gelangt waren und die Demonstranten gerade dachten, daß nun alles vorbei sei, daß nun nichts mehr zu tun
war, schlug die Polizei plötzlich wie auf Befehl auf die noch vor der Oper ste-
hengebliebenen Studenten ein. Bürgermeister Albertz hatte zu einem Poli-
zeioffizier gesagt: »Ich hoffe, daß sich bei der Abfahrt dieses Schauspiel nicht
wiederholt« – und erklärte später: »Vielleicht hat dieser Satz alles weitere
ausgelöst.«[9] Die Polizei begann nach dem Vorbild der Jubelperser vom Vormittag, gegen die Studenten vorzugehen. Dann geschah das, was den Stu-
dentenprotest auf ein neues Gewaltniveau heben sollte. Der Kriminalobermeister Kurras verlor die Nerven oder ließ, angeheizt durch die gewalttätige
Atmosphäre, seinen Aggressionen freien Lauf. Er zückte den Polizeirevolver
und erschoß einen Demonstranten: Benno Ohnesorg. Dieser galt als ange-
paßter Student, der eher zufällig auf den Platz vor der Oper geraten war.

Die Nachricht von einem Toten anläßlich des Schahbesuchs entzündete
die Studentenschaft in ganz Deutschland, sprich der ganzen Bundesrepublik.
Nach dem Besuch politisierten sich weitere Teile der Gesellschaft in Westdeutschland. Der Schah jedoch, den Heinrich Albertz am nächsten Morgen
zum Flugplatz bringen mußte, antwortete dem Berliner Bürgermeister auf
seine Frage, ob er von dem Toten gehört habe, das solle ihn nicht beeindru-
ken, das geschehe im Iran jeden Tag. Seine Gegner seien Söhne von reichen
Leuten, die er enteignet habe.[10] Der Schah ging, das persische Problem blieb
in Berlin. SPD-Bürgermeister Albertz mußte sich gleichsam an Stelle des
Schahs gefallenlassen, von den Studenten auf Flugblättern als Mörder ti-
tuliert zu werden. Geschossen hatte jedoch der Kriminalobermeister Karl-
Heinz Kurras.

Bettina Röhl: »Wird Kurras in der Geschichtsschreibung zu wenig als
individueller Polizist, als individueller Täter, als Individuum mit eigener Ver-
antwortlichkeit wahrgenommen?«

Bahman Nirumand: »Damals war nicht die Zeit für Differenzierungen. Statt sich mit dem Fall zu befassen, hieß es in APO-Kreisen wie aus der Pistole geschossen: Die Polizei in Berlin schießt – wie in der Nazi-Zeit – wieder auf Demonstranten. Albertz sei der Mörder, und die Bundesrepublik habe sich als Polizeistaat erwiesen. Einige Scharfmacher der Bewegung scheuten sich nicht, den Tod eines Mitdemonstranten augenblicklich zu instrumentalisieren.«

Auch Ulrike Meinhof schlug in diese Kerbe. In ihrem bekannten Fernsehfilm über die Ereignisse des 2. Juni, öffentlich-rechtlich ausgestrahlt, sagte sie:

> »Die Proteste gegen einen Polizeistaatschef entlarvten unseren Staat selbst als Polizeistaat. Polizei- und Presseterror erreichten am 2. Juni in Berlin ihren Höhepunkt. Da begriffen wir, daß Freiheit in diesem Staat die Freiheit für den Polizeiknüppel ist und Pressefreiheit im Schatten des Springerkonzerns die Freiheit, den Knüppel zu rechtfertigen.«[11]

Das Paradoxon fiel ihr und vielen anderen nicht auf: Hier steht die Presse weit offen für die Behauptung, daß die Pressefreiheit in der Bundesrepublik nur noch zur Deckung des Polizeistaates BRD gebraucht werden könne. Diese bis heute sinnstiftend wirkende Anklage an das System Bundesrepublik bedarf in faktischer Hinsicht einer Korrektur. Schließlich wäre schon die APO, die sich nach den Schüssen auf Ohnesorg erst recht als Bewegung etablierte, ohne mediale Begleitung und eine überproportionale Beachtung in den Medien überhaupt nicht denkbar gewesen. Die Springer-Presse wurde damals weit über ihre tatsächliche Bedeutung hinaus förmlich fetischisiert, und die Tatsache, daß der übergroße Machtblock der Öffentlich-Rechtlichen, *Spiegel*, *stern*, *Zeit*, *Frankfurter Rundschau* und allen voran KONKRET die APO-Bewegung längst wohlwollend bis beifallklatschend begleiteten, taucht in der Geschichtsschreibung, obwohl alle Archive offenstehen, kaum auf. Wahrscheinlich deshalb, weil die APO mit ihrer heftigen Propaganda nach dem Tod von Ohnesorg den Staat erstmalig ein Stück weit geistig-ideell in die Knie zwang.

Der Berliner Bürgermeister Heinrich Albertz trat unter dem öffentlichen Druck der APO-Bewegung wenige Monate später zurück. Kurras wurde in einem anschließenden Strafverfahren freigesprochen. Dieser Freispruch warf Zweifel auf. War da Korpsgeist in Polizei und sogar in der Justiz aktiv geworden? Die Bewegung, aber auch weite Teile der Gesellschaft, verlangten zu Recht, daß im Fall Kurras weitere Aufklärung geliefert werden sollte. An dieser Stelle verhielten sich die beteiligten Staatsorgane in der Tat so, daß Zweifel geschürt wurden. Offenbar begriffen Justiz und Politik nicht, daß nur eine besonders offene und rückhaltlose Aufklärung im Fall Kurras dem ungeheuren Vorwurf, der Staat sei ein diktatorischer Polizeistaat, hätte begegnen können.

Bettina Röhl: »Damals identifizierten sich viele deutsche Studenten aus der APO-Bewegung mit den Befreiungsbewegungen der dritten Welt. Viele redeten davon, jetzt Befreiungskämpfer sein zu wollen, man wollte die Palästinenser unterstützen und in Deutschland eine Stadtguerilla aufbauen ...«

Bahman Nirumand: »Diese Leute haben eigentlich nur eine bestimmte revolutionäre Romantik gehabt, ohne die Länder zu kennen und ohne die inneren Strukturen dieser Befreiungsbewegungen in der dritten Welt zu verstehen. Diese Befreiungsbewegungen waren undemokratisch und arbeiteten mit inhumanen Methoden. Ich glaube, das haben die deutschen Idealisten erst gemerkt, als sie nach Palästina gegangen sind. Sie haben gedacht, das sind alles Revolutionäre, die nur die Freiheit wollen, und dann wollten sie das hier kopieren. Das war völlig idiotisch, denn hier in Deutschland, im Westen, herrschten ganz andere Strukturen, hier sind sehr wichtige Errungenschaften längst durchgesetzt, die ungeheuer viel wert sind und die man nicht hoch genug schätzen kann, aber man merkt das nur, wenn man aus einer anderen Welt kommt. Erst dann versteht man, was freie Meinungsäußerung bedeutet, was Freizügigkeit bedeutet, was es heißt, daß man sich einen Beruf frei wählen kann, was Gleichberechtigung zwischen Männern und Frauen bedeutet. Auch ich habe gemerkt, als ich später, 1979, wieder zurückging in den Iran, wie sehr mir diese Werte fehlten, die mir in Deutschland auch schon selbstverständlich geworden waren. Und dann habe ich gemerkt, das ist ja ein himmelweiter Unterschied. Allein das Recht auf Leben ist ein zentrales Recht. Daß es ein Gesetz gibt, daß Recht und nicht Willkür herrscht, das alles ist ungeheuer viel wert. Das Recht auf Leben ist das Zentrum der Demokratie. Wenn ich weiß, daß niemand über mein Leben oder meinen Tod entscheiden kann, gibt mir das ein entsprechendes Selbstbewußtsein, den Weg in die Freiheit überhaupt zu beschreiten. Das Recht auf Leben ist eine Errungenschaft, die im Westen schon durchgesetzt ist. Alle anderen Rechte des Individuums folgen aus diesem ersten Recht.

Ich will damit nicht sagen, daß diese westlichen Gesellschaften, weder in den sechziger Jahren noch heute, nicht kritisierbar sind, im Gegenteil, ich habe sehr viel Kritik. Es ist längst nicht alles Gold, was glänzt, aber man kann nicht ein Land wie Deutschland mit einem unterentwickelten Land wie dem Irak, Iran oder Pakistan gleichsetzen und dann die Methoden der dortigen Befreiungsbewegungen kopieren und in diesen Gesellschaften, die ganz andere Möglichkeiten des Kampfes, der Kritik haben, anwenden wollen. Bei uns konnte unter dem Schah und auch später niemand offen Kritik üben, ohne befürchten zu müssen, daß er eingekerkert oder gar hingerichtet wird, deshalb sind die Methoden des Kampfes hier, wo du alles sagen kannst, natürlich ganz andere, demokratischere.

Und das war mein Streit zum Beispiel mit Ulrike bis 1970, bis sie in den Untergrund ging. Ulrike und ich haben uns in den Jahren von 1968 bis 1970, als sie nach ihrer Scheidung in Berlin lebte, fast täglich gesehen, wir mochten uns sehr gerne. Auch ihr Kinder wart sehr oft mit dabei. Und ich sagte ihr in dieser Zeit immer: ›Mensch, du hast doch die besten Möglichkeiten, hier deine sehr wichtige Kritik zu publizieren und Anhänger zu finden. Was hast du davon, wenn du Terrorakte machst, dann säst du nur Haß und Angst, und dann erzeugst du doch nur Widerwillen.‹ Ulrike war sehr populär, sehr anerkannt, und es ist schade, daß sie diese Möglichkeit zu arbeiten verlassen hat. Das zeigt den Denkfehler von damals, daß man einfach aus anderen Gesellschaften Kampfmethoden übernommen hat, ohne die eigene Gesellschaft zu analysieren und zu wissen, welche Kampfmethoden hier angebracht sind, um diese Gesellschaft weiterzuentwickeln.«

Augstein und KONKRET

Der Grund, warum KONKRET 1967 nicht am 1., sondern erst am 5. Juni herauskam und der Farah-Diba-Artikel vorab als Flugblatt verteilt werden mußte, war eine einstweilige Verfügung gegen KONKRET, die Augstein und der *Spiegel* erwirkt hatten. KONKRET hatte auf seinem Titel das auf wenige Zentimeter verkleinerte *Spiegel*-Logo mit der Aufschrift »Der *Spiegel* ist blind! (Auf einem Auge)« abgedruckt und die satirische »Meldung« dazugestellt »*Spiegel* an Springer verkauft«.[12] Klaus Röhl wehrte sich gegen die Verfügung, indem er die Presse mobilisierte, die sich auf seine Seite und die des unabhängig gewordenen Magazins KONKRET stellte. In der Rubrik »Amadeus geht durchs Land« witzelt daraufhin der *stern*:

»Augstein haut mit Vehemenz
auf die kleine Konkurrenz,

weil ein Späßchen in KONKRET
sich um den *Spiegel* dreht.

Augstein glaubt,
er darf allein
zynisch und satirisch sein
und verträgt als kleiner Gott
an sich selber keinen Spott.

Daß einmal im *Spiegel*-Falle
für die Pressefreiheit alle
zu ihm hielten – groß und klein -
muß ihm wohl entfallen sein.

Amadeus meint: Der Hieb, selbst
wenn er nur Drohung blieb,
traf als Tiefschlag sozusagen
doch uns alle in den Magen.«[13]

Aus der *Spiegel*-Affäre klug geworden, haßte Augstein wahrscheinlich nichts mehr als in öffentlich wahrgenommene Prozesse verwickelte Konkurrenz-magazine. Bevor der kräftige Auflagenzuwachs, den der *Spiegel* durch besagte Affäre 1962 erfahren hatte, nun womöglich zu KONKRET überwechseln könn-te, pfiff Augstein flugs seine Rechtsmannen zurück, und KONKRET konnte seine Auflage dank dieser Publicity tatsächlich noch einmal steigern. Der Streit mit Augstein zeigt, wie sehr der Konkurrenzinstinkt bei dem *Spiegel*-Eigentümer durch KONKRET angeregt war, das zu dieser Zeit in der APO-Berichterstattung die Nase vorn hatte.

Augstein und Klaus Röhl, die sich auf Partys des Establishments begeg-neten, gingen sich seitdem aus dem Weg. Von Ulrike Meinhof hielt Augstein jedoch viel. Im Dezember 2000, zwei Jahre vor seinem Tod im November 2002, schrieb Rudolf Augstein mir, daß sich an seiner Meinung von damals nichts geändert habe, daß er Ulrike Meinhof immer noch für eine bewun-dernswerte Frau halte, sich aber von ihrem Terrorismus distanziere.

Der wunderschöne Sommer 1967

Ulrike Meinhof besucht in diesen Monaten immer wieder das bewegte Berlin, mischt sich in die Studentenbewegung und diskutiert mit Bahman Nirumand. Die APO-Bewegung zieht sie in ihren Bann, sie möchte dabei sein. Trotzdem kommt sie nach ihren Ausflügen nach Hamburg in die Redaktion zurück und berichtet, wie »fabelhaft« sie die Aktionen der Studenten findet, erinnert sich Stefan Aust.

Nur wenn meine Eltern auf den etablierten Feten zusammen auftraten, waren sie noch das glückliche Paar. Nur dort verstanden sie sich noch fast so gut wie früher, als sie sich noch gegenseitig unterstützten und sich gemeinsam für die Kommunisten auf Kongressen herumschlugen. In der Beurteilung des Establishments, mit dem sie beide ihre Schwierigkeiten behielten, waren sie sich im Grunde immer einig, dann waren sie immer noch wie zwei Verschworene, die über alles redeten.

Schon bald schien die Party am Samstag nicht mehr auszureichen, am Sonntag traf sich alles wieder. So kamen wir Kinder dazu, die Erwachsenen, von denen wir bisher nur gehört hatten, auch zu sehen und kennenzulernen und wurden für diese Anlässe auch, wie man so sagen könnte, mit Jeans und aus Kampen importiertem Schick lässig zurechtgemacht. Die Erwachsenen, die bei einer dieser ersten Begegnungen, an die ich mich erinnere, in Grüppchen verteilt in einem Garten saßen, waren alle wahnsinnig herzlich zu den Kindern von »Klaus und Ulrike« – wir waren inzwischen viereinhalb Jahre alt – und halfen uns mit Witzen und zutraulichen Bemerkungen, die erste Schüchternheit gegenüber so vielen Menschen zu überwinden. Wir Kinder wurden begutachtet, juxend und Späße machend mit unseren Eltern verglichen – jeder sagte, wie ähnlich ich doch meiner Mutter sei und ach, daß Zwillinge so unterschiedlich sein können – und da es schließlich eine sich intellektuell gebende Gesellschaft war, wurde bald fast jede kindliche Bemerkung als ›kluges Bonmot‹ oder ›interessante Weitsicht‹ gefeiert und sich köstlich darüber amüsiert. Meine Schwester und ich wurden den anderen mitgebrachten Kindern vorgestellt und geradezu angehalten, mit ihnen Freundschaft zu schließen. Und natürlich wetteiferten die Eltern, die ohnehin in allem miteinander konkurrierten – für uns Kinder durchaus spürbar –, nun auch darum, wer denn nun den süßesten, intelligentesten und tollsten Nachwuchs habe.

Für mich waren die wichtigsten Kinder damals Tamara und Miriam Duve, zwei halbägyptische Mädchen mit schwarzen Haaren, die Kinder des SPD-

Politikers Freimut und seiner Frau Gulna Duve; ferner Jonaz und Jessika, die beiden jüngsten rotblonden Sprößlinge der Kaufmannsfamilie Hegewisch; sowie Sohn und Tochter des *NDR*-Kommentators Peter Coulmas und seiner Frau Danae, Timon und Diana. Wir alle waren im Alter zwischen drei und fünf Jahren. Meine Schwester und ich waren in dieser Kindergruppe mit unseren blonden Haaren und unseren typisch deutschen Vornamen wahrscheinlich die am wenigsten exotischen.

Um uns herum war immer ein ganzer Troß von Frauen – unter ihnen besonders die sehr herzliche Eva Rühmkorf und die spätere Gerichtsjournalistin Peggy Parnass, die »Zarte«, die Klaus Röhl schon aus seiner *Pestbeulen*-Kabarettzeit kannte –, die mit uns im Garten herumtollten und sich mal dieses, mal jenes Kind auf den Schoß nahmen und leihweise bemutterten. Peggy Parnass mit ihrem schwarzen Wuschelkopf und Eva Rühmkorf, immer etwas zu dick, aber dafür mit beiden Beinen in der Welt stehend, stets fröhlich und ungemein sympathisch, ernannte ich schon damals zu meinen Nenn-Patentanten, was wir dann später auch regelrecht beschlossen, wenn auch nie kirchlich bestätigt haben, denn wir Zwillinge waren ja – man erinnert sich – nicht getauft. Von den männlichen Partygästen gab es dagegen wohl keinen, der mir nicht später erzählte, daß er mich ebenso wie alle anderen Kinder immer wieder auf den Schultern getragen habe. Klaus Röhl schwärmt noch heute von dieser Stimmung der aufbrechenden sechziger Jahre, die alle damals Beteiligten erfaßt hatte: »Während aus den Lautsprechern die Musik der Beatles spielte und ein Teil der Erwachsenen schon am Nachmittag wie wild zu tanzen begann, saßen die anderen beisammen und unterhielten sich über die Tagespolitik, über einen Artikel, den jemand verfaßt hatte, den neuen Film, den ein anderer gedreht, und das Buch, das auch wieder ein anderer jemand geschrieben hatte.«

Vier Familien sehen sich in diesem Sommer häufig, treffen sich privat oder beim Italiener zum Essen, oft zusammen mit ihren Kindern: Duves, Coulmasens, Hegewischs und wir Röhls. Es ist sowohl für die Erwachsenen als auch für uns Kinder atemberaubend. Alles ist spannend. Die Erwachsenen, die ja nicht nur Partys feiern, sondern intensiv an ihren Projekten, Filmen oder Artikeln arbeiten, sind erfüllt von dem, was sie tun und bewirken. Die Aufgeschlossenheit ist groß, und die Nähe macht auch die Gegensätze überbrückbar. Danae unterhält sich angeregt mit Ulrike, und die beiden Frauen bewundern sich gegenseitig. Selbst Hexi, die aus einer ganz anderen Welt kam, kommt mit Ulrike gut zurecht und liebt es, sich mit ihr zu unterhalten. Am Rande war da noch Maria Augstein, die ebenfalls von vielen bewundert wird, aber die Augsteins sind, nach Aussage aller, nicht so häufig dabei.

Eines Tages hieß es, wir fahren jetzt alle zum Schafescheren aufs Land, zu den Griesebachs, die auch zu einem der Partykreise gehörten. Manon Griesebach war eine alte Bekannte aus der Rühmkorf-Lercher-Clique, die mit ihrem Mann nach Dibbersen, in unmittelbarer Nähe zur Hamburger Landesgrenze, in eine alte Mühle gezogen war. Wir Zwillinge bekamen kleine Plastikscherchen, Mami packte uns Gummistiefel ein und zog uns wetterfeste Klamotten an. Mami steckte sich selber eine echte Schere ein. Sie packte sich ihre Abendgarderobe für die anschließende Party in eine Extratasche. Dann ging's mit dem Zug los nach Dibbersen. Unser Papi war nicht dabei. Wir waren furchtbar aufgeregt, denn wir würden nun echte Schafe sehen und dürften sie auch scheren, erklärte uns unsere Mutter während der Zugfahrt. Wir erfuhren, was es so mit den Schafen auf sich hat, die hätten jetzt dicke Wolle und würden sich freuen, wenn die Menschen sie scheren, die sich auch freuen, weil sie aus der Wolle tolle Pullover stricken könnten.

Ich stand die ganze Zeit während der Zugfahrt am Fenster, und als ich einmal meine Hand mit der Schere raushielt, passierte das kleine Unglück. Das Plastikteil war weg: Geheule und Getröste. Dann kamen wir in Dibbersen an, wo sich die Hamburger Partygesellschaft in Garten, Hof und Mühle versammelt hatte.

Die Schafe auf der Weide sollten ernsthaft geschoren werden. Die Gäste blickten skeptisch, man hielt sich am Bier und an den Salaten fest. Viele Erwachsene, glaube ich, waren für lebendige Schafe irgendwie nicht geschaffen. Als ich sah, wie sich die Schafe wehrten, wurde auch mir die Sache irgendwie ungeheuerlich. Die meisten anderen Kinder, die dort wie wir herumliefen, haben gestaunt und blieben ebenfalls ein bißchen auf Distanz. Manon Griesebach dazu heute: »Viele der Städter hatten es sich nicht so rustikal vorgestellt. So ein Schaf ist natürlich ein bißchen fettig und auch ein bißchen schmutzig, und man muß das Schaf, das ziemlich stark zappelt, ganz schön festhalten. Ich erinnere mich noch daran, wie Raddatz in seinem Porsche und schickem Anzug kam und ganz entsetzt war, als er das Schafescheren sah.«[14]

Andere, wie der Schriftsteller Hubert Fichte, kamen dagegen groß raus. Fichte hatte in einem seiner vielen Vorleben eine Schäferlehre gemacht. Ich bekam natürlich von Manon sofort Ersatz für mein abhandengekommenes Scherchen, nämlich eine echte große Schere, mit der ich aber nur ein bißchen schnipp, schnapp machte. Ich glaube, ich habe sogar eine kleine Locke von einem Schaf abgeschnitten, das die Erwachsenen für uns Kinder festhielten.

Jetzt passierte Mami ein echtes Unglück, denn sie schnitt einem Schaf ins Fleisch, so daß es blutete. Sie heulte und war außer sich, und die Erwachsenen bemühten sich sofort, sie zu beruhigen. Griesebachs verarzteten das Tier und sagten unserer Mutter, daß so etwas gelegentlich vorkomme und das Schaf schnell wieder in Ordnung käme. Manon Griesebach: »Ja, das hat Ulrike erschreckt.« Irgendwann ziemlich spät kamen wir wieder zu Hause an und waren alle drei völlig erschossen.

Besuche

Während der Renovierungsarbeiten an unserem neuen Haus war Klaus Röhl kaum zugegen. Wenn Gäste kamen, stand Hausherr Klaus Rainer Röhl allerdings immer als erster in der Tür, war der Chefmaître und führte die Hausbesichtigungen durch. Mitten während der Renovierung hatte sich zum Beispiel Familie Coulmas angekündigt, man wollte mit den Kindern für einen Nachmittag vorbeischauen. Da konnte mein Vater natürlich nicht fehlen. Die Erwachsenen gingen durch das Haus, um es zu bewundern, wir Zwillinge spielten mit den ›Coulmaskindern‹, der fünfjährigen Diana und dem sechsjährigen Timon.

Meine Schwester und ich eiferten meinen Eltern nach und zeigten unseren neuen Freunden mit keineswegs geringerem Besitzerstolz unser neues Haus und unser schickes Kinderzimmer. Nach dieser etwas steifen Begutachtungsphase, in der Regine und ich uns obendrein behaupten mußten – wir wurden schließlich auch bald fünf! –, haben meine Schwester und ich uns erst einmal mit Diana gegen ihren Bruder, den einzigen Jungen, verschworen, rannten vor ihm weg und ließen uns von ihm fangen. Wir tobten mit den ›Coulmaskindern‹ durch die noch von Malereimern und ausgehängten Türen verstellten Zimmer und lernten uns dabei kennen. Dies war der erste Tag unserer fast geschwisterlichen Beziehung zu Diana und Timon, die gut 20 Jahre lang halten sollte.

Meine Eltern und die Coulmasens waren sehr ausgelassen, und wir Kinder merkten, daß irgend etwas ›im Gange‹ war. Die Erwachsenen unterhielten sich laut und sehr lange beim Tee, den sie, die neuen Gartenmöbel einweihend, zu sich nahmen.

Wenige Tage später machten wir einen Gegenbesuch bei Familie Coulmas in Ahrensburg. Wir spielten mit Diana und Timon Kriegen und Verstecken, und unsere Eltern unterhielten sich im Garten. Über allem schwebte eine angenehme, irgendwie bedeutungsvolle Atmosphäre, als wenn uns alle etwas ganz Besonderes verbinden würde. Der politisch konservative, gesellschafts- und kultursinnige Peter Coulmas und seine Frau Danae, damals frisch promovierte wissenschaftliche Assistentin am Romanischen Seminar in Hamburg, kamen aus einer anderen Welt. Die sehr unterschiedlichen Ehepaare fanden sich gegenseitig interessant. Auch Danae und Ulrike mochten und respektierten sich. Und man flirtete. Peter Coulmas verstand es, schönen klugen Frauen Komplimente zu machen. Ulrike sah er, wie er mir oft später erzählte, als eine ausgesprochen begabte junge Frau, mit deren Ideen er allerdings absolut nichts anfangen konnte. Um so lieber diskutierte er mit ihr. Klaus Rainer Röhl dagegen hat nur Augen für Danae, die all das zu haben schien, was er bei seiner Ehefrau vermißte.

Klaus Rainer Röhl: »Bei Peter lief es unter dem Motto des Bonvivants, des Belami – und trotzdem seine Ehe weiterführen. Es war ganz klar eine Verabredung, ob nun ausgesprochen oder stillschweigende Übereinkunft, daß man solche Verhältnisse hatte.«

Auch die anderen Familien besuchten wir, wie zum Beispiel die Duves, die uns nach Wellingsbüttel in ihr Haus einluden. So konnten die Erwachsenen mit den Erwachsenen reden und wir Kinder zusammen spielen. Und auch bei Rühmkorfs waren wir gelegentlich – sie wohnten jetzt in einem kleinen Häuschen in Hamburg-Övelgönne, das Hexi Hegewisch Peter Rühmkorf besorgt hatte.

Bei Peter Rühmkorf fühlte sich Ulrike Meinhof besonders wohl. Hier, so äußerte sie häufiger, wäre eine angenehme Stimmung, wo man nicht immer gleich über die Weltrevolution diskutieren müsse, wo man einfach so sein könne, wie man sei. Eva Rühmkorf und Ulrike Meinhof verband seit dem gemeinsamen Anti-Atom-Kongreß Sympathie und vielleicht so etwas wie Freundschaft. Zwei emanzipierte berufstätige Frauen, doch Eva Rühmkorf war lebensfroher, stand mehr im Leben, hatte keine Kinder und kümmerte sich eben um diese schöne Stimmung, die Ulrike Meinhof so genoß.

Peter Rühmkorf ist bis heute der beste Freund von Klaus, manchmal verkracht und manchmal jahrelang auf Distanz, aber immer der nächste, immer der engste Freund:

»Klaus und ich konnten immer gut miteinander. Heute muß ich Klaus immer verteidigen, auch gegen sich selbst und seine eigenen miserablen Fernsehauftritte, wo er keine gute Figur macht. Privat ist er doch viel besser! Ich vertrete auch nicht immer seine heutigen Ansichten, aber privat reden wir auch nie über Politik, wir reden immer über ganz andere Dinge, über Literatur, über all das, was wir erlebt haben, über Freunde und Menschen. Wir haben eine ganz eigene Sprache untereinander entwickelt. Damals, im Herbst 1967, hatten Klaus und Ulrike in der Akademie der Künste in Hamburg wahrscheinlich ihren letzten gemeinsamen Auftritt. Klaus hielt eine Rede über das Thema der Veranstaltung ›Mut zum Ungehorsam‹ in der Freien Akademie – Ulrike hielt dort auch eine Rede –, und damals sagte er diesen bedeutungsvollen Satz, womit er die Stimmung auf den Kopf traf – es war der Beginn von 68. Er sagte: ›Ein Stein ins Amerikahaus ist wirkungsvoller als eine Luftpostkarte nach Amerika.‹ Und ja, da hatte er in der damaligen Stimmung auch recht mit, wie konnte man ahnen, wohin das führen würde.«

Die Coulmasens sahen wir von allen Familien jedoch am häufigsten, so daß mir dieser gestrenge und charmante Peter Coulmas mit dem damals schon lichten Haar und den strahlenden blauen Augen, der in jenem Sommer für viele von uns Kindern aus den Partykreisen ein bißchen zum geistigen ›Familienoberhaupt‹ wurde, noch gut in Erinnerung geblieben ist. Später lernten wir seine Vorliebe, junge Menschen vor allem in Literatur, Geschichte und Politik zu unterweisen, kennen und schätzen.

Sommerkinder

Nicht selten fuhren wir in diesem Sommer mit der ganzen Familie nach Sylt. Spätestens seit Mitte Juni trafen sich »alle«, wie mein Vater jetzt gerne sagte, in Kampen. »Alle haben ein Haus auf Sylt«, erklärte er mir damals täglich, »aber nicht irgendwo auf Sylt, sondern in Kampen.« Selbst ich fragte nach einer Weile, von meinem Vater ganz kirre gemacht, naseweis in unserer neuen Blankeneser Nachbarschaft alle Kinder danach, ob sie auch nach Kampen führen. Die Nachbarskinder Peter und Jacob beteuerten lässig, daß ihre Eltern sogar ein Haus in Kampen besäßen. Und früher hätte ihrem Großvater halb Kampen gehört! Auch Hegewischs hatten so ein Haus, und so traf sich in diesem Sommer die ganze Hamburger Medienschickeria auf der Insel und vergnügte sich in der Nähe der berühmten Buhne 16 am Nacktbadestrand. Wir Kinder in Jeans und Ringel-T-Shirts immer mitten unter den ziemlich aufgeregten und flirtenden Erwachsenen. Coulmas, Duves, Hegewischs, meine Eltern und viele andere saßen nackt oder nur teilweise bekleidet in ihren Strandkorbburgen, man besuchte sich gegenseitig, trank Wein und Sekt miteinander und diskutierte laut und lachend über die ›Revolution‹ in Berlin. Wenn wir Kinder an den langen Strandtagen mal etwas quengelig wurden, rasten wir als ganze Horde über den ewig langen Holzsteg zum Parkplatz, wo damals die einzige Eis- und Getränkebude stand. Die kleine »Arche Noah« an Buhne 16 gab es damals noch nicht.

Die Ansichten des strammen APO-Gegners Coulmas konterte Ulrike Meinhof mit ihren inzwischen häufiger gewordenen Berlin-Erfahrungen. Auf ihren diversen Recherchereisen hatte sie an ›Sit-ins‹ und anderen Protestveranstaltungen von Studenten teilgenommen und gab der Strandburgengesellschaft Kunde von ihren ›fabelhaften‹ Erlebnissen. Auch die Unternehmerfrau und Journalistin Inge Feltrinelli diskutierte am Strand mit und versuchte unter dem sonnigen Himmel von Kampen, Establishment und Revolution eben doch unter denselben Hut zu bringen.

Der Schriftsteller und Literaturkritiker Reinhard Baumgart, der vor allem für die *Süddeutsche Zeitung* arbeitete und zuletzt Professor für Literatur in Berlin war, ein Schwager von Hexi Hegewisch, schrieb in seinen Erinnerungen, die 2003 ganz kurz nach seinem Tod unter dem Titel *Damals. Ein Leben in Deutschland* erschienen, über die Partys, Flirts und die »Sommerkinder« am Kampener Strand:

»Ferienbilder, Gruppenbilder vor dem dunklen oder grellen Hintergrund der zeitgeschichtlichen Umbrüche und Schübe, fauler Zauber der Ungleichzeitigkeit, immer wieder und wieder. Auch in den Sylter Ferienwochen der drei Sommer 1966, 1967 und noch 1968, wo einmal noch am Strand, in den Dünen und an langen Abendtafeln alle zusammenkamen, die es bald auseinandertreiben sollte: Familie Walser und das Ehepaar Augstein, der KONKRET-Chef Röhl und seine Frau Ulrike Meinhof, Siegfried Unseld, Freimut Duve und seine ägyptische Gulnar, Christa und Klaus Dohnanyi, das Paar Coulmas aus Köln und eben wir und dazu Kinder, Kinder und das Versteckspiel mit heimlichen oder schon halb legitimierten Nebenlieben.

Sogar unsere Kinder fingen schon an, sich ineinander zu verlieben. Und wir Eltern wußten noch immer nicht genau, ob wir nun zu der neuen permissiven oder noch zu einer gedankenlos strengen Erziehergeneration gehörten. […] Wie sollten sich diese Sommerkinder auf Sylt auch unter ihren Eltern und deren Freunden zurechtfinden, die selbst so besinnungslos mit neuen Freiheiten und alten Bindungen herumexperimentierten? […] Nicht am Strand, aber abends hielt in Kampen Ulrike Meinhof hof, bewundert wegen ihrer unermüdlich engagierten Argumentationslust, wegen ihres Selbstbewußtseins und der freundlichen Nachsicht mit ihren im Gespräch schon unterlegenen Gegnern. Wie stur konnte sie fragen, wie ernst ihren Standpunkt halten, wie unerwartet lachen, wie erbittert kämpfen, ohne jemanden scharf zu verletzen, wie überraschend, wohltuend war diese Wärme mitten im Streit, wie selten unter den linken Intellektuellen ihrer Generation. Ich bin nur Ulrikes Kotzbrocken, so stellte sich Klaus Rainer Röhl gern vor als Begleiter seiner Frau und hoffte dann auf Widerspruch. Doch ihm fehlte tatsächlich alles, was an ihr bewundert, ja geliebt wurde.[15] Nicht daß und wie diese beiden auseinandergerieten, war uns später ein Rätsel, wohl aber, was Ulrike, diese späte Wiedergängerin von Jeanne d'Arc und Rosa Luxemburg, schließlich in diesen blutigen Politkrimi mit Baader hineinschlittern ließ, in diese schäbige Kopie von Bonnie and Clyde, und sie schien sich bis zuletzt einzubilden, es ginge dabei um die Befreiung der Erniedrigten und Beleidigten dieser Welt.«[16]

Die Erwachsenen waren mit ihren Flirts, Amouren und Ränkespielen voll beschäftigt und ließen uns Kindern alle Freiheit. Wenn wir uns von den Strandkorbburgen entfernten und in den Dünen spielen gingen, störte dies niemanden. Ab und zu waren wir auch Vorzeigeobjekt und sollten einen guten Eindruck machen. Meistens aber waren wir uns selbst überlassen. Daß sich so viele Menschen jeden Tag gesellig und manchmal auch freundschaftlich trafen und daß hier ein ganzer Haufen Kinder war, mit denen wir Zwillinge uns gut verstanden und die wir jetzt besser kennenlernten, macht diesen Sommer in meiner Erinnerung zu einem der schönsten meiner Kindheit.

Schön, schmerzhaft, spannend und traurig zugleich muß dieser Sommer für meine Mutter, vielleicht aber auch für meinen Vater gewesen sein, die beide auf dem Höhepunkt ihres Lebens ein bißchen die Kontrolle über sich verloren, die hin und her gerissen waren von dem, was sie erreicht hatten und wer sie jetzt plötzlich waren, und dem, woher sie kamen. Die ihre Verbandelung mit dem Kommunismus nicht so recht in Einklang zu bringen wußten mit dem neuen Leben in Blankenese, Kampen und ihrer Revolutionszeitung, die sie allmählich, für alle sichtbar, zu gut verdienenden Kleinkapitalisten machte.

Klaus Röhl, den verknallten Gockel, der die Internationalität der mehrsprachigen Familie Coulmas damals sehr bewunderte, zog es nicht nur, wie regelmäßig alle arrivierten Genossen, zur Süße des Kapitalismus. Er ging noch einen Schritt weiter und sagte sich innerlich vom Sozialismus und erst recht vom Popmaoismus einer Kommune 1 los, weshalb ihn der berühmte innere Spagat zwischen Ideologie und eigenem Lebensstil nicht mehr länger plagte. Nach außen blieb er der linke Chefredakteur, baute aber in seinem Innersten nie ein inniges Verhältnis zum Geld auf, das ihm nicht das bedeutet, was Geld den meisten Menschen bedeutet. Ulrike Meinhof bemühte sich indes, diesen Spagat zu meistern, der zunehmend zu einem persönlichen Konflikt wurde. Ulrike Meinhof in einem Brief aus dem Herbst 1967:

> »Manchmal habe ich das Gefühl, ich könnte überschnappen. Das Verhältnis zu Klaus, die Aufnahme ins Establishment, die Zusammenarbeit mit den Studenten – dreierlei, was lebensmäßig unvereinbar scheint, zerrt an mir, reißt an mir. Das Haus, die Partys, Kampen, das alles macht nur partiell Spaß, ist aber neben anderem meine Basis, subversives Element zu sein, Fernsehauftritt, Kontakte, Beachtung zu haben gehört zu meinem Beruf als Journalistin und Sozialist, verschafft mir Gehör über Funk und Fernsehen über KONKRET hinaus. Menschlich ist es sogar erfreulich, deckt aber nicht mein Bedürfnis nach Wärme, nach Solidarität, nach Gruppenzugehörigkeit. Die Rolle, die mir dort Eintritt verschaffte, entspricht meinem Wesen nur sehr partiell, weil sie meine Gesinnung als Kasperle-Gesinnung vereinnahmt, mich zwingend, Dinge lächelnd zu sagen, die mir, uns allen, bluternst sind: also grinsend, also maskenhaft.«[17]

Peter Rühmkorf, der die Ehe meiner Eltern zerbrechen sieht, der seinem Erzkumpel Röhl mit Danae beim Tanzen zuschaut und meine Mutter beobachten konnte, schrieb später über sie in dieser Zeit:

> »Es gab einmal eine Zeit, in der drei riesige Party-Kreise zusammenstießen und sich zu vermischen begannen, ein Fusionsprozeß, der aber auch Kräfte frei werden ließ, die an den Institutionen zerrten, Ehen in Frage stellten, Lebensgemeinschaften ins Wanken brachten, neue stifteten, und eine solchermaßen dem Zerlösungsprozeß ausgelieferte Ehe war u. a. die Röhlsche. Um es kurz zu machen, Röhl fand zum ersten Mal zu seinem persönlichen Über-Ich, und Ulrike, die wir nicht erhöhen wollen und nicht erniedrigen, sondern einfach nur erklären, wie wir uns selbst erklären, wurde mit all ihren privaten Plänen, Wünschen und Bindungen – an das Haus in Blankenese, des auf ihr Betreiben gekauften – ein Opfer dieses tanzenden Kongresses (für die Freiheit der Kultur).«[18]

Auch Klaus Röhl merkt, daß etwas zwischen ihm und seiner Frau zerbricht. Seine Sehnsucht nach einer intakten Beziehung, nach Versöhnung, Liebe, fühlt er, als er einmal ein paar Tage allein zu Hause verbringt, beschwingt durch die Partys wohl spürt, daß etwas zu Ende geht, und es doch festhalten will. Sowohl Danae als auch Ulrike sind nicht in Hamburg. Da fällt ihm seine alte Liebe zu seiner Frau in einem Brief wieder ein:

> »Du aber sollst, mußt wissen, daß ich Dich immer lieben werde. Nur Dich, immer nur Dich ganz stark und was auch durch mich durchgeht, der Wind und noch mehr, alles tangiert mich nicht, macht mich glücklicher, Dich zu lieben.«

Und über das Establishment schreibt er:

> »Zum Establishment zählt man mich nicht, will ich auch trotz aller Schmeichelung nicht gezählt werden: das sind nicht meine Leute. Du wirst nun sagen Coulmas usw. – liebe Ulrike, diese Leute hast Du ins Haus gebracht mit ihrem verdammten CIA-Kongreß und Hegewisch-Schwimmbad und Maria-Goldschüsselchen – meine Freunde waren ja wohl Dick Busse, Otto Meierdirks, Lyngi und Ebs und was dann dazu kam. Auch ich finde die besser: Luckows – die hatte ich doch schon vor Dir.«

Besuch bei den Feltrinellis

Mit einer Reise nach Italien, in ihr Italien, wo sie einmal glücklich gewesen waren, versuchten meine Eltern noch einmal, zusammen glücklich zu werden. Sie werden von Inge und Giangiacomo Feltrinelli eingeladen und machen ein paar Tage Urlaub in deren Schloß. Politisch und privat sind sie an dem interessanten Ehepaar Feltrinelli interessiert, das, wie sie selber, an der neuen Front für die Weltrevolution kämpft. Auch zum Besuch bei dem linken Verleger, Großerben, Papierfabrikanten und italienischen Multimillionär Feltrinelli und seiner deutschen Frau, der Journalistin und ehemaligen Fotografin Inge, geborene Schönthal, die gelegentlich auf den Partys in Hamburg und Kampen dazustießen, wurden wir Kinder mitgenommen. Zunächst traf man sich in deren großer Stadtwohnung in Mailand, wo eine gigantische Bibliothek stand, dann holte uns ein Chauffeur ab und fuhr uns aufs Land. Natürlich wurde der Chauffeur geduzt, man war ja links und gleichberechtigt, es sollten keine Hierarchien aufkommen. Dort, auf der Terrasse dieses Sommerschlößchens, saßen meine Eltern wiederum in langen Diskussions-

runden mit den Feltrinellis und plauderten wie überall über neue politische
Konzepte und über eine Neue Linke. Mein Vater staunte Bauklötze über
unsere Gastgeber, die sagten: Wollt ihr ein Interview mit Fidel? Wartet, wir
rufen ihn gleich an.

Feltrinelli, der später auf eine ganz andere Art als Ulrike Meinhof sein
Leben der ›Revolution‹ opfern sollte und schon damals der Mäzen der
Studentenrevolte in Berlin war, kam zu dem Zeitpunkt unseres damaligen Besuches gerade von einer Reise aus Kuba zurück, wo er einen engen
freundschaftlichen Kontakt zu Fidel Castro pflegte. Feltrinelli brachte das
berühmte Foto von Che Guevara aus Südamerika mit, ließ in seinem Verlag
ein Poster davon anfertigen und es millionenfach verkaufen – offenbar ohne,
wie inzwischen bekannt wurde, dem Fotografen mehr als einen Apfel und
ein Ei für die Rechte bezahlt zu haben. Auch bei den Feltrinellis wurde über
Revolution und Umwälzung gesprochen, während meine Schwester und ich
mit Feltrinellis Sohn Carlino im Garten herumtollten. Klaus Röhl war bei
diesen Gesprächen wohl weniger von Revolution und Fidel Castro begeistert
als vielmehr wieder einmal von Reichtum, Eleganz und den Möglichkeiten,
die das Geld schafft, fasziniert. Er ließ wohl hauptsächlich Ulrike Meinhof
diskutieren, während er selber davon träumte, daß eine seiner Töchter gar
nicht so viele Jahre später doch eigentlich Carlino Feltrinelli heiraten könnte.
Noch heute bedauert mein Vater aufrichtig, daß dies nicht geschehen ist.

Zwei Monate später, im Oktober 1967, wird der Besuch bei den Feltrinel-
lis dann in KONKRET journalistisch ausgewertet. In einem Interview befragen
Meinhof und Klaus Röhl Feltrinelli zu seinem Besuch bei Fidel Castro in
Kuba:

»Aber glauben Sie nicht, daß die Gefahr eines Personenkults besteht? Und
kann nicht das Fehlen der direkten demokratischen Institutionen sowie die
mangelnde Aufgliederung der Macht schwerwiegende Folgen haben – auch
wenn Castro es nicht will?«

Feltrinelli antwortet:

»Die Bewunderung für Castro ist zwar riesengroß, besonders unter den Jugendlichen, aber von Kult kann man meiner Meinung nach nicht reden, wenn
das Oberhaupt den Massen fern ist, ein unerreichbarer Mensch oder Über-
mensch. Der Fall Castro liegt anders. Alle sehen in ihm den Kameraden,
den Kumpel, den fähigsten natürlich, sozusagen den Primus inter Pares, aber
einen Gefährten und nicht einen kleinen Vater. [...] Meiner Meinung nach

wären die Kubaner, jedenfalls die übergroße Mehrheit, sehr enttäuscht, wenn Kuba nicht die Rolle übernommen hätte, die es übernommen hat [...]. Was hierbei zählt, glaube ich, ist die Tatsache, daß gerade CHE den Kampf in Lateinamerika leitet. Die Kubaner fühlen, daß CHE einer von ihnen ist ... CHE ist zur Zeit ungemein populär!«

Erschütternd fand Klaus Röhl jedoch eine andere Passage in dem Interview, weil darin deutlich wird, wie willkürlich Fidel Castro auf Kuba regiert. Feltrinelli lobt Castros Fähigkeit zur Selbstkritik:

»Als ich vor zwei Jahren in Kuba war, gab es einen homosexuellen Skandal. Man kündigte eine ganze Reihe von Unterdrückungsmaßnahmen an. Ich erinnere mich, daß eines Abends, als ich mit Castro und anderen zu Abend aß, eine endlose Diskussion darüber entstand. Ich vertrat die Ansicht, daß man Menschen nicht wegen ihrer sexuellen Gewohnheiten – seien sie nun sympathisch oder unsympathisch – diskriminieren kann. Die Diskussion endete ohne Ergebnis. In diesem Jahr nun, am Abend vor meiner Abreise, saßen wir wieder gemeinsam, Castro und ich, im gleichen Haus wie vor zwei Jahren. Bei unserem Eintritt in den Speisesaal sagte Fidel zu mir: ›Erinnerst Du Dich an die Diskussion vom letztenmal?‹ ›Ja, die über die Schwulen‹ – ›beh, ich möchte Dir sagen, daß wir die ganze Kampagne UMAP [AdA: Kampagne für die Umerziehung asozialer Elemente] streichen.‹ Das beeindruckte mich. Er hätte es unterlassen können, mir dies zu sagen, oder er hätte es mir sagen können, ohne an die Diskussion von damals zu erinnern. Doch er tat es ganz offenbar, um mir zu sagen, daß er sich geirrt hatte: es ist nicht leicht, soviel Offenheit zu finden, glaube ich.«[19]

Jessika feiert Geburtstag

Es dauerte nicht lange, da wurden sogar die Kindergeburtstage zum Anlaß genommen, wieder mal eine Party zu machen, so daß wir unter den johlenden Erwachsenen, die alles vorbereiteten, Topfschlagen und andere Spiele, mal in diesem geburtstäglich geschmückten Garten, mal in jenem feierten. Der schönste von allen war wohl der vierte Geburtstag von Jessika Hegewisch am 28. August 1967, der mir ganz besonders in Erinnerung geblieben ist. Hexi und Klaus Hegewisch hatten ihren großen Garten in Hamburg-Blankenese auf dem Waseberg in der Bismarckstraße ganz besonders festlich geschmückt, und die kleine Jessika stand zur Geburtstagsbegrüßung in einem schneeweißen Kleidchen auf einem Tisch, während alle Erwachsenen ihr mit Sekt zuprosteten. Meine Eltern, die mit uns in dem großen Garten etwas entfernt an dieser Geburtstagszeremonie teilnahmen, erklärten mir damals wohl zum ersten Mal, daß Jessika ein sehr reiches ›Kapitalistenkind‹ sei. Das wurde zu einer Art erstem marxistischen Grundkurs, der mich damals tief beeindruckte, vor allem, weil alles so einfach und einleuchtend war.

Jessika sei sehr reich, hatten mir meine Eltern vorher schon erzählt, da ihr Großvater viele große Schiffe habe, die so riesig seien, daß sie um die ganze Welt führen. So groß wie die Schiffe, die ich immer auf der Elbe sehe. Mit diesen Schiffen würden Bananen aus fernen Ländern nach Hamburg gebracht, die der Vater von Jessika dort ganz billig einkaufen und hier in Hamburg und ganz Deutschland teurer verkaufen würde. An jeder einzelnen Banane würden Hegewischs nur ganz wenige Pfennige verdienen, erklärten meine Eltern mir ausführlich, trotzdem könnte man davon sehr reich werden, wenn man sehr viele Bananen verkauft. Ich sollte aber wissen, daß in Südamerika die Bananen von ganz armen Bananenpflückern gepflückt würden, die keine Häuser hätten, sondern nur Hütten, und daß darin eine große Ungerechtigkeit bestünde. Eine Ungerechtigkeit, die sie selber in ihrer Zeitung bekämpfen würden. Mir schien das Geschäft mit den Bananen ziemlich einfach, aber wie man mit so wenigen Pfennigen, die man an einer Banane verdient, so reich werden kann, war mir nicht klar.

Auch wenn sie jetzt mit Hegewischs befreundet seien, sagten meine Eltern, so müßten sie diese doch politisch bekämpfen, und vielleicht würde Klaus Hegewisch, der Vater von Jessika, das eines Tages auch einsehen, das hofften sie jedenfalls, und den armen Bananenpflückern mehr Geld geben. Ich war über die absolute Einigkeit meiner Eltern, was diesen Punkt anging, erstaunt. Immerhin waren wir doch jetzt mit Hegewischs befreundet, wir waren auf gemeinsamen Partys, mein Vater redete selber den ganzen Tag davon, daß er gern ein Haus, ein Auto und neue schicke Anzüge hätte, wie konnten sie Hegewischs dann so bekämpfen? Und wenn das alles für jedermann so klar auf der Hand lag, warum konnte man die Reichen denn nicht dazu überreden oder zwingen, ihr Geld mit den Armen zu teilen? Ja, darum ginge es ja gerade im Kommunismus und auch in ihrer Zeitung, erklärten meine Eltern mir kindgerecht. In Rußland hätte der große Lenin die bösen Reichen enteignet und das Land an die armen Bauern verteilt, so daß dort jeder am Wohlstand partizipieren könnte. Wenn Hegewischs in Rußland lebten, würden sie dort auch enteignet, weil in Rußland Kommunismus ist. Zwar noch kein guter, aber immerhin.

In Deutschland könne man reiche Leute jedoch noch nicht enteignen oder dazu zwingen, ihr Geld gerecht zu verteilen, weil in unserem Land eben der Kapitalismus herrsche, der ganz wenige Menschen sehr reich und sehr viele Menschen sehr arm machen würde. Deshalb müsse Mami die Leute mit ihren Artikeln überzeugen. Leider bedürfe es in der Geschichte immer erst einer Revolution, eines Aufstandes der Armen, die den Reichen das Geld gewaltsam wegnehmen müßten. Leider hätte es in Deutschland und eben auch in Hamburg eine solche Revolution nie gegeben, was jetzt auch damit zu tun hätte, daß es den meisten Leuten für eine Revolution zu gutginge. Hatte ich das mit den Bananen noch irgendwie verstanden – und auch das mit den armen Leuten, so war ich nach diesem Vortrag doch ziemlich verwirrt.

Natürlich sei Jessika aber trotz allem ein sehr nettes Mädchen, schließlich könne sie ja nichts dafür, daß sie so reich sei. So begegnete ich also Jessika, die nur wenige Jahre später meine beste Freundin wurde, dem Geburtstagskind, damals mit einer gewissen marxistischen Skepsis und war trotzdem ein bißchen neidisch, daß sie so reich war, denn meine Eltern hatten mir auch erklärt, daß sie alles bekäme, was sie sich wünschen würde. Das wiederum leuchtete mir unmittelbar als Vorteil ein. Und irgendwie hatte ich bei dem ganzen marxistischen Grundkurs meiner Eltern den bewundernden Unterton durchaus mitgehört, aus dem hervorging, daß sie selber auch gern ein großes Auto und so viele Ferienhäuser wie Hegewischs gehabt hätten.

Nachts feierten dann wieder die Erwachsenen alleine, und wir Kinder wurden ins Bett gesteckt. Wir schliefen in einem der zahlreichen Kinderzimmer im Haus der Hegewischs. Ich erinnere mich noch, wie meine Eltern uns schließlich um fünf Uhr morgens weckten und schlaftrunken ins Auto brachten. Während sich meine Eltern auf der Rückfahrt angeregt über die Party unterhielten, konnte ich über der Elbe in Blankenese im Halbschlaf die rote Sonne aufgehen sehen. So sehr hatten meine Eltern die Hegewischs auf dieser Party jedenfalls nicht bekämpft. Sie waren im Gegenteil fröhlich und animiert von all den Gesprächen und Begegnungen.

Auch Hubert Fichte, Schriftsteller und KONKRET-Autor, ist damals bei dieser Hegewisch-Party wohl zum ersten Mal auch eingeladen und spuckt in seinem Tagebuch unter August 1967, das vor einigen Jahren veröffentlicht wurde, Gift und Galle gegen die Reederstochter Hexi und das Establishment auf Sylt und in Blankenese. Fichte, der damals schon auf dem Hamburger Hauptbahnhof Stricher und Nutten kannte und interviewte, und sein später bekanntgewordenes Buch über die Hamburger Bohemekneipe »Palette« vorbereitete, bringt in ätzender Weise auf den Punkt, was viele mit Kleinbürgerkomplexen beladene Linke damals wohl fühlten, als sie auf die Reederkreise stießen, auf das Establishment. Fichte wird drastisch, wie es seine Art ist:

»August 1967
Party bei Hegewisch.
Hexi am Telefon. Sie ziehen sich doch etwas Hübsches an. Das ist Hamburger Gastlichkeit und Eleganz. Leute, die so plump und unelegant sind, daß solche Sätze genannt werden müssen. Das ist die Ledig-, Augstein-, Hexi-, Raddatz-, Wunderlich-Creme. Da bin ich lieber mit Strichern, Nutten, Zuhältern zusammen. Die können sich so dumme Sätze nicht erlauben. Auf der Großen Freiheit sind die tödlich.
Als Peter Rühmkorf mich erspäht, zeichnen sich die zwei tiefen Furchen eines Magenkranken auf seinem Gesicht ab. Er fürchtet wohl, daß er bei seinen Bananenreedern nicht mehr alleine als der Rote Rühmkorf glänzen darf. Aber keine Angst, roter Zappelpeter, ich komm' hier nicht öfter. Das ist dein Feld. Marcel Reich-Ranicki schnauft den ganzen Abend: Hier itht aber auch garnichtth loth. Das stimmt. Er trägt intensiv dazu bei. Coulmas, die Zierde jeder Party. […] Klaus Rainer Röhl sagt: Zwei Drittel der Menschheit hungern.

Hexi:
Der Hammel ist angerichtet.
In Silberpapier.

Klaus Rainer Röhl hat mit Inge Feltrinelli auf Sylt in Kampen eine Kommune gegründet. Ist das nicht alles schlimmer als Springer? Ob Che Guevara und Fidel Castro die Feltrinellis verachten und schröpfen.

Ulrike Meinhof ist in Kampen der Dutt abhandengekommen. Sie trägt jetzt lange Haare und tanzt mit nackten Füßen Rock mit Reinhard Baumgart. Der zittert sich vornehm neben der mänadischen Pfarrerstochter einen ab.

Cambridge. Genfer See.

Er muß den Abend durchstehen, der linke
Intellektuelle, neben seinem Todfeind Reich-Ranicki,
denn er hat ja Hexis Schwester, die Bankierstochter
mit den Schiffen und der Chiquita Banane geheiratet.
Hexis Mann handelt auch mit Bananen. Aber er hat sich vom Schwiegervater nichts schenken lassen. Nur geliehen. Und pünktlich zurückgezahlt. Nun ist er selbst reich und unabhängig und stapelt seine Horst Janssens, und in der Küche hängt ein Bacon.

Hegewisch sagt zu seiner Frau: Hexi, Deine Gäste langweilen sich, sie haben keine Wünsche.

Ich stelle mir Wolli und Maulwurf hier vor. Alle Handtaschen klauen.

Ich denke an Hegewischs Satz. Und übersetze ihn ins Französische: Hexi, tes convives s'ennuient. Ils n'ont plus de désirs. Plötzlich hat er jeden Glanz für mich verloren. Ein Satz wie viele von Proust, von Gide, von Jouhandeau. Aufgereihte Gescheitheit, Recherche du temps perdu, es könnte auch das vorige Bonmot sein oder das nächste. Ich übersetze den norddeutschen Satz in eine gesellschaftliche Umgebung zurück, in der er gleichgültig wird. Vom Herrn mit der großen Banane wirkte er erstaunlich. Hexi, deine Gäste langweilen sich, sie haben keine Wünsche.

Paradox: Wunschlos glücklich heißt es sonst.
Hegewisch postuliert: Wunschlos gelangweilt.
Es ist eine schiefe Darstellung der eigenen Lebensweise, der Ehe und eigentlich die freundliche Aufforderung zu einer anderen Art der Gesellschaftlichkeit. Auf Wünsche von Freunden eingehen. Wünsche in Freunden entstehen lassen. Nicht Röhls verlogenes: Zwei Drittel der Menschheit hungern. Reich-Ranickis Strammstehen: Hier itht aber auch garnichtth loth. In der französischen Konversation des Fin de siècle sind Hegewischs Finessen Gemeinplatz, deshalb zerstöre ich sie, wenn ich sie dahin zurückübersetze, wo sie der Bananenhändler vielleicht nach der Lektüre von Proust oder von Ausstellungskatalogen hergeleitet hat.«[20]

Klaus Hegewisch, der frühere Hamburger Kaufmann, ist heute Mäzen der Hamburger Kunsthalle, wo er auch schon mal einen Goya, einen Picasso, einen Munch und natürlich jede Menge Horst Janssens und sonst manch ein Bild großer Maler ausstellt.

Fritz J. Raddatz, der Entdecker des Schriftstellers Hubert Fichte, erinnert sich an diesen Sommer 1967, wo er mit Ulrike Meinhof tanzte: »Die Tagebücher von Fichte habe ich vor längerer Zeit gelesen, bis dahin hatte ich geglaubt, mit Fichte gut befreundet gewesen zu sein. Da herrscht teilweise eine deftige Sprache. Auch die vielen Stellen über meine Person haben mich teilweise belehrt, daß es für Fichte offenbar keine Freundschaft war. Der Verlag hat mir die mich betreffenden Stellen damals sogar gezeigt und mich gefragt, ob ich mit einer Veröffentlichung einverstanden wäre. Ich verhindere doch keine Bücher, also habe ich natürlich nicht Nein gesagt. Übrigens gehöre ich zu denen, die wirklich mit Ulrike Meinhof getanzt haben und dies nicht nur erzählen. Ich bin Ihren Eltern damals häufiger begegnet und war auch einmal bei Ulrike Meinhof und Klaus Rainer Röhl eingeladen, das waren tolle Feste damals.«

Zwillingsgeburtstag

Im September 1967 zogen wir endgültig in das neue Haus um, wo meine Schwester und ich am 21. September unseren fünften Geburtstag feierten, den ich als besonders schön in Erinnerung habe. Es war unser erster und einziger Geburtstag, den wir mit beiden Eltern zusammen feierten, da wir bis dahin alle Geburtstage bei Tante Holde verbracht hatten. Wir alle waren viel früher aufgestanden als sonst, und meine Eltern waren festlich angezogen. Es war einer dieser herrlichen, noch sommerlichen Septembertage. Die Sonne schien durch die bunten Fenster des großen Wohnzimmers auf unsere nebeneinanderstehenden Geburtstagstische, als meine Schwester und ich auf ein Klingelzeichen meines Vaters hereinkamen. Meine Eltern waren beide fröhlich vereint und blickten mit verheißungsvollen Gesichtern auf uns Kinder, wir guckten neugierig auf die Geschenke. »So«, sagte mein Vater, »und jetzt müßt ihr zuerst singen. Mami und ich singen euch das Lied vor, und beim zweiten Mal müßt ihr mitsingen.« Dann sangen sie: »Wir freuen uns, daß wir geboren sind und haben Gebu-hurtstag heut, und alle solln sich mit uns freun und stimmen in unser Liedchen ein, wir freuen uns ...« Irgendwann fielen Regine und ich dann ziemlich schüchtern in das Lied ein. »Wir freuen uns, daß wir geboren sind ...«

Es gab Bademäntel – ich bekam den orangefarbenen mit der grünen Borte, Regine den hellblauen mit der dunkelblauen Borte –, und jede von uns bekam eine richtige Plastikpuppe mit langen Haaren – bisher hatten wir nur selbstgestrickte von Tante Holde gehabt. Zu den Puppen gab es noch viele Puppenkleidchen. Sofort rannte ich zum Badezimmer und wusch meiner Puppe die Haare, die danach keinen guten Eindruck mehr machte. Ich war sehr traurig und verzweifelt, daß es meiner Puppe so schlechtging, und schrecklich neidisch auf meine Schwester, die ihre Puppe nach mir hatte waschen wollen und durch meine Erfahrung klug geworden war. Meine friseurtechnischen Nachbesserungen machten die Sache zwar eher noch schlimmer, aber ich gewöhnte mich an die Malaise mit meiner Puppe und hatte sie viele Jahre lieb.

Am Nachmittag gingen wir alle zusammen auf den Spielplatz, auf dem wir Zwillinge den beiden uns anfeuernden Eltern vorführen konnten, wie verwegen wir schon auf dem großen Schaukelpferd reiten konnten. Am Abend gab mein Vater für uns in einem nagelneuen Kasperletheater, welches er als Überraschungsgeschenk hervorzauberte, eine tolle Vorstellung, die er sich selber ausgedacht hatte: »Kasperle im roten Turm«. Klaus Röhl in seinem

Element: »Tri tra tralala, tri tra tralala, na, liebe Kinder, seid ihr auch alle da? Jaaaaa? Ich bin das Kasperle …« Und dann spielte er uns das ganze Stück vor, das er sich 1949 als 20jähriger, als er in Schleswig-Holstein als Puppenspieler über Land gefahren war, ausgedacht hatte. An die Kräuterhexe und die schöne Prinzessin erinnere ich mich noch ganz genau und auch an die lustigen und überzeugenden Bühnenbilder, den Turm, in dem die Prinzessin gefangengehalten wurde, das stürmische Meer und den Wald auf den von meinem Vater selbstgemalten Kulissen. Auch meine Mutter und unsere Verwandten, die zum Abendessen gekommen waren, klatschten und lachten und zitterten mit uns, wenn es der Prinzessin schlechtging.

An solchen Abenden dachte meine Mutter vielleicht doch noch mal, daß alles wieder gut werden würde, daß das gemeinsame Haus, das Glück mit den Kindern, die florierende Firma sie und Klaus Röhl dann doch noch einmal zusammenschweißen würden. Sie schreibt ihren alten Weilburger Bekannten, den Gelbhaars, einen humorvollen Brief:

> »Wir haben aus der Tatsache, daß Euch unsere Mietwohnung incl. Garten zu popelig war, jetzt die Konsequenzen gezogen: Wir haben ein Haus gekauft. Natürlich kein gewöhnliches, mit so was hätten wir nicht zu kommen gewagt, sondern ein altes und Jugendstilhaus, dessen Wert in Euren Augen ja wohl dadurch gesteigert wird, daß auf dem Dachboden auch tatsächlich ein paar Jahrgänge der *Jugend* einfach so herumlagen. Als wir das sahen, haben wir zugeschlagen. Ein Haus – na ja, aber diese Jahrgänge, die haben jetzt nur wir. Das alles ist natürlich nur wegen der Adresse. Die feinen Karten kommen erst, wenn keiner mehr Lust hat, sie zu verschicken: Hamburg-Blankenese, Ferdinands Höh Tel. 86 12 77 Herzliche Grüße Ulrike (Meinhof)«[21]

Ich erinnere mich an einen Abend im Herbst, schon im neuen Haus, an dem meine Eltern sich doch ziemlich gut verstanden. Sie standen in dem neuen Badezimmer und machten sich für eine Party zurecht. Ich war schon im Bett gewesen, in unserem neuen Kinderzimmer in der mittleren Etage, war dann aber aufgewacht und hatte die beiden beobachtet, die sich fröhlich scherzend, ein bißchen geschäftlich wie immer, auf den Abend vorbereiteten: »Klaus, hast du Ute einen Zettel mit der Telefonnummer geschrieben, wo sie sich melden kann? Hast du die Autoschlüssel?« – und so weiter. Klaus Röhl stand in einem braunen Samtanzug vor dem Spiegel und knotete seinen Schlips und nutzte mein Erscheinen, um mich zu fragen, ob er gut aussehe, besser »irrsinnig gut« aussehe, und ob er meiner Meinung nach der bestaussehende Mann der Party sein würde, was ich natürlich bejahen sollte und auch bejahte.

Meine Mutter fand fröhlich und ausnahmsweise einmal nicht genervt, daß er das Kind nicht unnötig kribbelig machen sollte und daß ich ins Bett gehörte. Sie gingen jetzt zu einer Party bei dem und dem, und drüben schlafe ja jetzt unsere Ute, die würde auf uns aufpassen. Meine Mutter sah mit ihrem langen grünen Abendkleid und ihren dunklen hochgesteckten Haaren, schmuckbehängt, einfach toll aus.

Die Einweihungsparty

Kurz darauf stieg die Einweihungsparty bei uns in Blankenese. Es ist der 33. Geburtstag von Ulrike Meinhof, der 7. Oktober 1967. Das Haus war fertig eingerichtet. Ulrike Meinhof sagte zu ihrem Mann: »Hier ziehe ich nie wieder aus.« Es war die erste und auch letzte Party, mit der meine Eltern sich für die jahrelangen Einladungen aus der Partyszene gemeinsam revanchierten, und die, so wollte es Zeremonienmeister Klaus Röhl, sollte alles übertreffen. Ich war ganz stolz, als ich mit meinem Vater auf dem Blankeneser Wochenmarkt einkaufen ging. Er bestellte sehr wichtig, alle um ihn herum beschäftigend, schäkernd und nicht besonders leise, riesige Mengen von Rebhühnern und Wachteln. An einem anderen Stand stellte er eine ebenso große Käseplatte zusammen und kaufte Zutaten für eine sehr große Suppe für die Nachthungrigen. Wir sollten staunen: Er würde alles, was er auf den anderen Partys gesehen hatte, toppen.

Der frühere Mann vom *Neuen Forum* in der DDR, Kurt Ottersberg, der meinen Vater einst als ›Tester‹ für die Dönhoff-Reise in die DDR eingeladen hatte und später Leiter des internationalen Fernsehens der DDR war, wie er mir 1999 in einem Gespräch erzählte, war damals zu dieser Party eingeladen und besonders beeindruckt von ebendieser mächtigen Käseplatte. Seitdem brachte er seiner Familie in Ostberlin, wenn er aus dem Westen kam, immer viele Käsesorten für eine ebensolche Platte mit. Besonders exotisch war damals ein brauner Käse, ein norwegischer Ziegenkäse, den wir Kinder liebten, weil er etwas süßlich war.

Ein ganzes Haushaltsteam, mit dabei meine Oma Röhl und die neue Haushilfe Frau Tempel, war seit dem frühen Morgen mit Kochen beschäftigt, und das Haus wurde von oben bis unten mit Girlanden geschmückt. In dem grüngestrichenen Arbeitszimmer Ulrikes, dem besten Zimmer des Hauses im mittleren Geschoß, mit großen Fenstern zur Straße, wurde ein

Spielsalon mit großem Roulettetisch und verruchtem Ambiente eingerichtet, der Raum hätte jedem guten Western zur Ehre gereicht. Im Keller wurde ein Schießstand aufgebaut. Großvater Röhl und seine Söhne waren Sportschützen, und mein Vater hatte ein Luftgewehr, mit dem er auch sonst zum Spaß, oft mit Rühmkorf und anderen, im Keller das Schießen übte. Aus den Boxen einer neuen Stereoanlage ertönten die Beatles und die Bee Gees. Den ganzen Nachmittag rannte Klaus Röhl die Treppen rauf und runter, um alles vorzubereiten, und Ulrike Röhl zog ein schönes langes Abendkleid an. Auch wir Kinder wurden in Schale geworfen. Im Zwillingslook liefen wir ganz aufgeregt durch das Haus.

Dann kamen die Gäste, alle in Ausgehgarderobe, und stießen die erwünschten ›Ahs‹ und ›Ohs‹ über das neue Haus und den Partyschmuck aus, und meine Eltern waren vollauf damit beschäftigt, allen eine angemessene Führung angedeihen zu lassen. Mein Vater war als frischgebackener Großgastgeber voll in seinem Element. Er lief mit unserer Oma, der Tempel und den anderen Helfern hin und her und begrüßte jeden neuen Gast mit Sekt, Begrüßungstusch und großem Bahnhof. Neben den Etablierten war auch die ganze Röhl-Mischpoke eingeladen, der mein Vater mehr oder minder dezent vorführte, wie weit er es gebracht hatte.

Alles tanzte und wogte durch das Haus, und ich fand es am interessantesten im Spielzimmer, wo am meisten geredet wurde und ich am besten zuhören konnte. Bald kündigte Klaus Röhl im ganzen Haus als Maître de cuisine die Rebhühner und Wachteln an und kommandierte Frau Tempel – Omi war inzwischen nach Hause gegangen – und die anderen in der Küche, das Geflügel blecheweise aus dem Ofen zu holen. Er bediente die Gäste, brachte auf anregende Weise allen das, was sie gerne wollten, und ich verfolgte diese Prozedur, die einige Stunden dauerte, mit Spannung. Meine Mutter unterhielt sich meistens in der Diele mit Gästen, und ich glaube, sie war in diesem Moment genauso stolz und glücklich wie mein Vater. Überall, in jedem Winkel des Hauses, standen und saßen die Leute, die Stimmung war bombig und laut und bei allem sehr verbindlich, und in dem großen Wohnzimmer mit dem schönen Parkettfußboden, dem gleichen, in dem wir unseren Geburtstag gefeiert hatten, wurde bald getanzt. Etwas später hatte sich im Spielsalon eine ganze Gruppe ziemlich angetrunkener Partygäste eingefunden, auch in den übrigen Räumen saßen die Leute in Grüppchen zusammen. Immer wieder rief mal eine der vielen ›Tanten‹ wie Peggy Parnass oder Eva Rühmkorf oder auch Tante Rosemarie, daß ich mich bei ihr auf den Schoß setzen könnte, wo ich dann gemütlich saß und auch mitreden durfte. Das war mein letzter Platz, danach hat mich offenbar eine barmherzige Hand ins Bett gesteckt.

Irgendwann tanzte Klaus nur noch mit Danae. Irgendwann lagen sie sich in den Armen, und gar nicht so spät, vielleicht so gegen 23 Uhr, verschwanden sie. Tante Lilo, die von Jugend an für ihren Cousin Kläuschen und »Lyngi« geschwärmt hatte, steht neben Ulrike und leidet mit ihr: »Es war auf dieser Party in Blankenese, wo Klaus vor Ulrike eng umschlungen mit Danae tanzte. Ich fand es sehr traurig.« Klaus Röhl 1994 in einem Film über Ulrike Meinhof: »Es war wie das Hochzeitsfest. Aber nicht mit der Ehefrau, sondern mit der Geliebten.«[22]

Das Ultimatum

Ulrike Meinhof mußte die Party tapfer allein zu Ende bringen. Es war ein Skandal. Viele, die etwas ahnten oder wußten, fühlten und fühlen zum Teil bis heute mit ihr. Am nächsten Tag lag ein schriftliches Ultimatum von ihr im Flur. Sie selber war verreist. »Danae oder ich, du mußt Dich entscheiden.« Ulrike Meinhof war getroffen. Der »Ehebruch« ist mehr als ein Ehebruch, da er in aller Öffentlichkeit stattfand. Eine offene Ehe, die Klaus Röhl vielleicht nach dem Vorbild von Peter Coulmas im Sinn hatte, war für Ulrike Meinhof offenbar nicht das Problem. Die Beziehung ihres Mannes zu Danae bedeutete für sie jedoch nicht ›eine gelebte offene Ehe‹, sondern das Ende der Ehe. Sie fühlte wohl, daß ihre Beziehung zu ihrem Mann emotional an das, was Klaus mit Danae erlebte, nicht heranreichte. Auf dem Höhepunkt des Erfolges, den meine Eltern seit ihrer Selbständigkeit stetig angesteuert hatten, wurde es ernst, ließ sich nicht mehr ignorieren, was sich schon länger angebahnt hatte. Mein Vater sagte später zu mir, daß er gar nicht daran dachte, Danae damals aufzugeben, wo er doch gerade mitten in der schönsten Verliebtheit war. Aber das sind natürlich auch lockere Sprüche, die man 30 Jahre später macht, wenn alles vorbei ist. Ulrike Meinhof fackelte nicht lange, sie stürzte sich in ihre Arbeit, reiste oft nach Berlin und Frankfurt zu ihren neuen APO-Genossen, nahm teil an den Veranstaltungen der Studenten, die seit dem Herbstsemester mit neuen Ideen wieder angelaufen waren, und nutzte ihre Eindrücke für ihre Kolumnen. Ulrike Meinhof setzte vielleicht darauf, daß sich alles wieder einrenken würde, zumal sie gehört hatte, daß Coulmasens wegen einer Stelle beim WDR nach Köln umziehen wollten.

Wir Kinder wußten von all dem nichts, merkten nur, daß die Stimmung zu Hause unpersönlicher und kalt wurde. Oft gab's Streit. Meine Schwester hatte in dieser Zeit oft Alpträume. Sie stand nachts auf und ging, wobei sie die Tür unseres Kinderzimmers immer etwas geöffnet ließ, zum Schlafzimmer unserer Eltern. Sie klopfte und rief, und meine Mutter machte ihr die Tür auf. Weil ich meistens dann auch wach wurde, beobachtete ich aus dem Kinderzimmer, was Regine machte und wie meine Eltern reagierten. Ich hörte das Gezeter. Mein Vater schimpfte, ob er denn dauernd gestört werden müßte. Meine Mutter schimpfte zurück, und ich erinnere mich an turbulente Szenen. Regine blieb dann meistens ein paar Stunden im Elternschlafzimmer. Ich konnte nicht wieder einschlafen und guckte manchmal lange von meinem Bett aus in den dunklen Garten. Das war ein sehr schöner und beruhigender Anblick.

Ich erinnere mich an einen schlimmen Abend, an dem unsere Mutter – es war im November oder Dezember – uns ins Bett brachte. Immer noch war unser neues tolles Zimmer mit dem großen Fenster mit Blick auf den Walnußbaum, auf dem die Eichhörnchen herumflitzten, neu und ungewohnt. Immer noch dieses herrliche Gefühl am Morgen, in diesem Haus mit soviel Platz in seinem neuen Kinderzimmer aufzuwachen und einen so großen Garten zu haben, neue Nachbarskinder, mit denen wir sofort befreundet waren und mit denen wir vom ersten Tag an täglich spielten. Auch an diesem Tag hatten wir im Garten getobt und die frische Herbstluft eingeatmet, angefangen, mit den Nachbarjungs eine Höhle in einem Baum zu bauen, waren durch das immer noch hochstehende Gras und Unkraut um das Haus gerannt. Wir waren eigentlich schon müde und sollten nur noch eine Geschichte hören. Mami saß auf Regines Bett und las uns aus Grimms Märchen vor: Hänsel und Gretel. Ich lag im Bett am Fenster gegenüber und hörte zu. Ihre Stimme wurde aus irgendeinem Grund immer dunkler und finsterer und war nicht mehr die Stimme einer fröhlichen Märchenerzählerin, alles wurde immer ernster und schrecklicher, der Wald, die böse Stiefmutter, die ihre Kinder aussetzen will, die Angst der Kinder vor den wilden Tieren. Und als Hänsel und Gretel im Wald der bösen Hexe begegneten, war eine tieftraurige, fast gruselige Stimmung in unserem Kinderzimmer. Meine Schwester fängt an zu weinen, sie sagt, daß sie Angst hat, und kann sich nicht mehr beruhigen. Auch ich habe Angst. Auch ich fange an zu weinen. Meine Mutter ist genervt und entsetzt, versucht trotzdem weiterzulesen, aber es geht nicht mehr. Die Stimmung ist jetzt düster, verzweifelt, hysterisch. Schließlich kommt Klaus Röhl herein und bereitet dem Zauber ein Ende. Mit einem lauten:

»Na, was ist denn hier los, na los, Ulrike, bring die Kinder ins Bett. Ja, Kinder, sagt mal, wovor habt ihr denn Angst?« – »Ja, die böse Hexe«, sagen wir, »wir fürchten uns so vor der.« – »Aber das ist doch gar keine echte Hexe, das ist doch nur ein Märchen, und sie wird doch am Ende verbrannt, und die Kinder kommen nach Hause zu ihren Eltern zurück …« Meine Mutter verließ traurig das Zimmer. Wir sind nach dieser väterlichen Röhlschen Aufklärung aus der Falle herausgekommen und schliefen dann einigermaßen schnell ein. Trotzdem: Was war mit unserer Mutter los? Wir hatten doch schon so viele Male Märchen vorgelesen bekommen, und auch Hänsel und Gretel kannten wir in- und auswendig.

Am Nikolaustag bekamen wir lila Schokoladenmännchen. Meine Mutter sagte, daß Nikoläuse lila seien und daß der Nikolaus durch den Garten käme. Doch dann erklärte sie uns, daß es den Nikolaus gar nicht gebe und nur rückschrittliche Eltern Kindern in unserem Alter noch solche Märchen erzählen würden. Auch der Weihnachtsmann, den wir in den letzten Jahren gesehen hätten, wäre von Onkel Ebi gespielt worden. Und Weihnachtsengel oder das Christkind, die gebe es sowieso nicht. Das kam wirklich überraschend. Ich war ziemlich enttäuscht. Obwohl ich schon manchmal so etwas gehört hatte, von wegen, es gibt keinen Weihnachtsmann, war ich doch überzeugt, daß es bei uns immer einen gegeben hatte. Ein paar Tage später gingen wir ins Weihnachtsmärchen, das ich als besonders schön und feierlich in Erinnerung habe. Maria in einem langen blauen Umhang und einem roten Kleid und Josef als einfacher Tischler, die Heiligen Drei Könige. All das lernte ich jetzt zum ersten Mal kennen, und unsere Mutter freute sich, daß es Regine und mir so gut gefiel.

Weihnachten feierten wir zu Hause mit einem Baum, den mein Vater, wie in Zukunft noch öfter, jedes Jahr eine Stunde vor Heiligabend vom Blankeneser Marktplatz zu holen pflegte. Doch geschmückt wurde er nur puristisch streng mit roten Äpfeln und Nüssen, wie es sich meine Mutter wünschte, die jede Art von Lametta und anderem Glimmer ablehnte. Mein Vater hätte gerne glitzernde Sterne oder Weihnachtskugeln an den Baum gehängt, aber das war nicht erlaubt. Am Heiligabend kamen auch Omi und Opi. Das erste Mal Weihnachten im neuen Haus. Alle sagten, wie schön groß der Baum sei. Hansulrich Röhl wie üblich im Anzug mit Schlips und Kragen, eine Uhr mit Kettchen im Revers und einen Siegelring am Finger. Meine Oma brachte den selbstgemachten Danziger Heringssalat mit, den machte sie jedes Jahr. Omi hatte uns Kindern neue blaue Kleider mit einer bunten Borte genäht, natürlich zwei gleiche. Die Kerzen wurden angezündet, und wir sangen ausgiebig Weihnachtslieder. Die neuen Kleider zogen wir sofort an. Auch die neuen zum Geburtstag geschenkten Puppen präsentierten wir den Großeltern. Ich hatte mich inzwischen daran gewöhnt, daß meine Puppe die mit dem zerzausten Haar war, es war eigentlich gar nicht sooo schlimm.

Peggy und Lyngi beobachten »Oldie« und Ulrike

Peter Rühmkorf ist einer der Zeugen, wie die Ehe der Röhls inmitten des Aufbruchs von 68 und der Partyzeit zusammenbrach.

Peter Rühmkorf: »Es war, als wenn die Animas von Klaus und Ulrike, die jahrelang durch die Partei miteinander zusammengeschweißt worden waren, nun auseinanderdrifteten, wenn sie denn je wirklich zusammengehört hatten. Klaus' eigener Eros eilte in eine andere Richtung. Klaus hatte immer viele Mädchen nebenbei gehabt, ich hatte ja auch viele Deerns nebenbei, aber da wurde es nie prekär, die wurden geduldet. Aber in Danae hatte Klaus plötzlich eine Frau gefunden, die nun ein ganz anderes Register drauf hatte als Ulrike, und für Klaus war das unvorstellbar. Er war überfallartig verliebt, ja verliebt reicht nicht, er verfiel Danae geradezu. Es war wie ein griechischer Blitz, ein Blitz furchtbarer Art traf ihn. Es war ein Naturereignis, er war ganz eigenartig, und er lief völlig aus dem Ruder, es war da eben eine gewisse Verfallenheit gegenüber Danae – na gut, wer ist nicht verliebt, wenn er verschmäht wird, wenn er unglücklich ist und verlassen wird, das kenne ich natürlich auch – dies war aber etwas völlig anderes. Für Klaus war es etwas ganz Besonderes, und ich würde sagen, daß ich verstehe, daß Ulrike da ein persönliches Trauma erlitten hat, als Frau nicht mehr begehrt zu sein. Ich hatte mich immer gut mit Ulrike und Klaus verstanden, Ulrike und Eva kannten sich aus der Atombewegung, wir waren auch als Paare befreundet, aber gegen das, was da mit Klaus passierte, konnte Ulrike nichts machen. Niemand konnte das. Und man sieht ja daran, daß Klaus mit Danae bis heute zusammen ist, daß die Geschichte ernst für ihn war.«

Am Silvestertag machte Klaus Röhl allerlei Scherze mit Regine und mir, und es herrschte eine gewisse Aufregung. Am Abend wurden wir in Stade zu Omi und Opi abgeliefert. Ulrike und Klaus Röhl gingen zu einer Silvesterparty bei der »Rühmkorf-Lercher-Bande«. Peggy Parnass, die auf der Einweihungsparty alles miterlebt hatte und die wie viele mit Ulrike Meinhof mitfühlte und mitlitt, hat mir die Silvesternacht geschildert.

Peggy Parnass: »Doch diesmal hat unser Oldie, wie ich Klaus seit unserer *Pestbeulen*-Zeit immer nannte, den Bogen noch einmal und diesmal endgültig überspannt. 1967 war eine große Silvesterparty – es war mitten in der Zeit, in der wir ständig gefeiert haben, Rühmkorf und Müffi und Quacki und eben Oldie. Also, Ulrike und Oldie kamen rein – die Silvesterparty war bei Anne Lercher und Müffi, also alten Freunden von uns. Sie waren ein strahlendes Paar, sahen toll aus, nur Oldie war in Eile und sagte, er müsse nur kurz noch mal raus. Wir dachten, der holt was aus dem Wagen, aber er kam nicht wieder, und nach einer Weile fingen viele Freunde an zu fragen, vor allem Ulrike fragten sie. Aber sie fragte auch selber, wo ist er denn? Aber er war weg. Und sie saß dann da, ziemlich erschlagen, den ganzen Abend während da gefeiert wurde. Nachts, nach Mitternacht, nachdem Neujahr vorbei war, es war gegen ein Uhr, kamen strahlend umschlungen mit leuchtenden Augen und unendlich glücklich Oldie und Danae rein. Leuchtend kann ich nur sagen. Und etwas so Erloschenes wie Ulrike habe ich überhaupt nie wieder gesehen – eine Frau, die um fünfzig Jahre alterte in diesen Neujahrsstunden, und Oldie und Danae gingen rum und begrüßten alle und drückten jedem einzelnen die Hand und wünschten ihnen ein frohes Jahr, und soweit ich mich erinnere, war Peter Coulmas auch dabei, und sehr bald gab Danae nun das Aufbruchszeichen und ging mit ihrem Mann nach Hause. Daraufhin ging Oldie zu Ulrike, um die er sich noch gar nicht gekümmert hatte, und sagte: ›So Ulrike, dann können wir ja auch gehen.‹

Und Ulrike, die gerade wieder ein bißchen Farbe gekriegt hatte, sagte: ›Wieso? Ich würde gerne mit dir tanzen.‹ Er tanzte mit ihr, sie blühte wieder auf, sie hatte wieder etwas rote Wangen, und dann hat er sie abgesetzt und tanzte sofort mit einer anderen weiter, die auch da war, eine mollige Schnalle, blutjung. Die kleine Schwester eines Kollegen, ich sah sie das erste Mal, und die hing da wie ein nasser Sack an seinem Hals, und Ulrike saß wieder in ihrem Sessel und wieder dunkelgrau im Gesicht mit Schatten unter den Augen.

Dann bin ich zu der Kleinen gegangen. Ich sagte: ›Guck dir doch mal Ulrike an.‹ Die Kleine stolz: ›Wegen mir?‹ Ich drohte: ›Wenn du noch einmal mit ihm tanzt oder was in seiner Nähe machst, noch einmal, dann hau' ich dich zu Brei.‹ Da sagte Lyngi, also Peter Rühmkorf, zu mir: ›Aber Zarte‹, also, Lyngi nannte mich immer Zarte, ›das kannst du doch nicht machen, wir denken das zwar alle, aber das kannst du doch nicht laut sagen.‹ Danach habe ich zwei Jahre lang mit Oldie nicht gesprochen.«

»Oldie« erinnert sich an den Abend anders. Er sei mit Coulmasens bei einer Party von Memmingen von *Panorama* gewesen und erst ganz spät zu der von Peggy Parnass beschriebenen Party gekommen. Wo Ulrike an dem Abend war, daran erinnert er sich nicht mehr.

Wenn Paare auseinanderbrechen, ist das die Zeit für Legenden und solche und solche Erinnerungen. Es fühlten sicher viele auf den Partys mit, und wie immer gab es bestimmt auch einige, die so etwas auch mit einer Art von Sensationslust begleiteten.

Jürgen Bartsch

Im November/Dezember 1967 hatte Ulrike Meinhof ihre bekannt gewordene Kolumne »Jürgen Bartsch und die Gesellschaft« geschrieben, die im Januar 1968 in KONKRET erscheint und die eine Ahnung davon gibt, mit welchen Gefühlen und Gedanken sie in diesen Wochen beschäftigt war. Es ist ein Artikel, in dem sie einmal mehr, wortgewaltig wie wohl noch nie zuvor, das damalige durchideologisierte Denken der Neuen Linken auf den Punkt brachte. Mitten in dieser Ehekampfphase, auf dem Scheideweg zwischen dem Leben in Hamburg-Blankenese und der zur Aufgabe des »bürgerlichen« Lebens anhaltenden APO-Bewegung, schrieb meine Mutter den Text über den vierfachen Kindesmörder Jürgen Bartsch, in dem nach meinem Empfinden sehr stark der Versuch einer persönlichen Problembewältigung enthalten ist und in dem ich ein Schlüsseldokument zu einem Schnitt im Leben Ulrike Meinhofs sehe.

Der Artikel über den Mörder Jürgen Bartsch, der zusätzlich einen Mordversuch zu Lasten eines fünften Kindes beging, ist eine Anklage gegen das ›System‹, gegen die Bundesrepublik Deutschland. Ulrike Meinhof wirft der Gesellschaft vor, Bartsch durch institutionalisierte Gleichgültigkeit, Mißhandlung und Fehlverhalten zum Sexualmörder gemacht zu haben, und spricht den am 15. Dezember 1967 zu lebenslanger Haft Verurteilten in einem pamphletartigen Artikel von jeder individuellen Verantwortung für die Morde an den vier getöteten Jungen frei. Ulrike Meinhof schrieb:

»Die Geschichte von Jürgen Bartsch und der Prozeß selbst offenbaren in unheimlicher Anhäufung im Elend dieser Person das Elend der Gesellschaft, in der er gelebt und gemordet hat [...]. Aber das Gericht hat alles Menschenmögliche getan, um zu verhindern, daß die Verhältnisse, die an Jürgen Bartschs Entwicklung Pate gestanden haben, zum Prozeßgegenstand werden,

alles, um die Möglichkeit auszuschließen, daß der Junge sich bessert, aufhört
zu morden, sich ändert, und hat damit gleich die andere Möglichkeit ausgeschaltet, daß diese Gesellschaft an diesem Prozeß begreift, daß sie änderungs-
bedürftig, änderbar ist.«

Weiter klagt Ulrike Meinhof nacheinander alles und jeden an und nimmt damit den geistig-ideologischen Trend der Zeit auf, den sie mit diesem Artikel
wesentlich beflügelt. Alles, was in einem Leben schiefläuft, sei sozial, sprich
durch die Umwelt begründet:

»Mit der Adoption fing es an. Sieben Jahre lang mußten die Eltern Bartsch
warten, bis sie ihn adoptieren konnten, wegen der ›gewagten Abstammungs-
verhältnisse‹, die darin bestanden, daß der Vater Arbeiter und arm und ein
Mann mit Familie war und die Mutter seit Jahren ohne Mann und nachher
krank, eine arme Frau. Ein Nazisud von Abstammungslehre spukte da in
den Köpfen von Fürsorge und Jugendamt. Daß das Kind schon ein Jahr im
Heim gewesen war, das hätte Sorgen machen müssen und zu dem Schluß
führen: Schnell adoptieren, schnell klare Verhältnisse, schnell ein gesichertes
Nest. Aber der Gerichtsvollzieher bringt diesen NS-Biologismus selbst noch
einmal auf, indem er zur Mutter sagt, der Junge sei ja nicht ›ihr eigen Fleisch
und Blut‹ gewesen, und der Vater ist ihn bis heute nicht los, wenn er sagt, mit
einem eigenen Kind wäre man anders umgegangen, weil kein Mensch ihm
rechtzeitig gesagt hat, daß das Erbe egal ist, daß es auf das Milieu ankommt,
daß davon und von nichts anderem die Zukunft des Kindes abhängt. Doch
hat man das Kind ins Heim gegeben, weil die Mutter im Geschäft mitarbei-
ten mußte, weil der Konkurrenzkampf für einen kleinen Metzger hart ist,
weil einer, der was zu essen verkauft, dabei um seine Existenz kämpfen muß.
Und sie wußten nur den Heimausweg, weil diese Gesellschaft sich immer
noch nicht darauf eingerichtet hat, daß sie zehn Millionen berufstätige Frau-
en hat und weit über eine Million berufstätige Mütter mit Kindern. [...]
Dann wechselte er das Heim, weil er altersmäßig aus dem ersten Heim her-
ausgewachsen war, weil Kinderheime in der Bundesrepublik in der überwiegenden Mehrzahl Altersgruppenheime sind, Säuglingsheime, Kleinkinder-
heime, Schulkinderheime, Lehrlingsheime [...] ein pädagogischer Wahnsinn,
jedermann weiß es, aber man ändert es nicht. [...] Dann kommt er in eine
katholisch-preußische Anstalt mit 50 Kindern pro Schlafsaal, mit Prügelpädagogik, mit Spaziergängen in Marschkolonnen, mit Aufsicht im Schlafsaal,
mit Religion. [...] Da läuft er weg und muß wieder hin und läuft wieder weg
und landet auf einer Polizeistation. Polizei als pädagogische Einrichtung. [...]
Dann liebt er einen Jungen, ja er liebt ihn, und da er hat er schon gelernt, daß
Homosexualität eine ›Schweinerei‹ ist und daß er nicht lieben darf, so daß
Liebe Schuldgefühle in ihm erzeugt, weil eine anachronistische Fortpflan-

zungsmoral das Beste, was er in sich hat, was es gibt: Liebe, als ›Schweinerei‹ deklariert, so daß er es heimlich tun muß, schließlich kaufen muß [...]. Dann will er reden, sich aussprechen, aber in der katholischen Prügelanstalt war schon Silentium die Hauptsache, und der Vater hört auf der Fahrt zum Schlachthof eine halbe Stunde Radio, und Samstag abend ist Fernsehen, und der Kaplan, dem gegenüber er endlich zu Wort kommt, als schon ein Kind tot ist, der gibt die Rede weiter an den lieben Gott, schweigt, verweigert die menschliche, die einzig mögliche Antwort, daß man sich endlich mit diesem Jungen beschäftigt. [...] Da kommt er in die Metzgerlehre, da flucht der Vater über die Jugendschutzgesetze, die es verhindern, daß Kinder schon 60 Std. in der Woche arbeiten, holt ihn in den eigenen Laden, läßt ihn 60 Stunden schuften, und kein Gewerbeaufsichtsamt schaltet sich ein, kontrolliert, verbietet das, denn Gewerbeaufsichtsbeamte werden schlecht bezahlt. [...] also arbeitet er 60 Wochenstunden, also hat er keine Freunde, kein legales Eigenleben, also führt er ein Doppelleben, weil er nicht totzukriegen ist, zählebig, noch nicht aufgegeben, obwohl aufgegeben, jedenfalls vom zuständigen Gewerbeaufsichtsamt, das die Jugendschutzgesetzgebung ein Papier sein, keine Praxis werden läßt. Aber die Mutter macht auf den Gerichtsvorsitzenden einen ausgezeichneten Eindruck, weil sie sauber und ›adrett‹ ist und hat ja auch aufgepaßt, daß er immer seine Suppe aß und die Uhr nur sonntags am Arm trug und Pünktlichkeit lerne und sich täglich wusch – hat die Kasernenhoferwartungen des Vaters am Kind durchgeführt, eine Erziehungsmethode, die sich an den Stechuhrbedürfnissen der Industrie orientiert statt an den Bedürfnissen des Kindes, die alles verlangt und wenig zu geben bereit ist, zu einer Zeit, wo es das Recht des Kindes ist, alles zu verlangen und erst wenig zu geben, wenn es gedeihen soll. Eine unberatene Frau, eine weitverbreitete Erziehungsmethode, nicht auszumalende Kinderleiden erzeugend. Aber für das Gericht ist Prügelpädagogik kein Prozeßgegenstand, für das Gericht ist eine 60-Stundenwoche gerade recht, damit er auf keine dummen Gedanken kommt, für das Gericht macht eine Mutter mit Kasernenhoferziehung einen ›ausgezeichneten‹ Eindruck. [...]

Und für den Gutachter Lauber sind Bartschs in die Zellenwand gekritzelte Briefe nur Versuche, Mitleid zu erregen, obwohl sie genau das sind, legitimerweise genau das sind, Signale seiner ungedeckten Bedürfnisse, zu spät eingekritzelt, gewiß, grauenhaft zu spät, und für den Verteidiger ist der Wille des Angeklagten maßgeblich, des unberatenen, dessen Leben verkorkst ist, der Verteidiger begreift nicht, daß es hier nicht Jürgen Bartsch zu verteidigen gibt, sondern Hunderttausende von Kindern, Adoptivkinder, Heimkinder, homosexuelle Kinder, geprügelte Kinder, ausgebeutete Kinder. Er schweigt. Und der Gerichtsvorsitzende schweigt [...] wo eine Gesellschaft sich durch ihren Haß auf einen Kindermörder jenes gute Gewissen verschafft, das sie braucht, um zum Kindermorden in Vietnam schweigen zu können und zur Barbarei im Umgang mit Kindern im eigenen Land, in der eigenen Familie. Und keine Zeitung klopft einem Gerichtsvorsitzenden auf die Finger, der den Journalisten erzählt, er brauche zur Beurteilung des Falles ›Fingerspitzengefühl‹ und dabei würde es ihm helfen, daß er Musik liebt und Klavier spielt. […] der Gerichtsvorsitzende holt sich am Klavier die Erleuchtung. Jürgen Bartschs Leben ist verpfuscht. Aber die Kriminalität, die in Wuppertal Prozeßgegenstand war, geht weiter […], die Kindermörder und klavierspielende Gerichtsvorsitzende hervorbringt. Es stimmt schon, wenn man sagt, der Bartsch-Prozeß sei ein Jahrhundert-Prozeß gewesen. Das Gericht aber und die Presse haben alles getan, ihn nicht dazu werden zu lassen. Die Kriminalität geht weiter.«[23]

Ulrike Meinhof verknüpft hier die avantgardistischen Gedankenfiguren, die den politischen Diskurs der APO beherrschten, auf eine perfekt erfüllende Weise. So wortgewaltig verdichtet ist ihr Text, daß keine Lücke vom ersten bis zum letzten Buchstaben entsteht. Der Text ist atemlos schnell, pressend bis erpressend. Der Artikel scheint bei unreflektiertem Hinsehen genial und unangreifbar und wird bis heute von Meinhof-Verehrern als ein hochsozialer und geradezu übermoralischer Qualitätsbeweis für die Meinhof-Kolumnen angeführt. Es scheint, als ergebe sich jeder Gedanke logisch zwingend aus dem Vorangegangenen, was tatsächlich mitnichten der Fall ist.

Ulrike Meinhof suggeriert dem Leser, daß sie die Fakten kennt, die harten, objektiven, biographischen Daten aus der Geschichte des Bartsch. Wie die Säuglingsschwester war, wann der Vater Radio hörte, wer herzlos zu Bartsch war usw. Ulrike Meinhof kannte aber die Prozeßakte nicht. Alles, was sie wußte, bezog sie aus eigener Anwesenheit in einer einzigen Verhandlung und aus der Presse.

Obwohl sie objektiv nicht beurteilen kann, wie das Leben des Bartsch tatsächlich gewesen ist, nimmt sie für sich in Anspruch, sowohl seine tatsächliche Biographie als auch seine emotionale Wahrheit zu kennen – so, als wäre sie 19 Jahre lang dabeigewesen.

Bei der Lektüre dieses Artikels drängt sich der Eindruck einer nicht mehr beherrschten Überidentifizierung Ulrike Meinhofs mit dem Schicksal dieses einsamen Adoptiv- und Heimkindes Bartsch auf. Es ist erschreckend: Die vier von Bartsch grausam mißbrauchten und anschließend ermordeten Jungen werden von ihr mit keinem einzigen Gefühl oder Gedanken, keinem einzigen Wort bedacht. Auch das fünfte, das überlebende Opfer des versuchten Mordes, das der besonderen Fürsorge damals wie auch in der

Folgezeit bedurft hätte, ist Ulrike Meinhof nicht eine einzige Silbe wert. Die vier ermordeten Kinder scheinen in Ulrike Meinhof weder Mitleid noch sonst eine Emotion zu erregen und sind für sie frei von Interesse, da ihr offenkundig keine gesellschaftskritische Funktionalisierbarkeit der Opfer einfiel. In der Auseinandersetzung Ulrike Meinhofs mit Bartsch spielen die Ermordeten – außer daß es begriffsnotwendig bei einem Tötungsdelikt Opfer gibt – als Individuen keine Rolle, auch ihr individuelles grausames Leid kann deswegen natürlich keine Rolle spielen, ja selbst die Anzahl der Opfer ist für Ulrike Meinhof ein bloßes Abstraktum, das ihr nicht erwähnenswert erscheint. Das Leid der qualvoll Ermordeten und das Leid des den Mordversuch überlebt habenden Opfers – sowie das mit keiner Silbe erwähnte Leid aller Angehörigen – treten hinter dem von ihr vermuteten Leid des Mörders Bartsch zurück.

Hier möchte ich den Teil, den Ulrike Meinhof in ihrer Kolumne zu erwähnen versäumt hat, nachholen:

Bartsch ist 15 Jahre alt, als er den zwölfjährigen Ulrich Kahlweiß im Jahr 1962 von einem Jahrmarkt in einen nahegelegenen Luftschutzstollen lockt, dort entkleidet, sexuell mißbraucht und grausam ermordet. Anschließend zerstückelt er die Leiche und läßt die Leichenteile im Bunker liegen. Einige Zeit später lockt Bartsch den 13jährigen Rudolf Fuchs in den Luftschutzstollen, entkleidet ihn, mißbraucht ihn sexuell, ermordet ihn grausam, zerstückelt die Leiche und läßt die Leichenteile im Bunker liegen. Es vergeht erneut etwas Zeit, bis Bartsch den acht Jahre alten Klaus Jung in den Luftschutzstollen lockt, entkleidet, mißbraucht, grausam ermordet und anschließend die Leiche zerstückelt. Im Mai 1966 lockt Bartsch Manfred Graßmann, elf Jahre alt, in den Luftschutzstollen, entkleidet und mißbraucht ihn. Der inzwischen zum Schlachtergesellen avancierte Bartsch schlachtet Manfred Graßmann bei lebendigem Leibe und läßt die Leichenteile liegen. Im Juni 1966 lockt Bartsch den elf Jahre alten Peter Freese in den Luftschutzstollen, wo er ihn fesselt. Bartsch verläßt den Stollen für einige Stunden, als wollte er sich die notwendige sexuelle ›Energie‹ und die Mordenergie noch erst aus dem Wissen holen, daß er da schon ein Opfer in Todesangst sicher verwahrt wußte. Aber Peter Freese kann sich entfesseln und fliehen. Es kommt zur Verhaftung von Bartsch.

Diese abnormen Taten des Bartsch, der in der Presse »Bestie von Langenberg« und »Teufel in Menschengestalt« genannt wurde, will Ulrike Meinhof als durch die Gesellschaft konditioniert gesehen wissen. Ähnlich wie in ihrem Artikel »Hitler in Euch« gibt sie den Menschen, die die Gesellschaft

ausmachen, also allen Bürgern, die Schuld. Das System habe Bartsch gemacht; und dieses unmenschliche System machte alle Menschen so handeln,
sich so verhalten, daß sie das System permanent reproduzieren und vitali-
sieren, will heißen: Jürgen Bartsch ist der mörderische Beweis dafür, daß
nur ein Systemumsturz die unmenschliche Gesellschaft der Bundesrepublik
vermenschlichen kann.

Um den objektiven Erklärungsinhalt, um die objektive Aussage dieses
Artikels zu verstehen – also zu verstehen, wie er auf die damaligen Leser
gewirkt hat –, muß man den historischen Kontext betrachten, wie er war.
Die APO spielte zwar zahlenmäßig noch eine krasse Minderheitenrolle, aber
ihre geistige Ausrichtung begann, in den Medien eine herrschende Rolle zu
spielen und vor allem die Position der moralisch-geistigen Überlegenheit zu
besetzen. Diese gesellschaftskritische Überlegenheit reklamiert Ulrike Meinhof auch für sich. Sie irrlichtert in ihrer an inneren Widersprüchen reichen
Kolumne »Jürgen Bartsch und die Gesellschaft« assoziativ durch die gesamte
Kette der damaligen politischen, soziologischen und psychologischen Text-
bausteine. Von journalistischer Sorgfalt ist hier nichts zu spüren.

Damals herrschte im linken Mainstream unerschütterlich die Meinung,
daß die Menschen nicht genetisch bestimmt seien, sondern ausschließlich,
wie Meinhof es in ihrer Kolumne beschreibt, von ihrer Umwelt geprägt würden. Die damalige Theorie ist aus heutiger Sicht kraß zu nennen. Dahinter
steckte die Idee, Erbrecht und Privatrecht müßten abgeschafft werden, um
auf diese Weise Klassenunterschiede und Chancenungleichheiten abzuschaf-
fen, mit der Folge, daß eine so organisierte Gesellschaft keine Kriminalität
mehr kennte. Diese so befriedete Gesellschaft sei dann der Beweis dafür, so
letzten Endes die Gedankenkette, daß der Kommunismus oder der Sozialismus das für den Menschen einzig richtige System sei. Insofern lag Ulrike
Meinhof mit ihrem Bartsch-Artikel voll im Trend, den sie allerdings wie
immer noch einmal toppte. Die Taten des Bartsch waren hingegen ganz unabhängig von seiner individuellen Schuld Taten des Bartsch, und sie waren
auch nicht exemplarisch.

Ulrike Meinhof hat sich mit Bartsch übernommen. Sie verliert aus den
Augen, daß sie einen viereinhalbfachen Mörder exkulpiert. Sie verkennt,
daß Mord nicht einfach nur ein soziologisches Phänomen ist. Sie maßt sich
Fachkompetenz an. Sie legt als Laienpsychologin los, als könnte jeder ein
Bartsch sein oder werden, als wären alle Heimkinder potentielle Bartschs, als
steckte ein Bartsch in jedem Menschen. Sexualstraftäter üben oft eine große
Faszination auf ihre Umwelt aus. Hier aber scheint es, als habe der junge

Mörder in seiner Not eine naive Meinhof in seinen Bann geschlagen, die den Gerichtssaal bereits in der Absicht betrat, ihn von Schuld zu befreien, und die sich aufgrund ihrer eigenen Lebenssituation offenbar in einer labilen Verfassung befand.

Ulrike Meinhof trifft den Mörder in der Stunde, in der er zu Lebenslang verurteilt werden soll, und setzt alles daran, ihn zu retten. Hat Bartsch mit primitiven Verteidigungstricks, mit ein wenig Gekritzel an seinen Gefängniswänden, mit Blickkontakt oder sonstwie die Journalistin eingefangen? In Bartsch begegnet Ulrike Meinhof einem ihrer vermeintlichen Sozialfälle und Opfer der Gesellschaft. Sie engagiert sich für einen, dessen menschlichen Abgründen sie jedoch, so scheint es, nicht gewachsen war.

Mit seinen Taten hat Bartsch eigentlich alle Mordmerkmale, wie sie im Strafgesetzbuch normiert sind, auf einmal erfüllt. Zwingende Rechtsfolge war damit die lebenslängliche Freiheitsstrafe, auf die das Landgericht Wuppertal im Dezember 1967 erkannte. Auf die Revision des jugendlichen Mörders erkannte das Landgericht Düsseldorf 1971 nach einer zweiten Verhandlung auf zehn Jahre Haft und eine anschließende Unterbringung in einer Heil- und Pflegeanstalt. 1974 heiratete Bartsch eine Schwesternhelferin im Vollzug und tönte in den Medien, daß, wenn er erst mal draußen sei, er eigene Kinder haben wolle. 1976 stirbt Bartsch an einer Überdosis des Betäubungsmittels, was er seinen Mordopfern einst verweigert hatte, um es makaber auf den Punkt zu bringen. Dies geschah, als Bartsch sich einer freiwilligen Kastration unterziehen wollte.

Ulrike Meinhof begründet mit ihrem Artikel einen bis heute anhaltenden Bartsch-Kult. Jürgen Bartsch fand sogar einen Ghostwriter, der ihm ein Buch schrieb in wohlgesetzten Worten und angeblich mit seinen eigenen Gedanken. Ich finde es erschütternd, daß die ARD heute ganz aktuell Bartsch im Internet ein Dokument widmet, auf dem der schicke Grabstein des Mörders zu sehen ist. Die Grabsteine der ermordeten Kinder zeigt die ARD nicht. Auch die ARD scheint die Namen der Ermordeten und die Namen des überlebenden Opfers lieber nicht zu kennen, sonst hätte sie wohl den Mörder nicht über seine Opfer erhoben.

Die Wege von Meinhof und Bartsch kreuzen sich. Ulrike Meinhof beschäftigt sich immer mehr mit dem Thema physischer Gewalt zur Durchsetzung ihrer politischen Vorstellungen. 1972 sitzt Ulrike Meinhof zufällig im selben Trakt des Gefängnisses Köln-Ossendorf, in dem auch Bartsch zuvor gesessen hatte. Beide sterben im Sommer 1976 in verschiedenen Gefängnissen.

Wurde die kurze Begegnung der Journalistin Ulrike Meinhof mit Jürgen Bartsch im Gerichtsaal zu einer Schicksalsbegegnung?

Während Ulrike Meinhof im Dezember 1967 innerlich Abschied nimmt von Klaus Röhl, von Hamburg, von Blankenese, vom Establishment, und während sie, mit dem geheimen Vorbehalt befaßt, alle notwendigen Vorbereitungen für diesen Abschied trifft, geriet in diesem Abschiedsunglück, so glaube ich, der Artikel über Bartsch vor allem zu einem Dokument ihrer eigenen seelischen Verfaßtheit. Sie ist dabei, sich selber Mut zu machen und gegen Klaus Röhl und ein bißchen auch gegen den Rest der Welt hochzurüsten, das Ganze ›cool‹ und ideologisch bis zur Unkenntlichkeit dieses Aspektes verpackt. In ihrem Bartsch-Artikel, den ich als eine Art ›Abschiedsbrief‹ empfinde, befaßt sich Ulrike Meinhof mit dem Thema des Todes und des Mordes als die Ultima ratio dessen, was die Gesellschaft einem Menschen antun kann, aber auch dessen, was ein Mensch der Gesellschaft ›zufügen müßte‹, wollte er sie zielgerichtet verändern.

Augstein und Nirumand

Das Jahr 1967 endet noch einmal mit einem offen in KONKRET ausgetragenen Streit mit dem *Spiegel*-Verleger Rudolf Augstein, der im Herbst 1967 im *Spiegel* eine große Enthüllungsstory gegen Bahman Nirumand schreiben ließ.

Nirumand: »Der *Spiegel* hatte im Herbst 1967 eine schlimme Titelgeschichte über mich gemacht. Ich ging gerade zu einer Versammlung, da kam mir Wolfgang Neuss entgegen und sagte: ›Bahman, eine Katastrophe!‹ Der bekam den *Spiegel* immer sonntags. Und er sagte: ›Die haben eine Titelgeschichte gemacht, total gegen dich.‹ Und da stand, daß ich alles verzerrt und falsch dargestellt hätte, und im Iran wäre es nicht so, wie ich es beschrieben hätte, ich wäre nie Dozent gewesen. Also der *Spiegel* versuchte, mich unglaubwürdig zu machen, das war natürlich ein Schlag. Es gab dann aber andere, wie Ulrike in KONKRET und auch von der *Frankfurter Rundschau*, die schrieben dagegen und forderten Rudolf Augstein öffentlich auf, sich zu entschuldigen.«

In der Januarausgabe von KONKRET begegnet Ulrike Meinhof dem Vorstoß Augsteins gegen den Freund Nirumand mit einem Pamphlet: »Ein sehr offener Brief an Rudolf Augstein«, in dem sie Nirumand gegen den *Spiegel-*

mächtigen verteidigt und dem Nachrichtenmagazin vorwirft, Rufmord an Nirumand verübt zu haben – und dies mit falschen Fakten.[24] Rudi Dutschke veröffentlicht im selben Heft unter dem Titel »Dutschke antwortet Augstein« einen offenen Brief an Rudolf Augstein: »Augstein soll sich nicht einbilden, daß er wegen der ›lumpigen‹ 5000,– DM, die wir von ihm erhielten, von uns Rücksichten zu erwarten hat.«[25]

Auch Klaus Rainer Röhl greift im Februarheft erneut in die Tasten und wendet sich in der Sache Augstein gegen Nirumand in einem offenen Brief an die Öffentlichkeit:

> »Lieber KONKRET-Leser, seit genau 26 Tagen schweigt Augstein. Schweigt zu der immerhin gravierenden Behauptung der KONKRET-Kolumnistin Ulrike Marie Meinhof, der *Spiegel* habe einen systematischen Rufmord gegen den Perser Bahman Nirumand (*Persien, Modell eines Entwicklungslandes*, rororo-aktuell 1967) begangen. Schweigt zu dem Vorwurf, das für seine ›Genauigkeit‹ berühmte *Spiegel*-Archiv habe in allen 11 aufgeführten Punkten gegen Nirumand geirrt, gefälscht, manipuliert oder die Wahrheit bewußt verschwiegen. Nun könnte ja einer sagen, KONKRET hat nur eine kleine Auflage, wir wollen den peinlichen Fall mit Schweigen übergehen. Ist die Auflage von KONKRET mit 154 000 verkauften Exemplaren (laut letzter IVW-Meldung) und einer Leserschaft von rund 800 000 wirklich noch so klein, daß Augstein glaubt, diesen Lesern die Antwort schuldig bleiben zu können? Woher weiß Augstein so genau, daß *Zeit* und *stern*, die *Frankfurter Rundschau* und die übrige liberale Presse auch weiterhin zu diesem ›größten Presseskandal der letzten Jahre‹ (Rowohlt-Verlagsdirektor Raddatz) schweigen werden? Wir werden jedenfalls nicht aufhören, in dieser Zeitung von Augstein eine Erklärung zum Fall Nirumand zu fordern, werden notfalls den offenen Brief von Ulrike Marie Meinhof in 100 000 Exemplaren an allen Universitäten verteilen lassen, werden solange fragen, bis sich der *Spiegel*herausgeber zu einer Antwort bequemt.«[26]

Der heftige Druck der KONKRET-Redaktion und insbesondere von Meinhof, Dutschke und Röhl auf Augstein führt zum Erfolg. Nirumand über die Affäre: »Und einige Monate später traf ich Augstein bei einer Veranstaltung, und da kam er zu mir und sagte: ›Ich stehe tief in Ihrer Schuld‹. Ich sagte: ›Das sagen Sie jetzt?‹ Und ich fragte ihn auch: ›Hat der SAVAK mitgespielt?‹ Da sagte er: ›Kein Kommentar, aber ich möchte mich bei Ihnen ganz offiziell entschuldigen.‹«

68 tanzt in KONKRET

Im Januar 1968 bricht 68 auch bei KONKRET voll aus. Stefan Aust schreibt eine Titelgeschichte über »Liebe unter LSD« und bezieht sich dabei auf die persönlichen Erfahrungen des LSD-Papstes Professor Timothy Leary und die neue Hippiebewegung:

> »Die Hippies sind die jüngsten Rebellen gegen die Gesellschaft. Sie haben sich die reine Liebe auf ihre Fahnen geschrieben. Sie lieben ihre Eltern, ihre Feinde, ja sogar die Polizei. Vor allem aber lieben sie sich gegenseitig: unter freiem Himmel, in der Kommune, im Schlafsack, am Strand, überall. Und unter LSD. Die neue Wunderdroge hat eine neue Liebeswelle ausgelöst.«[27]

Es gibt ein Interview mit Jean-Paul Sartre, dem damaligen Vorsitzenden des sogenannten Russell-Tribunals, das in dem kleinen dänischen Städtchen Roskilde die USA für schuldig befunden hat, in Vietnam Völkermord zu begehen, verbotene Vernichtungswaffen anzuwenden und Gefangene zu foltern – dies wird exklusiv in KONKRET abgedruckt. Und der große KONKRET-Report behandelt die Entstehung der Studentenbewegung in Berlin. Dort heißt es:

> »Jahrelang zogen geduldige Ostermarschierer durch einsame Gegenden oder menschenleere Straßenzüge. Ihre Transparente und Fahnen hielten sie mißmutig in den kalten Märzhimmel – Polizei begleitete sie ohne Zwischenfälle auf ihren vorgeschriebenen Routen. Die Presse berichtete über sie in Fünf-Zeilen-Meldungen. Seit Rudi Dutschke und seine SDS-Genossen die Taktik des Vietcongs in die bundesdeutschen Großstädte tragen, macht Opposition wieder Spaß. Aber die Studentenrevolte begnügt sich nicht nur mit dem Kampf gegen ausländische Machthaber, Vietnamkriegsschuldige, ehemalige Nazis und rechtsstehende Prediger und Professoren, prügelnde Polizisten und sie aufhetzende Presseorgane. Sie schlachtet auch die heiligen Kühe des linken Establishments. Ihrem Ansturm fällt alles zum Opfer, was jahrzehntelang fälschlich als intellektuelle Führung der Opposition gegolten hat: Augstein, Grass, Hans Werner Richter, die Professoren Carlo Schmid, Adorno, Dahrendorf, die SPD-Linken Ristock und seine Freunde in Berlin – alle, die in den entscheidenden Wochen und Monaten beschwichtigen wollen, die Studenten spalten wollen in Gutwillige und eine radikale Minderheit, in Hetzer und Aufgehetzte. So überreicht man dem von ganzen Generationen von Linken verehrten Adorno einen roten Gummilöwen und überschüttet ihn mit Spottgelächter, so pfeift man Augstein minutenlang aus und hängt während einer Forumsdiskussion in Hamburg über seinem Kopf ein Transparent auf: ›Spiegel – Bild am Montag!‹ Ob *Spiegel*, Gruppe 47, Linke, SPD-Führer oder

Soziologiepäpste – alle, die zwei Jahrzehnte lang vorgegeben haben, Opposition zu machen, ihnen, den Kerenskis mit dem angeklebten Revoluzzerbart, wird jetzt die Frage gestellt: Wofür seid ihr? Und wogegen?«[28]

Der Musikkritiker Uwe Nettelbeck, laut dem bekannten Kritiker und Musikexperten Diedrich Diederichsen anerkanntermaßen einer der ersten Musikkritiker Deutschlands, der dieses Genre in der *Zeit*, aber vor allem in KONKRET überhaupt erst zusammen mit Hubert Fichte begründete, stellte unter der Rubrik »Beat« die angesagtesten Platten vor: das Beatles-Album »Sergeant Pepper's Lonely Hearts Club Band« (Nettelbeck: »Noch immer die aufregendste Pot-Platte und die beste der Beatles«); die Rolling Stones mit »Their Satanic Majesties Request« (Nettelbeck: »Nicht wiederzuerkennen sind die Rolling Stones auf ihrem ebenfalls noch rechtzeitig vor Weihnachten veröffentlichten Album. Mick Jaggers und Keith Richards' etwas verspäteter Beitrag zur Psychodelic-Music-Mode hinkt nur im Datum hinterher. Sie haben ihre von Gerichtsterminen und vorübergehenden Gefängnisaufenthalten skandalisierte Zeit, im Augenblick ist es Brian Jones, der auf eine Berufungsverhandlung in Sachen Pot und Pillen wartet, zu ausgedehnten Aufnahme-Sessions und zur Zusammenstellung ihres bisher schönsten Albums genutzt«[29]). Ansonsten kündigt Klaus Rainer Röhl hocherfreut an:

»Günther Wallraff, bekannt durch seine Reportagen ›Wallraff was here‹ in der Zeitschrift *Pardon* […] schreibt ab heute exklusiv für KONKRET. Er fand, daß seine Enthüllungsreportagen besser zu KONKRET passen als in eine satirische Zeitschrift. Das fanden wir auch. Deshalb gibt es keine politische Differenz zwischen KONKRET und *Pardon*, die die beiden einzigen Zeitschriften der außerparlamentarischen Opposition bleiben und entsprechend zusammenwirken. […] Einer der ›dienstältesten‹ Mitarbeiter von KONKRET beginnt eine neue Serie in diesem Heft; der Lyriker und Essayist Peter Rühmkorf […], der im Mai 1955 diese Zeitschrift mitgründete, teilt unter dem Titel ›Schmierzettel‹ tagebuchartige Notizen zu den verschiedensten Themen mit.

Neu ist auch die Serie ›DDR 1968‹: Auch den reaktionärsten Politikern in der Bundesrepublik dämmerte es allmählich, daß drüben ein eigener Staat entstanden ist. Die Frage seiner Anerkennung ist zur Gretchenfrage der deutschen Innen- und Außenpolitik geworden. Als erste deutsche Zeitschrift berichtet KONKRET, wiewohl seit seinem Eintreten für Biermann und Havemann drüben nicht wohlgelitten und in seiner Berichterstattung behindert, ab sofort regelmäßig über das ›rote Preußen‹.

Die Anzeigenkunden wissen es schon: KONKRET erscheint ab 1. September 1968 14täglich. Mit einem verbreiterten Mitarbeiterstab bereitet es sich darauf vor, im Wahljahr 1969 eine ernstzunehmende und auflagenstarke Publikumszeitung der außerparlamentarischen Opposition zu sein. Bitte helfen Sie uns dabei durch Ihren Rat und Ihre Kritik.

Klaus Rainer Röhl«[30]

Doch so einig Ulrike Meinhof und Klaus Rainer Röhl nach außen hin noch zusammenwirken, auf dem Höhepunkt von Liebe, Sex und Revolution, von Zeitung, APO, Hamburger Medienestablishment und dem neuen Haus in Blankenese ist alles zu Ende.

Trennung

Nur wenige Wochen nach der Silvesterparty 1967 – den Januar 68 hatten wir hauptsächlich in der Obhut eines Kindermädchens verbracht, da meine Mutter wochenlang wegen eines Fernsehfilms abwesend war und meine Eltern sich auch sonst aus dem Wege gingen – kam der endgültige Bruch. Es war an einem Februarmorgen, als meine Mutter unsere Sachen packte. Wir würden zu Tante Holde und Renate fahren, erklärte sie. Dann stand auch mein Vater auf und rannte im Schlafanzug aufgeregt und wütend herum. Ulrike, jetzt hör mal zu, du fährst nicht weg. – Doch, ich fahre, ich kann die Kinder nicht hierlassen, ich bringe sie zu Holde und Renate. – Das ist Kindesentführung, Ulrike, das darfst du nicht. – Und ob ich das darf, erwiderte meine Mutter und packte weiter unsere Sachen ein. Dann nahm sie uns an die Hand und steckte uns ins Auto. Mein Vater rannte im Bademantel auf die Straße und guckte erschrocken hinter uns her.

In dem Scheidungsantrag meiner Mutter, den er am Tag unserer Abreise in der Post finden wird, läßt Ulrike Meinhof ihrem Mann anwaltlich mitteilen:

»13. Februar 1968
Sehr geehrter Herr Röhl!
Ich vertrete Ihre Frau. Sie will sich scheiden lassen. Als aktuellen Grund will sie die Klage auf Ehebruch stützen. Soweit ich bisher die Sache übersehe, wird das Gericht die Ehe deshalb aus Ihrem Verschulden scheiden. Ich halte es für besser, wenn die Scheidung im gegenseitigen Einvernehmen durchgeführt wird. […] Hochachtungsvoll Kurt Groenewold«

Röhl läßt anwaltlich entgegnen:

»Ich darf nochmals darauf hinweisen, daß meinem Mandanten grundsätzlich – insbesondere im Interesse der Kinder – eine Scheidung der Ehe wider-
strebt. Wenn trotz aller Einwände Ihre Mandantin bei ihrem Scheidungsver-
langen verbleibt, so wird dann mein Mandant keine Schwierigkeiten bereiten,
weil er der Überzeugung ist, daß sich eine gütliche Lösung auch der mit der
Ehescheidung zusammenhängenden Fragen finden lassen müßte. Da sich
schon jetzt mit Sicherheit absehen läßt, daß die Ehescheidung frühestens
Ende März ausgesprochen werden kann, besteht mein Mandant hiermit
nochmals – wie schon mehrfach von ihm mündlich ausgeführt – darauf, daß
die gegen seinen ausdrücklich geäußerten Willen aus ihrer Atmosphäre geris-
senen und zu Bekannten verbrachten Kinder nach Ablauf der vorgesehenen
drei Wochen in das Elternhaus zurückgebracht werden.«

Ihrem eigenen Scheidungsanwalt schildert Ulrike Meinhof den Tag unserer
Abreise so:

»Sehr geehrter Herr Groenewold! Schon jetzt möchte ich aber dazu sagen,
daß die Abreise meiner Kinder zwar gegen den Willen meines Mannes erfolgte, den er aber auch erst im Moment der Abreise geltend machte. [...]
Als ich mich am Dienstag, dem 13.2. entschloß, die Kinder am nächsten
Tag zu Fräulein Bischoff nach Hannover zu bringen, stand ich vor folgender
Situation: Meine Haushaltshilfe war erkrankt, und es war äußerst unsicher, ob
sie am folgenden Tag wieder da sein würde; fest stand, daß ich am Mittwoch
mittag nach Berlin fliegen müßte, da ich dort am Abend im *Sender Freies Berlin* eine Aufnahme hatte, an der fünf andere Personen beteiligt waren
oder mehr, für die das Studio gemietet war, die ohne mich aber unter keinen
Umständen stattfinden konnte; ich hatte an diesem Abend bis zum nächsten
Morgen spätestens meinen Leitartikel für die Märznummer von KONKRET
zu schreiben – er hatte am Mittwoch früh um sieben in der Setzerei zu sein;
da ich diesen Artikel schon seit einigen Jahren regelmäßig schreibe und es
noch nie vorgekommen war, daß mein Mann ihn nicht vor der Ablieferung
durchgelesen hätte, konnte ich fest damit rechnen, ihn an diesem Abend noch
zu sehen und die Frage der Versorgung der Kinder für den Fall, daß meine
Haushaltshilfe noch länger krank sein würde, mit ihm besprechen zu können.
Da nun das Mädchen gegen 22 Uhr noch nicht da und auch nicht zu erreichen war, da ich bis dahin auch meinen Mann noch nicht erreichen konnte,
auch nicht wußte, wo er sich aufhielt, er mich nicht anrief, tat ich das in
dieser Situation einzig Mögliche: Ich schaffte für den kommenden Tag eine
Lösung für die Kinder, die unabhängig von meinem Mann und unabhängig
von dem Mädchen funktionieren konnte. [...] Der folgende Mittwoch war
auch der Tag, an dem mein Mann Ihr erstes Schreiben erhalten würde, wo-

mit mein Vorhaben, mich von meinem Mann scheiden zu lassen, erstmalig offiziellen Charakter bekam. [...] Als er dann am Mittwoch um sieben Uhr nach Hause kam und gegen 11, als ich abfahrbereit war, aufstand, als ich keine Zeit mehr verlieren konnte, um die Kinder rechtzeitig in Hannover abgeben zu können, um dann von dort meine Berlin-Maschine zu erreichen, als er in diesem späten Moment seine strikten Einwände erhob, war es – durch seine Schuld – schlechterdings zu spät, die Abreise noch zur Diskussion zu stellen. Wenn meines Mannes Anwalt jetzt davon spricht, ich hätte die Kinder ›aus ihrer häuslichen Atmosphäre gerissen‹, so finde ich das angesichts der tatsächlichen Umstände nachgerade zynisch. Ich habe dann im weiteren das Angebot von Fräulein Bischoff und Frau Prof. Riemeck, die Kinder für eine längere Zeit zu sich zu nehmen in ihr Haus in Eppenhain im Taunus, gerne angenommen. Die Kinder sind im Laufe ihrer Lebensjahre schon acht- oder neunmal für mehrere Wochen dort gewesen; es hat auch von meines Mannes Seite niemals Einwände gegen diese Aufenthalte gegeben, weil er so gut wie ich wußte, und auch immer wieder merkte, wie gerne die Kinder dort sind, wie gut ihnen diese Aufenthalte dort bekommen, wie gut sie dort versorgt werden. Ich habe das Angebot insbesondere deshalb angenommen, weil ich selbst durch die beantragte Scheidung jetzt gezwungen bin, mir schnell eine Wohnung zu suchen und alles, was damit zusammenhängt, zu regeln, eine Beschäftigung, bei der ich mich nicht selbst um die Kinder kümmern kann, zumal ich nach Berlin umziehe und das alles nicht in Hamburg abwickeln kann. [...]

Wenn mein Mann der Ansicht ist, er würde sich ja um die Kinder derweil in Hamburg kümmern, so ist zu bemerken, daß die Kinder bei Fräulein Bischoff und Frau Prof. Riemeck doch besser aufgehoben sind als bei meiner Haushaltshilfe und meinem selten anwesenden Mann, wenn ich selbst nicht im Haus sein kann. Solche Abwesenheiten liegen zwar in der Natur meiner Berufstätigkeit, ich habe sie aber all die Jahre möglichst kurz gehalten und war erstmalig in diesem Januar wegen eines Films für den *SFB* drei Wochen lang nur wochenendweise zu Hause. [...] Soviel über die Abwesenheit der Kinder, die ich bis zu meinem Umzug nach Berlin zu verlängern wünsche. Ich wünsche nicht, noch einmal nach Hamburg zurückzukehren. Ich möchte die Umstellungsschwierigkeiten, die mein Umzug sicher für die Kinder seelisch mit sich bringt, nicht noch mit Auseinandersetzungen zwischen meinem Mann und mir vor den Kindern vergrößern. Wenn er sagt, es würde solche Auseinandersetzungen nicht geben, dann ist das einfach unrealistisch, in bezug auf seine Person, auch in bezug auf meine.«[31]

Auf verschiedene Versöhnungsversuche von seiten Klaus Röhls läßt Ulrike Meinhof ihren Rechtsanwalt nur kurz schreiben: »In der Sache Röhl gegen

Röhl beantrage ich, den Sühneversuch zu erlassen. Die Klägerin ist nicht mehr bereit, die Ehe fortzusetzen. Sie hat lange genug gewartet und mit dem Beklagten gesprochen, ehe sie Scheidungsklage erhob. Ein Sühneversuch wird mit Bestimmtheit erfolglos sein. Davon gehen beide Parteien aus.«

Für mich wurde es ein langer Winter bei Holde und Renate. Während unsere Mutter in Berlin eine Wohnung suchte und gleichzeitig intensiv an dem berühmten Anti-Vietnam-Kongreß im Februar 1968, an Demonstrationen, an ›Sit‹- und ›Teach-ins‹ in Berlin teilnahm, waren wir Kinder bei Holde und Renate. Viel Schnee lag in Eppenhain, wohin Holde und Renate in diesem Jahr gezogen waren und wo wir mit den Tanten spazierengingen.

Ich sah dort den ersten Bernhardiner meines Lebens, und mir wurde erklärt, daß so ein Hund Menschen retten könnte, die sich im Schnee verirrt hätten. Er hatte ein Fäßchen mit Schnaps um den Hals. Auch Fasching erlebte ich das erste Mal in Eppenhain. Im Gemeindehaus gab es ein Kinderfaschingsfest, an dem meine Schwester und ich verkleidet teilnahmen. Wir malten viel und gern. Ich erinnere mich daran, wie Holde mit mir kleine Tautropfenmännchen malte. Wunderschöne blaue Elfen und Zwerge. Es war eine ganze Welt von guten Feen und liebenswürdigen Windwesen, die mich in eine zauberhafte Traumwelt entführten. Stundenlang versuchte ich, die von Holde getuschten Fabelwesen abzumalen. Holde erzählte uns die Geschichten dazu, draußen schneite es. Gern tobten wir bei vielen Spaziergängen im Wald im Schnee herum. Dann eines Tages kam Mami mit ihrem neuen blauen R4 und holte uns ab. Sie sagte: »Wir wohnen jetzt in Berlin. Das wird euch gefallen.«

Wie es weiterging

Epilog

Ulrike Meinhof, 1968

Im April 1968 wurde die Ehe von Ulrike und Klaus Rainer Röhl geschieden. Ulrike Meinhof zog mit ihren Kindern nach Berlin und nahm zusammen mit Rudi Dutschke, Bahman Nirumand, Wolfgang Neuss, Horst Mahler und vielen Köpfen der APO an der 68er-Bewegung teil. Das Sorgerecht für die Zwillinge war ihr zugesprochen worden. Ihr neuer Lebenspartner, der Journalist und Maler Peter Homann, und andere Berliner ›Genossen‹ kümmerten sich um die Kinder, für die zusätzlich Kindermädchen engagiert wurden. Außerdem gab es anfänglich noch eine Haushälterin. Ulrike Meinhof schulte ihre Töchter im August 1968 im Königin-Luise-Stift ein. Nachmittags besuchten die Mädchen einen der ersten Kinderläden in Berlin, der wild und modern war, aber nichts mit dem zu tun hatte, was heute gelegentlich unter dem Begriff Kinderladen in den siebziger Jahren subsumiert wird. Bis März 1969 schrieb Ulrike Meinhof noch ihre Kolumnen für KONKRET. Ihre Texte wurden in dieser Zeit immer militanter und riefen zur Revolution gegen den Staat auf, dessen Gewalt nur mit Gegengewalt zu begegnen sei.

In den Prozeßakten zum Baader-Meinhof-Komplex wurde als erste sogenannte Meinhof-Aktion folgender nicht ganz unbekannter Vorfall festgehalten: Mit einem Trupp von SDS-Leuten, Studenten und APO-Bewegten reiste Ulrike Meinhof von Westberlin nach Hamburg, um den, wie es damals plötzlich hieß, Salonsozialisten Klaus Rainer Röhl zu expropriieren, sprich den KONKRET-Verlag außer Gefecht zu setzen und die Redaktion zu übernehmen. Nach dem Scheitern des Überfalls auf KONKRET, der in den Medien ein umfangreiches Echo fand, kommandierte Meinhof diejenigen Genossen, die noch kampfeswillig waren, nach Hamburg-Blankenese und ließ das früher gemeinsame und jetzt von Klaus Röhl allein bewohnte Familienhaus massiv demolieren. Das Mobiliar befand sich nach der Aktion im Garten und auf der Straße in eher weniger gutem Zustand. Die neuen kulturrevolutionären Meinhof-Genossen zertrümmerten auch Röhls bourgeoise Geige, ein Instrument aus Meinhofs Jugendtagen, wie sich herausstellte. Klaus Röhl war vor dem ›linken Mob‹ zu dem Lyriker und Schriftsteller Peter Rühmkorf geflüchtet. Die zusammengekommenen Genossen übten im Republikanischen Club in Hamburg nach dieser Meinhof-Aktion Kritik und warfen Ulrike Meinhof allzu persönliche Motive vor. Peter Rühmkorf sagte später zu dieser und anderen tätlichen Meinhofschen Attacken auf den bereits geschiedenen Ex-Mann, Ulrike habe sich ›nachscheiden lassen‹. Äußerst schlecht gelaunt, zog sich Ulrike Meinhof wieder nach Berlin zurück, wo sie erfuhr, daß Klaus Röhl kurz nach dem Überfall auf das Haus seine Kinder angerufen und zufällig die Autorin am Telefon erreicht hatte. Stunden später sitzt Ulrike Meinhof mit Bettina Röhl bei der Psychologin Margarete R., der sie erklärt, daß die Autorin Probleme mit der Scheidung der Eltern habe. Mit einem psychologischen Attest will sie ihre Familienanwälte, von denen sie in dieser Zeit einige verschleißt, unter ihnen den bekannten Hamburger Presseanwalt Heinrich Senfft, den Immobilienmagnaten Kurt Groenewold und den späteren Bundesinnenminister Otto Schily, bewaffnen, um das Besuchsrecht von Klaus Röhl bei seinen Kindern per Gericht auf Null zu reduzieren. Otto Schily im Sommer 2005 zu der Autorin: »Ich hoffe doch, daß ich mäßigend gewirkt habe.«[1]

In dieser Zeit erhält Ulrike Meinhof einen Lehrauftrag an der Freien Universität Berlin, wo sie versucht, die Studenten zu agitieren, unter ihnen auch den heutigen Springer-Journalisten Alan Posener. Nach den Schüssen auf Rudi Dutschke beteiligte sie sich Ostern 68 aktiv an den Anti-Springer-Krawallen, zu denen sie zusammen mit dem KONKRET-Journalisten Stefan Aust fuhr und wo sie »Steine weiterreichten«. Ulrike Meinhof arbeitete außerdem als Journalistin für den Rundfunk und war maßgeblich an dem Fernsehfilm »Bambule« beteiligt, in dem es um die Revolutionierung von Jugendlichen in Heimen ging. Der Film wurde im Mai 1970 fertiggestellt und kam wegen Ulrike Meinhofs Abtauchens in den Untergrund nicht zur Ausstrahlung, er wurde das erste Mal Mitte der neunziger Jahre gesendet. Nebenher beteiligte Ulrike Meinhof sich seit Herbst 1969 zusammen mit den sich kurzzeitig auf freiem Fuß befindlichen Kaufhausbrandstiftern Andreas Baader und Gudrun Ensslin an deren sogenannter Heimkampagne in Frankfurt.

Ulrike Meinhof verläßt ihre Wohnung in Dahlem und erprobt das neue

Modell der Wohngemeinschaft. Sie zieht mit ihren Kindern in eine WG mit dem ehemaligen Kommune-II-Mitglied und späteren Terroristen Jan-Carl Raspe und der Journalistin und späteren RAF-Terroristin Marianne Herzog, Thomas Mitscherlich und anderen. Ulrike Meinhof befaßt, nachdem sie Kindermädchen und Haushälterin für bourgeois erklärt hat, die Mitbewohner mit der Betreuung ihrer Kinder und propagiert, daß sie selber als kluge Frau, die etwas im Kopf habe, für die Revolution gebraucht würde. Ende des Jahres 1969 zieht es Ulrike Meinhof wieder in eine große bürgerliche Wohnung in Berlin-Wilmersdorf, wo Peter Homann die Versorgung der Kinder fast vollständig übernimmt.

Ulrike Meinhofs Weg in die RAF

1970 beteiligte sich Ulrike Meinhof an der Organisation des Gefängnisausbruches von Andreas Baader, der wegen Kaufhausbrandstiftung einsaß. Bei der sogenannten Baader-Befreiung wurde ein Mensch, Georg Linke, durch einen Lebersteckschuß von dem gedungenen Revolverhelden Hans-Jürgen Bäcker, der dem Befreiungstrupp ›Autorität‹ verschaffen sollte, lebensgefährlich verletzt. Der 14. Mai 1970, an dem Andreas Baader auf seinen drängenden Wunsch hin unter anderen von Gudrun Ensslin, Astrid Proll, Ingrid Schubert, Irene Goergens, der Journalistin Ulrike Meinhof ›befreit‹ wurde, im Vorfeld unterstützt von dem Verleger Klaus Wagenbach[2] und dem Anwalt Horst Mahler, gilt vielen als Gründungstag der RAF. Schon ein Jahr früher hatten sich in Berlin andere terroristische Vereinigungen um die Kommune-1-Gründungsmitglieder Dieter Kunzelmann und Bommi Baumann aktiv gezeigt.

Die Mitglieder der kurze Zeit später Baader-Meinhof-Bande (bzw. -Gruppe) genannten ›Stadtguerilla‹ agierten von nun an im sogenannten Untergrund, der im wesentlichen aus zwei Berliner Wohnungen bestand. Ulrike Meinhof kehrte nicht in ihre eigene Wohnung zurück, sondern war von diesem Tag an eine Illegale. Sie ließ ihre Töchter von sympathisierenden Mitgliedern der entstehenden RAF direkt von der Schule abholen und zu dem früheren KONKRET-Redakteur Jürgen Holtkamp nach Bremen bringen.

An diesem Tag fand in Hamburg eine große KONKRET-Party statt. Klaus Röhl feierte mit seinen Gästen das 15jährige Bestehen seiner Zeitschrift. Erschienen waren auch viele ehemalige Redakteure, unter ihnen der frühere Kuba-Experte Jürgen Holtkamp. Mitten in die Hochstimmung platzte die Nachricht von Baaders Gefängnisausbruch und Meinhofs Abtauchen in den Untergrund. Schnell wurde klar, daß die Röhl-Zwillinge verschwunden waren. Die Party war aus. Entsetzt über die Ereignisse unterhielt sich Klaus Röhl noch eine Weile mit Jürgen Holtkamp, der inzwischen bei Radio Bremen arbeitete. Dieser verriet ihm nicht, daß die Kinder bei ihm zu Hause in Bremen versteckt waren.

Klaus Rainer Röhl erwirkte bei der Blankeneser Amtsrichterin Schwenn, der Mutter des heutigen Hamburger Strafverteidigers Gerhard Johann Schwenn, die später die Patentante der Röhl-Zwillinge wurde, eine sofortige Sorgerechtsentscheidung zu seinen Gunsten. Ulrike Meinhof hatte ihr Sorgerecht damit vollständig verloren. Wenige Tage später bekam Klaus Röhl einen Hinweis, daß seine Töchter bei der Familie Holtkamp in Bremen seien. Er steckte seinen Bruder Wolfgang Röhl und den KONKRET-Redakteur Bernd Michels, der in den neunziger Jahren als Stasispitzel bei der SPD enttarnt wurde, in seinen roten Porsche mit der Mission, die Kinder augenblicklich bei Holtkamps herauszuholen. Diese Blitzaktion blieb allerdings ohne Erfolg, da Jürgen Holtkamp einen Hinweis erhalten hatte, daß ›Röhl‹ im Anmarsch sei. Ulrike Meinhof hatte drei noch nicht von der Polizei gesuchte Gruppenmitglieder, Marianne Herzog, die Anwaltsgehilfin von Horst Mahler, Monika Berberich und »Hanna« nach Bremen geschickt, um ihre Töchter entsprechend einem eilig gefaßten Gruppenbeschluß der entstehenden RAF über die grünen Grenzen nach Sizilien verschleppen zu lassen: Die Kinder sollten unter keinen Umständen bei »Röhl, dem Schwein«, wie es jetzt hieß, im bürgerlich-kapitalistischen Blankenese aufwachsen. Statt dessen sollten die Zwillinge einer avantgardistisch-revolutionären Erziehung zugeführt werden. Der Spießmuff der Familie sollte nicht länger die freie Entfaltung der Kinder behindern. Als Wolfgang Röhl und Bernd Michels am frühen Morgen an Holtkamps Tür klingelten, waren die Zwillinge bereits auf dem Weg nach Sizilien. Sie wurden in ein Barackenlager in der Nähe von Palermo gebracht, das für Opfer eines Erdbebens errichtet worden war und in dem es italienische Genossen gab und auch ein bißchen Mafia. Die Genossin »Hanna« paßte für die ersten Wochen allein auf die Mädchen auf. Währenddessen ließ Röhl seine Kinder über Interpol suchen. Die aber blieben vier Monate lang in Sizilien und für den Rest der Welt verschwunden.

Ali Hassan Salameh und das Faszinosum Baader

Während der außertourlichen Sommerfrische ihrer Zwillinge war Ulrike Meinhof als Mitglied der frisch gegründeten Revoluzzerformation mit freundlicher Unterstützung der DDR, die die gesuchten Baader-Meinhof-Mitglieder über Ostberlin nach Beirut fliegen ließ, zum Zweck einer Guerillaausbildung in ein Palästinenserlager nahe Amman in Jordanien gereist. Inzwischen bestand die deutsche ›Stadtguerilla‹ aus einer Gruppe von ca. 20 Leuten, die im Wüstensand Krieg übten. Ulrike Meinhof lernte wie alle anderen den Umgang mit der Symbolwaffe der Weltrevolutionäre, der Kalaschnikow, und das Werfen von Handgranaten. Da die Gruppe ihr Tun politisch motiviert verstanden wissen wollte, aber keinerlei politisches Konzept außer einer diffusen Vorstellung von Revolution besaß, kam es bei dieser Versammlung von Extremisten und Fanatikern schnell zu massiven Spannungen. Als terroristische Anheizer qualifizierten sich alsbald Gudrun Ensslin und Andreas Baader, die auch die Gruppe terrorisierten. Meinhofs zeitweiliger Lebenspartner Peter Homann, der versehentlich in die Fahndungsmaßnahmen aus Anlaß des Baaderschen Gefängnisausbruches geraten und mit nach Jordanien geflogen war, geriet zunehmend in Bedrängnis. Ensslin, Baader und andere wollten Blut fließen sehen und Homann liquidieren.

Unter Vorsitz des großen Juristen Horst Mahler wurde eine Veranstaltung namens Volkstribunal unter dem Wüstenhimmel abgehalten. Ergebnis: Die Gruppe beschloß ›demokratisch‹, Homann zu Tode zu befördern, mittels eines ›Schießunfalls‹. Auch in diesem gruppendynamisch bewehrten mentalen Ausnahmezustand brauchten sie für einen Mord offenbar noch so etwas wie eine Legitimation; Baader nannte Homann einen Verräter. Nachdem Homann sich durch Zuflucht bei den Palästinensern seiner Hinrichtung entzogen hatte, drehte die Gruppe weiter auf. Eine Viererabordnung, bestehend aus Horst Mahler, Gudrun Ensslin, Andreas Baader und Ulrike Meinhof, traf sich mit dem Kommandeur der Ausbildungslager der PLO, Ali Hassan Salameh, der unter dem Namen Abu Hassan eine wichtige Führungsfigur der El Fatah war – unter dem späteren Palästinenserpräsidenten Jassir Arafat der militärische Flügel der PLO. In seiner Aufsichtsfunktion für die Palästinensercamps oblag Abu Hassan auch das Aufspüren möglicher israelischer Spione. Bei dem Gespräch der deutschen ›Viererbande‹ mit dem Palästinenserführer insistierte Ensslin im Namen der anderen darauf, daß die Palästinenser Homann beseitigen sollten: Shoot him, he is an israeli spy!

Ein weiteres Anliegen der vier Unterhändler war es, einen zweiten ›demokratischen‹ Beschluß der gesamten Gruppe zu verfolgen: Die Kinder von Ulrike Meinhof sollten in einer Anschlußverschleppung von Sizilien in ein palästinensisches Waisenlager, ebenfalls in der Nähe von Amman, gebracht werden, dort aufwachsen und zu Revolutionären herangezogen werden. Abu Hassan war not amused. Und sagte unter anderem: Dann werdet ihr die Kinder nicht wiedersehen. Dieser Einwand war für die vier ohne Bedeutung. Ulrike Meinhof suchte zusammen mit Astrid Proll in der Folgezeit das ›beste‹ Waisenlager aus, das in der Gegend aufzutreiben war.

Baader war unter die Philosophen gegangen und tat sich mit dem Spruch hervor: Ficken und Schießen sind eins. Er hatte also weder Ahnung vom Ficken noch vom Schießen, zumindest wenn man unter Schießen nicht Waffennarretei und blindwütiges Herumgeballer versteht. Baader ließ seinen sadistischen Phantasien, wie er bestimmte deutsche Politiker an ihren Hoden aufhängen wollte, freien Lauf und malte sich aus, wie er klassenfeindliche »Fotzen«, wie er Frauen generell nannte, quälen würde. Mit einem solchen Verhalten war Baader jedoch bei den nicht zimperlichen Palästinensern auffällig geworden, was dazu führte, daß diese dem Haufen der dem Wahnsinn anheimgefallenen Bleichgesichter aus Deutschland die Übungswaffen mit scharfer Munition wieder wegnahmen: Schluß mit Guerillaausbildung. Diese Auffälligkeit, vor allem von Baader und Ensslin, war es wohl, die Homann das Leben rettete.

Ali Hassan Salameh alias Abu Hassan konnte das Faszinosum Baader, von dem seine revolutionsbewegten Zeitgenossen in Deutschland zum Teil beseelt waren, nicht nachempfinden und gestattete Homann, den Dialog zwischen ihm und Meinhof, Mahler, Ensslin und Baader heimlich mitzuhören. Er trennte Homann von der Gruppe und ermöglichte es ihm, separat nach Deutschland zurückzureisen. Für Homann, der fast zwei Jahre lang mit Ulrike Meinhof zusammengelebt hatte, war das Verhalten der Gruppe und insbesondere das der Frau, deren Kinder er versorgt hatte, unfaßbar. Er fragte sich, ob sie noch Herr ihrer Sinne und Entscheidungen war oder nur noch eine willenlose Marionette von Ensslin und Baader. Ali Hassan Salameh war der berühmte »Rote Prinz«, wie die Israelis ihn nannten. Er wurde kurze Zeit später Planungschef der PLO-Einheit für ausländische Operationen mit dem Namen Schwarzer September. Die Israelis hielten ihn für einen Drahtzieher des Attentates auf die israelische Olympiamannschaft im September 1972 in München. 1979 wurde er durch eine Autobombe getötet, allem Anschein nach eine Aktion des Mossad.

Die Rettung der Röhl-Zwillinge

Peter Homann kehrte nach Hamburg zurück und unternahm von dort aus unter Lebensgefahr – die Gruppe wollte ihn weiterhin liquidieren – die Rettung der Röhl-Zwillinge, die, es war inzwischen Anfang September 1970, immer noch in Sizilien versteckt wurden. Erst mußte er jene »Hanna«, die er aus früheren Tagen kannte und die die Kinder auf Sizilien beaufsichtigt hatte, finden und überreden, ihm das Stichwort zu sagen, mit dem die Zwillinge auszulösen seien, was ihm unter großen Überredungsmühen Anfang September 1970 gelang. Homann erfuhr, daß die Gruppe nach Berlin zurückgekehrt war und jemanden nach Sizilien schicken wollte, um die Kinder in das ausgesuchte Waisenlager nach Jordanien zu bringen. Nun galt es, der Gruppe zuvorzukommen. Da Homann von der Polizei wegen seiner Mitgliedschaft in der Gruppe und fälschlicherweise wegen seiner Teilnahme an der Baader-Befreiung, bei der er nicht dabeigewesen war, gesucht wurde und zudem vor der Gruppe nicht sicher war, konnte er selbst unmöglich nach Sizilien fahren. So fuhr der mit Homann gut bekannte, damals 23jährige Stefan Aust, der inzwischen für den NDR arbeitete und Homann in Hamburg mit Genehmigung von Rudolf Augstein in einer Wohnung des *Spiegels* versteckt hielt, nach Sizilien, gab sich als ein Mitglied der Baader-Meinhof-Gruppe aus und erreichte mit dem Stichwort »Professor Schnase« die Herausgabe der Kinder, die zuletzt von vier Hippies aus Deutschland betreut worden waren. Aust brachte die Zwillinge nach Rom und übergab sie dort ihrem Vater. Klaus Röhl besorgte neue Pässe für seine Kinder und kehrte mit ihnen nach Hamburg zurück. Bereits Ende September 1970 wurden Regine und Bettina in Hamburg-Blankenese in die zweite Klasse eingeschult.

Laut Aussage einiger früherer Gruppenmitglieder war es Ulrike Meinhof, die nur wenige Tage nach Aust in Sizilien eintraf, um ihre Kinder selbst abzuholen. Sicher ist, daß sie in dieser Zeit in Italien war, und die Indizien sprechen dafür, daß Ulrike Meinhof sich nicht vertreten ließ. Homann und Aust glauben indes nicht, daß Ulrike Meinhof selbst gekommen ist. Die Befreiung der Kinder von Meinhof und Röhl war die erste Niederlage der sich formierenden RAF. Entsprechend haßerfüllt war die Gruppe. Sie erneuerte ihren Beschluß, Homann zu liquidieren und Aust gleich mit. Auch »Hanna« war vor der Rache der Gruppe nicht sicher. Mit vorgehaltener Pistole holte man Einzelheiten aus ihr heraus. Ihr Auto wurde angezündet. Laut Horst Mahler, mit dem die Autorin 1998 ein Interview führte, wollten er und Baader Aust jedoch ›nur‹ ins Knie schießen. Baader und Mahler fuhren eines Nachts zu Austs Wohnung in Hamburg, in der sich Homann, Aust und andere befanden. Aust und Homann wurden jedoch gewarnt und konnten durch einen Hinterausgang fliehen. Doch der Wille, zumindest Homann zu töten und Aust einen Denkzettel zu verpassen, war »bitterernst« gemeint, wie Mahler später gegenüber Aust äußerte.

Ulrike Meinhof und die anderen blieben auf den Plan fixiert, die Kinder nach Jordanien zu bringen, und wollten das Spiel wiederholen. Es gab Hinweise darauf, daß eine erneute Verschleppung im Herbst 1970 mit Ziel Jordanien anberaumt war, die Kinder standen daraufhin für einige Monate unter Polizeischutz. Klaus Röhl hatte die Kommunistin Emmi Biermann, die Mutter von Wolf Biermann, als Kindermädchen engagiert, die seitdem im Hause wohnte, womit er Ulrike Meinhof ein Signal in den Untergrund schicken wollte: Die Kinder brauchen nicht verschleppt zu werden, in Hamburg sind sie in guten Händen. Schließlich waren die Palästinenser selber nicht mehr angetan von der Idee der Verbringung nach Palästina und stellten sich gegen diese Pläne. Man ließ Klaus Röhl mitteilen, die Kinder stünden ab sofort unter dem besonderen Schutz der PLO. Seitdem hörten die Versuche der RAF auf, die Zwillinge noch einmal zu verschleppen. Das von Meinhof und Proll ausgesuchte Waisenlager in Jordanien wurde wenige Wochen nach der geplanten Verbringung der Kinder vollständig zerbombt, kein Kind überlebte.

Die Taten der Terroristin Ulrike Meinhof

Ulrike Meinhof war nach ihrer Rückkehr aus Jordanien im September 1970 in Berlin an einem Banküberfall beteiligt, außerdem brach sie mit den anderen zusammen im Laufe des Herbstes 1970 in mehrere Paßämter ein. Sie lebte zwei Jahre lang im Untergrund und wurde immer wieder von wohlwollenden Professoren, Lehrern, Schriftstellern und anderen Sympathisanten, auch aus dem Medienestablishment, wo es schick wurde, ein bißchen Revolutionsromantik ins Leben zu holen, aufgenommen, versorgt und vor der Polizei versteckt. 1971 war Ulrike Meinhof zusammen mit dem Gruppenmitglied Margrit Schiller und dem neu zur Gruppe gestoßenen Mitglied aus dem sogenannten Heidelberger Patientenkollektiv, Gerhard Müller, in Hamburg. Als ein Polizist die drei Personen verdächtig fand und nach ihren Personalien fragte, erschoß der ›Leibwächter‹ von Ulrike Meinhof, Gerhard

Müller, den Polizisten Norbert Schmidt. Die drei Gruppenmitglieder flohen daraufhin. Während des Jahres 1971 überfiel die Gruppe erneut mehrere Banken. Bei einem Banküberfall im Dezember 1971 in Kaiserslautern wurde ein Polizeibeamter erschossen.

Ulrike Meinhof proklamierte als Stimme der gesamten Gruppe auf einem Tonband, das 1970 von der Journalistin Michelle Rey dem *Spiegel* zugespielt wurde: Auf Bullen darf geschossen werden. Oder auch: Es ist nicht unser Problem, daß das Menschen sind.

In der Zeit vom 11. bis zum 24. Mai 1972 war die Gruppe an sechs Sprengstoffanschlägen in Heidelberg, Frankfurt, Augsburg, München, Karlsruhe und Hamburg beteiligt. Dabei wurden fünf Menschen getötet und viele Menschen verwundet. Konkret war Ulrike Meinhof für die Organisation des Springer-Attentats in Hamburg verantwortlich, dort wurden 34 Menschen durch zwei Bomben zum Teil schwer verletzt. Drei weitere, im Springerhaus deponierte Bomben versagten ihren Dienst, so daß die geplante größere Katastrophe nicht eintrat. Wenige Minuten vor dem eingestellten Zündzeitpunkt riefen die Attentäter in der Telefonzentrale des Springerhauses an: Bombenwarnung! Das war naturgemäß ein untaugliches Mittel, die vielen hundert Mitarbeiter von Springer, die zu dieser Zeit im Haus waren, sicher vor Schaden zu bewahren.

Hier der Auszug aus der öffentlichen staatsanwaltlichen Anklage gegen Ulrike Meinhof:

> »Die Angeschuldigte Ulrike Meinhof gehört mit Andreas Baader und Gudrun Ensslin sowie Horst Mahler zu den Anführern der Gruppe. Als bekannte Journalistin fiel ihr insbesondere die Aufgabe zu, die begangenen Gewalttaten ideologisch zu rechtfertigen. Sie wirkte maßgeblich an der Abfassung der drei RAF-Schriften ›Das Konzept Stadtguerilla‹, ›Stadtguerilla und Klassenkampf‹ und ›Zur Strategie des antiimperialistischen Klassenkampfes‹ mit. Ulrike Meinhof beteiligte sich an Banküberfällen, beschaffte Waffen, entwendete Kraftfahrzeuge und mietete Unterkünfte für die Gruppe an. Sie wirkte bei den Bombenanschlägen mit und rechtfertigte sie vor der Öffentlichkeit. Aus der Haft heraus rief sie zum bewaffneten Kampf auf.«[3]

Spaltet eine öffentliche Anklage normalerweise mehrere Tatbeteiligte, da jeder versucht, die Tatbestandsmäßigkeit des Tuns, die Rechtswidrigkeit und die Schuld auf die anderen abzuwälzen – und die Strafverfolgungsbehörden haben unter Umständen das Problem, alle wegen der Unschuldsvermutung in dubio pro reo laufenlassen zu müssen –, so verhielt es sich bei der ersten

Generation der RAF ganz anders. Getreu ihrer Ideologie führen sie die mutmaßlich geschickteste aller Verteidigungsstrategien: Sie sagten, sie ließen sich nicht spalten, sie hätten alle Taten kollektiv verübt. Das war einerseits gut für den enorm großen Fanclub in der APO, der das als Solidarität bewertete, und andererseits versetzte es den Staat teilweise in noch größere Beweisnot, und die Medien waren ein sicheres Forum.

Die gemeinsamen Taten der Gruppe gegenüber Peter Homann, Stefan Aust und den Röhl-Zwillingen verfolgte die Staatsanwaltschaft aus verschiedenen Gründen nicht, weshalb sie, die allesamt Offizialdelikte sind, bei der Aufzählung der RAF-Delikte meistens fehlen und in der öffentlichen Rezeption regelmäßig als eine Art Privatsache betrachtet werden.

Ulrike Meinhofs Verhaftung und ihr Tod

Nachdem Horst Mahler schon im Herbst 1970 inhaftiert worden war, wurden im Juni 1972 die RAF-Kader Baader, Ensslin und Meinhof kurz nacheinander verhaftet. Damit war fast die gesamte erste Generation der RAF zwei Jahre nach ihrer Gründung im Gefängnis. Die Kinder, Bettina und Regine, sahen ihre Mutter das erste Mal im November 1972 in der Vollzugsanstalt Köln-Ossendorf wieder. Im Laufe des Jahres 1973 besuchten die Zwillinge ihre Mutter noch dreimal. Der Vater wartete jeweils zwei bis drei Stunden vor dem Gefängnis. So lange dauerte die Besuchszeit.

Die Atmosphäre dieser Treffen war dank der Anwesenheit von mehreren freundlichen Vollzugsbeamten nach einer gewissen Befangenheit freundlich, nicht frei von politischen Erklärungen Ulrike Meinhofs, wo es längsgeht. Ein Vollzugsbeamter schrieb der Autorin später, daß Ulrike Meinhof dank ihrer Fröhlichkeit ein paar unbeschwerte Stunden erlebt habe. Keine ganz leichte Aufgabe für Kinder, die üblicherweise von ihren Eltern getragen werden, eine einsitzende Meinhof in Stimmung zu bringen und mitzuerleben, wie sich alle Erwachsenen nicht nur bei diesen Gelegenheiten ausschließlich um die Befindlichkeit der Gefangenen kümmerten und immer wieder versuchten, die Kinder der Gefangenen als eine Art Psychopharmakon zur Heilung der Inhaftierten heranzuziehen. So etwas bleibt Kindern natürlich nicht verborgen, und sie sind verstimmt. Die Autorin, die ihrer Mutter liebend gern geholfen hätte, vermißte damals bei den Erwachsenen jeden Realitätssinn. Ulrike Meinhof war so ›drauf‹, daß es evident war, daß es anderer Methoden bedurft hätte, um sie von ihrem Terrortrip wieder runterzuholen. Am 12. Juli 1972 schrieb Ulrike Meinhof über ihre Kinder: »Was sie aus der Erfahrung des Gegensatzes: Papa in Blankenese mit Porsche, Mami im Knast – machen, wie sie die verarbeiten, ist letztlich ihr Problem.«[4] Dabei übersah Ulrike Meinhof, daß »Blankenese« und »Porsche« für sie selbst ein weit größeres Thema war, das sie viel mehr beschäftigte als ihre Kinder. Meinhof forderte ihre Schwester Wienke und andere auf, die Mädchen zu RAF-Leuten zu erziehen. Nach dem Motto: Macht, daß die Zwillinge welche von uns werden. Ihr Kampf gegen Klaus Röhl ging in Köln-Ossendorf weiter. Am 24. Oktober 1972 schrieb sie über ihn: »Es wäre ganz gut, wenn ihm mal einer klarmachte, was das für ein Verbrechen ist, Kinder über die Ursachen und Zusammenhänge des Verlustes eines Elternteils zu täuschen. Was das für ein Verbrechen ist, Kinder nicht dazu kommen zu lassen, über den Verlust eines Elternteils zu trauern, so zu tun, als wäre das eine Bagatelle und könnte der, bei dem sie leben, das einfach wettmachen.«[5]

Ulrike Meinhof ließ in ihrer Korrespondenz aus Köln-Ossendorf kein noch so althergebrachtes Klischee aus. Selbstverliebt schrieb sie am 31. Oktober 1972: »Ich wußte das ja vom ersten Moment an, daß ich mich in der Kinderkiste nicht engagieren darf, daß ich da Fehler mache, daß mir da immer noch schwarz vor Augen werden kann. Und dann hab' ich es doch gemacht. Dann hab' ich mir den Luxus geleistet, mehr an die Kinder zu denken als an die Revolution, da an mich gedacht – ich Arschloch. Eine Scheiße. Verflucht. […] Wie's weitergehen kann, ob überhaupt, weiß ich jetzt nicht mehr. Eine Scheiße.«[6]

Anfang 1974 brach Ulrike Meinhof den Kontakt zu ihren Kindern – diese waren inzwischen elf Jahre alt – erneut wortlos ab. Im nachhinein ließ sich rekonstruieren, daß der Abbruch aller Beziehungen zu den eigenen Kindern mit der Verlegung von Gudrun Ensslin nach Köln-Ossendorf zusammenfiel, mit der Meinhof seither wieder persönlichen Kontakt hatte. Meinhof brach in dieser Zeit, Anfang 1974, auch mit anderen Verwandten, die nicht auf Terrorkurs waren. Ausweislich des Inhaltes der Prozeßakten änderte sich zudem ihr Tonfall mit Ensslins Einzug. Ihr gesamtes Verhalten war seiner letzten menschelnden Reste verlustig gegangen. Am 12. Februar 1974 vergleicht sie ihre Haftsituation mit der in einem KZ, die Sprache und Schrift, plötzlich wieder nur Kleinschreibung, ist deutlich in Richtung RAF-Manier abgerutscht: »KG – Croi – Stroe – Hannover – noch mal zur situation hier – ossendorf / gudrun und ich im trakt / da muß – das ist jetzt ganz klar – jetzt mit anwaltlichen mitteln klarheit geschaffen werden und das richtige durchgesetzt werden. weil die kiste hier ja doch exemplarischen charakter hat: das kz, als die politischen unter sich, von den übrigen gefangenen isoliert.«[7] Die Briefe und Geschenkpakete der Kinder blieben unbeantwortet und kamen ungeöffnet zurück.

Zwei Jahre später, im Frühjahr 1976, ließ Ulrike Meinhof Klaus Röhl anwaltlich mitteilen, daß sie einen Besuch ihrer Kinder in Stuttgart-Stammheim wünschte, wo der Prozeß gegen die RAF lief. Die Autorin – inzwischen 13 Jahre alt und seit einigen Wochen glücklich verknallt in den gleichaltrigen Oliver Heine, heute Anwalt und seit kurzem Aufsichtsratsmitglied im Axel-Springer-Konzern – lehnte den kurzfristig anvisierten Termin am nächsten Wochenende ab. An diesem Wochenende fand die ›wichtigste‹ Party statt, es ging um den ersten Kuß, der die Voraussetzung dafür war, daß man miteinander ging. Sie freute sich, von ihrer Mutter zu hören, befand aber, daß die Mutter nun auch noch eine oder zwei Wochen warten könne, nachdem sie zwei Jahre lang nichts von sich hatte hören lassen. Für die nächsten Wochen sah dann allerdings der Kalender der einsitzenden Ulrike Meinhof keinen Termin mehr vor. Am 9. Mai 1976 beging Ulrike Meinhof in Stuttgart-Stammheim Selbstmord, ohne ihre Kinder noch einmal gesehen zu haben. Sie hinterließ keinen Abschiedsbrief.

In Frankfurt, einer Hochburg von RAF-Sympathisanten, gingen einen Tag nach Ulrike Meinhofs Tod, am 10. Mai 1976, 500 gewaltbereite Demonstranten gegen den »Mord«, so die Demonstrationsparole, an Ulrike Meinhof auf die Straße, unter ihnen der als Rädelsführer von der Polizei registrierte heutige Europaabgeordnete Daniel Cohn-Bendit. Zugegen waren auch der damalige Straßenguerillero und spätere Außenminister Joschka Fischer und seine damalige ›Putzgruppe‹. Während der sehr gewalttätigen Demonstration wurden mehrere Molotowcocktail-Anschläge auf die Polizei verübt. Ein Polizist erlitt schwere Verletzungen, einem weiteren Polizisten, Jürgen Weber, fügten die Demonstranten sogar lebensgefährliche Brandverletzungen zu. Joschka Fischer und Mitglieder seiner Gruppe wurden kurzfristig aufgrund von Zeugenaussagen aus der eigenen Szene unter dem Verdacht des versuchten Mordes verhaftet und wieder freigelassen, als die Zeugen nicht bereit waren, vor dem Untersuchungsrichter ihre Aussage zu wiederholen. Ein Jahr später erschoß ein der zweiten Generation der RAF zugehöriges Kommando »Ulrike Meinhof« den Generalbundesanwalt Siegfried Buback aus Rache für den Tod von Ulrike Meinhof.

Die Verteidiger von Ulrike Meinhof, unter ihnen Otto Schily, dessen Mandantin zu dieser Zeit Gudrun Ensslin war, behaupteten öffentlich, daß an Ulrike Meinhof ein »anonymer Mord«, gemeint war: des Staates, der Bundesrepublik, begangen worden sei, und gründeten ein sogenanntes Internationales Untersuchungstribunal zur Aufklärung des angeblichen Mordes.

Zum Zeitpunkt ihres Todes hatte Ulrike Meinhof viele Anhänger aus der radikaleren linken Szene gewonnen. 4000 vermummte Sympathisanten kamen zur Beerdigung nach Berlin, unter ihnen der heutige 68er-Historiker aus dem Hamburger Reemtsma-Institut, Wolfgang Kraushaar, der schon auf der Demonstration in Frankfurt unmittelbar am Tag nach dem Meinhof-Tod dabei war. Die Röhl-Zwillinge konnten wegen der gewalttätigen Demonstranten und der Warnung vor Anschlägen nicht an der Beerdigung ihrer Mutter teilnehmen. Wolfgang Kraushaar erzählte der Autorin, daß auch er Kenntnis von einem geplanten Anschlag auf die Beerdigung hatte, der aber wegen anderer Vorfälle zuvor abgesagt worden sei.

1976 hatte Ulrike Meinhof eine große Popularität in der deutschen Linken und auch in Europa erlangt. Erstaunlich: Immerhin sagte sie sich vom Terrorismus bis zum Schluß nicht los. Im Gegenteil. War dies vielleicht sogar der Grund für ihre Popularität?

Der frühere Bundespräsident Gustav Heinemann, in den sechziger Jahren Anwalt von Ulrike Meinhof gegen Franz Josef Strauß, stellte sich öffentlich hinter sie: »Mit allem, was sie getan hat, so unverständlich es war, hat sie uns gemeint.«[8]

Johannes Rau redete gegenüber der Autorin gern von seinen Erinnerungen an die Zeit in Wuppertal, als er in den fünfziger Jahren das junge Blockflötenmädchen Ulrike kennenlernte. Im Jahr 2000 von der Autorin befragt, ob er auch eine Meinung zu deren Terrorismus in den siebziger Jahren habe, sagte er, daran denke er gar nicht, wenn er sich an Ulrike Meinhof erinnere. So wie Rau geht es vielen Intellektuellen, 68ern, Sympathisierenden. Spätestens mit ihrem Selbstmord hatte Ulrike Meinhof ihren eigenen anhaltenden Mythos begründet, der sich im Laufe der Jahrzehnte mit Fiktionen, Legenden und tagesaktuellen Opportunitäten verband.

Ein Jahr später, am 28. April 1977, wurden die drei anderen Stammheimer RAF-Kader, die mit Meinhof gemeinsam wegen weitestgehend derselben Straftaten vor Gericht gestanden hatten, Andreas Baader, Gudrun Ensslin und Jan-Carl Raspe, zu lebenslanger Haft verurteilt. Das OLG Stuttgart erkannte die drei Genannten, die, wie aus dem Urteil hervorgeht, von nicht weniger als 30 Anwälten vertreten worden waren, darunter Otto Schily und der spätere grüne hessische Justizminister Rupert von Plottnitz (die Rechtsanwälte Klaus Croissant, Kurt Groenewold und der grüne Bundestagsabgeordnete Christian Ströbele waren schon zwei Jahre zuvor von der Verteidigung ausgeschlossen worden), für schuldig:

> »folgende Taten jeweils gemeinschaftlich begangen zu haben:
> a) 3 tateinheitliche Morde in Tateinheit mit 6 versuchten Morden,
> b) einen weiteren Mord in Tateinheit mit einem versuchten Mord,
> c) in zwei Fällen jeweils einen versuchten Mord,
> d) in einem Fall zwei tateinheitliche versuchte Morde,
> e) in einem weiteren Fall 23 tateinheitliche versuchte Morde,
> f) in sämtlichen Fällen zugleich eine tateinheitlich herbeigeführte Sprengstoffexplosion«

Über diese gemeinschaftlichen Taten der RAF hinaus, für die auch Meinhof mit an Sicherheit grenzender Wahrscheinlichkeit mit lebenslanger Haft bestraft worden wäre, erkannte das OLG Stuttgart noch auf mehrere von Baader, Ensslin und Raspe individuell begangene versuchte Morde. Die Chancen für eine Revision, die qualitativ an der Sanktion »lebenslang« hätte etwas ändern können, waren nahe Null. Baader, Ensslin und Raspe waren entnervt und drohten dem Staat und ihren Anhängern mit Selbstmord. Unter diesem Druck agierte die zweite Generation der RAF, die mit allen Mitteln versuchte, die Inhaftierten freizupressen. So kam es zu der Ermordung von Jürgen Ponto am 30. Juli 1977, dem Chef der Dresdner Bank, der eigentlich entführt und ausgetauscht werden sollte. Im Herbst 1977 wurde der Arbeitgeberpräsident Hanns Martin Schleyer entführt. Als eine quasi eigens für diesen Fall gebildete große Koalition unter Kanzler Helmut Schmidt und Oppositionsführer Helmut Kohl die Freilassung von Baader, Ensslin und Raspe ablehnte und die parallel in Szene gesetzte Entführung der Lufthansa-Maschine Landshut mit Hilfe des ersten spektakulären Einsatzes der GSG 9-Spezialtruppe in Mogadischu beendete, begingen die drei Stammheimer Selbstmord. Diese Selbstmorde besiegelten das Schicksal Hanns Martin Schleyers, der einen Tag später, am 19. Oktober 1977, ermordet aufgefunden wurde.

Ulrike Meinhof und der Schwarze September

Die APO und die Westlinke begriffen ihren Kampf gegen den Staat Israel und ihre tätige Unterstützung der palästinensischen Freiheitskämpfer als konsequenten Teil ihres Kampfes gegen Kapitalismus, Imperialismus und Faschismus bzw. für ihre Weltrevolution nach dem Vorbild Chinas, Nordkoreas, Vietnams oder Kubas. Der Staat Israel wurde während des kalten Krieges bis tief in die 68er-Bewegung hinein als verlängerter Arm der USA im Nahen Osten angesehen und damit – regelmäßig explizit ausgesprochen – als ein neuer Imperialist, der nun mit denselben Nazimethoden, die die Juden erlitten hatten, gegen die Palästinenser vorginge. Dieser linke Antiisraelismus in Deutschland – wenige Jahrzehnte nach dem Holocaust – trug in der Frankfurter Sponti- und Gewaltszene, aus der viele RAF-Anhänger und Mitglieder der noch gefährlicheren, aber weit unbekannteren Revolutionären Zellen kamen, wohl auch antisemitische Züge. Ignatz Bubis sagte kurz vor seinem Tod im Juli 1999 der Autorin in einem langen Gespräch in seinem Frankfurter Haus: »Daß es auch einen linken Antisemitismus gibt, steht für mich schon lange fest, nicht erst seit heute. Die haben sich schnell gewandelt damals. Von einem Tag auf den anderen. Im Juni 1967 sind sie auf die Straße gegangen für Israel – es hieß damals, die Israelis sollen ins Meer geworfen werden, und dagegen gab es vom Frankfurter Asta Demonstrationen – im September 1967 haben sie dagegen den israelischen Botschafter hier an der Uni – die gleichen Leute – mit Tomaten und Eiern beworfen. Und da haben sie die armen Palästinenser entdeckt.«

Dieser Antiisraelismus wurde auch bei den zum Teil sehr heftigen Demonstrationen gegen die Startbahn West des Frankfurter Flughafens und bei den Anti-Atomkraft-Demonstrationen der späten siebziger und achtziger Jahre sichtbar, wo ganze Heerscharen von Menschen mit dem Palästinensertuch herumliefen, das sie zum Teil zur Vermummung nutzten. Es war ein Zeichen der Solidarität mit dem palästinensischen Befreiungskampf gegen Israel, auch wenn dies denen, die nur dem Zeitgeist hinterherliefen, oft nicht bewußt war. Frankfurt am Main war eine Art Deutschlandzentrale der Palästinenser und ihrer militanten Organisationen. Die im kalten Krieg auf seiten der Palästinenser stehende DDR unterstützte den palästinensischen Befreiungskampf und auch die terroristischen Gruppen taktisch und logistisch. Auf diese Strukturen in beiden deutschen Staaten konnten die palästinensischen Attentäter zurückgreifen, die 1972 während der Olympischen Spiele in München ein Attentat auf die israelische Nationalmannschaft verübten. Sowohl die israelische Regierung als auch Steven Spielberg in seinem in Deutschland im Januar 2006 angelaufenen Film »München« gingen milde mit den Deutschen um, indem sie dieses Moment der Unterstützung von Attentätern seitens der deutschen Revolutionsphantasten eigentlich vollständig ignorierten.

Während der Olympischen Spiele 1972 in München drangen am frühen Morgen des 5. September, dem elften Wettkampftag, fünf palästinensische Terroristen der Aktion Schwarzer September in das israelische Mannschaftsquartier im Haus Connollystraße 21 im Olympischen Dorf ein, erschossen den Ringertrainer Moshe Weinberg und den Gewichtheber Yossef Romano und nahmen neun israelische Sportler als Geiseln. Sie verlangten die Freilassung von 232 in Israel inhaftierten Landsleuten und erhoben die Forderung, die in Deutschland einsitzenden RAF-Mitglieder Baader und Meinhof auf freien Fuß zu setzen.

Vor den Augen der Weltöffentlichkeit verhandelten deutsche Politiker und Sicherheitsexperten mit den vermummten Terroristen. Die Verhandlungen zogen sich über den ganzen Tag hin. In den Abendstunden wurden die Terroristen und die Geiseln zum Flugplatz Fürstenfeldbruck gebracht, in dem Glauben, ausgeflogen zu werden. Dort mißglückte der Versuch der bundesrepublikanischen Behörden, die Geiseln mit Gewalt zu befreien. Den Palästinensern gelang es, ihre Geiseln zu ermorden. Fünf Palästinenser und ein deutscher Polizist kamen bei dem Befreiungsversuch zu Tode. Drei Geiselnehmer, die überlebt hatten, wurden festgenommen.

Es dauerte nicht lange, da reagierte diejenige deutsche Terroristin, die von den Palästinensern freigepreßt werden sollte: Ulrike Meinhof. Die frühere Journalistin, die zu diesem Zeitpunkt – vier Monate nach ihrer Verhaftung – im Gefängnis Köln-Ossendorf saß, erklärte sich von ihrer einsamen Zelle aus mit der Aktion des Schwarzen September solidarisch und trat in den Hungerstreik. Ihre Hungerstreikerklärung – damals verhinderte dankenswerterweise ihr Anwalt, daß dieses Schreiben veröffentlicht wurde – zeigt in erschütternder Weise, wie Ulrike Meinhof den Mord an den israelischen Sportlern als revolutionäre Tat bejubelt. Meinhof stand mit ihrer erbarmungslos extremistischen Meinung jedoch nicht allein da. Ihr Pamphlet gab durchaus die Ansicht weiter linksradikaler Kreise in Deutschland wieder, die damals von dem Gedanken beseelt waren, den revolutionären Kampf der dritten, unterdrückten Welt gegen die erste Welt zu unterstützen, und zwar egal, ob es sich um Vietnam, Kuba oder Palästina handelte. Israel war für die radikale Linke damals die imperialistisch-kapitalistisch unterstützte erste Welt und daher ein Feind, auf dessen historisch begründetes besonderes Verhältnis zu Deutschland nicht die mindeste Rücksicht genommen wurde. Ulrike Meinhof entwarf handschriftlich eine Presseerklärung samt einer anliegenden Hungererklärung, um deren Veröffentlichung in den Medien sie nachsuchte, zu deren Veröffentlichung es aber nicht kam:

»Presseerklärung, Mittwoch 13. Sept. 1972

Ulrike Meinhof ist heute in der Justizvollzugsanstalt Köln-Ossendorf aus
Solidarität mit den arabischen Genossen, die das Massaker der deutschen
Polizei in München überlebt haben, und aus Protest gegen die Sonderbehandlung der Sozialisten in den Gefängnissen in Hungerstreik getreten. Eine
Erklärung dazu liegt der *Frankfurter Rundschau* vor. Sie wird ihren Hungerstreik erst beenden, wenn 1) die *Rundschau* die Erklärung, die ihr vorliegt,
vollständig im redaktionellen Teil abgedruckt hat; 2) wenn die Anwälte der
arabischen Genossen in der FR [AdA: *Frankfurter Rundschau*] bestätigt haben, daß diese wenigstens Zeitungen bekommen und Besuch von Personen,
die sie verlangen. […]

Genossen! Solidarisiert Euch mit dem Schwarzen September«

Und so bewertet Ulrike Meinhof den Terroranschlag:

»Hungerstreikerklärung/
Ulrike Meinhof

Der Stein, den sie aufgehoben haben, wird auf ihre eigenen Füße fallen.
Marighela

An wem liegt es, wenn die Unterdrückung bleibt? An uns!
Brecht

Die Aktion des Schwarzen September in München war eine zutiefst proleta-
rische Aktion, die in sich alle Momente des revolutionären Kampfes vereinigt
hat, wie es das in Deutschland seit der Ermordung von Rosa Luxemburg und
Karl Liebknecht nicht gegeben hat. Sie war gleichzeitig antiimperialistisch,
antifaschistisch, internationalistisch. Sie hat eine Sensibilität für historische
und politische Zusammenhänge dokumentiert – in Westdeutschland, früher
Nazi-Deutschland, jetzt imperialistisches Zentrum –, wie das niemals eine
kleinbürgerliche Aktion vermag; einen Mut und eine Kraft, die die Revolutionäre nur aus ihrer vollkommenen Verbundenheit mit dem palästinensischen
Volk haben können; ein Klassenbewußtsein, das sich seiner historischen Mission, Avantgarde zu sein, absolut bewußt ist; eine Menschlichkeit, die von
dem Bewußtsein bestimmt ist, gegen dasjenige Herrschaftssystem zu kämpfen, das als das historisch letzte System von Klassenherrschaft gleichzeitig das
grausamste, blutrünstigste, abgefeimteste ist, was es je gab: gegen den seinem
Wesen und seiner historischen Tendenz nach durch und durch faschistischen
Imperialismus, in welcher Charaktermaske auch immer – Nixon oder Brandt,
Moshe Dayan oder Genscher, Golda Meier […] – er auftritt. Es ist das bren-
nende Interesse jedes Menschen, der sich mit Auschwitz und Vietnam noch

nicht abgefunden hat, die Aktion des Schwarzen September zu begreifen. Die Bombergeschwader des Imperialismus gegen den palästinensischen Befreiungskampf werden vom Nato-Flughafen München-Fürstenfeldbruck starten. Das zu verhindern, ist die Hauptaufgabe der revolutionären Linken in Westdeutschland.

Wir Gefangenen können unseren Widerstand nur gegen die Justiz leisten. Wir machen unseren Hungerstreik, um diese Justiz als das zu entlarven, was sie ist: eine Marionette des Imperialismus – der in München unsere arabischen Genossen massakriert hat und in Israel Landraub, Mord, Napalm- und Bombenterror am palästinensischen Volk begeht.

Wir protestieren gegen die Sonderbehandlung der Sozialisten in den Gefängnissen. Unser Protest schließt unsere arabischen Genossen im Gefängnis in München-Stadelheim ein, insofern jetzt schon feststeht, daß die für sie zuständige Justiz dieselben Rechtsbrüche gegen sie begehen wird wie gegen uns. [...]

Wir berufen uns auf die politischen Freiheitsgarantien des Grundgesetzes, der UNO-Charta, der Menschenrechte, obwohl wir wissen, daß hinter der Charaktermaske des BGH die Ausrottungsstrategie von Vietnam grinst – weil wir erreichen wollen, daß die Justiz endlich offen auftritt, damit es jeder sehen kann. [...]

Die liberale Öffentlichkeit, die für den rechtsstaatlichen Kapitalismus eintritt, hat sich zu überlegen, ob die juristische Sonderbehandlung der Sozialisten in den Gefängnissen, d. h. die Springer-Justiz, ihre Sache ist. [...] Der Gedanke, wir könnten dem System dafür dankbar sein, daß es uns nicht foltert, kommt uns nicht. Es ist zynisch. Es ist dasselbe imperialistische System, das uns hier nicht foltert und gleichzeitig die Revolutionäre in Fürstenfeldbruck ermordet, um der Folter in Israel Feuerschutz zu geben. Wenn man ein Interesse daran hat, daß es hier noch eine Weile so bleibt, hat man Öffentlichkeit herzustellen für die Rechtsbrüche, die jetzt aktuell sind.

Die Abschaffung des Rechtsstaates ist hier das, was sie in anderen Staaten des imperialistischen Herrschaftsbereiches auch ist: die Aufrechterhaltung des Systems unter sich verschlechternden Bedingungen aufgrund des allmählichen Verlustes seiner Massenbasis. Die Loyalität der Massen in den Metropolen aufgrund nichts als Konsum – ›Konsumscheiße‹ – beginnt abzubröckeln, die Erinnerung an ›schlechtere Zeiten‹ verblaßt. Die [...] Epplers schieben die Demaskierung des Systems als seinem Wesen, seiner historischen Tendenz nach faschistisch nur auf. [...] Wir fordern die Genossen außerhalb der Gefängnisse auf, mit allen Mitteln, unter allen Umständen, mit aller ihrer Kraft, eine Auslieferung unserer arabischen Genossen an Israel zu verhindern. Israel wird sie verlangen.

Solidarität mit dem Befreiungskampf des palästinensischen Volkes!

Solidarität mit der Revolution in Vietnam!

Revolutionäre aller Länder, vereinigt Euch!«[9]

Ulrike Meinhof war, wie die hier veröffentlichten Dokumente zeigen, zu dieser Zeit, wohl auch durch die Wirkung ihrer eigenen, wenige Monate zuvor verübten Taten, durch und durch Terroristin geworden, die Klassenkampf und Weltrevolution auch über israelische Leichen auf deutschem Boden verfolgte. Am 27. September 1972 macht sie sich um ihre eigene Verteidigung folgende Gedanken:

»PS. Bitte – Bring das Faschismustheorie-Heft (Neues Rotes Forum) mit. Mann – das ist so eindeutig ›Verteidigungsmaterial‹ wie nur was. Das ist die Grundlage, auf der Du mich verteidigst: Antifaschismus. Ich sehe ja alles mögliche ein, vor allem, daß der BGH die Macht hat – aber wenn wir uns auch noch den Antifaschismus verbieten lassen, dann sind wir wirklich am Arsch ...«[10]

In mehreren RAF-Büchern wurde die Solidaritätserklärung mit der Aktion des Schwarzen September, die im November 1972 als Flugblatt in der einschlägigen Szene kursierte, auszugsweise abgedruckt, allerdings ohne die Urheberschaft Ulrike Meinhofs zu kennzeichnen. 30 Jahre lang gehörte diese Schrift zu den Identifizierungs- und Glorifizierungstexten der RAF, mit Ausstrahlung auf den linken Mainstream, der sich im Laufe der Jahrzehnte etablierte.

Der Kampf der Palästinenser, die keinen eigenen Staat besaßen, gegen das Erste-Welt-Land Israel paßte haargenau in dieses global gedachte Revolutionsschema und wurde unterschiedslos und die deutsche Verpflichtung gegenüber den Juden und damit auch gegenüber Israel mißachtend in die antiimperialistischen, antikapitalistischen Aktionen aufgenommen. Die Palästinenser haben den Holocaust nicht zu vertreten, was ihrem Tun oder Lassen gegenüber Israel und ihrer berechtigten Forderung nach einem eigenständigen Palästinenserstaat eine grundsätzlich andere Qualität gibt, als sie jeder deutsche Akt gegen Juden oder gegen Israel hat. Die Allianz der Westlinken mit den palästinensischen Freischärlern war insofern eine hochnotpeinliche Mesalliance, als die Deutschen faktisch gegen den Staat Israel handelten, im Windschatten palästinensischer Interessen. Die Mesalliance bestand darin, daß die Palästinenser zwar einen höchsteigenen legitimen Anspruch auf staatliche Koexistenz mit Israel haben, aber kein Recht auf terroristische Durchsetzung dieses Anspruches besitzen und daß die Westrevolutionäre in ihrer zum Teil wahnhaften Vorstellung es gerade auf die Terrorkomponente abgesehen hatten. Der terroristische Urknall im Kampf der dritten Welt gegen die erste sollte ja gerade den Revolutionsfunken in die westlichen Länder tragen.

Ulrike Meinhof brachte das, was damals in weiten Teilen der Bewegung gedacht und gemacht wurde – wie üblich lauter und extremer als andere –, zu Papier. Schlimm war, daß Meinhof sich auf diese archaischen Kampfmethoden einließ, die sie selber bereits in der Bundesrepublik praktiziert hatte. Schlimm war, daß sie ohne Mitgefühl die spezielle deutsche Verantwortung für den Holocaust und damit für die Juden und den Staat Israel im Revolutionsrausch negierte. Schlimm war auch, daß sie den Palästinensern keine Unterstützung zuteil werden ließ, sondern deren terroristische Gruppen in ihrer Verblendung bestärkte.

Das Phänomen Meinhof besteht darin, daß – siehe Gustav Heinemann und Johannes Rau – der Terrorismus der Ulrike Meinhof seit 36 Jahren nicht adäquat und konsequent erkannt wird, ja, ihn nicht wenige ganz ausblenden und bis heute überhöhende Attribute wie »Widerstandskampf« und »Antifaschismus« den Irrsinn verdecken, dem Meinhof schließlich anheimgefallen war. Aktuell läßt sich zum wiederholten Mal beobachten, wie Ulrike Meinhof auf der einen Seite mit Geschichten und Fiktionen über ihre Kindheit und Jugend erneut zur Reinen, Guten, Heiligen stilisiert und auf der anderen Seite zu einer Teufelin gemacht wird, zu einem potenzierten, singulären Monster, das alle historischen Sünden ihrer Generation zu verantworten hätte. 30 Jahre nach ihrem Tod müßte eigentlich ein angemessener Umgang mit Ulrike Meinhof sowohl als Journalistin als auch als Terroristin möglich sein.

Auch eine Antisemitin, wie in allerjüngster Zeit etwas unhistorisch und etwas effektheischerisch behauptet wird, war Meinhof wohl tatsächlich nicht. Nicht das Jüdischsein der in München ermordeten Sportler stand für Ulrike Meinhof im Fokus, sondern daß Bürger einer von ihr und ihresgleichen ausgemachten Unterdrückernation vor der Weltöffentlichkeit der Olympischen Spiele nach dem Schema des sogenannten revolutionären Terrorismus exekutiert worden waren – das war der grausame und grauenvolle politische Ansatz. Bevor immer neue Fortschreibungen des Mythos der linken Bewegung mit Namen Ulrike Meinhof praktiziert werden, muß vor allem der Terrorismus der RAF, der Revolutionären Zellen und anderer Gruppen sowie die Terrorbegeisterung der damaligen Bewegungen insgesamt historisch und moralisch einer korrekten Be- und Verurteilung zugeführt werden, ohne jede Relativierung, ohne jede Widerstandskampfüberhöhung und ohne jede unhistorische zusätzliche Verteufelung. Nicht die Gruppen der extremen Sympathisanten und der sogenannten Roten Hilfen sind der dunkle Fleck auf der Weste der Bewegung, sondern die subtile intellektuelle Affinität weiter linker Bürgerkreise von damals bis heute zu Umsturzphantasien und Revolution stehen dem klaren Blick auf die jüngere Geschichte bis heute entgegen. Das Wegdelegieren der historischen Irrtümer auf ein paar Dutzend Terroristen kann die historische Tatsache eines gigantisch großen Mitläuferheeres nicht ungeschehen machen.

Die Entmenschlichung, die terroristische Taten in den Tätern hervorrufen, sozusagen die täterspezifische Traumatisierung, wird umgekehrt in der Öffentlichkeit immer wieder heruntergespielt. Da werden die Terroristen als Mediengaukler hofiert und herumgereicht. Wer einmal Terror gemacht hat, hat sozusagen ausgesorgt. Das Ganze geschieht unter dem Motto: dem staunenden Volk die Terroristen als historisch objektive Zeugen für den Terror präsentieren. Die Ursprungsfrage nach dem angeblich politischen Ansatz der Terroristen ist dabei längst verschwunden. Diese Wirklichkeit des öffentlichen Diskurses, in dem Täter bis heute in den Medien unreflektiert als historische Zeugen interviewt und zur Geschichtsklitterung förmlich herangezogen werden, hat zu Verwerfungen geführt. Terroristen haben gute Chancen, jahrein, jahraus immer wieder präsentierte Dauerbrenner zu werden, obwohl sie weder etwas geleistet noch etwas zu sagen haben, womit man bei der Frage ist, ob eine unangebrachte, verfälschende Wahrnehmung von Terror eine der Ursachen für nachwachsenden Terror ist.

Ulrike Meinhof war, als in ihr die Halteseile, vor allem die moralischen Halteseile, gerissen waren und sie in den Untergrund ging, und erst recht, nachdem sie selbst zur Terroristin geworden war, nicht mehr dieselbe Person, nicht mehr derselbe Mensch, nicht mehr die Schülerin, Studentin, aber auch nicht mehr die Journalistin und Kommunistin von einst. Es ist unangebracht, die Terroristin Meinhof permanent mit Zügen ihrer Jugend nachzuvergolden, statt sich mit den Taten und Texten der letzten sechs Jahre ihres Lebens zu befassen, die sie nachhaltig berühmt machten.

Der Untergang des Röhl-KONKRET

Das Jahr nach der Trennung des Ehepaares Röhl,1968, wird der verlegerische Höhepunkt des KONKRET-Erfinders Klaus Rainer Röhl. Die Ereignisse, die man heute »68« nennt, sind für KONKRET wie geschaffen, und KONKRET ist ganz vorn dabei. Die Medien erzeugten einen Tornado, dessen Eigenspin sich völlig verselbständigte und die gesamte Gesellschaft in Rotation versetzte. Die Zeitung kann bald 14täglich erscheinen, die Auflage steigt.

Röhl bittet seine alte Bekannte, Peggy Parnass, Gerichtsreportagen zu schreiben, und trifft bei ihr einen Nerv. Günter Wallraff hat jetzt eine seiner besten Zeiten bei KONKRET. Röhl hat die Idee der sogenannten Zangenreportage. Großkapitalisten wie Krupp, Thurn und Taxis, Gerling oder Flick werden vorgestellt. Im selben Heft erscheint jeweils ein Beitrag über einen ›kleinen Mitarbeiter‹ des porträtierten ›Bonzen‹. Später wird aus diesen Reportagen, die Wallraff zusammen mit Bernd Engelmann macht, das Buch *Ihr da oben, wir da unten*. Der kleine Bruder Wolfgang Röhl, seit 1969 Redakteur bei KONKRET, bringt dagegen erstmalig Illustriertenjournalismus ins Heft. Schriftsteller Hubert Fichte veröffentlicht seine berühmt gewordenen Interviews mit Prostituierten und Strichern von Reeperbahn und St. Georg, Luc Jochimsen und Cornelie Sonntag (heute Sonntag-Wolgast) sorgen für die ersten emanzipatorischen Artikel zum Beispiel über den § 218.

Die sechziger Jahre waren das Jahrzehnt, in dem Sex und nackte Haut ein öffentliches Thema wurden. KONKRET war bei der Vermarktung von Sex durchaus politisch und ideologiekonform. Mädchen, spärlich bedeckt in allerlei Posen, zieren die Cover von KONKRET seit Mitte der sechziger Jahre mit einer Tendenz zunehmender Verknappung der Textilien. Der erste nackte Busen taucht 1969 auf dem Cover auf. Das erste entblößte Schamhaar bringt KONKRET 1970 an der Bundesprüfstelle vorbei auf den Titel. Uschi Obermeier, damals unvermeidliches Topmodel der 68er, ist in Jeans und ›oben ohne‹ 1970 KONKRET-Aufmacher. Auch der *stern* schöpft mit seinen Mädchentiteln Marktanteile ab.

Die Stimmung in der Redaktion ist, Rühmkorf zufolge, locker, lässig und fröhlich. Bei KONKRET herrschen in einem unideologischen Sinne Kommunarden- und Narrenfreiheit. Man ist selbstverständlich links, sozial aufgeklärt, ohne allzuviel zu reflektieren, und ein bißchen aufgeweckte Studentenzeitung ist auch noch dabei. KONKRET ist gegenüber den großen Brüdern *Spiegel* und *stern* nur eine kleine Institution und immer ein bißchen ein Spontaneitätsprodukt, das aber doch läuft wie ein Uhrwerk.

Mit Uhrwerken scheint Klaus Röhl allerdings seine Probleme zu haben, die haben nichts von Aufbruch und auch nichts von Absturz. Aber gerade in dem Spannungsfeld zwischen diesen Extremen war KONKRET entstanden und etabliert worden. Was lag dem KONKRET-Erfinder also näher, als dem unruhigen Zeitgeist voranzustürmen? Es war die Zeit eines großen Linksrucks in der Gesellschaft, die Zeit des Erstarkens der Gewerkschaften.

Der Revolutionsdruck aus der Studentenbewegung und der Druck des linken Terrors auf die real existierenden Verhältnisse, dem die direkte Umsturzwirkung versagt blieb, schafften in der produzierenden Wirtschaft ein Klima von Enteignungsängsten. »Sozialisierung« war eines der Schlagwörter, mit denen sich die Wortführer aufmachten, die zumeist noch konservativen Belegschaften gegen die Firmeninhaber zu agitieren. Die Medien räumten den Kapitalstürmern überproportionalen Raum ein. Radio Bremen wurde im Volksmund zu Radio Hanoi, der Fünf-Uhr-Club im NDR führte die APO mit popkulturellem Einschlag fort. Plötzlich wurden die Verhältnisse auch in den Tendenzbetrieben selbst als reformbedürftig oder revolutionswürdig angesehen. Dabei ging es nicht mehr nur um arbeitsrechtliche Fragen, sondern längst um paritätische Mitbestimmung der Arbeitnehmer, sprich der Redakteure, die damals Mangelware waren, wenn nicht gar um die Übernahme des Unternehmens durch die Belegschaft. Die damals mächtige Juso-Vorsitzende Heidemarie Wieczorek-Zeul forderte 5000,– DM Monatseinkommen als absolute Obergrenze für alle – von Flick bis zum Müllmann –, und der damalige Bundeskanzler Willy Brandt sah sich immerhin zu einer ausdrücklichen Distanzierung genötigt. Heiße Zeiten.

Im *Spiegel* zeigen sich die Folgen dieser Kämpfe heute am evidentesten. Die Redakteure sind seither über die Mitarbeiter-KG zur Hälfte am *Spiegel*-Kapital beteiligt. Auch im *stern* kam es zu heftigen Kämpfen zwischen Redaktion und Verlag, die mit geringeren Zugeständnissen eines sich aufgeklärt gebenden Kapitalisten Henri Nannen und des hinter ihm stehenden Bertelsmann-Konzerns immer wieder abgefedert wurden. Röhl, der über die Machtkämpfe im *Spiegel* und im *stern* hatte berichten lassen und selbst schon als kleiner Kapitalist – seinen Kritikern reichten für eine solche Qualifizierung bereits sein Haus in Blankenese und ein Porsche – Berührung mit Enteignungsforderungen gehabt hatte, wollte als ein braver linker Chef alle toppen und das fortschrittlichste Redaktionsstatut von allen in seiner Zeitung implementieren.

So kommt es Ende 1971 dazu, daß Röhl mit Wirkung ab dem 1. Januar 1972 mit der Redaktion einen Vertrag abschließt, genannt »Redaktionsverfassung«, in dem er sich als Macher von KONKRET quasi selber vom Spielfeld kickt. Der Posten des Chefredakteurs wurde offiziell abgeschafft. Röhl war ab sofort nur noch Herausgeber.

Alle wollten eines gemeinsam: Alle wollten KONKRET. Indes verstand Röhl etwas anderes darunter als die Verlagsstürmer von *stern* und *Spiegel*, die jetzt die alte Röhl-Mannschaft agitierten. Röhl war plötzlich ein Ritter von der traurigen Gestalt im eigenen Laden. Ihm kam die Kreativität zunehmend abhanden, die fast 20 Jahre lang sein Baby KONKRET getragen hatte. Er war isoliert und durchsetzungsschwach.

Im Sommer 1972 besucht der frischgebackene KONKRET-Redakteur Gremliza Röhl in Kampen, wohin dieser immer häufiger flüchtet, und bespricht mit ihm, KONKRET auf wöchentliches Erscheinen umzustellen. Röhl läßt sich wider besseres Wissen überreden. Ab September 1972 erscheint KONKRET wöchentlich. Die Mannschaft wird weiter kostenaufwendig aufgebläht, und die Neuen kaufen kräftig Büroausstattung ein. Die Kostenschere öffnet sich rapide. KONKRET gerät ins Schlingern. Die Linie verschwimmt, Buchhaltung und Verwaltung halten nicht Schritt. Die Impulse, die Dynamik und die gute alte KONKRET-Stimmung sind raus. Aggressiver Klassenkampf beherrscht die Redaktion. Die Folge: inhaltliche Stagnation. Die Auflage sinkt.

Diesmal hatten die beiden Gesellschafter Röhl und Steffens den Bogen überspannt, zumal mit Feinden im eigenen Haus. Sie versäumten es Ende 1972, auf 14tägliches Erscheinen zurückzuschalten und sich gegen die neue Neuhauser-Gremliza-Fraktion, die ständig mit dem Redaktionsstatut unterm Arm herumlief, aber nicht die versprochene verkäufliche Qualität lieferte, durchzusetzen und gegebenenfalls sogar mit einer Liquidation des Unternehmens zu drohen.

Im März 1973, als Röhl gerade etwas leichtsinnig mit Danae und den Zwillingen in den Skiurlaub gefahren war, kulminierte der hausinterne Klassenkampf. Gremliza und die Seinen spitzten die Redakteure an und setzten Röhl – formal getreu dem Wortlaut, aber tatsächlich entgegen dem Sinn und Zweck des Redaktionsstatuts und entgegen Treu und Glauben, wie ein Gericht kurze Zeit später feststellte – als vetoberechtigten Mitproduktionsleiter ab.

Röhl kündigte daraufhin aus dem Urlaub den fünf von ihm als Rädelsführer erachteten Redakteuren, denen er den Putsch der »Mannschaft«, wie er es nannte, gegen seine Person anlastete, wegen Arbeitsverweigerung. Nun entwickelten sich die Dinge Schlag auf Schlag. 18 Mitglieder der Redaktion wurden bewegt, für Gremliza und Neuhauser in einen Solidaritätsstreik zu treten. Röhl eilt aus dem Urlaub herbei und kündigt auch den 18 Streikenden, die daraufhin die Redaktionsräume Tag und Nacht besetzen. Röhl stellt die nächste Ausgabe mit einer kleinen Notbesetzung in einer Privatwohnung her.

Nach dem ebenso kurzen wie heftigen Intermezzo, das in allen deutschen Medien umfangreich behandelt wurde, selbst die damalige Fernsehinstitution Werner Höfer berichtete ausführlich von den Ereignissen bei KONKRET, solidarisieren sich die Gewerkschaften und einige noch heute bekannte Jusoführer – speziell die Allround-Medienfrau und damalige KONKRET-Kolumnistin Wiebke Bruhns – mit den Aufständischen.

Es kommt zu einer gerichtlichen Auseinandersetzung. Letzten Endes muß Röhl die fristlosen Kündigungen samt und sonders wegen eines Formfehlers zurücknehmen; das Gericht äußert allerdings Zweifel an der Rechtmäßigkeit des Mitarbeiterstreiks. Grundsätzlich sei die mit einer Jahresfrist kündbare Redaktionsverfassung zwar gültig, urteilt das Gericht, doch die Absetzung von Röhl durch die Redaktionskonferenz sei nicht rechtens gewesen.

Nun verkündet Röhl der Mannschaft im Mai 1973 die unmittelbar bevorstehende Pleite der KONKRET Verlagsgesellschaft. Dies war der Moment, als der frühere *stern*-Redakteur Peter Neuhauser einen alten Bekannten von Röhl ins Spiel brachte, den millionenschweren, zwischenzeitlich zum Immobilienkaufmann gewordenen Kommunisten Klaus Hübotter. Die Stunde des Mitbegründers des *Studenten-Kuriers,* Klaus Hübotter, ist gekommen. Röhl muß den Kotau machen.

Nach wenigen Tagen kommt es am 31. Mai 1973 zu einem Treffen in einer alten Mühle bei Cuxhaven, die Klaus Hübotter gehört. Die bisherigen Gesellschafter Röhl und Steffens verkaufen zwei Drittel der GmbH-Anteile je zur Hälfte an Hübotter und die »Mannschaft«, deren Kaufpreis ebenfalls Hübotter vorlegt, es gibt also drei gleichberechtigte Inhaberparteien, die KONKRET ab sofort gemeinsam fortführen. Hübotter stellt die notwendigen liquiden Mittel sofort zur Verfügung und investiert zunächst ca. 700 000,– DM auf einen Schlag und wenige Monate später nochmals eine größere Summe. Für einen ganz kurzen Moment scheint es, als habe Hübotter die beiden völlig zerstrittenen Parteien Neuhauser/Gremliza und Röhl/Steffens an den Redaktionstisch zurückgebracht.

Röhl fühlt sich zum einfachen Redakteur degradiert und verläßt KONKRET im August 1973 endgültig im Streit, nachdem er seit dem 1. Juni ohnehin als Geschäftsführer ausgeschieden war. Peter Rühmkorf erinnert sich: »Das waren Marsmenschen. Gremliza war der Typ Edelstalinist. Er war größenwahnsinnig und dachte, er sei Karl Kraus, nur noch weiter links, ein unglaublich eingebildeter Herrenmensch. Es war wirklich so: Auf der einen Seite gab es damals die RAF-Paranoia und auf der anderen diese Selbstbestimmungsparanoia, die wie eine Heilsidee über die Leute kam, die nicht mehr merkten, was los war. Es war wie eine neue Menschheitsidee, es hatte eine religiöse Komponente. Es war die Französische Revolution in der Nußschale.«[11]

Ab September 1973 ist das Gremliza-Neuhauser-Hübotter-KONKRET sexfrei. Die Auflage sinkt im Sturzflug. Im November 1973 müssen die neuen Machthaber Konkurs anmelden. Die Mitarbeiter, die für KONKRET den Aufstand geprobt hatten, sind ihren Job los. Hübotter steht für weitere Schulden ein. KONKRET geht sang- und klanglos unter, ohne vorherige Ankündigung im letzten Heft. Aus der Konkursmasse erwirbt Klaus Hübotter persönlich für 30 000,– DM die Rechte am Titel KONKRET.

Röhl, Rühmkorf, Wolfgang Röhl und Klaus Steffens machen bereits im September 1973 zusammen mit Günter Wallraff und einigen der Mitarbeiter, wie Rolv Heuer und Peggy Parnass, die nun reumütig zu Röhl zurückkehren, und einer Reihe von Autoren, die bei Röhl geblieben sind, eine neue Zeitschrift mit dem Titel *Das da* auf, die nur ein Abklatsch des alten KONKRET sein wird. Den Verlust des Titels verkraftet Röhl nicht. Sein Wunsch, mit *Das da* noch einmal eine veritable Zeitschrift hinzulegen, erfüllt sich trotz einiger Erfolge – vor allem in den Jahren der Zusammenarbeit mit dem berühmten roten Jochen Steffen, SPD-Chef von Schleswig-Holstein, der ein paar Juso-Größen wie Rudolf Scharping oder Wieczorek-Zeul mit ins Heft holt, und andere treue Autoren wie zum Beispiel Rudi Dutschke, der bis zuletzt für *Das da* schreibt – nicht.

Noch Mitte der siebziger Jahre – der Ruf von Klaus Röhl war seit dem Untergang von KONKRET nachhaltig lädiert, die Sprachregelung war allgemein, Röhl habe Konkurs gemacht – profitierte Klaus Röhl von seinen medialen Verbindungen. Er war einer der ersten Gäste der NDR-Talkshow und hatte gute persönliche Beziehungen zu einigen journalistischen Schlachtrössern wie Günther Nenning, aber gleichwohl galt er als Persona non grata. Seine zahlreichen Bücher, die er seit 1974 schrieb, wurden nicht besprochen, er wurde zum Ex-Ehemann von Ulrike Meinhof, zu Röhl, dem Schwein. Und all die Spaßvögel, die zu seinen Wegbegleitern gehört hatten, mieden ihn nun wie der Teufel das Weihwasser, was wahrscheinlich nur zu einem geringen Teil daran lag, daß er die Ostberliner Finanzierung von KONKRET in seinem ersten Buch *Fünf Finger sind keine Faust* 1974 offengelegt hatte. Während Rudolf Augstein in den wilden frühen Siebzigern seinen Amischlitten mit den Buchstaben HH – RA auf dem Kennzeichen unsichtbar parkte und sein persönliches Reich hoch oben im *Spiegel*-Haus mit Panzerglas, einer Art ›antisozialistischem Schutzwall‹ bzw. ›Limes Gremliza‹, vor Terroristen schützen ließ, war die sich hartnäckig haltende Legende vom bösen Kapitalisten Röhl entstanden, der aber keinen Pfennig mehr auf der Naht hatte, wie man in Hamburg sagte. Röhl trat in dieser Zeit für einige Jahre in die SPD ein.

In den Achtzigern, nachdem seine Töchter 1982 ihr Abitur gemacht hatten und ausgezogen waren, pflegte er seinen Blues und eine Reihe kurzlebiger Zeitschriften, deren Seiten immer mehr nackte Mädchen füllten. Erst 1992 schlug Klaus Röhl ein neues Kapitel in seinem Leben auf. Er promovierte bei Professor Ernst Nolte, der seit dem Historikerstreit in Deutschland heftig umstritten war, und veröffentlichte sein Buch *Linke Lebenslügen*, ein Remake seines 1974 mehr oder weniger verhinderten Buches *Fünf Finger sind keine Faust*. Er beginnt, mit seiner kommunistischen Vergangenheit und dem linken Establishment abzurechnen, das ihn seit inzwischen fast 20 Jahren schnitt. Er gibt seine kleine Restfirma in Hamburg auf, zieht zu Danae Coulmas nach Köln und wird Mitglied der FDP, was er bis heute ist. Er verstand sich von diesem Zeitpunkt an als Nationalliberaler und schloß sich eine Zeitlang einem Kreis um den Exgeneralbundesanwalt Alexander von Stahl an, einer Gruppe, die sich selber Anfang der neunziger Jahre als »Neue Rechte« oder als »wertekonservativ« bezeichnete. Er trat als Publizist an die Öffentlichkeit, tauchte wieder in Talk-Shows auf, schrieb für *FAZ*, *Die Welt* und *WamS* und zieht seitdem als einer, der einst »68« zuvörderst mit etabliert hat, insbesondere gegen die 68er, gegen die Kommunisten und alles, was sich links etabliert hat, zu Felde. Dabei unterläuft auch diesem frühen Renegaten nicht selten der Fehler der Selbstgerechtigkeit. So schreibt Klaus Röhl Ende der Neunziger in einem Buch, daß er Ulrike Meinhofs militanter gewordenen Texten wie zum Beispiel ihrem Artikel *Vom Protest zum Widerstand* nicht mehr habe folgen können. Allein, er vergißt darzustellen, daß er selbst ihn gern gedruckt hat.

Klaus Röhl gehörte zu denen, die im Jahr 1995 in der *FAZ* die Initiative »8. Mai – Gegen das Vergessen« zum Gedenken an die 2,1 Millionen nach der Kapitulation getöteten deutschen Zivilisten ausriefen. Es folgte eine Debatte in den Medien. Seither ist der in seinem Herzen Sozialist gebliebene Klaus Röhl ein bekennender Rechter, von den etablierten Medien weitestgehend gemieden.

50 Jahre KONKRET und keine Feier

Im Oktober 1974 kommt eine Monatszeitschrift auf den Markt, auf der als Titel der Name KONKRET aufgedruckt ist und die in der »Neuer KONKRET Verlag GmbH« erscheint. Als Herausgeber und Chefredakteur tritt Hermann L. Gremliza auf, der im Jahr zuvor den Untergang der Zeitschrift KONKRET jedenfalls nicht verhindert hat. Deswegen muß natürlich die Frage gestellt werden: Liegt eine Rechts- oder Geistes- oder Traditionsnachfolge vor? Weder dem geistigen Erfinder des Namens, Röhl, noch demjenigen, der ihm die Titelrechte einst ermöglichte, Hübotter, möchte Gremliza Dank zollen oder Anerkennung zuteil werden lassen, so daß Zweifel angebracht sind, ob das sogenannte Gremliza-KONKRET die Tradition überhaupt für sich in Anspruch nehmen will – von akquisitorischen Aspekten einmal abgesehen.

Natürlich will das neue KONKRET auch mit den wilden Sechzigern und dem Ruf wuchern, den Peter Rühmkorf und Ulrike Meinhof mitbegründeten. Ein Unternehmer und Kapitalist wie Gremliza treibt den Sozialismus nicht so weit, daß er nicht gern auf ein halbes Jahrhundert Firmengeschichte zurückblicken möchte – das klingt irgendwie honorig.

Dabei hat Gremliza einen anderen Kalender im Kopf, als ihn die Firmengeschichte vorgibt, und auch als die drei Gründer Röhl, Rühmkorf und Hübotter, die den Beginn der Zeitschrift KONKRET im Jahr 1955 ansiedeln. Gremlizas Zeitrechnung beginnt erst mit der Röhlschen Namenserfindung KONKRET, also mit dem Jahr 1957, als der *Studenten-Kurier* in KONKRET umgetauft wurde. Im Neu-KONKRET bereitet man demnach die 50. Jahresfeier für das Jahr 2007 vor. Es spricht jedoch alles dafür, das 50jährige Bestehen der Zeitschrift im Jahr 2005 zu notieren – dies entspricht nicht nur der fortlaufenden Numerierung, die mit dem *Plädoyer* im Februar 1955 begann, sondern auch der inhaltlichen Kontinuität von *Plädoyer*, *Studenten-Kurier* und KONKRET.

Der Name KONKRET hat 1974 noch so viel Strahlkraft, daß eine ganze Reihe von Schreibern des alten KONKRET auch im neuen KONKRET mitmacht, von denen einige parallel bei Röhls *Das da* schreiben. Dazu gehörten zum Beispiel am Anfang Peggy Parnass und Günter Wallraff, der seine Erfolge bei Gremliza fortsetzt, aber auch Rudi Dutschke. Insofern scheint, wenn auch nicht wirklich lupenrein, die Kontinuität gewahrt, und man kann Neu-KONKRET als Fortsetzung von KONKRET betrachten.

Das neue KONKRET bleibt jedoch ein Nischenblatt. Ein bißchen Geld kommt ins Haus, als Gremliza 1976 den Anzeigenchef Uli Alberti anstellt, der KONKRET bis 1991 treublieb. In nur wenigen Monaten steigert er das Anzeigenvolumen von 6000,– DM vierteljährlich auf 40 000,– DM vierteljährlich und kann das in der Folgezeit weiter erhöhen. Dies war auch für Gremliza ein Anlaß zum Feiern. Er lädt Alberti zum In-Italiener auf der Reeperbahn ein. Und bestellt ihm zur Feier des Tages einen Hummer. Uli Alberti: »Na, und als wir da so mitten beim Feiern saßen wegen der guten Zahlen, die wir endlich gemacht hatten, da kam ausgerechnet an diesem Abend die Röhl-Mannschaft von *Das da* in den Laden und nahm möglichst weit von uns entfernt im Restaurant Platz. An denen wurde dann der große Hummer vorbeigetragen. Das war ein Fest für Gremliza. Denn für Gremliza war Röhl ja jetzt ein Todfeind.«[12]

In den drei Jahren von 1981 bis 1984 will Gremliza offenbar raus aus dieser Nische, raus aus der ideologischen Starre. Er holt Manfred Bissinger, der viele Jahre stellvertretender Chefredakteur des *sterns* und zuletzt Pressesprecher beim Hamburger Bürgermeister Ulrich Klose war, zu KONKRET. Bissinger soll das Blatt popularisieren. Er bringt neuen Wind und neue Leute in die Redaktion, ver-*sternt* das Heft inhaltlich und formal, macht Auflage und zieht Anzeigen. Das Ganze läßt Gremliza sich von Jan Philipp Reemtsma finanzieren, eine Bedingung von Bissinger. »Ich hatte und habe keinen Streit mit Gremliza, aber nach drei Jahren«, sagt Bissinger heute, »war der Vorrat an Gemeinsamkeiten mit Hermann Gremliza restlos erschöpft.«[13] Gremliza selber ist wahrscheinlich der einzige von Neu-KONKRET, der voller Zorn nicht nur auf Bissinger und dessen Arbeit zurückblickt, sondern auch gerne auf den Finanzier Reemtsma eindrischt. Dies sei die einzige Zeit von Neu-KONKRET, die er bereue. Ein Akquisitionstalent in Sachen Geldbeschaffung ist Gremliza allemal. Zu seinen Mäzenen, die er offenbar immer wieder benötigte, gehört auch Inge Feltrinelli. Die Auflage von KONKRET schwankte auf niedrigem Niveau, von einigen Zwischenhochs abgesehen.

Käme KONKRET möglicherweise in Erklärungsnot, wenn es darlegen müßte, wie es in all den Jahren jeweils mit der Wirtschaftlichkeit des Unternehmens gestanden hat, welches die wirkliche Deckungsauflage war und ob diese Grenze stets solide überschritten wurde? Es hielten sich immer wieder Gerüchte, KONKRET sei in den achtziger Jahren abermals direkt oder auf Umwegen von jenseits der Mauer gesponsert worden und auch, daß Gelder aus den nach 1989 offiziell untergegangenen SED-Milliarden ausgeholfen haben könnten. Eine offizielle Bestätigung fanden diese Gerüchte nie.

Trifft es eigentlich zu, daß Gremliza nach der Wende das Angebot, seine Zeitung mit alten SED-Geldern zu finanzieren, entrüstet abgelehnt hat, aus moralischen Gründen? Nach der Wende konnte man eine neue ›antideutsche‹ und eine ›antigrüne‹ Linie beobachten, die traditionelle ›antikapitalistische‹ politische Ausrichtung der Zeitschrift trat etwas in den Hintergrund.

Tage nach dem Fall der Berliner Mauer kommt es zu Veränderungen bei KONKRET. Am 7. Dezember 1989 verpaßt sich der 1974 gegründete »Neue KONKRET Verlag« einen neuen Namen und heißt jetzt »NKV Verlagsgesellschaft mbH«, unter deren Dach KONKRET noch bis Ende 1990 erscheint. Das Finanzamt Köln-Altstadt stellt in einem Notariatsvertrag (Teil der Handelsregisterakte) fest: »Das Finanzamt Köln-Altstadt [...] steht auf dem Standpunkt, daß die Darlehensforderung wertlos ist, da die Gesellschaft seit ihrer Gründung 1974 fortwährend Verluste erzielt hat.«[14] Jedenfalls, die »NKV Verlagsgesellschaft mbH« geht sang- und klanglos ein und wird 1999 »infolge rechtskräftiger Abweisung des Antrages auf Eröffnung des Konkursverfahrens mangels Masse aufgelöst«.[15]

Die Zeitschrift KONKRET erscheint indes von 1991 bis Mitte 1993 im »Gremliza-Verlag« Hamburg. Das Handelsregister Hamburg vermerkt im Oktober 1994 lapidar über den inzwischen in »GLV Verlag« umgetauften »Gremliza-Verlag«: »Die Gesellschaft ist infolge rechtskräftiger Abweisung des Antrages auf Eröffnung des Konkursverfahrens mangels Masse aufgelöst.«[16]

Es sei unter anderem besonderer redaktioneller Mut gewesen, der dem »Gremliza-Verlag« den Garaus gemacht hätte. Ein Prozeß der Klassenfeindin Gertrud Höhler mit immensen Schadenersatzforderungen hätte KONKRET in den Konkurs getrieben. Höhlers Anwalt Michael Nesselhauf: »Jaja, das hat die Gegenseite im Gerichtssaal damals behauptet, daß wir KONKRET in die Insolvenz getrieben hätten. Da kam offenbar etwas zeitgleich. Die waren doch wohl sowieso am Ende.«[17] Gertrud Höhler: »Es war eine kleine Schadenersatzsumme, um die es ging, und ich habe von KONKRET keinen Pfennig gesehen.«[18]

Im Sommer 1993 ist ein familieninternes Nach-Konkurs-Revirement offenbar abgeschlossen. Der neugegründete Verlag, der die Zeitschrift KONKRET übernimmt und seither herausgibt, heißt seit dem 26. Oktober 1993 »KW KONKRET Vertriebsgesellschaft für Druck und andere Medien GmbH und Co. KG«. Dabei handelt es sich um eine Art Publikumskommanditgesellschaft mit ca. 200 Kommanditisten mit kleinen Einlagen ab 511,– Euro. Die geschäftsführende Mehrheitsgesellschafterin der Komplementär-GmbH ist seitdem die frühere *Spiegel*-Sekretärin und Gremliza-Ehefrau Katrin Gremliza.

Hermann Gremliza ließ sie als ihr vollmachtsloser Vertreter beim Notar als »Hausfrau« ins Handelsregister eintragen, was die betroffene Hausfrau dann doch wenige Wochen später in »Dipl. Sozialwirtin«[19] umänderte. 2002 kaufte Gremliza als Vertreter seiner Frau für diese die noch im fremden Besitz befindlichen Restanteile. Gelebte Emanzipation bei KONKRET.

Nach außen hin bleibt Hermann L. Gremliza KONKRET, feiert sich selber als selbständiger Durchhalter und als letztes linkes Urgestein. Um Stärke zu demonstrieren, veranstaltet er 1994 den dreitägigen »KONKRET-Kongreß« im Hamburger Curio-Haus, auf dem alles, was links Rang und Namen hat und zufällig nicht mit Gremliza zerstritten ist, sich gegen das Vierte Deutsche Reich ins Zeug legt, das aus dem ›Anschluß‹ der Ex-DDR im Begriffe sei zu entstehen.

Der nun quasi für seine Ehefrau arbeitende KONKRET-Macher Gremliza, der Anfang der neunziger Jahre als gewiefter Medienwessi das ehemalige FDJ-Blatt *Junge Welt* retten will, dessen Auflage nach der Wende von ca. 1½ Mio. auf ungefähr 30 000 geschrumpft ist, genießt es möglicherweise, in den Neunzigern als IM Spieler[20] bekannt geworden zu sein, genauso wie die Tatsache, daß seine ehemaligen DDR-offiziösen Kontaktpersonen für ihn vor Gericht aussagten, daß er angezapft worden sei, ohne dies zu wissen. Die Staatsanwaltschaft beim OLG stellte 1996 ausdrücklich fest, daß das Verfahren gegen Gremliza wegen geheimdienstlicher Tätigkeit mangels hinreichenden Tatverdachtes eingestellt wurde.

Der Name »Spieler« würde, laut Heine[21], jedenfalls passen: Er habe Gremliza als leidenschaftlichen Zocker um harte DM nicht selten erlebt, gern auch zusammen mit Wallraff, bevor Gremliza sich mit diesem überwarf.

Eine stramme anti-rot-grüne Haltung offenbarte Gremliza, als er nicht prophetisch, aber realistisch 1994 kurz vor der Bundestagswahl in einem Interview mit der *taz* für eine Wiederwahl Helmut Kohls eintrat:

»Weil's schlimmer wird, wenn's die anderen machen. Die müssen nämlich immer wieder beweisen, daß sie keine vaterlandslosen Gesellen sind. Die hauen erst richtig drauf. Und sie fühlen sich als Gutmenschen historisch legitimiert, überall die Menschenrechte zu regeln. Die Koalition, die zuerst deutsche Bomben werfen würde, ist eine rot-grüne.«[22]

Wenn es in Deutschland eine Publikation gibt, die höchst exklusiv identisch ist mit ihrem Besitzer, dann ist es KONKRET. KONKRET ist Gremliza, und Gremliza ist KONKRET. Gremliza schlägt in seinen autokratischen Entscheidungsformen Alice Schwarzer bei *Emma* wahrscheinlich um Längen. Keiner mag Gremliza, und doch hat er es immer wieder verstanden, eine

ganze Reihe starker Autoren wie Wolfgang Pohrt oder den 1986 verstorbenen MSB-Spartakus-Mann Hartmut Schulze (»Er fuhr einen weißen Porsche und sah mit seinen blonden Locken und der schmalen Statur aus wie
Shirley Temple in ihren besten Zeiten«, so Uli Alberti), der dann auch jüngere Autoren wie Diedrich Diederichsen oder Rainald Götz in den achtziger
Jahren für KONKRET schreiben ließ, für sich arbeiten zu lassen. In KONKRET
schreiben seit 1974 viele großkopferte Journalisten und Politiker wie zum
Beispiel Thomas Ebermann oder auch ein Norbert Blüm. Wahrscheinlich ist
es der speziellen Individualität des Herausgebers geschuldet, daß man den
Eindruck hat, KONKRET sei im wesentlichen ein Produkt für einen Inner
Circle linker Multiplikatoren, die allerdings regelmäßig nach Monaten oder
Jahren mit Gremliza ihre Probleme bekommen oder das Interesse verlieren.

Getreu der Devise »links heißt, untereinander zerstritten sein« gibt es
kaum ein Kollegenblatt, das KONKRET nicht notorisch und geradezu zwang-
haft bekriegt. Was Gremliza und auch sein Blatt sympathisch macht, ist seine
absolut einzigartige Bosheit und bösartige Konsequenz, mit der er politisch
agiert und manchmal danebenhaut. KONKRET nimmt für sich in Anspruch,
bei allen theoretischen Schwenks ein linkes Blatt geblieben zu sein, auch
wenn heutzutage links bei KONKRET heißt, den ehedem verhaßten George
W. Bush, seinen sogenannten christlich-religiösen Fanatismus und seinen
Ölmagnaten-Kapitalismus zu unterstützen.

Immer wieder erstaunlich ist allerdings trotz allem: Nicht nur wenn KON-
KRET ruft, kommen viele Linke, sondern viele Linke kommen auch gerne
ungerufen. Insofern ist ein Ende von KONKRET überhaupt nicht in Sicht.
Wenn Gremliza die Bühne verläßt, wird auch das zweite KONKRET untergehen, und es ist die Frage, ob ein glücklicher Nachfolger daraus ein drittes
KONKRET machen kann. KONKRET ist bis auf den heutigen Tag eine ziemlich
staubtrockene Angelegenheit, textlastig, trotz aller Autorenvielfalt belehrend
und nicht selten allwissend. Die Chefkolumne »Gremlizas Express« erreicht
auf der nach oben offenen Humorskala selten einen Wert, der im meßbaren
Bereich liegt, aber es ist ein Stück permanenten Humors, daß Gremliza selber das offenbar anders sieht.

Nicht unverständlich ist, daß Gremliza zumindest vorübergehend Augstein und auch Röhl begeisterte und in beiden Fällen Flurschäden hinterlassen hat. Die in KONKRET deutlich werdende Fähigkeit, sich konsequent
zu verkrachen, ist durchaus ein Positivum des Heftes, gelegentlich macht es
Spaß, daß KONKRET sich meistens viel mehr in eine Person als in die vor-
geschobene Sache verbeißt. Das ist regelrecht ein Stück englischer Spielart

von Demokratie, die ja auch davon lebt, daß alles erlaubt ist: Catch as catch can. Auch als absoluter Nicht-KONKRET-Leser würde man die Zeitschrift vermissen, wenn sie nicht mehr existierte.

2004 wurde bei KONKRET, von den Medien wenig beachtet, 30 Jahre Neu-KONKRET gefeiert. Der Herausgeber feierte sich selbst in äußerst guter Laune und veröffentlichte ein Frage-und-Antwort-Spiel: Wegbegleiter wie Inge Feltrinelli, Adrienne Göhler, Hermann Kant, Hans Modrow oder Martin Sonneborn stellen artig ihre Fragen, und Durchlaucht Maestro Strelnikov antwortet furchtbar gebildet, schöngeistig und politisch abgeklärt bis auf den absoluten Nullpunkt. Aber das Ganze liest sich dennoch vergnüglich, weil Gremliza vor Freude über sein Jubiläum mit der Sache und der Sprache spielt und weniger verbissen daherkommt als früher.

»Die einzige linke Publikumszeitschrift Deutschlands«[23], so KONKRET über KONKRET, habe es immerhin geschafft, so eine verbreitete Ansicht, nach 50 Jahren immer noch zu existieren. Dazu hat wohl auch Katrin Gremliza mit ihrer weiblichen Moderation beigetragen.

Konsequenterweise würde man vielleicht erwarten, daß KONKRET ganz aktuell das Idealblatt für die neue Ost-West-Mischung Gysi/Lafontaine, genannt Linkspartei, wäre. Oder ist »Gremlizas Express« bereits in eine ganz andere Richtung abgefahren? Bevor Gremliza die Stafette eines hoffentlich fernen Tages weiterreicht, wird er sicher das Preisausschreiben von 1955 wiederholen: Wer finanzierte KONKRET? Das interessiert so viele Leute, und für die richtige Antwort (natürlich der freie kapitalistische Markt, wer denn sonst) wird er vielleicht zwei Flaschen Krimsekt spendieren und ein Kilo russischen Beluga Malossol.

Seinen Vorgänger Klaus Rainer Röhl nannte Gremliza aus Anlaß seines 30jährigen Jubiläums anonym einen »vorübergehend zum Nationalkommunisten konvertierten Hitlerjungen«, und Klaus Hübotter subsumiert er unter »jungen verbotenen Kommunisten«.[24] So viel immer noch virulentes Engagement nach einem halben Jahrhundert wird seine Ursachen haben.

Bettina Röhl und die Jahre nach Sizilien

Die Grundschule in Hamburg-Blankenese stellte sich für uns Zwillinge als Glückstreffer heraus. Der Unterschied zum Königin-Luisen-Stift in Berlin war gering. Alle Revolutionskaiserei, die in den beiden letzten Jahren in mein Leben gekommen war, existierte von einem Tag auf den anderen nicht mehr. Meine Klassenkameraden wußten nicht einmal, was eine Demonstration ist. Das fand ich erstaunlich. Unsere Klassenlehrerin, Frau Krone, war streng, herzlich und darauf bedacht, die Kinder auf das Gymnasium vorzubereiten. Frau Dr. Oberberg, die Religion unterrichtete, war eine interessante Lehrerin mit einem ausgeprägten Hang zu einer Art Reformpädagogik. Kurz und gut, der Hamburger Schulstart erwies sich als eine Perfektlandung. Meine Schwester und ich waren in wenigen Tagen voll integriert. Kindergeburtstage, Faschingsfeiern, Schnitzeljagden fanden fast wöchentlich statt. Die oft großbürgerlichen Eltern besaßen Häuser und Gärten, waren auf große Feiern eingestellt und bewiesen viel Geschick und Routine als Gastgeber, und sie übertrafen sich gegenseitig, die tollsten Feiern für ihre Kinder auf die Beine zu stellen. Klaus Röhl übertrumpfte alles mit seiner großen Kinderolympiade im September 1972, die er aus Anlaß unseres zehnten Geburtstages im Garten und Haus veranstaltete, mit Hindernislaufen, einem Lyrikwettbewerb, einem Olympiaquiz, Schautanzen und vielen anderen Disziplinen, in denen man Gold-, Silber- und Bronzemedaillen gewinnen konnte, die er damals bei den Aral-Tankstellen als Werbegeschenk bekam. Besonders spannend war es, als ein erwachsener Helfer, der junge Jura-Student Gerhard Johann Schwenn, mit einem Tablett voller unterschiedlichster Gegenstände an uns vorbeischwebte und 35 Kinder ganz angespannt wetteiferten, wer sich am meisten Gegenstände gemerkt hatte. Am Ende jeder Disziplin standen die Gewinner andächtig auf drei Podesten und bekamen die Medaillen umgehängt, und Klaus Röhl ließ den Tusch aufspielen. Dirk Niebel, der heutige FDP-Generalsekretär, damals mit mir in einer Klasse, erinnert sich noch heute gern an diese Geburtstagsfeier, wie er mir anläßlich eines Interviews erzählte.

Im Frühjahr 1973 wurde unter uns Kindern diskutiert, auf welches Gymnasium wer geht, und auch die Mütter stellten diese Frage oft den Mitschülern ihrer Kinder. Die Mutter einer Mitschülerin aus dem Clan Blohm + Voss klingelte plötzlich bei Klaus Röhl an der Haustür und erzählte ihm, daß sie schon mit mehreren Eltern gesprochen hätte und nun auch ihm davon abraten wollte, seine Töchter auf das Christianeum zu schicken. Das seit weit über 300 Jahren meist etwas fortschrittlichere Gymnasium in der Umgebung sei komplett in den Topf »68« gefallen, es würden dort schlimme Zustände herrschen. Klaus Röhl entschied dennoch, daß seine Töchter den humanistischen Bildungsweg einschlagen sollten, auch entgegen dem vergleichsweise moderaten Protest von Ulrike Meinhof, die ihren Kindern bei einem Gefängnisbesuch geraten hatte, auf Latein und Altgriechisch besser zu verzichten.

Das Christianeum war gerade in einen Neubau gezogen, das schöne alte Schulgebäude mußte dem Hamburger Elbtunnel weichen. Man konnte noch spüren, wie das Vakuum eines noch nicht eingelebten Hauses tatsächlich etwas angefüllt war mit dem, wovon Frau Blohm gesprochen hatte, mit einem Hauch von wildem, leicht verdrogtem und politisiertem Schüler-68 à la Elbvororte. Allein die fünfte und sechste Klasse waren, wie in einer Art Protest gegen den Protest, sozusagen von der Bewegung nicht mehr erfaßt, die wilden Zeiten waren bei uns vorbei, und man konnte beobachten, wie die älteren Schüler und einige Junglehrer sich schon 1973 wunderten, was da unten nachwuchs. Diese Schichtung blieb bis zum Abitur bestehen. Die letzten Freaks, wie sie bei uns hießen, wuchsen sozusagen raus, und die Yuppie-Generation folgte.

Während wir nach tollen Sommerferien auf Sylt nun plötzlich in eine völlig neue und mitreißend schöne und spannende Schulrealität eintauchten, verlor Klaus Röhl gerade sein KONKRET. Im Sommer 1974 verließ ihn Danae, mit der er nach knapp 15 Jahren Trennung 1988 wieder zusammenkam, im Mai 1976 starb Ulrike Meinhof, und im Frühjahr 1978 mußte Klaus Röhl das wirklich schöne alte Haus in Blankenese verkaufen.

Als wir nach unserem verlängerten Aufenthalt auf Sizilien zu unserem Vater nach Hamburg zurückgekehrt waren, begannen sein gesellschaftlicher Abstieg und seine Probleme bei KONKRET. Danae war mit ihrer Familie bereits 1968 nach Köln gezogen, so daß er eine Wochenend- und Fernbeziehung führte und zu Hause ein bißchen ein ins Schlingern geratener Junggeselle blieb, der trotzig demonstrierte, daß ihm die bis ins Physische gehenden Attacken seiner Exfrau überhaupt nicht kratzten, tatsächlich aber von dem ungeheuerlichen Ereignis, daß seine Frau als Terroristin in der »Baader-Meinhof-Bande« reüssierte, ziemlich angeschlagen war.

Es bildete sich zu Hause so etwas wie eine Symbiose. Klaus Röhl unternahm alles, und das höchst erfolgreich, um seinen Töchtern den Reflex der Medien auf die RAF und den Terrorismus zu ersparen respektive, soweit das nicht möglich war, mit ihnen darüber zu sprechen oder fröhlich darüber hinwegzugehen. Bei einer Falschmeldung 1971, »Ulrike Meinhof tot«, die an allen Kiosken in Deutschland hervorstach, holte er uns zum Beispiel von der Schule ab, schnallte uns Rollschuhe an und fuhr mit uns nach Travemünde, wo wir uns auf der Promenade den ganzen Tag austobten. Wir erfuhren dann erst im nachhinein von dieser Falschmeldung. Gleichzeitig war immer zu spüren, daß unser Vater sich auch selbst ablenken mußte und wie fast jeder alleinerziehende Elternteil sich an seine Kinder anlehnte und sich ein bißchen an ihnen festhielt. Da wir aus der Schule einen großen Halt mit nach Hause brachten, konnten wir ihn aktiv ein wenig unterstützen, was wir auch voller Begeisterung getan haben.

Klaus Röhl zog zwar sein Leben lang immer einen kleinen Kometenschweif von Verehrerinnen, Heiratskandidatinnen und platonischen Seelenverwandtschaften hinter sich her, aber zu Hause war er 15 Jahre lang, und wenn man die Zeit der Fernbeziehung mit Danae mitrechnet, fast 20 Jahre lang, ein vereinsamter Mann. Als der Meinhofschen unter uns Zwillingen – so die Einteilung, die unsere Eltern schon seit unserer Geburt vorgenommen hatten – kam mir die Rolle etwas mehr zu, für unseren Vater die Beraterin und Gesprächspartnerin zu sein und ein bißchen ein Ersatz für das, was Ulrike Meinhof als Lücke bei ihrem Exmann hinterlassen hatte. So wenig Klaus Röhl sich für die Frau Ulrike Meinhof an seiner Seite enthusiasmieren konnte, so sehr war sie offenkundig zu einem Faktor in seinem Lebenssystem geworden. Und so groß war auch sein Streben danach, zu Hause die Lücke zu schließen, deren Existenz er bis heute negiert.

Klaus Röhl gilt lieber als ein ganz schlimmer Bösewicht – am liebsten als einer, der mit seinen männlichen Qualitäten nicht anders konnte –, als die Frau Ulrike Meinhof, die er nicht liebte, die aber ihn liebte, zu verletzen und als jemand zu gelten, der mit dem Trauma Ulrike Meinhof belastet ist. Während der teils sehr heftigen und verletzenden Kämpfe in der KONKRET-Redaktion 1973 empfand ich meinen Vater als eine Stütze, die ihrerseits gestützt werden mußte. Insofern ich dies alles etwas intensiver miterlebte, wuchs in mir schon früh die Lust, mich auch von meinem Vater zu entfernen. Anfang 1974, als das gymnasiale Leben voll entbrannt war, begann für mich die Abnabelung hin zu meiner damals besten Freundin Jessika Hegewisch, mit der ich in einer Klasse war, und hin zu meinen ersten Flirts. Und auf der anderen Seite habe ich in dieser Zeit angefangen, mäßig, aber sehr regelmäßig und bald täglich bis ins Jahr 1997, ein Tagebuch zu führen. Damit hörte ich, ohne es zu merken, an dem Tag auf, als mein Freund in mein Leben kam. Als ich 1976, mit 13 Jahren, mit Oliver Heine ›ging‹, noch relativ züchtig und verschämt, war dies der Start in mein eigenes Leben. Klaus Röhl quittierte das wie folgt. Oliver pirschte ums Haus, um sicherzustellen, daß er nicht bemerkt würde, bevor er sich traute zu klingeln, aber Klaus Röhl hatte ihn entdeckt. Nachdem Oliver (zu dem ich bis heute ein lockeres freundschaftliches Verhältnis habe) gegangen war, sagte mein Vater: »Der sieht aus wie der Sohn des Glöckners. Tina, ich rate dir ab. Der raucht bestimmt.« Von diesem Zeitpunkt an ließ ich die Geschichte von Ulrike Meinhof und Klaus Rainer Röhl, die ich in großen Teilen auch gar nicht kannte, für lange Jahre hinter mir. Die vielen Freunde, die ersten Jungs, die Partys, Ferienreisen nach Kampen und Lindos auf Rhodos, Musik und Bücher bestimmten mein Leben. Meine Schwester und ich lebten zwar im selben großen Freundes- und Partykreis, hatten aber sehr schnell unsere ganz speziellen Freunde und Freundinnen und unterschiedliche Interessen. Mit dem Abitur trennten sich unsere Wege, so daß es von einem Tag auf den anderen keine Überschneidungen mehr gab, trotzdem blieb aber der Zwillingszusammenhalt über alle Zwillingskabbeleien hinweg bis heute eine Konstante.

Klaus Röhl, der ein ziemlich unpersönlicher Mensch ist, verliert schnell aus dem Sinn, was er aus den Augen verliert. Seit unserem Abitur 1982 hat er zu seinen Töchtern ein eher unengagiertes Verhältnis, ein Weihnachtsgruß und ein Geburtstagsgruß von »Papa« blieben Standard. Und sporadisch gibt es auch einmal ein Familienfest. Wechselseitige Besuche sind selten. Seitdem mein Vater 1992 nach Köln gezogen ist, gab es praktisch kein persönliches Zusammentreffen mehr, von mehreren Tagen Interview im Dezember 1996 abgesehen.

Seit seinem nachgefeierten 75. Geburtstag im Februar 2004 habe ich einen intensiveren Faxkontakt zu Klaus Röhl, dem ich auch seine Zitate in diesem Buch zur Autorisierung vorlegen mußte, nachdem er seit meinem Interview mit ihm im Dezember 1996 gut acht Jahre lang nichts von dem Ergebnis gesehen und gehört hatte. Er war entsetzt, als er das erste Mal sah, daß ich auch mit seinen vielen ›Lebensfeinden‹, wie er sie empfand, gesprochen hatte: »Tina, willst du mich vorzeitig ins Jenseits befördern?« Sehr schnell erhielt ich von meinem Vater klare Rückmeldungen: Alles, was er in diesem Buch für sich als positiv verbuchte, wollte er dringend ausgebaut wissen. Und alles, was er als kritisch empfand, empfahl er mir in Gänze zu streichen. Bis er mich dann alsbald anrief, um mir zu raten, ihn ruhig mal weniger vorteilhaft rüberkommen zu lassen, sonst käme er als Figur wohl nicht realistisch rüber. Dann bekannte er, daß er durch dieses Buch sehr vieles erfahren hätte, was er bis dahin nicht gewußt hatte, und inzwischen macht er mir den Eindruck, als bereitete er sich mit Enthusiasmus darauf vor, seine alten Kumpel und Widersacher zu dem Zwecke der Revitalisierung der alten Freundschaften nach langen Jahrzehnten wiederzutreffen.

Tante Holde, die ich jedes Jahr besuche, ist Teil meines Lebens geblieben. Sie wartet gespannt auf dieses Buch, zu dem sie mit alten Geschichten und Fotos beigetragen hat.

Was den Kommunismus anbelangt, der die Protagonisten dieses Buches, Ulrike Meinhof und Klaus Röhl, zusammenführte, hat die Geschichte nach 100 Jahren entschieden, daß diese naturgewaltige Kraft aufgrund vieler immanenter Irrtümer, aber noch viel mehr aufgrund mißbräuchlicher Anwendung zu Ende ist. Die Soziale Frage, die Frage nach der sozialen Gerechtigkeit, nach der Teilhabe aller, ist und bleibt das eigentliche Anliegen, dem die Autorin dieses Buch widmet. Diese Frage kann nur in der täglichen politischen Wirklichkeit neu beantwortet werden.

Dank

Die Autorin bedankt sich bei allen Interview- und Gesprächspartnern und allen, die ihr mit Dokumenten und Hinweisen bei der Recherche geholfen haben, und bei Heide Sommer, die mir mit Fleiß, Umsicht und eigenen Erinnerungen an die beschriebene Zeit bei der Schlußredaktion so eine angenehme und kompetente Hilfe war.

Bettina Röhl,
20. Januar 2006

ANHANG

Abkürzungsverzeichnis

ADN Allgemeiner Deutscher Nachrichtendienst
AK Arbeitskreis
APK Arbeitskreis Progressive Kunst
APO Außerparlamentarische Opposition
AStA Allgemeiner Studentenausschuß
BStU Bundesbeauftragte für die Unterlagen des Staatssicherheitsdienstes
der ehemaligen Deutschen Demokratischen Republik
CSR Československá republika (Tschechoslowakische Republik)
CSSR Československá socialistická republika
(Tschechoslowakische Sozialistische Republik)
DFU Deutsche Friedensunion
DK Delegiertenkonferenz
DKP Deutsche Kommunistische Partei
DSF Gesellschaft für deutsch-sowjetische Freundschaft
DVZ Deutsche Volkszeitung
FDJ Freie Deutsche Jugend
FNL Front National de Libération
(Nationale Front für die Befreiung Südvietnams)
GPU Gossudarstwennoje Polititscheskoje Uprawlenije
(politische Geheimpolizei der Sowjetunion)
GVP Gesamtdeutsche Volkspartei
HfP Hochschule für Politik
HVA Hauptverwaltung Aufklärung
IdK Internationale der Kriegsdienstgegner
IM Inoffizieller Mitarbeiter
KP Kommunistische Partei
KPC Kommunistische Partei der Tschechoslowakei
KPD Kommunistische Partei Deutschlands
KPdSU Kommunistische Partei der Sowjetunion
LPG Landwirtschaftliche Produktionsgenossenschaft
LSD Liberaler Studentenbund Deutschlands

MV   Mitgliederversammlung
NF   Nationale Front
NRV   Norddeutscher Regattaverein
NWDR   Nordwestdeutscher Rundfunk
RAF   Rote-Armee-Fraktion
RCDS   Ring Christlich-Demokratischer Studenten
RIAS   Rundfunk im amerikanischen Sektor
SAVAK   Sazeman-i Ettelaat va Amniyat-i Keshvar
(iranischer Nachrichtendienst)
SBZ   Sowjetische Besatzungszone
SDS   Sozialistischer Deutscher Studentenbund
SED   Sozialistische Einheitspartei Deutschlands
UMAP   Kampagne für die Umerziehung asozialer Elemente
VDS   Verband Deutscher Studentenschaften
WRV   Weimarer Reichsverfassung
ZK   Zentralkomitee der Sozialistischen Einheitspartei Deutschlands (SED)
ZPKK   Zentrale Parteikontrollkommission
ZR   Zentralrat

Anmerkungen

I. 1 Ulrike und Klaus bekommen Zwillinge, 1962

1 Interview der Autorin mit Klaus Rainer Röhl, Dezember 1996. Die folgenden Zitate von Klaus Rainer Röhl stammen, soweit nicht anders angegeben, aus diesem Interview.

2 Interview der Autorin mit Holde Bischoff, Juni 1996.

3 Unveröffentlichtes Schreiben von Ulrike Meinhof an Heinrich Hannover aus dem Gefängnis Köln-Ossendorf vom 4.9.1972, ebenso wie die folgenden aus der Prozeßakte entnommen und abgedruckt mit freundlicher Genehmigung von Heinrich Hannover. Alle zitierten Dokumente werden unverändert übernommen, lediglich offensichtliche Schreibfehler wurden berichtigt. Davon ausgenommen sind Namen, deren Schreibweise generell dem Wortlaut der Dokumente folgt. Eventuelle Schreibfehler sind im Personenregister korrigiert. Anmerkungen der Autorin sind in eckige Klammern gesetzt.

4 Bettina Röhl: Unsere Mutter – Staatsfeind Nr. 1, in: *Der Spiegel*, Nr. 29 (1995), S. 88–109.

5 Lenin sprach während der Revolution immer von Arbeitern, Bauern und Soldaten. Später fiel das Wort »Soldaten« weg.

I. 2 Die Gründung der Zeitschrift KONKRET, 1955

1 Alle folgenden Zitate von Klaus Röhl, soweit nicht anders angegeben, stammen aus dem Tonbandinterview, das die Autorin im Dezember 1996 mit ihrem Vater führte.

2 Interview der Autorin mit Liselotte Millauer, September 2004. Alle folgenden Zitate von Liselotte Millauer stammen, soweit nicht anders angegeben, aus diesem Interview.

3 Über Klaus Röhl in der Abiturzeitung *Die Lupe*. Aus dem Privatbesitz von Klaus Rainer Röhl.

4 Das Kürzel BRD verwendete man damals in Westdeutschland nicht; es war ein diskriminierender Ausdruck der DDR. Heute ist die Abkürzung BRD hingegen gebräuchlich.

5 Der sich globalisierende Turbokapitalismus, dem sich die chinesischen Kommunisten – einst die ersten Praktizierer der sogenannten permanenten Revolution – heute in galoppierendem Tempo anschließen, muß nach meinem Dafürhalten gesondert betrachtet und kritisiert werden. Hier mit Argumenten des kalten Krieges und der heimlichen Fortsetzung der Systemvergleiche zu kommen, scheint mir wenig sinnvoll.

6 Interview der Autorin mit Peggy Parnass, Dezember 1998. Alle folgenden Zitate von Peggy Parnass stammen, soweit nicht anders angegeben, aus diesem Interview.

7 Interview der Autorin mit Peter Rühmkorf, September 2004. Alle folgenden Zitate von Peter Rühmkorf stammen, soweit nicht anders angegeben, aus diesem Interview.

8 Erste und zweite Strophe aus: Klaus Rainer Röhl: Fünf Finger sind keine Faust, München 1998, S. 40f. Dritte Strophe: Klaus Rainer Röhl, im Interview mit der Autorin vorgesungen.

9 Klaus Rainer Röhl: Fünf Finger sind keine Faust, München 1998, S. 57.

10 Klaus Rainer Röhl in dem kleinen Universitätsblättchen *Der Untertan* von Klaus Hübotter im Jahr 1952. Aus dem Privatbesitz von Klaus Rainer Röhl.

11 »Im Kampf gegen die Remilitarisierung spielte die Jugend eine entscheidende große Rolle. Sie mußte gewonnen und mobilisiert werden; und dabei hatte die FDJ einen großen Anteil, und zwar mit eigenständigen Aktionen und in Bündnisaktionen. Ich habe an anderer Stelle schon von den großen Demos gegen die Remilitarisierung erzählt, an denen FDJler immer zahlreich teilgenommen haben. Alle diese Demos mußten ja auch vorbereitet und organisiert werden, auch daran hatten wir mit sehr unterschiedlichen Aktionen, mit Flugblattaktionen, Info-Ständen, Transparenten und Plakataktionen großen Anteil.«
Arno Neuber: Fragen an Hilde Wagner, in: www.dkp-karlsruhe.de/geschichte/ hildewagner/fragen/ (6.12.2006).

12 Klaus Hübotter in seinem unveröffentlichten Tagebuch von 1997.

13 Dieser Bericht und alle weiteren Aktenzitate stammen aus der Akte BArch BY1/ Unbearbeitet 518, im folgenden »Akte KONKRET« genannt.

14 Interview der Autorin mit Klaus Hübotter, September 2004. Alle folgenden Zitate von Klaus Hübotter stammen, soweit nicht anders angegeben, aus diesem Interview.

15 Akte KONKRET.

16 Briefe, in: *Studenten-Kurier*, Jg. 1 (1955), Nr. 1/2, S. 4.

17 Preisausschreiben, in: *Studenten-Kurier*, Jg. 1 (Nr. 1/2), S. 12.

18 Preisausschreiben, in: *Studenten-Kurier*, Jg. 1 (Nr. 3/4), S. 12.

19 Aus einem Brief von Kurt Hiller an Klaus Hübotter vom 7.6.1956. Kurt Hiller: K.H. an K.H.: 55 Briefe von Kurt Hiller an einen Freund 1956–1959, hrsg. v. Klaus Hübotter, Bremen 1994, S. 13f.

20 Klaus Hübotter: Tagebuchverse. Stoppelfeld-Zeit: Ende 1994 – Mitte 1996, Bd. 3, Bremen 1996, S. 66.

21 Interview der Autorin mit Till Meyer-Bruhns, November 2005.

22 Akte KONKRET.

23 CRR: Klaus Rainer Röhl schrieb damals seinen Namen mit »C«. Klaus Rainer Röhl: 3 Minuten Gehör!, in: *Studenten-Kurier*, Jg. 1 (1955), Nr. 1/2, S. 2.

24 Telefonat der Autorin mit Manfred Kapluck, Dezember 1996.

25 Interview der Autorin mit Manfred Kapluck, Dezember 1996. Alle folgenden Zitate von Manfred Kapluck stammen, soweit nicht anders angegeben, aus diesem Interview.

26 Josef Angenfort war Anfang der fünfziger Jahre Vorsitzender der ab 1951 verbotenen FDJ in Westdeutschland und Landtagsabgeordneter der KPD in Nordrhein-Westfalen. Er wurde 1953 wegen Hochverrats in der BRD angeklagt und zu einer fünfjährigen Zuchthausstrafe verurteilt. 1957 begnadigte ihn Theodor Heuß.

27 Hans Modrow war von 1952 bis 1961 Mitglied des Zentralrats der FDJ, anschließend wurde er zunächst Mitglied des Zentralkomitees der SED, dann, im Jahr 1989, Mitglied des Politbüros der SED und im Dezember stellvertretender Vorsitzender der SED/PDS. Am 13. November 1989 wird Modrow als Nachfolger von Willi Stoph zum Ministerpräsidenten der DDR gewählt.

28 Heinz Keßler, Gründungsmitglied der FDJ, war ab 1985 Verteidigungsminister der DDR und Mitglied des Politbüros des ZK (Zentralkomitees) der SED. 1990 wurde Keßler aus der PDS ausgeschlossen und 1993 wegen des Schießbefehls an der innerdeutschen Grenze zu einer siebeneinhalbjährigen Gefängnisstrafe verurteilt.

29 Interview der Autorin mit Manfred Kapluck, Mai 1997.

30 Ebenda.

31 Diether Posser: Anwalt im Kalten Krieg. Deutsche Geschichte in politischen Prozessen 1951–1968, Bonn 2000, S. 93–108.

32 Ebenda, S. 95.

33 Interview der Autorin mit Manfred Kapluck, Mai 1997.

34 Ebenda.

35 Interview der Autorin mit Richard Kumpf, Mai 1997.

36 Interview der Autorin mit Manfred Kapluck, Mai 1997.

37 Klaus Rainer Röhl: Fünf Finger sind keine Faust, München 1998, S. 85.

38 Akte KONKRET.

39 Mutter von Katharina Thalbach und Großmutter von Anna Thalbach.

40 Klaus Rainer Röhl: Fünf Finger sind keine Faust, München 1998, S. 75.

41 Interview der Autorin mit Fritz J. Raddatz, November 2005.

42 Akte KONKRET.

43 Ebenda.

44 Ebenda.

45 Peter Rühmkorf: Student im Roten China, in: *Studenten-Kurier*, Jg. 2 (1956), Nr. 4, S. 12.

46 Richard Hiepe machte die Kunstzeitschrift *Tendenzen* und starb im Dezember 1998. In seinem Text »Ein Riese hat sich losgemacht« schreibt Peter Mönnikes 1999 zum Tod von Richard Hiepe, dem »Wegbereiter und Förderer der Arbeiter-fotografie« in der Zeitschrift *Arbeiterfotografie*, 24. Jg., Nr. 87, siehe auch: http://www.arbeiterfotografie.com/zeitschrift/af87/hiepe-peter-moennikes.html.

47 Klaus Rainer Röhl: Deutscher Student im Kreml, in: *Studenten-Kurier*, Jg. 3 (1957), Nr. 4, S. 10.

48 Interview der Autorin mit Melvin L. Lasky, Januar 1997.

49 Erich Kuby: Aufruf! Der Sinn: Farbe bekennen, in: *Studenten-Kurier*, Jg. 2 (1956), Nr. 8, S. 11.

50 Gustav Heinemann: Das Verbrechen an Ungarn, in: *Studenten-Kurier*, Jg. 2 (1956), Nr. 8, S. 4. Die folgenden Zitate von Gustav Heinemann sind, soweit nicht anders angegeben, diesem Artikel entnommen.

51 Gustav Heinemann: Die Lehre von Berlin: Artikel in den GVP-Nachrichten, 26. Juni 1953, in: Es gibt schwierige Vaterländer: Reden und Aufsätze 1919–1969, hrsg. v. Helmut Lindemann, Bd. 3, Frankfurt a. M. 1977, S. 140.

52 Interview der Autorin mit Immanuel Geis, Januar 1999. Die folgenden Zitate von Immanuel Geis stammen, soweit nicht anders angegeben, aus diesem Interview.

53 Akte KONKRET.

54 Interview der Autorin mit Klaus Rainer Röhl, Dezember 1996.

55 Interview der Autorin mit Jürgen Manthey, September 2004. Die folgenden Zitate stammen, soweit nicht anders angegeben, aus diesem Interview.

56 Interview der Autorin mit Horst Sikorra, Juni 2004.

57 Akte KONKRET.

58 Ebenda.

59 Ebenda.

60 Ebenda.

I. 3 Ulrike Marie Meinhof

1 Interview der Autorin mit Jürgen Seifert, Dezember 1996. Die folgenden Zitate von Jürgen Seifert stammen, soweit nicht anders angegeben, aus diesem Interview.

2 Die Briefe von Ulrike Meinhof hat die Tochter von Elisabeth Heimpel, Frau Dr. Erika Huber, der Autorin freundlicherweise zum Abdruck zur Verfügung gestellt.

3 Jürgen Seifert in dem Film »Ulrike Marie Meinhof. Brief an ihre Tochter« von Timon Koulmasis, 1995.

4 Zit. n.: Inga Janzen: Lebenslauf Erich Frieds, in: www.erichfried.de/lebenslauf.htm (30.1.2005).

5 Hans Wolfgang Rath: Regina, die schwäbische Geistesmutter. Die gemeinsame Abstammung Hölderlins, Uhlandes, Schellings, Mörikes und anderer bekannter Schwaben, Ludwigsburg/Leipzig 1927.

6 Briefe von Ulrike Meinhof an Mathilde Hübner, geb. Meinhof, aus dem Gefängnis Köln-Ossendorf, 1972; im Besitz von deren Tochter Heidi Leonhardt, abgedruckt mit freundlicher Genehmigung von Christiane Leonhardt.

7 Alois Prinz: Lieber wütend als traurig. Die Lebensgeschichte der Ulrike Marie Meinhof, Weinheim/Basel 2003, S. 28.

8 Werner Meinhof: Lebendige Anschauung. Aufsätze und Vorträge, Jena 1941. Das Buch erschien posthum.

9 Renate Riemeck: Ich bin ein Mensch für mich. Aus einem unbequemen Leben, Stuttgart 1992, S. 73 f.

10 Bildbeschreibung und Brief sind dem Nachlaß von Ulrike Meinhof entnommen. Alle folgenden sich auf Ulrike Meinhof beziehenden oder von ihr selbst verfaßten Dokumente stammen, soweit nicht anders angegeben, aus ihrem Nachlaß.

11 Johan Bojer: Die Lofotfischer, hrsg. v. J. Sandmeier, Frankfurt a. M./Hamburg 1955. In dem Buch werden die Erlebnisse armer Fischer, die zum alljährlichen Dorschfang zu der Inselgruppe der Lofoten fahren, eindrucksvoll beschrieben.

12 Alois Prinz: Lieber wütend als traurig. Die Lebensgeschichte der Ulrike Marie Meinhof, Weinheim/Basel 2003, S. 16.

13 Aufzeichnungen von Lothar Wallek, abgedruckt mit freundlicher Genehmigung von dessen Ehefrau, Magda Wallek.

14 Briefe von Ulrike Meinhof an Mathilde Hübner.

15 Bettina Röhl: Unsere Mutter – Staatsfeind Nr. 1, in: *Der Spiegel*, Nr. 29 (1995), S. 88–109.

16 Renate Riemeck: Ich bin ein Mensch für mich. Aus einem unbequemen Leben, Stuttgart 1992, S. 150 f.

17 Interview der Autorin mit dem damaligen Bundespräsidenten Johannes Rau, Januar und Mai 2000.

18 Interview der Autorin mit Christiane Leonhardt, Juni 2004.

I. 4 Kampf dem Atomtod, 1958

1 Die *Blätter für deutsche und internationale Politik* tauchen später in der Akte KONKRET als ebenfalls vom Osten finanziert auf.

2 Renate Riemeck: Ich bin ein Mensch für mich. Aus einem unbequemen Leben, Stuttgart 1992, S. 175.

3 Volksbefragung … Generalstreik, in: KONKRET, Nr. 4 (1958), S. 3 f.

4 Zit. n. Hartmut Soell: Helmut Schmidt. Vernunft und Leidenschaft, München 2003, S. 293 f.

5 Auszug aus einer Rede im Bundestag vom 20.3.1958. Zit. n. Hartmut Soell: Helmut Schmidt. Vernunft und Leidenschaft, München 2003, S. 295.

6 Volksbefragung … Generalstreik, in: KONKRET, Nr. 4 (1958), S. 3 f.

7 Renate Riemeck: Ich bin ein Mensch für mich. Aus einem unbequemen Leben, Stuttgart 1992, S. 159 f.

8 Zit. n. Hartmut Soell: Helmut Schmidt. Vernunft und Leidenschaft, München 2003, S. 299.

9 Jürgen Seifert: Vom 58er zum 68er. Ein biographischer Rückblick, in: *Zeitschrift für Bürgerrechte und Gesellschaftspolitik*. Vorgänge 124, 32. Jg., Nr. 4 (1993), S. 1–6.

10 Ulrike Meinhof: Offener Brief an die Studenten. Veröffentlicht als Flugblatt im Mai 1958.

11 Jürgen Seifert: Vom 58er zum 68er. Ein biographischer Rückblick, in: *Zeitschrift für Bürgerrechte und Gesellschaftspolitik*. Vorgänge 124, 32. Jg., Nr. 4 (1993), S. 1–6.

12 Interview der Autorin mit Jürgen Seifert, Dezember 1996.

13 Brief von Ulrike Meinhof an Elisabeth Heimpel.

14 Akte KONKRET.

15 Klaus Rainer Röhl: Fünf Finger sind keine Faust, München 1998, S. 97.

16 Akte KONKRET.

17 Ebenda.

18 Professor Dr. Walter Hagemann war Direktor des Universitätsinstituts für Publizistik in Münster / Westfalen.

19 Akte KONKRET.

20 Interview der Autorin mit Monika Seifert, Januar 1997 und Juli 1999. Die folgenden Zitate von Monika Seifert stammen, soweit nicht anders angegeben, aus diesen Interviews.

21 Interview der Autorin mit Eckart Spoo, September 2004. Die folgenden Zitate von Eckart Spoo stammen, soweit nicht anders angegeben, aus diesem Interview.

22 Akte KONKRET.

23 Ebenda.

24 Ebenda.

25 Ebenda.

26 Ebenda.

27 Brief von Ulrike Meinhof an Jürgen Seifert, ebenso wie die folgenden abgedruckt mit freundlicher Genehmigung von Jürgen Seifert.

28 Akte KONKRET.

29 Ebenda.

30 Ebenda.

31 Der Brief von Ulrike Meinhof ist vom 1. Oktober 1958.

32 Lothar Wallek irrt sich hier. Die Verlobung mit Ulrike Meinhof wurde bereits im Sommer 1958 gelöst.

33 Interview der Autorin mit Manfred Kapluck, Dezember 1996 und Juni 2004.

34 In der Akte ist der Brief mit dem Datum vom 22. Oktober versehen, offensichtlich ein Schreibfehler.

35 Akte KONKRET.

36 Beschlußprotokoll der XIII. Ordentlichen SDS-Delegiertenkonferenz, Mannheim, 22./23. Oktober 1958, in: Tilman Fichter, Siegward Lönnendonker: Kleine Geschichte des SDS: Der Sozialistische Deutsche Studentenbund von 1946 bis zur Selbstauflösung, Berlin 1979, S. 55.

37 Klaus Rainer Röhl: Fünf Finger sind keine Faust, München 1998, S. 112 f.

38 Akte KONKRET.

39 Ebenda.

40 Wolfgang Harich, Literaturprofessor in der DDR, ist Anfang 1957 wegen »Bildung einer konspirativen staatsfeindlichen Gruppe« zu zehn Jahren Gefängnis verurteilt und sieben Jahre später amnestiert worden.

41 Kurt Hiller: K. H. an K. H: 55 Briefe von Kurt Hiller an einen Freund 1956–1959, hrsg. v. Klaus Hübotter, Bremen 1994, S. 99.

42 Akte KONKRET.

43 Ebenda.

44 Ebenda.

45 BArch DY 5610/S. 1–25.

46 Akte KONKRET.

47 Klaus Rainer Röhl: Fünf Finger sind keine Faust, München 1998, S. 109 f.

48 Akte KONKRET.

49 BArch DY 5610/S. 1–25.

50 Ebenda.

51 Klaus Rainer Röhl: Fünf Finger sind keine Faust, München 1998, S. 110 f.

52 Wolfgang Kraushaar: Frankfurter Schule und Studentenbewegung: Von der Flaschenpost zum Molotowcocktail 1946–1995, Bd. 1, Hamburg S. 144.

53 Akte KONKRET.

54 Klaus Rainer Röhl: Fünf Finger sind keine Faust, Köln 1974, S. 142.

55 Akte KONKRET.

56 Dokument 1, in: Dokumentation. Dokumente aus der Arbeit des Sozialistischen Deutschen Studentenbundes aus der Zeit vom 1.1.1958 bis zum 1.3.1961, hrsg. v. Bundesvorstand des SDS, Frankfurt a. M., S. 3.

57 Dokument 3, in: Dokumentation. Unveröffentlichte Dokumente aus der Arbeit des Sozialistischen Deutschen Studentenbundes aus der Zeit vom 1.1.1958 bis zum 1.3.1961, hrsg. v. Bundesvorstand des SDS, Frankfurt a. M., S. 4.

58 Jürgen Seifert: Vom 58er zum 68er. Ein biographischer Rückblick, in: *Zeitschrift für Bürgerrechte und Gesellschaftspolitik*. Vorgänge 124, Jg. 32 (1993), H. 4, S. 1–6.

59 Klaus Rainer Röhl: Fünf Finger sind keine Faust, München 1998, S. 114 ff.

60 Unveröffentlichte Briefe von Ulrike Meinhof an Klaus Rainer Röhl, abgedruckt mit freundlicher Genehmigung von Klaus Rainer Röhl.

61 Dokument 7, in: Dokumentation. Unveröffentlichte Dokumente aus der Arbeit des Sozialistischen Deutschen Studentenbundes aus der Zeit vom 1.1.1958 bis zum 1.3.1961, hrsg. v. Bundesvorstand des SDS, Frankfurt a. M., S. 6.

62 Dokument 26, in: Dokumentation. Unveröffentlichte Dokumente aus der Arbeit des Sozialistischen Deutschen Studentenbundes aus der Zeit vom 1.1.1958 bis zum 1.3.1961, hrsg. v. Bundesvorstand des SDS, Frankfurt a. M., S. 15.

63 Dokument 12, in: Dokumentation. Unveröffentlichte Dokumente aus der Arbeit des Sozialistischen Deutschen Studentenbundes aus der Zeit vom 1.1.1958 bis zum 1.3.1961, hrsg. v. Bundesvorstand des SDS, Frankfurt a. M., S. 8.

64 Jürgen Seifert: Vom 58er zum 68er: Ein biographischer Rückblick, in: *Zeitschrift für Bürgerrechte und Gesellschaftspolitik*. Vorgänge 124, 32. Jg. (1993), H. 4, S. 1–6.

65 Dokument 13, in: Dokumentation. Unveröffentlichte Dokumente aus der Arbeit des Sozialistischen Deutschen Studentenbundes aus der Zeit vom 1.1.1958 bis zum 1.3.1961, hrsg. v. Bundesvorstand des SDS, Frankfurt a. M., S. 8.

66 Eberhard Blitzer: Die Abrechnung mit der KONKRET-Linken. Der Sozialistische Deutsche Studentenbund auf neuem Kurs, in: Frankfurter Allgemeine Zeitung, Nr. 176 (1959), S. 2.

67 Ohne böse Absicht. SDS-Gespräch mit Walter Ulbricht, in: KONKRET, Nr. 21 (1959), S. 5, 7. Die Fragen stellte nur Eric Nohara im Beisein von Monika Mitscherlich.

68 Das alte Tibet ist verloren, in: KONKRET, Nr. 8 (1959), S. 5 f.

69 Ulrike Meinhof: Der Friede macht Geschichte, in: KONKRET, Nr. 19–20 (1959), S. 2.

II. 1 Die Chefredakteurin, 1961

1 Seid Ihr alle wieder da? (I.), in: KONKRET, Nr. 10 (1959), S. 3. Seid Ihr alle wieder da? (II.), in: KONKRET, Nr. 11 (1959), S. 3.

2 Klaus Rainer Röhl: Mein Kampf (Schweden), in: KONKRET, Nr. 16 (1960), S. 12.

3 Vgl. Hubertus Knabe: Die unterwanderte Republik. Stasi im Westen, Berlin 1999.

4 Interview der Autorin mit Klaus Rainer Röhl, Dezember 1996, nachgefragt Februar 2004.

5 Zit. aus: Mario Krebs: Ulrike Meinhof. Ein Leben im Widerspruch, Reinbek 1988, S. 74.

6 Zitat von Reinhard Opitz. Zit. aus: Mario Krebs: Ulrike Meinhof. Ein Leben im Widerspruch, Reinbek 1988, S. 74.

7 Zit. aus: Ebenda, S. 76.

8 Klaus Rainer Röhl: Fünf Finger sind keine Faust, München 1998, S. 119.

9 Zit. aus: Mario Krebs: Ulrike Meinhof. Ein Leben im Widerspruch, Reinbek 1988, S. 77.

10 Zit. aus: Ebenda, S. 76 f.

11 Zit. aus: Ebenda, S. 78.

12 Brief vom 5.6.1963. Zit. aus: HLG. Dichter & Prawda. Dem KONKRET-Verleger Hermann L. Gremliza zum Fünfzigsten, Hamburg 1990, S. 5.

13 Zit. aus: Mario Krebs: Ulrike Meinhof. Ein Leben im Widerspruch, Reinbek 1988, S. 77.

14 Zit. aus: Ebenda.

15 Peter Rühmkorf: Die Jahre, die Ihr kennt. Anfälle und Erinnerungen, Reinbek 1972, S. 171.

16 Ulrike Meinhof: Notstand? Notstand!, in: KONKRET, Nr. 18 (1960), S. 1. Ebenfalls abgedruckt in: Ulrike Meinhof: Die Würde des Menschen ist antastbar, Berlin 2004, S. 14.

17 Ulrike Meinhof: Die Würde des Menschen, in: KONKRET, Nr. 10 (1962), S. 4.

18 Ulrike Meinhof: Der Putsch ein Lehrstück, in: KONKRET, Nr. 6 (1967), S. 2–3. Im April 1967 putschte das griechische Militär unter General Patakos erfolgreich gegen die Regierung Karamanlis; es folgte eine siebenjährige Militärdiktatur.

19 Ulrike Meinhof: Notstand und Klassenkampf, in: KONKRET, Nr. 6 (1968), S. 2.

20 Ulrike Meinhof: Notstand? Notstand!, in: KONKRET, Nr. 18 (1960), S. 1.

21 Rolf Zundel: Hüter der Demokratie? Streit um die Notstandsgesetze auf dem Berliner Gewerkschaftskongreß, in: *Die Zeit*, Nr. 19 (1966), S. 7.

22 Ernst Benda: Wie nötig sind Notstandsgesetze?, in: *Die Zeit*, Nr. 25 (1967) S. 3.

23 Gesetzblatt 1961 I, S. 175.

24 Hans Magnus Enzensberger: Notstand, in: Vaterland, Muttersprache. Deutsche Schriftsteller und ihr Staat seit 1945, Berlin 1980, S. 238–240.

25 Ulrike Meinhof: Deutschland ohne Kennedy, in: KONKRET, Nr. 12 (1963), S. 6.

26 Ulrike Meinhof: Hitler in Euch, in: KONKRET, Nr. 10 (1961), S. 8.

27 Brief von Ulrike Meinhof ohne Datum, vermutlich von Mitte der sechziger Jahre, abgedruckt mit freundlicher Genehmigung von Peter Rühmkorf.

28 Ulrike Marie Meinhof: In eigener Sache, in: KONKRET, Nr. 2 (1963), S. 7.

29 Zusammenfassung aus dem aufgezeichneten Hintergrundgespräch der Autorin mit Wolfgang Gehrcke, 1999. Die folgenden Passagen von Wolfgang Gehrcke stammen, soweit nicht anders angegeben, aus der Zusammenfassung dieses Interviews.

30 Renate Riemeck: Ich bin ein Mensch für mich. Aus einem unbequemen Leben, Stuttgart 1992, S. 182 f.

31 Ulrike Meinhof: Geschichten von Herrn Schütz – Dokumentation zum Fall Professor Riemeck, in: KONKRET, Nr. 15 (1960), Beilage.

32 Renate Riemeck: Ich bin ein Mensch für mich. Aus einem unbequemen Leben, Stuttgart 1992, S. 185 ff.

33 Gespräch der Autorin mit Herbert Stubenrauch, Juni 1999.

34 Rot und Rosa, in: *Spiegel*, 15. Jg. (1961), Nr. 35, S. 20–29.

35 BArch DY IV 2/2028/25.

36 BArch DY 30 IV 2/2028/25.

37 Akte KONKRET.

38 Klaus Rainer Röhl: Fünf Finger sind keine Faust, München 1998, S. 123.

39 BArch DY 30 IV2/2028/30.

40 BArch DY 30 IV2/2028/25.

41 Ebenda.

42 Renate Riemeck: Ich bin ein Mensch für mich. Aus einem unbequemen Leben, Stuttgart 1992, S. 201.

43 BArch DY 30 IV2/2028/30.

44 BArch DY 30 IV2/2028/25.

45 Hier könnte Klaus Röhl irren, immerhin weist Hubertus Knabe in seinem Buch *Die unterwanderte Republik* darauf hin, daß dieser IM war: »Von Berg galt seinerzeit bei den Sozialdemokraten als wichtigster ›Kanal‹ zu den verhandlungsbereiten Kräften in der SED – in Wahrheit arbeitete er den Akten zufolge seit 1962 als IM ›Günther‹ für die Hauptverwaltung Aufklärung (HVA). Nur dem Umstand, daß ihn die Stasi Ende der siebziger Jahre verdächtigte, Autor des sogenannten *Spiegel*-Manifestes gewesen zu sein, ist es zu verdanken, daß Teile seiner IM-Akte im Sonderoperativ-Vorgang ›Tal‹ erhalten geblieben sind. Hubertus Knabe: Die unterwanderte Republik, Berlin 1999, S. 31.

46 Ulrike Meinhof: Eine neue Linke, in: KONKRET, Nr. 6 (1962), S. 9.

47 Klaus Rainer Röhl: Fünf Finger sind keine Faust, München 1998, S. 119.

48 Akte KONKRET.

49 BArch By 1/Unbearbeitet 505 (Akte KONKRET, 2. Teil; alle Zitate aus diesem Teil der Akte werden im folgenden mit Akte KONKRET, 2 bezeichnet).

50 Opitz hatte sich, kurz nachdem Ulrike Meinhof Chefredakteurin geworden war, von Klaus Röhl und Ulrike Meinhof zurückgezogen und blieb nach der Wahl-niederlage der DFU bei der DFU. Er starb 1986. 1999 wurde posthum das Buch *Liberalismus – Faschismus – Integration. Edition in drei Bänden* von Ilina Fach, Uwe Kawohl, Roland Müller und Rainer Rilling herausgegeben, ein Extrakt aus über 6000 unveröffentlichten Seiten.

51 Klaus Röhl: Fünf Finger sind keine Faust, München 1998, S. 131f.

52 Interview der Autorin mit Klaus Rainer Röhl, Dezember 1996.

53 Zu dieser Parteigruppe gehörten zum damaligen Zeitpunkt Klaus Rainer Röhl, Ulrike Meinhof, Jürgen Holtkamp und Klaus Steffens.

54 Akte KONKRET, 2.

55 Ebenda.

56 Ebenda.

57 Klaus Rainer Röhl: Fünf Finger sind keine Faust, München 1998, S. 173f.

58 Ebenda, S. 163.

59 Jürgen Holtkamp: Kubanisches Tagebuch. Cha-Cha-Cha auf dem Vulkan, in: KONKRET, Nr. 12 (1962), S. 13–16.

60 Anlaß der Konferenz waren die Gedenkfeiern zum 80. Geburtstag des Dichters. Sie markierte das Ende des kulturellen Isolationismus und eine literarische Öff-nung der Ostblockstaaten.

61 Jürgen Holtkamp: Reise nach Prag – Ein neuer Frühling an der Moldau, in: KONKRET, Nr. 3 (1964), S. 11.

62 Klaus Rainer Röhl: DDR intim, in: KONKRET, Nr. 4 (1964), S. 7ff.

63 Marion Gräfin Dönhoff, Rudolf Walter Leonhardt, Theo Sommer: Reise in ein fernes Land. Bericht über Kultur, Wirtschaft und Politik in der DDR, Gütersloh 1966.

64 Mario Krebs: Ulrike Meinhof: Ein Leben im Widerspruch, Reinbek 1988, S. 103f.

65 Akte KONKRET, 2.

66 Interview der Autorin mit Josef Angenfort, Dezember 1996.

II. 2 Das neue KONKRET und die Familie

1 Klaus Rainer Röhl: Fünf Finger sind keine Faust, Köln 1974, S. 193.

2 Akte KONKRET, 2.

3 Klaus Rainer Röhl: Fünf Finger sind keine Faust, München 1998, S. 148.

4 Die Kolumne unter dem Pseudonym Sibylle erschien in den sechziger Jahren regelmäßig im *stern* und stammte aus der Feder der Journalistin Anneliese Fried-mann, Ehefrau von Werner Friedmann, dem Gründer der Deutschen Journa-

listenschule und der Münchner *Abendzeitung*, deren Herausgeberin Anneliese Friedmann nach dem Tod Werner Friedmanns am 23. April 1969 wurde.

5 Akte KONKRET, 2.

6 Diese Zeitung wurde später der *Extradienst* in Westberlin.

7 Akte KONKRET, 2.

8 Ebenda.

9 Klaus Rainer Röhl: Ulbricht löst die DDR auf. Sensation aus Ostberlin, in: KONKRET, Nr. 12 (1964), S. 11 ff.

10 Ulrike Meinhof: Warum ich dafür bin, in: KONKRET, Nr. 12 (1964), S. 14.

11 BArch HA XXII 869.

12 Ulrike Meinhof: 10 Jahre danach, in: Wilinaburgia, 40. Jg. (1965), Nr. 108, S. 201 f.

13 Ulrike Meinhof: Barzel, in: KONKRET, Nr. 3 (1966), S. 2 f.

14 Die Briefe von Ulrike Meinhof an Hans-Georg Meinhof sind mit dessen freundlicher Genehmigung abgedruckt.

15 Originaltext: Soldaten wohnen / Auf den Kanonen / Vom Cap bis Couch Behar. / Wenn es mal regnete / Und es begegnete / Ihnen 'ne neue Rasse / 'ne braune oder blasse / Da machen sie vielleicht daraus ihr Beefsteak Tartar.

16 In Starnberg lebte die Ehefrau von General Wolff.

17 Marcel Reich-Ranicki: Mein Leben, Stuttgart 1999, S. 460.

18 Interview der Autorin mit Marcel Reich-Ranicki, Februar 2004. Die folgenden Zitate von Marcel Reich-Ranicki stammen, soweit nicht anders angegeben, aus diesem Interview.

19 Klaus Rainer Röhl: Fünf Finger sind keine Faust, München 1998, S. 161.

20 Ebenda, S. 153 ff.

21 Interview der Autorin mit Marcel Reich-Ranicki, Februar 2004; veröffentlicht in: *Literaturkritik*, 6. Jg. (2004), Nr. 5, S. 50.

22 Robert Neumann: Spezis. Gruppe 47 in Berlin, in: KONKRET, Nr. 5 (1966), S. 34 ff. (Eine gekürzte Fassung des Artikels erschien gleichzeitig im *Spiegel*.)

23 Joachim Kaiser: Eine Entzauberung wird entzaubert, in: KONKRET, Nr. 8 (1966), S. 29 ff.

24 Fritz J. Raddatz: Polemik ist gut – Kenntnisse sind besser, in: KONKRET, Nr. 8 (1966), S. 26 ff.

25 Interview der Autorin mit Stefan Aust, Dezember 2005. Alle folgenden Zitate von Stefan Aust stammen, soweit nicht anders angegeben, aus diesem Interview.

26 Rolv Heuer: Mein Ostermarsch, in: KONKRET, Nr. 5 (1966), S. 22 ff.

27 Stefan Aust: Sex ohne Ehe: Wie frei sind Deutschlands Mädchen?, in: KONKRET, Nr. 9 (1967), S. 4–10. Fortsetzung in: KONKRET, Nr. 10 (1967), S. 11 f.

28 Robert Neumann: Ein Lübke zuviel?, in: KONKRET, Nr. 7 (1966), S. 16.

29 Ebenda, S. 15 ff.

30 Interview der Autorin mit Klaus Rainer Röhl, August 2004.

31 Ebenda.

32 Robert Neumann: Was sagen Sie nun, Herr Lübke?, in: KONKRET, Nr. 11 (1966), S. 30.

33 An dieser und einigen anderen Stellen hat die BStU aufgrund des Kohl-Urteils zum Schutz der Persönlichkeitsrechte einige Namen gestrichen.

34 Rolf Hochhuth: Der Stellvertreter. Schauspiel, Reinbek 1963.

35 BStU, ZA, SdM 1239, Bl. 215–221.

36 Interview der Autorin mit Fritz J. Raddatz, September 2004. Die folgenden Zitate von Fritz J. Raddatz stammen, soweit nicht anders angegeben, aus diesem Interview.

37 103 BStU, ZA, SdM 1239, Bl. 189–191.

38 Vgl. Annette Rosskopf: Friedrich Karl Kaul. Anwalt im geteilten Deutschland (1906–1981), Berlin 2002.

39 Interview der Autorin mit Dirk Fischer, CDU-MdB, Februar 2000.

40 Interview mit Henri Nannen: Von der kalten Wut gepackt, in: KONKRET, Nr. 4 (1968), S. 22.

41 In dieser Zeit wurden über Lübke, der oft vergeßlich und verwirrt auftrat, viele Witze gerissen. Die Zeitschrift *Pardon* brachte eine Platte mit seinen gesammelten Fehlleistungen und Versprechern heraus.

42 Peter Rühmkorf: Die Jahre, die Ihr kennt. Anfälle und Erinnerungen, Reinbek 1972, S. 223.

43 Interview der Autorin mit Marcel Reich-Ranicki, Mai 2004; veröffentlicht in: *Literaturkritik*, Nr. 5 (Mai 2004), S. 50–68. Online-Veröffentlichung: Reich-Ranicki: »Ich habe das Ghetto weggedrängt« (31.3.2004), in: http://www.netzeitung. de/voiceofgermany/280075.html (22.12.2005). Alle folgenden Zitate aus diesem Interview wurden in den hier aufgeführten Medien veröffentlicht.

44 Peter Rühmkorf: Die Jahre, die Ihr kennt. Anfälle und Erinnerungen, Reinbek 1972, S. 222 f.

45 Michael Luft (alias Klaus Rainer Röhl): Kampen II. Nackt, aber reich. The German way of life, in: KONKRET, Nr. 9 (1965), S. 10 f.

46 Peter Rühmkorf: Die Jahre, die Ihr kennt. Anfälle und Erinnerungen, Reinbek 1972, S. 224.

47 Was für ein Land!, in: *Die Zeit*, Nr. 42 (2004), S. 47.

48 Joachim Fest: Begegnungen, Reinbek 2004, S. 259.

49 Ulrike Meinhof: Joachim Fest oder Die Gleichschaltung, in: KONKRET, Nr. 8 (1966), S. 2 f.

50 Mario Krebs: Ulrike Meinhof. Ein Leben im Widerspruch, Reinbek 1988, S. 126.

51 Peter Rühmkorf: Die Jahre, die Ihr kennt. Anfälle und Erinnerungen, Reinbek 1972, S. 224.

II. 3 Morgendämmerung von 68

1 Christian Geißler: Nürnberg und Vietnam. Rede zum Anti-Kriegstag 1965, in: KONKRET, Nr. 10 (1965), S. 14 f.

2 Ulrike Meinhof: Vietnam und Deutschland, in: KONKRET, Nr. 1 (1966), S. 2 f.

3 Ulrike Meinhof: Große Koalition, in: KONKRET, Nr. 12 (1966), S. 2 f.

4 Daniel Cohn-Bendit, Reinhard Mohr: 1968. Die letzte Revolution, die noch nichts vom Ozonloch wußte, Berlin 1988, S. 30.

5 Rudi Dutschke: Die Widersprüche des Spätkapitalismus, die antiautoritären Studenten und ihr Verhältnis zur Dritten Welt, in: Rebellion der Studenten oder Die neue Opposition, Reinbek 1968, S. 37.

6 Tilman Fichter, Siegward Lönnendonker: Macht und Ohnmacht der Studenten: Kleine Geschichte des SDS, Hamburg 1998, S. 122.

7 Peter Schneider: Ringvorlesung 1985, in: Die Antiautoritäre Revolte, hrsg. v. Siegward Lönnendonker, Bernd Rabehl und Jochen Staadt, Bd. 1 (1960–1967), Wiesbaden 2002, S. 300 f.

8 Vgl. Jung Chang, Jon Halliday: Mao, München 2005.

9 Diedrich Diederichsen: Der Chef brüllt schon wieder so, in: *taz*, Nr. 7462 (2004), S. 15 f.

10 Interview der Autorin mit Marcel Reich-Ranicki, Mai 2004.

11 Zit. aus: Daniel Cohn-Bendit, Reinhard Mohr: 1968. Die letzte Revolution, die noch nichts vom Ozonloch wußte, Berlin 1988, S. 31 f.

12 Tilmann Fichter, Siegward Lönnendonker: Macht und Ohnmacht der Studenten: Kleine Geschichte des SDS, Hamburg 1998, S. 97.

13 Zit. aus: Eckhard Siepmann u. a.: Che-Schah-Shit. Die sechziger Jahre zwischen Cocktail und Molotow, Berlin 1984, S. 188.

14 Tilmann Fichter, Siegward Lönnendonker: Macht und Ohnmacht der Studenten: Kleine Geschichte des SDS, Hamburg 1998, S. 97.

15 Eckhard Siepmann u. a.: Che-Schah-Shit. Die sechziger Jahre zwischen Cocktail und Molotow, Berlin 1984, S. 188.

16 Tilmann Fichter, Siegward Lönnendonker: Macht und Ohnmacht der Studenten: Kleine Geschichte des SDS, Hamburg 1998, S. 98.

17 Rudi Dutschke: Die Widersprüche des Spätkapitalismus, die antiautoritären Studenten und ihr Verhältnis zur Dritten Welt, in: Uwe Bergmann, Rudi Dutschke, Wolfgang Lefèvre, Bernd Rabehl: Rebellion der Studenten oder Die neue Opposition, Reinbek 1968, S. 63.

18 Rudi Dutschke: Vom Antisemitismus zum Antikommunismus, in: ebenda, S. 75.

19 Ebenda, S. 77.

20 Uwe Bergmann: Einleitung, in: ebenda, S. 24.

21 Rudi Dutschke, Manfred Kapluck: Zwischen Mao und Ulbricht, in: KONKRET, Nr. 6 (1967), S. 24–26.

22 Uwe Bergmann: Einleitung, in: Uwe Bergmann, Rudi Dutschke, Wolfgang Lefèvre, Bernd Rabehl: Rebellion der Studenten oder Die neue Opposition, Reinbek
1968, S. 27.

23 Ulrike Meinhof: Napalm und Pudding, in: KONKRET, Nr. 5 (1967), S. 2f.

24 Reimut Reiche: Sex bei Axel Springer. Sex und Revolution III, in: KONKRET, Nr. 6
(1968), Seite 34–40.

II. 4 Das Hamburger Medienestablishment, 1967

1 Hans Magnus Enzensberger: Nacherinnerung, in: Bahman Nirumand: Persien,
Modell eines Entwicklungslandes oder die Diktatur der Freien Welt, Reinbek
1967, S. 149–154.

2 Interview der Autorin mit Bahman Nirumand, Nov. 2005. Die folgenden Zitate
von Bahman Nirumand stammen, soweit nicht anders angegeben, aus diesem Interview.

3 Ulrike Marie Meinhof: Offener Brief an Farah Diba, in: KONKRET, Nr. 6 (1967),
S. 21f.

4 Hans Magnus Enzensberger: Nacherinnerung, in: Bahman Nirumand: Persien,
Modell eines Entwicklungslandes oder die Diktatur der Freien Welt, Reinbek
1967, S. 149–154.

5 Kommune 1: Wann brennen die Berliner Kaufhäuser (5.10.2005), in: www.
rafinfo.de/archiv/texte/kom.1.php (20.12.2005).

6 Heinrich Albertz: Erinnerungen an den 2. Juni, in: Che-Schah-Shit. Die sechziger Jahre zwischen Cocktail und Molotow, Berlin 1984, S. 116.

7 Jürgen Henschel: Der 2. Juni – Das Ohnesorg-Foto, in: Che-Schah-Shit. Die
sechziger Jahre zwischen Cocktail und Molotow, Berlin 1984, S. 114f.

8 Heinrich Albertz: Erinnerungen an den 2. Juni, in: Che-Schah-Shit, S. 116.

9 Ebenda.

10 Ebenda.

11 Ulrike Meinhof in dem Fernsehfeature: Kommentar zum Schah-Besuch in Berlin, Stiftung Deutsches Rundfunkarchiv Wiesbaden, Potsdam-Babelsberg (SFB),
1967.

12 Der *Spiegel* ist blind! (Auf einem Auge), in: KONKRET, Nr. 6 (1967), S. 48.

13 Eckhart Hachfeld: Amadeus geht durchs Land, in: *stern*, Nr. 19 (1967), S. 180.

14 Interview der Autorin mit Manon Griesebach, September 2004.

15 Peter Rühmkorf hat Klaus Rainer Röhl 1974 als einen Menschen beschrieben,
der sich von anderen als »Kotzbrocken« wahrgenommen sah; dieses Bild greift
Baumgart hier 30 Jahre später offenbar auf. Es scheint dagegen eher unwahrscheinlich, daß Röhl sich selber je so gesehen hat.

16 Reinhard Baumgart: Damals. Ein Leben in Deutschland, München 2003, S. 249–251.

17 Zit. aus: Klaus Rainer Röhl: Fünf Finger sind keine Faust, München 1998, S. 213.

18 Peter Rühmkorf: Die Jahre, die Ihr kennt. Anfälle und Erinnerungen, Reinbek 1972, S. 224.

19 »Fidel Castro hat mir gesagt …«. Gespräch mit Giangiacomo Feltrinelli, in: KONKRET, Nr. 10 (1967), S. 17.

20 Hubert Fichte: Alte Welt. Glossen, in: Die Geschichte der Empfindlichkeit, hrsg. v. Ronald Kay u. a., Bd. 5, Frankfurt a. M. 1992, S. 175 ff. Es handelt sich bei dem Zitat um eine Tagebuchnotiz.

21 Ulrike Meinhof in einem Brief an Anni und Klaus Gelbhaar, abgedruckt mit freundlicher Genehmigung der Familie Gelbhaar.

22 Klaus Rainer Röhl in dem Film von Timon Koulmasis: »Ulrike Marie Meinhof. Brief an ihre Tochter«, 1995.

23 Ulrike Meinhof: Jürgen Bartsch und die Gesellschaft, in: KONKRET, Nr. 1 (1968), S. 2 f.

24 Ulrike Meinhof: Spiegels Spiegelbilder, in: KONKRET, Nr. 1 (1968), S. 49.

25 Rudi Dutschke: Rudi Dutschke antwortet Rudolf Augstein, in: KONKRET, Nr. 1 (1968), S. 53.

26 Klaus Rainer Röhl: Offener Brief an die KONKRET-Leser, in: KONKRET, Nr. 2 (1968), S. 4.

27 Stefan Aust: Liebe unter LSD, in: KONKRET, Nr. 1 (1968), S. 9–12.

28 »Genossen, wir haben Fehler gemacht …«. Zur Lage der außerparlamentarischen Opposition in der Bundesrepublik, in: KONKRET, Nr. 1 (1968), S. 15 f. (Ein Autor steht nicht dabei, vermutlich handelt es sich um Stefan Aust und Klaus Rainer Röhl.)

29 Uwe Nettelbeck: Beat, in: KONKRET, Nr. 1 (1968), S. 47.

30 Klaus Rainer Röhl: Offener Brief an die KONKRET-Leser, in: KONKRET, Nr. 2 (1968), S. 4.

31 Brief von Ulrike Meinhof an Kurt Groenewold, abgedruckt mit freundlicher Genehmigung von Kurt Groenewold.

Epilog

1 Gespräch der Autorin mit Otto Schily, Juli 2005.

2 Klaus Wagenbach in dem Film »Ulrike Marie Meinhof. Brief an ihre Tochter« von Timon Koulmasis, 1995.

3 Zur Täterschaft der Angeschuldigten, in: Der Baader-Meinhof-Komplex, Anklageliste 1-74-1, Teil E, S. 350.

4 Unveröffentlichtes Schreiben von Ulrike Meinhof an Heinrich Hannover aus der Anwaltsakte.

5 Ebenda.

6 Ebenda.

7 Ebenda.

8 Vgl. http://de.wikipedia.org/wiki/Ulrike_Meinhof (17.1.2006).

9 Beide Erklärungen lagen einem Brief von Ulrike Meinhof an Heinrich Hannover bei. Erstmalig ist die Hungerstreikerklärung von der Autorin in der Monatszeitschrift *Cicero* veröffentlicht worden: Bettina Röhl: ... und Ulrike Meinhof jubelte, in: *Cicero*, H. 2 (2006), S. 80 f.

10 Unveröffentlichter Brief von Ulrike Meinhof an Heinrich Hannover.

11 Gespräch der Autorin mit Peter Rühmkorf, Juni 2005.

12 Interview der Autorin mit Uli Alberti, Mai 2005. Die folgenden Zitate von Uli Alberti stammen, soweit nicht anders angegeben, aus diesem Interview.

13 Gespräch der Autorin mit Manfred Bissinger, Mai 2005.

14 Handelsregister Hamburg: HRB 54987, Notariatsurkunde vom 23.8.1993.

15 Handelsregister Hamburg: HRB 54987.

16 Handelsregister Hamburg: HRB 28171.

17 Interview der Autorin mit Michael Nesselhauf, Juni 2005.

18 Gespräch der Autorin mit Gertrud Höhler, Juni 2005.

19 Handelsregister Hamburg: HRB 54079.

20 Unter anderem aus der Akte OJs 53/94 der Staatsanwaltschaft bei dem Hanseatischen OLG.

21 Interview der Autorin mit Werner Heine.

22 Hans-Hermann Kotte: Die Zielgruppe bin ich. KONKRET-Herausgeber Hermann L. Gremliza und seine neue »Junge Welt«, in: *taz* (7.5.1994), S. 20.

23 Hermann L. Gremliza: KONKRET, IN: http://www.KONKRET-verlage.de/kvv/txt.php?text=ueber (20.1.2006).

24 Herman L. Gremliza: Der dreißigste Geburtstag, in: http://www.KONKRET-verlage.de/kvv/txt.php?text=derdreissigstegeburtstag& jahr=2004&mon=09 (20.1.2006).

Bildnachweis

Deutsche Verlags-Anstalt, München: Abb. 90
Bettina Röhl: Abb. 91, 95
Dirk von Nayhauss: Abb. 88
Erica Loos, 1963, Schiller Nationalmuseum Marbach am Neckar: Abb. 89
Heidi Leonhardt: Abb. 20-22, 29, 30
Klaus Rose: Abb. 10
Magda Taroni: Abb. 45
Der Spiegel: Abb. 46
dpa: Abb. 73, 98
Stern/Picture Press: Abb. 99
SV-Bilderdienst: Abb. 75
SV-Bilderdienst/dpa: Abb. 49, 50, 62, 72
SV-Bilderdienst/K. Lehmann: Abb. 74
ullstein AP: Abb. 96
ullstein bild: Abb. 42, 43
ullstein dpa: Abb. 12, 41, 44, 63, 70, 71
ullstein Hellgoth: Abb. 40
ullstein Lehmann: Abb. 87
www.photonet.de Lehnartz-Fotografie, Image Network Company GmbH
    Hohenzollerndamm 152, 14199 Berlin: Abb. 11
n.n.: Abb. 85, 86, 100, 101
privat: Abb. 1-9, 15-19, 23-28, 31-36, 47, 48, 51-61, 68, 69, 76-84, 92-94, 97

Register

Politisches Sachbuch bei eva

Herfried Münkler
Machtzerfall
Die letzten Tage des Dritten Reiches
dargestellt am Beispiel der hessischen
Kreisstadt Friedberg
Gebunden, 269 Seiten

John Hersey
Hiroshima
6. August 1945 / 8 Uhr 15
Gebunden, 187 Seiten

Edward Peters
Folter
Geschichte der peinlichen Befragung
Aus dem Amerikanischen von
Jobst Christian Rojahn
eva-TB 245, 256 Seiten

Paul Berman
Terror und Liberalismus
Aus dem Amerikanischen von
Hans-Joachim Maass
Broschur, 250 Seiten

Anna Funder
Stasiland
Aus dem Englischen von Harald Riemann
Gebunden mit Schutzumschlag,
342 Seiten

Ernst Fraenkel
Der Doppelstaat
Über die Rolle von Recht und Justiz
im Nationalsozialismus
Herausgegeben und eingeleitet
von Alexander v. Brünneck
Broschur, 288 Seiten

Rainer Huhle
Von Nürnberg nach den Haag
Zur Aktualität der Nürnberger Prozesse
Broschur, 246 Seiten

Otto Kirchheimer
Politische Justiz
Verwendung juristischer Verfahrens-
möglichkeiten zu politischen Zwecken
eva-TB 203, 687 Seiten

Michael Breen
Kim Jong Il
Aus dem Amerikanischen von
Bernhard Jendricke und Gabriele Gockel
mit zahlreichen Abbidlungen
Gebunden mit Schutzumschlag,
250 Seiten

Hugh Miles
Al-Dschasira
Ein arabischer Nachrichtensender
fordert den Westen heraus
Aus dem Englischen von Bernhard Jendricke,
Gabriele Gockel und Maria Zybak
(Kollektiv Druck-Reif)
Broschur, 336 Seiten

Özay Mehmet
Fundamentalismus und
Nationalstaat
Der Islam und die Moderne
Aus dem Englischen von Uwe Ahrens
eva-TB 104, 360 Seiten

James Pastouna
Guantanamo Bay
Gefangen im rechtsfreien Raum
Broschur, 168 Seiten

Michael Ignatieff
Die Politik der Menschenrechte
Aus dem Englischen von Ilse Utz
Klappenbroschur, 128 Seiten

eva wissen

gibt Orientierungshilfe in den Bereichen Kultur, Politik, Naturwissenschaft, Gesellschaft und Wirtschaft.

Inke Arns
Netzkulturen
eva wissen
Broschur, 96 Seiten

Roger Behrens
Kritische Theorie
eva wissen
Broschur, 96 Seiten

Thomas Ernst
Popliteratur
eva wissen
Broschur, 96 Seiten

Matthias Heitmann
Neue Weltordnung
eva wissen
Broschur, 96 Seiten

Kai Hirschmann
Geheimdienste
eva wissen
Broschur, 96 Seiten

Kai Hirschmann
Terrorismus
eva wissen
Broschur, 96 Seiten

Karl Kopp
Asyl
eva wissen
Broschur, 96 Seiten

Fred Luks
Nachhaltigkeit
eva wissen
Broschur, 96 Seiten

Alexander Meschnig
Markenmacht
eva wissen
Broschur, 96 Seiten

Albrecht Metzger
Islamismus
eva wissen
Broschur, 96 Seiten

Bernd Oswald
Europa
eva wissen
Broschur, 96 Seiten

Thomas Schroedter
Globalisierung
eva wissen
Broschur, 96 Seiten

Christian Schuldt
Systemtheorie
eva wissen
Broschur, 96 Seiten

Dieter Sienknecht
Menschenrechte
eva wissen
Broschur, 96 Seiten

ohne wissen kein verstehen

eva

Aus dem weiteren Programm ...

George Antheil
Bad Boy of Music
Autobiographie
Aus dem Amerikanischen von
Jutta und Theodor Knust
Herausgegeben und eingeleitet
von Rainer Peters und Harry Vogt
mit zahlreichen Abbildungen
Gebunden mit Schutzumschlag,
450 Seiten

Marcia Bartusiak
Einsteins Vermächtnis
Der Wettlauf um das letzte Rätsel
der Relativitätstheorie
Aus dem Englischen von
Sebastian Wohlfeil
mit zahlreichen Abbildungen
Gebunden mit Schutzumschlag,
336 Seiten

Zygmunt Bauman
Dialektik der Ordnung
Die Moderne und der Holocaust
Aus dem Englischen von Uwe Ahrens
eva-TB 105, 256 Seiten

Marc Boettcher
Stranger in the Night
Die Bert Kaempfert Story
Biographie
mit zahlreichen Abbildungen
Gebunden mit Schutzumschlag,
250 Seiten

Jürgen Bruhn
Raubzug der Manager
oder Die Zerstörung des Sozialstaats
Broschur, 222 Seiten

Rebecca Camhi Frohmer
Das Haus am Meer
Der griechische Holocaust
Aus dem Amerikanischen von
Michael Haupt
Broschur, 112 Seiten

Alan M. Dershowitz
Chuzpe
Autobiographie
Aus dem Amerikanischen von
Thomas Bertram
mit zahlreichen Abbildungen
Gebunden mit Schutzumschlag,
550 Seiten

Tanja Förster
Dora Maar
Picassos Weinende
mit zahlreichen Abbildungen
Gebunden mit Schutzumschlag,
191 Seiten

Ernst H. Gombrich
Aby Warburg
Eine intellektuelle Biographie
Aus dem Englischen von
Matthias Fienbork
mit zahlreichen Abbildungen
Philo Broschur, 477 Seiten

Fanya Gottesfeld Heller
Feindes Liebe
Eine wahre Geschichte
Aus dem Amerikanischen von
Michael Haupt
Gebunden mit Schutzumschlag,
274 Seiten

Josef Gräßle-Münscher
Terror und Herrschaft
Die Selbstbespiegelung der Macht
Broschur, 200 Seiten

Corinne Holtz
Ruth Berghaus
Ein Porträt
mit zahlreichen Abbildungen
Gebunden mit Schutzumschlag,
399 Seiten

Freddy Jermanós
Teresa
Aus dem Neugriechischen übersetzt
und mit einem Glossar versehen
von Susanne Reichert
Gebunden mit Schutzumschlag,
226 Seiten

Karen McCarthy Brown
Mama Lola
Voodoo in Brooklyn
Aus dem Amerikanischen von
Michael Haupt
mit Abbildungen
Gebunden mit Schutzumschlag,
480 Seiten

Alexander Meschnig und Mathias Stuhr
Wunschlos unglücklich
Alles über Konsum
Broschur, 198 Seiten

Paul Parin
Es ist Krieg und wir gehen hin
Bei den jugoslawischen Partisanen
eva-TB, 296 Seiten

Paul Parin
Untrügliche Zeichen
von Veränderung
Jahre in Slowenien
Gebunden mit Schutzumschlag,
200 Seiten

Ulrich Pfeiffer
Deutschland – Entwicklungspolitik
für ein entwickeltes Land
Gebunden mit Schutzumschlag,
340 Seiten

Ursula Rütten
Im unwegsamen Gelände – Paul Parin
Erzähltes Leben
mit Fotos und Materialien
Gebunden mit Schutzumschlag,
222 Seiten

Edelgard Skowronnek
Kinder des Krieges
Spanische Bürgerkriegskinder in
der Sowjetunion
Broschur, 250 Seiten

Ernestine Stadler
Echt wienerisch
Über Leute und ihre Läden in Wien
mit zahlreichen Farbabbildungen
Gebunden, 175 Seiten

Sibylle Tönnies
Cosmopolis Now
Auf dem Weg zum Weltstaat
Broschur, 150 Seiten

Gisela von Wysocki
Fröste der Freiheit
Aufbruchsphantasien
Broschur, 160 Seiten

Signe Zerrahn
Familien in Deutschland
Ein Frontbericht
Broschur, 152 Seiten

 www.europaeische-verlagsanstalt.de
Europäische Verlagsanstalt, Bei den Mühren 70, 20457 Hamburg